Einführung in die Wirtschaftsinformatik

**Achtung!
Eintragungen, Unterstreichungen etc.
sind untersagt und gelten als
Beschädigung!**
Überprüfen Sie daher bitte den Zustand des Bandes vor
der Ausleihe und melden Sie uns evtl. vorhandene
Eintragungen!

Lizenz zum Wissen.

Sichern Sie sich umfassendes Wirtschaftswissen mit Sofortzugriff auf tausende Fachbücher und Fachzeitschriften aus den Bereichen: Management, Finance & Controlling, Business IT, Marketing, Public Relations, Vertrieb und Banking.

Exklusiv für Leser von Springer-Fachbüchern: Testen Sie Springer für Professionals 30 Tage unverbindlich. Nutzen Sie dazu im Bestellverlauf Ihren persönlichen Aktionscode C0005407 auf www.springerprofessional.de/buchkunden/

Jetzt 30 Tage testen!

Springer für Professionals.
Digitale Fachbibliothek. Themen-Scout. Knowledge-Manager.

- 🔍 Zugriff auf tausende von Fachbüchern und Fachzeitschriften
- ⏱ Selektion, Komprimierung und Verknüpfung relevanter Themen durch Fachredaktionen
- ✎ Tools zur persönlichen Wissensorganisation und Vernetzung

www.entschieden-intelligenter.de

Springer für Professionals

Jan Marco Leimeister

Einführung in die Wirtschaftsinformatik

12., vollst. neu überarb. u. ak. Aufl. 2015

Prof. Dr. Jan Marco Leimeister
Universität St. Gallen
Lehrstuhlinhaber und Direktor
Institut für Wirtschaftsinformatik (IWI-HSG)
St. Gallen, Schweiz

Universität Kassel
Fachgebiet Wirtschaftsinformatik
Wissenschaftliches Zentrum für IT-Gestaltung (ITeG)
Kassel, Deutschland

Bis zur 11. Auflage unter der Autorenschaft von Prof. Dr. Peter Stahlknecht und Prof. Dr. Ulrich Hasenkamp im Springer-Verlag erschienen.

ISBN 978-3-540-77846-2   ISBN 978-3-540-77847-9 (eBook)
DOI 10.1007/978-3-540-77847-9

Die Deutsche Nationalbibliothek verzeichnet diese Publikation in der Deutschen Nationalbibliografie; detaillierte bibliografische Daten sind im Internet über ▶ http://dnb.d-nb.de abrufbar.

Springer Gabler
© Springer-Verlag Berlin Heidelberg 1983, 1985, 1987, 1989, 1991, 1993, 1995, 1997, 1999, 2002, 2005, 2015
Das Werk einschließlich aller seiner Teile ist urheberrechtlich geschützt. Jede Verwertung, die nicht ausdrücklich vom Urheberrechtsgesetz zugelassen ist, bedarf der vorherigen Zustimmung des Verlags. Das gilt insbesondere für Vervielfältigungen, Bearbeitungen, Übersetzungen, Mikroverfilmungen und die Einspeicherung und Verarbeitung in elektronischen Systemen.
Die Wiedergabe von Gebrauchsnamen, Handelsnamen, Warenbezeichnungen usw. in diesem Werk berechtigt auch ohne besondere Kennzeichnung nicht zu der Annahme, dass solche Namen im Sinne der Warenzeichen- und Markenschutz-Gesetzgebung als frei zu betrachten wären und daher von jedermann benutzt werden dürften.
Der Verlag, die Autoren und die Herausgeber gehen davon aus, dass die Angaben und Informationen in diesem Werk zum Zeitpunkt der Veröffentlichung vollständig und korrekt sind. Weder der Verlag noch die Autoren oder die Herausgeber übernehmen, ausdrücklich oder implizit, Gewähr für den Inhalt des Werkes, etwaige Fehler oder Äußerungen.

Lektorat: Anne Borgböhmer, Essen
Planung: Michael Bursik
Satz: Crest Premedia Solutions (P) Ltd., Pune, India

Gedruckt auf säurefreiem und chlorfrei gebleichtem Papier

Springer-Verlag Berlin Heidelberg ist Teil der Fachverlagsgruppe Springer Science+Business Media
(www.springer.com)

Vorwort

Die Digitalisierung der Gesellschaft verändert fast alles - die Art und Weise, wie wir arbeiten, leben, kommunizieren, miteinander interagieren und welche Produkte und Dienstleistungen wir wie und wann konsumieren und produzieren. Die Transformation zur digitalen Gesellschaft schafft auch eine neue Gründerzeit. In dieser liegt es an jedem Einzelnen, die Potenziale zu erkennen und zu heben. Unter jedem Einzelnen verstehen wir hierbei sowohl den einzelnen Menschen als Bürger, Prosumenten (Produzent und Konsument von Dienstleistungen), Mitarbeiter sowie innovative Unternehmer, die ein neues Unternehmen gründen, oder Entscheidungsträger in Unternehmen, die ihre Organisation im digitalen Wandel umstrukturieren möchten.

Die digitale Gesellschaft bringt eine Vielzahl neuer Herausforderungen mit sich, denen sich die Unternehmen stellen müssen. Auf der Kundenseite ist der stetig steigende Wunsch nach individuell angepassten, nutzungskontextspezifischen Dienstleistungen zu beobachten, die genau die gewünschte Leistung in der gewünschten Qualität zum richtigen Zeitpunkt erbringen. Der Trend ist in vielen Bereichen nicht mehr, Produkte, sondern deren Nutzen zu verkaufen – und dieser Nutzen ist individuell an den jeweiligen Nutzungskontext angepasst zu liefern (»in a digital economy all value created is value in use, value in context«) – und entsprechend sind auch andere Geschäfts-, Service- und Betreibermodelle zu entwickeln. Dies bedeutet zwangsläufig, dass digitale Kern- und Zusatzleistungen an der Kundenschnittstelle neu entstehen und wettbewerbskritisch sind bzw. werden. Hinzu kommt, dass viele bekannte Herausforderungen aus der Zeit vor der digitalen Transformation bestehen bleiben. So verlieren die klassischen effizienzorientierten Herausforderungen, die skalierende Geschäftssysteme ermöglichen, die Standardisierung sowie intelligente Automatisierung mit IT insbesondere im sog. Backoffice einsetzen, keinesfalls an Bedeutung – im Gegenteil: Management und Modellierung von Geschäftsprozessen, der Entwurf von betrieblichen IT-Systemen, die möglichst gut die Geschäftsprozesse und die Unternehmensstrategie unterstützen sollen, sowie deren Optimierung sind nach wie vor hochaktuell. Der Entwurf, Betrieb und das Management von IT-basierten Geschäftssystemen im Zeitalter der Digitalisierung ist komplexer geworden und folgt auch teilweise anderen Mechanismen. Viele der »alten« Herausforderungen im Bereich der Wirtschaftsinformatik bleiben bestehen, aber sie werden um immer wichtiger werdende zusätzliche digitale Transformationsherausforderungen ergänzt.

Die Wirtschaftsinformatik versteht sich seit jeher als Integrationsdisziplin zwischen Wirtschaft, Gesellschaft und IT. In einer Zeit, in der IT immer stärker in den Alltag der Menschen vordringt und die Bedürfnisse der digitalen Nutzer immer stärker in den Mittelpunkt rücken, wird die Integrationsaufgabe der Wirtschaftsinformatik immer weiter an Bedeutung gewinnen. Um die Unternehmen bei der Bewältigung der Herausforderungen der Digitalisierung zu unterstützen, muss sich die Wirtschaftsinformatik jedoch an die veränderten Rahmenbedingungen anpassen und die Nutzer und ihre Bedürfnisse sowie deren nutzungskontextspezifische Befriedigung noch stärker in den Mittelpunkt stellen.

Die 12. Auflage des Lehrbuchs versucht genau diesem Zeiten- und Paradigmenwechsel Rechnung zu tragen – unter neuer Autorenschaft und komplett überarbeitet und umfangreich erweitert setzt es sich zum Ziel, die notwendigen Grundlagen der Wirtschaftsinformatik als

Kerndisziplin der digitalen Wirtschaft und Gesellschaft sowohl für Studierende, Wissenschaftler als auch für Praktiker anschaulich darzulegen.

Die umfangreiche Überarbeitung des Buchs wäre nicht ohne tatkräftige Unterstützung möglich gewesen. Der Dank des Autors gilt den beteiligten wissenschaftlichen Mitarbeitern und Doktoranden. Dies sind Dr. Philipp Bitzer, Dr. Ulrich Bretschneider, Philipp Ebel, Sissy-Josefina Ernst, Lysann Gebauer, Michael Gierczak, Dr. Marco Hartmann, Dr. Axel Hoffmann, Andreas Janson, Dr. Philipp Kipp, Katja Lehmann, Dr. Philipp Menschner, Sarah Oeste, Christoph Peters, Sofia Schöbel, Dr. Matthias Söllner, Niroshan Thillainathan und Enrico Wieck.

Besonderer Dank gilt PD Dr. Holger Hoffmann, der die initiale Planung und Organisation des Projekts übernommen hat, und Dr. Matthias Söllner, der diese Aufgabe während der Bearbeitungszeit übernommen und erfolgreich zu Ende geführt hat. Ebenfalls besonderer Dank gilt den beiden wissenschaftlichen Hilfskräften Benjamin Köhler und Amanda Voss, die mit langem Atem viele notwendige Detailarbeiten im Zuge der Finalisierung des Projekts zuverlässig übernommen haben. Und zu guter Letzt gilt: Alle Fehler und Unzulänglichkeiten gehen zu Lasten des Autors.

In der Hoffnung auf eine Nutzen stiftende Lektüre,

Prof. Dr. Jan Marco Leimeister
St. Gallen und Kassel, im Juni 2015

Vorwort der bisherigen Verfasser

Als im Jahr 1983 die erste Auflage des vorliegenden Lehrbuchs erschien, war die Wirtschaftsinformatik noch damit befasst, sich zwischen Informatik und Betriebswirtschaftslehre einzuordnen und die Schnittmengen mit diesen beiden Nachbardisziplinen herauszuarbeiten. Inzwischen hat sie sich zu einem eigenständigen Fach entwickelt, das selbst Impulse und Anregungen für die betriebliche Praxis gibt und in der Ausbildung an Universitäten, Hochschulen und Berufsakademien sowie privaten Einrichtungen einen festen Platz gefunden hat. Der Beruf des Wirtschaftsinformatikers erfreut sich einer regen Nachfrage.

Schwerpunktmäßig hat sich die Wirtschaftsinformatik bisher mit der Verteilten Verarbeitung, der Systementwicklung einschließlich des IT-Projektmanagements und den ERP-Systemen befasst. Die Behandlung dieser Themen stand deswegen auch im Vordergrund der von uns verfassten früheren Auflagen, wobei wir uns stets bemüht haben, die Schnittstellen zu Betriebswirtschaft, Informatik und Technik so weit wie angebracht zu beschreiben.

Inzwischen steht die Wirtschaftsinformatik vor einer neuen Herausforderung. Ihre genannten Standardthemen bleiben zwar bestehen und bedürfen auch weiterhin einer ständigen Aktualisierung, die fortschreitende Digitalisierung unserer Gesellschaft stellt jedoch die Wirtschaftsinformatik zusätzlich vor die Aufgabe, Geschäftsmodelle für die Serviceorientierung der Wirtschaft zu entwickeln, bei denen sie zwangsläufig eine integrierende Rolle spielt. Während bei den IT-Anwendungssystemen die Themen der Wirtschaftsinformatik in starkem Maße durch die Entwicklungen bei SAP beeinflusst wurden, fungieren heute außerdem die das Electronic Business beherrschenden Unternehmen Amazon, eBay, Google, PayPal und andere als Ideengeber und -nehmer für die Wirtschaftsinformatik.

Wir freuen uns, dass Herr Professor Leimeister, der das Fach Wirtschaftsinformatik an den Universitäten St. Gallen und Kassel vertritt, die Aufgabe übernommen hat, sowohl die von uns in den früheren Auflagen behandelten Standardthemen in aktualisierter und gestraffter Form als auch die neuen Inhalte der Wirtschaftsinformatik in die 12. Auflage des Buchs aufzunehmen. Ihm und seinen wissenschaftlichen Mitarbeitern gilt dafür unser besonderer Dank. Wir danken auch Herrn Michael Bursik vom Springer-Verlag für seine Initiative, die es letzten Endes erst ermöglicht hat, dass die von unserer Leserschaft seit langem erwartete 12. Auflage jetzt endlich erscheint.

Peter Stahlknecht
Ulrich Hasenkamp
Osnabrück und Marburg, im Mai 2015

Inhaltsverzeichnis

1	**Einleitung**	1
1.1	Die Digitalisierung der Gesellschaft	2
1.2	Wirtschaftsinformatik	9
1.3	Nutzer-, Nutzungs- und Nutzenorientierung	15
1.3.1	Nutzerorientierung	15
1.3.2	Nutzungsorientierung	17
1.3.3	Nutzenorientierung	18
1.4	House of Digital Business	20
1.5	Zentrale Begriffe, Normen und Abgrenzungen	24
1.6	Aufbau des Buchs	31
	Weiterführende Literatur	34
2	**Technische Grundlagen von Informations- und Kommunikationssystemen**	35
2.1	Hardware	37
2.1.1	Prozessor	40
2.1.2	Arbeitsspeicher	42
2.1.3	Datenwege	44
2.1.4	Speichermedien	47
2.1.5	Dateneingabe	55
2.1.6	Datenausgabe	62
2.1.7	Beurteilungskriterien für Rechner	64
2.2	Systemsoftware	66
2.2.1	Betriebsarten und Nutzungsformen von Software	67
2.2.2	Betriebssysteme	72
2.3	Datenorganisation	75
2.3.1	Dateiorganisation	76
2.3.2	Modellierung der Datensicht	78
2.3.3	Datenbanksysteme	86
2.4	Rechnernetze	94
2.4.1	Digitale Datenübertragung	94
2.4.2	Netzwerktopologien	97
2.4.3	ISO/OSI-Modell	100
2.4.4	Netzwerkprotokolle im Internet	102
2.4.5	Verteilte Verarbeitung	106
	Weiterführende Literatur	110
3	**Geschäftsprozessmanagement und Anwendungssysteme**	111
3.1	Prozessorientierung	114
3.2	Modellierung von Geschäftsprozessen	116
3.2.1	Ereignisgesteuerte Prozesskette	120
3.2.2	Business Process Model and Notation	127
3.2.3	Referenzmodelle	133
3.3	Arten von Anwendungssystemen	136
3.3.1	Operative Systeme	138
3.3.2	Planungssysteme	158

3.3.3	Führungsinformationssysteme	159
3.3.4	Querschnittssysteme	163
3.3.5	Elektronischer Datenaustausch	170
3.4	**Anwendungssysteme in der Praxis**	172
3.4.1	ERP-Systeme	172
3.4.2	Produktionsplanungs- und -steuerungssysteme	173
3.4.3	Supply-Chain-Management	175
3.4.4	Customer-Relationship-Management	176
3.4.5	Industrie 4.0	176
	Weiterführende Literatur	177
4	**Führungsaufgaben des IT-Managements**	179
4.1	**Strategisches IT-Management**	181
4.1.1	Rechtliche Grundlagen, Unternehmensstrategie und IT-Strategie	181
4.1.2	Aufgaben des strategischen IT-Managements	191
4.1.3	Die Rolle von Geschäftsmodellen im strategischen IT Management	196
4.1.4	Strategische Informationstechnologien	205
4.2	**Operatives IT-Management**	208
4.2.1	Betrieb der Unternehmens-IT	209
4.2.2	IT-Planung	219
	Weiterführende Literatur	229
5	**Systementwicklung und Lifecycle Management**	231
5.1	**Gestaltungsaspekte von Anwendungssystemen**	233
5.1.1	Enterprise-Architecture-Management	234
5.1.2	Merkmale und Anpassung von Standardsoftware	238
5.1.3	Auswahl von Standardsoftware	243
5.1.4	Qualitätskriterien für Software	252
5.1.5	Produkt- und Prozesszertifizierung	258
5.2	**Systementwicklung**	260
5.2.1	Vorgehensmodelle	266
5.2.2	Anforderungsanalyse	270
5.2.3	Systementwurf	280
5.2.4	Realisierung	292
5.3	**Management des Anwendungs-Lebenszyklus**	301
5.3.1	Lebenszyklusmodell von Anwendungssystemen	301
5.3.2	Systemeinführung	302
5.3.3	Betrieb von Anwendungssystemen	307
5.3.4	IT-Servicemanagement	313
	Weiterführende Literatur	323
6	**Digitale Güter und Dienstleistungen als Leistungsergebnisse**	325
6.1	**Internetökonomie und digitale Güter**	327
6.1.1	Grundlagen	327
6.1.2	Digitale Güter	332
6.1.3	Netzwerkgüter	341
6.1.4	Elektronische Märkte	348

6.2	**Dienstleistungen**	355
6.2.1	Grundlagen von Dienstleistungen	355
6.2.2	Entwicklung des Dienstleistungssektors	359
6.2.3	Service-Dominant Logic	361
6.2.4	Wandel durch Dienstleistungen – »Everything as a Service« als Leistungsergebnis des Digital Business	363
6.2.5	Modellierung von Dienstleistungen	372
	Weiterführende Literatur	375
7	**Anwendungsbereiche des House of Digital Business**	377
7.1	**Electronic Business im House of Digital Business**	379
7.1.1	Gestaltung von Geschäftsprozessen im Electronic Business	381
7.1.2	Strategische Ausrichtungen und Geschäftsmodelle im E-Business	393
7.1.3	E-Marketplace am Beispiel Amazon	395
7.2	**Social Business im House of Digital Business**	397
7.2.1	Technische Grundlagen für Social Business	400
7.2.2	Social-Software-Anwendungen in Unternehmen	402
7.2.3	Gesellschaftlicher Wandel durch Social Business	407
7.2.4	Gestaltung von Geschäftsprozessen im Social Business	411
7.2.5	Strategische Ausrichtung eines Social Business	415
7.3	**Mobile und Ubiquitous Business im House of Digital Business**	431
7.3.1	Technische Grundlagen für Mobile und Ubiquitous Business	432
7.3.2	Gesellschaftlicher Wandel durch Mobile und Ubiquitous Business	436
7.3.3	Gestaltung von Geschäftsprozessen im Mobile und Ubiquitous Business	439
7.3.4	Strategische Neuausrichtung im mobilen Zeitalter	442
7.3.5	Mobile Services	443
	Weiterführende Literatur	444

Serviceteil

Literatur 446

Stichwortverzeichnis 461

Tabellenverzeichnis

Tab. 1.1	Vergleich von materiellem Wirtschaftsgut und Information. (Krcmar 2009)	26
Tab. 2.1	SQL-Beispielantwort. (Eigene Darstellung)	92
Tab. 3.1	Strukturierung betrieblicher Anwendungssysteme. (Eigene Darstellung)	137
Tab. 3.2	Strukturierung operativer Systeme. (Eigene Darstellung)	139
Tab. 3.3	Branchenneutrale und spezifische operative Systeme. (Eigene Darstellung)	139
Tab. 3.4	Ziele des Computer Integrated Manufacturing. (Eigene Darstellung)	147
Tab. 3.5	Angestrebte Nutzenpotenziale im Einsatz von Warenwirtschaftssystemen. (Eigene Darstellung)	150
Tab. 3.6	Kundenunterstützung im Electronic Banking. (Eigene Darstellung)	155
Tab. 3.7	Haupttätigkeiten an Büroarbeitsplätzen. (Eigene Darstellung)	164
Tab. 4.1	Dimensionen des IT-Alignments. (Eigene Darstellung)	194
Tab. 4.2	Die neun Business Model Canvas Bausteine. (Eigene Darstellung in Anlehnung an Osterwalder (2004), 42–43)	199
Tab. 4.3	Beispiele für die Caesar-Verschlüsselung. (Eigene Darstellung)	212
Tab. 4.4	Zeichentabelle für das Einmal-Block-Verfahren. (Eigene Darstellung)	214
Tab. 4.5	Die Zwischenergebnisse bei der Einmal-Block-Verschlüsselung. (Eigene Darstellung)	214
Tab. 4.6	Beispiele für direkte und indirekte Kosten am Beispiel eines PC-Arbeitsplatzes im Unternehmen. (Krämer 2007)	217
Tab. 5.1	Implementation Roadmap. (Eigene Darstellung)	242
Tab. 5.2	Phasen der Systementwicklung. (Eigene Darstellung)	265
Tab. 5.3	Facetten der Kontextänderung. (Eigene Darstellung)	279
Tab. 6.1	Arten von Transaktionskosten. (Aufbauend auf Laudon et al. 2010)	352
Tab. 6.2	Unterscheidungsmerkmale von Goods-Dominant Logic und Service-Dominant Logic. (Aufbauend auf Vargo und Lusch 2004)	362
Tab. 6.3	Die zehn Prämissen der Service-Dominant Logic. (Drengner et al. 2013, Jahn 2013)	364
Tab. 6.4	Strategische, finanzielle und marketingorientierte Beweggründe als Treiber der Servitization. (Eigene Darstellung)	368
Tab. 7.1	Teilbereiche des E-Commerce. (Aufbauend auf Kuss u. Tomczak 2007)	394
Tab. 7.2	Nutzer-, Nutzungs-, und Nutzenorientierung im Electronic Business am Beispiel Amazon. (Eigene Darstellung)	397
Tab. 7.3	Nutzer-, Nutzungs- und Nutzenorientierung im Social Business. (Eigene Darstellung)	400
Tab. 7.4	Vergleich Wissensmanagement – Traditionell vs. Social Business. (Aufbauend auf Komus und Wauch 2008)	422

Einleitung

Zusammenfassung

Die Digitalisierung der Gesellschaft verändert die Art und Weise, wie wir konsumieren, arbeiten, leben und miteinander kommunizieren. Ziel dieses Kapitels ist es, darzulegen, welche Auswirkungen die wachsende Digitalisierung auf Unternehmen hat und welche Implikationen sich daraus ergeben. Des Weiteren wird erläutert, welche Auswirkungen die Digitalisierung auf die Wirtschaftsinformatik als wissenschaftliche Disziplin hat. Im Kern wird die Nutzer-, Nutzungs- und Nutzenorientierung eingeführt, die den digitalen Nutzer in den Mittelpunkt des Erkenntnisinteresses stellt. Ausgehend von der Orientierung am digitalen Nutzer und seinen Bedürfnissen müssen organisatorische Prozesse sowie Angebote in Form von Informationssystemen, Produkten und Dienstleistungen so gestaltet werden, dass sie diese Bedürfnisse bestmöglich erfüllen. Das führt dann zur Nutzung der Systeme oder Inanspruchnahme des Angebots, wodurch der angestrebte Nutzen sowohl für den digitalen Nutzer, das Unternehmen als auch die Gesellschaft erreicht wird. Aufbauend auf dieser Sichtweise wird das sogenannte »House of Digital Business« vorgestellt, das Unternehmen dabei unterstützen kann, die Herausforderungen der Digitalisierung zu bewältigen. Das Haus dient weiterhin als strukturgebendes Element für das gesamte Lehrbuch.

1.1 **Die Digitalisierung der Gesellschaft – 2**

1.2 **Wirtschaftsinformatik – 9**

1.3 **Nutzer-, Nutzungs- und Nutzenorientierung – 15**
1.3.1 Nutzerorientierung – 15
1.3.2 Nutzungsorientierung – 17
1.3.3 Nutzenorientierung – 18

1.4 **House of Digital Business – 20**

1.5 **Zentrale Begriffe, Normen und Abgrenzungen – 24**

1.6 **Aufbau des Buchs – 31**

Weiterführende Literatur – 34

J. M. Leimeister, *Einführung in die Wirtschaftsinformatik*,
DOI 10.1007/978-3-540-77847-9_1, © Springer-Verlag Berlin Heidelberg 2015

Lernziele des Kapitels

1. Sie können Treiber der Digitalisierung nennen und erklären, warum zu erwarten ist, dass die Digitalisierung noch weiter zunehmen wird.
2. Sie können erklären, welchen Einfluss die Digitalisierung auf Unternehmen und die Entscheidungsträger in Unternehmen hat.
3. Sie können die verschiedenen Ansätze zum Management der Digitalisierung beschreiben und beurteilen, welcher Ansatz unter welchen Rahmenbedingungen bevorzugt werden sollte.
4. Sie können den Gegenstandsbereich der Wirtschaftsinformatik und zentrale Forschungsansätze erklären sowie die Wirtschaftsinformatik im Vergleich zu verwandten Disziplinen einordnen und abgrenzen.
5. Sie können erklären, was »Nutzer-, Nutzungs- und Nutzenorientierung« bedeutet und die Auswirkungen dieser Denkweise auf Unternehmen diskutieren.
6. Sie können den Aufbau des House of Digital Business erklären.
7. Sie können die zentralen Begriffe der Wirtschaftsinformatik beschreiben und voneinander abgrenzen.

1.1 Die Digitalisierung der Gesellschaft

> Wir befinden uns mitten in einem Epochenwechsel. Ähnlich wie einst die industrielle Revolution verändert heute die digitale Revolution unsere gesamte Lebens- und Arbeitswelt, das Verhältnis vom Bürger zum Staat, das Bild vom Ich und vom Anderen. Ja, wir können sagen: Unser Bild vom Menschen wird sich ändern. (Gauck 2013)

Die Digitalisierung der Gesellschaft verändert die Art und Weise, wie wir kommunizieren, konsumieren, arbeiten und leben. Dieser Megatrend war eines der zentralen Themen in der Rede des deutschen Bundespräsidenten beim Festakt zum Tag der Deutschen Einheit 2013.

> **Digitalisierung**
>
> Unter Digitalisierung werden alle Veränderungen und deren Ergebnisse in allen Teilen der menschlichen Gesellschaft verstanden, die durch die verstärkte Anwendung von digitalen Technologien entstehen. (Aufbauend auf Stolterman u. Croon Fors 2004)

Die prominente Platzierung dieser Thematik in der Rede des Bundespräsidenten spiegelt die wachsende Bedeutung der Digitalisierung für Privatpersonen, Unternehmen und die Gesellschaft als Ganzes wider. Die Mehrzahl der Deutschen besitzt mittlerweile mindestens ein, viele sogar mehrere mobile, internetfähige Endgeräte. Des Weiteren zeigt ◘ Abb. 1.1, dass 72% der Unternehmen den Megatrend der Digitalisierung der Arbeitswelt als zentral für ihr Geschäft erachten und ihm damit eine höhere Bedeutung beimessen als anderen Megatrends, wie der Internationalisierung der Märke und dem demografischen Wandel (Statista 2013). Aber auch andere für Unternehmen zentrale Megatrends, wie die Produktvielfalt und Individualisierung der Angebote oder die steigende Bedeutung von Wissen und Bildung, sind mit der Digitalisierung verbunden.

Als Treiber der Digitalisierung gelten vor allem die immer weiter steigende Zahl an mobilen Endgeräten sowie deren Vernetzung und die stetig fortschreitende Miniaturisierung von IT. Die digitalen Nutzer sind daher mittlerweile fast ständig online und erwarten, dass sie jederzeit

1.1 · Die Digitalisierung der Gesellschaft

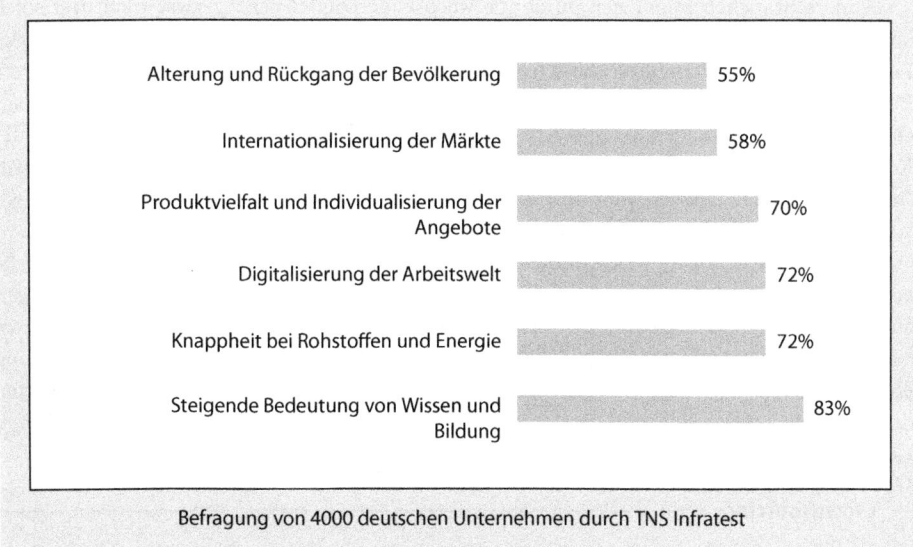

Abb. 1.1 Wichtige Megatrends für Unternehmen. (Statista 2013)

und überall ihre digitalen Produkte und Dienstleistungen verwenden können. Die Einführung neuer Standards, wie z. B. IPv6 (▶ Abschn. 2.4), eröffnet zudem völlig neue Vernetzungspotenziale und lässt erahnen, dass die Digitalisierung der Gesellschaft gerade erst begonnen hat. In Zukunft ist zum Beispiel zu erwarten, dass immer mehr Alltagsgegenstände mit IT angereichert werden. Durch den intelligenten Einsatz von Sensorik und Aktuatorik können digitale Produkte und Dienstleistungen noch stärker an die individuellen Bedürfnisse und den aktuellen Kontext eines jeden digitalen Nutzers angepasst werden (siehe auch ▶ Abschn. 7.2). Der Vision des Internets der Dinge folgend kann es demnach auch gelingen, die digitalen Nutzer mittels intelligenter (Teil-)Automatisierung effektiv bei ihren Tätigkeiten zu unterstützen, ohne dass sie dabei von der Technik abgelenkt werden (Weiser 1991, Mattern u. Flörkemeier 2010).

Neben den Potenzialen der Digitalisierung werden aber auch häufig die negativen Seiten dieser Entwicklung thematisiert. Wenngleich alle Mitglieder der Gesellschaft von der Digitalisierung betroffen sind, liegt ihr Fokus je nach Blinkwinkel auf unterschiedlichen Auswirkungen. Für Privatpersonen und die Medien ist der Datenschutz eines der dominierenden Themen. Aber auch zunehmender Zeitdruck oder die Erwartungshaltung, dass man ständig erreichbar sein muss, sind negative Eindrücke, die mit der Digitalisierung in Verbindung gebracht werden (ibi research 2013).

Viele Unternehmen befürchten hingegen, dass die Digitalisierung die Wirksamkeit ihrer Geschäftsmodelle beeinträchtigen könnte. Die Zeitungsindustrie hat zum Beispiel vergleichsweise stark mit den Folgen der Digitalisierung zu kämpfen, weil viele Artikel kostenlos im Internet gelesen werden können und dies zu einem rückläufigen Verkauf von Printexemplaren führt. Da die Einnahmen aus dem Printgeschäft jedoch immer noch die Hauptfinanzierungsquelle vieler Zeitungen sind, bedroht diese Entwicklung das wirtschaftliche Überleben vieler – im Besonderen kleinerer, regionaler – Zeitungen. Die Marktdurchdringung von Smartphones, die Verfügbarkeit des mobilen Internets und die Effektivität der Ertragsmodelle für digitale Nachrichten steigen kontinuierlich an und sind damit die Haupttreiber dieses sogenannten Zeitungssterbens (Dawson 2013).

Andere Branchen sehen sich durch die wachsende Digitalisierung zwar nicht mit solch kurzfristig existenziellen, dafür aber andersgearteten Herausforderungen konfrontiert. In der Finanzbranche bestehen diese beispielsweise in verschwindenden Markteintrittsbarrieren. Eine aktuelle Umfrage zeigt in diesem Zusammenhang, dass Unternehmen in dieser Branche weniger ihre aktuellen Wettbewerber fürchten, sondern vielmehr das Eindringen neuer Konkurrenten in den Markt (KPMG 2013). Ein Beispiel dafür ist das Aufkommen alternativer Bezahldienste, wie PayPal, Amazon Payments oder Google Checkout, die eines der Kerngeschäftsfelder von Banken adressieren.

Diese Beispiele zeigen, welch starken Einfluss die Digitalisierung auf die Geschäftsmodelle von Unternehmen hat. Hierbei darf man jedoch nicht vergessen, dass Herausforderungen auch gleichzeitig Chancen mit sich bringen, indem etwa komplett neue Märkte entstehen. Viele Crowdsourcing-Geschäftsmodelle wurden erst auf Grund der steigenden Digitalisierung ermöglicht, und Anbieter von Crowdsourcing-Plattformen wie TopCoder und Kickstarter, die frühzeitig auf diesen Trend gesetzt haben, erwirtschaften schon heute einen beachtlichen Gewinn (▶ Abschn. 7.2.4).

Crowdsourcing

Beim Crowdsourcing schlägt ein Crowdsourcer, der Unternehmung, Organisation, Gruppe oder Individuum sein kann, einer undefinierten Menge von potenziell Mitwirkenden (Crowdsourcees bzw. Crowdworker) eine Aufgabe über einen offenen Aufruf vor. Diese Crowdworker, die Individuen, formelle oder informelle Gruppen, Organisationen oder Unternehmen sein können, übernehmen die Bearbeitung der Aufgabe. Der folgende Interaktionsprozess erfolgt über IT-gestützte Crowdsourcing-Plattformen. Die Leistungsfähigkeit des Crowdsourcing liegt in der Aggregation der Vielzahl von Wissen und Ressourcen von unterschiedlichen und unabhängigen Mitwirkenden sowie den Möglichkeiten der Zerlegung, Verteilung, Parallelisierung, Standardisierung und Automatisierung sowie anschließenden Aggregation von Teilaufgaben. Crowdsourcing ermöglicht dem Crowdsourcer oftmals, Lösungen zu erhalten, die jenseits der etablierten Vorstellungskraft und der Leistungsfähigkeit anderer Arbeitsorganisationsformen sind. (Aufbauend auf Blohm et al. 2013)

Ebenso gibt es nun Unternehmen wie Airbnb, das Privatpersonen ermöglicht, nicht benötigten Wohnraum zum Beispiel an Touristen zu vermieten. Doch auch innovative, bereits etablierte Unternehmen können die verschwindenden Marktbarrieren dazu nutzen, neue Geschäftsfelder zu erschließen. Amazon ist zum Beispiel mit seinen Cloud-Computing-Angeboten in einen Markt vorgedrungen, der traditionell von IT-Unternehmen wie IBM und Microsoft dominiert wurde. Auch Tageszeitungen können innovative Bezahlmodelle oder das Anbieten von Produkt-Dienstleistungs-Bündeln (Leimeister 2012) dazu nutzen, um zusätzliche Einnahmen zu generieren. Ein Beispiel hierfür ist die BILD-Zeitung, die seit Mitte Juni 2013 den Premiumservice BILDplus als monatliches Abonnement anbietet. Abonnenten erhalten hierdurch unter anderem Zugang zu exklusiven Artikeln, Apps für verschiedene Endgeräte und Zusammenfassungen der Partien der Fußball-Bundesliga. Des Weiteren bietet die Zeitung verschiedene Abonnements auch oft in Kombination mit subventionierten mobilen Endgeräten wie dem Apple iPad an.

Alle der hier skizzierten Beispiele zeigen auch, dass es im Zeitalter der Digitalisierung wichtig ist, seine digitalen Produkte und Dienstleistungen systematisch zu entwickeln und zu managen, z. B. durch die intelligente Einbindung am Markt existierender Mehrwertdienstleistungen

(Leimeister 2012). So besitzt der Speicherdienst Dropbox zum Beispiel keine eigenen Server, sondern greift hier auf Amazon als Dienstleister zurück. Analog entwickelt kaum ein Unternehmen noch eigene Zahlungsdienste; stattdessen werden etablierte Angebote wie PayPal verwendet. Dies verdeutlicht den stärker werdenden Trend weg von klassischen Wertschöpfungsketten, wie sie aus der Güterproduktion bekannt sind, hin zu Wertschöpfungsnetzwerken und Dienstleistungssystemen (s. ▶ Kap. 6), wie Apple sie zum Beispiel einsetzt (Leimeister 2012). Die Auswirkungen der Digitalisierung auf die Geschäftsmodelle und Wertschöpfung von Unternehmen können an dieser Stelle nur kurz skizziert werden; deshalb wird diese Thematik, inklusive anschaulicher Beispiele, in ▶ Abschn. 4.1.3 tiefergehend behandelt.

Da die Digitalisierung einen Einfluss darauf hat, wie Unternehmen am Markt agieren müssen, ist es nur logisch, dass diese Thematik für die Geschäftsleitung von großem Interesse ist und sich auch auf die interne Organisation von Unternehmen auswirkt. Laut einer Studie des Center for Information Systems Research (CISR) des Massachusetts Institute of Technology (MIT) geben schon heute einige Unternehmen über 25% des operativen Budgets dafür aus, ihr Geschäft an die fortschreitende Digitalisierung anzupassen – Tendenz steigend (Weill u. Woerner 2013).

Aufgrund dieser Entwicklung könnte nun angenommen werden, dass dem IT-Verantwortlichen eines Unternehmens – oft auch als Chief Information Officer (CIO) bezeichnet – und der IT-Abteilung automatisch eine Schlüsselrolle beim Management der Digitalisierung zukommt. Doch die Rollen des CIO und der IT-Abteilung müssen differenzierter betrachtet werden, denn die gleiche Studie zeigt auch, dass sich nur 39% des operativen Budgets für das Management der Digitalisierung im IT-Budget wiederfindet. Daraus lässt sich ableiten, dass die Digitalisierung zwar immer stärker an Bedeutung gewinnt, jedoch noch keine Einigkeit darüber herrscht, wo Digitalisierungsaktivitäten organisatorisch verankert werden sollten. Ein Grund für diese Uneinigkeit ist die Beobachtung, dass IT an unterschiedlichen Stellen im Unternehmen zunehmend an Bedeutung gewinnt. Neben der klassischen Bedeutung der IT als Informations- und Kommunikationsinfrastruktur für Organisationen wird IT immer häufiger Teil konkreter Produkte und Dienstleistungen, die am Markt angeboten werden. Dadurch sind unterschiedliche Digitalisierungsaktivitäten häufig bei verschiedenen Entscheidungsträgern verankert.

Da der CIO oft die Rolle des internen IT-Dienstleisters einnimmt, ist er für die Digitalisierungsaktivitäten zuständig, welche die IT-Infrastruktur betreffen. Die Digitalisierung von Produkten und Dienstleistungen obliegt oftmals den einzelnen Fachabteilungen oder wird von einem sogenannten Chief Digitization Officer (CDO) wahrgenommen. In anderen Unternehmen hingegen wird versucht, möglichst viele Digitalisierungsaktivitäten dem CIO zuzuordnen. Die Vorteile des CIO und der IT-Abteilung sind, dass sie für gewöhnlich einen guten Überblick über die verschiedensten Digitalisierungsaktivitäten eines Unternehmens haben und auf viel Erfahrung im Bereich der Digitalisierung, z. B. von Geschäftsprozessen, zurückgreifen können. Durch diese Vorteile sind CIO und IT-Abteilung in einer guten Position, um die verschiedenen Digitalisierungsaktivitäten des Unternehmens zu bündeln und zu koordinieren. In einer ersten empirischen Studie fanden Weill und Woerner (2013) weiterhin heraus, dass Unternehmen, die mehr als 60% des Budgets für das Management der Digitalisierung im IT-Budget verankert haben, einen über 50% höheren Return on Assets als ihre Wettbewerber vorweisen können. Jedoch ist festzuhalten, dass eine zuverlässige Bewertung der verschiedenen Möglichkeiten derzeit noch nicht möglich ist.

Aus der zuvor skizzierten Uneinigkeit hinsichtlich der organisatorischen Verankerung der Digitalisierungsaktivitäten resultieren verschiedene Ansätze zum Management der

	Konvergenz	Koordination	Isolation
Fokus	Verflechtung für Synergieeffekte	Koordination für gewünschte Ergebnisse	Lokale Innovation
Umsetzung	Zusammenlegen aller Digitalisierungsprozesse (Daten, Infrastruktur, Fähigkeiten, Managementprozesse) unter einem Verantwortlichen, soweit möglich	Zuweisung der Digitalisierung zu verschiedenen Verantwortlichen oder Funktionen. Verwendung von Governance und Budget, um Übergaben, Serviceergebnisse, Daten und Risiken zu koordinieren	Das Digitalisierungsmanagement wird dezentralisiert mit lokaler Zuständigkeit. Ein globales Risiko-Management ist notwendig

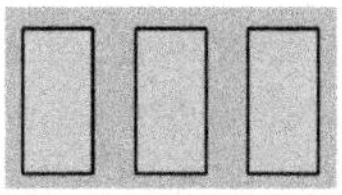

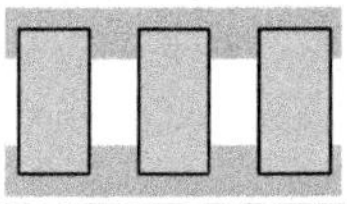

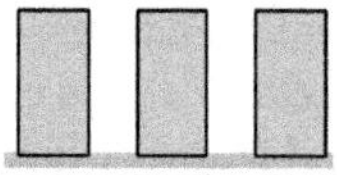

Abb. 1.2 Ansätze zum Management der Digitalisierung. (Weill u. Woerner 2013)

Digitalisierung. Im Folgenden werden drei populäre Ansätze vorgestellt (Weill u. Woerner 2013): Konvergenz, Koordination und Isolation (Abb. 1.2).

- **Konvergenz**

Im Konvergenzansatz werden alle digitalisierungsbezogenen Investitionen unter der Verantwortung einer einzelnen Führungskraft zusammengeführt. In der Regel erfordert der Konvergenzansatz die Einführung neuer oder zumindest die Abwandlung bestehender Organisationsstrukturen, um Wirkung zu zeigen, Synergien zu ermöglichen und die Wiederverwendung zu erhöhen. Unternehmen, die zum Erreichen von Synergien den Konvergenzansatz verwenden, werden die höchstmögliche organisatorische Verbindung der wichtigsten Vermögenswerte (Personen, Daten, Infrastruktur, Fähigkeiten und Managementprozesse) anstreben.

- **Koordination**

Koordination fügt neue Mechanismen in die bestehende Organisationsstruktur ein, um das Erreichen der Unternehmensziele zu unterstützen. Damit ein bestimmtes Ergebnis erreicht werden kann, müssen demnach diverse organisationale Mechanismen zusammenarbeiten. Dieser Ansatz ist bei wenigen unternehmensweiten Zielen gut geeignet; bei vielen weitgreifenden Unternehmenszielen kann es zu einer unüberschaubaren und leicht zu umgehenden Reihe von Führungsgremien und Prozessen kommen. Die typische Organisationsstruktur in einem Koordinationsmodell besteht aus separaten Einheiten, die sich mit unterschiedlichen Aspekten der Digitalisierung befassen und dabei von einer geteilten Infrastruktur an der Basis unterstützt sowie von kundenorientierten Koordinierungsmechanismen an der Spitze verbunden werden. Der Koordinationsansatz erleichtert eine einheitliche Kundenerfahrung und kann das Einhalten von Regeln begünstigen.

- **Isolation**

Im Ansatz der Isolation gelten Innovation und ein unabhängiges, lokales Management der verschiedenen separaten Einheiten, die sich mit Aspekten der Digitalisierung befassen, als Schlüssel zum Erfolg. Die verschiedenen Einheiten, z. B. verschiedene Produktgruppen, Geschäftseinheiten oder Standorte, sind eigenverantwortlich und sollen ihren eigenen lokalen Wert maximieren, ohne dass Koordinationsaufwände entstehen. Dieser Ansatz verpflichtet ein Unternehmen zu lokalen Innovationen, zumeist in Form von neuen Produkten und Dienstleistungen. Mit minimaler Aufteilung, Normung oder zentraler Steuerung wird angestrebt, das beste Produkt oder die beste Dienstleistung zu entwickeln. Die Unternehmen, die den Ansatz der Isolation umsetzen, haben ein dezentrales Management. Notwendige Kompetenzen werden oft mit leichten Unterschieden in jeder Einheit dupliziert und die Verantwortung für Gewinn und Verlust wird lokal begrenzt. Typischerweise ist bei diesem Ansatz ein globales Risikomanagement notwendig. Da die Digitalisierung steigt und eine stärkere Nachfrage für integrierte Produkt-Dienstleistungs-Bündel besteht, gibt es nur sehr wenige Unternehmen, die diesen Ansatz verfolgen. Stark diversifizierte Unternehmen können es jedoch immer noch als eine sinnvolle Vorgehensweise empfinden.

Jeder Ansatz verfolgt ein anderes Ziel und hat demnach unterschiedliche Erfolgsmaße. Die Frage, welcher Ansatz zu bevorzugen ist, lässt sich kaum allgemein beantworten. Vielmehr ist es hier eine zentrale Aufgabe der Geschäftsleitung, den Ansatz zu wählen, der für das Unternehmen am vielversprechendsten ist.

Zuvor wurde mehrfach auf die Bedeutung des CIO beim Management der Digitalisierung und die Veränderung der Rolle des CIO hingewiesen. Daher ist es wichtig, die Aufgabenbereiche des CIO näher zu beleuchten, denn genau wie die Digitalisierung Einfluss auf die Organisation des gesamten Unternehmens hat, so beeinflusst sie auch die Aufgaben, die ein CIO wahrnehmen sollte. Insgesamt kann festgehalten werden, dass die Aufgaben des heutigen CIO über das reine Management der IT, z. B. Bereitstellung der IT-Leistungen für die Fachabteilungen[1] und Koordination des Einsatzes der Mitarbeiter der IT-Abteilung, hinausgehen. Vielmehr sehen sich heutige CIOs mit einer Vielzahl von Aufgaben konfrontiert, die in vier Kategorien eingeordnet werden können (Weill u. Woerner 2013): Interne IT-Dienstleistungen, Kooperationen, Interaktion mit externen Kunden und Integration der Unternehmensprozesse.

- **Interne IT-Dienstleistungen**

Der Schwerpunkt der Tätigkeit des CIO im Bereich der internen IT-Dienstleistungen besteht im Sicherstellen der Verfügbarkeit aller IT-Dienstleistungen, die das Unternehmen braucht, um in einer digitalen Wirtschaft agieren zu können. Diese Leistungen umfassen die Bereitstellung von IT-Infrastruktur, Anwendungen und Projekten sowie das Ermöglichen von Zusammenarbeit und die Verwendung von Onlinediensten im gesamten Unternehmen für Mitarbeiter und Kunden auf den entsprechenden Kosten-, Risiko- und Serviceebenen. Das zentrale Ziel ist es hier, den Kunden in den anderen Bereichen des Unternehmens die benötigte IT-Unterstützung zu bieten.

- **Kooperationen**

Im Bereich der Kooperationen liegt der Schwerpunkt des CIO darauf, regelmäßig an strategischen Besprechungen teilzunehmen und die unternehmensweiten Geschäftsabläufe zu überwachen. Hinzu kommen alle wichtigen Fragen, welche die Firma betreffen, einschließlich

---

1 Als Fachabteilungen werden alle Abteilungen außerhalb der Informationstechnik bezeichnet.

Personaleinstellung, Unternehmenskultur und -ressourcen, externe Partnerschaften, Budgets, Akquise, Produktentwicklung, Globalisierung, Risikomanagement und Compliance. Der CIO im Bereich der Kooperationen ist, neben den anderen hochrangigen Führungskräften, die Geschäftseinheiten leiten, ein Teil des Managements des Unternehmens. Er nimmt an der kritischen Entscheidungsfindung teil und ist insbesondere für die Digitalisierung des Unternehmens, die Priorisierung der IT-Ausgaben sowie die Definition der IT-Governance verantwortlich und übernimmt einen Teil der gemeinsamen Verantwortung für die unternehmensweite Performance und Governance. IT-Governance bedeutet, dass die Entscheidungsrechte und Verantwortlichkeiten spezifiziert sind, die ein gewünschtes Verhalten bei dem Einsatz von IT fördern (Krcmar 2009).

- **Interaktion mit externen Kunden**
Der Schwerpunkt der Tätigkeit des CIO im Bereich der Interaktion mit externen Kunden liegt darauf, die Beziehungen des Unternehmens zu seinen Kunden zu stärken und zu helfen, Produkte und Dienstleistungen zu verkaufen und zur Verfügung zu stellen. Diese Tätigkeit ist besonders häufig bei IT-Dienstleistern zu finden. In Unternehmen, die einen anderen Schwerpunkt haben, fokussiert sich diese Tätigkeit des CIO auf die Interaktion mit Business-Kunden, um Themen wie die Vernetzung mit Partnern, neue Dienstleistungen für Unternehmen oder gemeinsame Innovation zu forcieren.

- **Integration der Unternehmensprozesse**
Im Bereich der Integration der Unternehmensprozesse liegt der primäre Fokus des CIO auf der Integration und Überwachung der grundlegenden Geschäftsprozesse im Unternehmen sowie der IT. Dies schließt bei einer Bank etwa die Verantwortung für Bankgeschäfte mit ein oder bei einem Autohersteller die Verantwortung für die Abläufe in der Produktion. Damit wirkt der Aufgabenbereich der Integration der Unternehmensprozesse als natürliche Erweiterung des Tätigkeitsbereichs des CIO für IT-Dienstleistungen. Der wesentliche Unterschied besteht darin, dass der CIO im Bereich der Integration von Unternehmensprozessen die Verantwortung für die Lieferung und Optimierung von einigen unternehmerischen Geschäftsprozessen trägt, die traditionell außerhalb der IT lagen. Diese CIO-Tätigkeit ist oft in Unternehmen, in denen Prozesse zunehmend digitalisiert werden, wie Finanzdienstleistern oder Online-Unternehmen, gefragt.

Die Herausforderung für den CIO besteht darin, seine verfügbare Zeit adäquat auf die vier Kategorien zu verteilen. Die Digitalisierung hat hierauf einen wesentlichen Einfluss.

Während früher der Großteil der Zeit für interne IT-Dienstleistungsaufgaben aufgewendet wurde (Weill u. Woerner 2013), geht der zeitliche Aufwand in dieser Kategorie heutzutage immer stärker zurück. Gleichzeitig erhöht sich die Zeitspanne, die für Aufgaben der anderen Kategorien aufgewendet werden, teilweise deutlich. So liegt der Fokus nun auf der Kooperation mit den Kollegen der Geschäftsleitung, der Integration der Unternehmensprozesse sowie der Interaktion mit externen Kunden. Unsere derzeitigen Forschungserkenntnisse weisen darauf hin, dass sich dieser Trend in Zukunft weiter verstärken wird. In dieser Veränderung der Zeiteinteilung spiegeln sich verschiedene der zuvor angesprochenen Themen wider. Da durch die Digitalisierung existierende Geschäftsmodelle unwirksam werden können, steht das Unternehmen vor neuen Herausforderungen. Der CIO muss daher gemeinsam mit seinen Kollegen neue Produkte, Dienstleistungen und Geschäftsmodelle entwickeln. Ebenso muss er mit Kunden interagieren, um die Veränderungen in deren Konsumverhalten und die Auswirkungen auf die anzubietenden Produkte und Dienstleistungen analysieren. Innerhalb des Unternehmens muss er die immer stärkere Vernetzung der verschiedenen Unternehmensbereiche koordinieren. Sein Fokus liegt heute und wahrscheinlich auch in Zukunft viel stärker auf der (Um-)Gestaltung seines Unternehmens.

Zusammenfassend kann festgehalten werden, dass eine Querschnittskompetenz aller kaufmännischen Bereiche bestehen muss. Des Weiteren besteht eine Kernkompetenz des CIO der Zukunft darin, die Bedeutung der Digitalisierung und die daraus resultierenden Auswirkungen auf eine Organisation zu erkennen und entsprechend handeln zu können.

Da die Wirtschaftsinformatik unter anderem das Zusammenspiel zwischen IT- und Geschäftsstrategie und die Rolle des CIOs in Unternehmen adressiert (siehe hierzu ▶ Kap. 4), ist es nur logisch, dass die Digitalisierung auch Auswirkungen auf die Wirtschaftsinformatik hat.

1.2 Wirtschaftsinformatik

> **Wirtschaftsinformatik**
>
> Die Wirtschaftsinformatik befasst sich mit allen Aktivitäten rund um Entwicklung, Einführung, Betrieb, Nutzung und Ablösung von Informationssystemen in Wirtschaft, Verwaltung und privatem Bereich. Ziel ist insbesondere auch die Gestaltung von sozial akzeptablen, technisch stabilen und ökonomisch nachhaltigen Informations- und Geschäftssystemen. (WKWI und GI FB WI 2011)

> **Informationssysteme**
>
> Bei Informationssystemen handelt es sich um soziotechnische (»Mensch-Maschine-«) Systeme, die menschliche und maschinelle Komponenten (Teilsysteme) umfassen, insbesondere einer Aufgabenerfüllung dienen und zum Ziel der optimalen Bereitstellung von Information, Koordination und Kommunikation nach wirtschaftlichen Kriterien eingesetzt werden. (Aufbauend auf WKWI 1994)

Der Ursprung der Wirtschaftsinformatik liegt in der betrieblichen Notwendigkeit der Unternehmen, die Potenziale des Einsatzes von Informations- und Kommunikationstechnik zu heben. Konsequenterweise waren die Schnittstellen zur Betriebswirtschaftslehre und Informatik von zentraler Bedeutung, was zur Charakterisierung der Wirtschaftsinformatik als »interdisziplinäres Fach zwischen Betriebswirtschaftslehre und Informatik« (Mertens 2013) führte. Logischerweise hat die Wirtschaftsinformatik auch heute noch Schnittstellen zur Betriebswirtschaftslehre und Informatik. Im Laufe der Entwicklung der Disziplin rückten jedoch auch die Schnittstellen zu den Ingenieurwissenschaften und den Verhaltenswissenschaften stärker in den Fokus (◘ Abb. 1.3). Unter Zuhilfenahme von Erkenntnissen aus den Ingenieurwissenschaften wurde zum Beispiel ein Ansatz entwickelt, der eine reproduzierbare Gestaltung von virtuellen Gemeinschaften ermöglicht (Leimeister u. Krcmar 2006). Basierend auf Erkenntnissen der Verhaltenswissenschaften zu menschlichem Verhalten wurde weiterhin eine Methode entwickelt, die es ermöglicht, Gestaltungselemente für ubiquitäre Systeme (s. ▶ Abschn. 7.3) abzuleiten, die das Vertrauen der Nutzer und deren Absicht, das System zu nutzen, erhöhen (Söllner, Hoffmann et al. 2012). Obwohl die Wirtschaftsinformatik als interdisziplinäre Disziplin häufig Erkenntnisse an den Schnittstellen zu anderen Disziplinen erarbeitet und oft auf Grundlagen anderer Disziplinen zurückgreift, so gibt es auch einen

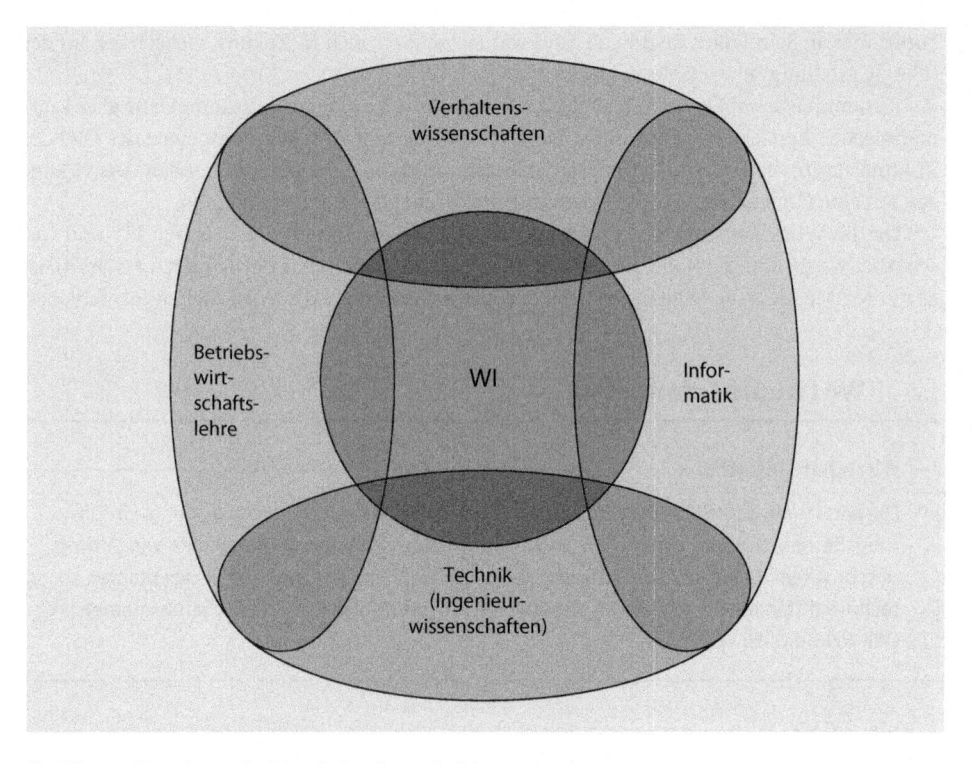

Abb. 1.3 Einordnung der Wirtschaftsinformatik. (Mertens 2013)

eigenen Wirtschaftsinformatik-Theoriekern, der sich zum Beispiel mit dem menschlichen Verhalten bei der Verwendung von Informationssystemen befasst (Straub 2012).

Durch die Zusammenarbeit mit verschiedenen anderen Disziplinen bedienen sich Forscher der Wirtschaftsinformatik einer Vielzahl unterschiedlicher Forschungsansätze und -methoden, die jedoch grundsätzlich zwei Forschungsparadigmen zugeordnet werden können: verhaltensorientierter Forschung und gestaltungsorientierter Forschung.

- **Verhaltensorientierte Forschung**

Ziel der verhaltensorientierten Forschung ist es, den Nutzer und sein Verhalten zu verstehen. Im Vordergrund stehen Fragen nach den Einflussfaktoren, nach Charaktereigenschaften oder Erfahrung im Umgang mit Technik, die einen Nutzer dazu verlassen, ein Informationssystem oder eine Geschäftslösung zu akzeptieren (s. ▶ Abschn. 4.2.2). Folglich ist das Ergebnis der verhaltensorientierten Forschung zumeist ein Modell, das gewisse Aspekte des menschlichen Verhaltens oder der menschlichen Wahrnehmung und deren Einfluss auf Informationssysteme und Geschäftslösungen erklärt beziehungsweise voraussagt. Mit Hilfe dieses Ansatzes ist es daher möglich, die Bedürfnisse der digitalen Nutzer zu analysieren. Im Fokus dieses Forschungsstranges stehen demnach die Entwicklung von Theorien und der Beitrag zur Wissensbasis nach dem Vorbild der Naturwissenschaften. Ein Informationssystem oder eine Geschäftslösung wird in diesem Ansatz daher als gegeben betrachtet und Erkenntnisse über Ursache-Wirkungs-Zusammenhänge werden angestrebt. Ein prominentes Beispiel für ein Ergebnis der verhaltensorientierten Forschung der Wirtschaftsinformatik ist das sogenannte »Technology Acceptance Model« (Davis 1989, Davis, Bagozzi et al. 1989). Dieses besagt, dass

1.2 · Wirtschaftsinformatik

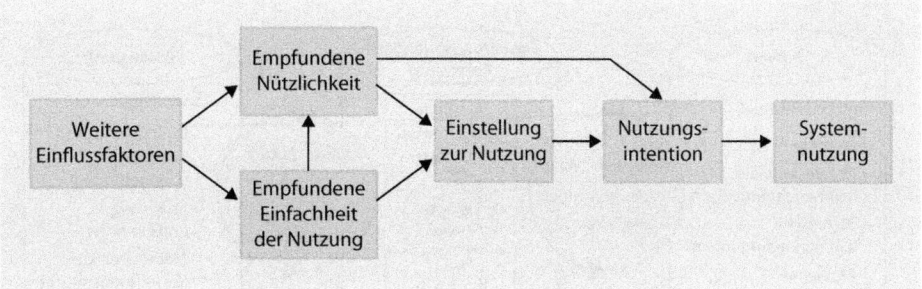

Abb. 1.4 Technology Acceptance Model. (Davis, Bagozzi et al. 1989)

die initiale Nutzung eines Informationssystems vor allem davon abhängt, ob der Nutzer das System als nützlich und einfach zu nutzen empfindet (Abb. 1.4). Die abgebildete Version stellt die erste Version des Modells dar und wurde in den letzten Jahrzehnten mehrfach weiterentwickelt (Venkatesh, Morris et al. 2003, Venkatesh u. Bala 2008).

Die verhaltensorientierte Forschung trägt demnach dazu bei, intersubjektiv nachvollziehbare Erkenntnisse über Einsatz und Akzeptanz von Informationssystemen und Geschäftslösungen durch die Nutzer zu generieren. Spann (2010) betont, dass die verhaltensorientierte Forschung durch diesen Fokus eine Vielzahl von Erkenntnissen generiert, die als Grundlage für die Gestaltung von neuen Informationssystemen und innovativen Geschäftslösungen herangezogen werden können.

- **Gestaltungsorientierte Forschung**

Während im angelsächsischen Raum vorwiegend der verhaltensorientierte Ansatz verfolgt wird, so steht in Europa, besonders im deutschsprachigen Raum und Skandinavien, die gestaltungsorientierte Forschung im Vordergrund. Primäres Erkenntnisziel dieses Ansatzes sind normative Anleitungen, die zur Konstruktion von Informationssystemen sowie innovativen Geschäftslösungen – sogenannten Artefakten – herangezogen werden. Die gestaltungsorientierte Wirtschaftsinformatik sieht Informationssysteme und Geschäftslösungen daher nicht als gegeben an, sondern konzipiert eine Sollvorstellung eines Informationssystems oder einer Geschäftslösung und versucht, dieses unter Berücksichtigung der vorhandenen Ressourcen und Rahmenbedingungen zu konstruieren (Österle, Becker et al. 2010). Mit Hilfe dieses Ansatzes ist es daher möglich, Informationssysteme und Geschäftslösungen auf die Bedürfnisse der digitalen Nutzer hin auszurichten. Ein Beispiel für ein Ergebnis der gestaltungsorientierten Forschung sind Referenzmodelle, die in ▶ Abschn. 3.2.3 näher betrachtet werden.

Das Drei-Zyklen-Modell der gestaltungsorientierten Forschung von Hevner (2007) verdeutlicht den klassischen Ablauf des Forschungsprozesses und zeigt die Verbindung zur verhaltensorientierten Wirtschaftsinformatik (Abb. 1.5).

Die mittlere Säule der Abbildung stellt den eigentlichen Kern der gestaltungsorientierten Forschung dar. Im Design-Zyklus werden innovative Artefakte (weiter-)entwickelt und evaluiert, bis die gewünschte nutzenstiftende Lösung für das betriebliche Problem entstanden ist. Die Existenz der beiden anderen Zyklen zeigt jedoch, dass der Design-Zyklus alleine nicht ausreichend ist. So müssen die verfügbaren Ressourcen und Rahmenbedingungen berücksichtigt werden, unter denen das Artefakt eingesetzt werden soll. Diese Betrachtung findet im Relevanz-Zyklus statt. Hier werden zum einen Anforderungen an das Artefakt abgeleitet und zum anderen werden verschiedene Versionen eines Artefakts auf ihre praktische Einsetzbarkeit hin

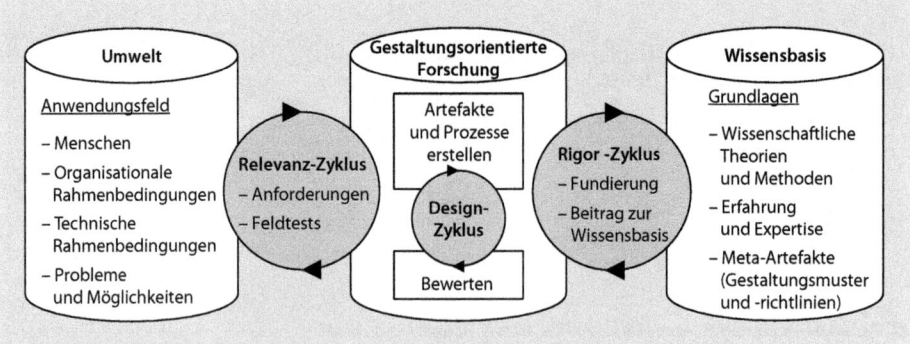

◘ Abb. 1.5 Drei Zyklen-Modell der gestaltungsorientierten Forschung. (Hevner 2007)

überprüft. Der Rigor-Zyklus verdeutlicht die Verbindung zwischen verhaltensorientierter und gestaltungsorientierter Wirtschaftsinformatik. So liefern Theorien zur Erklärung des menschlichen Verhaltens viele gute Hinweise zur Gestaltung von Informationssystemen und Geschäftslösungen (Briggs 2006). Gleichzeitig liefern die Entwicklung und der Einsatz eines konkreten Informationssystems oder einer konkreten Geschäftslösung im realen Anwendungsfeld wertvolle Hinweise zur Richtigkeit der verwendeten Theorien und können dazu dienen, existierende Theorien zu verfeinern oder gar neue Theorien zu entwickeln (Spann 2010).

Neben der Entwicklung von neuen Informationssystemen und Geschäftslösungen zielt die gestaltungsorientierte Wirtschaftsinformatik auch darauf ab, Unternehmen bei Veränderungsvorhaben zu unterstützen, die durch neue Informationssysteme und Geschäftslösungen notwendig sind. Die genauere Betrachtung dieses Ziels der Wirtschaftsinformatik ist insbesondere vor dem Hintergrund der Digitalisierung und des Erfolgs von Unternehmen wie Amazon oder Apple, denen es sehr gut gelingt, aus neuen technischen Möglichkeiten schnell richtige Rückschlüsse für ihre Geschäftsmodelle und -prozesse zu ziehen, von großer Bedeutung. Forschungsaktivitäten der Wirtschaftsinformatik in diesem Bereich lassen sich unter dem Begriff des Business Engineering zusammenfassen.

> **Business Engineering**
>
> Business Engineering bezeichnet die methoden- und modellbasierte Konstruktionslehre für Geschäftssysteme und Veränderungsvorhaben in Unternehmen und Wertschöpfungssystemen. (Aufbauend auf Winter 2008, Österle 2013)

Grundgedanke des Business Engineering ist es, durch Anwendung ingenieurwissenschaftlicher Ansätze »innovative Geschäftslösungen so professionell wie Flugzeuge oder Fertigungsanlagen zu entwickeln« (Österle u. Blessing 2005). Zentrale Motivation ist die Annahme, dass Innovationen, die insbesondere durch den stetigen Fortschritt der Informations- und Kommunikationstechnologien getrieben sind, neue Geschäftslösungen ermöglichen (Österle 2013).

Das Business Engineering zielt darauf ab, den kompletten Prozess, bestehend aus der anfänglichen Strategiefindung und der anschließenden Gestaltung von Geschäftsmodellen, bis hin zur Organisations- und Systementwicklung zu begleiten. Des Weiteren werden der stetige Wandel und die Weiterentwicklung im laufenden Betrieb betrachtet, die sich zum Beispiel aus veränderten Rahmenbedingungen ergeben können (Österle 2007). Diesem Ziel folgend sind im Business Engineering die folgenden Aspekte von zentraler Bedeutung (Österle 2013): Transformationsmanagement, Trennung von Gestaltungsebenen, Ganzheitlichkeit und ingenieurmäßiges Vorgehen.

- **Transformationsmanagement**

Wie oben beschrieben, ist es das Ziel des Business Engineering, innovative Geschäftslösungen zu entwickeln und Unternehmen bei damit verbundenen Veränderungsvorhaben zu unterstützen. Beispiele hierfür können die Umstrukturierung von Geschäftsbereichen oder die Verwendung anderer Informationssysteme sein. Neben den notwendigen technischen und fachlichen Änderungen ist es wichtig zu beachten, dass meist eine Vielzahl von Mitarbeitern oder Nutzern betroffen sind. Deshalb ist es von zentraler Bedeutung sicherzustellen, dass die Betroffenen verstehen, warum eine Änderung vorgenommen werden muss, und sie idealerweise sogar an der Ausarbeitung der konkreten Änderung zu beteiligen. Diese Betrachtung der sogenannten politischen und kulturellen Dimension erhöht die Wahrscheinlichkeit, dass die Veränderung, zum Beispiel der Einsatz eines neuen Informationssystems, von den Nutzern akzeptiert und auch gelebt wird. Eine Vernachlässigung dieses Aspekts kann zu Ablehnung oder Widerstand der Betroffenen führen. Obwohl dies trivial erscheinen mag, wird dieser Aspekt in der Praxis oftmals nicht ausreichend priorisiert; das verdeutlicht zum Beispiel der große Literaturfundus, der sich mit der Ablehnung von Informationssystemen befasst (Lapointe u. Rivard 2005).

- **Trennung von Gestaltungsebenen**

Um die verschiedenen Transformationsaufgaben zu strukturieren, sollten verschiedene Ebenen verwendet werden, welche die unterschiedlichen Gestaltungsdimensionen repräsentieren, beispielsweise eine strategische, eine organisatorische sowie eine technologische Ebene.

- **Ganzheitlichkeit**

Die Ganzheitlichkeit betont den Anspruch, sämtliche Aspekte der Entwicklung einer innovativen Gesamtlösung zu berücksichtigen. Daraus folgt, dass auf eine Vielzahl unterschiedlicher Methoden und Kenntnisse zurückgegriffen werden muss, um einerseits die notwendigen technischen und fachlichen Veränderungen adäquat zu identifizieren und zu gestalten und andererseits gleichzeitig die politische und kulturelle Dimension, die im Transformationsmanagement betont wurde, zu adressieren.

- **Ingenieurmäßiges Vorgehen**

Ein zentrales Merkmal des Business Engineering ist der Anspruch, Geschäftslösungen nach dem Vorbild des ingenieurwissenschaftlichen Vorgehens zu entwickeln. Folglich kommt Methoden, die dabei helfen, den Transformationsprozess zu strukturieren, im Business Engineering eine besondere Bedeutung zu. Als Grundlage für diese Methoden dient das Method Engineering (Gutzwiller 1994, Brinkkemper 1996). Nach dem Vorbild der Ingenieurwissenschaften werden auch verschiedene Konkretisierungen vorgenommen, die den Transformationsprozess unterstützen. So ist das Business Engineering ergebnisorientiert und definiert Techniken, mit deren Hilfe die Ergebnisse erzielt werden. Zudem wird der Gestaltungsbereich von Methoden durch ein Metamodell beschrieben und das Vorgehen mit Hilfe von Aktivitäten und notwendigen Rollen strukturiert.

Im Folgenden wird nun noch auf eine zentrale strukturgebende Komponente des Business Engineering – das Business-Engineering-Modell (◘ Abb. 1.6) – genauer eingegangen, welches

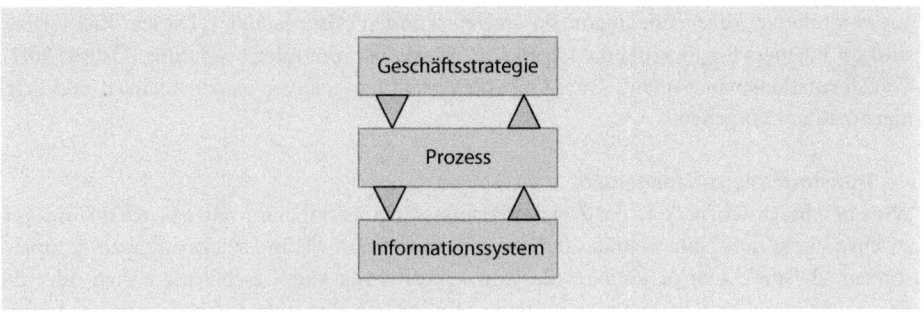

Abb. 1.6 Business-Engineering-Modell. (Österle 2010)

eine der Grundlagen für dieses Lehrbuch darstellt. Das Modell besteht aus drei Ebenen: Geschäftsstrategie, Prozess und Informationssystem.

- **Geschäftsstrategie**

Die Fragen, die auf dieser Gestaltungsebene beantwortet werden sollten, können als »Was«-Fragen bezeichnet werden. Hier geht es darum festzulegen, welche Ziele ein Unternehmen oder eine Fachabteilung erreichen möchte. Dazu gehören Fragen nach der Positionierung im Wettbewerb, etwa ob Qualitäts- oder Preisführerschaft angestrebt wird, oder der Positionierung in Wertschöpfungsnetzwerken, beispielsweise als Vermittler von Serviceanbietern und -nachfragern oder als Serviceaggregator. Des Weiteren ist es hier wichtig, das Produkt- und Dienstleistungsportfolio festzulegen, das am Markt angeboten werden soll (Leimeister 2012).

- **Prozess**

Auf dieser Gestaltungsebene stehen die sogenannten »Wie«-Fragen im Vordergrund. Basierend auf den strategischen Überlegungen der übergeordneten Gestaltungsebene werden hier organisatorische Prozesse definiert, welche die Erreichung der definierten strategischen Ziele ermöglichen sollen. Wichtig ist dabei die Definition von Verantwortlichkeiten, Berichtswegen, Aktivitäten und Abläufen sowie der Informationsbedarfe und -flüsse (Winter 2008).

- **Informationssystem**

Auf dieser Ebene wird thematisiert, inwiefern die organisatorischen Prozesse unter Zuhilfenahme von Informationssystemen unterstützt werden können. Diese Fragen können als »Womit«-Fragen zusammengefasst werden. Im Vordergrund stehen hier Softwarekomponenten, Datenstrukturen sowie Software- und Hardwarekomponenten und deren Kombination zur Unterstützung der organisatorischen Prozesse (Winter 2008).

- **Zusammenspiel der Ebenen**

Das Zusammenwirken der Ebenen wurde in den jeweiligen Abschnitten schon angerissen. Aufgrund der Bedeutung dieses Zusammenspiels soll jedoch nochmals betont werden, dass die ganzheitliche Betrachtung der verschiedenen Gestaltungsebenen elementar ist. Die übergeordnete Ebene definiert jeweils Anforderungen an die untergeordnete Ebene, und auf Basis dieser Anforderungen wird daraufhin von der untergeordneten Ebene eine entsprechende Unterstützung für die übergeordnete Ebene bereitgestellt. Als Amazon zum Beispiel auf strategischer Ebene beschlossen hatte, in das Cloud-Computing-Geschäft einzusteigen, mussten entsprechende organisatorische Prozesse gestaltet werden, etwa wie ein potenzieller Kunde ein

Cloud-Angebot von Amazon in Anspruch nehmen kann. Um sowohl die Kosten für Amazon als auch den Aufwand für potenzielle Kunden gering zu halten, galt es auf der Informationssystemebene dann, diesen Prozess sinnvoll zu automatisieren.

1.3 Nutzer-, Nutzungs- und Nutzenorientierung

1.3.1 Nutzerorientierung

In der Wirtschaftsinformatik betonen Ansätze wie das User-Centered Design (Iivari u. Iivari 2011) die zentrale Rolle der Nutzer- bzw. Kundenbedürfnisse, und im Business Engineering wird davon gesprochen, dass sich der Unternehmenswert aus dem Nutzen, den die Angebote für den Kunden stiften, ergibt (Österle 2007). Durch die fortschreitende Digitalisierung und Orientierung am Kundennutzen (Vargo u. Lusch 2004) ist davon auszugehen, dass die Bedeutung des sogenannten digitalen Nutzers und die Orientierung an dessen Bedürfnissen noch weiter ansteigen werden.

Es ist zu erwarten, dass der digitale Nutzer selbst, seine Daten, sein Verhalten und seine Wahrnehmungen, immer stärker in den Fokus der Aufmerksamkeit rücken und als Ausgangspunkt für die Anpassung oder Neugestaltung von Informationssystemen und Geschäftslösungen dienen werden. Etablierte Unternehmen wie Amazon und Google haben gezeigt, dass die komplette Ausrichtung des wirtschaftlichen Handelns auf die Bedürfnisse des Nutzers zu enormem wirtschaftlichen Erfolg führen kann. Ein Paradebeispiel hierfür ist Amazons Empfehlungssystem, das Kunden weitere Produkte vorschlägt, die auf Basis der eigenen Interessen und des Kaufverhaltens interessant erscheinen. Google setzt zum Beispiel darauf, seine Nutzer in fast jeder Lebenslage unterstützen zu können. Für die Suche nach Informationen steht die Google-Suche zur Verfügung; wenn es darum geht, von einem Ort zum anderen zu gelangen, dann hilft Google Maps bei der Navigation. Die Akquise der Nest Labs kann in diesem Zusammenhang als nächster logischer Schritt gesehen werden, der Google dabei hilft, in die Wohnung der Nutzer vorzudringen (Google 2014). Ein zentraler Aspekt dieser Veränderung ist das Umdenken, weg von standardisierten Leistungsangeboten hin zur situationsabhängigen Befriedigung der Nutzerbedürfnisse, zum Beispiel durch maßgeschneiderte Produkt-Dienstleistungs-Bündel (Leimeister 2012).

Wie in ▶ Abschn. 1.2 dargelegt wurde, ist das Verstehen der Bedürfnisse der digitalen Nutzer eines der zentralen Ziele der verhaltensorientierten Wirtschaftsinformatik. Damit das volle Potenzial dieser Erkenntnisse ausgeschöpft werden kann, müssen diese anschließend auch systematisch in die Entwicklung von Informationssystemen und Geschäftslösungen einfließen. Briggs (2006) schlägt hierzu die theoriegetriebene Entwicklung von Informationssystemen vor, die es zum Ziel hat, auf Basis theoretischer Kenntnisse Gestaltungselemente abzuleiten. Diese dienen der Erreichung des gewünschten Ergebnisses und wären gleichzeitig selbst von einem erfahrenen Entwickler nicht ohne die theoretischen Vorkenntnisse abgeleitet worden.

Ein gutes Beispiel, das verdeutlicht, welche Auswirkungen ein vergleichsweise einfach zu implementierendes Gestaltungselement haben kann, ist in Briggs (2006) zu finden. Dieser Beitrag thematisiert die Entwicklung eines Systems, das Gruppen beim Brainstorming unterstützen soll. Mit Hilfe der Theorie des sozialen Vergleichs wurde eine Gestaltungskomponente abgeleitet, die einen Vergleich der Leistung der eigenen Gruppe mit einer durchschnittlichen Gruppenleistung ermöglicht (Briggs 2006). Laut der Theorie hat dies zur Folge, dass die Gruppen versuchen werden, auf jeden Fall die Leistung einer durchschnittlichen Gruppe zu

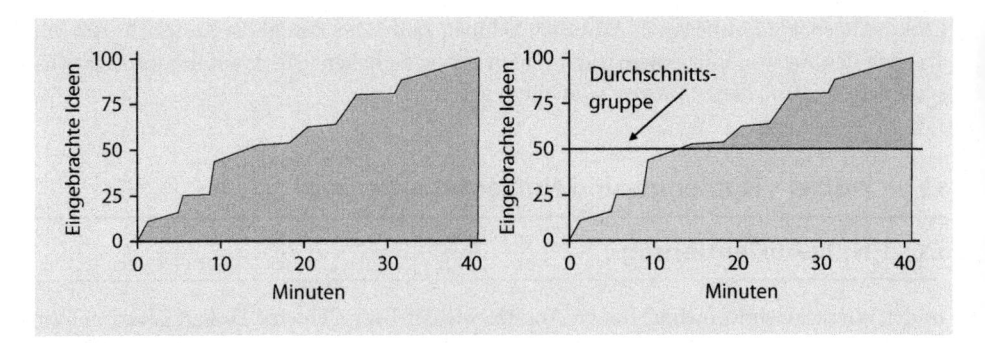

Abb. 1.7 Feedbackgraph ohne (links) und mit Gestaltungselement, das einen Gruppenvergleich ermöglicht (rechts). (Briggs 2006)

übertreffen, denn die Gruppe möchte schließlich als überdurchschnittlich gut wahrgenommen werden (◘ Abb. 1.7).

Die Auswirkungen der Implementierung dieses kleinen Gestaltungselements wurden experimentell untersucht und das Ergebnis war, dass Gruppen, denen die Leistung einer Vergleichsgruppe gezeigt wurde, im Durchschnitt 60 % mehr neuartige Ideen generierten als Gruppen, denen dieser Vergleich fehlte (Briggs 2006). Es kann also festgehalten werden, dass diese kleine Veränderung am System zu einer deutlich effektiveren Nutzung des Brainstormingsystems geführt hat. Dieses Beispiel verdeutlicht nochmals das Potenzial des effektiven Ineinandergreifens von verhaltens- und gestaltungsorientierter Wirtschaftsinformatik. Erkenntnisse über das Verhalten des Nutzers wurden dazu verwendet, ein Informationssystem zu entwickeln, das nun bessere Ergebnisse in Form einer deutlich höheren Anzahl von einzigartigen Ideen liefert.

Bei der Fokussierung auf den digitalen Nutzer darf jedoch nicht vergessen werden, dass es in den meisten Fällen nicht den einen »prototypischen Nutzer« geben wird. Wir leben in einer Welt, in der Individualisierung immer stärker an Bedeutung gewinnt. Dieser Trend ist bekannt und wird teilweise auch schon im unternehmerischen Handeln adressiert, zum Beispiel im Feld der Mass-Customization (Piller 2006). In der Wirtschaftsinformatik existieren allerdings lediglich erste Ansätze, die eine differenziertere Betrachtung des Nutzers unterstützen. So wird zum Beispiel teilweise zwischen Digital Immigrants und Digital Natives unterschieden, um zu verdeutlichen, dass Nutzer, die im Informationszeitalter aufgewachsen sind (Digital Natives), ganz anders mit IT umgehen als Nutzer, die den Umgang mit IT erst in späteren Lebensphasen erlernt haben (Digital Immigrants) (Vodanovic, Sundaram et al. 2010). Es erscheint offensichtlich, dass beide Nutzergruppen unterschiedliche Anforderungen an IT, zum Beispiel in Bezug auf die Einfachheit der Benutzung, haben. Des Weiteren haben verschiedene Forschungsarbeiten gezeigt, dass es teilweise deutliche Unterschiede zwischen männlichen und weiblichen Nutzern von IT gibt (Dimoka 2010). Weiterhin hat beispielsweise Hofstede (1980) gezeigt, dass Menschen mit unterschiedlichem kulturellen Hintergrund teils gravierende Verhaltensunterschiede zeigen. Diese kulturellen Unterschiede wurden später auch in Bezug auf die IT-Nutzung untersucht und es konnte gezeigt werden, dass auch hier deutliche Abweichungen existieren (Leidner u. Kayworth 2006). Andere bekannte Faktoren, die eine Unterscheidung zwischen Nutzern zulassen, sind zum Beispiel die Erfahrung im Umgang mit IT und die Persönlichkeit der einzelnen Nutzer. Weiterhin ist davon auszugehen, dass bislang nur ein Bruchteil der Unterscheidungskriterien zwischen verschiedenen Nutzergruppen bekannt ist (Becker, Rai et al. 2013).

All diese Beispiele zeigen, dass es schwer ist, von dem »einen Nutzer« zu sprechen. Konsequenterweise muss es vor dem Hintergrund der stärkeren Orientierung am digitalen Nutzer und seinen Bedürfnissen ein zentrales Ziel sein, die verschiedenen Facetten der Nutzer und die daraus resultierenden Unterschiede in den Bedürfnissen zu identifizieren und in unternehmerisches Handeln zu übersetzen. Damit geht häufig auch die Notwendigkeit einher, bestehende Prozesse und Wertschöpfungsketten neu zu gestalten. Einem der Grundgedanken der Service-Dominant Logic folgend, gilt es, die digitalen Nutzer nicht länger als reine Konsumenten zu verstehen, die sich passiv verhalten, sondern als aktive Mitgestalter der Lösungen, die sie später in Anspruch nehmen möchten (Vargo u. Lusch 2004, Leimeister 2012). Junge Forschungsgebiete, wie Open Innovation (Leimeister, Huber et al. 2009) oder Kollektive Intelligenz (Leimeister 2010), basieren zum Beispiel explizit darauf, den Nutzer noch stärker zu integrieren. Beim Ansatz der Open Innovation wird der klassische geschlossene betriebliche Innovationsprozess für den Nutzer geöffnet, um so frühzeitig die Bedürfnisse der Nutzer sowie auch schon mögliche Ideen zur Befriedigung der Bedürfnisse zu erfragen (Chesbrough 2006), die für die Verbesserung der Nutzungsorientierung verwendet werden können.

1.3.2 Nutzungsorientierung

Im vorangegangenen Abschnitt wurde die Orientierung an den Bedürfnissen der digitalen Nutzer als eine zentrale Herausforderung im Zeitalter der Digitalisierung identifiziert. Im nächsten Schritt ist es aber nicht weniger wichtig, die identifizierten Bedürfnisse bestmöglich zu befriedigen. Briggs (2006) hat sich z. B. entschieden, das Bedürfnis, nicht unterdurchschnittlich zu sein, durch das Einfügen einer horizontalen Linie zu adressieren (◘ Abb. 1.7). Der Frage, ob das die bestmögliche Entscheidung war oder ob eine andere Gestaltungsoption eine noch stärkere Wirkung gehabt hätte, ist er nicht nachgegangen. Im Fokus der Nutzungsorientierung stehen daher Überlegungen dazu, wie die Nutzerbedürfnisse bestmöglich befriedigt werden können. Die Bedeutung dieses Fokus ist unter anderem darauf begründet, dass die digitalen Nutzer erwarten, dass sie zu jeder Zeit und in jeder Situation ihre Bedürfnisse angemessen befriedigen können (engl. Value-in-context; Vargo 2008). Hierbei spielen vor allem die Gebrauchstauglichkeit (engl. Usability) und das Nutzungserlebnis (engl. User Experience) eine zentrale Rolle.

Gebrauchstauglichkeit beschreibt, wie umfangreich ein Produkt oder eine Dienstleistung in einem bestimmten Kontext verwendet werden kann, um die gewünschten Ziele wirkungsvoll zu erreichen. In der Norm EN ISO 9241-110 (s. ▶ Abschn. 1.5) werden sieben Grundsätze definiert, die die Gebrauchstauglichkeit sicherstellen sollen:

- Die Aufgabenangemessenheit besagt, dass ein geeigneter Funktionsumfang zur Verfügung gestellt werden soll, um es dem Nutzer zu ermöglichen, die gewünschten Ziele zu erreichen. Dabei gilt es auch, unnötige Interaktionen zu vermeiden bzw. zu minimieren.
- Um Selbstbeschreibungsfähigkeit sicherzustellen, sollten an geeigneten Stellen Hilfen für den Nutzer zur Verfügung gestellt und Rückmeldungen, z. B. zu Eingaben des Nutzers, gegeben werden.
- Zur Unterstützung der Lernförderlichkeit sollten klar verständliche Anleitungen für den Nutzer existieren und auf bereits bekannte Interaktionsmöglichkeiten zurückgegriffen werden. Ziel hierbei ist es, die Zeit, die der Nutzer zum Erlernen benötigt, zu minimieren.
- Die Steuerbarkeit durch den Nutzer soll sicherstellen, dass der Nutzer die Kontrolle über das System behält und es nach seinen Wünschen steuern kann. Andersfalls kann das

Gefühl einer Bevormundung seitens des Nutzers entstehen, was zu einer kategorischen Ablehnung des Produkts oder der Dienstleistung führen kann.
- Um Erwartungskonformität sicherzustellen, sollte sich das System konsistent verhalten und zum Beispiel jede Eingabe des Nutzers durch eine Rückmeldung bestätigen. Wichtig ist hierbei auch zu vermeiden, dass zuvor geweckte Erwartungen des Nutzers enttäuscht werden, weil z. B. versprochene Funktionalitäten nicht vorhanden sind oder nicht richtig funktionieren.
- Zur Unterstützung der Individualisierbarkeit sollte dem Nutzer die Möglichkeit gegeben werden, das Produkt oder die Dienstleistung nach seinen Wünschen anzupassen. Dieser Grundsatz adressiert den zuvor beschriebenen Umstand, dass es nicht den einen prototypischen Nutzer gibt.
- Fehlertoleranz hat zum Ziel, dass auch mit fehlerhaften Eingaben des Nutzers umgegangen werden kann und verständliche Hilfen zur Korrektur zur Verfügung gestellt werden.

Das Nutzungserlebnis erweitert die Gebrauchstauglichkeit um emotionale Faktoren, wie z. B. Schönheit (Moser 2012). Diese Erweiterung ist notwendig, da die Grundsätze zur Gebrauchstauglichkeit in der Praxis oft lediglich als Mindestanforderungen an ein Produkt oder eine Dienstleistung angesehen werden. Durch zusätzliches Ansprechen der menschlichen Emotionen soll das Nutzungserlebnis weitergehend gesteigert und der Nutzer somit noch einfacher gewonnen bzw. gebunden werden.

Ein Paradebeispiel für eine gute Nutzungsorientierung stellen viele Produkte der Firma Apple dar. Mit Lösungen wie iTunes, dem iPhone oder dem iPad gelang es dem Unternehmen, bestehende Märkte grundlegend zu verändern bzw. komplett neue Märkte zu erstellen. Viele der oben genannten Grundsätze lassen sich in diesen Lösungen wiederfinden bzw. wurden besonders gut umgesetzt. So gelten das iPhone und das iPad weithin als sehr einfach zu erlernen, da sie auf Interaktionen setzen, die den Nutzern aus anderen Kontexten bekannt sind. Das Wischen über das Display, um zwischen den Bildschirmen zu wechseln, erinnert zum Beispiel an das Blättern in einem Buch. Auch die Fehlertoleranz ist bei Apple-Produkten oftmals höher als bei der Konkurrenz.

1.3.3 Nutzenorientierung

Abschließendes Ziel der Nutzer-, Nutzungs- und Nutzenorientierung ist es, dass alle Beteiligten ihre individuellen Ziele erreichen. Der Nutzer soll mit akzeptablem Aufwand die Befriedigung seiner Bedürfnisse erfahren, das Unternehmen soll seine Angebote (Informationssysteme, Produkte und Dienstleistungen) wirtschaftlich sinnvoll am Markt platzieren können und auch zur Erreichung der gesellschaftlichen Ziele soll beigetragen werden.

Bislang lag der Fokus sehr stark auf dem digitalen Nutzer und der situationsangepassten Erfüllung seiner individuellen Bedürfnisse. Da der alleinige Fokus auf den Nutzer jedoch nicht ausreicht, um nachhaltigen wirtschaftlichen Erfolg am Markt sicherzustellen, liegt das Hauptaugenmerk der folgenden Ausführungen auf der Betrachtung des Nutzens für andere Stakeholder, z. B. die Unternehmen und die Gesellschaft.

Die Vergangenheit lehrt uns, dass es schwer ist, direkte Zusammenhänge zwischen Investitionen in Digitalisierung und Unternehmenserfolg zu identifizieren. Untersuchungen in den 1990er Jahren haben gezeigt, dass der Einsatz von IT alleine nicht zwangsweise auch zum Unternehmenserfolg führt. Unter dem Begriff des Produktivitätsparadoxons der IT wurden verschiedene empirische Ergebnisse diskutiert, die keinen Zusammenhang zwischen

1.3 · Nutzer-, Nutzungs- und Nutzenorientierung

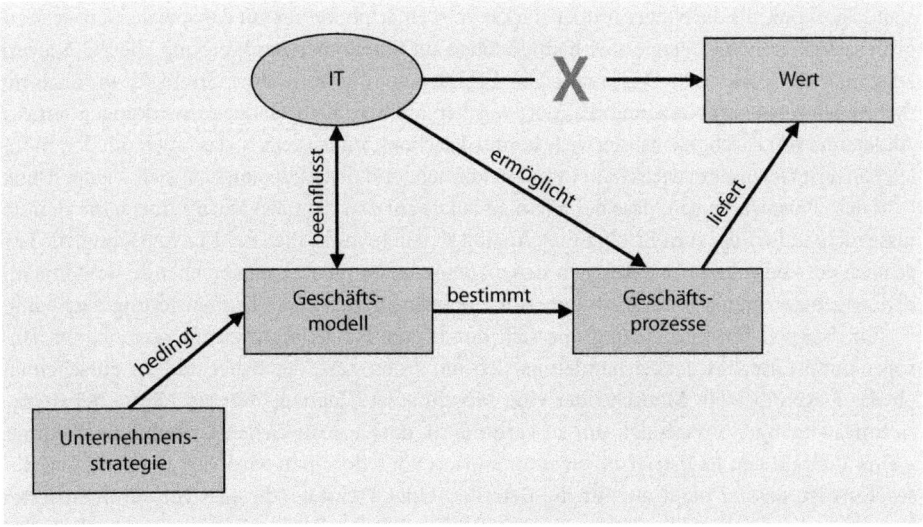

Abb. 1.8 Wirkungszusammenhang zwischen IT-Einsatz und Unternehmenserfolg. (Wigand, Picot et al. 1998, Krcmar 2009)

Investitionen in IT und der Produktivität auf betrieblicher oder volkswirtschaftlicher Ebene finden konnten (Brynjolfsson u. Hitt 1996, Hitt u. Brynjolfsson 1996). Die Formulierung dieses Paradoxons löste eine Reihe darauf aufbauender Forschungsarbeiten aus, die allerdings keine einheitlichen Ergebnisse liefern konnten. Neuere Studien zeigen jedoch einen positiven Zusammenhang zwischen Investitionen in IT und Produktivität (Brynjolfsson u. Hitt 2000, Farrell 2003). Dieser Zusammenhang sollte dabei nicht als direkter Zusammenhang interpretiert werden; vielmehr führen die Investitionen in IT auf Ebene der Geschäftsmodelle und der Geschäftsprozesse zu neuen Möglichkeiten und die Nutzung dieser neu geschaffenen Möglichkeiten führt letztendlich zu einem Wert für das Unternehmen (◘ Abb. 1.8) (Krcmar 2009). Notwendige Voraussetzung für die Wirksamkeit dieser Nutzenstiftung ist allerdings die aktive Verwendung der IT-Lösung zur Erledigung der Geschäftsprozesse. Einige Unternehmen haben zum Beispiel Probleme damit, dass eine beträchtliche Anzahl der Bestellvorgänge nicht über das dafür gedachte System durchgeführt werden, weil es z. B. als zu kompliziert angesehen oder der Sinn der Systemnutzung nicht klar wird. Das führt dann dazu, dass der Datenbestand der Unternehmen unvollständig ist und kostenintensiv vervollständigt werden muss, um rechtlichen Regelungen gerecht zu werden.

Bei näherer Betrachtung lassen sich Analogien zwischen damals und heute ziehen. Denn neben der Fokussierung auf einzelne Gruppen – z. B. die digitalen Nutzer – und der Befriedigung von deren Bedürfnissen muss immer auch der Nutzen z. B. für die Unternehmen bedacht werden, denn nur wenn zumindest diese beiden Gruppen einen Nutzen erzielen, ist das daraus resultierende Angebot auch auf längere Sicht wirtschaftlich nachhaltig. Aktuelle Beispiele, wie YouTube oder Facebook, die als Paradebeispiele für den Fokus auf den digitalen Nutzer herangezogen werden können, zeigen, dass diese Überlegungen von großer Bedeutung sind. Vor der Übernahme durch Google stand YouTube zum Beispiel vor der Herausforderung, Gewinne mit seinem Angebot zu erwirtschaften. Die Möglichkeit, einfach Videos zu veröffentlichen, wurde zwar von Millionen von Nutzern wahrgenommen, dadurch stiegen jedoch auch die Kosten für die Bereitstellung der notwendigen Ressourcen stark an. Vor einer ähnlichen Herausforderung stand Facebook, als die Nutzer immer stärker vom Smartphone aus auf das soziale Netzwerk zugriffen, die Geschäftsstrategie aber hauptsächlich auf Einnahmen aus Werbung, die PC-Nutzern angezeigt wurde, basierte. Das anfängliche Fehlen einer überzeugenden Strategie, wie auch mit den mobilen Nutzern Gewinne realisiert werden konnten, hatte starke Auswirkungen auf den Aktienkurs von Facebook. Mittlerweile konnte Facebook jedoch zeigen, dass auch mit den mobilen Nutzern Gewinne erwirtschaftet werden können, und der Aktienkurs hat sich wieder erholt.

Diese Beispiele zeigen, dass der alleinige Fokus auf den digitalen Nutzer und seine Bedürfnisse nicht unbedingt zum Erfolg führt. Analog zu den Investitionen in IT ist es wichtig, die Frage nach der konkreten Umsetzung zu stellen, denn nur wenn auch entsprechende Gewinne mit den Angeboten erzielt werden können, sind die Investitionen in die Digitalisierung nachhaltig.

Ein Beispiel für eine Lösung, die sich durch gute Nutzenorientierung auszeichnet, sind sogenannte Captchas. Dabei handelt es sich um einen Test, der dabei hilft zu entscheiden, ob das Gegenüber ein Mensch oder eine Maschine ist. Captchas werden häufig bei Registrierungsvorgängen verwendet, um zu verhindern, dass – aus welchen Gründen auch immer – eine Vielzahl von Registrierungen automatisiert vorgenommen wird. Die Besonderheit dieses Tests ist, dass er nicht nur für die Betreiber einer Webseite, die sich vor automatisierten Registrierungen schützen möchte, einen Nutzen stiftet, sondern, dass er häufig auch für die Bewältigung von Kleinstaufgaben verwendet wird. Einige Captchas fordern den Nutzer z. B. auf, zwei unterschiedliche Wörter einzugeben. Die richtige Lösung zu einem dieser Wörter ist bereits bekannt und die Eingabe der richtigen Lösung stellt den eigentlichen Test dar. Beim zweiten Wort ist die richtige Lösung nicht bekannt und die Eingaben der Nutzer werden z. B. dazu verwendet, Texterkennungsalgorithmen zu verbessern oder Texte zu transkribieren. Somit wird ein zusätzlicher Nutzen erzeugt, der auf den ersten Blick schwer erkennbar ist, den Anbietern von Captcha-Lösungen aber weitere Vorteile bringt (z. B. neue Einnahmequellen).

Abschließend bleibt festzuhalten, dass es auch im Zeitalter der Digitalisierung eine zentrale Herausforderung sein wird, die richtige Balance zwischen dem Nutzen für die digitalen Nutzer, für die Unternehmen und für andere Beteiligte zu finden.

1.4 House of Digital Business

Die zunehmende Bedeutung der digitalen Nutzer und die Beobachtung, dass die Digitalisierung die Art verändert, wie wir konsumieren, arbeiten, leben und miteinander kommunizieren, haben auch Auswirkungen darauf, wie Aspekte der Geschäftsstrategie und der Geschäftsprozesse beforscht werden müssen. Die Unternehmen müssen auf diese veränderten Rahmenbedingungen eingehen und sicherstellen, dass sie die Bedürfnisse der digitalen Nutzer auch in Zukunft adäquat adressieren (◘ Abb. 1.9). Eine zentrale Aufgabe der Wirtschaftsinformatik ist es, die Unternehmen bei dieser Herausforderung zu unterstützen.

Das St. Galler House of Digital Business (nachfolgend vereinfachend House of Digital Business genannt) (◘ Abb. 1.10) soll Unternehmen bei der Bewältigung dieser Aufgabe unterstützen, indem existierende Modelle um spezifische Aspekte der Digitalisierung erweitert werden. Fundament des House of Digital Business ist das Business-Engineering-Modell (Österle 2010) inklusive der Säule des IT-Managements, das sich mit den Führungsaufgaben befasst (Österle u. Winter 2003, Krcmar 2009). Hinzu kommt die Leistungssicht als weitere Säule, die sich mit den konkreten Produkten und Dienstleistungen, die das Unternehmen anbietet, befasst. Diese Erweiterung ist notwendig, da IT immer stärker Teil des eigentlichen Leistungsangebots von Unternehmen wird. Daraus ergeben sich zum Beispiel Fragen nach sinnvollen Kombinationen aus Produkten und Dienstleistungen, welche die Kundenbedürfnisse bestmöglich adressieren. Das Dach des Hauses bildet die in diesem Kapitel thematisierte Nutzer-, Nutzungs- und Nut-

1.4 · House of Digital Business

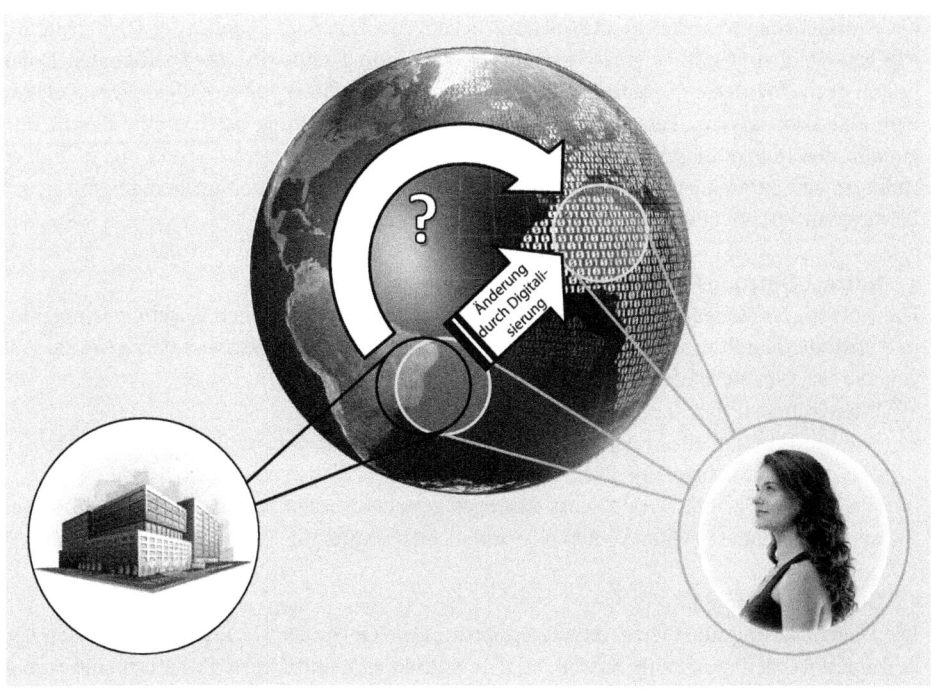

Abb. 1.9 Ausrichtung an der Wahrnehmung der Welt durch den digitalen Nutzer als zentrale Herausforderung für Unternehmen. (Eigene Darstellung)

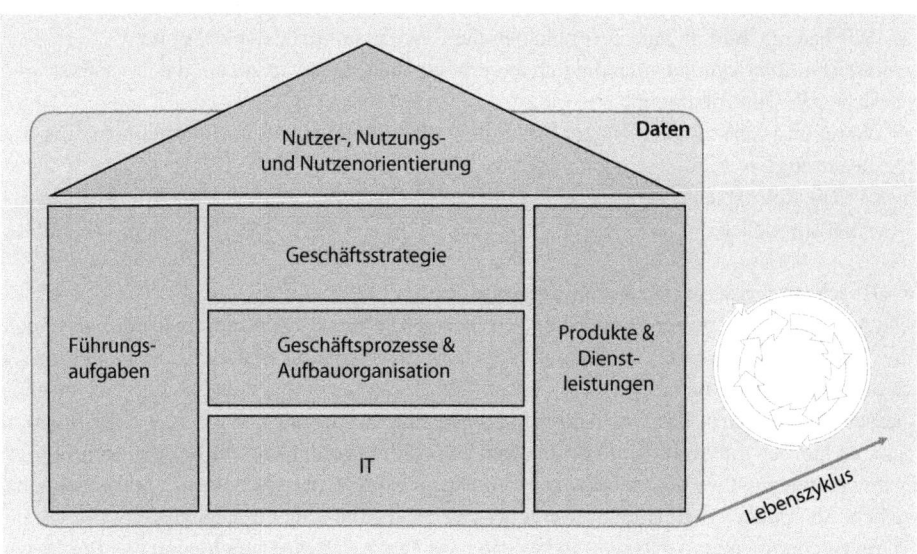

Abb. 1.10 St. Galler House of Digital Business. (Leimeister, Winter et al. 2014)

zenorientierung (U3 - User-, Use-, Utility-Centricity), die eine Denkweise vorgibt, der alle anderen Ebenen und Säulen des Hauses folgen sollen. Die Visualisierung der Daten als Rahmen um die verschiedenen Modellelemente soll ausdrücken, dass Daten im Zeitalter der Digitalisierung allgegenwärtig sind und es eine zentrale Herausforderung sein wird, die verfügbaren Daten bestmöglich einzusetzen, um die Bedürfnisse der digitalen Nutzer zu befriedigen. Des Weiteren wird eine Lebenszyklus-Perspektive eingeführt. Die Digitalisierung bewirkt eine Beschleunigung in den Innovationszyklen und hat Einfluss auf alle Sichten. Daher sind Fragestellungen rund um eine konsequente und systematische Entwicklung und das Management von neuen Leistungsangeboten über den gesamten Lebenszyklus essenziell.

- **Nutzer-, Nutzungs- und Nutzenorientierung**

Die Nutzer-, Nutzungs- und Nutzenorientierung wurde im vorherigen Abschnitt eingeführt und stellt die handlungsleitende Denkweise des House of Digital Business dar. Zentrale Fragen, die sich hier stellen, sind unter anderem:
- Wie verändern sich die Bedürfnisse der digitalen Nutzer?
- Wie kann die aktuelle Situation eines Nutzers möglichst umfassend erfasst werden, sodass ein Produkt bzw. eine Dienstleistung entsprechend angepasst werden kann?
- Wie müssen Produkte und Dienstleistungen gestaltet werden, dass sie für möglichst viele unterschiedliche Beteiligte einen relevanten Nutzen stiften?

- **Geschäftsstrategie**

Die Digitalisierung führt dazu, dass Geschäftsmodelle (▶ Abschn. 4.1.3) ganzer Branchen neu konzipiert werden müssen (▶ Abschn. 1.1). Die Konsequenz sind diverse Initiativen, die es zum Ziel haben, die Digitalisierung in verschiedenen Bereichen voranzutreiben und zu managen. Hinter »Smart Grids« oder der »Smart Factory« steht eine massive Digitalisierung, die vielen Industrien den Weg hin zum lösungsorientierten Produkt-Dienstleistungs-Anbieter ebnen soll. Zentrale Fragen, die sich dadurch auf der Ebene der Geschäftsstrategie stellen, sind unter anderem:
- Wie beeinflussen digitale Technologien die Geschäftsmodelle der Zukunft?
- Welche Auswirkung haben die sich ändernden Nutzerbedürfnisse auf die Geschäftsmodelle von Unternehmen?
- Wann und warum teilen Nutzer ihre Daten mit anderen Nutzern, Unternehmen oder der Regierung?
- Welche Rolle spielen IT-Sicherheit und Persönlichkeitsschutz in datenorientierten Geschäftsmodellen?

- **Geschäftsprozesse und Aufbauorganisation**

Die Analyse und Gestaltung von Geschäftsprozessen (▶ Kap. 3) ist traditionell eine der Stärken der Wirtschaftsinformatik. Mit Blick auf den digitalen Nutzer gilt es, die existierenden Prozesse zu hinterfragen und neu zu gestalten. Besonders die Beobachtung, dass der digitale Nutzer als aktiver Teilnehmer in das Geschehen eingreifen möchte, anstatt nur passiver Konsument zu sein, ist hierbei von besonderer Bedeutung. Dies führt dazu, dass zum Beispiel Innovationsprozesse angepasst werden müssen, um den Nutzer explizit an verschiedenen Stellen einzubeziehen. Aber auch Arbeitsprozesse verändern sich mit zunehmender Digitalisierung. Es ist ein Trend zu erkennen, dass kleine, standardisierbare Arbeitsaufträge zunehmend nicht mehr von fest angestellten Mitarbeitern erledigt werden. Vielmehr werden diese Aufgaben auf Crowdsourcing-Plattformen (zum Beispiel Topcoder) von Crowdworkern gegen ein definiertes Entgelt erledigt. Des Weiteren ist davon auszugehen, dass die Digitalisierung auch einen Einfluss auf die Gestaltung der Struktur der Aufbauorganisation in Unternehmen haben wird. Zentrale Fragen, die sich hier stellen, sind:

- Wie können die Erkenntnisse aus der Organisationstheorie auf die zunehmend flexiblen Arbeitsstrukturen angewendet werden?
- Wie hoch sollte der Grad der Nutzereinbindung sein und hat eine zu starke Integration des Nutzers in bestimmten Prozessen oder unter bestimmten Rahmenbedingungen sogar negative Auswirkungen?
- Wie können Prozesse noch flexibler gestaltet werden, um technische Neuerungen noch schneller zu integrieren?
- Wie kann der digitale Nutzer selbst dazu ermächtigt werden, existierende Prozesse in einem gewissen Maße eigenständig an seine persönlichen Bedürfnisse anzupassen?

- **Informations- und Kommunikationssysteme (IT)**

In den letzten Jahren war ein Trend dahingehend zu beobachten, dass technische Innovationen zuerst im privaten Umfeld auf eine breite Akzeptanz beim Nutzer stoßen und anschließend ins betriebliche Umfeld getragen werden. So wollten zum Beispiel viele Manager ihre iPhones und iPads auch im betrieblichen Umfeld nutzen und die IT-Abteilung sah sich oft mit der Frage konfrontiert, warum im privaten Bereich denn vieles einfacher sei als im Unternehmen. Diese Tendenz wird zum Beispiel unter dem Stichwort der Consumerization in der Literatur diskutiert (Weiß u. Leimeister 2012). Fragen, die in diesem Bereich zu beantworten sind, sind zum Beispiel:

- Welche Bedeutung haben IT-Sicherheit und Datenschutz für den digitalen Nutzer bzw. gibt es hier Unterschiede zwischen dem privaten und beruflichen Umfeld?
- Wie muss die Systemlandschaft gestaltet sein, damit technische Neuerungen schneller und mit der notwendigen IT-Sicherheit im betrieblichen Umfeld eingesetzt werden können?
- Wie können verschiedene Technologien miteinander kombiniert werden, um einen neuartigen Kundennutzen zu schaffen?
- Welche Auswirkungen hat die stärkere Ausrichtung der Geschäftsprozesse am Nutzer auf die Unterstützung der Unternehmensprozesse durch die IT?

- **Führungsaufgaben**

Die Digitalisierung wird bedeutenden Einfluss auf das Handeln und die Organisation von Unternehmen haben. Folglich wird dies auch Auswirkungen auf die klassischen Führungsaufgaben, wie das IT-Controlling, die IT-Governance oder das IT-Personal, haben. Zentrale Fragen, die Unternehmen hier beantworten müssen, sind:

- Welche Auswirkung hat die stärkere Einbeziehung des Nutzers in Unternehmensprozesse darauf, wie die Prozessqualität gemessen werden muss?
- Wie muss das IT-Personal geführt werden und wie müssen Entscheidungswege verändert werden, wenn immer flexiblere Arbeitsstrukturen eingeführt werden?
- Wie wird sichergestellt, dass trotz Nutzung des Potenzials von Crowdsourcing die notwendigen Kompetenzen im Unternehmen gehalten werden können?
- Wie muss der CIO im Zeitalter der Digitalisierung agieren und was bedeutet das für die Organisation der IT-Abteilung?

- **Leistungssicht (Produkte und Dienstleistungen)**

Auch Produkte und Dienstleistungen werden immer stärker von IT durchzogen. So ermöglicht die starke Vernetzung einzelner Produktkomponenten und die Kombination durch komplementäre Dienstleistungen heute oft eine bessere Differenzierung vom Wettbewerb und eine höhere Kundenbindung. Apple hat zum Beispiel vorgemacht, welchen Wettbewerbsvorteil man mit einem gezielt auf die Bedürfnisse des Nutzers ausgerichteten Ökosystem, bestehend aus verschiedenen Produkten und Dienstleistungen, erzielen kann. Auf den digitalen Nutzer ausgerichtete Produkt- und Dienstleistungskombinationen können auch dazu dienen, existierende Markteintrittsbarrieren zu umgehen. So haben etablierte Anbieter von Audio-Systemen wie Bose oder Teufel mit dem Aufkommen innovativer Anbieter wie Sonos zu kämpfen, die explizit auf den Vorteil der unkomplizierten Vernetzung der verschiedenen Systemkomponenten und die einfache Steuerung via App setzen. Um auch in Zukunft erfolgreiche Angebote für den digitalen Nutzer bereitstellen zu können, müssen Unternehmen unter anderem Antworten auf folgende Fragen finden:

- Wie können Produkte und Dienstleistungen miteinander kombiniert werden, damit Kundenbedürfnisse im Vergleich zu Angeboten der Konkurrenz besser befriedigt werden?
- Ist es sinnvoll, zum Beispiel über das Schließen neuer Allianzen, Teil eines bestimmten Ökosystems zu werden?
- Können intelligente Produkt-Dienstleistungs-Bündel dabei helfen, in die Kritik geratene Dienstleistungen, wie z. B. Cloud-Dienstleistungen, besser zu vermarkten?

1.5 Zentrale Begriffe, Normen und Abgrenzungen

Bevor die zentralen Lerninhalte vermittelt werden können, ist es wichtig, dass ein gemeinsamer Begriffsapparat geschaffen wird. Daher werden in diesem Abschnitt die wichtigsten Begriffe eingeführt und falls notwendig von verwandten Begriffe abgegrenzt.

- **Information**

Dem Begriff der Information kommt in der Wirtschaftsinformatik eine zentrale Bedeutung zu. Problematisch hierbei ist, dass es eine Vielzahl unterschiedlicher Definitionen gibt und unterschiedliche Begriffe teilweise synonym verwendet werden. Das in diesem Lehrbuch verwendete Verständnis von Information lässt sich am besten anhand einer Abbildung verdeutlichen (◘ Abb. 1.11).

Demnach basiert eine Information auf einem großen Vorrat verschiedener Zeichen, die vom Empfänger interpretiert werden können. Wenn verschiedene Zeichen (im Beispiel die Ziffern »1«, »9« und »6« sowie das Zeichen »,«) unter Verwendung einer bekannten Syntax verbunden werden, dann entstehen daraus Daten (im Beispiel die Zahl 1,96). Bei Berücksichtigung eines bestimmten Kontexts wird aus einem bestimmten Datum eine Information (im Beispiel die Information, dass 1 Euro circa 1,96 DM wert ist). Wenn nun verschiedene Informationen miteinander vernetzt werden, dann entsteht Wissen (z. B. über die Mechanismen des Devisenmarktes).

Nachdem Informationen als Daten in einem gewissen Kontext definiert wurden, soll nun auf den Produktionsfaktor Information eingegangen werden. Nach Gutenberg (1979) kann in der Betriebswirtschaftslehre zwischen Elementarfaktoren (menschliche Arbeitsleistung, Betriebsmittel und Werkstoffe) und dispositiven Faktoren (Leitung, Planung, Organisation und Überwachung) unterschieden werden. Auch wenn die Einteilung von Gutenberg bis heute breite Anerkennung erfährt, so wurde sie doch im Laufe der Jahrzehnte modifiziert und zum Beispiel explizit um den Produktionsfaktor Information erweitert – eine Erweiterung, die sich heutzutage durchgesetzt hat (Krcmar 2009).

Des Weiteren wird eine Information unter bestimmten Voraussetzungen auch als immaterielles Wirtschaftsgut angesehen. Hierbei ist es zentral, dass die Information für ein Subjekt

1.5 · Zentrale Begriffe, Normen und Abgrenzungen

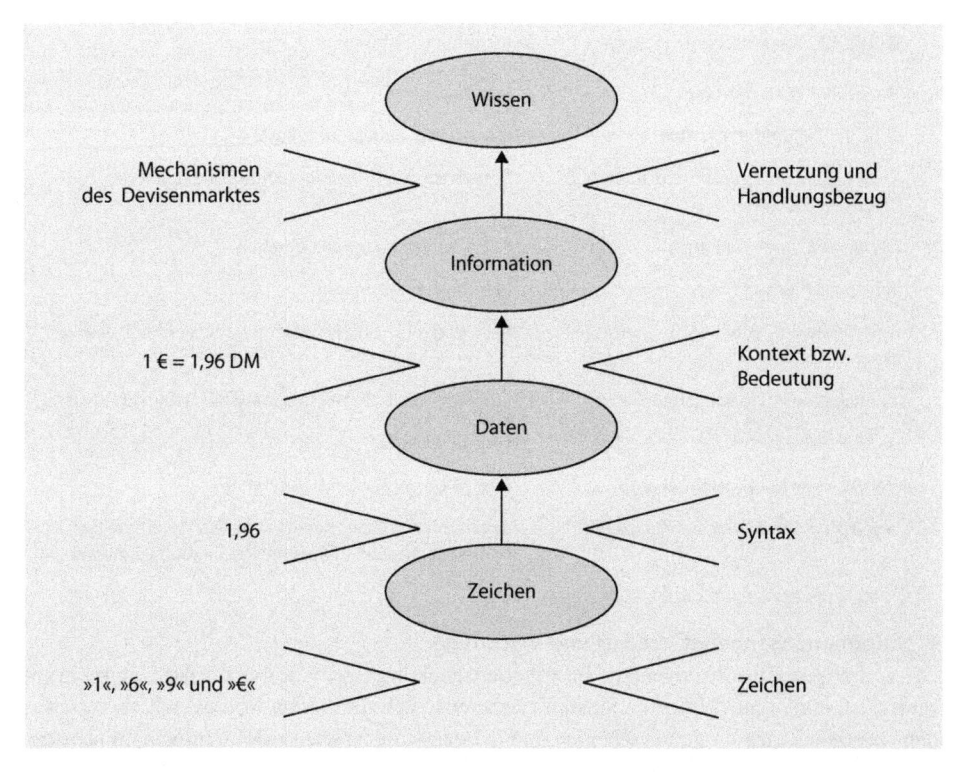

Abb. 1.11 Abgrenzung von Zeichen, Daten, Information und Wissen. (Aufbauend auf Rehäuser u. Krcmar 1996)

einerseits von Wert und andererseits verfügbar sein muss. Außerdem muss eine gewisse Knappheit bestehen, sodass übliche Marktmechanismen (Angebot und Nachfrage) greifen können. Nach diesem Verständnis wäre zum Beispiel das Wissen über den Verlauf eines Aktienkurses am morgigen Tag aus Sicht eines Investors ein Wirtschaftsgut. In Tab. 1.1 werden die wesentlichen Unterschiede zwischen einer Information und einem materiellen Wirtschaftsgut aufgezeigt.

Mit der Interpretation von Information als Produktionsfaktor geht einher, dass Information analog zu den anderen Produktionsfaktoren betrachtet werden muss. Diese Herausforderung wird im Forschungsbereich des Informationsmanagements thematisiert. Unter Management wird in der Betriebswirtschaft das Setzen von Zielen und Visionen, das Organisieren, das Entscheiden und das Kontrollieren sowie die Entwicklung und Förderung von Menschen im betrieblichen Kontext verstanden (Malik 2000). Das Informationsmanagement befasst sich folglich mit diesen Aktivitäten in Bezug auf Informationen – zum Beispiel der Organisation und Kontrolle von Informationsflüssen innerhalb eines Unternehmens. Besonderes Augenmerk ist hierbei auf die Informationslogistik zu legen. Diese hat zum Ziel, sicherzustellen, dass die benötigten Informationen zur richtigen Zeit in der richtigen Qualität und in der richtigen Menge am richtigen Ort sind (Krcmar 2009). Die zentrale Bedeutung der Informationslogistik kann am Beispiel des Investors verdeutlicht werden. Wenn der Investor entweder a) einen falschen Verlauf des Aktienkurses (falsche Qualität) oder b) den richtigen Verlauf erst am Tag darauf (falsche Zeit) oder c) den richtigen Verlauf zur richtigen Zeit an eine falsche Adresse zugesandt bekommt, dann ist die Information für ihn im schlechtesten Fall ohne Wert.

Tab. 1.1 Vergleich von materiellem Wirtschaftsgut und Information. (Krcmar 2009)

Materielles Wirtschaftsgut	Information
Hohe Vervielfältigungskosten	Niedrige Vervielfältigungskosten
Angleichung der Grenzkosten an die Durchschnittskosten	Grenzkosten der (Re-)Produktion nahe Null
Wertverlust durch Gebrauch	Kein Wertverlust durch Gebrauch
Individueller Besitz	Vielfacher Besitz möglich
Wertverlust durch Teilung, begrenzte Teilbarkeit	Kein Wertverlust durch Teilung, fast beliebige Teilbarkeit
Identifikations- und Schutzmöglichkeit	Probleme des Datenschutzes und der Datensicherheit
Logistik oft aufwendig	Logistik einfach
Preis/Wert im Markt ermittelbar	Preis/Wert nur schwer bestimmbar
Begrenzte Kombinationsmöglichkeiten	Ansammlung schafft bereits neue Qualitäten, weitgehende Möglichkeiten der Erweiterung und Verdichtung

- **Informationsangebot, -bedarf und -nachfrage**

Die vorherigen Ausführungen zur Informationslogistik zeigen, dass es für ein Unternehmen zentral ist, einen guten Informationsfluss sicherzustellen. In diesem Kontext gilt es, verschiedene zentrale Begriffe zu unterscheiden und in Beziehung zu setzen. Beim Informationsbedarf kann zwischen dem objektiven und dem subjektiven Informationsbedarf unterschieden werden. Der objektive Informationsbedarf sind dabei die Informationen, die z. B. aus Sicht eines Experten notwendig sind, um eine Aufgabe zu erfüllen. Dieser muss nicht notwendigerweise deckungsgleich mit dem subjektiven Informationsbedarf eines bestimmten Bearbeiters sein. Verfügt ein Bearbeiter nun nicht über alle Informationen, die er subjektiv benötigt, wird eine Informationsnachfrage geäußert, die eine Teilmenge des subjektiven Informationsbedarfs darstellt. Diese Informationsnachfrage muss dann durch das vorhandene Informationsangebot gedeckt werden. Die Schnittmenge aus objektivem und subjektivem Informationsbedarf sowie des Informationsangebot wird dann als Informationsstand bezeichnet (◘ Abb. 1.12) (Krcmar 2009).

Eine wichtige Aufgabe des Informationsmanagements eines Unternehmens ist es, das Informationsangebot so zu gestalten, dass die Informationsnachfrage des Bearbeiters bestmöglich gedeckt werden kann. Theoretisch genügt es auch, nur die Schnittmenge aus objektivem Informationsbedarf und Informationsnachfrage zu decken; dies kann jedoch zu Unzufriedenheit beim Bearbeiter führen, da subjektiv noch weitere Informationen notwendig sind. Zum Aufbau eines geeigneten Informationsangebots können sich Unternehmen am Lebenszyklus der Informationswirtschaft von Krcmar (2009) orientieren. Für weitere Informationen zum Informationsmanagement und der Informationswirtschaft sei auf Krcmar (2009) verwiesen, der diese Themen sehr detailliert behandelt.

- **Informations-, Basis-, Anwendungs-, Lenkungs- und Leistungssystem**

Jedes Informationssystem ist ein Teilsystem von umfassenderen Systemen und selbst enthält es ebenfalls Teilsysteme. Wird ein Ausschnitt der betrieblichen Realität (Diskurswelt) betrachtet, dann besteht eine Beziehung zwischen einer bestimmten Anzahl von Objekten (Diskursweltobjekte). Diese stehen zusätzlich mit verschiedenen Objekten aus der Umwelt der

1.5 · Zentrale Begriffe, Normen und Abgrenzungen

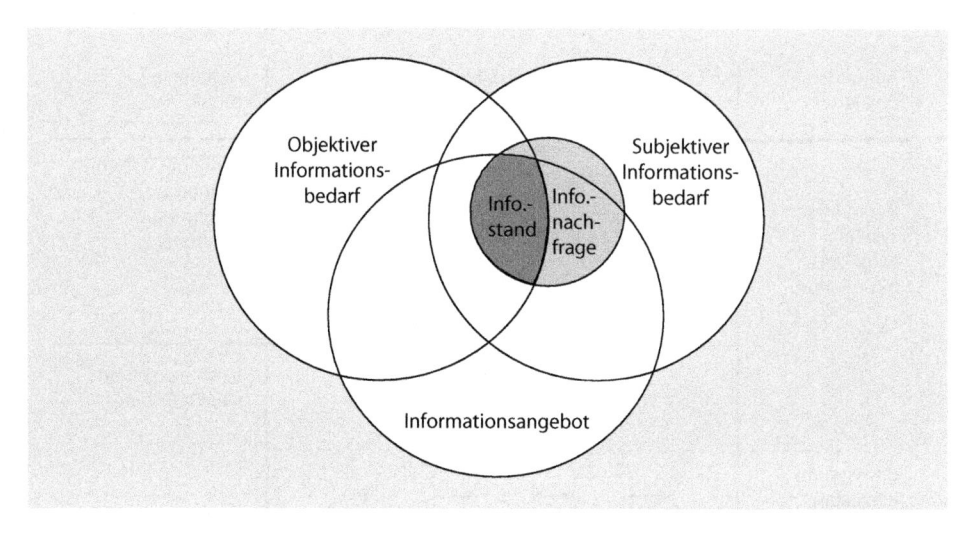

Abb. 1.12 Ermittlung des Informationsstands. (Krcmar 2009)

Diskurswelt in Beziehung (Umweltobjekte). Aus den Diskursweltobjekten, den Umweltobjekten und deren Beziehung untereinander wird das betriebliche Objektsystem gebildet. Das Objektsystem wird anhand unterschiedlicher Abgrenzungskriterien in Teilsysteme unterteilt.

Zum einen werden Teilsysteme auf Grund der auftretenden Beziehungsart untergliedert (Objektprinzip). Die unterschiedlichen Beziehungsarten sind Information und Nicht-Information. Nicht-Information bezeichnet alle physischen Beziehungsarten (materielle Güterflüsse, Energieflüsse, Zahlungsflüsse sowie physische Dienstleistungen). Das Teilsystem, welches die Beziehungsart Information unterstützt, wird Informationssystem (IS), das die physischen Beziehungsarten unterstützende Teilsystem Basissystem genannt.

Des Weiteren unterscheiden sich Teilsysteme auf Grund der verantwortlichen Aufgabenträger (Aufgabenträgerprinzip). Diese Unterteilung erfolgt anhand von maschinellen (automatisiertes Teilsystem) und personellen (nicht-automatisiertes Teilsystem) Aufgabenträgern. Innerhalb des automatisierten Teilsystems werden die maschinellen Aufgabenträger des IS als Anwendungssysteme und die maschinellen Aufgabenträger des Basissystems als Bearbeitungsmaschinen, Transportsysteme, usw., bezeichnet.

Abschließend können Teilsysteme auch basierend auf der Phase der Durchführung (Leistungserstellung) und der Phase der Planung, Steuerung und Kontrolle (Lenkung der Leistungserstellung) differenziert werden (Phasenprinzip). Diese Teilsysteme werden als Lenkungssystem und Leistungssystem bezeichnet (SAP.info 2013).

Der Zusammenhang von Teilsystemen innerhalb eines Objektsystems wird anhand Abb. 1.13 ersichtlich.

- **Normen und Standards**

Viele der oben genannten Begriffe sowie viele weitere Grundbegriffe der Informationstechnik sind in Normen wie der ISO/IEC 2382 definiert. Diese (nur in englischer und französischer Sprache abgefasste) mehrteilige Norm hat die frühere deutsche Norm DIN 44300 ersetzt. Sie ist eine Terminologienorm; daneben gibt es u. a. Produkt-, Prüf- und Verfahrensnormen. Normen werden von neutralen Normungsgremien herausgegeben. Die wichtigsten sind:

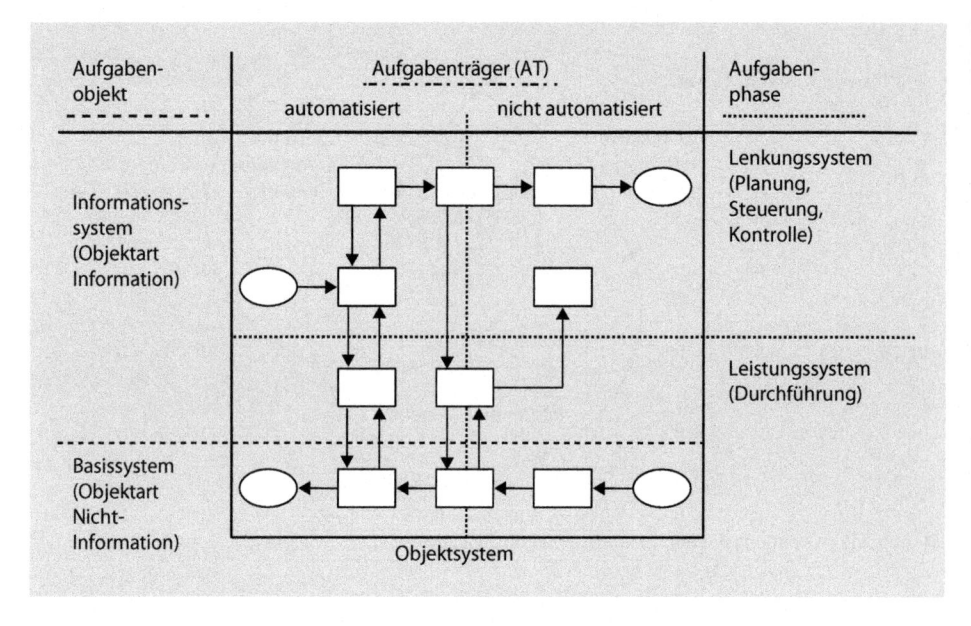

☐ **Abb. 1.13** Abgrenzung von Teilsystemen des Objektsystems. (SAP.info 2013)

- auf nationaler Ebene: DIN (Deutsches Institut für Normung) in Deutschland, ANSI (American National Standards Institute) in den USA und BSI (British Standards Institute) in Großbritannien;
- auf europäischer Ebene: CEN (Comité Européen de Normalisation), CENELEC (Comité Européen de Normalisation Electrotechnique) und ETSI (European Telecommunication Standards Institute);
- auf internationaler Ebene: ISO (International Organization for Standardization), IEC (International Electrotechnical Commission) und ITU (International Telecommunication Union).

Das Problem jeder Normung besteht darin, dass sie bei einem hohen Innovationstempo in Technik und Wirtschaft der Entwicklung immer hinterherläuft.

Standards, die neben Normen in der Informationsverarbeitung ebenfalls eine wichtige Rolle spielen, werden in der Regel von Interessenverbänden, Anwendergruppen oder einzelnen Herstellern erarbeitet. Beispiele sind brancheninterne Standards für den elektronischen Datenaustausch sowie zahlreiche »Quasistandards« im Bereich der Hardware, der Betriebssysteme und der Benutzeroberflächen, der Softwareentwicklung sowie der Rechnernetze. Von großer Bedeutung sind die Standards des Institute of Electrical and Electronics Engineers (IEEE). Im englischen Sprachraum gibt es den Begriff »Norm« nicht. Man kann die Normen als De-jure-Standards und die Standards als De-facto-Standards bezeichnen. Weitere Details zu Standards und Prozessen der Standardisierung werden in ▶ Abschn. 6.1.3 dargelegt.

Wenn man sich tiefgehend mit der Wirtschaftsinformatik auseinandersetzen möchte, ist es erforderlich, einige eng damit zusammenhängende Begriffe zu definieren und gegeneinander abzugrenzen.

1.5 · Zentrale Begriffe, Normen und Abgrenzungen

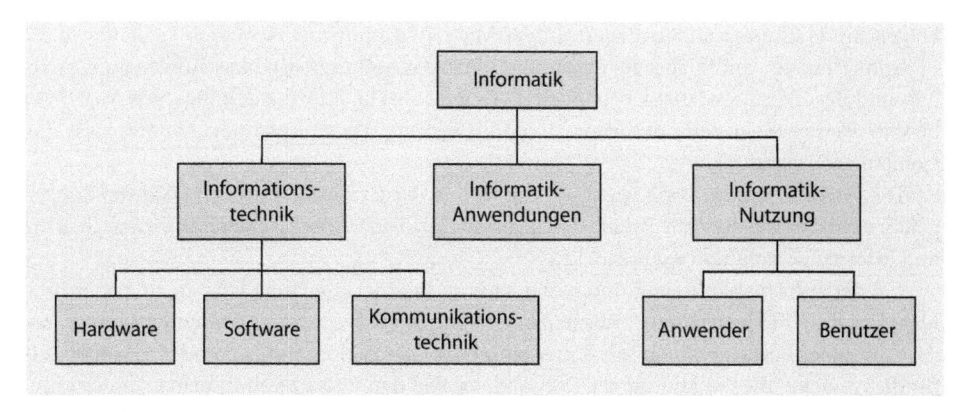

Abb. 1.14 Gegenstände der Informatik. (Eigene Darstellung)

- **Informatik**

Der Begriff Informatik wurde Ende der 1960er Jahre als deutsche Übersetzung der amerikanischen Fachbezeichnung Computer Science eingeführt und zunächst im wörtlichen Sinn als »Wissenschaft vom Computer« verstanden. Sie wird deswegen oft als Kerninformatik bezeichnet. Nach dem »Fächerkatalog Informatik« der deutschen wissenschaftlichen Hochschulen befasst sich die Informatik vorrangig
- als theoretische Informatik mit Automatentheorie, Schaltwerktheorie und formalen Sprachen,
- als praktische Informatik mit Programmiertechnologie, Übersetzerbau und Betriebssystemen und
- als technische Informatik mit Schaltungstechnologie, Mikroprogrammierung und Rechnerorganisation.

Informatik

Die Informatik befasst sich mit der Darstellung, Speicherung, Übertragung und Verarbeitung von Information. (Aufbauend auf Gesellschaft für Informatik 2006)

Die Informatik umfasst (Abb. 1.14)
- die Informationstechnik (Hardware, Software, Kommunikationstechnik),
- Informatikanwendungen in allen Fachgebieten und
- die Informatiknutzung durch Anwender und Nutzer.

Die Informationstechnik (IT) schließt zwar die Verfahren der Kommunikationstechnik (Netze, Übertragungsverfahren, Protokolle usw.) ein; trotzdem wird häufig noch von Informations- und Kommunikationstechnik (IuK-Technik) gesprochen.

Bekannte Beispiele für die in Abb. 1.14 aufgeführten Informatikanwendungen sind die Ingenieurinformatik, Rechtsinformatik, Verwaltungsinformatik und die medizinische Informatik. Die Ingenieurinformatik befasst sich beispielsweise mit Fragen des computergestützten Konstruierens, computergestützter Fertigung einschließlich numerisch gesteuerter Werkzeugmaschinen, Prozessautomatisierung und Robotik. In der Rechtsinformatik werden unter anderem juristische Informations- und Dokumentationssysteme, Telekommunikations- und Datenschutzgesetze, das Recht des elektronischen Geschäftsverkehrs und arbeitsrechtliche

Fragen des IT-Einsatzes thematisiert. In der Verwaltungsinformatik werden Gebiete wie das Einwohnermelde- und Haushaltswesen, die Finanzverwaltung, »Rathaus-Informationssysteme« und Bevölkerungsstatistik behandelt. Die medizinische Informatik unterstützt Mediziner beispielsweise bei der Befunderhebung und -auswertung, Therapieplanung, Laboranalyse und Computertomografie.

Die Wirtschaftsinformatik wurde früher auch in der Gruppe der Informatikanwendungen geführt, hat sich mittlerweile jedoch als eigenständiges Fach zwischen Betriebswirtschaftslehre und Informatik etabliert (▶ Abschn. 1.2).

Bei der Informatiknutzung unterscheidet man in einer uneinheitlich gehandhabten und nicht konsequent eingehaltenen Abgrenzung zwischen zwei Gruppen: Anwender und Nutzer. Als Anwender bezeichnet man die Unternehmen, Organisationseinheiten oder Personen, die für die Auswahl, die Gestaltung, die Entwicklung und den Einsatz von Informatikanwendungen verantwortlich sind und die Entwicklung und Einführung von Anwendungssystemen veranlassen. Unter Nutzern werden die Personen zusammengefasst, die aktiv mit Geräten und Programmen umgehen. Nutzer haben unmittelbaren Kontakt zu Computern und Programmen, Anwender nur mittelbaren.

Bei Nutzern kann wiederum zwischen Entwicklern und Endnutzern unterschieden werden. Entwickler entwickeln in den betrieblichen Organisationseinheiten für Informationstechnik als Systementwickler und Programmierer selbst Anwendungssysteme bzw. Programme. Endnutzer arbeiten in den Fachabteilungen mit Anwendungssystemen (Finanzbuchhaltung, Lohn- und Gehaltsabrechnung, Auftragsbearbeitung usw.) oder sogenannten Büropaketen (Textverarbeitung, Tabellenkalkulation, Präsentationsgrafik, E-Mail u. a.), sie entwickeln oder verändern diese jedoch nicht selbst. Zu den Nutzern gehören auch diejenigen Personen, die routinemäßig an Datenerfassungsgeräten arbeiten (z. B. in der Bestellannahme eines Versandhauses, an der Kasse eines Supermarktes, am Kundenschalter einer Bank oder bei der Betriebsdatenerfassung in einer Werkstatt). Stellen sie dabei negative Aspekte (Monotonie, Lernaufwand, Stress, Überforderung usw.), zu denen auch die Angst vor dem Verlust des Arbeitsplatzes gehört, in den Vordergrund, werden sie als Betroffene angesehen.

- **Elektronische Datenverarbeitung**

Elektronische Datenverarbeitung (EDV), kurz Datenverarbeitung (DV), bezeichnet in wörtlicher Auslegung die Verarbeitung von Daten durch Computer. Ein Computer ist dabei eine speicherprogrammierbare Rechenanlage. Der Ausdruck Computer kommt über das Englische aus dem Lateinischen (computare = zusammenrechnen, berechnen). Damit ein Rechner als Computer bezeichnet werden kann, muss er die folgenden drei Eigenschaften aufweisen:
- frei programmierbar sein,
- über einen Arbeitsspeicher zur Aufnahme von Programmen und Daten verfügen und
- die Möglichkeit bieten, periphere Geräte zur Eingabe und/oder Ausgabe und/oder zur externen Speicherung von Daten anzuschließen.

Ein einfacher elektronischer Taschenrechner ist daher noch kein Computer.

Weil mit fortschreitender Entwicklung nicht nur (formatierte) Daten, sondern auch Informationen in verschiedenen anderen Erscheinungsformen (Texte, Sprache, Bilder usw.) verarbeitet und übertragen wurden, hatte sich vor allem im wissenschaftlichen Bereich in den 1990er Jahren anstelle des Begriffs Datenverarbeitung der vom DIN schon seit über 30 Jahren benutzte Begriff Informationsverarbeitung (IV) durchgesetzt. In vielen Studienplänen und Prüfungsordnungen der beruflichen Ausbildungsgänge ist aber noch unverändert der Begriff Datenverarbeitung festgeschrieben, der auch im Sprachgebrauch der betrieblichen Praxis weiterhin benutzt wird. Die Begriffe Datenverarbeitung und Informationsverarbeitung sind in den letzten Jahren allerdings weitgehend durch den aus der betrieblichen Praxis stammenden Begriff Informationstechnik abgelöst worden.

In den folgenden Abschnitten wird vorwiegend der Begriff Informationstechnik in einem weit verstandenen Sinn (d. h. einschließlich der Kommunikationstechnik) benutzt. Er umfasst Hardware, Software, Netze und die personellen Ressourcen einschließlich des dazu erforderlichen Managements und der Organisationsstrukturen. Lediglich bei der Betonung prozessualer Aspekte (z. B. Realisierung von Geschäftsprozessen in Anwendungssystemen, Informationsfluss zwischen verschiedenen Anwendungssystemen) wird der Begriff Informationsverarbeitung beibehalten. Überschneidungen lassen sich nicht immer ausschließen.

1.6 Aufbau des Buchs

Das House of Digital Business stellt das strukturbildende Element für dieses Lehrbuch dar.

In ▶ Kap. 1 wurde erläutert, dass die Digitalisierung der Gesellschaft die Art verändert, wie wir konsumieren, arbeiten, leben und miteinander kommunizieren. Ziel des ersten Kapitels war es, darzulegen, welche Auswirkungen die wachsende Digitalisierung auf Unternehmen hat und welche Implikationen sich daraus ergeben. Des Weiteren wurde erläutert, welche Auswirkungen die Digitalisierung auf die Wirtschaftsinformatik als wissenschaftliche Disziplin hat. Im Kern wird die Nutzer-, Nutzungs- und Nutzenorientierung eingeführt, die den digitalen Nutzer in den Mittelpunkt des Erkenntnisinteresses stellt. Ausgehend von der Orientierung am digitalen Nutzer und seinen Bedürfnissen müssen organisatorische Prozesse sowie Angebote in Form von Informationssystemen, Produkten und Dienstleistungen so gestaltet werden, dass sie diese Bedürfnisse bestmöglich erfüllen. Das führt zur Nutzung der Systeme oder Inanspruchnahme des Angebots, wodurch der angestrebte Nutzen für den digitalen Nutzer, das Unternehmen und auch die Gesellschaft erreicht wird. Ausgehend von dieser Sichtweise wird das House of Digital Business vorgestellt, das Unternehmen dabei unterstützen kann, die Herausforderungen der Digitalisierung zu bewältigen.

In ▶ Kap. 2 werden die technischen Grundlagen moderner Informations- und Kommunikationssysteme dargelegt. Es wird ein Einblick in die vier Bereiche Hardware, Software, Datenorganisation sowie Rechnernetze gegeben. Die Basis eines Computersystems bildet die Hardware, also die elektronische Ausrüstung, z. B. in Form von Speicher, Prozessor, Eingabe- und Ausgabegeräten. Diese Hardware ist notwendig, um Software wie Betriebssysteme (z. B. Microsoft Windows) zu betreiben, die wiederum den Einsatz von Anwendungssoftware, wie den Internetbrowser oder das Textverarbeitungsprogramm, ermöglicht. Bei der Verwendung unterschiedlicher Anwendungssoftware werden verschiedenste Daten erzeugt und gespeichert. Diese werden in Form von Dateien oder strukturiert in Datenbanken abgelegt. So sind Dokumente, Verkaufszahlen, Mitarbeiterdaten oder Buchhaltungsdaten jederzeit verfügbar und auffindbar. Nahezu jeder aktuelle Computer ist zudem über Rechnernetze mit anderen Rechnern verbunden. Dabei nimmt das Internet eine sehr wichtige Rolle ein. Es stellt viele Kommunikationskanäle wie E-Mail, Chats oder soziale Netzwerke zur Verfügung und bietet Zugriff auf viele Informationen über Webseiten. Die einzelnen Abschnitte dieses Kapitels vermitteln dem Leser ein Grundverständnis für diese Technologien, die heute nahezu alle Geschäftsbereiche eines Unternehmens nachhaltig beeinflussen und deren Möglichkeiten auch unsere Gesellschaft immer stärker verändern.

In ▶ Kap. 3 werden das Geschäftsprozessmanagement und Anwendungssysteme näher betrachtet. In ▶ Abschn. 3.2 wird auf Geschäftsprozesse und deren Modellierung eingegangen.

In diesem Zusammenhang wird dargestellt, wie Prozesse und Modelle im Rahmen dieses Buchs definiert werden. Daraufhin werden sowohl der Nutzen als auch die Voraussetzungen zur Modellierung von Geschäftsprozessen und die verschiedenen Methoden der Prozessmodellierung erläutert. Im Anschluss an diese theoretischen Grundlagen zur Modellierung von Geschäftsprozessen werden in den folgenden Abschnitten praxisnahe Notationssprachen vorgestellt. Die Modellierungssprachen EPK (Ereignisgesteuerte Prozesskette) und BPMN (Business Process Model and Notation) werden eingeführt und ihre Elemente veranschaulicht. Mit Hilfe von Anwendungsbeispielen werden die Grundlagen geschaffen, sodass der Leser dieses Buchs dazu in der Lage sein wird, selbstständig Geschäftsprozesse in abstrahierter Form grafisch darzustellen, zu dokumentieren und zur Analyse sowie der Gestaltung vorzubereiten. Als Voraussetzung für diesen Abschnitt sollte der Leser daher auch mit dem ▶ Abschn. 3.1 und dem ARIS-Modell vertraut sein, um die Zusammenhänge zwischen der Modellierung von Geschäftsprozessen und den betrieblichen Informationssystemen zu erkennen. Abschließend werden in diesem Abschnitt Referenzmodelle thematisiert. Auf diese Weise wird eine Grundlage für die Gestaltung von Informationssystemen und Organisationen gelegt. In ▶ Abschn. 3.3 werden dann Anwendungssysteme vorgestellt. Dabei wird sowohl auf branchenspezifische als auch auf branchenunspezifische Anwendungssysteme eingegangen. In ▶ Abschn. 3.4 liegt das Hauptaugenmerk auf Anwendungssystemen in der Praxis, z. B. ERP.

In ▶ Kap. 4 werden die Grundlagen des IT-Managements dargestellt. Das IT-Management lässt sich in strategisches und operatives IT-Management unterteilen. Der Planungshorizont des strategischen IT-Managements beträgt mindestens mehrere Jahre. Verantwortlich für das strategische IT-Management ist die oberste Leitung der IT-Abteilung in Zusammenarbeit mit der Unternehmensführung. Das operative IT-Management ist dagegen kurz- bis mittelfristig angelegt und dient zur Umsetzung der im Rahmen des strategischen IT-Managements gemachten Planungen und Vorgaben, um das laufende Geschäft im Unternehmen zu unterstützen.

In ▶ Kap. 5 werden zuerst die Grundlagen der Gestaltung von Anwendungssystemen in Unternehmen behandelt. Einleitend werden die Grundlagen der betrieblichen Gestaltung der IT-Infrastruktur im Rahmen des Enterprise-Architecture-Managements vorgestellt. Darauf aufbauend werden Eigenschaften und Auswahlprozesse von Standardsoftware behandelt, also die konkreten Auswahl-, Gestaltungs- und Bewertungsprozesse von Software im Unternehmen. Daran anschließend wird die professionelle Systementwicklung durch Mitarbeiter der IT-Abteilung beschrieben. Die Systementwicklung erfolgt in Form von Projekten, für deren Strukturierung, neben den Grundlagen des IT-Projektmanagements, Vorgehensmodelle vorgestellt werden. Danach werden die wiederkehrenden Phasen der Anforderungserhebung, des Systementwurfs und der Realisierung genauer betrachtet. In Analogie zu dem in der Konsum- und Investitionsgüterindustrie gebräuchlichen Begriff »Produktlebenszyklus« wird bei Anwendungssystemen der gesamte Zeitraum von der Begründung und Planung über die Entwicklung, Einführung und Nutzung bis zur späteren Ablösung durch ein neues System als Softwarelebenszyklus (Software Lifecycle) bezeichnet. Die beiden Hauptabschnitte sind dabei die Entwicklungszeit und die Nutzungszeit des Anwendungssystems. Die Systementwicklung wird – unabhängig davon, ob es sich um Individual- oder Standardsoftware handelt – mit der Einführung des neuen Anwendungssystems abgeschlossen. Die Einführung ist mit zahlreichen organisatorischen Aktivitäten verbunden. Der Systemeinführung folgt die oft viele Jahre dauernde Nutzung des Anwendungssystems, die als Systembetrieb bezeichnet wird. Das Kapitel befasst sich daher nacheinander mit der Systemeinführung, mit dem Betrieb von Anwendungssystemen und mit dem IT-Service-Management als etablierte Form des Betriebs von Anwendungssystemen.

In ▶ Kap. 6 werden die Internetökonomie (▶ Abschn. 6.1) und Dienstleistungen (▶ Abschn. 6.2) als wichtige Eckpfeiler der modernen Wirtschaftsinformatik eingeführt. Die Vernetzung und Digitalisierung mit dem Kunden im Mittelpunkt ändern dabei grundlegende Spielregeln. Alte Geschäftsmodelle, wie sie heute noch in vielen Bereichen zu finden sind, können mittlerweile längst überholt sein, während neue und hochprofitable Geschäftsmodelle entstehen. Als treibende Kraft dieser Entwicklung ist vor allem die IT zu sehen. Neue digitale Güter entstehen, die neue Mehrwerte für Kunden, Organisationen und die Gesellschaft schaffen. Auf Basis dieser Technologien und somit der entstandenen Möglichkeiten – aber auch neuer Trends, wie z. B. veränderte Kundennachfrage, Marktentwicklungen – können innovative und zukunftsweisende Dienstleistungsangebote bereitgestellt werden, die zunehmend zu massiven Veränderungen in der Dienstleistungsgesellschaft führen. Zentral in diesem Zusammenhang ist zudem, dass der ausschließliche Verkauf von Produkten immer schwieriger wird. Produktanbieter sehen sich gezwungen, vermehrt den Fokus auf den Kunden zu richten. Dies führt dazu, dass IT-ermöglichte Dienstleistungen an Bedeutung gewinnen und neue Geschäftsmodelle in Form von neuen Angeboten auf Basis von Produkt- und Dienstleistungsbündeln entstehen, die zunehmend auf die individuellen und problemorientierten Bedürfnisse des Kunden – im Sinne des Grundgedankens der Nutzer-, Nutzungs- und Nutzenorientierung – zugeschnitten werden. Daher werden zunächst die Grundlagen der Internetökonomie vorgestellt, welche Rolle dabei digitale Güter und Netzwerkgüter spielen und wie elektronische Märkte ausgestaltet sind. Der Dienstleistungsbegriff und die Rolle der Informationstechnologie im Zusammenhang mit der Bereitstellung von IT-Dienstleistungen werden diskutiert. Außerdem wird dargelegt, welche neuen Bereitstellungskonzepte durch IT ermöglicht werden und wie sich nun Unternehmen vor diesem Hintergrund auf dem Markt neu positionieren können.

In ▶ Kap. 7 werden ausgewählte Anwendungsgebiete des House of Digital Business dargestellt. Bereiche wie Medien, Handel, Bildung und Industrie sind nur einige Wirtschaftsbereiche, in denen die fortschreitende Digitalisierung die Art und Weise, wie Wertschöpfung betrieben wird, grundlegend verändert hat und weiter verändern wird. Einerseits bedeutet dies für etablierte Unternehmen neue Herausforderungen, andererseits eröffnen sich neue Geschäftsfelder. Insbesondere kleinere Unternehmen erreichen durch die globale Vernetzung über das Internet einen wesentlich größeren Wirkungsbereich. Kunden können mit geringem Aufwand in die Leistungserstellung einbezogen und Produkte sowie Dienstleistungen stärker individualisiert werden. Gleichzeitig führt die steigende Bedeutung von Social Media zu einer stärkeren Vernetzung der Menschen und der Unternehmen sowohl untereinander als auch miteinander. Dies verändert das Kommunikationsverhalten ebenso wie auch das Kaufverhalten, was aus Unternehmensperspektive von besonderer Relevanz ist. Produkte werden nicht mehr ausschließlich im Fachgeschäft gekauft, in denen der Kunde eine persönliche Beratung erhält. Stattdessen werden die Preise der Produkte im Internet verglichen, Kundenrezensionen gelesen und bei Bedarf online gekauft. Ein weiterer Trend ist »mobile«, wodurch sich Unternehmen die Möglichkeit bietet, mobile und ubiquitäre IT-Dienste anzubieten, die dem Kunden unterwegs neue Nutzungserlebnisse eröffnen. Diese Entwicklungen erfordern ein Umdenken und strategische Neuausrichtungen von Unternehmen, weil bestehende Geschäftsprozesse diesen Anforderungen nicht gerecht werden und etablierte Geschäftsmodelle wie zum Beispiel das Verlagswesen verdrängt werden. Vor diesem Hintergrund werden die Anwendungsbereiche Electronic Business (E-Business), Social Business und Mobile und Ubiquitous Business im Kontext des House of Digital Business diskutiert.

Weiterführende Literatur

Gesellschaft für Informatik (2006). Was ist Informatik? Unser Positionspapier. ▶ http://www.gi.de/fileadmin/redaktion/Download/was-ist-informatiklang.pdf.

Krcmar, H. (2009). Informationsmanagement (5. Aufl.). Berlin: Springer.

Leimeister, J.M. (2012). Dienstleistungsengineering & -management. Heidelberg: Springer Gabler.

Österle, H. und Winter, R. (2003). Business Engineering – Auf dem Weg zum Unternehmen des Informationszeitalters. Berlin: Springer.

Weiß, F. and Leimeister, J.M. (2012). »Consumerization - IT Innovations from the Consumer Market as a Challenge for Corporate IT.« Business & Information Systems Engineering. 4(6):363–366

Technische Grundlagen von Informations- und Kommunikationssystemen

Zusammenfassung

Sei es der Computer im Büro, das Smartphone oder der Kleinstcomputer, der die Regensensoren im Auto steuert, Computersysteme sind heutzutage allgegenwärtig und nicht mehr aus dem Alltag wegzudenken. Dieses Kapitel beschäftigt sich mit den technischen Grundlagen von Informations- und Kommunikationssystemen. Es wird ein Einblick in die vier Bereiche Hardware, Software, Datenorganisation sowie Rechnernetze gegeben. Die Basis eines Computersystems bildet die Hardware, also die elektronische Ausrüstung z. B. in Form von Speicher, Prozessor, Eingabe- und Ausgabegeräten. Diese Hardware ist notwendig, um Software, wie Betriebssysteme (z. B. Microsoft Windows), zu betreiben, die wiederum den Einsatz von Anwendungssoftware, wie den Internetbrowser oder das Textverarbeitungsprogramm, ermöglicht. Bei der Verwendung unterschiedlicher Anwendungssoftware werden verschiedenste Daten erzeugt und gespeichert. Diese werden in Form von Dateien oder strukturiert in Datenbanken abgelegt. So sind Dokumente, Verkaufszahlen, Mitarbeiterdaten oder Buchhaltungsdaten jederzeit verfügbar und auffindbar. Nahezu jeder aktuelle Computer ist zudem über Rechnernetze mit anderen Rechnern verbunden. Dabei nimmt das Internet eine sehr wichtige Rolle ein. Es stellt viele Kommunikationskanäle wie E-Mail, Chats oder soziale Netzwerke zur Verfügung und bietet Zugriff auf viele Informationen und Dienste. Die einzelnen Abschnitte dieses Kapitels vermitteln dem Leser ein Grundverständnis für diese Technologien, die heute nahezu alle Geschäftsbereiche eines Unternehmens nachhaltig beeinflussen und deren Möglichkeiten auch unsere Gesellschaft immer stärker verändern.

2.1	**Hardware – 37**
2.1.1	Prozessor – 40
2.1.2	Arbeitsspeicher – 42
2.1.3	Datenwege – 44
2.1.4	Speichermedien – 47
2.1.5	Dateneingabe – 55
2.1.6	Datenausgabe – 62
2.1.7	Beurteilungskriterien für Rechner – 64
2.2	**Systemsoftware – 66**
2.2.1	Betriebsarten und Nutzungsformen von Software – 67
2.2.2	Betriebssysteme – 72
2.3	**Datenorganisation – 75**
2.3.1	Dateiorganisation – 76
2.3.2	Modellierung der Datensicht – 78
2.3.3	Datenbanksysteme – 86
2.4	**Rechnernetze – 94**
2.4.1	Digitale Datenübertragung – 94
2.4.2	Netzwerktopologien – 97
2.4.3	ISO/OSI-Modell – 100
2.4.4	Netzwerkprotokolle im Internet – 102
2.4.5	Verteilte Verarbeitung – 106
	Weiterführende Literatur – 110

Lernziele des Kapitels
1. Sie können den Aufbau eines Rechners am Beispiel der vereinfachten von-Neumann-Architektur erläutern.
2. Sie können die technischen Grundlagen von IT-Systemen beschreiben und ihre Funktionsweise erläutern.
3. Sie können verschiedene Speichermedien klassifizieren und ihre Vor- und Nachteile für unterschiedliche Anwendungszwecke darstellen.
4. Sie können verschiedene Formen der Dateneingabe und -ausgabe differenzieren und diese anhand von Beispielen verdeutlichen.
5. Sie können unterschiedliche Arten von Software klassifizieren und diese durch Beispiele erläutern.
6. Sie können Computer nach Betriebsarten und Nutzungsformen klassifizieren und ihre Funktionsweise veranschaulichen.
7. Sie können die Arbeitsweise und Aufgaben von Betriebssystemen veranschaulichen.
8. Sie können verschiedene Typen von Betriebssystemen beschreiben und anhand von Beispielen erläutern.
9. Sie können verschiedene Verfahren der Dateiorganisation voneinander abgrenzen und Beispiele für diese formulieren.
10. Sie können beispielhafte Anwendungsfälle für die verschiedenen Modelle der logischen Datenorganisation erläutern.
11. Sie können die einzelnen Bestandteile eines Datenbankmanagementsystems anhand des 3-Schichten-Modells erläutern.
12. Sie können einfache Anfragen an ein Datenbanksystem mittels SQL stellen.
13. Sie können basierend auf textuellen Anforderungen ER-Diagramme erstellen.
14. Sie können ER-Diagramme in sinnvolle relationale Datenbankschemata übertragen.
15. Sie können alle verschiedenen Netzwerktopologien beschreiben und deren jeweilige Vor- und Nachteile erklären.
16. Sie können das Client-Server-Modell und die verschiedenen Zuordnungen zwischen Clients und Servern erläutern.
17. Sie können die Multi-Tier-Architektur erklären und die entsprechende Konfiguration in einem gegebenen Szenario identifizieren.
18. Sie können die Schichten des ISO/OSI-Modells erklären und deren Ausprägungen in anderen Protokollen darstellen.
19. Sie können die wichtigsten Protokolle auf Anwendungsebene benennen und deren Funktionsweise erklären.
20. Sie können Aufbau und Funktionsweisen des Internets anhand der im Kapitel behandelten Technologien erklären.

2.1 Hardware

Heute unterscheidet man im Wesentlichen drei Größenklassen von Computern, und zwar Großrechner, mittlere Systeme und Personal Computer (PC). Eine grobe Unterscheidung zwischen den drei Klassen lässt sich aus Anwendersicht nach der Anzahl der gleichzeitig mit dem Rechner arbeitenden Benutzer vornehmen. Danach dienen Großrechner als Zentralserver in Großunternehmen für die gemeinsame Nutzung von Anwendungssystemen durch eine große

Anzahl von Benutzern und für die Bereitstellung zentraler Datenbestände für diese Benutzer bei einem insgesamt breiten Spektrum unterschiedlicher Anwendungen. Mittlere Systeme dienen als Filial- oder Abteilungsserver in Großunternehmen für die Nutzung einer begrenzten Anzahl von Anwendungssystemen innerhalb einer Filiale bzw. einer Betriebsabteilung oder als Zentralserver in mittelständischen Unternehmen für den Einsatz sämtlicher betrieblicher Anwendungssysteme. Personal Computer (PC) hingegen dienen für die ausschließliche Nutzung durch einen oder wenige Benutzer bei einer kleinen Anzahl von arbeitsplatzbezogenen Anwendungen und für den Einsatz als Client in verteilten Systemen.

Großrechner und mittlere Systeme lassen sich immer als Mehrplatzsysteme durch mehrere Benutzer gleichzeitig nutzen. Personal Computer sind je nach verwendetem Betriebssystem (s. ▶ Abschn. 2.2.2 Betriebssysteme) Einzelplatzsysteme, d. h. zu einer bestimmten Zeit nur durch eine Person nutzbar, oder Mehrplatzsysteme.

Die Bezeichnung Personal Computer erklärt sich aus der Nutzung des Computers für Anwendungen aus dem persönlichen Arbeitsbereich. Die gelegentlich vorzufindende Schreibweise »Personalcomputer« ist falsch, weil dies vom Sprachsinn her ein Computer für Anwendungen im Personalbereich wäre.

Neben den drei genannten Hauptklassen von Computern gibt es weitere wichtige Ausprägungen. Dazu zählen Supercomputer, die durch umfassende Parallelisierung von Komponenten erheblich leistungsfähiger als Großrechner sind. Sie werden vorwiegend im Forschungs- und Entwicklungsbereich eingesetzt. Workstations sind Hochleistungsarbeitsplatzrechner, die leistungsmäßig zwischen PCs und mittleren Systemen angesiedelt sind und häufig für rechenintensive Spezialanwendungen wie die technische Konstruktion und grafische Anwendungen eingesetzt werden. Smartphones und Tablets sind mobile Kleinstcomputer mit berührungssensitiven Bildschirmen und der Möglichkeit, über eine Funk- oder Kabelverbindung Daten mit anderen Computern auszutauschen, Multimedia-Inhalte wiederzugeben und eine Verbindung zum Internet herzustellen. Eingebettete Systeme (embedded systems) sind Kleinstcomputer, die meist für den Nutzer als solche nicht erkennbar sind und in einem größeren technischen Kontext zum Einsatz kommen. Diese Systeme werden beispielhaft in Haushaltsgeräten (z. B. Waschmaschinen), Kraftfahrzeugen (z. B. für die Steuerung der Airbags), Fernsehern oder im Flugzeug eingesetzt.

Für Großrechner wird in der Praxis auch der Begriff DV-Anlage oder EDV-Anlage verwendet. Er drückt aus, dass an den Rechner periphere Geräte (außerhalb der Zentraleinheit eines Computers befindliche Geräte) für die Eingabe, die Ausgabe und die Speicherung von Daten angeschlossen sind. Da die Hardware aber ohne dazugehörige Software nicht funktionsfähig ist, wird im Folgenden bevorzugt der in ISO/IEC 2382-1 genormte Begriff Computersystem verwendet – definiert als ein Komplex aus einem oder mehreren Rechnern, peripheren Geräten und Software.

Vor einigen Jahren waren sowohl bei Privatpersonen als auch in Firmen meist nur wenige Geräte mit wichtigen Daten im Einsatz. Beispielsweise gab es nur einen PC, auf dem E-Mails abgerufen und Dokumente bearbeitet wurden. Der heutige Trend geht zu einer Vielzahl von verschiedenen Geräten mit den gleichen Daten. So ist es möglich, dass auf ein E-Mailkonto vom Dienstrechner, Tablet, Smartphone, Mp3-Player und Privatlaptop zugegriffen wird. Bei diesem Wachstum an Geräten ist zudem die Synchronisation der eigenen Daten über mehrere Geräte kompliziert geworden. Eine Abhilfe schafft das sogenannte Cloud Computing, über das ein abstrakter Zugang auf Daten und Dienste einer von einem Anbieter bereitgestellten Infrastruktur ermöglicht wird. Ressourcen, wie Speicher oder Leistung, lassen sich skalieren, ohne dass für den Nutzer oder den Anbieter ein unangemessener Mehraufwand entsteht. Auf das

2.1 · Hardware

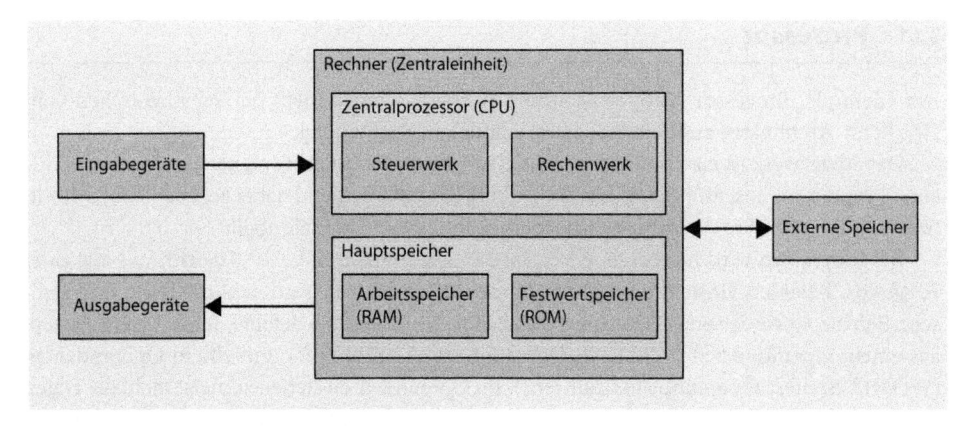

◘ Abb. 2.1 Von-Neumann-Architektur. (Eigene Darstellung)

Thema Cloud Computing und insbesondere auf Cloud-Speicher wird in ▶ Abschn. 2.1.4 näher eingegangen.

Unter dem Begriff Rechnerarchitektur versteht man die interne Struktur des Rechners, d. h. seinen Aufbau aus verschiedenen Komponenten, und die Organisation der Arbeitsabläufe im Rechner. Die meisten Rechner aller drei Größenklassen verwenden die nach dem österreichisch-ungarischen Mathematiker J. von Neumann (1903–1957) benannte von-Neumann-Architektur (Vieweg et al. 2012). Rechner mit einer solchen Architektur bestehen aus (◘ Abb. 2.1):

- einem Zentralprozessor (CPU = Central Processing Unit), der die Befehle (Instruktionen) eines Programms einzeln nacheinander interpretiert und ausführt,
- einem Hauptspeicher, in dem zum Zeitpunkt der Verarbeitung das auszuführende Programm und die dafür benötigten Daten gespeichert sind, und
- Datenwegen für den Datentransfer zwischen den Komponenten des Rechners (interne Datenwege) und zwischen dem Rechner und den peripheren Geräten (periphere Datenwege oder Eingabe-/Ausgabesystem).

Zentralprozessor und Hauptspeicher bilden zusammen die Zentraleinheit. Beim PC befinden sich der Prozessor (in der Regel ein Mikroprozessor, d. h. ein vollständig auf einem Chip untergebrachter Prozessor) und der Hauptspeicher (zusammen mit weiteren Komponenten) auf der Hauptplatine (Motherboard). Bei Parallelrechnern enthält die Zentraleinheit mehrere Zentralprozessoren.

Jeder Zentralprozessor hat die beiden Komponenten Steuerwerk und Rechenwerk. Der Hauptspeicher besteht aus dem Arbeitsspeicher und optional dem Festwertspeicher (s. ▶ Abschn. 2.1.2).

Die technischen Bausteine aller Rechner sind Computerchips, insbesondere Speicherchips für den Hauptspeicher und Logikchips für den Prozessor. Bei den Chips handelt es sich um Siliziumplättchen von 10 bis 1000 mm² Fläche, in die durch ein Leitungsnetz verbundene elektronische Bauelemente (Widerstände, Kondensatoren, Transistoren) eingebettet sind. Die Herstellung erfolgt vollautomatisch in einem komplizierten mehrstufigen Prozess. Die Grundlage aller Bauelemente bilden Halbleiter.

Nachfolgend werden die Hardwarekomponenten von Computersystemen, zu denen der Rechner und sämtliche peripheren Geräte gehören, beschrieben.

2.1.1 Prozessor

Der (Zentral-) Prozessor (CPU = Central Processing Unit) besteht bei der klassischen von-Neumann-Architektur aus dem Steuerwerk und dem Rechenwerk.

Das Steuerwerk ist eine Funktionseinheit, welche die Reihenfolge steuert, in der die Befehle eines Programms ausgeführt werden, die Befehle entschlüsselt und dabei gegebenenfalls modifiziert und die für ihre Ausführung erforderlichen digitalen Signale abgibt.

Als Programm wird hierbei eine Verarbeitungsvorschrift, d. h. ein Algorithmus aus einer Folge von Befehlen (Instruktionen) verstanden. Befehlstypen sind arithmetische und logische Befehle sowie Sprung-, Transport- und Eingabe-/Ausgabe-Befehle. Jeder Befehl besteht aus einem Operationsteil (WELCHE Operation ist auszuführen?) und einem Operandenteil (WOMIT ist diese Operation auszuführen?). Im Operandenteil stehen zumeist nicht die Daten selbst, sondern die (Speicherplatz-) Adressen, in denen die Daten gespeichert sind. Er wird deshalb auch als Adressteil bezeichnet.

Der Prozessor arbeitet wie folgt: Das Steuerwerk veranlasst das Rechenwerk, die im Operationsteil des Befehls enthaltene Operation mit den angegebenen Operanden auszuführen. Das Rechenwerk übernimmt die vom Steuerwerk entschlüsselten Befehle und führt sie aus. Die Operationen werden entweder durch elektronische Schaltungen oder durch Mikroprogramme, die in einem speziellen Festwertspeicher (ROM) enthalten sind, ausgeführt.

Steuerwerk und Rechenwerk arbeiten nach dem sogenannten Pipelineprinzip. Die einzelnen Arbeitsphasen, die zusammen als von-Neumann-Zyklus bezeichnet werden, sind:
1. Befehl aus Hauptspeicher holen (entsprechend dem aktuellen Befehlszähler, der die Speicheradresse des aktuellen Befehls bereithält);
2. Befehl decodieren, Operandenadressen oder Sprungziel errechnen;
3. Operanden holen;
4. Befehl ausführen, d. h. Operanden verarbeiten, ggf. Ergebnis speichern (bei Mehradressmaschinen);
5. Befehlszähler erhöhen.

Die Phasen 1 bis 3 (Befehlsaufbereitung) und 5 übernimmt das Steuerwerk, die Phase 4 (Befehlsausführung) das Rechenwerk. Das Pipelineprinzip hat zwei Aspekte:
- Ein Befehl wird nacheinander (wie in einer Pipeline) zunächst vom Steuerwerk und anschließend vom Rechenwerk abgearbeitet.
- Während das Rechenwerk einen Befehl ausführt, bereitet das Steuerwerk zeitlich parallel dazu (»überlappend«) schon die nächsten Befehle auf.

Das vorsorgliche Holen der sequenziell nachfolgenden Befehle in den Cache heißt »Prefetching«. Als kurzzeitige Zwischenspeicher bei den Operationen der Phasen 1 bis 5 werden vom Steuerwerk und vom Rechenwerk Register, das sind kleine extrem schnelle Speicherelemente, benutzt.

Die Arbeit der CPU wird durch einen zentralen Taktgeber (Quarzkristall) gesteuert. Die Taktzeit liegt im Bereich von Nanosekunden. Der Kehrwert der Taktzeit, die Taktfrequenz oder Taktrate, liegt entsprechend in der Größenordnung von MHz (Megahertz) oder GHz (Gigahertz). Vor allem bei Mikroprozessoren wird die Leistung anhand der Taktfrequenz beschrieben (z. B. 2,6 GHz).

Im Bereich der Personal Computer ist der Einsatz von Mehrkernprozessoren Standard. Diese Prozessoren vereinen mehrere Rechenwerke auf einem Chip und erlauben so die

Verarbeitung mehrerer Programme parallel. So kann insbesondere bei Programmen, die auf die parallele Verarbeitung der anfallenden Aufgaben speziell vorbereitet sind, eine deutliche Performancesteigerung erreicht werden.

Exkurs: Stellenwertsysteme

Die Darstellung und Verarbeitung jeglicher Daten in Rechnern wird über numerische Werte abgebildet. Das heißt beispielsweise, dass jedes Zeichen dieses Texts durch eine Zahl repräsentiert wird. Da die Speicher- und Datenverarbeitungssysteme in Rechnern allerdings lediglich binäre Status unterscheiden können (1 oder 0), müssen diese numerischen Werte im Dualsystem abgebildet werden. Dieser Informationsblock zeigt, wie Stellenwertsysteme, wie das allgemein übliche Dezimalsystem, aber auch das Dualsystem funktionieren. Das Dezimalsystem ist ein Stellenwertsystem, weil sich der Wert einer Zahl aus dem Wert der einzelnen Ziffern und aus deren Stellung innerhalb der Zahl bestimmt. Während das Dezimalsystem auf den 10 Ziffern 0 bis 9 basiert, arbeiten Computer intern nur mit zwei Zeichen, weil sie zur Funktionserfüllung Bauteile (z. B. Transistoren oder magnetisierbare Schichten) verwenden, die lediglich zwei Zustände besitzen (an/aus, magnetisiert/nicht magnetisiert, offen/geschlossen usw.). Eine Menge, die nur aus zwei Zeichen besteht, heißt binäres System. Beispiele für binäre Systeme sind das Morsealphabet (Zeichen: Punkt/Strich bzw. kurz/lang) oder die üblichen Fußgängerampeln (Zeichen: grün/rot). Sind die beiden Zeichen die Ziffern 0 und 1, spricht man vom dualen Zahlensystem oder kurz Dualsystem (Küveler u. Schwoch 2007). Dual ist also ein Spezialfall von binär, und das Dualsystem ist ein Stellenwertsystem auf der Basis 2. Beispielsweise wird die Dezimalzahl 409

- im Dezimalsystem als $409_{10} = 4 \cdot 10^2 + 0 \cdot 10^1 + 9 \cdot 10^0$ und
- im Dualsystem als $110011001_2 = 1 \cdot 2^8 + 1 \cdot 2^7 + 0 \cdot 2^6 + 0 \cdot 2^5 + 1 \cdot 2^4 + 1 \cdot 2^3 + 0 \cdot 2^2 + 0 \cdot 2^1 + 1 \cdot 2^0$

dargestellt. Als Faustformel bei wertmäßigen Umrechnungen gilt $2^{10} \approx 10^3$.

Der in der Informationstechnik gebräuchliche Begriff Bit (Abkürzung für »binary digit«) bezeichnet ein Zeichen, das genau einen der beiden Werte 0 oder 1 annehmen kann.

Dualzahlen sind für den Menschen unübersichtlich zu lesen. Deshalb wandelt man die interne duale Darstellung auf Drucklisten oder Bildschirmanzeigen in ein höherwertiges Zahlensystem um, wegen der komplizierteren Umrechnung aber nicht in das Dezimalsystem, sondern meistens in das Hexadezimalsystem (Basis 16; der Zeichenvorrat umfasst die Ziffern 0 bis 9 sowie die Buchstaben A bis F; je vier Dualziffern ergeben eine Hexadezimalziffer). Beispielsweise ist

$$2741_{10} = 101010110101_2 \; AB5_{16}$$

Generell lassen sich in Stellenwertsystemen alle (positiven ganzen) Zahlen z in der sogenannten Radixschreibweise

$$z = \sum_{k=0}^{n} a_k B^k$$

mit B als Basis und folgenden Ziffern a_k darstellen:

Dualsystem (B = 2)   0, 1
Dezimalsystem (B = 10)   0, 1, 2, 3, 4, 5, 6, 7, 8, 9
Hexadezimalsystem (B = 16)   0, 1, 2, 3, 4, 5, 6, 7, 8, 9, A, B, C, D, E, F

◘ Abb. 2.2 zeigt die Darstellung der Dezimalzahlen 1 bis 20 in dualer und hexadezimaler Schreibweise. Jede (ganze) Dezimalzahl lässt sich somit intern als »echte« Dualzahl darstellen, wobei zusätzlich ein Bit für das Vorzeichen vorzusehen ist, falls auch negative Werte vorkommen können. Die Länge der Dualzahl hängt von der Anzahl der Dezimalstellen ab. Der Computer hat aber nicht nur Zahlen, sondern auch (große und kleine) Buchstaben sowie Sonderzeichen (+, -, :, &, !, ? usw.) zu verarbeiten, die deswegen ebenfalls in die duale Darstellung umgesetzt werden müssen. Hierzu werden diese Buchstaben sowie Sonderzeichen über eine Zeichenkodierungsmethode in eine in Dualzahlen umrechenbare Zahl codiert. Ein Beispiel für einen Zeichenkodierungsstandard ist ASCII (American Standard Code for Information Interchange). Dieser Standard weist jedem Zeichen einen Dezimalwert zu. Beispielsweise wird dem Buchstaben A der Dezimalwert 65 zugewiesen. Der Buchstabe B erhält den Wert 66 und dies wird bis Z = 90 fortgeführt. Anschließend wird diese Reihe mit dem Kleinbuchstaben a = 91

Dezimalsystem (B=10)	Dualsystem (B=2)	Hexadezimalsystem (B=16)	Dezimalsystem (B=10)	Dualsystem (B=2)	Hexadezimalsystem (B=16)
01	00001	01	11	01011	0B
02	00010	02	12	01100	0C
03	00011	03	13	01101	0D
04	00100	04	14	01110	0E
05	00101	05	15	01111	0F
06	00110	06	16	10000	10
07	00111	07	17	10001	11
08	01000	08	18	10010	12
09	01001	09	19	10011	13
10	01010	0A	20	10100	14

◘ **Abb. 2.2** Zahlendarstellung in Stellenwertsystemen. (Eigene Darstellung)

fortgesetzt. D. h. über die ASCII-Codierung ist es möglich, die entsprechenden Dezimalzahlen in das Dualsystem zu überführen und damit Texte als eine Reihe von Dualzahlen zu repräsentieren.[1]

Bei der Darstellung von Dezimalzahlen spricht man dabei von unechten Dualzahlen, weil – im Gegensatz zu den echten Dualzahlen – jede Dezimalziffer einzeln als Dualzahl codiert wird. Die Codierung von Dezimalzahlen in Form von unechten Dualzahlen ist bei allen Anwendungen im betriebswirtschaftlichen Bereich gebräuchlich, weil dort die Anzahl der Dezimalstellen von vornherein begrenzt ist.

Im kaufmännischen Bereich werden Festkommazahlen (Fixed Point Numbers) verwendet, bei denen das Komma immer an derselben Stelle steht, im Prinzip also weggelassen werden kann. Im mathematisch-technischen Anwendungsbereich dominieren dagegen Gleitkommazahlen (Floating Point Numbers) mit variabler Position des Kommas. Intern wird dafür eine Darstellung benutzt, die auf der halblogarithmischen Schreibweise

$$Z = \pm M \cdot B^e$$

beruht (M = Mantisse, B = Basis, e = Exponent). Im Dezimalsystem wäre z. B.

$$589{,}47 = 0{,}58947 \cdot 10^3$$

2.1.2 Arbeitsspeicher

Der Arbeitsspeicher wird auch als interner Speicher, Zentralspeicher oder Primärspeicher bezeichnet und darf nicht mit den externen Speichergeräten wie Magnetplatten oder Erweiterungsspeichern auf Halbleiterbasis (s. ▶ Abschn. 2.1.4) verwechselt werden, die Sekundärspeicher oder periphere Speicher heißen. Der Hauptspeicher besteht aus den beiden Teilen Arbeitsspeicher und Festwertspeicher (optional).

Der Arbeitsspeicher ist ein Schreib-/Lesespeicher. Die englische Bezeichnung Random Access Memory (RAM) drückt aus, dass ein direkter Zugriff auf jeden Speicherplatz möglich ist. Der Festwertspeicher ist ein Nur-Lesespeicher (ROM = Read Only Memory). Weil für die Leistungsfähigkeit von Rechnern im Wesentlichen nur die Größe des RAM relevant ist,

---

1 Über die folgende URL ist es möglich, ASCII-Texte in das Dualsystem zu überführen: ▶ http://www.binary-hexconverter.com/ascii-text-to-binary-converter

beschränken sich in Produktbeschreibungen die Angaben zum Hauptspeicher meistens auf diesen Wert. Jeder Speicherplatz des Hauptspeichers enthält dieselbe Anzahl von Bits und besitzt eine eindeutige Adresse. Zur Ausführung müssen alle Programme und zur Verarbeitung alle Daten im Arbeitsspeicher bereitstehen, d. h. resident sein.

Technisch besteht der Hauptspeicher aus Speicherchips in Halbleiterbauweise. Halbleiterspeicher sind in der Regel sogenannte flüchtige (»volatile«) Speicher. Das bedeutet, dass die gespeicherten Daten beim Abschalten des Rechners oder bei Unterbrechung der Stromzufuhr verloren gehen.

Nach der Bauweise unterscheidet man beim Arbeitsspeicher zwischen statischem und dynamischem RAM. Statische Speicher behalten ihren Inhalt (solange die Stromversorgung nicht unterbrochen wird) ständig bei, in dynamischen Speichern (DRAM = Dynamic Random Access Memory) muss dagegen der Inhalt nach jedem Lesevorgang neu eingeschrieben (»refreshed«) werden. Statische Speicher gestatten einen schnelleren Zugriff. Wegen der kompakteren Bauweise und des niedrigeren Preises werden jedoch dynamische Speicher bevorzugt.

Der Arbeitsspeicher nimmt die in Aktion befindlichen Programme auf und hält die Befehle für den (Zentral-) Prozessor bereit und speichert die während der Verarbeitung benötigten Eingabedaten, mögliche Zwischenresultate und die als Ergebnisse entstehenden Ausgabedaten.

Der Festwertspeicher ist ein Teil des Hauptspeichers, dessen Inhalt sich nur lesen, aber nicht verändern lässt. Er wird hauptsächlich für Mikroprogramme des Steuer- und des Rechenwerks und für unveränderliche Anwendungsprogramme benutzt. Die Anfertigung erfolgt beim Hardware- bzw. Chiphersteller; in der Ausführungsform PROM (Programmable Read Only Memory) erfolgt sie auch beim Anwender.

Bei speziellen Ausfertigungen des Festwertspeichers lassen sich die Inhalte wieder löschen, und zwar beim EPROM (Erasable Programmable Read Only Memory) durch Bestrahlung mit UV-Licht und beim EEPROM (Electrically Erasable Read Only Memory) durch Stromstöße. Anschließend ist eine Neuprogrammierung durch den Anwender möglich. Die Technik EEPROM kommt bei Chipkarten (s. ▶ Abschn. 2.1.5) und bei Flashspeichern (s. ▶ Abschn. 2.1.4) zum Einsatz.

Die fortlaufend adressierten Speicherplätze des Hauptspeichers enthalten als kleinste Einheit entweder ein Byte aus 8 Bit oder ein Wort mit mehr als 8 Bit (z. B. 16, 32 oder 64 Bit). Die kleinste Speichereinheit ist in der Regel auch die kleinste interne Verarbeitungseinheit des Prozessors (Verarbeitungsbreite).

Die Hauptspeichergröße wird im Allgemeinen in Kilobyte (kB), in Megabyte (MB) oder in Gigabyte (GB) gemessen. Es folgt:
- 1 kB $= 10^3$ Byte $= 1.000$ Byte,
- 1 MB $= 10^6$ Byte $= 1.000.000$ Byte und
- 1 GB $= 10^9$ Byte $= 1.000.000.000$ Byte.

Es wird empfohlen, die SI-Präfixe (Kilo-, Mega-, Giga- usw.) nur in Zusammenhang mit Dezimalzahlen zu verwenden. Für Datenspeicher mit binärer Adressierung ergeben sich hingegen Speicherkapazitäten von 2^n Byte. Unter Verwendung von 2er Potenzen wird empfohlen, die sogenannten IEC-Präfixe (Kibi-, Mebi-, Gibi- usw.) zu verwenden. Es ergeben sich nachfolgende Umrechnungen:
- 1 KiB $= 2^{10}$ Byte $= 1.024$ Byte,
- 1 MiB $= 2^{20}$ Byte $= 1.048.576$ Byte und
- 1 GiB $= 2^{30}$ Byte $= 1.073.741.824$ Byte.

Als Zugriffszeit wird die Zeit bezeichnet, die benötigt wird, um den Inhalt eines Speicherplatzes (d. h. ein Byte bzw. ein Wort) zu lesen. Die Zugriffszeiten heutiger Computer liegen im Bereich von Nanosekunden (10^{-9} Sekunden). Zum Vergleich: Das Licht legt in einer Nanosekunde nur einen Weg von 30 cm zurück.

Weitere interne Speicher neben dem Hauptspeicher sind Cache und Register. Außerdem kann der Speicher in Form eines virtuellen Speichers organisiert sein.

Ein Cache ist ein kleiner Speicher mit besonders schnellem Zugriff. Er übernimmt die Funktion eines Puffers. Puffer werden in Computern – wie auch in anderen Produktionssystemen – immer dann verwendet, wenn unterschiedliche Geschwindigkeiten auszugleichen sind. Der Cache nimmt eine Anpassung zwischen der Verarbeitungszeit im Prozessor und der (längeren) Zugriffszeit zum Arbeitsspeicher vor. Im Cache werden vorsorglich (»Look-ahead-Mechanismus«) diejenigen Speicherinhalte des Arbeitsspeichers bereitgestellt, die zu den gerade benötigten Speicherinhalten »benachbart« sind. Moderne Rechner verfügen über getrennte Caches für Daten und Programme und/oder über ein abgestuftes System mehrerer aufeinanderfolgender Caches. Neben dem internen Cache gibt es üblicherweise einen Pufferspeicher zwischen den Plattenspeichern (s. ▶ Abschn. 2.1.4) und dem Arbeitsspeicher.

Die Registerspeicher, kurz Register, dienen zum kurzzeitigen Speichern jeweils weniger Bit bzw. Byte. Sie werden vom Prozessor für interne Zwecke verwendet.

Der virtuelle Speicher ist im Gegensatz zu Cache und Register keine spezielle Hardwareeinrichtung, sondern ein vom Betriebssystem (s. ▶ Abschn. 2.2.2) gesteuertes Speicherungsverfahren. Der (»reale«) Arbeitsspeicher wird dabei (scheinbar) vergrößert, indem der Inhalt bestimmter Speicherbereiche auf Magnetplatten oder Flashspeicher (s. ▶ Abschn. 2.1.4) ausgelagert wird. Die Größe des virtuellen Speichers ist unabhängig von der vorhandenen Arbeitsspeichergröße. Vorteile bringt die virtuelle Speicherung in erster Linie für die Programmierung, da auf Arbeitsspeicherbegrenzungen keine Rücksicht genommen werden muss. Ein Nachteil besteht in möglicherweise längeren Programmlaufzeiten durch den ständigen Transfer zwischen realem und virtuellem Speicher.

Die Gesamtheit aller internen Speicher bildet, wie ◘ Abb. 2.3 zeigt, eine Speicherhierarchie. Zu beachten ist, dass die darin enthaltenen Plattenspeicher und Erweiterungsspeicher keine internen Speicher sind, sondern als virtuelle Speicher zur Vergrößerung des realen Hauptspeichers zu verstehen sind. Die Organisation des Datentransfers zwischen den Speicherbereichen wird häufig von einem eigenständigen Prozessor, der Speichersteuerung, übernommen.

2.1.3 Datenwege

Datenwege übernehmen den Datentransfer, und zwar als interne Datenwege zwischen den Komponenten der Zentraleinheit und als periphere Datenwege zwischen dem Rechner und den peripheren Geräten. Die peripheren Datenwege werden auch als Eingabe-/Ausgabesystem bezeichnet. Ihre Realisierung erfolgt nach dem Kanalkonzept (Groß- und mittlere Rechner) oder dem Buskonzept (mittlere und kleine Rechner, zunehmend auch Großrechner).

Beim Kanalkonzept wird der Datentransfer zwischen dem Arbeitsspeicher und den peripheren Geräten von Kanälen übernommen. Dabei handelt es sich um selbstständig arbeitende Einheiten mit eigenen Prozessoren (Kanalprozessoren), die ihre Befehle parallel zur Arbeit der CPU ausführen. Die peripheren Geräte sind an die Kanäle direkt oder über gerätespezifische

2.1 · Hardware

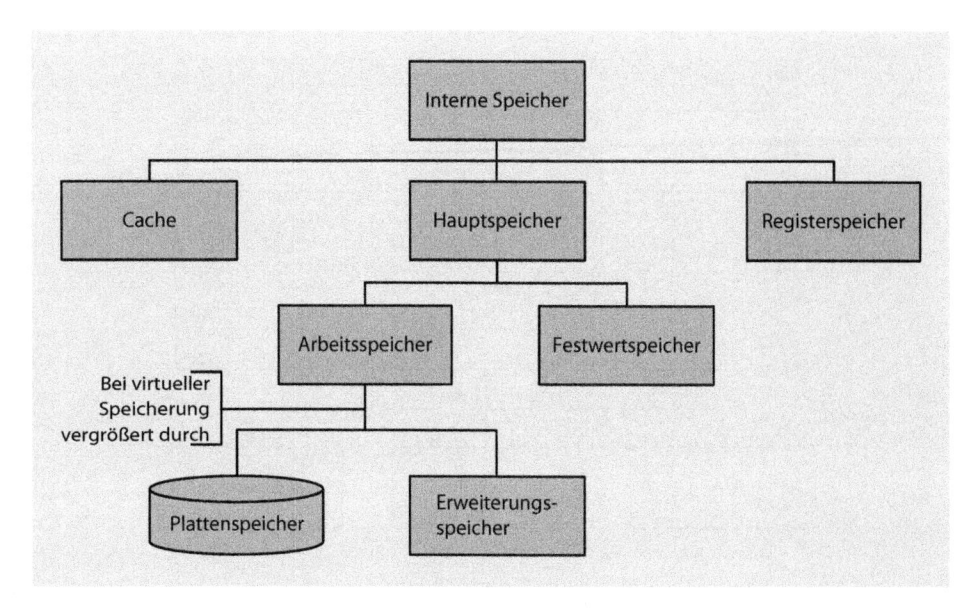

Abb. 2.3 Speicherhierarchie der internen Speicher. (Eigene Darstellung)

Steuereinheiten (Control-Units) angeschlossen. Kanäle gibt es als parallele Kanäle mit bitparalleler Übertragung[2] zwischen Kanalprozessor und Steuereinheiten über Kupferkabel und als serielle Kanäle mit bitserieller Übertragung zwischen Kanalprozessor und Steuereinheiten über Glasfaserkabel.

In Großrechnern ist zur Steuerung sämtlicher Kanäle ein eigenständiger Eingabe-/Ausgabeprozessor (E/A-Prozessor) vorhanden. Er arbeitet unter der Steuerung des Zentralprozessors.

Beim Buskonzept werden – im Gegensatz zum Kanalkonzept, bei dem einzelne Gerätegruppen über Kanäle direkt mit der Zentraleinheit verbunden sind – alle peripheren Geräte gleichrangig an eine gemeinsam genutzte Sammelschiene, den Eingabe-/Ausgabebus (E/A-Bus), angeschlossen. Über diesen erfolgt der Datentransport vom und zum Arbeitsspeicher der Zentraleinheit. Den Steuereinheiten beim Kanalkonzept entsprechen hier spezielle, für einzelne Gerätegruppen zuständige Peripherieprozessoren. Der E/A-Bus wird vom Betriebssystem im Zentralprozessor gesteuert.

Bei PCs sind Steuerwerk, Rechenwerk und Register über den internen Bus und Prozessor, Arbeitsspeicher und der Peripheriebus über den externen Bus verbunden, wobei der Peripheriebus die Verbindung zwischen dem externen Bus und den peripheren Geräten herstellt.

▪ Abb. 2.4 zeigt in stark vereinfachter Form das Buskonzept für PCs. Zwischen Arbeitsspeicher (RAM) und Prozessor befindet sich noch der Cache. Die Anzahl der gleichzeitig übertragenen Bits des internen Busses ist gleich der Verarbeitungsbreite des Prozessors.

Für den Peripheriebus sind von einzelnen Herstellern und von Interessenverbänden mehrere Standards entwickelt worden, und zwar

---

2 Bei bitparalleler Übertragung werden mehrere Bit (z. B. die 8 Bit eines Byte) auf getrennten Leitungen gleichzeitig, bei bitserieller Übertragung auf einer einzigen Leitung nacheinander übertragen.

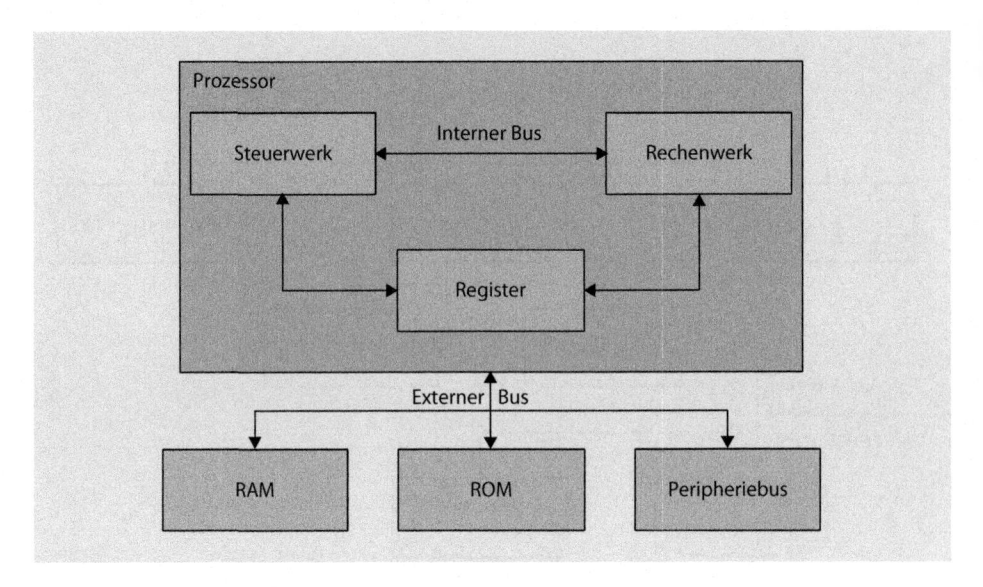

Abb. 2.4 Prinzip des Buskonzepts bei PCs. (Eigene Darstellung)

- auf der Ebene der Hauptplatine (Motherboard)
    - SATA (Serial Advanced Technology Attachment),
    - PCIe (Peripheral Component Interconnect Express),
    - PCI (Peripheral Component Interconnect),
    - ISA (Industry Standard Architecture) und
    - EISA (Extended Industry Standard Architecture),
- sowie außerhalb der Hauptplatine
    - eSATA (External SATA),
    - Firewire,
    - USB (Universal Serial Bus) und
    - SCSI (Small Computer Systems Interface).

PCI und USB ermöglichen eine automatische Erkennung und Einrichtung der angeschlossenen Geräte.

Jeder Bus hat die logisch, aber nicht unbedingt physisch getrennten Bestandteile Steuerbus, Adressbus und Datenbus. Beispielsweise werden beim Lesen eines Speicherplatzinhalts zuerst auf dem Steuerbus vom Prozessor zum Arbeitsspeicher das Signal »Lesen«, dann auf dem Adressbus vom Prozessor zum Arbeitsspeicher die Adresse des Speicherplatzes und schließlich auf dem Datenbus vom Arbeitsspeicher zu den Registern des Prozessors der Inhalt des Speicherplatzes übertragen.

Periphere Geräte können an PCs außer über einen Bus auch über andere Schnittstellen angeschlossen werden wie
- serielle Schnittstelle,
- parallele Schnittstelle,
- Firewire,

- Infrarotschnittstelle IrDA (Infrared Data Association) oder
- Funkschnittstelle (▶ Abschn. 7.3.1)

2.1.4 Speichermedien

Daten und Programme müssen aus zahlreichen Gründen innerhalb des Computersystems gespeichert oder außerhalb des Computersystems zwischengespeichert, transportiert oder aufbewahrt werden.

Beispiele für die Speicherung innerhalb des Computersystems:
- Die aktuellen Daten der betrieblichen Abrechnungssysteme (Fakturierung, Finanzbuchhaltung u. a.) werden den Sachbearbeitern für den ständigen Zugriff zur Verfügung gestellt.
- Daten, die einer größeren Anzahl von Benutzern für die laufende Arbeit mit Platzbuchungssystemen zur Verfügung stehen müssen (z. B. in Reisebüros), werden als Datei oder in einem Datenbankmanagementsystem für den direkten Zugriff bereitgehalten.
- Wirtschaftsdaten werden in Form von Onlinedatenbanken gespeichert und über das Internet öffentlich angeboten.
- Beim E-Mail-Dienst werden Informationen, die der Empfänger nicht sofort entgegennehmen kann, zwischengespeichert.
- Dokumente (z. B. Bausparverträge, Versicherungspolicen, Korrespondenz) werden in digitalisierter Form (auf optischen Speicherplatten) »aktenlos« aufbewahrt.
- Die Datenbasis für ein Führungsinformationssystem wird als sogenanntes Data-Warehouse verwaltet.
- Eingegebene Daten werden vor der Verarbeitung zwischengespeichert (z. B. bei der Stapeldatenerfassung).

Beispiele für die Speicherung außerhalb des Computersystems:
- Für fremde Empfänger (z. B. Banken, Bausparkassen, Finanzbehörden, Krankenversicherungen, Verbände) bestimmte Auswertungen werden zum Zweck des Datenträgeraustauschs (z. B. auf optischen Speichermedien oder Halbleiterspeichern) gespeichert.
- Alle auf Magnetplatten befindlichen Daten und Programme werden im Rechenzentrum täglich bei Schichtende zum Schutz vor Verlust oder Zerstörung auf Magnetbänder kopiert und außerhalb des Rechenzentrums aufbewahrt (Datensicherung).
- Programme für PCs werden auf optischen Speichermedien zum Kauf angeboten.
- Flugpläne, Kursbücher, Telefonbücher, Versandhauskataloge u. a. können auf optischen Speichermedien erworben werden.
- Tagungsbände von Konferenzen werden ergänzend zur Buchfassung auch auf optischen Speichermedien oder Halbleiterspeichern bereitgestellt.
- Die Speicherung von digitalen Daten auf externen Servern über das Internet (Cloud Speicher).

Als Speichermedien für die Speicherung von Massendaten werden Magnetplatten und andere magnetische Speicher (Magnetbänder und Magnetbandkassetten) sowie optische Speicher, meist in Form von CD-ROMs oder DVDs, benutzt. Diese Speicher werden – zusammen mit den entsprechenden Speichergeräten (Laufwerken) – als Massenspeicher bezeichnet.

```
                          Massenspeicher
                    ┌───────────┴───────────┐
            Sequenzielle              Direktzugriffs-
              Speicher                   speicher
         ┌────────┴────────┐    ┌──────────┼──────────┐
    Magnetbänder   Magnetband-  Magnetplatten  Optische   Halbleiter-
                   kassetten              Speicherplatten  speicher
                                │              │              │
                                ├ Festplatten  ├ CD-ROM/DVD   ├ Flash-
                                └ Wechselplatten├ Blu-ray     │  Speicher
                                                ├ Einmal      └ Erweiterungs-
                                                │ beschreibbare  speicher
                                                │ Platten
                                                └ Mehrfach
                                                  beschreibbare
                                                  Platten
```

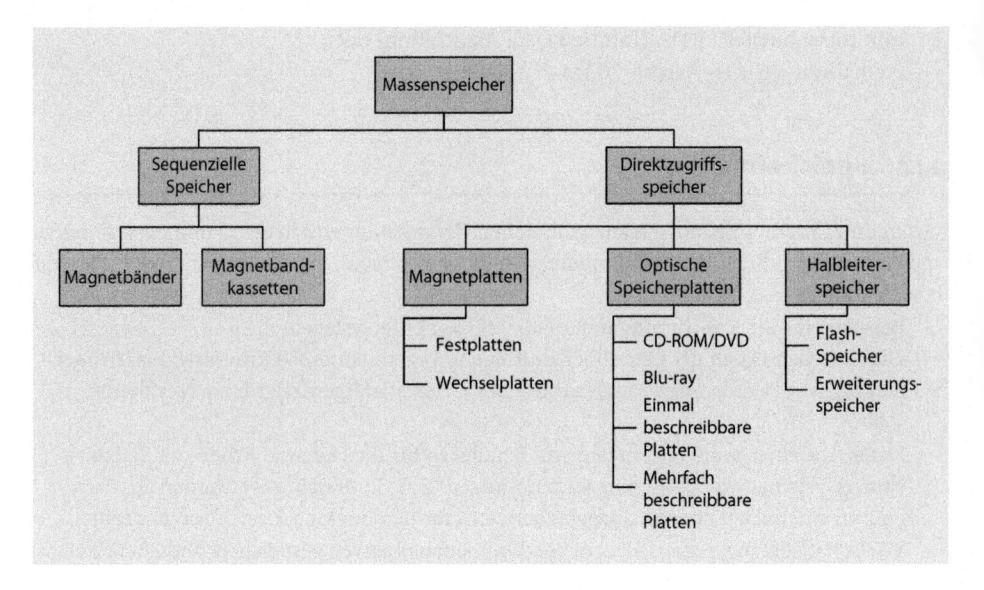

◘ **Abb. 2.5**   Massenspeicher. (Eigene Darstellung)

Entscheidend für die Nutzung ist, ob sie als sequenzielle Speicher nur den fortlaufenden Zugriff, d. h. den Zugriff in der gespeicherten Reihenfolge, oder als Direktzugriffsspeicher auch den direkten (wahlfreien) Zugriff auf einzelne Datensätze gestatten. Die Verwendung von Magnetbändern ist aktuell rückläufig. Moderne Festplatten konkurrieren mit einer hohen Schreibdichte und Speicherkapazität, zudem entfällt unter Verwendung von Festplatten das umständliche sequenzielle Zugriffsverfahren. Dennoch werden Magnetbänder nach wie vor für die Archivierung großer Datenmengen verwendet, da hier der Nachteil der großen Zugriffszeit kaum zum Tragen kommt. Eine Übersicht über mögliche Massenspeicher gibt ◘ Abb. 2.5.

Weitere Massenspeicher sind die ebenfalls in ◘ Abb. 2.5 aufgeführten Halbleiterspeicher, die gegenüber den anderen (mechanisch bewegten) Massenspeichern den Vorteil kürzerer Zugriffszeiten aufweisen. Hierzu gehören Flashspeicher und Erweiterungsspeicher. Im weiteren Sinn lassen sich auch die Chipkarten (s. ▶ Abschn. 2.1.5) zu den Halbleiterspeichern rechnen.

Flashspeicher sind Speicherkarten, die mit nicht flüchtigen Speicherchips bestückt sind (EEPROM-Technik) (s. ▶ Abschn. 2.1.2). Sie finden vorwiegend für Notebooks, Tablets, digitale Kameras, Mobiltelefone und Smartphones Verwendung. Für die Datensicherung und den Datenträgeraustausch werden häufig Flashspeicher an eine USB-Schnittstelle angeschlossen.

In aktuellen PCs und portablen Rechnern ersetzen Halbleiterspeicher in Form von Solid State Disks (SSDs) zunehmend die magnetischen Festplatten als Massenspeicher. Dies ist vor allem durch fallende Preise für Halbleiterspeicher sowie die deutlich kürzeren Zugriffszeiten im Vergleich zu Magnetspeichern begründet.

Erweiterungsspeicher bestehen aus RAM-Chips und haben deshalb den Nachteil, dass die gespeicherten Daten bei Unterbrechung der Stromzufuhr verloren gehen. Deswegen ist es erforderlich, entweder eine unterbrechungsfreie Stromversorgung (z. B. durch Batterien) zu gewährleisten oder die gespeicherten Daten in kurzen Zeitabständen und vor Beendigung der Arbeit auf Magnetplatten zu sichern.

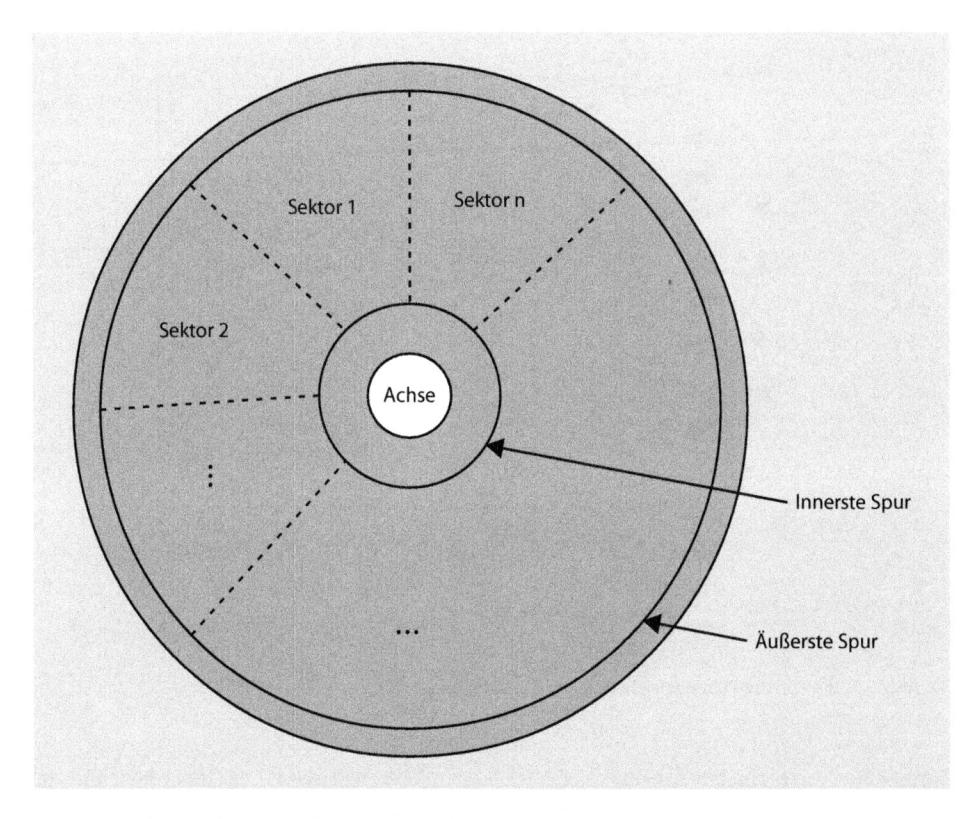

Abb. 2.6 Prinzip der Datenaufzeichnung auf Platten und Disketten. (Eigene Darstellung)

Zusammenfassend lässt sich feststellen, dass die magnetischen und optischen Datenspeicher hauptsächlich wie folgt verwendet werden: Magnetplatten werden in Form von Festplatten als Direktzugriffsspeicher eingesetzt, wenn sich große Datenbestände mit codierten Informationen – häufig für viele Benutzer – im ständigen schnellen Zugriff befinden müssen, ferner für die Bereitstellung der Programme. Magnetbänder werden vorwiegend in Form von Magnetbandkassetten für die Archivierung und Sicherung großer Datenbestände benutzt. Ferner werden sie für den (stark zurückgegangenen) Datenträgeraustausch verwendet. Optische Speicherplatten dienen der Bereitstellung und Archivierung sowie der Verteilung großer, nicht zeitkritischer Datenbestände, auch solcher mit nicht codierten Informationen und oft für eine größere Anzahl von Benutzern.

In den beiden folgenden Abschnitten werden kurz die technischen Merkmale der magnetischen und optischen Datenspeicher vorgestellt und eine Einführung in Cloud-Speicher sowie Informationslebenszyklusmanagement gegeben.

2.1.4.1 Magnetische Datenspeicher

Die Magnetplatte ist eine runde Scheibe aus Aluminium, bei der die Daten auf magnetisierbaren Schichten durch Magnetisierung aufgebracht werden. Im Normalfall sind mehrere Scheiben auf einer rotierenden Achse fest übereinander zu einem Plattenstapel verbunden. Die Datenaufzeichnung erfolgt auf den Scheibenoberflächen bitseriell (d. h. bitweise aufeinanderfolgend) in konzentrischen Spuren, die in gleich große Sektoren eingeteilt sind (◘ Abb. 2.6). Der Sektor (Länge 512 Byte oder ein Vielfaches) ist die kleinste adressierbare Einheit, wird also

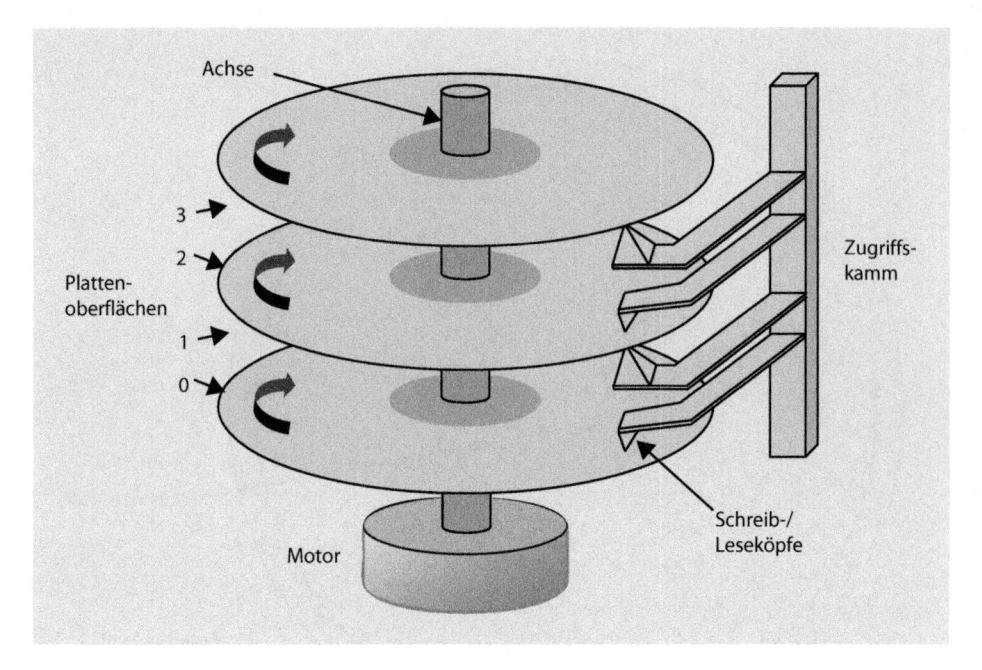

Abb. 2.7 Prinzip des Plattenspeichers. (Eigene Darstellung)

immer als Ganzes (in den Arbeitsspeicher) gelesen oder beschrieben. Die Gesamtheit aller auf den Plattenoberflächen direkt übereinander liegenden Spuren bezeichnet man als Zylinder.

Ein Zylinder enthält also so viele Spuren, wie es (nutzbare) Oberflächen gibt. Insgesamt errechnet sich die Kapazität eines Plattenstapels nach der Formel

$$\frac{Byte}{Sektor} \cdot \frac{Sektoren}{Spur} \cdot \frac{Spuren}{Zylinder} \cdot \frac{Zylinder}{Stapel}$$

Technisch hängt die Kapazität einer Platte von der Schreibdichte (BPI = Bit per Inch) und der Spurdichte (TPI = Tracks per Inch) ab.

Die Platte bzw. der Plattenstapel rotiert im Plattenlaufwerk mit einer Geschwindigkeit von bis zu 15.000 Umdrehungen pro Minute. Das Schreiben und Lesen der Daten übernehmen Schreib-/Leseköpfe, die in geringem Abstand auf einem Luftpolster über jeder Scheibenoberfläche gleiten.

Die Plattenlaufwerke besitzen einen oder mehrere Zugriffsmechanismen (Zugriffskämme). An jedem Zugriffskamm (Positioniereinrichtung) befindet sich für jede nutzbare Plattenoberfläche ein Schreib-/Lesekopf (◘ Abb. 2.7). Zum Schreiben oder Lesen muss der zuständige Schreib-/Lesekopf durch den Zugriffskamm zur gewünschten Spur bewegt werden. Das Gerät enthält dazu Antriebe für die Zugriffsmechanismen und eine Steuerelektronik. Die Zugriffszeit (Suchzeit) zu einem Datensatz setzt sich zusammen aus der Zugriffsbewegungszeit oder Positionierungszeit (Bewegung der Schreib-/Leseköpfe auf den gewünschten Zylinder) und der Drehwartezeit (Suchen innerhalb der Spur nach dem gewünschten Datensatz), die im Mittel gleich der halben Umdrehungszeit ist. Zur Minimierung der Zugriffszeiten werden zusammengehörige Datenbestände zylinderweise und bezüglich der Sektoren nicht benachbart, sondern versetzt gespeichert (»Interleaving«).

Die Platten haben einen Durchmesser von 3,5 Zoll bis unter 1 Zoll. Dabei werden die 3,5-Zoll-Platten vor allem in Servern und Desktop-PCs verwendet. 2,5-Zoll-Platten sind in Laptop-PCs und als portable externe Festplatten mit USB-Anschluss üblich. Die Kapazitäten von Plattenstapeln erreichen aktuell bis zu mehreren Terabyte.

Die physische Belegung der Plattenspeicher ist Aufgabe des Betriebssystems (s. ▶ Abschn. 2.2.2). Um kürzere Zugriffszeiten zu erreichen, ist eine Blockung mehrerer logischer Datensätze zu einem physischen Datensatz (Datenblock) angebracht.

Vorwiegend der Datensicherheit, aber auch dem schnellen Zugriff, dient bei größeren Plattensystemen die RAID-Technik (Redundant Array of Inexpensive Disks), bei der mehrere Laufwerke als sogenannte Disk-Arrays derart verknüpft werden, dass sie wie ein einziges logisches Laufwerk erscheinen. Von den Daten werden – über die Laufwerke verteilt – neben den Originalen auch Duplikate und/oder zusätzliche Prüfdaten gespeichert.

Magnetbänder bestehen aus einer Kunststofffolie mit einer einseitig aufgebrachten magnetisierbaren Schicht aus Eisen- bzw. Chromdioxid. Die Aufzeichnung erfolgt entweder in Spuren parallel zur Laufrichtung des Bands, wobei ein Zeichen jeweils durch eine Bandsprosse (meistens 8 Bit und 1 Prüfbit) dargestellt wird, oder durch Schrägspuraufzeichnung.

Die Breite der Magnetbänder beträgt je nach Verfahren zwischen 0,25 und mehreren Zoll. Die traditionelle Aufbewahrung in Form von großen Spulen ist weitgehend durch verschiedene Formen von Kassettensystemen abgelöst worden. Diese erlauben auch eine automatische Handhabung durch Bandroboter in Bandbibliotheken mit bis zu mehreren tausend Bändern. Die durchschnittliche Zugriffszeit auf eine Kassette beträgt dann nur wenige Sekunden. Aufgrund der geringen Kosten, hohen Zuverlässigkeit und hohen Kapazität von bis zu 6.000 GB pro Kassette werden Magnetbänder im professionellen Umfeld auch heute noch häufig als Speicher zur Datensicherung verwendet.

2.1.4.2 Optische Datenspeicher

Da das früher eingesetzte Medium Mikrofilm bzw. Mikrofiche lediglich noch bei einigen Altanwendungen verwendet wird, sind aktuelle optische Datenspeicher ausschließlich optische Speicherplatten. Aus der Sicht des Anwenders ist zwischen nur lesbaren, d. h. vom Hersteller beschriebenen Platten, vom Anwender einmal beschreibbaren und sonst nur lesbaren Platten und mehrfach beschreibbaren, d. h. beliebig oft an derselben Stelle lösch- und beschreibbaren Platten zu unterscheiden. Vorteile der optischen Speicherplatten gegenüber den Magnetplatten sind die beliebige Austauschbarkeit des Datenträgers, dessen niedrige Kosten (insbesondere bei industrieller Vervielfältigung) und die Eignung als Archivmedium. Ferner ist hier jedoch anzumerken, dass auch optische Speichermedien wie DVDs oder CDs eine begrenzte zeitliche Haltbarkeit mitbringen. So können z. B. UV-Strahlen negative Auswirkungen auf die Lesbarkeit von CD-Roms haben. Nachteile sind die etwa zehnmal längeren Zugriffszeiten als bei magnetischen Platten und die bei den meisten Systemen nicht gegebene Änderbarkeit der Platteninhalte.

Aktuell sind drei verschiedene Varianten der optischen Speichermedien üblich:
- CD (Compact Disk) mit einer Kapazität von bis zu 900 MB,
- DVD (Digital Versatile Disk) mit einer Kapazität von bis zu 8,5 GB und
- Blu-ray-Disk mit einer Kapazität von bis zu 128 GB.

Bei der Produktion großer Stückzahlen wird zuerst eine Masterplatte aus Glas angefertigt, mit deren Hilfe dann die eigentlichen Datenträger in Spritzgusstechnik hergestellt werden. Die höheren Speicherkapazitäten bei gleicher Größe der Scheibe (12 cm) werden bei DVD und

Blu-ray-Disk durch einen engeren Abstand der Spuren und Bitfolgen sowie die Aufzeichnung in mehreren Schichten erreicht.

Jedes dieser Speichermedien wird von Anbietern digitaler Inhalte (Musik, Filme, Software) zum Verkauf dieser Inhalte verwendet. Dabei sind die Datenträger nicht beschreibbar, sondern nur lesbar. Man spricht von ROM (Read Only Memory). Jedes dieser Speichermedien gibt es zudem in einer einmal beschreibbaren Variante, die nach dem Beschreiben beliebig häufig gelesen werden kann. Hier spricht man von WORM (Write Once, Read Many)-Speichern. Diese Datenträger werden als CD-R, DVD-R oder BR-R bezeichnet.

Haupteinsatzgebiet der vom Benutzer mit Hilfe eines Brenners selbst beschreibbaren Platten ist die Archivierung großer Datenbestände mit codierten und nicht codierten Informationen (Akten, Dokumente, Zeichnungen).

2.1.4.3 Halbleiterspeicher

Halbleiterspeicher sind elektronische Speicher, die ohne mechanische Bauteile auskommen. Bei den Halbleiterspeichern wird zwischen flüchtigen und nichtflüchtigen Speichern unterschieden. Flüchtige Speicher werden in der Regel als Arbeitsspeicher in jeder Art von Rechnern verwendet. Sie bieten extrem kurze Zugriffszeiten, verlieren allerdings alle Daten, sobald sie nicht mehr mit einer Stromquelle verbunden sind. Die hier näher behandelten nichtflüchtigen Speicher bieten im Vergleich zu Magnetspeichern ebenfalls sehr kurze Zugriffszeiten, können Daten aber dauerhaft speichern. Nichtflüchtige Speicher werden auch als Flashspeicher bezeichnet. Obwohl Flashspeicher bereits seit Mitte der 1990er Jahre bekannt sind, hat es weitere zehn Jahre gedauert, bis diese die Magnetspeicher mehr und mehr verdrängt haben. Dies liegt insbesondere an den deutlich höheren Preisen im Vergleich mit magnetischen und optischen Speichermedien. Da diese allerdings kontinuierlich fallen, ersetzen Flashspeicher aktuell bereits in vielen Anwendungsfällen andere Speichermedien. Die bekanntesten Einsatzzwecke von Flashspeichern sind USB-Sticks, Speicherkarten, Solid-State-Disks sowie die fest verbauten Speicher in Smartphones und Tablets.

Flashspeicher sind abhängig von ihrer Speicherkapazität in einzelne Speicherelemente aufgeteilt. Diese können mehrere Bytes umfassen und nur im Ganzen gelesen oder geschrieben werden. Wenn also nur ein einzelnes Byte geändert wird, muss jeweils das gesamte Speicherelement neu auf den Speicher geschrieben werden. Da die Speicherelemente nur begrenzt oft geschrieben werden können, begrenzt diese Tatsache die Lebensdauer von Flashspeichern. Da aktuelle Flashspeicher allerdings bis zu mehreren hunderttausend Schreibzyklen aushalten und intelligente Mikrokontroller die Last gleichmäßig auf den gesamten Speicher verteilen (Wear-Leveling), spielt dieser Nachteil heute keine Rolle mehr.

2.1.4.4 Cloud Computing

Wie in ▶ Abschn. 2.1 bereits erwähnt, geht der aktuelle Trend zu der Nutzung einer Vielzahl von verschiedenen Geräten mit den gleichen Daten. Mit diesem Wachstum steigt die Komplexität bei der Synchronisation der eigenen Daten über mehrere Geräte. Technisch ist es je nach Anwendung sehr aufwändig, einzelne Geräte untereinander zu synchronisieren, wie z. B. die Synchronisation der E-Mails auf dem Handy mit denen des Dienstrechners. Die Komplexität besteht darin zu identifizieren, welcher der beiden Synchronisationspartner die bessere Referenz bietet. Viel leichter gestaltet sich jedoch eine Synchronisation, wenn es eine zentrale Synchronisationsplattform gibt, die alle Geräte nutzen. Dafür bietet sich insbesondere das Internet als Basis an, da die meisten Geräte einen Zugang zum Internet haben. Bei der Entwicklung von solchen Synchronisationsplattformen entstanden viele Dienste mit einfachen Synchronisationsschnittstellen für unterschiedliche Geräte, die kaum Rückschlüsse auf die inneren Vorgänge in der Plattform zulassen. So können beispielsweise unterschiedliche Geräte problemlos den Onlinekalender von Google nutzen, ohne die Information darüber zu haben, wo und wie die Daten tatsächlich gespeichert werden.

Durch diese Charakteristik der klaren Schnittstellen auf eine undurchsichtige Datenquelle und die allgemeine Auslagerung in das Internet entstand der Begriff des Cloud Computings. Cloud Computing ermöglicht es, dynamisch Hardware- sowie Softwareressourcen an die individuellen Bedürfnisse eines Nutzers angepasst zur Verfügung zu stellen. Diese technisch definierten Schnittstellen werden internetbasiert durch eine von einem Anbieter bereitgestellte Infrastruktur angeboten. Das Ziel dabei ist es, Funktionen und Prozesse an einen Drittanbieter auszulagern, was einem IT-Outsourcing (s. ▶ Abschn. 4.1.1.4) gleichkommt. Die Abrechnung der Nutzung eines Cloud-Dienstes erfolgt verbrauchsabhängig nach dem »Pay-per-use«-Prinzip, das heißt, der Nutzer zahlt nur für die Leistungen, die er in Anspruch genommen hat.

Cloud Computing lässt sich über fünf spezielle Eigenschaften definieren. Die erste Eigenschaft ist der On Demand Self-Service, welcher besagt, dass ein Nutzer eines Cloud-Computing-Dienstes, ohne eine vorherige Interaktion mit dem Anbieter zu haben, zu jedem Zeitpunkt die Möglichkeit haben sollte, auf den Dienst zuzugreifen und bei Bedarf diesen zu skalieren. Die zweite Eigenschaft ist der breite Netzwerkzugriff, welcher den netzwerkbasierten Echtzeit-Zugriff eines Cloud-Computing-Dienstes beschreibt. Nach dieser Eigenschaft muss dem Nutzer erlaubt sein, von jeder standardisierten Plattform, wie Desktop Computer, Laptops, Tablets sowie weiteren mobilen Endgeräten, auf den Dienst zuzugreifen. Unter dem Ressourcen-Pooling versteht man die bedarfsgerechte Zuteilung von IT-Ressourcen, wie Rechenleistung, Arbeitsspeicher oder Speicherkapazitäten, an die Kunden. Das Ziel ist es, durch die Nutzung von gleicher Hard- und Softwareinfrastruktur für verschiedene Kunden, Kosten einzusparen. Die vierte Eigenschaft von Cloud Computing ist die schnelle Anpassbarkeit und Elastizität. Dies bedeutet, dass die Ressourcen je nach Kundenanforderungen dynamisch angepasst bereitgestellt werden können. Dabei kann diese Anpassung entweder automatisiert durch den Anbieter oder manuell durch den Kunden erfolgen. Die letzte Eigenschaft des Cloud Computings ist die messbare Servicenutzung, die eine verbrauchsabhängige Abrechnung des Dienstes ermöglicht und dadurch eine transparente Sicht auf die empfangenen Leistungen, sowohl auf Anbieter- als auch auf Nutzerseite, zulässt.

Grundsätzlich werden Cloud-Computing-Dienste in verschiedene Servicemodelle und Bereitstellungsmodelle unterschieden. Unter den Servicemodellen finden sich Infrastructure as a Service (IaaS), Platform as a Service (PaaS) sowie Software as a Service (SaaS). Das IaaS beschreibt komplette Systeme wie Server, Router, Archivierungs- und Backupsysteme oder auch ein Angebot von speziellen Hardwarekomponenten wie Druckern, Speicherkapazität oder Prozessorleistung. Diese IT-Infrastruktur wird virtuell und frei skalierbar angeboten und standardisiert als virtuelle Dienstleistungen über ein Netzwerk bereitgestellt. Der Nutzer hat stets die Möglichkeit, auf nahezu grenzenlose Ressourcen zuzugreifen und auf diese Weise flexibel den Bedarf an seine Bedürfnisse anzupassen. PaaS ermöglicht den Zugriff auf ein Angebot an Entwicklungsumgebungen mit einer integrierten Datenbank, wie Programmier- oder Laufzeitumgebungen. Das Ziel ist es damit, Anwendern das Programmieren oder die Nutzung von vorkonfigurierten Diensten in ihren eigenen Anwendungen zu ermöglichen. SaaS beschreibt ein Angebot an standardisierten Softwarelösungen für Endverbraucher, die nur bedingt an die Wünsche des Endkunden anpassbar sind. Der Vorteil für den Kunden ist, dass mit der Nutzung eines solchen Dienstes die lokale Installation der Software entfällt und die Administration, Wartung sowie der Betrieb vom Anbieter vorgenommen wird. Der Zugriff auf die bereitgestellte Softwarelösung erfolgt in dem Fall über das Internet.

Unter den Bereitstellungsmodellen finden sich Private Cloud, Public Cloud, Hybrid Cloud sowie Community Cloud. Diese unterscheiden sich zum einem durch ihre Zugangsform und zum anderen durch die Einbettung dieser in eine bestehende IT-Infrastruktur. Die Private Cloud ist eine Cloud-Lösung, die ausschließlich für die Nutzung innerhalb einer Organisation bestimmt ist. Beispielsweise kommt eine solche Private Cloud für die gemeinsame Nutzung von Daten eines über mehrere Standorte verteilten Unternehmens zum Einsatz. Um diesen Zugriff auf die Cloud zu ermöglichen, ist ein Zugang über das Intranet oder über ein Virtual Private Network (VPN) notwendig. Eine Public Cloud steht im Gegensatz zur Private Cloud der breiten Öffentlichkeit zur Verfügung. Daher reicht auch ein Zugang über das Internet aus und es wird kein gesicherter Zugang über ein Intranet oder ein VPN benötigt. Ein Beispiel für einen Public-Cloud-Speicherdienst ist Dropbox. Eine Hybrid Cloud hingegen ist eine Mischung aus der Private und Public Cloud. Das Ziel ist es, zum einen Sicherheit durch eine Private Cloud anzubieten und gleichzeitig eine hohe Skalierbarkeit des Dienstes durch eine Public Cloud zu ermöglichen. Für Unternehmen ist eine solche Lösung vorteilhaft, da kritische Daten des Unternehmens in eine Private Cloud abgespeichert werden können und alle unkritischen Daten und Funktionen in einer Public Cloud hinterlegt werden können. Eine besondere Form der Private Cloud ist die sogenannte Community Cloud. Diese ermöglicht die gemeinsame Nutzung einer Cloud durch mehrere Organisationen, beispielsweise von Organisationen einer bestimmten Branche. Dazu werden mehrere Private Clouds zu einer Community Cloud zusammengeschlossen, auf die alle Organisationen Zugriff haben und dadurch Kosten gespart werden können.

2.1.4.5 Informationslebenszyklusmanagement

Digitale Daten und die Notwendigkeit, diese zu speichern und verfügbar zu machen, entstehen heute in nahezu allen Geschäftsprozessen. In seltenen Fällen beschränkt sich dabei die Wahl der Speichermedien auf ein einziges Medium. Neben digitalen Medien wie Festplatten, Speicherkarten und USB-Datenträgern gibt es meistens noch analoge Akten und Briefverkehr. Ein Informationslebenszyklusmanagement (engl. Information Lifecycle Management, ILM) beschreibt Anwendungen, Strategien und Methoden mit dem Ziel, ein möglichst kostengünstiges Gesamtkonzept zur Speicherung, Nutzung und Verwaltung aller relevanten Informationen bereitzustellen.

Betrachtet werden hierbei nicht nur die Einzelkosten für das Medium selbst, sondern alle Kosten, die im Zusammenhang mit der Bereitstellung der Daten anfallen. So zählen zu den Kosten für ein digitales Archiv neben dem eigentlichen Medium auch die Kosten für Lagerung sowie für Lesegeräte und Schulungen für die Nutzung der Lesegeräte. Neben diesen Kosten betrachten ILM auch die Frequenz, in der Daten verwendet werden. Werden beispielsweise regelmäßig Datensicherungen erstellt, die nur im seltenen Falle eines Datenverlustes wieder benötigt werden, können Magnetbänder deutlich günstiger sein als klassische Festplatten, da die höheren Zugriffszeiten den Arbeitsfluss nicht aufhalten. Die Anschaffung der teuren Lesegeräte lohnt sich dagegen erst bei sehr großen Datenmengen. Das ILM entscheidet, wann sich eine Umstellung von Speichermedien rentiert, ob und wie analoge Archive digitalisiert werden sollten und wie diese am besten inventarisiert werden können. Allgemeine Grundfunktionen eines ILM sind:

- Erfassung von Daten (Digitalisierung und Abheftung neuer Post; eindeutige Inventarisierung)
- Verwaltung (Ermöglichung einer einfachen Zugangskontrolle und Austausch von Daten)
- Speicherung (Wahl der Speichermedien entsprechend der Nutzung und Menge)
- Zugriff (leichter und intuitiver Zugang zu den Daten)

- Prozessunterstützung (umfasst automatische Schnittstellen zu den Daten von Wiedervorlagen bis zur letztlichen Aussonderung der Daten)
- Langzeitarchivierung

Geht es um digitale Daten, betrachtet das ILM heute selten klassische Medien wie Festplatten, USB-Laufwerke oder Magnetbänder mit ihren individuellen Kosten sowie Vor- und Nachteilen. Meistens werden im ILM gänzlich abstrakte Speichermedien und Gesamtsysteme betrachtet. Hervorstechendes Beispiel sind hier Cloud-Speicherlösungen. Durch die Auslagerung jeglicher physischer Infrastruktur erleichtert sich die Kostenabschätzung für die Verwaltung und Wartung enorm. Es gibt außerdem unterschiedliche Formen von Datenservern, wie z. B. mit Magnetspeichern oder SSDs für sehr schnelle Zugriffe, sowie unterschiedliche Gesamtkapazitäten. Der Entscheidungsspielraum ist deutlich umfassender als die Entscheidung zwischen einigen Speichermedien.

Beispiel
Die Entscheidungsprozesse im Rahmen des ILM können am Beispiel einer fiktiven Kanzlei mit fünf Mitarbeitern verdeutlicht werden. In dieser Kanzlei arbeitet jeder Mitarbeiter für sich, wobei Datensicherungen auf einer dafür gestellten persönlichen externen Festplatte durchgeführt werden. Ein Datenaustausch ist selten notwendig und geschieht nach Absprache über E-Mail. Alte Post und Akten werden chronologisch im Keller abgelegt. Dies funktioniert solange, bis der Chef eine Dokumentenverwaltungssoftware kauft und in seiner Kanzlei implementiert. Von diesem Zeitpunkt an sollen alle Dokumente über einen zentralen Server gescannt, inventarisiert und bearbeitet werden. Viele Schulungen sind notwendig, um die Mitarbeiter in die Nutzung einzuarbeiten. In der Schulungsphase gehen wichtige Schreiben verloren und es entstehen hohe Kosten durch versäumte Fristen. Durch die gute, aber für viel mehr Daten und Mitarbeiter ausgelegte Software entstehen so enorme Mehrkosten, ohne die Arbeitsprozesse signifikant zu beschleunigen. Ein ILM hätte die Kaufentscheidung erst Jahre später getroffen, sobald die Kanzlei deutlich mehr Mitarbeiter hat, die zudem viel enger zusammenarbeiten.

2.1.5 Dateneingabe

Die klassische Dateneingabe in das Computersystem ist unter folgenden Aspekten zu betrachten:
a. Es handelt sich um die erstmalige Eingabe von Daten, in der Regel am Ort des Entstehens und/oder der anschließenden Verarbeitung.
b. Es handelt sich primär um codierte Informationen (CI = Coded Information), d. h. Zeichen, die Ziffern, Buchstaben und Sonderzeichen darstellen oder wiedergeben.
c. Es handelt sich um Massendaten. Darunter versteht man gleichartige Daten, die entweder gesammelt in großer Anzahl an einer Stelle einzugeben sind, z. B. Daten auf Belegen in der Finanzbuchhaltung oder auf Formularen für Einkommensteuererklärungen beim Finanzamt, oder einzeln an vielen Stellen eingegeben werden, z. B. Barabhebungen an Geldautomaten. Die beiden Alternativen sind nicht überschneidungsfrei. Beispielsweise können Buchungsdaten der Finanzbuchhaltung oder die Angaben für die Steuererklärung auch elektronisch, d. h. über Netze, übermittelt werden, sodass sich die erstmalige Eingabe auf viele Stellen verteilt.

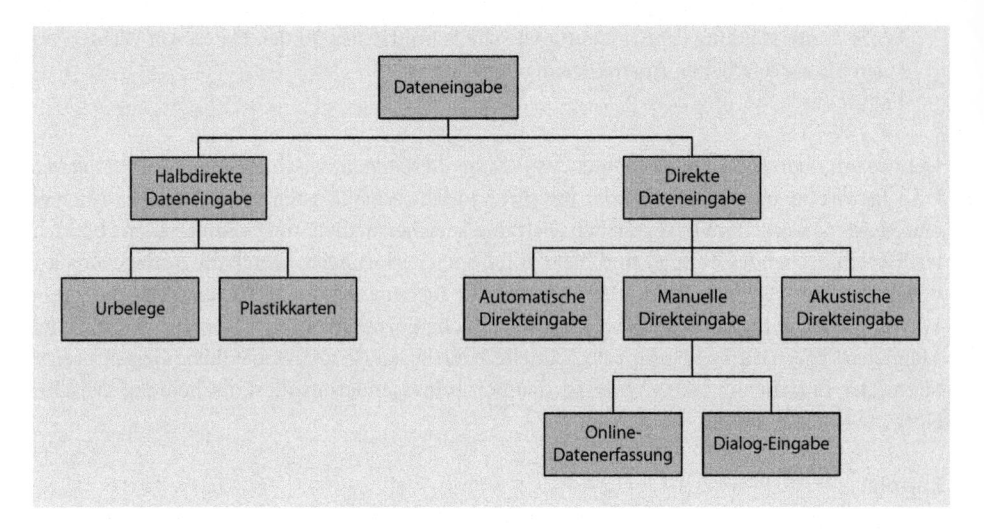

```
                          Dateneingabe
                    ┌──────────┴──────────┐
              Halbdirekte              Direkte
              Dateneingabe          Dateneingabe
              ┌─────┴─────┐      ┌──────┬──────────┐
          Urbelege  Plastikkarten Automatische Manuelle  Akustische
                                  Direkteingabe Direkteingabe Direkteingabe
                                              ┌────┴────┐
                                          Online-    Dialog-Eingabe
                                       Datenerfassung
```

Abb. 2.8 Formen der Dateneingabe. (Eigene Darstellung)

Für die Eingabe von Daten, mit denen der Ablauf industrieller Arbeitsprozesse gesteuert wird, gibt es die Betriebsdatenerfassung (BDE). Dabei handelt es sich um Massendaten, die vorwiegend während der Fertigung (z. B. bei Zugangskontrollen zu Gebäuden und Maschinen oder bei der Personalzeiterfassung, ferner auf Lohnbelegen und Materialbegleitpapieren, an Wiegeeinrichtungen, in der Qualitätskontrolle usw.), aber auch beim Versand bzw. Transport oder bei der Lagerung von Waren anfallen.

Die Dateneingabe kann halbdirekt vom Urbeleg (in der Regel Papier oder Plastikkarte) oder direkt, und zwar automatisch, manuell oder akustisch, erfolgen. Eine Übersicht gibt Abb. 2.8. Die früher dominierende indirekte Dateneingabe, bei der die Daten vor der eigentlichen Dateneingabe in einem separaten Arbeitsgang auf einem Datenträger (Lochkarte, Lochstreifen, Magnetband oder Diskette) erfasst wurden (Datenerfassung), ist nicht mehr gebräuchlich.

Unter dem Begriff Datenträger versteht man physische Substanzen, auf denen Daten festgehalten werden. Solche Substanzen sind eine magnetisierbare Schicht (Magnetplatte, Magnetband, Magnetstreifen auf Plastikkarten, Sparbüchern usw.), ein Chip (z. B. auf einer Plastikkarte, auf einem Transportbehälter oder eingearbeitet in ein Produkt), eine optisch mit Laser lesbare Schicht (z. B. CD-ROM oder DVD) oder Karton bzw. Papier (z. B. als Aufdruck bzw. Etikett oder als Lochkarte).

Bei der halbdirekten Dateneingabe werden die Daten entweder von Urbelegen, auf denen sie als Markierung (z. B. in Form der Artikelnummer auf Warenverpackungen) oder in Form von Hand- oder Maschinenschrift (z. B. auf Bestellformularen oder Banküberweisungen) aufgezeichnet sind, mit Lesegeräten unmittelbar in den Computer eingelesen, mit Plastikkarten (z. B. in Form von Kredit-, Ausweis-, Kunden- oder Krankenversichertenkarten), auf denen sie in einem Magnetstreifen, in einem Chip oder optisch codiert sind, an speziellen Lesegeräten (häufig über eine Netzverbindung) in den Computer eingegeben, oder mit RFID (radio-frequency identification) drahtlos übertragen.

Speziell bei der halbdirekten Dateneingabe schriftlicher Aufzeichnungen von Urbelegen geht also der eigentlichen Dateneingabe eine Datenerfassung zu einem früheren Zeitpunkt voraus (nicht zu verwechseln mit der Datenerfassung bei der erwähnten früheren indirekten

Dateneingabe). Als Urbeleg (Originalbeleg) bezeichnet man dabei einen Beleg, auf dem ein Vorgang (Materialentnahme, Warenverkauf, Buchung, Überweisung usw.) erstmals schriftlich aufgezeichnet wird. Bei dem Urbeleg kann es sich auch um eine Warenverpackung oder ein Bibliotheksbuch handeln, auf denen sich optisch lesbare Zeichen- oder Strichcodes befinden.

Plastikkarten können hinsichtlich ihrer Verwendung, also nach Identifikationskarten oder Wertkarten, unterschieden werden. Beispiele für Identifikationskarten sind Werksausweise, die für automatische Zugangskontrollen oder die Zeiterfassung verwendet werden. Ein Beispiel für Wertkarten sind Geschenkkarten, die im Einzelhandel verwendet werden. Die Tendenz geht zu Plastikkarten, die – wie die Geldkarten der Kreditinstitute – gleichzeitig Identifikations- und Wertkarten sind (Multifunktionskarten).

RFID-Systeme bestehen aus einem Transponder zur Aufnahme der Daten und einem Lesegerät, mit dem die auf dem Transponder gespeicherten Informationen ausgelesen werden können. Diese Technologie wird z. B. in den seit 2010 eingeführten deutschen Personalausweisen eingesetzt, um Personal- und biometrische Daten, wie das Lichtbild bzw. Fingerabdrücke, abzuspeichern. Die Kapazität des beschreibbaren Speichers eines RFID-Transponders beträgt zwischen wenigen Bits bis hin zu mehreren kBytes. Die RFID-Technologie, bestehend aus einem Transponder und einem Lesegerät, dient der drahtlosen Übertragung von Informationen. Eine Spezialisierung des RFID-Systems ist die Near-Field-Communication (NFC). Das Thema RFID wird in ▶ Abschn. 7.3.1 weiter vertieft.

Die direkte Dateneingabe wird danach unterschieden, ob sie automatisch, manuell oder akustisch erfolgt. Bei der automatischen Direkteingabe werden die Eingabedaten von Sensoren erfasst und direkt dem Computer zugeleitet; dies geschieht z. B. bei Robotern in der Fertigungsindustrie, bei der elektronischen Mauterhebung auf Autobahnen, beim Zugang zu Skiliften oder beim automatischen Einbuchen von Mobiltelefonen in wechselnden Funkzellen. Die manuelle Direkteingabe erfolgt über Tastatur und/oder Maus an einem PC, Bildschirmterminal oder Betriebsdatenerfassungsgerät, einer Datenkasse usw. durch Antippen eines berührungsempfindlichen Bildschirms (engl. Touchscreen) oder mit einem speziellen Hilfsmittel für grafische Arbeitsplätze wie einem Lichtstift oder Digitalisiertablett.

Eine spezielle Form der manuellen Direkteingabe ist die mobile Datenerfassung. Die Daten werden über eine Tastatur oder einen integrierten Scanner in ein tragbares Erfassungsgerät eingegeben und entweder dort zwischengespeichert und später über eine Netzverbindung oder sofort drahtlos über eine Funk- oder eine Infrarotverbindung in den Computer eingegeben. Funkübertragungen können sowohl über eine innerbetriebliche Funkverbindung als auch über standortübergreifende Mobil- bzw. Datenfunknetze realisiert werden. Beispiele für Einsatzmöglichkeiten der mobilen Datenerfassung sind Inventuren, Bestellannahmen durch Verkaufsfahrer, Auslieferungen durch Paketdienste, Lageraufzeichnungen durch Gabelstaplerfahrer und technische Überwachungen. Als Geräte für die mobile Datenerfassung kommen neben Spezialgeräten auch Notebooks oder Handhelds in Betracht.

Die akustische Direkteingabe (Spracheingabe) erfolgt über Mikrofon, möglicherweise in Verbindung mit einer Funkübertragung. Dazu benötigt der Computer ein Gerät zur Sprachumwandlung.

In den folgenden Abschnitten werden die wichtigsten Verfahren zur Dateneingabe betriebswirtschaftlicher Massendaten besprochen, und zwar die halbdirekte Dateneingabe und die direkte Dateneingabe in Form der manuellen Direkteingabe an Bildschirmarbeitsplätzen und der Spracheingabe.

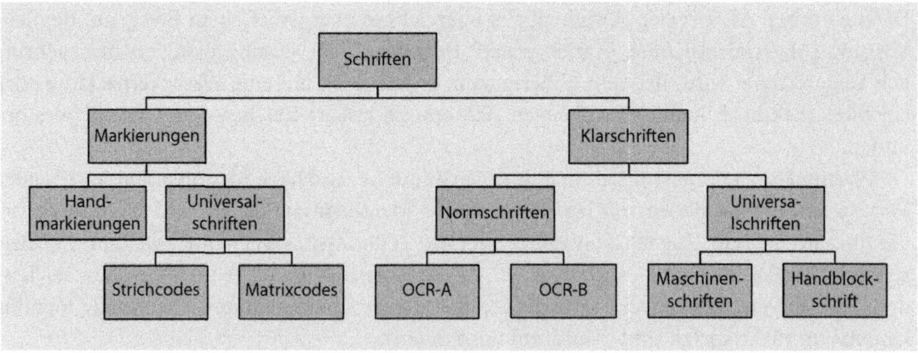

◘ **Abb. 2.9** Schriften der maschinellen Beleglesung. (Eigene Darstellung)

2.1.5.1 Halbdirekte Dateneingabe

Die halbdirekte Dateneingabe kommt für die Eingabe von einheitlich strukturierten Massendaten in Betracht, bei denen – im Gegensatz zur Dialogeingabe an Bildschirmarbeitsplätzen – kein spezielles Fachwissen erforderlich ist. Man kann generell zwischen der Dateneingabe von Schriften mit Hilfe von Schriftenleseverfahren und von codierten Informationen auf Plastikkarten unterscheiden.

Die Schriftenleseverfahren verwenden als Schriften (◘ Abb. 2.9) (optisch lesbare) Markierungen und Klarschriften.

Bei den Markierungen unterscheidet man zwischen Handmarkierungen und maschinell erzeugten Strich- oder Matrixcodes. Bei den Handmarkierungen werden Striche oder Kreuze in vorgegebene Felder eines Formulars (»Markierungsbeleg«) eingezeichnet. Die Bedeutung der Striche ergibt sich aus der Position auf dem Formular. Handmarkierungen kommen beispielsweise bei Fragebögen von Markt- und Meinungsforschungsinstituten oder bei Inventuraufzeichnungen zum Einsatz. Das Verfahren wird kaum noch eingesetzt, und zwar vor allem deswegen, weil auf einem Formularbogen nur wenige Angaben unterzubringen sind. Beispielsweise sind bei numerischen Angaben für jede Ziffer zehn Markierungspositionen vorzusehen.

Strichcodes (engl. Barcodes) finden vorzugsweise für Waren im Handel Verwendung, jedoch werden sie auch für Bücher in Bibliotheken, für Arzneimittel, für Auftragspapiere bei der Werkstattsteuerung, für Paletten und Artikel in Materiallagern, für Transportverpackungen und für Ausweiskarten verwendet. Die üblichen Strichcodes basieren auf Folgen von schmalen und breiten Strichen und von Lücken zwischen den Strichen. Durch optische Lesung werden diese Folgen als numerische oder als alphanumerische Information interpretiert. Der bekannteste Strichcode ist der in DIN EN 797 genormte 13-stellige (rein numerische) Code für die Internationale Artikelnummer, der von den Warenherstellern auf die Verpackung (z. B. Schachtel, Tube, Dose, Flasche) direkt oder per Etikett aufgebracht wird (◘ Abb. 2.10). Bis 2009 war hier die Verwendung der European Article Number (EAN) üblich. Seit 2009 ist diese durch die Global Trade Item Number (GTIN) abgelöst worden.

Weil sich in eindimensionalen Strichcodes (1D-Codes) nur wenige Zeichen unterbringen lassen, werden zunehmend zweidimensionale Codes (meist Matrixcodes) eingesetzt. ◘ Abb. 2.11 zeigt verschiedene mehrschichtige 1D-Codes und Matrixcodes. Der inzwischen häufig eingesetzte »Data Matrix Code ECC 200« ist in der Größe variabel zwischen 10×10 und 144×144 Punkten; er enthält bis zu 3.116 Zeichen. Anwendungsbeispiele sind z. B.

2.1 · Hardware

◘ **Abb. 2.10** Strichcode der internationalen Artikelnummer. (Eigene Darstellung)

QR-Code

Maxicode

Code 49

PDF 417

Data Matrix ECC 200

RSS-Code

◘ **Abb. 2.11** Zweidimensionale Codes. (Eigene Darstellung)

Briefmarken aus dem Internet und Teilekennzeichnungen. Dabei ist durch Anwendung eines Fehlerkorrekturalgorithmus der Inhalt immer noch lückenlos entschlüsselbar, wenn bis zu 25 % der Fläche verschmutzt oder beschädigt sind.

Für die halbdirekte Eingabe mit Karten werden Magnetstreifenkarten und Chipkarten verwendet. Magnetstreifenkarten sind Plastikkarten, die auf der Rückseite einen Magnetstreifen enthalten. In diesem Streifen sind in drei parallelen Spuren Informationen (bis ca. 200 Zeichen) codiert. Sie werden vor allem als Maestrokarte (alte Bezeichnung: EC-Karte oder Scheckkarte) und als Kredit-, Ausweis-, Kunden- oder Krankenversichertenkarten benutzt. Zum Lesen sind entsprechende Leseeinrichtungen (z. B. an Geldautomaten, Parkautomaten oder Betriebsdatenerfassungsgeräten) nötig. Magnetstreifen finden auch in Sparbüchern Verwendung.

Chipkarten sind Plastikkarten, die meistens unter einer vergoldeten Kontaktplatte einen Chip enthalten. Bei Speicherchipkarten besteht der Chip aus einem Speicher mit (benutzerspezifischen) Daten, und zwar in der Regel als ROM-Speicher in der Technik EEPROM (s. ▶ Abschn. 2.1.2), dessen Inhalt bei Unterbrechung der Stromzufuhr erhalten bleibt.

Prozessorchipkarten (Smart Cards) enthalten zusätzlich einen Prozessor, der, mit Hilfe eines RAM-Speichers, selbst Daten verarbeiten kann. Die Stromzufuhr erfolgt durch das Lesegerät und über Kontaktpunkte, die sich auf der Chipkarte befinden. Zur Erhöhung des Benutzungskomforts werden auch kontaktlose Chipkarten eingesetzt. Dieser Kartentyp braucht nur in die Nähe eines Lesegerätes gehalten zu werden. Das Lesegerät erzeugt ein Magnetfeld, mit dem der Strom für den Prozessor induktiv bereitgestellt wird.

Chipkarten können wesentlich mehr Informationen aufnehmen und bieten eine höhere Fälschungssicherheit. Je nach Verwendungszweck unterscheidet man zwischen Identifikationskarten, Wertkarten, kombinierten Identifikations- und Wertkarten sowie Multifunktionskarten.

Als Identifikationskarten werden Chipkarten u. a. für die Krankenversichertenkarten und als Sicherheitswerkzeuge, z. B. für Zugangskontrollen zu Gebäuden oder Rechnern (u. a. in Form eines Studentenausweises), benutzt. Die Chipkarten für Mobilfunkgeräte (z. B. Handys) bieten neben der Identifikationsfunktion zusätzlichen Speicherplatz, z. B. für 100 Telefonnummern einschließlich Namen.

Wertkarten beruhen auf Vorausbezahlung. Der vorausbezahlte Betrag wird im Chip der Karte gespeichert und vom Karteninhaber zum Bezahlen in beliebigen Teilbeträgen verwendet. Einfache Wertkarten ohne Identifikationsfunktion und ohne die Möglichkeit einer Wiederaufladung sind beispielsweise Geschenkkarten im Einzelhandel.

Die Geldkarte ist ein Beispiel für eine kombinierte Identifikations- und Wertkarte. Der Bezahlvorgang beim Händler ist zwar anonym – hier wird lediglich ein Betrag vom gespeicherten Wert abgebucht –, beim Aufladevorgang identifiziert sich der Besitzer aber gegenüber seinem Kreditinstitut.

Mit Multifunktionskarten werden die Funktionen der Maestrokarte, der Telefonkarte und der Geldkarte integriert. Solange nicht alle Geldautomaten und alle Lesegeräte im Handel umgestellt sind, werden Multifunktionskarten sowohl mit einem Chip als auch mit einem Magnetstreifen ausgestattet.

2.1.5.2 Direkte Dateneingabe

Die manuelle Direkteingabe erfolgt meistens an Bildschirmarbeitsplätzen. Der Bildschirm dient dabei zur Benutzerführung und zur Kontrollanzeige der über die Tastatur oder durch Berührung auf berührungsempfindlichen Bildschirmen eingegebenen Daten.

Der Bildschirmarbeitsplatz kann autonom arbeiten (in der Regel beim PC im »Stand-alone-Betrieb«) oder auf folgende Arten in ein Gesamtsystem eingebunden sein:
- als (Fat) Client in ein Client-Server-System,
- als (Thin) Client in ein Network-Computing-System oder
- als Terminal mit Anschluss an einen Großrechner oder ein mittleres System.

Alle übrigen Formen von Bildschirmarbeitsplätzen, an denen eine manuelle Direkteingabe über Tastaturen erfolgt, wie Betriebsdatenerfassungsgeräte, CAD-Arbeitsplätze oder Datenkassen, sollen hier außer Betracht bleiben.

Tastaturen bestehen im Allgemeinen aus drei Blöcken, nämlich dem alphanumerischen Bereich mit Buchstaben, Ziffern und Sonderzeichen, dem Ziffernblock (Zehnerblock) und den Funktionstasten. Die Funktionstasten dienen der schnellen Eingabe von Anwendungs- oder Systembefehlen. Tastaturschablonen oder aufsetzbare Tastenkappen ermöglichen die Anpassung an anwendungsspezifische Erfordernisse. Für die Anordnung der Tasten gibt es mehrere Normen, insbesondere DIN 2137. Nach der Anordnung der ersten sechs Tasten auf der obersten Buchstabenzeile werden deutsche Tastaturen auch als QWERTZ-, internationale als QWERTY-Tastaturen bezeichnet.

Zusatzgeräte, die in Verbindung mit der Tastatur zur Dateneingabe benutzt werden, sind u. a. Maus, in die Tastatur integrierte Zeigeeinrichtungen bei Notebooks sowie Digitalisiertablett für Grafikarbeitsplätze.

Bei berührungsempfindlichen Bildschirmen (Touchscreens) werden verschiedene Technologien eingesetzt, die beim Berühren des Bildschirms oder bereits beim Annähern eines Fingers oder Stifts programmierte Funktionen auslösen können. Moderne sogenannte Multi-Touchscreens ermöglichen zudem die Dateneingabe anhand von vorprogrammierten Gesten. Berührungsempfindliche Bildschirme kommen u. a. als Informationsservice-Einheiten (für Kreditinstitute, Reisebüros, Verkehrsvereine und insbesondere für Kiosksysteme) zum Einsatz. Beim Smartphone und beim Tablet-PC spielt ein berührungsempfindlicher LCD-Bildschirm die entscheidende Rolle: Ohne Tastatur oder Maus werden hier durch Antippen Ereignisse ausgelöst und Zeichen eingegeben.

Für Sehbehinderte gibt es Zusatzeinrichtungen, die es ermöglichen, die optische Bildschirmanzeige entweder als tastbare Information in Blindenschrift (Braillezeilen) zu lesen (»taktile« Anzeige) oder durch vollsynthetische Sprachausgabe zu hören (»sprechender Bildschirm«).

Unter Spracheingabe (oder akustischer Direkteingabe) versteht man die Eingabe von Daten per gesprochener Sprache (Speech Processing im Gegensatz zu Language Processing für geschriebene Sprache). Insgesamt besteht die Sprachverarbeitung aus Spracheingabe, Spracherkennung und Sprachverstehen.

Bei der Spracheingabe wird das in ein Mikrofon gesprochene Wort mit Hilfe von Spracheingabegeräten, die dem Computer vorgeschaltet sind, durch Digitalisierung der Sprachschwingungen in ein Bitmuster umgesetzt, das anschließend mit zuvor gespeicherten Wörtern verglichen wird.

Die Spracherkennung hat die Aufgabe, diese Bitmuster der gesprochenen Sprache in einen Rechnercode umzusetzen. Dabei kommt es darauf an, dass die eingegebene Sprache richtig interpretiert wird, d. h. beispielsweise statt »zwei« nicht fälschlicherweise »drei« erkannt wird (Voice bzw. Speech Recognition = automatische Spracherkennung). Bei ausreichender Übereinstimmung gilt das Wort als erkannt.

Sprachverstehen (NLU = Natural Language Understanding) bedeutet inhaltliches Verstehen durch Sprachanalyse. So soll z. B. der Computer auf die Frage »Wie heißt die Hauptstadt von Italien?« eine entsprechende Datenbankabfrage generieren und letztlich die richtige Antwort »Rom« geben. Auskunftssysteme mit Spracheingabe sind ein generelles Ziel der Entwicklung. Für das Sprachverstehen ist es gleichgültig, ob die vorangehende Spracheingabe in gesprochener oder in geschriebener Form erfolgt. Mit dem Sprachverstehen solcher natürlichsprachlicher Systeme befasst sich die Forschung auf dem Gebiet der künstlichen Intelligenz.

Bei der Spracherkennung unterscheidet man sprecherabhängige Spracherkennung und sprecherunabhängige Spracherkennung. Bei der sprecherabhängigen Spracherkennung trainiert der jeweilige Sprecher seinen Wortschatz mit dem Computer. Leistungsfähige Systeme erkennen einen Wortschatz mit Zehntausenden von Einzelwörtern. Sprecherunabhängige Systeme, d. h. Systeme, die Sprache beliebiger Sprecher erkennen, verfügen nur über einen geringen Wortschatz.

Grundsätzlich bestehen Einsatzmöglichkeiten für die Spracheingabe an allen Arbeitsplätzen, an denen Zähl- oder Registriervorgänge (z. B. Auslieferung im Handel, Qualitätskontrolle in der Fertigung, Inventur im Lager) vorzunehmen sind. Vorteile der Spracheingabe sind u. a., dass die Einarbeitung in kurzer Zeit möglich ist, die Hände für andere Tätigkeiten, z. B. das

```
                    Datenausgabe
                   /            \
        Indirekte              Direkte
        Datenausgabe           Datenausgabe
                              /            \
                    Visuelle              Akustische
                    Datenausgabe          Datenausgabe
                   /     |     \          /         \
         Bildschirm-  Druck-  Leinwand-  Sprach-     Sprach-
         anzeige      ausgabe projektion wiedergabe  synthese
```

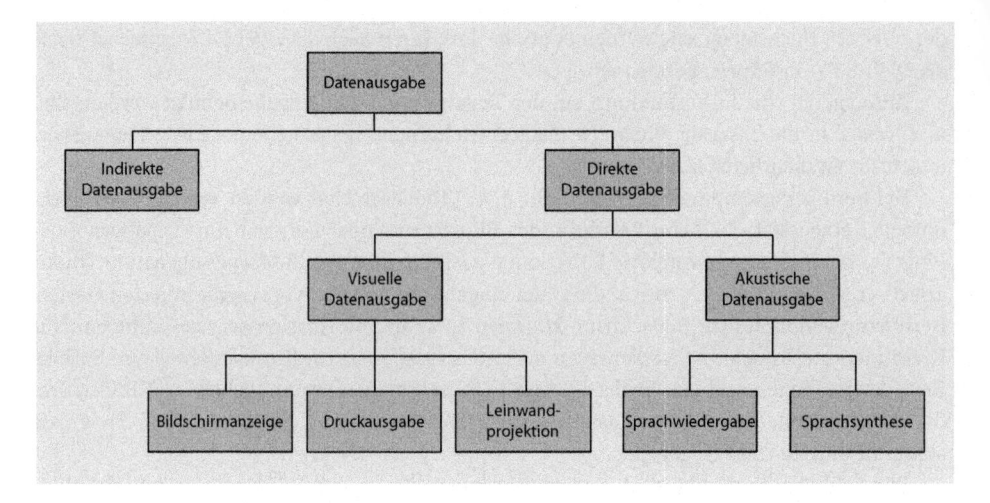

Abb. 2.12 Formen der Datenausgabe. (Eigene Darstellung)

Wiegen von Waren, frei bleiben, auch bei Schmutzarbeiten eine problemlose Dateneingabe erfolgen kann und die Augen für die Wahrnehmung anderer Einflüsse zur Verfügung stehen.

Weitere Einsatzgebiete sind Diktiersysteme, die diktierten Text automatisch in codierte Information umwandeln, und Navigationssysteme für Kraftfahrzeuge.

Bei einem heterogenen Benutzerkreis kommt nur die sprecherunabhängige Spracherkennung in Betracht. Anwendungen gibt es bei telefonischen Auskunftssystemen und beim Telefonbanking. Beispielsweise umfasst das Vokabular des Spracherkennungssystems einer Bank die Wörter Ja, Nein, Information, Kontostand und Wiederholen sowie die Ziffern 0 bis 9.

Eine spezielle Anwendung der Spracherkennung bildet die Sprechererkennung (oder Stimmerkennung), bei der eine Person anhand der Stimme erkannt werden soll. Dabei ist zwischen Sprecherverifizierung und Sprecheridentifizierung zu unterscheiden. Verifizierung ist die Bestätigung, dass es sich bei dem Sprecher um die von ihm vorgegebene Person handelt. Identifizierung ist die Feststellung, um welche Person es sich bei dem Sprecher (innerhalb einer Menge bekannter Sprecher) handelt.

Nicht zu verwechseln mit den Spracheingabesystemen, welche die Aufgabe haben, Sprache zu erkennen, sind die Sprachspeichersysteme, bei denen keine Erkennung erforderlich ist. Die Sprachsignale der gesprochenen Sprache werden ohne Betrachtung des Inhalts, also nicht interpretierend, digitalisiert und anschließend in nicht codierter Form gespeichert. Der gespeicherte Text wird in unveränderter Form zeitversetzt wieder ausgegeben, z. B. als telefonische Mitteilung nach dem Prinzip des Anrufbeantworters (Sprachmailbox).

2.1.6 Datenausgabe

Die Ausgabe von Daten kann a) indirekt, d. h. in (nur) maschinell lesbarer Form, oder b) direkt, d. h. in visueller oder in akustischer Form erfolgen. Eine Übersicht der Formen der Datenausgabe gibt ◘ Abb. 2.12.

Die Ausgabe in maschinell lesbarer Form dient der (Zwischen-)Speicherung auf externen Datenträgern für eine spätere Weiterverarbeitung, für die spätere Datenausgabe in visuell lesbarer Form oder zur Archivierung.

Als Datenausgabe im engeren Sinn ist die direkte Ausgabe in visueller Form anzusehen, und zwar als Bildschirmanzeige, als Druckausgabe auf Papier über Drucker oder Plotter und als Leinwandprojektion zur Präsentationsunterstützung.

Nachdem Kathodenstrahlröhren nur noch in Altgeräten vorkommen, werden Flachbildschirme in drei technischen Ausprägungen eingesetzt:
- LCD-Technik (Liquid Cristal Display), häufig mit Hintergrundbeleuchtung,
- LED-Technik (Light Emitting Diode) und
- Plasmatechnik.

Die computergestützte Präsentation funktioniert im Prinzip wie die Bildschirmanzeige. Bei sehr großer Projektionsfläche werden Beamer eingesetzt. Im Allgemeinen genügt ein portabler Beamer.

Bei der akustischen Datenausgabe (Sprachausgabe) unterscheidet man zwei Verfahren, und zwar
- Halbsynthese: Als Sprachmuster eingegebene Wörter oder Wortfolgen werden digital gespeichert und zur Ausgabe wieder in analoge Schwingungen umgewandelt (Sprachwiedergabesystem).
- Vollsynthese: Digital gespeicherter Text wird anhand von Sprachlauten, die als sogenannte Phoneme (Sprachlaute) oder Diphone (Lautübergänge) gespeichert sind, in Sprachsignale umgewandelt (Sprachsynthesesystem).

Die Ausgabe erfolgt in beiden Fällen über Lautsprecher. Für den Einsatz der Sprachausgabe kommen vor allem Systeme in Kraftfahrzeugen sowie Abfrage- und Auskunftssysteme (Lagerbestände, Fahrpläne, Börsenkurse usw.), in der Regel in Verbindung mit einer Spracheingabe (s. ▶ Abschn. 2.1.5), in Betracht. Die vollsynthetische Sprachausgabe bildet auch eine wesentliche Grundlage für Computerarbeitsplätze von Blinden.

Ebenso wie bei der Dateneingabe sieht sich der Wirtschaftsinformatiker bei der Datenausgabe mit Wirtschaftlichkeits-, insbesondere Kostenfragen konfrontiert. Die typische Aufgabenstellung lässt sich wie folgt skizzieren: Eine zentrale Stelle hat regelmäßig mehrere, möglicherweise sehr viele, dezentrale Stellen mit Daten zu beliefern (Beispiele: Konzern mit Werken, Handelszentrale mit Filialen und Einzelhändlern, Touristikunternehmen mit Reisebüros, Bank mit Zweigstellen, Finanzverwaltung mit Finanzämtern und Steuerpflichtigen, Autohersteller mit Werksvertretungen und Vertragshändlern). In Betracht kommen für die Datenausgabe (einschließlich der Datenübermittlung) Druck und/oder Bildschirmanzeige beim Empfänger, die Datenübertragung mit Druck beim Empfänger, die Ausstattung der Empfänger mit Bildschirmterminals oder PCs, mit denen sie über Fest- und Funknetze direkt auf die zentralen Datenbestände (ggf. über das Internet) zugreifen können.

Bei der Analyse ist zuerst zu ermitteln,
1. WO und an WIE VIELEN Stellen die Daten benötigt werden,
2. WIE AKTUELL diese Daten jeweils vorliegen müssen,
3. WIE VIELE Daten zu WELCHEN Zeiten dafür zu übermitteln sind und
4. WIE OFT und in WELCHEM UMFANG sich die Daten verändern.

Für jede Alternative, die nicht von vornherein – z. B. aus technischen oder personellen Gründen – ausscheidet, sind die Kosten (für Geräte, Datenträger, Porto, Datenübertragung, Personal) gegenüberzustellen. Nach Möglichkeit ist für die in Betracht kommenden Alternativen, unter Einbezug des qualitativen, d. h. nicht direkt messbaren, Nutzens, eine Nutzwertanalyse (s. ▶ Kap. 6) vorzunehmen.

2.1.7 Beurteilungskriterien für Rechner

Bei der Leistungsbeurteilung von Rechnern, d. h. von Prozessoren, internen Speichern sowie Eingabe-/Ausgabesystemen und peripheren Speichern, muss man zwischen internen (bzw. technischen) Beurteilungskriterien, sogenannten Komponentenleistungsmaßen, und anwendungsorientierten (bzw. nutzungsorientierten) Beurteilungskriterien, sogenannten Systemleistungsmaßen, unterscheiden. Die wichtigsten Komponentenleistungsmaße sind:

- Zentralprozessor
    - Architektur
    - Zykluszeit bzw. Taktfrequenz
    - Verarbeitungsbreite (Wortlänge)
    - Instruktionsrate (MIPS, MFLOPS)
    - Befehlsvorrat
- Interner Speicher
    - Arbeitsspeichergröße (effektiv, maximal)
    - Zugriffszeit
    - Größe des Cache
- Eingabe-/Ausgabe-System
    - Übertragungskonzept (Kanal, Bus, Switch)
    - Kanal-Konzept
        - Verbindungstechnik (parallel, seriell)
        - Maximalzahl anschließbarer Kanäle
    - Buskonzept
        - Busbreiten (intern/extern, Daten-/Adressbus)
        - Taktfrequenz
        - Maximalzahl anschließbarer Geräte
    - Übertragungsraten

Das am häufigsten benutzte interne Beurteilungskriterium für Großrechner ist die Instruktionsrate des Zentralprozessors, gemessen in MIPS (Million Instructions Per Second). Sie geht davon aus, dass die Verarbeitungsleistung des Zentralprozessors in erster Linie von der Zykluszeit und von der pro Befehl benötigten Anzahl von Zyklen (Takten) abhängt.

Dabei werden die Zykluszeit von der Hardwaretechnologie (u. a. der Schaltkreisdichte auf den Logikchips) und die Anzahl der pro Befehl benötigten Takte von der Rechnerarchitektur bestimmt. Der Instruktionsrate wird eine durchschnittliche Anzahl von Instruktionen (im Maschinencode), die aus typischen technischen und kommerziellen Anwendungen gemischt sind, zu Grunde gelegt. Ein Rechner mit einer Taktfrequenz von 800 MHz, d. h. einer Zykluszeit (als Kehrwert der Taktfrequenz) von 1,25 ns (Nanosekunden), der pro Instruktion zwei Zyklen benötigt, hat eine Instruktionsrate von 400 MIPS. Allgemein gilt die Formel:

$$\text{Instruktionsrate(MIPS)} = \frac{\text{Taktfrequenz (MHz)}}{\text{Anzahl Takte pro Befehl}}$$

Die Beurteilung nach der Instruktionsrate ist umstritten, weil diese Maßzahl nur eine beschränkte Aussagefähigkeit besitzt. Sie hängt u. a. von der Architektur des Rechners, von dem im Rechner verfügbaren Befehlssatz, von der Art der Programmbefehle und vom eingesetzten Betriebssystem ab und ignoriert völlig die zum Einsatz kommenden Betriebsarten und

Nutzungsformen (▶ Abschn. 2.2.1). Viele Computeranbieter verzichten deswegen auf die (offizielle) Angabe einer MIPS-Zahl.

Bei vorwiegend mathematisch-technisch genutzten Rechnern, insbesondere bei Parallelrechnern, wird die Instruktionsrate in FLOPS (Floating Point Operations Per Second) gemessen. Als Supercomputer bezeichnet man Rechner mit einer Leistung von mehr als 200 MFLOPS (M = Mega).

Zur Beurteilung der Prozessorleistung von PCs werden die Verarbeitungsbreite und die Taktfrequenz herangezogen. Je nach Verarbeitungsbreite spricht man von Prozessorgenerationen. Während die erste Prozessorgeneration (typischer Vertreter: Intel 4004) lediglich eine Verarbeitungsbreite von 4 Bit besaß, ist die heutige Generation mit 64-Bit-Prozessoren ausgestattet. Größere Verarbeitungsbreiten gestatten es, gleichzeitig eine größere Anzahl Bytes bzw. Worte zu verarbeiten. Dadurch ergeben sich kürzere Verarbeitungszeiten, eine höhere Rechengenauigkeit und die Möglichkeit zur Adressierung größerer Arbeitsspeicher.

Als Befehlsvorrat wird die Anzahl der im Maschinencode verfügbaren Befehle eines Prozessors verstanden, die in der Regel auf einem Festwertspeicher (ROM) dem Rechenwerk fest zugeordnet sind. Er besteht üblicherweise aus 150 bis 300 Instruktionen. Beim Befehlsvorrat gibt es zwei gegenläufige Entwicklungen, die durch die Abkürzungen CISC (Complex Instruction Set Computer) und RISC (Reduced Instruction Set Computer) charakterisiert werden.

Beim CISC-Prinzip wird der Befehlsvorrat vergrößert, z. B. durch die Aufnahme von Sprachelementen höherer Programmiersprachen oder von Programmen für komplette Anwendungen (ASIC = Application Specific Integrated Circuit = anwendungsspezifischer Chip).

Das RISC-Prinzip geht von Messungen aus, wonach bei vielen Programmabläufen in 80% der CPU-Zeit nur 20% des Befehlsvorrats in Form einfacher Lade-, Speicher- und Verzweigungsoperationen genutzt werden. RISC-Prozessoren haben deswegen einen geringeren, allerdings spezialisierten, Befehlsvorrat. Dabei handelt es sich um einfache Befehle mit fester (und wegen der geringeren Befehlsanzahl kleinerer) Länge und einheitlichem Format. Während CISC-Prozessoren in der Regel pro Befehl mehrere Takte benötigen, führen RISC-Prozessoren einen oder mehrere Befehle in einem einzigen Takt aus. Während CISC-Prozessoren sich im Bereich der Personal Computer durchgesetzt haben, finden RISC-Prozessoren insbesondere im Bereich der Mobilgeräte wie Smartphones und Tablets Einsatz.

Technische Beurteilungskriterien für die internen Speicher sind hauptsächlich die verfügbare und die maximal mögliche Größe des Arbeitsspeichers (in MB bzw. GB), ferner die Größe und die verschiedenen Ausbaustufen des Cache sowie die Zugriffszeiten zum Speicher.

Wichtigstes Unterscheidungskriterium für das Eingabe-/Ausgabesystem ist, ob das Kanal- oder das Busprinzip zur Anwendung gelangt. Leistungsmaße sind dann beim Kanalprinzip die Anzahl der anschließbaren parallelen und seriellen Kanäle sowie die maximalen Übertragungsraten (in MB/s) und beim Busprinzip die Taktfrequenz, die Busbreite (aufgeteilt in Daten- und Adressbus), die Maximalzahl anschließbarer Peripherieprozessoren bzw. Geräte, die maximalen Übertragungsraten sowie als wichtigstes qualitatives Merkmal die Kompatibilität (Verträglichkeit) mit peripheren Geräten unterschiedlicher Hersteller.

Eine simultane Berücksichtigung aller internen Beurteilungskriterien wird mit Benchmarktests angestrebt. Dabei wird das Leistungsverhalten des Rechners durch einen Mix grundlegender Maschinenbefehle (synthetischer Benchmark) oder repräsentativer Anwendungsprogramme beurteilt. Die Durchlaufzeiten der Programme oder die Antwortzeiten an den Terminals (Transaktionsbenchmark) werden gemessen und den entsprechenden Werten eines Vergleichsrechners gegenübergestellt. Häufig benutzte Standards sind die SPEC-Benchmarks der Systems Performance Evaluation Company (SPEC) und speziell für Supercomputer der

Linpack-Benchmark, bei dem die Leistung anhand des Zeitbedarfs für die Lösung großer linearer Gleichungssysteme gemessen wird.

Für den Anwender aussagefähiger sind die (nutzungsorientierten) Systemleistungsmaße, insbesondere bei Großrechnern und mittleren Systemen. Bei der Art der Anwendungssysteme muss zwischen Stapel- und Dialogbetrieb unterschieden werden (s. ▶ Abschn. 2.2.1). Für die Beurteilung (und damit die Auswahl) des Rechners sind vor allem der (termingerechte) Durchsatz pro Tag aller Programme im Stapelbetrieb und die Anzahl der pro Zeiteinheit ausführbaren Transaktionen (Bearbeitungsvorgänge) und die Antwortzeiten im Dialogbetrieb ausschlaggebend (»Service-Level«).

Zunehmende Bedeutung als nutzungsorientiertes Beurteilungskriterium gewinnt die Frage, ob sich die in die Auswahl genommenen Rechner problemlos in Vernetzungskonzepte einbeziehen lassen, auch im Hinblick auf die Kopplung mit der Hardware anderer Hersteller.

Die Norm ISO/IEC 14756 (»Messung und Bewertung der Leistung von DV-Systemen«), Teil 1, legt ebenfalls einen Übergang von den früheren internen zu externen nutzungsorientierten Beurteilungskriterien nahe. Ausgehend von der physikalischen Definition der Leistung als Arbeit pro Zeiteinheit werden zur Leistungsbewertung die Größen Durchsatz, mittlere Durchlaufzeit und Termintreue, d. h. zeitgerechte Erledigung der Benutzeraufträge, herangezogen. Zur Messung und Bewertung geht die Norm von synthetischen Lasten aus, die aus den konkreten Einsatzbedingungen abzuleiten sind. Für Einsatzumgebungen, in denen sich ausreichende repräsentative Arbeitsprofile finden lassen, sieht die Norm vor, solche als Normlasten festzuschreiben. Diese können dann als Bezugsbasis für echte anwendungsorientierte DIN-Leistungskennzahlen dienen.

Die Systemverfügbarkeit des Computersystems schwankt erheblich nach den eingesetzten Rechnergrößen. Die Gartner Group, ein zu den sogenannten »Analysten« zählendes und weltweit operierendes Unternehmen, hat folgende Größenordnungen ermittelt:

- vernetztes PC-System: 92,0%
- mittleres System: 98,5%
- Großrechner: 99,0 bis 99,999%

Bei einer Anwendung, die rund um die Uhr betrieben wird, beträgt die zu erwartende Ausfallzeit je nach eingesetztem Computersystem zwischen 29 Tagen und 5 Minuten pro Jahr.

Selbstverständlich muss zu den anwendungsorientierten Beurteilungskriterien auch der Kaufpreis gerechnet werden. Allerdings ist es wenig aussagefähig, dabei nur die Zentraleinheit mit Prozessor, Hauptspeicher und Eingabe-/Ausgabesystem zu berücksichtigen. Generell macht die Zentraleinheit bei Großrechnern höchstens 50%, bei mittleren Systemen und PCs oft nur 30% des Kaufpreises aus. Wichtiger noch als der bloße Kaufpreis sind aber die gesamten Kosten eines Computersystems einschließlich aller Betriebskosten über die gesamte Nutzungszeit (engl. Total Cost of Ownership, TCO). In ▶ Kap. 5 wird auf dieses Thema vertieft eingegangen.

2.2 Systemsoftware

Software wird nach der Norm ISO/IEC 2382-1 in Anwendungs-, System- und Unterstützungssoftware unterschieden (ISO/IEC 1993). Als Anwendungssoftware werden Computerprogramme beschrieben, die im Gegensatz zu Systemsoftware nicht systemnah, sondern anwendernah für das Lösen von spezifischen Anwenderproblemen oder -aufgaben entwickelt werden. Beispiele für Anwendungssoftware sind Programme für Textverarbeitung,

Tabellenkalkulation, Buchhaltung, Grafikbearbeitung oder Videobearbeitung. ▶ Abschn. 5.1 wird die Bereiche der Anwendungssoftware weiter vertiefen und eine Auswahl von Standardsoftwareanwendungen näher vorstellen.

Systemsoftware übernimmt die Kommunikation mit der Hardware und ist dabei neben dem Betrieb des Rechners für die Verwaltung der zur Verfügung stehenden Ressourcen, wie z. B. die Zuteilung der Prozessorzeit, des internen Speicherplatzes für Anwendungen oder den Betrieb der angeschlossenen Geräte, zuständig. Sie dient damit als Grundlage für Anwendungssoftware. Wichtigster Bestandteil der Systemsoftware ist das Betriebssystem (Operating System), das die Grundlage für die möglichen Betriebsarten des Computers bildet und die Ausführung der Anwendungsprogramme steuert und überwacht.

Die Betriebsarten und Nutzungsformen, in denen Computer betrieben werden, hängen von der Rechnerarchitektur, der Hardwarekonfiguration und den räumlichen Entfernungen zwischen den Komponenten sowie den Anforderungen der Anwender, vor allem von der Anzahl der gleichzeitig eingesetzten Anwendungsprogramme und der Anzahl der gleichzeitig tätigen Benutzer ab. Sie werden in ▶ Abschn. 2.2.1 besprochen.

Neben der Steuerung der Programmausführung hat das Betriebssystem auch die Aufgabe, Betriebsmittel (Hardwarekomponenten, wie Prozessor oder Speicher) zuzuordnen, Abläufe zu koordinieren (engl. Scheduling), Eingaben und Ausgaben zu steuern sowie Datenbestände zu verwalten. Die generellen Aufgaben und Arbeitsabläufe der Betriebssysteme werden in ▶ Abschn. 2.2.2 behandelt.

Betriebssysteme kann man grob danach unterteilen, ob sie herstellerspezifisch (proprietär) oder herstellerunabhängig (offen) und für große und mittlere Computer oder für PCs konzipiert sind. Weitere spezielle Betriebssysteme sind Betriebssysteme für Smartphones und Tablets, Chipkartenbetriebssysteme und Netzwerkbetriebssysteme.

Außer den benutzerfreundlich gestalteten grafischen Benutzeroberflächen (oder Benutzerschnittstellen) gibt es bei großen und mittleren Systemen auch noch zeichenorientierte Benutzeroberflächen.

Zur Systemsoftware gehören neben den Betriebssystemen verschiedene Dienstprogramme, wie z. B. Binder/Lader, die unselbstständige Programmteile zu einem lauffähigen Programm verknüpfen, und TP-Monitore (TP = Transaction Processing; steuern den Teilhaberbetrieb), bei dem mehrere Benutzer gleichzeitig mit demselben Programm und in der Regel demselben Datenbestand arbeiten.

Unterstützungssoftware (ältere Bezeichnung: systemnahe Software) ist für spezielle Aufgaben bei der Softwareentwicklung und -wartung sowie beim Einsatz von (anderer) Software zuständig. Dazu gehören z. B. Editoren (für Text, Programme, Grafik usw.), Kopierprogramme, Datenbankmanagementsysteme, Übersetzer für Programmiersprachen, Softwareentwicklungswerkzeuge und Virenschutzprogramme.

Einen Überblick über die Einordnung und die Bestandteile von System- und Unterstützungssoftware gibt ◘ Abb. 2.13.

2.2.1 Betriebsarten und Nutzungsformen von Software

Je nach der internen Arbeitsweise und nach den Benutzeranforderungen arbeiten Computer aller Größenklassen in verschiedenen Betriebsarten und Nutzungsformen, wobei häufig nur von Betriebsarten als Oberbegriff gesprochen wird. Man unterscheidet
- bei den Betriebsarten
  - nach der Anzahl der gleichzeitig in Verarbeitung befindlichen Programme oder Programmteile: Ein- und Mehrprogrammbetrieb;

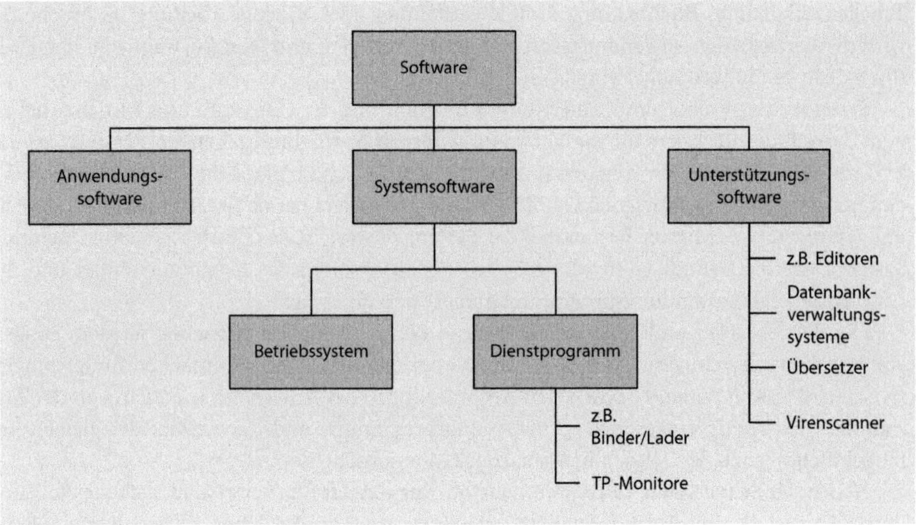

Abb. 2.13 Arten von Software (nach ISO/IEC 2382-1). (Eigene Darstellung)

- nach der Anzahl der Prozessoren: Ein- und Mehrprozessorbetrieb;
- nach der Art der Geräteverbindung zum Rechner: Online- und Offlinebetrieb;
- bei den Nutzungsformen
    - nach der zeitlichen Abwicklung der Benutzeraufträge: Stapel- und Dialogbetrieb;
    - nach der Anzahl der gleichzeitig mit dem Computer arbeitenden Benutzer: Einbenutzer- und Mehrbenutzerbetrieb;
    - nach der Art der Programmnutzung im Mehrbenutzerbetrieb: Teilhaber- und Teilnehmerbetrieb;
    - nach der Form der Aufgabenverteilung: zentrale und verteilte Verarbeitung.

- **Ein- und Mehrprogrammbetrieb**

Typische Betriebsarten des Ein- und Mehrprogrammbetriebs sind bei Großrechnern und mittleren Systemen der Multiprogrammingbetrieb, bei PCs der Single-Tasking- und der Multi-Tasking-Betrieb.

Beim Multiprogrammingbetrieb werden mehrere Programme zeitlich ineinander verschachtelt (verzahnt), d. h. »quasisimultan« ausgeführt (Multiplexbetrieb). Das Betriebssystem weist den einzelnen Programmen die Betriebsmittel so zu, dass die unterschiedlichen Verarbeitungsgeschwindigkeiten zwischen der CPU und den peripheren Geräten möglichst ausgeglichen werden. Die Ausführung auf den peripheren Geräten unter Steuerung des Eingabe-/Ausgabesystems (s. ▶ Abschn. 2.1.5 und ▶ Abschn. 2.2.2) verläuft gleichzeitig zur Arbeit der CPU.

Um den Multiprogrammingbetrieb zu realisieren, müssen die auszuführenden Programme in kleine Teile, sogenannte Tasks, zerlegt werden. In der Terminologie der Großrechnerbetriebssysteme bezieht sich eine Task immer auf ein konkretes Betriebsmittel. Bei den PC-Betriebssystemen wird der Begriff Task weiter gefasst, d. h. eine Task kann hier (wie ein Programm) auch mehrere Betriebsmittel beanspruchen. Praktisch entspricht also der Single-Tasking-Betrieb einem Monoprogrammbetrieb und der Multi-Tasking-Betrieb dem

Multiprogrammingbetrieb. Konkret werden die Tasks im Single-Tasking-Betrieb geschlossen nacheinander und beim Multi-Tasking-Betrieb zeitlich verzahnt ausgeführt.

Eine vor allem in den Servern zum Einsatz gelangende Betriebsart ist das Multithreading. Es bedeutet, dass Tasks noch weiter in betriebsmittelbezogene Verarbeitungsschritte (Threads) zerlegt werden, die dann verzahnt mit Threads aus derselben Task oder aus anderen Tasks verarbeitet werden. Threads haben im Gegensatz zu Tasks keinen eigenen Arbeitsspeicherbereich. Multitasking und Multithreading weisen starke Ähnlichkeiten (und damit begriffliche Verwechslungsmöglichkeiten) auf.

Generell arbeitet beim Mehrprogrammbetrieb das Betriebssystem bei der Zuteilung der Betriebsmittel mit Unterbrechungen (Interrupts), die vom Anwendungsprogramm bzw. von einem peripheren Gerät oder vom Betriebssystem selbst ausgelöst werden. Dabei wird speziell bei der CPU die Dauer der Belegung nach dem Timesharing-Verfahren festgelegt, indem die CPU-Zeit vom Betriebssystem nacheinander in Form gleich großer Zeitscheiben bzw. -abschnitte den einzelnen Tasks zugeteilt wird. Bei PC-Betriebssystemen unterscheidet man zwischen dem kooperativen Multitasking, bei dem die Unterbrechungen zur Zuweisung des Prozessors an eine andere Task von den Anwendungsprogrammen ausgelöst werden, und dem leistungsfähigeren preemptiven Multitasking, bei dem das Betriebssystem die Unterbrechungen steuert.

- **Ein- und Mehrprozessorbetrieb**

Die meisten Rechner aller Größenklassen besitzen eine von-Neumann-Architektur und arbeiten im Einprozessorbetrieb, was jedoch mehrere Kerne nicht ausschließt (s. ▶ Abschn. 2.1.1). Der Mehrprozessorbetrieb (Multiprocessing) kommt zum Einsatz, wenn der Rechner als Multiprozessorsystem mehrere Zentralprozessoren besitzt, die ganz oder teilweise einen gemeinsamen Arbeitsspeicher und dieselben peripheren Geräte benutzen. Das Betriebssystem ist bei Multiprozessorsystemen wesentlich komplizierter als bei Einprozessorsystemen.

- **Online- und Offlinebetrieb**

Die Begriffe Online- und Offlinebetrieb beziehen sich auf die Verbindung zwischen den peripheren Geräten und dem Rechner. Im Onlinebetrieb arbeiten alle Geräte, die direkt über Kanäle, Busse und Steuereinheiten oder über Netze an den Rechner angeschlossen sind. Beim Offlinebetrieb sind die betreffenden Geräte nicht an den Rechner angeschlossen.

Der nur noch wenig eingesetzte Offlinebetrieb ist meistens mit einem Datenträgeraustausch verbunden. Beispiele sind das Drucken auf einem anderen Rechner, wenn kein eigener Drucker zur Verfügung steht, und die Warenbestellung bei einem Versandhaus anhand eines Katalogs, die auf optischen Datenspeicher angeboten wird (anstelle des Direktzugriffs über eine Onlineverbindung).

- **Stapel- und Dialogbetrieb**

Aus der Sicht der zeitlichen Abwicklung der Benutzeraufträge werden die beiden Nutzungsformen Stapelverarbeitung bzw. -betrieb (Batch Processing) und Dialogverarbeitung bzw. -betrieb (Conversational Mode) unterschieden. Bei der Stapelverarbeitung muss ein Auftrag vollständig beschrieben und als Ganzes erteilt sein, bevor mit seiner Abwicklung begonnen werden kann. Bei der Dialogverarbeitung werden dagegen im ständigen Wechsel vom Benutzer Teilaufträge erteilt und vom Computersystem abgewickelt.

Stapelverarbeitung wird immer dann eingesetzt, wenn ein größerer Datenbestand fortgeschrieben oder ausgewertet werden soll. Beispiele sind die tägliche (meistens nachts ausgeführte) Fortschreibung der Girokonten bei den Banken oder das einmal jährlich erfolgende

Drucken der Beitragsrechnungen in einem Verein. Die Stapelverarbeitung ist vorwiegend bei Programmen anzutreffen, die unter der Verantwortlichkeit des Rechenzentrums ablaufen.

Dialogverarbeitung ist die typische Nutzungsform an Bildschirmarbeitsplätzen, bei der Sachbearbeiter (z. B. in der Buchhaltung oder im Vertrieb) oder Programmierer wahlfreien Zugriff auf gespeicherte Daten und/oder Programme haben.

Bei vielen betrieblichen Abrechnungssystemen, z. B. der Finanzbuchhaltung oder der Personalabrechnung, werden Mischformen des Stapel- und des Dialogbetriebs praktiziert. Beispielsweise können bei der Lohnabrechnung die variablen Daten (geleistete Stunden, Zuschlagsarten u. a.) im Dialog eingegeben und dabei einer Reihe von Prüfungen und Kontrollen unterworfen werden. Die eingegebenen Daten werden dann zunächst im Computer zwischengespeichert und erst nach Abschluss der gesamten Dateneingabe durch das Lohnprogramm »im Stapel«, d. h. in geschlossener Form, verarbeitet.

Streng genommen ist das Gegenteil von Stapelverarbeitung nicht Dialogverarbeitung, sondern interaktive Verarbeitung. Darunter versteht man ganz allgemein Nutzungsformen, bei denen dem Rechner schrittweise Teilaufträge erteilt werden. Es gibt zwei Formen der interaktiven Verarbeitung, nämlich die oben beschriebene Dialogverarbeitung und außerdem die Prozessdatenverarbeitung, bei der technische Anlagen (z. B. Automotoren, Kraftwerke, Roboter, Transport- und Lagersysteme) durch Computer (Prozessrechner) gesteuert werden. Von Sensoren (Fühlern) werden Messwerte (für Druck, Gaskonzentration, Temperatur u. a.) aufgenommen, unmittelbar an den Computer übergeben und dann sofort in Steueranweisungen für die technischen Anlagen umgesetzt. Da die Ergebnisse der Verarbeitung jeweils »schritthaltend« in vorgegebener, sehr kurzer Zeit vorliegen müssen, spricht man auch von Echtzeitverarbeitung oder Realzeitverarbeitung (Realtime Processing).

- **Einbenutzer- und Mehrbenutzerbetrieb**

Beim Einbenutzerbetrieb kann zu einem bestimmten Zeitpunkt nur ein Benutzer mit dem Rechner arbeiten. Der Mehrbenutzerbetrieb gestattet dagegen die gleichzeitige Nutzung des Rechners durch mehrere Benutzer, wobei die Gleichzeitigkeit der Nutzung entscheidend ist. Ein Einzelplatzsystem, an dem nacheinander mehrere Benutzer arbeiten, ist deswegen kein Mehrbenutzersystem.

Großrechner und mittlere Systeme sind stets Mehrbenutzersysteme. Bei PCs spricht man von Single-Using-Betrieb, wenn das Betriebssystem nur den Einbenutzerbetrieb ermöglicht, und von Multi-Using-Betrieb, wenn es den Mehrbenutzerbetrieb gestattet.

Beim Mehrbenutzerbetrieb wird für die Zuweisung der Prozessorzeit an die Benutzer das schon erwähnte Timesharingverfahren angewandt. Die CPU-Zeit wird in gleich große Zeitscheiben in der Größenordnung von Millisekunden zerlegt und vom Betriebssystem in einem regelmäßigen Zyklus den Benutzern zugeteilt. Wegen der hohen Verarbeitungsgeschwindigkeiten hat jeder Benutzer den Eindruck, ihm stünde der Rechner allein zur Verfügung.

- **Teilhaber- und Teilnehmerbetrieb**

Beim Mehrbenutzerbetrieb unterscheidet man zwischen den Nutzungsformen Teilhaberbetrieb und Teilnehmerbetrieb. Beim Teilhaberbetrieb arbeiten mehrere Benutzer gleichzeitig im Dialogbetrieb an angeschlossenen Datenstationen (PCs, Terminals) mit demselben Anwendungssystem und demselben Datenbestand. Der Teilhaberbetrieb ist typisch für alle Auskunfts- und Reservierungssysteme, z. B. bei Banken (Kontoabfragen, Nutzung von Selbstbedienungsautomaten), Touristikunternehmen (Reisebuchungen) oder im Personenverkehr, wie bei der Bahn (Platzreservierungen) oder bei Fluggesellschaften (Buchung und Ticketerstellung). Für den Teilhaberbetrieb ist die Bezeichnung Transaktionsverarbeitung (OLTP =

2.2 · Systemsoftware

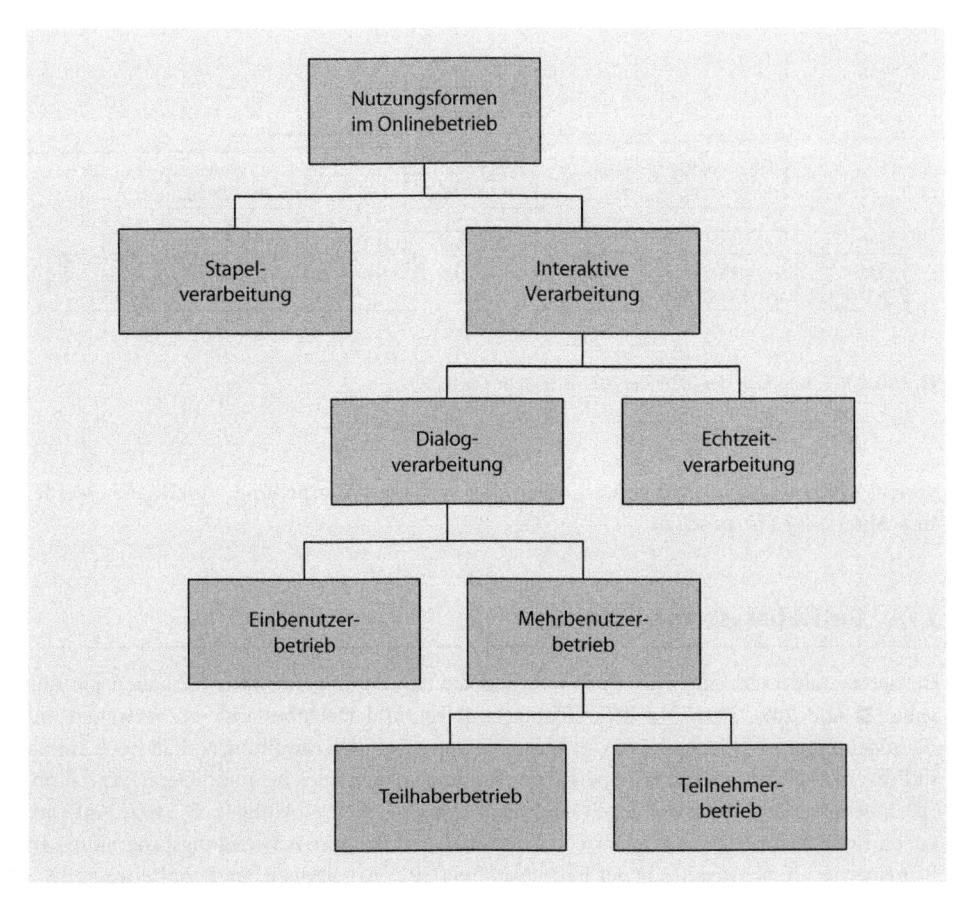

Abb. 2.14 Nutzungsformen im Onlinebetrieb. (Eigene Darstellung)

Diagramm:
- Nutzungsformen im Onlinebetrieb
  - Stapelverarbeitung
  - Interaktive Verarbeitung
    - Dialogverarbeitung
      - Einbenutzerbetrieb
      - Mehrbenutzerbetrieb
        - Teilhaberbetrieb
        - Teilnehmerbetrieb
    - Echtzeitverarbeitung

Online Transaction Processing) gebräuchlich. Jeder Benutzerauftrag wird als Transaktion[3] bezeichnet, die einzelnen Anwendungssysteme heißen Transaktionssysteme.

Beim Teilnehmerbetrieb arbeiten mehrere Benutzer ebenfalls gleichzeitig an angeschlossenen Datenstationen, aber mit voneinander unabhängigen Programmen und/oder Datenbeständen. Jeder Benutzer kann im Dialog selbst Programme erstellen, testen und zur Ausführung bringen. Abb. 2.14 zeigt die verschiedenen im Onlinebetrieb möglichen Nutzungsformen.

- **Zentrale und verteilte Verarbeitung**

Bei der Nutzung von vernetzten Rechnern ist die Aufgabenverteilung auf die beteiligten Rechner festzulegen, d. h. auf welchen Rechnern welche Datenbestände verwaltet und auf welchen Rechnern welche Programme ausgeführt werden sollen. Je nachdem, ob diese Aufgaben nur einem Rechner zugewiesen oder – wie in modernen Systemen üblich – auf mehrere Rechner

---

3 Der Begriff »Transaktion« wird in der Informationstechnik mehrfach verwendet, z. B. auch für Zustandsänderungen von Datenbanken.

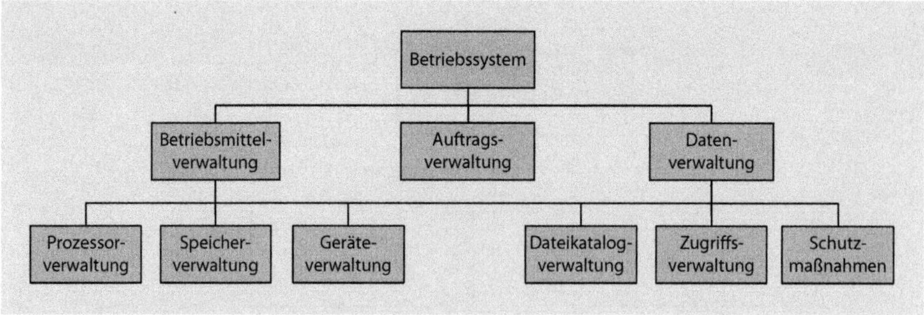

◘ Abb. 2.15 Aufgaben des Betriebssystems. (Eigene Darstellung)

verteilt werden, spricht man von zentraler oder verteilter Verarbeitung. Einzelheiten werden in ▶ Abschn. 2.2.2 besprochen.

2.2.2 Betriebssysteme

Betriebssysteme verbinden die Hardware und die Anwendungssoftware. Sie haben die Aufgabe (◘ Abb. 2.15), Betriebsmittel, Benutzeraufträge und Datenbestände zu verwalten und die zugehörigen Arbeitsabläufe zu steuern. Die Betriebsmittelverwaltung zerfällt noch einmal in Prozessorverwaltung (CPU), Speicherverwaltung (Arbeitsspeicher) und Geräteverwaltung (periphere Geräte). Die Ziele der Systemsteuerung sind oft gegenläufig, z. B. kurze Antwortzeiten für Benutzer im Dialogbetrieb, schneller Durchlauf der Anwendungsprogramme im Stapelbetrieb, hohe Auslastung der Betriebsmittel (CPU, Arbeitsspeicher, Peripherie).

Jedes Betriebssystem benötigt selbst in erheblichem Maße Prozessorzeiten und Speicherplatz, sodass die nominelle Leistung bzw. Kapazität den Anwendungssystemen nicht in vollem Umfang zur Verfügung steht.

Meistens befinden sich nur Teile des Betriebssystems permanent im Arbeitsspeicher; seltener gebrauchte Teile werden nach dem Prinzip der virtuellen Speicherung (s. ▶ Abschn. 2.1.2) ausgelagert.

Das erstmalige Laden des Betriebssystems in den Arbeitsspeicher wird Booten genannt. Das zugehörige Eingabeprogramm heißt Urlader (Bootstrap Loader) und befindet sich im ROM-Teil des Hauptspeichers. Dem Ladevorgang geht in der Regel ein Systemtest für den Hauptspeicher und die peripheren Geräte voraus.

Die Arbeitsweise von Betriebssystemen, die den Mehrprogrammbetrieb unterstützen, lässt sich wie folgt skizzieren: Dem Betriebssystem werden Programme in Form von Benutzeraufträgen (Jobs) zur Bearbeitung übergeben. Die Verwaltung aller gleichzeitig zur Bearbeitung anstehenden bzw. in Bearbeitung befindlichen Jobs wird als Auftragsverwaltung (Job Management) bezeichnet, die Verwaltung (Zuteilung, Belegung, Freigabe) der für die Auftragsabwicklung benötigten Betriebsmittel und der darauf ablaufenden, aus Tasks (s. ▶ Abschn. 2.2.1) bestehenden Prozesse als Betriebsmittel-bzw. Prozessverwaltung (Task Management). Zu verwalten ist für jedes Betriebsmittel, welcher Prozess gerade darauf abläuft und welche Prozesse auf dieses Betriebsmittel warten, und für jeden Prozess, welches Betriebsmittel er gerade belegt und auf welche Betriebsmittel er wartet.

2.2 · Systemsoftware

Die Anweisungen an das Betriebssystem werden bei PC-Betriebssystemen vorwiegend über eine grafische Benutzeroberfläche (mit Symbolen, Mausoperationen, Dialogboxen und anderen Elementen), bei mittleren und großen Systemen dagegen meistens über eine spezielle Kommandosprache (JCL = Job Control Language) formuliert.

Bei Großrechnern steuert das Betriebssystem (in stark vereinfachter Beschreibung) den Prozessablauf wie folgt: Einordnung der zur Bearbeitung anstehenden Jobs in eine Warteschlange, Zuordnung der Betriebsmittel zu den Jobs (noch nicht Belegung!), Einteilung der Jobs in verschiedene neue Warteschlangen je nach Betriebsmittelbedarf und/oder Dringlichkeit, Planung der endgültigen Auftragsreihenfolge durch Bildung einer Bereitschaftswarteschlange, Laden des unmittelbar zur Bearbeitung anstehenden Programms in den Arbeitsspeicher, Start und Abarbeitung des Programms unter Belegung der jeweils erforderlichen (und vorher zugeordneten) Betriebsmittel, Programmabschluss und Freigabe der zugeordneten Betriebsmittel.

Außer der Auftrags- und der Betriebsmittelverwaltung ist die dritte Aufgabe des Betriebssystems die Datenverwaltung (Data Management). Sie zerfällt in folgende Teilaufgaben:

- Führen eines Dateikatalogsystems (File Management System): Darin wird archiviert, welche Dateien auf den externen Speichern abgelegt sind. Der Benutzer muss dazu jede Datei benennen, ihren Standort in der Hierarchie des Katalogs bestimmen und sie ggf. für andere Benutzer freigeben oder sperren.
- Bereitstellung von Zugriffsmethoden: Die in Programmen formulierten Zugriffe auf die gespeicherten Daten werden in Eingabe-/Ausgabebefehle auf Geräteebene umgesetzt. Der Zugriff hängt von der Speicherungsform der Daten ab und erfordert Umrechnungen und/oder Suchvorgänge.
- Gewährleistung von Schutzmaßnahmen: Im engeren Sinn handelt es sich dabei um Vorkehrungen zur eindeutigen Abgrenzung der einzelnen Bereiche des Arbeitsspeichers, die von den im Mehrprogrammbetrieb gleichzeitig aktiven Programmen genutzt werden. Im weiteren Sinn gehört zu den Schutzmaßnahmen auch die Verhinderung von unbefugten Zugriffen auf den Rechner.

Die Betriebssysteme werden von den Herstellern – häufig unter Berücksichtigung von Benutzerbeanstandungen und -wünschen – in gewissen Zeitabständen von Fehlern bereinigt, verbessert und erweitert. Für die einzelnen Fassungen werden Bezeichnungen wie Release, Version u. a. verwendet. Bei PCs steigen die Anforderungen an die Hardwareausstattung bei neuen Betriebssystemversionen.

Eine Umstellung – wie der Übergang zu einem anderen Betriebssystem – wird als Migration bezeichnet. Andere Arten der Migration in der Informationstechnik sind beispielsweise die Umstellung von einer Programmiersprache auf eine andere, von einem herstellerspezifischen auf ein offenes Rechnernetz, von der Datei- auf die Datenbankorganisation oder von einem hierarchischen auf ein relationales Datenbanksystem.

Betriebssysteme lassen sich danach einteilen, ob sie proprietär oder offen und für Großrechner, mittlere Systeme oder Personal Computer konzipiert sind. Proprietär bedeutet, dass das Betriebssystem nur auf der Hardware eines bestimmten Herstellers einsetzbar ist. Der Begriff offen lässt sich nicht so kurz definieren. Die Hauptanforderungen an offene Betriebssysteme beziehen sich auf die darauf laufende Anwendungssoftware, und zwar auf die Portabilität, d. h. ihre Übertragbarkeit auf eine beliebige andere Systemumgebung (Hardware, Betriebssystem), die Interoperabilität, d. h. ihre Verwendbarkeit in beliebigen, insbesondere heterogenen Rechnernetzen, und die Skalierbarkeit, d. h. ihre Einsatzfähigkeit auf Rechnern aller Größenklassen (einschließlich verschiedener Rechnerklassen innerhalb derselben Größenklasse).

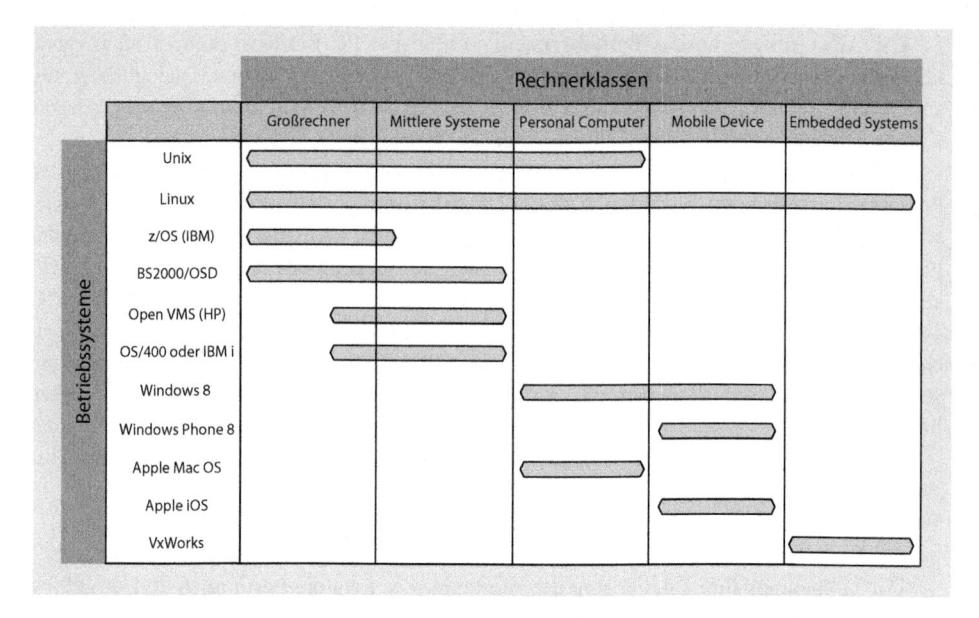

	Rechnerklassen				
Betriebssysteme	Großrechner	Mittlere Systeme	Personal Computer	Mobile Device	Embedded Systems
Unix	●━━━━━━━━━━━━━━━━━━●				
Linux	●━━━━━━━━━━━━━━━━━━━━━━━━●				
z/OS (IBM)	●━━●				
BS2000/OSD	●━━●				
Open VMS (HP)		●━━●			
OS/400 oder IBM i		●━━●			
Windows 8			●━━━━●		
Windows Phone 8				●━●	
Apple Mac OS			●━━●		
Apple iOS				●━●	
VxWorks					●━●

Abb. 2.16 Betriebssysteme und Rechnerklassen. (Eigene Darstellung)

Hinzu kommen weitere Anforderungen hinsichtlich der Benutzeroberflächen, der kurzfristigen Berücksichtigung neuer Hardwarekomponenten, der Verfügbarkeit von Übersetzungsprogrammen u. a. Entscheidend für die Verbreitung eines Betriebssystems in der Praxis ist die Benutzerfreundlichkeit, Anpassbarkeit an individuelle Aufgaben, Systemstabilität, die bisherige Markverbreitung sowie in welchem Umfang darunter lauffähige Standardsoftware angeboten wird.

Eine Übersicht über die Zuordnung gängiger Betriebssysteme zu den verschiedenen Rechnerklassen gibt ● Abb. 2.16, wobei wegen des fließenden Übergangs zwischen den Rechnerklassen nicht in allen Fällen scharfe Abgrenzungen möglich sind. Die Betriebssysteme für Großrechner und mittlere Systeme (Ausnahme: Unix und Linux) sowie Mac OS (Macintosh Operating System) sind proprietär.

Die Bemühungen um offene Betriebssysteme sind hauptsächlich auf die Entwicklung von Unix zurückzuführen, das ursprünglich als erstes offenes Betriebssystem gedacht war. Unix wurde bereits 1969 in den Bell Laboratories, einem industriellen Forschungszentrum, entwickelt. Für den Einsatz auf Workstations unter Unix wurde 1973 die Programmiersprache C geschaffen und Unix selbst zu etwa 90% in dieser Sprache neu geschrieben.

Unix besteht aus zwei streng getrennten Komponenten, und zwar dem eigentlichen Betriebssystem (Nukleus oder Kernel) zur Prozess-, Speicher- und Dateiverwaltung sowie dem Kommandoprozessor (Shell) zur Systembedienung durch den Benutzer (Benutzerschnittstelle).

Hinzu kommt eine Vielzahl von Dienstprogrammen zum Suchen, Sortieren und Verarbeiten von Daten. Unix gestattet den Mehrbenutzerbetrieb und besitzt u. a. ein hierarchisches Dateisystem zur Unterstützung der Verwaltung einer großen Anzahl von System- und Benutzerdateien, Mechanismen zur Bildung von Programmketten für komplexe Funktionen aus einfachen Bausteinen (Pipelines) und ein mehrstufiges Sicherheitssystem für den Zugriffsschutz von Programmen und Daten.

Von Unix gibt es zahlreiche Weiterentwicklungen und über 100 Varianten, insbesondere die an der Universität von Kalifornien in Berkeley entwickelte »Berkeley-Linie« BSD (Berkeley

Software Distribution) und die vor allem auf dem sogenannten System V basierenden Nachbildungen (Derivate) AIX, True64 UNIX, HP-UX, Reliant UNIX, Solaris u. a.

Erhebliche Verbreitung hat inzwischen Linux erlangt, eine von dem Finnen LINUS TORVALDS ursprünglich nur für PCs herausgebrachte Unixversion. Das Betriebssystem ist seit 1991 frei verfügbar. An ihm arbeiten weltweit Entwickler, die ihre Ergebnisse laufend zur Verfügung stellen. Die Offenlegung des Quellcodes kommt in der Bezeichnung Open-Source-Software zum Ausdruck. Linux wird auch kommerziell über verschiedene sogenannte Distributionen angeboten.

Bei den Betriebssystemen für PCs gliedern sich die Funktionen wie bei allen Betriebssystemen grundsätzlich in Betriebsmittel-, Auftrags- und Datenverwaltung. Allerdings sind die Verfahren der Datenverwaltung wesentlich einfacher bzw. eingeschränkter als bei Betriebssystemen für Großrechner, insbesondere hinsichtlich der verfügbaren Speicherungsformen. Häufige Anforderungen an die Betriebssysteme sind hierarchisches Dateiverwaltungssystem, virtuelle Speichertechnik, mindestens Multi-Tasking-Betrieb und grafische Benutzeroberfläche.

Die Entwicklung von Betriebssystemen für Personal Computer ist eng mit der Verarbeitungsbreite der Mikroprozessorgenerationen (s. ▶ Abschn. 2.1.1) verbunden.

DOS (Disk Operating System) wurde für die Intel 16-Bit-Prozessoren entwickelt und ab 1981 unter der Bezeichnung MS-DOS (Microsoft DOS) vertrieben. DOS wurde zum Standardbetriebssystem für 16-Bit-Prozessoren. Es wird nicht mehr angeboten; die Funktionalität ist jedoch Bestandteil von Microsoft Windows.

Windows war ursprünglich eine Betriebssystemerweiterung von DOS. Hauptmerkmale sind die grafische Benutzeroberfläche und die damit verbundene Fenstertechnik. Auf dem Bildschirm werden verschiedene Fenster geöffnet, in denen im Multi-Tasking-Betrieb jeweils ein anderes Programm läuft. Aktuelle Windows-Betriebssysteme unterstützen 64-Bit-Prozessoren. Die verschiedenen Windows-Versionen lassen sich in zwei Gruppen einteilen:

- für Privatanwender (Windows 8 sowie die Vorgänger Windows 7, Vista, XP Home, 2000, ME, 98 und 95) und
- für professionelle Anwender und für Server (2012 sowie die Vorgänger 2008, 2003, 2000 Professional und NT-Workstation/NT-Server).

Beginnend mit der Version 2000 wurden die bis dahin für private bzw. professionelle Anwender getrennten Versionen technologisch auf eine gemeinsame Plattform gestellt.

In den letzten Jahren hat das bereits erwähnte Open-Source-Betriebssystem Linux erheblich an Bedeutung gewonnen. Es ist auch für professionelle Anwendungen eine Alternative zu Windows geworden.

2.3 Datenorganisation

Dieser Abschnitt behandelt die Grundlagen und verschiedene Ansätze der Datenorganisation. Bei der Datenorganisation geht es darum, Daten aus Geschäftsprozessen und Anwendungsprogrammen dauerhaft zu speichern und wiederauffindbar abzulegen. In diesem Abschnitt werden zwei unterschiedliche Konzepte der Datenorganisation gegenübergestellt. Einer ist die Dateiorganisation, bei der Daten in einzelnen Dateien in einem Dateisystem abgelegt werden. Dieses Konzept wird vorrangig von Anwendungsprogrammen genutzt, um zum Beispiel Dokumente als Dateien abzulegen. Das zweite behandelte Konzept ist die strukturierte Verwaltung von Massendaten in Datenbankmanagementsystemen. Dies ist die gängigste Form der Datenorganisation von ERP-Systemen und anderen komplexen Softwaresystemen, die von der Verfügbarkeit strukturierter Daten abhängig sind.

Durch die Zunahme von verwendeten Endgeräten pro Nutzer, die insbesondere seit dem deutlich gestiegenen Markterfolg von Tablet PCs und Smartphones zu beobachten ist, stellt sich immer mehr die Frage der Datenverfügbarkeit und Synchronisation auf den verschiedenen Endgeräten. Sämtliche hier dargestellten Ausprägungen von Datenorganisation (als Dateiorganisation oder in Datenbanksystemen) sind daher unabhängig vom Speichermedium und können über Rechnernetze im Sinne einer verteilten Verarbeitung (s. ▶ Abschn. 2.2.2) unabhängig vom Endgerät über das Internet zur Verfügung gestellt werden. Man spricht in diesem Fall von sogenannten Cloud-Diensten.

2.3.1 Dateiorganisation

Die Dateiorganisation beschreibt die Verwaltung von Daten in Form von Dateien. Dabei unterscheidet man bei den klassischen betriebswirtschaftlichen operativen Systemen (s. ▶ Abschn. 3.3.1) zwischen Stammdaten, Bestandsdaten, Bewegungsdaten (alternativ auch unter der Bezeichnung Transaktionsdaten bekannt) und Änderungsdaten.

Stammdaten betreffen solche Informationen über Objekte, die sich überhaupt nicht oder nur selten verändern, z. B. Personalnummer, Name, Anschrift, Geburtsdatum und Familienstand eines Mitarbeiters oder Nummer, Name, Anschrift und Branchenzugehörigkeit eines Kunden. Im weiteren Sinn gehören hierzu unter der Bezeichnung Grunddaten auch die für die Produktionsplanung und -steuerung benötigten Stücklisten, Erzeugnisstrukturen und Arbeitspläne.

Bestandsdaten weisen Bestände aus, z. B. Lagerbestände oder Kontostände. Sie werden laufend aktualisiert, und zwar bei Dialogverarbeitung permanent, bei Stapelverarbeitung durch Fortschreibung in – häufig periodischen – zeitlichen Abständen. Ist die Anzahl der Informationen über ein Objekt gering, ist es zweckmäßig, die Bestandsdaten mit den Stammdaten in einem Datensatz zusammenzufassen. Da unternehmensweite Stammdaten in der Regel von vielen verschiedenen Anwendungen benötigt werden, stellt sich hier die Herausforderung, eine zentrale Pflege dieser Daten zu ermöglichen und gleichzeitig sicherzustellen, dass die Stammdaten den relevanten Systemen jederzeit zur Verfügung stehen. Diese Aufgabe übernimmt eine zentrale Stammdatenverwaltung (engl. Master Data Management, MDM). MDM-Systeme bestehen aus Prozessen, Richtlinien und Technologien, über die Stammdaten einheitlich erfasst, gepflegt und verwaltet werden. Über spezialisierte MDM-Softwaresysteme wird dann die zeitnahe Synchronisation der Stammdaten mit den dezentralen Anwendungssystemen sichergestellt.

Bewegungsdaten geben die Veränderung der Bestandsdaten an, in der Regel in Form mengen- oder wertmäßiger Zu- und Abgänge. Beispiele sind Lagerentnahmen, Einzahlungen, Abbuchungen usw. Änderungsdaten betreffen das Ändern bestehender, das Löschen alter und das Hinzufügen neuer Stammdaten (Änderungsdienst). Stamm- und Bestandsdaten beschreiben Zustände, Bewegungs- und Änderungsdaten Ereignisse (Dippold, Meier et al. 2005).

Die Einsatzformen der Dateiorganisation sind die programmintegrierte Verarbeitung mit separater Dateiverwaltung und die dateiintegrierte Verarbeitung mit gemeinsamer Dateiverwaltung.

Bei der klassischen Dateiverarbeitung besitzt jedes Programm bzw. Programmsystem seine eigenen Dateien für Stamm- und Bestandsdaten (separate Dateiverwaltung). Bei den Bewegungsdaten muss man zwischen Originaldaten und vorverarbeiteten Daten unterscheiden.

2.3 · Datenorganisation

Verarbeitung \ Zugriff	fortlaufend	wahlfrei
unsortiert	unrealistisch (zu aufwendig)	wahlfreier Zugriff
sortiert	fortlaufende Verarbeitung	möglich, aber kaum von Vorteil

Abb. 2.17 Kombinationen der Verarbeitungs- und Zugriffsformen. (Eigene Darstellung)

Originaldaten werden mit einem Verfahren der halbdirekten oder direkten Dateneingabe eingegeben (s. ▶ Abschn. 2.1.5). Vorverarbeitete Daten werden in Form von Eingabedateien als Ausgabedateien vorgelagerter Programme (über eine »Importschnittstelle«) angeliefert und umgekehrt in Form von Ausgabedateien als Eingabedateien für nachfolgende Programme aufbereitet und über Exportschnittstellen bereitgestellt.

Ein Beispiel für eine solche Zwischendatei bilden die Rechnungssummen, die als Ausgabedatei des Programms Fakturierung zur Eingabedatei des Programms Debitorenbuchhaltung werden. Diese Einsatzform der Dateiverarbeitung wird auch als programmintegrierte Verarbeitung bezeichnet.

Die Arbeitsabläufe werden wesentlich vereinfacht, wenn die Datenbestände so organisiert werden, dass mehrere Programme gemeinsam dieselben Dateien beschreiben bzw. darauf zugreifen. Damit wird eine Stufe erreicht, die als dateiintegrierte Verarbeitung (oder gemeinsame Dateiverwaltung) bezeichnet wird. Die dateiintegrierte Verarbeitung mit Hilfe eines Dateiverwaltungssystems (File Management System), das Bestandteil des jeweiligen Betriebssystems (s. ▶ Abschn. 2.2.2) ist, bildet in der betrieblichen Praxis immer noch eine gebräuchliche Einsatzform der Datenorganisation neben der heute vorherrschenden Datenbankorganisation.

Von der Einteilung der Daten in Stamm-, Bestands-, Bewegungs- und Änderungsdaten werden die Verfahren der Dateiorganisation bestimmt, die die Verarbeitung (der Bewegungs- und Änderungsdaten), den Zugriff (auf die gespeicherten Stamm- bzw. Bestandsdaten) und die Speicherung (der Stamm- bzw. Bestandsdaten) regeln.

Die unsortierte Verarbeitung setzt den wahlfreien Zugriff voraus, weil der fortlaufende Zugriff viel zu zeitaufwändig wäre. Die sortierte Verarbeitung ist dagegen sowohl bei fortlaufendem Zugriff (bei Übereinstimmung der Sortierfolge) als auch bei wahlfreiem Zugriff möglich. Bei wahlfreiem Zugriff bringt sie allerdings kaum Vorteile. **Abb. 2.17** fasst die Kombinationsmöglichkeiten zwischen Verarbeitungs- und Zugriffsformen tabellarisch zusammen. Meistens unterscheidet man nur zwischen den beiden Kombinationen fortlaufende Verarbeitung als Oberbegriff für sortierte Verarbeitung mit fortlaufendem Zugriff und wahlfreier Zugriff als Oberbegriff für unsortierte Verarbeitung mit wahlfreiem Zugriff (Lusti 2003).

Der Ausdruck fortlaufende Verarbeitung wird auch benutzt, wenn es sich lediglich um den fortlaufenden Zugriff auf gespeicherte Daten, insbesondere Stamm- bzw. Bestandsdaten, handelt und dabei eine Verarbeitung von Bewegungsdaten gar nicht stattfindet.

Zur Illustration sollen einige Beispiele dienen.

Beispiel 1
In einem Teilelager befinden sich ca. 2.000 Artikel. Bei ca. 500 Artikeln finden täglich Entnahmen statt. Der Lagerverwalter verfügt am Ausgabeschalter über ein Bildschirmterminal, das direkt mit dem zentralen Computer verbunden ist. Dort sind sämtliche Artikelbestände gespeichert.
- Alternative A: Der Verwalter tippt bei jeder Entnahme Artikelnummer (Stammdaten) und Stückzahl (Bewegungsdaten) ein. Der gespeicherte Bestand (Bestandsdaten) wird sofort aktualisiert. Die Verarbeitung ist unsortiert, der Zugriff muss wahlfrei sein.
- Alternative B: Der Verwalter tippt zwar wieder Artikelnummer und Stückzahl sofort ein, die Bewegungsdaten werden aber zunächst im Computer in der Reihenfolge ihres zeitlichen Anfalls zwischengespeichert. Nach Schalterschluss werden die Bewegungsdaten mit den Bestandsdaten verarbeitet, und zwar entweder unsortiert mit wahlfreiem Zugriff oder (nach vorheriger Umsortierung) sortiert mit fortlaufendem Zugriff. Dieselbe Situation tritt ein, wenn jede Entnahme zunächst lediglich auf einem Beleg schriftlich vermerkt wird und erst am Abend die Inhalte aller am Tag angefallenen Belege eingegeben und so anschließend in Form einer Fortschreibung verarbeitet werden.

Beispiel 2
Am Bildschirm soll der aktuelle Bestand eines bestimmten Artikels abgefragt werden. Dazu muss wahlfreier Zugriff möglich sein. Ausnahme: kleine Datenbestände, die sich in kurzer Zeit auch fortlaufend abfragen lassen.

Beispiel 3
Nach Aktualisierung der Bestandsdaten soll täglich eine komplette Liste der Bestände aller 2.000 Artikel gedruckt werden. Der Zugriff erfolgt fortlaufend in der Reihenfolge aufsteigender Artikelnummern.

2.3.2 Modellierung der Datensicht

Die Modellierung der Datensicht befasst sich mit der logischen Struktur aller Daten. Häufig werden die Bezeichnungen konzeptionell und logisch nicht gleichgesetzt, sondern getrennt benutzt, und zwar konzeptionell für die Aufstellung des semantischen Datenmodells und logisch für die Umsetzung in ein Datenbankmodell. Da aber sowohl dem Datenmodell als auch dem Datenbankmodell dieselben Datenstrukturen zu Grunde liegen, spricht vieles dafür, beide Begriffe – wie hier – synonym zu verwenden. Beispielsweise ist das semantische Datenmodell zwar unabhängig von dem eingesetzten Datenbankmanagementsystem, jedoch führt das Entity-Relationship-Modell unmittelbar zu einem relationalen Datenmodell.

Eine erste, heute nicht mehr gebräuchliche, Begriffssystematik für die logische Datenbankorganisation wurde 1965 von der »Data Base Task Group« (DBTG) des CODASYL-Komitees erstellt. CODASYL bedeutet »Conference On Data Systems Languages« und war ein 1959 gegründeter Zusammenschluss amerikanischer Computerhersteller und -anwender mit dem Ziel, die Programmiersprache COBOL zu standardisieren. Die heute vorherrschenden Begriffe der Datenmodellierung gehen auf das 1976 von CHEN eingeführte Entity-Relationship-Modell (ERM) und dessen Vorläufer aus dem Jahr 1973, das Entity-Set-Modell von SENKO, zurück (Senko, Altman et al. 1973, Chen 1976). Im Einzelnen wird beim Entity-Relationship-Modell in den schon genannten drei grundsätzlichen Schritten vorgegangen, und zwar konkret wie folgt:

2.3 · Datenorganisation

Entitätstyp	Entitäten	Attribute	Attributwerte
Mitarbeiter	Bauer, Müller, ...	Personalnummer Gehalt Geburtsort	4712 2.850,- Osnabrück
Kunde	Bolle, Kaiser, ...	Branche Bestellvolumen	Lebensmittel 440.000,-
Partnerin	Anke, Beate, ...	Alter Größe Haarfarbe	23 1,76 Blond
Kostenstelle	Hochofen, Walzwerk, ...	Nummer Kostenträger	0815 Roheisen

Abb. 2.18 Datenbankbegriffe nach SENKO und CHEN. (Eigene Darstellung)

- **Schritt 1: Erfassung und Beschreibung der Objekte**

Ein zu beschreibendes Objekt, z. B. der Artikel 12345 M1 oder der Kunde 1, wird als Entität bezeichnet. Jede Entität weist Eigenschaften oder Attribute wie z. B. einen Namen, eine Adresse oder ein Geburtsdatum auf, die durch Attributwerte oder Attributausprägungen, z. B. Peter Becker, Hauptstraße 3, 04.11.1999, beschrieben werden. Die Gesamtheit aller gleichartigen Entitäten wird unter dem Begriff Entitätstyp zusammengefasst. Entitätstypen sind also Artikel und Kunden.

Demzufolge wird zunächst jedem Entitätstyp eine Kombination von Attributen zugeordnet und dann jede Entität durch eine Kombination von Attributwerten beschrieben. **Abb. 2.18** zeigt weitere Beispiele für die vier Datenbankbegriffe Entitätstyp, Entität, Attribut und Attributwert.

- **Schritt 2: Erfassung und Beschreibung der Beziehungen**

Zwischen Entitäten und/oder zwischen Entitätstypen bestehen Beziehungen. Diese werden im weiteren Verlauf als Relationen bezeichnet. Eine Beziehung besteht z. B. zwischen der Entität Artikel »Einführung in die Wirtschaftsinformatik« und dem Lieferanten des Artikels »Springer«. Gleichartige, d. h. hinsichtlich ihrer Art und der beteiligten Entitätstypen übereinstimmende, Beziehungen werden zu Beziehungstypen zusammengefasst.

Die Beziehungen können Kardinalitäten vom Typ 1:1, 1:n (bzw. n:1) oder m:n besitzen und zwischen Entitäten verschiedenen Typs oder zwischen Entitäten gleichen Typs, d. h. innerhalb eines Entitätstyps, bestehen.

Abb. 2.19 und **Abb. 2.20** erläutern diese Zusammenhänge an mehreren Beispielen.

In **Abb. 2.20** sind auch die Bezeichnungen für die jeweiligen Beziehungstypen aufgenommen, nämlich

- Urlaubsvertretung: Bauer wird während seines Urlaubs von Müller vertreten.
- Berichtsweg: Boss hat die beiden Mitarbeiter Groß und Klein.
- Projektbeteiligung: An dem von Dur geleiteten Projekt sind Bach und Berg, an dem von Moll geleiteten Projekt Berg und Stolz beteiligt.

Beispiele für Kardinalitäten sind:
- Eine Filiale ist in einem Ort und in einem Ort ist auch nur genau eine Filiale (1:1).
- Ein Lieferant liefert mehrere Artikel (1:n).

	1:1	1:n	m:n
Entitytyp	Mitarbeiter	Raum	Lieferant
Entity	Bauer	Zimmer 27	Bolle Kaiser
Entity	PC K38	Bauer Müller	Butter Eier Käse
Entitytyp	Rechner	Mitarbeiter	Ware

◘ **Abb. 2.19** Beziehungen zwischen Entitäten verschiedenen Typs. (Eigene Darstellung)

	1:1	1:n	m:n
Entitytyp	Mitarbeiter	Mitarbeiter	Mitarbeiter
Entity	Bauer	Boss	Dur Moll
	Urlaubsvertretung	Berichtsweg	Projektbeteiligung
Entity	Müller	Groß Klein	Bach Berg Stolz
Entitytyp	Mitarbeiter	Mitarbeiter	Mitarbeiter

◘ **Abb. 2.20** Beziehungen zwischen Entitäten gleichen Typs. (Eigene Darstellung)

- Kunden kaufen mehrere Artikel, gleichzeitig werden Artikel von mehreren Kunden gekauft (m:n).

- **Schritt 3: Darstellung der Objekte und Beziehungen**

Die Objekte und Beziehungen des Entity-Relationship-Modells werden grafisch im ER-Diagramm dargestellt. Mit der grafischen Darstellung der Datenstrukturen wird – ebenso wie bei den grafischen Benutzeroberflächen oder den grafischen Darstellungstechniken der Systementwicklung – eine stärkere Visualisierung und damit eine übersichtlichere und verständlichere Beschreibung bestehender Zusammenhänge erreicht. Nachteil von grafischen Darstellungen ist häufig der erhebliche Platzbedarf. Voraussetzung für jede grafische Darstellung ist immer die eindeutige Festlegung von Symbolen und Regeln für die Darstellung.

In der einfachsten Form werden im ER-Diagramm die folgenden Symbole benutzt:
- für Objekttypen: Rechtecke,
- für Beziehungstypen: Rauten,
- für Attribute: Ellipsen oder Kreise an den Rechtecken und an den Rhomben.

Wichtig ist, dass auch zu Beziehungstypen und nicht nur zu Objekttypen Attribute gehören.

Nach CHEN dürfen Objekttypen jeweils nur mit Beziehungstypen und Beziehungstypen nur mit Objekttypen in Verbindung treten. Die Summe der Objekttypen, die an einem Beziehungstyp beteiligt sind, wird Komplexität genannt. Die Komplexität wird häufig an den Rechtecken für diejenigen Objekttypen vermerkt, zwischen denen die betreffende Beziehung besteht.

2.3 · Datenorganisation

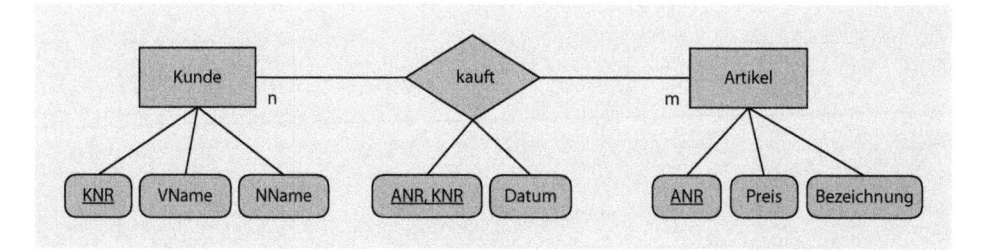

Abb. 2.21 Grobes ER-Diagramm. (Eigene Darstellung)

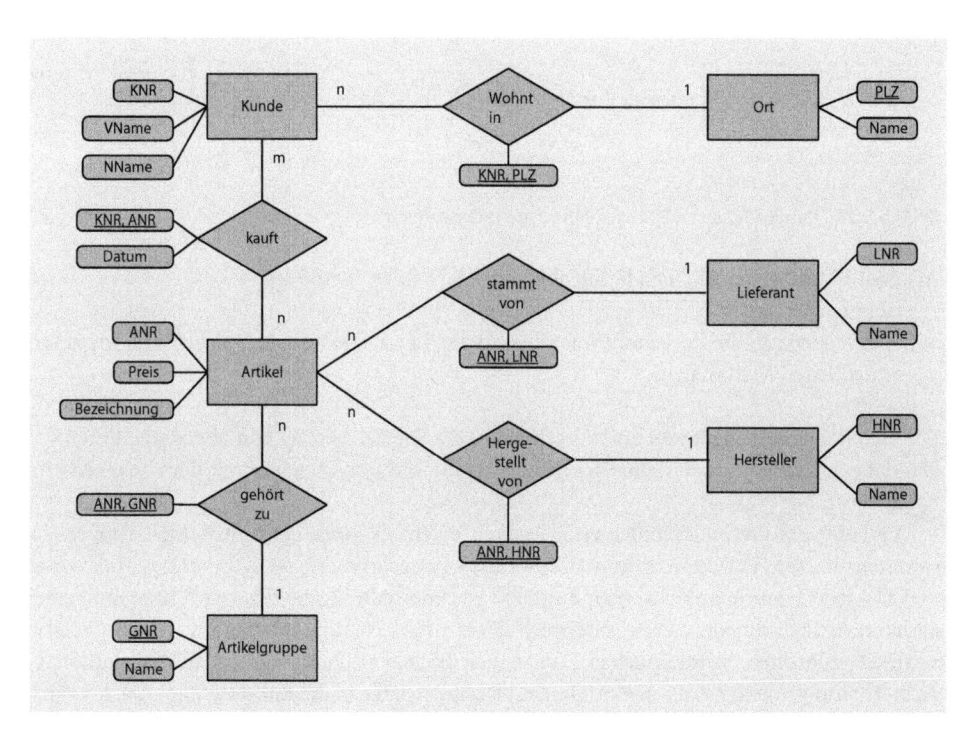

Abb. 2.22 Detailliertes ER-Diagramm. (Eigene Darstellung)

Beim Zeichnen von ER-Diagrammen wird das auch in der Systementwicklung und Programmierung gebräuchliche Prinzip der schrittweisen Verfeinerung benutzt. Das bedeutet konkret, dass zuerst ein grobes ER-Diagramm und dann schrittweise verfeinerte ER-Diagramme entworfen werden.

Viele Softwareentwicklungswerkzeuge unterstützen die schrittweise Entwicklung von ER-Diagrammen. Zu empfehlen ist, die Objekttypen mit Substantiven, die Beziehungstypen mit Verben zu bezeichnen.

◘ Abb. 2.21 zeigt ein grobes ER-Diagramm für einen Online-Versandhändler mit den Objekttypen »Kunde« und »Artikel« und dem Beziehungstyp »kauft«. Daraus abgeleitet ist das detaillierte ER-Diagramm der ◘ Abb. 2.22 mit folgenden Objekt- und Beziehungstypen:
- Objekttypen: Kunde, Artikel, Hersteller, Ort, Lieferant, Artikelgruppe;
- Beziehungstypen: kauft, wohnt in, stammt von, hergestellt von, gehört zu.

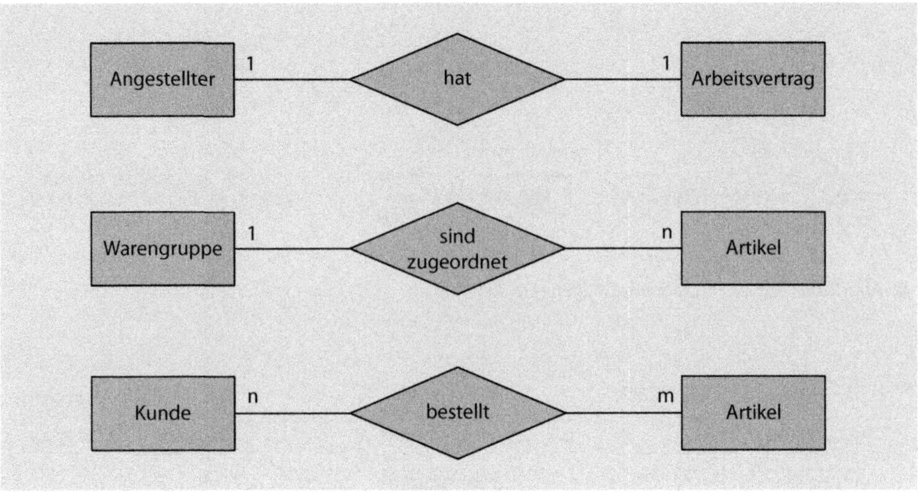

◘ Abb. 2.23 Kardinalitäten im ER-Diagramm. (Eigene Darstellung)

Als Abstraktionsmechanismen bezeichnet man die beiden Methoden:
- Generalisierung und
- Spezialisierung, die Zerlegung von Objekttypen in nachgeordnete Objekttypen mit unterschiedlichen Merkmalen.

Die Generalisierung geht von unten nach oben, die Spezialisierung von oben nach unten vor. Die dabei entstehenden Beziehungen werden grafisch durch Dreiecke mit dem Text »ist ein« beschrieben.

Verkauft ein Online-Händler viele Artikel, macht es Sinn, diese in Artikelgruppen zusammenzufassen. Für die Artikel »DVD – Harry Potter und die Heiligtümer des Todes« und »DVD – Iron Man« kann man einen Entitätstyp »Unterhaltungsmedien« einführen und neben anderen Artikelgruppen wie zum Beispiel »Elektronik« etc. dem übergeordneten Entitätstyp »Artikel« zuordnen. Werden neben DVDs auch Bücher verkauft, kann man den Entitätstyp »Unterhaltungsmedien« durch eine Generalisierung weiter in die Entitätstypen »Bücher« und »DVDs« aufteilen. Dabei können für die höher gelagerten Entitätstypen »Artikel« und »Unterhaltungsmedien« jeweils Attribute wie zum Beispiel der Preis oder das Erscheinungsdatum definiert werden, die für alle untergeordneten Entitätstypen gelten, ohne für diese explizit definiert zu werden.

Zusätzlich zu den Entitäten und Beziehungen werden auch die Kardinalitäten im ER-Diagramm festgehalten. Diese sind wichtig, um zwischen den oben erwähnten Beziehungstypen 1:1, 1:n und n:m unterscheiden zu können. ◘ Abb. 2.23 zeigt, wie die Kardinalitäten in ER-Diagrammen dargestellt werden.

Wie zu Beginn des Abschnittes bereits erwähnt, stellt die Modellierung der Datenbank als ER-Diagramm den ersten Schritt in der Erstellung einer Datenbank dar. Das ER-Diagramm enthält alle Informationen der konzeptuellen Sicht. Diese Informationen müssen im nächsten Schritt, dem logischen Entwurf der Datenbank, in ein relationales Datenbankschema überführt werden. Das heißt, es muss festgelegt werden, welche Relationen mit welchen Attributen und Fremdschlüsseln die Datenbank bilden. Bei der Übertragung eines ER-Diagramms in ein relationales Datenbankschema werden im ersten Schritt die Entitäten und im zweiten Schritt die Relationen übertragen. Zur Übertragung der Entitäten werden diese in Relationen

2.3 · Datenorganisation

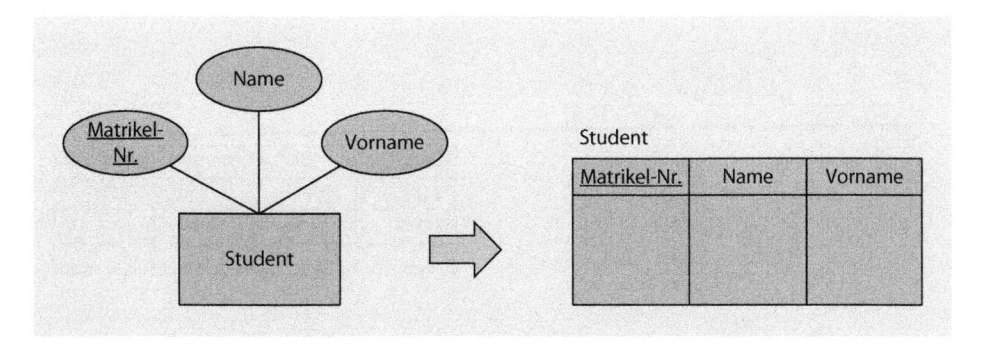

Abb. 2.24 Umformung einer Entität zu einer Relation. (Eigene Darstellung)

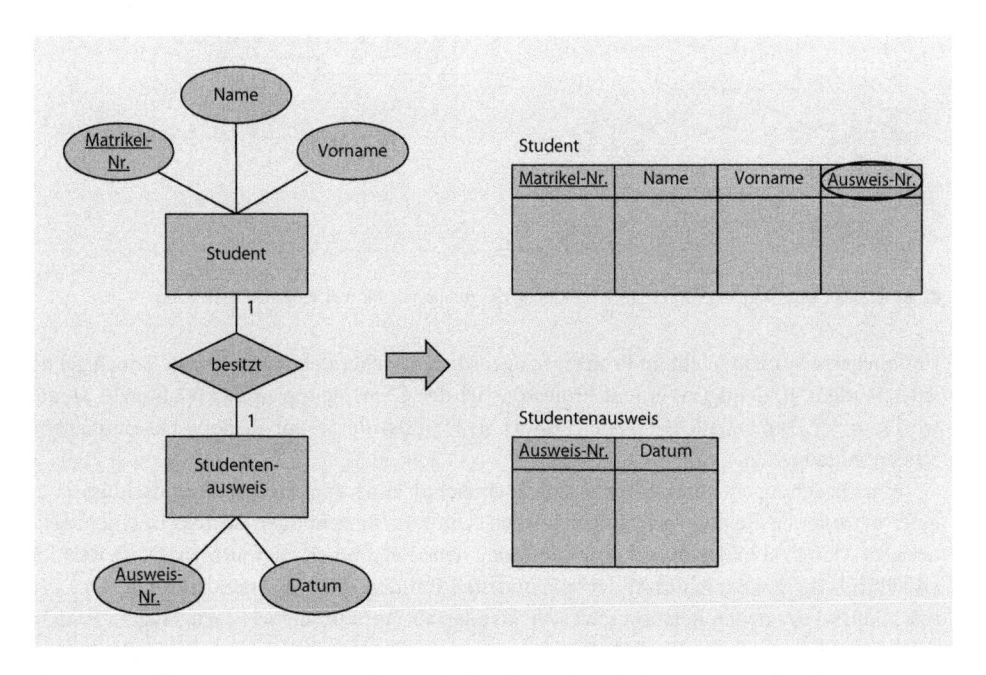

Abb. 2.25 Übertragung von 1:1-Beziehungen in das relationale Modell. (Eigene Darstellung)

umgewandelt. Jedes Attribut der Entität aus dem ER-Diagramm wird auch in der Relation wie in ▸ Abschn. 2.3.3 beschrieben als Attribut dargestellt. Auch der Primärschlüssel, der in der Regel unterstrichen dargestellt wird, bleibt erhalten. Ein Beispiel zeigt ◘ Abb. 2.24.

Im nächsten Schritt des logischen Entwurfs werden alle Beziehungen aus dem ER-Diagramm übertragen. Hierbei werden alle drei Kardinalitäten unterschiedlich behandelt.

Um Beziehungen mit der Kardinalität 1:1 in das relationale Modell zu übertragen, wird der Primärschlüssel einer der verbundenen Entitäten als Fremdschlüssel zur Relation der anderen Entität hinzugefügt. Dabei spielt es keine Rolle, ob der Primärschlüssel des ersten Entitätstyps oder der des zweiten in die jeweils andere Relation eingefügt wird. Dies wird beispielhaft in ◘ Abb. 2.25 dargestellt.

Bei der Übertragung von 1:n-Beziehungen ist es im Gegensatz zu den 1:1-Beziehungen wichtig, in welcher Relation der Fremdschlüssel hinzugefügt wird. Im Beispiel aus ◘ Abb. 2.26

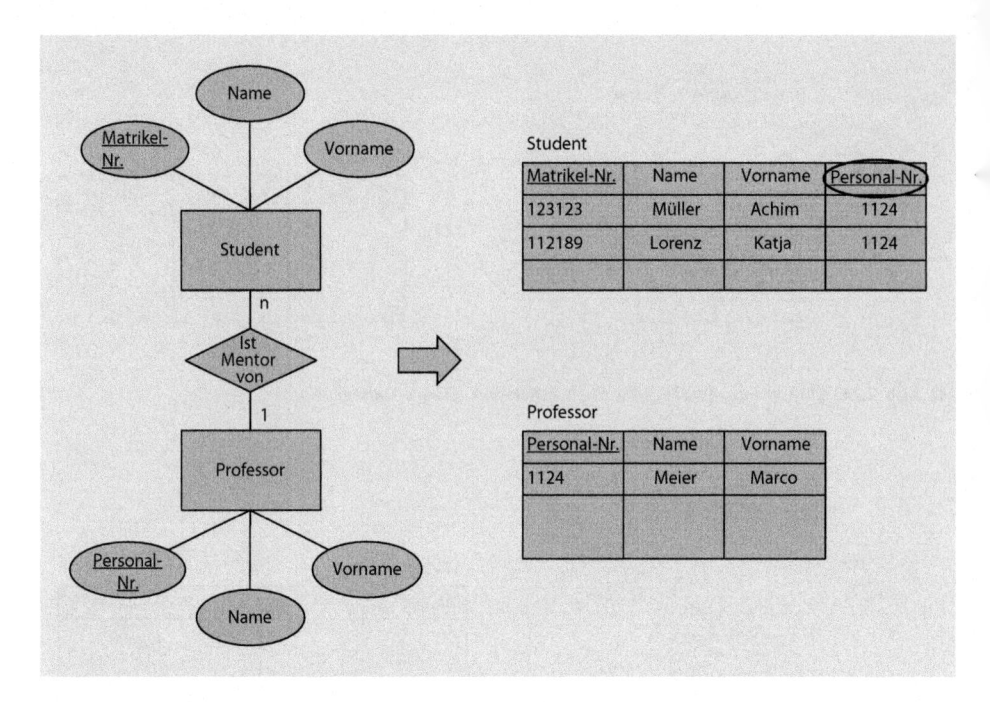

● **Abb. 2.26** Übertragung von 1:n-Beziehungen in das relationale Modell. (Eigene Darstellung)

sind mehrere Studenten einem Professor zugeordnet, welcher deren Mentor ist. Jedoch gehört jeder Student eindeutig zu einem Professor. Bei der Übertragung in das relationale Modell wird nun der Primärschlüssel des Professors als Fremdschlüssel zur Relation des Entitätstyps Student hinzugefügt.

n:m Beziehungen können nicht durch einfaches Hinzufügen eines Fremdschlüssels zu einer betroffenen Relation abgebildet werden. Um n:m-Beziehungen korrekt in einem relationalen Modell abbilden zu können, muss eine neue Relation erzeugt werden. Diese Relation enthält nur die Primärschlüssel der verbundenen Entitätstypen als Fremdschlüssel. Der Primärschlüssel der neuen Relation setzt sich aus allen als Fremdschlüssel hinzugefügten Primärschlüsseln der verbundenen Relationen zusammen. Die Attribute des zusammengesetzten Primärschlüssels sind in diesem Fall also gleichzeitig Fremdschlüssel. Die Umformung wird beispielhaft in ● Abb. 2.27 dargestellt.

- **Normalisierung**

Die Normalisierung dient zur Erstellung redundanzfreier Tabellen, sodass ein konsistentes Datenmanagement geschaffen und dem Informationsverlust vorgebeugt werden kann. Unter der Bezeichnung Normalisierung wird hierbei die schrittweise Verfeinerung eines relationalen Schemas verstanden, wobei Attribute in mehreren Schritten auf entsprechende Relationen (Tabellen) verteilt werden. Ziel ist es, das Auftreten von Redundanzen und als Folge dessen Inkonsistenzen zu verhindern (Krallmann, Schönherr et al. 2007).

Die klassische Normalisierung besteht aus drei Schritten, wobei eine Relation schrittweise in die erste, zweite und dritte Normalform überführt wird.

Eine Relation entspricht der ersten Normalform, wenn
- alle Attribute atomar sind und
- die Relation keine Widerholungsgruppen enthält.

2.3 · Datenorganisation

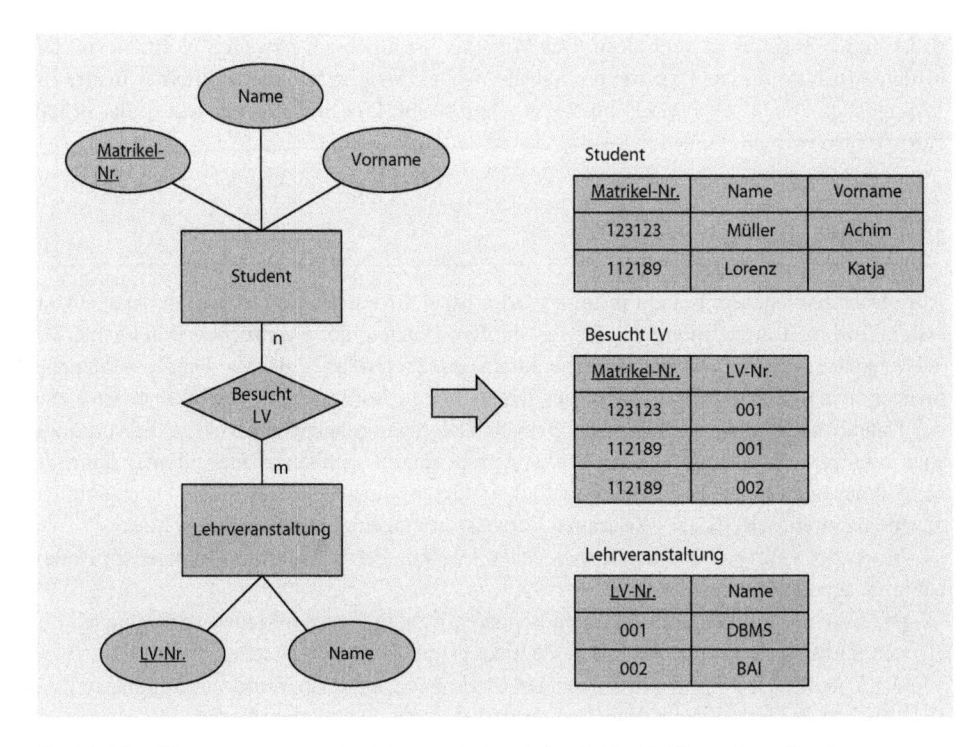

Abb. 2.27 Übertragung von n:m-Beziehungen in das relationale Modell. (Eigene Darstellung)

Um in die erste Normalform zu gelangen, müssen sämtliche Attribute, die nicht atomar sind, soweit aufgespalten werden, bis sie atomar sind. Um dies zu erreichen, werden der Relation weitere Spalten hinzugefügt. Beispielsweise wird eine Spalte »Name« aufgeteilt in »Vorname« und »Name«. Dieser Schritt führt zur ersten Normalform.

Eine Relation entspricht der zweiten Normalform, wenn
- die Relation bereits in der ersten Normalform vorliegt und
- alle Nicht-Schlüssel-Attribute vom Primärschlüssel voll funktional abhängig sind.

Zunächst wird gefordert, dass die betrachtete Relation bereits in erster Normalform vorliegt. Trifft dies zu, so müssen, um die zweite Normalform zu erreichen, sämtliche Nicht-Schlüssel-Attribute identifiziert werden, die von einem Teil des Primärschlüssels funktional abhängig sind. Ist ein Attribut nicht vom gesamten Schlüssel der Relation abhängig, so bildet das betreffende funktional abhängige Attribut und das jeweilige Schlüssel-Attribut gemeinsam eine neue Tabelle. Die Schlüssel-Attribute fungieren in den neuen Tabellen als Primärschlüssel. In der ursprünglichen Tabelle bleiben sie ebenfalls erhalten.

Eine Relation entspricht der dritten Normalform, wenn
- die Relation bereits in der zweiten Normalform vorliegt und
- kein Nicht-Schlüssel-Attribut von einem anderen Nicht-Schlüssel-Attribut funktional abhängig ist.

Um die dritte Normalform zu erreichen, betrachtet man alle bisherigen Tabellen und prüft, ob es funktionale Abhängigkeiten zwischen den Nicht-Schlüssel-Attributen gibt. Wird ein Nicht-Schlüssel-Attribut bereits durch ein anderes Nicht-Schlüssel-Attribut eindeutig beschrieben, so ist dieser Zustand zu verändern. Das Vorgehen ist analog zur zweiten Normalform. Die beiden Attribute bilden eine weitere Tabelle, wobei das beschreibende Attribut in der ursprünglichen Tabelle als Fremdschlüssel erhalten bleibt. Das Endergebnis liegt in der dritten Normalform vor.

2.3.3 Datenbanksysteme

Jedes Datenbanksystem besteht in seiner Grundstruktur aus einem Datenbankmanagementsystem und mehreren, untereinander verknüpften Dateien, der eigentlichen Datenbank. Dabei versteht man unter einem Datenbankmanagementsystem (DBMS = Database Management System) ein Programmsystem der Unterstützungssoftware zur Verwaltung der Daten der Datenbank. Häufig wird statt des Begriffs Datenbankmanagementsystem die verkürzte, aber unkorrekte Bezeichnung Datenbanksystem benutzt. Datenbankmanagementsysteme, die speziell das relationale Datenbankmodell unterstützen, werden als relationale Datenbankmanagementsysteme (RDBMS = Relational Database Management System) bezeichnet.

Anwender von Datenbanksystemen stellen folgende drei Hauptanforderungen an Datenbankmanagementsysteme:
- Der Datenbestand muss festgelegten Benutzergruppen ganz oder teilweise zugänglich sein und sich für bestimmte andere Benutzergruppen sperren lassen.
- Der Datenbestand muss nach beliebigen Merkmalen auswertbar und verknüpfbar sein.
- Abfragen des Datenbestands müssen in kurzer Zeit zu Antworten führen.

Die Liste der Anforderungen, die insgesamt an Datenbankmanagementsysteme gestellt werden, ist erheblich länger. Im Einzelnen wird verlangt:
1. Datenunabhängigkeit: Die Anforderung nach Datenunabhängigkeit hat mehrere Aspekte:
   - Unabhängigkeit vom Anwendungsprogramm: Die Daten sind anwendungsneutral gespeichert, d. h. unabhängig vom erzeugenden oder benutzenden Anwendungsprogramm (im Gegensatz zur Dateiorganisation). Die Daten sind damit auch unabhängig von der Programmiersprache, in der das Anwendungsprogramm geschrieben ist.
   - Unabhängigkeit der logischen von der physischen Datenorganisation: Der Benutzer muss nur die Datenstrukturen kennen. Prozeduren zum Suchen, Ändern, Einfügen und Löschen von Datensätzen werden vom Datenbankmanagementsystem zur Verfügung gestellt.
   - Unabhängigkeit von der Systemplattform: Für den Benutzer ist es gleichgültig, auf welcher Systemplattform aus Hardware und Betriebssystem das Datenbankmanagementsystem eingesetzt wird. Das bedeutet entweder, dass sich das Datenbankmanagementsystem von vornherein auf möglichst vielen Plattformen nutzen lässt oder dass Middleware in Form sogenannter Datenbankschnittstellen zur Verfügung steht.
   - Physische Datenunabhängigkeit: Das Datenbankmanagementsystem steuert im Zusammenspiel mit dem Betriebssystem die peripheren Geräte, blockt bzw. entblockt Datensätze, kontrolliert Überlaufbereiche, belegt Speicherräume oder gibt sie frei usw.
2. Benutzerfreundlichkeit: Leicht zu erlernende, durch grafische benutzeroberflächenunterstützte Benutzersprachen ermöglichen sowohl dem Entwickler als auch dem Endbenutzer einen einfachen Umgang mit dem Datenbestand.
3. Mehrfachzugriff: Jeder autorisierte Benutzer darf im Mehrbenutzerbetrieb auf die gespeicherten Daten zugreifen, auch gleichzeitig mit anderen Benutzern. Diese Anforderung gilt auch für Anwendungsprogramme.

4. Flexibilität:
   - Die Daten müssen flexibel, d. h. hinsichtlich beliebiger Attribute aus beliebigen Objekten verknüpfbar sein. Man spricht in diesem Fall von einem Vielfachzugriff.
   - Die Daten müssen sowohl den wahlfreien Zugriff als auch die fortlaufende Verarbeitung ermöglichen.
5. Effizienz: Die Zeiten für die Abfrage und für die Verarbeitung müssen kurz sein, ebenso für Änderungen und Ergänzungen des Datenbestands.
6. Datenschutz: Die Daten sind vor unbefugtem Zugriff und Datenmissbrauch zu schützen. Typische Fragen hinsichtlich der Zugriffsrechte sind:
   - Ist der Benutzer überhaupt zugriffsberechtigt?
   - Ist der Benutzer nur für bestimmte Daten zugriffsberechtigt?
   - Ist der Benutzer nur zu Abfragen oder auch zu Änderungen berechtigt?
7. Datensicherheit: Die Daten müssen gegen System- und Programmfehler sowie gegen Hardwareausfälle gesichert sein. Das Datenbankmanagementsystem soll nach Störungsfällen den korrekten Zustand wiederherstellen. Die zuverlässige Speicherung langlebiger Daten wird auch als Dauerhaftigkeit oder Datenpersistenz bezeichnet.
8. Datenintegrität: Die Daten müssen vollständig, korrekt und widerspruchsfrei sein und die Realität, die sie beschreiben, exakt und aktuell wiedergeben. Diese Eigenschaften fasst der Begriff der Datenkonsistenz zusammen. Daten, die redundant gespeichert sind (insbesondere bei verteilten Datenbanken), müssen dasselbe aussagen.
   Verletzungen der Datenintegrität können, wenn geeignete Vorkehrungen fehlen, durch
   - falsche Dateneingaben oder fehlerhafte Anwendungsprogramme,
   - gleichzeitigen Zugriff mehrerer Benutzer,
   - Systemfehler in Hardware, Betriebssystem, Datenbankmanagementsystem oder
   - externe Störungen (Stromausfall, Spannungsschwankung u. a.) entstehen.
9. Redundanzfreiheit: Jedes Datenelement sollte, abgesehen von Sicherungskopien, möglichst nur einmal gespeichert werden. So kann sichergestellt werden, dass eventuelle Änderungen an den Daten nur an einer Stelle vorgenommen werden müssen und es so nicht zu Inkonsistenzen kommen kann. Wenn beispielsweise die Artikelgruppe »Sportgeräte« in »Fitness- und Wellness« umbenannt wird, muss in einer redundanzfreien Datenbank nur an einer Stelle die Bezeichnung geändert werden. Steht die Bezeichnung der Artikelgruppe allerdings an jedem Artikel einzeln, kann es leicht vorkommen, dass ein Artikel bei der Anpassung vergessen wird und somit noch Artikel mit der Artikelgruppe »Sportgeräte« in der Datenbank vorkommen, obwohl diese gar nicht mehr existiert.

Die genannten Anforderungen sind idealtypisch und stehen teilweise untereinander in Konkurrenz. Weniger Redundanz wird z. B. mit geringerer Flexibilität und Effizienz erkauft. Aus diesem Grund wird nur noch redundanzarme und nicht mehr redundanzfreie Speicherung gefordert (Lusti 2003).

Die Bestandteile, die ein Datenbankmanagementsystem enthalten muss, ergeben sich aus der 3-Sichten-Architektur, die in ◘ Abb. 2.28 dargestellt wird. Die interne Sicht erfordert Verwaltungsprogramme, die die physische Datenorganisation übernehmen. Die konzeptionelle Sicht verlangt eine Sprache, mit der sich die logischen Datenstrukturen beschreiben lassen. Die externe Sicht benötigt Sprachen, die dem Benutzer den Umgang mit dem Datenbestand ermöglichen.

Die Sprachen zur Steuerung eines Datenbanksystems gliedern sich in die Datendefinitionssprache oder DDL für die englische Bezeichnung Data Description Language, die

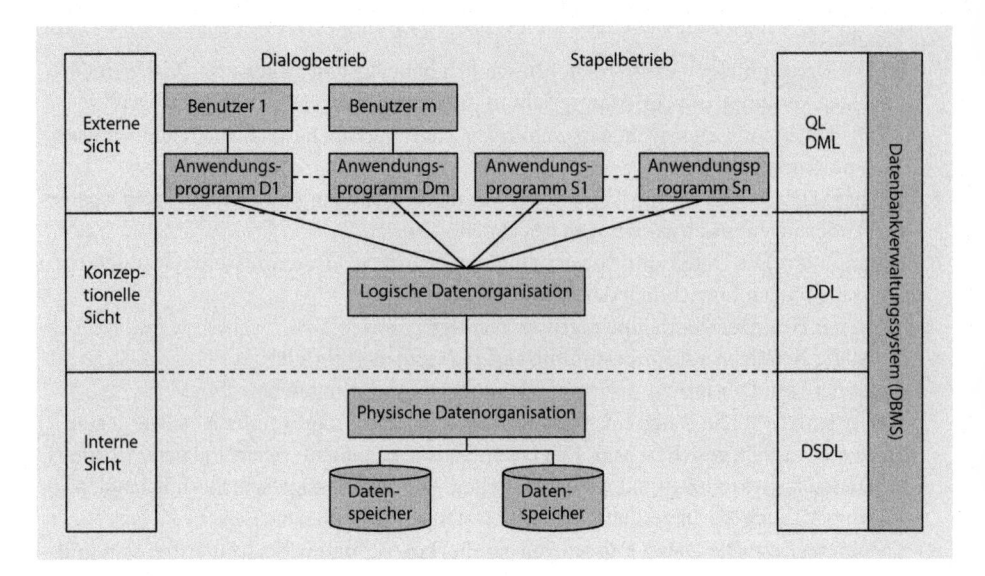

Abb. 2.28 Die Bestandteile eines Datenbankmanagementsystems anhand der 3-Sichten-Architektur. (Eigene Darstellung)

Datenmanipulationssprache oder Data Manipulation Language (DML), die Datenbankanfragesprache oder Data Retrieval Language (DRL) und die Datenkontrollsprache oder Data Control Language (DCL).

Mit der Datendefinitionssprache wird die logische Struktur der Datenbank festgelegt, die sich in der konzeptionellen Sicht widerspiegelt. Hier wird definiert, welche Daten in der Datenbank gespeichert werden können, welche Datentypen diese Daten haben und wie diese Daten miteinander in Zusammenhang stehen.

Die Datenmanipulationssprache dient dazu, die Daten in der Datenbank zu verändern. Über eine DML lassen sich Daten entsprechend der Datenbankstruktur, die mit der DDL definiert wurde, zu der Datenbank hinzufügen. Zudem können über die DML Daten aus der Datenbank entfernt oder in der Datenbank geändert werden.

Die Datenbankanfragesprache dient der Formulierung eindeutiger Abfragen auf die in der Datenbank gespeicherten Daten. Mittels dieser Sprache können Benutzer oder Anwendungsprogramme gespeicherte Daten wieder aus der Datenbank auslesen und weiterverarbeiten. Dabei können die Beziehungen zwischen den Datensätzen, die mit der DDL definiert wurden, genutzt werden.

Die Datenkontrollsprache dient der Definition von Zugriffsrechten oder allgemeiner der Gewährleistung der Datensicherheit. Die DCL ermöglicht es, für jeden Nutzer der Datenbank genau festzulegen, welche Daten er lesen oder schreiben kann oder ob er die Struktur der Datenbank verändern darf.

2.3.3.1 Relationale Datenbankmanagementsysteme

Das von Codd während seiner Tätigkeit bei IBM entwickelte und 1970 erstmals von ihm veröffentlichte relationale Datenbankmodell verzichtet auf grafische Darstellungen und verwendet entweder eine auf der Mengentheorie basierende mathematische Schreibweise oder eine tabellarische Darstellungsform (Codd 1970).

Relationale Datenbanken erfassen zu beschreibende Objekte, z. B. Artikel, Kunden oder Lieferanten, als sogenannte Entitäten. Artikel, Kunde oder Lieferant wären in diesem Fall Entitätstypen. Ein einzelner Kunde würde als Entität bezeichnet. Entitäten werden durch Attribute beschrieben. So sind zum Beispiel zu einem Kunden unter anderem ein Name, ein Wohnort und ein Geburtsdatum in der Datenbank gespeichert.

Da das relationale Datenbankmodell auf der mathematischen Mengentheorie basiert, werden Entitätstypen in Relationen und Entitäten über die Ausprägungen ihrer Attribute in Tupeln repräsentiert.

Vereinfacht lässt sich sagen, dass beim Relationenmodell alle Daten in zweidimensionalen Tabellen mit einer festen Anzahl von Spalten und einer beliebigen Anzahl von Zeilen dargestellt werden. Hierarchische Strukturen und Netzstrukturen lassen sich ebenfalls mit dem Relationenmodell beschreiben.

Die Eigenschaften eines relationalen Datenbankmanagementsystems lassen sich wie folgt formulieren:

1. Jede Relation ist eine zweidimensionale Tabelle. Sie entspricht einem Entitätstyp.
2. Jede Zeile der Tabelle entspricht einem Tupel. Sie beschreibt eine bestimmte Entität des durch die Relation erfassten Entitätstyps.
3. Die Spalten entsprechen den Attributen. Die Entitäten werden durch Attributwerte, d. h. Ausprägungen der Attribute, beschrieben.
4. Die Zeilen müssen paarweise untereinander verschieden sein, d. h. es gibt keine zwei identischen Zeilen.
5. Die Reihenfolge der Zeilen spielt keine Rolle, ebenso die der Spalten.
6. Die Anzahl der Attribute heißt Grad der Relation.
7. Die Zusammenfassung aller möglichen Attributwerte eines Attributs wird als Domäne bezeichnet. Attribute sind stets atomar, d. h. nicht in kleinere Einheiten zerlegbar (Codd 1982).

◘ Abb. 2.29 zeigt beispielhaft eine Datenbank eines Online-Versandhändlers. Sie beinhaltet die Relationen Artikel, Lieferanten, Kunden und Bestellungen. In den Relationen sind die Kunden, Lieferanten und Artikel des Lieferanten hinterlegt. Zudem speichert die Relation Bestellungen alle Bestellungen von Kunden.

Um einzelne Entitäten innerhalb der Tabelle für den jeweiligen Entitätstypen identifizieren zu können, ist es notwendig, sogenannte Schlüsselattribute zu definieren. Diese dienen neben der Identifikation einzelner Entitäten bzw. Tupel aus einer Relation auch zur Verknüpfung von Entitäten untereinander. So kann zum Beispiel eine Entität vom Typ Artikel mit einer Entität vom Typ Lieferant verknüpft werden, um auszudrücken, dass dieser Artikel von dem verknüpften Lieferanten geliefert wird.

Bei den Schlüsseln unterscheidet man die Begriffe Schlüsselkandidat oder Kandidatenschlüssel, Primärschlüssel, Sekundärschlüssel und Fremdschlüssel.

Schlüsselattribute werden genau wie alle anderen Attribute in der Relation des jeweiligen Entitätstypen dargestellt. Jeder der oben dargestellten Schlüssel kann allerdings auch aus mehreren Attributen bestehen. Man spricht in diesem Fall von einem zusammengesetzten Schlüssel.

Alle Attribute oder Attributkombinationen, die geeignet sind, die Relation zu identifizieren, heißen Schlüsselkandidaten. Die zugehörigen Attribute werden Schlüsselattribute genannt. Ein trivialer Schlüsselkandidat ist somit ein zusammengesetzter Schlüssel aus allen Attributen der Relation. Da in einer Relation jedes Tupel nur maximal einmal vorkommen darf, wird eine Entität durch die Gesamtheit seiner Attribute immer eindeutig identifiziert.

Relation Artikel

Artikelnummer	Artikelname	Preis	Lieferant
12345	Einführung in die Wirtschaftsinformatik	39,99	5485
28956	iPhone 64 GB	899,00	8468
78535	USB-Stick 32GB	18,00	7895

Relation Lieferanten

Lieferantennummer	Name	Straße	Ort
5485	Springer	Tiergartenstr.17	Heidelberg
8468	Apple	1 Infinite Loop	Cupertino
7895	Verbatim	Düsseldorfer Str. 13	Eschborn

Relation Kunden

Kundennummer	Name	Straße	Ort	Geburtsdatum
1	Hans Dampf	Musterstraße 1	Kassel	01.01.1978
2	Peter Becker	Hauptstraße 3	München	04.11.1999

Relation Bestellungen

Datum	Kunde	Artikel	Anzahl
18.10.2013, 16:00:00	1	28956	1
18.10.2013, 16:00:00	1	78535	4
19.10.2013, 14:35:00	2	12345	1

◻ **Abb. 2.29** Beispielhafte Darstellung der Relationen der Datenbank eines Online-Versandhändlers. (Eigene Darstellung)

Allerdings sind auch andere Attribute oder Kombinationen von Attributen bereits eindeutig. Zum Beispiel identifiziert die Kundennummer eine Entität vom Typ Kunde immer eindeutig.

Der Primärschlüssel ist der Schlüsselkandidat einer Relation, der in sämtlichen Datenbankoperationen genutzt wird, um eine Entität eindeutig zu identifizieren. Um bei der Modellierung der Datenbank den Primärschlüssel aus den Schlüsselkandidaten auswählen zu können, muss dieser einige Anforderungen erfüllen:

- Eindeutigkeit der Schlüssel: Die Schlüssel müssen so gewählt werden, dass jedes Attribut der Tabelle über die Schlüsselattribute eindeutig identifizierbar ist.
- Ausschluss von Verwechslungsmöglichkeiten: Der Schlüssel muss so gewählt werden, dass kein Wert im Datensatz doppelt vorkommt und eine eindeutige Identifizierung immer möglich ist.
- Länge der Schlüssel: Ein Schlüssel sollte sich aus möglichst wenigen Attributen zusammensetzen.
- Gültigkeit über längere Zeiträume: Eine spätere Änderung eines Schlüsselattributes ist sehr aufwändig und hat Auswirkungen auf die anderen Tabellen. Daher sollte der

2.3 · Datenorganisation

Schlüssel so gewählt werden, dass die Wahrscheinlichkeit einer Änderung der Attributwerte relativ gering ist.
- Aussagefähigkeit der Schlüssel: Ein Schlüssel sollte nach Möglichkeit auch noch eine gewisse Aussagekraft besitzen.
- Wiederverwendung frei werdender Schlüssel: Wird ein Objekt aus dem Datensatz gelöscht, sollte der Schlüssel für andere Objekte zur Verfügung stehen.
- Flexibilität gegenüber organisatorischen Veränderungen: Organisatorische Änderungen sollten nicht dazu führen, dass die Schlüssel geändert werden müssen.

Für jede Relation wird basierend auf diesen Anforderungen der Primärschlüssel festgelegt. Oft werden allerdings auch »künstliche« Primärschlüssel wie zum Beispiel eine Kunden- oder Artikelnummer erfunden, um als Primärschlüssel für eine Relation zu dienen. Um in einer Relation auf Entitäten aus einer anderen Relation verweisen zu können, wird in einem Attribut der Relation auf den Primärschlüssel aus der anderen Relation verwiesen. Hier spricht man von einem Fremdschlüssel. Im Beispiel aus ◘ Abb. 2.29 sind beispielsweise die Attribute Artikel und Kunde in der Relation Bestellungen Fremdschlüssel, die auf die Primärschlüssel der Relationen Kunden und Artikel verweisen. So ist erkennbar, welcher Kunde welchen Artikel bestellt hat.

Eine weitere Form der Schlüssel in relationalen Datenbanken ist der sogenannte Sekundärschlüssel. Attribute können beim Anlegen der Relation mittels Datendefinitionssprache als Sekundärschlüssel für die Relation gekennzeichnet werden. Dies sorgt dafür, dass der Inhalt der Attribute vom Datenbankmanagement indexiert wird und somit schneller durchsuchbar ist. Sekundärschlüssel können beliebig festgelegt werden und müssen nicht, wie Kandidatenschlüssel oder Primärschlüssel, eine Entität eindeutig identifizieren. Im Beispiel aus ◘ Abb. 2.29 könnte man beispielsweise den Artikelnamen als Sekundärschlüssel markieren, damit nach einer Artikelbezeichnung besonders schnell gesucht werden kann.

Die in ▶ Abschn. 2.3.2 beschriebenen Sprachen zur Datendefinition, Datenmanipulation, Datenkontrolle und Datenbankanfrage werden in relationalen Datenbanksystemen in der Structured Query Language – kurz: SQL – zusammengefasst. Über verschiedene Befehle kann SQL also Datenbanken anlegen, deren Struktur definieren, die enthaltenen Daten verändern und Nutzungsrechte für einzelne Nutzer festlegen. Um die Funktionsweise von SQL zu verstehen, werden die folgenden Absätze zeigen, wie mittels SQL einfache Anfragen entsprechend der Datenbankanfragesprache an eine Datenbank gestellt werden können.

Jede Datenbankanfrage in SQL beginnt mit dem Befehl SELECT. Dieser Befehl gibt an, dass Daten aus der Datenbank gelesen werden sollen. Ein SQL-Befehl, der mit dem Befehl SELECT beginnt, verändert keinerlei Daten in der Datenbank. Direkt hinter SELECT werden die Attribute angegeben, die ausgelesen werden sollen. Das nächste wichtige Schlüsselwort in SQL ist FROM. Hinter dem Schlüsselwort FROM werden alle Relationen genannt, die für die Anfrage gelesen werden müssen. Wollen wir zum Beispiel die Namen aller Kunden aus der Beispieldatenbank aus ◘ Abb. 2.29 auslesen, so nutzen wir folgende SQL-Anweisung:

SELECT Name
FROM Kunden

Das Ergebnis der Anfrage wäre dann eine Liste der Namen Hans Dampf, Peter Becker.

Durch die Nutzung der Schlüsselworte SELECT und FROM ist es also möglich, alle Werte bestimmter Attribute einer Relation auszulesen. Es ist jedoch in SQL auch möglich, diese Ausgaben weiter zu filtern und die Daten mehrerer Relationen miteinander zu verknüpfen. Hierzu wird das dritte zentrale Schlüsselwort aus SQL benötigt: WHERE. Hinter dem Schlüsselwort

Tab. 2.1 SQL-Beispielantwort. (Eigene Darstellung)

Name	Straße	Ort
Hans Dampf	Musterstraße 1	Kassel

WHERE können Vergleichsanweisungen angegeben werden. Das Ergebnis der Anfrage enthält dann nur diejenigen Ergebnisse, für die der Vergleich wahr ist.

Möchte man beispielsweise die Namen und Adressen sämtlicher Kunden aus Kassel erfahren, lautet die entsprechende SQL-Anweisung:

SELECT Name, Straße, Ort
FROM Kunden
WHERE Ort = »Kassel«

Das Ergebnis dieser Anfrage sähe folgendermaßen aus (◘ Tab. 2.1):

Bei der Formulierung der Anweisung fällt auf, dass das Wort »Kassel« in Anführungszeichen gesetzt wurde. Dies ist immer notwendig, wenn textuelle Inhalte innerhalb einer SQL-Anweisung verwendet werden. So kann der Rechner eindeutig feststellen, dass Kassel kein SQL-Schlüsselwort und auch kein Name einer Relation oder eines Attributes ist, sondern nur als das Wort Kassel verarbeitet werden soll.

Über das Schlüsselwort WHERE können auch Anfragen gestellt werden, die Daten aus mehreren Relationen benötigen. So kann man beispielsweise herausfinden, welcher Lieferant den Artikel mit der Artikelnummer 12345 liefert. Aus der Relation Artikel in ◘ Abb. 2.29 ist erkennbar, dass Lieferant für Artikel mit der Artikelnummer 12345 die Lieferantennummer 5485 trägt. Die Relation Lieferanten verrät, dass es sich beim Lieferanten mit der Lieferantennummer 5485 um Springer handelt. Die Entsprechende SQL-Anweisung sieht wie folgt aus:

SELECT Name
FROM Artikel, Lieferanten
WHERE Artikelnummer = 12345 AND Artikel.Lieferant = Lieferanten.Lieferantennummer

Das Ergebnis dieser Anweisung wäre nur der Name des Lieferanten: Springer. In dieser SQL-Anweisung wird zum ersten Mal mehr als eine Tabelle verwendet. Das wird dadurch ausgedrückt, dass hinter dem Schlüsselwort FROM zwei Relationen aufgezählt werden. Interessanter noch ist der Ausdruck hinter dem Schlüsselwort WHERE. Das Filtern nach der Artikelnummer, »Artikelnummer = 12345« kam analog schon im letzten Beispiel vor, als nach dem Ort Kassel gefiltert wurde. Um allerdings die zwei Relationen Artikel und Lieferanten miteinander verbinden zu können, muss mit der Verknüpfung AND ein zweiter Ausdruck angehängt werden. Der Ausdruck »Artikel.Lieferant = Lieferanten.Lieferantennummer« verbindet den Fremdschlüssel Lieferant aus der Relation Artikel mit dem Primärschlüssel Lieferantennummer aus der Relation Lieferanten. Dieser Ausdruck wird benötigt, damit anhand der Lieferantennummer im Artikel der richtige Lieferant gefunden werden kann (Pernul u. Unland 2003).

2.3.3.2 Spezialformen von Datenbanksystemen

In diesem Abschnitt soll auf einige Spezialformen von Datenbanken eingegangen werden, die vom vorgestellten Prinzip der Datenbanksysteme aus einem Datenbankserver und einer Anzahl von relationalen Datenbanken, die auf diesem Server von einem Datenbankmanagementsystem verwaltet werden, abweichen. Diese sind

- verteilte Datenbanksysteme,
- föderierte Datenbanksysteme und
- In-Memory-Datenbanken.

So kommen mittlerweile in vielen Anwendungsszenarien verteilte Datenbanksysteme vor. Verteilte Datenbanksysteme sind dadurch gekennzeichnet, dass sie an Stelle von einem Server auf mehreren Servern teilweise autonom arbeiten. Eine Verteilung von Datenbanken auf mehrere Server kann unter verschiedenen Gesichtspunkten sinnvoll sein. So können zum Beispiel in dezentral organisierten Unternehmen mit vielen voneinander weitgehend unabhängig operierenden Geschäftsbereichen verschiedene Daten getrennt voneinander verwaltet werden. So wird eine höhere Verfügbarkeit der relevanten Daten und auch eine höhere Datensicherheit durch eine geringere Zentralisierung erreicht. Das zweite wichtige Szenario für die Verwendung verteilter Datenbanksysteme ist eine verbesserte Skalierung von Datenbanksystemen. Unter Skalierung versteht man hierbei die Fähigkeit eines Systems, die eigene Leistungsfähigkeit proportional zu den wachsenden Anforderungen zu steigern. Bei traditionellen Datenbanksystemen war eine Verbesserung der Performance bei einer steigenden Anzahl von Anwendern oder steigendem Speicherbedarf nur durch eine vertikale Skalierung möglich. Diese besteht daraus, dass die bestehenden Datenbankserver durch verbesserte Komponenten (CPU, Arbeitsspeicher, Netzwerkanbindung, Festspeicher) aufgerüstet wurden. Dieser Vorgang erfordert allerdings unter Umständen sehr teure Hardware und bleibt in der Leistungsfähigkeit begrenzt. Verteilte Datenbanksysteme erlauben eine horizontale Skalierung durch das Hinzufügen neuer Server mit Standardhardware. Dies ist kostengünstiger und kann in beliebigem Umfang durchgeführt werden, was insbesondere durch die Anforderungen des Web 2.0 unumgänglich ist.

Eine weitere Spezialform der Datenbanksysteme sind sogenannte föderierte Datenbanksysteme. Föderierte Datenbanksysteme integrieren verschiedene Datenbanken in einer Sicht. Einem sogenannten Mediator sind die Datenbankschemata der zu integrierenden Datenbanken bekannt. So wird es über das Mediatorsystem möglich, auf ursprünglich getrennte Datenbanksysteme zuzugreifen, als handle es sich um eine einzige Datenbank. Dies ist insbesondere bei Firmenfusionen relevant, bei denen ab einem bestimmten Stichtag sichergestellt sein muss, dass sämtliche Geschäftsprozesse der ehemals unabhängigen Unternehmen über ein einziges System weiter abgebildet werden können. Fusionieren also beispielsweise zwei Einzelhandelsunternehmen mit jeweils einem eigenen Artikelstamm, stellt das Mediatorsystem sicher, dass ein Zugriff auf die Liste aller verfügbaren Artikel die Ergebnisse beider Datenbanken gemeinsam darstellt, indem die notwendigen Anfragen an beide Datenbanken entsprechend ihrer jeweiligen Datenstrukturen gestellt werden.

Die dritte Spezialform von Datenbanksystemen sind die In-Memory-Datenbanken. Sie unterscheiden sich von anderen Datenbanksystemen dadurch, dass sämtliche Daten im Arbeitsspeicher des Datenbankservers gehalten werden. So können deutliche Gewinne an Performance der Datenbanksysteme erzielt werden. Diese Technologie wird aktuell insbesondere durch das HANA-System des ERP-Softwareanbieters SAP gefördert (s. ▶ Abschn. 3.4.1). Ein großer Nachteil ist die fehlende Persistenz von Daten, welche auf dem Arbeitsspeicher abgelegt werden. Der Inhalt des Arbeitsspeichers ist volatil, d. h. Daten gehen bei einem Systemabsturz verloren. Um eine persistente Datenhaltung zu gewährleisten, wird unter HANA eine persistente Sicherungskopie auf der Festplatte angelegt. Die Verwendung von In-Memory-Datenbanksystemen wird in der Regel (so auch bei SAP HANA) begleitet durch den Einsatz von spaltenorientierten Datenbanken. Spaltenorientierte Datenbanken speichern Daten im Gegensatz zu klassischen relationalen Datenbanken nicht zeilenweise, sondern spaltenweise. Dies ermöglicht eine deutlich schnellere Durchführung von Aggregatfunktionen wie dem SQL-Befehl »SUM«, sofern nur wenige Spalten abgefragt werden. Insbesondere bei Datenbanken, die dem

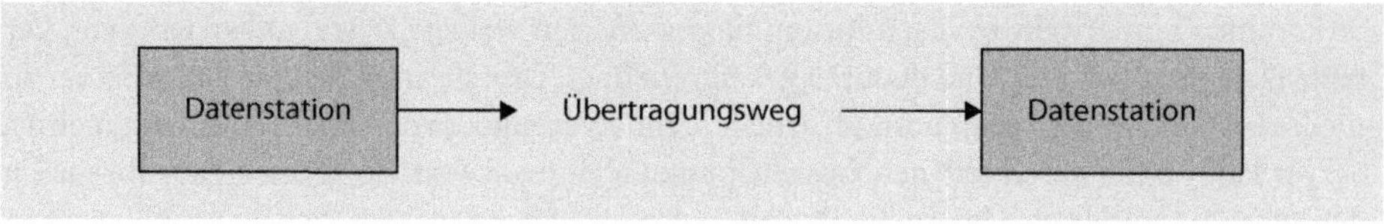

```
┌─────────────┐        ┌──────────────┐        ┌─────────────┐
│ Datenstation│───────▶│Übertragungsweg│───────▶│ Datenstation│
└─────────────┘        └──────────────┘        └─────────────┘
```

Abb. 2.30 Prinzip der Datenübertragung. (Eigene Darstellung)

Controlling und Reporting dienen, sind diese Abfragen häufig genug, sodass leichte Nachteile bei der Erstellung neuer Datensätze (SQL: INSERT INTO) in Kauf genommen werden.

2.4 Rechnernetze

Rechnernetze dienen der Übertragung von Daten zwischen mehreren Rechnern. Dieser Abschnitt wird die grundlegenden Prinzipien der elektronischen Übertragung digitaler Daten sowie die Grundlagen von Rechnernetzen vermitteln. Dabei werden neben den physischen Eigenschaften von Rechnernetzen auch die Protokolle und Architekturen behandelt, die für Internet- und Cloud-Anwendungen zum Einsatz kommen.

2.4.1 Digitale Datenübertragung

Um Daten zu übertragen, braucht man Datenstationen, Übertragungswege und Übertragungsverfahren. Jedes Datenübertragungssystem wird von mindestens zwei Datenstationen gebildet, die durch einen Übertragungsweg, allgemeiner eine Kommunikationseinrichtung, miteinander verbunden sind. Dies wird in ◘ Abb. 2.30 schemenhaft dargestellt.

Beispiel 1
Datenstation A = PC in einem privaten Haushalt, Datenstation B = WWW-Server beim Onlinebuchhandel.

Beispiel 2
Datenstation A = PC mit aktiver Chat-Anwendung, Datenstation B = PC des Gesprächspartners mit aktiver Chatanwendung.

Eine Datenstation hat nach ISO/IEC 2382-9 die Aufgabe, Daten für die Übertragung bereitzustellen, Daten zu empfangen und alle für die Kommunikation erforderlichen Funktionen auszuführen. Technisch besteht sie aus der Datenendeinrichtung und der Datenübertragungseinrichtung.

Zwischen Datenendeinrichtung und Datenübertragungseinrichtung existiert eine Schnittstelle. Aus dem gewählten Übertragungsverfahren ergeben sich die Aufgaben der Datenendeinrichtung und der Datenübertragungseinrichtung.

Die Datenendeinrichtung ist ein Gerät, das Daten senden und/oder empfangen kann. Typische Datenendeinrichtungen sind PCs, Terminals, Drucker, Server, Geldausgabeautomaten usw. Im Regelfall ist bei jedem Datenübertragungssystem mindestens eine der beteiligten Datenendeinrichtungen ein Rechner. Sind mindestens zwei Datenendeinrichtungen Rechner,

2.4 · Rechnernetze

```
                        Physische
                        Verbindung
            ┌───────────────┼───────────────┐
        Kabel-           Funk-           Optische
      verbindung       verbindung       Verbindung
       ┌───┴───┐        ┌───┴───┐        ┌───┴───┐
   Kupfer-  Glasfaser- Terrestri- Satelliten- Infrarot-  Laser-
   kabel    kabel      scher Funk  funk       verbindung verbindung
   ┌───┴───┐           ┌───┴───┐
Adernpaare Koaxialkabel Zellularfunk Richtfunk
```

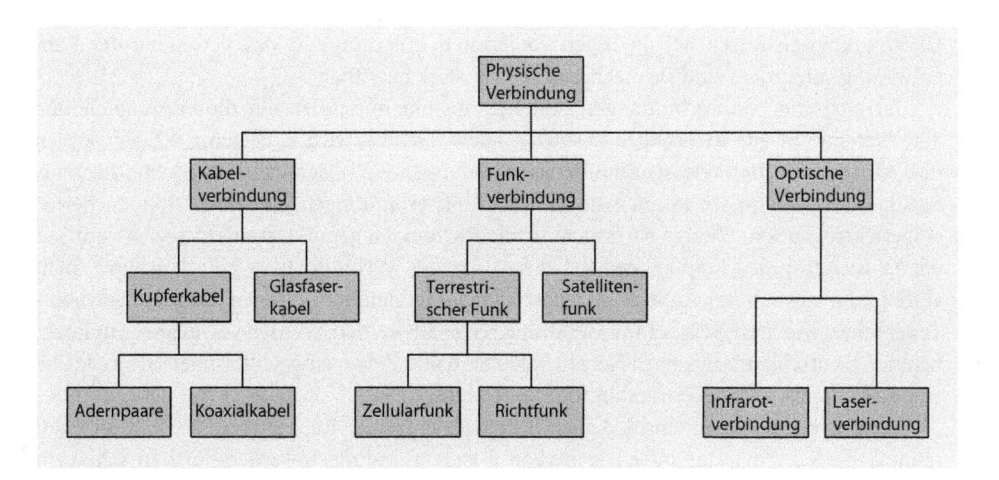

◘ **Abb. 2.31** Physische Übertragungsmedien. (Eigene Darstellung)

liegt ein Rechnernetz vor. Die Datenübertragungseinrichtung besteht aus dem Signalumsetzer und der Anschalteinheit. Je nach Übertragungsverfahren kann noch eine Synchronisiereinheit hinzukommen. Die Datenübertragungseinrichtung übernimmt die Anpassung der von der Datenendeinrichtung abgegebenen Signale an den Übertragungsweg. Typische Beispiele sind Modems, ISDN-Karten und Ethernet-Adapter.

Grundsätzlich unterscheidet man bei Rechnernetzen zwischen Weitverkehrsnetzen (engl. Wide Area Network, WAN) und Nahverkehrsnetzen (engl. Local Area Network, LAN). Während Weitverkehrsnetze Verbindungen über weite Strecken für z. B. Firmennetze über mehrere Standorte oder Internetverbindungen herstellen, verbinden Nahverkehrsnetze mehrere Rechner an einem Standort. Nahverkehrsnetze werden zunehmend nicht mehr kabelgebunden über den (Fast) Ethernet Standard, sondern per Wireless LAN (WLAN) realisiert.

Unter einem Übertragungsweg versteht man die Verbindung von zwei Datenstationen durch Übertragungsmedien in Form physischer Verbindungen, auf denen codierte Informationen durch elektrische oder optische Signale oder durch elektromagnetische Wellen übermittelt werden.

Als Übertragungsmedien kommen Kabelverbindungen, und zwar Adernpaare oder Koaxialkabel aus Kupfer, sowie Lichtwellenleiter aus Glasfaser, Funkverbindungen, und zwar terrestrischer Funk oder Satellitenfunk, und optische Verbindungen, und zwar Infrarotverbindungen innerhalb einzelner Räume oder Laserverbindungen als Richtstrecken im Freien, in Betracht (Häckelmann, Petzold et al. 2000)

Eine Übersicht gibt ◘ Abb. 2.31. Bei lokalen Netzen obliegen die Auswahl des Übertragungsmediums sowie die Einrichtung der Leitungen und Knoten dem Anwender. Bei standortübergreifenden Netzen erfolgt die Auswahl durch den Netzbetreiber, einen Anbieter von Mehrwertdiensten oder den Anwender selbst (Kauffels 2008).

Kupferkabel übertragen elektrische Signale. Dies kann über Aderpaare aus zwei kunststoffummantelten Kupferfaserkabeln oder Koaxialkabel, starre Kupferdrähte mit einer aufwändigen Abschirmung aus Kunststoff und Metall, geschehen. Aderpaare lassen sich einfacher als Koaxialkabel verlegen; beide sind nicht abhörsicher. Glasfaserkabel übertragen optische Signale, die beim Sender über einen Laser erzeugt und beim Empfänger wieder in elektrische Signale umgewandelt werden. Glasfaserkabel werden nicht durch elektromagnetische Felder beeinflusst und sind weitgehend abhörsicher. Glasfaserkabel bieten extrem hohe

Übertragungsleistungen bei niedrigen Fehlerraten. Allerdings ist das Verbinden der Kabel aufwändig, außerdem sind sie mechanisch nicht stark belastbar.

Terrestrische Funkverbindungen bestehen aus einem Sender, der die Funksignale über eine Antenne in alle Richtungen abstrahlt. Diese Technik wird z. B. beim WLAN verwendet. Allerdings haben terrestrische Funkverbindungen eine begrenzte Reichweite. Zwischen stationären Teilnehmern können sie als Richtfunkverbindungen mit hoher Abhörsicherheit eingerichtet werden. Hierbei wird nicht in alle Richtungen gefunkt, sondern gezielt vom Sender in Richtung des Empfängers. Bei dieser Art der Verbindung ist eine konstante Sichtverbindung notwendig. Außerdem müssen beide Teilnehmer stationär sein. Sollen mobile Teilnehmer, wie zum Beispiel im Mobilfunk, erreicht werden, werden »zellulare« Funknetze benutzt. Deutschland ist je nach Netz in 3.000 bis 6.000 Zellen eingeteilt, wobei jede Zelle über eine Basisstation an eine Festverbindung angeschlossen ist.

Infrarotverbindungen sind lediglich innerhalb einzelner Räume möglich, z. B. in Großraumbüros, Supermärkten oder Lagerhallen. Laserverbindungen werden nur sehr selten eingesetzt.

Ein Sonderfall ist die Nutzung von Stromkabeln für die Telekommunikation. Dem Vorteil der generellen Verfügbarkeit stehen zahlreiche technische Probleme gegenüber, sodass eine Verbreitung wenig wahrscheinlich ist. Für den Anschluss von Privathaushalten setzt sich die Nutzung der primär für das Fernsehen genutzten Breitbandkabelnetze immer weiter durch.

Übertragungsverfahren sind technische Verfahren für die Datenübertragung. Im Einzelnen handelt es sich dabei um Zeichenübertragungsverfahren, Gleichlaufverfahren, Signalübertragungsverfahren und Betriebsverfahren.

Man unterscheidet Zeichenübertragungsverfahren mit bitserieller Übertragung und mit bitparalleler Übertragung. Bitserielle Übertragung bedeutet, dass alle Zeichen bitweise nacheinander auf einem Kanal übertragen werden. Dagegen werden bei bitparalleler Übertragung alle Bit eines Zeichens gleichzeitig auf mehreren Kanälen übertragen. Unter der Übertragungsrate (oft fälschlich als Übertragungsgeschwindigkeit bezeichnet) versteht man die Anzahl der pro Sekunde übertragenen Bits.

Da die bitparallele Übertragung entweder teure vieladrige Kabel oder aufwändige Modulationsverfahren benötigt, dominiert die bitserielle Übertragung. Weil die Daten bitparallel, im Allgemeinen byteweise, verarbeitet werden, muss vor dem Senden eine Umsetzung von der bitparallelen auf die bitserielle Darstellung stattfinden. Beim Empfang ist es umgekehrt. Diese als Serialisierung bzw. Deserialisierung bezeichneten Funktionen werden von der Datenendeinrichtung ausgeführt.

Die Frequenz, mit der die Signale übertragen werden, heißt Taktrate und wird in Baud gemessen. Die Übertragungsrate ergibt sich aus der Taktrate multipliziert mit der Anzahl der pro Takt übertragenen Bit. Die Übertragungsraten liegen in der Praxis je nach Übertragungsverfahren im Bereich von kBit/s, MBit/s oder GBit/s.

Die einzelnen Bits werden von der sendenden Datenendeinrichtung in einem bestimmten Zeitintervall, dem sogenannten Zeitraster, abgeschickt, das von einem Taktgenerator erzeugt wird. Die empfangende Datenendeinrichtung arbeitet nach demselben Zeitraster. Die Taktübereinstimmung zwischen den beiden Datenendeinrichtungen besorgt die Synchronisiereinheit. Der eigentlichen Nachricht werden Synchronisierzeichen beigefügt. Man unterscheidet zwischen den beiden Gleichlaufverfahren asynchrone Übertragung und synchrone Übertragung.

Bei der asynchronen Übertragung wird der Gleichlauf der Zeitraster des Senders und des Empfängers nur für jeweils ein Zeichen hergestellt. Dazu wird jedes zu übertragende Zeichen mit einem vorangehenden Startbit und einem oder zwei abschließenden Stoppbits versehen

(Start-Stopp-Übertragung). Synchronität besteht also nur für die Dauer der Übertragung eines Zeichens. Die Zeichen einer Zeichenfolge können in willkürlichen Zeitabständen übertragen werden.

Bei der synchronen Übertragung werden geschlossene Folgen von Zeichen, die sich lückenlos aneinander reihen, übertragen. Durch vorangehende und abschließende Steuerzeichen wird der Gleichlauf der Zeitraster für die Dauer der gesamten Übertragung hergestellt. Sender und Empfänger sind also für die Dauer der Übertragung der gesamten Zeichenfolge synchronisiert. Gegenüber der asynchronen Übertragung entfallen Start- und Stoppbit für jedes einzelne Zeichen. Voraussetzung für die synchrone Übertragung sind Pufferspeicher in den Datenendeinrichtungen. Man spricht von gepufferten Datenstationen. Bei gleicher Übertragungsrate hat die synchrone Übertragung wegen der geringeren Anzahl von Steuerzeichen eine höhere effektive Übertragungsleistung als die asynchrone Übertragung. Für Multimediaanwendungen sind bitorientierte Übertragungsverfahren, bei denen beliebige Bitfolgen gesendet werden können, von vornherein besser geeignet.

Neben den zur Synchronisierung notwendigen gibt es weitere Steuerzeichen bei der Übertragung. Bei der synchronen Übertragung handelt es sich dabei entweder um Zeichen fester Länge (genormt in DIN 66019) oder um (bitorientierte) Zeichen variabler Länge.

Die Datenübertragungseinrichtung hat zwei Aufgaben, und zwar die von der Datenendeinrichtung gelieferten Zeichen in für die Übertragung geeignete Signale zu übersetzen und die elektrische Anschaltung an das jeweilige Netz vorzunehmen.

Bei digitalen Übertragungsverfahren werden elektrische Impulse übertragen, in die die zu übertragenden Bit durch geeignete Codierung umgewandelt werden. An der Schnittstelle zwischen Datenendeinrichtung und Datenübertragungseinrichtung muss die Richtung des Datenflusses auf dem Übertragungsweg festgelegt werden. Dafür sind drei Betriebsverfahren möglich:

- Richtungsbetrieb (Simplex): Übertragung nur in einer Richtung, d. h. entweder ausschließlich Sendebetrieb oder ausschließlich Empfangsbetrieb,
- Wechselbetrieb (halbduplex): Übertragung abwechselnd in beide Richtungen, d. h. abwechselnd Sendebetrieb oder Empfangsbetrieb, dazwischen Umschaltung der Datenendeinrichtung erforderlich;
- Gegenbetrieb (Vollduplex oder kurz Duplex): Übertragung gleichzeitig in beide Richtungen, d. h. gleichzeitiges Senden und Empfangen, Umschaltzeiten entfallen. Dies ist bei aktuellen Netzwerkstandards das übliche Betriebsverfahren.

Die Betriebsverfahren sind zum Teil bereits durch den Übertragungsweg in Verbindung mit der Übertragungsrate festgelegt. Viele Geräte gestatten nur den Wechsel-, jedoch nicht den Gegenbetrieb. Beispielsweise kommen der Wechselbetrieb beim Sprechfunk und der Gegenbetrieb beim Telefonieren zum Einsatz.

2.4.2 Netzwerktopologien

Um digitale Datenübertragung für die Einrichtung eines Rechnernetzes zu nutzen, ist es notwendig, eine geeignete Form der Verbindung aller Rechner festzulegen. Diese sogenannte Netzwerktopologie muss schnelle Signallaufzeiten und Ausfallsicherheit gewährleisten. Gleichzeitig muss sichergestellt sein, dass jeder beteiligte Rechner mit jedem anderen Rechner im Netzwerk kommunizieren kann.

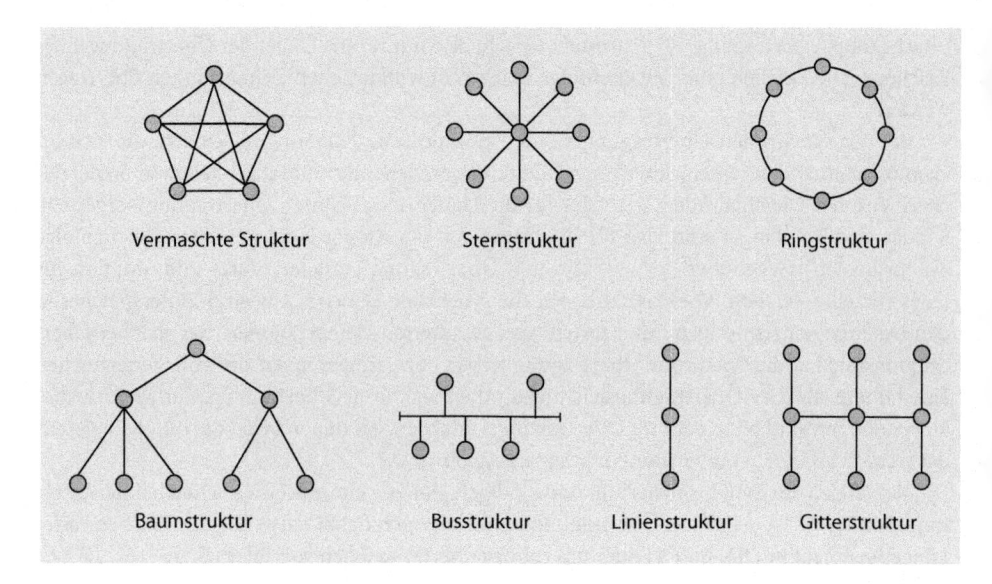

Abb. 2.32 Netzwerktopologien. (Eigene Darstellung)

Rechnernetze können grafisch durch Knoten und Verbindungsstrecken (Kanten) zwischen den Knoten dargestellt werden. Die Rechner entsprechen den Knoten. Die logische Anordnung der Knoten wird als Netzwerktopologie oder Netzstruktur bezeichnet. Moderne Rechnernetze sind in ihrer Struktur nicht statisch, sodass die Netzwerktopologie dynamisch als Kombination einiger Grundformen zu verstehen ist, die in einem rechnergestützten Netzwerkkontrollzentrum verwaltet wird. Je nach Struktur des Netzes kann es erforderlich werden, dass von einzelnen Knoten Vermittlungsvorgänge ausgeführt werden. Die Grundformen gebräuchlicher Netzstrukturen werden in ◘ Abb. 2.32 dargestellt.

Zur Darstellung der Topologie eines Netzwerkes werden verschiedene Kennzahlen erhoben, die es erlauben, Kosten, Leistungsfähigkeit und Ausfallsicherheit des Netzwerkes abzuschätzen. Diese Kennzahlen sind:

Durchmesser Der Durchmesser bezeichnet die maximale Entfernung zwischen zwei angeschlossenen Rechnern. Ein höherer Durchmesser hat höhere Transferzeiten zur Folge.

Grad Der Grad der Topologie misst die Anzahl der Verbindungen zu anderen Rechnern pro Rechner. Der Grad kann pro Rechner unterschiedlich sein. Ist der Grad durchgehend gleich, spricht man von einer regulären Topologie.

Bisektionsweite Die Bisektionsweite gibt an, wie viele Verbindungen mindestens getrennt werden müssen, um das Netz in zwei gleich große Teile zu teilen. Eine geringe Bisektionsweite deutet auf einen Flaschenhals in der Netzwerktopologie hin.

Symmetrie Ist eine Topologie symmetrisch, sieht das Netz von jedem Rechner oder jeder Verbindung aus betrachtet gleich aus. Für symmetrische Netze lassen sich Netzwerkprogramme leichter programmieren, da es keine Spezialfälle gibt.

Skalierbarkeit Die Skalierbarkeit misst die Größe der kleinsten Anzahl von Rechnern und Verbindungen, um die ein Netzwerk erweiterbar ist, sodass keine Leistungseinbußen auftreten.

Konnektivität Die Konnektivität bezeichnet die minimale Anzahl von Verbindungen und Rechnern, die ausfallen müssen, um das Netz funktionsuntüchtig zu machen. Eine höhere Konnektivität sorgt für eine bessere Ausfallsicherheit des Netzes (Tanenbaum u. Wetherall 2011).

In der vermaschten Struktur ist jeder Rechner im Netzwerk mit mehreren anderen Rechnern im Netzwerk verbunden. Ist jeder Rechner mit jedem anderen Rechner direkt verbunden, spricht man von einer vollvermaschten Struktur. Da sie durch die vielen Verbindungen eine hohe Konnektivität aufweisen, haben vermaschte Strukturen den Vorteil einer hohen Ausfallsicherheit. Sollte ein einzelner Rechner oder eine Verbindung ausfallen, ist es für die anderen beteiligten Rechner noch immer möglich zu kommunizieren. Gleichzeitig machen die vielen physischen Verbindungen einer vermaschten Struktur die Einrichtung des Netzes sehr teuer.

Die Sternstruktur ist die grundlegende Netzwerktopologie in den meisten lokalen Netzwerken innerhalb eines Büros oder in Heimnetzwerken. Die Sternstruktur baut das Netzwerk rund um einen zentralen Hub oder Switch auf, der die gesendeten Datenpakete an die vorgesehenen Empfänger weiterleitet. Dadurch, dass jeder Rechner nur mit der Zentrale verbunden ist, hat der Ausfall einzelner verbundener Rechner oder der Verbindung zu ihnen keine Auswirkungen auf die Funktionsfähigkeit des Netzes. Jedoch führt ein Ausfall der Zentrale zu einem vollständigen Ausfall des Netzes. Auch bei der Sternstruktur ist eine vergleichsweise aufwändige und teure Verkabelung des Netzes notwendig. Allerdings ist das Netzwerk sehr gut skalierbar, da einzelne Rechner nur direkt mit der Zentrale verbunden werden müssen.

In einer Ringstruktur sind alle Rechner gleichberechtigt mit jeweils zwei benachbarten Rechnern verbunden. Da über eine Verbindung allerdings immer nur ein Rechner Daten senden kann, ist ein in Ringstruktur angelegtes Netzwerk nicht sehr leistungsfähig und es kann bei großen Datenmengen schnell zu Verzögerungen im Datenfluss kommen. Zudem ist eine Ringstruktur anfällig gegen Ausfälle von Rechnern und Verbindungen. Bereits einzelne Ausfälle können einen Gesamtausfall des Netzes nach sich ziehen. Auch die Erweiterung einer Ringstruktur ist ohne einen kurzzeitigen Ausfall des Netzwerks beim Hinzufügen eines Rechners nicht möglich. Der Hauptvorteil einer Ringstruktur ist, dass sie sehr einfach und mit geringem Leitungsaufwand angelegt werden kann.

Die Baum-Topologie basiert darauf, dass mehrere Rechner jeweils über einen Wurzelrechner verbunden sind. Diese Wurzelrechner sind ihrerseits wieder über Wurzeln miteinander verbunden. So ergibt sich eine hierarchische Struktur. Somit gleicht eine Baum-Topologie mehreren Sternstrukturen, die hierarchisch miteinander verbunden sind. Die Baum-Topologie hat den Vorteil, dass große Entfernungen zwischen Netzabschnitten leicht realisierbar sind, zudem ist sie wie die Sternstruktur sehr leicht erweiterbar. Gleichzeitig ist die Funktionsfähigkeit des Gesamtnetzes nicht durch den Ausfall einzelner Teilnehmerrechner gefährdet. Nachteilig sind bei der Baumstruktur die Abhängigkeit von der Funktionstüchtigkeit der Knotenpunkte und die geringe Bisektionsweite, da bereits das Trennen einer Verbindung das Netz in zwei Teile trennen kann. Zudem können sich bei großen Netzen sehr große Durchmesser ergeben, die hohe Verzögerungen im Datenfluss nach sich ziehen können.

Die Linienstruktur stellt einen Spezialfall der Ringstruktur dar. Auch in der Linienstruktur ist jeder teilnehmende Rechner mit zwei seiner Nachbarrechner direkt verbunden. Allerdings bilden hier zwei Rechner am Rand der Struktur eine Ausnahme. Im Gegensatz zur Ringstruktur sind bei der Linienstruktur diese zwei Rechner nur mit jeweils einem Nachbarrechner direkt verbunden. Somit sind die Kosten für die Einrichtung einer Linienstruktur noch geringer als bei einer Ringstruktur. Allerdings ist die Linienstruktur extrem anfällig gegen Ausfälle beliebiger Rechner oder Verbindungen. Auch die Skalierbarkeit ist begrenzt, da das Netz nur an den Enden der Linienstruktur unterbrechungsfrei erweitert werden kann.

In der Busstruktur teilen sich alle Rechner eine gemeinsame zentrale Verbindung, den Bus, an die jeder Rechner angeschlossen ist. Der Vorteil dieses Aufbaus liegt in sehr geringen Kosten, die mit denen der Linienstruktur vergleichbar sind. Gleichzeitig ist das Netz sehr leicht durch das Anschließen weiterer Rechner an den Bus erweiterbar. Im Gegensatz zur Linienstruktur ist die Busstruktur unempfindlich gegen Ausfälle von teilnehmenden Rechnern. Nachteile des Bussystems sind häufig auftretende Datenkollisionen, sodass Daten gegebenenfalls mehrfach gesendet werden müssen. Dieses Problem tritt bei höherem Datenverkehr häufiger auf und beeinflusst die Leistungsfähigkeit des Netzes. Außerdem kann der gesamte Datenverkehr in der Busstruktur an jedem beliebigen teilnehmenden Rechner abgehört werden.

Die Gitterstruktur entspricht einer zweidimensionalen Linienstruktur. Dadurch, dass so mehrere Verbindungen zwischen zwei beliebigen Rechnern hergestellt werden können, ist das Netz in Gitterstruktur weniger anfällig gegenüber einzelnen gekappten Verbindungen. Ansonsten hat die Gitterstruktur die gleichen Vor- und Nachteile wie die Linienstruktur.

In der Praxis haben sich für lokale Netze, wie Firmen- oder Heimnetze, Sternstrukturen als übliche Netztopologie durchgesetzt. In etwas größeren lokalen Netzen sind teilweise mehrere Sternstrukturen zu einer Baumstruktur verbunden.

In Weitverkehrsnetzen wie dem Telefonnetz oder dem Internet sind Mischformen von Baumstrukturen und vermaschten Strukturen vorherrschend, um eine ausreichende Verfügbarkeit und Leistung sicherzustellen und gleichzeitig auf lokale Gegebenheiten reagieren zu können. Dies können zum Beispiel Verengungen im Netz bei den Transatlantikkabeln sein.

2.4.3 ISO/OSI-Modell

Eine wichtige Rolle bei der Datenkommunikation spielen die Schnittstellen zwischen den Datenendeinrichtungen der Teilnehmer und den Datenübertragungseinrichtungen bzw. Übertragungswegen der Netzanbieter. Nach ISO/IEC 2382-9 gehören sinngemäß zu einer Schnittstelle alle Festlegungen über die Funktionen, die physischen Verbindungen (mechanische und elektrische Eigenschaften) und die ausgetauschten Signale. Anwender, Netzanbieter und Gerätehersteller sind an einer Standardisierung der Schnittstellen interessiert. Deswegen sind einheitliche Festlegungen über Schnittstellen Gegenstand internationaler Normen und Empfehlungen.

Für Modems, also Geräte zum Austausch digitaler Signale, gelten je nach Übertragungsrate verschiedene Empfehlungen, z. B. V.34 (33.600 Bit/s) und V.90 (56.000 Bit/s in Empfangsrichtung, 33.600 Bit/s in Senderichtung). Weitere Empfehlungen gibt es für Schnittstellen, die in der Bürokommunikation eine Rolle spielen, z. B. X.400 und X.500, für Videokonferenzen (Serie H), für Multimediasysteme (Serie T) sowie für die globale Informationsinfrastruktur (Serie Y).

Der Ablauf jeder Übertragung besteht aus den fünf Phasen Verbindungsaufbau, Aufforderung zur Übertragung, Übertragung, Beendigung der Übertragung und Verbindungsauflösung.

Zur Ablaufsteuerung müssen neben Festlegungen über Schnittstellen und Übertragungsverfahren Vereinbarungen über den organisatorischen Ablauf jeder Übertragung getroffen werden. Solche Kommunikationsvereinbarungen heißen Protokolle. Generell enthalten

Protokolle Absprachen über den Aufbau, die Überwachung einschließlich Fehlermeldungen und den Abbau von Verbindungen. Ziel aller Standardisierungsbemühungen sind offene Kommunikationssysteme (OSI = Open Systems Interconnection), d. h. Kommunikationsmöglichkeiten zwischen unterschiedlichen Rechnern, Betriebssystemen, Netzwerkmodellen usw. Die internationale Normungsorganisation ISO hat dazu 1983 eine Rahmenempfehlung, das sogenannte ISO-Referenzmodell – auch als OSI- oder ISO/OSI-Referenzmodell bezeichnet – aufgestellt, das in ISO/IEC 7498 genormt ist. Das ISO-Referenzmodell unterscheidet drei Grundelemente, und zwar Anwendungsinstanzen, zwischen denen Kommunikation stattfindet (z. B. Benutzer an Datenstationen, Programme in Computern), offene Systeme in Form von Endsystemen als Gesamtheit von Anwendungsinstanzen oder von Transitsystemen als Verbindungen zwischen Endsystemen, und (physische) Übertragungsmedien.

Das Referenzmodell teilt die bei jeder Kommunikation erforderlichen Dienste in sieben hierarchisch angeordnete Schichten ein, auch englisch Layer genannt, wobei jede Schicht an die jeweils darunter liegende Schicht einen Auftrag formuliert, der von dieser als Dienstleistung für die darüber liegende Schicht erbracht wird.

Die Funktionen der sieben Schichten lassen sich von unten nach oben wie folgt beschreiben:

1. Physische Schicht (Physical Layer): Ungesicherte Übertragung von Bitfolgen über eine Übertragungsstrecke; Vereinbarungen über Schnittstelle, Übertragungsrate, Zeichenübertragungsverfahren, Gleichlaufverfahren;
2. Sicherungsschicht (Link Layer): Sicherung der Schicht 1, d. h. fehlergesicherte Übertragung auf einer Übertragungsstrecke durch Blöcke aus Bitfolgen und Kontrollinformationen;
3. Vermittlungsschicht (Network Layer): Auf- und Abbau des gesamten physischen Übertragungswegs zwischen Datenendgeräten aus gekoppelten Teilstrecken, Ermittlung des Wegs zum Empfänger, Bestätigung der Empfangsbereitschaft, Flusskontrolle der Übertragungseinheiten u. a.;
4. Transportschicht (Transport Layer): Steuerung und Überwachung der logischen Verbindung zwischen Sender und Empfänger, Vollständigkeitskontrollen;
5. Kommunikationssteuerungsschicht (Session Layer): Festlegung der Kommunikation zwischen den Teilnehmern in Form von Sitzungen auf Betriebssystemebene;
6. Darstellungsschicht (Presentation Layer): Festlegung der Bedeutung ausgetauschter Daten in Form von Codes, Verschlüsselungen, Sprache, Grafik etc., ggf. Umsetzung von Darstellungsformen;
7. Anwendungsschicht (Application Layer): Definition von Anwendungsklassen wie z. B. E-Mail, Datenbankabfrage, Buchung, File Transfer, Prüfung von Zugangsberechtigungen.

Die »unteren« Schichten 1 bis 4 werden als Transportdienste bezeichnet. Die höheren Schichten 5 bis 7 heißen Anwendungsdienste.

Für das Verständnis des ISO-Referenzmodells ist wichtig, dass die eigentliche Übertragung ausschließlich auf physischen Leitungen unterhalb von Schicht 1 erfolgt. Die Kommunikationsvereinbarungen (Protokolle) gelten horizontal, die Kommunikation selbst verläuft vertikal und nur unterhalb von Schicht 1 horizontal.

Zur Veranschaulichung kann der folgende Vergleich für ein Modell mit den ersten fünf Schichten aus der obigen Liste dienen.

ISO/OSI-Schicht	TCP/IP-Protokollfamilie	
	Schicht	Protokollbeispiele
7 Anwendungsschicht	Prozess/ Applikation	FTP (File Transfer) SMTP (E-Mail) HTTP (World Wide Web)
6 Darstellungsschicht		
5 Kommunikationssteuerungsschicht		
4 Transportschicht	Host to Host	TCP Transmission Control Protocol
3 Vermittlungsschicht	Internet	IP Internet Protocol
2 Sicherungsschicht	Lokales Netz oder Netzzugriff	Ethernet, Token Ring, FDDI
1 Physische Schicht		

◻ **Abb. 2.33**   Schichteneinteilung bei ISO/OSI und TCP/IP. (Eigene Darstellung)

Beispiel
Zwei Angler in Deutschland und Norwegen vereinbaren, ihre Erfahrungen auszutauschen (Festlegung der Anwendung in der obersten Schicht 5). In der nächstliegenden Schicht 4 wird vereinbart, dass der Erfahrungsaustausch in Englisch erfolgen soll (Festlegung der Sprache). In der darunter liegenden Schicht 3 wird festgelegt, dass der Erfahrungsaustausch per Briefpost erfolgen soll (Festlegung des Transportmittels). In der nächstniedrigeren Schicht 2 einigen sich die Partner, vor dem Absenden jeweils eine Kopie anzufertigen (Festlegung von Sicherungsmaßnahmen). In der untersten Schicht 1 wird die Beschriftung der Briefumschläge geregelt. Erst unterhalb der Schicht 1 erfolgt dann schließlich die Übertragung auf dem Postweg. Die darüber liegenden Schichten dienen also immer nur für Vereinbarungen, jedoch nicht für die physische Übertragung. Mit der Ausführung könnten (symmetrisch) in Schicht 4 Dolmetscher, in Schicht 3 Techniker, in Schicht 2 Kopieranstalten und in Schicht 1 Sekretärinnen beauftragt werden. Den physischen Transport der Briefe führen Postunternehmen der beiden Länder durch.

2.4.4 Netzwerkprotokolle im Internet

Für die Transportdienste hat das amerikanische Verteidigungsministerium 1978 als Standard für heterogene Netze das Protokoll TCP/IP (Transmission Control Protocol/Internet Protocol) eingeführt. Die Funktionen des Gesamtsystems sind in lediglich vier Schichten eingeteilt, die in ◻ Abb. 2.33 den sieben Schichten des ISO-Referenzmodells gegenübergestellt sind. TCP/IP hat eine starke Verbreitung, da es durch die Verwendung im Internet flächendeckend eingesetzt wird. Es basiert auf der Datagrammtechnik, mit der die Daten in Form geschlossener Pakete durch das Netz transportiert werden. Die zu übertragene Nachricht wird deshalb in standardisierte Pakete zerlegt und paketweise gesendet. Die Pakete enthalten im Kopf bzw. Header Adress- und andere Steuerinformationen sowie im Trailer Sicherungsinformationen. Sie werden von Netzwerkteilnehmer zu Netzwerkteilnehmer weitergeleitet und in diesen Rechnern kurzzeitig zwischengespeichert. Weil sie beim sogenannten Routing unterschiedliche Wege durch das Netz nehmen können, wird das Netz besser ausgenutzt und es gibt weniger Besetztfälle. Bei hoher Auslastung tritt allerdings eine Verzögerung ein. Ferner ist der

Anteil der Steuerinformationen am Übertragungsvolumen größer als bei einer Leitungsvermittlung, die eine feste Leitung zwischen Sender und Empfänger für diese reserviert und nicht auf die Aktivität anderer Knotenpunkte angewiesen ist. Beim Empfänger muss die korrekte Reihenfolge sowie die Vollständigkeit der empfangenen Pakete überprüft und ggf. wiederhergestellt werden (Postel u. Reynolds 1988).

Das Internet trägt den Beinamen »Netz der Netze«. Die Bezeichnung beruht auf der weltweiten Verbreitung des Internets und auf der Tatsache, dass es eine unüberschaubare Anzahl von anderen Netzen weltweit miteinander verbindet. Diese Eigenschaft geht auf die ursprüngliche Zielsetzung des Internets zurück, das im Jahr 1983 aus dem 1969 unter dem Namen ARPANet (Advanced Research Project Agency Network) vom amerikanischen Verteidigungsministerium initiierten und später im Wesentlichen von Hochschulen und Großforschungseinrichtungen benutzten Netz hervorgegangen ist. Das ARPANet selbst wurde 1990 aufgelöst.

Auf der Basis einfacher Protokolle, wie dem oben genannten TCP/IP, sollte ein robustes Netz geschaffen werden, das bei dezentraler Steuerung mit heterogenen Hard- und Softwaresystemen funktioniert. Zur Erfüllung dieses Ziels wurden viele neuartige Konzepte verwirklicht, insbesondere die Paketvermittlung und die Datagrammtechnik, die auf den unteren Schichten des Protokolls keine aufwändigen Bestätigungsmechanismen vorsehen. Inzwischen ist das Internet zu dem Datennetz mit den weltweit meisten Teilnehmern aus dem wissenschaftlichen, kommerziellen und privaten Bereich geworden. Unter der Bezeichnung Intranet wird die Internettechnik auch für die unternehmensinterne Kommunikation genutzt.

Die Verwendung des Schlagworts Datenautobahn für das Internet ist irreführend, weil dieses Netz nicht nur aus schnellen Weitverkehrsverbindungen besteht, sondern aufgrund seines dezentralen Ansatzes auch über kostengünstige langsame Verbindungen in der Fläche verfügt. Ein verbreiteter Irrtum ist auch die Gleichsetzung des Internets mit dem World Wide Web, das nur einen der Dienste des Internets darstellt.

Die anwendungsnahen Dienste im Internet werden durch verschiedene Protokolle realisiert. Im Wesentlichen handelt es sich dabei um
- World Wide Web: Hypertext Transfer Protocol (HTTP),
- E-Mail: Simple Mail Transfer Protocol (SMTP),
- File-Transfer: File Transfer Protocol (FTP) und
- Terminal Emulation: Telnet Protocol (Telnet).

HTTP dient also der Übertragung von Webseiten von einem Webserver zu einem Webbrowser, der diese für den Benutzer darstellt. Über SMTP werden E-Mails verschickt. Dabei stellt das Protokoll sicher, dass die Mail beim Empfänger ankommt, und weist zudem den Absender aus. FTP ermöglicht die Übertragung beliebiger Dateien über ein Netzwerk. Es kommt z. B. zum Einsatz, um Dateien auf Webservern zum Download bereitzustellen. Das Telnet Protocol dient dazu, die Befehlszeile eines entfernten Rechners zu steuern und so einen Server über ein Netzwerk konfigurieren zu können.

Eine Standardisierung des Internets wird unter anderem von der Internet Engineering Task Force (IETF), einer Abteilung des von der National Science Foundation in den USA eingerichteten Internet Architecture Board (IAB), betrieben. Die Entwicklung und Veröffentlichung der Standards erfolgt in Form von Requests for Comments (RFC) im Internet.

Die Weiterentwicklung und Standardisierung des WWW wird vom World Wide Web Consortium (W3C, ▶ www.w3.org) koordiniert. Dieses unabhängige Gremium wird von Industrie und Wissenschaft getragen und von vielen Staaten unterstützt.

Das Internet ist prinzipiell für alle Anwendungen und auch für Erweiterungen offen. Die große Aufmerksamkeit, die das Internet in den letzten Jahren in der Öffentlichkeit und in der

Wirtschaft erfahren hat, ist in erster Linie auf das World Wide Web (auch als WWW, W3 oder kurz Web bezeichnet) zurückzuführen. Mit Hilfe von HTTP und der aus der genormten Beschreibungssprache SGML abgeleiteten Seitenbeschreibungssprache HTML (Hypertext Markup Language) ist es gelungen, trotz der begrenzten Bandbreite des Internets dem Benutzer grafische Oberflächen und multimediale Inhalte anzubieten. Während HTML durch vordefinierte Markierungen (Tags) im Wesentlichen nur die Anordnung und das Format der übertragenen Inhalte festlegt, ist es mit der neueren Sprache eXtensible Markup Language (XML) möglich, je nach Benutzeranforderungen durch Definition eigener Tags inhaltliche Erweiterungen vorzunehmen. XML wird unter anderem für den elektronischen Datenaustausch zwischen Geschäftspartnern genutzt.

Der Zugang zum WWW wird auf der Seite des Benutzers in der Regel über einen sogenannten Browser realisiert. Diese Programme werden – in der Regel kostenlos – von verschiedenen Herstellern angeboten. Die Basisfunktionalität der Browser kann durch Plug-ins erweitert werden. Dabei handelt es sich um Zusatzprogramme, die bei Bedarf aus dem Internet geladen werden.

Neben der reinen Bereitstellung von statischen Informationen gibt es im WWW drei wesentliche Ansätze zur Dynamisierung der Inhalte und/oder der Gestaltung, nämlich Hypertext, serverseitige Programmausführung und clientseitige Programmausführung.

Die Hypertext-Funktionalität wird durch die Definition von Hyperlinks oder kurz Links im HTML-Code erreicht. Dabei handelt es sich um Verweise auf Inhalte, die an anderer Stelle im Zugriffsbereich des Internets stehen, d. h. im einfachsten Fall einige Zeilen tiefer auf derselben Seite, möglicherweise aber auch auf einem Rechner auf der anderen Seite der Erde. Die gefundenen Inhalte werden automatisch angezeigt. Zum Navigieren im Hyperspace, dem virtuellen Suchraum, stehen dem Benutzer neben den Hyperlinks auch Schaltflächen für Rückwärts- und Vorwärtsbewegungen sowie Sprünge im Suchraum zur Verfügung.

Mit hierarchisch strukturierten Lesezeichen kann der Benutzer die von ihm häufig besuchten Seiten direkt aufrufen.

Der zweite Ansatz zur Dynamisierung der WWW-Inhalte ist die serverseitige Ausführung von Programmen auf Veranlassung des Clients. Als ältester und bewährter Ansatz ist hier das Common Gateway Interface (CGI) zu nennen, das u. a. ermöglicht, WWW-Seiten beim Aufruf aktuell aus Datenbanken zu generieren. Modernere Ansätze beruhen auf serverseitig ausgeführten Skripten, die beispielsweise in den Sprachen PHP (Hypertext Preprocessor), ASP (Active Server Pages) oder JSP (Java Server Pages) erstellt sind.

Durch die Einbettung von Programmstücken in die zum Browser übertragenen HTML-Seiten lässt sich die Programmausführung zur Dynamisierung der Inhalte auch auf den Client übertragen. Anwendungsbeispiele für diesen dritten Ansatz zur Dynamisierung sind Animationen und Plausibilitätskontrollen in Formularen. Solche Programmstücke werden auf verschiedene Weisen realisiert, und zwar in Form der schon erwähnten Plug-ins oder von Skripten und Applets:

- Plug-ins: Komponenten zur Interaktion mit dem Benutzer und für Animationen. Diese werden permanent im Browser des Benutzers installiert und stehen verschiedenen Webanwendungen zur Verfügung;
- Skripte: mit Skriptsprachen wie JavaScript oder VB-Skript erstellte Programmstücke für die Ausführung im Browser;
- Applets: unselbstständige Programmstücke, die in der Programmiersprache Java erstellt und nur im Browser ablauffähig sind. Diese werden in die Webseite eingebettet und mit ihr vom Server zum Browser übertragen.

Bei klassischen Webseiten wird der gesamte im Browser dargestellte Inhalt auf einmal geladen. Ist eine Aktualisierung des Inhaltes notwendig, fordert der Browser eine neue Version der gesamten Seite an und stellt diese dar. In aktuellen Webanwendungen mit vielen interaktiven Elementen wie Chats oder Blogs (▶ Abschn. 7.2.5) ist dies nicht mehr zeitgemäß, da sehr viele Aktualisierungen die Nutzbarkeit der Webseite einschränken würden. Hier kommt bei aktuellen Webseiten die Technologie AJAX (Asynchronous JavaScript and XML) zum Einsatz. Diese erlaubt es dem Browser, spezifische Aktualisierungsanfragen an den Server zu senden und die Antwortdaten des Servers direkt in die Darstellung der aktuellen Ansicht zu integrieren.

Zur Adressierung von Informationen und Diensten im Internet dient der Uniform Resource Locator (URL). Er enthält den Hinweis auf das verwendete Protokoll (z. B. http, https oder ftp) sowie eine hierarchisch aufgebaute Adresse, die zweckmäßig von rechts nach links interpretiert wird. Die Adresse ▶ http://bund.de verweist beispielsweise auf ein Informationsangebot in Deutschland (»de«), Bereich (Domain) »bund« (ein frei gewählter und bei der deutschen Registrierungsstelle eingetragener Name), Name des Servers »www«. Das Adressierungssystem selbst heißt Domain Name System (DNS). Für Domainnamen gibt es einen regelrechten Handel.

Für die Internetanbindung des Benutzers gibt es – je nach Nutzungsintensität – mehrere Alternativen. Der einfachste, jedoch sehr langsame Zugang zum Internet ist über einen Telefon- oder ISDN-Anschluss möglich. Jedoch haben sich in den 2000er Jahren auch im privaten Bereich Breitbandanschlüsse mit einer Datenrate von mehreren Mbit/s etabliert. Diese werden in den meisten Fällen über die, auf dem Telefonanschluss basierenden, DSL- oder Kabelanschlüsse realisiert. In jedem Fall ist für den Zugang zum Internet ein zugelassener Accessprovider einzuschalten. Zu den Kosten für die Verbindung zum Accessprovider kommen die eigentlichen Nutzungskosten für das Internet, die je nach Vertrag pauschal, zeit-, volumen- und/oder dienstabhängig berechnet werden, hinzu. Aktuell ist die Nutzung von Pauschaltarifen, sogenannten Flatrates, üblich, die für einen festen Preis eine unbegrenzte Nutzung erlauben. Neben diesen Festnetzanschlüssen ist zudem der Internetzugang über das Mobilfunknetz üblich. Seit Mitte der 2000er Jahre das Universal Mobile Telecommunications System (UMTS) eingeführt wurde, das mit den Erweiterungen HSDPA und HSUPA Datenraten von bis zu 12 Mbit/s erlaubt, ist die Anzahl der Mobilfunkteilnehmer, die regelmäßig Internetdienste in Anspruch nehmen, deutlich gestiegen. Seit 2010 wird das deutsche Mobilfunknetz zudem um die Technologie »Long Term Evolution« (LTE) erweitert, die aktuell Datenraten von bis zu 100Mbit/s erlauben.

Neben der Entwicklung, der Einführung und dem Betrieb von internetgestützten Anwendungen müssen Sicherheitsprobleme gelöst werden. Da im Internet keine zentrale Instanz zur Gewährleistung der Sicherheit existiert, muss jeder Teilnehmer selbst für das erforderliche Sicherheitsniveau sorgen. Dafür stehen beispielsweise besondere Protokolle wie https und s-http zur Verfügung, mit denen viele Anbieter Kundentransaktionen über das Internet verschlüsselt abwickeln. Ähnliches gilt auch für die E-Mail-Kommunikation. Trotz der Verfügbarkeit von Verfahren für die Authentifizierung der Benutzer und die Verschlüsselung der Nachrichten wird die Sicherheit des Internets in der Praxis häufig missachtet.

Zur Verhinderung der unerwünschten Beeinflussung von Anwendungen im Internet und des unberechtigten Zugriffs auf unternehmensinterne Daten über das Internet dienen Firewalls, die in Form eines hardware- und/oder softwarebasierten Kontrollsystems als Filter zwischen die unternehmensinternen Netze und das Internet gesetzt werden. Damit wird eine weitgehend zentrale Kontrolle mit differenzierten Erlaubnis- oder Verbotsregeln für alle Verbindungen und Transaktionen über das Internet ermöglicht. ▶ Kap. 4 geht näher auf die Themen Wartung und Reparatur der IT sowie IT-Sicherheit ein.

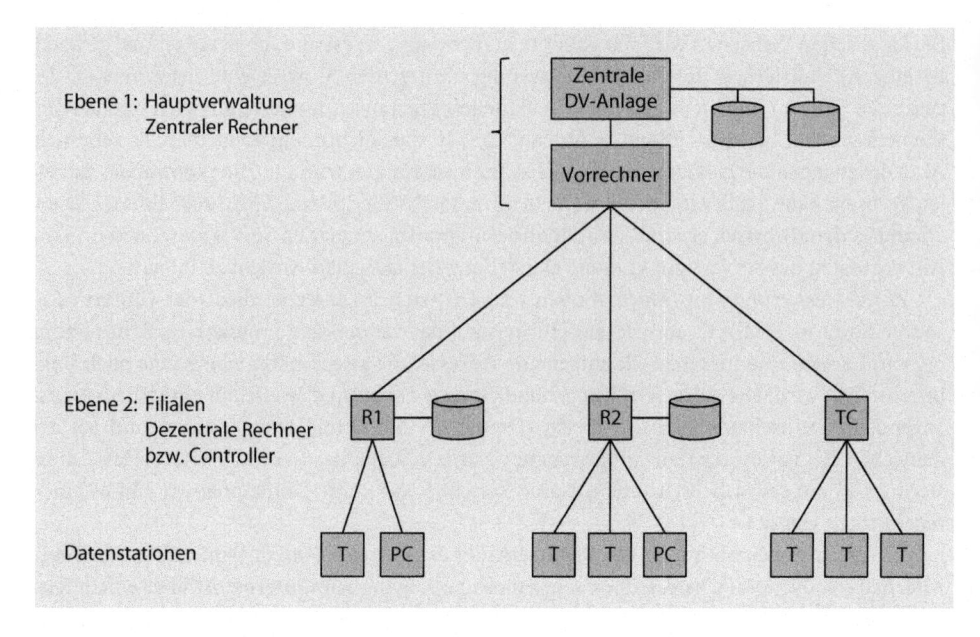

Abb. 2.34 Klassische verteilte Verarbeitung. (Eigene Darstellung)

2.4.5 Verteilte Verarbeitung

Man spricht von verteilter Verarbeitung, wenn für einzelne oder zusammenhängende Anwendungssysteme die Verwaltung der Datenbestände und die Ausführung der Programme auf mehrere Rechner eines Rechnernetzes verteilt sind.

Ein Beispiel für die verteilte Verarbeitung ist die gemeinsame Bearbeitung von Dokumenten in Cloud Services wie Google Docs (▶ http://docs.google.de). Hier werden Dokumente über einen zentralen Server bereitgestellt und können zur gleichen Zeit von verschiedenen Clients geladen, verändert und gespeichert werden.

Schon bei klassischen Weitverkehrsnetzen, die über die Funktionalität von Terminalnetzen hinausgingen, wurde aus organisatorischen und/oder geografischen Gründen eine Aufgabenverteilung auf die beteiligten Rechner vorgenommen. Bei einer solchen verteilten Verarbeitung unterscheidet man, wie in ◘ Abb. 2.34 dargestellt, die folgenden Grundformen:
- die horizontale Verarbeitung, bei der auf jeder hierarchischen Ebene Aufgaben bearbeitet werden, die unabhängig von anderen Ebenen sind, und
- die vertikale Verarbeitung, bei der die Aufgaben von Daten abhängen, die auf einer anderen Ebene anfallen.

Die horizontale Verarbeitung kommt beispielsweise im Filial- oder Abteilungsrechnerkonzept zur Anwendung, bei dem dezentrale Rechner alle dezentralen Aufgaben ausführen. Gleichzeitig liegt vertikale Verarbeitung vor, wenn von den dezentralen Rechnern Daten an den zentralen Rechner übertragen werden, um sie dort zusammenfassend zu speichern und/oder zu verarbeiten. Ein Extremfall der verteilten Verarbeitung besteht darin, dass an den dezentralen Rechnern mit den dort angeschlossenen Datenstationen lediglich Daten erfasst, vorverarbeitet und zwischengespeichert werden, während die eigentliche Verarbeitung erst im zentralen

2.4 · Rechnernetze

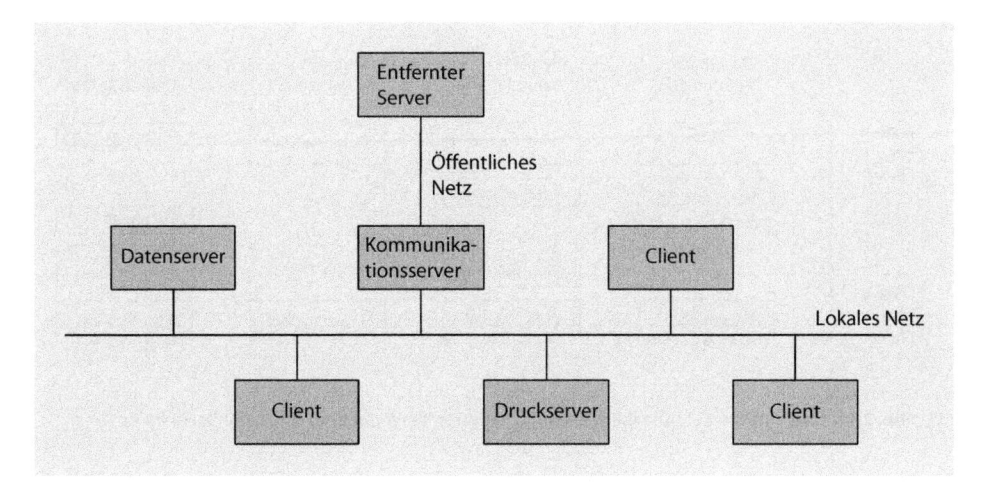

Abb. 2.35 Prinzip des Client-Server-Modells. (Eigene Darstellung)

Rechner erfolgt. Weitverkehrsnetze mit verteilter Verarbeitung haben eine Baumstruktur, bei der in der Regel jeder Knoten aus einer Sternstruktur besteht.

Als allgemeinstes Konzept der verteilten Verarbeitung entstand – ausgehend vom Serverprinzip der lokalen Netze und in Verbindung mit dem sogenannten Downsizing-Konzept – das Client-Server-Modell mit folgenden charakteristischen Merkmalen (◘ Abb. 2.35): In einem Rechnernetz fungieren einzelne Rechner als Server, die Dienstleistungen zur Verfügung stellen. Diese Dienstleistungen können von anderen Rechnern, den Clients, abgerufen werden. Unter einem Server versteht man nicht nur die Hardware. Vielfach ist die Software der eigentliche Leistungsträger. Die Clients können unterschiedlich leistungsfähig sein. Ein Fat Client ist eine vollausgestattete Workstation oder ein leistungsfähiger PC. Ein Thin Client ist dagegen ein preisgünstiges Gerät mit eingeschränkter Funktionalität, das vollständig von der Verbindung mit dem Server abhängig ist. Ein besonderer Vorteil der Nutzung von Thin Clients ist, dass diese zentral am Server administriert werden, was den Administrationsaufwand deutlich senkt (Lusti 2003). Das Rechnernetz wird möglichst unternehmensweit aus Weitverkehrs- und lokalen Netzen aufgebaut, kann sich aber auch auf ein lokales Netz beschränken. Sofern für ein unternehmensinternes Client-Server-System im Wesentlichen die aus dem Internet bekannten Übertragungsverfahren und Softwarebausteine eingesetzt werden, spricht man von einem Intranet (s. ▶ Abschn. 2.4.4).

Die wesentlichen Verteilungsformen der Arbeitsaufteilung zwischen Server und Client zeigt ◘ Abb. 2.36. Je nach Ausbaustufe kann beispielsweise der Client lediglich die Ergebnisaufbereitung vornehmen, während Programmverarbeitung und Datenhaltung beim Server verbleiben, auch ganz oder teilweise die Verarbeitung durchführen, wobei der Server weiterhin die Daten zur Verfügung stellt, oder die ganze Verarbeitung und dazu anteilig die Datenhaltung übernehmen.

Die strikte Trennung zwischen den drei Funktionen bzw. Komponenten Präsentation, Prozess und Datenhaltung bezeichnet man als PPD-Modell.

Ziel des Client-Server-Modells ist die gemeinsame Nutzung sämtlicher im Unternehmen verfügbarer Anwendungssysteme, Datenbestände sowie Hardware- und Systemsoftwareleistungen durch alle dazu berechtigten Stellen. Die Zugriffsrechte werden im Server verwaltet.

Ein Server heißt passiv, wenn er nur Daten und/oder Programme zur Verfügung stellt, und aktiv, wenn er selbst – im Rahmen der verteilten Verarbeitung – Programme ausführt. In

◻ Abb. 2.36 Alternativen der Aufgabenverteilung bei verteilter Verarbeitung. (Eigene Darstellung)

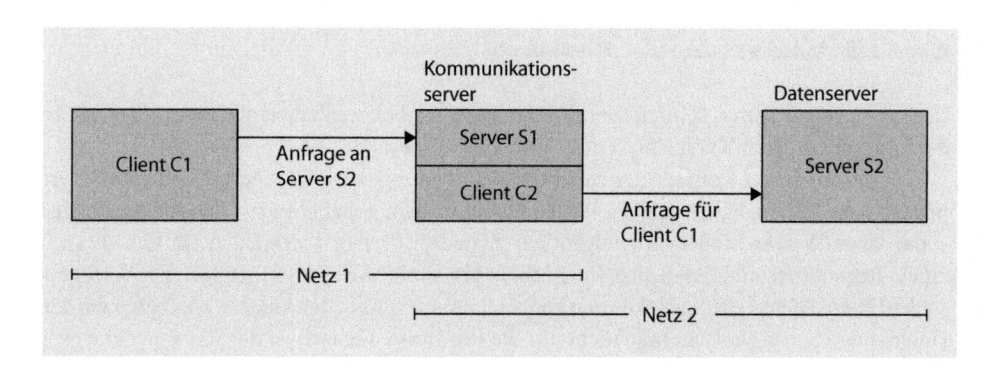

◻ Abb. 2.37 Doppelfunktion eines Rechners als Server und Client. (Eigene Darstellung)

jedem Fall geht die Initiative vom Client aus; der Server übernimmt lediglich genau festgelegte Dienste im Auftrag des Clients. In der Regel werden Clients durch PCs und Server ebenfalls durch PCs sowie ferner durch Workstations, mittlere Systeme oder Großrechner realisiert. Falls als Server ausschließlich PCs und Workstations dienen, liegt ein Client-Server-Modell im engeren Sinn vor. Grundsätzlich wird, wie schon erwähnt, die Aufgabenverteilung zwischen Client und Server nicht durch die Hardware, sondern durch die Zuordnung von Softwarefunktionen zu den beteiligten Rechnern festgelegt. Deshalb kann ein Rechner bei geeignetem Betriebssystem gleichzeitig Server und Client sein (◻ Abb. 2.37).

Folgende Zuordnungen sind möglich (◻ Abb. 2.38):
- Ein Server bedient einen Client.
- Ein Server bedient mehrere Clients.
- Ein Client nutzt mehrere Server.
- Mehrere Server bedienen mehrere Clients.

Die wichtigsten Server neben dem Kommunikationsserver sind der Datenserver, der Druckserver und der Anwendungsserver. Datenserver gibt es in folgenden Abstufungen:
- Diskserver: Der Server stellt lediglich den gesamten Inhalt einer Platte oder eines Plattenbereichs zur Verfügung.
- Dateiserver: Der Server stellt nur komplette Dateien zur Verfügung.

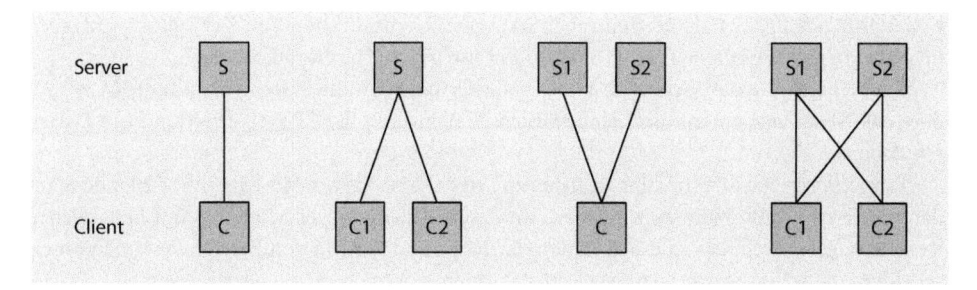

Abb. 2.38 Alternativen der Zuordnung zwischen Servern und Clients. (Eigene Darstellung)

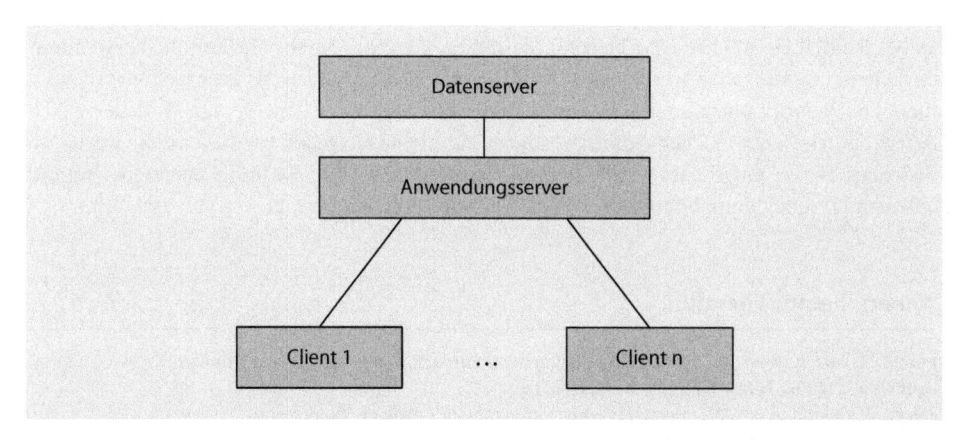

Abb. 2.39 Multi-Tier-Architektur mit drei Ebenen. (Eigene Darstellung)

– Datenbankserver: Der Server übergibt an den Client nur die von diesem benötigten Daten, die sich z. B. mit Hilfe einer Datenbankabfrage anfordern lassen. Das Datenbankmanagementsystem befindet sich auf dem Server.

Der Druckserver arbeitet Druckaufträge aus einer Warteschlange ab. Die Druckdateien werden im Druckserver selbst oder in einem Datenserver zwischengespeichert.

Der Anwendungsserver führt bestimmte Anwendungsprogramme, z. B. ERP-Systeme wie SAP (s. ▶ Abschn. 3.4.1), aus. Hierunter fallen auch Webserver, die Internetseiten an Browser ausliefern, wie in ▶ Abschn. 2.4.4 beschrieben.

Die bisher beschriebene zweistufige Architektur von Client-Server-Systemen hat sich in der Praxis als unzweckmäßig erwiesen, weil dabei die Clients sehr leistungsfähig sein müssen und weil die Server bei wachsenden Netzen schnell überlastet werden. Stattdessen werden drei- oder mehrstufige Multi-Tier-Architekturen (s. ◘ Abb. 2.39) bevorzugt, bei denen z. B. Datenbank- und Anwendungsserver verschiedenen Ebenen zugeordnet werden.

Das Client-Server-Modell im engeren Sinn beruht auf dem schon erwähnten Prinzip des Downsizing, mit dem Großrechner schrittweise durch ein System von vernetzten PCs abgelöst werden. Vorteile des Client-Server-Modells sind neben der unternehmensweiten Nutzungsmöglichkeit aller vorhandenen Ressourcen bessere Zuordnung arbeitsplatzbezogener Aufgaben, Delegierbarkeit von Verantwortlichkeiten an dezentrale Stellen, höhere Verfügbarkeiten im Netz bei insgesamt stärkerer Netzauslastung, größere Flexibilität (z. B.

Erweiterungsfähigkeit) als bei zentralen Systemen, Konzentration von Verwaltungsaufgaben im Netz auf ausgewählte Server und insgesamt niedrigere Hardwarekosten.

Nachteile sind hauptsächlich höhere Anforderungen an die Systemverwaltung, insbesondere das Netzmanagement, und eine stärkere Gefährdung der IT-Sicherheit und des Datenschutzes.

Ein weiterer Nachteil bei der Realisierung des Client-Server-Modells sind fehlende Standards. Um dieses Problem zu umgehen, werden in Client-Server-Modellen mit heterogenen Rechnern, d. h. Rechnern, die sich in der Hardware und/oder in den Betriebssystemen unterscheiden, die schon erwähnten Systemplattformen eingerichtet, die als systemnahe Software auf dem jeweiligen Betriebssystem aufsetzen. Damit kann der Benutzer auf jeden beteiligten Rechner über eine einheitliche Schnittstelle zugreifen.

Als Alternative zum Client-Server-Modell kommt das Peer-to-Peer-Modell in Betracht. Dabei handelt es sich um eine Netzkonfiguration, die ohne Server auskommt. Verwaltungs- und Steuerungsaufgaben werden von den beteiligten Rechnern jeweils gegenseitig vorgenommen. Die Rechner sind also im Gegensatz zu den Rechnern in Client-Server-Modellen gleichberechtigt. Der Peer-to-Peer-Ansatz ist sowohl für kleine Netze lohnend, wenn die Kosten für dedizierte Server eingespart werden sollen, als auch für sehr große, möglicherweise weltumspannende Netze, wenn es auf extrem flexible Strukturen ankommt.

Weiterführende Literatur

Herold, H., Lurz, B., Wohlrab, J. (2012). Grundlagen der Informatik, 2. Auflage. Pearson Studium.
Kauffels, F.-J. (2003). Lokale Netze, 15. Auflage. mitp.
Pernul, G., Unland, R. (2003). Datenbanken im Unternehmen, 2. Auflage. Oldenbourg.
Tanenbaum, A. S. (2003) Computernetzwerke, 4. Auflage. Pearson.
Tanenbaum, A. S. (2009) Moderne Betriebssysteme, 3. Auflage. Addison-Wesley Verlag.

Geschäftsprozessmanagement und Anwendungssysteme

Zusammenfassung

Das Kapitel befasst sich mit dem Geschäftsprozessmanagement und den Anwendungssystemen. Nach einer Einführung in die Thematik wird in ▶ Abschn. 3.2 auf Geschäftsprozesse und deren Modellierung eingegangen. Dabei wird dargestellt, wie Prozesse und Modelle im Rahmen dieses Buchs definiert werden. Es werden sowohl der Nutzen als auch die Voraussetzungen zur Modellierung von Geschäftsprozessen und verschiedene Methoden der Prozessmodellierung erläutert. Im Anschluss an diese theoretischen Grundlagen zur Modellierung von Geschäftsprozessen werden in den folgenden Abschnitten praxisnahe Notationssprachen vorgestellt. Die Modellierungssprachen EPK (Ereignisgesteuerte Prozesskette) und BPMN (Business Process Model and Notation) werden eingeführt und ihre Elemente veranschaulicht. Mit Hilfe von Anwendungsbeispielen werden die Grundlagen geschaffen, damit der Leser dieses Buchs dazu in der Lage sein wird, selbstständig Geschäftsprozesse in abstrahierter Form grafisch darzustellen, zu dokumentieren und zu analysieren. Der Leser sollte als Voraussetzung mit dem ARIS-Modell vertraut sein, um die Zusammenhänge zwischen der Modellierung von Geschäftsprozessen und den betrieblichen Informationssystemen zu erkennen. Abschließend werden in diesem Abschnitt Referenzmodelle thematisiert. Auf diese Weise wird eine Grundlage für die Gestaltung von Informationssystemen und Organisationen bereitgestellt. In ▶ Abschn. 3.3 werden daraufhin Anwendungssysteme vorgestellt. Dabei wird sowohl auf branchenspezifische als auch auf branchenneutrale Anwendungssysteme eingegangen. In ▶ Abschn. 3.4 liegt das Hauptaugenmerk auf Anwendungssystemen in der Praxis.

3.1 Prozessorientierung – 114

3.2 Modellierung von Geschäftsprozessen – 116
3.2.1 Ereignisgesteuerte Prozesskette – 120

J. M. Leimeister, *Einführung in die Wirtschaftsinformatik*,
DOI 10.1007/978-3-540-77847-9_3, © Springer-Verlag Berlin Heidelberg 2015

3.2.2	Business Process Model and Notation – 127	
3.2.3	Referenzmodelle – 133	

3.3 Arten von Anwendungssystemen – 136
- 3.3.1 Operative Systeme – 138
- 3.3.2 Planungssysteme – 158
- 3.3.3 Führungsinformationssysteme – 159
- 3.3.4 Querschnittssysteme – 163
- 3.3.5 Elektronischer Datenaustausch – 170

3.4 Anwendungssysteme in der Praxis – 172
- 3.4.1 ERP-Systeme – 172
- 3.4.2 Produktionsplanungs- und -steuerungssysteme – 173
- 3.4.3 Supply-Chain-Management – 175
- 3.4.4 Customer-Relationship-Management – 176
- 3.4.5 Industrie 4.0 – 176

Weiterführende Literatur – 177

Geschäftsprozessmanagement und Anwendungssysteme

Lernziele des Kapitels

1. Sie können den Sinn und Zweck von Modellierung erklären.
2. Sie können die Grundlagen integrierter Informationssysteme und den organisatorischen Unterschied zu nicht-integrierten Informationssystemen erläutern.
3. Sie können sowohl die fünf Beschreibungssichten für die Architektur integrierter Informationssysteme (ARIS) erläutern als auch die jeweiligen drei Abstraktionsebenen dieser Sichten nennen und veranschaulichen.
4. Sie können die Vor- und Nachteile der modellbasierten Problemlösung erklären.
5. Sie können Ereignisse, Funktionen und Konnektoren eines EPK-Modells darstellen und lernen die Erweiterungselemente der eEPK kennen.
6. Sie können eine schriftliche Beschreibung eines Geschäftsprozesses in die Ereignisse, Funktionen und Konnektoren zerlegen und somit in eine eEPK überführen.
7. Sie können das Konzept der Pools und Lanes und deren Verwendung in BPMN erläutern und ebenso die schriftliche Beschreibung eines Geschäftsprozesses mittels der Geschäftsprozessnotation BPMN in ein Business Process Diagramm überführen.
8. Sie können aus mehreren Ihnen vorgegebenen eEPK- oder BPMN-Modellierungen die korrekt modellierten eEPK- oder BPMN-Modelle auswählen und diese Auswahl begründen.
9. Sie können die Vor- und Nachteile von eEPK und BPMN formulieren und miteinander vergleichen.
10. Sie können ein konkretes Unternehmensbeispiel entwickeln, anhand dessen Sie veranschaulichen, wofür die Modellierung von Geschäftsprozessen gut ist.
11. Sie können die Eigenschaften eines Referenzmodells darstellen und erläutern, welchen Nutzen ein Referenzmodell bietet, sowie ein konkretes Anwendungsszenario entwickeln, in dem dieser Nutzen zum Tragen kommt.
12. Sie können mehrere Ihnen vorgegebene Prozesse in Prozessschritte zerlegen und diese im Hinblick auf ihre Tauglichkeit als Bestandteil eines Referenzprozesses auswerten. Aus diesen Erkenntnissen können Sie für die Ihnen vorgegebenen Prozesse einen Referenzprozess erstellen.
13. Sie können den Begriff »Anwendungssystem« erläutern und spezifische Anwendungssysteme den richtigen betrieblichen Kontexten zuordnen.
14. Sie können die unternehmensinternen Zielgruppen verschiedener Anwendungssysteme nennen und argumentieren, inwiefern die jeweilige Zielgruppe vom Anwendungssystem profitieren kann.
15. Sie können Ausprägungen von operativen Systemen beschreiben und ableiten, warum diese den branchenneutralen beziehungsweise branchenspezifischen operativen Systemen zugeordnet werden.
16. Sie können zuordnen, welche Phasen des Managementzyklus von Planungssystemen unterstützt werden.
17. Sie können Herausforderungen identifizieren, die mit der Einführung von Führungssystemen verbunden sind.
18. Sie können den Nutzen verschiedener Querschnittssysteme jeweils anhand von Beispielen darstellen.
19. Sie können erläutern, was ein ERP-System ist und dies anhand eines Beispiels veranschaulichen.
20. Sie können Gründe identifizieren, warum ERP-Consulting eine anspruchsvolle und attraktive Karrieremöglichkeit darstellt.
21. Sie können die Bestandteile von PPS darstellen und die zugehörigen Geschäftsprozesse zuordnen.

22. Sie können die Einsatzgebiete von Supply-Chain-Management beschreiben.
23. Sie können Vor- und Nachteile von Customer-Relationship-Management-Systemen nennen und die Bedeutung bewerten.
24. Sie können den Begriff »Industrie 4.0« erläutern.

3.1 Prozessorientierung

Will man die zur Wertschöpfung eines Unternehmens beitragenden Abläufe planen, ändern, beobachten oder abschaffen, muss man sich den entsprechenden Prozessen widmen. Unter Wertschöpfung versteht die Betriebswirtschaftslehre die Differenz zwischen der Summe aller vom Unternehmen erbrachten bewerteten Leistungen und dem wertmäßigen Verbrauch der von außerhalb bezogenen Vorleistungen. Zur Veranschaulichung werden diese modelliert. Warum dies hilfreich ist und wie es funktioniert, wird in den kommenden Abschnitten veranschaulicht. Dafür wird zunächst den Definitionen der notwendigen Begriffe sowie der Darstellung der Zusammenhänge zwischen Prozessen und Modellen Sorge getragen, ehe Ausführungen zur Prozessorientierung folgen.

> **Prozess**
>
> Ein Prozess besteht aus einer sachlogischen Abfolge von Aktivitäten, welche durch ein Startereignis in Gang gesetzt werden und mit einem Endereignis enden. (In Anlehnung an Corsten u. Gössinger 2007)

So werden mittels Prozessen Materialien, Energien oder auch Informationen zu neuen Formen transformiert, gespeichert oder aber zu allererst transportiert (Gabler Wirtschaftslexikon 2013).

Die Prozessorientierung übernimmt dabei auch organisatorische Funktionen im Unternehmen. Neben der klassischen, theoriegeleiteten Aufbau- und Ablauforganisation, welche statische und dynamische Aspekte in den Fokus nimmt, findet das aus der Praxis stammende prozessorientierte Paradigma der Organisationsgestaltung immer mehr Anwendung, wenngleich eine vollständige Prozessorganisation in der Praxis nur selten angewandt wird.

Schwachstellen im traditionellen, funktionalen Organisationsprinzip treten zum einen durch Probleme in der Organisation, besonders an Schnittstellen zwischen den Abteilungen auf. Zum anderen existieren informationsverarbeitungsbedingte Schwachstellen, beispielsweise in Form von mangelhafter Datenintegration oder hervorgerufen durch Schnittstellenprobleme aufgrund von mangelhafter Interoperabilität durch Insellösungen. Mit der prozessorientierten Organisation, bei welcher die Unternehmensstrukturen nicht mehr nach Organisationseinheiten, sondern nach Geschäftsprozessen organisiert sind, können die genannten Schwachstellen unterbunden werden.

Die größte Herausforderung bei der (Neu-) Organisation nach dem prozessorientierten Paradigma entsteht durch die Komplexität, welche durch die ganzheitliche Betrachtung des Unternehmens hervorgerufen wird. Aus diesem Grund wird die ARIS-Methode (Architektur integrierter Informationssysteme) vorgestellt, mit deren Modellierungskonzept die Geschäftsprozesse aus unterschiedlichen Sichten betrachtet werden, welche sich dann wiederum mit Hilfe angemessener Methoden analysieren lassen.

- **Architektur integrierter Informationssysteme**

Der Erfolg eines Unternehmens steht in direktem Zusammenhang mit einem auf die Ziele ausgerichteten Enterprise-Architecture-Management. Um eine prozessorientierte Organisationsgestaltung der Informationssystemarchitekturen umzusetzen, bietet die Software AG das Konzept ARIS an. Mit dem Anspruch, die Komplexität der Prozessmodellierung zu reduzieren, spaltet die ARIS-Methode die Unternehmensarchitektur in fünf Beschreibungssichten auf:

- Die Organisationssicht beschreibt die Organisationseinheiten der Aufbauorganisation des Unternehmens.
- Betriebswirtschaftlich relevante Funktionen, deren inhaltliche Beschreibung sowie die hierarchischen Beziehungen werden als geordnetes Abbild in der Funktionssicht dargestellt.
- Die Datensicht erfasst sämtliche betriebswirtschaftlich relevanten Informationsobjekte.
- Auf der Leistungssicht werden Sach- oder Dienstleistungen als Ergebnisse von Prozessen erfasst.
- Schlussendlich bildet die Steuerungs-/Prozesssicht die Zusammenhänge der zuvor genannten Beschreibungssichten in zeitlich-sachlogischen Beziehungen ab.

Die einzelnen Beschreibungssichten untergliedern sich dann wiederum in drei Abstraktionsebenen, welche die Nähe zur Informationstechnik widerspiegeln. Auf der Ebene des Fachkonzepts werden betriebliche Sachverhalte mit Hilfe formalisierter Sprachen in Form von semantischen Modellen dargestellt. Bezogen auf die Datensicht kann dies beispielsweise durch das Entity-Relationship-Modell ▶ Abschn. 2.3.2 geschehen. In der Funktionssicht kann dies über Funktionshierarchiebäume dargestellt werden, in der Organisationssicht in Form von Organigrammen, in der Leistungssicht über Produktmodelle und in der Steuerungssicht in Form von Prozessablaufdiagrammen. Mittels dieser intersubjektiv vergleichbaren Darstellungen können die Fachkonzeptmodellierungen daraufhin an allgemeine Schnittstellen der Informationstechnik auf der nächsten Ebene, der Datenverarbeitungsebene (DV-Konzept), angepasst werden. Diese Anpassung an datenverarbeitungsnahe Beschreibungssprachen geschieht in der Organisationssicht beispielsweise über Netzwerktopologien, in der Funktionssicht über Struktogramme, über Datenbankmodelle in der Datensicht sowie durch Trigger-Mechanismen in der Steuerungssicht. Die letzte Abstraktionsebene stellt die Implementierung dar. Auf dieser Ebene findet die Realisierung des ausführbaren Softwaresystems statt. Aus dem Datenkonzept heraus werden Netzwerkprotokolle aus der Organisationssicht betrachtet, Programme aus der Funktionssicht, Datenbankmodelle aus der Datensicht und die Programmsteuerung aus der Steuerungssicht (Fettke 2013).

Dieses dargestellte 5-Sichten-Architektur-Modell zeigt ◘ Abb. 3.1 und wird auch als ARIS-Haus bezeichnet.

Im Business Process Management (BPM) nimmt die Steuerungssicht für die Optimierung der Geschäftsprozesse, worauf im folgenden ▶ Abschn. 3.2 noch genauer eingegangen wird, eine besonders bedeutsame Rolle ein. Die Anwendung geeigneter Modellierungsmethoden ist Voraussetzung für die Erhebung, Analyse und Optimierung der Prozesse. Die ARIS-Plattform legt für die Modellierung der Steuerungssicht die Prozessnotationen der Ereignisgesteuerten Prozessketten (siehe ▶ Abschn. 3.2.1) sowie die Business Process Model and Notation (siehe ▶ Abschn. 3.2.2) zugrunde. Als zentrales Element in integrierten Systemen stellt die Steuerungssicht des ARIS-Hauses die logischen Zusammenhänge der unterschiedlichen Sichten zueinander her. Es werden beispielsweise im Rahmen einer Geschäftsprozessmodellierung die benötigten Daten aus der Datensicht mit den organisatorischen Einheiten aus der Organisationssicht verknüpft. Damit ist die Steuerungssicht essenziell und die führende

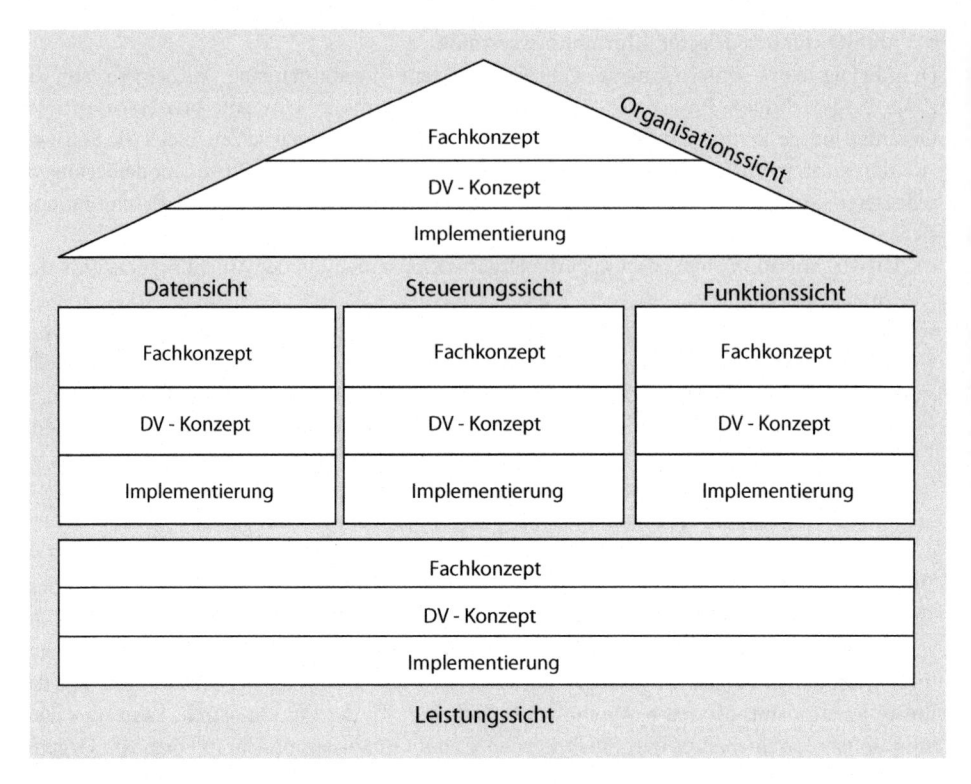

Abb. 3.1 ARIS-Haus. (Scheer 1997)

Logik zum Entwurf sowohl von Geschäftssystemen als auch von entsprechenden betrieblichen Informationssystemen.

Die Prozessmodellierung hat daher große Bedeutung für die Optimierung der Unternehmensarchitektur. In den folgenden Abschnitten werden aus diesem Grund die Modellierung von Geschäftsprozessen eingehend erläutert und daraufhin die Prozessnotationen EPK sowie BPMN vorgestellt.

3.2 Modellierung von Geschäftsprozessen

Die Modellierung von Geschäftsprozessen ist Voraussetzung für die Organisationsgestaltung. Das Geschäftsprozessmanagement verfolgt dabei stetig das Ziel der Innovation und Optimierung der Prozesse im Hinblick auf Leistungsfähigkeit, Beherrschbarkeit, Flexibilität und Effizienz. Im Folgenden werden zuerst die Definitionen von Geschäftsprozessen sowie die dazugehörigen Modelle erläutert und daraufhin die Modellierungsnotationen EPK und BPMN vorgestellt.

> **Geschäftsprozess**
>
> Als Geschäftsprozess wird eine zielgerichtete zeitlich-logische Folge oder Vorgangskette von Tätigkeiten (andere Bezeichnungen: Aktivitäten, Geschäftsvorgänge) definiert, die für das Unternehmen einen Beitrag zur Wertschöpfung leistet beziehungsweise aus der Unter-

> nehmensstrategie abgeleitet ist. In der Regel sind diese Prozesse am Kunden orientiert, das heißt, dass sie auch für den Kunden einen Wert schaffen. (Aufbauend auf Becker u. Schütte 2004)

Fasst man einen unternehmensinternen Auftraggeber ebenfalls als Kunden auf, sind Geschäftsprozesse ausnahmslos kundenorientiert. Zudem unterscheidet sich ein Geschäftsprozess von einem Projekt dadurch, dass er öfter durchlaufen wird.

Ein Geschäftsprozess besitzt dabei folgende Merkmale:
- Der Geschäftsprozess bildet die Basis für die Wertschöpfung sowohl für den Kunden (z. B. durch die Reparatur seines Fahrzeugs) als auch für das Unternehmen selbst und zwar für den Wertzuwachs, den das Unternehmen erzeugt.
- Jeder Geschäftsprozess hat einen Auslöser (z. B. einen Reparaturauftrag) und ein Ergebnis (z. B. die ausgeführte Reparatur einschließlich der zugehörigen Rechnung für den Kunden).
- Die Aktivitäten können teilweise parallel (z. B. Ausbesserung der Karosserie und zeitlich parallele Beschaffung von Ersatzteilen), wiederholt oder alternativ ausgeführt werden.
- An jedem Geschäftsprozess sind in der Regel mehrere organisatorische Einheiten des Unternehmens (z. B. Auftragsannahme, Werkstatt, Buchhaltung) und gegebenenfalls externe Partner (z. B. Teilelieferanten) beteiligt.
- Geschäftsprozesse sind (weitgehend standardisierbare) Routineaufgaben des Unternehmens und keine einmaligen Einzelprojekte (wie z. B. der Umbau der Werkstatt).

Geschäftsprozesse sind zielgerichtete Abläufe und bilden die Basis für die Wertschöpfung eines Unternehmens. Die Herausforderung besteht darin, diese Prozesse zu unterscheiden und zu kategorisieren. Es gilt z. B. die Kernprozesse von unterstützenden Prozessen oder Managementprozessen zu unterscheiden. Jedes Unternehmen sollte sich auf die für den Unternehmenserfolg maßgeblichen Geschäftsprozesse, die sogenannten Kernprozesse, konzentrieren und alle beteiligten Arbeitsabläufe optimieren. Dabei dürfen allerdings die unterstützenden Prozesse nicht außer Acht gelassen werden. Die IT unterstützt die Kernprozesse und ermöglicht, dass sämtliche an den Geschäftsprozessen beteiligten Stellen untereinander vernetzt sind und mit den erforderlichen Informationen versorgt werden.

Im Rahmen der Prozessorientierung werden sowohl die betriebliche Aufbauorganisation als auch die betriebliche Ablauforganisation betrachtet. Zu den Zielen der Prozessorientierung zählen
- die Steigerung der Leistungsfähigkeit,
- der Ausbau der Flexibilität und
- eine Transparenzsteigerung der Prozessstrukturen, wodurch stärkerer Einfluss auf das Prozessmanagement möglich ist (Krallmann, Schönherr et al. 2007).

Nicht zuletzt liefert die Prozessorientierung auch in Bezug auf die betrieblichen Informationssysteme einen wesentlichen Beitrag zur Optimierung von Geschäftsprozessen. Im ersten Schritt der Prozessorientierung müssen daher die Prozesse erfasst und abgebildet werden. Dies geschieht mittels Modellierungsmethoden, auch Prozessnotationen genannt. Mit Hilfe dieser Prozessnotationen wird die Realität, beziehungsweise werden die Geschäftsprozesse, in transparenten Modellen vereinfacht abgebildet.

> **Modell**
>
> Ein Modell ist ein abstraktes Abbild der Realität. (Aufbauend auf Stachowiak 1973)

Im Rahmen der allgemeinen Modelltheorie sind Modelle durch die Hauptmerkmale Abbildungsmerkmal, Reduktionsmerkmal sowie pragmatisches Merkmal gekennzeichnet (Stachowiak 1973).

Die Eigenschaft des Abbildungsmerkmals bedeutet, dass Modelle wiederum Abbildungen beziehungsweise Vorbilder anderer Modelle oder Systeme darstellen. Durch die zweckgestaltete und abstrahierte Darstellung weisen sie jedoch nur Ähnlichkeit zum Urbild auf. Bezüglich dieser Eigenschaft unterscheidet man isomorphe (strukturgleiche) und homomorphe (strukturähnliche) Abbildungen.

Die isomorphe Abbildung eines Systems bedeutet, dass alle Elemente und alle zwischen ihnen bestehenden Relationen des Originals auch im betrachteten Modell zu finden sind. Demgegenüber bildet eine homomorphe Abbildung nur eine Ähnlichkeit ab, da sie nicht alle Elemente und Relationen des originalen Modells widerspiegelt (Krallmann, Schönherr et al. 2007).

Das Reduktionsmerkmal eines Modells beschreibt die Abbildungseigenschaften. Modelle werden soweit abstrahiert, dass sie ausschließlich relevante Attribute des Originals enthalten. Unwesentliche Eigenschaften werden verkürzt dargestellt und wesentliche Eigenschaften hervorgehoben. Dies kann dazu führen, dass mehrere Versionen eines abgebildeten Originals existieren, da die Abbildungseigenschaften je nach Modellbildner oder Modellnutzer unterschiedliche Charakterzüge aufweisen.

Zudem weisen Modelle pragmatische Merkmale auf. Im Hinblick auf einen bestimmten Verwendungszweck müssen Modelle zuvor definierte Funktionen erfüllen. Dabei werden das abzubildende Original, der Modellnutzer sowie der Zweck des Modells betrachtet. Das pragmatische Merkmal ist dabei Vorbild für das Abbildungs- und Reduktionsmerkmal, da der Zweck der Abbildung den Abstraktionsgrad bestimmt.

Aus der Modellbegriffsdefinition ergeben sich demzufolge die charakteristischen Modellbegriffsfragen nach der Subjektrelativität (»Für wen?«), der Zweckrelativität (»Wozu?«), der Perspektive (»Von wem?«) sowie dem Gegenstand (»Wovon?«) und der Zeit (»Wann?«).

Die so entwickelten Modelle sind Voraussetzung für die Prozessorientierung. Das Problem der Prozessorientierung für umfangreiche Systeme ist die komplexe Struktur. Wie bereits erwähnt, abstrahieren Modelle die abzubildenden Systeme zielgerichtet auf die erforderlichen Eigenschaften und reduzieren damit die Komplexität. Des Weiteren ermöglichen Modelle, die Kosten und Risiken zu minimieren, weil die direkte Modifikation von Systemen aus der gedanklichen Vorstellung oft mit einem Risiko verbunden ist. Daher empfiehlt sich der Weg über ein deskriptives Modell, welches den Istzustand abbildet. Dieses induktive Vorgehen – vom Ist- zum Sollzustand – ermöglicht es, über manipulative Eingriffe Erkenntnisse zu gewinnen, welche an einem Originalsystem nicht oder nur mit hohen Kosten gewonnen werden können. Durch diese Modifikationen wird daraufhin ein präskriptives Modell entworfen, welches dem Sollzustand als Vorbild dient und im letzten Schritt realisiert wird. Neben diesem induktiven Vorgehen können Systeme auch deduktiv vom Soll- auf den Istzustand zur Lösung von Problemen beitragen. Das modellbasierte Problemlösen ermöglicht es, bestimmte Gestaltungshypothesen anhand von Behelfssystemen vorab zu prüfen oder gezielt Eigenschaften von Subsystemen zu analysieren, welche am Original wiederum gar nicht oder nur durch erheblichen

3.2 · Modellierung von Geschäftsprozessen

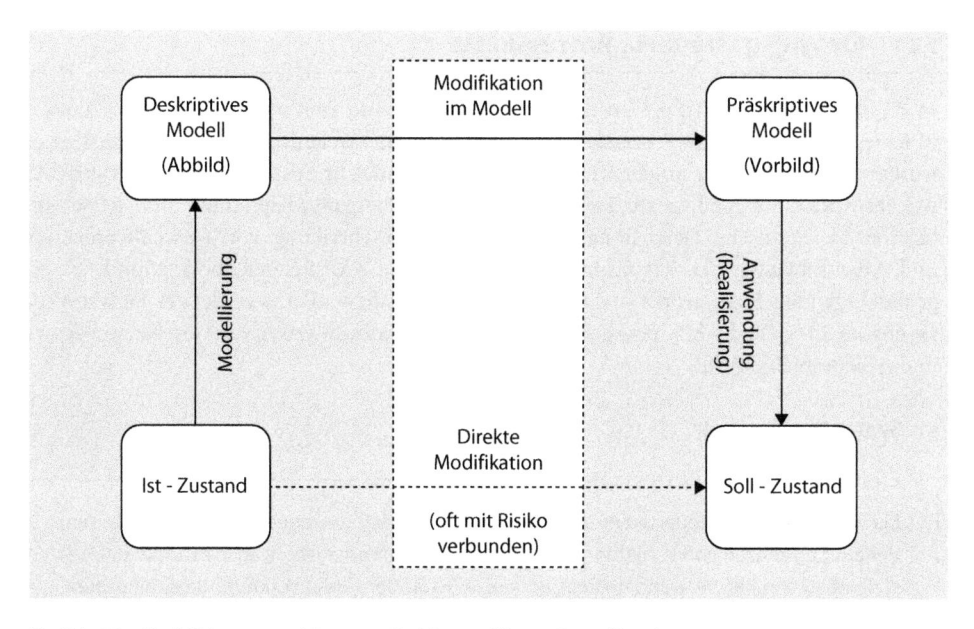

Abb. 3.2 Modelleinsatz zum Lösen von Problemen. (Eigene Darstellung)

Aufwand und Kosten zu identifizieren sind. ◘ Abb. 3.2 veranschaulicht den Modelleinsatz zum Lösen von Problemen.

Zusammenfassend verfolgt die Prozessmodellierung den Zweck der
- Dokumentation von Sachverhalten sowie der erleichterten Kommunikation im Unternehmen zwischen z. B. Geschäftsleitung und IT-Abteilung oder auch projektübergreifend zwischen Projektteams,
- Analyse von Problemen und Fehlern sowie der verschiedenen Gestaltungshypothesen und der
- Gestaltung, um Abläufe und deren automatisierte Abarbeitung zu erklären.

Die Verwendung von standardisierten Modellen dient der anschaulichen und intuitiven Repräsentation von Geschäftsprozessen und ermöglicht durch vielseitige Werkzeugunterstützung die Kommunikation aller Beteiligten über System- und Geschäftsgrenzen hinaus.

Die Modellierung der Geschäftsprozesse ist damit ausschlaggebend für sämtliche auf der Prozessorientierung beruhenden Entscheidungen, zum Entwurf von Geschäftssystemen sowie für die Gestaltung betrieblicher Informationssysteme. Aus diesem Grund stellt die Steuerungssicht das zentrale Element im ARIS-Konzept (◘ Abb. 3.1) dar.

In den folgenden Abschnitten wird die Prozessmodellierung mittels der Prozessnotationen EPK und BPMN erläutert. Beide Modellierungssprachen sind miteinander verwandt, unterscheiden sich jedoch in der Struktur, dem Detaillierungsgrad sowie der Anzahl der Modellierungsbausteine. Die Vorteile beider Modelle sind ihre leicht erkennbaren Grundstrukturen, ihre breite Akzeptanz, umfangreiche Toolunterstützung sowie die leichte Erlernbarkeit. Weitere Prozessnotationen sind beispielsweise die Unified Modeling Language (UML), Business Process Execution Language (BPEL) oder Petri-Netze.

3.2.1 Ereignisgesteuerte Prozesskette

In diesem Abschnitt wird die im deutschsprachigen Raum weit verbreitete Prozessnotation EPK (Ereignisgesteuerte Prozesskette) vorgestellt. Die Ereignisgesteuerten Prozessketten wurden 1992 von Scheer an der Universität des Saarlandes in Zusammenarbeit mit der SAP AG entwickelt. Sie gehören zur Familie der Zustandsübergangsdiagramme und stellen eine halbformale, grafische Darstellungstechnik für die Beschreibung von Geschäftsprozessen und Arbeitsabläufen dar. Als zentrale Komponente des SAP-Referenzmodells und des zugrundeliegenden Frameworks sowie des ARIS-Toolsets bzw. -Frameworks der Software AG (▶ Abschn. 3.1) stellt die EPK eine geläufige Methode zur Modellierung von Geschäftsprozessen und Arbeitsabläufen dar.

- **Syntax und Symbole**

  Ereignisgesteuerte Prozesskette

  Bei einer ereignisgesteuerten Prozesskette handelt es sich um einen gerichteten Graphen, der aus Sequenzen von Funktionen, Ereignissen (zutreffender ist die auch in anderen Darstellungstechniken verwendete Bezeichnung »Zuständen«) und Verknüpfungsoperatoren (Konnektoren) besteht. (In Anlehnung an Nüttgens 2013)

Dabei folgt der Kontrollfluss einer standardisierten Syntax, welche die Form der Sprachzeichen (Alphabet) und Worte, vor allem die grammatikalischen Regeln, das heißt die formale Richtigkeit der Sprache, beschreibt.

Funktionen und Zustände folgen immer abwechselnd aufeinander, wobei Ereignisse Funktionen auslösen und Funktionen wiederum Ereignisse begründen. Auslösende Ereignisse werden auch als Trigger bezeichnet und stellen den Input einer Funktion dar. Jede Funktion erzeugt wiederum ein Ereignis. Das Ereignis nach einer Funktion (den Output) bezeichnet man auch als Status. Mit den Verknüpfungsoperatoren lassen sich Verzweigungen sowie parallele Prozessabläufe darstellen. Durch diese Aneinanderreihung entstehen Prozessketten. ◘ Abb. 3.3 stellt die Grundstruktur eines EPK-Kontrollflusses dar.

Im Folgenden werden die grundlegenden Modellierungsbausteine der EPK vorgestellt, welche im weiteren Verlauf im Rahmen der erweiterten Ereignisgesteuerten Prozessketten (eEPK) um einige Notationselemente ergänzt werden.

- **Objekttyp: Ereignis**

Ein Ereignis beschreibt einen Zustand, der eine Funktion auslöst, beziehungsweise das Ergebnis oder den Zustand nach einer Funktion.

Ereignisse sind als Sechsecke dargestellt (vgl. ◘ Abb. 3.4).

Die Namenskonvention sieht vor, dass Standardereignisse das Informationsobjekt im Nominativ Singular und die Statusveränderung als Verb im Partizip Perfekt oder Präsens nennen, z. B. »Bestellung eingegangen«.

Zu berücksichtigen ist, dass jede EPK mit mindestens einem Startereignis (oder einer Prozessschnittstelle) beginnt und mit mindestens einem Endereignis (oder einer Prozessschnittstelle) endet. Zudem folgt nach einem Ereignis entweder eine Funktion oder ein Konnektor (Ausnahme: Endereignis), wobei jedes Ereignis genau eine eingehende und genau eine ausgehende Kante (Ausnahme: Start- und Endereignis) besitzt (siehe ◘ Abb. 3.3).

3.2 · Modellierung von Geschäftsprozessen

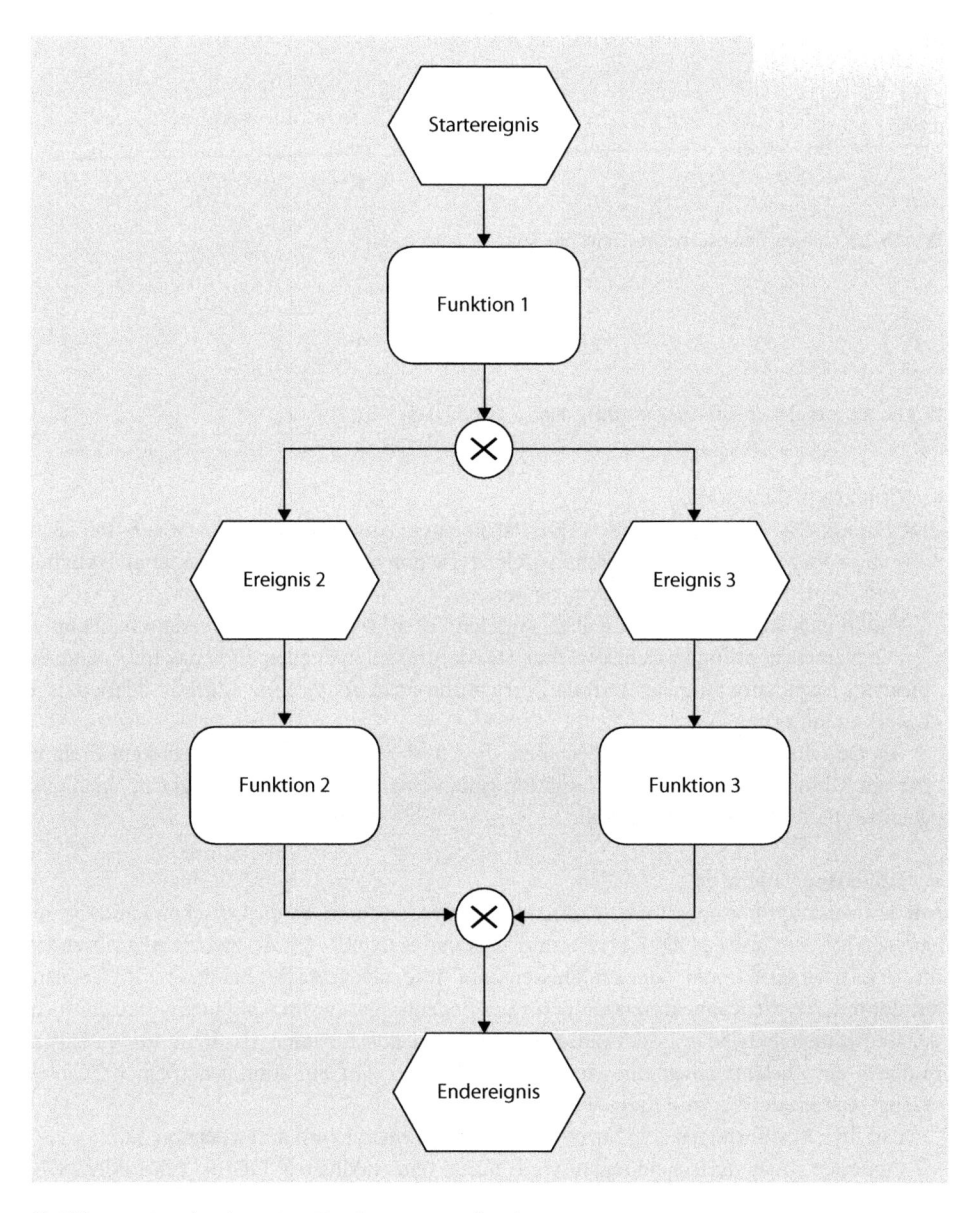

Abb. 3.3 Grundstruktur einer EPK. (Eigene Darstellung)

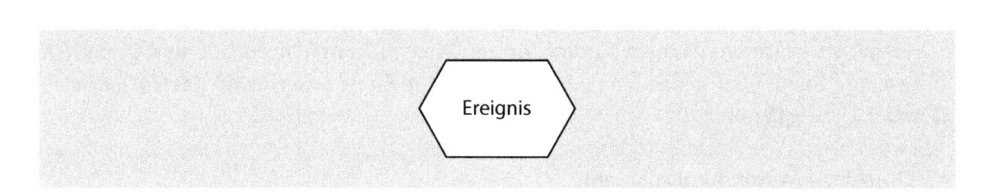

Abb. 3.4 Modellierungselement »Ereignis«. (Eigene Darstellung)

Abb. 3.5 Modellierungselement »Funktion«. (Eigene Darstellung)

Abb. 3.6 Modellierungselement »UND«. (Eigene Darstellung)

- **Objekttyp: Funktion**

Eine Funktion ist eine Aufgabe oder Aktivität an einem (Informations-) Objekt zur Unterstützung eines oder mehrerer Unternehmensziele. Als Synonyme werden unter anderem Aktivität, Prozessschritt, Tätigkeit oder Vorgang verwendet.

Funktionen sind Rechtecke mit abgerundeten Ecken, wie in ■ Abb. 3.5 veranschaulicht.

Die Namenskonvention sieht vor, dass Standardfunktionen einer EPK das Informationsobjekt im Nominativ Singular und die Verrichtungsform als Verb im Infinitiv nennen, z. B »Lagerbestand prüfen«.

Als Gestaltungsregel gilt es zu beachten, dass nach einer Funktion entweder ein Ereignis oder ein Konnektor folgt und jede Funktion genau einen eingehenden und genau einen ausgehenden Pfeil hat (siehe ■ Abb. 3.3).

- **Objekttyp: Operator**

Mit den Verknüpfungsoperatoren (Konnektoren) werden alternativ die logischen Verknüpfungen »UND«, »inklusives ODER« (OR) und »exklusives ODER« (XOR) zwischen auslösenden und erzeugten Funktionen oder Ereignissen zum Ausdruck gebracht. Bei den meisten Abläufen dominieren die Konnektoren UND (in der Bedeutung »sowohl – als auch«) und XOR (in der Bedeutung »entweder – oder«). Bei rein sequenziellen Abläufen, das heißt in den Fällen, in denen ein Zustand genau eine Funktion auslöst oder eine Funktion genau einen Zustand erzeugt, entfällt der Verknüpfungsoperator.

Parallele Ausführungen sind durch den UND-Konnektor verbunden (■ Abb. 3.6).

Optionen oder Entscheidungen sind durch ein inklusives ODER (und/oder, OR) (■ Abb. 3.7)

oder durch ein exklusives ODER (entweder – oder, XOR) (■ Abb. 3.8) verbunden.

Sofern mehrere Optionen möglich sind, wird der ODER-Konnektor verwendet; wenn nur eine Option möglich ist, wird dies durch den XOR-Konnektor dargestellt.

Es gilt zu beachten, dass ein Konnektor entweder mehrere eingehende und genau eine ausgehende Kante oder genau eine eingehende und mehrere ausgehende Kanten hat (siehe ■ Abb. 3.9 sowie ■ Abb. 3.10).

- **Objekttyp: Verbindungselement**

Die Verbindung zwischen den Grundelementen ist durch Pfeile dargestellt. Dabei gilt zu beachten, dass Pfeile ausschließlich in Objekte münden und niemals in andere Pfeile. Im Falle

3.2 · Modellierung von Geschäftsprozessen

◻ **Abb. 3.7** Modellierungselement »OR«. (Eigene Darstellung)

◻ **Abb. 3.8** Modellierungselement »XOR«. (Eigene Darstellung)

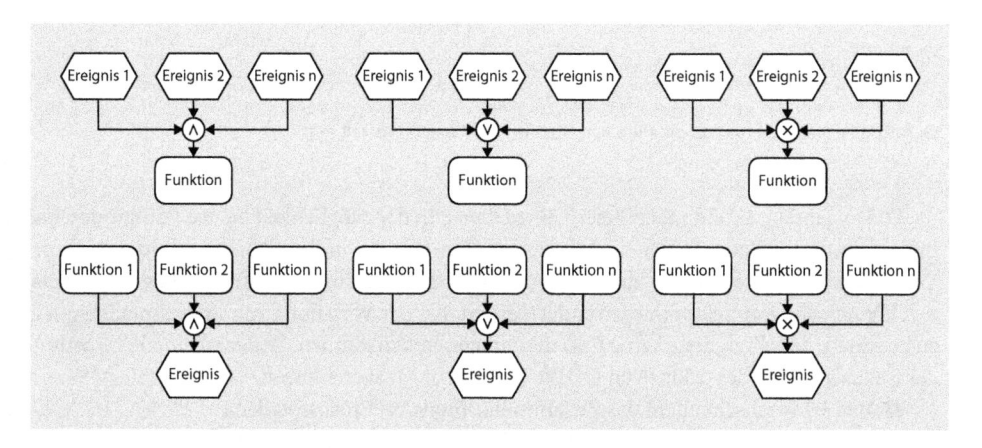

◻ **Abb. 3.9** Zusammenführen von Prozesspfaden. (Eigene Darstellung)

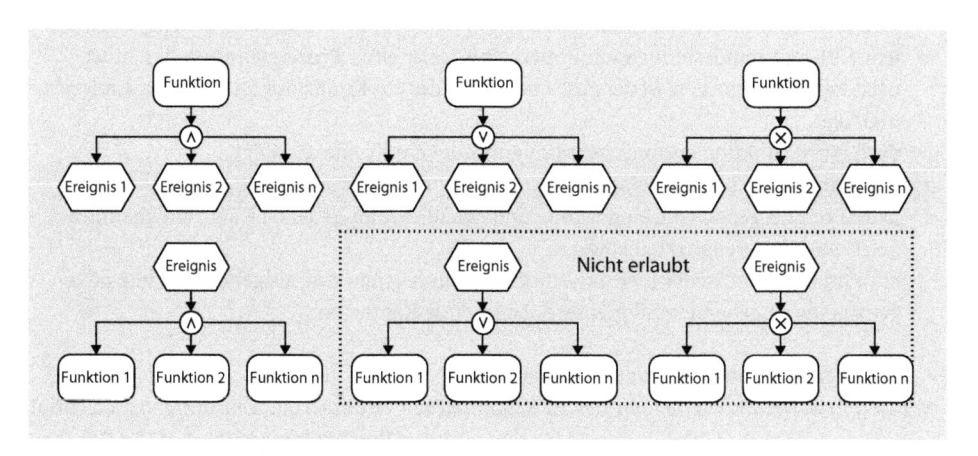

◻ **Abb. 3.10** Verteilen von Prozesspfaden. (Eigene Darstellung)

einer Rückschleife (Backloop) muss aus diesem Grund ein Konnektor eingefügt werden, da Funktionen und Ereignisse niemals mehr als einen Eingang haben dürfen. Besondere Aufmerksamkeit gilt der Syntax für das Verteilen oder Zusammenführen durch Operatoren (siehe ◻ Abb. 3.9 und ◻ Abb. 3.10). Die Abfolge von Ereignissen und Funktionen muss auch über Konnektoren hinaus eingehalten werden.

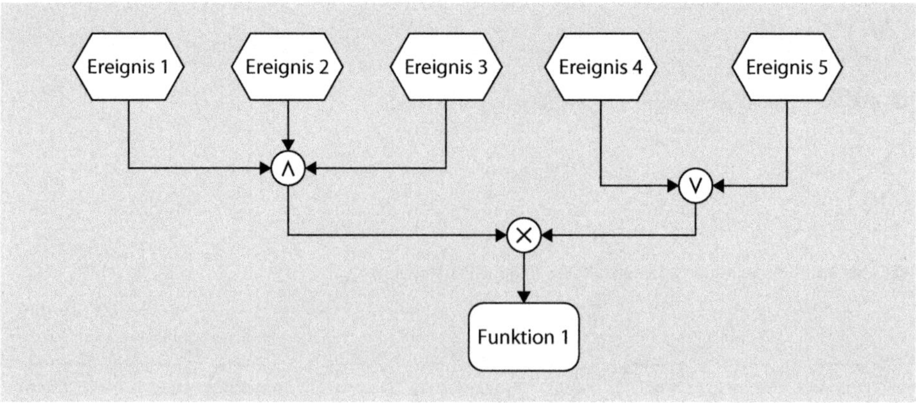

Abb. 3.11 Beispiel zur Kombination von Operatoren. (Eigene Darstellung)

Die folgenden Abbildungen liefern eine Übersicht der Möglichkeiten, wie Funktionen und Ereignisse durch Konnektoren verbunden werden können und welche Operationen bei der Verteilung von Prozesspfaden ausgeschlossen sind. Für das Zusammenführen von Prozesspfaden können alle Konnektoren verwendet werden. Bei der Verteilung von Prozesspfaden gilt es zu beachten, dass Ereignisse keine Entscheidungen treffen können. Daher ist eine Verwendung des inklusiven und des exklusiven ODER-Konnektors ausgeschlossen.

- Abb. 3.9 veranschaulicht das Zusammenführen von Prozesspfaden.
- Abb. 3.10 illustriert das Verteilen von Prozesspfaden.
- Abb. 3.11 stellt die Kombination verschiedener Konnektoren beispielhaft dar.

Zusammenfassend gelten als Gestaltungsgrundsätze, dass

- jede EPK mit mindestens einem Starterignis (oder einer Prozessschnittstelle) beginnt,
- jede EPK mit mindestens einem Endereignis (oder einer Prozessschnittstelle) endet,
- nach einem Ereignis entweder eine Funktion oder ein Konnektor (Ausnahme: Endereignis) folgt,
- nach einer Funktion entweder ein Ereignis oder ein Konnektor folgt,
- jede Funktion genau eine eingehende und genau eine ausgehende Kante hat,
- jedes Ereignis genau eine eingehende und genau eine ausgehende Kante (Ausnahme: Start- und Endereignis) hat sowie
- ein Konnektor entweder mehrere eingehende und genau eine ausgehende Kante oder genau eine eingehende und mehrere ausgehende Kanten hat.

Erweiterte Ereignisgesteuerte Prozesskette

Mit den Erweiterungselementen der EPK können die Grundstrukturen um genauere Informationen ergänzt und Verbindungen zu den anderen Beschreibungssichten des ARIS-Hauses (siehe ▶ Abschn. 3.1) geschaffen werden. Die Erweiterungselemente bilden die Organisationseinheiten aus der Organisationssicht, den Mitarbeiter oder die Stelle entsprechend der Funktionssicht, Datenobjekte aus der Datensicht sowie die Anwendungen und Sachmittel ab. Zusätzlich kann durch die Darstellung des Informations- oder Materialflusses unter anderem erfasst werden, ob Funktionen Daten für den Input benötigen und ob Outputdaten erzeugt werden. Des Weiteren wird die Art des Informationsträgers, auf welchem diese Daten gespeichert werden, ermittelt. Durch die zusätzlichen Informationen können Verbindungen zu anderen Sichten, z. B. der Datensicht des ARIS-Modells, hergestellt werden. Die ergänzenden

3.2 · Modellierung von Geschäftsprozessen

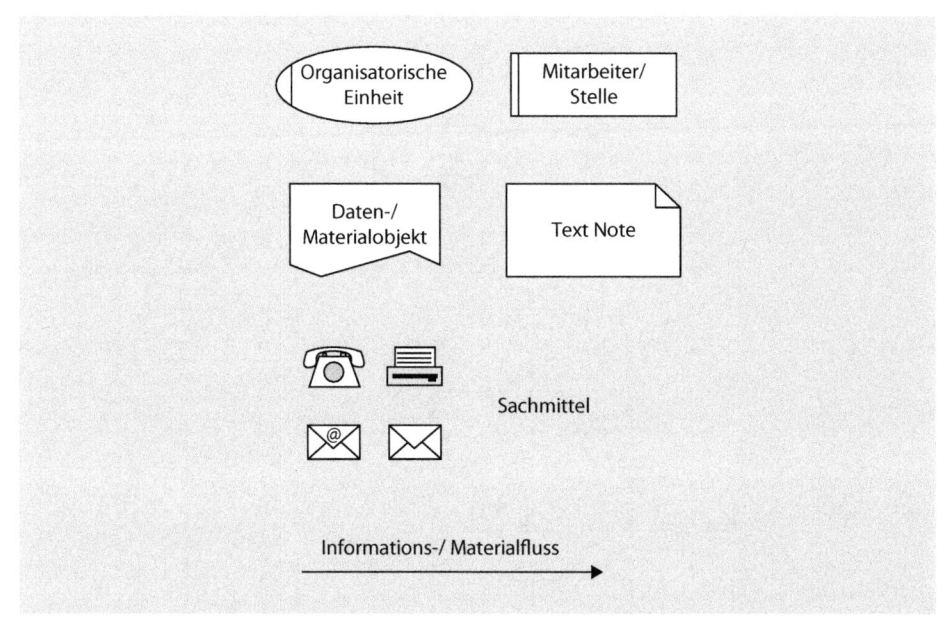

Abb. 3.12 Modellierungselemente der eEPK. (Eigene Darstellung)

Elemente werden auch als nicht strukturbildend bezeichnet, da sie keinen Einfluss auf den Ablauf der Prozesskette haben. ◘ Abb. 3.12 zeigt die Modellierungselemente der eEPK.

◘ Abb. 3.13 bildet beispielhaft einen Bestellvorgang in der eEPK-Notation ab. Im darauffolgenden Abschnitt werden die Einsatzgebiete und Anwendungsbeispiele aufgeführt.

- **Einsatzgebiete und Anwendungsbeispiele**

Die Modellierung mittels Ereignisgesteuerter Prozessketten ist eine geläufige Methode, um Ist- und Sollprozesse zu erfassen und deren Prozessabläufe zu verdeutlichen. Besonders geeignet ist diese Prozessnotation wegen ihrer umfangreichen Toolunterstützung zur Modellierung, der großen Nähe zu Standardsoftwaresystemen und ihrer weiten Verbreitung, insbesondere durch die Einbindung im ARIS-Konzept (► Abschn. 3.1), wodurch sie zum Standard für die Modellierung von Geschäftsprozessen zählt.

Mithilfe der EPK können betriebswirtschaftliche Aufgaben, wie z. B. die Prozessorganisation oder die Prozessoptimierung, unterstützt werden. Des Weiteren lassen sich modellbasierte Problemlösungen beschreiben und testen, Prozesse und Workflows definieren und reorganisieren, Unternehmensstrukturen und organisatorische Veränderungen dokumentieren sowie Entwicklungen planen und spezifizieren. Darüber hinaus überzeugt die EPK-Notation durch ihre einfache Erlernbarkeit, die flexible Anordnung der Elemente und ihre Übersichtlichkeit.

Die Notationssprache der EPK ist neben den genannten Vorteilen besonders durch ihre starke Einbindung in das ARIS-Konzept und der daraus resultierenden weiten Verbreitung innerhalb des deutschsprachigen Raums von Bedeutung. Allerdings gibt es auch Nachteile, wobei hauptsächlich die fehlende Standardisierung außerhalb des deutschsprachigen Raums zu erheblichen Einschränkungen führt. Aus diesem Grund wird in dem folgendem Abschnitt eine weitere Notationssprache vorgestellt, die Business Process Model and Notation (BPMN).

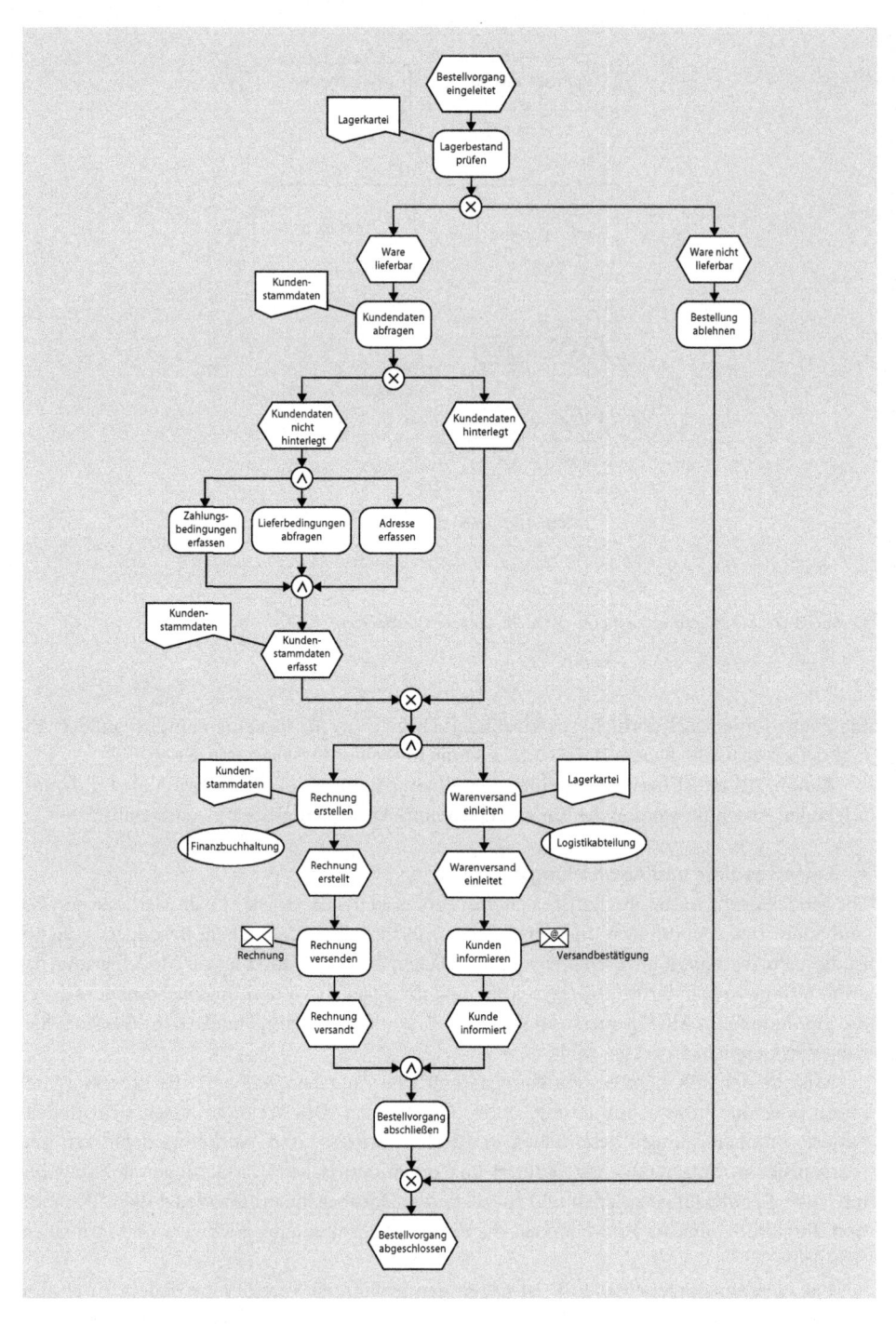

● Abb. 3.13 Erweiterte Ereignisgesteuerte Prozesskette »Abwicklung einer Bestellung«. (Eigene Darstellung)

Diese ist wesentlich neuer, vereint die Vorteile verschiedener Modellierungssprachen und ist darüber hinaus international standardisiert.

3.2.2 Business Process Model and Notation

Die Modellierungssprache Business Process Model and Notation (BPMN) wurde ursprünglich von der BPMI (Business Process Management Initiative) entwickelt. Im Jahr 2004 wurde sie von der Object Management Group (OMG) standardisiert und wird seither weiterentwickelt.

> **Business Process Model and Notation (BPMN)**
>
> BPMN stellt eine grafische Notationssprache dar, mit deren Hilfe Geschäftsprozesse modelliert werden können und die für alle Beteiligten (Analysten, Entwickler und Anwender) leicht zu verwenden und zu verstehen ist. (Krallmann, Schönherr et al. 2007)

Die Darstellung der Prozesse erfolgt in einem Business Process Diagramm (BPD).

BPMN vereint Elemente verschiedener Notationssprachen, z. B. der Integrated Definition Method (IDEF), der EPK oder der UML, welche ebenfalls von der OMG stammt. Ein wesentlicher Unterschied gegenüber der EPK ist, dass BPMN definiert, wie sich BPDs in maschinell lesbare, XML-basierte Prozessbeschreibungen überführen und mit Hilfe einer Process Engine ausführen lassen. Demzufolge lässt sich BPMN neben dem Einsatz im Fein- und Grobkonzept auch im Ordnungsrahmen des IT-Konzepts einordnen und verbindet die Geschäftsprozessmodellierung mit der Geschäftsprozessimplementierung. Der Abstraktionsgrad kann dabei je nach Verwendungszweck gewählt werden. Auf diese Weise sollen nach Meinung der BPMI – trotz der leicht verständlichen Notation – sowohl die Bedürfnisse von Implementierern, Modellierern, Analytikern und Anwendern erfüllt als auch die der Fach- und IT-Welt zusammengeführt werden.

- **Syntax und Symbole**

Die Modellierungsobjekte der BPMN in einem BPD lassen sich in die Kategorien Fluss-Objekte (Flow Objects), verbindende Objekte (Connecting Objects), Teilnehmer (Swimlanes), Artefakte (Artifacts) und Datenobjekte (Data) einteilen. ◘ Abb. 3.14 veranschaulicht die Grundstruktur eines mit BPMN modellierten Prozesses. Im Anschluss werden die Elemente der BPMN eingehend erläutert.

Die Grundelemente eines BPDs sind Flow Objects. Diese stellen das Verhalten der Geschäftsprozesse dar und werden in Ereignisse (Events), Aktivitäten (Activities) und Operatoren (Gateways/Schleusen) unterschieden.

- **Objekttyp: Ereignis/Events**

Ereignisse treten während des Geschäftsprozesses ein und beeinflussen dessen Ablauf. Neben dem einfachen Start-, Intermediär- oder Endereignis weisen andere Ereignisse auf Uhrzeiten, Nachrichten, Bedingungen, Signale oder Fehler hin.

Wie in ◘ Abb. 3.14 bereits dargestellt wurde, wird ein Prozess durch mindestens ein Startereignis ausgelöst und endet mit mindestens einem Endereignis. Das Startereignis in Pool II ist ein Start Message Event, was bedeutet, dass der Prozess in Pool II erst mit der Message von Task I aus Pool I startet.

◘ Abb. 3.15 zeigt eine Auswahl möglicher Ereignisse.

☐ Abb. 3.14   BPMN-Grundstruktur. (Eigene Darstellung)

- **Objekttyp: Aktivität/Activities**

Aktivitäten beschreiben eine Aufgabe beziehungsweise eine Tätigkeit oder einen Arbeitsschritt in einem Geschäftsprozess, gleichbedeutend einer Funktion der EPK-Notation. Aktivitäten werden als Tasks oder, wenn es sich um eine komplexe Aktivität handelt, als Subprocess bezeichnet. Die Darstellung von Subprocesses kann im kollabierten oder expandierten Zustand dargestellt werden. Außerdem können Tasks in Send Task, Receive Task, User Task und Manual Task eingeteilt werden (☐ Abb. 3.16).

Die in ☐ Abb. 3.14 dargestellte Grundstruktur eines mit BPMN modellierten Prozesses besteht aus zwei Aktivitäten in Pool I und einer komplexen Aktivität in Pool II, dargestellt im kollabierten Zustand. Überdies werden zwei Aktivitäten um Artefakte (Beschreibung und Datenobjekt) ergänzt, worauf später noch genauer eingegangen wird.

- **Objekttyp: Operator/Gateway**

Gateways kontrollieren die Prozessflüsse. Wie die Konnektoren der EPK werden die Gateways der BPD in parallele Gateways, analog zu dem UND-Konnektor einer EPK, in inklusive Gateways, entsprechend dem OR-Konnektor, und exklusive Gateways, gleichbedeutend mit dem XOR-Konnektor, unterschieden. Gateways können Entscheidungspunkte sein, Flüsse aufspalten oder zusammenführen. ☐ Abb. 3.17 veranschaulicht das Modellierungselement »Gateway«.

- **Objekttyp: Pool und Swimlane**

Pools (Beteiligte) und Swimlanes ordnen die Aktivitäten ihren Verantwortlichkeits- oder Zuständigkeitsbereichen zu. Pools repräsentieren einen Prozessteilnehmer oder eine Organisation beziehungsweise ein System. Lanes dienen zur Untergliederung eines Pools und helfen, die

3.2 · Modellierung von Geschäftsprozessen

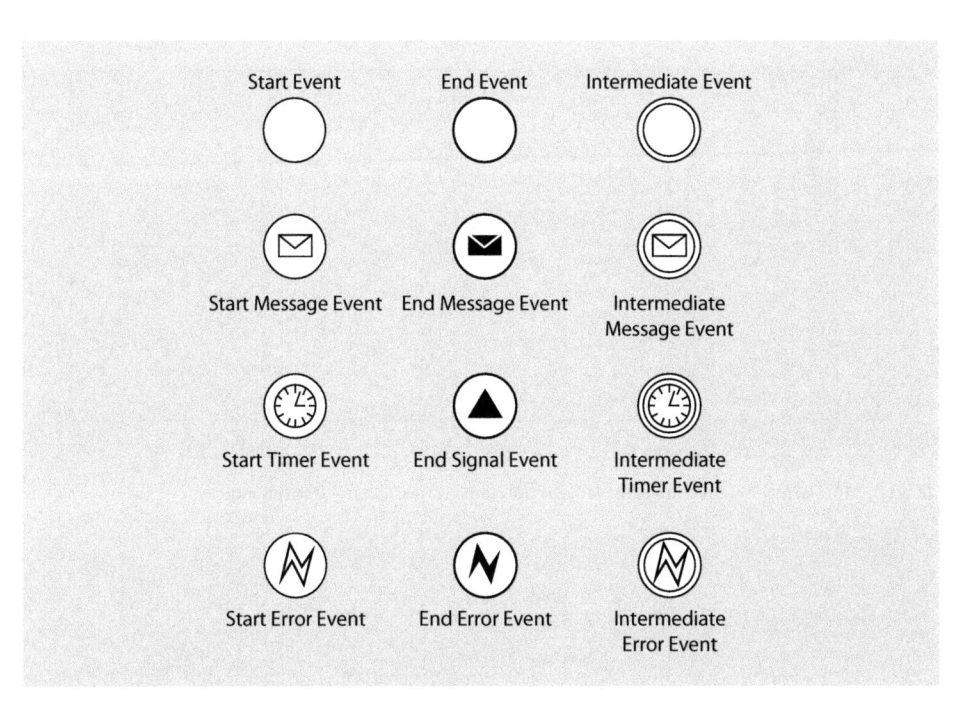

Abb. 3.15 BPMN-Modellierungselement »Event«. (Eigene Darstellung)

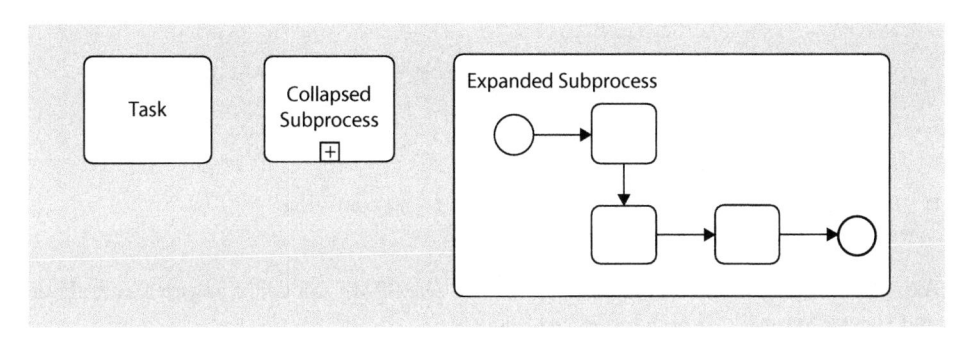

Abb. 3.16 BPMN-Modellierungselement »Task«. (Eigene Darstellung)

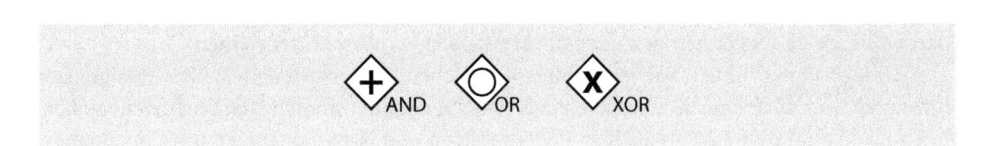

Abb. 3.17 BPMN-Modellierungselement »Gateway«. (Eigene Darstellung)

Abb. 3.18 BPMN-Modellierungselemente »Pool« und »Lane«. (Eigene Darstellung)

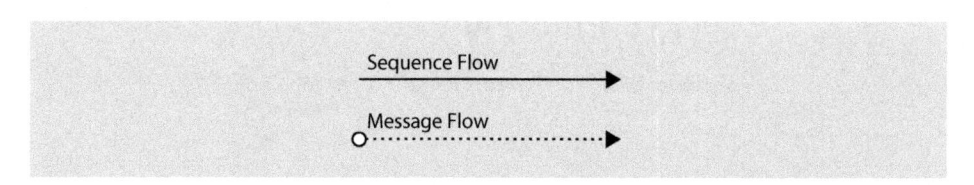

Abb. 3.19 BPMN-Modellierungselemente »Sequence Flow« und »Message Flow«. (Eigene Darstellung)

Abb. 3.20 BPMN-Modellierungselement »Association«. (Eigene Darstellung)

Aktivitäten zu organisieren und zu kategorisieren. Die BPMN-Modellierungselemente »Pool« und »Lane« werden in Abb. 3.18 veranschaulicht.

- **Objekttyp: Verbindungselement**

Eine weitere Kategorie von Elementen sind die Verbindungsobjekte. Sequence Flows verbinden Flow Objects miteinander und stellen somit den Kontrollfluss innerhalb eines Prozesses dar. Sequence Flows können, wie auch die Message Flows, beschriftet werden.

Message Flows bilden Nachrichtenflüsse zwischen Prozessbeteiligten über Poolgrenzen hinweg ab und dürfen nicht innerhalb eines Pools verwendet werden. Nachrichtenflüsse können sowohl an Aktivitäten als auch an Pools ansetzen und Nachrichtenereignisse miteinander verbinden (Abb. 3.19).

Associations stellen den In- und Output von Artefakten zu Fluss-Objekten dar (Abb. 3.20).

- **Objekttyp: Artefakt**

Die letzte Kategorie bilden die Artefakte, wie in Abb. 3.21 illustriert. Durch Artefakte können die Notationselemente erweitert, in einer Gruppe zusammengefasst und um einen Kommen-

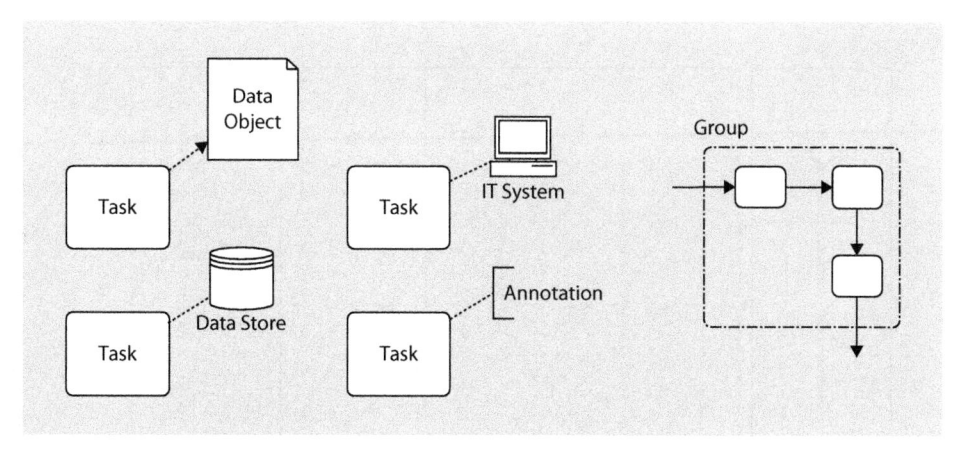

Abb. 3.21 BPMN-Modellierungselement »Artifact«. (Eigene Darstellung)

tar oder ein Datenobjekt ergänzt werden. Es kann sich sowohl um elektronische als auch um physische Datenobjekte handeln.

In der Darstellung der BPMN-Grundstruktur (Abb. 3.14) wird Task I beispielsweise um eine Beschreibung ergänzt. Weiterhin nimmt der kollabierte Subprozess Einfluss auf ein Datenobjekt; dies kann etwa das Anlegen einer Kundenakte sein.

Bei den vorgestellten Gestaltungselementen handelt es sich um die Kernelemente eines BPD. Die Gesamtzahl der Gestaltungselemente ist jedoch wesentlich umfangreicher. Die Standardisierung erfolgt durch die OMG, auf deren Homepage sich Informationen zu sämtlichen Gestaltungselementen finden lassen.

Einsatzgebiete und Anwendungsbeispiele

Die BPMN wird von Analysten, Modellierern, Entwicklern, Implementierern und Anwendern verwendet. Besonders überzeugen die leicht erkennbare Grundstruktur und die umfangreichen Möglichkeiten der Detaillierung, wodurch das Abstraktionsniveau den differenzierten Bedürfnissen angepasst werden kann. BPMN lässt sich zur Kommunikation zwischen Fachabteilungen und IT einsetzen und durch die Anschlussfähigkeit an Ausführungssprachen auch zur Modellierung im IT-Konzept nutzen.

Die Modellierungssprache BPMN bietet viele Möglichkeiten und ist sowohl für IT-Spezialisten als auch für weniger IT versierte Anwender geeignet. Sie bietet mehr Gestaltungselemente als die EPK-Notation, was jedoch dazu führen kann, dass die Transparenz und Übersichtlichkeit verloren gehen. Gegenüber der EPK-Notation wird die BPMN durch die OMG standardisiert, weshalb ihr Einsatzbereich über den deutschsprachigen Raum hinaus wesentlich weitreichender ist. Besonders die internationale Standardisierung, der wesentlich umfangreichere Modellierungsbaukasten und die Anschlussfähigkeit an Ausführungssprachen sind Gründe dafür, dass die Bedeutung der BPMN sich gegenüber der EPK weiter verstärken wird. Abb. 3.22 zeigt beispielhaft die Modellierung eines Bestellvorgangs mit BPMN.

Im folgenden ▶ Abschn. 3.2.3 wird die Thematik der Referenzmodelle behandelt. Auf Basis der festgelegten Geschäftsprozesse können beispielsweise branchenspezifische Strukturen analysiert werden, für deren Gestaltung der Informationssysteme bereits Entwurfsmuster existieren, z. B. der Ablauf des Bestellvorgangs einer Onlinebestellung. Dabei kann es sich um den gesamten Prozess, allgemeine Strukturen, Funktionen oder Abläufe handeln. Solche Entwurfs-

Kapitel 3 · Geschäftsprozessmanagement und Anwendungssysteme

☐ **Abb. 3.22** BPMN-Modellierung eines Bestellvorgangs. (Eigene Darstellung)

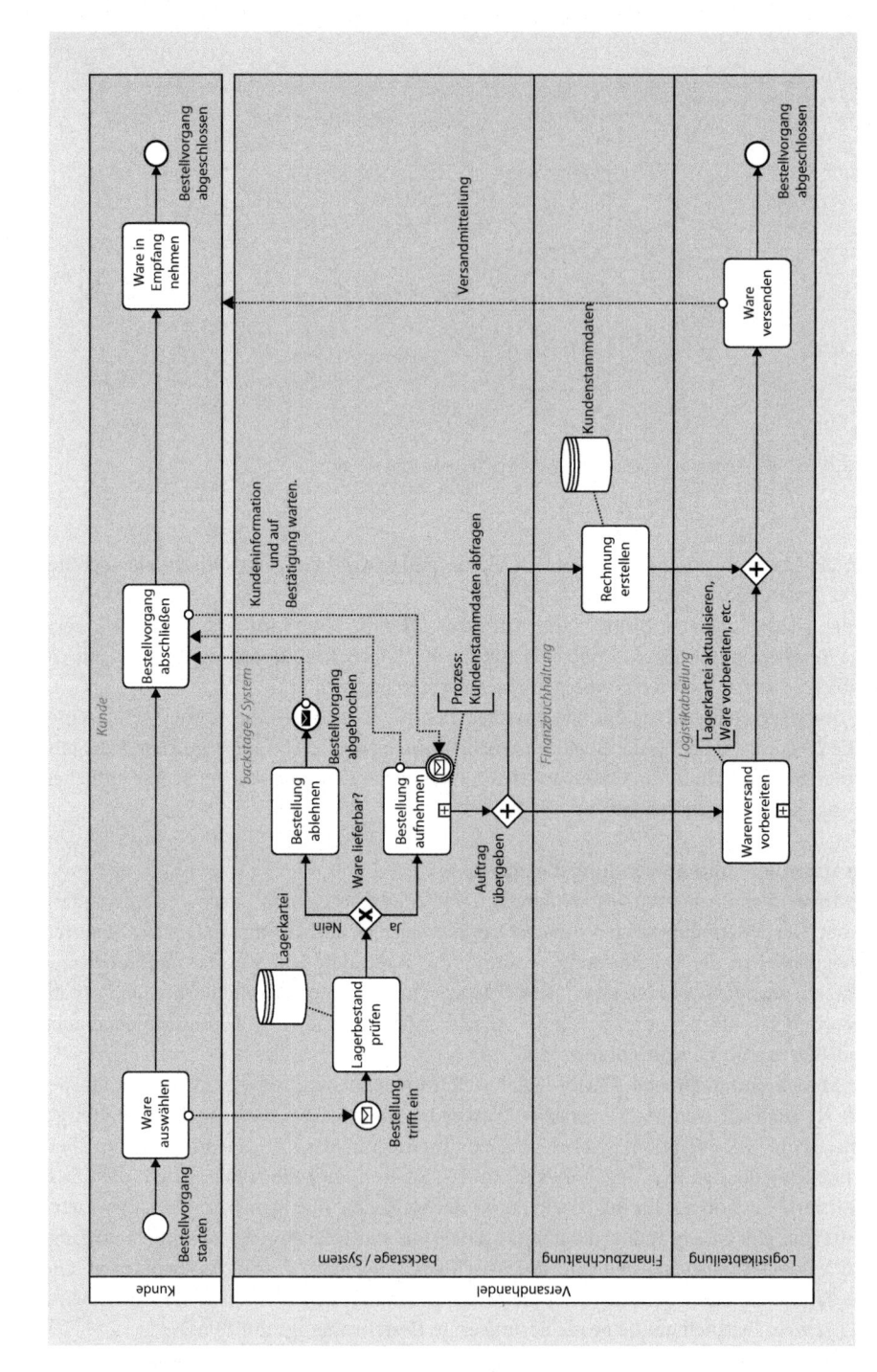

muster bezeichnet man als Referenzmodelle, z. B. Branchenreferenzmodelle oder Standardsoftware-Referenzmodelle.

3.2.3 Referenzmodelle

Für die Entwicklung eines Sollmodells lassen sich insbesondere drei grundlegende Herangehensweisen unterscheiden (Hansmann u. Neumann 2012).

Die Entwicklung eines Sollmodells kann zum einen über ein Idealmodell erfolgen. Bei dieser Vorgehensweise fließt der Istzustand in die Entwicklung eines Idealmodells ein. Während dieser idealtypischen Vorstellung der Systementwicklung können individuelle Bedürfnisse am ehesten berücksichtigt werden.

Darüber hinaus kann die Entwicklung eines Sollmodells aus dem Istmodell heraus erfolgen. In diesem Fall wird der Istzustand einem Referenzsystem angepasst. Hinsichtlich des großen Modellierungsaufwands wird diese Form der Systementwicklung in der Regel nur in Betracht gezogen, sofern bereits Istmodelle bestehen.

Im letzten Ansatz findet die Systementwicklung aus einem Referenzmodell heraus statt. Diese Vorgehensweise hat u. a. den Vorteil, dass die softwaretechnische Umsetzung mit dem geringsten Risiko verbunden ist, jedoch den Nachteil, dass das Ausmaß notwendiger Anpassungen hoch sein kann oder eine starke Bindung an den Hersteller mit sich bringt. Im Folgenden wird die Thematik der Referenzmodelle ausführlich erläutert. Dabei werden zu Beginn die theoretischen Grundlagen eingeführt, danach deren Eigenschaften erklärt und zuletzt Einsatzgebiete und Anwendungsbeispiele aufgezeigt.

Modelle werden als Referenzmodelle bezeichnet, sofern sie ein gewisses Maß der Allgemeingültigkeit aufweisen und somit die Basis für die Konstruktion spezieller Modelle bilden. Referenzmodelle müssen einen normativen Empfehlungscharakter aufweisen, was bedeutet, dass das allgemeine Modell als Vergleichsobjekt dient, um Modelle, die den gleichen Sachverhalt beschreiben, miteinander zu vergleichen. Das Referenzmodell beschreibt somit ein Vorbild zur Modellierung bestimmter Sachverhalte. Dabei kann es sich beispielsweise um den Ablauf eines Bestellvorgangs bei der Onlinebestellung handeln. Nicht immer werden solche idealtypischen Modelle bewusst entwickelt. Stattdessen können sich auch bestimmte Modelle etablieren, ohne dass dies vom Ersteller beabsichtigt wurde.

Informationsmodelle sind definiert als Repräsentationen von Informationssystemen (Schütte 1998). Sie unterliegen einem klaren Zweck und versuchen trotz Abstraktion des repräsentierten Informationssystems die Kernelemente zur Erreichung des Systemnutzens aufzuzeigen. Referenzmodelle sind Informationsmodelle zur Konstruktion anderer Modelle. Sie sind somit Referenzinformationsmodelle, die im normalen Sprachgebrauch als Referenzmodelle bezeichnet werden (Thomas 2007).

Die Hauptaufgabe der Nutzer von Referenzmodellen liegt in der Anpassung solcher Modelle auf den eigenen Anwendungsfall (Thomas 2007). Sie werden mit dem Ziel entwickelt, in unterschiedlichen, aber ähnlichen Applikationsszenarien wiederverwendet zu werden. Der Nutzen ihrer Anwendung liegt meist in der Kosten- oder Zeitersparnis. Darüber hinaus verfolgen sie das Ziel, Best oder Common-Practice-Lösungen für Projekte im Bereich der Informationsmodellierung bereitzustellen (Becker, Delfmann et al. 2007). Die Modellierung dieser Referenzmodelle geschieht in einer formalisierten Form, also mittels einer kontextadäquaten Sprache.

- **Eigenschaften eines Referenzmodells**

Im Kern der Referenzmodellierung steht die Wiederverwendung von bereits in einem Unternehmen existierenden Wissen für die effiziente Neugestaltung oder Anpassung von Informationsmodellen (Thomas 2007).

Dabei kann die Erstellung von Referenzmodellen kosten- und zeitintensiv sein. Im Vorfeld ist bestmöglich zu bestimmen beziehungsweise abzuschätzen, ob die so entstehenden Aufwände sich lohnen, das heißt, ob sie nicht höher sind als die zu erwartenden Effizienzgewinne durch eine spätere, mehrfache Anwendung des erstellten Referenzmodells.

Die Aufwände sind abhängig vom Anwendungsfall und den Anpassungsbedarfen, die durch den jeweiligen Kontext entstehen. Es wird hierbei zwischen Aufwänden unterschieden, die durch Unternehmensspezifika entstehen, und solchen, die aufgrund notwendigerweise variierender Perspektiven unterschiedlicher Nutzergruppen des Informationsmodells entstehen (Becker, Delfmann et al. 2007).

Beispielhaft sei hier ein Referenzmodell genannt, das die Einführung einer neuen Softwarekomponente unterstützt. Abhängig von der Domäne des Unternehmens, z. B. Medizintechnik oder Handel, herrschen stark variierende Anforderungen vor, die z. B. auf Unterschieden bzgl. regulatorischer Vorgaben in der jeweiligen Branche, technischer Zertifizierungen etc. beruhen. Auch unterscheiden sich Aufwände für die Anpassung des zugrunde liegenden Referenzmodells abhängig vom intendierten Nutzer, also ob beispielsweise der IT-Systemarchitekt oder der Verantwortliche für organisatorischen Wandel und Umstrukturierung Hauptnutzer des Modells ist.

Referenzmodelle können außerdem generierend oder nicht-generierend sein (Gottschalk, van der Aalst et al. 2007). Generierend bezieht sich hierbei auf das Modell selbst und bedeutet in diesem Zusammenhang, dass alle Informationen zur Erstellung des Referenzmodells aus den Anleitungen zum Referenzmodell kommen und nicht vom Ersteller des Referenzmodells durch Auswahlentscheidungen angepasst werden müssen. Für dieses Vorgehen wird auch der Begriff Konfiguration verwendet (vgl. ◘ Abb. 3.23). Ist dies nicht der Fall, spricht man von nicht-generierenden Modellen, bei denen, wie in Abbildung ◘ Abb. 3.23 dargestellt, die folgenden vier Typen unterschieden werden (Becker, Delfmann et al. 2007):

1. Aggregationen ermöglichen es dem Ersteller, aus einer Auswahl von Komponenten des Modells zu wählen.
2. Bei Instanziierungen hingegen sind an bestimmten Stellen des Referenzmodells Platzhalter hinterlegt, die beim Erstellen durch entsprechende Werte ersetzt werden.
3. Bei Spezialisierungen werden Referenzmodelle durch das Hinzufügen, Ändern oder Löschen von Elementen angepasst.
4. Der letzte Typ sind Analogiefolgerungen, wobei Teile des Referenzmodells an anderer Stelle wiederverwendet werden.

Ein wichtiger Aspekt, der in der Betrachtung von Referenzmodellen noch am Anfang steht, ist ihr Lebenszyklus. Die Notwendigkeit ergibt sich aus der sich verändernden Geschäftswelt der Unternehmen, die zwangsläufig eine Veränderung von Referenzmodellen zur Folge hat, die Common und Best Practices beschreiben (Rieke u. Seel 2007). Aufgrund dieser Veränderung ergeben sich Herausforderungen, analog zu organisationalem Lernen, und auch bei Referenzmodellen wird zwischen Single und Double Loop Learning unterschieden. Während Single Loop Learning die Fehlerbehebung fokussiert, schließt Double Loop Learning auch die aktive Umsetzung und Weiterentwicklung von gemachten Erfahrungen in Handlungsempfehlungen mit ein und ermöglicht so ein entsprechend zielgerichtetes Vorankommen (Rieke u. Seel 2007). Referenzmodelle werden weiterhin hinsichtlich ihrer Perspektive unterschieden (Fettke

3.2 · Modellierung von Geschäftsprozessen

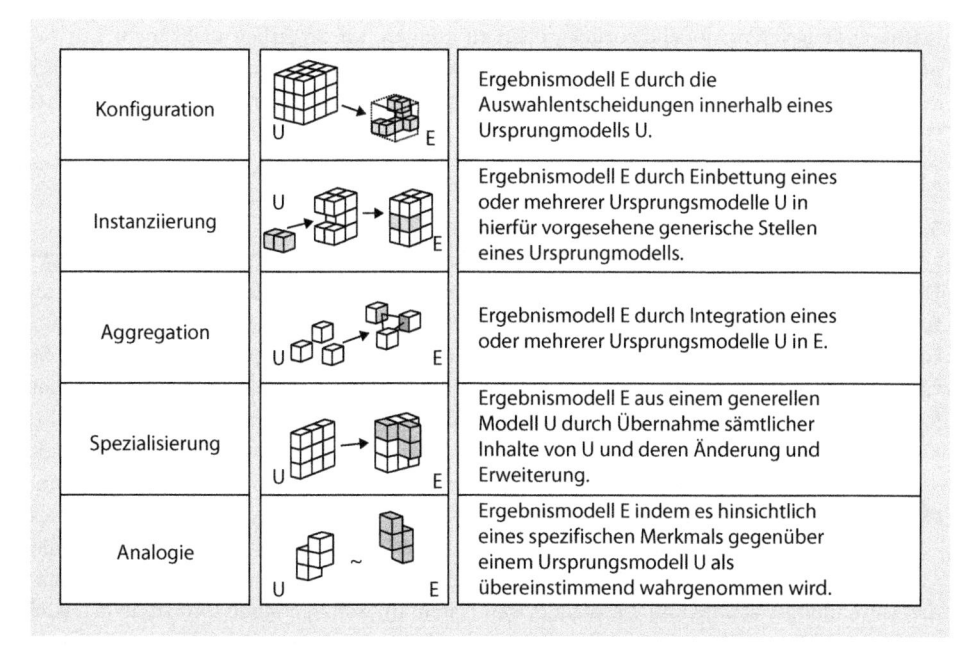

Konfiguration	U → E	Ergebnismodell E durch die Auswahlentscheidungen innerhalb eines Ursprungsmodells U.
Instanziierung	U → E	Ergebnismodell E durch Einbettung eines oder mehrerer Ursprungsmodelle U in hierfür vorgesehene generische Stellen eines Ursprungsmodells.
Aggregation	U → E	Ergebnismodell E durch Integration eines oder mehrerer Ursprungsmodelle U in E.
Spezialisierung	U → E	Ergebnismodell E aus einem generellen Modell U durch Übernahme sämtlicher Inhalte von U und deren Änderung und Erweiterung.
Analogie	U ~ E	Ergebnismodell E indem es hinsichtlich eines spezifischen Merkmals gegenüber einem Ursprungsmodell U als übereinstimmend wahrgenommen wird.

◻ **Abb. 3.23** Konstruktionstechniken zur Referenzmodellierung. (Aufbauend auf Brocke u. Grob 2003)

u. Brocke 2013). Aus deskriptiver Sicht beschreibt ein Referenzmodell die Gemeinsamkeiten einer Klasse von Modellen, aus präskriptiver Sicht liefert ein Referenzmodell hingegen einen Vorschlag, wie eine Klasse von Modellen ausgestaltet sein kann. Referenzmodelle können sowohl deskriptive als auch präskriptive Sichten einschließen.

- **Einsatzgebiete und Anwendungsbeispiele**

Zu den bekannten Referenzmodellen zählt das schon in ▶ Abschn. 3.2.1 genannte SAP-Referenzmodell für die Abläufe der ERP-Anwendungen des Softwareherstellers. Es ist eines der umfänglichsten Referenzmodelle, enthält über 4000 Entitätstypen und seine Referenzprozessmodelle decken mehr als 1000 Geschäftsprozesse und interorganisationale Geschäftsszenarien ab (Gottschalk, van der Aalst et al. 2007). Weiterhin ist hier die Von-Neumann-Architektur (▶ Abschn. 2.1) zu nennen, die als Referenzmodell alle notwendigen Elemente eines Computers schon vor fast sieben Jahrzehnten beschrieben hat. Auch das bekannte OSI-Modell (International Organization of Standardization (ISO) 1994) im Bereich der Computernetzwerke ist ein typisches Beispiel für Referenzmodelle, das erst die Grundlage für viele Anwendungen legte und daraufhin selbstverständlicher Bestandteil des heutigen Internet-Alltags geworden ist.

Im Logistik-Bereich hat sich für das Management der Lieferketten das Supply Chain Operations Reference Model (SCOR) etabliert (Supply-Chain Council Inc. 2011), das die Standardabläufe sowie die darunter liegenden Prozesse abbildet und in mehreren Ebenen, bis auf eine Implementierungsebene herunter, die Elemente beschreibt und referenziert, die für ein erfolgreiches Supply-Chain-Management notwendig sind. Auf der obersten Ebene besteht das Referenzmodell beispielsweise aus den folgenden Komponenten: Planung, Beschaffung, Herstellung, Lieferung und Rückgabe.

Es gibt auch langjährige Forschungsprojekte, die Kataloge pflegen, um einen Überblick über Referenzmodelle in der Anwendung zu gewährleisten. Ziel hierbei ist, es auf bereits existierende Referenzmodelle zurückgreifen zu können, um so Arbeit nicht mehrfach von neuem zu beginnen bzw. auf bisher entwickelten Modellen aufbauen zu können. Auf diese Weise wird die Zeit zwischen Modellentwicklung und tatsächlicher Nutzung bestmöglich verkürzt.

3.3 Arten von Anwendungssystemen

Dem Prinzip der prozessorientierten Entwicklung von Geschäftssystemen bzw. integrierten Informationssystemen folgend, sind die im vorherigen Kapitel modellierten Geschäftsprozesse Grundlage zur Planung, Implementierung und Aktualisierung von Anwendungssystemen. Sie ermöglichen allen Beteiligten eine gemeinsame Sicht auf die Prozesse und wie diese ablaufen sollten. In diesem Kapitel werden unterschiedliche Arten von Anwendungssystemen, ihre Zielgruppen und Besonderheiten vorgestellt, damit bei der Konzeption von Geschäftsprozessen auch der Zusammenhang zu dem jeweiligen Anwendungssystem, möglichen Spezifika und externen Einflüssen berücksichtigt werden kann.

Unter einem betrieblichen Anwendungssystem versteht man im engeren Sinne die Gesamtheit aller Programme für ein konkretes betriebliches Anwendungsgebiet. Dies umfasst die Anwendungssoftware und die zugehörigen Daten. Im weiteren Sinne sind zusätzlich auch die für die Nutzung der Anwendungssoftware benötigte Hardware und Systemsoftware, die erforderlichen Kommunikationseinrichtungen und – je nach Betrachtungsweise – auch die Benutzer Teil des betrieblichen Anwendungssystems.

Anwendungssysteme werden für alle betrieblichen Arbeitsgebiete eingesetzt, sowohl für primäre Prozesse der Wertschöpfungskette, wie Beschaffung, Produktion und Vertrieb, als auch für sekundäre Prozesse, wie Finanzbuchhaltung, Controlling und Personalabrechnung. Ebenso setzen die meisten Branchen, wie Industrie, Handel, Banken und Dienstleister sowie Unternehmen jeder Größe, Anwendungssysteme auf verschiedenen Rechnern aller Größenklassen und mit unterschiedlichen Vernetzungsstrategien ein.

Betriebliche Anwendungssysteme dienen dabei der Unterstützung von Geschäftsprozessen, sodass diese effizienter und effektiver durchgeführt werden können. Anwendungssysteme können anhand einer Vielzahl von Kriterien strukturiert werden, von denen einige in ◘ Tab. 3.1 zusammengefasst sind.

Die bloße Anzahl an Kriterien zeigt, dass Anwendungssysteme aus einer Vielzahl von Perspektiven betrachtet werden können. Die Liste ist nicht abschließend; es gibt je nach Situation noch eine größere Anzahl an Kriterien. Dementsprechend ist es die Aufgabe des Wirtschaftsinformatikers, geeignete Kriterien für ein Anwendungssystem zu identifizieren. Dafür muss die Einordnung/Struktur innerhalb eines Unternehmens beachtet werden, aber auch die Branche des Unternehmens und weitere externe Faktoren, wie beispielsweise gesetzliche Vorgaben oder Branchenstandards.

Nachfolgend werden ein Ordnungsschema für Anwendungssysteme sowie einzelne Systeme vorgestellt. Damit soll in die Vielfalt und Rolle der Anwendungssysteme für Unternehmen eingeführt und ein Verständnis für die Herausforderungen und Vorteile geschaffen werden. Die Systeme werden nach der Zukunftsorientierung der Inhalte sowie der Zielgruppen im Unternehmen gegliedert, wie in ◘ Abb. 3.24 dargestellt. So werden die Inhalte von operativen Systemen sofort beziehungsweise kurzfristig vom operativen Management verarbeitet und benötigt, während die Inhalte von Managementinformationssystemen (MIS) für strategische Entscheidungen und mehrjährige Investitionsentscheidungen vom mittleren und Topmanagement genutzt werden. Querschnittssysteme werden von allen Zielgruppen

Tab. 3.1 Strukturierung betrieblicher Anwendungssysteme. (Eigene Darstellung)

Kriterium	Erläuterung	Beispiel
Typ: Individual- oder Standardsoftware	Software kann als fertiges Paket oder individuell programmierte Anwendung bezogen werden.	Office-Pakete für Textverarbeitung sind im Regelfall Standardsoftware. ERP-Software wie SAP ERP muss im Regelfall individuell angepasst werden.
Plattform: proprietär, offen, online/Web	Software kann nur unter definierten Systemen eines Anbieters (proprietär), unter vielen Systemen funktionieren (offen) oder online/als Webdienst per Browser bereit stehen.	Proprietär: für Windows geschriebene Software Offen: Java-Programme Webdienst: Facebook
Nutzungsformen: Dialogbetrieb, Stapelverarbeitung, Transaktionsverarbeitung	Daten können einzeln per Dialog, per Verarbeitung größerer Datenmengen auf einmal oder in einzelnen Transaktionen verarbeitet werden.	Dialogbetrieb: Geldüberweisung am Bankautomaten Stapelverarbeitung: Alle Überweisungen eines Tages verarbeiten Transaktionsverarbeitung: Geld abheben
Programmiersprache: prozedural, nicht prozedural, objektorientiert	Software kann anhand der verwendeten Programmiersprache unterschieden werden.	SQL, ABAP/4, Java, C++
Lizenzmodell: Einmallizenz, zeitabhängige Lizenz, nutzerabhängige Lizenz, hardwaregebundene Lizenz, …	Software kann anhand des Lizenzmodells unterschieden werden.	Einmallizenz: Einmal bezahlen, für immer nutzen Zeitabhängige Lizenz: Bezahlung für ein Jahr Nutzung
Hardwarevoraussetzungen: Rechenleistung, Speicherplatz, Netzwerk, weitere Geräte wie Zusatzkarten, Drucker etc.	Software kann anhand der Hardwarevoraussetzungen unterschieden werden.	Hohe Rechengeschwindigkeit für wissenschaftliche Simulationen
Spezifische Geräte: Kassenlesepistole, Geldautomaten, Selbstbedienungsterminal	Software kann anhand benötigter Zusatzhardware unterschieden werden.	Ein Kassensystem erfordert die Anbindung an die Kasse sowie an die Kassenlesepistole.
Architektur: zentral, dezentral, Client-Server, …	Software kann anhand der Architektur unterschieden werden.	Versicherungen haben teildezentrale Strukturen für die Vertriebsbüros.
Netze: Internet, Intranet, lokale Nutzung, …	Je nach Bedarf kann Software per Internet, lokalen Netzen o. ä. kommunizieren.	Zugriff auf vertrauliche Daten wird nur innerhalb des Intranets erlaubt.

im Unternehmen eingesetzt und in diesem Zusammenhang innerhalb unterschiedlichster Planungshorizonte verwendet. Electronic Data Interchange (EDI) ist kein Anwendungssystem im engeren Sinne, sondern bezeichnet den elektronischen Datenaustausch über Geschäftstransaktionen, wie Bestellungen, Rechnungen, Überweisungen, Warenerklärungen etc., zwischen Betrieben.

Die operativen Systeme sowie Planungs-, Führungs- und Querschnittssysteme werden nachfolgend detaillierter vorgestellt.

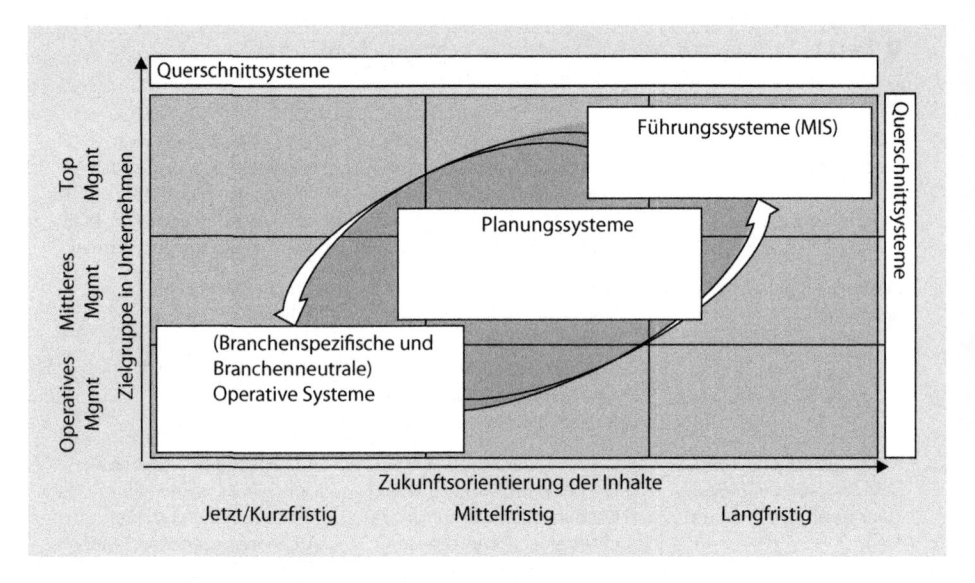

Abb. 3.24 Ordnungsschema für Anwendungssysteme. (Eigene Darstellung)

3.3.1 Operative Systeme

Die operativen Systeme werden primär im operativen Management und für Aufgaben des Tagesgeschäfts eingesetzt. Allgemein formuliert unterstützen sie operative Geschäftsprozesse wie die Abrechnung, Disposition und Verwaltung. Diese operativen Systeme können wiederum in administrative und dispositive Systeme unterteilt werden. ◘ Tab. 3.2 zeigt die Unterscheidung auf und gibt Beispiele aus der täglichen Unternehmenspraxis.

Operative Systeme können demnach insbesondere durch die Funktion im Unternehmen unterschieden werden, wie Personal, Einkauf oder Verwaltung, und durch die Branche, etwa Handel, Fertigung und Finanzwesen.

Da gewisse Funktionen in allen Unternehmen mehr oder weniger umfangreich vorhanden sind, wird nachfolgend anhand der Bereiche »branchenneutrale operative Systeme« und »branchenspezifische operative Systeme« differenziert. Einerseits gibt es operative Systeme, die beispielsweise überwiegend in der Fertigungsindustrie eingesetzt werden und somit einen Branchenfokus haben. Andererseits ist diese Unterteilung nicht in allen Fällen komplett trennscharf: So ist die Kosten- und Leistungsrechnung in vielen Fällen branchenspezifisch durchzuführen, wenngleich es auch branchenunabhängige Softwarepakete mit der Kosten- und Leistungsrechnung als Bestandteil gibt. Insgesamt hilft die Unterscheidung anhand der Branchenspezifität trotzdem, um bei der Vielzahl von Anwendungssystemen einen ersten Überblick zu erhalten.

Die nachfolgend im Detail vorgestellten Systeme werden oft in der Praxis eingesetzt. Dabei sollen im Kern jeweils folgende Fragen beantwortet werden: Aus welchen Komponenten besteht das Anwendungssystem? Welche Geschäftsprozesse werden damit unterstützt? Welche weiteren Kenntnisse sind über das Anwendungssystem hinaus wichtig, wie beispielsweise rechtliche Vorgaben? ◘ Tab. 3.3 zeigt die Anwendungssysteme und ihre Zuordnung in eine der beiden Kategorien.

● Tab. 3.2 Strukturierung operativer Systeme. (Eigene Darstellung)

	Administrative operative Systeme	Dispositive operative Systeme
Aufgabenfokus	Klassische betriebliche Abrechnung von »Massendaten« Verwaltung von Beständen	Vorbereitung kurzfristiger dispositiver Entscheidungen
Zielgruppe	Operativer Bereich der unteren Unternehmensebene	Management der unteren Unternehmensebene
Beispielanwendungen (Tätigkeitsbezeichnungen)	Buchführungsarbeiten in der Finanzbuchhaltung, inklusive Monats- und Jahresabschlüssen (Buchhaltung, Steuerberater, Controlling) Monatliche Lohn- und Gehaltsabrechnungen im Personalwesen (Personalsachbearbeitung) Inventarmanagement von Lagerartikeln im Handel und in der Fertigungsindustrie (Kassierer, Lagerist, Verkäufer, Produktionsmitarbeiter) Verwaltung von Konten bei Banken und Bausparkassen oder von Verträgen bei Leasingfirmen und Versicherungen (Servicemitarbeiter, Account Manager)	(Plan-) Kalkulation in der Kostenrechnung (Management) Außendienststeuerung und Tourenplanung im Vertrieb (Vertriebsmanager) Materialbeschaffung (Einkäufer) und die Werkstattsteuerung in der Fertigung (Produktionsleiter) Bestellwesen im Handel (Marktgeschäftsführer, Teamleiter)

● Tab. 3.3 Branchenneutrale und spezifische operative Systeme. (Eigene Darstellung)

Branchenneutrale operative Systeme	Branchenspezifische operative Systeme
Finanz- und Rechnungswesen Personalwesen Beschaffung/Einkauf Vertrieb	CAD (Rechnergestütztes Konstruieren) Warenwirtschaftssystem im Handel Wertpapierhandelssystem Schadensabwicklungssystem

3.3.1.1 Branchenneutrale operative Systeme

Folgende Ausführungen widmen sich zunächst den branchenneutralen Komponenten eines Anwendungssystems, welche die innerbetrieblichen Prozesse unabhängig von der jeweiligen Branche oder dem Industriezweig unterstützen. In Anlehnung an Porters Wertschöpfungskette referenzieren branchenneutrale Systeme sowohl unterstützende Aktivitäten, die nicht primär an der Wertschöpfung eines Unternehmens beteiligt sind, z. B. Personal-, Finanz- und Rechnungswesen, als auch primäre Aktivitäten, wie z. B. die Beschaffung und den Vertrieb. Ein Beispiel für ein Anwendungssystem, das alle im Folgenden beschriebenen branchenneutralen Komponenten unterstützt, ist SAP ERP mit seinen untereinander interagierenden Modulen Financial Accounting, Human Resources, Material Management, Sales und Distribution. Es folgt eine Betrachtung ausgewählter branchenneutraler Funktionen.

3.3.1.1.1 Finanz- und Rechnungswesen

Die Anwendungssysteme für das Finanz- und Rechnungswesen werden den branchenneutralen operativen Systemen zugeordnet. Vorgaben für die branchenübergreifende Finanzbuchhal-

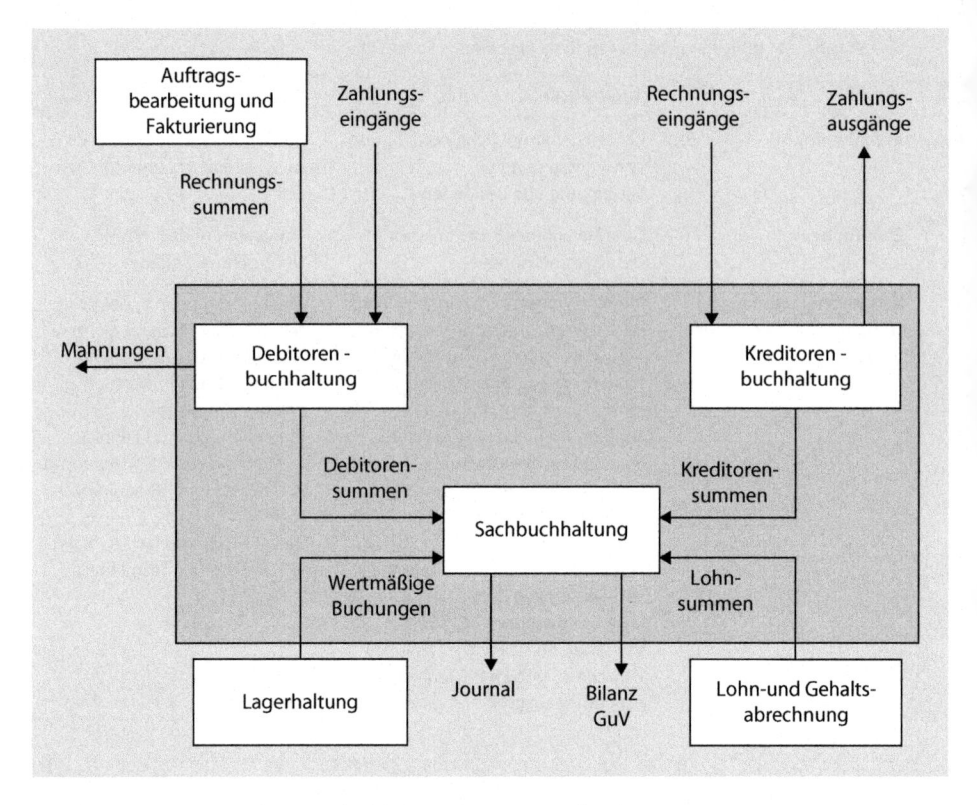

Abb. 3.25 Programme der Finanzbuchhaltung. (Eigene Darstellung)

Diagramm mit folgenden Elementen und Verbindungen:
- Auftragsbearbeitung und Fakturierung → Rechnungssummen → Debitorenbuchhaltung
- Zahlungseingänge → Debitorenbuchhaltung
- Rechnungseingänge → Kreditorenbuchhaltung
- Kreditorenbuchhaltung → Zahlungsausgänge
- Debitorenbuchhaltung → Mahnungen
- Debitorenbuchhaltung → Debitorensummen → Sachbuchhaltung
- Kreditorenbuchhaltung → Kreditorensummen → Sachbuchhaltung
- Lagerhaltung → Wertmäßige Buchungen → Sachbuchhaltung
- Lohn- und Gehaltsabrechnung → Lohnsummen → Sachbuchhaltung
- Sachbuchhaltung → Journal, Bilanz GuV

---

tung ergeben sich aus regionalen, nationalen und internationalen Gesetzen, Bilanzierungsvorschriften und weiteren Anforderungen. Um die Einhaltung dieser Vorgaben sicherzustellen, auf Änderungen schnell reagieren zu können sowie eine effiziente Bearbeitung in der Buchhaltung zu ermöglichen, führt ein Unternehmen im Regelfall eine durch Anwendungssysteme unterstützte Finanzbuchhaltung.

Die Programme einer Finanzbuchhaltung sind in ◘ Abb. 3.25 zusammengefasst.

Vor allem der interne Aufbau der Anwendungssysteme und die Schnittstellen zu anderen Programmen sind hinsichtlich der informationstechnischen Realisierung der Grundfunktionen von Buchhaltungssystemen von Bedeutung.

Buchhaltungssysteme unterstützen viele Geschäftsprozesse, welche die Buchungsdaten als Datengrundlage benötigen. Damit unterstützen sie einerseits die (teil-)automatisierte Erstellung von Berichten und andererseits die schnelle Suche nach Buchungen und Detailinformationen, die vorher nur auf Papier zu finden waren. Entsprechend sind die verschiedenen Programme der Finanzbuchhaltung untereinander vernetzt.

Dabei nimmt die Debitorenbuchhaltung alle Buchungen von Last- und Gutschriften wie beispielsweise Rechnungsausgängen, Zahlungseingängen und Berichtigungen auf den Kundenkonten vor. Die Lastschriften werden aus den Rechnungssummen der Fakturierung übernommen; für die Sachbuchhaltung werden Gesamtrechnungssummen ermittelt. Die Kreditorenbuchhaltung nimmt alle Buchungen von Last- und Gutschriften auf den Lieferantenkonten vor. Für die Sachbuchhaltung werden Gesamtkreditorensummen ermittelt. Die Sachbuchhaltung übernimmt die Gesamtsummen aus der Debitoren- und der Kreditorenbuchhaltung.

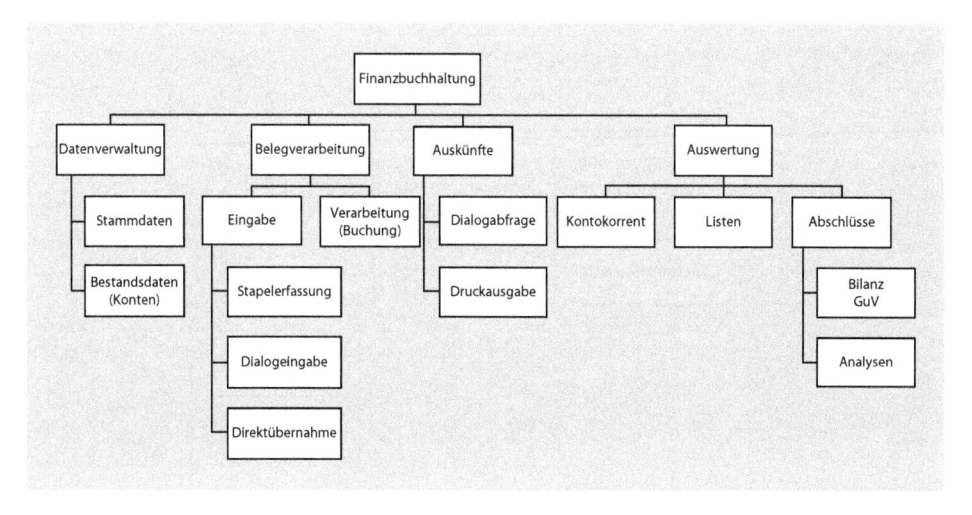

Abb. 3.26 Beispielhafter interner Aufbau von Buchhaltungsprogrammen. (Eigene Darstellung)

Weitere Summen werden aus den Arbeitsgebieten Anlagenrechnung, Lagerhaltung sowie Lohn- und Gehaltsabrechnung bezogen. Alle übrigen Geschäftsvorfälle werden direkt gebucht. Die Sachbuchhaltung erstellt das Journal, die Kontenblätter, alle bilanztechnischen Auswertungen (Salden, Bilanz, GuV) sowie Sonderrechnungen.

Der für fast alle Abrechnungssysteme typische interne Aufbau der Buchhaltungsprogramme kann grob in Datenverwaltung, Belegverarbeitung, Auskünfte und Auswertungen gegliedert werden, wie in ◘ Abb. 3.26 dargestellt ist.

Die Datenverwaltung umfasst die Stammdaten und Bestandsdaten beziehungsweise Konten. Stammdaten sind unter anderem die Nummern, Typen (einschließlich Hierarchiebeziehungen) und Bezeichnungen der Personen- und Sachkonten. Ebenso zählen Anschriften, Matchcodes und Bankverbindungen sowie Zahlungskonditionen, Buchungsarten und Lastschriftvereinbarungen zu den Stammdaten. Bestandsdaten hingegen sind die Kontostände aller Debitoren-, Kreditoren- und Sachkonten.

Die Belegverarbeitung unterscheidet danach, ob die informationstechnischen Funktionen Dateneingabe, Prüfung/Kontrolle, Korrektur und Verarbeitung (Buchung) im Stapel- oder im Dialogbetrieb erfolgen. Viele Systeme gehen vom Dialogbetrieb als Regelfall aus und beschränken den Stapelbetrieb auf periodische Abrechnungs- und Auswertungsfunktionen. Als weitere Alternative gewinnt die Direktübernahme von Daten, die durch den elektronischen Datenaustausch angeliefert werden, zunehmend an Bedeutung.

Auskünfte sind z. B. Abfragen von Kontoständen, die sich am Bildschirm anzeigen oder als schriftlicher Nachweis ausdrucken lassen.

Auswertungen zum Kontokorrent sind z. B. Mahnungen und Zahlungsaufträge. Listen umfassen Adressen, Journale, Konten, Salden, Abschlüsse und vieles mehr.

Zusammenfassend bestehen die branchenneutralen operativen Systeme des Finanz- und Rechnungswesens aus vielen Programmen, die miteinander vernetzt sind. Diese Programme erhöhen die Effizienz, da die Daten digital zur Verfügung stehen und Aspekte wie Mehrfacheingaben vermieden werden. Zugleich ist es auch für Unternehmen wichtig, die geltenden rechtlichen Vorgaben einzuhalten, wobei die Programme ebenfalls unterstützend wirken.

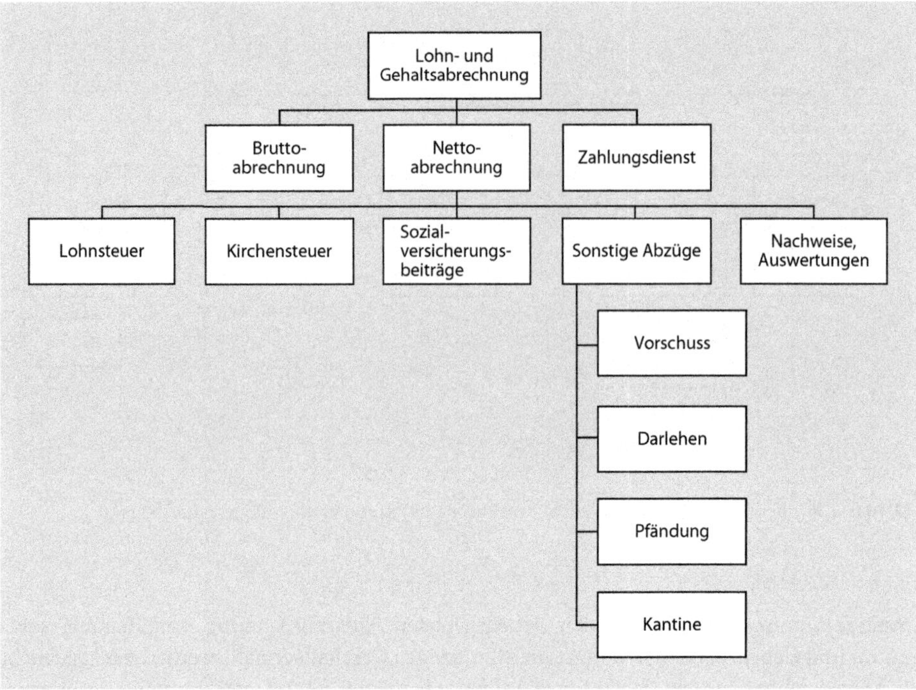

Abb. 3.27 Bestandteile der Lohn- und Gehaltsabrechnung. (Eigene Darstellung)

3.3.1.1.2 Personalwesen

Die beiden wichtigsten operativen Systeme des Personalwesens (auch als Personalwirtschaft bezeichnet) sind die Personalabrechnung und die Zeitwirtschaft. Die Personalabrechnung umfasst insbesondere die Lohn- und Gehaltsabrechnung, während die Zeitwirtschaft für die Erfassung der Arbeitszeit zuständig ist. Dementsprechend unterstützen sie die Mitarbeiter aus verschiedenen Abteilungen eines Unternehmens, wie die Personalabteilung und Lohnbuchhaltung, aber auch die Manager der jeweiligen Abteilungen und Gruppen, indem sie Informationen zentral bereitstellen.

Die Hauptkomponente der Personalabrechnung sowie der Lohn- und Gehaltsabrechnung besteht hinsichtlich der Datensicht aus den in ◘ Abb. 3.27 dargestellten Teilkomponenten.

Anhand der Komplexität der rechtlichen und steuerlichen Vorgaben ist ersichtlich, dass sich ohne den Einsatz von Software schnell Fehler einschleichen könnten. Somit dienen diese Systeme nicht nur der Effizienz und Effektivität der Datenverarbeitung, sondern auch der Fehlervermeidung.

Ein Bruttolohn kann sich aus unterschiedlichen Komponenten zusammensetzen. Die Bruttoabrechnung ermittelt den Bruttolohn anhand von Zeitlohn, Prämienlohn, Akkordlohn (Zeit-, Gruppen-, Stückakkord), Mehrarbeit, Zuschlägen, Zulagen und weiteren Möglichkeiten unter Berücksichtigung von Überstunden und Provisionen. In der Nettoabrechnung werden dann die Lohnsteuer und die Kirchensteuer berechnet. Ebenso werden die Sozialversicherungsbeiträge, das heißt Kranken-, Renten-, Arbeitslosen- und Pflegeversicherung, sowie die einmaligen und periodischen sonstigen Abzüge, wie Vorschuss, Darlehen, Pfändung, vermögenswirksame Leistungen, Kantinenessen und andere, berechnet und entsprechend mit dem Bruttogehalt verrechnet.

Die Programme für Nachweise und Auswertungen erzeugen unterschiedliche Ausgaben. Das können Verdienstnachweise, Beitragsnachweise für die Kranken- und Rentenversicherung, Nachweise für Berufsgenossenschaften, Buchungsdaten für die Finanzbuchhaltung, Daten für die Kostenrechnung und weitere innerbetriebliche Statistiken und Übersichten sein.

Das Programm für den Zahlungsdienst umfasst die Funktionen zur Auszahlung oder Überweisung. Unternehmen zahlen Geld an die Lohn- und Gehaltsempfänger sowie an Geldinstitute, Finanzverwaltungen, Bausparkassen, Krankenkassen, Versicherungen und weitere Empfänger.

Kleinere Anwendungssysteme der Personalabrechnung sind die Provisionsabrechnung für Mitarbeiter des Vertriebs, Reisekostenabrechnung, Telefonabrechnung beispielsweise für Privatgespräche, Mietabrechnung für Werkswohnungen und für den Belegschaftsverkauf. Diese sind häufig mit der Lohn- und Gehaltsabrechnung gekoppelt, sodass diese Kosten mit der Gehaltsauszahlung verrechnet werden können.

Aus informationstechnischer Sicht besteht das Grundschema aller Anwendungssysteme der Personalabrechnung ebenso wie bei der Finanzbuchhaltung (siehe ● Abb. 3.25) aus den Funktionen Verwaltung von Stamm- und Bestandsdaten, Verarbeitung von Bewegungs- und Änderungsdaten, Auskünfte und Auswertungen.

Der Stammdatenverwaltung kommt gerade bei der Personalabrechnung wegen der Vielzahl von Personaldaten besondere Bedeutung zu. Der Verarbeitung von Bewegungsdaten entsprechen die Bruttoabrechnung und die Auswertungen der Nettoabrechnung einschließlich der nachfolgenden Zahlungsdienste.

Alle Programme der Lohn- und Gehaltsabrechnung werden mit einer Mischung aus Dialog- und Stapelbetrieb genutzt: Die Eingabe und Änderung von Personaldaten erfolgt im Dialogbetrieb in der Personalabteilung. Beispiele hierfür sind die Neueinstellung oder das Ausscheiden von Mitarbeitern, Änderungen der Anschrift, des Familienstands, der Bezüge und der Kostenstelle. Ebenso gibt die Personalabteilung Auskünfte bei Rückfragen von Arbeitnehmern. Die eigentliche Abrechnung einschließlich der Auswertungen und des Zahlungsdienstes wird dagegen einmal monatlich im Stapelbetrieb durchgeführt.

Die Programme zur Lohn- und Gehaltsabrechnung sind wegen der häufigen Änderungen der Gesetze, der Tarifverträge und der innerbetrieblichen Vorschriften außerordentlich wartungsintensiv. Entsprechend sollte bei der Auswahl solcher Systeme auf die Möglichkeit geachtet werden, Aktualisierungen einfach durchführen zu können. Themen wie das Lohnsteuerrecht, Sozialversicherungsrecht, Vermögensbildung, Pfändungsverordnung, Betriebsvereinbarungen, Arbeitsverträge und Vergütungsregeln werden häufig an verschiedene Entwicklungen angepasst.

Neben den Systemen zur Lohn- und Gehaltsabrechnung sind die Systeme zur Zeitwirtschaft im Personalwesen wichtig. Sie befassen sich mit der Ermittlung der Anwesenheits- und Abwesenheitszeit der Mitarbeiter und mit der Verwaltung der individuellen Zeitkonten zur Zeitverwaltung. Insbesondere bei flexiblen Arbeitszeitregelungen, wie Gleitzeit oder bei Schichtarbeit, können Mitarbeiter und die Personalabteilung so leichter den Überblick behalten.

Dabei ist die Positiverfassung von der Negativerfassung zu unterscheiden. Bei der Positiverfassung werden alle Anwesenheitszeiten und die Abweichungen vom Sollzustand erfasst, während bei der Negativerfassung nur die Abweichungen vom Sollzustand registriert werden, beispielsweise bei Dienstreisen, Freistellungen, Krankheit und Urlaub. Die Erfassung kann dabei mit Zeiterfassungsgeräten realisiert werden, die z. B. mit Ausweiskarten oder Mitarbeiternummern funktionieren. Moderne Lösungen lassen auch die Registrierung über Mobilfunk zu, sodass ein Mitarbeiter eine speziell eingerichtete Servicenummer wählt und sich mit seinen persönlichen Daten an- und abmelden kann.

Zur Personalwirtschaft im weiteren Sinne gehören ebenso Programme zur Personalplanung, das heißt zur Planung des Personalbedarfs, des Personaleinsatzes und der Personalkosten. Ferner sind dazu Programme zur Verwaltung der Mitarbeiterqualifikationen im Skill-Management und mitarbeiterbezogene Aus-, Fort- und Weiterbildungsmaßnahmen zu rechnen. Der Eingang von Bewerbungen, die Verwaltung der Bewerberdaten und die Vorauswahl von Bewerbern anhand von Anforderungsprofilen wird ebenso vielfach von entsprechenden Systemen unterstützt.

3.3.1.1.3 Beschaffung/Einkauf

Die Aufgaben der Beschaffung (in der Praxis häufig auch als Einkauf bezeichnet) sind in allen Unternehmen sehr ähnlich, wenn auch die Bedeutung der Beschaffung in einem Industrie- oder Handelsunternehmen naturgemäß größer als bei einer Bank oder einem Dienstleister ist. Die Anwendungssysteme sind überwiegend branchenneutral als Standardsoftware realisiert und mit anderen Anwendungssystemen über Schnittstellen verbunden oder damit integriert, wie z. B. mit der Finanzbuchhaltung, Kostenrechnung sowie Produktion/Materialwirtschaft.

Die wichtigsten Stammdaten für die Beschaffungsfunktion betreffen die Artikel beziehungsweise Materialien, die Lieferanten und die Beziehung zwischen beiden. Dieser »Einkaufsinfosatz« mit Preisen, Lieferzeiten und Angebotsdaten wird gegebenenfalls ergänzt um Konditionen sowie spezielle Daten, wie erlaubte, vorgeschriebene und gesperrte Bezugsquellen für ein bestimmtes Material oder eine Quotierung, die angibt, mit welcher Quote ein Lieferant bei der Beschaffung berücksichtigt wird. Bei Beschaffungen, insbesondere der öffentlichen Hand, sind weiterhin die Regeln für Ausschreibungen zu beachten.

Bei stets aktuell gehaltenen Stammdaten ist der Einkaufsprozess sehr einfach durchzuführen, da der Benutzer nur noch Menge und Termin festlegen muss, sofern keine Ausschreibung vorgeschrieben/erforderlich ist. Auslöser für den Geschäftsprozess »Beschaffung« kann eine interne Bestellanforderung sein. Den Ablauf zeigt ◘ Abb. 3.28 in Form eines Blockdiagramms. Der Geschäftsprozess kann auch durch einen der späteren Schritte gestartet werden, z. B. eine Anfrage beim Lieferanten, ein Lieferantenangebot oder eine sofortige Bestellung. Die in ◘ Abb. 3.28 aufgeführten Funktionen lassen sich wie folgt beschreiben:

Eine interne Bestellanforderung kann manuell oder maschinell erzeugt werden, z. B. als Planungslauf im Rahmen der Disposition. Im nächsten Schritt wird ein Lieferant zugeordnet, wobei vorhandene Rahmenverträge, Quotierungen und weitere Faktoren berücksichtigt werden.

Unabhängig von der Datenlage kann eine Anfrage bei verschiedenen Lieferanten veranlasst werden, um aktuelle Preise und Konditionen zu erfragen. Dies führt zu individuellen Angeboten als Basis für die Lieferantenauswahl.

Im nächsten Schritt wird die Bestellung erzeugt. Das Anwendungssystem übernimmt hier auch die Terminüberwachung und erstellt automatisch Mahnschreiben, wenn die Bestellbestätigung, das Lieferavis oder die Ware verspätet ist.

In der Teilfunktion Wareneingang wird die Ware hinsichtlich Menge und Qualität auf Übereinstimmung mit der Bestellung überprüft. Korrekt eingegangene Ware wird sowohl mengenmäßig in der Lagerhaltung als auch wertmäßig in der Finanzbuchhaltung verbucht.

Die Rechnungsprüfung schließt den Einkauf ab; sie erfolgt bestellungsbezogen oder mit Bezug zu einem Wareneingang. Das System vergleicht die Daten aus Bestellung, Wareneingang und Rechnung inhaltlich und rechnerisch und weist den Benutzer auf Abweichungen hin, sofern diese oberhalb von voreingestellten Toleranzgrenzen liegen.

Neben diesem operativen Basis-Beschaffungsprozess werden auch dispositive Aufgaben von den Anwendungssystemen übernommen. Dabei ist grundsätzlich zu unterscheiden, ob

3.3 · Arten von Anwendungssystemen

```
Bestellanforderung  ←── manuell ─────────────────────┐
    (BANF)         ←── maschinell ────────────────┐  │
        ↓                                         │  │
    Anfrage                                       │  │
        ↓                              Produktion │  │
    Angebot                                 ↑     │  │
        ↓                                   │     │  │
    Bestellung                              │     │  │
        ↓                                   │     │  │
    Wareneingang ──────────────────────→ Lager    │  │
        ↓                                            │
    Rechnungsprüfung ──────────────→ Finanzbuchhaltung
                                      (Kreditoren)
```

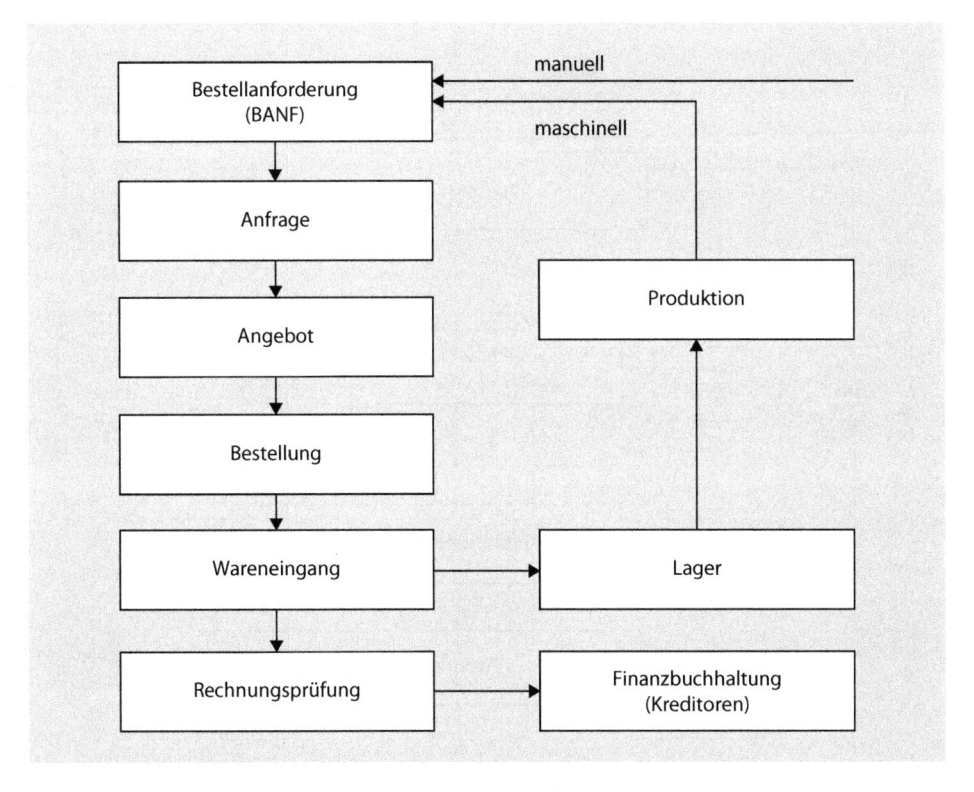

Abb. 3.28 Geschäftsprozess »Beschaffung«. (Eigene Darstellung)

exakt geplant wird (deterministische/plangesteuerte Disposition) oder ob die Beschaffungsmengen verbrauchsgesteuert festgelegt werden. Die verbrauchsgesteuerte Disposition orientiert sich an den vergangenen und prognostizierten Materialverbräuchen. Sie wird bei weniger wichtigen Teilen eingesetzt, sofern sie einen relativ regelmäßigen Verbrauch aufweisen. Bei der Bestellpunktdisposition sind der Meldebestand, die Wiederbeschaffungszeit und der Sicherheitsbestand die wichtigsten Parameter.

3.3.1.1.4 Vertrieb

Die wichtigsten Anwendungssysteme des Vertriebs sind im administrativen Bereich die Angebotsbearbeitung und -überwachung, die Auftragsbearbeitung und die Fakturierung. Im dispositiven Bereich sind es die Versanddisposition, Versandlogistik und Außendienstunterstützung. ◘ Abb. 3.29 zeigt in Form eines Datenflussplans den groben Arbeitsablauf des Geschäftsprozesses Kundenauftragsbearbeitung.

Die Angebotsbearbeitung umfasst die Kalkulation und Abgabe von Angeboten sowie die Bearbeitung von Kunden- und Interessentenanfragen. Die Programme zur Angebotsüberwachung verwalten und überprüfen die Angebote, geben Hinweise oder drucken Erinnerungsschreiben.

Die Auftragsbearbeitung übernimmt das Erfassen, Prüfen und Verwalten von Kundenaufträgen. Sie hat mehrere Schnittstellen:

- zur Lagerverwaltung, damit die Verfügbarkeit eines Artikels geprüft werden kann;
- zur Produktion bei Fertigungsaufträgen;

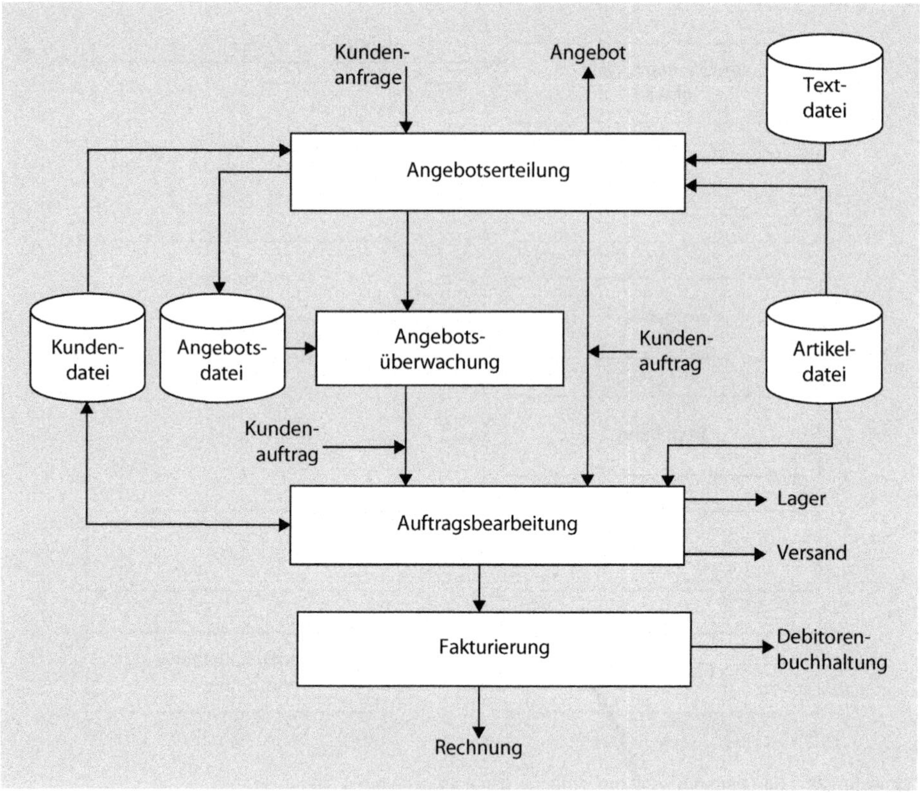

Abb. 3.29 Kundenauftragsbearbeitung. (Eigene Darstellung)

- zur Fakturierung sowie
- zur Versanddisposition, um Lieferscheine und Versandpapiere erstellen und die Versandart festlegen zu können.

Die Fakturierung erstellt bei Vorfakturierung die Rechnung einschließlich der Versandpapiere anhand des Kundenauftrags, der Artikelpreise und spezieller Konditionen, wie Staffelpreisen und Rabatten. Bei der Nachfakturierung werden zunächst der Lieferschein sowie die Versandanweisungen und in einem zweiten Arbeitsgang die Rechnung erstellt. Zur Fakturierung im weiteren Sinne gehört auch die Bearbeitung von Gutschriften.

Die wichtigste Schnittstelle der Fakturierung besteht zur Debitorenbuchhaltung, um die Rechnungssummen weiterzugeben. Die Auswertung der Fakturierungsdaten kann wichtige Führungsinformationen erbringen, wie beispielsweise Umsätze nach Kunden, Artikeln, Gebieten, Vertretern und weiteren Merkmalen.

Am Beispiel der Programme zur Auftragsbearbeitung und Fakturierung lässt sich erneut eine sinnvolle Kombination von Stapel- und Dialogbetrieb zeigen: Im Dialogbetrieb wird zunächst durch Abfrage des Lagerbestands geprüft, ob ein Kundenauftrag ausgeführt werden kann. Falls ja, werden zu einem späteren Zeitpunkt, beispielsweise einmal täglich, Versandanweisungen und Rechnungen zusammen mit anderen Aufträgen im Stapelbetrieb erstellt. Falls nein, werden verschiedene maschinelle oder manuelle Aktionen vorgenommen, bei

3.3 · Arten von Anwendungssystemen

◻ **Tab. 3.4** Ziele des Computer Integrated Manufacturing. (Eigene Darstellung)

Technische Ziele	Organisatorische Ziele	Betriebswirtschaftliche Ziele
Rationalisierung der Fertigung Erhöhung der Produkt- und Prozessqualität	Verkürzung der Durchlaufzeiten von Aufträgen Erhöhung der Termintreue, beziehungsweise Einhaltung der Liefertermine gegenüber den Kunden	Hohe Kapazitätsauslastung und gleichmäßiger Beschäftigungsgrad Erhöhung der Flexibilität am Markt durch große Variantenvielfalt Schnellere Reaktion auf veränderte Kundenwünsche und damit ständige Lieferbereitschaft Minimierung der Kapitalbindung in den Lagern

denen z. B. Kunden schriftlich oder telefonisch benachrichtigt werden oder Rücksprache mit dem Lieferanten beziehungsweise der Fertigung gehalten wird.

3.3.1.2 Branchenspezifische operative Systeme

3.3.1.2.1 Fertigungsindustrie

Einen Schwerpunkt branchenspezifischer operativer Systeme bilden die Fertigungsbetriebe der verarbeitenden Industrie. Im Sinne des in den 1970er Jahren entstandenen Schlagwortes CIM (Computer Integrated Manufacturing) wird angestrebt, alle fertigungstechnischen Arbeitsabläufe und alle betriebswirtschaftlich-organisatorischen Dispositions- und Steuerungsaufgaben zu einem in sich geschlossenen Gesamtsystem zu integrieren. Bei CIM handelt es sich als Ganzes um ein Konzept, das heißt, dass vollkommene Lösungen in der betrieblichen Praxis nicht anzutreffen sind und stattdessen einzelne Lösungen eingesetzt werden. Tendenziell realisieren ERP-Systeme das CIM-Konzept mittlerweile weitgehend, wenn auch nicht komplett.

Mit CIM-Systemen sollen unterschiedliche Ziele erreicht werden, die in ◻ Tab. 3.4 dargestellt sind.

Das CIM-Konzept fokussiert auf Fertigungsbetriebe mit Serien- und Einzelfertigung, jedoch gelten ähnliche Konzepte auch für Verarbeitungsbetriebe mit Massenfertigung.
◻ Abb. 3.30 zeigt die Komponenten des CIM-Konzepts.

Vereinfacht ausgedrückt befassen sich CAD, CAP und CAM (zusammenfassende Abkürzung: CAx) mit den produktbezogenen, das heißt fertigungstechnischen Aspekten von Fertigungsaufträgen, während PPS (Produktionsplanung und -steuerung) die auftragsbezogenen, das heißt organisatorischen Aspekte umfasst (▶ Abschn. 3.4.2). Nachfolgend werden die sogenannten CAx erläutert.

CAD (Computer Aided Design) umfasst das computergestützte Entwerfen, Zeichnen und Konstruieren einschließlich der zugehörigen technischen Berechnungen. Reißbrett und Zeichentisch sind durch den CAD-Arbeitsplatzrechner abgelöst worden, an dem durch entsprechende Software viele Geometrieelemente wie Kurven, Flächen und Körper mit den zugehörigen mathematischen Funktionen und höheren Konstruktionskomponenten zur Verfügung gestellt werden. Hinsichtlich der Darstellungstechniken unterscheidet man bei CAD, je nach den durch die Programme gegebenen Möglichkeiten, zwischen zeichnungsorientierten zweidimensionalen Ansichten und Schnitten (Flächenmodelle) und werkstückorientierten dreidimensionalen Ansichten (Volumenmodelle in Form von Draht- oder Körpermodellen, teilweise mit realistischer Oberflächendarstellung).

CAP (Computer Aided Planning) befasst sich mit der computergestützten Arbeitsplanung. Anhand von Zeichnungen, Materialbeschreibungen, Konstruktionsdaten und ähn-

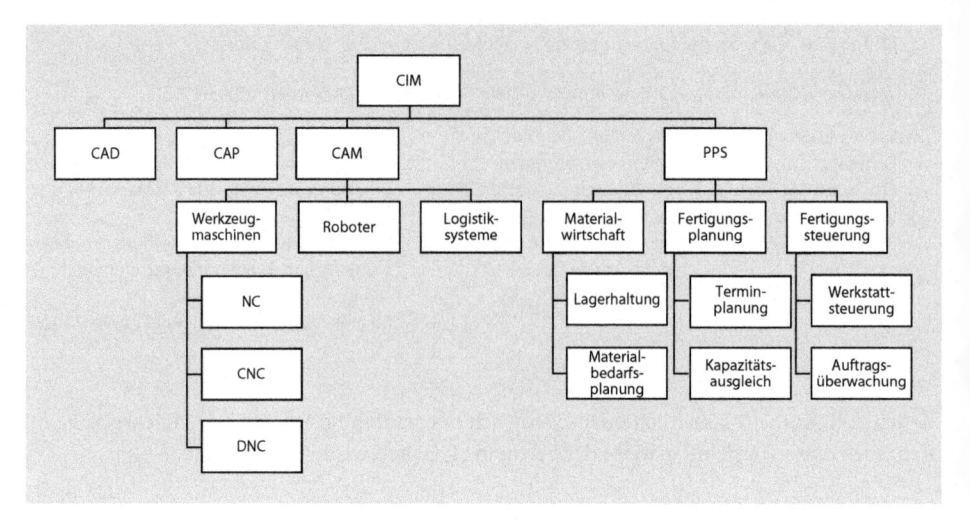

◘ **Abb. 3.30** Bestandteile des CIM-Konzeptes. (Eigene Darstellung)

lichem wird der technische Fertigungsablauf der Werkstücke vom Roh- zum Endzustand in Form von Arbeitsplänen detailliert festgelegt. Die Umsetzung erfolgt anhand von Prozessbeschreibungen, Verfahrensregeln und Steueranweisungen. CAP-Systeme bestehen aus den beiden Komponenten Arbeitsplanerstellung und Arbeitsplanverwaltung, wobei die Verwaltung der Arbeitspläne eine Schnittstelle zu den PPS-Systemen bildet. Jeder Arbeitsplan muss Angaben über die Reihenfolge der auszuführenden Tätigkeiten oder Arbeitsgänge enthalten. Für jeden Arbeitsgang sind darüber hinaus Angaben über den Arbeitsplatz (Maschine, Maschinengruppe), die zu verwendenden Werkzeuge, das benötigte Material (beziehungsweise Zwischenprodukt), die (geplanten) Bearbeitungs- und Rüstzeiten (Vorgabezeiten) sowie (bei NC-Maschinen) die zu verwendenden Programme enthalten.

CAM (Computer Aided Manufacturing) fasst alle computergestützten Fertigungsverfahren und die Systeme der innerbetrieblichen Logistik zusammen.

Das Y-CIM-Modell von Scheer, welches nachfolgend dargestellt ist, stellt die Integration betriebswirtschaftlicher und technischer Komponenten übersichtlich dar. Der Zusammenhang zwischen CAx- und PPS-Systemen wird deutlich. Die Darstellung als Y illustriert den Prozessgedanken und umfasst die Produktionsplanung, Steuerung bis hin zur Produktionsrealisierung. Auf Planungsebene sind beide Prozessketten noch unabhängig voneinander, während sie auf Fertigungsebene zusammenlaufen. Die ◘ Abb. 3.31 zeigt das Y-CIM-Modell nach Scheer (1997).

Der obere Teilbereich zeigt die Planungs- und Konstruktionsphase. Technische und betriebswirtschaftliche Funktionen greifen auf gemeinsame Stücklisten, Betriebsmittel und Arbeitspläne zu. Das Y-CIM-Modell von Scheer wird zu den betriebswirtschaftlichen Referenzmodellen gezählt.

Numerisch gesteuerte Werkzeugmaschinen (NC = Numerical Control) gibt es seit Mitte der 1960er Jahre. Sie übernehmen hauptsächlich die Bearbeitungsgänge Bohren, Drehen, Fräsen und Schneiden. Früher musste jede Maschine in einer eigenen Maschinensprache programmiert werden. Im Gegensatz dazu lassen sich heutige CNC (Computerized-Numerical-Control)-Maschinen durch einen Mikrocomputer mit Hilfe von Makrosprachen steuern, wobei die Programmierung unmittelbar an der Maschine erfolgt. Bei DNC (Distributed-Numerical-

3.3 · Arten von Anwendungssystemen

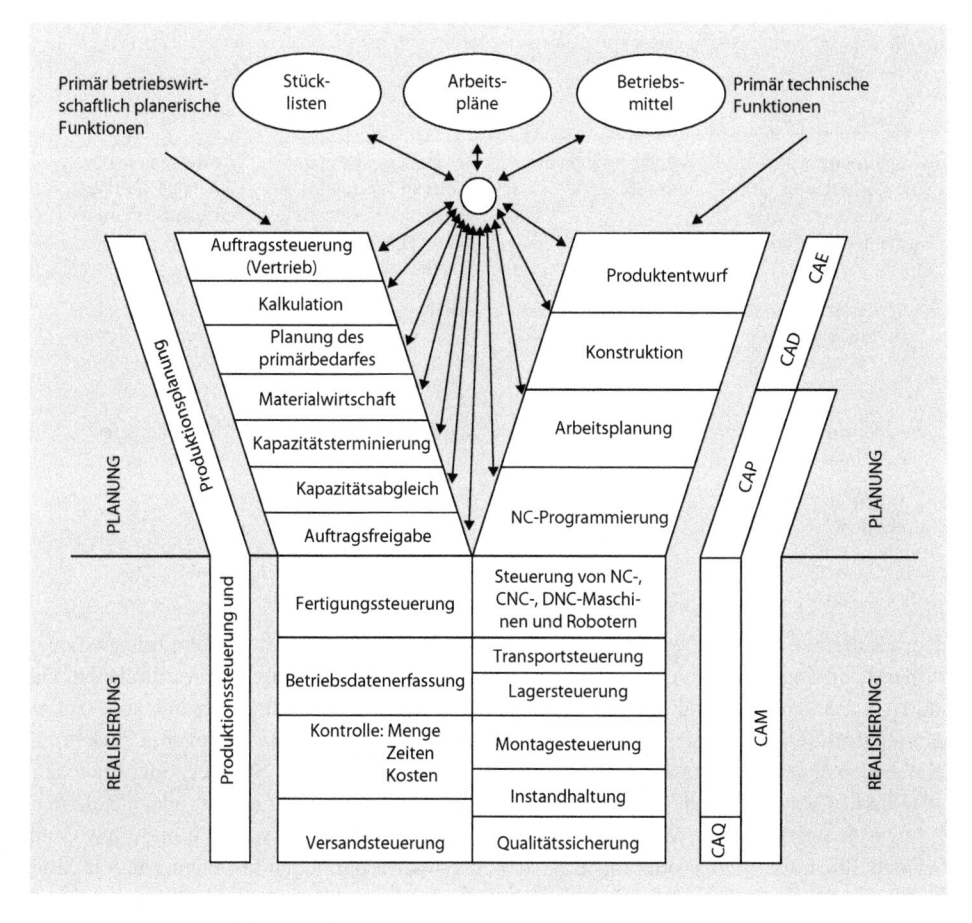

Abb. 3.31 Y-CIM-Modell nach Scheer. (In Anlehnung an Scheer 1997)

Control)-Maschinen werden nach demselben Prinzip mehrere Werkzeugmaschinen zentral durch einen einzigen Computer gesteuert.

Die wichtigsten computergestützten (innerbetrieblichen) Logistiksysteme sind Materialflusssysteme, flexible Fertigungszellen und -systeme sowie Instandhaltungssysteme. Diese werden für betriebliche Lager (z. B. Regalfahrzeuge und Senkrechtförderer in Hochregallagern) und für den innerbetrieblichen Transport (z. B. Transport- und Förderbänder und fahrerlose Transportkarren) benötigt. Die Steuerung übernehmen in der Regel eigenständige (dedizierte) Rechner, die in ein Netzwerk eingebunden sind.

3.3.1.2.2 Handelsunternehmen

In Handelsunternehmen werden unter dem Oberbegriff Warenwirtschaft sowohl der Warenfluss, das heißt die physische Distribution von Waren, als auch das Warenwirtschaftssystem als Gesamtheit aller Informationen über die Waren zusammengefasst.

Handelsunternehmen streben mit Warenwirtschaftssystemen die in ◘ Tab. 3.5 dargestellten Nutzenpotenziale an.

Zusätzlich zur Software werden auch branchenspezifische Geräte im Handel eingesetzt. Kassen dienen nicht nur zur Verwaltung der Bargeldbestände und Registrierung von Verkäu-

■ **Tab. 3.5** Angestrebte Nutzenpotenziale im Einsatz von Warenwirtschaftssystemen. (Eigene Darstellung)

Kosten	Service	Qualität	Prozesse
Reduzierung der Lagerbestände (dadurch geringere Kapitalbindung)	Beschleunigung des Verkaufs	Verringerung des Erfassungsaufwands und Vermeidung von Fehlern beim Kassiervorgang (durch Scanning)	Artikelgenaue Wareneingangs- und Warenausgangserfassung
Verbesserte Kalkulationsmöglichkeiten zur Preisgestaltung	Erhöhung der Warenpräsenz, das heißt des Servicegrads gegenüber Kunden	Attraktivere Sortimentsgestaltung	Möglichkeit zur Einleitung kurzfristiger Werbemaßnahmen
Rationalisierung des Bestellwesens	Vereinfachung der Rechnungskontrolle	Vermeidung von Inventurdifferenzen	Optimierung der Regalbelegung
Einsparung von Personal	-	-	-

fen, sondern können Preise und Artikelbezeichnungen und eventuelle weitere Informationen anhand der eingescannten oder eingetippten Artikelnummer von einem Server beziehen. Dadurch lassen sich aussagefähige Kassenbons erstellen und Preisänderungen leicht realisieren. An Kassen sind Geräte anschließbar, wie ein Display zur Betragsanzeige, Drucker zum Drucken von Kassenbons oder Rechnungen, Scanner für EAN (European Article Number) oder branchenspezifische Codes, Rückgeldgeber, Waagen und Leseeinrichtungen für Kredit- oder Geldkarten.

Die Auswertung von detaillierten Daten, die mit dem Einsatz von Scannern gewonnen werden, führt unmittelbar oder mittelbar zu betriebswirtschaftlichen Vorteilen, wie z. B. Möglichkeit zu Plan-/Ist- und Produktvergleichen, Sortimentsoptimierung, Flächenrentabilitätsverbesserung, Erhöhung der Kundenbindung und Ausnutzung komplementärer Artikelbeziehungen. Basis für die artikelgenaue Erfassung der Verkaufsdaten an den Kassen (Point of Sales, POS) bildet bei allen Alternativen eine maschinell lesbare Artikelnummer (EAN).

Das Handels-H ist ein Referenzmodell zur Modellierung betrieblicher Informationssysteme im Handel. Die Architektur unterscheidet zwischen dem Beschaffungsbereich und dem Distributionsbereich, wobei ersterer die Teilsysteme Einkauf, Disposition, Wareneingang, Rechnungsprüfung und die Kreditorenbuchhaltung beinhaltet, und letzterer Marketing, Verkauf, Warenausgang, Fakturierung und die Debitorenbuchhaltung umfasst (vgl. ▶ Abschn. 3.3.1 Branchenneutrale operative Systeme). ■ Abb. 3.32 zeigt das Handels-H nach Becker und Schütte, der Name ist der auffälligen Form geschuldet.

Das Lager fungiert als Brücke und verbindet beide Kernfunktionalitäten miteinander. Der Sockel zeigt die sogenannten Supportprozesse, welche die Aufgaben der Warenwirtschaft um betriebswirtschaftliche administrative Aufgaben ergänzen. Das Dach wiederum spiegelt die Hauptprozesse des Controlling, der BI und der Unternehmensplanung wider, welche für das Management notwendige Informationen als Grundlage für strategische Entscheidungen bereitstellen. Grundsätzlich hat sich das Referenzmodell des Handels-H als Mittel zur Prozessstrukturierung bewährt.

Charakteristisch für den Handel sind die drei betrieblichen Arbeitsgebiete Beschaffung, Lagerhaltung und Verkauf. ■ Abb. 3.33 zeigt die einzelnen Funktionen, die von diesen Arbeitsgebieten wahrzunehmen sind, sowie die Schnittstellen zur Finanzbuchhaltung.

3.3 · Arten von Anwendungssystemen

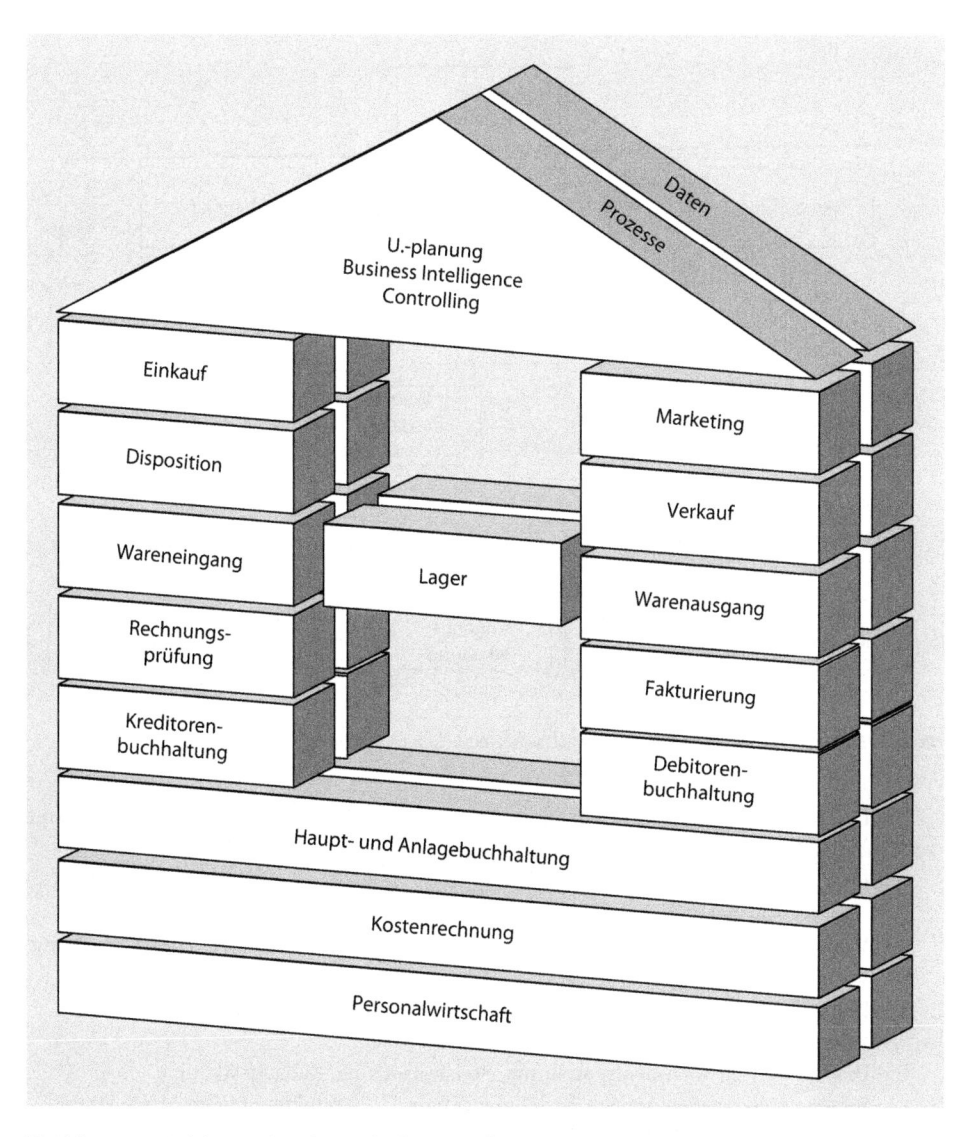

◘ **Abb. 3.32** Handels-H nach Becker und Schütte. (Aufbauend auf Becker u. Schütte 2004)

Da die Beschaffung bereits dargestellt wurde, wird an dieser Stelle ebenso wie für den Verkauf/Vertrieb auf eine ausführliche Betrachtung verzichtet. Die Lagerhaltung mit den Funktionen Bestandsverwaltung und Bestandsbewertung dient dazu, den jeweils aktuellen Lagerstand an Produkten im Überblick zu haben und anhand unterschiedlicher Analysen wie der Popularität von Produkten zu bewerten.

Wenn die Bedarfsermittlung auch die Erarbeitung von Bestellvorschlägen beinhaltet, ist die Basis für einen geschlossenen Kreislauf gegeben – der Prozess startet dann wieder bei der Bestellabwicklung. Anwendungssysteme für die integrierte Verarbeitung der drei Arbeitsgebiete werden deswegen auch als computergestützte geschlossene Warenwirtschaftssysteme bezeichnet. Sie sind hauptsächlich in Filialunternehmen, in Supermärkten und in Kauf- beziehungsweise Warenhauskonzernen realisiert.

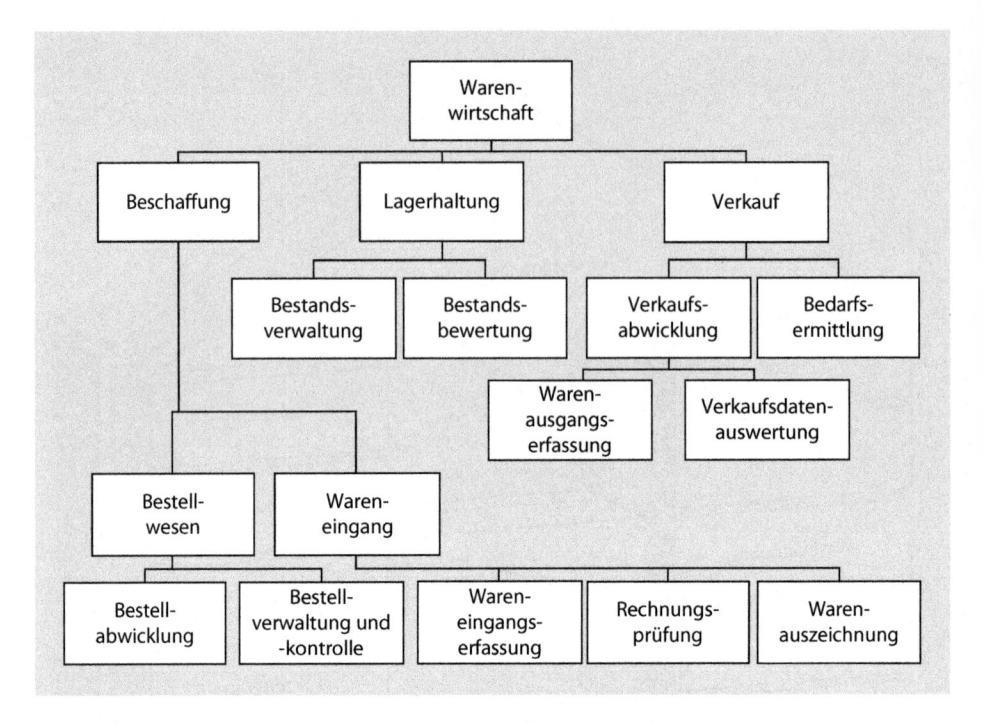

Abb. 3.33 Funktionen von Warenwirtschaftssystemen. (Eigene Darstellung)

Unterteilt man die Funktionen in administrative, dispositive und entscheidungsunterstützende Aufgaben, so ergibt die Zuordnung für die
- Administration:
  - Warenausgangsseite: Kassenabwicklung, Verkaufsdatenerfassung;
  - Wareneingangsseite: Bestellabwicklung, Wareneingangserfassung, Rechnungsprüfung, Warenauszeichnung;
  - Bestandsführung und -bewertung, Inventur (Stichtag, permanent);
- Disposition:
  - Produktpolitik: Sortimentsgestaltung, Preisfestsetzung, Rabattgestaltung;
  - Bestellwesen: Festlegung von Bestellmengen und -zeitpunkten, Lieferantenauswahl (optimale Bestellpolitik);
  - kurzfristige Maßnahmen: Verkaufsplatzorganisation, Sonderaktionen;
- Entscheidungsunterstützung:
  - mengen- und wertmäßige Verkaufs- und Bestandsübersichten;
  - ABC-Analysen nach Artikeln und Lieferanten;
  - Kennzahlen (wie z. B. Deckungsbeiträge, Warenumschlag, Sonderaktionen, Reklamationen).

Warenwirtschaftssysteme sind typische Beispiele für die konsequente Nutzung der mehrstufigen verteilten Verarbeitung. ◘ Abb. 3.34 zeigt die grundlegenden Vernetzungskonzepte bei Einsatz von Client-Server-Systemen in Abhängigkeit davon, ob das Unternehmen dezentral von der Verkaufsstelle beziehungsweise der Niederlassung, zentral von der Hauptverwaltung oder mit aufgeteilten Zuständigkeiten (für Warenbeschaffung, Sortimentsgestaltung, Preisfestsetzung etc.) gesteuert wird. Die Serverfunktionen werden je nach Konzept auf die Server in den Verkaufsstellen, den Filialen oder die Hauptverwaltung verteilt.

3.3 · Arten von Anwendungssystemen

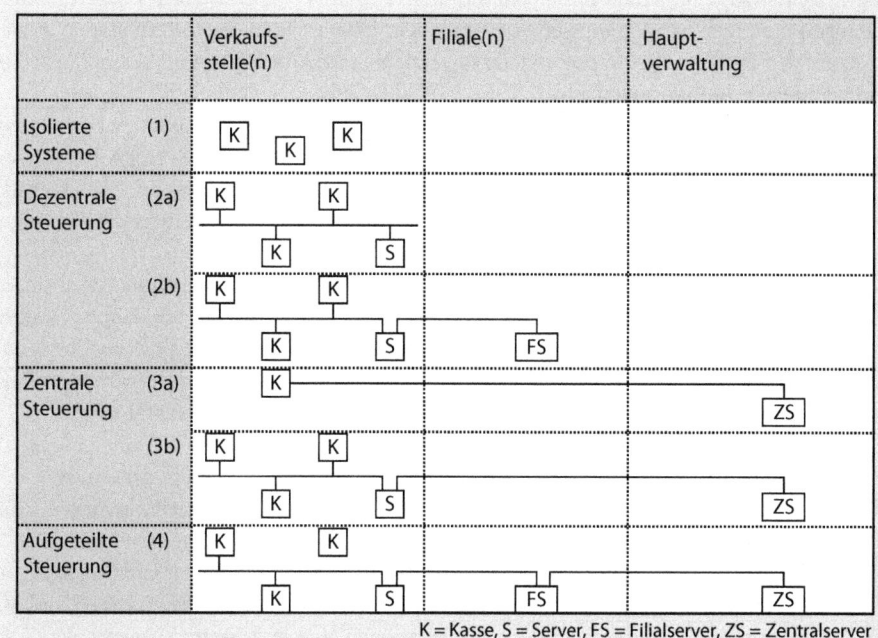

		Verkaufs-stelle(n)	Filiale(n)	Haupt-verwaltung
Isolierte Systeme	(1)	K K K		
Dezentrale Steuerung	(2a)	K — K — K — S		
	(2b)	K — K — K — S	FS	
Zentrale Steuerung	(3a)	K		ZS
	(3b)	K — K — K — S		ZS
Aufgeteilte Steuerung	(4)	K — K — K — S	FS	ZS

K = Kasse, S = Server, FS = Filialserver, ZS = Zentralserver

Abb. 3.34 Vernetzungskonzepte von Warenwirtschaftssystemen. (Eigene Darstellung)

Im Einzelnen lassen sich die Alternativen wie folgt beschreiben:

Isolierte Systeme (1): In der Verkaufsstelle sind eine oder mehrere autonome Kassen aufgestellt. Die Auswertungen beschränken sich auf tägliche Berichte über Warengruppen und Verkäufe je Kasse. Mit programmierbaren Kassen sind weitere Auswertungen möglich, z. B. Aufstellungen über Kartenzahlungen, Tages- und Wochenberichte. Bei dieser Alternative kann man noch nicht von einem geschlossenen Warenwirtschaftssystem sprechen.

Dezentrale Steuerung (2a): Die Kassen sind über ein lokales Netz verbunden, in dem der Server – der selbst wieder zusätzlich als Kasse (Leitkasse) fungieren kann – die Steuerung (Preis- und Textbereitstellung einschließlich aller Änderungen) und alle Auswertungen übernimmt. Mit dieser Alternative sind anhand statistischer Auswertungen dispositive Entscheidungen auf Geschäfts- beziehungsweise Filialebene möglich. Typische Auswertungen der Verkaufsdaten betreffen Artikel mit schnellem Umschlag (Schnelldreher, Renner), Artikel mit langsamem Umschlag (Langsamdreher, Ladenhüter, Penner), Vergleichsberichte nach Mengen, Werten, Abrechnungsperioden, Übersichten zum Verkaufsvorgang (Anzahl Verkäufe pro Zeiteinheit, Anzahl Artikel und Durchschnittsumsatz je Kunde), täglicher Geschäftsverlauf (Verkäufe nach Uhrzeit) oder Gewinnspannenermittlungen. Alternative 2a kommt in größeren Facheinzelhandelsgeschäften und in Verkaufsstellen, denen eine selbstständige Disposition gestattet wird, zum Einsatz.

Dezentrale Steuerung (2b): In einem Supermarkt oder in einer größeren Filiale sind für einzelne Verkaufsbereiche (Bekleidung, Haushaltsartikel, Lebensmittel etc.) separate lokale Netze wie in Alternative 2a installiert. In jedem Netz fungiert wieder ein Rechner als Server für die Preis- und Textbereitstellung. Die Auswertungen übernimmt nun aber ein Filialserver, an dem alle lokalen Netze über (Kommunikations-) Server angeschlossen sind. Die Dispositionsmöglichkeiten sind inhaltlich dieselben wie bei Alternative 2a. Zusätzlich sind Gegenüberstellungen der einzelnen Verkaufsbereiche möglich. Eine Variante der Alternative 2b besteht darin, auf den Server in der Verkaufsstelle zu verzichten und die Preis- und Textbereitstellung dem Filialserver zu übertragen.

Zentrale Steuerung (3a) und (3b): Die Alternativen 1 und 2a werden modifiziert, indem die Kassen nicht an einen lokalen Server, sondern über ein WAN (Wide Area Network) an einen Zentralserver in der Hauptverwaltung angeschlossen werden. Sämtliche operative Aufgaben werden zentral vorgenommen. Die Alternative 3a ist typisch für Ladenketten wie Boutiquen, Buchclubs, Kaffeegeschäfte usw.

Aufgeteilte Steuerung (4): Die Kassen beziehungsweise Server der Verkaufsstellen sind an einen Filialserver angeschlossen, der wiederum mit dem Zentralserver der Hauptverwaltung verbunden ist. Mit dieser Alternative wird eine aufgeteilte Steuerung realisiert, bei der den Filialen bei bestimmten Artikelgruppen – vor allem solchen, die wie Gemüse, Molkereiprodukte und Obst regional bezogen werden – ein eigenes Dispositionsrecht eingeräumt wird.

Bei allen zentral disponierten Waren der Alternativen 3a, 3b und 4 sind eine einheitliche Preis- und Sortimentsgestaltung, die stärkere Ausnutzung von Lieferantenrabatten, eine wirtschaftlichere Lagerhaltung und eine transportkostenoptimale Warenverteilung zu erreichen. Außerdem sind Filialvergleiche auf der Basis eines einheitlichen Berichtswesens möglich.

In den meisten großen Handelskonzernen werden mehrere Warenwirtschaftssysteme nebeneinander eingesetzt, z. B. getrennt für die Warenbereiche Lebensmittel, Textilien und Möbel. Zur Integration der Systeme wird ein Konzernwarenwirtschaftssystem eingerichtet.

Unternehmensübergreifender Datenaustausch wird zwischen Herstellern und dem Großhandel sowie zwischen dem Groß- und dem Einzelhandel praktiziert. Als Standard für den Aufbau der Datensätze dient meistens das internationale Format EANCOM (EAN + Communication), das in Deutschland vom Unternehmen GS1 betreut wird. In EANCOM-Nachrichtensätzen wird jeder Artikel durch eine eindeutige EAN-Standardartikelnummer und jeder Partner durch eine eindeutige internationale Lokationsnummer identifiziert.

Eine weitere unternehmens- und gleichzeitig branchenübergreifende Anwendung mit elektronischem Datenaustausch bildet das Kartenzahlungsverfahren, bei dem der Kunde an der Kasse bargeldlos mit einer Geld- oder Kreditkarte bezahlt und der Kaufbetrag automatisch von seinem Konto bei einem Kreditinstitut abgebucht wird.

Transponderchips ermöglichen neuartige Anwendungen. Mit Hilfe der RFID (Radio-Frequency-Identification)-Technik übermitteln sie gespeicherte Informationen per Funk an Sensoren. Sie werden schon im Herstellungsprozess an den Waren beziehungsweise den Verpackungen angebracht und berührungslos gelesen. Dadurch kann das manuelle Scannen der Waren an den Kassen entfallen. Transponder ersetzen einerseits den aufgedruckten EAN-Code und ermöglichen andererseits zusätzliche Funktionen, indem sie beispielsweise das Herstell- oder Verfallsdatum, den Hersteller oder bei mehrteiligen Artikeln die Zusammengehörigkeit der Teile angeben. Aus Sicht des Datenschutzes werden jedoch Bedenken vorgebracht, weil durch Transponder an Kleidungsstücken, Konsumgütern oder Fortbewegungsmitteln (Autos, Fahrräder etc.) die Aufenthaltsorte von Bürgern verfolgt werden könnten.

Weitere, teilweise bereits im Einsatz befindliche neue Entwicklungen sind elektronische, das heißt funkgesteuerte Regalauszeichnungen, Self Scanning (Preiserfassung durch den Kunden selbst mittels Handscannern am Einkaufswagen) sowie Infotheken (elektronische, multimediagestützte Kundeninformation an – meistens berührungsempfindlichen – Bildschirmen). Handelsunternehmen prüfen solche Entwicklungen genau, weil zum einen dazu große Investitionen erforderlich sind und zum anderen der andauernde technische Fortschritt die Zukunftssicherheit und damit die Wirtschaftlichkeit der Investitionen in Frage stellen kann.

3.3 · Arten von Anwendungssystemen

Tab. 3.6 Kundenunterstützung im Electronic Banking. (Eigene Darstellung)

#	Privatkundenbereich	#	Firmenkundenbereich
1	Kundenselbstbedienung über Automaten (Kontoführung und Zahlungsverkehr)	5	Sonstige Dienstleistungen
2	Homebanking	6	Bargeldloser Zahlungsverkehr
3	Telefonbanking	7	Cashmanagement
4	Kartenzahlungsverkehr	8	Unternehmensberatung

3.3.1.2.3 Kreditinstitute

Kreditinstitute unterstützen ihre Geschäftsprozesse mit einer Vielzahl von Anwendungssystemen. Diese lassen sich, wie bei allen Dienstleistungsunternehmen, in Systeme auf der Kundenseite (Front-Office-Anwendungen) und Systeme für interne Aufgaben (Back-Office-Anwendungen) einteilen. Darüber hinaus gibt es unterschiedliche Kommunikationsschnittstellen wie die Beratung in einer Filiale oder Homebanking über das Internet. Spezielle Hardwarekomponenten wie Selbstbedienungsautomaten oder Kartenlesegeräte unterstützen die Finanztransaktionen. Im Folgenden werden ausgewählte Aspekte dieser Systeme vorgestellt.

Die Anwendungssysteme auf der Kundenseite dienen der Abwicklung aller Transaktionen im Anlage-, Kredit- und sonstigen Finanzdienstleistungsbereich sowie der Beratung von Firmen- und Privatkunden. Die bankinternen Anwendungssysteme für das Back-Office hingegen unterstützen die Abrechnung, die Schaffung von Dispositionsunterlagen sowie den Geschäftsverkehr der Banken untereinander. Außerdem bilden sie die Basis der Führungsinformationssysteme für Vorstandsmitglieder sowie Abteilungs- und Filialleiter.

Sofern die gesamte Kundenunterstützung digital erfolgt, wird dies als Electronic Banking bezeichnet. Im Detail werden die Komponenten in Tab. 3.6 aufgelistet und anschließend erläutert.

1. Die Kundenselbstbedienung erfolgt an Bankautomaten, durch Homebanking oder am Point of Sale (POS), z. B. an der Tankstelle. Zu den Bankautomaten zählen im Wesentlichen Geldautomaten (mit optischer Anzeige, zum Teil mit Belegdruck oder Sprachausgabe) für die Auszahlung von Banknoten, Selbstbedienungsdrucker für Kontoauszüge, Depotaufstellungen, multifunktionale Selbstbedienungsautomaten auch mit Beleglesern, Geldkartenladestationen, Sortenautomaten für den An- und Verkauf von Fremdwährungen und Hartgeldrollenautomaten für die Ausgabe von Hartgeld. Die Kundenselbstbedienung und -information wird zunehmend multimedial unterstützt. Sie erfolgt vielfach in vollautomatisierten Zweigstellen ohne persönliche Unterstützung durch Mitarbeiter der Kreditinstitute.
2. Homebanking bedeutet die Verlagerung der Bankgeschäfte von der Schalterhalle in die eigene Wohnung. Dabei kommen vor allem folgende Nutzungsformen in Betracht:
   a. Abfrage der Konten und Abwicklung des Zahlungsverkehrs (Ausführung von Überweisungen, Einrichtung von Daueraufträgen). Für die Identifizierung der Benutzer und die Berechtigungsprüfung gibt es die folgenden Verfahren:
      – PIN-TAN-Verfahren: Die Benutzer weisen sich durch ihre persönliche Identifikationsnummer (PIN) und zusätzlich über eine nur einmalig geltende Transaktionsnummer (TAN) aus. Die TANs werden entweder über gedruckte Listen ausgegeben oder mit mobilen Verfahren einzeln zugewiesen.

- Chip TAN: Der Standard Homebanking Computing Interface (HBCI) arbeitet mit einer elektronischen Signatur und ist im Gegensatz zu früheren Lösungen für alle Banken gleich. Voraussetzung für die Nutzung ist ein Kartenleser am PC.
- Abgesicherte Protokolle im Internet: Bei Anwendung der Protokolle SHTTP oder HTTPS ist das Mitverfolgen der Kommunikation durch Dritte weitgehend ausgeschlossen, sodass ein mehrfach verwendbarer Transaktionscode eingesetzt werden kann.
- Weil das HBCI-Verfahren von den Bankkunden nicht ausreichend akzeptiert wurde, ist bei dem Nachfolgestandard Financial Transaction Services (FinTS, auch als HBCI+ bezeichnet) neben der Chipkartenlösung auch das PIN-TAN-Verfahren möglich.

b. Onlinebrokerage für die Verwaltung von Wertpapierdepots in Selbstbedienung einschließlich Kauf und Verkauf, Marktinformationen und individuellen Analysen.

c. Zugriff auf allgemeine Informationen (z. B. Geldanlagemöglichkeiten und Wechselkurse).

3. Banken bieten mittlerweile eine Auswahl verschiedener Zugänge für Kunden an. Dazu gehört neben dem klassischen Zweigstellenkonzept mit persönlichen Ansprechpartnern und den beschriebenen Alternativen wie Selbstbedienung (an Automaten) und Homebanking (über PC) das Telefonbanking, das heißt die (unpersönliche) Abwicklung von Bankgeschäften am Telefon über die Tastatur oder durch Spracheingabe. Die Antworten/Rückmeldungen erfolgen durch automatische Sprachausgabe. Um den Bankkunden zusätzlich einen individuellen, nicht automatisierten Telefonservice zu bieten, werden von den Kreditinstituten Callcenter eingerichtet, deren Mitarbeiter entweder selbst beraten oder den Bankkunden an einen erfahreneren Berater vermitteln.

4. Der Kartenzahlungsverkehr ist eine branchenübergreifende Anwendung zwischen Handels- und Dienstleistungsunternehmen auf der einen und Kreditinstituten auf der anderen Seite. Die Kassen werden mit Kartenlesern für Maestro-, Geld- und Kreditkarten sowie Kundenkarten des Handels ausgestattet, sodass das Konto des Kunden mit dem Kaufbetrag bargeldlos belastet beziehungsweise der Kaufbetrag vom Guthaben der Geldkarte abgebucht werden kann. Am Kartenzahlungsverkehr sind, wie ◘ Abb. 3.35 zeigt, außer den Kunden noch die Händler, mehrere Netzbetreiber, die Kreditinstitute der Kunden und der Händler sowie die Autorisierungszentralen der Kreditinstitute beteiligt. Die Autorisierungszentralen, die an die Rechenzentren der jeweiligen Kreditinstitute angeschlossen sind, wurden vom Bundesverband Deutscher Banken, dem Bundesverband Deutscher Volks- und Raiffeisenbanken, der Deutschen Postbank und dem Deutschen Sparkassen- und Giroverband eingerichtet. Der Kartenzahlungsverkehr läuft in zwei Phasen ab, der Autorisierungsphase und der Clearingphase. Die Autorisierungsphase entspricht dem Kassiervorgang. Sie besteht im Normalfall aus den Schritten Einlesen der Karte, Herstellen einer (Wähl-) Verbindung zur zuständigen Autorisierungszentrale, Eingabe der PIN durch den Kunden, Prüfung der Kaufberechtigung und Autorisierung durch die Autorisierungszentrale, Zahlungsbestätigung mit Belegdruck für den Kunden und Datenspeicherung beim Händler. Zu späteren Zeitpunkten (Clearingphase) werden vom Händler die Kassendaten an seine Hausbank übermittelt, die Zahlungsbeträge durch die Händlerbank von den Kundenkonten (per Lastschrift) abgebucht und schließlich die Gebühren mit den Kartenausgebern und den Händlern abgerechnet. Die beschriebene Onlineautorisierung kann innerhalb eines individuellen Limits für den Zahlungsbetrag auch durch eine (kostensparende) Offlineautorisierung über den Chip der Karte ersetzt werden.

3.3 · Arten von Anwendungssystemen

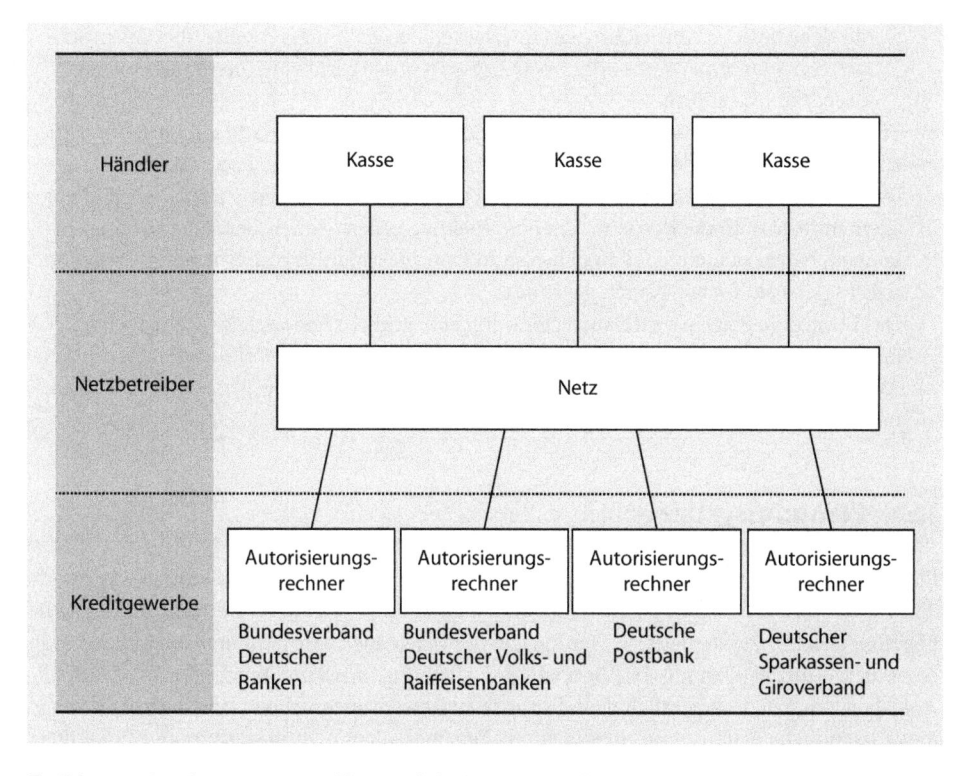

Abb. 3.35 Beteiligte am Kartenzahlungsverkehr. (Eigene Darstellung)

5. Sonstige Dienstleistungen im Privatkundenbereich bestehen darin, dass an Bankschaltern, Selbstbedienungsgeräten oder über Homebanking der Zugang zu Buchungs- und Reservierungssystemen für beispielsweise Theater-, Konzert- und Sportveranstaltungen, Fahr- und Platzkarten oder Reisen angeboten wird.
6. Der bargeldlose Zahlungsverkehr beschränkte sich zunächst auf den Datenträgeraustausch mit Magnetbändern, Magnetbandkassetten und Disketten (Datenträgerclearing) in einem vorgeschriebenen Datenträgeraustauschformat (DTA beziehungsweise im Auslandszahlungsverkehr DTAZV). Inzwischen werden die Daten in beiden Richtungen (Senden von Zahlungsaufträgen, Abrufen von Kontoständen und -umsätzen) in Form des elektronischen Zahlungsverkehrs als eine spezielle Anwendung des elektronischen Datenaustauschs mit Hilfe der Datenübertragung direkt zwischen den Computern der Firmenkunden und der Kreditinstitute ausgetauscht.
7. Das Cashmanagement unterstützt insbesondere international tätige Unternehmen bei der Finanzplanung. Es umfasst
    a. die Beschaffung und Bereitstellung von aktuellen Kontoauszügen, Umsatz- und Saldenberichten etc. für alle weltweit (bei der betreffenden Bank oder kooperierenden Banken) geführten Konten,
    b. die Aufstellung von Finanz- und Liquiditätsübersichten anhand dieser Statusmeldungen und weiterer Informationen über Börsen- und Währungskurse, internationale Angebote zur Kapitalbeschaffung und -anlage etc. sowie

c. die elektronische Abwicklung des internationalen Zahlungsverkehrs über öffentliche Netze, bankinterne Netze oder SWIFT (Society for Worldwide Interbank Financial Telecommunication).
8. Zur Unternehmensberatung durch Kreditinstitute gehören unter anderem die Unterstützung von Firmenkunden bei der Finanz- und Liquiditätsplanung, ferner bei Bilanzanalysen, Kauf-/Leasing-Entscheidungen und Unternehmensanalysen. Zielgruppe sind vor allem mittelständische Betriebe. Um eine effektive Unternehmensberatung ausüben zu können, haben sich die Banken teilweise an Unternehmensberatungsfirmen beteiligt oder selbst solche als Tochterfirmen gegründet.

Das Electronic Banking wird auch zukünftig eine größere Rolle spielen. Entwicklungen im Mobile Payment, insbesondere per Smartphones und im electronic commerce, durch Anbieter wie eBay (PayPal) und Amazon (Amazon Payments), sorgen für mehr Konkurrenz und Innovationen im Bankenwesen.

3.3.2 Planungssysteme

Planungssysteme sind aus der Sicht der Wirtschaftsinformatik solche Anwendungssysteme, die den Prozess der Planung unterstützen (analog zu den Bezeichnungen Administrations-, Dispositions-, Kontrollsysteme etc.). Man spricht deswegen auch von computerunterstützter oder computergestützter Planung. Die Bezeichnung »Planung« wird im Sprachgebrauch häufig für Aufgaben benutzt, die eigentlich dem dispositiven Bereich zuzurechnen sind, so beispielsweise die morgendliche Anfertigung eines persönlichen Tagesplans oder die kurzfristige Liquiditätsplanung mit Hilfe von Cashmanagementsystemen.

Weitere Anwendungen für dispositive Aufgaben der betrieblichen Funktionsbereiche, für welche die Bezeichnung Planung in Anspruch genommen wird, sind unter anderem in der Fertigung die Bedarfs-, Kapazitäts- und Instandhaltungsplanung oder im Vertrieb die Media-, Vertretereinsatz- oder Tourenplanung. Derartige »Planungen« sind eindeutig den Dispositionssystemen zuzuordnen. Im Gegensatz dazu wird Planung hier als diejenige Phase des Managementzyklus verstanden, in welcher die zur Erreichung der Unternehmensziele erforderlichen Maßnahmen und (Plan-) Werte für jeden Unternehmensbereich und für das gesamte Unternehmen festgelegt werden. Die computergestützte Planung bezieht sich demzufolge auf den Gesamtumfang eines einzelnen Unternehmensbereichs, mehrerer Unternehmensbereiche (integrierte Planung) oder auf das gesamte Unternehmen (Corporate Planning), nicht auf kurz-, sondern auf mittel- und langfristige Zeiträume (Planungshorizonte) und nicht auf operative, sondern auf taktische und strategische Entscheidungen. Ein Beispiel ist die Untersuchung, wie sich Marketingentscheidungen auf den Unternehmenswert (Shareholder Value) auswirken, wobei die Szenariotechnik oder die Simulation eingesetzt wird.

Die Planung kann in ihrem Ablauf in mehrfacher Weise durch den Computereinsatz unterstützt werden und zwar vor der eigentlichen Planung (im Zielsetzungsprozess) bei der Informationsbeschaffung und -aufbereitung, im Planungsprozess durch die Berechnung und Bewertung von Planalternativen beziehungsweise Varianten mit Hilfe von Planungsmodellen, und nach dem Planungsprozess (in der Realisierungs- und Kontrollphase) durch Plan-/Istvergleiche und Abweichungsanalysen.

In vielen Fällen ist die Planung ohne den IT-Einsatz überhaupt nicht durchführbar, z. B. beim Durchrechnen von Planalternativen. Die IT-Unterstützung im Planungsprozess besteht in der Durchführung von Alternativrechnungen mit verschiedenen Typen von qualitativen oder quantitativen Modellen. Als qualitative Modelle kommen hauptsächlich Punktbewertungsverfahren, das heißt die Multifaktorenmethoden und die Nutzwertanalyse, in Betracht. Quantitative (mathematische) Modelle, mit denen Alternativrechnungen durchgeführt werden, sind definitorische Gleichungen, Verhaltensgleichungen und komplexe mathematische Modelle. In bestimmten Fällen kann weiterhin die Netzplantechnik für die computergestützte Planung Verwendung finden.

Komplexe mathematische Modelle werden vom Operations Research bereitgestellt. In Betracht kommen Matrizenmodelle, Optimierungsmodelle und Simulationsverfahren. Mit Hilfe von Planungssystemen können solche Berechnungen effizienter durchgeführt werden.

Bei der Aufstellung der Modelle der computergestützten Planung kann man – unabhängig davon, ob es sich um definitorische beziehungsweise Verhaltensgleichungen oder um komplexe mathematische Modelle handelt – wieder entweder von oben nach unten (Top-down) oder von unten nach oben (Bottom-up) vorgehen. Bei der Top-down-Vorgehensweise wird meistens von Gleichungen des Finanzbereichs ausgegangen, denen weitere Gleichungen für die Funktionsbereiche Beschaffung, Produktion, Vertrieb etc. hinzugefügt werden. Die Bottom-up-Vorgehensweise fügt Teilmodelle für die betrieblichen Funktionsbereiche unter Zuhilfenahme von Verbindungsgleichungen zu einem Gesamtmodell zusammen.

Eine weitere Technik ist die Netzplantechnik, ein grafisches Verfahren zur Termin- und Kostenplanung von Projekten, die aus einer großen Anzahl von aufeinander folgenden, zum Teil zeitlich parallel ablaufenden Tätigkeiten bestehen. Die Darstellung erfolgt durch Graphen. Darin werden die Projekttätigkeiten entweder durch Knoten (vorgangsknotenorientierte Netze) oder durch Pfeile zwischen den Knoten (vorgangspfeilorientierte Netze) beschrieben. Hauptvertreter sind für die erste Gruppe die Metra-Potenzial-Methode (MPM) und für die zweite Gruppe die Critical-Path-Methode (CPM). Für die Unternehmensplanung kommt die Netzplantechnik nur in Betracht, wenn die Geschäftstätigkeit des Unternehmens im Wesentlichen aus Projekten besteht (z. B. Bauunternehmen, Forschungseinrichtungen und Softwarefirmen) oder wenn in einem Großunternehmen der Planungsprozess selbst durch die Beteiligung vieler Stellen hinsichtlich der Koordinierung so umfangreich ist, dass er durch die Aufstellung eines Netzplans wesentlich unterstützt werden kann (z. B. in einer Werft).

Es zeigt sich somit, dass ein Wirtschaftsinformatiker nicht nur Kenntnisse über Prozesse und deren Modellierung sowie über den Aufbau und die Funktion von Anwendungssystemen besitzen sollte, sondern darüber hinaus auch ein Verständnis für die Inhalte und Spezifika der Systeme und der jeweiligen Anwender.

3.3.3 Führungsinformationssysteme

Führungsinformationssysteme (FIS) haben die Aufgabe, Führungskräften (vorzugsweise der höheren Führungsebenen, das heißt Managern) die für den Führungsprozess relevanten Informationen rechtzeitig und in geeigneter Form zur Verfügung zu stellen. Die Betonung liegt auf den drei Merkmalen (führungs-) relevant, rechtzeitig und in geeigneter Form (führungsadäquat). Kurz gefasst gilt die pragmatische Forderung: richtige Information, zur richtigen Zeit, in der richtigen Form, am richtigen Platz.

Führungsinformationssysteme unterstützen ausschließlich Führungsentscheidungen. Sie grenzen sich daher deutlich gegenüber den operativen Systemen ab. Als Vorläufer der heutigen Bezeichnung Führungsinformationssystem entstand Mitte der 1960er Jahre in den USA der Begriff Managementinformationssystem (MIS) und zwar vor allem aus dem Bestreben, den IT-Einsatz über die damals vorherrschenden Abrechnungssysteme hinaus auszudehnen und damit den Hardwareherstellern neue Vertriebschancen zu eröffnen. Danach wurden in der betrieblichen Praxis (Management-) Informationssysteme völlig uneinheitlich verstanden: sämtliche computergestützten Anwendungssysteme (typischer Vertriebsstandpunkt bei Hardwareherstellern), Berichtssysteme, auch manuell erstellte, mit oder ohne Gegenüberstellung von Plan- und Istdaten, reine Abfrage- und Auskunftssysteme der operativen Ebenen sowie alle Anwendungssysteme, denen eine Datenbank zugrunde lag. Die gleichzeitig mit dem Aufkommen des Schlagworts MIS erhobene Forderung, Managementinformationssysteme müssten als sogenannte totale Informationssysteme das ganze Unternehmen umfassen, führte wegen des hohen Entwicklungs- und Pflegeaufwands solcher Systeme, des Fehlens leistungsfähiger Datenbankverwaltungssysteme und anderer informationstechnischer Voraussetzungen (z. B. Massenspeicher, Grafikbildschirme und Präsentationssoftware), der mangelnden Flexibilität gegenüber dem instabilen Charakter vieler betrieblicher Organisationsstrukturen und der geringen Akzeptanz bei den Führungskräften zum Scheitern der MIS-Idee. Danach wurden Führungsinformationssysteme meistens nur noch auf konkrete betriebliche Funktionen beziehungsweise Aufgaben ausgerichtet (z. B. als Vertriebs- oder Projektinformationssysteme).

Die Realisierung von Führungsinformationssystemen in der eingangs gegebenen Definition ist erst in den letzten ein bis zwei Jahrzehnten möglich geworden, weil die früher fehlenden informationstechnischen Voraussetzungen, wie z. B. grafische Benutzeroberflächen, Speichermedien mit hoher Kapazität und schnellem direkten Zugriff, Client-Server-Systeme, verteilte Datenbanken, Onlinedienste, Data-Warehouse oder Data-Mining-Techniken, jetzt gegeben sind.

Aus inhaltlicher Sicht bilden die Führungsinformationssysteme zusammen mit den Planungssystemen die Führungssysteme des Managements. Aus methodischer Sicht werden Führungsinformationssysteme als eine Komponente der sogenannten Managementunterstützungssysteme angesehen. Generell existiert auf dem Gebiet der Führungssysteme eine verwirrende Vielfalt von Begriffen und Systemen, die – oft aus vertriebspolitischen Gründen – mit immer neuen Abkürzungen belegt werden, für die es wiederum unterschiedliche Interpretationen gibt. Mehrheitlich hat sich die in ◘ Abb. 3.36 dargestellte Strukturierung herauskristallisiert:

Für Planungs-, Entscheidungs- und Kontrollprozesse brauchen Manager zusätzlich Modelle und Methoden. Diese werden als Decision Support Systems (DSS), deutsch Entscheidungsunterstützungssysteme (EUS), bezeichnet. Neben den beiden genannten Typen von Systemen benötigen Manager die üblichen Bürowerkzeuge. Führungsunterstützungs- und Entscheidungsunterstützungssysteme werden unter dem Begriff Executive Support Systems (ESS) zusammengefasst. Die Gesamtheit aller Systeme und Werkzeuge zur Unterstützung des Managements wird mit dem Oberbegriff Management Support System (MSS), deutsch Managementunterstützungssystem (MUS), belegt.

Beim Aufbau von Führungsinformationssystemen sind im Wesentlichen folgende Fragen zu beantworten:
1. Welche Informationen sollen in das System aufgenommen werden?
2. Wie sollen die Daten beschafft, aufbereitet und bereitgestellt werden?
3. In welcher Form sollen die Informationen angeboten werden?
4. Wie soll bei der Entwicklung und Einführung vorgegangen werden?

Die erste Frage ist betriebswirtschaftlicher Natur und anhand der individuellen Aufgaben und Kompetenzen der Führungskräfte zu beantworten. Sie ist die schwierigste von allen vier Fragen, weil sich der Informationsbedarf sehr schwer ermitteln lässt und oft Tagesprobleme in den Vordergrund gestellt werden. Die Fragen zwei und drei betreffen die informations-

3.3 · Arten von Anwendungssystemen

```
                    ┌─────────────────────────────────┐
                    │ Management Support System (MSS) │
                    └─────────────────────────────────┘
                         │                    │
              ┌──────────┘                    └──────────┐
              ▼                                          ▼
      ┌───────────────┐                    ┌──────────────────────────────┐
      │ Bürowerkzeuge │                    │ Executive Support System (ESS)│
      └───────────────┘                    └──────────────────────────────┘
                                             │                    │
                                   ┌─────────┘                    └─────────┐
                                   ▼                                        ▼
                    ┌──────────────────────────────┐    ┌──────────────────────────────────────────┐
                    │ Executive Information System │    │ Decision Support System (DSS)            │
                    │ (EIS)                        │    │ = Entscheidungsunterstützungssystem (EUS)│
                    │ = Führungsinformationssystem │    │                                          │
                    │ (FIS)                        │    │                                          │
                    └──────────────────────────────┘    └──────────────────────────────────────────┘
```

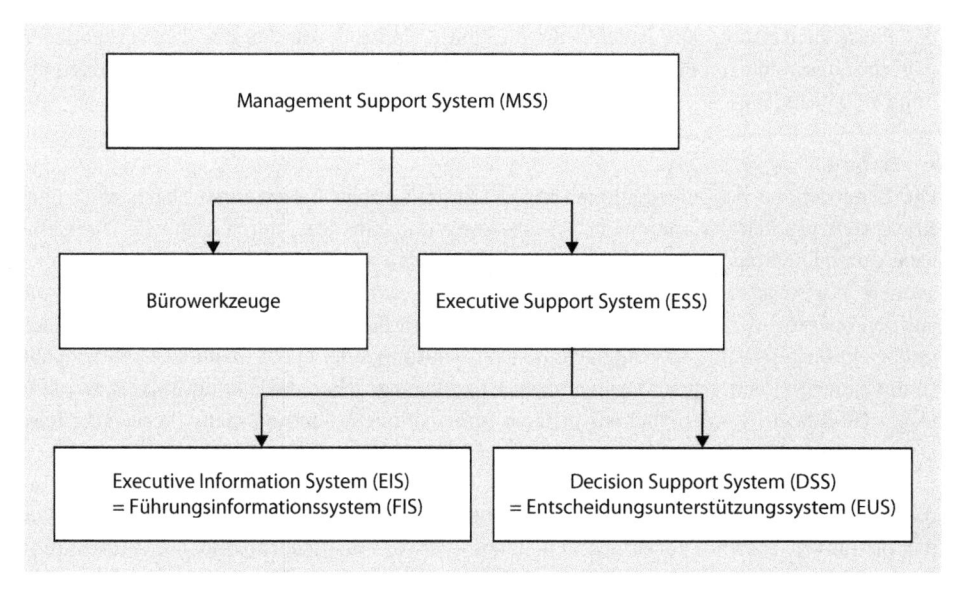

Abb. 3.36 Typen von Führungssystemen. (Eigene Darstellung)

technische Realisierung. Mit der vierten Frage wird die Projektorganisation geregelt. Standardsoftware zum Thema FIS unterstützt hauptsächlich die Fragen zwei und drei.

- **Frage 1**

Um die Frage nach den aufzunehmenden Informationen zu beantworten, ist es zweckmäßig, von dem aus der Organisationslehre bekannten Aktivitätsmodell des Führungsverhaltens auszugehen und nacheinander die einzelnen Phasen dieses Modells, den sogenannten Managementzyklus, zu betrachten. Sie lauten Zielsetzung, Planung, Entscheidung, Realisierung (durch Delegierung) und Kontrolle.

In der Phase »Zielsetzung« werden vorwiegend »Orientierungsinformationen« benötigt, die sowohl von außerhalb des Unternehmens (externe Analyse) als auch von innerhalb des Unternehmens (interne Analyse) stammen. Die innerbetrieblichen Informationen werden als lenkbar, die überbetrieblichen als nicht lenkbar bezeichnet. Die Durchführung der externen und der internen Analyse wird auch als Situationsanalyse bezeichnet. Sie fällt für jedes Unternehmen in Abhängigkeit von Größe, Branche, Marktposition etc. und für jeden Manager in Abhängigkeit von seiner Funktion völlig verschieden aus.

Die Phase »Planung« und die anschließende Phase »Entscheidung« sind das Einsatzgebiet der computergestützten Planung, die den Entscheidungsunterstützungssystemen zuzurechnen ist. Sie wurden in ▶ Abschn. 3.3.2 behandelt. Die Phase »Realisierung« ist keine eigentliche Managementphase, weil ihre Aufgaben an die operativen Ebenen delegiert werden. Die Ausführung wird wesentlich durch operative Anwendungssysteme (▶ Abschn. 3.3.1) unterstützt.

Die Phase »Kontrolle« ist nach wie vor das dominierende Einsatzgebiet von Führungsinformationssystemen, die – bezogen auf diese Phase – als Führungsinformationssysteme im engeren Sinne anzusehen sind und häufig als Kontrollsysteme bezeichnet werden. Ihr Hauptziel ist die Gegenüberstellung von Plan- und Istdaten (absolut und prozentual, gegebenenfalls auch zeitlich kumuliert). Kontrollsysteme dienen vor allem dem Führungsstil Management by Exception. Neben der Phase Kontrolle unterstützen sie aber auch die interne Analyse in der Phase Zielsetzung. Die Istdaten für die Phase Kontrolle werden aus den vorhandenen Abrechnungssystemen (Fakturierung, Finanzbuchhaltung, Kostenrechnung, Personalabrechnung etc.) bezogen.

- **Frage 2**

Die Bereitstellung der Informationen für das System erfolgt bei externen Daten, z. B. über Konkurrenzprodukte, Marktanteile, Wechselkurse und Zinssätze, durch manuelle Direkteingabe, durch Direktabruf aus Onlinediensten oder durch Zugriff auf Onlinedatenbanken, insbesondere Wirtschaftsdatenbanken, und bei internen Daten entweder durch Direktübernahme aus den operativen Anwendungssystemen, z. B. durch Dateitransfer, in der Regel verbunden mit Selektion (Auswahl) oder Aggregation (Verdichtung), oder durch manuelle Direkteingabe (unter anderem Planwerten und Sollvorgaben). Direkt eingegebene beziehungsweise abgerufene Daten (Rohdaten) werden auch als primäre Informationen, übernommene (vorverarbeitete) Daten als sekundäre Informationen bezeichnet.

Es war in den letzten Jahrzehnten im Regelfall nur theoretisch möglich, die internen Istdaten für Führungsinformationssysteme bei Bedarf jedes Mal unmittelbar den Datenbanken der operativen Systeme zu entnehmen. Die Zeiten für den Zugriff und die Aufbereitung waren dabei nicht akzeptabel. Aus diesem Grund war es zweckmäßig, alle für das Führungsinformationssystem vorgesehenen Daten zunächst aus den Datenbeständen der operativen Anwendungssysteme zu selektieren und zu aggregieren und dann in einer eigenen Datenbank zu verwalten. Für eine solche Datenbank, einschließlich der zugehörigen Instrumente zur Verwaltung (z. B. mit Hilfe eines Data-Dictionary) sowie Auswertung und Darstellung der Informationen, wurde von IBM Ende der 1970er Jahre der Ausdruck Information-Warehouse geprägt, der inzwischen durch den synonymen Begriff Data-Warehouse abgelöst wurde. Im Unterschied zu einer operativen Datenbank werden nicht alle gegenseitigen Beziehungen der Daten bei der Datenbankmodellierung festgelegt. Vielmehr ist der Sinn eines Data-Warehouses, solche Beziehungen entdecken zu können. Umgekehrt interessieren vielfach nicht alle Daten, die in einem Data-Warehouse angesammelt werden. Ausschnitte zu bestimmten Bereichen werden als Data-Marts bezeichnet. Jüngere Entwicklungen, wie In-Memory-Technologien, ermöglichen es zunehmend, Ist-Daten direkt aus den jeweiligen Datenbanken zu lesen und zu verarbeiten. SAP Hana ist ein Beispiel für eine solche Technologie, bei der die Zugriffszeiten auf die Ist-Daten sehr kurz sind.

Die Selektion betrieblicher Daten kann teilweise durch ABC-Analysen unterstützt werden. Kriterien für die Aggregation ergeben sich z. B. aus der Organisationsstruktur (Informationspyramide), aus der Gliederung der Kostenstellen oder aus den funktionalen Gegebenheiten des Vertriebs (unter anderem Kunden- und Artikelgruppen), der Produktion (unter anderem Material und Produktionsanlagen), des Personalwesens (unter anderem Altersaufbau und Qualifikation) und weiteren Möglichkeiten. Gehören zu einem Führungsinformationssystem auch (vorwiegend von außen beschaffte) nicht codierte Informationen (Bilder, Grafiken, Texte etc.), die vom Original gescannt und dann gespeichert werden, spricht man von einem Document-Data-Warehouse. Zur Verwaltung kann ein Dokumentenmanagementsystem dienen.

- **Frage 3**

Für die Präsentations- oder Nutzungsform, in der die Informationen zur Verfügung gestellt werden, kommen entweder Bildschirmanzeigen oder die Druckausgabe (Berichtswesen) in Betracht. Die Darstellung der Informationen kann tabellarisch oder grafisch (Säulen-, Sektordiagramme etc.) erfolgen. Gerade bei Führungsinformationssystemen ist eine starke Visualisierung angebracht. Bei der Bildschirmanzeige ist noch zu unterscheiden, ob die Informationen nur passiv abgefragt werden können oder ob sich die angezeigten Informationen, in Form eines Entscheidungsunterstützungssystems, aktiv mit einer Endbenutzersprache oder mit einem Anwendungsprogramm aus einem Officepaket, insbesondere der Tabellenkalkulation, zu Abweichungsanalysen, Prognose- und Trendrechnungen, Portfoliobildungen etc. weiterverarbeiten lassen.

- **Frage 4**

Die Vorgehensweise bei der Entwicklung von Führungsinformationssystemen orientiert sich am Phasenmodell der Systementwicklung, wobei sowohl in den einzelnen Phasen als auch phasenübergreifend besonders stark mit Prototyping zu arbeiten ist. Bei der Istanalyse sind alle vorhandenen operativen Systeme, insbesondere die ihnen zugrunde liegenden Dateien und Datenbanken, und alle bereits existierenden Auswertungen, Berichte und direkten Abfragemöglichkeiten zu analysieren. Im Sollkonzept ist der Informationsbedarf festzulegen, am besten anhand der Frage »Wer soll wann welche Information in welcher Form bekommen?«

3.3.4 Querschnittssysteme

3.3.4.1 Bürosysteme

Als Bürokommunikationssysteme, kurz Bürosysteme, bezeichnet man Anwendungssysteme, welche die typischen Bürotätigkeiten durch Hardware, Software und Kommunikationsdienste unterstützen. Da Bürotätigkeiten in allen betrieblichen Verantwortungs- und Funktionsbereichen ausgeübt werden, gehören Bürosysteme zu den Querschnittssystemen.

Um einen Überblick über Bürosysteme zu erhalten, muss man wissen, welche Tätigkeiten und Aufgaben überhaupt in Büros anfallen, welche Ziele mit Bürosystemen verfolgt werden, wie bei der Planung und Einführung von Bürosystemen vorzugehen ist, welche alternativen Realisierungskonzepte für die Hardware (Rechner) und die Vernetzung in Betracht kommen, welche Instrumente als Kombination von Hardware, Software und Kommunikationsdiensten (Bürowerkzeuge) gezielt für die Unterstützung von Bürotätigkeiten verfügbar sind und welche Normen und Standards für Bürosysteme bestehen.

Häufig vorkommende Bürotätigkeiten sind in ◘ Tab. 3.7 zusammengestellt. Nach dem sogenannten Verrichtungsprinzip kann man sie den folgenden Gruppen zuordnen: Generieren von Informationen, Verwalten und Wiederauffinden von Informationen, Verarbeiten von Informationen sowie Weitergeben und Austauschen von Informationen.

Unterscheidet man zwischen Büroautomation und Bürokommunikation, so kann man die Bürotätigkeiten in Büroautomation, Bearbeiten und Verwalten sowie Bürokommunikation, Kommunizieren, Korrespondieren und Besprechen gliedern. Unter den Begriff Büroautomation fallen diejenigen Tätigkeiten, die auf den eigenen Büroarbeitsplatz beschränkt sind, z. B. das Schreiben eines Briefes. Die Bürokommunikation erfordert dagegen den Informationsaustausch mit anderen Büroarbeitsplätzen innerhalb oder außerhalb des eigenen Unternehmens. Eine strenge Trennung zwischen Büroautomation und Bürokommunikation lässt sich jedoch nicht vornehmen, weil beispielsweise ein geschriebener Brief in der Regel auch abgeschickt wird und weil zur Anfertigung einer Präsentationsgrafik möglicherweise Daten benötigt werden, die nicht am eigenen Arbeitsplatz verfügbar sind. Aus diesem Grund wird in der Regel nur der Oberbegriff Bürokommunikation benutzt.

Tab. 3.7 Haupttätigkeiten an Büroarbeitsplätzen. (Eigene Darstellung)

Eingangspost (einschließlich Fax und E-Mail) bearbeiten	Fotokopien anfertigen und ggf. verschicken
Individuelle Briefe diktieren, schreiben und korrigieren	Einfache Berechnungen ausführen
Serienbriefe erstellen	Tabellen anlegen und bearbeiten
Ausgangspost zusammenstellen und abschicken (ggf. per Fax oder per E-Mail)	Grafiken und Präsentationen erstellen
Berichte und Protokolle entwerfen, schreiben, korrigieren und verteilen	Datenbestände auswerten
Schriftliche Mitteilungen verteilen	Unternehmensinterne und -externe Daten beschaffen
Akten bearbeiten oder Vorgänge zu vorgegebenen Terminen bzw. bei Eintritt eines Ereignisses wieder aufgreifen (Wiedervorlage)	Besprechungen planen, vorbereiten und abrechnen
Termine und Ressourcen (z. B. Räume) planen, koordinieren und verwalten	Dienstreisen beantragen, vorbereiten und abrechnen
Anschriften, Telefonnummern usw. notieren und ggf. aktualisieren	Mit auswärtigen (unternehmensinternen und -externen) Teilnehmern Konferenzen durchführen
Telefongespräche führen, ggf. Mitteilungen hinterlassen	Ideen generieren und ordnen
Anrufe entgegennehmen und ggf. speichern	Vereinbarungen unter mehreren Personen abstimmen
Schriftstücke oder Vorgänge zu vorgegebenen Terminen bzw. bei Eintritt eines Ereignisses wieder aufgreifen	-

Je nach den betrieblichen Aufgabenbereichen kann man die Tätigkeiten auch nach Führungsaufgaben, Sachbearbeitungs- und Fachaufgaben sowie Unterstützungsaufgaben klassifizieren.

Die Ziele von Bürokommunikationssystemen lassen sich in die klassischen Wirtschaftlichkeitsziele wie Kostensenkung und Produktivitätssteigerung und in strategische Nutzenpotenziale wie eine Flexibilisierung der Arbeitsmöglichkeiten einteilen. Generelle Ziele sind dabei die Optimierung der Ablauforganisation, die Steigerung der Arbeitsproduktivität, die Beschleunigung des Informationsflusses, die Erhöhung der Arbeitsqualität und die Verbesserung des Servicegrads sowohl intern als auch gegenüber Kunden. Mit der Optimierung der Ablauforganisation wird angestrebt, die Arbeitsabläufe beziehungsweise die Vorgangsketten zu straffen, mit dem Ziel, analog zur »Lean Production«, auch »schlanke« Organisationsstrukturen im Verwaltungsbereich zu erreichen (Shah u. Ward 2007).

Konkrete Einzelziele sind Kosteneinsparungen, z. B. bei Telefongebühren, Porto, Papier und Sachmitteln; Personalreduzierungen, z. B. beim Boten- und Fahrdienst; die Verkürzung von Durchlaufzeiten, z. B. bei Anfragen oder Anträgen (bei Herstellern, Behörden, Versicherungen etc.); der Abbau von Spitzenbelastungen, insbesondere Überstunden; die Aufhebung von Medienbrüchen (z. B. eine Textdatei elektronisch übermitteln anstatt sie auszudrucken und anschließend zu faxen); die Beseitigung von Doppelarbeiten, z. B. bei der Bearbeitung von Vorgängen; die Vermeidung von Datenredundanzen; die Zeitersparnis beim Zugriff auf Informationen, z. B. beim Suchen von Dokumenten; Leistungssteigerungen, z. B. bei Schreibarbeiten; Qualitätsverbesserungen, z. B. bei der Kundenbetreuung (weniger Reklamationen, höhere Termintreue) und die Ablösung veralteter Bürotechniken.

Die Vorgehensmodelle für die Planung und Einführung von Bürosystemen orientieren sich weitgehend am Phasenschema des Systementwicklungsprozesses. Das für Bürosysteme vereinfachte Phasenschema besteht aus den Schritten Istanalyse, Anforderungsdefinition, Systemauswahl und Systemeinführung. In der Istanalyse müssen zunächst die Bürotätigkeiten nach Art und Häufigkeit erhoben werden. Dazu ist es zweckmäßig, folgende Vorgangstypen zu unterscheiden:

- einzelfallorientierter Vorgang: nicht formalisierbar (Beispiel: Gründung einer Auslandstochter),
- sachfallorientierter Vorgang: teilweise formalisierbar (Beispiel: Bearbeitung einer Kundenanfrage) und
- routinefallorientierter Vorgang: vollständig formalisierbar (Beispiel: Abrechnung von Essensmarken für die Kantine).

Die von den Bürosystemen unterstützten Aufgaben kann man auch in arbeitsplatzbezogene Einzeltätigkeiten und arbeitsplatzübergreifende Gruppenarbeit einteilen. Die klassischen Bürosysteme unterstützen nur einzelne, isolierte Bürotätigkeiten. Moderne Bürosysteme bieten darüber hinaus, unter der Bezeichnung Workgroup-Computing, die Möglichkeit zur Gruppen- oder Teamarbeit in verschiedenen Realisierungsformen. Einen Spezialfall bilden Workflowmanagementsysteme für die arbeitsplatz- beziehungsweise abteilungsübergreifende Vorgangsbearbeitung routinemäßiger Geschäftsprozesse beziehungsweise Vorgangsketten. Sie sind häufig mit/in Dokumentenmanagementsystemen integriert.

Unter der Bezeichnung Officepaket werden in integrierter Form Programme für die Standardanwendungen angeboten: Schreibtischverwaltung, Textverarbeitung, Grafik, Präsentation, Desktop-Publishing, Datenbankverwaltung, Tabellenkalkulation, E-Mail-Dienste und Zugang zum Internet beziehungsweise Intranet mit Diensten wie WWW, FTP (File Transfer Protocol), Suche, Videokonferenz etc..

- **Computergestützte Gruppenarbeit**

Unter Gruppenarbeit versteht man die gemeinsame Bearbeitung einer Aufgabe durch eine Gruppe beziehungsweise ein Team, das heißt durch mehrere Personen. Die computergestützte Gruppenarbeit wird als Computer Supported Cooperative Work (CSCW) bezeichnet. Die Gruppenmitglieder können zur selben oder zu verschiedenen Zeiten an der gemeinsamen Aufgabe arbeiten (synchrone oder asynchrone Kommunikation), sich am selben Ort oder an verschiedenen Orten befinden und zum selben oder zu verschiedenen Unternehmen gehören.

Da die meisten Aufgaben im Büro arbeitsteilig erledigt werden, ist das Einsatzgebiet für CSCW-Werkzeuge sehr groß. Dazu gehören auch die schon genannten Anwendungen, bei denen Systementwickler eine Entwicklungsdatenbank (Repository) anlegen und gemeinsam nutzen oder Außendienstmitarbeiter für den gemeinsamen Zugriff einen Terminkalender führen oder Informationen über Kunden ablegen.

Generell stehen bei der computergestützten Gruppenarbeit die Kommunikation und die Abstimmung zwischen den Teammitgliedern, die gemeinsame Vorbereitung von Entscheidungen oder die gemeinsame Bearbeitung von Vorgängen im Vordergrund. Streng davon zu unterscheiden sind Transaktionssysteme, bei denen viele Benutzer lediglich zu Buchungs- oder Reservierungszwecken gleichzeitig im Teilhaberbetrieb auf dieselben Daten zugreifen.

Die computergestützte Gruppenarbeit wird durch Bürowerkzeuge wie E-Mail-Dienste und durch spezielle Software, sogenannte Groupware, unterstützt.

Eine oft verwendete Groupware ist Lotus Notes/Domino. Das System ist gekennzeichnet durch eine plattformübergreifende Client-Server-Architektur, hierarchisch orientierte Datenbankstrukturen für multimediale Dokumente, Replikations- und Sicherheitsmechanismen, Einbindung von mobilen Rechnern (zeitweilig offline) und leistungsfähige Entwicklungswerkzeuge.

Im Folgenden werden die vier wichtigsten Anwendungen der computergestützten Gruppenarbeit, nämlich Konferenzsysteme, gemeinsame Arbeitsräume, Workflowmanagementsysteme und Dokumentenmanagementsysteme, besprochen.

▪▪ Konferenzsysteme

Bei Konferenzsystemen befinden sich die Beteiligten in der Regel an geografisch voneinander entfernten Orten (Telekonferenz). Mit den Systemen sollen Arbeitszeiten und Reisen eingespart werden. Es können mehrere Systeme unterschieden werden.

Bei Computerkonferenzen kommunizieren die Gruppenmitglieder zeitversetzt unter Nutzung von E-Mail oder anderer Dienste im Internet durch Austausch von Texten auf Onlineplattformen. Bei Audiokonferenzen können sich die Teilnehmer zur selben Zeit hören, aber nicht sehen (reine Sprachkommunikation). Bei Videokonferenzen können sich die Teilnehmer zur selben Zeit sehen und hören und dabei auch gemeinsam physische Vorlagen wie Bilder, Dokumente, Materialien, Muster, Zeichnungen etc. betrachten und verändern. Früher wurden speziell eingerichtete Räume mit teuren Geräten genutzt, die zudem den Nachteil hatten, dass die Konferenzteilnehmer ihre gewohnte Arbeitsumgebung verlassen mussten. Inzwischen werden Videokonferenzsysteme für eine breite Nutzerbasis angeboten. Die Teilnehmer können sich auf den Bildschirmen an ihren Arbeitsplätzen zur selben Zeit sehen und hören sowie gemeinsam mit demselben Bürowerkzeug interaktiv Dokumente erstellen beziehungsweise bearbeiten.

▪▪ Gemeinsame Arbeitsräume

Ein »gemeinsamer Arbeitsraum« (Shared Workspace) ist eine internetbasierte Anwendung, bei der die Mitglieder einer Arbeitsgruppe über einen Webbrowser auf gemeinsame Ressourcen (Speicherplatz, Dateien und Anwendungen) zurückgreifen sowie multimedial miteinander kommunizieren können. Mit Hilfe von Symbolen wird jeweils angezeigt, welche Gruppenmitglieder online und momentan zur Kommunikation bereit sind (Group Awareness).

▪▪ Workflowmanagementsysteme

Unter Workflowmanagement (deutsch: Vorgangssteuerung) versteht man die Steuerung des Arbeitsablaufs zwischen allen an der Bearbeitung eines Geschäftsprozesses beteiligten Arbeitsplätze beziehungsweise Personen, die man als Gruppe im Sinn von CSCW bezeichnen kann. Workflowmanagementsysteme unterstützen die Vorgangssteuerung, indem sie an jedem beteiligten und in ein Netz eingebundenen Arbeitsplatz das zu bearbeitende Dokument, die damit auszuführenden Tätigkeiten und die anschließend erforderlichen Maßnahmen (z. B. Weiterleitung an die nächsthöhere Instanz) sowie alle weiteren für die Bearbeitung benötigten Unterlagen (Verträge, Vorschriften, Geschäftsbedingungen etc.) direkt am Bildschirm anzeigen und die erforderlichen Programme bereitstellen. Vollautomatisch ausführbare Teilarbeiten werden vom System erledigt. Durch Workflowmanagementsysteme sollen die Bearbeitungsvorgänge schneller ausgeführt, die Transportzeiten zwischen den Arbeitsplätzen verkürzt und möglicherweise Einsparungen, z. B. beim Botendienst oder beim Kopieren erreicht werden. Ein Nebeneffekt ist die bessere Überprüfbarkeit der Geschäftsprozesse, die zu einer höheren Arbeitsqualität führen kann.

3.3 · Arten von Anwendungssystemen

Art des Vorgangs	Strukturierter Vorgang	Semistrukturierter Vorgang			Unstrukturierter Vorgang	
	Starre Struktur	Spontane Änderung innerhalb der Struktur	Begrenzter Gruppenprozess innerhalb der Struktur	Offener Gruppenprozess innerhalb der Struktur	Offener Gruppenprozess	Individuell definierter Vorgang
Nächster Bearbeiter spezifiziert als ...	Organisatorische Einheit	Organisatorische Einheit/ Ausnahme-regelung	Organisatorische Einheit/ Auswahl innerhalb fester Regeln	Organisatorische Einheit/ Dynamische Auswahl in einem Teilprozess	Dynamische Auswahl von Personen	Person
Beispiel	Angebots-erstellung	Umgehung des Dienstwegs bei Eilbedürftigkeit	m aus n Zeichnungs-berechtigten müssen zustimmen	Gruppen-beratung innerhalb einer Kreditprüfung	Brainstorming	Ad-hoc Regelung für einmaligen Vorgang

◘ Abb. 3.37 Arten von Vorgängen nach dem Strukturierungsgrad. (Eigene Darstellung)

Jeder Geschäftsprozess besteht aus einer Vorgangskette von Tätigkeiten. Der zugehörige Workflow beschreibt den ganz oder teilweise automatisierten Ablauf des Geschäftsprozesses. Der Geschäftsprozess legt also fest, WAS zu tun ist, während der Workflow angibt, WIE es zu tun ist.

Es ist zweckmäßig, die betrieblichen Vorgänge in strukturierte Fälle (Routinearbeiten), unterschiedlich kombinierte semistrukturierte Fälle und unstrukturierte Fälle einzuteilen (◘ Abb. 3.37).

Am besten lassen sich die strukturierten Fälle durch eine computergestützte Vorgangssteuerung unterstützen. Beispiele sind die Bearbeitung von Kreditanträgen bei einer Bank, von Schadensanzeigen bei einer Versicherung oder von Beihilfeanträgen im öffentlichen Dienst. Leistungsfähige Workflowmanagementsysteme erlauben auch weniger stark strukturierte Teilaktivitäten innerhalb eines Vorgangs oder sehen die Möglichkeit vor, im Ausnahmefall vom vorgegebenen Sollablauf abzuweichen.

Die Zuordnung der Akteure bezieht sich nicht auf Personen, sondern auf organisatorische Einheiten innerhalb einer Organisationsstruktur oder auf (wechselnde) Rollen, welche die Personen einnehmen. Zur Beschreibung der Vorgänge eignen sich unter anderem grafische Darstellungen in Form von Netzen und spezielle Vorgangsbeschreibungssprachen. Bei der Reihenfolge und den Abhängigkeiten der Tätigkeiten gibt es – ähnlich wie bei Programmabläufen – die Konstrukte Sequenz, Verzweigung und Schleife. Ferner werden in der Regel Teile der Prozesse parallel abgewickelt. Durch Analyse- und Simulationskomponenten können Workflowmanagementsysteme die Schwachstellenanalyse und die Optimierung von Geschäftsprozessen unterstützen.

▪▪ Dokumentenmanagementsysteme

Eine wichtige Aufgabe in allen Verwaltungen ist kurz- und mittelfristig die Ablage und das Bereithalten beziehungsweise langfristig die Archivierung von Akten, für die teilweise Aufbewahrungsfristen bestehen. Die klassische Aufbewahrung solcher Unterlagen mit nicht codierten Informationen erfolgt in Form von Papier in Aktenordnern oder auf Mikrofilmen, wobei teilweise beide Formen zugleich verwendet werden. Die enorme Erweiterung der Kapazität

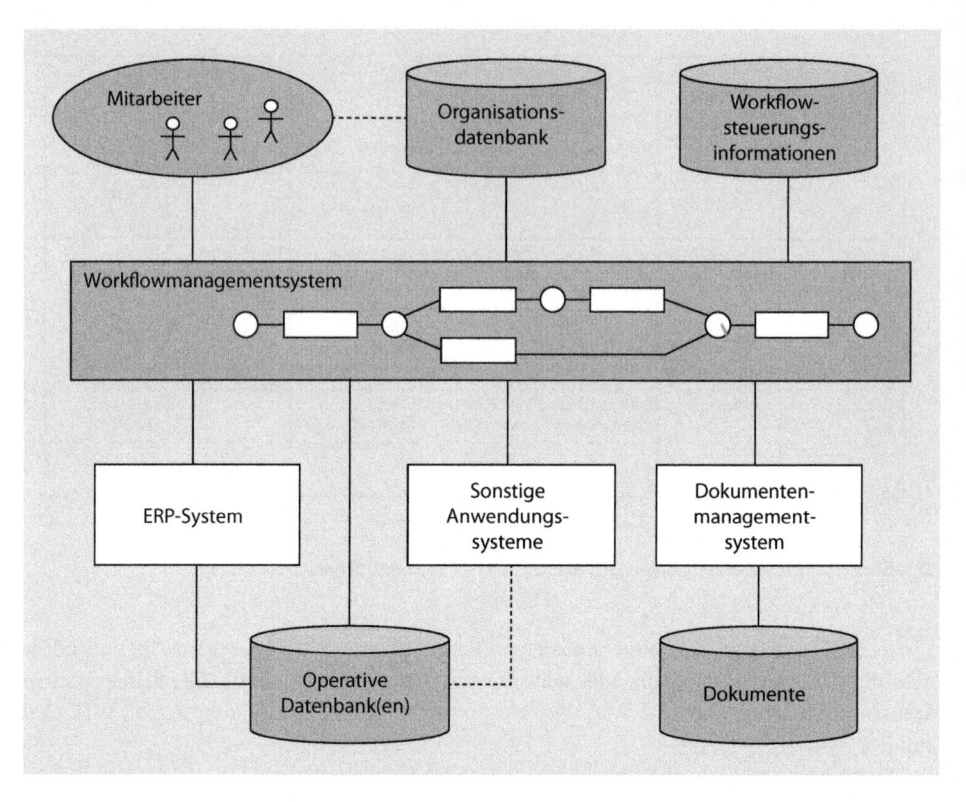

Abb. 3.38 Zusammenspiel von Dokumentenmanagementsystemen mit anderen Systemen. (Eigene Darstellung)

von Plattenspeichern (für kurz- und mittelfristige Archivierung) sowie die kostengünstige Möglichkeit, Daten langfristig auf optischen Speicherplatten zu archivieren, erlauben die ausschließlich digitale Speicherung aller Akten.

Dokumentenmanagementsysteme gehen in ihrer Funktionalität weit über die früheren Archivierungssysteme hinaus. Sie befassen sich ganz allgemein mit der Verwaltung codierter und nicht codierter Informationen. Gebräuchlich ist auch die Bezeichnung Dokumentenretrieval (in Anlehnung an Textretrieval). Da Dokumentenmanagementsysteme die Vorgangssteuerung erheblich unterstützen können, werden sie häufig zusammen mit Workflowmanagementsystemen eingeführt.

Das gewonnene Bild wird in komprimierter Form gespeichert, maschinell analysiert und soweit möglich in codierte Information umgewandelt (Texterkennung). Fortgeschrittene Systeme führen anschließend eine semantische Analyse durch und ordnen die Schriftstücke anhand von Ordnungskriterien bestimmten Geschäftsprozessen oder Geschäftsvorfällen zu (z. B. anhand einer Rechnungs- oder Versicherungsnummer). Soweit dies nicht automatisch möglich ist, müssen die entsprechenden Eingaben vom Sachbearbeiter im Bildschirmdialog manuell hinzugefügt werden. Ergänzende Informationen (Verweise auf andere Dokumente, schriftliche oder gesprochene Kommentare) können angefügt werden. Falls sich die Eingangsdokumente vordefinierten Geschäftsprozessen zuordnen lassen, wird ein Workflow angestoßen.

Abb. 3.38 zeigt, wie ein Dokumentenmanagementsystem zusammen mit operativen Datenbanken und Anwendungssystemen innerhalb eines Workflowmanagementsystems eingesetzt werden kann. Ein Workflow wird beispielsweise durch ein Schreiben eines Kunden ausgelöst, das in einem Dokumentenmanagementsystem verwaltet wird. Die Akteure werden anhand der Organisationsdatenbank den Arbeitsschritten zugeordnet. Bei Parallelarbeit können mehrere Akteure gleichzeitig auf die gespeicherten Dokumente zugreifen. Je nach Art der Tätigkeit werden Daten aus den operativen Datenbanken herangezogen, das ERP-System beziehungsweise sonstige Anwendungssysteme aufgerufen oder auf das Dokumentenmanagementsystem zugegriffen. Das Workflowmanagementsystem verfügt über eine eigene Datenbank mit Steuerungsinformationen wie z. B. Beschreibung der Arbeitsschritte und deren Abhängigkeiten, Status und Historie aller Workflows und zu überwachenden Terminen.

Dokumentenmanagementsysteme werden in Unternehmen aller Branchen eingesetzt. Vorreiter sind Banken, Behörden und Versicherungen. Kriterien für die Einrichtung und Konfiguration sind unter anderem die Menge der zu archivierenden Dokumente, die Häufigkeit der Zugriffe auf die Dokumente und die Häufigkeit und der Umfang der Ergänzungen bei den Dokumenten. Nach diesen Kriterien unterscheidet man Archivsysteme mit seltenem Zugriff, ohne Änderungen und oft gesetzlich geregelten Aufbewahrungsfristen, workfloworientierte Systeme mit häufigem Zugriff, gelegentlichen Änderungen oder Ergänzungen und Sicherungssysteme, auf die ein Zugriff nur im Notfall und ohne Änderungen erfolgt.

Nutzenpotenziale gegenüber konventionellen Ablagesystemen bestehen im Wegfall oder der Verkürzung von Kopier-, Such-, Transport- und Verfilmungszeiten sowie in der Einsparung von Räumen und Personal (Archivverwalter, Boten).

3.3.4.2 Wissensbasierte Systeme und Wissensmanagement

Wissensbasierte Systeme (WBS) beruhen auf der Auswertung von gespeichertem menschlichem Wissen, insbesondere in Form von Erfahrungen. Wissen bildet die oberste Ebene der Hierarchie zwischen Zeichen, Daten, Informationen und Wissen. Es entsteht durch die Vernetzung von Informationen, welche ihrerseits Daten mit einem bestimmten Kontext sind. Zeichen wiederum stellen die unterste Ebene dar und bilden erst durch Hinzunehmen einer Syntax Daten. ◘ Abb. 3.39 zeigt das Hierarchie-Modell und den Übergang von Zeichen zu Wissen.

Wissensmanagement adressiert die Bewahrung, die Nutzung, die Verteilung bzw. den Transfer, die Entwicklung, den Erwerb und die Dokumentation von Wissen. Implizites Wissen ist dabei personengebundenes, kontextspezifisches Wissen, welches schwer kommunizierbar ist. Externes Wissen hingegen ist kodifizierbar und somit einfach zu speichern (Krcmar 2009). Tieferes Verständnis für das Wissensmanagement vermittelt ▶ Kap. 7.2.5.

Wissensbasierte Systeme verwenden Prinzipien und Methoden der künstlichen Intelligenz (KI, engl. AI = Artificial Intelligence). Diese befassen sich damit, menschliche Verhaltensweisen, die auf natürlicher Intelligenz beruhen (z. B. Erkenntnis-, Lern-, Sprach- und Denkvermögen), durch Computer nachzuvollziehen. Zur künstlichen Intelligenz gehören hauptsächlich die Anwendungen Sprachverarbeitung, Bildverarbeitung, Mustererkennung, Robotik, Deduktionssysteme, neuronale Netze, Expertensysteme und fallbasiertes Schließen.

Methodisch verwandt mit den wissensbasierten Systemen ist das Wissensmanagement. Bei diesem geht es darum, nicht nur das explizite, also beispielsweise auf Datenträgern vorhandene Faktenwissen computergestützt zu verarbeiten, sondern auch implizites Wissen, insbesondere das Erfahrungswissen der Mitarbeiter, das nirgends aufgeschrieben ist, im Kontext abzubilden, zu speichern und für das Unternehmen nutzbar zu machen. Ziel ist es, das bei den Mitarbeitern vorhandene individuelle Wissen auch für andere im Unternehmen verfügbar zu halten, auch über das Ausscheiden von Mitarbeitern hinaus.

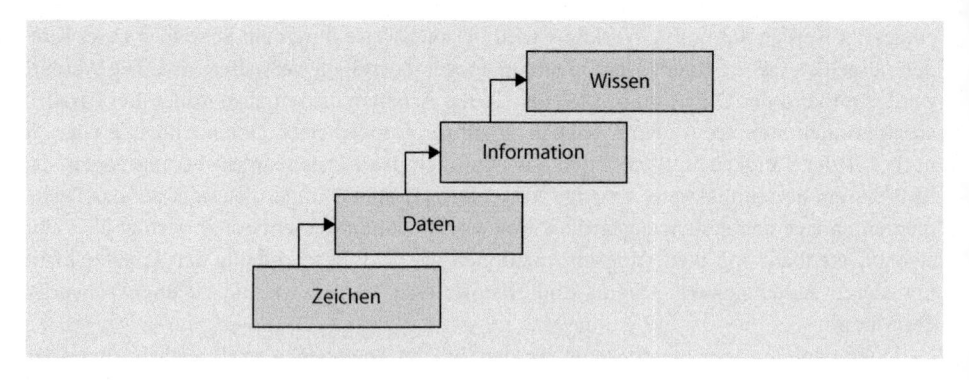

Abb. 3.39 Wissenshierarchie. (Aufbauend auf Aamodt u. Nyg 1995)

3.3.5 Elektronischer Datenaustausch

Im Bereich Anwendungssysteme ist es ebenfalls sehr wichtig, dass eine Integration von Anwendungssystemen innerhalb von und auch zwischen Unternehmen möglich ist, damit Unternehmen untereinander Daten austauschen können (Hansen u. Neumann 2009). Der Datenaustausch zwischen Unternehmen ist auch für Konzepte wie E-Business und E-Commerce notwendig, damit diese überhaupt realisiert werden können. Diese Integration wird als elektronischer Datenaustausch (EDI = Electronic Data Interchange) beschrieben (Hansen u. Neumann 2009). Mithilfe von EDI tauschen Unternehmen strukturierte Daten wie z. B. Bestellungen oder Rechnungen aus. Durch die digitale Abwicklung des Datenaustausches realisieren die Unternehmen Zeit-, Kosten- und Personaleinsparungen.

> **Electronic Data Interchange (EDI)**
>
> Unter EDI versteht man den elektronischen Datenaustausch über Geschäftstransaktionen (Bestellungen, Rechnungen, Überweisungen, Warenerklärungen etc.) zwischen Betrieben. Die Daten werden in Form von strukturierten, nach vereinbarten Regeln formatierten Nachrichten übertragen. Dadurch ist es dem Empfänger möglich, die Daten direkt in seinen Anwendungsprogrammen weiterzuverarbeiten (Durchgängigkeit der Daten). (Hansen u. Neumann 2009)

EDI bezeichnet keinen bestimmten Standard, wie Daten ausgetauscht werden, sondern es werden unter dem Begriff EDI generell sämtliche Standards beziehungsweise Vorgehensweisen für den strukturierten Austausch von elektronischen Daten subsumiert (Hansen u. Neumann 2009). Damit mit EDI möglichst viele Marktteilnehmer ihre Daten miteinander austauschen können, ist ein international anerkannter und branchenunabhängiger Standard notwendig, der explizit beschreibt, wie EDI-Nachrichten auszutauschen sind. Einer dieser Standards ist EDIFACT (= Electronic Data Interchange for Administration, Commerce and Transport). Unternehmen, die Anwendungssysteme einsetzen, die einen EDI-Standard wie beispielsweise EDIFACT unterstützen, tauschen Daten direkt zwischen ihren Anwendungssystemen aus, ohne dass diese konvertiert werden müssen. Das verhindert einerseits eine Doppelerfassung von Daten und andererseits werden Erfassungsfehler reduziert, wodurch die Qualität der Daten steigt und damit wiederum die Kosten unter anderem für das Datenmanagement sinken.

3.3 · Arten von Anwendungssystemen

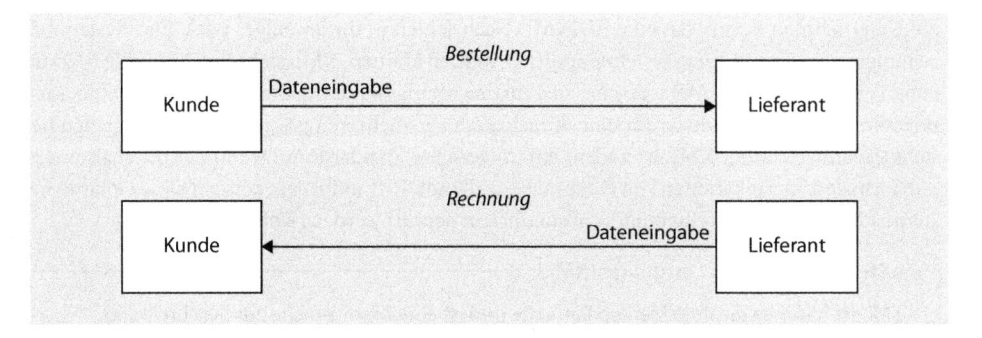

Abb. 3.40 Prinzip der Ende-zu-Ende-Verbindung bei EDI. (Laudon, Laudon et al. 2010)

Mit EDI-Nachrichten lassen sich nicht nur einfache Daten übertragen, sondern es können auch komplexe Daten in einer oder mehreren Nachrichten zusammengefasst werden. Die Übertragung der Nachrichten wird über eine Ende-zu-Ende- (beziehungsweise Punkt-zu-Punkt-) Verbindung realisiert (Abb. 3.40).

Allein die Tatsache, dass zwei Unternehmen EDI untereinander einsetzen, bedeutet noch nicht, dass es sich hierbei um eine E-Business-Anwendung handelt. Erst wenn die Geschäftsprozesse beider Unternehmen durch die jeweiligen Back-End-Systeme verbunden werden, wird aus der rein physischen Verbindung eine E-Business-Anwendung.

Wird ein Unternehmen mit mehr als einem anderen Unternehmen (z. B. Lieferanten) durch EDI verbunden, wird dies als Value Added Network bezeichnet. Damit bestehen einerseits sämtliche Vorteile durch EDI, andererseits ist der Aufwand für die Errichtung und die Wartung des Value Added Networks sehr hoch.

Im Gegensatz zu dieser klassischen Form von EDI können mittels der TCP/IP-Protokollfamilie Nachrichten zwischen heterogenen Anwendungssystemen ausgetauscht werden. Die Festlegung auf die verlässlichen Protokollstandards der TCP/IP-Familie schafft zudem ein offenes System und damit die Voraussetzung für vielfältige Anwendungen des E-Business. Die Nachrichten werden bei TCP/IP in standardisierte Pakete aufgeteilt und anschließend an den Empfänger verschickt. Dies ermöglicht eine wesentlich schnellere und einfachere Vernetzung von Unternehmen und ihren IT-Systemen. Eine der Weiterentwicklungen von EDI, die auf diesem Prinzip aufbaut, ist Web-EDI. Dieses richtet sich an kleinere und mittlere Unternehmen, denn bei der Entwicklung von Web-EDI wurde eine Reduktion des Aufwands in Bezug auf Einrichtung und Wartung des EDI-Systems angestrebt. Setzt ein Unternehmen Web-EDI ein, dann muss es weiterhin ein eigenes EDI-System bereitstellen. Im Unterschied zum klassischen EDI verfügen hier aber die Empfänger der Daten des Unternehmens (z. B. Lieferanten) über kein eigenes EDI-System, sondern der Lieferant loggt sich auf diesem speziellen EDI-Webserver ein und kann dort seine Daten (z. B. Bestellungen und Rechnungen) abrufen, eingeben oder bearbeiten. Hierbei entsteht ein Medienbruch, welcher prinzipiell immer mit Nachteilen wie beispielsweise Informationsverlust oder einer geringeren Übertragungsrate einhergeht. Das wird in diesem Fall allerdings bewusst in Kauf genommen, weil die Auswirkungen der Nachteile als geringer bewertet werden als der Aufwand, der durch den Betrieb/die Inbetriebnahme eines eigenen EDI-Systems entsteht (Kollmann 2013).

Die aktuelle Variante zur Übermittlung von EDI-Nachrichten ist EDIXML, das zusätzlich zu den eigentlichen Daten auch die Struktur der Nachricht/Daten übermittelt. Neben einer weiteren Kosteneinsparung, die sich durch die fallweise Übertragung der Datenstruktur ergibt, profitieren die Unternehmen davon, dass die EDIXML-Nachrichten in ihr jeweiliges Back-End-System beziehungsweise Anwendungssystem importiert werden können. XML steht für eXtensible Markup Language und ist eine Metasprache, die Auszeichnungssprachen definieren kann. Eine Auszeichnungssprache ist wiederum eine Sprache, die aus mehreren geschachtelten Elementen besteht (Kollmann 2013). XML ist zudem ein universeller Standard. Aufgrund der internationalen und formalen Spezifikationen von Dokumenten, die auf XML aufbauen, können diese Dokumente automatisch auf Fehlerfreiheit und Vollständigkeit geprüft werden (Kollmann 2013).

---
eXtensible Markup Language (XML)

XML steht für eXtensible Markup Lanuage und ist eine Metasprache zur Beschreibung strukturierter Dokumente und Daten. (Kollmann 2013)

3.4 Anwendungssysteme in der Praxis

3.4.1 ERP-Systeme

Wenn ein integriertes Gesamtsystem alle wesentlichen operativen Funktionen und Führungsfunktionen unterstützt, spricht man von einem Enterprise-Resource-Planning-System (ERP-System). Dieses besteht aus einem Basissystem und funktionsbezogenen Modulen wie externem Rechnungswesen, Controlling, Beschaffung, Produktionsplanung und -steuerung, Vertrieb und Projektmanagement. Der Begriff »Enterprise-Resource-Planning« wurde in den 1990er Jahren von Softwareanbietern wie SAP, Peoplesoft und weiteren geprägt (Kurbel 2013).

Alle Module basieren auf einer einheitlichen Datenbank und sind funktional so weit integriert, dass arbeitsgebietsübergreifende Geschäftsprozesse abgebildet werden können. Die Entwicklungstendenz geht dahin, auch die über das Unternehmen hinausreichenden Prozesse (unter Einbezug von Lieferanten und Kunden) zu integrieren. ◘ Abb. 3.41 zeigt dies schematisch. Darüber hinaus sind im oberen Teil auch die Bereiche Supply-Chain-Management, Electronic Procurement und Customer-Relationship-Management in den Zusammenhang eingeordnet.

Als Alternative zur lokalen Installation bei dem Anwenderunternehmen kann die Software auch bei einem Dienstleister im Application Service Providing genutzt werden, was zunehmend unter dem Begriff »Cloud« vermarktet wird.

ERP-Anbieter adressieren mit ERP-Software und -Consulting einen sehr großen Markt, da diese Lösungen einerseits aufgrund der Vielzahl der unterstützten Geschäftsprozesse in den meisten Unternehmen eingesetzt werden können und andererseits jedes Unternehmen Abweichungen von Standardprozessen in den eigenen Geschäftsabläufen hat, wodurch Anpassungen erforderlich werden und somit die Inanspruchnahme von Dienstleistungen der ERP-Softwareanbieter verbunden ist. Die Alternative, die Änderungen in-house durchführen zu lassen, ist oftmals nicht vorhanden, da kein entsprechend qualifiziertes Personal verfügbar ist.

Eine Kosten-Nutzen-Rechnung für ERP-Systeme ist nicht pauschal möglich, da jedes Unternehmen spezifische Geschäftsprozesse implementiert hat. Bei einer solchen Rechnung müssen unterschiedlichste Faktoren berücksichtigt werden, beispielsweise inwiefern sich die vorhandenen Prozesse mit möglichst geringem Aufwand in einem ERP-System abbilden lassen, wie stark umgekehrt das ERP-System abweichend von den vorgesehenen Standardprozessen angepasst werden muss oder wie hoch die Investitionskosten für Hardware, Software (-lizenzen) und qualifiziertes Personal beziehungsweise Dienstleister, welche für Support zuständig sind, ausfallen. Neben den Kosten muss allerdings auch der Nutzen betrachtet werden,

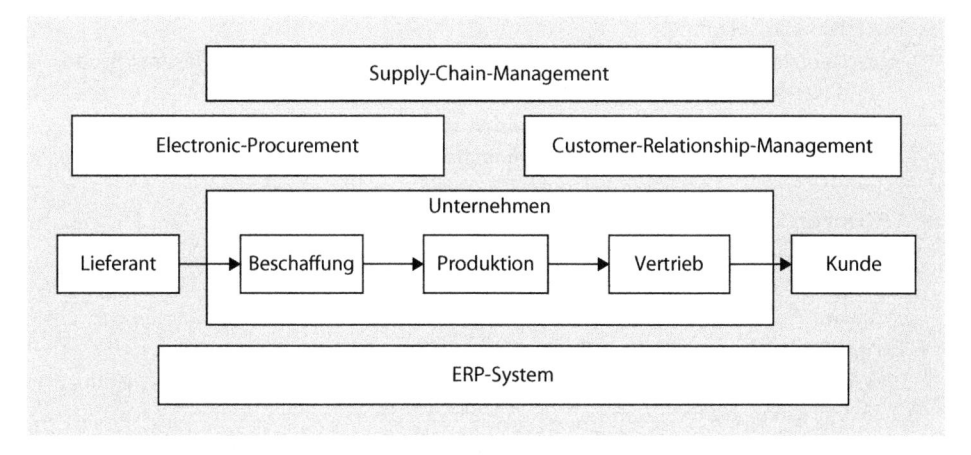

Abb. 3.41 ERP-Systeme und unternehmensübergreifende Anwendungen. (Eigene Darstellung)

da durch ERP-Systeme viele Prozesse (teil-) automatisiert werden, Medienbrüche vermieden/verringert und auch Dokumentationspflichten besser nachgekommen werden kann, da die Informationen zentral gespeichert sind.

3.4.2 Produktionsplanungs- und -steuerungssysteme

Die Produktionsplanung und -steuerung (PPS) befasst sich mit dem Gesamtprozess der Planung und der Ausführung von Fertigungsaufträgen. Dazu zählt man üblicherweise die Arbeitsgebiete Materialwirtschaft, Fertigungsplanung und Fertigungssteuerung. Die Materialwirtschaft wird häufig mit zur Fertigungsplanung gerechnet. Die folgenden Darstellungen orientieren sich an der Stückfertigung. Bei der Produktionsplanung und -steuerung in der Prozess-, Chemie-, Pharmazie-, Kosmetik-, Nahrungsmittel- und Getränkeindustrie ist eine andere Vorgehensweise erforderlich, weil dort (anstelle von Stücken) Chargen und Rezepturen zu beachten sind.

Im Einzelnen haben die PPS-Arbeitsgebiete die nachfolgend beschriebenen Bestandteile:
- Lagerhaltung:
  - Führen der Bestände (Lager, Werkstatt, Bestellbestände, Reservierungen),
  - Prüfen und Erfassen der Zugänge (Einkauf oder Eigenfertigung) und der Abgänge (Verkauf oder Eigenverbrauch),
  - Bewerten nach verschiedenen Preisen und Regeln wie Marktpreis, Durchschnitts- oder Verrechnungspreis, Selbstkosten, First-in-first-out (FIFO) sowie
  - Inventur, Lagern von Roh-, Hilfs- und Betriebsstoffen, Einzelteilen, Halb- und Fertigfabrikaten und zwar häufig in getrennten Lagern und an räumlich voneinander entfernten Plätzen.
- Zur Lagerhaltung wird häufig auch die Beschaffung (Einkauf) mit den folgenden Funktionen gerechnet:
  - Bestelldisposition (Bestellvorschläge für Bestellmengen, Bestellzeitpunkte und Lieferanten),
  - Bestellverwaltung und -überwachung sowie
  - Buchen des Wareneingangs.

- Materialbedarfsplanung:
  - Nettobedarfsplanung: Sekundärbedarfsplanung durch Stücklistenauflösung, Brutto- und Nettobedarfsrechnung;
  - Vorschläge für Fertigungsaufträge (insbesondere für Losgrößen);
  - Auswertungen: ABC-Analysen, Verbrauchsstatistiken (als Basis für Bedarfsprognosen).
- Fertigungsplanung:
  - Terminplanung: Grobterminierung der Bearbeitung;
  - Kapazitätsabgleich: Terminverschiebungen zur Anpassung an die verfügbaren Kapazitäten.
- Fertigungssteuerung:
  - Werkstattsteuerung: Auftragsfreigabe (Auftragsveranlassung), Reihenfolgeplanung, Arbeitsgangfreigabe;
  - Auftragsüberwachung: Mengen- und Terminüberwachung, Qualitätssicherung.

Erstrebenswert ist es, alle Aufgaben der Produktionsplanung und -steuerung gleichzeitig, das heißt in Form einer Simultanplanung zu behandeln. Da das Arbeitsgebiet dafür aber zu komplex ist (Dilemma der Ablaufplanung), wird die Produktionsplanung und -steuerung in der betrieblichen Praxis als Sukzessivplanung, das heißt als sequenzielle Planung, vorgenommen und zwar in den folgenden Schritten:

1. Primärbedarfsplanung: Der Primärbedarf bezeichnet das (mengenmäßige) Produktionsprogramm für alle Enderzeugnisse. Er wird anhand vorliegender Kundenaufträge oder durch Absatzprognosen unter grober Berücksichtigung der vorhandenen maschinellen und personellen Kapazitäten ermittelt. Die Produktionsprogrammplanung kann durch Optimierungsmodelle unterstützt werden.
2. Materialbedarfsplanung: Unter dem Sekundärbedarf wird der für die Fertigung des Primärbedarfs erforderliche Material- und Teilebedarf verstanden. Die Materialbedarfsplanung (MRP = Material Requirements Planning) erfolgt entweder bedarfs- beziehungsweise verbrauchsgesteuert, das heißt anhand von Schätzungen auf der Basis früherer Verbrauchswerte, oder durch Stücklistenauflösung für den vorher ermittelten Primärbedarf, das heißt deterministisch.
3. Grobterminierung (Terminplanung): Mit Hilfe der aus den Arbeitsplänen hervorgehenden Bearbeitungszeiten werden grobe Bearbeitungstermine ermittelt und zwar entweder vorwärts, unter Festlegung von Beginnterminen, oder (vorzugsweise bei Kundenaufträgen) rückwärts, unter Zugrundelegung von Fertigstellungsterminen. Kapazitäten bleiben zunächst unberücksichtigt. Erfolgt die Fertigung in Form von Fertigungslosen, muss vor der Terminplanung die Losgröße festgelegt werden. Von ihr hängen die Bearbeitungstermine ab.
4. Kapazitätsabgleich (oder -ausgleich): Unter Berücksichtigung der verfügbaren Maschinen- und Personalkapazitäten werden die in Schritt 3 ermittelten Grobtermine verschoben (Einrütteln), um den Kapazitätsbedarf des Produktionsprogramms an die verfügbaren Kapazitäten anzupassen (sogenannte Feinterminierung). Angestrebt wird neben der Termintreue eine möglichst hohe Kapazitätsauslastung. Vorteilhaft sind Anwendungsprogramme, die die Schritte 3 und 4 simultan bearbeiten.
5. Werkstattsteuerung: Die Aufträge werden zur Fertigung freigegeben (Auftragsveranlassung), traditionell durch das Erstellen von auftragsbezogenen Fertigungspapieren (Materialentnahmescheine, Werkzeugscheine, Lohn- beziehungsweise Akkordscheine).

6. Auftragsüberwachung: Die Aufträge werden durch die Gegenüberstellung von Plan- und Istdaten über Beginn- und Endtermine, Materialverbräuche etc. laufend überwacht. Falls erforderlich, werden kurzfristig Maßnahmen eingeleitet.

Unter der Bezeichnung Advanced Planning and Scheduling (APS) werden die Gesichtspunkte der Supply-Chain, also der Verflechtungen mit Lieferanten und Abnehmern, von vornherein in die Produktionsplanung und -steuerung einbezogen. Auf diese Weise wird eine Optimierung der Disposition unter zusätzlicher Berücksichtigung des Transports und der Lagerhaltung möglich.

3.4.3 Supply-Chain-Management

Supply-Chain-Management (SCM), zu Deutsch Lieferkettenmanagement, dehnt die Betrachtung auf alle beteiligten Partner einer Wertschöpfungskette aus, also z. B. auch auf Lieferanten, Logistikunternehmen und verschiedene Dienstleistungsanbieter. Sowohl der Material- als auch der Informationsfluss werden über den gesamten Wertschöpfungsprozess hinweg koordiniert. Ziele sind die Optimierung der Fertigungskosten und der gesamten Fertigungszeit mit der Berücksichtigung, dass alle an der Kette beteiligten Unternehmen insgesamt im Wettbewerb mit anderen Ketten stehen. Als Nebeneffekt können die für das Supply-Chain-Management unerlässlichen unternehmensübergreifenden Informationssysteme auch präzise Informationen liefern, die für die Steuerung bei einem einzelnen beteiligten Partner wertvoll sind und bisher nur geschätzt werden konnten, z. B. die für zukünftige Perioden zu erwartenden Auftragseingänge. Rund 1.000 Unternehmen haben sich im 1996 gegründeten Supply Chain Council zusammengeschlossen, um die Grundlagen für eine einheitliche Modellierung in Form des »Supply Chain Operations Reference Model« (SCOR-Modell) (▶ Kap. 7) zu schaffen.

Für die Zwecke des Supply-Chain-Managements genügt es nicht, die Geschäftspartner durch elektronischen Datenaustausch miteinander zu verbinden. Vielmehr müssen die Anwendungssysteme auch hinsichtlich der eingesetzten Methoden koordiniert werden.

Zur Erläuterung kann das Supply-Chain-Management bei Amazon betrachtet werden. Neben dem Online Shop bietet Amazon auch digitale Waren an, die über das Tablet Kindle konsumiert werden können. Dementsprechend muss seitens Amazon das Angebot, das heißt eine ausreichende Anzahl an Geräten, vorhanden sein. Zugleich sollte nicht zu viel produziert beziehungsweise gelagert werden, um die Kosten nicht in die Höhe zu treiben. Amazon muss sich also mit den Zulieferern abstimmen, die Lieferungsmenge mit den jeweiligen Bestellungen abgleichen und dafür sorgen, dass die bestellten Geräte in den verschiedenen Logistikzentren verfügbar sind. Zusätzlich sollten die Kunden laufend über den jeweiligen Lieferstatus informiert werden. Abhängig von der verkauften Anzahl an Geräten muss Amazon auch die technische Infrastruktur bereithalten, um die digitalen Inhalte an die Kunden ausliefern zu können. Diese Abhängigkeiten können noch weiter ausgeführt werden, verdeutlichen so aber bereits, dass das Supply-Chain-Management ein wichtiges Element in und zwischen verschiedenen Unternehmen ist.

Einen Teilbereich im Supply-Chain-Management bildet das Electronic Procurement (▶ Kap. 7). Darunter versteht man die routinemäßige computergestützte Beschaffung. Unter Einsatz von EDI-Techniken wird die Beschaffung vom Bedarfsträger angestoßen und ohne Einschaltung der Einkaufsabteilung oder Papierbelege automatisch abgewickelt.

Die Bedeutung des Supply-Chain-Managements wird auch in Zukunft weiter steigen. Die zunehmende Vernetzung und die gestiegene Anspruchshaltung der Verbraucher führen dazu, dass die Unternehmen zukünftig noch flexibler auf die Kundenansprüche reagieren müssen. Da die Produktionstiefe, das heißt der eigene Anteil des Unternehmens an der Gesamtproduktion, abgenommen hat, steigt entsprechend der Anteil an Zulieferern, Dienstleistern und weiteren Geschäftspartnern. Dies hat zur Folge, dass die Koordination, Planung und in Summe die Steuerung der gesamten Produktion komplexer geworden und ohne eine entsprechende IT-Unterstützung kaum noch möglich ist.

3.4.4 Customer-Relationship-Management

Werden sämtliche Beziehungen eines Unternehmens mit seinen Kunden in einem Anwendungssystem zusammengefasst, so spricht man von einem Customer-Relationship-Management-System (CRM-System). Die kundenorientierten Prozesse im Marketing, Verkauf und Service werden über ein integriertes System koordiniert und möglichst im Sinne der Kundenzufriedenheit optimiert. Ein CRM-System umfasst, über das Computer-Aided Selling und das Data Base Marketing mit zugehöriger Kunden- und Artikelstammdatenverwaltung hinaus, beispielsweise Komponenten für die Verwaltung schwebender Aufträge, die Versandwegverfolgung, den Kundendienst und die Reklamationsbearbeitung, die Computer-Telefon-Integration und Callcenter-Unterstützung. CRM-Systeme beziehen viele Informationen aus anderen Anwendungssystemen, insbesondere aus ERP-Systemen.

Der gesamte Vertrieb wird stark von den Entwicklungen im Bereich des Electronic Business beeinflusst. Über die Bereitstellung von statischen Informationen über abgeschlossene Aktivitäten (z. B. Kundenbesuche, Werbeaktionen und Warenverkäufe) hinaus gehören zu modernen Vertriebssystemen weitergehende Funktionen wie laufend aktualisierte multimediale Produktkataloge, Konfigurationsunterstützung, z. B. bei Computern oder Autos, Anzeige der Lieferbereitschaft, interaktive Bestellmöglichkeit und bei Konsumgütern Beteiligung an übergreifenden Vertriebsaktivitäten wie Versteigerungen oder virtuellen Marktplätzen.

Ein großer Anbieter im Bereich CRM ist das US-amerikanische Unternehmen salesforce.com, dessen Erfolg auf der Onlinebereitstellung von CRM-Angeboten und mittlerweile weiteren Produkten und Dienstleistungen beruht.

3.4.5 Industrie 4.0

Industrie 4.0 bezeichnet in Anlehnung an bisher drei industrielle Revolutionen die Weiterentwicklungsstufe der Industrie. So betrachtet z. B. SAP das Industrie-4.0-Paradigma als einen der aktuellen Megatrends (SAP.info 2013). Nach der Einführung mechanischer Produktionsanlagen durch Wasser- und Dampfkraft (1. Revolution), der Einführung von elektrischer Energie und dem Beginn der Massenproduktion (2. Revolution) sowie dem Einsatz von Elektronik und IT zur weiteren Automatisierung (3. Revolution) wird durch Entwicklungen wie das »Internet der Dinge« und die Vernetzung die nächste Revolution beschrieben, welche die Produktion auf Basis von Cyber-Physical-Systems revolutioniert. Diese Weiterentwicklungen haben auch Auswirkungen auf Anwendungssysteme, da diese flexibler und interaktiver miteinander vernetzt werden müssen. ◘ Abb. 3.42 veranschaulicht die vier Stufen der industriellen Revolution.

Die reale und die virtuelle Welt wachsen durch die zunehmende Vernetzung immer weiter zusammen. Dadurch wird eine individuelle Produktion bei zugleich hoch flexibilisierten

Weiterführende Literatur

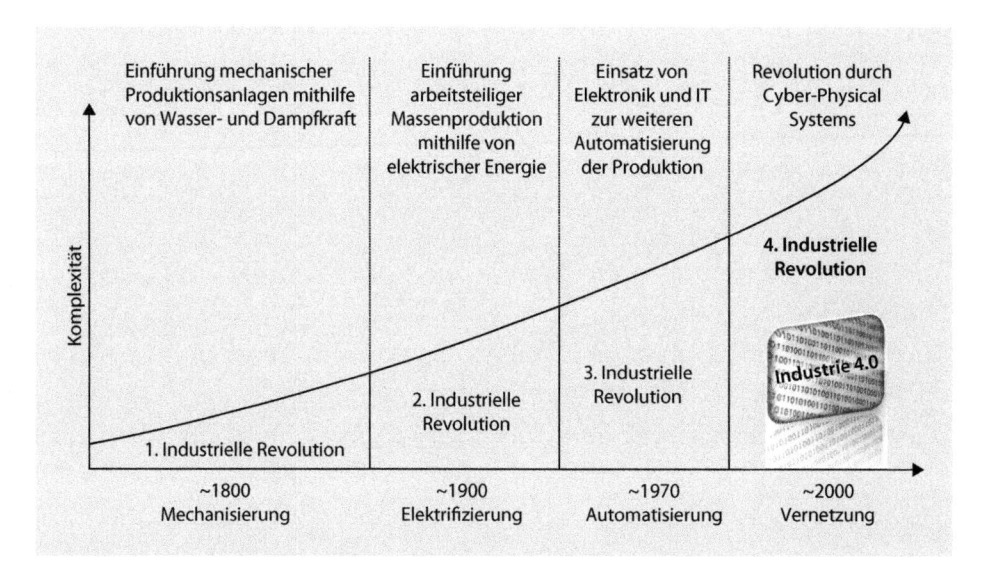

Abb. 3.42 Vier Stufen der industriellen Revolution. (In Anlehnung an DFKI 2011)

(Großserien-) Produktionen ermöglicht. Kunden und Geschäftspartner werden in Geschäfts- und Wertschöpfungsprozesse weitgehend integriert, sodass durch die Verkopplung von Produktion und hochwertigen Dienstleitungen hybride Produkte entstehen.

Weiterführende Literatur

Brocke, J. v. und M. Rosemann (2009). Handbook on business process management: Introduction, methods and information systems. Berlin, London, Springer.
Dumas, M. (2013). Fundamentals of business process management. Berlin, Heidelberg, Springer.
Hansen, H. R. und G. Neumann (2009). Wirtschaftsinformatik 1. Grundlagen und Anwendungen. Stuttgart, UTB.
Laudon, K. C., J. P. Laudon, et al. (2010). Wirtschaftsinformatik: Eine Einführung. München, Pearson Deutschland.
Mertens, P., F. Bodendorf, et al. (2005). Grundzüge der Wirtschaftsinformatik. Berlin, Heidelberg, Springer.

Führungsaufgaben des IT-Managements

Zusammenfassung

Das IT-Management lässt sich in strategisches und operatives IT-Management unterteilen. Der Planungshorizont des strategischen IT-Managements ist langfristig ausgerichtet. Verantwortlich für das strategische IT-Management ist der oberste IT-Entscheider, meist der Chief Information Officer (CIO), in Zusammenarbeit mit der Unternehmensführung. Das operative IT-Management ist dagegen kurz- bis mittelfristig angelegt und dient zur Umsetzung der im Rahmen des strategischen IT-Managements entwickelten Planungen und Vorgaben, um damit das laufende Geschäft im Unternehmen zu unterstützen.

Die im Einführungskapitel dieses Lehrbuchs thematisierte Digitalisierung beeinflusst auch das IT-Management. So hat das strategische IT-Management den Digitalisierungstrend zu berücksichtigen. Auf diesem Wege führt, wie im Einführungskapitel beschrieben, die Digitalisierung dazu, dass Geschäftsmodelle von Unternehmen modifiziert oder sogar neu konzipiert werden müssen. Da Geschäftsmodelle wiederum die Geschäftsstrategie und somit auch die IT-Strategie beeinflussen, zieht sich der Digitalisierungstrend über das strategische IT-Management bis hin zum operativen IT-Management, also der Wahrnehmung der operativen IT-Aufgaben im Unternehmen, durch. Auch hier spielt also das House of Digital Business (▶ Abschn. 1.4) eine zentrale Rolle, in dem existierende Modelle der Wirtschaftsinformatik um spezifische Aspekte der Digitalisierung erweitert werden.

4.1	Strategisches IT-Management – 181
4.1.1	Rechtliche Grundlagen, Unternehmensstrategie und IT-Strategie – 181
4.1.2	Aufgaben des strategischen IT-Managements – 191
4.1.3	Die Rolle von Geschäftsmodellen im strategischen IT Management – 196
4.1.4	Strategische Informationstechnologien – 205

4.2 Operatives IT-Management – 208
4.2.1 Betrieb der Unternehmens-IT – 209
4.2.2 IT-Planung – 219

Weiterführende Literatur – 229

Lernziele des Kapitels

1. Sie können das Grundkonzept des Business/IT-Alignments wiedergeben.
2. Sie können die Bedeutung von Geschäftsmodellen im Rahmen des Business/IT-Alignments erläutern.
3. Sie können das Business Model Canvas beschreiben und an Beispielen anwenden.
4. Sie können das Business Model Canvas als Instrument zur Formulierung einer Strategie heranziehen.
5. Sie können die Aufgaben des operativen IT-Managements benennen.
6. Sie können die zwei wesentlichen Aspekte des IT-Controllings benennen und beschreiben.
7. Sie können die Methoden der IT-Beobachtung und -Bewertung benennen und anhand eines Praxisbeispiels anwenden.
8. Sie können erklären, warum es wichtig ist, die Akzeptanz von Mitarbeitern in einem Unternehmen zu messen.

4.1 Strategisches IT-Management

4.1.1 Rechtliche Grundlagen, Unternehmensstrategie und IT-Strategie

4.1.1.1 Rechtliche Grundlagen

Im Zuge des strategischen IT-Managements ist es die vornehmliche Aufgabe, IT-Strategien zu entwickeln und diese in Einklang mit dem Geschäftsmodell des Unternehmens zu bringen. Da in heutiger Zeit digitale Geschäftsmodelle, bei denen der Kunde und seine persönlichen Daten zentrale Bestandteile darstellen, zunehmend an Bedeutung gewinnen, ist eine Berücksichtigung der rechtlichen Lage im Zuge der IT-Strategieentwicklung inzwischen unumgänglich geworden. Im Folgenden sollen daher die Grundlagen zu den rechtlichen Gegebenheiten in diesem Bereich vorgestellt werden.

4.1.1.1.1 Risiken im Zuge der Digitalisierung

Die selbstbestimmte Entwicklung und Entfaltung des Einzelnen ist im digitalen Zeitalter zunehmend interessanter. Durch die Selbstdarstellung des Betroffenen sowie die kommunikative Rückkopplung mit anderen wird diese Entfaltungsfreiheit gewährt. Dennoch bestehen gewisse Risiken im Rahmen der modernen Datenerhebung, -verarbeitung und -nutzung. So kann die Entfaltungsfreiheit gehemmt sein, wenn ein Nutzer die ihn betreffenden Informationen in bestimmten Kontexten nicht mehr mit hinreichender Sicherheit überschauen kann (Doerfel, Hotho et al. 2013).

- **Profilbildung**

Heutzutage entstehen zunehmend größere Datenmengen durch die Nutzung digitaler Medien. Diese Entwicklung führt in Folge dazu, dass Daten zu verschiedenen Lebensbereichen gespeichert, zusammengeführt und zu Profilen der jeweiligen Person aggregiert werden können. Werden die teilweise sensiblen Daten anschließend mit weiteren Diensten und Anwendungen kombiniert, entstehen detaillierte Profile der Betroffenen. Solche werden genutzt, um einen umfassenden Einblick in das Nutzungsverhalten der jeweiligen Person zu erhalten. Nur in Ausnahmefällen kann die Verarbeitung der Daten zu Profilen zulässig sein. Insbesondere im Rahmen moderner Webanwendungen ist die Profilerstellung durch den Anbieter notwendig, um eine personen-, ort- und zeitgerechte Bereitstellung von Informationen zu gewährleisten.

Dennoch darf das Profil bei vorliegendem Vertragsabschluss nur zu dem im Vertrag genannten Zweck erstellt werden. Mit Blick auf geltendes Recht ist bei der Profilerstellung und den damit einhergehenden Risiken auf die technischen Sicherheitsvorkehrungen, den gewählten Speicherort sowie die Zweckbindung zu achten (Doerfel, Hotho et al. 2013).

- **Vorratsdatenspeicherung**

Erhobene Daten müssen gemäß den rechtlichen Regelungen nach Abschluss der Nutzung gelöscht werden. Entsprechend dem Grundsatz der Zweckbindung ist es zudem unzulässig, Daten zu unbestimmten anderen Zwecken zu verwenden. Eine nachhaltige Speicherung der Daten kann jedoch hinsichtlich weiterer Verwendungszwecke, insbesondere im Rahmen von Marketingmaßnahmen, dienlich sein und verstößt damit gegen diese rechtlichen Grundsätze. Daten auf Vorrat zu sammeln, ist hingegen sogar strikt verboten. Im Zuge der fortschreitenden Digitalisierung und des steigenden Angebots des Web 2.0 wird der Druck auf diesen Grundsatz zunehmen. Mit der EU-Richtlinie 2006/24/EG über die Vorratsspeicherung von Daten ist dieses Verbot enorm gelockert worden. So ist den Strafverfolgungsbehörden das Speichern von Telekommunikationsverkehrsdaten für sechs bis 24 Monate auf Vorrat gewährt. Hierdurch soll die Ermittlung, Feststellung und Verfolgung schwerer Straftaten erleichtert werden. In Deutschland ist dieses Gesetz zur Umsetzung der EU-Richtlinie im Jahre 2010 durch das Bundesverfassungsgericht (BVerG) gekippt worden. Daraufhin hat die EU-Kommission die Bundesrepublik im Folgejahr wegen Nichtumsetzung vor dem Europäischen Gerichtshof verklagt. Darüber hinaus haben viele Anbieter von Onlinediensten ihren Sitz in den USA und sind nach amerikanischem Recht verpflichtet, die von ihnen gespeicherten Daten den zuständigen US-Behörden zur Verfügung zu stellen. In diesem Fall ist es für Betroffene aus Deutschland schwer nachvollziehbar, wie ihre Daten weitergegeben und gespeichert werden (Doerfel, Hotho et al. 2013).

- **Nachträgliche Zweckänderung**

Die grundrechtlichen Regelungen sind auch dann gefährdet, wenn sich beispielsweise Spiele-Apps für Smartphones oder Social-Games im Rahmen des Installationsvorgangs Zugriff auf Gesprächsdaten verschaffen. Diese Form der Datenerhebung ist hinsichtlich einer Zweckgebundenheit sowie unmittelbaren Erforderlichkeit kritisch zu bewerten.

Darüber hinaus kollidiert das Ziel der Strafverfolgung oftmals mit den Formen der Datenverarbeitung sowie des Datenschutzes. Sind die erhobenen Daten für den Zweck der Strafverfolgung und Gefahrenabwehr brauchbar, so ist die nachträgliche Zweckänderung durch Gesetzesbeschluss möglich. Die ermächtigten Behörden dürfen die erhobenen Daten anfordern und zum eigenen Zweck verwenden (Doerfel, Hotho et al. 2013).

Als Schutz vor diesen Risiken des digitalen Lebens und den daraus resultierenden Einschränkungen sind im deutschen Gesetz entsprechende Regelungen verankert. Die größte Schutzfunktion geht in diesen Zusammenhang vom informationellen Selbstbestimmungsrecht aus, welches den digitalen Risiken entgegenwirken soll.

4.1.1.1.2 Das Recht auf informationelle Selbstbestimmung

Gegenstand des deutschen Datenschutzrechts ist der Umgang mit personenbezogenen Daten. Begrifflich ist jedoch zu differenzieren, dass das Datenschutzrecht nicht die Daten des Besitzers als Eigentum schützt, sondern die informationelle Selbstbestimmung als eine Form der Freiheit des Betroffenen. Der Einzelne hat daher zwar keinen Besitzanspruch auf seine Daten, jedoch stehen ihm Rechte im Umgang mit diesen zu (Doerfel, Hotho et al. 2013).

4.1 · Strategisches IT-Management

- **Entstehung**

Im Jahr 1982 hat der Deutsche Bundestag den Beschluss zur Durchführung einer Volkszählung gefasst. Aufgrund dessen ist es in den darauffolgenden Wochen zunehmend zu Widerstand in der Bevölkerung gekommen, bis das Bundesverfassungsgericht mit dem Urteil vom 15.12.1983 gegen die Volkszählung entschied und somit den Grundstein für das Recht auf informationelle Selbstbestimmung legte (Hornung 2004). Zwar befand das BVerfG die Volkszählung prinzipiell für verfassungsgemäß, jedoch wurden die Gründe dafür, welche einen Melderegisterabgleich sowie weitere Übermittlungsregeln an Bundes- und Landesbehörden umfassen, für verfassungswidrig erklärt. Das BVerfG hat somit die informationelle Selbstbestimmung als Grundrecht anerkannt, welche die Befugnisse des Einzelnen enthält, grundsätzlich selbst über die Preisgabe und Verwendung seiner persönlichen Daten zu bestimmen.

- **Gegenstand**

Das informationelle Selbstbestimmungsrecht ist die zentrale verfassungsrechtliche Garantie des Datenschutzes und umfasst den Schutz der eigenen Daten. Die Motivation des verfassungsrechtlichen Schutzes begründete sich hierbei aus dem Konflikt zwischen öffentlichem Interesse an Informationen und Schutz privater Selbstbestimmung. Dieser Schutz wurde insbesondere durch die staatliche Datensammlung als gefährdet angesehen. Die modernen Technologien ermöglichen einen zunehmend intensiveren Zugriff auf personenbezogene Daten und lassen so die Forderung nach einem Ordnungsrahmen sozialverträglicher Informationsnutzung aufkommen (Trute 2003).

Das Gesamtbild einer Person, welches das Handeln und Kommunizieren in unterschiedlichen sozialen Rollen umfasst, prägt nachhaltig ihre Persönlichkeit. Jeder Einzelne muss jedoch zur Entfaltung seiner Persönlichkeit in der Lage sein, die Preisgabe von Daten über sich selbst zu kontrollieren. Diesen Prozess der autonomen Freigabeentscheidung schützt das informationelle Selbstbestimmungsrecht (Doerfel, Hotho et al. 2013). Die aus den Gedanken der Selbstbestimmung abgeleiteten Befugnisse des Einzelnen bilden die Grundlage dieses Rechts. Jeder Einzelne entscheidet demnach selbst, wann und in welchen Grenzen persönliche Lebenssachverhalte offenbart werden.

Dennoch wird das Recht auf informationelle Selbstbestimmung auch vielfach missverständlich interpretiert. Einerseits schützt das informationelle Selbstbestimmungsrecht keine Verfügungsrechte im Sinne eines eigentumsähnlichen Anspruchs auf die eigenen Daten. Der Einzelne ist somit nicht als Händler seiner Daten zu verstehen. Die informationelle Selbstbestimmung ist vielmehr Funktionsvoraussetzung einer freien und demokratischen Gesellschaft. Andererseits ist die informationelle Selbstbestimmung nicht mit dem amerikanischen Konzept der Privacy gleichzusetzen. Als Grundlage einer Kommunikationsstruktur grenzt sie sich deutlich von dem Gedanken der Privacy, welche das Recht auf Rückzug aus der Gesellschaft umfasst, ab. Während das Prinzip der Privacy auf den Ausschluss von Kommunikation abzielt, soll das Recht auf Selbstbestimmung die Kommunikation durch eine entsprechende Kommunikationsordnung ermöglichen (Doerfel, Hotho et al. 2013).

Neben dem Telekommunikationsgeheimnis und der Informationsfreiheit ist die informationelle Selbstbestimmung ein zentrales Grundrecht der Informationsgesellschaft. Ihre Schutzausrichtung beinhaltet eine objektive sowie eine subjektive Natur. Das objektive Strukturprinzip stellt die Basis einer freien sowie demokratischen Kommunikationsverfassung dar. Die freie Willensbildung und ein selbstbestimmter Informationsaustausch werden somit durch das informationelle Selbstbestimmungsrecht geschützt. Die subjektive Schutzausrichtung spricht den Bürgern neben individuellen Entfaltungschancen auch Handlungs- und Mitwirkungsfähigkeiten zugunsten des Gemeinwohls zu (Doerfel, Hotho et al. 2013).

Der Fokus des Rechts liegt auf der Sicherung der Entscheidungsbefugnis des Einzelnen gegenüber dem staatlichen Umgang mit personenbezogenen Informationen. Insbesondere die Selbstbestimmung als Schutzgegenstand sowie der Verwendungszusammenhang von Daten als Gefährdungslage sind zentrale Komponenten dieses Rechts. Im Rahmen einer Verlagerung der Gefährdungen in den privaten Sektor nimmt der Staat die Rolle des Schutzgaranten ein, welcher seine Nutzungs- sowie Schutzinteressen zunehmend in einem internationalen Kontext einordnen muss. Dieses multipolare Interessenspektrum wird die facettenreichen Nutzeninteressen und Schutzpflichten sowie Abwehr, Schutz und Teilhabe an Informationen balancieren müssen (Trute 2003).

4.1.1.1.3 Begriffliche Grundlagen zum Datenschutz

Damit das Recht auf eine selbstbestimmte Entfaltung im digitalen Zeitalter weiterhin Bestand hat, bedarf es eines gesetzlichen Rahmens. Dieser manifestiert sich im Bereich des Datenschutzes und stellt eine rechtmäßige Verarbeitung personenbezogener Daten sicher.

- **Datenschutz**

Der Begriff Datenschutz ist aus den Regelungen der Bundes- und Landesgesetzgeber zur Verarbeitung von personenbezogenen Angaben heraus entstanden. Die Formulierung lässt fälschlicherweise darauf schließen, dass der Gesetzgeber mit seinem Eingriff lediglich die notwendigen Vorkehrungen zum Schutz der Daten treffen wolle. Die eigentliche Intention der gesetzlichen Regelung ist jedoch eine andere. Ziel ist vielmehr, den Schutz vor den Folgen, die eine Verarbeitung personenbezogener Daten für die Betroffenen haben kann, zu gewährleisten (Simitis 2011).

- **Personenbezogene Daten**

Bei der Bestimmung des Schutzbereichs ist eine differenzierte Betrachtung notwendig. Aufgrund der teilweise synonymen Verwendung der Begriffe Daten und Informationen innerhalb der datenschutzrechtlichen Literatur ist nicht immer eindeutig, auf was sich die Bestimmungsbefugnis bezieht. Daten gewinnen erst durch Codierung an Realität und werden zu Informationen, wenn sie in einen Kontext von Relevanzen eingebunden sind. Die Informationen stellen somit interpretierte Daten dar, welche durch Vorkenntnisse, Situationen sowie Verwendungskontexte entstehen. Hieraus ergibt sich auch die Gefahr, dass Daten aus Verhaltenszusammenhängen herausgerissen und in einen neuen Kontext eingefügt werden können. Für das informationelle Selbstbestimmungsrecht ergibt sich, dass es nicht als Recht auf den Besitz von Informationen konzipiert wird, sondern vielmehr als ein solches über personenbezogene Daten. Da Informationen also nie eindeutig, sondern immer abhängig von der eigensinnigen Interpretation des Verwenders sind, kann der Einzelne die potenziellen Gefährdungen oder Beeinträchtigungen kaum abschätzen (Trute 2003).

Regelungen zum Datenschutz beziehen sich auf erhobene, verarbeitete und genutzte Daten, die personenbezogen sind. Nach dem Bundesdatenschutzgesetz (BDSG) umfassen diese nur »Einzelangaben über persönliche oder sachliche Verhältnisse einer bestimmten oder bestimmbaren natürlichen Person (Betroffener)«. Zu diesen sachlichen und persönlichen Verhältnissen sind beispielsweise Name, Anschrift, Telefonnummer, E-Mail-Adresse und Geburtsdatum zu zählen sowie Kundennummern und Kennwörter (Doerfel, Hotho et al. 2013).

Nicht personenbezogener Natur sind anonymisierte Daten, da sie keinen Bezug zu einzelnen Personen zulassen bzw. die Wahrscheinlichkeit der exakten Zuordnung dieser Daten zu einer Person so gering ist, dass sie nach der Lebenserfahrung oder dem Stand der Wissenschaft ausscheidet. Darüber hinaus stellen pseudonyme Daten keine personenbezogenen Daten dar.

Durch den Einsatz eines bestimmten Kennzeichnens ist eine Zuordnung, ohne Kenntnis über die jeweilige Zuordnungsregel, praktisch unmöglich (Doerfel, Hotho et al. 2013).

- **Abgrenzung zur Datensicherheit**

Der Begriff der Datensicherheit umfasst die Vertraulichkeit von informationsverarbeitenden Systemen und soll diese vor Bedrohungen schützen sowie Risiken minimieren. Hierfür bedarf es jedoch klar definierter Vorgehensweisen sowie effektiver Regelungen. Diese Forderung nach verbindlichen und möglichst gesetzlich festgelegten Datenverarbeitungsregelungen ist unter dem Eindruck der Automatisierung entstanden. Im Zuge dessen lag das Augenmerk auf technischen Entwicklungen und die Beantwortung aufkommender Fragestellungen hat sich auf technisch-organisatorische Lösungen konzentriert. In diesem Zusammenhang ist der Ausdruck der Datensicherung geprägt worden. Der Begriff der Datensicherung umfasst daher alle technischen und organisatorischen Maßnahmen, die zur Sicherstellung der Datensicherheit getroffen werden. Somit ist die Datensicherung die Herstellung der Datensicherheit (Simitis 2011).

Technische und organisatorische Maßnahmen allein sind jedoch nicht ausreichend, um den Schutz der Betroffenen zu garantieren. An dieser Stelle sind normative Regelungen notwendig, die bestimmen, ob und welche Daten wann verarbeitet werden dürfen. Diese rechtlichen Vorgaben sind als Datenschutz bezeichnet worden. Aus dieser begrifflichen Differenzierung heraus hat der Gesetzgeber befunden, dass der Datenschutz ein eigener Regelungsbereich ist, in dem die Datensicherung einen notwendigen Teil darstellt (Simitis 2011).

Zur Gewährleistung dieser Schutzfunktion werden im deutschen Datenschutzgesetz Grundprinzipien definiert, welche das Recht auf informationelle Selbstbestimmung wahren.

- **Prinzipien**

Das deutsche Datenschutzgesetz reglementiert staatliche Eingriffe und entwickelt eine Schutzfunktion des Staates gegenüber privaten Eingriffen. Ziel ist der Schutz personenbezogener Daten sowie bestehende Risiken der Datensicherheiten zu minimieren. Die Vorschriften des Datenschutzes entsprechen den Grundprinzipien der Europäischen Datenschutzrichtlinien und enthalten nachfolgende Bestandteile (Doerfel, Hotho et al. 2013).

- - **Erlaubnisvorbehalt**

Aus dem Prinzip der informationellen Selbstbestimmung geht hervor, dass der Betroffene einer Verarbeitung seiner personenbezogenen Daten einwilligen muss. Überwiegen hingegen Allgemein- oder Individualinteressen Dritter gegenüber dem Interesse des Betroffenen, so dürfen die personenbezogenen Daten auf Basis einer gesetzlich legitimierten Grundlage verarbeitet werden (Jotzo 2013). Der Umgang mit personenbezogenen Daten ist folglich nur dann zulässig, wenn der Betroffene oder der Gesetzgeber den Umfang sowie den Zweck gebilligt hat.

- - **Transparenz**

Die Transparenz der Erhebungs- und Verarbeitungsvorgänge ist eine grundlegende Anforderung zum Schutz der informationellen Selbstbestimmung. Diese kann primär durch institutionelle Vorkehrungen oder durch das Unterrichten der Betroffenen im öffentlichen sowie privaten Bereich gewährleistet werden. Im Mediendienste-Staatsvertrag (MDStV) sowie im Teledienstedatenschutzgesetz (TDDSG) wird daher auf eine Unterrichtung vor Erhebung über Art, Umfang, Ort und Zweck der Erhebung, Verarbeitung sowie Nutzung von Daten verwiesen. Dies umfasst ebenfalls die Verwendung von unbemerkt laufenden Programmen, welche ohne Kenntnisnahme des Nutzers keine personenbezogenen Informationen im Hintergrund verarbeiten dürfen (Trute 2003). Insbesondere Cookies können als Speicher über besuchte Websites das private Internetverhalten einzelner Nutzer ungefragt an Dritte weiterleiten. Der Betroffene soll daher im Rahmen des Transparenzanspruchs immer in der Lage sein, über eine Verarbeitung seiner Daten informiert zu werden. Hierbei sollen dem Nutzer speziell die Identität der verantwortlichen Stelle sowie der Erhebungszweck bekannt sein (Trute 2003).

▪▪ Zweckfestlegung und -bindung
Das informationelle Selbstbestimmungsrecht sieht vor, dass eine Datenverwendung nur zu einem bestimmten Zweck erfolgen darf. Das Erheben, Verarbeiten und Nutzen personenbezogener Daten ist daher auf diesen bestimmten Zweck begrenzt und soll den Betroffenen in die Lage versetzen, zu kontrollieren, in welchem Kontext seine Daten erhoben werden (Doerfel, Hotho et al. 2013). Dadurch entstehen bestimmte Verarbeitungszusammenhänge und ferner die erforderliche Transparenz sowie Begrenzung der Datenerhebung und -verarbeitung (Albers 1996). Die Zweckfestlegung muss laut BVerfG bereichsspezifisch und präzise formuliert sein. Somit spannt dieses zentrale Prinzip den Rahmen auf, innerhalb dessen die dazu legitimierten Stellen Daten von Betroffenen verwenden dürfen (Trute 2003). Vor dem Hintergrund einer fortschreitenden Digitalisierung sowie Vernetzung moderner IT-Systeme ist die Zweckbindung immer wichtiger, um das Recht auf informationelle Selbstbestimmung des Betroffenen zu schützen (Jotzo 2013).

▪▪ Erforderlichkeit
Darüber hinaus ist auf Grundlage der Verhältnismäßigkeit auch immer zu prüfen, inwiefern eine Datenerhebung bzw. -verarbeitung erforderlich ist. Die Erforderlichkeitsrelation bezeichnet hierbei das Verhältnis zwischen dem Datenverarbeitungsvorgang und der Sachaufgabe, welcher sie dient, und beschreibt zudem den Grad, in dem die Aufgabenerfüllung von dem jeweiligen Datenverarbeitungsvorgang abhängt (Podlech 1982). Das Konzept der Erforderlichkeit beschreibt somit die Tatsache, dass die zu erhebenden Daten zur Zweckerreichung erforderlich sein müssen. Es ist daher nur zulässig, solche Daten zu erheben, die für das Erreichen des Zwecks unabdingbar sind. Im Anschluss an die Zweckerfüllung sind die erhobenen Daten wieder zu löschen. Dieses Prinzip gebietet eine rechtmäßige Verarbeitung von personenbezogenen Daten, soweit eine solche Verarbeitung zur Zweckerreichung erforderlich ist. Demnach soll die Datenverarbeitung, dem Gebot der Datensparsamkeit folgend, so wenige Daten wie möglich erheben, verarbeiten und nutzen (Jotzo 2013).

▪▪ Schutzpflichten
Aufgrund der zunehmenden Bildung privater Dienste, die Nutzungsdaten in großem Umfang erheben, aggregieren und auswerten, sowie der Möglichkeit, Konsumentenprofile zu entwerfen, bedarf es Schutzinstrumenten zur Wahrung der informationellen Selbstbestimmung. Speziell den Grundrechten kommt hierbei eine essenzielle Rolle zu, welche den Schutz der Persönlichkeitsrechte, in Form des informationellen Selbstbestimmungsrechts, umfassen. Dem Staat obliegt hierbei die Aufgabe, diese Rechte zu schützen (Trute 2003).

Ein weiterer Schutzaspekt auf technischer Ebene beschreibt die Systemgestaltung. Das Datenschutzrecht sieht die Technik in diesem Kontext stets als Implementierungstool rechtlicher Werte an. Ziel dieses Grundsatzes ist es, auf die Erhebung personenbezogener Daten mittels geeigneter Gestaltung der Systemfunktionen weitestgehend zu verzichten. Hierbei sollen durch eine effiziente Systemgestaltung so wenig personenbezogene Daten wie möglich erhoben, verarbeitet und genutzt werden. Die Datenvermeidung bei bestimmten Abrechnungsverfahren zeigt die Umsetzung dieses Prinzips (Trute 2003).

Der Selbstschutz wird darüber hinaus ebenfalls als gesetzliche Regelungsoption diskutiert. Die staatliche Aufgabenerfüllung durch implementierte und kontrollierte Schutzvorrichtungen verlagert sich in diesem Sinne hin zu einer Gewährleistung sowie Stärkung privater Schutzmöglichkeiten. Diese festigen den Zusammenhang von Freiheit und Selbstverantwortung mittels geeigneter Vorkehrungen und reagieren somit auf die zunehmenden Gefährdungen informationeller Selbstbestimmung durch private Datenerhebung sowie -nutzung. Hierbei werden technische Möglichkeiten des anonymen sowie pseudonymen Handelns genutzt, die der Betroffene in Form von eigenen Schutzwerkzeugen verwenden kann (Trute 2003).

Die Selbstregulierung stellt eine zusätzliche Säule des Datenschutzes dar und ist regelmäßig in einen staatlichen Ordnungsrahmen eingebettet. Insbesondere vor dem Hintergrund einer zunehmenden Internationalisierung des Datenverkehrs sowie der Ubiquität der Informationsverarbeitung sind Selbstregulierungsmechanismen hilfreiche staatliche Instrumente. Dieser Regulierungsansatz gilt als eine grundrechtsfreundliche sowie vom Betroffenen akzeptierte Form des Ausgleichs von Nutzen- und Schutzinteressen. Dennoch ist der selbstregulatorische Ansatz im Grundgesetz ambivalent verankert, was einen großen gesetzgeberischen Spielraum für die Ausgestaltung dieses Regulierungsansatzes lässt. Speziell in staatsfernen Autonomien wie den Medien, der Wissenschaft oder der Religionsausübung kommt der Selbstbestimmung eine besondere Bedeutung zu. In diesen Bereichen ist die Implementierung selbstregulierender Mechanismen, aufgrund einer geringen staatlichen Regulierungsintensität, essenziell (Trute 2003).

▪▪ Mitwirkung
Jeder einzelne hat das Recht zu erfahren, dass Daten über ihn erhoben werden, und wenn notwendig beim Umgang mit diesen mitzuwirken. Dieses Recht auf Mitwirkung verleiht dem Betroffenen Auskunfts-, Korrektur- sowie Widerspruchsrecht. Der Einzelne soll demnach in der Lage sein, den Vorgang der Datenverarbeitung zu beeinflussen. Sind die Daten unrechtmäßig bearbeitet worden, kann der Betroffene verlangen, dass diese gelöscht oder gesperrt werden.

▪▪ Kontrolle
Für einen effektiven Schutz der informationellen Selbstbestimmung ist eine flankierende Beteiligung unabhängiger Kontrollinstanzen erforderlich, die dem Betroffenen bei der Durchsetzung seiner Rechte helfen. Diese Datenschutzkontrolle kann verschiedene Formen annehmen. Einerseits besteht die Möglichkeit der Fremdkontrolle durch unabhängige Kontrollstellen. Andererseits kann die Datenschutzkontrolle auch durch eine Selbstkontrolle, in Form betrieblicher und behördlicher Datenschutzbeauftragter, erfolgen. Die Notwendigkeit von unabhängigen Kontrollinstanzen resultiert aus der geringen Transparenz von Verarbeitungsvorgängen. Die Betroffenen könnten ihre Rechte ohne die Aufsichtsbehörden nur in geringem Maße durchsetzen (Trute 2003).

4.1.1.2 Unternehmensstrategien
Klassischerweise werden unter einer Strategie die (meist langfristig) geplanten Verhaltensweisen des Unternehmens zur Erreichung seiner Ziele verstanden. In diesem Sinne zeigt eine Strategie auf, auf welche Art ein mittelfristiges (ca. 2–4 Jahre) oder langfristiges (ca. 4–8 Jahre) Unternehmensziel erreicht werden soll. Die so definierten Ziele werden dann mit geeigneten Instrumenten oder durch entsprechende Maßnahmen umgesetzt. Diese Abhängigkeitsstruktur unterstreicht die Relevanz von Strategien in Unternehmen.

Ein bei Strategieformulierungen wichtiger Aspekt ist, dass sie nicht nur für die Unternehmensstrategie als Ganzes gelten. Da viele Organisationen diversifiziert und in mehreren

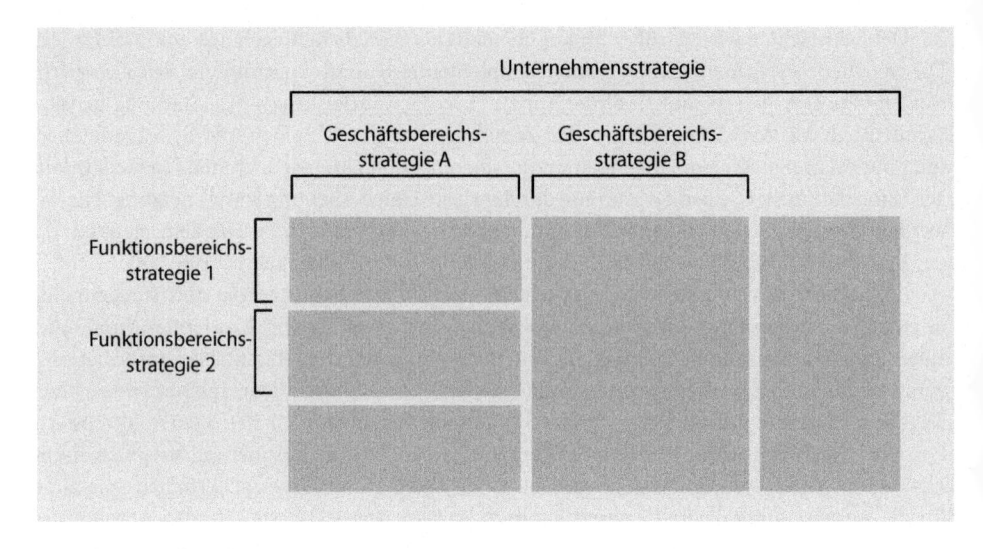

Abb. 4.1 Hierarchieebenen der Strategie. (Venohr 2007)

Geschäftsfeldern tätig sind, ist für die verschiedenen organisatorischen Geltungsbereiche auch eine individuelle Strategieformulierung für einzelne Teilbereiche und strategische Geschäftseinheiten erforderlich (Schewe 1998). In diesem Zusammenhang werden von Hofer et al. die drei Strategieebenen Unternehmensstrategie, Geschäftsbereichsstrategie und Funktionsbereichsstrategie unterschieden (Hofer u. Schendel 1978). Den Zusammenhang zwischen diesen drei Strategieebenen gibt ◘ Abb. 4.1 wieder.

Im Fokus der Unternehmensstrategie stehen neu zu besetzende Geschäftsfelder, die Aufteilung der Ressourcen auf einzelne Unternehmensbereiche und generelle Entscheidungen in Bezug auf die Finanzstruktur sowie die Gestaltung des Aufbaus und Ablaufs der Organisation (Schewe 1998).

Die Geschäftsbereichsstrategie befasst sich damit, auf welche Art und Weise dem Wettbewerb in einer Branche bzw. in einem Markt begegnet werden soll, mit dem Ziel, Wettbewerbsvorteile zu erreichen (Schewe 1998).

Im Mittelpunkt der Funktionsbereichsstrategie steht der effiziente Einsatz der verfügbaren Bereichsressourcen (Schewe 1998), der Prozesse und des Potenzials der Mitarbeiter (Venohr u. Meyer 2007) sowie deren Organisation und Integration im Kontext des Unternehmens und des Geschäftsbereichs. Funktionsbereichsstrategien sind beispielsweise Marketing-, Produktions-, Finanzierungs-, Forschungs- und Entwicklungsstrategien (Lehner 2001). Das Hauptaugenmerk des vorliegenden Kapitels liegt auf der Funktionsbereichsstrategie im Bereich IT, der sogenannten IT-Strategie.

4.1.1.3 IT-Strategie

Funktionalstrategien der strategischen Geschäftseinheit IT werden IT-Strategien genannt und befassen sich damit, wie die IT langfristig ausgerichtet sein soll. Die zielgerichtete Planung und Steuerung der IT unter Berücksichtigung der Kostenaspekte stellen weitere Bestandteile der IT-Strategie dar (Tischendorf u. Habschied 2002). Ihre Bedeutung nahm seit Beginn der 1970er Jahre, als Informationssysteme erstmalig zur Unterstützung von Büro- und Managementtätigkeiten eingesetzt wurden (Smits, van der Poel et al. 2003), stetig zu (Smith, McKeen et al. 2007).

Unter Experten ist die Formulierung und Entwicklung einer IT-Strategie umstritten. Einerseits existiert die Forderung nach einer Integration der IT-Strategie in die Unternehmensstrategieentwicklung (Voloudakis 2005, Lepak, Smith et al. 2007, Smith, McKeen et al. 2007, Keller u. Masak 2008, Materna 2008, Richter, Lehmeyer et al. 2008). Hierbei hat die IT nicht nur unterstützende Bedeutung, sondern ist selbst elementarer Bestandteil des Geschäfts und somit ein Business Enabler, d. h. ein Differenzierungskriterium im Wettbewerb. Die IT gestaltet dabei Unternehmensziele aktiv mit, deckt Geschäftspotenziale auf und ist Treiber für Innovationen im Unternehmen (Materna 2008). Neue Geschäftsfelder und Bereiche, in denen die IT maßgeblich zur Erzielung von Wettbewerbsvorteilen beiträgt, können auf diese Weise ermittelt werden (Voloudakis 2005, Smith, McKeen et al. 2007). Voraussetzung dieses vereinten Ansatzes (engl. Blended Approach) ist die Einbeziehung der IT in die Strategiefindung, um IT-Potenziale möglichst gut wahrzunehmen (Voloudakis 2005).

Dieses Vorgehen findet in der Praxis jedoch nur selten Anwendung (Tischendorf u. Habschied 2002, Holtschke, Heier et al. 2009). Grund dafür ist hauptsächlich die Tatsache, dass sich IT-Landschaften oft aus täglich wechselnden Anforderungen bedarfsgerecht entwickelt haben und meistens nur mühsam in Betrieb gehalten werden (Tischendorf u. Habschied 2002). Darüber hinaus würde diese Vorgehensweise in vielen Unternehmen einen starken Wandel bisheriger Abläufe erfordern und enorme IT-Fertigkeiten des Managements voraussetzen.

Andererseits existiert die Auffassung, dass IT-Strategien auf Grundlage der Unternehmensstrategien entwickelt werden müssen (Lehner 2001, Blankenhorn u. Thamm 2008, Klein u. Poppelbuss 2008, Grimm 2010). Dies ist auch häufig in der Praxis der Fall. Dabei ist der Prozess der IT-Strategiefindung der Unternehmensstrategieentwicklung nachgeordnet. Dieses reaktive Vorgehen (Voloudakis 2005, Materna 2008) setzt an der bestehenden Unternehmensstrategie an, um IT-Maßnahmen zu entwickeln, welche die Unternehmensstrategie fördern sollen. In diesem Zusammenhang stellen sich Fragen wie: »Welche Art von IT-Lösungen werden für die Unterstützung des Unternehmens gebraucht, welche sind bereits in welcher Form vorhanden und welche sind für die Verbesserung der Wettbewerbsposition weiterhin denkbar?« (Hofmann u. Schmidt 2007).

4.1.1.4 IT-Outsourcing als IT-Strategie

Eine der zentralsten und gängigsten IT-Strategien ist das IT-Outsourcing. IT-Outsourcing wurde Ende der 1980er Jahre populär, als das Unternehmen Kodak erstmals seine gesamte IT an Drittunternehmen wie IBM auslagerte. Nie zuvor hatte bis dato ein Unternehmen, bei dem IT zudem als strategische Ressource galt, seine IT an einen externen Anbieter vergeben (Krcmar 2009). Kodaks millionenschwerer Outsourcing-Vertrag gilt als Wendepunkt in der Etablierung von IT-Outsourcing und wird deshalb häufig auch als »Kodak-Effekt« zitiert (Krcmar 2009). Dieser Effekt verschaffte dem IT-Outsourcing bis heute Legitimation und Popularität (Krcmar 2009).

IT-Outsourcing

IT-Outsourcing bedeutet, dass einzelne Aufgaben der IT, wie bspw. Infrastruktur, Applikationen, Prozesse oder Personal, oder die gesamten IT-Aufgaben auf Basis einer vertraglichen Vereinbarung für einen definierten Zeitraum an ein anderes Unternehmen abgegeben wird. Es umfasst sowohl die Auslagerung (externes Outsourcing), d. h. die Übertragung von Aufgaben an ein (rechtlich) externes Unternehmen, als auch die Ausgliederung (internes Outsourcing) an ein rechtlich verbundenes Unternehmen. (Aufbauend auf Krcmar 2009)

Die Vorteile, die für die Anwendung des IT-Outsourcings als IT-Strategie sprechen, können in die sechs Kategorien Kosten, Personal, Risiko, Konzentration, Finanzen und Technologie/Know-how eingeteilt werden (Krcmar 2009).

- **Kosten**

Unter Kostengesichtspunkten spricht zunächst für eine IT-Outsourcingstrategie, dass die Kosten im Allgemeinen durch das Auslagern der IT gesenkt werden können. So können beispielsweise Kosten für Server oder das IT-Personal eingespart werden. Durch beispielsweise den Wegfall von Anschaffungskosten für eigene Server kann ein Teil der Fixkosten in variable Kosten umgewandelt werden, da durch das Outsourcing des Servers nur noch für die Nutzung gezahlt wird. Die Umwandlung von Fixkosten in variable Kosten führt dabei zu einer besseren Planbarkeit von Kosten für die IT sowie einer höheren Transparenz der Kosten. Durch die Zahlung für lediglich die Nutzung von IT entsteht auch eine verursachungsgerechtere Leistungsverrechnung, welche wiederum das Kostenbewusstsein der Mitarbeiter, die die IT nutzen, stärkt.

- **Personal**

Durch ein Outsourcing der IT können zunächst der Personalbestand und dadurch die Personalkosten gesenkt werden. Außerdem macht man sich durch ein IT-Outsourcing unabhängig von einzelnen IT-Mitarbeitern mit Spezial-Know-how (Aufbau von »Kopfmonopolen«). Auf der anderen Seite kann durch das IT-Outsourcing das Problem der Beschaffung von qualifizierten IT-Kräften (Stichwort: IT-Fachkräftemangel) umgangen werden. So gesehen kann das IT-Outsourcing als eine Art Risikovorsorge bezüglich einer möglichen, zukünftigen Verknappung von qualifizierten IT-Kräften auf dem Arbeitsmarkt sowie einer temporären oder chronischen internen Personalknappheit begriffen werden. Ferner kann durch ein IT-Outsourcing die IT-Abteilung von Routinearbeiten entlastet werden (Verhinderung eines Anwendungsstaus).

- **Risiko**

Generell können durch das IT-Outsourcing Gefahren und Risiken, die durch den eigenen IT-Betrieb entstehen, an den Outsourcing-Dienstleister abgewälzt werden. Durch ein IT-Outsourcing kann beispielsweise das Risiko, das durch eine wachsende technologische Dynamik für ein Unternehmen entsteht, verringert oder ausgelagert werden. Dasselbe gilt für das Unternehmensrisiko aus der zunehmenden Komplexität moderner Informations- und Kommunikationstechnik. Andererseits kann durch das IT-Outsourcing auch die Datensicherheit erhöht werden bzw. die Verantwortung hierfür an den Dienstleister abgewälzt werden.

- **Konzentration**

Durch das IT-Outsourcing kann sich das Unternehmen im Allgemeinen auf seine Kernkompetenzen fokussieren, dies gilt umso mehr für Unternehmen, für die IT keine strategische Ressource darstellt. So können beispielsweise die Finanz- und Investitionsmittel auf das Kerngeschäft konzentriert werden. Gleiches gilt im Hinblick auf die Humanressourcen. Umgekehrt kann sich ein Unternehmen, das in hohem Maße strategische Informationssysteme nutzt, bei einer Auslagerung seines operativen IT-Betriebes voll auf die für ihn so wichtigen Aufgaben des strategischen IT-Managements konzentrieren.

- **Finanzen**

Hinsichtlich finanzieller Aspekte bietet die IT-Outsourcing-Strategie dahingehend Vorteile, dass hohe Investitionsaufwendungen für neue Informationstechnologien oder kapazitive Er-

4.1 · Strategisches IT-Management

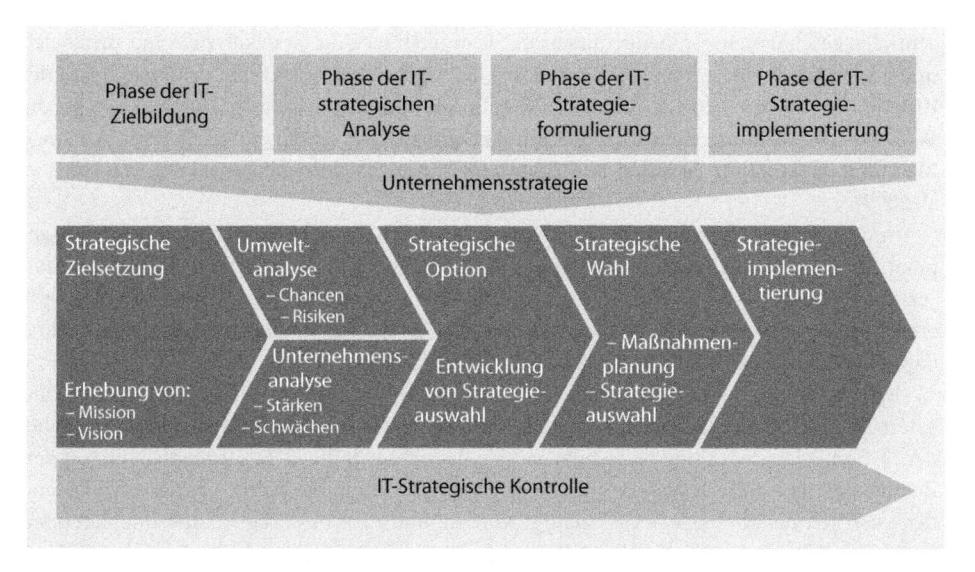

Abb. 4.2 Phasen der IT-Strategieformulierung. (Aufbauend auf Bashiri et al. 2010)

Phasen der IT-Strategieformulierung umfassen: Phase der IT-Zielbildung, Phase der IT-strategischen Analyse, Phase der IT-Strategieformulierung, Phase der IT-Strategieimplementierung. Darunter: Unternehmensstrategie mit Strategischer Zielsetzung (Erhebung von Mission, Vision), Umweltanalyse (Chancen, Risiken), Unternehmensanalyse (Stärken, Schwächen), Strategische Option (Entwicklung von Strategieauswahl), Strategische Wahl (Maßnahmenplanung, Strategieauswahl), Strategieimplementierung. Darunter: IT-Strategische Kontrolle.

weiterungen bestehender Anlagen vermieden werden können. Auch die Wartung und Reparatur dieser Hardware im Unternehmen, die zum Teil hohe laufende Kosten verursachen, können eingespart werden.

- **Technologie/Know-how**

Die IT-Outsourcing-Strategie bietet auch dahingehend einen Vorteil, dass durch diese ein Zugang zu speziellem Know-how und Expertenwissen, welches selbst nur schwer und teuer aufzubauen wäre, gewährt werden kann. Zudem kann durch die IT-Outsourcing-Strategie in der Regel auf neueste Hardware und Technologie des Dienstleisters zurückgegriffen werden, ohne dass dafür eigene Investitionen getätigt werden müssten. Hinzu kommt, dass die Anwendung moderner Entwicklungsmethoden oder die Erstellung erforderlicher Dokumentationen bei Outsourcing-Anbietern in der Regel disziplinierter und professioneller als in der eigenen IT-Abteilung erfolgt.

4.1.2 Aufgaben des strategischen IT-Managements

Zu den elementarsten Aufgaben des strategischen IT-Managements gehören zum einen die IT-Strategieformulierung und zum anderen die permanente Anpassung von Unternehmensstrategie und IT im Unternehmen. Letzteres wird als Business/IT-Alignment bezeichnet. Im Folgenden wird auf diese beiden Hauptaufgaben des strategischen IT-Managements eingegangen.

4.1.2.1 IT-Strategieformulierung

Der Entwicklungsprozess einer IT-Strategie kann analog zum Prozess der Unternehmensstrategieentwicklung erfolgen. Wie aus ◘ Abb. 4.2 hervorgeht, lassen sich dabei ebenfalls fünf meist aufeinander folgende Phasen unterscheiden.

In der ersten Phase sollten die Mission (der Auftrag bzw. die Aufgabe) sowie die Vision (der Zielzustand) der IT definiert werden. Diese setzen an der Unternehmensstrategie und den zentralen geschäftsseitigen Bedürfnissen an. Sie unterstützen die Geschäftsziele und -strategien und lassen damit eine eindeutige Beurteilung der eigenen Zielerreichung zu. Diese Phase der Zielbildung schafft einen Rahmen und Orientierungspunkt für weiteres Handeln und ist die Basis für die Ableitung einer Strategie mit eindeutigen und messbaren Zielen, für geeignete Maßnahmen sowie für Kriterien und Faktoren zur Messung des Erfolgs (Holtschke, Heier et al. 2009).

In der nächsten Phase erfolgt, in Anlehnung an das strategische Unternehmensmanagement, die strategische Situationsanalyse unter Berücksichtigung unternehmensinterner und -externer Einflussfaktoren (Buchta, Eul et al. 2009). Diese Unternehmens- und Umweltanalyse eröffnet Stärken, Schwächen, Chancen und Risiken des Unternehmens sowie der IT und bildet damit die Grundlage, um IT-Ziele festzulegen (Lehner 2001).

Untersuchungsergebnisse bezüglich des Unternehmensumfeldes, die aus der internen und externen Analyse zur Unternehmensstrategieentwicklung hervorgegangen sind, können bei der IT-Strategieentwicklung verwendet werden. Jedoch setzt die IT-Strategie nicht nur an den Ergebnissen an, sondern bewertet ihrerseits Einflussfaktoren, die bereits bei der Entwicklung der Unternehmensstrategie berücksichtigt wurden, und zwar in Bezug auf ihre Implikationen für die IT (Hofmann u. Schmidt 2007, Buchta, Eul et al. 2009). Bei der Analyse des IT-Umfeldes ist zu bedenken, dass sich diese nicht nur auf die Untersuchung interner, unternehmensbezogener Faktoren beschränken darf. Neben Aspekten wie Geschäftsprozessen, vorhandenen Ressourcen und Fähigkeiten, Anforderungen der Abteilungen, der derzeitigen IT-Landschaft, Lieferanten sowie Kunden müssen auch »makroökonomische« Faktoren, wie der IT-Markt, branchenspezifische IT-Entwicklungen und technologische Innovationen, berücksichtigt werden (Tischendorf u. Habschied 2002, Hofmann u. Schmidt 2007, Buchta, Eul et al. 2009). Faktoren, welche die Struktur der Branche oder des relevanten (Teil-)Marktes verändern und damit erheblichen Einfluss auf das Erfolgspotenzial haben können, müssen identifiziert und bewertet werden.

In der sich anschließenden Phase der strategischen Optionen werden potenzielle Strategien formuliert (Lehner 2001). IT-Mission und -Vision setzen den Rahmen, während die durchgeführte Situationsanalyse die Grundlage für die Definition der Strategie bildet (Hofmann u. Schmidt 2007). Die formulierten Ziele sollten dabei möglichst konkrete Ansatzpunkte sowie Maßnahmen zur Nutzung der identifizierten Wertschöpfungspotenziale enthalten (Holtschke, Heier et al. 2009).

Nachdem eine Entscheidung in Bezug auf die Maßnahmenplanung gefallen ist, wird die IT-Strategie festgelegt. Unter Berücksichtigung des Renditebeitrags und des zeitlichen Verlaufs werden in dieser Phase zukunftsorientierte und wettbewerbskritische IT-Komponenten identifiziert, welche den maximalen Wertbeitrag für das Unternehmen versprechen (Buchta, Eul et al. 2009). Die dafür notwendigen Maßnahmen müssen zunächst kritisch hinsichtlich ihres Kosten- und Nutzenpotenzials bewertet werden. Dies geschieht bestenfalls in Zusammenarbeit mit dem Management bzw. dem Fachbereich. Das Ergebnis sollte eindeutige und messbare Ziele, daraus abgeleitete Handlungen sowie Kriterien und Faktoren zur Erfolgsbewertung umfassen (Holtschke, Heier et al. 2009).

Wurde eine konkrete IT-Strategie gewählt, beginnt mit der Implementierung die letzte Phase der Strategieentwicklung. Alle Phasen der IT-Strategieausarbeitung werden komplementär zum Konzept der strategischen Unternehmensführung von der strategischen Kontrolle begleitet. Dadurch können unvorhergesehene Änderungen identifiziert und abgefangen sowie nötige Anpassungsmaßnahmen getroffen werden.

Eine durchgreifende Umsetzung der IT-Strategie mit einer stringenten Anlehnung der einzelnen Phasen an bestehende Geschäftsziele und -strategien ist die Voraussetzung, um Misserfolge und eine fehlende Akzeptanz der IT-Strategie von Seiten des Managements und der Fachbereiche zu vermeiden (Tischendorf u. Habschied 2002, Buchta, Eul et al. 2009). Es empfiehlt sich grundsätzlich, das Management und die Fachbereiche in jede Phase zu integrieren und mit ihnen zusammenzuarbeiten, um damit auch eine gemeinsame Kultur aufzubauen und schließlich Wettbewerbsvorteile zu generieren (Craig u. Tinaikar 2006, Buchta, Eul et al. 2009, Holtschke, Heier et al. 2009). Die Anwendung klassischer Werkzeuge des strategischen Managements auf IT-bezogene Untersuchungen und Auswertungen kann die aktive Einbindung erleichtern, da diese Tools bekannt und vertraut sind und somit eine Identifikation mit dem Thema ermöglichen (Hofmann u. Schmidt 2007).

Um einen langfristigen Beitrag zum Geschäftserfolg zu gewährleisten, ist eine Planung der IT-Strategie über mehrere Jahre anzuraten, wobei mögliche Marktentwicklungen einbezogen und Technologietrends frühzeitig wahrgenommen werden sollten (Craig, Kanakamedala et al. 2007). Durch eine IT-strategische Kontrolle können Unregelmäßigkeiten abgefangen werden und ein nötiger Ausgleich kann durch steuernde Eingriffe erfolgen. Um die Effektivität und Effizienz zu steigern, ist es zudem notwendig, ineffiziente Geschäftsprozesse und Anwendungen zu verbessern und neu zu gestalten (Buchta, Eul et al. 2009).

4.1.2.2 Business/IT-Alignment

Die Anpassung der IT im Unternehmen auf der einen Seite und der Unternehmensstrategie auf der anderen Seite ist ein bedeutsamer Aspekt im strategischen IT-Management. Seine Relevanz liegt darin begründet, dass die Produkte und Prozesse im Unternehmen zunehmend von IT durchdrungen und maßgeblich beeinflusst werden und als Konsequenz durch die IT neue Geschäftsmodelle entwickelt und Märkte erschlossen werden, also die Unternehmensstrategie beeinflusst wird (Richter, Lehmeyer et al. 2008).

Deshalb ist es unter anderem im Rahmen des strategischen IT-Managements die Aufgabe, die IT im Unternehmen an der Unternehmensstrategie auszurichten (McKeen u. Smith 2003). Diese Beziehung ist bidirektional: Einerseits muss die IT Anforderungen aus dem Business möglichst effizient, kostengünstig, anwenderfreundlich und fachlich korrekt erfüllen, andererseits müssen technologische IT-Neuerungen mit Implikationen für das Business aus der IT an die entsprechenden Stellen lanciert werden. Dabei ist auf die Relevanz für Strategie oder operatives Geschäft des Unternehmens hinzuweisen. Deshalb wird in diesem Zusammenhang auch vom sogenannten Business/IT-Alignment gesprochen.

Es können unterschiedliche Dimensionen des Business/IT-Alignments unterschieden werden. Eine Auflistung der in der Literatur am häufigsten erwähnten Dimensionen gibt ◘ Tab. 4.1 wieder.

Die ◘ Abb. 4.3 illustriert die bidirektionale Rolle des Business/IT-Alignments und zeigt, was es erreichen will, nämlich den Fit zwischen Business und IT. So stellen sich die Wirkzusammenhänge zwischen IT auf der einen Seite und Business auf der anderen Seite bei einem erfolgreichen Fit wie folgt dar: Einerseits kann von einer Unterstützung der IT für das Business, insbesondere seiner Kultur, seiner Strategien, seiner Prozesse und Geschäftsarchitekturen gesprochen werden. Andererseits lässt sich sagen, dass das Business die IT nutzt, um den Unternehmenserfolg zu sichern.

Im Rahmen dieses Kapitels soll der Fokus innerhalb des Business/IT-Alignments aber nur auf die Beziehung zwischen der Unternehmensstrategie und der IT gelegt werden. Ein solches Alignment ist existent, wenn die IT vollkommen an der Unternehmensstrategie ausgerichtet ist und sie über alle Ebenen hinweg unterstützt (Bashiri, Engels et al. 2010). Im Gegenzug orientiert sich die Unternehmensstrategie an den Möglichkeiten der IT und macht sich diese gewinnbringend zunutze (Tallon 2007). Voraussetzung für ein Gelingen dieses Alignments ist

Tab. 4.1 Dimensionen des IT-Alignments. (Eigene Darstellung)

Dimension des Business/IT-Alignments	Beschreibung	Autoren
Strategische Dimension	Ausmaß der Abstimmung von Businessstrategie und IT-Strategie	(Chan u. Reich 2007) (Masak 2006)
Kulturelle Dimension	Ausmaß des gemeinsamen Verständnisses und Engagements von IT-Mitarbeitern und Mitarbeitern in den anderen Fachabteilungen	(Chan u. Reich 2007) (Beimborn, Franke et al. 2006)
Strukturelle Dimension	Ausmaß der strukturellen Anpassung zwischen IT und Fachabteilungen	(Chan u. Reich 2007)
Architektonische Dimension	Ausmaß der Ausrichtung der IT-Architektur an der Geschäftsprozessarchitektur	(Masak 2006)

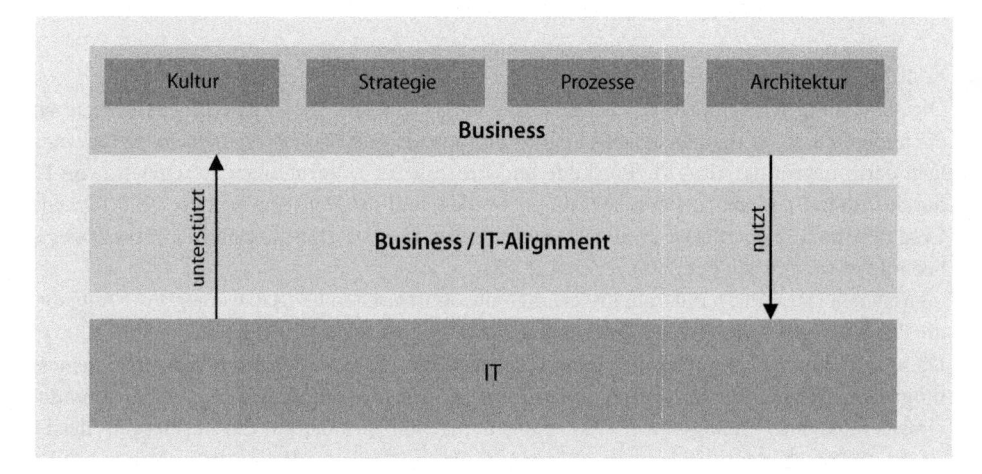

Abb. 4.3 Wirkungszusammenhang des Business/IT-Alignments. (Aufbauend auf Bashiri et al. 2010)

somit die vollständige wechselseitige Abstimmung, ausgehend sowohl von der Unternehmensstrategie als auch von der IT (Bashiri, Engels et al. 2010). Im Umkehrschluss ist ein Misalignment vorhanden, wenn es entweder der Unternehmensstrategie bzw. der Unternehmensleitung nicht gelingt, die durch die IT bereitgestellten Möglichkeiten und vorhandenen Ressourcen nachhaltig in die Strategiefindung einzubinden (IT Underutilization), oder es andererseits der IT nicht gelingt, den Anforderungen aus der Unternehmensstrategie in angemessener Art und Weise nachzukommen (IT Shortfall) (Tallon 2007).

Zur Umsetzung und Steuerung des Business/IT-Alignment haben sich in der Praxis verschiedene Modelle und Werkzeuge etabliert. Das Modell von Henderson und Venkatraman (1993), das sogenannte Strategic Alignment Model (SAM), gehört zu den bekanntesten dieser Art. Das SAM beruht auf der Annahme, dass der Unternehmenserfolg in Abhängigkeit von der Harmonisierung des Businesses und der IT, also dem erfolgreichen Alignment, steht (Henderson u. Venkatraman 1993, Bashiri, Engels et al. 2010). Die Abb. 4.4 zeigt das Modell.

4.1 · Strategisches IT-Management

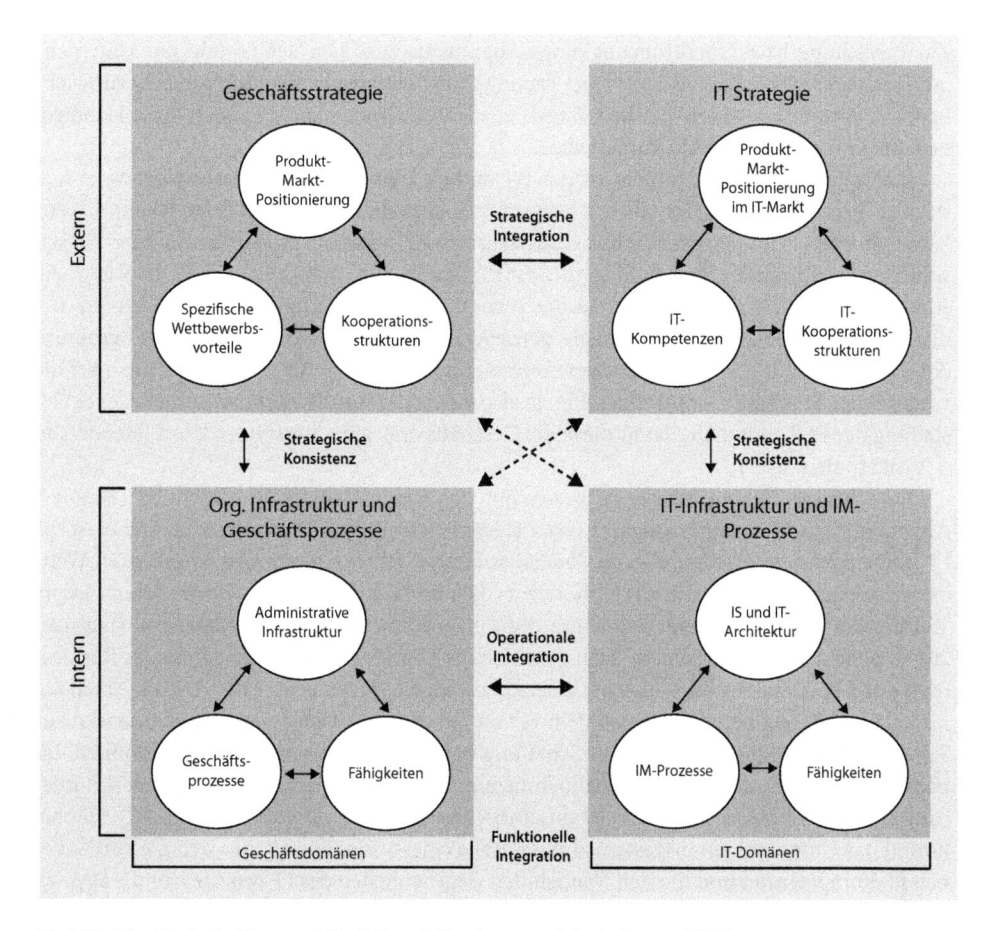

Abb. 4.4 Strategic-Alignment-Modell nach Henderson und Venkatraman. (1993)

Innerhalb jeder der vier Domänen werden Entscheidungsfelder durch die Betrachtung von jeweils drei unterschiedlichen Komponenten konkretisiert (Venkatesh, Morris et al. 2003, Laudon, Laudon et al. 2010). Grundgedanke des Modells ist es, dass im Prozess des Alignments alle vier Domänen in Beziehung zueinander stehen und aufeinander abgestimmt werden müssen (Venkatesh, Morris et al. 2003). Bezogen auf das Business und die IT unterscheidet das SAM die Sicht auf strategiebezogene Elemente als externe Perspektive und die prozess- und strukturabhängigen Elemente als interne Perspektive (Bashiri, Engels et al. 2010). So ergeben sich zwei Abstimmungsnotwendigkeiten im Rahmen des Alignments (Henderson u. Venkatraman 1993):

1. Strategic Fit: »Strategic Fit referenziert die externe Betrachtungsebene und bezeichnet die Abstimmung zwischen Geschäfts- und IT-Strategie. Voraussetzung für eine solche strategische Anpassung ist die Übereinstimmung der Geschäftsziele und -strategien mit den zu ihrer Realisierung notwendigen Technologien und IT-Fähigkeiten« (Bashiri, Engels et al. 2010).
2. Functional Integration: »Functional Integration referenziert die interne Betrachtungsperspektive und verlangt zur effektiven Unterstützung der betrieblichen Aufgabenerfüllung die Anpassung von Infrastruktur und Prozessen auf organisatorischer und informationstechnischer Ebene« (Bashiri, Engels et al. 2010).

Zur Erreichung bzw. Durchführung eines Alignments zwischen der IT und der Unternehmensstrategie gibt es gemäß SAM zwei grundlegende Herangehensweisen unter Berücksichtigung mehrerer Domänen (Bashiri, Engels et al. 2010). Nachfolgend werden diese Herangehensweisen entlang des SAM vorgestellt.

Das sogenannte IT-Alignment ist der vermutlich verbreitetste Alignmentweg, da er sich stark an Prinzipien des klassischen strategischen Managements anlehnt (Henderson u. Venkatraman 1993). Ausgehend von der Geschäftsstrategie findet im ersten Schritt eine Anpassung der Organisationsstrukturen statt (Bashiri, Engels et al. 2010). Anschließend erfolgt die Anpassung der IT-Infrastrukturen an die zuvor modifizierten Organisationsstrukturen. Bei dieser von der Unternehmensstrategie getriebenen Top-down-Vorgehensweise übernimmt das Management die Rolle des Strategieformulierers und die IT-Abteilung implementiert die vorgegebene Strategie. Die IT-Abteilung ist also zuständig für die effektive und effiziente Gestaltung der IT-Landschaft, damit diese die Geschäftsstrategie unterstützen kann (Henderson u. Venkatraman 1993).

Eine andere Herangehensweise beschreibt das Geschäftsstrategie-Alignment (Business Alignment), also die Anpassung der Geschäftsstrategie an die IT-Infrastruktur. Dabei ist die IT-Infrastruktur der Treiber für die Geschäftsstrategie. Die Schaffung von potenziellen Wettbewerbsvorteilen beruht also auf vorhandener IT und IT-Kompetenzen, durch deren Einsatz Wettbewerbschancen erkannt werden und die eigene Marktposition gestärkt wird (Luftman 2003). Beim Business Alignment leitet zunächst die IT-Infrastruktur Impulse an das Business weiter und beeinflusst damit dessen Zielsetzung (Bashiri, Engels et al. 2010). Die IT-Abteilung nimmt also IT-Technologien aus der Umwelt auf, die für das Business mögliche Chancen zur Stärkung der Marktposition und zur Schaffung von Wettbewerbsmöglichkeiten eröffnen. Im nächsten Schritt findet dann die Maßnahmenumsetzung entsprechend der neuen Anforderungen in der Transformation der organisatorischen Strukturen statt (Luftman 2003). Hierbei nimmt das Unternehmen insgesamt also die Rolle eines Visionärs ein, der sich die vorhandenen IT-Kompetenzen und die sich wandelnden Gegebenheiten des IT-Marktes für die eigenen Unternehmensziele zu Nutze macht (Henderson u. Venkatraman 1993). Dabei gilt es, die IT-Trends auf dem Markt zu identifizieren und vor dem Hintergrund der eigenen Kompetenzen, Möglichkeiten und Ressourcen zu interpretieren.

4.1.3 Die Rolle von Geschäftsmodellen im strategischen IT Management

Geschäftsmodelle sind in der betriebswirtschaftlichen Praxis kein neues Phänomen. Seit Beginn der 1950er Jahre beschäftigen sich sowohl Wissenschaftler als auch Praktiker mit der Beschreibung und Gestaltung von Geschäftsmodellen. Zu Popularität gelangte der Begriff jedoch erst in Zeiten des Aufkommens der Interneteconomy. In dieser Phase des Internetbooms investierten zahlreiche Geldgeber in Unternehmen mit webbasierten Geschäftsmodellen, ohne das grundlegende Konzept eines Geschäftsmodells vollständig erschlossen zu haben. Das Platzen der »Dotcom-Blase« führte dazu, dass viele der getätigten Investitionen ausfielen, da die zugrunde liegenden Geschäftsmodelle nicht tragfähig waren. Nach diesem Rückschlag, bei dem das Konzept der Geschäftsmodelle fast aus dem Fokus verschwand (Magretta 2002), entwickelte sich in der jüngeren Vergangenheit ein starkes Interesse, die Geschäftsmodelle der beteiligten Unternehmen auch zu verstehen (Krcmar, Friesike et al. 2012).

Betrachtet man die unterschiedlichen Veröffentlichungen im Bereich der Geschäftsmodellforschung, so ist zu erkennen, dass sowohl das Spektrum der Personen, die sich mit dem

Thema Geschäftsmodelle beschäftigen, als auch das Begriffsverständnis rund um das Thema Geschäftsmodelle sehr weit gefächert ist (Fielt 2011).

Vor dem Hintergrund der Lernziele dieses Buchs soll daher auf eine Definition eingegangen werden, die den Begriff des Geschäftsmodells allgemeingültig umschreibt und auf diese Weise ein ganzheitliches Begriffsverständnis ermöglicht. Die Definition von Osterwalder (2004) erfüllt diese Kriterien und beschreibt Geschäftsmodelle wie folgt:

> **Geschäftsmodell**
>
> Bei einem Geschäftsmodell handelt es sich um ein konzeptionelles Werkzeug, welches die einzelnen Elemente der unternehmerischen Wertschöpfung sowie deren Beziehungen untereinander beschreibt und damit die Erlösströme eines Unternehmens nachvollziehbar macht.
>
> Es enthält die Beschreibung des Wertes, den ein Unternehmen seinen Kunden liefert, sowie das Wertschöpfungsnetzwerk, welches ein Unternehmen aufbaut, um diesen Wert zu schaffen, zu vermarkten und auszuliefern. (Aufbauend auf Osterwalder 2004)

4.1.3.1 Geschäftsmodelle als Mediator zwischen Geschäftsstrategie, Organisation und IT

Wie aus den obigen Ausführungen hervorgeht, ist es für den Erfolg des strategischen IT Managements unerlässlich, die Geschäftsstrategie eines Unternehmens, dessen Aufbau- und Ablauforganisation sowie dessen IT-Infrastruktur miteinander zu harmonisieren. Dies geschieht im Rahmen des Business/IT-Alignments (▶ Abschn. 4.1.2.2). Geschäftsmodelle leisten hierfür einen wichtigen Beitrag, da sie nicht nur das Wertangebot und den Aufbau eines Unternehmens, sondern auch dessen Handlungen zur Gewährleistung des langfristigen Markterfolgs beschreiben. Basierend auf diesem Begriffsverständnis kann ein Geschäftsmodell als Mediator zwischen dem strategischem Management, dem Management der Geschäftsprozesse und dem IT-Management einer Organisation verstanden werden (◘ Abb. 4.5). Zwischen diesen Anspruchsgruppen bestehen oft unterschiedliche Auffassungen und Einstellungen bezüglich der notwendigen Schritte in der unternehmerischen Wertschöpfung (Osterwalder 2004). Diese verschiedenen Ansichten lassen sich besser nachvollziehen, wenn man sich die Beteiligten vor Augen führt, die in den unterschiedlichen Abteilungen mitwirken. Führungskräfte im Bereich des strategischen Managements sind dafür verantwortlich, das Unternehmen im Markt zu positionieren. Sie formulieren Ziele und Visionen für das Unternehmen und geben damit dem Unternehmen die Stoßrichtung vor. Im Gegensatz dazu liegt der Fokus im Bereich des IT-Managements auf der Implementierung der vorgegebenen Ziele und Visionen, um deren Erfüllung zu gewährleisten. Um eine zuverlässige Umsetzung der vorgegebenen Ziele und Visionen sicherzustellen, ist es notwendig, allen Beteiligten ein gemeinsames Modell zur Verfügung zu stellen, welches ihnen dabei hilft, ihre Sichtweisen zu konsolidieren und zusammen eine durchgängige Umsetzung der Geschäftsziele zu definieren. Ein gut beschriebenes Geschäftsmodell leistet genau dieses, indem es den Beteiligten ein Rahmenwerk zur Verfügung stellt, welches detailliert beschreibt, wie das Unternehmen Geld verdient und damit die Kommunikation zwischen den unterschiedlichen Anspruchsgruppen erleichtert.

4.1.3.2 Methoden zur Erstellung von Geschäftsmodellen

Wie aus den obigen Ausführungen hervorgeht, ist es unerlässlich, das eigene Geschäftsmodell gestalten, innovieren und managen zu können, um Unternehmensstrategie und strategi-

```
                        Wettbewerbskräfte
                              ↓
Rechtliche                                          Kundenwünsche
Anforderungen      Geschäftsstrategie
          ↘                                      ↙
Gesellschaftliches                                  Technologischer
Umfeld              Geschäftsmodell                 Wandel
          →   Aufbau- und            IT-Infrastruktur   ←
              Ablauforganisation
```

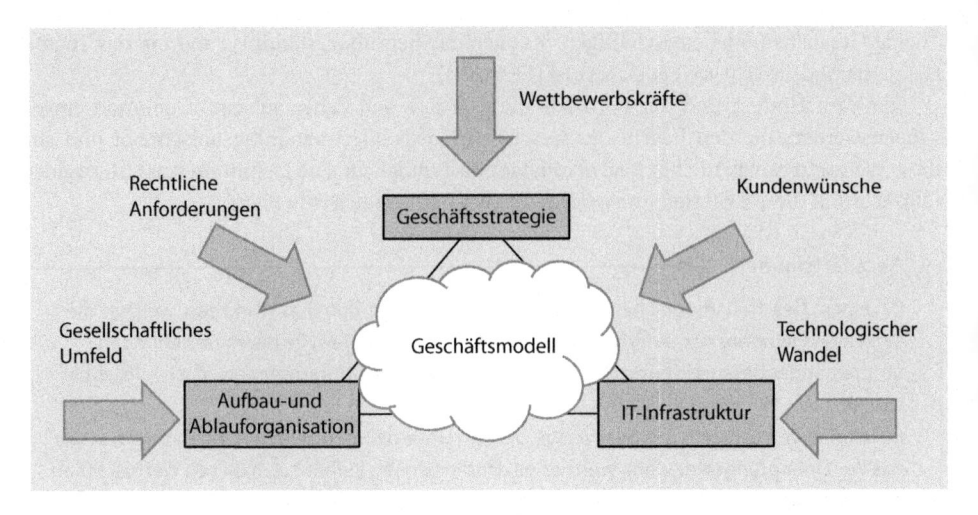

Abb. 4.5 Geschäftsmodelle als Mediator zwischen Strategie, Prozessen und Informationssystemen. (In Anlehnung an Osterwalder 2004)

sches IT-Management miteinander zu verzahnen und damit eine durchgängige Umsetzung der Unternehmensstrategie zu gewährleisten. Aus diesem Grund werden im Verlauf des vorliegenden Abschnitts unterschiedliche Methoden zur Erstellung und Veränderung von Geschäftsmodellen näher beleuchtet.

Im Kontext der Entwicklung der Geschäftsmodellforschung und des Trends hin zur Entwicklung von konzeptuellen Frameworks und Werkzeugen existiert ein pragmatischer Standpunkt, der die Design-Perspektive von Geschäftsmodellen hervorhebt. Im Fokus steht dabei die Entwicklung von konzeptuellen Modellen und Tools, die Entrepreneuren, Managern, Investoren und Stakeholdern beim Gestalten, Innovieren und Managen helfen können (Fielt 2011). In den letzten Jahren ist die Zahl der Ansätze zur Geschäftsmodellentwicklung stetig gestiegen. Für die Verwendung im Rahmen dieses Lehrbuchs erweist sich der von Osterwalder und Pigneur (2011, 2013) entwickelte Ansatz als sehr geeignet, da er für die Anwendung im strategischen Management konzipiert wurde und eindeutige Handlungsempfehlungen für das Design und das Management neuer Geschäftsmodelle enthält. Der Ansatz von Osterwalder und Pigneur wird daher nun detaillierter betrachtet, wobei die einzelnen Schritte im Entwicklungsprozess genauer beschrieben werden.

4.1.3.2.1 Business Model Canvas

Das Business Model Canvas wurde von Alexander Osterwalder entworfen und zunächst als »Business Model Ontology« in seiner Dissertation publiziert. Die Methodik der Business Model Ontology hat Osterwalder in Zusammenarbeit mit Yves Pigneur zum Konzept des Business Model Canvas weiterentwickelt und veröffentlicht (Osterwalder u. Pigneur 2011). Ziel bei der Ausarbeitung dieses Tools war es, ein Business-Model-Konzept zu entwerfen, welches die Komplexität eines Unternehmens nicht zu stark vereinfacht, aber gleichzeitig leicht anzuwenden, d. h. treffend und intuitiv aufgebaut ist. Das Tool sollte für jeden nachvollziehbar und damit einfach zu handhaben sein.

Im Kern soll dieses Werkzeug dazu dienen, das Geschäftsmodell eines Unternehmens genau zu beschreiben. Dafür wird eine einheitliche Sprache für das Beschreiben, Visualisieren, Bewerten und Verändern von Business Models entwickelt (Fielt 2011). Osterwalder macht dies

4.1 · Strategisches IT-Management

Tab. 4.2 Die neun Business Model Canvas Bausteine. (Eigene Darstellung in Anlehnung an Osterwalder 2004, 42–43)

Hauptbereich	Beschreibung	Baustein des Business Model Canvas
Produkt	Branche/Geschäftsumfeld, in der das Unternehmen seine Produkte und Wertangebote anbietet.	Wertangebote
Kundenschnittstelle	Identifikation der Zielkunden des Unternehmens; Identifikation der Lieferkanäle der Produkte und das Herstellen einer starken Kundenbeziehung.	Kundenbeziehungen
		Kundensegmente
		Kanäle
Infrastruktur-Management	Bildung von Unternehmensnetzwerken zur Lösung von infrastrukturellen und logistischen Problemstellungen. Dabei wird danach gefragt, mit wem, wie und auf welche Art diese Netzwerke gebildet werden.	Schlüsselpartner
		Schlüsselressourcen
		Schlüsselaktivitäten
Finanzielle Aspekte	Erstellung des Einnahme-Modells und der Kostenstruktur unter Einbezug der Nachhaltigkeit des Geschäftsmodells.	Kostenstruktur
		Einnahmequellen

deutlich, indem er das Business Model Canvas als konzeptuelle Landkarte mit einer bildhaften Sprache und dazugehöriger Grammatik beschreibt, welche zur Komplexitätsreduktion des Unternehmens bezüglich der Prozesse, Strukturen und Systeme dient. So entsteht eine Sprache, die mit ihrer Grammatik und dem dazugehörigen Vokabular von jedem Unternehmen nachvollzogen werden kann (Osterwalder u. Pigneur 2011). Zudem existiert keine Zuordnung zu einer bestimmten Branche, sodass sich dieses Modell universell einsetzen lässt. Osterwalder und Pigneur beschreiben sowohl Business-Model-Segmente als auch die Entwicklung von Business Models im Detail, weshalb dieser Ansatz im Bereich des strategischen Managements eingeordnet werden kann (Schallmo 2013).

Als Osterwalder das Konzept erarbeitete, identifizierte er anfangs vier Hauptbereiche, die wesentliche Themen von Business Models in Unternehmen widerspiegeln. Auf dieser Basis erarbeitete er ein Rahmenwerk, welches alle wichtigen Business-Model-Bereiche adressiert. Inspiriert wurde er dabei durch die Balanced Scorecard von Kaplan und Norton (1992). Die vier Hauptbereiche bilden das Produkt, die Schnittstelle zum Kunden, das Infrastruktur-Management sowie finanzielle Aspekte. Das Feld, das sich inhaltlich mit dem Produkt beschäftigt, fragt danach, »was« dem Kunden geboten wird. Thema im Bereich der Schnittstellen zum Kunden ist die Frage, »wer« die Zielgruppe und die Zielkunden sind. »Wie« das Unternehmen intern die eigene Logistik und Infrastruktur organisiert, ist Thema im Feld des Infrastrukturmanagements. Die Kostenstruktur und die Nachhaltigkeit von Entscheidungen werden innerhalb der finanziellen Aspekte diskutiert. Diese vier Hauptbereiche wurden von Osterwalder weiterhin in neun miteinander in Verbindung stehende Bausteine unterteilt, die weitere Detaillierungen ermöglichen (Osterwalder 2004). Die vier Hauptbereiche mit ihren zugeordneten Bausteinen sowie deren Beschreibungen gehen aus ◘ Tab. 4.2 hervor.

4.1.3.2.2 Beschreibung der Bausteine

Osterwalder und Pigneur schlagen bei der Ausarbeitung der Bausteine des Business Model Canvas eine Herangehensweise vor, bei der die Felder des Business Model Canvas ausgehend von den Kundensegmenten auf der rechten Seite zur Kostenstruktur auf der linken Seite ab-

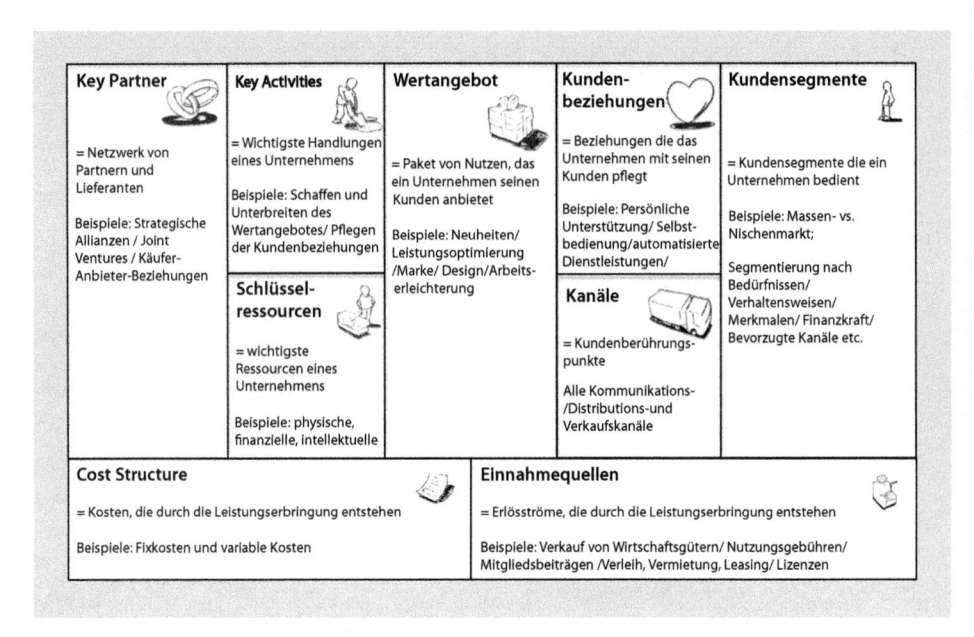

Key Partner	Key Activities	Wertangebot	Kunden-beziehungen	Kundensegmente
= Netzwerk von Partnern und Lieferanten Beispiele: Strategische Allianzen / Joint Ventures / Käufer-Anbieter-Beziehungen	= Wichtigste Handlungen eines Unternehmens Beispiele: Schaffen und Unterbreiten des Wertangebotes/ Pflegen der Kundenbeziehungen	= Paket von Nutzen, das ein Unternehmen seinen Kunden anbietet Beispiele: Neuheiten/ Leistungsoptimierung /Marke/ Design/Arbeits-erleichterung	= Beziehungen die das Unternehmen mit seinen Kunden pflegt Beispiele: Persönliche Unterstützung/ Selbst-bedienung/automatisierte Dienstleistungen/	= Kundensegmente die ein Unternehmen bedient Beispiele: Massen- vs. Nischenmarkt; Segmentierung nach Bedürfnissen/ Verhaltensweisen/ Merkmalen/ Finanzkraft/ Bevorzugte Kanäle etc.
	Schlüssel-ressourcen = wichtigste Ressourcen eines Unternehmens Beispiele: physische, finanzielle, intellektuelle		**Kanäle** = Kundenberührungs-punkte Alle Kommunikations-/Distributions-und Verkaufskanäle	

Cost Structure	Einnahmequellen
= Kosten, die durch die Leistungserbringung entstehen Beispiele: Fixkosten und variable Kosten	= Erlösströme, die durch die Leistungserbringung entstehen Beispiele: Verkauf von Wirtschaftsgütern/ Nutzungsgebühren/ Mitgliedsbeiträgen /Verleih, Vermietung, Leasing/ Lizenzen

Abb. 4.6 Template des Business Model Canvas mit Definitionen. (Osterwalder und Pigneur 2011)

gearbeitet werden. Generell existiert jedoch keine strikte Reihenfolge für die Erarbeitung der Bausteine (Fritscher u. Pigneur 2010). **Abb. 4.6** gibt die Definitionen der einzelnen Elemente des Business Model Canvas nach Osterwalder und Pigneur wieder (2011). Darüber hinaus folgt eine detailliertere Beschreibung und Erläuterung der Bausteine, um deren Inhalte genauer zu klären. **Abb. 4.6** veranschaulicht außerdem die Struktur des Business Model Canvas sowie die Vorstellung Osterwalders und Pigneurs, wie die Bausteine in Verbindung zueinander stehen und dargestellt werden sollten. Die Möglichkeit, die Logik einer Geschäftsidee auf nur einer Seite festzuhalten und darzustellen, ist das Besondere am Business Model Canvas (Fritscher u. Pigneur 2010).

Kundensegmente Gewinnbringende Kunden sichern das Überleben eines Unternehmens, weshalb sie einen wichtigen Faktor innerhalb eines Geschäftsmodells darstellen. Um Kunden zielgruppengenau ansprechen zu können, werden Kundengruppen gebildet, die sich anhand bestimmter Merkmale differenzieren lassen. Business Models können entweder ein oder mehrere Kundensegmente erfassen, wobei diese unterschiedliche Merkmale besitzen können. Werden voneinander unabhängige Kundengruppen mit völlig unterschiedlichen Problemen und Wünschen angesprochen, dann diversifiziert ein Unternehmen sein Geschäftsmodell. Zudem können auch voneinander abhängige Kundengruppen bedient werden, die das Business Model wirtschaftlich machen. In diesem Fall spricht man von Multi-sided Platforms oder Multi-sided Markets (Osterwalder u. Pigneur 2011).

Wertangebote Ein entscheidendes Kaufargument für ein Produkt oder eine Dienstleistung stellt aus Sicht der Kunden das Wertangebot dar. Das Wertangebot meint jedoch kein einzelnes Produkt bzw. keine einzelne Dienstleistung, sondern wird vielmehr aus einem Bündel von Produkten und/oder Dienstleistungen gebildet, welches die Bedürfnisse eines bestimmten Kundensegments abdecken kann. Im Vordergrund steht dabei der Kundennutzen. Dieser kann bspw.

durch Neuheit, durch die Anpassung an Kundenwünsche, die Leistung, das Design, den Preis oder die Verfügbarkeit von Produkten/Dienstleistungen entstehen (Osterwalder u. Pigneur 2011).

Kanäle Eine Schnittstellenfunktion haben Kommunikations-, Distributions- und Verkaufskanäle inne, da sie das Unternehmen mit seinen Kunden verbinden. Fünf unterschiedliche Kanaltypen können dabei zum Einsatz kommen: Verkaufsabteilungen, der Internetverkauf, eigene Filialen, Partnerfilialen und Großhändler (Osterwalder u. Pigneur 2011).

Kundenbeziehungen Ob das Unternehmen eine persönliche oder automatisierte Beziehung zum Kunden eingehen möchte, ist Kernfrage des Bausteins Kundenbeziehungen. Die Entscheidung für eine Art der Beziehungen wirkt sich schließlich auf Kundenakquise, Kundenpflege, Verkaufssteigerung sowie die vollständige Kundenerfahrung aus (Osterwalder u. Pigneur 2011).

Einnahmequellen Wodurch Umsätze erwirtschaftet werden, zeigen Einnahmequellen auf. In einem Geschäftsmodell werden dabei zwei Arten von Einnahmequellen unterschieden: Es können einerseits durch Transaktionseinnahmen einmalige Kundenzahlungen generiert werden, andererseits lassen sich durch fortlaufende Kundenzahlungen wiederkehrende Einnahmen erzielen. Letztere können u. a. durch Mitgliedschaftsgebühren, Nutzungsgebühren, Verleih/Vermietung/Leasing, Maklergebühren, Lizenzen und durch Werbung generiert werden (Osterwalder u. Pigneur 2011).

Schlüsselressourcen Schlüsselressourcen sind notwendig, um Kunden Wertangebote anbieten zu können. Sie können physischer, finanzieller, menschlicher oder intellektueller Natur sein. Es ist dabei nicht ausschlaggebend, ob die Schlüsselressourcen im Besitz des Unternehmens sind, von ihm geleast oder von Schlüsselpartnern gekauft werden (Osterwalder u. Pigneur 2011).

Schlüsselaktivitäten Um erfolgreich zu agieren, muss ein Unternehmen bestimmte Handlungen durchführen – die sogenannten Schlüsselaktivitäten. Diese Schlüsselaktivitäten umfassen erneut die Schaffung und Unterbreitung von Wertangeboten, das Erreichen von Märkten, die Pflege von Kundenbeziehungen sowie die Generierung von Gewinnen. Darüber hinaus kann in Bezug auf Produktion, Problemlösung und Plattform/Netzwerk eine Kategorisierung vorgenommen werden (Osterwalder u. Pigneur 2011).

Schlüsselpartnerschaften Es liegen verschiedene Gründe vor, warum Partnerschaften zwischen Unternehmen eingegangen werden. Eine Partnerschaft kann einerseits der Grundstein eines Geschäftsmodells sein, andererseits kann sie das Geschäftsmodell verbessern. Im Allgemeinen können vier Arten von Partnerschaften unterschieden werden. Erstens können Unternehmen, welche nicht in direkter Konkurrenz zueinander stehen, strategische Allianzen eingehen. Zweitens können Organisationen, die direkte Wettbewerber darstellen, durch eine strategische Partnerschaft kooperieren. Zur Entwicklung neuer Geschäfte können drittens Joint Ventures aufgebaut werden und viertens kann zur Sicherstellung einer stetigen Versorgung eine Beziehung zwischen Käufer und Anbieter eingegangen werden (Osterwalder u. Pigneur 2011).

Kostenstruktur Die Wertschaffung geht mit bestimmten Kosten einher. Die wichtigsten Kosten, die bei der Arbeit mit einem bestimmten Geschäftsmodell entstehen, werden im Element Kostenstruktur dargestellt. Dabei ist insbesondere auf den Unterschied in der Kostenstruktur bei verschiedenen Business Models zu achten (Osterwalder u. Pigneur 2011).

4.1.3.2.3 Die Arbeit mit dem Business Model Canvas

Das Business Model Canvas ist, wie bereits erwähnt, ein design- und innovationsorientiertes Instrument zur Visualisierung und Entwicklung von Geschäftsmodellen und soll nach Osterwalder und Pigneur etwas Neues darstellen. Aus diesem Grund greifen die Autoren auf unterstützende Design-Tools und -Techniken zurück. Dazu zählt das »Visual Thinking«, welches Skizzen, Bilder, Diagramme und Klebezettel (Post-Its) als Möglichkeit der Veranschaulichung nutzt sowie als Anstoß für Diskussionen dient. Darüber hinaus werden zur Erarbeitung des Canvas Techniken wie Prototyping, Storytelling, Scenarios und Ideation genutzt (Fielt 2011). Der eigentliche Vorteil des Business Model Canvas besteht in seiner Visualisierungsmöglichkeit und seiner Anwendbarkeit im Team. Durch das einfache Einfügen und Verschieben von Notizen im Canvas entsteht eine Diskussion, welche wiederum das weitere Ausfüllen des Modells unterstützt. Es hilft dabei, bestehende Geschäftsmodelle zu identifizieren und zeigt neue Möglichkeiten auf, Business Models zu entwickeln und umzusetzen. Die typische Arbeitsweise beginnt – je nach Teamgröße – auf einem Stück Papier oder einer Tafel. Es bedarf dabei kaum einer Vorbereitung, da sich das Canvas mit wenigen Hilfsmitteln umsetzen lässt. Es wird lediglich ein unausgefülltes Canvas benötigt. Die Anwender entscheiden selbst, ob sie den hier dargestellten Leitfaden als Hilfsmittel zur Erarbeitung der Felder heranziehen oder nicht. Durch die Arbeit mit Klebezetteln ist ein einfaches Verschieben oder auch Entfernen der Notizen möglich. Im Falle von starken Verbindungen zwischen zwei Bausteinen können deren Grenzen aufgehoben werden und Gedanken mehreren Feldern zugeordnet werden. So lassen sich starke Beziehungen zwischen Elementen und ebenso fehlende Komponenten identifizieren (Fritscher u. Pigneur 2010).

Ein Projekt zur Entwicklung neuer Geschäftsmodelle besteht typischerweise aus fünf unterschiedlichen Phasen: der Mobilisierung des Projektteams, dem Verständnis des Wettbewerbsumfelds des Unternehmens, der Gestaltung des neuen Business Models sowie der Umsetzung und dem kontinuierlichen Management. Im Folgenden werden diese Aktivitäten im Einzelnen beschrieben.

Viele Autoren empfehlen, vor der eigentlichen Geschäftsmodellentwicklung zunächst das Team zu mobilisieren (Fritscher u. Pigneur 2010, Osterwalder u. Pigneur 2010). Das Unternehmen sollte zunächst ein Projektteam ernennen, welches die Verantwortung für die Geschäftsmodellentwicklung trägt. Darüber hinaus gilt es, das Team in dieser Phase zu motivieren, am Projekt mitzuwirken, sowie ein »shared understanding«, d. h. ein gemeinsames Verständnis über den Umfang des Projektes, zu entwickeln.

In der nächsten Phase führt das Team eine genaue Analyse des Wettbewerbsumfelds (Leem, Jeon et al. 2005), des Unternehmens (Giesen, Berman et al. 2007, Nesse, Svaet et al. 2012), der Branche, der aktuellen Marktsituation (Lee, Shin et al. 2011, Palo u. Tähtinen 2013) sowie der Kundenbedürfnisse durch (Johnson 2010, Osterwalder u. Pigneur 2010).

Nachdem diese nötigen Vorbereitungsschritte durchlaufen wurden, beginnt das Projektteam mit der eigentlichen Gestaltung des neuen Geschäftsmodells. In der wissenschaftlichen Literatur beschäftigt sich der Großteil der Autoren mit dieser Projektphase. Dementsprechend ist die Vielfalt der unterschiedlichen Designschritte sehr hoch und reicht von der einfachen Entwicklung eines Werteversprechens (Lee, Shin et al. 2011) bis zum Herleiten aller Bestandteile, die ein ganzheitliches Geschäftsmodell adressieren muss (Osterwalder u. Pigneur 2010).

Insgesamt lassen sich in dieser Phase drei übergeordnete Design-Schritte identifizieren. Der erste Schritt befasst sich damit, dass das Projektteam sorgfältig die Unternehmensposition in Bezug auf die verschiedenen Bestandteile des zukünftigen Geschäftsmodells analysiert (Giesen, Berman et al. 2007, Fritscher u. Pigneur 2010, Osterwalder u. Pigneur 2010, Lee, Shin et al. 2011). Anschließend sollte das Team eine Szenario-Analyse durchführen, um zukünftige

Entwicklungen in jedem der bereits genannten Bereiche abschätzen zu können. Typischerweise beinhaltet dieser Schritt die Analyse zukünftiger Marktentwicklungen (Leem, Jeon et al. 2005, Im u. Cho 2013, Palo u. Tähtinen 2013) sowie damit einhergehende Mechanismen, um aus diesen Entwicklungen einen Wert zu schöpfen (Giesen, Berman et al. 2007, Teece 2010, Lee, Shin et al. 2011, Chatterjee 2013). In einem letzten Schritt der Designphase führt das Projektteam schließlich seine Ergebnisse innerhalb eines einheitlichen Bezugsrahmens zusammen, um eine konsistente Umsetzung des Geschäftsmodells zu gewährleisten (Fritscher u. Pigneur 2010, Osterwalder u. Pigneur 2010, Lee, Shin et al. 2011, Im u. Cho 2013).

Die Implementierung des neuen Geschäftsmodells ist Gegenstand der vierten Aktivität. In dieser Phase muss das Projektteam entscheiden, ob das neue Geschäftsmodell in die bestehende Unternehmensstruktur integriert werden kann oder ob eine neue Abteilung gebildet werden muss, die sich der Umsetzung annimmt (Chesbrough 2007, Johnson 2010, Palo u. Tähtinen 2013). Darüber hinaus muss das neue Geschäftsmodell mit den Unternehmensprozessen in Einklang gebracht und Mechanismen zur Vorbeugung von Imitationen müssen gebildet werden (Leem, Jeon et al. 2005, Osterwalder, Pigneur et al. 2005, Giesen, Berman et al. 2007, Fritscher u. Pigneur 2010, Osterwalder u. Pigneur 2010, Teece 2010, Lee, Shin et al. 2011, Chatterjee 2013).

Der letzte Schritt innerhalb einer Geschäftsmodellentwicklung umfasst das Management des neuen Geschäftsmodells. Um wettbewerbsfähig zu bleiben, wird das Geschäftsmodell in dieser Phase immer wieder angepasst und erneuert (Osterwalder u. Pigneur 2010, Achtenhagen, Melin et al. 2013). Beobachtungen des relevanten Marktes und ein Monitoring daraus resultierender Einnahmen sollte deshalb kontinuierlich durchgeführt werden (Leem, Jeon et al. 2005, Im u. Cho 2013, Palo u. Tähtinen 2013). Der gesamte Prozess und die Anforderungen der verschiedenen Aktivitäten, die im Rahmen der Literaturdurchsicht ermittelt wurden, sind in der ◘ Abb. 4.7 zusammengefasst.

4.1.3.3 Die Bedeutung der Wertangebots innerhalb eines Geschäftsmodells

Betrachtet man die unterschiedlichen Definitionen des Begriffes »Geschäftsmodell« sowie die Ausführungen zur Erstellung neuer Geschäftsmodelle, so zeigt sich, dass dem Wertangebot bzw. der Value Proposition eines Unternehmens eine besondere Rolle zuteil wird. So findet sich in nahezu allen Definitionen (einzige Ausnahme bildet hier die Definition von Timmers) der Hinweis darauf, dass das Geschäftsmodell beschreibt, wie ein Unternehmen Wert schafft bzw. sich Werte aneignet. Das Wertangebot rückt also in das Zentrum der Betrachtung, da alle anderen Elemente eines Geschäftsmodells lediglich den Zweck erfüllen, einen wechselseitigen Austausch von Sach- und Vermögenswerten vom Unternehmen zu seinen Kunden zu ermöglichen. Aus diesem Grund wird im weiteren Verlauf dieses Abschnittes eine Methode zur systematischen Herleitung des Wertangebots vorgestellt. Vorab ist es jedoch notwendig, den Begriff des Wertangebots zu definieren, um ein einheitliches Begriffsverständnis sicherzustellen.

> **Wertangebot eines Unternehmens**
>
> Das Wertangebot eines Unternehmens bezeichnet den Nutzen, den Kunden oder Wertschöpfungspartner durch ein Geschäftsmodell erhalten. (Kaplan u. Norton 2004)

Um diesen Nutzen zu generieren und zum Kunden zu transportieren, bedienen sich Unternehmen grundsätzlich zweier unterschiedlicher Prozesse: der Wertschöpfung und der Wertaneignung. Bereits seit einigen Jahrzehnten befassen sich unterschiedliche Forscher mit den

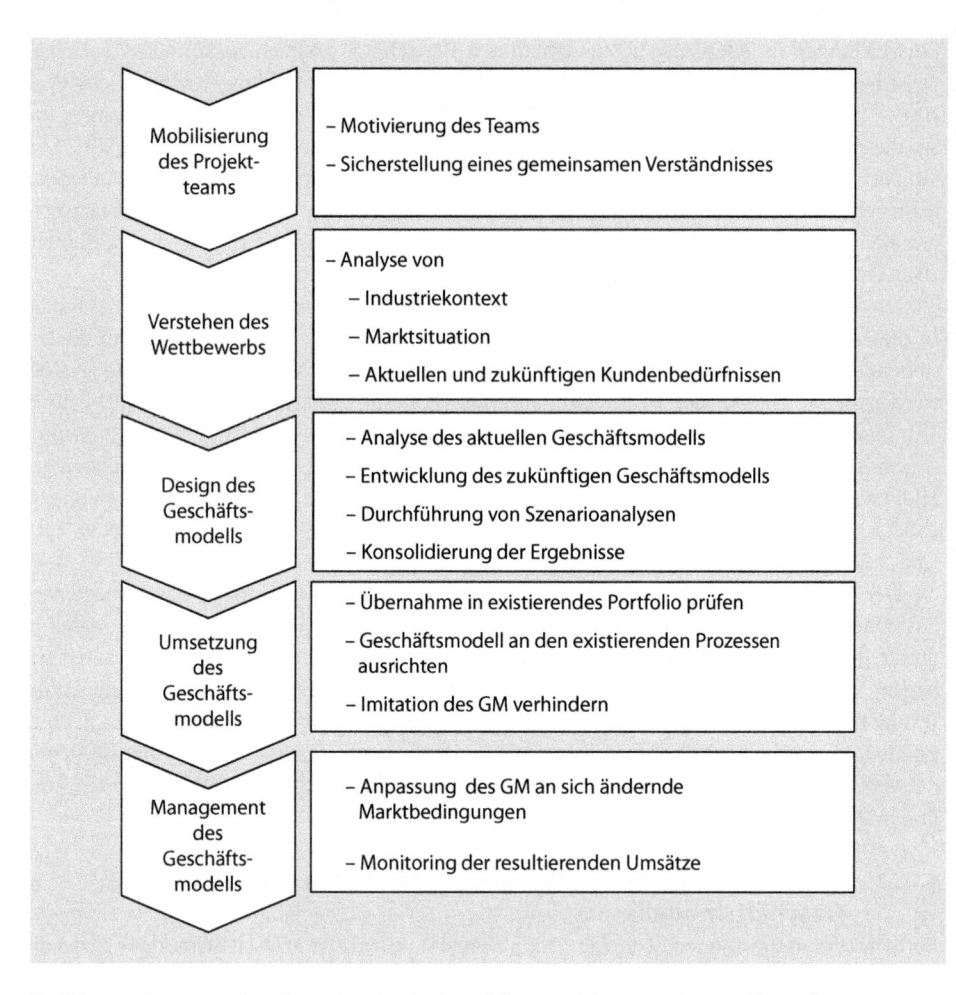

```
┌─────────────────┐  ┌──────────────────────────────────────────────┐
│  Mobilisierung  │  │ – Motivierung des Teams                      │
│  des Projekt-   │  │ – Sicherstellung eines gemeinsamen Verständnisses │
│     teams       │  │                                              │
└─────────────────┘  └──────────────────────────────────────────────┘

┌─────────────────┐  ┌──────────────────────────────────────────────┐
│                 │  │ – Analyse von                                │
│  Verstehen des  │  │     – Industriekontext                       │
│   Wettbewerbs   │  │     – Marktsituation                         │
│                 │  │     – Aktuellen und zukünftigen Kundenbedürfnissen │
└─────────────────┘  └──────────────────────────────────────────────┘

┌─────────────────┐  ┌──────────────────────────────────────────────┐
│                 │  │ – Analyse des aktuellen Geschäftsmodells     │
│   Design des    │  │ – Entwicklung des zukünftigen Geschäftsmodells │
│   Geschäfts-    │  │ – Durchführung von Szenarioanalysen          │
│     modells     │  │ – Konsolidierung der Ergebnisse              │
└─────────────────┘  └──────────────────────────────────────────────┘

┌─────────────────┐  ┌──────────────────────────────────────────────┐
│                 │  │ – Übernahme in existierendes Portfolio prüfen │
│   Umsetzung     │  │ – Geschäftsmodell an den existierenden Prozessen │
│      des        │  │   ausrichten                                 │
│   Geschäfts-    │  │ – Imitation des GM verhindern                │
│     modells     │  │                                              │
└─────────────────┘  └──────────────────────────────────────────────┘

┌─────────────────┐  ┌──────────────────────────────────────────────┐
│                 │  │ – Anpassung des GM an sich ändernde          │
│   Management    │  │   Marktbedingungen                           │
│      des        │  │                                              │
│   Geschäfts-    │  │ – Monitoring der resultierenden Umsätze      │
│     modells     │  │                                              │
└─────────────────┘  └──────────────────────────────────────────────┘
```

Abb. 4.7 Prozess zur Erstellung eines Geschäftsmodells. (In Anlehnung an Osterwalder und Pigneur 2011)

Themengebieten der Wertschöpfung (Value Creation) und der Wertaneignung (Value Appropriation) und zählen diese zu den fundamentalsten Prozessen im unternehmerischen Handeln (Amit u. Zott 2001, Mizik u. Jacobson 2003). Hierbei wird im Allgemeinen ein nachhaltiger Unternehmenserfolg nur in ihrem Zusammenwirken gesehen (Mizik u. Jacobson 2003), wobei Hamel (2000) sie darüber hinaus noch als Teile eines »Value Networks« betrachtet. Lepak et al. (2007) führen aus, dass die Wertschöpfung ein zentrales Paradigma in der Management- und Organisationsforschung ist, jedoch bis zum damaligen Zeitpunkt nicht ausreichend erforscht und verstanden worden sei. Sie zeigen weiterhin auf, dass die Wertschöpfung stark von der Zielgruppe abhängig ist, die in ihrem Fokus steht (Lepak, Smith et al. 2007). Gilt die Wertschöpfung vor allem als zentraler Treiber eines Wettbewerbsvorteils, so ist die Wertaneignung eher Einflussfaktor auf die Höhe dieses generierten Vorteils und dessen Dauer (Mizik u. Jacobson 2003). Durch unterschiedliche Bewertung dieser beiden Faktoren können Unternehmen verschiedene Strategien einsetzen. Steht als extreme Variante die Wertschöpfung im Fokus unternehmerischen Handelns, so ist es das Ziel, sich kontinuierlich über Innovationen von der Konkurrenz abzuheben und sich der Gewinne zurückliegender Innovationstätigkeiten zu

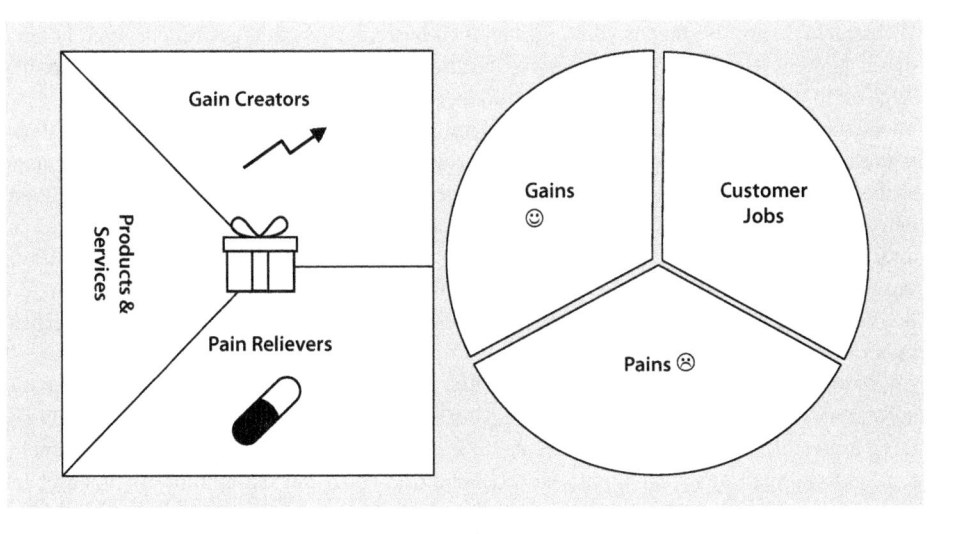

Abb. 4.8 Value Proposition Canvas. (Osterwalder 2012)

bedienen. Wählt ein Unternehmen eine »wertaneignende« Strategie, so erfolgt die Abgrenzung zur Konkurrenz über marktspezifische Werbung und Preisgestaltung, um so Barrieren für mögliche Konkurrenten aufzubauen. Das Verfolgen nur einer der zuvor genannten extremen Strategien ist für Unternehmen nicht als erstrebenswert zu erachten, da der Blick für die jeweils andere Strategie verloren geht. Vielmehr sollten Unternehmen danach streben, sowohl wertschöpfende als auch wertaneignende Maßnahmen umzusetzen, um ein nachhaltiges, starkes Wertangebot generieren zu können (Mizik u. Jacobson 2003). Hierbei können im Speziellen die F&E-Aktivitäten von Unternehmen der Wertschöpfung und die Marketingmaßnahmen der Wertaneignung zugeschrieben werden (Chesbrough 2006).

Um das Wertangebot eines Unternehmens systematisch zu entwickeln, gibt es aktuell nur wenige Methoden. Eine der wenigen Ausnahmen bildet das Value Proposition Canvas (VPC), welches von Alexander Osterwalder entwickelt wurde (Osterwalder 2012). Das Value Proposition Canvas fungiert als eine Art Erweiterung für das Business Model Canvas und soll Unternehmen dabei helfen, das eigene Wertangebot zu entwerfen und zu testen. Im Rahmen des VPC werden das Wertangebot sowie die Kundesegmente detaillierter betrachtet und aufeinander abgestimmt, da erst die konsequente Ausrichtung des eigenen Wertangebotes auf die relevanten Kundensegmente einen langfristigen Erfolg auf dem Markt garantieren kann. Wie aus ◘ Abb. 4.8 ersichtlich, sind die beiden Blöcke »Wertangebot« (links) und »Kundesegmente« (rechts) in jeweils drei Unterkategorien unterteilt, die im Zuge der Bearbeitung Schritt für Schritt ausgearbeitet werden.

4.1.4 Strategische Informationstechnologien

Unternehmen werden heute in zunehmendem Maße von IT durchdrungen und durch diese entscheidend beeinflusst. Dies manifestiert sich darin, dass die sich immer schneller entwickelnde IT Unternehmen im operativen Tagesgeschäft maßgeblich unterstützt und somit auch auf strategischer Ebene einen Mehrwert in Form von Wettbewerbsvorteilen, Kostenersparnissen etc. bietet. So sind bestimmte Arten von IT nicht zuletzt zur Sicherung des langfristigen

Wohlergehens und Bestehens von Unternehmen besonders wichtig geworden. Auch können durch IT neue Geschäftsmodelle entwickelt und neue Märkte erschlossen werden. Vorausschauende Unternehmen erkennen dies und machen sich diese Art von IT zu Nutze.

IT, die solch einen Einfluss auf Unternehmen hat, wird strategische Informationstechnologie (SIT) genannt. Der Einsatz von strategischer IT beeinflusst also die Organisationsstrukturen und sogar die Unternehmensstrategie und bietet Unternehmen damit einen Wettbewerbsvorteil. Diese IT kann sogar unter Umständen das Kerngeschäft des Unternehmens ändern. Beispielsweise setzt die Firma Hanover Compressor, die anfangs Geräte vermietete, um Erdgas durch Produktions- und Distributions-Pipelines zu befördern, IT-Systeme ein, um die Verwaltung und Wartung der Pipeline-Überwachungssysteme von Kunden zu übernehmen (Slywotzky u. Wise 2002).

Strategische IT-Systeme müssen von solchen Strategiesystemen unterschieden werden, die auf strategischer Ebene das Topmanagement bei langfristiger Entscheidungs- und Strategiefindung unterstützen (Laudon, Laudon et al. 2010). Strategische IT-Systeme in dem hier gemeinten Sinne können auf jeder Organisationsebene und sogar auf Gesamtunternehmensebene eingesetzt werden und sind viel weitreichender und tiefer verwurzelt. Sie ändern grundlegend die Arbeitsweise eines Geschäftsbereichs oder eines Gesamtunternehmens.

Um die Vorteile neuer strategischer IT-Systeme nutzen zu können, müssen Unternehmen das Business Alignment durchlaufen und dabei nicht nur die Organisationsstrukturen, also die internen Betriebsabläufe und die Aufbauorganisation im Unternehmen, ändern, sondern auch die zugrunde liegende Unternehmensstrategie anpassen.

Grundlegend neue Strategien für Unternehmen, die sich durch den Einsatz von strategischer IT ergeben, sind in erster Linie
- das Produkt- oder Dienstleistungsangebot gegenüber der Konkurrenz abzuheben (Differenzierungsstrategie) und/oder
- der kostengünstigste Hersteller zu werden (Strategie der Kostenführerschaft).

Im Folgenden wird auf diese beiden Strategieformen näher eingegangen.

4.1.4.1 IT zur Ermöglichung der Differenzierungsstrategie

Der Einsatz von strategischer IT kann dazu beitragen, einzigartige, neue Produkt- und Dienstleistungsangebote anzubieten, die sich vom Angebot der Konkurrenz abheben und unterscheiden. Solche strategische IT kann die Konkurrenz daran hindern, Angebote nachzuahmen. Das Angebot soll sich durch ein Alleinstellungsmerkmal, einer sogenannten Unique Selling Proposition, dank des Einsatzes der strategischen IT deutlich von der Konkurrenz absetzen. Ein derartiges Alleinstellungsmerkmal kann zum Beispiel durch eine herausragende Qualität des Angebotes begründet sein. Auf Grund dieses Alleinstellungsmerkmals sind die Kunden bereit, einen Preisaufschlag zu bezahlen. Unternehmen, die solche differenzierten Produkte oder Dienstleistungen anbieten, müssen nicht mehr auf der Kostenebene konkurrieren, weil sie ihr Angebot teurer verkaufen können (Laudon, Laudon et al. 2010).

Viele differenzierte Angebote wurden beispielsweise von Kreditinstituten entwickelt (Laudon, Laudon et al. 2010). Die Citibank entwickelte 1977 Geldautomaten und Bankkreditkarten und wurde daraufhin zur damals größten Bank in den USA (Laudon, Laudon et al. 2010). Die Geldautomaten der Citibank waren so erfolgreich, dass die Konkurrenz gezwungen war, im Gegenzug eigene Geldautomatensysteme zu entwickeln. Citibank, Wells Fargo Bank und andere Banken haben weiterhin innovative Angebote entwickelt, beispielsweise die elektronischen Onlinebankingdienste. Was heute Standard ist, war seinerzeit ein strategisches IT-System, welches diesen Banken eine Differenzierungsstrategie gegenüber ihrer Konkurrenz bescherte.

Ein weiteres Beispiel für ein strategisches IT-System stellt das SABRE-System der Fluglinie American Airlines dar. Das computerbasierte Reservierungssystem für Flugtickets ermöglichte bei seiner Einführung eine Differenzierung für American Airlines gegenüber der Konkurrenz. Dieses inzwischen in der Branche zum Standard gewordene Reservierungssystem muss jetzt mit neuen Reisediensten konkurrieren, bei denen die Verbraucher unter Umgehung von Reisebüros und anderen Vermittlern direkt im Internet Flug-, Hotel- und Mietwagenreservierungen vornehmen können (Laudon, Laudon et al. 2010).

Darüber hinaus beginnen Hersteller und Einzelhändler, IT-Systeme zur Massenfertigung kundenindividueller Produkte und Dienstleistungen zu verwenden, die nach den präzisen Spezifikationen einzelner Kunden gefertigt bzw. bereitgestellt werden (Laudon, Laudon et al. 2010). Beispielsweise verkauft der Computerhersteller DELL seine Produkte direkt an Kunden und fertigt die Geräte erst nach Bestelleingang. Kunden können bei DELL Computer kaufen, die nach ihren individuellen Wünschen konfiguriert sind. Dabei können sie ihre Bestellungen direkt über das Internet aufgeben. Sobald eine Bestellung bei der Produktionssteuerung von DELL eingeht, wird diese mittels eines IT-Systems an ein Fertigungswerk weitergeleitet, welches den Computer gemäß der individuellen Kundenbestellung fertigt. Dieses Produktionskonzept wird heute als Mass Customization bezeichnet (Piller 2006). Das IT-System, welches dieses Produktionskonzept unterstützt, stellt ein klassisches Beispiel für ein strategisches IT-System dar, das wiederum die Strategie der Differenzierung ermöglicht.

4.1.4.2 IT zur Ermöglichung der Kostenführerstrategie

Bei der Kostenführerstrategie ist es das Ziel, der kostengünstigste Hersteller der Branche zu werden. Das kann nur gelingen, wenn sämtliche Möglichkeiten, Kostenvorteile zu erlangen, aufgedeckt, bewertet und ausgenutzt werden (Laudon, Laudon et al. 2010). Kostenführer vertreiben in der Regel standardisierte Produkte oder Dienstleistungen, die sich durch große Mengen günstig produzieren und vertreiben lassen (Laudon, Laudon et al. 2010). Verfolgen mehrere Wettbewerber in derselben Branche diese Strategie, so kann ein immer unprofitabler werdender Wettbewerb die Folge sein.

Mit Unterstützung von IT-Systemen können dem Kunden beispielsweise Dienstleistungen standardisiert angeboten werden, bei denen der Dienstleistungsanbieter durch Vereinfachung und Übertragung von Verwaltungsaufgaben auf den Kunden (zum Beispiel beim Online-Abschluss von Versicherungen) Kosten einsparen und die Strategie der Kostenführerschaft verfolgen kann (Laudon, Laudon et al. 2010). Durch den Einsatz von IT-Systemen lassen sich auch in der Produktion Kosten einsparen (Laudon, Laudon et al. 2010). Dies ist beispielsweise mit automatisierten Produktionsplanungs- und Steuerungssystemen möglich.

Mit der Hilfe von IT-Systemen lässt sich auch ein sogenanntes Supply-Chain-Management (SCM) (s. ▶ Abschn. 3.4.3) unterstützen. Vor allem in der Automobilindustrie bedient man sich des SCM. Beim SCM handelt es sich um ein unternehmensübergreifendes Netzwerk, bestehend aus Zulieferern verschiedenster Ebenen (Rese u. Bretschneider 2004). Die optimale Gestaltung und Lenkung des gesamten zwischen verschiedenen Unternehmen verteilten Produktionsprozesses von der Beschaffung der Rohmaterialien bis zum Verkauf an den Endverbraucher ist das Ziel (Rese u. Bretschneider 2004). Dabei ist ein SCM ohne IT nicht denkbar. Der Trend zum SCM hat entsprechend zu einer Bewegung in der IT-Branche geführt und in den letzten Jahren verschiedenste SCM-Standardsoftware hervorgebracht (Rese u. Bretschneider 2004). Diese strategischen IT-Systeme verhelfen jedem Glied in der Kette zu Kosteneinsparungen und somit zu einer Strategie der Kostenführerschaft. Beispielsweise können Lagerhaltungskosten verringert werden oder es kann auf Kundenanfragen weitaus schneller reagiert werden.

4.1.4.3 Das Internet als strategisches IT-System

Das Internet hat die Geschäftswelt ganzer Branchen gewandelt, zum Beispiel den Tourismus, den Textilhandel, den Buchhandel oder Tageszeitungen (Laudon, Laudon et al. 2010, Müller u. Bretschneider 2014) und führte zur Neuausrichtung der Unternehmensstrategien etablierter Unternehmen. So macht der Buchhändler Thalia einen großen Anteil seines Umsatzes heute nicht mehr über den Verkauf von Büchern in seinen Buchhandlungen, sondern über die Verkäufe seines Onlinehops. Auch der Versandhändler Otto verkauft heute mehr Waren über das Internet als über seinen traditionellen Katalogversand. Als weiteres Beispiel kann hier der Axel-Springer-Verlag genannt werden. So hat sich neben der gedruckten Ausgabe der BILD-Zeitung die dazugehörige Onlineausgabe inzwischen fest etabliert. Auch Fluggesellschaften, wie Germanwings, Lufthansa oder Easyjet, vertreiben ihre Flugtickets mittlerweile nicht mehr wie vor einigen Jahren ausschließlich über herkömmliche Reisebüros, sondern betreiben eigene Buchungsportale im Internet, über die der Fluggast die Tickets kaufen kann.

Diese Beispiele verdeutlichen, wie Unternehmen das Geschäftsstrategie-Alignment, also die Anpassung der Geschäftsstrategie an die IT, in diesem Fall das Internet, erfolgreich durchlaufen haben. Dabei stellte das Internet als eine IT den Treiber für die Anpassung der Geschäftsstrategie dar. Die IT-Abteilungen der vorgestellten Unternehmen erkannten seinerzeit das Internet als einen bedeutenden IT-Trend, der für ihr Business mögliche Chancen zur Stärkung der Marktposition und zur Schaffung von Wettbewerbsmöglichkeiten eröffnen würde. Die Leitung der erwähnten Unternehmen entschied irgendwann, das Internet als zusätzlichen Verkaufskanal zu nutzen. Dieser Entscheidung folgend, fand im nächsten Schritt die Maßnahmenumsetzung entsprechend den neuen Anforderungen in der Transformation der organisatorischen Strukturen statt. Dabei wurden die internen organisationalen Prozesse modifiziert und erneuert sowie zusätzliches Personal eingestellt, beispielsweise im Falle von Thalia zum Verpacken und Versand der über das Internet bestellten Waren oder im Falle der BILD-Zeitung für die Onlineredaktion.

In allen genannten Beispielen nahm das Unternehmen also die Rolle eines Visionärs ein, der das Internet als Chance erkannte und seine vorhandenen IT-Kompetenzen und die sich wandelnden Gegebenheiten des IT-Marktes für die eigenen Unternehmensziele zu Nutze machte.

4.2 Operatives IT-Management

Die Aufgabe des operativen IT-Managements ist es, die IT im Unternehmen, also Objekte wie die Hard- und Software im Unternehmen, die IT-Infrastruktur und die Datensicherheit, die im Rahmen dieses Kapitels unter dem Begriff der IT zusammengefasst werden, bereitzustellen. Dabei sollte im Zuge dieser Bereitstellung der Fokus auf solche IT gelegt werden, die geeignet ist, die Erfolgspotenziale des Unternehmens zu sichern und weiter auszubauen.

Die Bereitstellung der IT richtet sich dabei nach der zuvor festgelegten IT-Strategie. Sie treibt das operative IT-Management an, das heißt, das operative IT-Management ist grundsätzlich nach der IT-Strategie ausgerichtet. Dieses Verhältnis von IT-Strategie auf der einen Seite und operativem IT-Management auf der anderen Seite ist vergleichbar mit dem sogenannten ITIL-Lifecycle (IT Infrastructure Library ▶ Abschn. 5.3.4), der ursprünglich aus dem Dienstleistungsengineering stammt. ITIL umfasst die Erzeugung und das Management von IT-Services im Unternehmen. ITIL gliedert die Lebensstufen von IT-Services in fünf Phasen

(Leimeister 2012). Die erste Phase »Service Strategy« adressiert die strategische Planung und Festlegung der IT-Organisation (Leimeister 2012). In der zweiten Phase »Service Design« werden die IT-Services entworfen. Die dritte Phase »Service Transition« behandelt den Übergang zwischen unterschiedlichen Lebenszyklen von IT-Services, der Planung von IT-Services bis zum Etablieren in den laufenden Betrieb (Leimeister 2012). Die vierte Phase »Service Operation« umfasst den Service-Betrieb, das heißt die ständige, nachhaltige Erbringung von IT-Services. Damit in der Erbringung immer wieder Verbesserungen mit einfließen, gibt es die fünfte Phase »Continual Service Improvements« (Leimeister 2012). Diese Phase behandelt, wie aus den Erfahrungen aus dem laufenden Betrieb die Weiterentwicklung und Verbesserung der einzelnen IT-Services gestaltet werden kann (Leimeister 2012). Im Kern werden also alle Phasen im ITIL-Lifecycle von der ersten Phase, also der »Service Strategy« bestimmt. Und genauso verhält es sich auch im Verhältnis von IT-Strategie und operativem IT-Management.

Die Bedeutung, die dem operativen IT-Management dabei zukommt, lässt sich nicht nur aus der Tatsache ableiten, dass für viele Unternehmen die Investitionen in IT einen hohen Anteil haben. Bei einigen Dienstleistungsunternehmen beträgt der Anteil der IT-Investitionen bis zu 50 Prozent der Gesamtinvestitionen. Die Investition in IT spielt darüber hinaus für viele Unternehmen eine zentrale Rolle bei der Erreichung ihrer Geschäftsziele (Weill u. Broadbent 1998). Nicht wenige Unternehmen könnten gar ohne IT überhaupt nicht funktionieren, was das Beispiel Amazon illustriert.

Das operative IT-Management umfasst zwei wesentliche Teilbereiche: zum einen den IT-Betrieb und zum anderen die IT-Planung. Zu beiden Teilbereichen gehören wiederum verschiedene Teilaufgaben. Der Zusammenhang zwischen den Teilbereichen und ihren Teilaufgaben lässt sich durch ein Kreislaufmodell des operativen IT-Managements darstellen.

Der Teilbereich des IT-Betriebs umfasst Aufgaben, die der Sicherstellung des laufenden Betriebes der im Unternehmen vorhandenen IT dienen. Der IT-Betrieb bezieht sich auf das laufende Geschäft und hat damit eher kurzfristigen Charakter. Man spricht dabei von einem Planungshorizont von ca. einem Jahr. Zu den Teilaufgaben des IT-Betriebs gehören die Wartung und Reparatur der IT, die IT-Sicherheit sowie das IT-Controlling und der IT-Kosten- und -Nutzen-Abgleich.

Im Rahmen der IT-Planung kommt es darauf an, die Entwicklung und den Betrieb der IT im Unternehmen zu planen. Die IT-Planung arbeitet dem IT-Betrieb also zu. Dabei ist die Planung in der Regel mittelfristig, also auf ca. ein bis drei Jahre, angelegt und bezieht sich meist auf größere Bereiche oder sogar das gesamte Unternehmen. Zu den Teilaufgaben der IT-Planung gehören das Beobachten und Bewerten der IT-Entwicklungen auf dem Markt, die Gestaltung der IT-Architektur und die Steuerung der IT-Akzeptanz.

Im Folgenden wird auf die Teilaufgaben der beiden Teilbereiche des operativen IT-Managements detaillierter eingegangen.

4.2.1 Betrieb der Unternehmens-IT

Unter dem Betrieb der Unternehmens-IT werden vornehmlich diejenigen organisatorischen Maßnahmen zusammengefasst, die die Gewährleistung des laufenden Betriebes der IT im Unternehmen in einer dynamischen Umwelt sicherstellen (Hansen u. Neumann 2009). Zu den Teilaufgaben gehören die Wartung und Reparatur der IT, die IT-Sicherheit, das IT-Controlling und der IT-Kosten- und -Nutzen-Abgleich. Im Folgenden wird auf diese Teilaufgaben näher eingegangen.

4.2.1.1 Wartung und Reparatur der IT

Die Wartung und Reparatur der IT im Unternehmen stellt eine wichtige Aufgabe für den laufenden Betrieb dar. Da die IT die Abläufe im Unternehmen grundlegend unterstützt, muss auf die regelmäßige Wartung und die bedarfsfallorientierte Reparatur der IT ein hohes Augenmerk gelegt werden. Zu den Teilaspekten im Rahmen der Wartung und Reparatur gehören vor allem Helpdesk-Aktivitäten, Netzwerkdienste und die Durchführung von Schulungen (Krcmar 2009). Das Lizenzmanagement ist ebenso ein Teilaspekt dieser Teilaufgabe wie die Bestandsführung für die Hard- und Software (Krcmar 2009).

4.2.1.2 IT-Sicherheit

Ein hoch relevanter Aspekt im operativen IT-Management eines Unternehmens ist die IT-Sicherheit. IT-Sicherheit kann sogar als die notwendige Voraussetzung für die betriebliche Nutzung von Informationssystemen begriffen werden, denn die tatsächliche Relevanz von IT-Sicherheit wird oft erst durch deren Fehlen erkannt (Sackmann 2008). IT-Sicherheit ist kein statisches, sondern ein dynamisches Betrachtungsobjekt, das der technischen Entwicklung folgt. In der Vergangenheit, als Unternehmen noch mit wenigen Großrechnern, die ausschließlich von Experten bedient wurden, ihren IT-Betrieb bestritten, spielte die IT-Sicherheit eine geringe bis gar keine Rolle (Sackmann 2008). Im IT-Betrieb der heutigen Zeit, in der Rechner und Informationssysteme über das Internet auf vielfältige Weise miteinander verbunden sind, nimmt ein systematisches Management der IT-Sicherheit eine höchst relevante Rolle ein. Zusammenfassend umfasst ein systematisches IT-Sicherheitsmanagement die folgenden Teilaufgaben:

- Vergegenwärtigung möglicher Bedrohungsformen der Unternehmens-IT
- Regelmäßige Identifikation von Schwachstellen in der Unternehmens-IT
- Definition von Schutzzielen und -objekten
- Planung und Aktivierung von Schutzmechanismen
- Datenverschlüsselung

4.2.1.2.1 Vergegenwärtigung möglicher Bedrohungsformen

Zunächst muss sich ein Unternehmen im Rahmen des IT-Sicherheitsmanagements für seinen konkreten Fall vergegenwärtigen, welche Bedrohungen bestehen. Bedrohungen sind ebenfalls sehr vielfältig und immer vorhanden. Als Bedrohungen werden Umstände oder Ereignisse verstanden, die prinzipiell die Schutzziele der IT-Sicherheit verletzen und zu einem Schaden führen können (Sackmann 2008). Das Bundesamt für Sicherheit in der Informationstechnik (BSI) nennt als Beispiele für Bedrohungen höhere Gewalt, menschliche Fehlhandlungen, technisches Versagen oder vorsätzliche Handlungen (BSI – Bundesamt für Sicherheit in der Informationstechnik 2013).

4.2.1.2.2 Regelmäßige Identifikation von Schwachstellen

Einen weiteren Aspekt der IT-Sicherheit stellen Schwachstellen in der Unternehmens-IT dar, die mögliche Ansatzpunkte für Angriffe von Dritten darstellen. Die Ursachen für Schwachstellen sind nach Sackmann (2008) mannigfaltig; so können fehlerhafte Programmierung, falsches Systemdesign, mangelhafte Beachtung von Sicherheitsanforderungen u. v. m. Grund für Schwachstellen sein. Der regelmäßigen Identifikation von Schwachstellen kommt daher im Management der IT-Sicherheit eine große Bedeutung zu.

Schwachstellen bieten Angriffen von außen leichtes Spiel, insbesondere gezielten Angriffen über vernetzte Informationssysteme. Als wichtigste Vertreter sind hierfür Viren, Würmer, Trojaner, Denial-of-Service-Attacken und Spoofing zu nennen. Viren sind Programme oder Programmcodes, die für ihre Verbreitung einen »Wirt«, beispielsweise eine E-Mail, benötigen. Mit der Verbreitung des Wirts wird auch der Virus zwischen Informationssystemen verbreitet. Die betroffenen Informationssysteme werden dann i. d. R. durch Replikation des Virus »infiziert« und aufgrund von Schadensfunktionen geschädigt. Auch Würmer enthalten einen solchen Fortpflanzungsmechanismus, sind aber bezüglich ihrer Ausbreitung selbst aktiv. Durch die Ausnutzung von Schwachstellen kopieren sie sich selbst von System zu System. Eine weitere Variante sind sogenannte Trojaner, die als nützliche Programme von Anwendern installiert werden und zusätzlich, im Verborgenen, Schadfunktionen ausführen. Trojaner öffnen meist »Hintertüren« und ermöglichen es so, einen zusätzlichen Programmcode nachzuladen (universaler Trojaner) oder weitere Trojaner zu erzeugen (transitive Trojaner). Damit kann es möglich sein, bspw. Zugriff auf das gesamte angegriffene System zu erhalten oder die Eingabe von Passwörtern aufzuzeichnen und unbemerkt an den (meist kriminellen) Ursprung zu übermitteln. Mehr auf einen Angriff der Verfügbarkeit ausgerichtet sind sogenannte Denial-of-Service-Attacken. Diese versuchen, einen Dienst zum Erliegen zu bringen, beispielsweise durch eine Überlastung aufgrund unzähliger Aufrufe. Beim Spoofing wird versucht, eine fremde Identität vorzutäuschen. Dies kann z. B. durch Fälschung der IP-Absenderadresse eines Datenpakets oder durch die Umlenkung einer Seitenanfrage auf eine falsche Internetseite erreicht werden. Solche Angriffe, wie sie insbesondere im Bereich des Onlinebankings bekannt wurden, werden auch als Phishing bezeichnet. Darüber hinaus existieren noch weitere Angriffsformen und auch Kombinationen, wie z. B. Trojaner-Würmer.

4.2.1.2.3 Definition von Schutzzielen und -objekten

Zur systematischen Abwehr vieler bekannter Angriffe muss im Rahmen des Managements der IT-Sicherheit zunächst geklärt werden, »was wovor zu schützen ist« (Sackmann 2008). Zur Beantwortung dieser Frage werden im Rahmen des Managements der IT-Sicherheit Schutzziele und -objekte definiert. Im Wesentlichen sind dies die zwei Schutzziele »Vertraulichkeit« und »Integrität« (Sackmann 2008): Vertraulichkeit (engl. Confidentiality) hat zum Ziel, Informationen und Ressourcen (z. B. Dokumente, Produktionsdaten, Kommunikation) vor Unbefugten zu verbergen (Sackmann 2008). Integrität (engl. Integrity) hingegen fokussiert auf die Unversehrtheit von Informationen und Ressourcen und hat zum Ziel, diese vor unerlaubten Veränderungen zu schützen (Sackmann 2008).

4.2.1.2.4 Planung und Aktivierung von Schutzmechanismen

Sind Schutzziele definiert, können Schutzmechanismen geplant und aktiviert werden. Schutzmechanismen versuchen in ihrem Ansatz, Vertraulichkeit und Integrität durch eine Transformation der Inhalte (Verschlüsselung) zu erreichen oder einen unberechtigten Zugriff auf Informationen oder Ressourcen zu unterbinden. Grundlage für die Gewährleistung von Vertraulichkeit, Integrität, aber auch Zurechenbarkeit von Informationen sind die Kryptografie und die darauf aufbauenden Mechanismen zur Verschlüsselung von Inhalten oder die Erstellung und Verifikation digitaler Signaturen (Eckert 2007). Eine zweite Klasse von Schutzmechanismen bilden präventive Programme, wie beispielsweise Antivirenprogramme (engl. On-Access Scanner), die bekannte Computerviren, Würmer und Trojaner aufspüren und deren Ausführung verhindern (Eckert 2007). Hierfür werden im Hintergrund meist der gesamte Netzwerkverkehr sowie Lese- und Schreibzugriffe auf bekannte Viren hin überprüft und so eine Infektion eines Informationssystems zu verhindern versucht. Da dies nicht immer erfolgreich und von der Aktualität und Vollständigkeit der zugrunde gelegten Virus-Listen abhängig ist, stehen als zusätzlicher Schutzmechanismus sogenannte Malware-Programme (engl. On-

Tab. 4.3 Beispiele für die Caesar-Verschlüsselung. (Eigene Darstellung)

Klartext	Geheimtext bei Schlüssel = 1	Geheimtext bei Schlüssel = 4
Dasistgeheim	Ebtjtuhfifjn	Hewmwxkilimq
Zweitesbeispiel	Axfjuftcfjtqjfm	Daimxiwfimwtmip

Demand Scanner) zur Verfügung. Diese durchsuchen beispielsweise Festplatten nach Trojanern oder sonstiger Schadsoftware und versuchen, solche auch zu entfernen.

4.2.1.2.5 Datenverschlüsselung

Eine wichtige Maßnahme im Rahmen der IT-Sicherheit ist auch das Sicherstellen der Datensicherheit. Unter Datensicherheit versteht man in diesem Kontext den Schutz der Daten vor dem Zugriff unbefugter Personen, also die Datenverschlüsselung. Somit spielt die Datenverschlüsselung immer dann eine wichtige Rolle, wenn der physische Zugriff Dritter auf Datenträger oder Datenübertragungswege nicht wirksam verhindert werden kann. Dies ist insbesondere bei der Übertragung von Daten über das Internet, aber auch bei der Speicherung von Daten in der Cloud oder auf mobilen Datenträgern oder Endgeräten wie externen Festplatten oder Laptops relevant.

Bei jeder Art von Datenverschlüsselung geht es darum, einen Klartext mit Hilfe eines Verschlüsselungsalgorithmus und eines geheimen Schlüssels in einen Geheimtext zu überführen, der ohne Kenntnis des Schlüssels nicht lesbar ist.

Die Notwendigkeit, schriftliche Informationen für Unbefugte unleserlich zu machen, kam nicht erst mit der elektronischen Datenverarbeitung auf. Ein sehr einfacher Verschlüsselungsalgorithmus, die sogenannte Caesar-Verschlüsselung, wurde nach Überlieferung des römischen Schriftstellers Sueton bereits von Gaius Julius Caesar (100–44 v. Chr.) für die militärische Korrespondenz verwendet. Die Caesar-Verschlüsselung basiert darauf, jeden Buchstaben des Klartextes um eine vorher definierte Anzahl von Zeichen im Alphabet zu verschieben. Bei einer Verschiebung um drei Zeichen würde also aus jedem a ein d, aus b ein e usw. Dieses Verschlüsselungsverfahren ist natürlich sehr unsicher, da es lediglich 25 verschiedene Schlüssel gibt und somit sehr schnell alle möglichen Klartexte aus dem Geheimtext wieder hergeleitet werden können (Tab. 4.3).

Um die Caesar-verschlüsselten Geheimtexte wieder auf den Klartext zurückzuführen, müssen die Geheimtexte lediglich um 26-S Stellen weiter verschoben werden. Hierbei steht S für den ursprünglichen Schlüssel, der zur Verschlüsselung des Klartextes verwendet wurde.

Genau wie die Caesar-Verschlüsselung bieten alle anderen Verschlüsselungsalgorithmen zwei grundlegende Funktionen:

Die Verschlüsselungsfunktion definiert, wie der Klartext unter Verwendung eines Schlüssels in den Geheimtext umgewandelt wird. Sie enthält genaue Anweisungen bezüglich der Eigenschaften des Schlüssels sowie zur Durchführung der eigentlichen Verschlüsselung.

Die Entschlüsselungsfunktion definiert, wie der Geheimtext in den Klartext zurückgewandelt werden kann. Der dabei zu verwendende Schlüssel steht bereits beim Verarbeiten der Verschlüsselungsfunktion fest, muss allerdings nicht bei allen Algorithmen mit dem zur Verschlüsselung verwendeten Schlüssel identisch sein.

In den folgenden Abschnitten werden einige wichtige Verschlüsselungsalgorithmen dargestellt.

Bei den Verschlüsselungsalgorithmen wird grundlegend unterschieden zwischen der symmetrischen und der asymmetrischen Verschlüsselung. Symmetrische Verschlüsselungsalgorithmen unterscheiden sich von den asymmetrischen Verschlüsselungsalgorithmen dadurch,

4.2 · Operatives IT-Management

dass zur Verschlüsselung und Entschlüsselung der gleiche Schlüssel verwendet wird. Bei asymmetrischen Verschlüsselungsalgorithmen dagegen existiert ein Schlüsselpaar, bei dem ein Teil des Schlüssels für die Verschlüsselungsfunktion und das andere für die Entschlüsselungsfunktion verwendet wird.

- **Symmetrische Verschlüsselungsverfahren**

Die wichtigste Gemeinsamkeit der symmetrischen Verschlüsselungsverfahren ist die Eigenschaft, dass sowohl die Verschlüsselungsfunktion als auch die Entschlüsselungsfunktion denselben Schlüssel verwenden. Ein Beispiel für die symmetrische Verschlüsselung wurde mit der Caesar-Verschlüsselung bereits genannt. Während die Caesar-Verschlüsselung in der Praxis allerdings keinerlei Bedeutung hat, sind andere symmetrische Verschlüsselungsalgorithmen jedoch durchaus üblich. Die Funktionsweise aktueller symmetrischer Verschlüsselungsalgorithmen wird in diesem Absatz anhand des Einmal-Block-Verfahrens erläutert.

Das Einmal-Block-Verfahren ist ein symmetrischer Verschlüsselungsalgorithmus, der 1918 von Gilbert Vernam entwickelt wurde. Während der Zeit der Weimarer Republik bis in den Kalten Krieg hinein wurde dieses Verfahren nachweislich regelmäßig eingesetzt. Das Einmal-Block-Verfahren basiert, ähnlich der schon gezeigten Caesar-Verschlüsselung, auf der Verschiebung einzelner Zeichen der Nachricht anhand eines festgelegten Alphabets. Im Gegensatz zur Caesar-Verschlüsselung wird allerdings nicht jedes Zeichen um den gleichen Wert verschoben, sondern es wird für jedes Zeichen des Klartexts ein eigener Wert für die Verschiebung festgelegt. Daraus folgt, dass der Schlüssel mindestens genauso lang sein muss wie der Klartext.

In der praktischen Anwendung wird zunächst jedem Zeichen, dass im Klartext vorkommen kann, ein numerischer Wert zugeordnet. In diesem Beispiel gehen wir davon aus, dass die Buchstaben von A = 1 bis Z = 26 durchnummeriert sind. Sonderzeichen, Leerzeichen und Umlaute sind so also nicht zu verschlüsseln. Man kann das verfügbare Alphabet jedoch beliebig erweitern oder vorhandene Zeichentabellen, wie z. B. die ASCII (American Standard Code for Information Interchange)-Tabelle verwenden. So können sowohl der Klartext als auch der Schlüssel textuell abgebildet werden.

Die Verschlüsselungsfunktion wird nun in drei Schritten vorgehen:
1. Der Klartext und der Schlüssel werden zeichenweise in eine numerische Darstellungsform überführt.
2. Jedes Zeichen des Klartexts wird mit dem entsprechenden Zeichen des Schlüssels addiert.
3. Die entstandene Zahlenfolge wird anhand der Zeichentabelle in den Geheimtext umgewandelt.

Im folgenden Beispiel steht K immer für den Klartext, S für den Schlüssel und G für den Geheimtext. Nehmen wir an K = dasistgeheim und S = dergeheimeschlüssel (◘ Tab. 4.4).
- Schritt 1: Übersetzen von Klartext und Schlüssel in eine numerische Darstellungsform anhand der Zeichentabelle ◘ Tab. 4.5. Klartext: d = 4, a = 1, s = 19 … Ergebnis: 4, 1, 19, 9, 19, 20, 7, 5, 8, 5, 9, 13. Beim Schlüssel benötigen wir nur die ersten 12 Stellen, da der Klartext auch nur 12 Stellen hat. Schlüssel: d = 4, e = 5, r = 18 … Ergebnis: 4, 5, 18, 7, 5, 9, 5, 19, 3, 8, 12 (, 21, 5, 19, 19, 5, 12)
- Schritt 2: Addieren von Klartext und Schlüssel. In diesem Schritt werden Klartext und Schlüssel zeichenweise addiert. Sollte dabei für ein Zeichen der höchste Wert der Zeichentabelle (in diesem Fall 26) überschritten werden, so wird dieser Wert (26) vom Ergebnis abgezogen.
- Schritt 3: Die so korrigierte Summe wird anhand der Zeichentabelle in den Geheimtext umgewandelt.

Tab. 4.4 Zeichentabelle für das Einmal-Block-Verfahren. (Eigene Darstellung)

A	B	C	D	E	F	G	H	I	J	K	L	M
1	2	3	4	5	6	7	8	9	10	11	12	13
N	O	P	Q	R	S	T	U	V	W	X	Y	Z
14	15	16	17	18	19	20	21	22	23	24	25	26
A	B	C	D	E	F	G	H	I	J	K	L	M

Tab. 4.5 Die Zwischenergebnisse bei der Einmal-Block-Verschlüsselung. (Eigene Darstellung)

K (Text)	d	a	s	i	s	t	g	e	h	e	i	m
S (Text)	d	e	r	g	e	h	e	i	m	e	s	c
K (numerisch)	4	1	19	9	19	20	7	5	8	5	9	13
S (numerisch)	4	5	18	7	5	9	13	5	19	3	8	12
Summe	8	6	37	16	24	29	20	10	27	8	17	25
Summe korrigiert	8	6	13	16	24	3	20	10	1	8	17	25
Geheimtext	h	f	m	p	x	c	t	j	a	h	q	y

Somit ergibt sich bei der Verschlüsselung des Klartexts »dasistgeheim« mit dem Schlüssel »dergeheimeschlüssel« der Geheimtext »hfmpxctjahqy«.

Da aus dem Geheimtext keinerlei Rückschlüsse auf den Schlüssel gezogen werden können, ist dieses Verschlüsselungsverfahren nachweislich nicht zu knacken. Diese Aussage gilt unter der Voraussetzung, dass der Schlüssel nur für die Verschlüsselung einer Nachricht verwendet wird und niemals in den Besitz unbefugter Personen gerät. Der größte Vorteil des Einmal-Block-Verfahrens ist somit seine Sicherheit, wenn die Geheimhaltung des Schlüssels sichergestellt werden kann. Der größte Nachteil dieses und der meisten anderen symmetrischen Verschlüsselungsverfahren ist jedoch, dass für jeden Nachrichtenaustausch ein neuer Schlüssel sicher vom Sender zum Empfänger übertragen werden muss. Aus diesem Grund werden symmetrische Verschlüsselungsverfahren häufig gemeinsam mit asymmetrischen Verschlüsselungsalgorithmen verwendet, wobei die asymmetrische Verschlüsselung zur sicheren Übertragung der Schlüssel verwendet wird.

- **Asymmetrische Verschlüsselungsalgorithmen**

Bei asymmetrischen Verschlüsselungsalgorithmen werden Schlüsselpaare verwendet. Eine Nachricht, die mit einem der Schlüssel des Schlüsselpaars verschlüsselt wurde, kann nur mit dem anderen Schlüssel des Schlüsselpaars wieder entschlüsselt werden. Dieser Absatz erklärt die Funktionsweise von asymmetrischen Verschlüsselungsalgorithmen anhand des RSA-Kryptosystems, das nach seinen Erfindern Ronald L. Rivest, Adi Shamir und Leonard Adleman benannt ist.

Der Schlüssel beim RSA-Kryptosystem ist, wie oben schon genannt, aus zwei Teilen zusammengesetzt. Dem öffentlichen Schlüssel, der jedem bekannt ist, der dem Empfänger eine verschlüsselte Nachricht schreiben möchte, und dem privaten Schlüssel, der unter allen Umständen geheim bleiben muss. Beide Schlüssel bestehen aus jeweils einem Zahlenpaar. Der öffentliche Schlüssel wird dargestellt als (e, N), der private als (d, N), wobei N jeweils den gleichen Wert hat. N ist das sogenannte Modul, e wird als Verschlüsselungsexponent und d als Entschlüsselungsexponent bezeichnet.

Die Erzeugung dieser Schlüssel wird in fünf Schritten durchgeführt.

Er werden zwei voneinander verschiedene Primzahlen p und q zufällig ausgewählt.
1. Man berechnet das Modul $N = p*q$
2. Man berechnet $\varphi(N) = (p-1)*(q-1)$. Dies entspricht der Eulerschen φ-Funktion von N.
3. Man wählt eine Zahl e, die teilerfremd zu $\varphi(N)$ ist.
4. Man berechnet den Entschlüsselungsexponenten d, sodass gilt $e*d = 1\, mod\, \varphi(N)$

Beispiel
Wir wählen p = 11 und q = 13
1. $N = 11*13 = 143$
2. $\varphi(N) = (11-1)*(13-1) = 10*12 = 120$
3. e muss teilerfremd zu 120 sein. Wir wählen 23. Somit ist e = 23 und N = 143 der öffentliche Schlüssel.
4. Es gilt: $e*d + k*\varphi(N) = 1 = ggT(e,\varphi(N))$
   In diesem Fall: $23*d + k*120 = 1 = ggT(23,120)$

Nach dem erweiterten Euklidischen Algorithmus ergibt sich d = 47 und k = −9. Somit ergibt sich der private Schlüssel mit d = 47 und N = 143.

Die Verschlüsselungsfunktion des RSA-Kryptosystems verwendet nun den öffentlichen Schlüssel des Empfängers zum Verschlüsseln der Nachricht. Angenommen der im Beispiel generierte Schlüssel gehört Bob. Alice möchte Bob eine verschlüsselte Nachricht senden. Um dazu in der Lage zu sein, muss Alice Bobs öffentlichen Schlüssel kennen. Da dieser nur zur Verschlüsselung und nicht zur Entschlüsselung der an ihn gerichteten Nachrichten verwendet werden kann, ist die Übertragung des öffentlichen Schlüssels allerdings nicht problematisch, da dieser nicht vor Dritten geheim gehalten werden muss. Der Geheimtext G wird nun anhand der Formel $G = k^e (mod\, N)$ erstellt. In unserem Beispiel würde also aus der Klartextzahl 7 der Geheimtext $7^{23} = 2 (mod\, 143)$ entstehen. Der Geheimtext, der an Bob übertragen wird, ist also die 2.

Bei der Entschlüsselung verwendet Bob nun seinen privaten Schlüssel, um den Klartext K wieder zu gewinnen. Dies funktioniert anhand der Formel $K = G^d (mod\, N)$. In diesem Beispiel $K = 2^{47} (mod\, 143) = 7$.

Die gleichen Schlüsselpaare, die für die asymmetrische Datenverschlüsselung verwendet werden, dienen auch der Signatur digitaler Nachrichten. Durch eine digitale Signatur kann eindeutig nachgewiesen werden, dass eine Nachricht tatsächlich vom angegebenen Absender stammt und auf dem Übertragungsweg nicht von Dritten verändert worden ist. Um die Nachricht digital zu signieren, müssen sich der Absender und der Empfänger auf einen sogenannten Hash-Algorithmus einigen. Dieser Algorithmus errechnet aus der Nachricht M den deutlich kürzeren Hashwert H(M). Hash-Algorithmen haben die Eigenschaft, dass sie sogenannte Einwegfunktionen sind. Das heißt, dass mit sehr geringem Aufwand von der Nachricht M auf den Hashwert H(M) geschlossen werden kann. Es ist allerdings unmöglich, vom Hashwert H(M) auf die Nachricht M_2 zu schließen oder eine zweite Nachricht M_2 zu erzeugen, deren Hashwert $H(M_2)$ gleich dem Wert H(M) ist.

Um eine Nachricht M zu signieren, generiert der Absender direkt vor dem Versenden der Nachricht den Hashwert H(M). Dieser wird wie oben beschrieben verschlüsselt. Anders als bei der Verschlüsselung geheimer Nachrichten verwendet der Absender für die Verschlüsselung nun aber nicht den öffentlichen Schlüssel des Empfängers, sondern den eigenen privaten Schlüssel. Den so verschlüsselten Hashwert V(H(M)) hängt der Absender nun an die Nachricht an.

Um die digitale Signatur zu prüfen, kann nun der Empfänger den verschlüsselten Hashwert V(H(M)) mit dem öffentlichen Schlüssel des vorgeblichen Absenders entschlüsseln. Der öffentliche Schlüssel ist dabei nicht an die Nachricht angehängt, sondern wurde auf anderem Wege vom Absender zum Empfänger übertragen. Nach der Entschlüsselung kennt nun der Empfänger den Hashwert der Nachricht, so wie er vom Absender generiert wurde. Diesen kann er nun mit einem selbst generierten Hashwert, der mit dem gleichen Hash-Algorithmus generiert werden muss, vergleichen. Sind beide Hashwerte gleich, stammt die Nachricht aus der gleichen Quelle wie der öffentliche Schlüssel, den der Empfänger zum Entschlüsseln des Hashwerts verwendet hat. Somit kann davon ausgegangen werden, dass die Nachricht genauso, wie sie vorliegt, vom Absender verschickt wurde. Sollte der durch den Empfänger entschlüsselte Hashwert nicht dem selbst generierten Hashwert entsprechen, dann ist entweder die Nachricht zwischenzeitlich verändert worden oder der Absender der Nachricht ist verfälscht worden.

4.2.1.3 IT-Controlling

IT-Controlling ist das Controlling der IT im Unternehmen (Krcmar 2009). Dabei herrscht eine Kostenorientierung vor (Laudon, Laudon et al. 2010). Neben der Kostenorientierung steht aber auch die Leistungsorientierung beim IT-Controlling im Vordergrund, da die IT im Unternehmen ein Kernelement zur Sicherstellung der Wettbewerbsfähigkeit darstellt (Laudon, Laudon et al. 2010).

Beim IT-Controlling ist zwischen strategischem und operativem IT-Controlling zu unterscheiden, wobei für den IT-Betrieb, der ja den zentralen Aspekt des Kapitels darstellt, alleine das Letztere maßgebend ist. Das Ziel des operativen IT-Controllings im Rahmen des IT-Betriebs ist neben der Kostenüberwachung der IT auch die Steigerung der Effizienz, also der Wirkkraft der dem IT-Controlling unterliegenden Objekte (Laudon, Laudon et al. 2010). Zentrale Frage dabei ist, ob die im Rahmen des IT-Betriebs zu überwachenden Objekte aus Kosten- und Nutzengesichtspunkten (Effektivität und Effizienz) optimal laufen. Demzufolge können als die zwei wesentlichsten Aufgaben des IT-Controllings die IT-Kostenüberwachung und die IT-Nutzenüberwachung genannt werden, auf welche im Folgenden näher eingegangen wird.

4.2.1.3.1 IT-Kostenüberwachung

»Für das operative IT-Controlling lässt sich das bekannte Arsenal an Techniken und Werkzeugen aus dem allgemeineren Unternehmenscontrolling weitgehend übernehmen und auf IT-Belange anpassen.« (Laudon, Laudon et al. 2010). Hierzu zählen vor allem die IT-Kosten- und -Leistungsrechnung und die IT-Kennzahlenrechnung (Gadatsch u. Mayer 2010). Es gibt aber auch Techniken und Werkzeuge, die speziell für das IT-Controlling entwickelt wurden.

Das wohl bekannteste Werkzeug zur Kostenüberwachung des IT-Controllings stellt das Verfahren Total Cost of Ownership (TCO) dar. Das TCO-Verfahren wurde 1987 von der Unternehmensberatung Gartner für einen großen Softwarehersteller entwickelt, und zwar mit dem Ziel, die tatsächlichen Kosten einer konkreten IT (beispielsweise Hard- oder Software) zu ermitteln (Schumm 1996, Redman, Kirwin et al. 1998). Bei der Ermittlung der Kosten für eine IT werden im Rahmen dieses Verfahrens nicht nur der IT direkt zurechenbare Kosten er-

◘ **Tab. 4.6** Beispiele für direkte und indirekte Kosten am Beispiel eines PC-Arbeitsplatzes im Unternehmen. (Krämer 2007)

Direkte Kosten	Indirekte Kosten
Anschaffungskosten für Hard- und Software	Konfiguration des PCs durch Anwender
Kosten aus Wartungsverträgen mit Herstellern oder Dienstleistern	Kosten aufgrund eines PC-Ausfalls (Personalkosten für entgangene Geschäftstätigkeiten)
Kosten für IT-Infrastruktur (Netzwerke, Server)	Entwicklung von Applikationen durch den Anwender (zum Beispiel Excel-Tabelle)
Planung und Durchführung von Schulungen	Selbsthilfe und Gelegenheitstraining
Entsorgungskosten	

mittelt, wie zum Beispiel die Anschaffungskosten, sondern darüber hinaus auch solche Kosten, die bei der späteren Nutzung der IT anfallen (zum Beispiel Reparatur und Wartung) (Schumm 1996, Krämer 2007). Man spricht dann von direkten und indirekten Kosten.

Direkte Kosten fallen in der Regel bei der Beschaffung und Betreuung von IT an. Da diese Art von Kosten direkt nachweisbar ist, spricht man auch davon, dass sie budgetierbar sind. Im Gegensatz dazu sind indirekte oder auch nicht-budgetierbare Kosten nicht direkt nachweisbar. Dabei kann es sich beispielsweise um Kosten handeln, die auf Grund eines Ausfalls der betrachteten IT entstehen. Laut Krcmar betragen diese indirekten oder auch nicht-budgetierten Kosten zwischen 23 und 46 Prozent der Gesamtkosten (Krcmar 2009). Die ◘ Tab. 4.6 zeigt mögliche direkte und indirekte Kosten am Beispiel eines PC-Arbeitsplatzes im Unternehmen auf.

Das ursprüngliche TCO-Verfahren der Unternehmensberatung Gartner hat im Laufe der Jahre mehrfache Weiterentwicklungen sowohl von Praktikern als auch von Wissenschaftlern erfahren, sodass heute eine Fülle von unterschiedlichen Abwandlungen unterschieden werden kann. Zudem wird das TCO-Verfahren heute längst nicht mehr ausschließlich zur Kostenbewertung von IT angewandt, sondern darüber hinaus auch für andere Investitionsgüter im Unternehmen.

4.2.1.3.2 IT-Nutzenüberwachung

Während die Kosten für ein IT-Objekt in der Regel relativ genau abbildbar sind, erfordert die Nutzenanalyse, sich zunächst über die Definition von Nutzen im Zusammenhang mit IT Gedanken zu machen. Die Nutzenstiftung einer IT lässt sich auf Grund ihrer Immaterialität aber meist gar nicht oder nur indirekt messen. Aus diesem Grund unterscheidet Heinrich (2002) direkt, indirekt und nicht monetär messbaren Nutzen. Direkt monetär messbarer Nutzen wird durch Kostensenkungen erfasst, die eine IT im Vergleich zu einer anderen einbringen könnte. Indirekter Nutzen ergibt sich aus zukünftigen Einsparungen bzw. der Vermeidung zukünftiger Kostensteigerungen. Monetär nicht messbarer Nutzen tritt beispielsweise in Form von gesteigerter Qualität, verbesserter Entscheidungsfindung oder vereinfachter Kommunikation auf. Eine Überalterung einer IT oder die Tatsache, dass für eine IT keine Schnittstellen zu anderen IT-Systemen angeboten werden oder dass die Personalqualifikation für eine IT nur noch mit hohem Aufwand erhalten werden kann, stellen Beispiele für negativen, nicht messbaren Nutzen dar. Eine objektive Nutzenmessung ist im Falle nicht messbaren Nutzens kaum möglich und wird stattdessen in der Praxis durch subjektive Nutzeneinschätzungen von Experten ersetzt.

Um den Nutzen einer IT zu ermitteln, können Instrumente wie die Nutzwertanalyse, die ein auf Checklisten basierendes Punktebewertungsmodell darstellt, oder das sogenannte Portfoliokonzept angewandt werden, mit dessen Hilfe für IT relative Vorteilhaftigkeiten durch Einordnung in eine zweidimensionale Portfolio-Matrix bestimmt werden. Die Durchführung einer Nutzwertanalyse wird in ▶ Kap. 5 exemplarisch veranschaulicht (▶ Abschn. 5.1.3).

4.2.1.4 IT-Kosten- und IT-Nutzenabgleich

Die im Unternehmen eingesetzte IT in Form von Hard- und Software oder Infrastruktur erreicht irgendwann das Ende ihrer Einsatzdauer. Üblicherweise ist dies der Fall, wenn die IT keinen effizienten Nutzen mehr stiftet oder die Kosten der IT überproportional hoch sind. Ist dieser Zeitpunkt eingetreten, spricht man vom optimalen Ersatzzeitpunkt der IT (Krcmar 2009). Im Rahmen des Kosten- und Nutzenabgleichs der im Unternehmen eingesetzten IT kommt es also darauf an, im Laufe der Einsatzdauer der IT die Kosten für diese IT permanent dem Nutzen gegenüber zu stellen und zu überwachen.

Dazu müssen in der Regel für alle IT-Objekte im Unternehmen drei Schritte durchlaufen werden (Heinrich 2002):

- Schritt 1 – Kostenanalyse: Es werden die Kosten zu einem bestimmten Zeitpunkt X für eine IT ermittelt.
- Schritt 2 – Nutzenanalyse: Es wird der Nutzen einer IT zum Zeitpunkt X ermittelt.
- Schritt 3 – Gegenüberstellung von Kosten und Nutzen: Es werden die Ergebnisse der Kosten- und Nutzenanalyse zum Zeitpunkt X gegenübergestellt.

Für eine Kostenanalyse (Schritt 1) bedient man sich in der Regel der Kennzahlen aus dem IT-Controlling. Wie oben dargestellt, lassen sich die Kosten einer IT beispielsweise anhand des Instruments der TCO sehr genau ermitteln. Für eine Nutzenanalyse einer IT (Schritt 2) bietet sich die oben genannte Nutzwertanalyse an.

Zum Vergleich von Kosten und Nutzen (Schritt 3) bietet sich ein sogenanntes Portfolio-Konzept an, das üblicherweise im Rahmen der Produktionswirtschaft eingesetzt wird (Corsten 2000). Mit Hilfe dieses Portfolios lassen sich Entscheidungen darüber treffen, welche IT im Unternehmen verbleibt und welche ausgesondert werden soll. Zur Erstellung eines solchen Portfolios werden beispielsweise die Kosten, die im Rahmen der oben beschriebenen Kostenüberwachung mit der TCO-Analyse ermittelt wurden, auf der horizontalen Achse abgetragen. Auf der vertikalen Achse werden dann die im Rahmen der oben beschriebenen Nutzenanalyse ermittelten Nutzwerte abgetragen. Dies kann beispielsweise in Form des Gesamtnutzens oder des Gesamterfüllungsgrades geschehen. Die ◘ Abb. 4.9 zeigt ein solches Portfolio.

Um einen Kosten/Nutzen-Abgleich durchführen zu können, werden zunächst die analysierten IT-Objekte in dem Portfolio entsprechend abgetragen. Für eine leichtere Beurteilung wird sodann die Gesamtfläche des Portfolios wie in der obigen Abbildung in drei Bereiche eingeteilt. Wie die Gesamtfläche im Detail in die drei Bereiche einzuteilen ist, also welchen Wertebereich die Bereiche in Bezug zur Nutzen- und Kostenachse aufweisen, ist gemäß individueller Überlegungen festzulegen.

Der erste Bereich enthält dabei IT-Objekte, die sich durch vorteilhafte Konstellationen der Kosten- und Nutzenwerte auszeichnen. Im zweiten Bereich befinden sich dagegen IT-Objekte, die durch nicht vorteilhafte Kombinationen der Ausprägungen gekennzeichnet sind. Der dritte Bereich umfasst IT-Objekte, die nicht eindeutig den Bereichen eins oder zwei zuzuordnen sind. Empfehlungen für eine Beurteilung der IT-Objekte lauten dann im Allgemeinen wie folgt:

a. IT-Objekte im Bereich 2 sind aus dem IT-Portfolio des Unternehmens auszuschließen, da ihr Ersatzzeitpunkt erreicht ist.

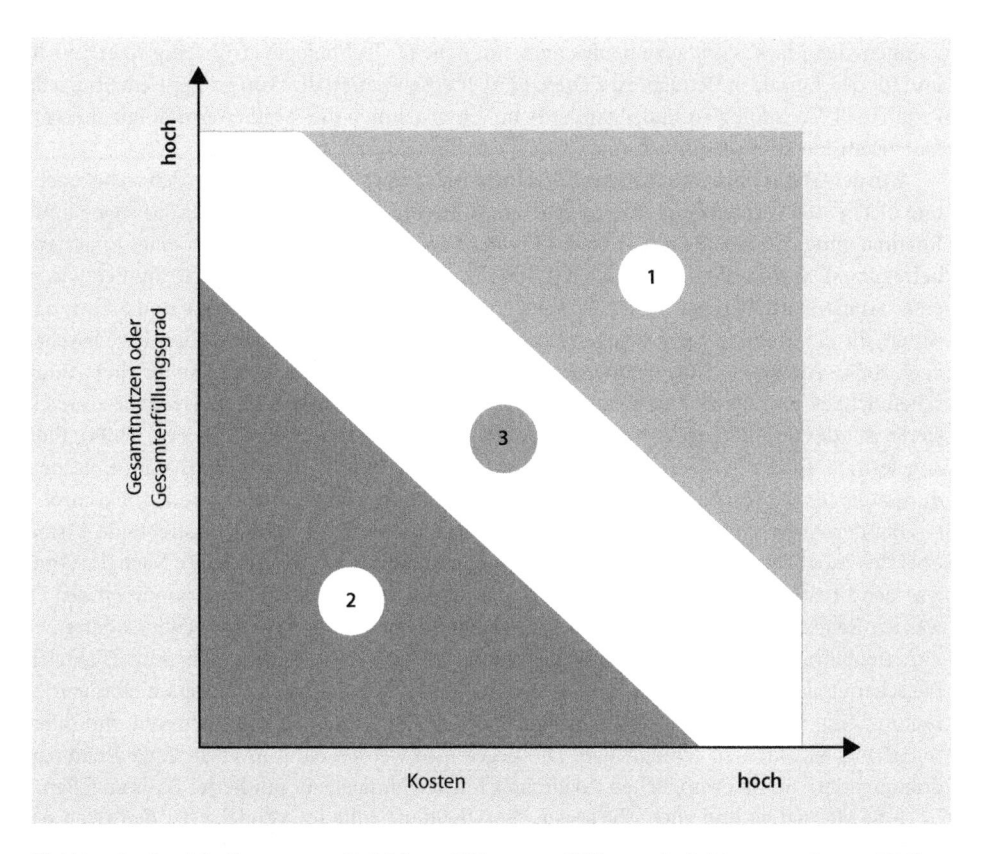

Abb. 4.9 Portfolio-Konzept zum Abgleich von IT-Kosten und IT-Nutzen. (In Anlehnung an Corsten 2000)

b. IT-Objekte im Bereich 3 sind umfassender zu analysieren und danach entweder aus dem Portfolio zu eliminieren oder in diesem zu belassen.
c. IT-Objekte, die im Bereich 1 positioniert sind, sind im IT-Portfolio des Unternehmens zu belassen, da der optimale Ersatzzeitpunkt noch nicht erreicht ist.

4.2.2 IT-Planung

Im Rahmen der IT-Planung kommt es darauf an, die Entwicklung und den Betrieb der IT im Unternehmen zu planen und dem IT-Betrieb damit zuzuarbeiten. Zu den Teilaufgaben der IT-Planung gehören das Beobachten und Bewerten der IT-Entwicklungen auf dem Markt, die Gestaltung der IT-Architektur sowie die Steuerung der IT-Akzeptanz. Im Folgenden wird auf diese Teilaufgaben näher eingegangen.

4.2.2.1 Beobachten und Bewerten der IT-Entwicklung

Die Entwicklung der IT unterliegt sich ständig ändernden externen Umweltbedingungen. Hinzu kommt, dass die IT immer kürzere Lebenszyklen durchläuft. Eine IT-Entwicklung oder gar ein IT-Standard kann heute bereits binnen weniger Jahre veraltet sein und durch einen neuen IT-Trend abgelöst werden. Dies führt zu der Herausforderung für die IT-Planung im Unternehmen, den Markt ständig zu beobachten, um neue IT-Technologien frühzeitig zu erkennen und für den Einsatz in Betracht zu ziehen. Für Unternehmen ist dies von großer Bedeutung, da veraltete IT-Technologien und -Standards im Unternehmen die Wettbewerbsfähigkeit ernsthaft gefährden können.

Um den Markt hinsichtlich neuer IT-Trends und -Entwicklungen systematisch zu beobachten, bieten sich verschiedene Instrumente an. Eines dieser Instrumente stellt das sogenannte Roadmapping dar. Eine Roadmap ist das Ergebnis eines Expertentreffens oder einer Expertenbefragung. Darin werden die erfassten Trends des Marktes grafisch dargestellt, ähnlich wie in einer Straßenkarte (Krcmar 2009). Dabei werden auch mögliche Hindernisse und Schwierigkeiten, die ein Trend mit sich bringen kann, berücksichtigt und analysiert (Fiedeler, Fleischer et al. 2004). Außerdem wird in einer Roadmap für jeden Trend aufgezeigt, mit welcher Wahrscheinlichkeit sich dieser überhaupt durchsetzen wird, mit welchem Zeithorizont er zu realisieren ist oder ob Alternativen zu diesem Trend existieren (Fiedeler, Fleischer et al. 2004). Eine angefertigte Roadmap dient dem Management dann als eine Strukturierungs- und Entscheidungshilfe für die Festlegung, welche IT zukünftig für das Unternehmen in Betracht kommt.

Bei der Anfertigung einer Roadmap versucht man zunächst, eine anzustrebende Vision über den möglichen IT-Einsatz im Unternehmen zu definieren (Krcmar 2009). Nach der Analyse der Situation, der vorherrschenden Bedingungen und vorhandenen Ressourcen der IT werden Realisierungsmöglichkeiten der Ziele im Rahmen eines Expertentreffens oder einer Expertenbefragung identifiziert und gleichzeitig auf ihre Machbarkeit überprüft (Fiedeler, Fleischer et al. 2004). In diesen Prozess sind möglichst alle inhaltlich Beteiligten zu integrieren, um eine umfassende Abschätzung unter der Berücksichtigung von mehreren und differenzierten Aspekten zu ermöglichen. Die Ergebnisse werden dann in Form einer Roadmap dokumentiert. Somit ermöglichen Roadmaps, Entscheidungen auf fundierter Basis zu fällen.

Eine alternative und auch objektivere Entscheidungshilfe im Vergleich zu den oben erwähnten Expertentreffen bzw. -befragungen, deren Ergebnisse eine Entscheidung darüber liefern, welche der im Rahmen des Roadmappings identifizierten IT-Trends im Unternehmen zum Einsatz kommen sollen, stellt das sogenannte Technologie-Portfolio dar. Das Technologie-Portfolio ist eine zweidimensionale Matrix, in der die identifizierten IT-Trends anhand zweier Kriterien positioniert werden (Syring 1993). Aus den Positionen im Portfolio lassen sich konkrete Handlungsempfehlungen für die IT-Planung ableiten. Die Kriterien, anhand derer die IT-Trends bewertet werden, sind die Technologieattraktivität und die Ressourcenstärke.

Die Technologieattraktivität ist – vereinfacht gesprochen – die Summe aller technisch-wirtschaftlichen Vorteile, die durch das Ausschöpfen der in einem IT-Trend steckenden strategischen Weiterentwicklungspotenziale noch gewonnen werden können (Syring 1993). Sie ist somit eine unternehmensexterne, weitgehend unbeeinflussbare Größe. Unter Ressourcenstärke hat man sich die technische und wirtschaftliche Beherrschbarkeit eines IT-Trends durch das Unternehmen relativ zur Konkurrenz vorzustellen. Sie ist der entscheidende, strategisch steuerbare Aktionsparameter des Unternehmens.

Die Daten zur Attraktivität eines IT-Trends werden wiederum durch Expertenbefragungen erhoben. Indikatoren der Technologieattraktivität sind (Syring 1993):

- Weitere Entwicklungspotenziale: Gibt es für den betrachteten IT-Trend technische Weiterentwicklungsmöglichkeiten und damit verbundene Kostensenkungen oder Leistungsverbesserungen?
- Anwendungsbreite: Ist mit einer Ausbreitung des betreffenden IT-Trends in anderen Anwendungsfeldern zu rechnen, sodass von synergetischen Effekten gesprochen werden kann?

4.2 · Operatives IT-Management

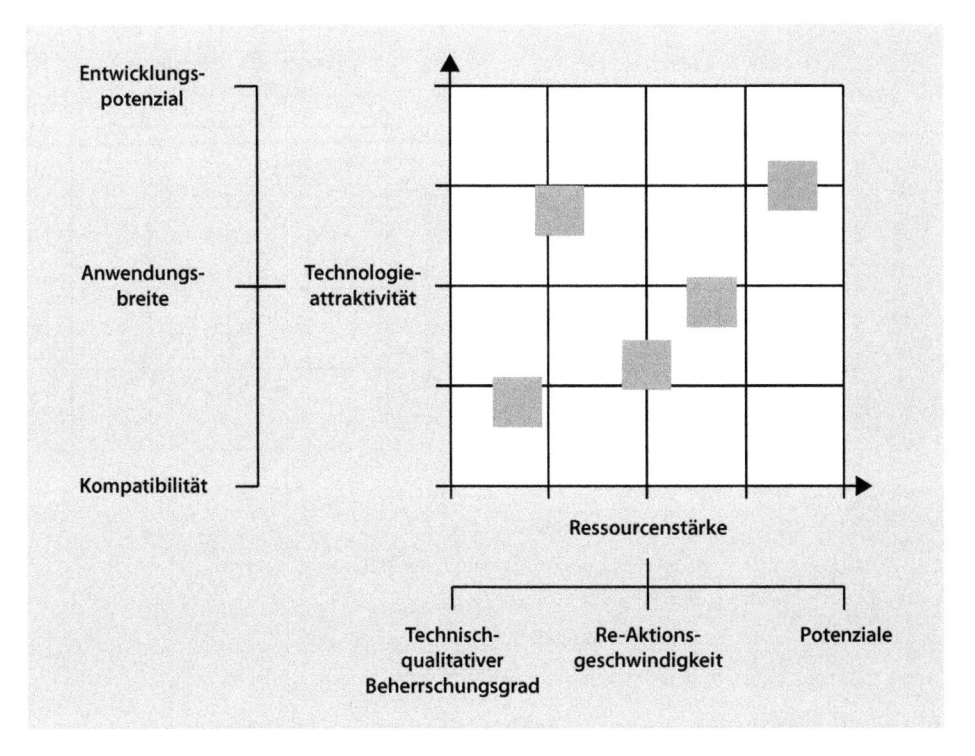

Abb. 4.10 Portfolio-Matrix. (Aufbauend auf Syring 1993)

- Kompatibilität: Ist durch die möglichen technischen Weiterentwicklungen mit positiven und/oder negativen Auswirkungen auf andere vom Unternehmen angewandte IT zu rechnen?

Die Daten zur Ressourcenstärke, also die Erhebung von Stärken bzw. Schwächen des vorhandenen Know-hows erfolgt ebenfalls durch Expertenbefragungen. Indikatoren für die Ressourcenstärke sind (Syring 1993):
- Technisch-qualitativer Beherrschungsgrad: Inwieweit würde der IT-Trend von den Mitarbeitern des Unternehmens beherrscht werden können, d. h. ist das notwendige Know-how zur Nutzung des IT-Trends im Unternehmen vorhanden?
- (Re-)Aktionsgeschwindigkeit: In welcher Zeit kann ein Vorsprung oder Rückstand bei möglicher Anwendung des Trends im Vergleich zur Konkurrenz ausgeglichen bzw. von ihr eingeholt werden?
- Potenziale: Wie hoch sind die finanziellen, personellen und sachlichen Ressourcen des Unternehmens zur Umsetzung des IT-Trends?

Je nach Branche und Untersuchungsgebiet kann die Verwendung zusätzlicher Indikatoren sinnvoll sein.

Nach Abschluss der Erhebungsarbeiten können die Portfolio-Matrix konstruiert und die IT-Trends darin positioniert werden. Die ◘ Abb. 4.10 zeigt eine solche Portfolio-Matrix, in der mögliche IT-Trends abgetragen sind.

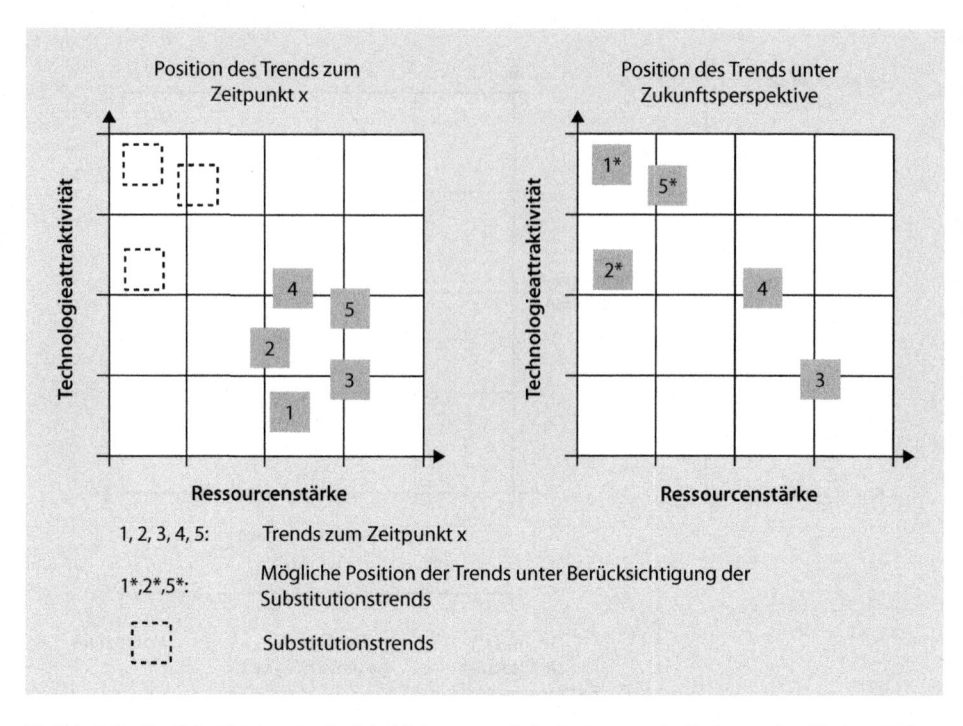

Abb. 4.11 Portfolio-Matrix unter Berücksichtigung von Substitutionstrends. (Aufbauend auf Syring 1993)

Diese Momentaufnahmen können durch die Einbeziehung zukünftiger Substitutions- oder Komplementärtrends, die bezüglich eines betrachteten Trends zu einem bestimmten Zeitpunkt zu sehen sind, ergänzt werden. Durch die Berücksichtigung zu erwartender Substitutions- oder Komplementärtrends kann eine Relativierung der Position eines betrachteten Trends (Verschlechterung oder Verbesserung) im Portfolio bewirkt werden. Substitutionstrends bestimmen die technische Entwicklungsrichtung und somit den Handlungsbedarf aus Sicht des Unternehmens, während Komplementärtrends neben der Ressourcenstärke die Handlungsmöglichkeiten mitbestimmen. Diese Veränderung der Trendposition in einem Portfolio zeigt beispielhaft die ◘ Abb. 4.11.

Die bisherige Position der Beispieltrends (mittlere bis geringe Technologieattraktivität bei hoher bis mittlerer Ressourcenstärke, rechtes Bild) verändert sich durch den Einbezug des Substitutionstrends. Durch eine Ausweitung der Analyse auf Substitutionstrends werden für das Unternehmen Zukunftsperspektiven deutlich: Die Chancen zum Ausbau bestehender Vorteile bzw. zum Aufholen von bisher Versäumtem einerseits und die Risiken, einen Vorsprung oder gar den Anschluss zu verlieren andererseits, können so identifiziert werden.

Durch die abschließende Auswertung des Technologie-Portfolios können konkrete Informationen darüber gewonnen werden, welche IT-Trends in Zukunft für das Unternehmen interessant sind und ob deshalb in diese Trends investiert werden sollte. IT-Trends mit hoher Technologieattraktivität und Ressourcenstärke in ◘ Abb. 4.11 haben höchste Präferenz; es sollte in diese Trends investiert werden. In IT-Trends mit niedriger Ausprägung beider Merkmale sollte dagegen nicht investiert werden. IT-Trends, die im neutralen Bereich positioniert sind, sollten zum Zeitpunkt der Erstellung des Portfolios eher nicht für einen

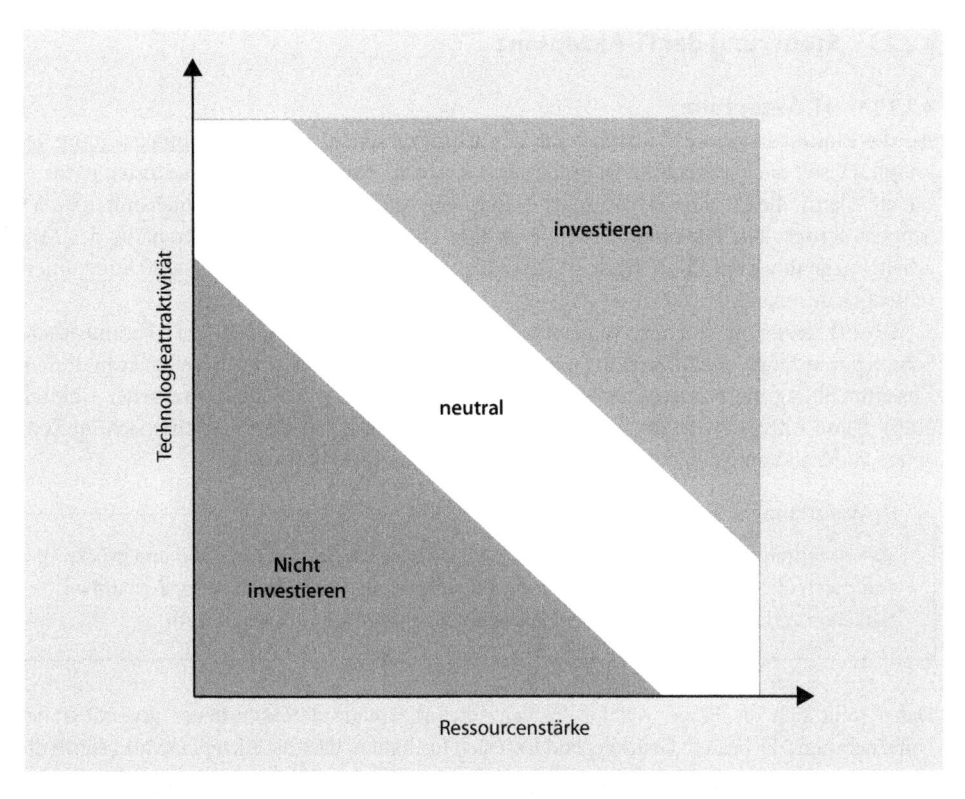

◘ Abb. 4.12 Auswertung der Portfolio-Matrix. (Aufbauend auf Syring 1993)

Einsatz im Unternehmen in Betracht gezogen werden. Allerdings sollten diese Trends beobachtet werden. So kann es sein, dass sie sich in einer späteren Analyse als lukrativ erweisen (◘ Abb. 4.12).

4.2.2.2 Gestaltung der IT-Architektur

Wie bereits erwähnt, wird die Leistungsfähigkeit der Unternehmens-IT einerseits durch den IT-Betrieb gewährleistet, andererseits muss die Unternehmens-IT aber auch geplant werden. Das bedeutet, dass entschieden werden muss, welche IT dem Unternehmen dienlich ist und deshalb eingeführt werden soll, wie sie mit der bestehenden IT im Unternehmen koordiniert wird etc. Dafür bedient man sich eines planerischen Überbaus, der der betriebsweiten und langfristigen Planung der IT im Unternehmen dient (Hansen u. Neumann 2009). Einen solchen Überbau stellt die sogenannte IT-Architektur dar. Die IT-Architektur ist der Bebauungsplan für den IT-Betrieb im Unternehmen (Hansen u. Neumann 2009). Durch diese Architektur wird beschrieben, wie die IT-Landschaft des Unternehmens in den nächsten Jahren aussehen soll. So kann die Einführung neuer IT und die Verwaltung bestehender IT systematisch und längerfristig geplant werden und einem potenziellen »Wildwuchs« der IT im Unternehmen vorgebeugt werden (Hansen u. Neumann 2009). Ein solcher Wildwuchs manifestiert sich dabei in einer Vielzahl von Insellösungen und in Folge davon in ansteigender Unüberschaubarkeit der IT. »Je größer die Insellösungen sind, desto größer wird der Wartungs- und Weiterentwicklungsaufwand« (Hansen u. Neumann 2009).

4.2.2.3 Steuerung der IT-Akzeptanz

4.2.2.3.1 IT-Akzeptanz
An die Einführung neuer IT sind hohe Erwartungen seitens der Unternehmensleitung geknüpft. IT soll die Unternehmensproduktivität steigern, Prozesse optimieren, Kosten reduzieren etc. Damit die IT diese Erwartungen erfüllt, muss sie von den Unternehmensmitarbeitern genutzt werden. Die Nutzung der IT hängt aber entscheidend von der Akzeptanz der Mitarbeiter gegenüber der IT ab. Diese ist bei jedem Mitarbeiter in Art und Ausgestaltung unterschiedlich ausgeprägt.

Die Erklärung, warum es zu Widerständen der Mitarbeiter gegenüber der IT kommt, ist ein Schwerpunktthema der Akzeptanzforschung (Jokisch 2010). Akzeptanz bezeichnet in diesem Zusammenhang die positive Annahmeentscheidung der IT durch den Mitarbeiter (Jokisch 2010). Diese Akzeptanz ist als zeitpunktbezogener Zustand anzusehen, welcher sich im Zeitablauf ändern kann. Wilhelm definiert den IT-Akzeptanzbegriff wie folgt:

> **IT-Akzeptanz**
>
> »Die Akzeptanz eines Nutzers gegenüber einer IT-Anwendung ist ein Zustand und drückt sich durch die Annahme und Verwendung eben dieser aus. Dabei kann dieser Zustand im zeitlichen Verlauf verschiedene Ausprägungen annehmen […].« (Wilhelm 2011)

Dabei stellt sich die Frage, welche Relevanz die Akzeptanz der Mitarbeiter gegenüber der Unternehmens-IT besitzt. Grundlegend lässt sich festhalten, dass die Akzeptanz und somit die Nutzung der jeweiligen IT die notwendige Bedingung ist, um die oben erwähnten Erwartungen an die Unternehmens-IT zu realisieren: Wird IT im Unternehmen durch den Mitarbeiter nicht genutzt, so kann sie keinen Nutzen im oben erwähnten Sinne stiften. Eine geringe Akzeptanz und damit einhergehende Nicht-Nutzung einer IT im Unternehmen, mittels derer beispielsweise die internen Prozesse effizienter gestaltet werden sollen, würde die Investition in eben diese IT ad absurdum führen. Die Akzeptanz gegenüber einer IT im Unternehmen kann also als essenzielle Erfolgsgröße betrachtet werden. Das Verstehen der Einflussgrößen auf diese Akzeptanz sowie das Steuern dieser zur Steigerung einer IT-Nutzung ist ein zentrales Anliegen der IT-Planung im Unternehmen.

4.2.2.3.2 Theoretische Modelle der IT-Akzeptanz
Im Laufe der vergangenen vierzig Jahre sind hierzu in unterschiedlichen Forschungsströmungen zahlreiche theoretische Modelle mit Wurzeln in der Psychologie, Soziologie und der Informationssystemforschung entstanden. Etabliert haben sich in der Informationssystemforschung insbesondere diejenigen Modelle, die Nutzungsabsicht und/oder Nutzung als abhängige Variable betrachten (Venkatesh, Morris et al. 2003). Venkatesh et al. (2003) nennen hier acht Modelle, die in ihrer Entwicklung teilweise aufeinander aufbauen.

- Theory of Reasoned Action (TRA) (Fishbein u. Ajzen 1975),
- Technology Acceptance Model (TAM) (Davis 1989),
- Motivational Model (MM, Davis, Bagozzi et al. 1992),
- Theory of Planned Behavior (TPB) (Ajzen 1985),
- Combined TAM and TBP Model (C-TAM-TBC) (Taylor u. Todd 1995),
- Model of PC Utilization (MPCU) (Thompson, Higgins et al. 1991),
- Innovation Diffusion Theory (IDT) (Rogers 1995) und
- Social Cognitive Theory (SCT) (Compeau, Higgins et al. 1999).

4.2 · Operatives IT-Management

Technology Acceptance Model

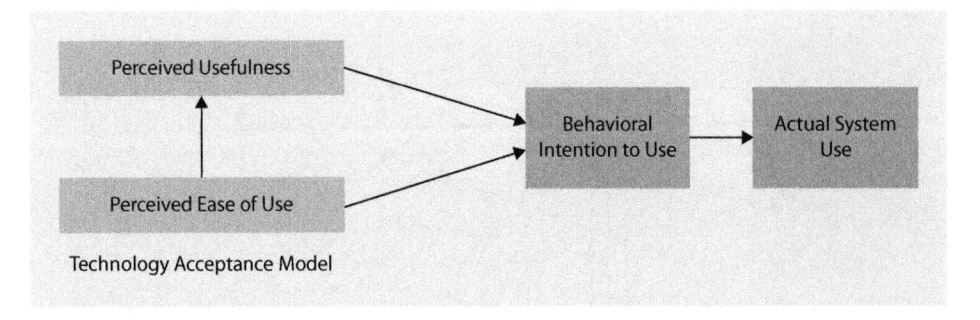

Perceived Usefulness → Behavioral Intention to Use → Actual System Use
Perceived Ease of Use → Perceived Usefulness
Perceived Ease of Use → Behavioral Intention to Use

◘ **Abb. 4.13** Technology Acceptance Model. (Davis 1989)

Im Folgenden soll auf zwei Modelle näher eingegangen werden: Zum ersten das TAM, da es die Technologie-Akzeptanz-Forschung (TA-Forschung) im Bereich Informationssysteme wie keines der anderen Modelle geprägt hat. Zweitens das UTAUT, das aus einer Verschmelzung aller gängigen TA-Modelle entstanden ist und als der aktuelle Stand der Forschung bezeichnet werden kann.

Das TAM ist speziell auf den Bereich der Informationssysteme zugeschnitten und wurde entworfen, um die Akzeptanz und Nutzung von IS am Arbeitsplatz zu untersuchen (Davis 1989). Nach TAM wird die Absicht zur Nutzung eines Informationssystems (Intention to Use) von der vom Nutzer wahrgenommenen Nützlichkeit des Systems (Perceived Usefulness, PU) und der wahrgenommenen Einfachheit der Bedienung (Perceived Ease of Use, PEOU) bestimmt. Die Nutzungsabsicht fungiert dabei als Mediator zur eigentlichen Systemnutzung. Darüber hinaus besteht ein Zusammenhang der Determinanten untereinander, da die PEOU die PU direkt beeinflusst. Das TAM wurzelt in der TRA, doch wird im TAM im Gegensatz zur TRA explizit das Konstrukt der Einstellung (attitude) ausgeschlossen. Eine Weiterentwicklung des TAM – TAM2 – bezieht zusätzlich zu PU und PEOU das Konstrukt der subjektiven Norm aus der TPB ein. Das TAM ist nach wie vor das am häufigsten herangezogene Modell zur Erklärung von Technologienutzung (◘ Abb. 4.13).

Mit dem Ziel, die zahlreichen konkurrierenden Modelle zu harmonisieren und den aktuellen Forschungsstand in einem erklärungsstarken Modell zu integrieren, schlagen Venkatesh, Morris, Davis und Davis (2003) die Unified Theory of Acceptance and Use of Technology (UTAUT) vor, die auf konzeptuellen und empirischen Ähnlichkeiten der acht oben genannten Modelle beruht. Bei der Modellkonzeption gingen die Autoren in mehreren Schritten vor. Zunächst vergleichen sie die Erklärungskraft aller acht Modelle in einer empirischen Studie mit mehreren Messzeitpunkten. In diesem Vergleich stellten sich sieben Konstrukte in einem oder mehreren Modellen als direkte Determinanten der Nutzung oder Nutzungsabsicht heraus. Die Ähnlichkeiten zwischen den jeweiligen Konstrukten und Operationalisierungen wurden aufgezeigt und unter einem neuen Begriff zusammengefasst. Davon wurden in das neue Modell integriert:

- Performance Expectancy (PE): Grad, zu dem ein Individuum glaubt, dass die Systemnutzung ihm hilft, seine Arbeitsleistung zu steigern
- Effort Expectancy (EE): Grad der Einfachheit, der mit der Systemnutzung verbunden wird
- Social Influence (SI): Grad, zu dem ein Individuum annimmt, dass wichtige Bezugspersonen der Meinung sind, dass er das System benutzen sollte

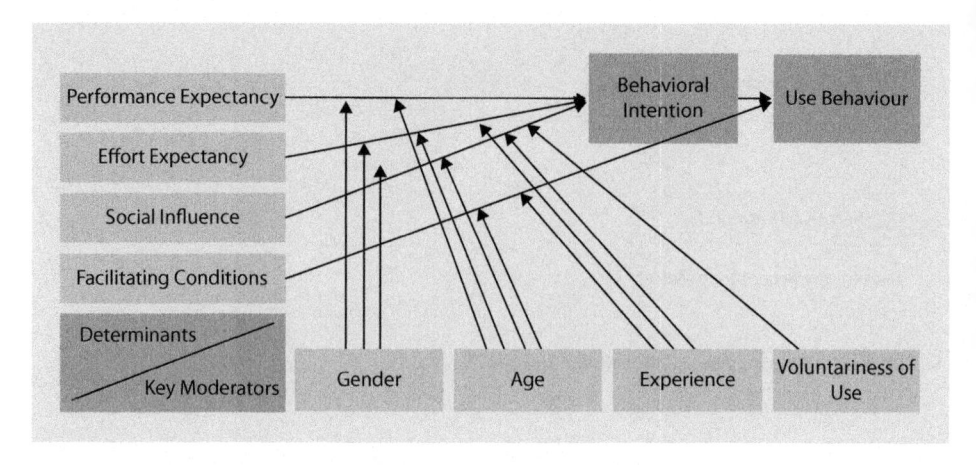

Abb. 4.14 Unified Theory of Acceptance and Use of Technology. (Venkatesh et al. 2003)

- Facilitating Conditions (FC): Grad, zu dem ein Individuum glaubt, dass eine organisationale und technische Infrastruktur zur Verfügung steht, die die Nutzung des Systems unterstützt

Für Self-efficacy, Anxiety und Attitude wird eine indirekte Wirkung durch eine der zuvor genannten Determinanten angenommen, deshalb werden sie aus UTAUT ausgeschlossen. Die ◘ Abb. 4.14 gibt einen Überblick über Determinanten, Wirkungsbeziehungen und Moderatoren in UTAUT.

In der empirischen Überprüfung lieferte UTAUT einen Erklärungswert von ca. 70 Prozent der Varianz in der Nutzungsabsicht und kann damit als den vorherigen Modellen überlegen angesehen werden (Venkatesh, Morris et al. 2003), da dieser Wert deutlich über den ca. 17–53% liegt, die mit den acht oben genannten Modellen erzielt werden konnten.

Im Allgemeinen kann im Rahmen der Erklärung der IT-Akzeptanz danach differenziert werden, ob die Nutzung einer IT für die Mitarbeiter im Unternehmen optional ist oder ob die Nutzung kontrolliert bzw. Top-down verordnet wird. Im ersteren Fall steht es den Mitarbeitern frei, die IT zu nutzen oder nicht. Für diesen Fall eigenen sich die IT-Akzeptanzmodelle, die bis hierher vorgestellt wurden. Für den Fall, dass den Mitarbeitern im Unternehmen die Nutzung einer IT aufgezwungen wird, eignet sich das Modell von Leonard-Barton (1988) besser zur Erklärung der IT-Akzeptanz, da es beide Fälle berücksichtigt.

Das Modell von Leonard-Barton (1988) beschreibt im Allgemeinen, wie die spezifischen Merkmale von Innovationen, die in einem Unternehmen eingeführt werden, das Design der Implementierungsstrategien in Unternehmen beeinflussen und wie die Merkmale von Innovationen die Reaktion der Mitarbeiter bestimmen. Dabei fokussiert das Modell von Leonard-Barton (1988) nicht ausschließlich auf IT, die im Unternehmen eingeführt werden soll, sondern spricht ganz allgemein von Innovationen. Im Folgenden ist daher vor dem Hintergrund der in diesem Kapitel behandelten IT-Akzeptanz mit Innovation IT gemeint ◘ Abb. 4.15.

Wie angedeutet, unterscheidet Leonard-Barton (1988) in ihrem Modell danach, ob die Nutzung einer Innovation, also einer IT, optional ist oder ob die Nutzung kontrolliert bzw. Top-down verordnet wird. Im ersteren Fall steht es den Mitarbeitern frei, die IT zu nutzen oder nicht. Im letzteren Fall wird die Nutzung verordnet. Die Mitarbeiter sind damit gezwungen, die IT zu nutzen (Leonard-Barton 1988). Müssen Mitarbeiter eine IT gegen ihren Willen einsetzen,

4.2 · Operatives IT-Management

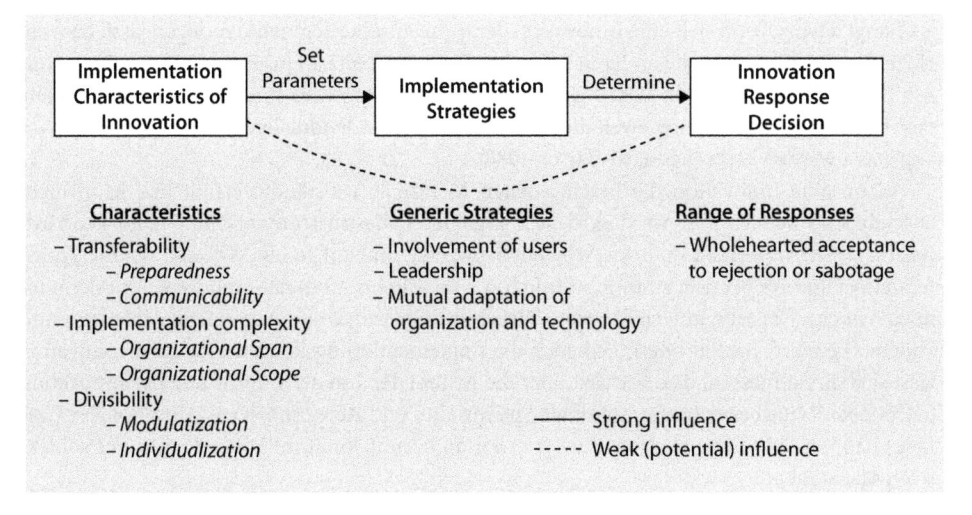

```
┌─────────────────┐   Set      ┌─────────────┐           ┌──────────┐
│ Implementation  │ Parameters │Implementation│ Determine │Innovation│
│Characteristics of├───────────►│  Strategies  ├──────────►│ Response │
│   Innovation    │            │              │           │ Decision │
└────────┬────────┘            └──────────────┘           └──────────┘
         └╌╌╌╌╌╌╌╌╌╌╌╌╌╌╌╌╌╌╌╌╌╌╌╌╌╌╌╌╌╌╌╌╌╌╌╌╌╌╌╌╌╌╌╌╌╌╌╌╌╌╌╌╌╌╌╌╌╌╌╌╌╌┘
```

Characteristics
- Transferability
  - Preparedness
  - Communicability
- Implementation complexity
  - Organizational Span
  - Organizational Scope
- Divisibility
  - Modulatization
  - Individualization

Generic Strategies
- Involvement of users
- Leadership
- Mutual adaptation of organization and technology

Range of Responses
- Wholehearted acceptance to rejection or sabotage

——— Strong influence
----- Weak (potential) influence

Abb. 4.15 Diffusionsmodell von Leonard-Barton. (1988)

kann dies im Extremfall zur Sabotage führen (Leonard-Barton 1988). Ob die Mitarbeiter eine IT vollständig akzeptiert haben oder nicht, spiegelt sich in der Dauer und in der Häufigkeit der Nutzung wider. Darüber hinaus ist die Art und Weise, wie eine IT in die Arbeitsumgebung integriert wird, ein Indikator für die Akzeptanz bzw. Nicht-Akzeptanz. Beeinflusst wird die Entscheidung bezüglich der Nutzung maßgeblich durch die individuelle Einstellung gegenüber der IT.

Nach Leonard-Barton (1988) verfügen Innovationen über drei Schlüsselmerkmale:
1. Übertragbarkeit,
2. Implementierungskomplexität und
3. Teilbarkeit.

Die Übertragbarkeit wird beeinflusst durch die Merkmale Bereitschaft und Mitteilbarkeit. Bereitschaft bezeichnet dabei den Grad, inwieweit eine Innovation ihre Gebrauchstauglichkeit bewiesen hat. Das Merkmal Mittelbarkeit beschreibt, inwieweit die Funktionsweise und der Nutzen einer Innovation an die Anwender der Innovation kommuniziert werden können. Dies ist von hoher Bedeutung, um Widerstände in Organisationen gegen die Einführung von Innovationen proaktiv zu begegnen.

Die Implementierungskomplexität einer Innovation in eine Organisation wird bestimmt durch die organisationale Spannweite und den organisationalen Umfang (Leonard-Barton 1988). Unter organisationalem Umfang ist dabei die Anzahl derjenigen Abteilungen einer Organisation zu verstehen, die ihre Arbeitsprozesse, ihr Arbeitsergebnis und/oder die Schnittstellen zu vor- und nachgelagerten Abteilungen verändern müssen, damit sie eine Innovation vollständig adoptieren können (Leonard-Barton 1988). Der organisationale Umfang betrifft die Anzahl der Mitarbeiter des gesamten Unternehmens, die durch die Einführung der Innovation direkt (z. B. indem sie die Innovation selbst nutzen müssen) oder indirekt (z. B. wenn Mitarbeiter ihre Arbeitsweisen ändern müssen, weil sich durch die Einführung der Innovation die Anforderungen an ihren Output verändern) beeinflusst werden (Leonard-Barton 1988).

Die Teilbarkeit einer Innovation wird an der Möglichkeit zur Modularisierung und zur Individualisierung bewertet (Leonard-Barton 1988). Inwieweit eine Innovation modularisierbar ist, hängt davon ab, ob sich eine Innovation derart in einzelne Segmente zerlegen lässt, dass ein einzelnes Segment ohne die anderen Segmente für einen Nutzer einsetzbar ist und einen Nutzen liefert (Leonard-Barton 1988). Unter Individualisierung wird in diesem Zusammenhang das Ausmaß verstanden, inwieweit die Innovation an die individuellen Bedürfnisse der Nutzer angepasst werden kann (Leonard-Barton 1988).

Wann eine Innovation die beschriebenen Merkmale vollständig erfüllt hat, kann nicht abschließend beantwortet werden, da ein geeignetes Messinstrumentarium fehlt. Leonard-Barton (1988) verwendet in ihren Arbeiten bspw. eine fünfstufige Likert-Skala, um die Transferability einer Innovation zu messen (niedrig – niedrig bis moderat – moderat – moderat bis hoch – hoch). Dagegen unterteilt sie die Divisibility einer Innovation in »nicht«, »niedrig« und »hoch« (Leonard-Barton 1988). Lediglich die Implementierungskomplexität einer Innovation lässt sich direkt messen, da diese sich über die Anzahl der von der Einführung der Innovation betroffenen Mitarbeiter (organisationale Spannweite) und Abteilungen (organisationaler Umfang) bemisst. Die Klassifikation einer Innovation beruht somit im Wesentlichen auf subjektiven Maßstäben.

Nach Leonard-Barton (1988) beeinflussen die aufgezeigten Eigenschaften einer Innovation direkt die Ausgestaltung bzw. das Design der Implementierungsstrategien und damit auch deren Umsetzung. Die Implementierungsstrategien sind als ein strategischer Plan zu verstehen, mit dessen Hilfe Unternehmen die Einführung von Innovationen in Organisationen planen, umsetzen und kontrollieren können.

Mit der Umsetzung der Implementierungsstrategien werden die sogenannten »Innovation Response Decisions« von Personen beeinflusst, die von der jeweiligen Innovation betroffen sind (z. B. die Mitarbeiter in einer Organisation, die eine spezifische Innovation in ihrem Arbeitskontext einsetzen sollen). Demzufolge ist eine Strategie erfolgreich, wenn Personen eine Innovation regelmäßig nutzen. Dies bezeichnet Leonard-Barton (1988) als völlige Akzeptanz. Eine Strategie ist als gescheitert zu betrachten, wenn die Innovation nicht genutzt oder gar sabotiert wird. Zwischen diesen beiden Extrema existieren verschiedene Abstufungen, die sich z. B. in der Regelmäßigkeit der Nutzung der Innovation unterscheiden.

Leonard-Barton (1988) zeigt drei generische Strategien auf, die in der Literatur für die Einführung von Innovationen in Unternehmen als wirkungsvoll erachtet werden: (1) Einbeziehung von Nutzern, (2) Führung/Sponsoren und Meister und (3) gegenseitige Anpassung der Organisation und der Technologie.

4.2.2.3.3 Management der IT-Akzeptanz

Um das zu Beginn dieses Abschnitts erwähnte Verstehen und Steuern der IT-Akzeptanz im Unternehmen zu managen, ist zunächst die Akzeptanz der einzelnen IT im Unternehmen zu erfassen. Dazu lässt sich eines der vorgestellten Modelle heranziehen, anhand dessen die IT-Akzeptanz der Mitarbeiter mittels Fragebogentechnik zu erheben ist. Dafür werden die einzelnen Variablen des verwendeten Modells zunächst vor dem Hintergrund der Unternehmensbedingungen operationalisiert und diese angepassten Items sodann in einen Fragebogen überführt, der dann von den einzelnen Mitarbeitern auszufüllen ist. Die Ergebnisse aus dieser Befragung sind daraufhin zu interpretieren, und zwar im Sinne einer vorhandenen bzw. nicht vorhandenen Akzeptanz und der damit einhergehenden Nutzung der betrachteten IT.

Offenbaren die Ergebnisse schlechte Akzeptanzwerte für diese IT, so sind Gegenmaßnahmen, die die Akzeptanz dieser IT herstellen könnten, zu planen. Ansatzpunkte für die Planung solcher Maßnahmen bieten die in den Modellen inkludierten Einflussfaktoren auf die Akzeptanz. Ob die dann in einem weiteren Schritt umgesetzten Maßnahmen gefruchtet haben, kann eine erneute Umfrage mit demselben Fragebogen der ursprünglichen Befragung aufzeigen.

Sind die Akzeptanzwerte im Rahmen dieser zweiten Umfrage höher als bei der ersten Umfrage, waren die Maßnahmen erfolgreich.

Weiterführende Literatur

Bashiri, I., C. Engels, et al. (2010). Strategic Alignment: Zur Ausrichtung von Business, IT und Business Intelligence. Wiesbaden, Springer.

Chan, Y. und B. Reich (2007). »State of the art IT alignment, what have we learned?« Journal of Information Technology 22: 297–315.

Jokisch, M. (2010). Das Technologieakzeptanzmodell. »Das ist gar kein Modell!« Unterschiedliche Modelle und Modellierungen in Betriebswirtschaftslehre und Ingenieurwissenschaften. G. Bandow and H. H. Holzmüller. Wiesbaden, Gabler: 233–254.

Osterwalder, A. und Y. Pigneur (2011). Business Model Generation: Ein Handbuch für Visionäre, Spielveränderer und Herausforderer. Frankfurt am Main, Campus Verlag.

Redman, B., B. Kirwin, et al. (1998). TCO: A Critical Tool for Managing IT. Gartner Group.

Systementwicklung und Lifecycle Management

Zusammenfassung

Dieses Kapitel beschäftigt sich mit der Systementwicklung und deren Management über den Lebenszyklus. Es werden zuerst die Grundlagen der Gestaltung von Anwendungssystemen in Unternehmen behandelt. Einleitend werden die Grundlagen der betrieblichen Gestaltung der IT-Infrastruktur im Rahmen des Enterprise-Architecture-Managements (EAM) vorgestellt. Darauf aufbauend werden Eigenschaften und Auswahlprozesse von Standardsoftware behandelt, also die konkreten Auswahl-, Gestaltungs- und Bewertungsprozesse von Software im Unternehmen. Daran anschließend wird die professionelle Systementwicklung durch Mitarbeiter der IT-Abteilung beschrieben. Die Systementwicklung erfolgt in Form von Projekten, für deren Strukturierung, neben den Grundlagen des IT-Projektmanagements, Vorgehensmodelle vorgestellt werden. Danach werden die wiederkehrenden Phasen Anforderungserhebung, Systementwurf und Realisierung genauer betrachtet. In Analogie zu dem in der Konsum- und Investitionsgüterindustrie gebräuchlichen Begriff »Produktlebenszyklus« wird bei Anwendungssystemen der gesamte Zeitraum von der Begründung und Planung über die Entwicklung, Einführung und Nutzung bis zur späteren Ablösung durch ein neues System als Softwarelebenszyklus (Software Lifecycle) bezeichnet. Die beiden Hauptabschnitte sind dabei die Entwicklungszeit und die Nutzungszeit des Anwendungssystems. Die Systementwicklung wird – unabhängig davon, ob es sich um Individual- oder Standardsoftware handelt – mit der Einführung des neuen Anwendungssystems abgeschlossen. Die Einführung ist mit zahlreichen organisatorischen Aktivitäten verbunden. Der Systemeinführung folgt die oft viele Jahre dauernde Nutzung des Anwendungssystems, die als Systembetrieb bezeichnet wird. Das Kapitel befasst sich daher nacheinander mit der Systemeinführung, mit dem Betrieb von Anwendungssystemen und mit dem IT-Servicemanagement als etablierte Form des Betriebs von Anwendungssystemen.

5.1	**Gestaltungsaspekte von Anwendungssystemen – 233**	
5.1.1	Enterprise-Architecture-Management – 234	
5.1.2	Merkmale und Anpassung von Standardsoftware – 238	
5.1.3	Auswahl von Standardsoftware – 243	
5.1.4	Qualitätskriterien für Software – 252	
5.1.5	Produkt- und Prozesszertifizierung – 258	
5.2	**Systementwicklung – 260**	
5.2.1	Vorgehensmodelle – 266	
5.2.2	Anforderungsanalyse – 270	
5.2.3	Systementwurf – 280	
5.2.4	Realisierung – 292	
5.3	**Management des Anwendungs-Lebenszyklus – 301**	
5.3.1	Lebenszyklusmodell von Anwendungssystemen – 301	
5.3.2	Systemeinführung – 302	
5.3.3	Betrieb von Anwendungssystemen – 307	
5.3.4	IT-Servicemanagement – 313	
	Weiterführende Literatur – 323	

Lernziele des Kapitels
1. Sie können die Eigenschaften und Ziele des EAM erläutern und verschiedene Basisarchitekturen des EAM anhand von Beispielen beschreiben.
2. Sie können Eigenschaften sowie Vor- und Nachteile von Standardsoftware beschreiben.
3. Sie können die Herausforderungen, Ziele und Aufgaben im Auswahlprozess von Standardsoftware erläutern und geeignete Auswahl- und Bewertungsmethoden vorschlagen.
4. Sie können die verschiedenen Anpassungsaktivitäten für Standardsoftware erläutern und diese voneinander abgrenzen.
5. Sie können verschiedene Bewertungs- und Priorisierungsverfahren für Software erläutern.
6. Sie können eine einfache Kosten-Nutzenanalyse von verschiedenen Softwarealternativen durchführen und selbstständig Kriterien für die Bewertung von Softwarealternativen als Entscheidungsgrundlage beschreiben.
7. Sie können Kriterien für Softwarequalität erläutern und ein Vorgehen zur Beurteilung von Softwarequalität beschreiben.
8. Sie können die Grundlagen, Ziele und Aufgaben der Produkt- und Prozesszertifizierung erläutern.
9. Sie können die Aktivitäten der Systementwicklung nennen, deren Zusammenhänge beschreiben und Abläufe zur Systementwicklung vorschlagen.
10. Sie können die Bedeutung des Projektmanagements für die Systementwicklung erläutern und die Rolle von Vorgehensmodellen für das Projektmanagement beschreiben.
11. Sie können die Vor- und Nachteile von Vorgehensmodellen erklären und ein Vorgehensmodell für die Systementwicklung anwenden.
12. Sie können Aktivitäten der Anforderungsanalyse in der Systementwicklung erklären und deren Zusammenhänge beschreiben.
13. Sie können Methoden und Techniken für die Anforderungsanalyse erläutern und passend zu den Rahmenbedingungen wählen.
14. Sie können Prinzipien und Methoden für den Systementwurf erläutern und diese miteinander vergleichen.
15. Sie können Prinzipien, Sprachen, Methoden und Verfahren für die Realisierung von Systemen erklären.
16. Sie können die zentralen Aufgaben im Management des Anwendungs-Lebenszyklus erläutern.
17. Sie können die zentralen Aufgaben der Systemeinführung nennen und beschreiben.
18. Sie können technische und organisatorische Herausforderungen bei der Systemeinführung erläutern.
19. Sie können die zentralen Aufgaben beim Betrieb von Software erklären.
20. Sie können die theoretischen Grundlagen für die Wiederverwendung einzelner Systemmodule und Komponenten beschreiben und deren Potenzial abschätzen.
21. Sie können die Grundlagen, Ziele und Aufgaben des IT-Servicemanagements erläutern, dessen Nutzen für ein Unternehmen beurteilen und anhand des ITIL-Referenzmodells verdeutlichen.

5.1 Gestaltungsaspekte von Anwendungssystemen

In diesem Kapitel werden die Grundlagen der Gestaltung von Anwendungssystemen in Unternehmen behandelt. Einleitend werden die Grundlagen der betrieblichen Gestaltung der IT-Infrastruktur im Rahmen des Enterprise-Architecture-Managements (EAM) vorgestellt. Darauf aufbauend werden Eigenschaften und Auswahlprozesse von Standardsoftware behandelt, also die konkreten Auswahl-, Gestaltungs- und Bewertungsprozesse von Software im Unternehmen.

5.1.1 Enterprise-Architecture-Management

5.1.1.1 Eigenschaften

Die stetig zunehmende Verwendung von IT und die Digitalisierung insgesamt stellen viele Unternehmen vor große Herausforderungen. Da innerhalb eines Unternehmens vielfältige Aufgaben und daraus resultierende Anforderungen an IT-Anwendungen gestellt werden, wird in der Regel eine Vielzahl von sehr unterschiedlichen IT-Anwendungen benötigt, was die Planung, Steuerung und Kontrolle der IT-Landschaft sehr komplex und damit schwierig macht. Zusätzlich ist es aufgrund des extremen Fortschritts in der IT notwendig, stetig neue, aktualisierte IT-Anwendungen einzuführen oder bestehende IT-Anwendungen anzupassen. Unternehmen sind daher gefordert, eine funktionierende Struktur für die benötigte IT-Landschaft eines Unternehmens zu erschaffen, die sowohl die großen Unterschiede innerhalb bestehender IT-Anwendungen berücksichtigt, als auch der stetigen Veränderung Rechnung trägt. Vor diesem Hintergrund ist es die Aufgabe des Enterprise-Architecture-Managements (EAM), dem Unternehmen eine solche Architektur aus IT-Sicht zu bieten.

> **Unternehmensarchitektur**
>
> Unternehmensarchitektur umfasst zusammenhängende, einheitliche Prinzipien, Methoden und Modelle, die in der Entwicklung und der Umsetzung von Unternehmensorganisationsstrukturen, Geschäftsprozessen, Informationssystemen und Infrastrukturen verwendet werden. (Aufbauend auf Lankhorst 2013)

Man kann die Enterprise-Architecture (Unternehmensarchitektur) als eine Sicht auf das Gesamtunternehmen verstehen, die die gesamte Organisation als Bindeglied zwischen Strategien und IT-Systemen verknüpft. Das heißt also, das EAM verknüpft die eigentliche unternehmerische Tätigkeit mit den vielen unterschiedlichen IT-Systemen in einem Unternehmen.

Im Grunde verfügt jedes Unternehmen bereits über eine Unternehmensarchitektur, nur ist dies nicht jedem Unternehmen auch bewusst. So stellen beispielsweise die in einem Unternehmen vorhandenen Geschäftsprozessmodelle, Inventar- oder Hardwarelisten, Organigramme und Arbeitsplatzbeschreibungen Pläne dar, deren Aggregation bereits eine Unternehmensarchitektur bildet. Was letztlich noch fehlt, ist, einen Zusammenhang zwischen den allgemeinen Geschäftsplänen und der IT herzustellen. Die Enterprise-Architecture stellt dabei eine Sicht auf das House of Digital Business dar, welches zusammenhängende, einheitliche Prinzipien, Methoden und Modelle umfasst, die in der Entwicklung und der Umsetzung von Unternehmensorganisationsstrukturen, Geschäftsprozessen, Informationssystemen und Infrastrukturen verwendet werden. Der Zusammenhang zwischen Geschäftsprozess und IT kann beispielsweise in einer Abhängigkeit von Kosten, Qualität oder Auslastung liegen. Denn mit Hilfe der IT können z. B. durch elektronischen Zahlungsverkehr Kosten eingespart oder durch elektronisch geplante Maschinenbelegungen die Auslastung verbessert werden. Ziel ist es, diese Zusammenhänge zu erkennen und zu analysieren. Die entsprechenden Pläne liegen in unterschiedlichen Darstellungen, Formaten und Inhalten vor, deshalb lassen sie sich nicht ohne Anpassung übernehmen. Denn sind die Pläne untereinander zu unterschiedlich, lässt sich nur schwer eine Beziehung herstellen. Deshalb ist es wichtig, dass vorhandene Pläne sowie neu zu entwickelnde Pläne in eine gemeinsame Sprache übersetzt werden. Die Entwicklung sollte dabei vom oberen Management durchgeführt werden, gleichzeitig ist aber eine Zusammenarbeit mit allen übrigen Bereichen unerlässlich. Das Team, welches für die Entwicklung zuständig ist, ist auf die Unterstützung der gesamten Organisation angewiesen. Wie umfangreich der Prozess der Entwicklung ist, hängt dabei auch von der Größe des Unternehmens ab. Besonders große Unternehmen mit einer starken IT-Interdependenz benötigen stabilere Modelle als kleinere Unternehmen, die keinen so großen IT-Bezug aufweisen. Den richtigen Abstraktionsgrad zu finden, stellt für das Management eine Herausforderung dar, die es zu bewältigen gilt.

5.1.1.2 Darstellung

Die Darstellung der Unternehmensarchitektur kann über ein Soll- oder Ist-Modell als sogenanntes Architekturmodell erfolgen und so zu einer ganzheitlichen Unternehmensbetrachtung beitragen. Wichtig ist die Formulierung und Dokumentation von Prinzipien, welche die Ausgangslage für die Unternehmensarchitektur bilden. Diese Prinzipien sollten sich dabei an den Unternehmenszielen orientieren. Allerdings sind dabei nicht zu viele Prinzipien zu formulieren, da diese sich untereinander behindern und somit die Entstehung einer Enterprise-Architecture beinträchtigen können. Außerdem sollten die formulierten Prinzipien keine konkreten Angaben über Technologien oder Anwendungen, sondern vielmehr Grundlagen und Richtlinien beinhalten. Diese können z. B. als hohe Kohäsion der Systemelemente oder als Rückverfolgbarkeit jeder Architekturentscheidung formuliert werden.

- **Ziele**

Ziel des Enterprise-Architecture-Managements ist es, durch eine optimale Ausrichtung der Informationstechnologien und Prozesse die Erreichung der Geschäftsziele langfristig zu sichern. Gerade in großen Unternehmen kann die IT-Landschaft so komplex sein, dass Zusammenhänge nur schwer erkennbar sind. Die Enterprise-Architecture erfasst die einzelnen Systeme und deren Verbindungen grafisch und trägt so zu einer Beherrschbarkeit von Komplexität und damit zu mehr Übersichtlichkeit bei. Dies kann insbesondere bei sich schnell ändernden Märkten von Vorteil sein, da mit Hilfe einer übersichtlichen Unternehmensstruktur schneller auf Änderungen reagiert werden kann. Gerade in der heutigen Zeit ändern sich Märkte immer schneller und es ist notwendig, durch geeignete, flexible Maßnahmen unverzüglich darauf reagieren zu können. Hier steuert die Enterprise-Architecture einen wesentlichen Teil dieser Flexibilität bei.

- **Problematik**

Bei der Entwicklung können unterschiedliche Probleme und Herausforderungen entstehen. Diese umfassen insbesondere den zusätzlichen Aufwand, mögliche Widerstände in der Belegschaft und die Auswahl relevanter Bereiche.

Wegen der notwendig werdenden Anpassung und Übersetzung vorhandener Pläne, der Entwicklung neuer Pläne sowie wegen neu zu beschaffender Informationen kann die Entwicklung der Enterprise-Architecture ein langwieriger Prozess sein. Kurzfristig gesehen bedeutet dies einen zusätzlichen Aufwand, durch den zunächst Kosten entstehen. Erst langfristig können durch die IT-gestützte Unternehmenssicht und die daraus resultierenden Einsparungen höhere Gewinne angestrebt werden. Um Verluste zu vermeiden und ein rentables Verhältnis von Kosten zu Nutzen sicherzustellen, muss dieser Aspekt auch in der Kalkulation berücksichtigt werden. Außerdem ist für eine erfolgreiche Einführung die Unterstützung des gesamten Unternehmens erforderlich. Denn es ist denkbar, dass eine rein vom Management initiierte

Einführung auf Widerstände in der Belegschaft stößt. Für die langwierige Entwicklung einer Enterprise-Architecture wird ein Team benötigt, welches in Vollzeit daran arbeitet. Um den Erfolg der Entwicklung zu garantieren, ist eine Unterstützung dieses Teams durch die Mitarbeiter der übrigen Bereiche unerlässlich. Durch Transparenz und Integration der Mitarbeiter kann das Risiko eines Widerstands reduziert werden. Des Weiteren können insbesondere große Unternehmen so komplex sein, dass es unmöglich ist, eine vollständige Unternehmensstruktur zu erstellen. In diesem Fall muss eine Auswahl relevanter Bereiche erfolgen, auf welche die Konzentration gerichtet wird. Für die Auswahl relevanter Bereiche ist vor allem der dahinterstehende sinnvolle und nutzbringende Zweck das entscheidende Merkmal.

In einer Enterprise-Architecture laufen Informationen aus unterschiedlichen Bereichen zusammen. Diese Informationen können die Geschäftsstrategie oder -prozesse, die Informations- und Datenstruktur, die Anwendungssysteme oder die Technologie betreffen. Folglich erscheint es nur logisch, dass im Rahmen des Enterprise-Architecture-Managements verschiedene Basisarchitekturen betrachtet werden können. In der Literatur lassen sich verschiedene dieser Basisarchitekturen finden. Wir konzentrieren uns im Folgenden auf die

- Geschäftsarchitektur,
- Informations- und Datenarchitektur,
- Anwendungsarchitektur und
- Technologiearchitektur.

Da die Architekturen aufeinander aufbauen, betrachten wir diese der Reihenfolge nach.

▪▪ Geschäftsarchitektur

Die Geschäftsarchitektur befasst sich mit den unterschiedlichen Geschäftsprozessen eines Unternehmens und beinhaltet dabei alle Pläne, die das Unternehmensgeschäft betreffen, unabhängig von der verwendeten IT. Bestandteile der Geschäftsarchitektur sind beispielsweise Ziele, Strategien und Rahmenbedingungen. Das Ziel einer Geschäftsarchitektur ist es, die IT-Unterstützung optimal auf die genannten Bestandteile auszurichten, sodass ein reibungsloser Unternehmensablauf möglich ist. Des Weiteren stellt allein die Formulierung und Dokumentation der einzelnen Bestandteile einen Mehrwert für das Unternehmen dar, da so auch eine separate Nutzung der zusammengefassten Pläne für die Unternehmensplanung und -entwicklung möglich wäre.

Die Geschäftsarchitektur sollte also die wichtigsten Vorgaben hinsichtlich der Entwicklung der IT-Landschaft beinhalten, jedoch in Bezug auf die Detaillierung nicht über die eines Projektmodells hinausgehen. Die Entstehung der Geschäftsarchitektur erfolgt durch die Modellierung der Geschäftsprozesse, wobei sich diese ebenfalls an den Unternehmenszielen und -strategien orientieren. Benötigte Modelle sind dabei beispielsweise das Modell der Unternehmens- und IT-Ziele sowie das Organisationsmodell, aber auch das Geschäftsprozess- und Produktmodell sind wichtige Instrumente, um die Geschäftsarchitektur in einem Unternehmensarchitekturmodell hinreichend darzustellen.

▪▪ Informations- und Datenarchitektur

In der Informations- und Datenarchitektur erfolgt eine Identifizierung und Charakterisierung der für die Geschäftsprozesse relevanten Daten sowie deren Beziehungen untereinander. Die Darstellung kann über ein Datenmodell erfolgen, welches stabil, vollständig, in sich beständig und für alle Beteiligten verständlich sein muss. In der Informationsarchitektur werden Informationen und Informationsgruppen, beispielsweise Controller oder Personalsachbearbeiter,

d. h. Positionen im Unternehmen mit demselben Informationsbedarf, erfasst. Eine vollständige Informations- und Datenarchitektur führt zu mehr Transparenz der Informationen und somit auch zu einer höheren Effektivität, was wiederum Kostenvorteile mit sich bringen kann.

▪▪ Anwendungsarchitektur

Die Anwendungsarchitektur befasst sich mit den in einem Unternehmen vorhandenen Anwendungssystemen, die für die Ausführung der Geschäftsprozesse erforderlich sind. Zu berücksichtigende Bestandteile von Anwendungssystemen können dabei beispielsweise die innere Struktur, technische Komponenten und die Konstruktionsprinzipien sein, nach denen sie entwickelt werden. Aus der Anwendungsarchitektur geht hervor, welche Anwendungssysteme im Unternehmen im Einsatz sind und welche Services sie jeweils unterstützen, sowie die damit verbundenen Kosten und Erträge. Ebenfalls ersichtlich ist, auf welche Daten die einzelnen Systeme zurückgreifen. Die Anwendungsarchitektur zeigt außerdem auf, wie die unterschiedlichen Systeme im Unternehmen miteinander verbunden sind, d. h. sie gibt Auskunft über die Schnittstellen und deren fachliche und technische Realisierung sowie die dazu erforderlichen Parameter. Dadurch wird ersichtlich, in welcher Weise die Anwendungssysteme in Subsysteme, Module oder Komponenten gegliedert sind. Des Weiteren gibt die Anwendungsarchitektur Aufschluss über die Verfügbarkeit und Ausfallsicherheit der Systeme im Unternehmen. Die Anwendungsarchitektur ist also ein komplexer Plan der im Unternehmen vorhandenen Anwendungssysteme und eine Übersicht über deren wichtigste Informationen. Die Entwicklung der Anwendungsarchitektur erfolgt auf Grundlage der im Punkt »Darstellung« beschriebenen Prinzipien der Enterprise-Architecture, welche die höchste Ebene bzw. den Zielzustand darstellen. Bei der Entwicklung muss außerdem eine Berücksichtigung der bereits vorhandenen Geschäftsarchitektur sowie der jeweiligen Anforderungen, z. B. an die Sicherheit, Performance, Verfügbarkeit und Stabilität erfolgen. Die oben bereits erwähnten Bestandteile von Anwendungssystemen werden durch die Entwicklung der Anwendungsarchitektur definiert. Dabei wird festgelegt, nach welchen Prinzipien Anwendungssysteme entwickelt werden und welche Funktionen sie beinhalten müssen. Da nicht alle Anwendungssysteme den gleichen Prinzipien folgen und für einzelne Systeme verschiedene Möglichkeiten offen gehalten werden müssen, bedeutet dies im Ergebnis eine Heterogenität der Anwendungssysteme. Durch die Entwicklung der Anwendungsarchitektur wird diesem Problem ebenfalls Rechnung getragen, da durch die übersichtliche Darstellung aus der Heterogenität resultierende Probleme vermindert werden können.

▪▪ Technologiearchitektur

Die Technologiearchitektur baut auf den zuvor beschriebenen Teilarchitekturen auf und gibt Auskunft darüber, welche Informations- oder Kommunikationstechnologien im Unternehmen benutzt werden und auf welcher Grundlage Anwendungssysteme folglich angeschafft, integriert und betrieben werden können. Sie legt demnach die Elemente fest, die für den Aufbau und den Betrieb der IT-Infrastruktur benötigt werden und gibt dadurch die Eigenschaften der verwendbaren Hardware- und Software-Technologien vor. Durch die Technologiearchitektur zeichnet sich außerdem ab, welche Technologien für die Datenein- und -ausgabe, -verarbeitung und -speicherung (▶ Kap. 2) zur Verfügung stehen. Da die Technologie in der heutigen Zeit rasch voranschreitet und man mit einer stetigen Weiterentwicklung rechnen muss, ist die Technologiearchitektur in dieser Hinsicht von besonderer Bedeutung, da sie die Ausgangslage für jegliche Änderung, Weiterentwicklung oder Anpassung bildet.

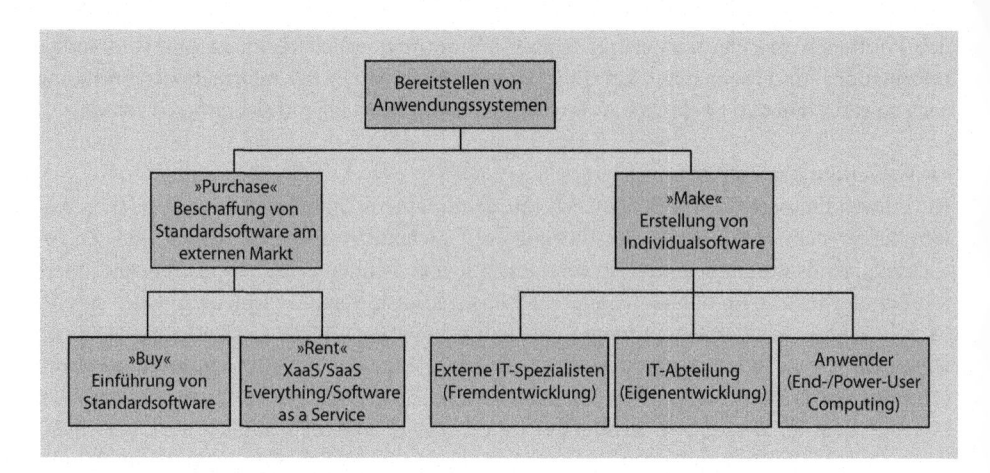

```
                    Bereitstellen von
                    Anwendungssystemen
           ┌──────────────┴──────────────┐
      »Purchase«                      »Make«
    Beschaffung von                Erstellung von
   Standardsoftware am           Individualsoftware
      externen Markt
     ┌──────┴──────┐          ┌────────────┼────────────┐
   »Buy«       »Rent«      Externe        IT-Abteilung    Anwender
 Einführung    XaaS/SaaS   IT-Spezialisten (Eigen-      (End-/Power-User
    von      Everything/   (Fremd-         entwicklung)  Computing)
Standardsoftware Software  entwicklung)
             as a Service
```

Abb. 5.1 Alternativen der Softwarebereitstellung. (In Anlehnung an Krcmar 2010)

- **Fazit**

Welchen Nutzen kann man nun aus der Verwendung des Enterprise-Architecture-Managements ziehen? Wie zuvor erwähnt, ist es möglich, durch EAM Zeit und Kosten einzusparen, und das nicht nur im laufenden Betrieb, sondern beispielsweise auch bei der Reaktion auf Marktveränderungen oder der Veräußerung oder Aufspaltung eines Unternehmens. Außerdem trägt das EAM zu einer übersichtlichen Darstellung der IT-Landschaft bei, wodurch künftige IT-Investitionen besser beurteilt und so unnötige Ausgaben reduziert werden können. Die Enterprise-Architecture dient damit unterschiedlichen Zielgruppen bei der Bewältigung ihrer Aufgaben. So hilft sie beispielsweise dem Planer bei der Auswahl geeigneter Anwendungssysteme und Infrastrukturkomponenten, aber auch Investoren bei der Auswahl lohnenswerter IT-Investitionen. Selbst dem Zulieferer entstehen durch die Existenz einer Unternehmensarchitektur Vorteile, da er seine Leistung passgenau auf die Unternehmenserwartung zuschneiden kann. Eine funktionierende Unternehmensarchitektur hilft demnach auch dabei, Risiken ausfindig zu machen und diese zu minimieren.

5.1.2 Merkmale und Anpassung von Standardsoftware

Ein wesentlicher Bestandteil des Softwaremarkts ist die sogenannte Standardsoftware, welche sich innerhalb der Enterprise-Architecture auf der Anwendungsebene verorten lässt. Große und mittlere Unternehmen stellen bei jeder geplanten Neuentwicklung spätestens in der Phase »Analyse« die Grundsatzfrage »Make (Individualsoftware) or Purchase (Standardsoftware)?« (Krcmar 2009) während für kleine Unternehmen von vornherein nur Standardsoftware in Betracht kommt. ◘ Abb. 5.1 visualisiert die genannten Optionen und deren Zusammenhänge.

Bei der Option »Beschaffung von Standardsoftware am externen Markt«, also dem »Purchase«, kann zwischen den Unteroptionen »Buy«, also dem Kauf von Standardsoftware, und »Rent«, also der cloudbasierten Miete von Software als Software-as-a-Service (SaaS) gewählt werden. Soll die Software erst erstellt werden (»Make«), muss dies entweder in Fremd- (extern), Eigenentwicklung oder durch die Anwender direkt im Rahmen des sogenannten End-/Power-User-Computing, also durch Programme, die die Mitarbeiter selbst erstellen, geschehen. Purchase wird in der Regel als Programmpaket für alle operativen bzw. ERP-Systeme

(▶ Abschn. 3.4.1) des Unternehmens (»integriertes Programmpaket«), für die Unterstützung aller Tätigkeiten der Vorgangskette eines Geschäftsprozesses (Beispiel: Auftragsbearbeitung/Fakturierung) oder für ein abgegrenztes betriebliches Arbeitsgebiet (Beispiel: Personalabrechnung) angeboten. Die Preismodelle sind sehr unterschiedlich und reichen von einem pauschalen Festpreis über Einzelpreise pro Modul bis zu nutzungsabhängigen Gebühren. Eine weitere Preisdifferenzierung erfolgt über den Servicegrad, den der Anbieter während der Nutzungsdauer des Programmpakets bietet.

Bei der Standardsoftware für einzelne betriebliche Arbeitsgebiete besteht das größte Marktangebot im Bereich der Finanzbuchhaltung (▶ Abschn. 3.3.1). Weitere Programmpakete sind auf dem Softwaremarkt praktisch für alle anderen betrieblichen Funktionsbereiche vorhanden, insbesondere für das (interne) Rechnungswesen bzw. das Controlling, das Personalwesen, den Vertrieb sowie die Produktionsplanung und -steuerung. Neben den hier im Vordergrund stehenden Programmpaketen für betriebswirtschaftliche Anwendungen gibt es Standardsoftware u. a. auch im Bereich der Systemsoftware, z. B. Betriebssysteme, Unterstützungssoftware einschließlich Übersetzungsprogrammen und für die Büroautomation in Form von Officepaketen mit den Komponenten Textverarbeitung, Tabellenkalkulation, Präsentationsgrafik, (vereinfachte) Datenbankverwaltung und E-Mail-Dienste.

Weiterhin gibt es Standardsoftware-Angebote im Bereich der Public-Domain-Software, Shareware und Programme unter GPL-Bedingungen.

Bei Public-Domain-Software handelt es sich um Programme, die (über Netze oder per Datenträger) kostenlos zur Verfügung gestellt werden und beliebig genutzt und kopiert werden dürfen. Der Anbieter übernimmt keinerlei Garantie. Ein Urheberschutz besteht nicht.

Im Gegensatz dazu steht Shareware, für die Urheberschutz beansprucht wird und für deren Nutzung eine Lizenzgebühr (»Registrierungsgebühr«) zu entrichten ist. Shareware wird deswegen meistens zuerst in Form einer (kostenlosen) Demoversion angeboten, in der wesentliche Programmteile fehlen. Auch bei Shareware bietet der Anbieter keine Gewährleistung.

Freie Software wird häufig unter den von der Free Software Foundation entwickelten Bedingungen der General Public License (GPL) angeboten, darüber hinaus gibt es noch eine Reihe anderer Lizenzmodelle, beispielsweise die Lizenzen des GNU (GNU's Not UNIX)-Projekts. Mit »frei« ist hier allerdings nicht unbedingt kostenlos gemeint, sondern das Recht, die Software zu verbreiten und bei Bedarf das Quellprogramm zu erhalten (»Open Source«). Die Lizenz soll garantieren, dass der Lizenznehmer die Software ändern und Teile davon in neuen freien Programmen verwenden darf, wenn er sie seinerseits unter den GPL-Bedingungen weitergibt.

- **Vorteile von Standardsoftware**

Ein wesentlicher Vorteil von Standardsoftware ist der in der Regel kostengünstige Einkauf im Vergleich zur Eigenentwicklung. Weiterhin ist diese sofort verfügbar und kann deshalb in kürzerer Zeit eingeführt werden, als dies mit Eigenentwicklungen möglich wäre. Dies bezieht sich dabei auch auf Erweiterungen der Standardsoftware, welche sich dementsprechend leichter durchführen lassen. Durch den Erwerb von Standardsoftware lassen sich Anwendungen auch realisieren, wenn im Unternehmen kein oder nicht entsprechend qualifiziertes IT-Personal vorhanden ist. Weiterhin entfallen die bei der Entwicklung von Individualsoftware häufig auftretenden Risiken (Abstimmungsprobleme, Ausfall von Projektbearbeitern, Terminüberschreitungen u. a.) weitgehend. Außerdem kann Standardsoftware aufgrund der längeren Erfahrung der Entwickler von besserer Qualität als Eigenentwicklungen sein. Dies hilft insbesondere bei der Identifizierung und Beseitigung von Fehlern sowie der Unterstützung von Anwendern durch die IT-Abteilung.

- **Nachteile von Standardsoftware**

Die Eigenschaften des Programmpakets stimmen oft nicht vollständig mit den Anforderungen des Anwenders überein, sodass erhebliche Anpassungen erforderlich werden. Hiermit sind zusätzliche Kosten verbunden, welche die zuvor genannten Kostenvorteile wieder aufheben können. Zusätzlich muss die innerbetriebliche Ablauforganisation möglicherweise in verschiedenen Details (Beleg- und Formulargestaltung, Nummernsysteme, Arbeitsabläufe u. a.) der Standardsoftware angepasst werden. Dieser Nachteil kann sich allerdings auch als Vorteil herausstellen, wenn die Anpassung zu Rationalisierungseffekten führt. Wird Standardsoftware nur für ein einziges Anwendungsgebiet angeschafft, kann es außerdem Schnittstellenprobleme zu anderen Anwendungssystemen geben.

Zusätzlich intensiviert und festigt der mehrphasige Entwicklungsprozess für Individualsoftware die Zusammenarbeit zwischen der IT-Abteilung und den Fachabteilungen. Bei der kurzfristig realisierbaren Anschaffung von Standardsoftware ist dagegen nicht immer auf beiden Seiten die Bereitschaft vorhanden, sich mit der von außen übernommenen Lösung zu identifizieren.

Die Anschaffung von Standardsoftware verführt dazu, die Systemspezifikation nicht sorgfältig genug vorzunehmen und die Einführung zu überstürzen, sodass im späteren Systembetrieb noch laufend Änderungen erforderlich werden. Standardsoftware bringt den Anwender bzw. den Kunden in eine (oft nicht gewünschte) starke Abhängigkeit vom Anbieter.

- **Anpassung von Standardsoftware**

Die Anpassung von Standardsoftware an die individuellen betrieblichen Anforderungen wird als Customizing bezeichnet. Im Wesentlichen kommen drei Möglichkeiten in Betracht, und zwar Parametrisierung, Konfigurierung bzw. Komponentenbasierung und Ergänzungsprogrammierung.

Bei der Parametrisierung (»Customizing im engeren Sinn«) werden die gewünschten Programmfunktionen durch das Setzen von Parametern initialisiert. Voraussetzung ist, dass alle denkbaren Programmfunktionen in der Standardsoftware vorhanden sind. Allerdings tritt dann oft der Fall ein, dass die Programme von vornherein überladen und die Programmlaufzeiten bzw. Antwortzeiten aufgrund der durch die Parameterprüfung entstehenden Systembeanspruchung hoch sind.

Bei der Konfigurierung (auch als Modularisierung bezeichnet) werden lediglich die gewünschten Programmbausteine in das Softwarepaket aufgenommen. Voraussetzung ist hierbei natürlich (gilt auch für die folgenden Beschreibungen), dass dies vom Softwareanbieter vorgesehen ist. Die Generierung erfolgt computergestützt durch Auswahl aus den vorhandenen Bausteinen, und zwar wie folgt: Zunächst werden die gewünschten Programmfunktionen anhand eines Fragebogens, üblicherweise im Bildschirmdialog, festgelegt. Dann erfolgen Prüfungen auf Logik und Hardwarerealisierbarkeit und gegebenenfalls werden Korrekturen vorgenommen. Abschließend wird das gesamte Programm generiert.

Bei objektorientiert entwickelter Standardsoftware treten an die Stelle der klassischen Module sogenannte Komponenten. Dabei handelt es sich um Klassen, die typischen Geschäftsobjekten (»Business Components«) entsprechen. Die Architekturen für derartige Systeme werden auch als Frameworks bezeichnet.

Ergänzungsprogrammierung (auch als Individualprogrammierung bezeichnet) bedeutet, dass für die erforderlichen Anpassungen bzw. Ergänzungen Software individuell erstellt wird. Die so modifizierte Standardsoftware wird den Anforderungen des Kunden am besten gerecht. Diese Lösung ist allerdings am teuersten.

Moderne Konzepte streben an, die Gesamtheit der betriebswirtschaftlichen Standardsoftware für das Unternehmen so auszuwählen, dass sie sich flexibel an Änderungen der – unternehmensinternen und -externen – Anforderungen anpassen lässt (Adaptionsfähigkeit). Konkret bedeutet dies, dass die Standardsoftware flexibel und einfach, beispielsweise über Parameter (siehe oben), angepasst werden kann.

Teilweise tritt bei Standardsoftware allerdings das Problem auf, dass Programme unter der Bezeichnung »Standardsoftware« angeboten werden, die zunächst nur individuell für einen einzigen Anwender entwickelt worden sind und sich bei der anschließenden »Vermarktung« keineswegs von anderen Anwendern problemlos übernehmen oder anpassen lassen. In der Regel kann dabei erst nach einer längeren Marktphase eine generelle Übertragbarkeit sichergestellt werden.

Die Alternative zur Anpassung der Standardsoftware ist die schon erwähnte Anpassung der Ablauforganisation (z. B. durch eine Reorganisation der Geschäftsprozesse), die auch eine Änderung der Aufbauorganisation bewirken kann. Die zweckmäßigste Lösung besteht häufig in gleichzeitigen Anpassungen sowohl der Standardsoftware als auch der betrieblichen Organisation.

- **SAP-Standardsoftware**

Marktführer in Deutschland auf dem Gebiet von ERP-Systemen ist die 1972 gegründete Firma SAP (die Abkürzung stand zunächst für »Systemanalyse und Programmentwicklung«, inzwischen für »Systeme, Anwendungen, Produkte in der Datenverarbeitung«). Hauptprodukt war jahrelang das 1992 auf den Markt gebrachte Client-Server-System R/3 (R bedeutet Realtime) mit den drei Stufen Benutzerschnittstelle, Anwendungsserver und Datenbankserver. Es hat die auf zentralen Großrechnern basierende Vorgängerversion R/2 abgelöst.

Das Gesamtsystem setzt auf einer relationalen Datenbank auf (▶ Abschn. 2.3.3) und ist modular aufgebaut. Neben einem Basissystem gibt es die drei funktionsbezogenen Module Accounting, Human Resources und Logistics sowie eine funktionsübergreifende Komponente.

SAP gibt die Empfehlung, vor der Einführung ihrer Lösungen sowohl die Istanalyse als auch das Sollkonzept nicht zu detaillieren, sondern die Erfahrungen von SAP zu nutzen. Die unternehmensspezifischen Anforderungen und Geschäftsprozesse sollen mit denen des jeweils in Betracht kommenden SAP-Referenzmodells abgeglichen werden (»Mapping«). Wenn man dieser Empfehlung folgt, liegt die Hauptschwierigkeit beim Sollkonzept, weil SAP-Standardsoftware nur dann effektiv eingesetzt wird, wenn sie ganze Geschäftsprozesse und nicht nur einzelne Funktionsbereiche abdeckt. Um eine Entscheidung über Art und Umfang der vorzunehmenden Anpassungen treffen zu können, schlägt SAP unter der Bezeichnung »Reference Based Business Processing Reengineering« deshalb ein Vorgehen nach folgenden Schritten vor:

1. Der Anwender konzipiert eine Neugestaltung seiner Geschäftsprozesse, mit der sich Schwachstellen der bisherigen Ablauforganisation beseitigen lassen.
2. Die reorganisierten Geschäftsprozesse werden als Sollkonzept in standardisierter Form modelliert, z. B. tabellarisch mit Hilfe von Rasterdiagrammen oder grafisch durch Ereignisgesteuerte Prozessketten. SAP stellt dafür Werkzeuge zur Verfügung.
3. Das Sollkonzept wird den genannten, von SAP ebenfalls in Form von Rasterdiagrammen bzw. Ereignisgesteuerten Prozessketten modellierten (Software-) Referenzmodellen (▶ Abschn. 3.2.3) für die ihrer Software zugrunde liegenden Arbeitsabläufe gegenübergestellt.
4. Anhand der Gegenüberstellung wird entschieden, ob sich die Arbeitsabläufe des Sollkonzepts an die Abläufe der SAP-Standardsoftware anpassen lassen oder ob die Standardsoftware angepasst werden muss.

Tab. 5.1 Implementation Roadmap. (Eigene Darstellung)

Phase	Beschreibung
Phase 1: Projektvorbereitung	Projektplanung erstellen, Projektabläufe, Projekt-Kickoff, Planung der technischen Anforderungen, Qualitätsprüfung Projektvorbereitung
Phase 2: Business Blueprint	Projektmanagement Business Blueprint, Schulung des Projektteams Business Blueprint, Systemumgebung entwickeln, Organisationsstruktur, Geschäftsprozessdefinition, Qualitätsprüfung Business Blueprint
Phase 3: Realisierung	Projektmanagement Realisierung, Schulung des Projektteams Realisierung, Baseline-Konfiguration und Abnahme, Systemverwaltung, Detailkonfiguration und Abnahme, Entwicklung von Datenkonvertierungsprogrammen, Entwicklung von Anwendungsschnittstellen, Systemerweiterungen, Berichten und Formularen, Erarbeitung des Berechtigungskonzepts, Einrichtung der Archivierung, abschließender Integrationstest, Dokumentation und Schulungsunterlagen für Benutzer, Qualitätsprüfung Realisierung
Phase 4: Produktionsvorbereitung	Projektmanagement Produktionsvorbereitung, Benutzerschulung, Systemverwaltung, detaillierte Planung Cutover und Support, Cutover, Qualitätsprüfung Produktionsvorbereitung
Phase 5: Go-Live und Support	Produktionssupport, Beenden des Projekts

Da der Aufwand für die Schritte 1 und 2 erheblich ist, empfiehlt es sich, von vornherein mit Schritt 3 zu beginnen und anhand der Referenzmodelle von SAP zu prüfen, ob sich durch eine Anpassung der Ist-Abläufe der Arbeitsaufwand für eine Reorganisation der Geschäftsprozesse minimieren lässt.

Die Anpassung der Standardsoftware wird wie üblich als Customizing bezeichnet. Im Wesentlichen handelt es sich dabei um eine Parametrisierung, bei der über Eintragungen in Tabellen (im Bildschirmdialog anhand eines Einführungsleitfadens) ohne Eingriff in den eigentlichen Programmcode viele tausend Parameter (betreffend Datenelemente, Funktionen, Prozesse, Geschäftsregeln, Formulare, Ausdrucke usw.) auf die Erfordernisse des jeweiligen Unternehmens eingestellt werden. Nur wenn das im Einzelfall nicht möglich ist, werden über definierte Schnittstellen zusätzliche individuelle Programme (in der SAP-eigenen Sprache ABAP oder zunehmend in Java) angebunden. Zusätzlich bietet SAP durch eine Objektorientierung der Standardsoftware flexiblere Anpassungsmöglichkeiten.

Der Einführung ihrer Standardsoftware legt SAP unter der Bezeichnung »Implementation Roadmap« ein beispielhaftes Vorgehensmodell (▶ Abschn. 5.2.1) für ERP Systeme (▶ Abschn. 3.4.1) zu Grunde, das aus fünf Phasen besteht (◘ Tab. 5.1).

Die Marktdominanz von SAP in Deutschland veranlasst viele Unternehmen, sich ohne einen detaillierten Auswahlprozess für diesen Anbieter zu entscheiden. Die Vorteile für die Kunden liegen zweifellos in dem hohen Potenzial an Erfahrungen, die der Marktführer besitzt, in der Möglichkeit zum Erfahrungsaustausch mit vielen Anwendern, die sich in einer ähnlichen Situation befinden, und in der Sicherheit, welche die Zusammenarbeit mit einem finanzstarken Partner bietet. Kleinere Anbieter von Standardsoftware werben vor allem mit kürzeren Reaktionszeiten auf Kundenwünsche, einer größeren Bereitschaft zu Preisnachlässen und mit besseren persönlichen Kontakten zu den Benutzern.

	Archivierung	Recherche (Suche)	Personalkosten
Ordnerablage	72 Sekunden	300 Sekunden	€ 30 / Std.
Elektronisches Archivierungssystem	20 Sekunden	15 Sekunden	€ 30 / Std.
Mengengerüst	500 Seiten/ Tag	50 Recherchen/ Tag	

Einsparungen (bei 220 Arbeitstagen / Jahr):

- Archivierung
500 x (72-20) = 26.000 Sek. = 7,22 Std./Tag = 1.589 Std./Jahr →   € 46.670 / Jahr

- Recherche
50 x (300-15) = 14.250 Sek. = 3,96 Std./Tag = 871 Std./Jahr   →   € 26.130 / Jahr

- Gesamt   € 72.800 / Jahr

◘ Abb. 5.2 Einfache Kostenvergleichsrechnung. (Eigene Darstellung)

5.1.3 Auswahl von Standardsoftware

- **Wirtschaftlichkeitsvergleiche**

Unverzichtbarer Bestandteil sind Wirtschaftlichkeitsanalysen, d. h. Wirtschaftlichkeitsvergleiche zwischen dem alten und dem geplanten neuen Arbeitsablauf und zwischen den vorgeschlagenen Alternativen für das Anwendungssystem.

Die Vergleiche können durchgeführt werden als reine Kostenvergleiche oder als Kosten-/Nutzenvergleiche.

Bei den Kosten muss zwischen einmaligen Kosten und laufenden Kosten unterschieden werden. Einmalige Kosten betreffen die Entwicklung und Einführung des Anwendungssystems mit allen dazugehörigen Anschaffungen und Umstellungen, laufende Kosten die Nutzung des Anwendungssystems einschließlich aller Folgekosten für Wartung, Änderungen, Erweiterungen etc. Für globale Entscheidungen wird oft nur eine grobe Kostenvergleichsrechnung durchgeführt.

◘ Abb. 5.2 zeigt das Sparpotenzial einer elektronischen Archivierung gegenüber einer konventionellen Ablage mit Ordnern. Dem jährlichen Einsparungsbetrag von € 72.800 sind die Anschaffungskosten für das System und die Umstellungskosten (z. B. für das Scannen der Altablage) gegenüberzustellen.

◘ Abb. 5.3 zeigt eine Kostenvergleichsrechnung mit Amortisation. Auf einem älteren Großrechner von Amazon ist ein Vertriebsinformationssystem installiert, auf das die Außendienstmitarbeiter über stationäre PCs zugreifen. Das System wird neu entwickelt und anschließend in ein bestehendes Client-Server-Modell (► Abschn. 2.4.5) integriert, gleichzeitig werden die Benutzer mit Notebooks und Internetzugang zum Datenserver ausgestattet.

Die Nachteile der Kostenvergleichsrechnung bestehen hauptsächlich darin, dass außer Kosteneinsparungen jeglicher weiterer Nutzen außer Acht gelassen wird und dass grundsätzlich Kosten für Anwendungssysteme, die es bisher noch gar nicht gegeben hat (z. B. Führungsinformationssysteme), nicht verglichen werden können.

	Altes System	Neues System
Laufende Kosten pro Jahr:		
– Serverkosten	€ 50'000	€ 30'000
– anteilige Kosten der Arbeitsplatzcomputer	€ 20'000	€ 35'000
– Kosten der Softwarelizenz	€ 70'000	€ 20'000
– anteilige Systembetreuung	€ 20'000	€ 35'000
Summe	€ 160'000	€ 120'000
Einmalige Kosten		
– Entwicklung		€ 85'000
– Umstellung		€ 15'000
Summe		€ 100'000
– Einsparungen nach vier Jahren Laufzeit: 4 · (160.000–120.000)–100.000 = € 60.000		
– Amortisationsdauer der einmaligen Kosten: 100.000 : (160.000–120.000) = 2,5 Jahre		

Abb. 5.3 Kostenvergleichsrechnung mit Amortisation. (Eigene Darstellung)

Prinzipiell handelt es sich bei der Entwicklung eines neuen Anwendungssystems um eine betriebliche Investition, zu deren Beurteilung sich alle von der Betriebswirtschaftslehre bereitgestellten Verfahren der Wirtschaftlichkeitsrechnung heranziehen lassen.

Die Kostenvergleichsrechnung und die Amortisationsrechnung gehören zu den betriebswirtschaftlichen Verfahren der Investitionsrechnung, und zwar zu den statischen Verfahren. Im Gegensatz zu ihnen berücksichtigen die dynamischen Verfahren der Investitionsrechnung (Kapitalwertmethode, Zinssatzmethoden u. a.) als mehrperiodische Verfahren die Verzinsung des eingesetzten Kapitals (hier: einmalige Kosten) und die Verzinsung bzw. Diskontierung der jährlichen Aus- und Einzahlungen (hier: laufende Kosten und Einsparungen), um Vergleichswerte entweder zum Beginn oder zum Ende der Nutzungszeit zu erhalten. In Anbetracht der Ungenauigkeit des Datenmaterials werden dadurch aber bei der Beurteilung von geplanten Anwendungssystemen keine besseren Aussagen als bei den statischen Verfahren erzielt. Generell sind alle Verfahren der Investitionsrechnung für Entscheidungen auf dem IT-Sektor nur bedingt geeignet, weil sie sich – als eindimensionale Bewertungsverfahren – ausschließlich auf ein einziges und zwar monetäres Kriterium beschränken, das zur Beurteilung nicht ausreicht.

Ist die Einführung des Anwendungssystems mit der Anschaffung von Hardware oder Software verbunden, gehört es zu den typischen Aufgaben des Wirtschaftsinformatikers, die geeignetste Finanzierungsform zu finden. Für die Anschaffung kommen entweder Kauf, Miete (bei Software: Lizenzgebühren) oder Leasing (Mietkauf) in Betracht. Bei der Hardware werden PCs – oft zusammen mit Officepaketen oder Branchensoftware – vorwiegend gekauft. Mittlere und große Computer werden wegen des relativ hohen Kaufpreises häufig über Leasingfirmen, die z. T. Tochterfirmen der Hardwarehersteller sind, geleast. Bei Leasing muss zusätzlich ein Wartungsabkommen geschlossen werden, bei Miete ist die Wartung in der Regel im Mietpreis eingeschlossen.

Kauf hat den Vorteil niedrigerer Finanzierungskosten, aber die Nachteile eines einmalig hohen Kapitalabflusses und einer geringen Flexibilität gegenüber Systemänderungen. Miete und Leasing haben den Vorteil, dass sie bilanzneutral sind und kein Eigenkapital erfordern. Bei

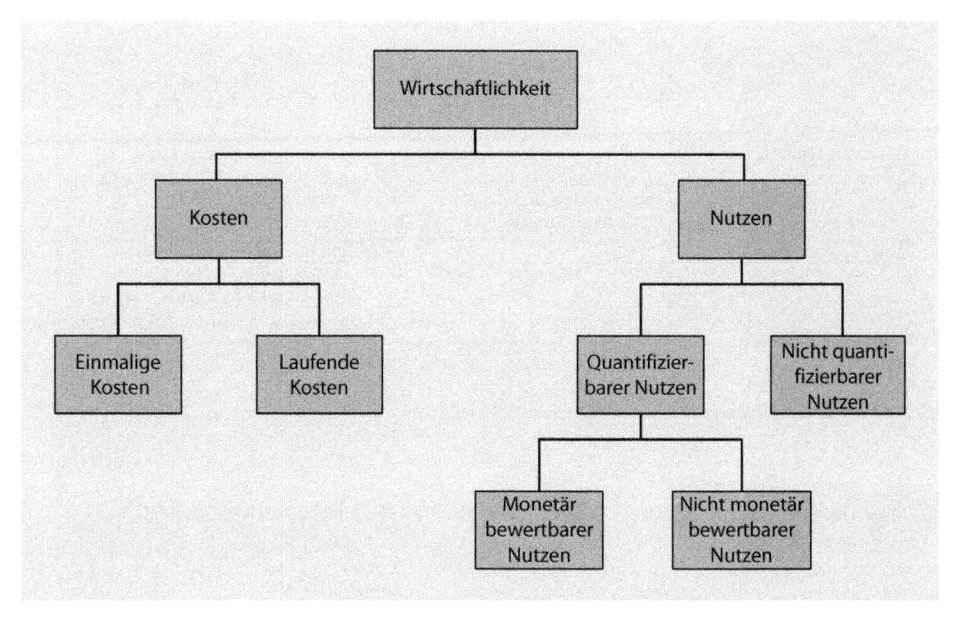

5.1 · Gestaltungsaspekte von Anwendungssystemen

Abb. 5.4 Struktur von Wirtschaftlichkeitsbetrachtungen. (Eigene Darstellung)

beiden besteht größere Flexibilität als beim Kauf, ein Nachteil liegt in der Verpflichtung zu Sonderzahlungen bei vorzeitiger Vertragsauflösung durch den Kunden. Im IT-Bereich dominiert deswegen das sogenannte Vollamortisationsleasing, das heißt während der Leasingvertragsdauer werden die gesamten Investitionskosten des Leasinggebers vom Leasingnehmer zurückgezahlt. Einen nicht zu vernachlässigenden Kostenfaktor bildet die Entsorgung der Altgeräte, die bei Kauf zulasten des Anwenders geht, bei Miete Aufgabe des Herstellers ist und bei Leasing mit Sondervereinbarungen geregelt wird.

Jeder Wirtschaftlichkeitsvergleich bildet erst dann eine fundierte Entscheidungsunterstützung, wenn darin der Nutzen des geplanten Anwendungssystems in vollem Umfang einbezogen wird. Dabei unterscheidet man – analog zu den Mängeln des Istzustands – zwischen quantifizierbarem (oder direktem) Nutzen und nicht quantifizierbarem (oder indirektem) Nutzen.

Der quantifizierbare Nutzen lässt sich teilweise, jedoch bei weitem nicht immer, monetär bewerten. Nicht quantifizierbare Vorteile/Nutzen werden auch als qualitative Effekte bezeichnet. ◘ Abb. 5.4 zeigt die prinzipielle Struktur von Wirtschaftlichkeitsanalysen. In ◘ Abb. 5.5 sind einige Beispiele zusammengestellt. Nutzen, der sich nicht quantifizieren lässt, kann selbstverständlich auch nicht monetär bewertet werden.

Die Hauptschwierigkeit bei Kosten-/Nutzenvergleichen besteht darin, den nicht quantifizierbaren Nutzen in eine Bewertung einzubeziehen. Als rechnerische Hilfsmittel können die Nutzwertanalyse und sogenannte Multifaktorenmethoden herangezogen werden. Allgemein spricht man von mehrdimensionalen Punktbewertungs- oder Zielwertverfahren (Scoringverfahren). Die Nutzwertanalyse dient vor allem zum Vergleich verschiedener Alternativen.

Die Multifaktorenmethoden arbeiten im Prinzip wie folgt:
1. Es wird ein Katalog von Kriterien aufgestellt, anhand derer sich beurteilen lässt, ob das neue Anwendungssystem Verbesserungen oder Verschlechterungen gegenüber dem bisherigen Arbeitsablauf bringen wird. Die Kriterien müssen weitgehend voneinander unabhängig sein.

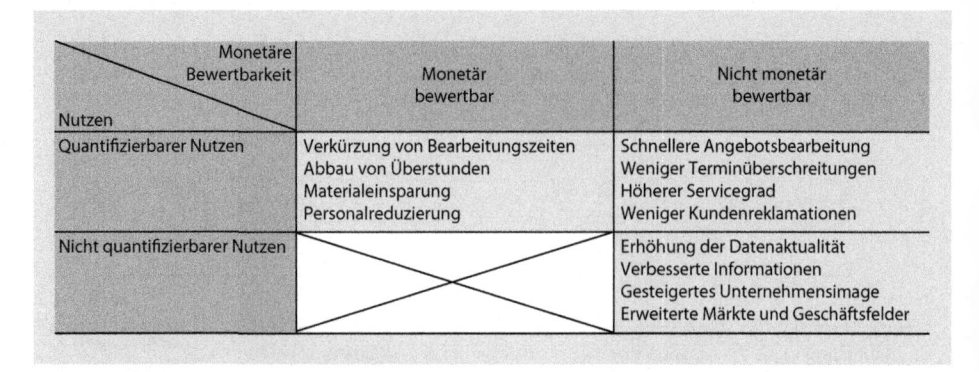

Monetäre Bewertbarkeit / Nutzen	Monetär bewertbar	Nicht monetär bewertbar
Quantifizierbarer Nutzen	Verkürzung von Bearbeitungszeiten Abbau von Überstunden Materialeinsparung Personalreduzierung	Schnellere Angebotsbearbeitung Weniger Terminüberschreitungen Höherer Servicegrad Weniger Kundenreklamationen
Nicht quantifizierbarer Nutzen		Erhöhung der Datenaktualität Verbesserte Informationen Gesteigertes Unternehmensimage Erweiterte Märkte und Geschäftsfelder

Abb. 5.5 Nutzenkategorien. (Eigene Darstellung)

2. Die Bedeutung der Kriterien wird durch einfache Gewichte ausgedrückt, z. B.
   - 3 = sehr wichtig,
   - 2 = erwünscht,
   - 1 = weniger wichtig.
3. Das geplante Anwendungssystem wird mit Hilfe einer Punktbewertung danach beurteilt, ob es hinsichtlich der einzelnen Kriterien Verbesserungen oder Verschlechterungen gegenüber dem Istzustand bringt, z. B.
   - + 3 = erhebliche Verbesserung,
   - 0 = keine Veränderung,
   - – 3 = erhebliche Verschlechterung.
4. Die in (3) vergebenen Punkte werden, Kriterium für Kriterium, mit den zugehörigen Gewichten aus (2) multipliziert.
5. Der Quotient aus der Produktsumme nach (4) und der Summe der Gewichte aus (2) heißt Nutzenkoeffizient. Ein Nutzen ist erst gegeben, wenn der Quotient positiv ist. Ist er deutlich größer als 1, verspricht das geplante Anwendungssystem eine verbesserte (indirekte) Wirtschaftlichkeit.

Schritt 1 wird als Nutzenanalyse bezeichnet, die Schritte 2 bis 5 entsprechen der eigentlichen Nutzenbewertung. **Abb. 5.6** zeigt ein stark vereinfachtes Beispiel der Anwendung einer Multifaktorenmethode auf die Einführung einer computergestützten Lagerverwaltung. Als weiteres Kriterium hätte man übrigens auch die Höhe der Kosten berücksichtigen können.

Die Multifaktorenmethoden bergen die Gefahr in sich, bei der Auswahl und der Gewichtung der Kriterien sowie bei der Bewertung der Alternativen stark von subjektiven Einschätzungen beeinflusst zu werden.

Generell werden geplante Anwendungssysteme nach den beiden Kriterien Effektivität, d. h. Zielauswahl (»die richtigen Dinge tun«), und Effizienz, d. h. Wirtschaftlichkeit (»die Dinge richtig zu tun«), beurteilt. Der die Wirtschaftlichkeit bestimmende Nutzen kann aus der klassischen Wirtschaftlichkeit oder aus strategischen Nutzeffekten resultieren.

Die klassische Wirtschaftlichkeit ergibt sich aus dem betriebswirtschaftlichen Minimaxprinzip, nach dem entweder ein vorgegebenes Ziel mit minimalem Aufwand oder ein maximales Ergebnis bei vorgegebenem Aufwand erreicht werden soll. Im Wesentlichen fallen hierunter Kosteneinsparungen (»Kostenziele«) und Produktivitätssteigerungen (»Leistungsziele«).

Aus heutiger Sicht sind Kosteneinsparungen vor allem noch bei der Erfassung und Eingabe sowie dem Ausdrucken von Massendaten und durch elektronischen Datenaustausch zu erzielen,

5.1 · Gestaltungsaspekte von Anwendungssystemen

Kriterium (1)	Gewicht (2)	Bewertung (3)	Produkt (4) = (2) · (3)
Aktualität der Bestandsdaten	3	3	9
Abfragemöglichkeit der Daten	2	3	6
Lieferbereitschaft der Ware	2	2	4
Technische Lagerorganisation	1	0	0
Automatisierung des Bestellwesens	2	1	2
Akzeptanz bei Lagerverwaltern	1	-1	-1
Summe	11	-	20
(5) Nutzenkoeffizient: 20 : 11 ≈ 1,8 (Verbesserung)			

◻ **Abb. 5.6** Beispiel-Anwendung der Multifaktorenmethode. (Eigene Darstellung)

Produktivitätssteigerungen hauptsächlich durch die Beschleunigung von Verwaltungsvorgängen im Bereich der Büroautomation (▶ Abschn. 3.3.4), insbesondere der computergestützten Gruppenarbeit mit Hilfe von Workflow- und Dokumentenmanagementsystemen. Spektakuläre Kosteneinsparungen und Produktivitätssteigerungen wie in den Anfangsjahren des IT-Einsatzes, in denen die Datenverarbeitung erstmals für die Bewältigung der Massendaten der betriebswirtschaftlichen Routinearbeiten (Finanzbuchhaltung, Personalabrechnung usw.) eingeführt wurde, sind durch neue Anwendungssysteme allerdings nicht mehr zu erwarten.

Aktuelle Wirtschaftlichkeitsbetrachtungen konzentrieren sich vorwiegend auf die Erhebung und Abschätzung erwarteter strategischer Nutzeffekte mit teilweise quantitativen, vorwiegend aber qualitativen Aspekten. Solche Nutzeffekte sind die Steigerung der Umsätze in bestimmten Geschäftsfeldern, Erhöhung der Marktanteile, Erzielung von Wettbewerbsvorteilen, Erschließung neuer Märkte, Erweiterung der Vertriebswege, z. B. durch Electronic Business (▶ Abschn. 7.1), Festigung der Kundenbindung durch Qualität, Lieferbereitschaft, Beratung, generell: besseren Service und Verbesserung der Reaktionsfähigkeit gegenüber äußeren Einflüssen, Verbraucherwünschen, Konkurrenzverhalten, Umweltschäden usw.

Detailliertere Verfahren zur Beurteilung des Nutzens von Anwendungssystemen gehen nach dem Prinzip der Portfolioanalyse von einem zweidimensionalen Ansatz in Form einer 2 × 2- oder 3 × 3-Felder-Matrix aus, bei der in die Spalten jeweils 2 bzw. 3 Stufen der klassischen Wirtschaftlichkeit und in die Zeilen jeweils 2 bzw. 3 Stufen der strategischen Bedeutung eingetragen werden. Beispielsweise besitzt ein Anwendungssystem für die Personalabrechnung hohe klassische Wirtschaftlichkeit, aber niedrige strategische Bedeutung, dagegen ein computergestütztes Führungsinformationssystem hohe strategische Bedeutung, jedoch keine messbare Wirtschaftlichkeit.

▪ Auswahlprozess für Standardsoftware

Da die Einführung von Standardsoftware nur mit Schwierigkeiten oder mit erheblichem Aufwand wieder rückgängig zu machen ist, sollte der Auswahlprozess sehr gründlich vorgenommen werden. Vor echten Auswahlentscheidungen stehen vor allem kleine Unternehmen, weil es keine Notwendigkeit zu der von SAP empfohlenen, mit hohem Arbeitsaufwand und entsprechenden Kosten verbundenen Reorganisation ihrer relativ einfachen Geschäftsprozesse gibt und sie sich deswegen einem erdrückenden Angebot von Programmpaketen anderer Softwarefirmen gegenübersehen.

Gerade in Unternehmen ohne eigene IT-Fachleute und in denen auch sonst keine oder nur geringe IT-Erfahrungen vorliegen, besteht die Gefahr wenig fundierter Entscheidungen ohne einen systematischen Auswahlprozess. Dem Auswahlverfahren kommt daher eine hohe Bedeutung zu. In Fällen mit geringer eigener IT-Kompetenz empfiehlt es sich, unabhängige Institute oder Unternehmensberatungen hinzuzuziehen.

Der Auswahlprozess für Standardsoftware sollte in folgenden Schritten durchgeführt werden:
1. Ausschreibung bzw. Angebotseinholung,
2. Grobbewertung der Angebote,
3. Feinbewertung der Angebote und Endauswahl.

Diese drei Schritte werden im Folgenden näher betrachtet.

▪▪ Ausschreibung

Die Ausschreibung enthält in der Regel folgende Punkte: Eine allgemeine Charakterisierung des Unternehmens (Branche, Aufbauorganisation, Standorte), einen Überblick über Größe (Umsatz, Mitarbeiter) und Erzeugnisse; eine Beschreibung der vorhandenen IT-Infrastruktur (Rechner, Betriebssysteme, Netze, bisher eingesetzte Programme usw.); eine Skizzierung der Arbeitsgebiete und Arbeitsabläufe, soweit dafür Standardsoftware gewünscht wird. Weiterhin enthält diese ein Mengengerüst der augenblicklichen und der in absehbarer Zeit zu erwartenden Daten, einen Katalog der Ziele und Mindestanforderungen (Kostensenkung, Lagerbestandsreduzierung, Datenaktualität, Straffung der Vertriebsorganisation, Kennzahlen usw.) mit Angaben über die kurz-, mittel- und langfristig umzustellenden Arbeitsabläufe (Stufenkonzept), eine Preisobergrenze für das Angebot, einen gewünschten Einsatztermin, eine Aufforderung zu Angaben über Schulung, Systemeinführung, Unterstützung und spätere Wartung, ferner zur Angabe von Referenzen zur Nennung des zuständigen Gesprächspartners sowie einen Termin für die Abgabe des Angebots.

Zu empfehlen ist die Formulierung der Ausschreibung in Form eines standardisierten Fragenkatalogs, der so gestaltet wird, dass bei der Auswertung der Angebote Zeit gespart wird und eine bessere Möglichkeit zur vergleichenden Gegenüberstellung mehrerer Angebote besteht.

◘ Abb. 5.7 zeigt als Beispiel den Fragebogen eines Kleinunternehmers, der mit dem Arbeitsgebiet Fakturierung den Einstieg in die Informationsverarbeitung vornehmen will.

▪▪ Grobbewertung der Angebote

Anbieter mit unvollständigen oder nicht sorgfältig bearbeiteten Angeboten werden von vornherein vom weiteren Auswahlprozess ausgeschlossen. Für die eingegangenen »echten« Angebote wird eine Grobbewertung vorgenommen. Dazu empfiehlt sich die tabellarische Aufstellung eines Katalogs einfacher Kriterien, sogenannter K.-o.-Kriterien. Ausscheiden sollten beispielsweise alle Angebote, die im Preis weit über den eigenen Vorstellungen liegen, bei denen die Software nicht den gewünschten Leistungsumfang abdeckt, bei denen ein hoher Anpassungsaufwand erforderlich wird, bei denen die spätere Wartung der Software unsicher erscheint oder die mit der im Unternehmen vorhandenen Installation inkompatibel sind.

Insgesamt gibt es für die Auswahl von Standardsoftware zahlreiche Kriterien, die sich zu folgenden Gruppen zusammenfassen lassen:

Fachinhaltliche Kriterien stellen eine Gruppe dar. Diese umfassen den Leistungsumfang (Funktionalität), Schnittstellen zu anderen Anwendungssystemen, und zwar sowohl zu Individualsoftware als auch zu Standardsoftware anderer Anbieter, Unterstützung von Geschäftsprozessen (»prozessorientierte« Standardsoftware), Schnittstellen zu Bürowerkzeugen (z. B. Textverarbeitung, Tabellenkalkulation).

1 Software (allgemein)
Welches Programm wird angeboten (Module, Leistungsumfang)?
Wie wird die Benutzerführung unterstützt (Menügestaltung, Hilfesystem)?
Wie werden die Datensätze identifiziert (Schlüssel, Matchcodes)?
Welche Handbücher werden geliefert (Arten, Anzahl)?
Gibt es eine Demoversion?

2 Einzelfragen Fakturierung
Wie kann der Kundenstammsatz aufgebaut werden?
Wie kann der Artikelstammsatz aufgebaut werden?
Wie lassen sich die Formulare für die Rechnungen gestalten?
Wie sind die Zeilen für die Rechnungspositionen zu gestalten?
Werden Kundenrabatte aus der Kundenstammdatei automatisch berücksichtigt?
Welche Zahlungskonditionen sind Standard?
Wie viele Umsatzsteuerschlüssel werden verwendet?
Welche Schnittstellen bestehen (Auftragsbearbeitung, Lagerverwaltung, Finanzbuchhaltung, Textverarbeitung u.a.)?

3 Hardware/Systemsoftware
Welche Hardwarekonfiguration ist mindestens erforderlich
(Prozessor, Hauptspeichergröße, Plattenkapazität)?
Welche spezifische Hardware (z. B. Streamer für Datensicherung) wird empfohlen?
Unter welchem Betriebssystem läuft die Software?
Welche späteren Erweiterungsmöglichkeiten bestehen (Hauptspeichererweiterung, zusätzliche externe Speicher, LAN-/Internetanschluss usw.)?
Wer übernimmt die Aufstellung einschließlich der Kabelanschlüsse?

4 Betreuung
Wo befindet sich die nächstgelegene Technikerbereitschaft?
Werden die Programme regelmäßig gewartet und wie? (Fernwartung?)
Sind darin Anpassungen (z. B. an steuerliche Änderungen) eingeschlossen?
Steht eine Hotline (telefonische Beratung) zur Verfügung und zu welchen Zeiten?
Welche Niederlassung des Anbieters übernimmt die Gesamtbetreuung?
Welcher Schulungsaufwand (in Tagen) ist erforderlich?
Wo soll die Schulung erfolgen (beim Kunden, beim Anbieter)?

5 Kosten
Wie hoch ist der Kaufpreis der Software und der angebotenen Hardware?
Wie hoch ist die monatliche Miete (bzw. Leasingrate) je nach Vertragslaufzeit?
Wie hoch sind die monatlichen Wartungskosten?
Wieviel wird berechnet
– für die Programmanpassung?
– für die Schulung der Mitarbeiter?
– für die Unterstützung der Mitarbeiter nach Übergabe einschl. Hotline?
– für die Entsorgung der Hardware?

6 Vertragsgestaltung/Referenzen
Werden die Verträge über Hardware und Software mit demselben Vertragspartner abgeschlossen?
Werden verbindliche Installationstermine garantiert?
Sind Fristen für die Mängelbeseitigung festgelegt?
Welche Rücktrittsrechte bzw. Schadensersatzansprüche bestehen?
Wo befindet sich das System bereits im Einsatz (Namen, Anschriften)?

◘ **Abb. 5.7** Beispiel Fragenkatalog. (Eigene Darstellung)

Eine weitere Gruppe bilden die Kriterien zur Hardware und zur Systemsoftware (»Plattform«): Rechner- bzw. Prozessorvoraussetzungen, Betriebssystem einschließlich Release, Unterstützungssoftware (z. B. Datenbankverwaltungssystem).

Darüber hinaus existieren Kriterien zur Netzfähigkeit, wie Einsetzbarkeit in lokalen Netzen, Internetanbindung (z. B. für Kunden), benutzerbezogene Kriterien, wie Benutzerfreundlichkeit, die übliche Benutzerschnittstelle, Helpfunktionen, individuelle Steuerbarkeit und Kriterien zur Systemeinführung und zum Systemeinsatz wie Anpassungsaufwand, Schulung, Testmöglichkeiten vor Installierung, Unterstützung, Servicebereitschaft (Hotline), Wartung (auch als Fernwartung), Qualität der Dokumentation (Handbücher).

Betriebswirtschaftliche Kriterien zur Anschaffung spielen ebenfalls eine Rolle; dies sind Kriterien wie Kaufpreis, Wartungskosten, Zusatzkosten (Schulung, Handbücher u. a.), Liefer- und Zahlungsbedingungen, Vertragsdaten, Kündigungsfristen, Rücktrittsrechte, Gewährleistungsansprüche, sonstige Vertragsbedingungen und auch Kriterien über den Anbieter wie Ansehen, Qualifikation, Branchenerfahrung, geografische Nähe, Referenzen.

Die Vorauswahl sollte so betrieben werden, dass am Ende drei bis maximal fünf Angebote übrig bleiben, die dann wie folgt behandelt werden: Es werden Einzelgespräche mit den Anbietern durchgeführt, Einsicht in die Systembeschreibungen und Benutzerhandbücher genommen, der Anbieter zu einer- Präsentation und Vorführung eingeladen, optional die Einholung von Referenzen und schlussendlich Vergleichsrechnungen durchgeführt.

In den Einzelgesprächen werden alle noch offenen Fragen hinsichtlich der Software, der Hardware, der Vertragsgestaltung, der Rücktrittsrechte, der Schulung, der Liefertermine usw. geklärt. Weiterhin werden die Anbieter aufgefordert, ihr Angebot in geschlossener Form zu präsentieren und die Programme einschließlich der Bedienerführung im Ablauf vorzuführen, und zwar nicht nur mit Testdaten des Anbieters, sondern vor allem mit Daten des Interessenten. Die späteren Benutzer sollten probeweise selbst mit der Standardsoftware umgehen.

Für das Einholen von Referenzen empfiehlt sich ein knapper Fragebogen, der nach vorausgegangener telefonischer Kontaktaufnahme an die Referenzadressen verschickt wird. Die Fragen sollten nicht allgemein (»Wie zufrieden sind Sie?«), sondern konkret gestellt werden.

▪ ▪ Feinbewertung und Endauswahl

Nach der Grobbewertung haben sich die in Betracht kommenden Angebote weiter reduziert. Für die verbliebenen Angebote wird jetzt als Feinbewertung eine Vergleichsrechnung durchgeführt. Dazu kann das Verfahren der Nutzwertanalyse angewandt werden. Die einzelnen Schritte werden in ◘ Abb. 5.8 an einem Beispiel erläutert.

Im ersten Schritt werden die aus Sicht des Anwenders relevanten Kriterien genannt. Diese werden zusammengestellt und prozentual gewichtet. Die Summe der Gewichtsprozente muss 100% ergeben.

Im zweiten Schritt werden die zu vergleichenden Angebote hinsichtlich der gewählten Kriterien einander gegenübergestellt.

Im dritten Schritt wird jedes Angebot hinsichtlich jedes Kriteriums bewertet, z. B. mit den Punkten 1 (schlecht) bis 5 (sehr gut). Die vergebenen Punkte werden mit den zugehörigen Gewichten multipliziert, die Produkte werden addiert. Damit ergibt sich für jede Alternative ein Nutzwert (▶ Abschn. 4.2.1).

Eine Verfeinerung (mehrstufige Nutzwertanalyse) besteht darin, einzelne Kriterien noch weiter zu unterteilen, z. B. das Kriterium »Benutzerfreundlichkeit« in Aussagekraft der Symbole, Anzahl der Helpfunktionen, UNDO-Funktion und individuelle Beeinflussbarkeit der Antwortzeiten.

Schritt 1: Aufstellung und Gewichtung der Kriterien

Kriterium	Gewicht
1 Kaufpreis (Euro)	30%
2 Anpassungsaufwand (Personaltage)	20%
3 Schnittstellen zu anderen Anwendungssystemen	10%
4 Netzfähigkeit	10%
5 Benutzerfreundlichkeit	25%
6 Anzahl Referenzinstallationen	5%
Summe der Gewichtsprozente	100%

Schritt 2: Gegenüberstellung der Angebote

	Angebot		
Kriterium	A	B	C
1 Kaufpreis (Euro)	12'000	15'000	30'000
2 Anpassungsaufwand (Personaltage)	12	4	3
3 Schnittstellen zu anderen Anwendungssystemen	bedingt	ja	nein
4 Netzfähigkeit	unbegrenzt	max. 3 Ben.	nein
5 Benutzerfreundlichkeit	Menüs	Assistenten	Hilfefunktion
6 Anzahl Referenzinstallationen	150	30	60

Schritt 3: Punktbewertung der Angebote

Kriterium	Gewicht	A	B	C
1	30%	5	4	2
2	20%	1	3	4
3	10%	2	5	1
4	10%	5	3	1
5	25%	2	5	3
6	5%	5	2	4
Nutzwert		315	395	255

Abb. 5.8 Beispiel Nutzwertanalyse. (Eigene Darstellung)

Im Beispiel hat das Angebot B mit 395 den höchsten Nutzwert. Da die Nutzwertanalyse – ebenso wie die Multifaktorenmethoden – sowohl bei der Auswahl und der Gewichtung der Kriterien als auch bei der Bewertung der Angebote stark von subjektiven Einschätzungen beeinflusst wird, empfiehlt sich die Durchführung von Sensitivitätsanalysen. Dabei wird untersucht, wie sich Veränderungen von Gewichtsbewertungen der Kriterien oder Punktbewertungen für die Angebote auf das Gesamtergebnis auswirken. Würde man beispielsweise den Kaufpreis nur noch mit 15% (statt mit 30%), den Anpassungsaufwand mit 40% (statt mit 20%), die Netzfähigkeit mit 5% (statt mit 10%) sowie die Anzahl der Referenzinstallationen mit 40% (statt mit 5%) gewichten, so erhielte man die Nutzwerte 235 für A, 380 für B und 300 für C; B wäre also an erster, C an zweiter und A an dritter Stelle.

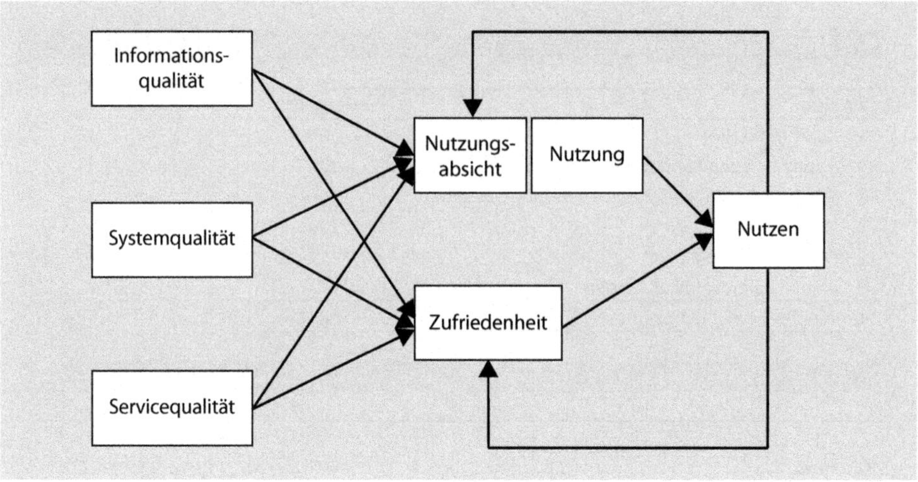

Abb. 5.9 IS-Success-Modell. (Aufbauend auf Delone und McLean 2003)

Anhand der Feinbewertung, insbesondere der Ergebnisse der Nutzwertanalyse, wird – wenn keine Gründe wie z. B. in Aussicht gestellte neue Standardsoftware eines namhaften Anbieters für eine Verschiebung sprechen – die Endauswahl getroffen. Daran schließt sich der Vertragsabschluss an.

Der Vertrag sollte, wie schon bei den Kriterien für die Anschaffung formuliert, detaillierte Angaben über den Leistungsumfang der angebotenen Software, über die Modalitäten der Übergabe, der Einführung und der Funktionsprüfung, über Rücktritts- und Kündigungsrechte sowie über Garantiefristen, die Haftung des Anbieters und Fristen für die Mängelbehebung enthalten. Nützliche Hinweise zur Vertragsgestaltung geben die ab dem Jahr 2000 schrittweise eingeführten Ergänzenden Vertragsbedingungen für die Beschaffung von IT-Leistungen (EVB-IT) der öffentlichen Hand, im Einzelnen für die Vertragstypen Kauf, Dienstleistung, dauerhafte bzw. befristete Überlassung von Standardsoftware, Instandhaltung und Pflege. Daneben gelten übergangsweise die in den EVB-IT noch nicht geregelten Vertragstypen gemäß dem Vorgängerregelwerk, die Besonderen Vertragsbedingungen für die Beschaffung von DV-Leistungen (BVB). Weiterhin kann die Norm DIN 66271 (»Software-Fehler und ihre Beurteilung durch Lieferanten und Kunden«) herangezogen werden, die sich mit der Erfassung, der Analyse und der Beurteilung von Abweichungen befasst. Zur Haftungsfrage existiert eine umfangreiche Rechtsprechung.

Nach Vertragsabschluss sind alle erforderlichen Anpassungs- und Umstellungsmaßnahmen durchzuführen. Die Einführung von Standardsoftware erfolgt dann analog zur Einführung von Individualsoftware.

5.1.4 Qualitätskriterien für Software

Die Bedeutung der Qualität von Anwendungssoftware ist schon in den vorangegangenen Abschnitten mehrfach herausgestellt worden. Diese ist auch aus Forschungssicht eindeutig belegt. Delone und McLean (1992) entwickelten mit dem IS-Success-Modell ein Modell zur Erklärung des Einflusses von wahrgenommener Qualität auf die Nutzung und letztendlich den Nutzen von IT (DeLone u. McLean 1992, DeLone u. McLean 2003). Das Modell ist in ◘ Abb. 5.9 dargestellt.

Das Modell unterscheidet zwischen Informationsqualität, Systemqualität und Servicequalität. Die Informationsqualität beschreibt dabei die Qualität der durch die IT-Anwendung zur Verfügung gestellten Berichte dahingehend, ob diese beispielsweise aktuell und ausreichend sind. Der Begriff der Systemqualität beschreibt die Qualität der zur Verfügung gestellten IT-Anwendungen, etwa Zugriffszeiten oder auch Datensicherheit. Zuletzt beschreibt die Servicequalität die Qualität der durch die IT-Abteilung bzw. den Anbieter der IT-Anwendung zur Verfügung gestellten Serviceleistungen, also beispielsweise Antwortzeiten des IT-Supports. Diese drei Qualitätsdimensionen wirken dann auf die Zufriedenheit der Anwender mit der IT-Anwendung und ihre Nutzungsabsicht, welche letztendlich zur eigentliche Nutzung führt. Diese beiden Größen bestimmen den durch die IT-Anwendung entstehenden Nutzen. Dieser Nutzen kann dabei vielfältige Ausprägungen haben, je nach Nutzungsbereich, Nutzer und Nutzerunternehmen. Aus diesem Grund ist das Verständnis wichtig, auf dessen Basis Qualität definiert wird.

Der Qualitätsbegriff wird in der Praxis auf vielfältige Art und Weise verwendet, beispielsweise durch die Norm DIN 55350-11[1] (»Begriffe des Qualitätsmanagements«). Danach ist Qualität die »Gesamtheit von Merkmalen (und Merkmalswerten) einer Einheit bezüglich ihrer Eignung, festgelegte und vorausgesetzte Erfordernisse zu erfüllen«.

Zur Qualitätsbeurteilung bzw. Qualitätsbewertung geht man demnach in folgenden Schritten vor:
1. Schritt 1 beinhaltet die Aufstellung und Systematisierung von qualitativen Beurteilungskriterien bzw. Qualitätsmerkmalen.
2. Schritt 2 setzt auf die Entwicklung von direkten und indirekten Messgrößen zur quantitativen Bewertung der Qualitätsmerkmale.
3. Schritt 3 umfasst die Festlegung von Maßstäben, um die Erfüllung der Qualitätsmerkmale anhand der Werte der Messgrößen zu beurteilen.

Beispiel
Ein Qualitätskriterium ist die Erlernbarkeit des Umgangs mit einer Anwendungssoftware durch den Benutzer (Schritt 1). Sie kann in Arbeitstagen gemessen werden (Schritt 2). Beispielsweise spricht die Dauer von einer Woche bis zum Erlernen des Umgangs mit einem einfachen HR-Modul zur Verwaltung der Logistik-Mitarbeiter bei Amazon für schlechte, die Dauer von einem Tag für gute Qualität (Schritt 3).

Kriterien für die Beurteilung der Softwarequalität sind in der Vergangenheit in reichlicher Anzahl vorgeschlagen worden und inzwischen Gegenstand mehrerer internationaler und nationaler Normen bzw. Normentwürfe. Sie befassen sich mit Qualitätsanforderungen für Anwendungssoftware und mit Prüfbestimmungen für die Anforderungserfüllung der Norm DIN ISO/IEC 12119 (»Softwareerzeugnisse: Qualitätsanforderungen und Prüfbestimmungen«) und speziell mit Qualitätsmerkmalen für Anwendungssoftware, auf die sich die Qualitätsanforderungen der Norm DIN ISO/IEC 12119 beziehen. Dabei handelt es sich um die Norm DIN 66272 (»Bewerten von Softwareprodukten«), die mit der internationalen Norm ISO/IEC 9126 identisch ist. Eine Übersicht der Normen ist in ◘ Abb. 5.10 dargestellt.

Dabei liegen den genannten Kriterien die in ◘ Abb. 5.11 dargestellten Fragen zugrunde.

Man kann die Qualitätsmerkmale auch danach gliedern, ob sie als statische Qualitätsmerkmale den Aufbau, d. h. die Entwicklung, die Strukturierung, die Dokumentation usw., oder als

---

1 Zur Beschreibung der DIN Normen siehe: ▶ http://iso.w3j.com/.

Qualitätsanforderungen der DIN ISO/IEC 12119	Qualitätsmerkmale der DIN 66272
Produktbeschreibung	Funktionalität
Benutzerdokumentation	Zuverlässigkeit
Programmeinsatz	Benutzbarkeit
	Effizienz
	Änderbarkeit
	Übertragbarkeit

◘ **Abb. 5.10** Qualitätskriterien DIN ISO/IEC 12119 und DIN 66272. (Eigene Darstellung)

Kriterium	Fragestellung
Funktionalität	Sind alle im Pflichtenheft geforderten Funktionen vorhanden und ausführbar?
Zuverlässigkeit	Zu welchem Grad (z.B. in Prozent der Arbeitszeit bzw. der geforderten Nutzungszeit) erfüllt die Software dauerhaft die geforderten Funktionen (*Verfügbarkeit*)?
	Werden alle Funktionen richtig ausgeführt (*Korrektheit*)?
Benutzbarkeit (Benutzerfreundlichkeit)	Wie schnell lässt sich der Umgang mit der Software vom Benutzer erlernen (*Erlernbarkeit*)?
	Wie einfach lässt sich die Software durch den Benutzer handhaben (*Bedienbarkeit*)?
Effizienz	Welches zeitliche Verhalten (Antwortzeiten im Dialogbetrieb, Laufzeiten im Stapelbetrieb) und welchen Ressourcenverbrauch zeigt die Software unter den gegebenen Systemvoraussetzungen (Hardware, Betriebssystem, Kommunikationseinrichtungen)?
Änderbarkeit	Mit welchem Aufwand bzw. in welcher Zeit lassen sich Änderungen ausführen?
	Wie lässt sich der Aufwand für Fehlererkennung und -behebung minimieren (*Wartbarkeit*)?
Übertragbarkeit	Mit welchem Aufwand lässt sich die Software (insbesondere Standardsoftware, vgl. Abschnitt 5.1.2) an individuelle betriebliche Anforderungen anpassen (*Anpassbarkeit*)?
	Lässt sich die Software ohne großen Aufwand in anderen Systemumgebungen zum Einsatz bringen?
	Kann die Software bei Austausch des Rechners (z.B. durch Übergang zu einem leistungsfähigeren Prozessor) unverändert eingesetzt werden (*Skalierbarkeit*, frühere Bezeichnung: Aufwärtskompatibilität)?

◘ **Abb. 5.11** Fragen zur Bewertung der Softwarequalität. (Eigene Darstellung)

dynamische Qualitätsmerkmale das Verhalten, d. h. den Einsatz, die Handhabung usw., der Software betreffen.

Zur quantitativen Bewertung der Qualitätsmerkmale können u. a. als direkte Messgrößen für die Zuverlässigkeit Ausfallzeiten; für die Korrektheit die Anzahl der Fehler, die pro Zeiteinheit auftreten; für die Bedienbarkeit die Anzahl der Aufrufe pro Vorgang; für die Effizienz die Antwortzeit (Durchschnitt, Spitze) pro Transaktion und für die Wartbarkeit der Zeitaufwand je Fehlerbehebung herangezogen werden. Als indirekte Messgrößen für die Programmstruktur (bei strukturierter Systementwicklung) eignen sich die Anzahl der Hierarchieebenen (Schachtelungstiefe), die Anzahl der Strukturblöcke, die Anzahl der Module sowie für die Programmkomplexität die Anzahl unterschiedlicher Programmkonstrukte (► Abschn. 5.2.3).

Mehrere Kriterien bzw. Merkmale überschneiden sich oder hängen voneinander ab. Die indirekten Messgrößen haben auf die Merkmale unterschiedliche, zum Teil gegenläufige Wirkungen. Beispielsweise erhöht eine große Anzahl von Strukturblöcken die Wartbarkeit, aber nicht unbedingt die Effizienz. Für objektorientiert entwickelte Programme (► Abschn. 5.2.3) kommen weitere Messgrößen hinzu.

Alle Messgrößen zur Bewertung der Softwarequalität werden unter der Bezeichnung Softwaremetriken zusammengefasst. Die ersten solcher Messgrößen, die sich zunächst nur auf den Programmcode bezogen, sind schon Mitte der 1970er Jahre vorgeschlagen worden, insbesondere von MCCABE, der ein Maß für die Komplexität von Programmen definiert hat, und

- Ein Dialog ist **aufgabenangemessen**, wenn er den Benutzer unterstützt, seine Arbeitsaufgabe effektiv und effizient zu erledigen.

- Ein Dialog ist **selbstbeschreibungsfähig**, wenn jeder einzelne Dialogschritt durch Rückmeldung des Dialogsystems unmittelbar verständlich ist oder dem Benutzer auf Anfrage erklärt wird.

- Ein Dialog ist **steuerbar**, wenn der Benutzer in der Lage ist, den Dialogablauf zu starten sowie seine Richtung und Geschwindigkeit zu beeinflussen, bis das Ziel erreicht ist.

- Ein Dialog ist **erwartungskonform**, wenn er konsistent ist und den Merkmalen des Benutzers entspricht, z. B. seinen Kenntnissen aus dem Arbeitsgebiet, seiner Ausbildung und seiner Erfahrung sowie den allgemein anerkannten Konventionen.

- Ein Dialog ist **fehlertolerant**, wenn das beabsichtigte Arbeitsergebnis trotz erkennbar fehlerhafter Eingaben entweder mit keinem oder mit minimalem Korrekturaufwand seitens des Benutzers erreicht werden kann.

- Ein Dialog ist **individualisierbar**, wenn das Dialogsystem Anpassungen an die Erfordernisse der Arbeitsaufgabe sowie an die individuellen Fähigkeiten und Vorlieben des Benutzers zulässt.

- Ein Dialog ist **lernförderlich**, wenn er den Benutzer beim Erlernen des Dialogsystems unterstützt und anleitet.

Abb. 5.12 Grundsätze ergonomischer Dialoggestaltung. (Eigene Darstellung)

von HALSTEAD, der den Programmieraufwand als Funktion des Programmumfangs und des Schwierigkeitsgrads dargestellt hat.

In der letzten Zeit wird die Verwendung von Softwaremetriken als Hilfsmittel für die Verbesserung der Softwarequalität verstärkt empfohlen. Da die Aussagekraft vieler Merkmale und Messgrößen wegen ihrer mangelnden Vergleichbarkeit aber sehr umstritten ist, ist ihre Akzeptanz in der IT-Praxis gering. Benutzt werden meistens lediglich Messgrößen, die sich auf das Projektmanagement beziehen, z. B. auf den Projektaufwand oder auf Terminabweichungen.

Besondere Bedeutung für die Softwarequalität besitzt die Softwareergonomie, deren Ziele in erster Linie darin bestehen, zum einen beim Arbeiten im Dialogbetrieb die Arbeit nicht monoton oder ermüdend werden zu lassen und zum anderen den Benutzer im richtigen Maß geistig zu fordern.

Die Softwareergonomie ist weitgehend mit dem Qualitätskriterium Benutzbarkeit aus DIN 66272 identisch. Nach DIN ISO/IEC 12119[2] sollen zur Benutzbarkeit von Software in der Produktbeschreibung einerseits die Art der Benutzerschnittstelle, andererseits die beim Benutzer vorausgesetzten Kenntnisse, aber auch vorgesehene Anpassungsmöglichkeiten an die Bedürfnisse des Benutzers und vorhandene Schutzmaßnahmen gegen Verletzungen des Urheberrechts angegeben werden. Die Produktbeschreibung darf (der Werbung dienende) Angaben über die Effizienz der Software und über die Zufriedenheit von Benutzern enthalten.

In der Norm DIN EN ISO 9241-10 sind die Anforderungen an die Dialoggestaltung in den sieben Grundsätzen Aufgabenangemessenheit, Selbstbeschreibungsfähigkeit, Steuerbarkeit, Erwartungskonformität, Fehlertoleranz, Individualisierbarkeit und Lernförderlichkeit zusammengefasst, allerdings mit teilweise umständlich formulierten Definitionen (z. B. »Vorlieben des Benutzers«). Die wesentlichen Aussagen sind in **Abb. 5.12** zusammengefasst.

---

2   Zur Beschreibung der ISO Normen siehe: ▶ http://iso.w3j.com/.

Zur Einhaltung der Grundsätze gibt es zahlreiche Maßnahmen, z. B. anschauliche Symbol- und Fenstertechnik, automatische Systemerklärungen, Möglichkeit zur Rücknahme von Eingaben (UNDO-Funktion), Quittierung von korrekten Eingaben und verständliche Fehlermeldungen. Generelle Empfehlungen zur Vorgehensweise bei der benutzerorientierten Gestaltung interaktiver Systeme gibt die Norm DIN EN ISO 13407.

Weitere Elemente der aus 17 Teilen bestehenden europäischen Norm DIN EN ISO 9241 betreffen Vorgaben zur Benutzerführung (Teil 13) und zur Dialogführung mittels Menü (Teil 14), direkter Manipulation (Teil 16) und Bildschirmformularen (Teil 17). Die Norm ist ferner in Verbindung mit der EU-Richtlinie 90/270/EWG bzw. der Bildschirmarbeitsverordnung vom 20.12.1996 zu sehen. Die Gestaltungsnorm DIN EN ISO 13407 (»Benutzerorientierte Gestaltung interaktiver Systeme«) bezieht sich durchgängig auf die Anforderungen der Norm DIN EN ISO 9241.

Speziell zur Gestaltung der Benutzeroberfläche gibt es eine Vielzahl von Empfehlungen, z. B. Zusammenfassung von verwandten Informationen zu Gruppen und Zuordnung zu festen Bildschirmbereichen, sparsame Verwendung auffälliger Hervorhebungen und Abschaltbarkeit von akustischen und optischen Signalen.

- **Exkurs: Qualitätskriterien für die Softwareentwicklung**

Software mit hoher (Produkt-)Qualität kann nur dann entstehen, wenn während des gesamten Entwicklungsprozesses geeignete Qualitätssicherungsmaßnahmen befolgt werden. Hauptziele solcher Maßnahmen sind neben der Vermeidung von Qualitätsmängeln und der daraufhin erforderlichen Qualitätsverbesserung vor allem die Stabilisierung des Softwareentwicklungsprozesses und damit langfristige Kosteneinsparungen. Die wichtigsten Qualitätssicherungsmaßnahmen sind zum einen die Verwendung eines einheitlichen Vorgehensmodells für alle IT-Projekte zur Entwicklung von Anwendungssystemen. Zum anderen zählt hierzu die konsequente Anwendung der Prinzipien des strukturierten System- und Programmentwurfs bzw. der objektorientierten Systementwicklung unter Aspekten der Wiederverwendbarkeit (▶ Abschn. 5.2.3). Weiterhin umfassen diese Maßnahmen die verbindliche Festlegung auf eine minimale Anzahl von Methoden bzw. Verfahren der System- und Programmentwicklung (Vielfalt wäre hier besonders nachteilig) und die vorgeschriebene Verwendung von zugehörigen Softwareentwicklungswerkzeugen. Letztlich zählen hierzu auch die Einhaltung ebenfalls vorgeschriebener Strategien zur Organisation eines systematischen Testbetriebs durch alle Programmierer und möglicherweise der Einsatz sich anschließender Prüfverfahren wie Inspektion oder Review.

Über die Befolgung von Qualitätssicherungsmaßnahmen hinaus setzt sich bei der Softwareentwicklung – wie bei allen anderen Produktionsprozessen – die Erkenntnis durch, dass eine wirksame Qualitätssicherung nur durch die Ausweitung zu einem umfassenden (»totalen«) Qualitätsmanagement zu erreichen ist, das durch ein Qualitätsmanagementsystem unterstützt wird (◘ Abb. 5.13). Mit dem Qualitätsmanagement befasst sich die in laufender Überarbeitung befindliche Normenreihe DIN EN ISO 9000 ff. Während in DIN EN ISO 9000 Grundlagen und Begriffe definiert werden, beschreibt DIN EN ISO 9001 die Anforderungen. Speziell DIN EN ISO 9000-3 beinhaltet einen Leitfaden für die Anwendung von DIN EN ISO 9001 auf die Entwicklung, Lieferung, Installation und Wartung von Software.

Einen alternativen Standard bildet das an der Carnegie Mellon University in Pittsburgh entwickelte Capability Maturity Model (CMM). Das Modell ist ein Reifegradmodell zur Beurteilung der Qualität des Softwareentwicklungsprozesses. Dessen Lebenszyklus umfasst die Anforderungserhebung für die Entwicklung der IT-Anwendung, die Entwicklung der IT-Anwendung, die Einführung der IT-Anwendung in die Organisation, die Wartung der

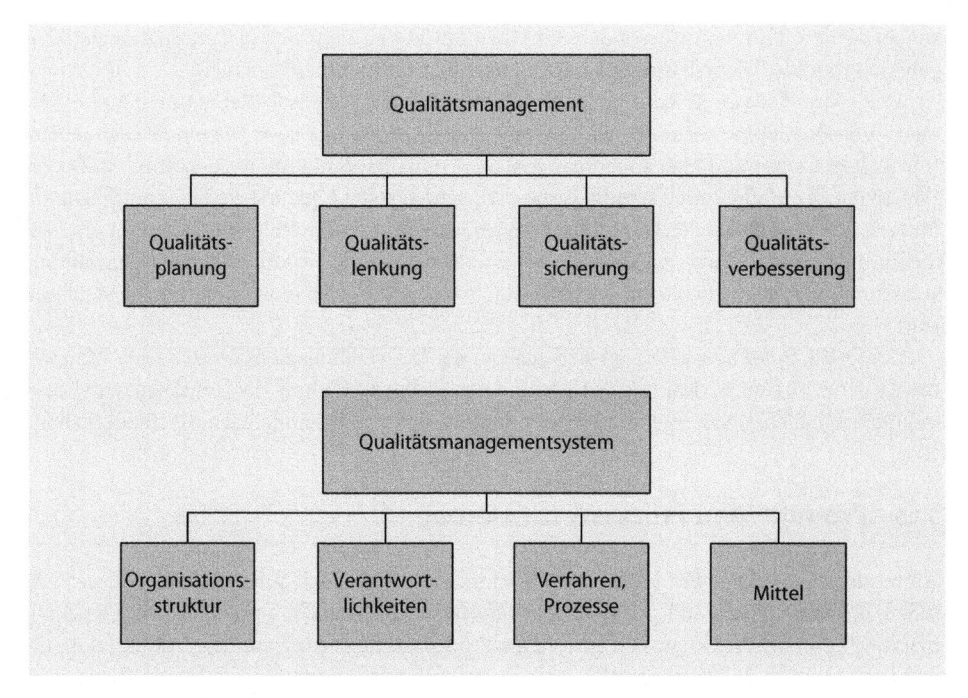

Abb. 5.13 Qualitätsmanagement. (Eigene Darstellung)

IT-Anwendung sowie die Konfiguration der IT-Anwendung. Im Rahmen des Modells wird anhand von fünf Stufen bewertet, wie hoch die Qualität des Softwareentwicklungsprozesses ist. Auf jeder Stufe sind Schlüsselbereiche mit entsprechenden Zielvorgaben definiert. Im Folgenden werden diese fünf Stufen kurz vorgestellt:

1. Anfang: Diese Stufe ist die Ausgangsbasis des Modells, welche jede Organisation erreicht, ohne einen Softwareentwicklungsprozess durchzuführen. Diese Stufe enthält keinerlei Schlüsselbereiche und Zielvorgaben.
2. Wiederholbar: Auf dieser Stufe existiert ein auf Vorerfahrungen basierender Prozess. Auf dieser Basis sind Prozesszeiten kontrollierbar.
3. Definiert: Auf dieser Stufe ist organisationsweit ein Softwareentwicklungsprozess eingeführt und dokumentiert. Dieser wird von einer eigens dafür abgestellten Abteilung überwacht und umgesetzt durch, in der Regel Spezialisten der IT-Abteilung. Diese überwachen und beeinflussen die kosten- und zeitgerechte Umsetzung der Softwareentwicklung.
4. Gesteuert: Auf dieser Stufe wird aktiv in den Prozess eingegriffen, es werden hart messbare Ziele vorgegeben, welche sich sowohl auf die Software als auch auf den Prozess beziehen. Die Ziele werden regelmäßig überprüft.
5. Optimiert: Dies ist die höchste Stufe des Models. Die gesamte Organisation ist mit der Überwachung und Verbesserung des Prozesses beauftragt und unterstützt seinen reibungslosen Ablauf.

Des Weiteren existiert ein Referenzmodell zur Berücksichtigung der Qualität in allen mit Software zusammenhängenden Prozessen (Beschaffung, Entwicklung, Betrieb, Angebot, Wartung und Unterstützung). Dieses wird in der Norm ISO/IEC 15504 beschrieben (»Bewertung von Softwareprozessen«). Diese Norm soll nicht die zuvor genannten Qualitätsstandards ersetzen, sondern einen Rahmen insbesondere für einen objektiven Vergleich des internationalen Angebots (Produkte, Dienstleistungen und anbietende Unternehmen) schaffen.

Der obere Teil von ◘ Abb. 5.13 besagt, dass nicht nur geeignete Maßnahmen zu bestimmen sind (Qualitätssicherung), sondern dass deren Anwendung auch wie ein Projekt geplant (Qualitätsplanung) und überwacht bzw. gesteuert (Qualitätslenkung) werden muss, wobei die Effektivität der Maßnahmen ständig verbessert werden sollte (Qualitätsverbesserung). Das im unteren Teil von ◘ Abb. 5.13 wiedergegebene Qualitätsmanagementsystem schreibt vor, wie die für die Durchführung von Qualitätssicherungsmaßnahmen erforderlichen Organisationsstrukturen, Verantwortlichkeiten, Arbeitsabläufe und Mittel (Personal, Sachmittel) festzulegen sind.

Die Qualität der Software zeigt sich auch an der Verwendung eines Master-Data-Managements, der zentralen Verwaltung der Stammdaten zur Sicherstellung der Konsistenz der Daten in unterschiedlichen Systemen und Anwendungen, um die Datenqualität aufrechtzuerhalten.

5.1.5 Produkt- und Prozesszertifizierung

Anwender bevorzugen Produkte, die hinsichtlich ihrer Qualität mit einem Gütesiegel versehen, d. h. zertifiziert sind. Anwendungssoftware ist davon nicht ausgenommen. Die Zertifizierung von Software kann sich sowohl als Produktzertifizierung auf das Produkt, d. h. die Software, als auch als Prozesszertifizierung auf den Erstellungsprozess, d. h. den Prozess der Softwareentwicklung, oder als IT-Sicherheitszertifizierung speziell auf sicherheitstechnische Anforderungen an Anwendungssysteme beziehen.

Da besonders an Standardsoftware hohe Qualitätsanforderungen gestellt werden, ist schon früh der Wunsch nach einer Produktzertifizierung, d. h. nach Prüfzertifikaten für das Produkt Software, entstanden. 1985 haben sich Prüfinstitutionen, Hardwarehersteller, Softwarefirmen und Anwender zur »Gütegemeinschaft Software e.V.« (GGS) zusammengeschlossen. Bei der GGS kann für Programme das Gütezeichen Software beantragt werden. Mit der Prüfung selbst werden von der GGS Prüfstellen beauftragt, die teilweise eigene Gütesiegel vergeben; darunter sind mehrere Technische Überwachungsvereine. Nach der Norm DIN ISO/IEC 12119[3] betreffen die Prüfbestimmungen die Produktbeschreibung, die Benutzerdokumentation, das eigentliche Programm und die im Lieferumfang enthaltenen Daten.

Allgemein unterscheidet man bei der Zertifizierung zwischen dem Antragsteller, im Allgemeinen der Hersteller oder Vertreiber der Software, den Prüfstellen (Prüflaboratorien), welche die Qualitätsprüfung durchführen und darüber einen Prüfbericht erstellen, den Zertifizierungsstellen, die Zertifikate über erfolgreich durchgeführte Prüfungen ausstellen, sowie den Akkreditierungsstellen, die Prüf- und Zertifizierungsstellen zulassen. In Deutschland sind letztere für den IT-Bereich das Bundesamt für Sicherheit in der Informationstechnik (BSI) und die Deutsche Akkreditierungsstelle Technik e. V. (DATech).

Die Produktzertifizierung hat stark an Bedeutung verloren, seitdem sich die Erkenntnis durchgesetzt hat, dass es sinnvoller ist, nicht kurzlebige bzw. häufigen Anpassungen oder Veränderungen unterworfene Produkte wie die Software selbst, sondern den Herstellungs- bzw. Entwicklungsprozess der Produkte hinsichtlich der Gewährleistung von Qualitätssicherungsmaßnahmen zu zertifizieren. Basis für eine solche Prozesszertifizierung bilden die Qualitätsmanagement- und Qualitätssicherungsnormen der bereits genannten internationalen Normenreihe DIN EN ISO 9000 ff.

---

3   Zur Beschreibung der ISO Normen siehe: ▶ http://iso.w3j.com/.

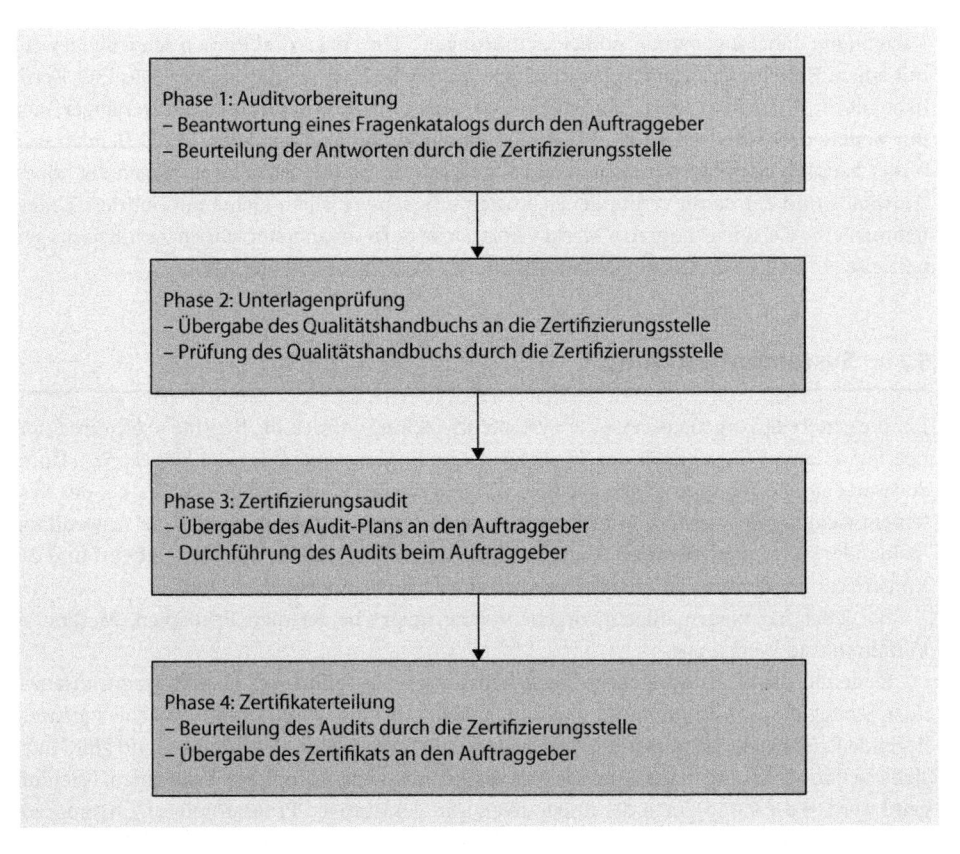

```
┌─────────────────────────────────────────────────────────────────┐
│ Phase 1: Auditvorbereitung                                      │
│ – Beantwortung eines Fragenkatalogs durch den Auftraggeber      │
│ – Beurteilung der Antworten durch die Zertifizierungsstelle     │
└─────────────────────────────────────────────────────────────────┘
                                │
                                ▼
┌─────────────────────────────────────────────────────────────────┐
│ Phase 2: Unterlagenprüfung                                      │
│ – Übergabe des Qualitätshandbuchs an die Zertifizierungsstelle  │
│ – Prüfung des Qualitätshandbuchs durch die Zertifizierungsstelle│
└─────────────────────────────────────────────────────────────────┘
                                │
                                ▼
┌─────────────────────────────────────────────────────────────────┐
│ Phase 3: Zertifizierungsaudit                                   │
│ – Übergabe des Audit-Plans an den Auftraggeber                  │
│ – Durchführung des Audits beim Auftraggeber                     │
└─────────────────────────────────────────────────────────────────┘
                                │
                                ▼
┌─────────────────────────────────────────────────────────────────┐
│ Phase 4: Zertifikaterteilung                                    │
│ – Beurteilung des Audits durch die Zertifizierungsstelle        │
│ – Übergabe des Zertifikats an den Auftraggeber                  │
└─────────────────────────────────────────────────────────────────┘
```

Abb. 5.14 Ablauf der Zertifizierung. (Eigene Darstellung)

Für die Zertifizierung der Softwareentwicklung kommen hauptsächlich die beiden Normen DIN EN ISO 9000 und DIN EN ISO 9001 in Betracht. Wie bereits erwähnt, befasst sich DIN EN ISO 9000-3 mit der Anwendung von DIN EN ISO 9001 auf die Entwicklung, Lieferung und Wartung von Software. Dazu werden die insgesamt 20 Abschnitte von DIN EN ISO 9001 in DIN EN ISO 9000-3 drei Gruppen von phasenabhängigen und phasenunabhängigen Tätigkeiten zugeordnet, die wie folgt zusammengefasst werden: Rahmen (hierzu gehört z. B. die Verantwortung der obersten Leitung), Lebenszyklustätigkeiten (z. B. Anforderungsdefinition, Design und Implementierung, Testen und Validierung) und unterstützende Tätigkeiten (z. B. Konfigurationsmanagement, Messungen, Schulung). Auch die ebenfalls schon erwähnte Norm ISO/IEC 15504 liefert eine wichtige Grundlage für die Zertifizierung von Prozessen.

Mit der Prozesszertifizierung befassen sich mehrere autorisierte Zertifizierungsstellen. Dazu zählen die 1985 als gemeinnützige Selbstverwaltungsorganisation der deutschen Wirtschaft gegründete »Deutsche Gesellschaft zur Zertifizierung von Qualitätsmanagementsystemen mbH« (DQS), deren Gesellschaftsanteile zu über 75% das DIN und die »Deutsche Gesellschaft für Qualität e. V.« (DGQ) halten, und der 1990 gegründete TÜV-CERT als gemeinsame Zertifizierungsstelle für Qualitätssicherungssysteme aller Technischen Überwachungsvereine, ferner einzelne Technische Überwachungsvereine.

Die Zertifizierung verläuft in vier Phasen, die sich über einen Zeitraum von mehreren Monaten bis zu zwei Jahren erstrecken können. Der Ablauf ist in ◘ Abb. 5.14 skizziert. Den

Kern bilden dabei sogenannte Audits (Anhörungen). Die ersten drei Phasen schließen jeweils mit einem Bericht der beauftragten Zertifizierungsstelle an den Auftraggeber. Das ISO-Zertifikat gilt für drei Jahre, sofern jährlich ein Überwachungsaudit stattfindet, und verlängert sich um weitere drei Jahre, sofern ein Wiederholungsaudit durchgeführt wird. Im IT-Bereich sind bisher hauptsächlich Softwarefirmen und Schulungsveranstalter zertifiziert. Wegen des hohen Aufwands und der damit verbundenen Kosten scheuen vor allem kleine und mittlere Unternehmen eine Zertifizierung. Am Markt erfolgreiche Softwareanbieter lehnen Zertifizierungen teilweise ab, weil sie darin ein Hemmnis für innovative Entwicklungen sehen.

5.2 Systementwicklung

Für die generelle Vorgehensweise der Systementwicklung wurden die Begriffe »Software Engineering« (Bauer 1972) und der Begriff »Information Engineering« (Martin 1989) geprägt. Unter Softwareengineering wird ganz allgemein die ingenieurmäßige Vorgehensweise bei der Systementwicklung verstanden. Information Engineering bedeutet sinngemäß die Anwendung ineinander greifender, formaler Techniken für die Planung, die Analyse, den Entwurf und die Konstruktion von Informationssystemen auf einer unternehmensweiten Basis.

Bei jeder ingenieurmäßigen Vorgehensweise unterscheidet man Prinzipien, Methoden, Verfahren und Werkzeuge.

Prinzipien sind grundsätzliche Vorgehensweisen im Sinne von Handlungsgrundsätzen oder Strategien. Ein Programmierparadigma stellt das einer Programmiersprache zugrunde liegende Prinzip dar; es unterstützt Entwickler darin, guten Code zu schreiben, und gibt Hilfestellung und Anleitung in der Entwicklung von Lösungen bei komplexen Problemen. Nachfolgend werden die Paradigmen der imperativen und deklarativen Programmierung herangezogen, welche für den Entwurf einer Programmiersprache grundlegend und anderen Prinzipien übergeordnet sind. Grundsätzlich ist anzumerken, dass eine Programmiersprache mehrere Paradigmen gleichzeitig in sich vereinen kann.

Die Betitelung des imperativen Paradigmas findet ihren Ursprung in dem lateinischen Wort imperare = befehlen. Ein mit einer imperativen Sprache geschriebenes Programm besteht somit aus einer Folge von Befehlen, welche vom Rechner in einer definierten Folge abgearbeitet wird. Im Quellcode sind Befehlsabfolgen sowie Kontrollstrukturen hinterlegt, wie z. B. Schleifen oder If-else-Anweisungen.

Deklarative Programmierparadigmen beruhen auf mathematischen und rechnerunabhängigen Theorien. Im Gegensatz zu den imperativen Paradigmen steht nicht mehr die Frage »Wie« ein Programm abläuft im Vordergrund, vielmehr steht hier das Ergebnis im Fokus. Befehle und Kontrollstrukturen, welche zuvor zwingend miteinander verbunden sind, können hier voneinander getrennt werden.

Nachfolgend verdeutlicht ein Beispiel (◘ Abb. 5.15) den Unterschied zwischen dem imperativen und deklarativen Programmierparadigma.

Beispiele für imperative Programmiersprachen sind z. B. objektorientierte Sprachen wie Java, C++ oder Visual Basic. Deklarative Sprachen sind beispielsweise mengenorientierte Sprachen wie SQL oder funktionale Sprachen wie LISP.

Die wichtigsten Prinzipien für die Systementwicklung sind die Top-down-Vorgehensweise oder schrittweise Spezialisierung und die Bottom-up-Vorgehensweise oder schrittweise Generalisierung. Generell schließen sich Prinzipien in der Anwendung nicht gegenseitig aus, sondern bedingen oder ergänzen sich teilweise. Methoden sind die Vorschriften, wie planmäßig nach einem bestimmten Prinzip (oder einer Kombination von Prinzipien) zur Erreichung

Prozedurale Formulierung	Nicht prozedurale Formulierung
(1) Nimm Buch (2) Prüfe, ob Titel = »Wirtschaftsinformatik« (3) Falls JA, notiere Autor (4) Prüfe, ob letztes Buch (5) Falls NEIN, zurück zu (1) (6) Falls JA, Ende	Suche alle Bücher, für die gilt: Titel = »Wirtschaftsinformatik«

Abb. 5.15 Unterschied zwischen dem imperativen und deklarativen Programmierparadigma. (Eigene Darstellung)

festgelegter Ziele vorzugehen ist. Methoden dienen also zur Umsetzung der Prinzipien. Verfahren sind Anweisungen zum gezielten Einsatz von Methoden, d. h. konkretisierte Methoden. Methoden und Verfahren sind oft eng miteinander gekoppelt und deswegen nicht immer konsequent auseinanderzuhalten. Die wichtigsten bei der professionellen Systementwicklung zum Einsatz gelangenden Prinzipien, Methoden und Verfahren werden im Rahmen der folgenden Abschnitte behandelt.

Da die professionelle Entwicklung von Anwendungssystemen ein komplexer Prozess ist, der beträchtlichen Arbeits- und Zeitaufwand beansprucht und an dem eine Vielzahl unterschiedlicher Stellen beteiligt ist, erfolgt sie vorwiegend in Form von IT-Projekten. Generell wird unter einem Projekt ein Vorgang mit folgenden Hauptmerkmalen verstanden:

- Einmaligkeit für das Unternehmen (muss nicht Erstmaligkeit bedeuten!),
- Zusammensetzung aus Teilaufgaben,
- Beteiligung von Personen und/oder Stellen unterschiedlicher Fachrichtungen (»Interdisziplinarität«),
- Teamarbeit,
- Konkurrieren mit anderen Projekten um Personal- und Sachmittel,
- Mindestdauer bzw. Mindestaufwand,
- Höchstdauer bzw. Höchstaufwand,
- definierter Anfang und definiertes Ende (= Ziel).

Von den Geschäftsprozessen (▶ Abschn. 3.2) unterscheiden sich Projekte in erster Linie durch die Einmaligkeit. IT-Projekte sind speziell dadurch gekennzeichnet, dass sie die Entwicklung von Anwendungssystemen zum Inhalt haben, der überwiegende Teil der Projektbearbeiter IT-Spezialisten sind und dass der Projektleiter häufig aus der IT-Abteilung stammt. Die Entwicklung von Anwendungssystemen in IT-Projekten wird dabei von zwei Fragen bestimmt:
a. Welche Aktivitäten sind in welcher Reihenfolge auszuführen?
b. Wer führt wann welche Aktivitäten aus?

Mit Frage a) befassen sich die Vorgehensmodelle der Systementwicklung. Bereits 1950 wurde von den Bell-Laboratorien das Konzept des »Systems Engineering« (ins Deutsche mit Systemtechnik übersetzt) als Gesamtheit von Methoden zur Strukturierung und Entwicklung komplexer Systeme eingeführt. Der Gesamtprozess besteht danach aus mehreren zeitlich aufeinander folgenden Stufen mit den vier Grundphasen Systemanalyse, Systementwicklung,

Systemeinführung und Systempflege. Von dieser Grundeinteilung ausgehend, sind für die Entwicklungsphasen von Anwendungssystemen unter der Bezeichnung Phasenkonzept unzählige Vorschläge entwickelt worden, die sich in den Organisationshandbüchern von betrieblichen IT-Abteilungen, von Unternehmensberatern und von Softwarefirmen sowie in vielen Lehrbüchern wiederfinden. Da eine strenge Phaseneinteilung des Entwicklungsprozesses nicht immer einzuhalten ist, wird heute der umfassendere Begriff Vorgehensmodell benutzt; diese werden in ▶ Abschn. 5.2.1 behandelt.

Frage b) ist Aufgabe des Projektmanagements. Als Projektmanagement wird die Gesamtheit aller Tätigkeiten bezeichnet, mit denen Projekte geplant, überwacht und gesteuert werden. Für die einzelnen Aktivitäten des Projektmanagements gibt es detaillierte Gliederungen.

Zu Beginn jedes IT-Projekts ist festzulegen, wie das Projektteam zusammengesetzt und wer zum Projektleiter bestimmt wird. Projektteams werden interdisziplinär aus Mitarbeitern der Fachabteilungen und der IT-Abteilung zusammengesetzt, häufig unter Hinzuziehung von Beratungsunternehmen oder von Softwarefirmen. Ein Projektteam sollte – nach den üblichen Regeln für die maximale Kontrollspanne von Führungskräften – aus höchstens sieben Bearbeitern bestehen. Weitere Erfahrungsregeln besagen, dass IT-Projekte nicht länger als zwei Jahre dauern sollen und der Projektaufwand höchstens 10 bis 15 Personaljahre betragen darf. Größere IT-Projekte sind in Teilprojekte zu zerlegen.

Der Projektleiter ist für das Projektmanagement verantwortlich. Darunter versteht man die Aufgaben Projektplanung, Projektüberwachung und Projektsteuerung. Die Projektplanung beinhaltet in der Phase Analyse bei der Aufstellung des Sollkonzepts die Abschätzung des Aufwands an Zeit, Mitarbeitern, Sachmitteln und Kosten sowie die Erarbeitung von Terminvorschlägen. In den folgenden Projektphasen umfasst die Projektplanung die Planung des Mitarbeitereinsatzes und der Termine. Nach Abschluss des Projekts umfasst sie eine Gegenüberstellung des geplanten und des tatsächlich entstandenen Aufwands in Form einer Nachkalkulation.

Für die Planung der Projekttermine (Meilensteine) und des Einsatzes der Projektbearbeiter können als Hilfsmittel Betriebskalender, Balkendiagramme und – bei sehr komplexen Projekten – die Netzplantechnik herangezogen werden. Die Projektüberwachung hat die Einhaltung der inhaltlichen Vorgaben, d. h. der Projektziele, der geplanten Termine und der Vorgaben über den Personaleinsatz, die Sachmittel und die Projektkosten zu überwachen. Sie erfolgt durch Projektbesprechungen in festen Zeitabständen, mündliche Berichterstattung in Ausnahmesituationen, regelmäßige schriftliche Projektberichte oder Anzeige des Projektstatus am Bildschirm auf Anforderung. Voraussetzung für die regelmäßige Berichterstattung sind Tätigkeits- oder Arbeitsfortschrittsberichte der Projektbearbeiter, die unter Verwendung eines phasenorientierten Tätigkeitsschlüssels angefertigt werden. Die Tätigkeitsberichte dienen gleichzeitig als Basis für die Weiterbelastung der Kosten der Systementwicklung und als Datenmaterial in Form einer Projektdatenbank oder Softwarefaktorenbibliothek für zukünftige Projektplanungen. Die Projektsteuerung besteht darin, bei Plan-/Ist-Abweichungen geeignete Maßnahmen zu treffen. Solche sind z. B. Terminverschiebung des Gesamtprojekts, Verstärkung des Projektteams (Maßnahme mit zweifelhaftem Erfolg[4]) und Abspaltung von Teilprojekten, die erst später realisiert werden.

■ **Projektbegründung**

Die Projektbegründung – oft auch als Projektentstehung bezeichnet – umfasst alle (offiziellen und inoffiziellen) Aktivitäten, die dazu dienen, ein IT-Projekt zu initialisieren, und führt zur

---

4 Brook'sches Gesetz: »Adding manpower to a late project makes it later.«

Erteilung eines Projektauftrags. Sie enthält die Tätigkeiten Projektvorschläge erarbeiten, Projekterwartungen formulieren und Projektauftrag erteilen.

Projektvorschläge zur Entwicklung eines Anwendungssystems können von verschiedenen Seiten kommen, nämlich intern von der Unternehmensleitung, von Fachabteilungen oder von der IT-Abteilung, extern von Hardwareherstellern, Softwarefirmen oder Unternehmens- und Steuerberatern, aber auch von Hochschulinstituten, Wirtschaftsverbänden, Industrie- und Handelskammern, Handwerkskammern etc. Moderne Konzepte fordern unter Bezeichnungen wie Strategische Informationssystemplanung oder Kommunikationswertanalyse, dass Projekte für neue Anwendungssysteme nicht isoliert konzipiert und kurzfristig festgelegt, sondern im Rahmen des Informationsmanagements (▶ Kap. 4) als Ergebnis einer langfristig ausgerichteten Planung begründet werden sollen. Um Projektvorschläge zu erarbeiten, lassen sich die von der Organisationslehre angebotenen Kreativitätstechniken wie z. B. Brainstorming, Szenarioanalyse und Metaplantechnik sinnvoll in einem sogenannten Ideenfindungsprozess einsetzen.

Die Vorphase Projektbegründung wird mit der Formulierung und der Erteilung eines Projektauftrags abgeschlossen. Ein solcher Auftrag wird je nach Größe und Struktur des Unternehmens und nach dem Umfang des IT-Projekts von der Unternehmensleitung, vom Leiter eines Werks, einer Fachabteilung usw. oder von einem zentralen IT-Lenkungsausschuss bzw. IT-Koordinierungsausschuss, der über die Prioritäten und die Finanzierung aller anstehenden IT-Projekte entscheidet, erteilt. Die Stelle, die den Auftrag erteilt, ist auch zuständig für die Bestimmung der ausführenden Stellen bzw. Mitarbeiter, für die Festlegung der Verantwortlichkeiten und für die Unterrichtung und Beteiligung aller weiteren in Betracht kommenden Stellen.

Im Projektauftrag müssen die Bezeichnung des IT-Projekts, die Zielsetzung, der Inhalt des geplanten Anwendungssystems, die Auflagen für die Projektdurchführung, die Begrenzungen der Personal- und Sachkosten sowie die Vollmachten für die Projektbearbeiter festgelegt werden. Als Leitfaden für Projektvereinbarungen zwischen Vertragspartnern gibt es die Norm DIN 69901 (»Projektwirtschaft; Projektmanagement«). Projektaufträge werden häufig – vor allem bei der Beteiligung externer Berater – zuerst nur für die Phase Analyse des Systementwicklungsprozesses erteilt. Solche Projektaufträge haben dann lediglich die Zielsetzung, anhand alternativer Sollkonzepte festzustellen, ob die Einführung, Umstellung oder Reorganisation eines Anwendungssystems überhaupt sinnvoll und wirtschaftlich ist. Erst mit Abschluss der Phase Analyse wird endgültig entschieden, ob eine Systementwicklung definitiv durchgeführt werden soll. Fällt die Entscheidung für eine Entwicklung, wird für die nächsten Phasen ein neuer Projektauftrag (»Anschlussauftrag«) erteilt. Damit ist allerdings nicht ausgeschlossen, dass das IT-Projekt noch in einer späteren Phase »stirbt«.

Als problematisch erweist sich immer die zu Projektbeginn anstehende Aufwandschätzung für das Projekt. Formale Hilfsmittel existieren in Form von Rechenverfahren als einfache mathematische Funktionen, die als unabhängige Variable (Bezugsgrößen) beispielsweise
- die Programmgröße in Zeilen (LOC = Lines of Code),
- die Anzahl der Eingabe- und Ausgabedateien (bei Stapelverarbeitung),
- die Anzahl der Eingabe- und Ausgabemasken bzw. -oberflächen am Bildschirm (bei Dialogverarbeitung),
- die Anzahl der Dateien mit Stamm- bzw. Bestandsdaten,
- die Anzahl der Testfälle, den Umfang der Programmdokumentation (z. B. in DIN A4-Seiten),
- den Schwierigkeitsgrad des Anwendungssystems und
- die Qualifikation und die Problemkenntnis der Projektbearbeiter (Skillfaktoren)

berücksichtigen. Sehr umstritten ist dabei die Bezugsgröße LOC, weil sie von der Programmiersprache, ggf. den eingesetzten Softwareentwicklungswerkzeugen, dem Programmierstil u. a. abhängt.

Die Koeffizienten zur Umrechnung von den Geschäftsvorfällen auf den Projektaufwand muss jedes Unternehmen für seine individuellen Projektumgebungen empirisch ermitteln. Das Problem bei allen formalen Verfahren besteht darin, geeignete Bezugsgrößen zu finden und laufend zu erfassen bzw. zu messen und realistische Produktivitätsmaße (Programmiererproduktivität) hinsichtlich dieser Bezugsgrößen (z. B. LOC oder Dokumentationsseiten pro Arbeitstag) festzulegen. Da solche Rechenverfahren sehr ungenaue Werte liefern, werden sie in der betrieblichen Praxis kaum akzeptiert. Praktiziert wird nach wie vor folgendes Verfahren:

- Bei der strukturierten Systementwicklung wird das Anwendungssystem in überschaubare Module bzw. Strukturblöcke zerlegt.
- Aufgrund von Erfahrungswerten aus früheren Projekten wird der Aufwand für jedes Modul geschätzt (Analogiemethode). Dieser Schritt bildet eine typische Anwendungsmöglichkeit für das fallbasierte Schließen.
- Die Einzelschätzungen werden – unter Verwendung von Zuschlagsfaktoren für den Schwierigkeitsgrad des Projekts und/oder für die Qualifikation und die Erfahrung der Projektbearbeiter – zu einer Abschätzung für den Projektaufwand in der Phase Realisierung, d. h. Programmierung/Test, addiert.
- Das Verfahren wird mit fortschreitender Projektdauer mehrmals wiederholt.
- Die Hochrechnung auf die gesamte Projektdauer erfolgt mit Hilfe der prozentualen Anteile der einzelnen Projektphasen am Gesamtprojekt (Prozentsatzmethode). Die Werte sind unternehmensindividuell zu ermitteln. Der Anteil der Phase Realisierung liegt erfahrungsgemäß zwischen 30 und 50%.

- **Beziehung von Projektmanagement und Vorgehensmodellen**

Während das Projektmanagement bestimmt, WER WAS WANN zu WELCHEN KOSTEN auszuführen hat, ist in den einzelnen Phasen des Vorgehensmodells festgelegt, WIE und WOMIT, d. h. mit welchen Werkzeugen, etwas auszuführen ist (◘ Abb. 5.16). Viele Vorgehensmodelle orientieren sich heute an den folgenden vier Phasen, die auch der Einteilung dieses Abschnitts zugrunde liegen: Analyse, Entwurf, Realisierung und Einführung. Eine zusätzliche Vorphase Projektbegründung dient dazu, zunächst einen Projektauftrag zu definieren und grobe Zielvorstellungen über die Realisierungsmöglichkeiten und die Nutzenpotenziale des beabsichtigten neuen Anwendungssystems zu entwickeln. Die Inhalte dieser Phasen sind in ◘ Tab. 5.2 zusammengefasst.

Die Phase Analyse besteht im ersten Schritt darin, in einer Istanalyse den bisherigen Zustand (Istzustand) des von dem geplanten Anwendungssystem abzudeckenden Anwendungsgebiets zu erheben und ihn – vor allem im Hinblick auf Schwachstellen – zu analysieren bzw. zu bewerten. Dabei können unterschiedliche Erhebungs- und Darstellungstechniken zur Anwendung gelangen. Im zweiten Schritt der Phase Analyse wird ein Sollkonzept entwickelt. Dazu werden zuerst die Anforderungen der späteren Anwender an das geplante Anwendungssystem ermittelt. Davon und von den Schwachstellen des Istzustands ausgehend wird der Fachentwurf aufgestellt, d. h. der fachliche Leistungsumfang (Inhalt, Arbeitsabläufe, Nutzungsmöglichkeiten) des Anwendungssystems festgelegt. Hinsichtlich der informationstechnischen Realisierung wird zunächst ein IT-Grobentwurf angefertigt. In der Regel wird erst zum Abschluss der Phase Analyse entschieden, ob das Anwendungssystem überhaupt realisiert werden soll. Deshalb müssen Wirtschaftlichkeitsvergleiche in Form von Kosten-/Nutzenanalysen durchgeführt

5.2 · Systementwicklung

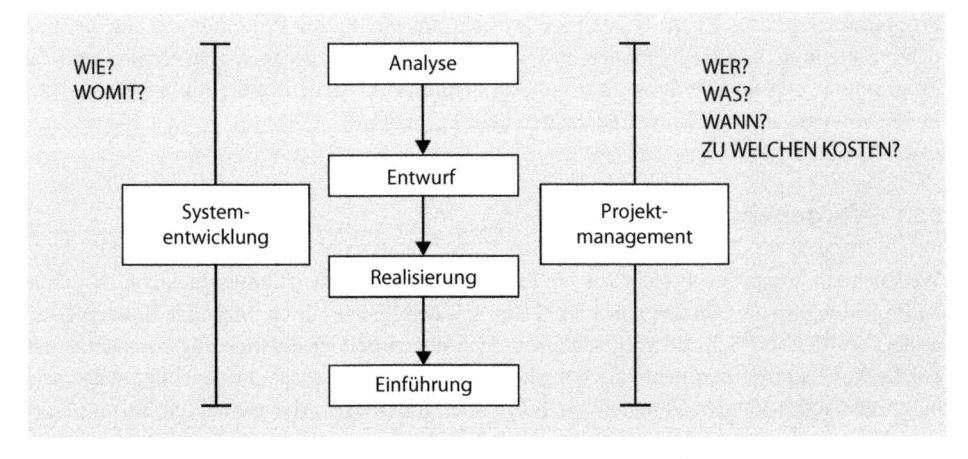

Abb. 5.16 Abgrenzung von Vorgehensmodellen und Projektmanagement. (Eigene Darstellung)

Tab. 5.2 Phasen der Systementwicklung. (Eigene Darstellung)

Phasenbezeichnung	Phaseninhalt
Analyse	Istanalyse Erhebung des Istzustands Bewertung des Istzustands Sollkonzept fachliche Anforderungen technische Anforderungen Wirtschaftlichkeitsvergleiche
Entwurf	Systementwurf Programmspezifikation Programmentwurf
Realisierung	Programmierung Test

werden, möglicherweise anhand alternativer Realisierungskonzepte. Die Phase Analyse wird in ▶ Abschn. 5.2.2 besprochen.

Die Phase Entwurf hat die Aufgabe, aus dem Sollkonzept der Phase Analyse den eigentlichen Systementwurf, d. h. einen detaillierten informationstechnischen Entwurf, abzuleiten. In diesem werden insbesondere bei der traditionellen strukturierten Vorgehensweise die Datenstrukturen (Datenmodellierung), die Funktionen (Funktionsentwurf) und die Prozessabläufe (Kontrollflüsse) oder bei der moderneren objektorientierten Vorgehensweise die Objekte bzw. Klassen mit ihren verschiedenartigen gegenseitigen Beziehungen festgelegt. Weiterhin wird der Systementwurf in Vorgaben für die anschließende Programmentwicklung umgesetzt (Programmspezifikation) und auf der Basis der Programmspezifikation ein Programmentwurf formuliert. Für die Phase Entwurf stehen verschiedene Entwurfsmethoden und Darstellungstechniken zur Verfügung. Diese Phase wird in ▶ Abschn. 5.2.3 behandelt, wobei hier zunächst die klassische funktions- oder datenorientierte Vorgehensweise und anschließend die objektorientierte Vorgehensweise beschrieben wird.

In der Phase Realisierung (▶ Abschn. 5.2.4) erfolgt die Programmierung, d. h. die Umsetzung des Programmentwurfs in ein Computerprogramm durch Codierung in einer

Programmiersprache. Es wird ein Überblick über die wichtigsten Programmiersprachen und deren Einteilung nach Generationen und Anwendungsgebieten gegeben. Eng verzahnt mit der Programmierung sind die Programm- und Systemtests, mit denen Fehler im Programm oder in den vorangegangenen Entwurfsschritten beseitigt werden.

5.2.1 Vorgehensmodelle

Weil sich ein komplexes Projekt wie die Entwicklung eines Anwendungssystems nicht schon zu Projektbeginn als Ganzes planen lässt, sind seit den 1950er Jahren unzählige Konzepte aufgestellt worden, die Schritte vorgeschlagen, nach denen bei der Entwicklung vorzugehen ist. Solche Konzepte werden heute als Vorgehensmodelle (»Road Maps«) bezeichnet. Allgemein beschreibt jedes Vorgehensmodell die Folge aller Aktivitäten, die zur Durchführung eines Projekts erforderlich sind. Vorgehensmodelle für die Systementwicklung von Anwendungssystemen geben an, wie die Prinzipien, Methoden, Verfahren und Werkzeuge der Softwareentwicklung einzusetzen sind.

Die meisten der in der Praxis eingesetzten Vorgehensmodelle der Systementwicklung basieren auf dem Phasenkonzept der Systemtechnik, nachdem die Entwicklungszeit in die vier Phasen Analyse, Entwurf (Design), Realisierung (Implementierung) und Einführung eingeteilt wird.

Den genannten vier Phasen geht eine Vorphase Projektbegründung voran, in der das Projekt zunächst definiert (»eingerichtet«) und durch einen Projektauftrag offiziell gestartet wird. Besondere Bedeutung kommt der Phase Analyse zu, weil oft erst am Ende dieser Phase entschieden wird, ob das Anwendungssystem überhaupt realisiert werden soll. Sie wird in die Schritte Istanalyse und Sollkonzept aufgeteilt. Unter Berücksichtigung dieser Unterteilung und der häufig an die Stelle der Eigenentwicklung von (Individual-) Software tretenden Anschaffung von Standardsoftware (einschließlich der damit verbundenen Programmanpassungen) ergibt sich das in ◘ Abb. 5.17 dargestellte und in der Praxis vielfach bewährte Vorgehensmodell, das allen folgenden Abschnitten zu Grunde liegt. Für den Prozess der Anschaffung und Einführung von Standardsoftware gibt es spezielle Vorgehensmodelle.

Die Einteilung des Entwicklungsprozesses in Projektphasen verringert die Komplexität des IT-Projekts. Durch die Zerlegung in überschaubare, zeitlich aufeinander folgende Teilaufgaben und durch die Vorgabe von Phasenzielen (»Meilensteinen«) ergibt sich die Möglichkeit, Änderungen, die sich während der Systementwicklung ergeben, einzupflegen und Fehler in einem frühen Stadium zu erkennen.

Für jede einzelne Phase ist festzulegen, WAS zu tun ist und WIE etwas zu tun ist, d. h. welche Prinzipien, Methoden und Verfahren anzuwenden und welche Werkzeuge möglicherweise einzusetzen sind.

Um eine strenge Projektkontrolle mit eindeutiger Verantwortungsabgrenzung zu erreichen, muss weiterhin phasenweise festgelegt werden, WANN etwas zu tun ist, WER etwas zu tun hat und WELCHE Kosten dabei höchstens entstehen dürfen. Erst durch die Phaseneinteilung wird es möglich, in inhaltlich wie zeitlich begründeten Schritten die Einhaltung aller Vorgaben zu überprüfen, den Entwicklungsaufwand zu überwachen und bei Erfordernis kurzfristig steuernde Maßnahmen einzuleiten.

- **Wasserfallmodell**

Eine häufig genannte, rigorose Festlegung lautet, dass mit einer Phase des Systementwicklungsprozesses erst begonnen werden darf, wenn die vorangehende Phase vollständig abgeschlossen

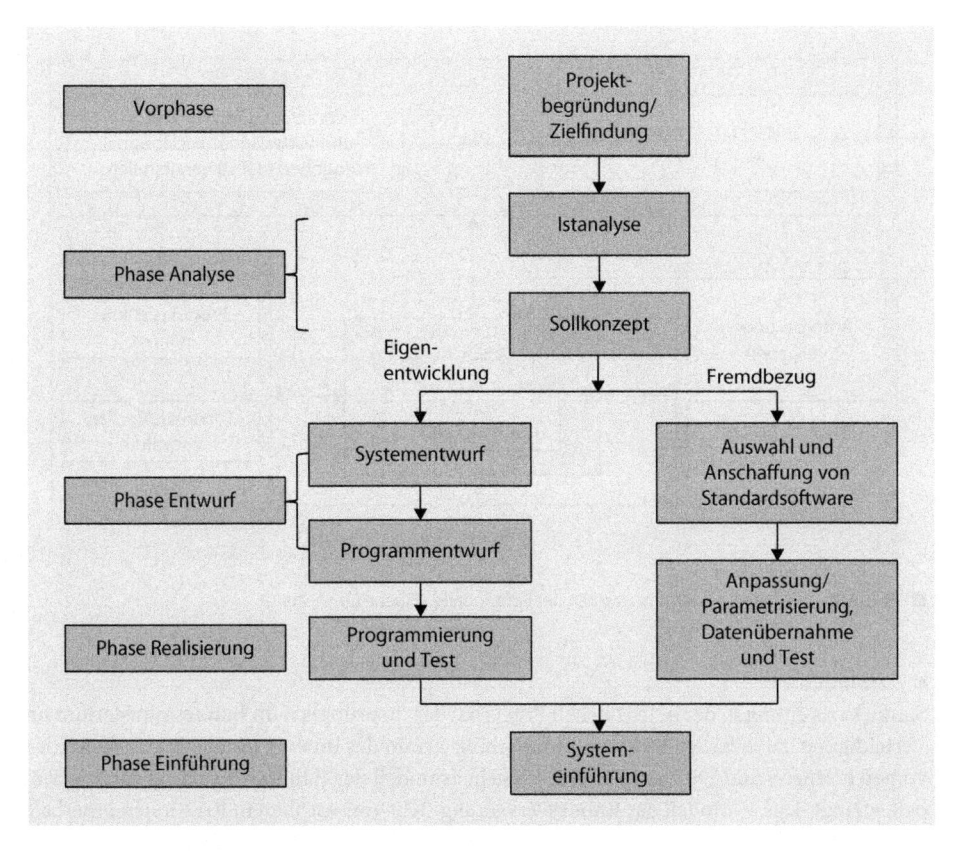

Abb. 5.17 Vorgehensmodell der Systementwicklung. (Eigene Darstellung)

ist. Dieses ältere Vorgehensmodell wird als Wasserfallmodell bezeichnet, in dem die einzelnen Phasen als Kaskaden eines Wasserfalls dargestellt werden. Der Einhaltung einer derart strengen Phaseneinteilung stehen mehrere Argumente entgegen:

- Die endgültigen Systemanforderungen kristallisieren sich erst mit wachsendem Erkenntnisstand im Verlauf des Entwicklungsprozesses heraus.
- Äußere Einflüsse (strukturorganisatorische Maßnahmen, gesetzliche Änderungen, neue Angebote auf dem Hard- und Softwaremarkt u. a.) bedingen schon während der Systementwicklung wiederholt Änderungen der Anforderungen und damit des Sollkonzepts bzw. des Systementwurfs.

- **Zyklenmodell**

Aus dem strengen Wasserfallmodell wird daher zwangsläufig oft ein Zyklenmodell (auch als Spiralmodell bezeichnet), bei dem der Entwicklungsprozess innerhalb der einzelnen Phasen oder übergreifend für (möglichst wenige) aufeinander folgende Phasen iterativ durchlaufen wird. Für die objektorientierte Systementwicklung ist der fließende Phasenübergang sogar typisch. Generell gilt, dass zweckmäßigerweise das strenge Phasenmodell bei »wohl strukturierten« Problemen, d. h. Anwendungssystemen mit von vornherein eindeutiger Anforderungsdefinition (Beispiele: Finanzbuchhaltung, Personalabrechnung) und das Zyklenmodell bei (im Gegensatz dazu) »schlecht strukturierten« Problemen (Beispiele: Führungsinformationssysteme, Expertensysteme) zum Einsatz gelangen sollte.

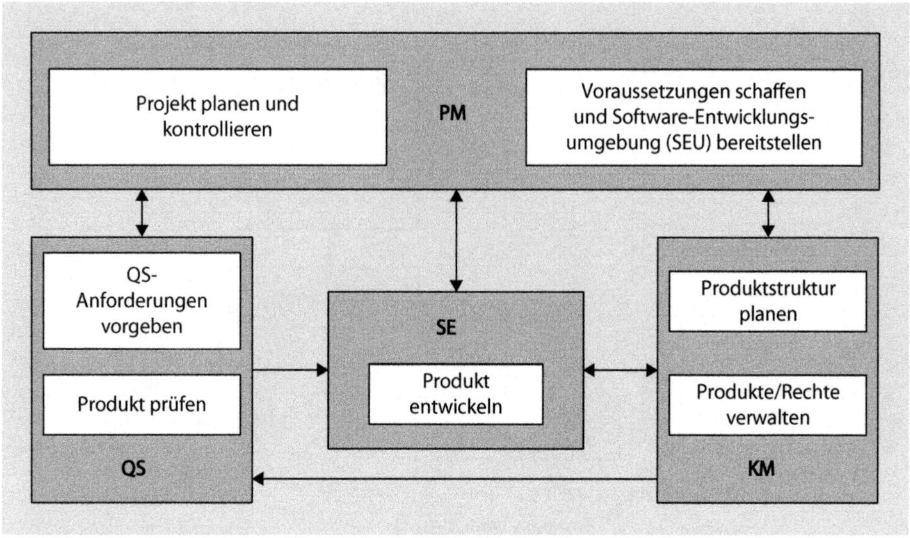

Abb. 5.18 V-Modell – Zusammenwirken der Submodelle. (Eigene Darstellung)

- **V-Modell**

Starke Verbreitung in der betrieblichen Praxis hat das ursprünglich im Bundesministerium für Verteidigung entwickelte, 1992 vom Bundesministerium des Inneren für alle Bundesbehörden vorgeschriebene und 1997 aktualisierte Vorgehensmodell der Bundesverwaltung, kurz V-Modell, erlangt. Das V-Modell der Bundesverwaltung sieht von vornherein Iterationen innerhalb und zwischen den einzelnen Stufen im Sinne eines Zyklenmodells vor. Da die Nutzungsrechte freigegeben sind, kann jeder Anwender das Modell ohne Lizenzgebühren einsetzen. Die Nachfolgeversion V-Modell XT wird deswegen von vornherein als Open-Source-Produkt angeboten. Das V-Modell besteht aus vier Submodellen, und zwar Softwareerstellung (SE), Qualitätssicherung (QS), Konfigurationsmanagement (KM) und Projektmanagement (PM). Die Zusammenhänge zwischen den Submodellen sind in ◘ Abb. 5.18 dargestellt.

Im V-Modell wird für jedes Submodell angegeben, in welchen Schritten vorzugehen ist, welche Methoden anzuwenden sind und welche Anforderungen an die einzusetzenden Werkzeuge zu stellen sind. Das Submodell Softwareerstellung (SE) legt zum Beispiel die Aktivitäten Systemanforderungsanalyse, Systementwurf, Hardware-/Software-Anforderungsanalyse, Softwaregrobentwurf, Softwarefeinentwurf, Softwareimplementierung, Softwareintegration, Systemintegration und Überleitung in die Nutzung fest.

- **Rational Unified Process (RUP)**

Für die objektorientierte Systementwicklung hat die amerikanische Softwarefirma Rational (inzwischen Teil des IBM-Konzerns) die im Jahr 1997 zum Standard erhobene Entwicklungs- und Beschreibungsmethode UML im Jahre 1999 um das Vorgehensmodell Rational Unified Process (RUP) ergänzt. RUP ist ein Phasenmodell (mit den Phasen Analyse/Design, Implementierung, Test und Einführung), das Iterationen – allerdings nur innerhalb der Phasen – zulässt. RUP enthält – ähnlich wie das V-Modell – Komponenten, die das Projektmanagement unterstützen, z. B. durch die Festsetzung von »Meilensteinen« für die Überwachung der Phasenabschlüsse.

- **Prototyping**

Ein Kritikpunkt am Phasenkonzept besteht darin, dass dem Anwender bzw. dem Benutzer prüffähige Versionen des Anwendungssystems, anhand derer er noch Änderungswünsche vorbringen kann, erst zu einem relativ späten Zeitpunkt zur Verfügung gestellt werden. Dieser Mangel hat zu der Vorgehensweise Prototyping geführt[5], die in der betrieblichen Praxis unbewusst schon lange vor dieser Wortschöpfung praktiziert worden ist. Der Grundgedanke des Prototypings besteht darin, in Analogie zur Entwicklung technischer Produkte vom endgültigen Anwendungssystem ein ablauffähiges Muster in Form einer Vorabversion, d. h. einen Prototypen, zu entwickeln, mit dem experimentiert werden kann.

Es gibt verschiedene Arten von Prototypen. Hinsichtlich ihrer Verwendung unterscheidet man Prototypen, die entweder als Wegwerfprototypen lediglich zur Sammlung von Erfahrungen benutzt werden, anhand derer dann das endgültige System völlig neu erstellt wird (Rapid Prototyping), oder als wiederverwendbare Prototypen schrittweise verbessert werden, indem schon entwickelte Teilsysteme weiterbenutzt werden (evolutionäres Prototyping). Im Hinblick auf das Phasenschema der Systementwicklung unterscheidet man das explorative Prototyping, das sich auf den Fachentwurf, d. h. auf die Funktionalität des Anwendungssystems, vor allem bei unklarer Problemstellung, konzentriert, und das experimentelle Prototyping, das sich mit Alternativen der informationstechnischen Realisierung (Daten- und Programmstrukturen, Schnittstellen zwischen Programmen, Benutzeroberflächen usw.) befasst.

Vertikale Prototypen beschränken sich zwangsläufig auf funktionale Teilsysteme eines Anwendungssystems, z. B. auf die Stammdatenverwaltung im Rahmen eines umfassenden Systems der Finanzbuchhaltung, oder in der Einführungsphase auf die Erprobung des Anwendungssystems an einem ausgewählten Arbeitsplatz stellvertretend für die spätere Nutzung an vielen gleichartigen Arbeitsplätzen. Die zugehörige Vorgehensweise wird als vertikales Prototyping bezeichnet. Im Gegensatz zum vertikalen Prototyping steht das horizontale Prototyping, bei dem zuerst nur ein unvollständiger Prototyp, d. h. eine einzelne Schicht des Anwendungssystems, vorzugsweise die Benutzerschnittstelle, erstellt wird. Beispielsweise werden in enger Zusammenarbeit zwischen dem Systementwickler und dem späteren Benutzer die Struktur der Programmmenüs, der Aufbau der Bildschirmoberflächen, die Gestaltung der Bildschirmfenster bzw. -masken für die Dateneingabe und -ausgabe, die Ablauffolge der Masken, die Form der Drucklisten usw. entwickelt, während die dazwischenliegenden, für den Benutzer ohnehin uninteressanten Verarbeitungsteile simuliert oder – falls die angezeigten Daten von dem noch fehlenden Programm zu bearbeiten sind – durch manuelle Berechnungen überbrückt werden.

Prototyping ist sowohl separat in den einzelnen Phasen des Systementwicklungsprozesses als auch phasenübergreifend anwendbar. Dabei soll durch Prototyping eine Verkürzung der Entwicklungszeit erreicht werden können. Der Nutzen des Prototypings ist von akademischer Seite oft überbewertet worden. Beim praktischen Einsatz muss unbedingt verhindert werden, dass in der Analyse- und Entwurfsphase aufgrund des Prototypings nicht sorgfältig vorgegangen und zu früh mit der Systemrealisierung begonnen wird und dass (beim evolutionären Prototyping) Prototypen vorschnell für die echte Anwendung eingesetzt werden.

---

5 Ob es sich beim Prototyping um ein eigenes Vorgehensmodell oder um eine Vorgehensweise zum Einsatz in den Phasen der Systementwicklung handelt, ist Ansichtssache. So ist Prototyping zum Beispiel im V-Modell unter bestimmten Voraussetzungen (»kontrolliertes Prototyping«) gestattet. Dazu muss vor der Anfertigung eines Prototyps klar definiert werden, auf welche Anforderungen an das Anwendungssystem sich der Prototyp beschränken soll.

- **Agile Methoden**
Während Prototyping das Phasenschema der Systementwicklung nicht ablöst, sondern nur sinnvoll ergänzt, wird gelegentlich – besonders bei sehr schlecht strukturierten Problemen – der Sinn jeglicher Phaseneinteilung angezweifelt und eine phasenlose »evolutionäre Systementwicklung« befürwortet. Zu den Vorgehensmodellen, die auf das Phasenkonzept bewusst verzichten (sogenannte agile oder »leichtgewichtige« Modelle) gehört die Methode Extreme Programming (XP, Beck 2000), die für die Entwicklung von (meistens kleinen) Anwendungssystemen aus sich dynamisch ändernden Geschäftsumfeldern und daher mit zwangsläufig kurzen Entwicklungszyklen konzipiert ist.

Ein weiteres Vorgehensmodell der agilen Systementwicklung ist Scrum (dt. Gedränge, Schwaber u. Beedle 2002, Sutherland u. Schwaber 2011). Es hat seine Grundlagen im Wissensmanagement. Scrum bietet keine komplette Vorgehensweise, sondern einen Rahmen (Framework), in den Entwicklungsteams ihre eigenen und bewährten Entwicklungspraktiken einbetten. Somit schafft Scrum Rahmenbedingungen für die Zusammenarbeit an der Entwicklung eines neuen Systems. Das Projektteam definiert innerhalb der Bedingungen das auf das jeweilige Projekt zugeschnittene Entwicklungsvorgehen. Im Rahmen von Scrum werden User Stories zur Spezifikation von Anforderungen eingesetzt, die in der Sprache des Kunden/Stakeholders geschrieben werden. Das zentrale Element des Entwicklungszyklus von Scrum ist der Sprint. Für einen Sprint wird ein Sprint Backlog erstellt und in diesen die User-Storys übernommen, die während des Sprints umgesetzt werden sollen. Diese werden vom Team entsprechend der Prioritäten ausgewählt, die vom Product Owner und Kunden festgelegt wurden. Dazu nimmt sich das Team aus dem Product Backlog die am höchsten priorisierten Aufgaben, die das Team in diesem Sprint für realistisch durchführbar hält. Zum Sprint organisiert sich das Entwicklungsteam selbst und verpflichtet sich, die Aufgaben zu erledigen (Commitment/Selbstverpflichtung). Am Ende eines Sprints steht immer ein lauffähiges, getestetes, inkrementell verbessertes Anwendungssystem.

Aus der Sicht des IT-Managements ist die völlige Abkehr vom Phasenschema jedoch absolut realitätsfremd. Ohnehin erfolgt durch den Einsatz phasenübergreifender Methoden und Werkzeuge und den Übergang zur objektorientierten Vorgehensweise eine Straffung des Phasenschemas. Die grundlegende Einteilung des Entwicklungszeitraums in Phasen wird – schon allein wegen der genannten Forderung des IT-Managements nach der Möglichkeit, den Entwicklungsprozess laufend überwachen und steuern zu können – bestehen bleiben müssen.

- **Konfigurationsmanagement**
Parallel zu allen Phasen der Vorgehensmodelle verläuft das (Software-)Konfigurationsmanagement. Darunter versteht man eine fortlaufende Dokumentation der Systementwicklung, um Fehler in den geplanten Arbeits- und Programmabläufen von vornherein weitgehend zu vermeiden. Zu dokumentieren sind u. a. alle System- und Programmanforderungen, während der Systementwicklung der jeweils aktuelle Systemstatus einschließlich aller gegenüber dem ursprünglichen Entwurf vorgenommenen Änderungen und während des Systembetriebs jede neu entstehende Programmversion einschließlich der Unterschiede zu der jeweils vorangegangenen (Versionsverwaltung).

5.2.2 Anforderungsanalyse

Die Phase Analyse hat das Ziel, ein Sollkonzept für das geplante Anwendungssystem zu entwickeln, in dem die Anforderungen an das System aus der Sicht der späteren Anwender und

Benutzer festgelegt werden und die informationstechnische Realisierung zunächst grob aufgezeigt wird. Die Analysephase verläuft in zwei Schritten:
- Schritt 1: Durchführung einer Istanalyse
- Schritt 2: Aufstellung eines Sollkonzepts

Mit der Istanalyse sollen die Schwachstellen der bestehenden Ablauforganisation herausgearbeitet und damit die Voraussetzungen für die Aufstellung eines Sollkonzepts geschaffen werden.

In Schritt 2 der Phase Analyse ist ein Sollkonzept zu entwickeln, in dem die Anforderungen an das geplante Anwendungssystem festgelegt werden, d. h. was das Anwendungssystem leisten soll (fachliche Anforderungen) und welche technischen Anforderungen das Anwendungssystem erfüllen muss. Beide Schritte werden nachfolgend beschrieben.

- **Istanalyse**

Anhand des Projektauftrags ist zuerst festzulegen, welche Geschäftsprozesse und zugehörige Aktivitäten (moderne Auffassung) oder welche betrieblichen Arbeitsabläufe (konventionelle Auffassung) analysiert werden und in welchen Organisationseinheiten, d. h. Abteilungen bzw. Stellen, dazu Erhebungen vorgenommen werden sollen. Vielfach müssen die Geschäftsprozesse überhaupt erst erkannt und definiert werden. Sehr häufig sind die Grenzen zwischen Geschäftsprozessen und Arbeitsabläufen nicht streng zu ziehen und in kleinen Unternehmen gar nicht vorhanden.

In der Istanalyse sind im Einzelnen die ausgewählten Geschäftsprozesse bzw. Arbeitsabläufe nach sachlogischem und zeitlichem Verlauf sowie nach den beteiligten Stellen zu erheben. Zusätzlich zu erheben sind Entstehung, Verwendung und Mengengerüst aller relevanten Daten (Datenanalyse), die Schnittstellen zu unternehmensinternen und -externen Stellen sowie die derzeitigen Kosten für Personal und Sachmittel.

Die Datenanalyse, die Aufschluss über die Entstehung und die Verwendung von Daten geben soll, steht in engem Zusammenhang mit der Erfassung der Arbeitsabläufe. Typische Fragen dazu lauten:
- Wo fallen welche Daten an?
- Wer erfasst welche Daten?
- Wer bearbeitet welche Daten?
- Wer benutzt welche Daten (und wie)?
- Wer erhält welche Auswertungen der Daten (und wozu)?

Zum typischen Mengengerüst gehören Angaben über Mengen und Häufigkeiten des Anfalls folgender Daten:
- Stammdaten und zugehörige Änderungsdaten: Kunden, Artikel, Lieferanten;
- Bestandsdaten: Debitoren-/Kreditoren-/Sachkonten, Lagerpositionen, Arbeitszeitkonten;
- Bewegungsdaten (pro Monat): Kundenaufträge, Bestellungen bei Lieferanten, Lagerentnahmen/-zugänge, Kunden-/Lieferantenrechnungen, Zahlungseingänge/-ausgänge, Mahnungen.

In Fertigungsbetrieben kommen sämtliche Material- und Fertigungsdaten hinzu.

Das Mengengerüst spielt u. a. eine Rolle für die Konfiguration der Hardware, z. B. hinsichtlich Prozessorleistungen (Antwort- und Zugriffszeiten, Programmlaufzeiten), Kapazitäten der internen und externen Speicher, Anzahl der Endgeräte (Bildschirmarbeitsplätze, Kassen usw.),

Anzahl, Typen und Leistungen der Drucker; für die Festlegung der zweckmäßigsten Form der Datenerfassung bzw. -eingabe; für die Einrichtung von Kommunikationsdiensten, z. B. hinsichtlich der Topologie von Weitverkehrsnetzen oder lokalen Netzen, der Aufgabenverteilung in Client-Server-Modellen oder der Übertragungsraten standortübergreifender Netze sowie für die Datenorganisation, z. B. hinsichtlich der Festlegung von Dateien, der Einrichtung und Segmentierung von Datenbanken oder der Migration von Datenbeständen, z. B. beim Wechsel von individueller zu Standardanwendungssoftware. Bei der Erhebung des Mengengerüsts ist es in vielen Fällen zweckmäßig, die erfassten Angaben nach ihrer Bedeutung zu klassifizieren, z. B. die Artikel eines Lagers hinsichtlich ihres wertmäßigen Anteils am gesamten Lagerbestand (bzw. Lagerumschlag).

Schnittstellen betreffen den Datenaustausch des untersuchten Anwendungsgebiets intern mit angrenzenden (bei Geschäftsprozessen: den nicht direkt beteiligten) Organisationseinheiten, extern mit Kunden, Lieferanten, Banken, Versicherungen und Finanzbehörden.

Bei der Erhebung des Istzustands kann es zweckmäßig sein, generelle Angaben über das Untersuchungsgebiet, die Arbeitsabläufe und das Mengengerüst zusammenhängend zu erheben und zu beschreiben. Obwohl es banal erscheinen mag, darf nicht vergessen werden, bei der Erhebung des Istzustands (bezogen auf die untersuchten Geschäftsprozesse bzw. Arbeitsabläufe) die bereits eingesetzten Programme und Datenbestände (Dateien und Datenbanken) einschließlich aller Auswertungen, aller manuell erstellten Berichte und Abrechnungen (einschließlich Kopien und Durchschläge), aller bestehenden Karteien und Vordrucke (Formulare), alle verwendeten Nummernsysteme sowie aller bisher genutzten sonstigen technischen Einrichtungen und Geräte wie Tischrechner, Registraturen, Telefone, Kopier- und Faxgeräte mit zu erfassen.

Am schwierigsten gestaltet sich die Ermittlung der Istkosten für diejenigen Geschäftsprozesse bzw. Arbeitsabläufe, die durch das geplante Anwendungssystem unterstützt werden sollen. Dies ist vor allem dann der Fall, wenn es sich um völlig neuartige Anwendungen handelt. Von Vorteil ist, wenn es ein aussagefähiges Kostenrechnungssystem gibt, dem sich zurechenbare Personal- und Sachkosten, fixe und variable Kostenbestandteile sowie anteilige Gemeinkosten, z. B. für die bisherige Inanspruchnahme von IT-Leistungen, entnehmen lassen.

Der Herausstellung der Schwachstellen bzw. Mängel der bisherigen Ablauforganisation kommt besondere Bedeutung zu, weil gerade sie durch das geplante Anwendungssystem beseitigt werden sollen. Für systematische Schwachstellenanalysen gibt es in der Fachliteratur eine Fülle von Vorschlägen und Checklisten, mit denen vor allem Unternehmensberater arbeiten. Im Prinzip muss man zunächst die Schwachstellen in der Erfüllung der betrieblichen Aufgaben ermitteln und ihnen dann die daraus resultierenden Auswirkungen (»Folgeschäden«) gegenüberstellen.

Vielen Schwachstellen lassen sich direkt wirtschaftliche Folgeschäden zuordnen, z. B. zu starke Kapitalbindung durch hohen Lagerbestand wegen einer unzulänglichen Bestandsführung oder zu teure Werbung wegen fehlender Marktanalysen. Bei der Bewertung des Istzustands muss zwischen quantifizierbaren Mängeln und nicht quantifizierbaren Mängeln unterschieden werden. Beispiele für quantifizierbare Mängel sind Überstunden, betriebliche Stillstandzeiten, Lieferverzögerungen, Umsatzverluste, Kundenbeanstandungen, Zinsverluste durch zu späte Fakturierung und nicht ausgenutzte Skonti durch zu späten Rechnungsausgleich. Beispiele für nur schwer oder gar nicht quantifizierbare Mängel sind Unvollständigkeit der Datenbestände, unzureichende Aussagefähigkeit der Datenbestände, mangelnde Aktualität der Informationen, fehlende Führungsinformationen und ungenügende Kostenkontrolle. Als Konsequenz aus solchen Mängeln können sich strategische Nachteile wie unzureichende

Reaktionsfähigkeit auf Kundenwünsche, Einbußen von Wettbewerbsvorteilen oder Kunden- und Imageverluste ergeben.

Die Schwachstellenanalyse schließt mit einer Auflistung der (möglichen) Ursachen für die festgestellten Mängel ab. Die Aufstellung aller bei der Schwachstellenanalyse erhobenen Mängel wird als Vorgabe für den nachfolgenden Schritt »Entwicklung eines Sollkonzepts« verwendet mit dem Ziel, sie durch das geplante Anwendungssystem zu beheben.

Die Istanalyse wird in der Regel mit einem schriftlichen Bericht abgeschlossen. Dieser Bericht muss mit den Mitarbeitern der von der Untersuchung betroffenen Stellen im Detail abgestimmt werden, um unvollständige oder falsche Darstellungen und Fehlinterpretationen zu vermeiden. Im Hinblick auf die nachfolgende Aufstellung des Sollkonzepts ist zu empfehlen, Verbesserungsvorschläge schon bei der Istanalyse aufzugreifen und außerhalb des Abschlussberichts der Istanalyse vorzumerken. Häufig werden die meisten Benutzeranforderungen an das geplante Anwendungssystem von den späteren Benutzern schon bei der Istanalyse genannt.

- **Sollkonzept**

Zur Entwicklung eines Sollkonzepts sind primär die fachlichen Anforderungen an das neue Anwendungssystem zu erheben. Die Gesamtheit der Anforderungen wird als Systemspezifikation bezeichnet. In dem darauf aufbauenden Fachentwurf (oder fachinhaltlichen Entwurf) wird festgelegt, was das Anwendungssystem tatsächlich leisten soll (Funktionalität). Davon ausgehend wird – zunächst in einem groben Entwurf – ermittelt, wie sich das Anwendungssystem realisieren lässt (IT-Grobentwurf oder Systemkonzept). In der Phase Entwurf wird später daraus abgeleitet, wie das System informationstechnisch im Detail realisiert werden soll. Das Sollkonzept kann mehrere Alternativen enthalten, über die am Ende der Phase Analyse zu entscheiden ist.

Das technische Systemkonzept beschränkt sich zunächst auf die Erhebung der technischen Anforderungen, um hinreichende Unterlagen für Wirtschaftlichkeitsvergleiche zu erhalten. Eine Detaillierung erfolgt erst in der nachfolgenden Phase Entwurf.

Je nach Position im Unternehmen werden möglicherweise auch falsche oder negative Erwartungen mit dem Einsatz neuer Anwendungssysteme verbunden, beispielsweise bei der Unternehmensleitung übertriebene Vorstellungen über Einsparungspotenziale oder bei den Mitarbeitern Angst vor der Umstellung der gewohnten Arbeitsabläufe, vor der Einengung des persönlichen Entscheidungsspielraums oder sogar vor dem Verlust des Arbeitsplatzes. Da jedes Anwendungssystem nur dann einwandfrei funktionieren kann, wenn sich alle Benutzer damit auch identifizieren, ist es zweckmäßig, die späteren Benutzer schon in einer möglichst frühen Phase zu beteiligen (partizipative Innovationsgestaltung), selbst auf die Gefahr hin, dass sich die Projektentwicklung dadurch verzögert oder verteuert. Sofern es sich um die »Einführung grundlegend neuer Arbeitsmethoden« oder um die »Änderung von Arbeitsverfahren« handelt, sind Mitspracherechte im Betriebsverfassungsgesetz bzw. in den Personalvertretungsgesetzen festgelegt.

Zuweilen wird die Auffassung vertreten, dass sich das Sollkonzept ausschließlich auf den Fachentwurf, d. h. die Anforderungen der Anwender an das geplante Anwendungssystem, beschränken soll. Wenn aber die technischen Anforderungen überhaupt nicht berücksichtigt werden, fehlen Angaben über die in die Wirtschaftlichkeitsvergleiche eingehenden Kosten.

Die Trennung zwischen fachlichen und technischen Anforderungen entspricht der ebenfalls anzutreffenden, allerdings etwas unpräzisen Einteilung in funktionale Anforderungen und nicht funktionale Anforderungen. Funktionale Anforderungen betreffen den Leistungsumfang, d. h. die Funktionen, die das Anwendungssystem ausüben soll, einschließlich der zugehörigen Ein- und Ausgaben. Nicht funktionale Anforderungen betreffen die Realisierung

(Hardware, Kommunikationseinrichtungen, Programmiersprache, Datenbankverwaltungssystem, Schnittstellen); die Systemeinführung (Freigabe, Dokumentation, Schulung und Betreuung der Benutzer); die Qualität (Benutzerfreundlichkeit, Wartbarkeit, Zuverlässigkeit u. a.) und das Projektmanagement (Vorgehensmodell, Projektteam, Termine, Kosten, Auflagen).

Die Methoden, Beschreibungsmittel und Werkzeuge zur Erhebung, Formulierung und Analyse der Anforderungen werden unter den Oberbegriffen Requirements-Engineering sowie neuerdings »Requirements Management and Engineering« zusammengefasst. Im Einzelnen gehören dazu Erhebungstechniken zur Ermittlung der Benutzeranforderungen bzw. -wünsche, Darstellungstechniken zur Formulierung und Beschreibung der Anforderungen sowie Verfahren zur manuellen und zur computergestützten Überprüfung von Sollkonzepten hinsichtlich Eindeutigkeit, Vollständigkeit, Widerspruchsfreiheit und späterer Nachprüfbarkeit (Verifizierbarkeit).

Die Erhebungstechniken für die Anforderungen sind weitgehend identisch mit denen zur Erhebung des Istzustands. Ebenfalls dieselben wie bei der Istanalyse sind die Darstellungstechniken für die Beschreibung der Anforderungen. Generell bezeichnet man alle grafischen, tabellarischen und textlichen Hilfsmittel, mit denen die Anforderungen an ein Anwendungssystem spezifiziert werden, als Spezifikationssprachen.

Die Festlegung der technischen Anforderungen hängt teilweise davon ab, ob bei der Softwareentwicklung funktions-, daten- oder objektorientiert vorgegangen wird. Ferner spielt eine Rolle, welche Betriebssysteme, Programmiersprachen usw. in der IT-Abteilung bereits eingesetzt werden bzw. verwendet werden sollen. Im Einzelnen müssen die technischen Anforderungen – ausgehend von den ARIS-Sichten (▶ Abschn. 3.1) – folgende Angaben enthalten:

- Beschreibung der Funktionen und Teilfunktionen des Anwendungssystems, z. B. als UML-Anwendungsfalldiagramm oder Hierarchiediagramm;
- Beschreibung der Datenstrukturen, z. B. als ER-Modell, und der einzurichtenden Dateien und/oder Datenbanken (mit verknüpften Dateien bzw. Tabellen), sofern die Daten nicht im Rahmen der objektorientierten Vorgehensweise mit den Funktionen gekapselt sind;
- Beschreibung der Prozess- bzw. Arbeitsabläufe im Stapel- und Dialogbetrieb, z. B. durch UML-Aktivitätsdiagramme oder Ereignisgesteuerte Prozessketten;
- Anwendungsbeispiele (auch zur Verwendung beim Test);
- benutzte Rechner, Peripheriegeräte und Netze;
- Muster für Benutzeroberflächen (Symbole, Fenster, Masken), Formulare und Drucklisten;
- Qualitätsanforderungen (z. B. hinsichtlich der Antwortzeiten);
- Methoden- und Verfahrensvorschriften;
- Dokumentationsvorschriften.

Weiterhin werden für den Auftraggeber des Projekts, d. h. den Anwender, der anhand des Sollkonzepts eine Entscheidung über die Weiterführung des IT-Projekts treffen muss, folgende Angaben benötigt:

- Personalbedarf (Anzahl, Qualifikation) für die Projektentwicklung,
- Entwicklungsaufwand (Projektkosten),
- grober Zeitplan für Realisierung und Einführung,
- Schulungsaufwand für die Benutzer,
- Kosten für zusätzliche Hardware (z. B. für Drucker oder größere Plattenspeicher) und Kommunikationseinrichtungen (z. B. Internetzugänge oder Firewalls),
- einmalige Anschaffungs- und Umstellungskosten (z. B. bauliche Maßnahmen, Verkabelung, Datenmigration),

5.2 · Systementwicklung

- laufende Betriebskosten (Rechnernutzung, Lizenzgebühren für Software, Netzkosten, Systembetreuung),
- Folgekosten (z. B. für Datenpflege und Programmwartung),
- mögliche Einsparungen an Personal und Sachmitteln,
- erwarteter Nutzen.

Nach der Erhebung, Formulierung, Analyse und Koordinierung der Anforderungen wird ein schriftlicher Katalog sämtlicher Leistungsanforderungen zusammengestellt. In Deutschland sind Lasten- und Pflichtenhefte als Anforderungsdokumente verbreitet. Die Inhalte und Umsetzung dieser Dokumente werden durch DIN 69905[6] bestimmt. Das Lastenheft führt alle fachlichen Anforderungen auf, welche die fertige Software aus Sicht des Auftraggebers erfüllen muss. Dabei muss noch nicht einmal feststehen, welches IT-Unternehmen den Auftrag letztlich umsetzen wird. Der Auftraggeber, also der Kunde, definiert mit dem Lastenheft somit das WAS und WOFÜR. Es werden außerdem meist die wichtigsten Stakeholder und die für die Anforderungsanalyse relevanten Dokumente genannt und Hinweise auf existierende Alt- und Konkurrenzsysteme gegeben.

Das Pflichtenheft legt die Anforderungen an die Leistungen der fertigen Software fest. Ziel ist es, aus den Anforderungen des Kunden eine möglichst vollständige konsistente und eindeutige Produktdefinition zu erstellen, die Grundlage für das zu erstellende Produkt ist. Das Pflichtenheft bildet ein verbindliches Dokument zwischen Auftraggeber und Softwareproduzent und dient als Basis für den abzuschließenden Vertrag, nach dessen Unterzeichnung es nur im gegenseitigen Einverständnis geändert werden darf. Die Erarbeitung des Pflichtenhefts beginnt in der Regel mit der Analyse der im Lastenheft angeführten Anforderungen und Wünsche. Während dieser Phase sieht sich der Softwareproduzent (intern oder extern) als fachlich versierter Kundenbetreuer im Rahmen der Kundenakquise und der Vertragsbildung. In enger Zusammenarbeit mit dem Kunden wird das WAS und das WOMIT definiert:

Das Sollkonzept kann alternative Anforderungen – möglicherweise auch mit Prioritäten – enthalten[7], beispielsweise

- zu verschiedenen Realisierungsstufen der Benutzeranforderungen (zu empfehlen ist eine Trennung in Muss-, Soll- und Kann-Anforderungen),
- zu unterschiedlichen Nutzungsformen der Programme (z. B. Dateneingabe im Dialog und Verarbeitung im Stapelbetrieb oder voller Dialogbetrieb),
- zur Datenorganisation (Aufbau einer eigenen Datenbank oder Integration der Daten in eine vorhandene Datenbank),
- zur Aufgabenverteilung auf Clients und Server, insbesondere zur Datenhaltung (zentral oder verteilt),
- zur Auswahl der standortübergreifenden Netze oder
- zur Datenausgabe (z. B. Berichte periodisch oder nur bei gravierenden Plan-/Istabweichungen).

Fester Bestandteil des Sollkonzepts sind Wirtschaftlichkeitsvergleiche zwischen dem bestehenden Ablauf und dem geplanten neuen Ablauf und zwischen den vorgeschlagenen Alternativen. Sie können als reine Kostenvergleiche oder als Kosten-/Nutzenvergleiche durchgeführt werden. Sämtliche Alternativen sind zunächst hinsichtlich des Personalbedarfs und der zeitlichen

---

6 Zur Beschreibung der ISO Normen siehe: ▶ http://iso.w3j.com/.
7 Auch aus psychologischer Sicht ist es immer angebracht, Alternativen vorzulegen, weil Entscheidungsträger einem Projekt nur ungern zustimmen, wenn ihnen nichts zum Entscheiden bleibt.

Realisierung gegenüberzustellen. Bevor mit Kosten- oder Kosten-/Nutzenvergleichen begonnen wird, ist in einer Durchführbarkeitsstudie (Feasibility Study) oder »Machbarkeitsprüfung« festzustellen, ob es überhaupt möglich bzw. sinnvoll ist, die vorgeschlagenen Alternativen unter den gegebenen personellen, technischen und organisatorischen Voraussetzungen zum gegenwärtigen Zeitpunkt zu realisieren. Vielleicht ist es zweckmäßig, die Entscheidung für eine bestimmte Zeit zurückzustellen, beispielsweise

- weil im Unternehmen grundlegende (struktur-)organisatorische Veränderungen bevorstehen (Divisionalisierung, Firmenzukäufe, Fusionen, Outsourcing, Reorganisation von Geschäftsprozessen usw.),
- weil auf dem Softwaremarkt leistungsfähigere Betriebssysteme, Datenbankverwaltungssysteme oder Softwareentwicklungswerkzeuge vorgestellt worden sind,
- weil die vorgesehenen Projektbearbeiter erst andere Projekte abzuschließen haben und dann längere Zeit geschult werden müssen,
- weil eine Softwarefirma ein auf das Unternehmen zugeschnittenes Paket mit Branchensoftware angekündigt hat,
- weil grundlegende Änderungen in den Tarifverträgen oder in der Steuergesetzgebung bevorstehen,
- weil vorläufig nicht mit einer Einwilligung der Personalvertretung zu rechnen ist oder
- weil einige Projektgegner demnächst in den Ruhestand treten oder aus anderen Gründen das Unternehmen verlassen werden.

Einen idealen Zeitpunkt für die Entwicklung und Einführung eines neuen Anwendungssystems gibt es wegen des hohen Entwicklungstempos der Informationstechnologie nicht. Das Zurückstellen von Entscheidungen ist oft nur ein Vorwand, um das IT-Projekt überhaupt nicht weiterzuführen.

Da am Ende der Phase Analyse über die Fortführung des IT-Projekts zu entscheiden ist, wird diese Phase in der Regel mit einer Präsentation abgeschlossen, in der die vorgeschlagenen Alternativen erläutert und diskutiert werden.

5.2.2.1 Erhebungstechniken

Die wichtigsten Techniken zur Erhebung des Ist- und Sollzustands sind Unterlagenstudium, schriftliche Befragung (Fragebogen), mündliche Befragung (Interview), Besprechung, Beobachtung und Selbstaufschreibung. Gelegentlich findet sich eine Einteilung in objektive und nicht objektive Techniken, je nachdem, ob die gewünschten Informationen direkt zu beschaffen sind oder auf den Aussagen von beteiligten bzw. betroffenen Personen beruhen. Ziel aller Erhebungstechniken ist es, Anforderungen an das geplante Anwendungssystem zu gewinnen.

- **Unterlagenstudium**

Beim Unterlagenstudium, auch als Dokumentenanalyse oder Dokumentenstudium bezeichnet, analysieren die Projektbearbeiter alle vorhandenen aktuellen schriftlichen Unterlagen, möglicherweise auch über den festgelegten Untersuchungsrahmen hinaus. Je nach Inhalt des IT-Projekts handelt es sich dabei um

- Geschäftsberichte, Bilanzen, Aktionärsmitteilungen;
- Organisationshandbücher und -pläne, Stellenbesetzungspläne, Stellenbeschreibungen;
- Prozessdokumentationen, Betriebsabläufe, technische Verfahrensbeschreibungen;
- Produktbeschreibungen;
- Materialflusspläne, Erzeugnisstrukturen, Stücklisten;
- Kunden- und Lieferantenverzeichnisse;

5.2 · Systementwicklung

- Arbeitszettel, Akkordscheine, Materialentnahmescheine;
- Formulare, Listen, Berichte;
- Tarifverträge, Betriebsvereinbarungen.

Werden vorhandene Programme untersucht – z. B. weil sie generell in das IT-Projekt einzubeziehen sind oder weil sie erweitert, verbessert oder abgelöst werden sollen – sind ferner zu erheben:
- Programmdokumentationen (Handbücher und/oder Onlinedokumentationen);
- Datenflusspläne, Programmablaufpläne;
- Datei- (bzw. Datenbank-) und Datensatzbeschreibungen getrennt nach Datenarten (Stamm-, Änderungs-, Bestands- und Bewegungsdaten), Datenformaten usw.;
- Erfassungsbelege, Eingabemasken;
- Abfrage- und Auswertungsmöglichkeiten;
- Ausgabemasken, Drucklisten;
- Benutzerführung (grafische Benutzeroberflächen, Menüs, Bedienungs- und Fehlerhinweise usw.);
- eingesetzte Hardware, Betriebssysteme (Systemplattformen) und sonstige Systemsoftware;
- Maßnahmen zum Datenschutz und zur IT-Sicherheit (z. B. Kennwörter, Backupvorschriften).

Das Unterlagenstudium muss zu Beginn der Erhebung stattfinden. Es hat den Vorteil, eine breite Informationsbasis zu liefern, gibt aber selten ausreichende Antworten auf konkrete projektbezogene Fragen.

- **Schriftliche Befragung**

Der Fragebogen der schriftlichen Befragung soll strukturiert sein und darf nur präzise und verständlich formulierte Fragen enthalten. Er muss durch unauffällige Kontrollfragen ergänzt werden. Vor der endgültigen Formulierung empfiehlt sich die Erprobung des Fragebogens an ein oder zwei Testpersonen (vertikales Prototyping). Die Zustellung an die Befragten sollte vom Projektleiter mit einem Begleitschreiben des Auftraggebers versehen oder vom Auftraggeber des IT-Projekts selbst vorgenommen werden, um zu demonstrieren, dass er sich vollständig mit dem Auftrag identifiziert. Der Fragebogen hat nur bedingte Aussagekraft, weil er nicht immer mit Begeisterung und ehrlich ausgefüllt wird.

- **Mündliche Befragung**

Die mündliche Befragung in Form eines Interviews ist die vorherrschende und ergiebigste Erhebungstechnik. Sie konzentriert sich in der Regel auf einen einzigen Gesprächspartner. Das Interview sollte strukturiert werden und nach einer schriftlichen Vorlage ablaufen. Die Antworten sind zu protokollieren. Der Interviewer muss damit rechnen, widersprüchliche, unzureichende und unzutreffende Angaben zu erhalten. Er lernt in den Gesprächen alle offenen und versteckten Argumente gegen organisatorische Veränderungen kennen.

- **Besprechung**

In der Besprechung werden Fragen, insbesondere auch widersprüchliche Ansichten aus den Interviews, im größeren Kreis diskutiert. Man unterscheidet Dienst- oder Chefbesprechungen zur Erörterung einer weitgehend feststehenden Entscheidung und Mitarbeiterbesprechungen zur Erarbeitung eines Vorschlags durch Diskussion. Auch hier sollte der Themen- und Fragenkatalog gründlich vorbereitet werden. Wichtig für den Erfolg sind eine sorgfältige

- **Beobachtung**

Als Beobachtung bezeichnet man die optische Aufnahme und Interpretation von Arbeitsabläufen. Die Beobachtung kann strukturiert (Beispiel: Multimomentaufnahme) oder unstrukturiert (Beispiel: Dauerbeobachtung) sein. Ebenso wie die Besprechung kann sie dazu dienen, Widersprüche aus den Interviews aufzuklären. Beobachtungen sind allerdings sehr zeitaufwändig und der Beobachtete kann sich beeinflusst fühlen, sodass die Ergebnisse verfälscht werden.

- **Selbstaufschreibung**

Die Selbstaufschreibung durch Mitarbeiter der untersuchten Stellen dient vorrangig zur Ermittlung von Zeiten und Mengen. Die Aufschreibung erfolgt anhand von gedruckten oder am Bildschirm angezeigten Formularen, die verständlich sein müssen und von den Projektbearbeitern zu erläutern sind. Sie ist eine häufig benutzte Technik bei der Untersuchung von Bürotätigkeiten. Unabdingbare Voraussetzung für korrekte Angaben ist bei allen Beteiligten die Bereitschaft zu neuen Lösungen.

- **Darstellungstechniken**

Ebenso wichtig wie die sorgfältige Erhebung des Istzustands ist die übersichtliche Darstellung der Ergebnisse der Erhebung. Die dazu verfügbaren Darstellungstechniken benutzen grafische, tabellarische oder textliche Beschreibungsmittel. Auch Kombinationen sind gebräuchlich. Generell sollen Darstellungstechniken verständlich, vielseitig einsetzbar (hinsichtlich Projektphasen, Arbeitsabläufen usw.) und änderungsfreundlich sein.

Viele Darstellungstechniken stammen bereits aus der klassischen Organisationslehre oder aus den Anfängen der Programmierung in den 1950er Jahren. Weitere sind (als sogenannte Entwurfssprachen) durch die seit den 1970er Jahren entstandenen Methoden des strukturierten System- bzw. Programmentwurfs sowie durch die geschäftsprozessorientierte Vorgehensweise hinzugekommen. Man kann die Darstellungstechniken danach klassifizieren, in welcher Phase des Softwareentwicklungsprozesses sie eingesetzt werden. In der Phase Analyse geschieht das hauptsächlich

- mit grafischen Beschreibungsmitteln: Ereignisgesteuerte Prozessketten, Hierarchiediagramme, Funktionsbäume, Datenflusspläne, Use-Case-Diagramme, Klassendiagramme;
- mit tabellarischen Beschreibungsmitteln: Rasterdiagramme, Entscheidungstabellen;
- mit textlichen Beschreibungsmitteln: strukturierter Text sowie ergänzender Text zu allen grafischen und tabellarischen Darstellungen.

Zu den eng mit dem System- und Programmentwurf verbundenen Darstellungstechniken gehören u. a. das Entity-Relationship-Modell (▶ Abschn. 2.3.2), die Darstellungstechniken von strukturierten Entwurfsmethoden wie SA u. a. und von objektorientierten Entwurfsmethoden wie UML, die Petrinetze zur Darstellung paralleler bzw. nebenläufiger Prozesse sowie die klassischen Techniken des Programmentwurfs wie Programmablaufplan oder Struktogramm.

Die Darstellungstechniken können auch nach ihrem Modellierungsinhalt unterschieden werden, d. h. danach, ob sie zur Datenmodellierung, zur Funktionsmodellierung oder zur Prozessmodellierung verwendet werden.

Bei der strukturierten Systementwicklung werden als Darstellungstechniken Ereignisgesteuerte Prozessketten (▶ Abschn. 3.2.1) und die schon erwähnten traditionellen Darstellungs-

Tab. 5.3 Facetten der Kontextänderung. (Eigene Darstellung)

Nutzungsfacette	Veränderung in der Nutzung des Systems durch Stakeholder oder andere Systeme
Gegenstandsfacette	Veränderung in einem realweltlichen Aspekt, welcher in dem System abgebildet ist
IT-Systemfacette	Veränderung in einem realweltlichen Aspekt, welcher in dem System abgebildet ist
Entwicklungsfacette	Veränderung der Hardware bzw. der technischen Umgebung, in der das System eingebettet ist. Wird insbesondere durch technologischen Fortschritt ausgelöst

techniken aus dem Organisationsbereich und der Programmierung benutzt. Die wichtigsten davon sind Blockdiagramme, Hierarchiediagramme, Balkendiagramme, Datenflusspläne, Rasterdiagramme, Entscheidungstabellen und strukturierter Text. Die objektorientierte Systementwicklung (▶ Abschn. 5.2.3) benutzt eigene, sehr einfache Darstellungstechniken, z. B. Use-Case-Diagramme für das Zusammenwirken von Benutzern (»Akteuren«) und Funktionen.

5.2.2.2 Kontinuierliche Anforderungsverwaltung

Während der Entwicklung von Anwendungssystemen treten sehr häufig Änderungen auf. Ein Grund dafür ist, dass sich Anwendungssysteme auf einfache Weise nachträglich verändern lassen. Weiterhin ergeben sich oft erst während der Entwicklung oder beim ersten Einsatz der Software neue Anforderungen, die vorher vergessen wurden.

Das Änderungsmanagement hat die Aufgabe, mit Änderungen an Anforderungen umzugehen und diese so zu verwalten, dass die Projektlaufzeit und die Projektkosten nicht überschritten werden. Als Kernfunktion des Projektmanagements sollte es bereits während der Projektplanung festgelegt werden. Das Änderungsmanagement bezieht sich auf Vorgehensweisen, Prozesse und Standards zur Koordinierung der Änderungen an den Systemanforderungen. Ohne formales Änderungsmanagement kann nicht sichergestellt werden, dass die geplanten Änderungen an den Anforderungen auch das zugrunde liegende Gesamtprojekt unterstützen. Um eine einheitliche Vorgehensweise im Änderungsmanagement zu bewirken, können Richtlinien festgelegt werden. Diese beziehen sich dann auf die Änderungsanträge, die Analyseprozesse für Einfluss und Kosten der Änderungen, die Mitglieder für Änderungsanträge sowie die Software für den Änderungskontrollprozess (Kotonya u. Sommerville 1998).

Die Ursachen für Änderungen von Anforderungen können vielschichtig sein. Unter anderem wird unterschieden, ob die Änderung einer Anforderung aus einem Fehlverhalten des Systems im Betrieb oder aus dem Kontext des Systems resultiert. Bei einem Fehlverhalten des Systems kommt es zur Änderung der Anforderung, wenn das Fehlverhalten von der fehlerhaften Formulierung der Anforderung verursacht wurde und nicht z. B. durch eine fehlerhafte Implementierung. Veränderungen in dem Betriebskontext führen ebenfalls zu Änderungen der Anforderungen. Beispiele für solche Veränderungen sind ein Wandel in den Nutzungswünschen der Stakeholder, Gesetzänderungen, etc. Man kann zwischen Kontextänderungen in verschiedenen Facetten unterscheiden (◘ Tab. 5.3).

Um erfolgreich mit Änderungen an Anforderungen umzugehen, werden folgende Regeln empfohlen:

- Entwicklung in iterativen Zyklen: Eine festgeschriebene Basis an Anforderungen wird realisiert.
- Änderungen dieser Basis werden analysiert, bewertet und entschieden. Eine geänderte Anforderung wird nur dann bearbeitet, wenn sie in die Basis aufgenommen worden ist.

- Anforderungsänderungen müssen demselben Prozess folgen wie Anforderungen: Sie werden ermittelt, analysiert, abgestimmt, dokumentiert und validiert.
- Änderungen in Blöcken abhandeln: In regelmäßigen Zeitabständen wird im Projekt über gesammelte Änderungen entschieden.
- Über Änderungen wird von einer festgelegten Instanz entschieden.

Die Anforderungsnachvollziehbarkeit hat die Aufgabe, die Anforderungen während des Projektablaufs verfolgen zu können, d. h. von allen Projektergebnissen muss nachvollzogen werden können, auf welchen Anforderungen sie basieren. Beispielsweise ist es für das Projektmanagement wichtig zu wissen, welche Anforderungen bereits implementiert wurden und welche nicht; beim Testen ist es wichtig zu wissen, welche Testfälle sich auf welche Anforderungen beziehen. Das Ziel der Nachvollziehbarkeit von Anforderungen ist es, herausfinden zu können, welchen Einfluss sie haben, welche Auswirkungen Änderungen von Anforderungen haben und in welchem Entwicklungsstand sie sich befinden.

Durch die Nachvollziehbarkeit von Anforderungen ergeben sich mehrere Vorteile (Hull, Jackson et al. 2004):
- Es entsteht ein besserer Überblick über die Aufgaben und Ziele der Anforderungen. Somit entsteht auch ein klareres Verständnis darüber, wie diese Ziele erreicht werden können.
- Die Auswirkungen, die durch Änderungen an den Anforderungen auftreten, können besser abgeschätzt werden. Dadurch werden Risiken und Probleme bereits frühzeitig erkannt.
- Nachvollziehbarkeit führt zu einem transparenteren Bild für alle Beteiligten. Es wird veranschaulicht, wer welche Aufgaben zu verantworten hat.
- Die prozessumfassende Nachvollziehbarkeit ermöglicht zudem das präzise Messen des Fortschritts in den frühen Phasen.
- Nachvollziehbarkeit fördert die Gegenüberstellung des Nutzens sowie der Kosten.

Informationen zur Verfolgbarkeit zu pflegen, kann zeit- und kostenaufwendig sein. Deshalb soll eine realistische Verfolgbarkeitsstrategie definiert werden, die konsequent für jede Anforderung angewendet wird. Grundsätzlich gilt: lieber einfachere Richtlinien, die genau umgesetzt werden, als kompliziertere, die von Projektleitern ignoriert werden.

5.2.3 Systementwurf

Die Phase Entwurf (Design) hat das Ziel, sämtliche Voraussetzungen für die nachfolgende Phase Realisierung, in der die Programmierung erfolgt, zu schaffen. Ähnlich wie die Phase Analyse verläuft sie in mehreren Schritten:
- Schritt 1: Entwicklung eines strukturierten oder objektorientierten Systementwurfs
- Schritt 2: Zusammenstellung detaillierter Vorgaben für einen Programmentwurf (Programmspezifikation) in Form eines erneuten Pflichtenhefts
- Schritt 3: Erarbeitung eines systematischen, möglichst strukturierten Programmentwurfs anhand der Programmspezifikation

Basis für die Phase Entwurf ist das in der Phase Analyse erarbeitete Sollkonzept mit den beiden Bestandteilen fachliche und technische Anforderungen. Der Systementwurf wird aus den Anforderungen abgeleitet. Er wird auch als Detailentwurf bezeichnet, weil die systematisierten Anforderungen häufig bereits den Charakter eines Grobentwurfs haben. Der Systementwurf umfasst den Datenentwurf bzw. Datenbankentwurf, in dem eine detaillierte Datenmodellierung vorgenommen wird (▶ Abschn. 2.3.2), den Funktionsentwurf, der die Funktionen beschreibt, die aus den fachlichen Anforderungen hervorgehen, und den Prozessentwurf, mit dem die Arbeitsabläufe beschrieben werden.

Beim Systementwurf entscheidet sich, ob nach der strukturierten oder der objektorientierten Systementwicklung vorgegangen wird. Bei der strukturierten Vorgehensweise werden die Daten, Funktionen und Prozesse getrennt voneinander jeweils für das Gesamtsystem oder – bei der nachfolgend beschriebenen Modularisierung – für die einzelnen Module modelliert. Bei der objektorientierten Vorgehensweise werden zunächst die Klassen als unterste Ebene der Zerlegung definiert und anschließend im Detail entworfen, wobei der Daten- und der Funktionsentwurf jeweils für eine Klasse miteinander verzahnt sind. Der Prozessentwurf betrifft auch hier das Gesamtsystem und wird durch verschiedene Formen von Verhaltensdiagrammen realisiert.

In der Praxis basiert der Systementwurf, aus dem später der Programmentwurf abgeleitet wird, häufig auf dem Funktionsentwurf, weil dadurch die Arbeitsteilung in der Programmierung erleichtert wird.

Sowohl für den Systementwurf als auch für den Programmentwurf gilt, dass ein vollständiger, übersichtlicher und widerspruchsfreier Entwurf nur dann entstehen kann, wenn bei seiner Entwicklung nach einem festen Prinzip vorgegangen wird. Die beiden Grundprinzipien sind die Top-down-Vorgehensweise und die Bottom-up-Vorgehensweise. Die Top-down-Vorgehensweise wird auch als Spezialisierung oder schrittweise Verfeinerung, die Bottom-up-Vorgehensweise als Generalisierung oder schrittweise Verallgemeinerung bezeichnet. Das bedeutet, dass das Gesamtsystem entweder Top-down schrittweise in Teilsysteme zerlegt oder Bottom-up schrittweise aus Teilsystemen zusammengesetzt wird.

5.2.3.1 Systemspezifikation und -entwurf

Bei der strukturierten Systementwicklung bilden Module die unterste Ebene der Teilsysteme, mit der entweder die Zerlegung beendet oder die Zusammensetzung begonnen wird. Ein Modul repräsentiert in der Regel eine abgeschlossene Aufgabe, der entweder eine einzige Funktion oder mehrere Funktionen, die mit denselben Daten arbeiten, entsprechen. Module sollten sich gegenseitig nicht beeinflussen, d. h. bei eigenen Änderungen die anderen Module unverändert lassen. Als Grundregel gilt, dass ein Modul, um spätere Programmfehler zu minimieren, möglichst wenige Schnittstellen nach außen, d. h. zu anderen Modulen besitzen soll. Die Abgrenzung der Module ergibt sich in der Programmierpraxis meistens aus den bei den fachlichen Anforderungen ermittelten Funktionen in Kombination mit einer formalen Beschränkung der Modulgröße. Generell soll ein Modul nach dem 1972 von Parnas formulierten Geheimnisprinzip (Information Hiding) wie eine Blackbox nur erkennen lassen, was es leistet, jedoch nicht, wie es intern arbeitet (Biethahn, Mucksch et al. 2007).

Ein strukturierter Systementwurf entsteht durch Detaillierung des in der Phase Analyse entwickelten Sollkonzepts und durch eine systematische Vorgehensweise nach einem der beiden Entwicklungsprinzipien Top-down oder Bottom-up. Für den Funktionsentwurf wird das Prinzip der Top-down-Vorgehensweise in Verbindung mit dem Prinzip der Modularisierung wie folgt angewandt:

- Die Gesamtfunktion des Anwendungssystems wird in Form einer Dekomposition »von oben nach unten« in Teilsysteme für solche Teilfunktionen zerlegt, die die Gesamtfunktion (»Funktionalität«) vollständig erfüllen.

- Jedes der entstandenen Teilsysteme wird in gleicher Weise weiter zerlegt.
- Das Verfahren wird so lange fortgesetzt, bis mit den Modulen eine Ebene von Teilsystemen erreicht ist, für die in der aktuellen Phase des Systementwicklungsprozesses keine weitere Zerlegung möglich oder erforderlich ist.

Das Ergebnis dieser Vorgehensweise ist ein vertikal strukturierter Systementwurf. Entsprechend der Forderung nach gegenseitiger Nichtbeeinflussung ist die Struktur auf den horizontalen Ebenen so zu gestalten, dass Module derselben Ebene eindeutig gegeneinander abgegrenzt und gegenseitige Beziehungen möglichst ausgeschlossen werden, d. h. weitgehend eine hierarchische Struktur – der Funktionsbaum – erreicht wird.

Das Gegenteil der Top-down-Vorgehensweise ist die Bottom-up-Vorgehensweise. Dabei werden zunächst Teilsysteme gebildet, die dann zu einem Gesamtsystem zusammengefügt werden. Die Nachteile einer ausschließlich Bottom-up-orientierten Vorgehensweise bestehen darin, dass einerseits die Übersicht leicht verloren geht und andererseits Teilfunktionen vergessen werden können. In der Praxis bewährt sich eine Kombination der beiden Entwicklungsprinzipien, bei der zunächst Top-down der Systementwurf (Analyse) und dann Bottom-up die schrittweise Realisierung (Synthese) vorgenommen wird (Gegenstromverfahren). Bei der Methode Prototyping, insbesondere beim horizontalen und vertikalen Prototyping, sowie bei der Methode Extreme Programming werden die beiden Grundprinzipien bewusst modifiziert.

Zur Umsetzung der Prinzipien des strukturierten Systementwurfs in konkrete Vorgehensweisen sind zahlreiche Methoden und Verfahren entwickelt worden, die wiederum von einer Reihe von Softwareentwicklungswerkzeugen unterstützt werden. Softwareentwicklungswerkzeuge sind Computerprogramme, die – unter der Bezeichnung CASE (Computer-Aided Software-Engineering) – die Entwicklung von Anwendungssystemen unterstützen. Grob kann man eine Einteilung in Werkzeuge für den Entwurf und solche für die Realisierung (einschließlich des Programmtests) vornehmen.

Zu den Methoden des Entwurfs gehören Entscheidungstabellen und die bereits behandelten ER-Diagramme (vgl. ▶ Abschn. 2.3.2). Kennzeichnend für einen Teil dieser Methoden und Verfahren sind eigene Darstellungstechniken. Sie lassen sich weiterhin danach unterscheiden, ob sie der Darstellung die System- bzw. Programmfunktionen, den Datenfluss, den Kontrollfluss, d. h. den Arbeits- bzw. Programmablauf, eine Kombination von Funktionen bzw. Abläufen und Datenflüssen oder Zustandsübergänge zugrunde legen. Als übergreifende Methoden des Entwurfs sollen nachfolgend die Strukturierte Analyse (SA = Structured Analysis) und der Strukturierter Entwurf (SD = Structured Design) kurz beschrieben werden.

- **Strukturierte Analyse**

Die »Strukturierte Analyse« (DeMarco 1979) verwendet vier Grundarten von Darstellungen, und zwar Datenflussdiagramme, Datenverzeichnisse, Datenstrukturdiagramme und Prozessspezifikationen. Ausgegangen wird vom Datenfluss, der im Datenflussdiagramm beschrieben wird. Datenflüsse werden durch Pfeile, Arbeitsvorgänge (Prozesse) durch Kreise, Datenspeicher durch zwei parallele Linien (d. h. links und rechts offene Rechtecke) und Datenquellen und -ziele durch (geschlossene) Quadrate oder Rechtecke dargestellt. Nach dem Top-down-Prinzip werden schrittweise verfeinerte Datenflussdiagramme angelegt. Im Datenverzeichnis werden alle Daten, Datenflüsse und Arbeitsvorgänge beschrieben. Das Datenstrukturdiagramm kennzeichnet die Beziehungen zwischen den für das Anwendungssystem angelegten Dateien. Die Prozessspezifikation, d. h. die Beschreibung der zu den Prozessen gehörenden Operationen, ergibt sich aus der untersten Stufe des Datenflussdiagramms. Sie kann beispielsweise mit Hilfe von Entscheidungstabellen oder in Pseudocode vorgenommen werden.

- **Strukturierter Entwurf**
Die Methode »Strukturierter Entwurf« (Yourdon u. Constantine 1979) verwendet im Prinzip die gleichen Darstellungsmittel wie die Strukturierte Analyse. Hinzu kommt noch der Strukturplan, der die Zerlegung des Anwendungssystems in Module mit Hilfe von Rechtecken für die Module sowie von langen Pfeilen für die Verbindungen zwischen den Modulen und von kurzen Pfeilen für die Datenflüsse grafisch beschreibt. Damit wird die Verbindung zum Funktionsentwurf hergestellt.

In der Praxis der strukturierten Systementwicklung hat die Methode Strukturierte Analyse die stärkste Verbreitung gefunden. Sie wird häufig mit ER-Diagrammen kombiniert, die den Datenentwurf übernehmen, während die Strukturierte Analyse die Funktionen und die Abläufe beschreibt. Generell bedeutet jedoch jede solche Trennung zwischen Daten und Funktionen einen Bruch in der durchgängigen Systementwicklung. Außerdem erschwert sie die Verständigung zwischen Anwendern und Entwicklern. Diese Mängel versucht die objektorientierte Vorgehensweise (▶ Abschn. 5.2.3) zu beheben.

Aus dem strukturierten Systementwurf wird die Programmspezifikation erarbeitet. Sie besteht aus detaillierten (Programm-)Vorgaben für den nachfolgenden Programmentwurf in Form eines erneuten Pflichtenhefts. Die Programmspezifikation unterscheidet sich danach, ob die Programmentwicklung funktionsorientiert auf der Basis der Dateiorganisation, datenorientiert unter Zugrundelegung der Datenbankorganisation oder objektorientiert erfolgen soll und ferner, welche Programmiersprache, welches Datenbankverwaltungssystem (einschließlich der zugehörigen Datenbanksprachen) und welche Softwareentwicklungswerkzeuge dabei zum Einsatz gelangen sollen. Im Prinzip sind aber in allen Fällen die folgenden Vorgaben festzulegen.

a. Datenorganisation
   - Nummernsysteme: Definition und Aufbau von Verbund- und Parallelnummern, Einrichtung von Matchcodes;
   - Dateiorganisation: Beschreibung der Dateien (Stamm-, Bestandsdaten, Eingabe-/Ausgabedateien) und Datensätze einschließlich der Primärschlüssel (Ordnungsbegriffe); Einordnung in die Dateinamensystematik, Festlegung der Speicherungsform;
   - Datenbankorganisation: Definition der Dateien bzw. Tabellen (ggf. nach Normalisierung) einschließlich der Primär-/Fremdschlüssel und Attribute nach der Vorschrift des benutzten Datenbankverwaltungssystems; horizontale/vertikale Fragmentierung; Anlegen eines Datenkatalogs (Data-Dictionary);
   - Festlegung von Zugriffsrechten, z. B. durch Kennwortvergabe;
b. Eingabe
   - Herkunft der Eingabedaten: Primärdaten, Datenübernahme von anderen Programmen in Form einer programm- oder dateiintegrierten Verarbeitung, Datenträgeraustausch oder elektronischer Datenaustausch mit Schnittstellenangaben;
   - Beschreibung der Bewegungs- und Änderungsdaten (Dateien, Datensätze, Datenelemente);
   - Ablauforganisation der Datenerfassung bzw. -eingabe: z. B. halbdirekte Dateneingabe, direkte manuelle Dateneingabe als Onlinedatenerfassung bzw. als Dialogeingabe, Spracheingabe;
   - Festlegung von Formularen bei halbdirekter Dateneingabe und von Erfassungsbelegen, Masken, Menüs und/oder grafischen Oberflächen bei Tastatureingabe;
   - Prüfziffernverfahren und programmierte Kontrollen, Fehlermeldungen, optische und akustische Hinweise bei fehlerhaften Eingaben;

c. Verarbeitung
- Festlegung der Betriebsarten und Nutzungsformen (Stapel-, Dialogbetrieb; Mehrbenutzerbetrieb, Transaktionsverarbeitung);
- inhaltliche Formulierung aller vorgesehenen Abfragen und Auswertungen im Dialogbetrieb, Vorschriften zur Fenster- und Menügestaltung sowie Festlegung einer Hierarchie und/oder Ablauffolge;
- Beschreibung der Abläufe (Kontrollflüsse) anhand der letzten Verfeinerungsstufe des strukturierten Systementwurfs;
- Beschreibung von Bearbeitungs- bzw. Berechnungsvorgängen (Algorithmen) anhand von Rechenanweisungen oder mathematischen Formeln, ggf. mit Beispielen;
- Vereinbarungen über Fehlermeldungen (während der Verarbeitung) und Hilfefunktionen;

d. Ausgabe
- Beschreibung der Form der Bildschirmanzeigen (Gestaltung von Tabellen, Grafiken einschließlich Farben, Symbolen usw.) und der Abrufmöglichkeiten;
- Formatgestaltung von Drucklisten bzw. von Formularen;
- Anforderungen an Schriftqualitäten und Schrifttypen (z. B. OCR-Schriften);
- Organisation der Druckausgabe (z. B. offline);
- Festlegung von Schnittstellen für die Datenweitergabe (z. B. bei integrierter Verarbeitung oder elektronischem Datenaustausch);
- Vorschriften für den elektronischen Datenaustausch oder den Datenträgeraustausch (Trennzeichen, Blockung u. a.).

Der vorgegebene strukturierte Systementwurf wird unter Zugrundelegung der Programmspezifikation in einen Programmentwurf in Form eines Programmablaufplans (linearer Programmierstil) oder besser eines Struktogramms (strukturierte Programmierung) umgesetzt, der dann in der nachfolgenden Phase Realisierung in die ausgewählte Programmiersprache übertragen wird. Die Phasentrennung ist an dieser Stelle nicht scharf, weil Entwurf und Realisierung oft abwechselnd anhand des Funktionsbaums vorgenommen werden.

In der Programmierung herrschte lange Zeit der z. T. heute noch praktizierte lineare Programmierstil vor. Dabei wird anhand des Systementwurfs und der Programmspezifikation mit den Symbolen nach DIN 66001[8] ein Programmablaufplan (PAP) gezeichnet, der dann später Befehl für Befehl in ein Programm umgesetzt wird. Der lineare Programmierstil ist für kleine Aufgaben sinnvoll. Bei größeren Aufgaben zeigen sich aber verschiedene Nachteile, u. a.:
- zahlreiche Programmverzweigungen mit Vor- und Rückwärtssprüngen (»Spaghettitechnik«),
- fehlende Zerlegbarkeit von großen Programmen in mehrere, von verschiedenen Bearbeitern zu erstellende Teile (Programmsegmentierung),
- unübersichtliche Schleifenbildungen und als Folge davon
- schlechte Änderungsfähigkeit bzw. Wartbarkeit der Programme.

Nachdem in den Anfangsjahren der Datenverarbeitung in der Programmentwicklung bei begabten Programmierern das künstlerische Gestalten und bei weniger begabten das wilde experimentelle Codieren dominierten, setzten schon in den 1960er Jahren – hauptsächlich ausgelöst durch den holländischen Mathematiker Dijkstra (1930–2002) – Bemühungen ein, den Prozess der Programmentwicklung zu systematisieren, mit dem Ziel, die Programme –

---

8   Zur Beschreibung der ISO Normen siehe: ▶ http://iso.w3j.com/.

vor allem im Hinblick auf die spätere Wartung – übersichtlich und (auch für andere) lesbar zu gestalten. Ein Ergebnis dieser Bemühungen ist die strukturierte Programmierung. Sie beginnt im Gegensatz zum linearen Programmierstil damit, das gesamte Programm (ähnlich wie das System selbst) in einer Top-down-Vorgehensweise bis auf die Ebene weitgehend voneinander unabhängiger Systembausteine, sogenannter Strukturblöcke, zu zerlegen. Die Strukturierung soll dabei so weit wie möglich von Programmiersprachen unabhängig sein. Ein Strukturblock hat folgende Eigenschaften:

- Programmbaustein mit eindeutiger Funktion (z. B. Berechnung des Lohnsteuerabzugs);
- Zusammensetzung aus einem einzigen Befehl (Elementarblock), aus mehreren Befehlen oder aus mehreren nachgeordneten Strukturblöcken;
- eindeutige Festlegung von innen und außen, d. h. ein anderer Strukturblock ist entweder vollständig in dem betreffenden Strukturblock enthalten oder befindet sich vollständig außerhalb (keine Überlappung);
- genau ein Eingang und ein Ausgang.

Bei genügender Verfeinerung können die beim strukturierten Systementwurf entstandenen Module direkt als Strukturblöcke übernommen werden. Für die grafische Darstellung von Programmen, die aus Strukturblöcken aufgebaut sind, haben Nassi und Shneiderman (1973) sogenannte Struktogramme vorgeschlagen, die auch als Nassi-Shneiderman-Diagramme bezeichnet werden. Die Sinnbilder sind in DIN 66261 genormt. Die Struktogramme tragen den Anforderungen an Strukturblöcke von vornherein Rechnung.

Bei konsequenter Anwendung der strukturierten Entwicklung lassen sich die Programmabläufe auf wenige Grundformen, die sogenannten Programmkonstrukte (oder Kontrollstrukturen), zurückführen, die in DIN EN 28631 genormt sind. Die elementaren Programmkonstrukte sind

- Reihung (Sequenz): Aneinanderreihung von Programmoperationen ohne Bedingung;
- Verzweigung (Selektion): Ausführung von alternativen Programmoperationen aufgrund einer Bedingung;
- Wiederholung (Iteration oder Repetition): zyklische Wiederholung von Programmoperationen, wobei die Anzahl der Wiederholungen durch eine Bedingung bestimmt wird.

Die Teile A bis C von ◘ Abb. 5.19 zeigen diese drei Programmkonstrukte, und zwar jeweils auf der linken Seite in Form eines Programmablaufplans und auf der rechten Seite in Form eines Struktogramms. Eine Vereinfachung der unter B dargestellten Verzweigung mit einfacher Alternative ist die bedingte Verarbeitung, bei der einer der beiden auszuführenden Strukturblöcke A oder B entfällt. Analog zu der unter C aufgeführten Wiederholung mit vorangehender Bedingungsprüfung gibt es die Wiederholung mit nachfolgender Bedingungsprüfung. Eine Erweiterung der Verzweigung ist die unter D wiedergegebene Auswahl oder mehrfache Alternative (andere Bezeichnungen: Mehrfachverzweigung, Fallunterscheidung), bei der je nach dem Zustand des Entscheidungskriteriums mehr als zwei alternative Fortsetzungen in Betracht kommen.

Generell versteht man unter einer Schleife die wiederholte Abarbeitung einer Befehlsfolge bis zum Eintritt einer bestimmten Abbruchbedingung. Grundsätzlich werden Schleifen dann konstruiert, wenn die gleiche Befehlsfolge an derselben Stelle eines Programms mehrmals zu durchlaufen ist. Der grundsätzliche Programmablauf der Dateiverarbeitung besteht aus dem Vorlauf (Einleitungsteil), dem Hauptlauf (Verarbeitungsteil) und dem Nachlauf (Schlussteil).

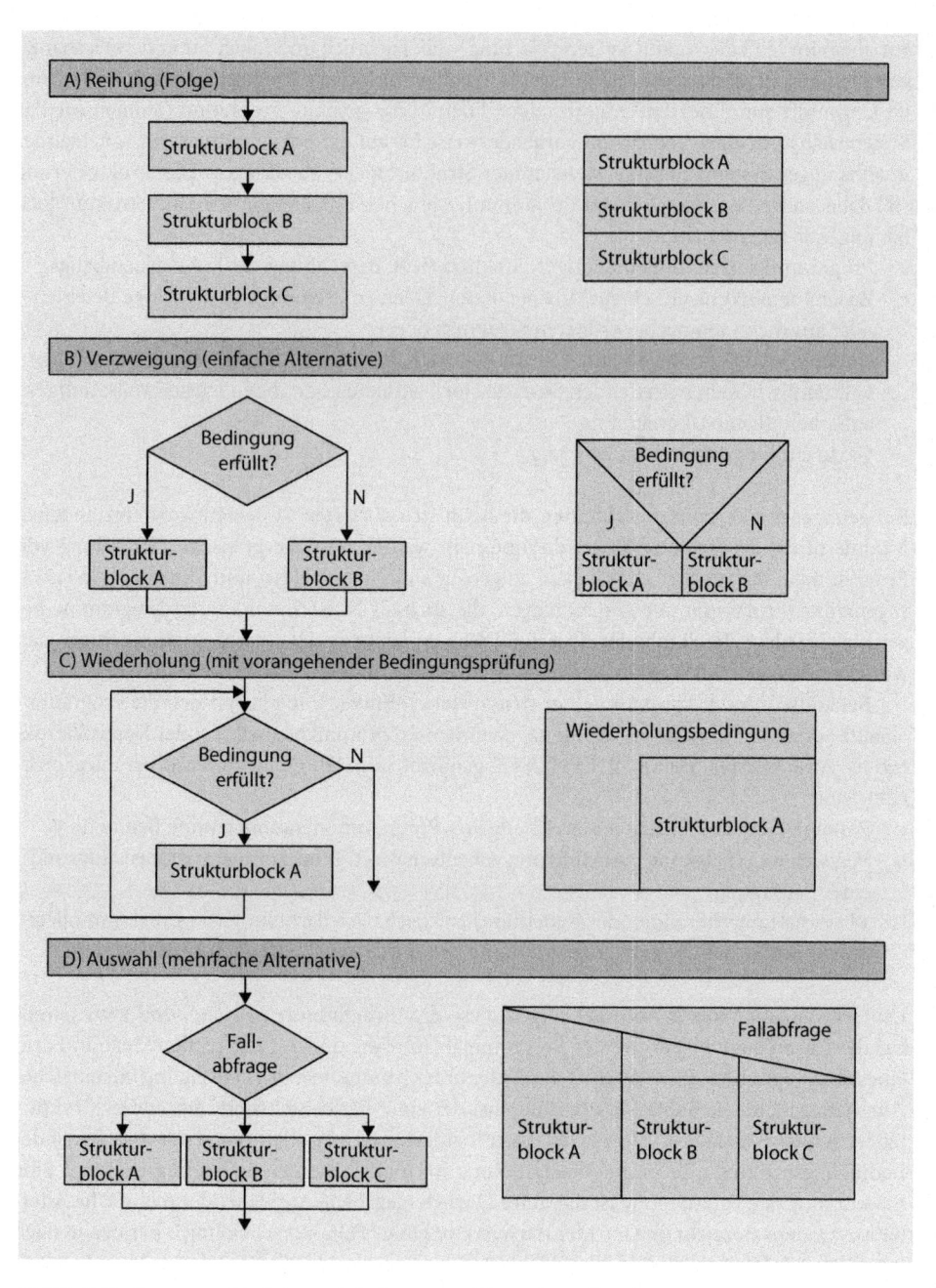

◘ Abb. 5.19 Programmablaufplan und Struktogramm. (Eigene Darstellung)

5.2.3.2 Objektorientierte Systementwicklung

Die strukturierte Systementwicklung ist im praktischen Einsatz mit einer Reihe von Problemen verbunden. Daten und Funktionen werden getrennt betrachtet und dargestellt, z. B. Daten durch das Entity-Relationship-Modell und Funktionen durch Nassi-Shneiderman-Diagramme. Die Abstimmung zwischen den beiden separaten Modellen für Daten und Funktionen bereitet Schwierigkeiten, unabhängig davon, ob daten- oder funktionsorientiert vorgegangen wird. Auch beim Einsatz von Softwareentwicklungswerkzeugen bleibt diese Schwierigkeit bestehen. Die Orientierung des Systementwurfs an Funktionen steht einem Umdenken in Richtung Geschäftsprozessorientierung entgegen, weil die Hierarchie der Funktionen meistens zu einem starren, nicht an den Prozessen orientierten Gesamtentwurf führt. In der Phase Analyse wird bei der Darstellung der fachlichen Anforderungen meistens entweder vom Datenfluss oder vom Kontrollfluss ausgegangen. Bei der Umsetzung in einen strukturierten Systementwurf gibt es aber Schwierigkeiten: Geht man vom Datenfluss zwischen den Funktionen aus, fehlt die Ablaufsteuerung; legt man Funktionen und Ablauf in Form des Kontrollflusses fest, fehlt der Datenfluss. Die Phasenübergänge, insbesondere zwischen Analyse und Entwurf sowie zwischen Entwurf und Realisierung, bereiten Probleme, weil die in den einzelnen Phasen verwendeten Methoden nicht optimal zueinander passen (»Methodenbruch«). Die Wiederverwendbarkeit von Softwarekomponenten wird nur wenig unterstützt. Vor allem fehlen Möglichkeiten, universelle Schnittstellen zur Umgebung festzulegen.

Als Alternative, die die aufgezählten Mängel vermeiden soll, hat sich inzwischen die objektorientierte Systementwicklung weitgehend durchgesetzt. Ihr Grundgedanke besteht darin, Daten und Funktionen nicht nacheinander, sondern simultan zu betrachten und bei der Modellierung zu Objekten zusammenzufassen. Dabei besteht ein Objekt im Sinne der objektorientierten Systementwicklung aus Attributen, welche die Eigenschaften des Objekts beschreiben, und Methoden (Operationen), welche das Verhalten des Objekts beschreiben. Der wesentliche Unterschied liegt also in der Hinzunahme der Operationen. Vereinfacht formuliert sind Daten passiv, Objekte aktiv.

Die Objektorientierung hat mehrere Wurzeln, und zwar die bereits 1967 entwickelte Simulationssprache SIMULA (Dahl u. Nygaard 1966), die in den 1970er Jahren von der Xerox Corporation herausgebrachte objektorientierte Programmiersprache Smalltalk (Goldberg u. Kay 1976, Goldberg u. Robson 1983) und als entscheidenden Auslöser die seit Mitte der 1980er Jahre entstandenen grafischen Benutzeroberflächen mit Fenstern, Symbolen, Schaltflächen usw. Die Ansätze zur Objektorientierung haben sich zuerst auf die objektorientierte Programmierung konzentriert. Ende der 1970er Jahre ist dann der der Programmierung vorangehende Entwurf in die objektorientierte Vorgehensweise einbezogen worden. Anfang der 1990er Jahre ist die Erkenntnis gereift, dass sich die Objektorientierung in der Praxis nur sinnvoll realisieren lässt, wenn sie auch schon der Phase Analyse zugrunde gelegt wird, weil in dieser Phase der Anwender in die Entwicklung einbezogen ist und so von vornherein an der Bestimmung der Objekte beteiligt werden kann. Zudem lässt sich damit das Konzept der Objektorientierung durchgängig, d. h. ohne Methoden- bzw. Strukturbruch, über alle Phasen des Entwicklungsprozesses anwenden.

Inzwischen ist es üblich, bei der objektorientierten Systementwicklung – ebenso wie bei der konventionellen Systementwicklung – die Entwicklungsphasen Analyse (Abkürzung OOA), Entwurf (Abkürzung OOD für »Objektorientiertes Design«) und Realisierung, d. h. Programmierung/Test (Abkürzung OOP), zu unterscheiden, die wiederum Bestandteile geschlossener Vorgehensmodelle der objektorientierten Systementwicklung sind. Beispielsweise besteht das Vorgehensmodell RUP aus den vier Phasen Analyse/Design, Implementierung, Test und Einführung.

Die objektorientierte Systementwicklung ermöglicht durch die simultane, gewissermaßen ganzheitliche Betrachtung von Daten und Funktionen und durch das damit gekoppelte phasenübergreifende Vorgehen eine schnellere Verständigung zwischen Entwickler und Anwender, eine intensivere Nutzung des Prototyping, eine Verkürzung der Entwicklungszeiten und damit eine Reduzierung des Entwicklungsaufwands, eine bessere Wartbarkeit und eine höhere Wiederverwendbarkeit.

Grundsätzlich stehen die IT-Abteilungen bei jedem neuen Anwendungssystem vor der Frage, ob die Entwicklung konventionell, d. h. strukturiert, oder objektorientiert erfolgen soll. Bei der Neuentwicklung hat sich die Objektorientierung durchgesetzt. Bei der Reorganisation bestehender Anwendungssysteme muss jeweils die Migration zur Objektorientierung erwogen werden.

Ebenso wie für die strukturierte Systementwicklung sind auch für die objektorientierte Systementwicklung eine Reihe von Methoden und Verfahren entwickelt worden (Ferstl u. Sinz 1990, Wirfs-Brock, Wilkerson et al. 1990, Coad u. Yourdon 1991, Rumbaugh, Blaha et al. 1991, Jacobson 1992, Shlaer u. Mellor 1992, Booch 2007). Booch, Jacobson und Rumbaugh haben sich auf eine gemeinsame Methode, die Unified Modeling Language (UML, Rumbaugh, Jacobson et al. 1999), geeinigt. Diese weitgehend grafisch ausgerichtete Methode ist 1997 von der OMG (Object Management Group) zum Standard erklärt worden und inzwischen weit verbreitet. Die UML umfasst die folgenden Diagrammtypen:

- Strukturdiagramme (beschreiben den Aufbau eines Systems):
  - Klassendiagramm
  - Kompositionsstrukturdiagramm
  - Komponentendiagramm
  - Verteilungsdiagramm
  - Objektdiagramm
  - Paketdiagramm
  - Profildiagramm
- Verhaltensdiagramme (beschreiben das dynamische Verhalten eines Systems):
  - Aktivitätsdiagramm
  - Anwendungsfalldiagramm (Use-Case-Diagramm)
  - Interaktionsübersichtsdiagramm
  - Kommunikationsdiagramm
  - Sequenzdiagramm
  - Zeitverlaufsdiagramm
  - Zustandsdiagramm

Aus dieser Auflistung wird deutlich, dass UML an Geschäftsprozessen orientiert ist und den gesamten Bereich der Systementwicklung vom fachinhaltlichen Schwerpunkt der Phase OOA über den Systementwurf der Phase OOD bis hin zur Realisierung (Phase OOP) abdeckt. Allerdings sind die Phasen infolge der durchgängigen Methodik, die mit wiederholten Erweiterungen und Verfeinerungen der Entwurfsergebnisse verbunden ist, nicht so klar voneinander zu unterscheiden wie beim strukturierten Systementwurf. Die objektorientierte Vorgehensweise erleichtert die Wartung und unterstützt die Wiederverwendung, wobei diese beiden Aspekte jedoch von den Entwicklern bereits von vornherein ausdrücklich berücksichtigt werden müssen. Die Objektorientierung beruht auf drei Grundprinzipien, und zwar Datenkapselung (einschließlich Objektbildung), Klassenbildung und Vererbung sowie Botschaftenkommunikation und Polymorphismus.

- **Datenkapselung**

Objekte im Sinne der Objektorientierung sind zunächst – ebenso wie die Objekte der logischen Datenorganisation – konkrete Personen (z. B. Mitarbeiter Meier), Gegenstände (z. B. Laserdrucker mit Inventarnummer L17) oder abstrakte Begriffe (z. B. Rechnung Nr. 3172568). Im Gegensatz zu datenorientierten Modellen (vgl. ERM, ▶ Abschn. 2.3.2) besitzen sie neben Eigenschaften, die durch Attributwerte beschrieben werden, zusätzlich ein Verhalten, das durch Methoden (andere Bezeichnung: Operationen) ausgedrückt wird. Datenkapselung bedeutet,

5.2 · Systementwicklung

Klassenname	**Lagerartikel**
Attribute	Artikelnummer Artikelbezeichnung Artikelpreis
Operationen	Ändere_Artikelbezeichnung Ändere_Artikelpreis Entferne_Lagerartikel Anzeige_Lagerartikel

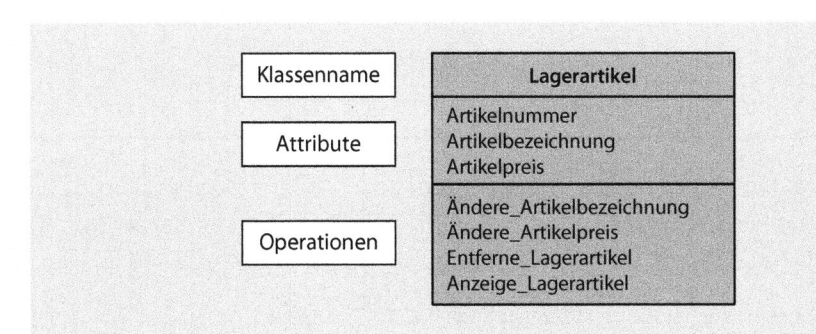

◘ **Abb. 5.20** UML-Darstellung einer Klasse. (Eigene Darstellung)

dass die Attributwerte eines Objekts nur durch die Operationen des Objekts selbst, jedoch nicht von außen verändert werden können. Damit gilt wieder das Geheimnisprinzip, und zwar in der Form, dass Objekte nach außen nur erkennen lassen, WAS sie ausführen, jedoch nicht, WIE die Ausführung erfolgt.

- **Klassenbildung und Vererbung**

Eine Klasse wird durch die Zusammenfassung von Objekten mit denselben Attributen (nicht Attributwerten!) und demselben Verhalten, d. h. Operationen, gebildet. Der Begriff Klasse ist mit dem Begriff Entitätstyp, der Begriff Objekt mit dem Begriff Entität beim ER-Modell (▶ Abschn. 2.3.2) zu vergleichen. Somit gehören Attribute und Operationen stets zu den Klassen und Attributwerte immer zu den einzelnen Objekten der Klasse. Ein Attribut wird zum Klassenattribut, wenn alle Objekte der Klasse für dieses Attribut denselben Attributwert (z. B. Geschlecht: weiblich) besitzen. In Anwendungssystemen repräsentieren Klassen – wie die Objekte der klassischen Datenorganisation – natürliche oder juristische Personen (z. B. Kunden, Lieferanten, Mitarbeiter), Gegenstände (z. B. Handelswaren, Rohstoffe, Maschinen) oder abstrakte Begriffe (z. B. Konten, Buchungen, Bestellungen). ◘ Abb. 5.20 zeigt die grafische Darstellung der Klasse Lagerartikel mit den Attributen Artikelnummer, Artikelbezeichnung, Artikelpreis und den Operationen Ändere_Bezeichnung, Ändere_Preis, Entferne_Lagerartikel und Anzeige_Lagerartikel mit der Darstellungstechnik der Universal Modeling Language (UML). Im oberen Teil des Symbols ist der Name, im mittleren Teil sind die Attribute und im unteren Teil die Operationen der Klasse eingetragen. In der Grammatik der deutschen Sprache müsste die letzte Operation in dem Beispiel »Zeige_Lagerartikel_an« heißen. Es ist aber üblich, den Imperativ »Zeige an! « zu einem Wort »Anzeige!« zusammenzufassen, damit die Folge Verb_Substantiv einheitlich ist.

Objekte, die in der Realität in einer hierarchischen Beziehung stehen (z. B. Baugruppen und Einzelteile als Bestandteile von Maschinen) können zweckmäßig durch ein hierarchisches Klassenkonzept abgebildet werden. Dabei ist es möglich, Gemeinsamkeiten von verschiedenen Klassen durch einen Vererbungsmechanismus zu erfassen. Jede Klasse erbt die Attribute und Operationen der darüber liegenden Klasse, die dann als Superklasse (oder Oberklasse) bezeichnet wird. Jede darunter liegende Klasse heißt Subklasse (oder Unterklasse). Eine Superklasse kann ihre Attribute und Operationen an mehrere Subklassen vererben, wobei jede Subklasse in der Regel zusätzliche Attribute und/oder Operationen besitzt. Je nachdem, ob man bei der Bildung der Klassenhierarchie Top-down oder Bottom-up vorgeht, spricht man – wie beim ER-Modell (▶ Abschn. 2.3.2) und beim Systementwurf – von Spezialisierung oder Generalisierung. Die Spezialisierung führt also zu Subklassen, die Generalisierung zu Superklassen. Durch das

```
                    ┌─────────────────────┐
                    │     Bankkonto       │
                    ├─────────────────────┤
                    │ Kontonummer         │
                    │ Zinssatz-H          │
                    │ Zinssatz-S          │
                    │ Konditionenindex... │
                    ├─────────────────────┤
                    │ Anzeige_Bankkonto   │
                    │ Berechne_Zinsen     │
                    │ ...                 │
                    └─────────────────────┘
```

Girokonto	Sparkonto	Termingeldkonto	Darlehenskonto
Dispolinie Zinssatz-Ü	Kündigungsfrist Kündigungsbetrag	Termin	Gebühren
Berechne_Zinsen	Berechne_Limit		

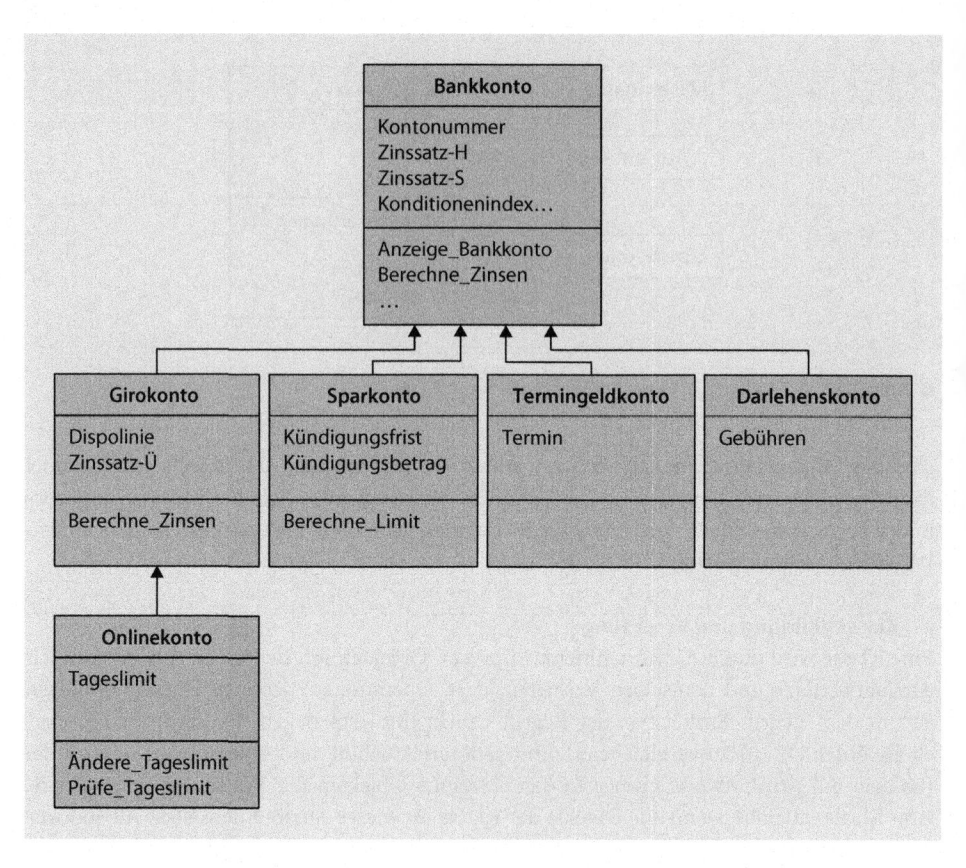

Onlinekonto
Tageslimit
Ändere_Tageslimit Prüfe_Tageslimit

◘ **Abb. 5.21** Klassendiagramm mit Vererbung und Spezialisierung. (Eigene Darstellung)

Vererbungsprinzip werden Redundanzen verringert und die Wartung des Systems vereinfacht. ◘ Abb. 5.21 zeigt ein Beispiel. Dort gehören zur Superklasse Bankkonto die Subklassen Girokonto (mit der Spezialform Onlinekonto), Sparkonto, Termingeldkonto und Darlehenskonto. Die Attribute und Operationen der Superklassen werden an die Subklassen vererbt. Die Subklassen verfügen teilweise über eigene Attribute und Subklassen. Die Klasse Sparkonto enthält die zusätzlichen Attribute Kündigungsfrist und Kündigungsbetrag sowie die spezielle Operation Berechne_Limit, die den auszahlbaren Betrag ermittelt. Die Klasse Girokonto besitzt eine Operation Berechne_Zinsen, die die gleichnamige Operation der Superklasse ersetzt (Zinsberechnung unter Berücksichtigung einer Überschreitung der Dispolinie).

Um Problembereiche klarer zu strukturieren und Redundanzen bei Attributen und Operationen noch weiter zu verringern, können künstliche Superklassen ohne eigene Objekte, sogenannte abstrakte Klassen, gebildet werden. Eine solche abstrakte Klasse ist beispielsweise die genannte Superklasse Bankkonto.

In den Beziehungen zwischen Superklassen und ihren direkt darunter liegenden Subklassen spricht man von Einfachvererbung, wenn eine Subklasse nur Eigenschaften einer einzigen Superklasse erbt, und von Mehrfachvererbung (multiple Vererbung), wenn die Subklasse Eigenschaften von mehr als einer Superklasse erbt.

Neben den Vererbungsbeziehungen zwischen den Klassen (Kurzbeschreibung: »... ist ein ...«) gibt es noch sogenannte Ganz/Teil-Beziehungen. Damit wird ausgedrückt, dass ein

5.2 · Systementwicklung

Assoziation (allgemein)

Klasse 1	m1	m2	Klasse 2
Attribute			Attribute
Operationen			Operationen

m1, m2: Multiplizität Beispiele:
- 1 — Genau 1
- * — 0 bis viele
- 0..3 — 0 bis 3
- 1..* — 1 bis viele

Aggregation

Verein			Person
Name -V	◇——* 7..*		Name -P

Bei dieser speziellen Art der Assoziation liegt eine Ganz/Teil-Beziehung vor. Das Teil existiert unabhängig vom Ganzen, aber das Ganze erfordert das Teil.

Komposition

Konferenz			Vortrag
Ort	◆——1 *		Sprecher

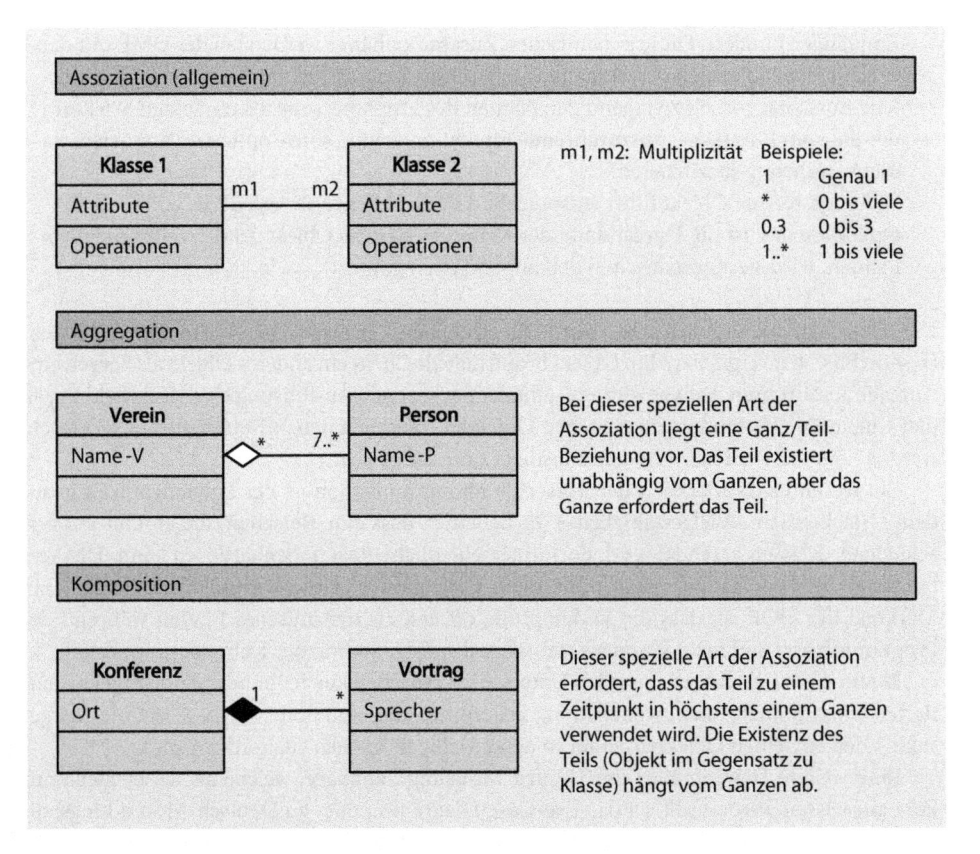

Dieser spezielle Art der Assoziation erfordert, dass das Teil zu einem Zeitpunkt in höchstens einem Ganzen verwendet wird. Die Existenz des Teils (Objekt im Gegensatz zu Klasse) hängt vom Ganzen ab.

◘ **Abb. 5.22** Darstellung verschiedener Assoziationsformen in UML. (Eigene Darstellung)

Objekt einer Klasse (als aggregiertes Objekt) mehrere Objekte anderer Klassen enthalten kann oder sich umgekehrt (Teil-)Objekte verschiedener Klassen zu Objekten einer weiteren Klasse zusammenfügen lassen (◘ Abb. 5.22). Ganz/Teil-Beziehungen werden in der Regel bei der Spezialisierung durch »… hat ein …«, bei der Generalisierung durch »… ist Teil von …« beschrieben. Das Beispiel zur Aggregation drückt aus, dass ein Verein Mitglieder hat, und zwar mindestens sieben. Diese Personen existieren selbstverständlich auch ohne den Verein und sie können Mitglieder in mehreren Vereinen sein. Die Komposition stellt eine strengere Form der Assoziation dar. Im Beispiel: Die Existenz des Objekts »Vortrag« hängt vom Objekt »Konferenz« ab – wenn die Konferenz abgesagt wird, gibt es auch keinen Vortrag. Ebenso ist mit der Komposition ausgesagt, dass der Vortrag nicht gleichzeitig auf mehreren Konferenzen gehalten werden kann.

- **Botschaftenkommunikation und Polymorphismus**

Die in den Klassenmodellen bzw. -diagrammen erfassten Beziehungen zwischen den Klassen bzw. Objekten haben statischen Charakter. Daneben gibt es dynamische Beziehungen, die nach folgendem Prinzip realisiert werden:
- Zwischen den Objekten werden Botschaften (Messages, andere Bezeichnung: Nachrichten) ausgetauscht, indem jeweils ein Objekt als Sender und ein anderes Objekt als

Empfänger fungiert. Diese dynamischen Zusammenhänge werden bei der UML mit den verschiedenen Formen der Verhaltensdiagramme dargestellt.
- Jede Botschaft enthält zwingend den Namen des Empfängerobjekts und einen Selektor, der die vom Empfänger auszuführende Operation angibt, sowie optional Parameter, die die Ausführung spezifizieren.
- Das angestoßene Objekt führt entsprechend der erhaltenen Botschaft die aufgerufene Operation aus. Ist die Operation in der Klasse, zu der das Objekt gehört, selbst nicht vorhanden, wird sie automatisch in den Superklassen gesucht.

Die Botschaftenkommunikation wird oft mit dem Prinzip des Client-Server-Modells (▶ Abschn. 2.4.5) verglichen: Ein Objekt beauftragt als Client ein anderes Objekt als Server, eine Aufgabe auszuführen. Falls gewünscht, gibt der Server nach Ausführung eine Rückmeldung an den Client. Die Verbindungen zwischen Objekten, zwischen denen Botschaften ausgetauscht werden können, werden im Interaktionsdiagramm dargestellt.

Ein wesentliches Merkmal der Botschaftenkommunikation ist der Polymorphismus (aus dem Griechischen: »Vielgestaltigkeit«). Er bedeutet, dass eine Botschaft, die an Objekte verschiedener Klassen gesendet wird, dort unterschiedliche Reaktionen auslösen kann. Die Verbindung von Botschaften mit ausführenden Operationen wird als Binden bezeichnet. Ein Merkmal der OOP ist, dass die Verknüpfung oft erst als dynamisches Binden während des Programmlaufs (und nicht schon als statisches Binden während der Kompilierung) erfolgt.

◘ Abb. 5.23 zeigt den prinzipiellen Unterschied zwischen konventionellen und objektorientierten Programmabläufen, wobei streng genommen die Funktionen nicht – wie hier dargestellt – den einzelnen Objekten, sondern den jeweiligen Klassen zuzuordnen sind.

Eine weitere Diagrammart der Unified Modeling Language, welche an dieser Stelle nur kurz angerissen werden soll, ist das Use-Case-Diagramm, oder zu Deutsch Anwendungsfalldiagramm. Use-Case-Diagramme sind als Anwendungsfalldiagramme Bestandteil der Modellierungssprache UML für die objektorientierte Systementwicklung, lassen sich aber auch unabhängig davon benutzen. Sie beschreiben die Funktionen eines Anwendungssystems aus der Sicht der Benutzer (»Aktoren«), wobei der Benutzer eine Person oder ein Anwendungsprogramm sein kann. Je nach Abstraktionsgrad können die Diagramme alternative Ablauffolgen umfassen. ◘ Abb. 5.24 zeigt als Beispiel ein Use-Case-Diagramm für die Leistungsabrechnung von Arztrechnungen und -rezepten durch das Kundenservice-Center einer privaten Krankenversicherung. Im Normalfall kommt die Funktion »Zweifelsfälle klären« nicht zur Ausführung. Funktionen, die stets auszuführen sind, werden mit include, die anderen mit extend gekennzeichnet. Textlich formulierte Use-Case-Diagramme werden als Use-Case-Templates bezeichnet.

Use-Cases werden nicht herangezogen, um die gesamte Realität inklusive ihrer Ausnahmen und Spezialfälle abzubilden, vielmehr soll eine klare Handlungsvorschrift für den Normalfall hergeleitet werden.

5.2.4 Realisierung

In der Phase Realisierung, die oft auch als Implementierung bezeichnet wird, erfolgen die Programmentwicklung, kurz Programmierung, und der Programm- und Systemtest. »Richtiges« Programmieren, d. h. die Fähigkeit, auf rationale Weise Programme zu erstellen, die den Forderungen nach hoher Softwarequalität genügen, erfordert das Beherrschen der Prinzipien, Methoden und Verfahren des System- und Programmentwurfs, fundierte Kenntnisse in einer

5.2 · Systementwicklung

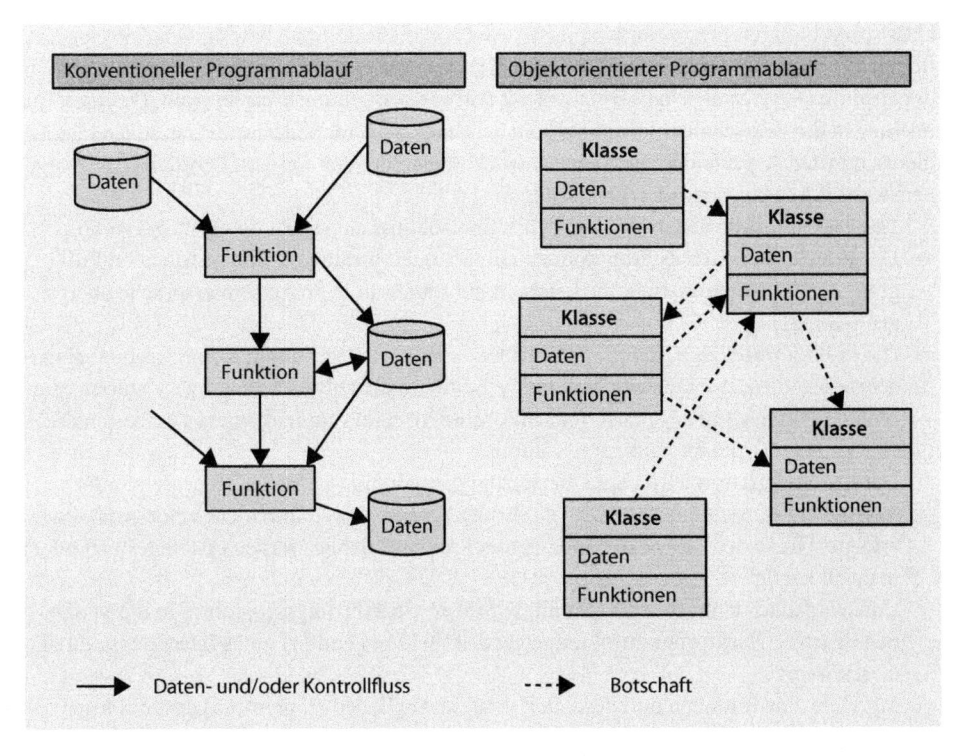

Abb. 5.23 Konventioneller vs. objektorientierter Programmablauf. (Eigene Darstellung)

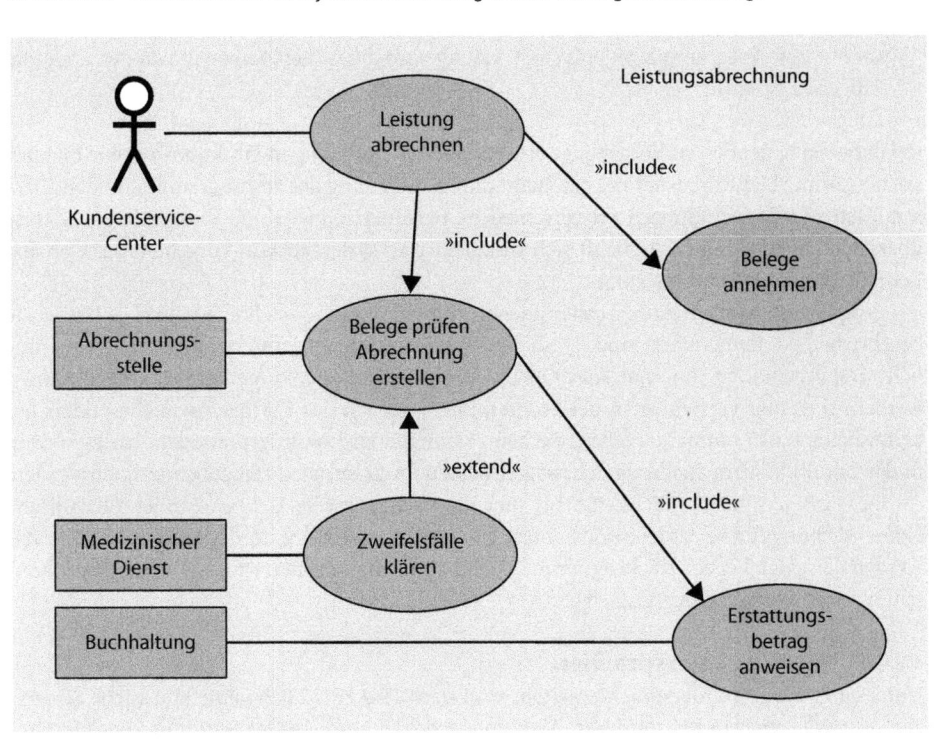

Abb. 5.24 Use-Case-Diagramm (Leistungsabrechnung in einer Krankenversicherung). (Eigene Darstellung)

klassischen höheren Programmiersprache wie C oder Visual Basic bzw. in einer objektorientierten Programmiersprache wie Java oder C++ sowie eine intensive Programmierpraxis auf der Grundlage systematischen Arbeitens mit Softwareproduktionsumgebungen. Da eine »Einführung in die Wirtschaftsinformatik« kein Lehrbuch der Programmierung ist, sollen hier nur die wichtigsten Aspekte der Programmentwicklung aufgeführt werden. Die klassische Vorgehensweise lässt sich wie folgt schematisieren:

- Das Datenmodell wird unabhängig vom Kontrollfluss aufgestellt, in der Regel vorab.
- Der Kontrollfluss des als Programmablaufplan oder Struktogramm vorliegenden Programmentwurfs wird Befehl für Befehl in die ausgewählte Programmiersprache übertragen (codiert).
- Die Programmzeilen (Quellprogramm) werden in der Regel direkt in den Rechner eingegeben. Für diese Aufgabe gibt es spezielle Editoren, die teilweise die Eingabe automatisieren (z. B. Ergänzung angefangener Schlüsselwörter), Zusammenhänge visualisieren und eine einfache Syntaxprüfung durchführen.
- Das Quellprogramm wird vom Übersetzungsprogramm (Compiler, Interpreter oder Assembler) auf syntaktische (formale) Fehler geprüft, soweit dies nicht schon im Editor erfolgte. Die in der Diagnostik angezeigten Programmfehler werden systemgestützt oder manuell korrigiert.
- Das syntaktisch fehlerfreie Programm wird vom Übersetzungsprogramm in die Maschinensprache (Objektprogramm) umgewandelt. Bei Verwendung eines Interpreters entfällt dieser Schritt.
- Mit Hilfe von Testfällen und Testdaten wird die Logik des Programms geprüft. Liegen semantische (logische) Fehler vor, wird das Verfahren nach entsprechenden Änderungen wieder von vorn begonnen.
- Bei größeren Programmierprojekten werden die Teilaufgaben nach Funktionsmodulen auf mehrere Programmierer aufgeteilt. Häufig wird das Testen personell von den anderen Aufgaben getrennt.

Bei der objektorientierten Vorgehensweise entfällt die Aufteilung in Funktionsmodule im klassischen Sinne. Die Arbeitsteilung geschieht durch Aufteilung der zu programmierenden Klassen (Daten und Operationen) auf verschiedene Personen. Obwohl die Klassen üblicherweise überschaubar groß sind, empfiehlt sich trotzdem eine systematische Vorgehensweise analog der klassischen Programmierung.

Programme werden umso verständlicher und damit umso leichter wartbar, je besser sie beschrieben (dokumentiert) sind. Deshalb sollte bei der Codierung möglichst eine ausführliche Dokumentation innerhalb des Quellprogramms (Inlinedokumentation) vorgenommen werden. Darunter versteht man bei Programmiersprachen das Einfügen von (besonders gekennzeichneten) Kommentarzeilen, die beim Kompilieren bzw. Interpretieren überlesen, aber in den am Bildschirm angezeigten bzw. gedruckten Programmtext mit aufgenommen werden.

Der besseren Verständlichkeit dient auch die Verbalisierung, d. h. eine mnemotechnische Namensgebung für Variablen, Konstanten, Unterprogramme usw. In der betrieblichen Praxis werden derartige Regeln zur Programmerstellung in Programmierrichtlinien oder sogenannten Programmierstandards festgelegt.

5.2.4.1 Programmiersprachen

Unter einer Programmiersprache versteht man nach ISO/IEC 2382-1 eine künstliche Sprache zur Formulierung von Programmen. Man unterscheidet mehrere Generationen von Programmiersprachen, und zwar zunächst

- 1. Generation: Maschinensprachen,
- 2. Generation: maschinenorientierte Sprachen,
- 3. Generation: höhere Programmiersprachen,
- 4. Generation: nicht prozedurale Sprachen.

Nachfolgende Generationen haben die vorangehenden niemals völlig abgelöst. Gegenwärtig sind je nach Anwendung alle Generationen anzutreffen. Wenn in einem Unternehmen – sofern hier überhaupt Individualsoftware entwickelt wird – einmal die Entscheidung für eine oder wenige Programmiersprachen gefallen ist, wird daran wegen der einheitlichen Ausbildung der mit der Systementwicklung befassten Mitarbeiter, einer stabilen Systematik der Programmentwicklung und einer kontinuierlichen Pflege bestehender Anwendungssysteme über Jahre, nicht selten sogar Jahrzehnte hinweg festgehalten.

Bei jeder Programmiersprache unterscheidet man – in Analogie zu den natürlichen Sprachen – Syntax und Semantik. Die Syntax beschreibt die Form der Sprachzeichen (Alphabet) und Worte und vor allem die grammatikalischen Regeln, d. h. die formale Richtigkeit der Sprache. Die Semantik bestimmt die Beziehungen zwischen den Sprachzeichen bzw. Worten und deren Bedeutung, d. h. die Logik der Sprache. Die arithmetische Anweisung x := (a + b) * (c + d enthält einen syntaktischen (formalen) Fehler, weil die zweite Klammer nicht geschlossen ist. Die Formel LEISTUNG := ARBEIT * ZEIT ist dagegen semantisch (logisch) falsch, ARBEIT/ZEIT wäre korrekt.

Alle Programmiersprachen arbeiten mit Datentypen, d. h. Mengen von zulässigen Werten. Standarddatentypen sind Integer (Menge der ganzen Zahlen), Decimal (Menge der Festkommazahlen), Boolean (»Wahrheitswerte« true und false) und Character (Menge vereinbarter Schriftzeichen, z. B. ASCII-Zeichensatz, bestehend aus Groß- und Kleinbuchstaben, Ziffern und Sonderzeichen). Weitere Datentypen sind – je nach Programmiersprache – die Zeichenkette (String), das Feld (Array) oder vom Programmierer definierte individuelle Datentypen. Dabei kennen objektorientierte Sprachen nur die Grundtypen und erlauben die Definition zusätzlicher Dateitypen nur als Objekte.

Im Folgenden werden die einzelnen Sprachgenerationen und die wichtigsten Programmiersprachen kurz vorgestellt.

■ Maschinensprachen

Eine Maschinensprache ist die interne Sprache eines bestimmten Rechnertyps. Die Befehlscodes und Speicheradressen sind dual (Basis 2) oder hexadezimal (Basis 16) formuliert. Für die Anwendungsprogrammierung sind Maschinensprachen nicht geeignet, weil sie wenig übersichtlich, fehleranfällig, nicht auf andere Rechnertypen portierbar und mit hohem Erstellungs- und Änderungsaufwand verbunden sind.

■ Maschinenorientierte Programmiersprachen

Maschinenorientierte Sprachen – meistens Assembler(sprachen) genannt – gelten ebenso wie die Maschinensprachen jeweils nur für Rechner eines bestimmten Typs oder einer Familie. Sie bieten aber einige Erleichterungen für den Programmierer: Die Befehle werden durch mnemotechnische (gedächtnisstützende) Bezeichnungen wie ADD, SUB, MUL, DIV usw. abgekürzt. Speicheradressen können symbolisch (statt absolut) geschrieben werden, z. B. TDAT für die Adresse eines Speicherplatzes mit dem aktuellen Tagesdatum. Feste Befehlsfolgen sind zu Makrobefehlen zusammengefasst (Reservieren von Speicherplatz, Quadratwurzel, trigonometrische Funktionen u. a.). Die Anwendung von Assemblersprachen ist mit hohem Programmier- und Änderungsaufwand verbunden. Sie werden deshalb nur für Systemsoftware und solche Programme eingesetzt, bei denen es auf sehr kurze Verarbeitungszeiten und/oder geringen Speicherplatzbedarf ankommt.

- **Höhere Programmiersprachen**

An die Stelle der Befehle von Maschinen- oder Assemblersprachen treten bei den höheren Programmiersprachen Anweisungen oder Folgen von Anweisungen (Algorithmen) mit einem wesentlich weiteren Funktionsumfang. Man spricht bei den höheren Programmiersprachen, die diese Eigenschaft erfüllen, auch von imperativen Sprachen. Im Gegensatz zu den Assemblersprachen erfordern höhere Programmiersprachen geringeren Programmier- und Änderungsaufwand und sind leichter erlernbar. Die weitgehende Rechnerunabhängigkeit ermöglicht den Einsatz auf Rechnern verschiedener Typen. Nachteile sind schlechtere Hardwareausnutzung und damit längere Programmlaufzeiten.

Da bei der Konzeption der ersten höheren Programmiersprachen bestimmte Anwendungsgebiete (z. B. kaufmännische, mathematische oder technische Anwendungen) im Vordergrund standen, wurden sie früher auch als problemorientierte Sprachen bezeichnet. Die älteste höhere Programmiersprache ist die Sprache FORTRAN (Formula Translation, Backus, Beeber et al. 1957), die in den Jahren 1954 bis 1957 bei IBM entwickelt worden ist. Sie ist vorwiegend für mathematisch-technische Anwendungen konzipiert. Die immer noch verbreitete Sprache für Anwendungsprogramme des kaufmännischen Bereichs ist die in den Jahren 1959 bis 1961 in den USA entwickelte Sprache COBOL (Common Business Oriented Language). Sie ist auf die Dateiverarbeitung (vgl. ▶ Abschn. 2.3.1) ausgerichtet. COBOL ist die Programmiersprache mit der strengsten Normung. Im Gegensatz zur kompakten Schreibweise von FORTRAN-Programmen sind COBOL-Programme stark verbalisiert und daher leichter lesbar.

Weitere höhere Programmiersprachen sind (in alphabetischer Reihenfolge):

- BASIC (Beginners All Purpose Symbolic Instruction Code): 1963/64 am Dartmouth College in den USA ursprünglich als einfach zu erlernende, an FORTRAN angelehnte Sprache für Ausbildungszwecke entwickelt. Inzwischen zu einer verbreiteten Programmiersprache im PC-Bereich ausgebaut, insbesondere durch Visual Basic von Microsoft.
- C: Anfang der 1970er Jahre in den Bell Laboratories (Ritchie 1993) entwickelt, zunächst nur für das Betriebssystem Unix (▶ Abschn. 2.2.2). Inzwischen unter fast allen anderen Betriebssystemen verfügbar. Relativ maschinennah, deswegen bessere Rechnernutzung, jedoch höherer Lernaufwand. Grundlage für die objektorientierte Sprache C++.
- Pascal: 1969 an der ETH Zürich eingeführt (Wirth 1971). Wegen der strengen Strukturierung der Programme weit verbreitete Sprache für die Grundausbildung an Hochschulen (bis zur weitgehenden Ablösung in dieser Funktion durch die objektorientierten Sprachen C++ und Java).

- **Nicht prozedurale Programmiersprachen**

Die Maschinen-, Assembler- und höheren Sprachen werden als prozedurale Sprachen bezeichnet, weil bei ihnen die Programme aus einer Folge von Befehlen oder Anweisungen bestehen, die in einer vom Programmierer festgelegten Reihenfolge, d. h. in Form einer Prozedur, ausgeführt werden. Im Gegensatz dazu werden bei den nicht prozeduralen Programmiersprachen, die auch deskriptive oder deklarative Sprachen genannt werden, die auszuführenden Aktionen textlich oder exemplarisch beschrieben. Einfacher formuliert: In den nicht prozeduralen Sprachen muss formuliert werden, WAS zu tun ist, jedoch – im Gegensatz zu den herkömmlichen prozeduralen Sprachen – nicht, WIE etwas zu tun ist.

Die zu Sprachen der 4. Generation (4GL = Fourth Generation Language) zusammengefassten nicht prozeduralen Sprachen sind aus den Abfragesprachen für Datenbanken

(▶ Abschn. 2.3.3) hervorgegangen. Sie sind inzwischen so erweitert worden, dass sie – über die reine Abfrage hinaus – auch für die Programmierung von Verarbeitungsfunktionen eingesetzt werden können.

Wegen der Schwierigkeit, eindeutige Zuordnungen vorzunehmen, wird immer wieder versucht, andere Klassifikationen als nach Generationen zu verwenden. Nach ihrer Arbeitsweise kann man so
- objektorientierte Sprachen,
- wissensbasierte Sprachen,
- Skriptsprachen und
- Beschreibungssprachen

unterscheiden, wobei manchmal die objektorientierten Sprachen zur 4. Generation gerechnet und die wissensbasierten Sprachen als eine eigene Generation bezeichnet werden.

- **Objektorientierte Programmiersprachen**

Die objektorientierten Programmiersprachen beruhen auf einem völlig anderen Prinzip als die übrigen Generationen von Programmiersprachen: Daten werden zusammen mit den darauf anzuwendenden Operationen zu Objekten zusammengefasst (»gekapselt«), die dann über Botschaften miteinander kommunizieren. Man unterscheidet reine, unmittelbar für die objektorientierte Programmierung konzipierte Sprachen und Hybridsprachen, die durch die Erweiterung konventioneller Programmiersprachen entstanden sind. Zur ersten Gruppe gehören die in den 1970er Jahren bei der Xerox Corporation entwickelte Sprache Smalltalk und die seit 1991 von dem Hardwarehersteller Sun Microsystems (2010 von Oracle übernommen) für die Erstellung von Internetanwendungen entwickelte Sprache Java. Vertreter der zweiten Gruppe sind C++, Objective-C, OOCOBOL und Visual Basic. Java ist gegenüber vorhergehenden Sprachen bewusst einfach gehalten; es enthält weniger Sprachkonstrukte. Durch Verzicht auf Zeiger- und Sprungkonstrukte sind in Java geschriebene Programme relativ robust. Javaprogramme werden zunächst in einen maschinenunabhängigen Zwischencode, den sogenannten Bytecode, kompiliert, der auf unterschiedlichen Zielrechnern durch die jeweilige Java Virtual Machine ausgeführt (interpretiert) wird. Durch diese Architektur wird hohe Maschinenunabhängigkeit und gute Verteilbarkeit über das Internet erreicht. Neben vollständigen Javaprogrammen können auch sogenannte Java Applets erzeugt werden. Dabei handelt es sich um unvollständige Programme, die im Zusammenwirken mit einem Browser ausgeführt werden.

- **Wissensbasierte Programmiersprachen**

Als wissensbasierte oder KI-Programmiersprachen bezeichnet man Sprachen zur Entwicklung von wissensbasierten Systemen, insbesondere Expertensystemen. Im Wesentlichen gehören hierzu die beiden Sprachen LISP (List Processing Language) und PROLOG (Programming in Logic).

- **Skriptsprachen**

Skriptsprachen wie z. B. PHP, Perl, Ruby, VBA, JavaScript oder TCL haben für die Programmierung grafischer Oberflächen von Anwendungssystemen, zur individuellen Anpassung der Steuerung innerhalb von Anwendungssoftware sowie im Internet große Bedeutung. Sie bauen auf bereits vorhandenen, in beliebigen Programmiersprachen erstellten Programmkomponenten auf und werden deswegen auch als Systemintegrationssprachen charakterisiert. Sie kennen häufig keine strengen Datentypen und sind deshalb flexibel einsetzbar, aber schlecht für komplexe Algorithmen geeignet. Skriptsprachen sind Interpretersprachen, die direkt zur Laufzeit ausgewertet und nicht vorher in Maschinencode umgewandelt werden.

- **Beschreibungssprachen**

Beschreibungssprachen (engl. Markup Languages; die Inhalte werden durch sogenannte Tags »markiert«) gehören streng genommen nicht zu den Programmiersprachen, sind aber eng mit diesen verwandt und gewinnen zunehmend an Bedeutung. Sie dienen zur Beschreibung von strukturierten Informationen, z. B. Druckseiten, Webseiten oder komplexen Dokumenten wie Druckvorlagen für Bücher und Nachrichten im elektronischen Geschäftsverkehr. Die wichtigsten Beschreibungssprachen sind

- SGML = Standard Generalized Markup Language zur Beschreibung von Druckerzeugnissen,
- HTML = Hypertext Markup Language,
- XML = eXtensible Markup Language.

XML war ursprünglich nur eine Erweiterung von HTML, um über selbstdefinierte Tags auch inhaltliche Strukturen beschreiben zu können. Inzwischen hat sich XML zu einer universellen Sprache für viele Zwecke wie WWW-Präsentation, elektronischen Datenaustausch, Archivierung und Datenbankzugriffe entwickelt.

5.2.4.2 Programm- und Systemtest

Unter Testen im engeren und klassischen Sinn versteht man die Prüfung von codierten Programmen auf korrekte Formulierung und Ausführung. Testen ist ein analytisches Verfahren, um Fehler (nach DIN EN ISO 9000[9] die »Nichterfüllung einer Anforderung«) aufzufinden. Moderne Ansätze versuchen, Fehler schon vor und während der Programmentwicklung weitgehend zu vermeiden, z. B. durch die frühzeitige Überprüfung der Systemanforderungen und Programmspezifikationen auf Vollständigkeit und Widerspruchsfreiheit sowie durch die strikte Kontrolle der Einhaltung verbindlich vorgeschriebener Methoden und Verfahren des System- und Programmentwurfs.

Testfälle für ein System können bereits aus den Anforderungen der Analysephase abgeleitet werden. In der Regel sollten keine Anforderungen definiert werden, die nicht durch einen Testfall überprüft werden können. Testfälle dienen der Überprüfung der im Pflichtenheft zugesicherten Eigenschaften. Somit kann sichergestellt werden, dass das System alle geforderten und abgestimmten Anforderungen der Stakeholder erfüllt und die Grundlage für eine breite Akzeptanz gegeben ist.

Den Beweis, dass ein Programm korrekt arbeitet, d. h. die im Pflichtenheft festgelegten Leistungen erbringt, bezeichnet man als (Programm-)Verifikation. Der zugehörige Anforderungstest, der die korrekte Ausführung der geforderten Funktionen prüft, wird auch Blackboxtest genannt, weil er die Formulierung und die Arbeitsweise des Programms nicht berücksichtigt. Im Gegensatz dazu steht der eigentliche Programmtest oder Whiteboxtest, bei dem der Programmtext im Detail auf korrekte Formulierung getestet wird. Bezieht sich das Testen auf die Formulierung des Programms, spricht man vom statischen Test, bezieht es sich auf die Ausführung des Programms, heißt der Test dynamisch.

Beim Programmtest unterscheidet man den Formaltest, der weitgehend vom Übersetzungsprogramm (Assembler, Compiler, Interpreter) unterstützt wird und formale, d. h. syn-

---

9 Zur Beschreibung der ISO Normen siehe: ▶ http://iso.w3j.com/.

taktische Fehler aufdecken soll, und den Logiktest, der anhand von Testdaten durchgeführt wird und logische, d. h. semantische Fehler nachweisen soll. Grundsätzlich beweist das Testen die Anwesenheit, aber nicht die völlige Abwesenheit von Programmierfehlern. Es liefert also keinen vollständigen Korrektheitsbeweis.

Als Vorstufe des Testens ist der symbolische Test anzusehen. Dabei wird zunächst förmlich, d. h. ohne das Programm zu starten (»Trockentest«), so weit wie möglich geprüft, ob der Programmcode den Vorgaben entspricht. Dazu werden das Programm bzw. die Programmteile mit wenigen Testdaten manuell durchgespielt. Hilfreich, besonders bei der Prüfung von Schleifen, ist dabei das Arbeiten mit Wertetabellen. Der symbolische Test war früher wichtiger als heute, weil der Testlauf eines Programms auf einem zentralen Rechner mit erheblichen Wartezeiten verbunden sein konnte. Aber auch heute können symbolische Tests noch sinnvoll sein, weil sie zu besser durchdachten Programmen führen als bei einem Vorgehen nach der Methode »Trial and Error«.

Das eigentliche, d. h. computergestützte Testen läuft in einer typischen Bottom-up-Vorgehensweise in folgenden Stufen ab:
- Einzeltest (Modul),
- Integrationstest (Komponenten),
- Systemtest,
- Abnahmetest.

Jede Stufe sollte in die Schritte Testvorbereitung, Testdurchführung und Testnachbereitung gegliedert werden. Die Testvorbereitung beinhaltet u. a. die Festlegung des Testumfangs, die Auswahl von Testdaten und die (manuelle) Vorausberechnung der erwarteten Testergebnisse. Die Testdurchführung entspricht dem eigentlichen Test. In der Testnachbereitung sind die Testergebnisse und Abweichungen gegenüber vorangegangenen Testfällen zu analysieren sowie weitere Testfälle festzulegen.

Bei der strukturierten Systementwicklung werden im Einzeltest zunächst die Strukturblöcke bzw. Module einzeln getestet. Beim Integrationstest werden die einzelnen Strukturblöcke bzw. Module nacheinander zu Komponenten zusammengefügt (»inkrementelle Integration«) und schließlich in ihrer Gesamtheit getestet. Noch fehlende Strukturblöcke müssen jeweils simuliert werden. Diese Situation tritt vor allem dann auf, wenn mit Prototyping gearbeitet wird. Die Vorgehensweise ist bei der objektorientierten Systementwicklung einfacher.

Einzeltest und Integrationstest bilden zusammen den Programmtest. Sie obliegen ausschließlich den Programmierern. Anschließend wird die Fachabteilung hinzugezogen. Damit beginnt das Testen im weiteren Sinne, das nicht mehr auf einzelne Programme beschränkt ist, sondern sich auf das komplette Anwendungssystem erstreckt. Zunächst wird der Systemtest vorgenommen. Dazu werden für alle Eingabe- und Ausgabedaten die endgültigen Erfassungsbelege, Bildschirmmasken der Ein- und Ausgabeformate, Vordrucke für den Druckoutput usw. verwendet. Den Abschluss bildet der Abnahmetest. Daran sind nicht nur die Fachabteilung, sondern alle vor- und nachgeschalteten Stellen – d. h. alle Stellen, die Daten und Belege liefern oder Ergebnisse erhalten – beteiligt, ferner die mit der Betreuung des Systembetriebs (Server, Netz, Systemsoftware, Operating, Arbeitsvorbereitung, Nachbereitung u. a.) befassten Stellen. Der Abnahmetest lässt sich mit einem Probealarm vergleichen. Dabei ist insbesondere die Korrektheit des Anwendungssystems, d. h. die vollständige Erbringung aller im fachinhaltlichen Entwurf festgelegten Anforderungen, zu verifizieren. Danach kann die Einführung erfolgen.

Bei Anwendungssystemen, mit denen Massendaten verarbeitet werden, kann es zweckmäßig sein, zusätzlich einen Lasttest (»Stresstest«) durchzuführen, mit dem der Durchsatz (»Performance«) getestet wird. Kritische Werte sind die Antwortzeiten im Dialogbetrieb, insbesondere bei Transaktionssystemen, und die – allerdings stark von der Systemumgebung abhängige – Durchlaufzeit im Stapelbetrieb.

Solange Programme geschrieben und getestet werden, gibt es intensive Bemühungen, den Testprozess zu systematisieren und effektiver zu gestalten. Ausgangspunkt ist die Forderung, dass der Test aus der Sicht der Fachabteilung

- alle Programmfunktionen auslösen,
- alle Prüfungen und Kontrollen ansprechen,
- alle Sonderfälle aus der Sicht der Programmierung berücksichtigen,
- alle Programmanweisungen zur Ausführung bringen (Statementtest),
- alle Programmverzweigungen einbeziehen (Zweigtest) und
- alle Programmschleifen aktivieren und durchlaufen

soll. Insgesamt wird angestrebt, dass der Test als Pfadtest möglichst viele Kombinationen aller Programmverzweigungen und Programmschleifen erfasst.

Gegenüber dem ablaufbezogenen Testen konzentriert sich das datenbezogene Testen primär auf die Auswahl der Testdaten. Aus fachinhaltlicher Sicht kommt es darauf an, dass Fachabteilung und Programmierung gemeinsam in Form einer Testspezifikation repräsentative Testdaten zusammenstellen, die möglichst alle Programmfunktionen und alle Datenprüfungen auslösen. Aus informationstechnischer Sicht wird man eher formal vorgehen und Testdaten systematisch nach kombinatorischen Regeln oder rein willkürlich bestimmen. Unterstützung bieten hierbei sogenannte Testdatengeneratoren, d. h. Programme der systemnahen Software, die Testdaten innerhalb vorgegebener Wertebereiche automatisch erzeugen.

Generell ist der Testbetrieb umso effizienter, je mehr Testhilfen (Debugger) zur Verfügung stehen. Dazu zählen u. a. Programme zur Ablaufüberwachung (Tracing), -rückverfolgung (Backtracing) und -protokollierung (Logging). Testhilfen gehören zur systemnahen Software und werden oft als Bestandteile von Softwareentwicklungswerkzeugen angeboten.

Beim Änderungstest für bereits im Einsatz befindliche Programme ist aus Sicherheitsgründen streng darauf zu achten, dass weder die aktuellen Datenbestände benutzt werden noch mit den Originalversionen der Programme getestet wird. Für den Testbetrieb sind stets Auszüge bzw. Duplikate anzufertigen.

Zur systematischen Erkennung und Behebung von Programmfehlern werden – ergänzend zum Testen – sogenannte Begutachtungsverfahren vorgeschlagen. Dazu gehören Reviews, bei denen systematisch alle Entwicklungsdokumente geprüft werden, und (Programm-)Inspektionen, bei denen die Programme stichprobenweise inspiziert werden. Im Unterschied zum Testen, das fast ausschließlich der Entwickler des Programms, d. h. der Programmautor, allein vornimmt, werden Reviews und Inspektionen im Team durchgeführt. Die Mitglieder des Teams sind in der Regel nicht an der Entwicklung des zu inspizierenden Programms beteiligt gewesen. Die Fehlersuche erfolgt anhand des Pflichtenhefts nach einem vorher festgelegten Ablaufplan in Form von Sitzungen, die von einem Moderator geleitet und präzise protokolliert werden. Begutachtungsverfahren können wie alle Kontrollsysteme zu psychologischen oder sozialen Problemen führen.

Als Spezialfall der Programminspektion ist das Verfahren Walkthrough anzusehen: Das Programm wird gemeinsam von mehreren Programmierern als symbolischer Test durchgespielt, wobei besonders auf bekanntermaßen kritische Punkte (Schleifenanfang und -ende, Initialisierung von Variablen u. a.) geachtet wird.

Bei den modernen agilen Verfahren, insbesondere beim Extreme Programming
(▶ Abschn. 5.2.1), ist das Testen eng mit anderen Phasen der Systementwicklung verzahnt
und nicht als separater Entwicklungsschritt abzugrenzen. Hinzu kommt eine kontinuierliche
Zusammenarbeit zwischen dem Programmierer und der Fachabteilung (als Auftraggeber), um
die Qualität des entstehenden Programms zu sichern.

5.3 Management des Anwendungs-Lebenszyklus

Dieser Abschnitt erläutert die Aufgaben und Ziele des Managements von Anwendungen über ihren Lebenszyklus. Zuerst werden die Aufgaben und Ziele der Systemeinführung erläutert. Ein Schwerpunkt liegt dabei auf technischen und organisatorischen Herausforderungen und geeigneten Gegenmaßnahmen. Der folgende Teil behandelt Aufgaben im Betrieb von Anwendungssystemen, darunter Aspekte der Softwarewartung, der Anpassung von Software sowie der Wiederverwendbarkeit einzelner Module. Der letzte Teil befasst sich mit den Grundlagen des IT-Servicemanagements, eines ganzheitlichen Ansatzes zum Management der IT-Organisation, ihrer Prozesse und Anwendungen. Am Beispiel von ITIL, einem De-facto-Standard für das IT-Servicemanagement, werden die zentralen Aufgaben und Ziele verdeutlicht.

5.3.1 Lebenszyklusmodell von Anwendungssystemen

Anwendungssysteme unterliegen einem Lebenszyklus. Dieser kann grob in die Phasen Entwicklung, Einführung, Nutzung und Betrieb des Systems bis hin zu seiner Abschaffung eingeteilt werden. In der Literatur gibt es verschiedene Lebenszyklusmodelle, die sich durch verschiedene Phasen in unterschiedlicher Anzahl unterscheiden. Stellvertretend wird hier in ◘ Abb. 5.25 ein Lebenszyklusmodell von Anwendungssystemen vorgestellt, dass sich in sechs Phasen gliedert (Heinrich 2002).

Die Phase der Entwicklung beschreibt die Schritte der Erstellung des Anwendungssystems. Dies beginnt mit der Ideenfindung und -bewertung, auf welche die Anforderungsanalyse folgt, und endet in der Softwareentwicklung. In der Entwicklung fallen während des Lebenszyklus die höchsten Kosten an. Die Entwicklung von Anwendungssystemen wurde bereits in ▶ Abschn. 5.2 behandelt. An die Entwicklung schließt sich die Phase der Systemeinführung an, die in ▶ Abschn. 5.3.2 näher thematisiert wird. Je nach gewählter Einführungslogik ergibt sich eine wachsende Nutzung des Anwendungssystems. Die Nutzungsintensität wird auch vom Auftreten und Beseitigen von Fehlern während der Installationstests und zu Beginn des produktiven Betriebes bestimmt. Der Systemeinführung schließt sich der laufende Betrieb des Anwendungssystems an. Heinrich teilt diese in drei Phasen ein: In der Wachstumsphase sind alle Tests und Einführungsaktivitäten abgeschlossen. In der Einführung aufgetretene Fehler wurden beseitigt und die produktive Nutzung aller Funktionen ist möglich. Geht man von einer freiwilligen Nutzung des Systems aus, nimmt diese nun durch weitere Nutzer zu, sofern es sich nicht um eine Basisanwendung mit beschränktem Benutzerkreis handelt. In der Sättigungs-/Reifephase erreicht die Nutzung schließlich ihren Höhepunkt. Bisherige Nutzer können keine weiteren Nutzungsmöglichkeiten entdecken und weitere Nutzer kommen nicht mehr hinzu. Wird das Anwendungssystem nicht weiterentwickelt, schließt sich daran die Rückgangsphase an. Bei einer verpflichtenden Nutzung des Systems, beispielsweise durch organisatorische Vorgaben, sind diese Phasen nicht so deutlich ausgeprägt. Ein Rückgang der

| Entwicklung | Einführung | Wachstum | Sättigung/Reife | Rückgang | Abschaffung |

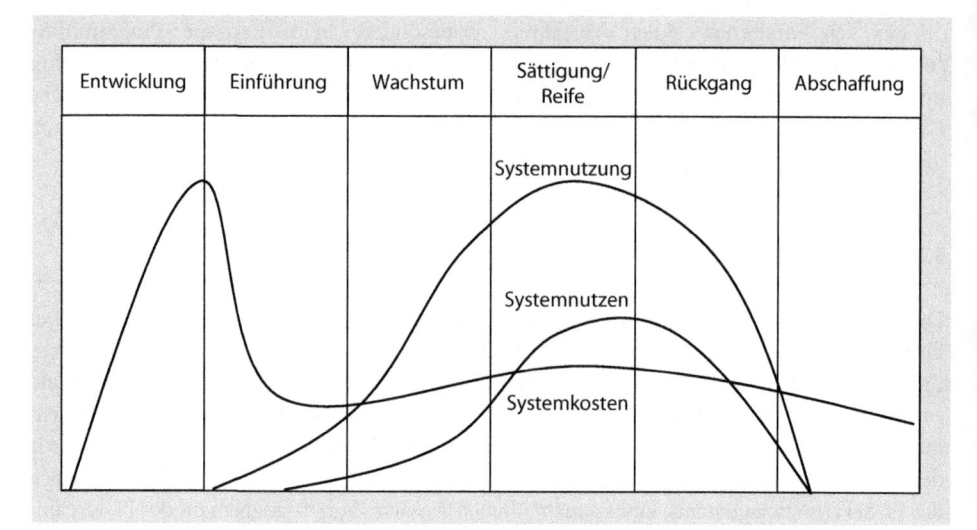

Abb. 5.25 Lebenszyklus eines Anwendungssystems. (In Anlehnung an Heinrich 2002)

Nutzung kann verschiedene Ursachen haben. Einerseits entspricht das System möglicherweise nicht mehr dem Stand der Technik, andererseits kann das Anwendungssystem durch konkurrierende Anwendungen oder veränderte Geschäftsanforderungen oder Geschäftsprozesse an Bedeutung verlieren. In dieser Phase sind Managemententscheidungen vonnöten. Eine Möglichkeit besteht darin, durch Anpassung der Software oder Reengineering das Anwendungssystem an die neuen technischen, organisatorischen oder geschäftlichen Gegebenheiten und Anforderungen anzupassen, um die Nutzung und Bedeutung des Systems zu erhalten (▶ Abschn. 5.3.3). Andererseits kann es notwendig sein, das Anwendungssystem außer Betrieb zu nehmen oder auf eine Neuentwicklung zu setzen. In diesem Fall schließt sich die Phase Abschaffung an. Hier muss die Entscheidung getroffen werden, zu welchem Zeitpunkt ein System durch ein neues abgelöst wird. Über den Zeitpunkt der Nutzung hinaus kann das auslaufende System noch Umstellungskosten oder auch remanente Lizenzkosten verursachen. Mit einem neuen Anwendungssystem beginnt der Lebenszyklus schließlich von vorne.

In den folgenden Abschnitten wird auf wichtige Teilaspekte im Lebenszyklus detailliert eingegangen. Dazu gehören die Systemeinführung sowie einzelne Aspekte im Betrieb, wie Softwarewartung und Anpassung der Anwendungssysteme. Der Betrieb von Anwendungssystemen, insbesondere wenn diese umfangreicher sind, erfordert ein organisatorisches Umfeld. Hierfür gibt es einige Referenzmodelle, die sich in der Praxis bewährt haben. In neuerer Zeit hat sich für diese Betriebskonzepte das IT-Servicemanagement etabliert. Die Grundlagen hierfür werden präsentiert und am Beispiel des Standards ITIL verdeutlicht.

5.3.2 Systemeinführung

Unter Systemeinführung versteht man die organisierte Überführung eines Anwendungssystems in den operativen Betrieb. Dies geschieht in der Regel projektbasiert. Hierzu gehören sowohl technische Aspekte, also Verteilung, Installation und Konfiguration der neuen Software sowie Datenmigration, als auch organisatorische Aspekte, wie Schulung von Mitarbeitern,

Umstellung von Geschäftsprozessen bis hin zur Einrichtung einer neuen IT-Betriebsorganisation. Im Folgenden wird vor allem auf die organisatorischen Aspekte eingegangen.

5.3.2.1 Aufgaben und Ziele

Die Systemeinführung, d. h. die Einführung eines neuen Anwendungssystems, beginnt mit der Übergabe eines entwickelten Anwendungssystems an den auftraggebenden Anwender. Sie erfolgt im Falle einer Eigenentwicklung von Individualsoftware nach erfolgreich abgeschlossenem Abnahmetest.

Der Einführung geht zudem eine förmliche Systemfreigabe voraus, in der die Vollständigkeit der gesamten Systemdokumentation überprüft wird. Hierzu gehören neben den Verfahrensbeschreibungen die schriftliche Dokumentation, Handbücher sowie alle gespeicherten Unterlagen, wie z. B. grafische Darstellungen des Sollkonzepts oder Datenverzeichnisse. Die Verantwortung dafür liegt zunächst beim Leiter des IT-Projekts, später beim Leiter der IT-Abteilung, der für eine einheitliche Dokumentation aller IT-Projekte nach internen Richtlinien zu sorgen hat. In großen IT-Abteilungen wird die formale Vollständigkeitskontrolle für alle Anwendungssysteme häufig einer kleinen Gruppe erfahrener Mitarbeiter übertragen. Die Hauptadressaten der Dokumentation sind die beteiligten Fachabteilungen und die IT-Abteilung. Die DIN-Norm 66230[10] regelt die Inhaltsbeschreibung für Programmdokumentationen. Diese besteht aus zwei Teilen, dem Anwendungshandbuch für die Fachabteilungen und dem datenverarbeitungstechnischen Handbuch für die IT-Abteilung, die im Folgenden näher beschrieben werden.

Bei der Dokumentation für die Fachabteilungen sind zwei Dinge zu unterscheiden: die Anwendungsbeschreibung und die Benutzerbeschreibung. Die Anwendungsbeschreibung gibt den Leistungsumfang einschließlich Sonderfällen, Schnittstellen etc. wieder. Die Benutzerbeschreibung besteht aus Bedienungsanleitungen für die Benutzer, z. B. Sachbearbeiter, Außendienstmitarbeiter oder Verkäufer. In der Regel sind dies Handbücher, heute werden diese jedoch häufig nur noch online zur Verfügung gestellt oder durch selbsterklärende Anleitungen über Bildschirmdialoge realisiert. Dadurch lässt sich jedoch keine detaillierte gedruckte Beschreibung ersetzen. Dieser Sachverhalt wird durch Gerichtsurteile bestätigt, die bei vertraglich fremdbezogener oder -erstellter Software in fehlenden oder unvollständigen schriftlichen Beschreibungen sogar eine Nichterfüllung des Vertrags sehen.

Innerhalb der Dokumentation für die IT-Abteilung gibt es drei Arten von Dokumenten. Die Entwicklerdokumentation ist eine Beschreibung für die Systementwicklung und die Programmierung und dient der späteren Wartung der Programme. Dies ist insbesondere bei Individualsoftware von großer Bedeutung. Sie enthält die Anforderungsspezifikationen und alle Bestandteile der in den früheren Projektphasen erstellten Pflichtenhefte sowie – als eigentliche Programmdokumentation – den Programmcode und Testprotokolle. Die Betreiberdokumentation bietet den ausführenden Stellen, insbesondere den verschiedenen Bereichen des Rechenzentrums, ggf. spezielle Anweisungen für die Datenerfassung und für die Nachbereitung (Kuvertierung, Versand usw.) sowie für den Benutzerservice. Als drittes gibt es die Projektdokumentation für das IT-Management. Hier werden Angaben zur Projektorganisation gesammelt (z. B. Projektstatusberichte und der Projektabschlussbericht), aus denen sich für spätere Projektplanungen Erfahrungswerte, z. B. über den Anteil der einzelnen Projektphasen am Gesamtaufwand, ableiten lassen.

Gestaltungsvorschriften für die Dokumentation werden zweckmäßigerweise in einem Organisationshandbuch festgelegt. Die gesamte Dokumentation muss laufend aktualisiert

---

10 Zur Beschreibung der ISO Normen siehe: ▶ http://iso.w3j.com/.

werden, d. h. bei jeder System- bzw. Programmänderung in allen Punkten auf den neuesten Stand gebracht werden. Zeitlich aufeinander folgende Programmversionen sind fortlaufend zu nummerieren und streng voneinander zu trennen. Da der größte Teil der Beschreibungen ohnehin schon während des Systementwicklungsprozesses, insbesondere in den Phasen Entwurf und Realisierung, benötigt wird, soll die Dokumentation projektbegleitend und nicht erst bei oder nach Abschluss des Projekts erfolgen. Bei einem konsequenten, durch Softwareentwicklungswerkzeuge und eine Entwicklungsdatenbank unterstützten Konfigurationsmanagement mit einer schritthaltenden Versionsverwaltung fällt die gesamte Dokumentation im Code praktisch automatisch an; Handbücher müssen jedoch separat erstellt werden. In der Praxis ist die Dokumentation allerdings ein Stiefkind der IT-Organisation.

Die eigentliche Einführung eines Anwendungssystems beginnt mit der förmlichen Abnahme aus Sicht der Fachabteilung. Als Voraussetzung für die Abnahme müssen einige Punkte überprüft werden. Zuerst muss das System die festgelegten Anforderungen, z. B. gemäß Pflichtenheft, erfüllen. Zudem muss speziell der Output des Systems fachlich richtig und vollständig sein. Drittens muss das System mit den existierenden Systemplattformen und anderen Anwendungssystemen verträglich sein. Weiter gilt zu prüfen, ob der Entwicklungsprozess regelgerecht erfolgt ist, die Dokumentation vollständig und korrekt ist sowie entsprechende IT-Sicherheitsmaßnahmen vorhanden sind.

Das Abnahmeverfahren selbst sollte einem festen Ablauf folgen und dokumentiert werden. Die Übergabe an die Fachabteilung ist mit entsprechenden Unterweisungen für alle Beteiligten verbunden. Bereits zu einem wesentlich früheren Zeitpunkt ist mit den erforderlichen Schulungsmaßnahmen zu beginnen. Um eine reibungslose Systemeinführung zu gewährleisten, ist weiterhin ein Umstellungsplan aufzustellen, in dem genau festgelegt ist, wer bei der Umstellung zu welcher Zeit welche Arbeiten auszuführen hat und wer dafür verantwortlich ist.

Ein weiterer wichtiger Aspekt der Systemeinführung ist die Datenübernahme für das neue Anwendungssystem. Dabei kann es sich um die erstmalige, manuelle Einrichtung von Dateien, z. B. bei der Einführung der Informationsverarbeitung in Klein- und Mittelbetrieben, handeln. Als Beispiel kann hier die Übernahme von Anschriften, die bisher in Karteien geführt worden sind, genannt werden. Andererseits kann es sich um eine computergestützte Umorganisation von Datenbeständen handeln. Dies wird als Datenmigration bezeichnet, z. B. beim Übergang von der Datei- zur Datenbankorganisation oder beim Wechsel von einer Standardsoftware zur anderen.

Bezüglich der Wahl des Einführungszeitpunkts gibt es drei Alternativen: Erstens die schlagartige Einführung (engl. Big Bang). Diese bezeichnet die Einführung des gesamten Anwendungssystems einschließlich sämtlicher Daten zu einem Stichtag unter gleichzeitiger Beendigung des alten Systems. In der Praxis wird hier gerne der Jahresbeginn gewählt, um den operativen Betrieb nicht zu sehr zu beeinträchtigen. Zweitens gibt es eine stufenweise bzw. iterative Einführung. Hier beginnt die Einführung mit nur einem Teil des Anwendungssystems oder der Daten oder – bei mehreren beteiligten Stellen – in Form von Pilotläufen mit nur einem Teil der Stellen. Als Beispiel kann hier die Einführung einer Personalabrechnung ohne Kopplung mit der Zeiterfassung genannt werden. Die dritte Möglichkeit ist der Parallellauf. Hierbei werden das neue System eingeführt, und das alte System, meist zeitlich begrenzt, fortgeführt. Alle drei Verfahren haben Vor- und Nachteile. Die schlagartige Einführung hat den Vorteil, dass alle Mitarbeiter gleichzeitig im neuen System arbeiten, keine Datenredundanzen entstehen können und auch kein Schattenbetrieb des alten Systems möglich ist. Der Nachteil besteht darin, dass eine derartige Umstellung sehr viel Vorbereitung erfordert, und kleinere Pannen oder Umstellungsprobleme sich sofort auf den operativen Betrieb auswirken. Stufenweise Einführungen haben den Vorteil, dass Schulungstätigkeiten mit wenig Personal effizient

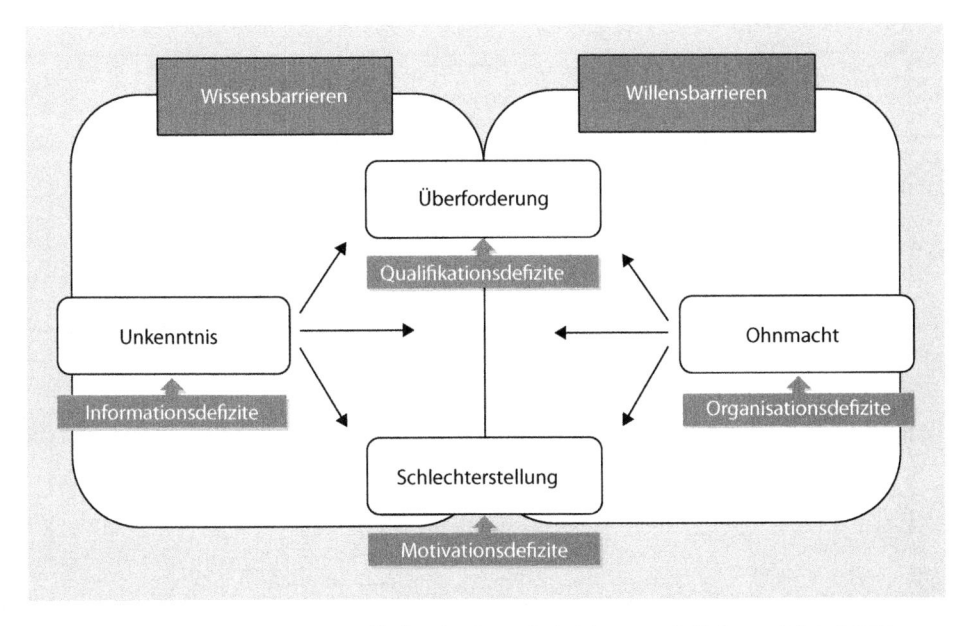

Abb. 5.26 Ursachen von Wissens- und Willensbarrieren. (In Anlehnung an Reiß, Rosenstiel et al. 1997)

geplant und Lerneffekte realisiert werden können. Allerdings besteht auch hier die Gefahr, dass durch gleichzeitigen Betrieb verschiedener Systeme operative Einschränkungen drohen. Parallelläufe haben meistens das Ziel, Umstellungsrisiken zu minimieren und Akzeptanzprobleme schrittweise zu überwinden. Nachteile dieses Verfahrens sind einerseits der Mehrfachaufwand, insbesondere für die Pflege der Daten, sowie die Gefahr nicht konsistenter Daten in den unterschiedlichen Systemen. Die Entscheidung über die zweckmäßigste Art der Einführung lässt sich daher nur unternehmensindividuell treffen, basierend auf den vorgestellten Vor- und Nachteilen.

5.3.2.2 Herausforderungen und Lösungsansätze

Die Einführung von Informationssystemen in einem Unternehmen bedeutet für die Betroffenen oft eine Umgestaltung der bisherigen Arbeitsorganisation. Veränderungen durch neue Softwaresysteme betreffen also die technische und organisatorische Ebene. Beide Ebenen sind essenziell und sollten mit gleicher Sorgfalt bedacht werden. In der Praxis resultieren aus einer Systemeinführung oft Wissens- und Willensbarrieren von Seiten der Betroffenen, d. h. der Mitarbeiter.

Wissens- und Willensbarrieren können verschiedene Ursachen haben: Überforderung, Unkenntnis, Ohnmacht oder auch Angst vor Schlechterstellung. Eine Übersicht bietet sich in Abb. 5.26.

Maßnahmen gegen die Unkenntnis der Betroffenen bieten Informations- und Kommunikationsinstrumente. Hierzu gehört, Transparenz zu schaffen durch Darstellung der Gründe, Inhalte, Erfolgserwartungen, unmittelbaren positiven wie negativen Auswirkungen sowie gesetzlichen Anforderungen des Einführungsprozesses. Zudem müssen die relevanten Zielgruppen erreicht werden. Dazu gehören unmittelbar betroffene Mitarbeiter; außerdem Führungskräfte, welche die Verantwortung für den Einführungsprozess tragen, an der Entwicklung des einzuführenden Objekts aber nicht beteiligt waren sowie Arbeitnehmervertreter und sonstige interne und externe Anspruchsgruppen des Unternehmens, die indirekt betroffen

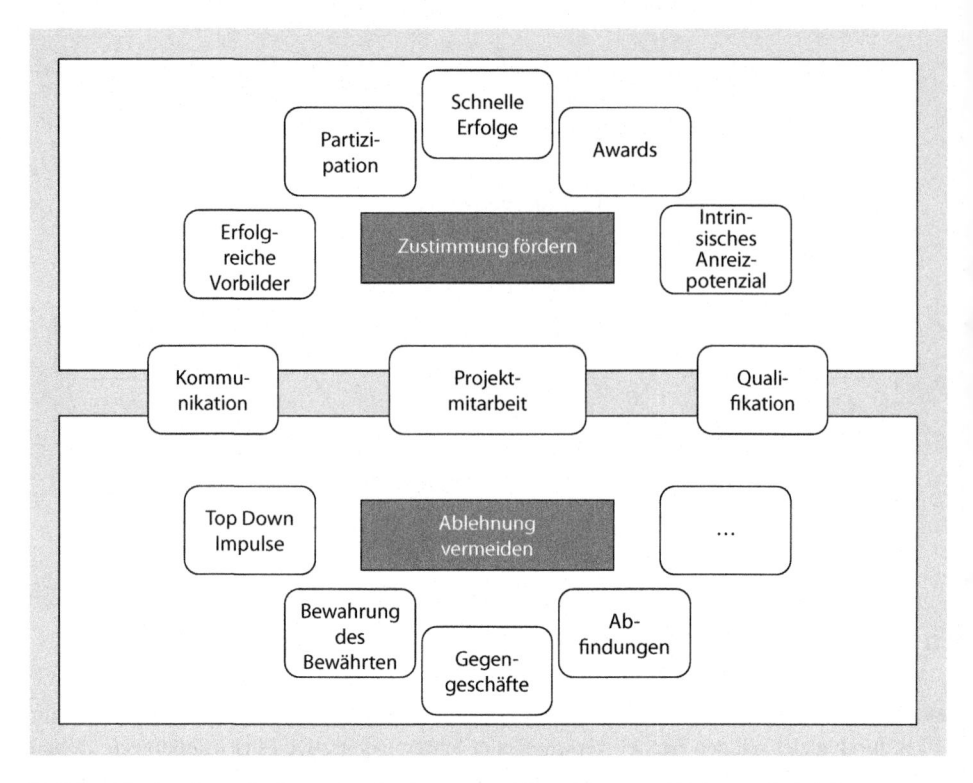

Abb. 5.27 Anreize zur Förderung von Zustimmung und Vermeidung von Ablehnung. (In Anlehnung an Reiß, Rosenstiel et al. 1997)

sind. Darüber hinaus empfiehlt es sich, die betriebliche Kommunikationskultur bei Auswahl der Medien zu berücksichtigen.

Maßnahmen gegen Überforderung liegen in der Qualifikation der Betroffenen, damit sie in der Lage sind, mit den Veränderungen umzugehen. Hierzu gehören Qualifizierungsmaßnahmen wie Schulungen zur Vermittlung nötiger Fach-, Methoden- und Sozialkompetenzen sowie die Benutzer- und Systembetreuung, z. B. durch zentrale Servicestellen oder die Bereitstellung qualifizierten Personals.

Maßnahmen gegen die Angst vor Schlechterstellung finden sich in der Schaffung verschiedener Anreize, was durch ◘ Abb. 5.27 illustriert wird.

Maßnahmen gegen das Ohnmachtsgefühl der Betroffenen bei Veränderungen können zum einen in der Anpassung der Ressourcen bestehen, z. B. genug Personen für die Benutzerbetreuung während der Einführungsphase bereitzustellen oder in der Freistellung der Mitarbeiter von anderen Tätigkeiten. Zum anderen ist die Einbindung der Betroffenen in die Entscheidungen, z. B. in der Anforderungsanalyse vor allem von unmittelbar, aber auch mittelbar Betroffenen, essenziell.

Die Ziele der genannten Maßnahmen liegen darin, Vertrauen und Akzeptanz auf Seiten der Benutzer zu schaffen. Zudem spielt häufig das Erreichen einer kritischen Masse an Benutzern oder auch Informationen und Funktionen des Systems eine große Rolle. Dies lässt sich an

5.3 · Management des Anwendungs-Lebenszyklus

```
»unfreezing«                »moving«                    »freezing«

- Sinnstiftung              - Objekteinführung          - Kontextanpassung
- Information und           - Motivation                - Qualifizierung
  Kommunikation             - Beeinflussung
```

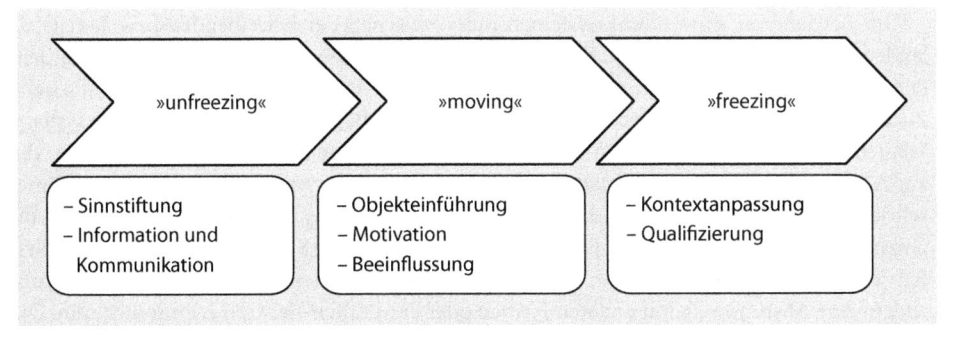

Abb. 5.28 Prozess der Einführung von Anwendungssystemen in Unternehmen. (Eigene Darstellung)

folgendem Beispiel gut verdeutlichen: Wenn bspw. ein Wiki viele Einträge enthält und einer Person dadurch hilft, ist deren Bereitschaft meistens größer, selbst wieder etwas zum Wiki beizutragen. Dagegen ist häufig festzustellen, dass niemand derjenige sein will, der zu Beginn am meisten darin investiert, das Wiki mit Inhalten zu füllen. Denn niemand weiß, ob sich das überhaupt lohnt, da zunächst ja nur die anderen davon profitieren.

Häufig spricht man in dem Zusammenhang umgangssprachlich vom Pinguin-Effekt. Dieser Effekt aus der Netzwerktheorie beschreibt das eher abwartende Verhalten von potenziellen Nutzern eines Netzwerks, wenn bislang noch wenig Nutzer vorhanden sind und somit der Nutzen, den die Nutzer aus dem Netzwerk ziehen können, noch vergleichsweise gering ist. Dies lässt sich mit dem Verhalten von Pinguinen vergleichen, die hungrig in kleinen Gruppen am Rand des Wassers zunächst warten, anstatt direkt ins Wasser zu springen. Der Grund dafür besteht darin, dass die Pinguine nicht genau wissen, ob sich Feinde im Wasser befinden. Springt allerdings der erste Pinguin hinein, so können die übrigen Pinguine die Gefahr besser einschätzen und springen gegebenenfalls selbst ins Wasser. Springt jedoch kein Pinguin ins Wasser, so wird im übertragenen Sinne die kritische Nutzeranzahl des Netzwerks nicht erreicht und es scheitert (Farrell u. Saloner 1987).

In Abb. 5.28 wird der Prozess der Einführung zusammenfassend beschrieben.

Der Prozess der Einführung gliedert sich in mehrere Phasen. Diesen liegt die Erkenntnis zugrunde, dass der Mensch nach Sicherheit in seinen eigenen Vorstellungen strebt und Veränderungen daher zunächst ablehnt:
1. Unfreezing: Durch Information und Kommunikation aufzeigen, wieso der aktuelle Zustand geändert werden soll
2. Moving: Einführung, dabei Motivation der Beteiligten, den Prozess mitzutragen
3. Freezing: Der neue Zustand soll wiederum als »richtig« empfunden werden, wozu bspw. Qualifizierungsmaßnahmen nötig sein können.

5.3.3 Betrieb von Anwendungssystemen

Nach der Systemeinführung beginnt der Systembetrieb, d. h. die Nutzung des Anwendungssystems, der den größten zeitlichen Anteil am Softwarelebenszyklus besitzt. Ein Anwendungssystem ist in Betrieb, wenn es eine Aufgabe durchführt oder bereit ist, eine Aufgabe durchzuführen.

Im Betrieb von Anwendungssystemen muss zwischen der betreibenden bzw. bereitstellenden Organisationseinheit und der nutzenden Organisationseinheit unterschieden werden. Dieser Abschnitt befasst sich mit dem Betrieb und der Bereitstellung. Die organisatorische Zuständigkeit für den Betrieb und die Lenkung des Betriebs eines Anwendungssystems können dabei je nach Typ des Anwendungssystems variieren. Für dezentrale Systeme, die am Arbeitsplatz des Nutzers installiert sind, wie z. B. Officesysteme, sind die Nutzer häufig selbst zuständig. Zentrale Anwendungssysteme für die Nutzung durch mehrere Personen und Organisationseinheiten, wie z. B. ERP-Systeme, benötigen eine Systemadministration, die den Betrieb steuert und überwacht. Bei unternehmensübergreifenden Anwendungssystemen kann zudem eine Abstimmung mit anderen Firmen oder Fremddienstleistern erforderlich sein. Die Systemadministration ist in der Regel in eine IT-Abteilung eingebunden, die für die zentralen Anwendungssysteme eines Unternehmens zuständig ist. Die IT-Abteilung ist dem Organisationsbereich des Informationsmanagements oder IT-Managements zuzuordnen.

Die Aufgaben der Systemadministration werden in eine technische (Hardware und Systemsoftware) und fachliche (Anwendungssoftware-) Betreuung gegliedert. In der Vergangenheit war es üblich, dass die betreibende und nutzende Organisationseinheit zum gleichen Unternehmen gehört. Hierbei spricht man vom Eigenbetrieb eines Anwendungssystems. Eine alternative Form ist der Fremdbetrieb eines Anwendungssystems, auch Outsourcing genannt, z. B. durch einen externen IT-Dienstleister. Die neuesten Entwicklungen führen zum Konzept des Cloud Computing (▶ Abschn. 2.1.4). Ein Unternehmen kann hierbei unterschiedlichste Leistungen fremdbeziehen, angefangen mit Leistungen der IT-Infrastruktur (Infrastructure as a Service, IaaS) über die Leistungen einer Entwicklungsplattform (Platform as a Service, PaaS) bis hin zu ganzen Anwendungssystemen (Software as a Service, SaaS).

5.3.3.1 Softwarewartung

Der Betrieb eines Anwendungssystems wird von verschiedenen Störungen beeinflusst. Potenzielle Störungsquellen sind technische Störungen wie Stromausfall, Ausfall von Hardwarekomponenten, funktionelle Störungen wie Softwarefehler der System- oder Anwendungssoftware, Störungen der Betriebsumgebung wie Ausfall von Klimaanlagen, Brand etc., fehlerhafte Daten oder Datenverlust, Störungen der Informationssicherheit durch Viren, Würmer, Hacker etc. sowie fehlerhafte Bedienung durch die Nutzer.

Aus diesem Grund liegt ein Schwerpunkt im Betrieb eines Anwendungssystems in der Behebung dieser Störungen. Während der Nutzungszeit unterliegt das Anwendungssystem somit einer ständigen Wartung und Pflege. Zur Behandlung von Störungen ist ein breites Spektrum von Maßnahmen erforderlich.

In der Softwarewartung unterscheidet man zwischen korrigierender Wartung, adaptiver Wartung, enhansiver Wartung und perfektionierender Wartung. Die Softwarewartung dient in der Regel dazu, die Verwendbarkeit und Betriebssicherheit von Software zu erhalten. Die korrigierende Wartung bereinigt die Programme von Fehlern. Die adaptive Wartung passt die Software an veränderte Anforderungen an. Diese beruhen oft auf neuen technischen Rahmenbedingungen. Wird die Software um neue Teile erweitert, spricht man von enhansiver Wartung. Die perfektionierende Wartung hat zum Ziel, die Qualität der Software zu verbessern. Hierzu gehören die Verbesserung von Attributen wie etwa der Performance oder der Wartbarkeit sowie insbesondere die Bereinigung des Entwurfs oder der Implementierung.

Nachdem Erfahrungen gezeigt haben, dass oft 70% und mehr der Personalkapazität in der Systementwicklung allein durch Wartungsaktivitäten gebunden werden, gibt es seit Ende der 1980er Jahre starke Bemühungen, die Änderbarkeit bzw. Wartbarkeit der Software zu verbessern, um so den Wartungsaufwand zu reduzieren. Diese Zielsetzung wird als Softwaresanierung bezeichnet, die im nächsten Abschnitt näher erläutert wird. Bei der Verwendung von Standardsoftware trifft dies nicht zu, da Fehler nicht selbstständig behoben werden können. Daher sind die Verwender auf Lösungen seitens des Herstellers angewiesen, es kommt allerdings in der Regel nicht zu einer solch hohen Bindung von Personalkapazitäten in der Softwarewartung.

5.3.3.2 Softwaresanierung

Alle Maßnahmen zur Softwaresanierung werden unter dem Begriff Reorganisation bzw. Reengineering zusammengefasst. Reengineering bezeichnet die Anpassung eines Softwaresystems an neue Herausforderungen und dient der Verbesserung der Softwarequalität. Typisches Merkmal der Softwaresanierung ist, dass die grundsätzliche Funktionalität der Software unverändert bleibt. Ob Reengineering überhaupt möglich ist, hängt wesentlich davon ab, wie brauchbar die Programmdokumentation ist. Für Software, die sich schon viele Jahre im Einsatz befindet, z. B. Altsysteme (Legacy Systems), ist charakteristisch, dass die Dokumentation unübersichtlich, unvollständig, veraltet oder gar nicht mehr vorhanden ist.

Wenn keine Softwaredokumentation oder Softwarespezifikation vorhanden ist, ist ein wesentlicher Bestandteil des Reengineering das Reverse Engineering, auch Nachkonstruktion genannt. Das Reverse Engineering umfasst drei Phasen. Die Redokumentation bzw. Nachdokumentation beinhaltet die nachträgliche Erstellung einer Programmdokumentation, z. B. mit Hilfe von Programmanalysatoren, also im Sinne einer mit dem Programmtest vergleichbaren Programmanalyse. Das Redesign behandelt die Erstellung des neuen System- bzw. Programmentwurfs aus dem aus der Redokumentation gewonnenen Quellcode[11]. Die Respezifikation schließt daran an und beschreibt die Rekonstruktion der Anforderungsspezifikation aus dem System- bzw. Programmentwurf.

Das Reverse Engineering kann durch Maßnahmen zur Restrukturierung ergänzt werden. Darunter versteht man die Transformation des Programms oder des Programm- bzw. Systementwurfs von einem unstrukturierten in einen strukturierten Zustand, z. B. bei strukturierter Systementwicklung das Ersetzen von Sprungbefehlen durch Konstrukte der strukturierten Programmierung. Spezialfälle sind zum einen die Reformatierung, durch die Programme lediglich lesbarer gestaltet werden, z. B. durch Einrücken von Zeilen oder Einfügen von Leerzeilen, sowie die Modularisierung, mit der Programme in überschaubare Module zerlegt werden.

Gelingt es, einen strukturierten Systemzustand zu rekonstruieren, kann davon ausgehend die eigentliche Reorganisation des Programms beginnen, wobei das Phasenschema jetzt wie üblich vorwärts durchlaufen wird. Dies nennt man Forward Engineering. Die Reorganisation kann dann gleichzeitig für geringfügige Anpassungen der Software an neue Anforderungen oder aber auch für eine völlige Neukonzeption des Programms, beispielsweise mit dem Ziel der Umstellung von einer konventionellen in eine objektorientierte Programmiersprache, genutzt werden. Symbolisch gilt

— Reengineering = (Reverse Engineering) + Forward Engineering,

wobei sich das Forward Engineering hier auf Änderungen, Anpassungen, Umstellungen, Verbesserungen usw. beschränkt.

Zum besseren Verständnis kann folgender Vergleich dienen: Jemand will sein älteres Haus durch einen Umbau modernisieren. Dies entspricht dem Reengineering der Software. Leider sind die Bauzeichnungen nicht mehr auffindbar. Es bleibt nichts anderes übrig, als sie durch

---

11 Falls nur der Maschinencode vorhanden ist, muss versucht werden, daraus den Quellcode zu rekonstruieren (Recodierung).

```
                    ┌─────────────────┐
                    │  Reengineering  │
                    └────────┬────────┘
        ┌────────────────────┼────────────────────┐
┌───────┴─────────┐ ┌────────┴────────┐ ┌─────────┴──────────┐
│Reverse Engineering│ │ Restrukturierung│ │   (Änderungs-)     │
│                 │ │                 │ │ Forward Engineering│
└─────────────────┘ └─────────────────┘ └────────────────────┘
 – Redokumentation   – Restrukturierung im  – Anpassung
 – Redesign            engeren Sinne        – Umstellung
 – Respezifikation   – Reformatierung       – Diverse Änderungen
                     – Modularisierung
```

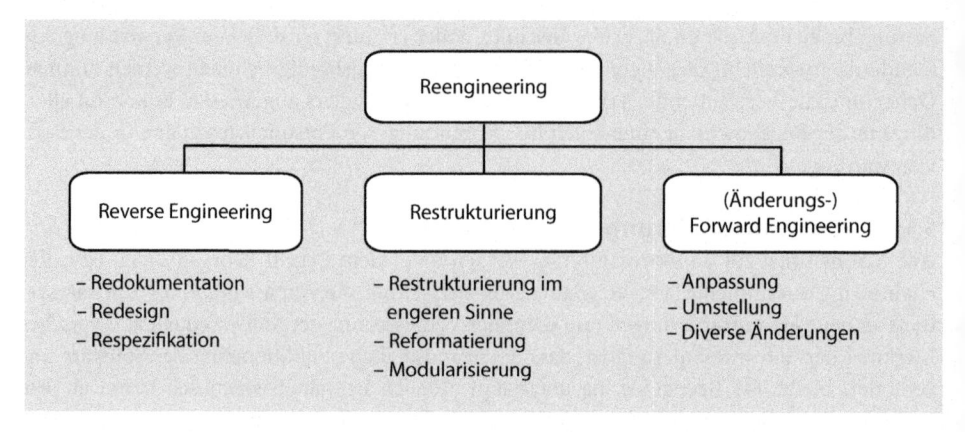

Abb. 5.29 Reengineeringverfahren der Softwaresanierung. (Eigene Darstellung)

Vermessen des Gebäudes zu rekonstruieren (Reverse Engineering). Anschließend können bauliche Maßnahmen geplant und durchgeführt werden (Forward Engineering). Die Alternative wäre, das Haus abzureißen und ein völlig neues Gebäude zu errichten (entspricht der Neuentwicklung der Software).

Abb. 5.29 fasst alle Fälle der Softwaresanierung zusammen. Als Hilfsmittel für die Softwaresanierung werden unter der Abkürzung CARE (Computer Aided Reverse Engineering) zahlreiche Werkzeuge angeboten. Unterstützt werden u. a. die Restrukturierung, die Reformatierung und die Modularisierung bestehender Programme sowie die Redokumentation, z. B. durch Generierung von Programmablaufplänen oder Struktogrammen aus dem Quellcode.

5.3.3.3 Wiederverwendbarkeit und Modularisierung

Kumulieren sich die Änderungen an einem Programm über einen längeren Zeitraum, muss entschieden werden, ob für die Wiederherstellung eines strukturierten Systemzustands eine Reorganisation oder, falls nicht die Anschaffung von Standardsoftware in Betracht kommt, eine Neuentwicklung erforderlich wird.

Die Neuentwicklung würde dann wieder nach den beschriebenen Phasen des Softwareentwicklungsprozesses durchzuführen sein. Sie kann vereinfacht werden, wenn sich Komponenten bereits vorhandener Software wiederverwenden lassen. Dabei kann es sich sowohl um Teile von Programmen, bspw. Module oder Prozeduren, als auch um die zugehörigen System- bzw. Programmentwürfe handeln, bspw. ER-Diagramme, Struktogramme oder Interaktionsdiagramme.

Solange lediglich von vorhandener Software ausgegangen wird, die auf wiederverwendbare Bestandteile analysiert wird, spricht man von ungeplanter Wiederverwendung. Im Gegensatz dazu steht die geplante Wiederverwendung, bei der Teile des Systementwurfs und Programmbestandteile schon zum Zeitpunkt ihrer Erstellung für eine mögliche spätere Wiederverwendung konzipiert werden.

Die Wiederverwendung bietet verschiedene Vorteile und Potenziale. Die Softwareentwicklung verkürzt sich, weil vorhandene Komponenten eingesetzt werden. Als Folge davon werden die Produktivität der Softwareentwicklung erhöht und der Entwicklungsaufwand verringert. Die Wiederverwendung erprobter Komponenten erhöht die Softwarequalität. Der Wartungsaufwand insgesamt wird geringer, weil die Wartung einer wiederverwendbaren Komponente gleichzeitig alle Programme betrifft, in denen die Komponente benutzt wird. Jedoch kann dies auch zu Komplikationen führen, da eine unachtsame Änderung direkt alle oder einen großen Teil von Programmen betrifft.

Leider ist Wiederverwendung in der Praxis bisher mehr Wunschdenken als Realität, weil nur in seltenen Fällen eine neue Softwareentwicklung unter dem Aspekt einer möglichen Wiederverwendung von Komponenten begonnen wird. Neue Frameworks für die Softwareentwicklung, die sich in der Praxis verstärkt durchsetzen, sind jedoch nur verwendbar, wenn man Wiederverwendung einsetzt. Hierdurch kann der Einsatz dementsprechend erzwungen werden. Außerdem erweisen sich die Komponenten bis auf einige Unterstützungsprogramme letzten Endes doch nicht als wiederverwendbar. Die Wiederverwendung ist aber auch mit Risiken verbunden. Wird bei einer Komponente, die in mehreren Programmen verwendet wird, an einer Stelle unachtsam geändert, so kann dies beispielsweise Auswirkungen auf gleich mehrere Programme haben.

Eine nachhaltige Unterstützung vor allem der geplanten Wiederverwendung erwächst jedoch aus der objektorientierten Systementwicklung. Die stärkere Wiederverwendbarkeit stützt sich dabei im Wesentlichen auf die Verwendung von Klassenbibliotheken, Business Objects und Application Frameworks.

Klassenbibliotheken sind problembereichsunabhängige Sammlungen zusammengehöriger Klassen, die sich in der Regel auf die Programmierung, z. B. Klassen für die Erstellung von Druckausgaben, die Berechnung von Zinsen oder den Zugriff auf relationale Datenbanken, beziehen und auf eine Programmiersprache beschränkt sind. Als Business Objects bezeichnet man Objekte, die gebräuchliche Begriffe des Geschäftslebens wie Kunde, Lieferant, Artikel, Bestellung, Rechnung, Konto, Mahnung usw. beschreiben. Application Frameworks sind anwendungsbezogene Zusammenfassungen von Klassen und der zwischen diesen Klassen bestehenden gegenseitigen Beziehungen, wobei sich das gesamte Framework nur in geschlossener Form sinnvoll wiederverwenden lässt. Eine Zukunftsperspektive besteht darin, dass Standardsoftware nicht mehr aus funktionsorientierten Programmmodulen, sondern aus einzeln erwerbbaren oder über das Internet nutzbaren Geschäftsobjekten (Webservices) zusammengesetzt wird.

Eine anwendungsübergreifende Wiederverwendung von Softwarebausteinen wird auch mit der Komponententechnik zur Entwicklung von Komponentensoftware (engl. Componentware) verglichen. Ihr Ziel besteht ebenfalls darin, Anwendungssysteme dynamisch aus verfügbaren, beliebig austauschbaren Komponenten zusammenzusetzen. Für jede Komponente müssen mindestens ihre Funktionalität und die Schnittstellen zur Umgebung genau definiert sein. Klassische Komponenten sind Makros, Unterprogramme und Programmmodule, moderne Komponenten die beschriebenen Klassenbibliotheken und Application Frameworks.

Die objektorientierte Systementwicklung und die Komponententechnik haben viele Gemeinsamkeiten, sind aber keinesfalls identisch. Entscheidend für den oft vorschnell benutzten Begriff objektorientierte Komponentensoftware ist, wie weit für den auch bei der Komponententechnik verwendeten Begriff Objekt, z. B. für Grafiken, Listen oder Tabellen, die Prinzipien der objektorientierten Systementwicklung, insbesondere Datenkapselung, Vererbung und Polymorphismus, unterstützt werden.

Ein typisches praktisches Beispiel für eine objektorientierte Anwendung der Komponententechnik ist das SAP R/3 Business Framework. Es basiert auf den Elementen Business Objects (BO), die Kunden, Aufträge, Angebote, Anfragen, Materialien usw. repräsentieren, sowie Business Application Programming Interfaces (BAPI), die die Business Objects, und zwar Geschäftsprozesse, Daten und Methoden, beschreiben. Sowohl BOs als auch BAPIs werden im Business Object Repository (BOR) dokumentiert und verwaltet.

Beispiele für BAPIs (Auftragserfassung über das Internet)
1. Product.Group.Select: Aufruf von Kataloginformationen über Produktgruppen,
2. Product.Select: Auswahl eines Produkts innerhalb einer Produktgruppe,
3. Product.Description: Aufruf detaillierter Produktbeschreibungen,
4. Order.Create: Erstellung eines Kundenauftrags.

Auf der Basis von BOs und BAPIs werden SAP-Businesskomponenten für konkrete betriebswirtschaftliche Anwendungen gebildet, und zwar sowohl branchenneutrale Komponenten (z. B. für Rechnungswesen, Personalwesen) als auch branchenspezifische Komponenten (z. B. für PPS-Systeme). Die Zusammenfügung von Komponenten erfolgt über eine objektorientierte Programmierung an definierten Schnittstellen.

Angesichts der Vielfalt von Begriffen, Methoden, Sprachen usw., die mit der objektorientierten Systementwicklung und mit der Komponententechnik verbunden sind, bemühen sich seit einigen Jahren mehrere Gruppen um Standardisierungen, so u. a. die 1989 von acht Hardwareherstellern und Softwarefirmen gegründete Object Management Group (OMG), der inzwischen mehr als 800 Unternehmen angehören, darunter Hewlett-Packard, IBM, Oracle, Siemens. Eine weitere Gruppe ist der 1991 von Herstellern objektorientierter Datenbankverwaltungssysteme eingerichtete Ausschuss Object Database Management Group (ODMG) sowie Arbeitsgruppen des ANSI, die sich mit den objektorientierten Programmiersprachen befassen. Schwerpunkt der Arbeit der OMG ist die Schaffung einer »Object Management Architecture« (OMA), in der u. a. Anwendungsobjekte (als Server oder Clients) definiert werden und als Vermittler zwischen Objekten als eine Art von Middleware ein »Object Request Broker« (ORB) eingerichtet wird. Diese Komponente wurde 1992 unter der Abkürzung CORBA (Common Object Request Broker Architecture) standardisiert. Zu OMA gehört ferner eine Definitionssprache zur programmiersprachenunabhängigen Beschreibung von Schnittstellen zwischen den Objekten (IDL = Interface Definition Language). Als Standard für die Beschreibung von objektorientierten Anwendungssystemen wurde 1997 die Modellierungssprache UML festgelegt.

Auf dem CORBA-Standard basieren u. a. die von IBM unter den Abkürzungen SOM (System Object Model) bzw. DSOM (Distributed System Object Model) angebotenen Entwicklungswerkzeuge und der Standard OpenDoc für die Komponententechnik. Unter den Abkürzungen BOCA (Business Object Component Architecture) und CDL (CORBA Component Definition Language) arbeitet die OMG an der Festlegung von Standards für Business Objects.

Ein weiteres Standardisierungsgremium ist die 1995 von Anbietern betriebswirtschaftlicher Standardsoftware unter maßgeblicher Beteiligung von SAP gegründete »Open Applications Group« (OAG). Für den Datenaustausch zwischen voneinander unabhängigen Anwendungssystemen hat die OAG unter der Abkürzung OAGIS (OAG Integration Specifications) Nachrichten definiert, die als Dokumente (BOD = Business Object Documents) aufgebaut sind. Verschiedene Standards und Quasistandards, darunter CORBA von OMG und die BAPIs von SAP, lassen sich in OAGIS integrieren.

Der von der ODMG für objektorientierte Datenbanksysteme vorgeschlagene Standard ODMG 3.0 vom Januar 2000 besteht aus einem Objektmodell, in dem die zugelassenen Objekte typisiert werden analog zu den Datenbanksprachen (▶ Abschn. 2.3), einer Objektdefinitionssprache (ODL = Object Definition Language), einer Abfragesprache (OQL = Object Query Language) sowie der Anbindung bestimmter objektorientierter Sprachen als Manipulationssprachen (OML = Object Manipulation Language).

5.3.4 IT-Servicemanagement

Das IT-Servicemanagement beschreibt einen Paradigmenwechsel in der Leistungserbringung elektronischer Dienstleistungen. Aufgrund technischer Entwicklung und Standardisierung haben sich IT-Services heute zu Commodities entwickelt. Die zunehmende Automatisierung führt dazu, dass IT-Services wenig bis keine Unterscheidungsmerkmale bieten und somit Kosten und Qualität der angebotenen Leistungen als einzige Differenzierungsmerkmale dienen. Dies geht einher mit einer konsequenten Markt- und Kundenorientierung, d. h. für den Markterfolg ist die Ausrichtung an Nutzer, Nutzen und Nützlichkeit essenziell und führt zu einem völlig anderen Denkschema, als dies in der Vergangenheit in IT-Organisationen gehandhabt wurde.

Diese Denkweise in der Erbringung von IT-Services unterscheidet sich deutlich von entwickelten und gelebten Strukturen in der Vergangenheit. Die Transformation eines traditionellen Rechenzentrums in ein modernes IT-Servicezentrum stellt für IT-Organisationen daher häufig eine Herausforderung dar und zieht einen entsprechenden Veränderungsprozess nach sich, sowohl organisatorisch als auch gedanklich. In der Vergangenheit wurden von jeder IT-Organisation eigene Vorgehensweisen zur Entwicklung und Umsetzung der IT-Prozesse entwickelt, die zudem auf unterschiedliche Art und Weise verbessert werden sollten bzw. wurden. Dies resultierte darin, dass sich IT-Organisationen nur schwierig an neue Anforderungen anpassen konnten, z. B. wenn sich die Technologien veränderten und existierende Systeme durch neue Anforderungen von Kunden zu verändern waren. Weil die Systeme sehr spezifisch und oftmals komplex zugeschnitten waren, waren Innovationen nicht einfach einzuführen. Weitere einhergehende Probleme waren unterschiedliches Vokabular und damit schwierige Kommunikation insbesondere mit Parteien außerhalb der Organisation oder das Fehlen von Strukturen. Zudem beförderte dies die Entwicklung eigener Insellösungen für IT-Prozesse in großen Konzernen. Bereits in den 1980er Jahren wurden durch die Einführung eines IT-Managements erste Ansätze zur Strukturierung unternommen. Das IT-Management fokussierte sich in erster Linie auf die Gestaltung von Datenmodellen (Zarnekow, Hochstein et al. 2005). In den 1990er Jahren erfolgte dann eine Neustrukturierung der Methoden und Konzepte innerhalb der Bereiche Planung, Entwicklung und Betrieb der IT, die sich bis heute erhalten haben (Zarnekow, Hochstein et al. 2005). Seit dem letzten Jahrzehnt sind elektronische Dienstleistungen mit einem verstärkten Kosten- und Qualitätsdruck konfrontiert, was in einer Neuausrichtung des IT-Managements resultierte. Dies führte dazu, dass das IT-Management sich zunehmend an Markt und Kunden orientierte und sich eine Dienstleistungsdenke für das IT-Angebot durchgesetzt hat (Zarnekow, Hochstein et al. 2005). Diese Entwicklung mündete schließlich im IT-Servicemanagement.

5.3.4.1 Serviceorientierung im IT-Management

Das traditionelle IT-Management war aufgabenorientiert, d. h. einzelne Teilbereiche einer IT-Organisation waren für bestimmte, genau abgegrenzte Tätigkeitsbereiche verantwortlich, zu denen sie ihre Aufgaben zugeordnet bekamen. Darüber hinaus war das IT-Management technologieorientiert, da versucht wurde, den Wert neuer Technologien zu erkennen und diese möglichst bald auf den Markt zu bringen bzw. im Unternehmen einzusetzen. Zentrale Betrachtungseinheiten waren Hardware, Software und Anwendungssysteme. Zudem lag ein starker Fokus auf der Entwicklung neuer Technologien und Angebote, weniger auf dem Betrieb. Dies hat sich jedoch verändert, da sich herausstellte, dass die Aufrechterhaltung und der Betrieb der IT einen deutlich größeren Teil der Kosten bedingen, und nicht deren Entwicklung (Boehm u. Basili 2001). In den meisten IT-Organisationen entfallen ca. 70–80% der Gesamtkosten auf den Betrieb.

Die zunehmende Standardisierung auf der Architekturebene hat zudem dazu geführt, dass elektronische Dienstleistungen so sehr standardisiert sind, dass die einzigen Differenzierungsmerkmale zwischen Wettbewerbern Kosten und Qualität sind. Insbesondere da viele IT-Prozesse keinen Wettbewerbsvorteil oder kein Alleinstellungsmerkmal für ein Unternehmen darstellen, wurde zunehmend auch in Betracht gezogen, diese Leistungen von außerhalb zu beziehen. Aufgrund dieser Entwicklung wurden längerfristige, kundenorientierte IT-Angebote für Unternehmen interessant. Dies bedeutet zudem, dass eine IT-Organisation nun im Wettbewerb mit externen Dienstleistern steht und sich sowohl bzgl. Qualitäts- als auch Kostenstruktur auf dem Markt behaupten können muss, d. h. wettbewerbsfähig sein muss. Durch diese neuen Rahmenbedingungen hat sich das traditionelle IT-Management zu einem serviceorientierten Management, dem IT-Servicemanagement (ITSM) weiterentwickelt (Leimeister 2012). Im Kern steht die Veräußerung von IT-Diensten in Form von Dienstleistungen, sogenannten IT-Services. IT-Services können dabei grob unterschieden werden in IT-Ressourcen (z. B. Speicherplatz oder Rechenleistung), IT-Lösungen (z. B. ein Anwendungssystem zur Rechnungserstellung), Geschäftsprozessunterstützung (z. B. kompletter Rechnungsprozess) oder können gar Teil des Leistungsangebotes sein (z. B. Online-Ticket) (Zarnekow, Hochstein et al. 2005). Der Fokus in diesem Kapitel liegt auf der Bereitstellung, d. h. der Produktion von IT-Services. IT-Service als eigenständiges Produkt oder Leistung wird in ▶ Kap. 6 thematisiert. ITSM wird folgendermaßen definiert:

> **ITSM**
>
> ITSM ist »[…]die Implementierung und Verwaltung von qualitätsbasierten IT-Services, die den Anforderungen des Business gerecht werden. Das IT-Servicemanagement wird von IT-Serviceanbietern mithilfe einer geeigneten Kombination aus Personen, Prozessen und Informationstechnologie durchgeführt«. (In Anlehnung an Office of Government Commerce (OGC) 2007)

> **Business**
>
> Hier wird Business definiert als »[…] eine übergeordnete Unternehmenseinheit oder Organisation, die aus einer Reihe von Geschäftsbereichen besteht. Im Kontext von ITSM umfasst der Begriff »Business« den öffentlichen Bereich und nicht gewinnorientierte Organisationen ebenso wie Unternehmen. Ein IT-Serviceanbieter stellt IT-Services für einen Kunden innerhalb eines Business bereit. Der IT-Serviceanbieter kann dabei Teil desselben Business, das die Rolle des Kunden einnimmt (interner (IT-)Serviceanbieter), oder Teil eines anderen Business sein (externer (IT-)Serviceanbieter)«. (In Anlehnung an Office of Government Commerce (OGC) 2007)

- **Zentrale Aufgaben des ITSM**

Die zentralen Aufgaben des ITSM umfassen die Gestaltung des Leistungsprogramms, das Management der Anwendungsentwicklung, die Bereitstellung des Produktionspotenzials, das Management von Produktionsprozessen sowie die Anwenderunterstützung (Zarnekow, Hochstein et al. 2005):

— Gestaltung und Management des Leistungsprogramms umfassen die Planung, Gestaltung und Steuerung der angebotenen IT-Leistungen. Hier werden strategische Entscheidungen getroffen, welche Leistungen angeboten werden, auf welchem Markt und in welchen

Qualitätsstufen. Innerhalb einer Organisation muss zudem entschieden werden, welche Leistungen sich ggf. dafür anbieten, sie auf dem freien Markt einzukaufen.

- Anwendungsentwicklung umfasst das Management von Neu- und Weiterentwicklungen der anzubietenden IT-Services, kann also als klassische Entwicklungsabteilung angesehen werden. Das Spektrum kann hierbei von der Entwicklung proprietärer Software (Eigenentwicklung) bis hin zur Adaption von Open Source Lösungen sehr unterschiedlich sein.
- Bereitstellung des Produktionspotenzials umfasst die Planung, Gestaltung und Steuerung der IT-Produktionsanlagen (Hardware, Netzwerke etc.). Neben klassischen Wartungs- und Instandhaltungsarbeiten müssen hier die entsprechenden Kapazitäten für das Leistungsprogramm vorgehalten werden und regelmäßig an technische Veränderungen angepasst werden.
- Produktionsprozess umfasst die Produktionsplanung und -steuerung, d. h. stellt den eigentlichen Betrieb dar und umfasst alle Aufgaben in der Leistungsbereitstellung.
- Anwenderunterstützung umfasst die Unterstützung der Nutzer der angebotenen Leistungen. Hierzu gehören Schulungen und Einführungsangebote, Informationen zu den Leistungen, Kundenservice und Management von Fehlern und Kundenanfragen.

Das ITSM ermöglicht somit das Management aller Prozesse einer IT-Organisation, die miteinander operieren, und hat zum Ziel, die Qualität von IT-Services zu gewährleisten (van Bon, de Jong et al. 2007). Die IT-Services werden in der Regel in verschiedenen Servicestufen, sogenannten Service-Levels, angeboten, die mit dem Kunden ausgehandelt und zumeist vertraglich festgehalten werden.

- **Prinzipien des ITSM**

Das ITSM kennzeichnet sich durch die folgenden vier Prinzipien aus (Zarnekow, Hochstein et al. 2005): Marktorientierung, Serviceorientierung, Lebenszyklusorientierung und Prozessorientierung. Es richtet sich nach den Wettbewerbsmechanismen des Marktes und IT-Services werden über marktorientierte Vertragsbeziehungen veräußert. Diese Vertragsbeziehungen dienen IT-Organisationen als Basis zur Lieferung von IT-Leistungen an Kunden. Die IT-Organisationen stellen ein Angebotsportfolio, welches die Leistungsempfänger ihren Bedürfnissen entsprechend nutzen können.

Die Betrachtung des Managements der IT-Services erfolgt zudem im Gesamtlebenskontext. Neben der Entwicklung stehen auch die Planung, Einführung und der Betrieb bis hin zur Ablösung der IT-Services im Blickfeld. So werden beispielsweise Kostengesichtspunkte von der Planung bis zur Beendigung von IT-Services in die Kalkulationen miteinbezogen. Die Ausrichtung der Organisation erfolgt schließlich prozessorientiert. Das bedeutet, dass die zur Erfüllung der IT-Services notwendigen Prozesse im Vordergrund des ITSM stehen und weniger funktionale Aspekte bzw. bestimmte Organisationseinheiten wie Entwicklung oder Support. Das ITSM hat das Ziel, die Wettbewerbsfähigkeit einer IT-Organisation zu verbessern, da es einen effizienteren Betrieb einer IT-Infrastruktur ermöglicht, was mit einer Kostensenkung verbunden ist.

Weiter verfolgt das ITSM eine durchgängige Ausrichtung von IT-Services an Kundenanforderungen sowie die Sicherstellung einer kontinuierlichen Überwachung und Steuerung der IT-Services im Sinne der Anforderungen der Kunden (Zarnekow, Hochstein et al. 2005). Um dies zu gewährleisten, bietet das IT-Servicemanagement bestimmte Vorgehensweisen, damit Prozesse in einer IT-Organisation optimal ausgeschöpft werden können. Darüber hinaus liefert es Kennzahlen zur Messung der Prozessqualität. Durch die damit verbundene Strukturierung der ablaufenden Prozesse werden die Verwaltung und die Entwicklung von neuen IT-Services vereinfacht. Ein IT-Betrieb, der ITSM einsetzt, strebt einen eindeutigen Dienstleistungs- und Kundenbezug an. Das IT-Servicemanagement liefert zudem Modelle für die Gestaltung einer Aufbauorganisation, welche dann von einer IT-Organisation umgesetzt werden kann.

Bis heute wurden für das ITSM unterschiedliche Referenzmodelle entwickelt. Unter den bestehenden Modellen gibt es frei verfügbare und herstellerspezifische (Krcmar 2009). Frei verfügbare Modelle sind beispielsweise die IT Infrastructure Library (ITIL), der derzeitige De-facto-Standard für serviceorientiertes IT-Management, oder die Enhanced Telecom Operations Map (eTOM), ein Prozessmodell für Dienstleistungsanbieter, welches vom Telemanagement Forum (TMF), einem Zusammenschluss von Dienstleistungsanbietern und Softwareherstellern, entwickelt wurde. eTOM berücksichtigt insbesondere ganzheitliche Prozessbetrachtungsweisen bei der Dokumentation. Außerdem existiert das frei verfügbare Referenzmodell Control Objectives for Information and Related Technology (COBIT), das von der Information Systems Audit and Control Association (ISACA) entwickelt wurde und sich durch eine hohe Konsistenz und Genauigkeitstiefe bei der Beschreibung der einzelnen Prozesse auszeichnet. Zu den herstellerspezifischen Modellen gehören unter anderem die auf ITIL basierenden Modelle ITPM, ITSM und MOF. Das IT Process Model (ITPM) wurde von IBM entwickelt. Es unterscheidet sich von ITIL in der Art der Unterteilung der Prozesse und in den Beschreibungen der Referenzprozesse. Das IT Service Reference Model (ITSM) stammt von Hewlett-Packard (HP) und basiert auf ITIL, angereichert mit HP-spezifischen Inhalten. Zahlreiche Fachausdrücke aus ITIL finden sich ebenfalls in diesem Modell. Das dritte Modell, das Microsoft Operations Framework (MOF) – ein ebenfalls auf ITIL aufbauendes IT-Servicemanagementmodell –, ist eine von Microsoft explizit auf Microsoft-Umgebungen ausgerichtete Dokumentation. Im Gegensatz zu ITIL beschreibt MOF auch Technologielösungen. Im Folgenden wird ITIL näher betrachtet.

5.3.4.2 IT-Servicemanagement nach ITIL

Die britische Behörde Central Computing and Telecommunications Agency (CCTA), heute Office of Government Commerce (OGC), entwickelte Anfang der 1980er Jahre erstmals ein Referenzmodell zum Umgang mit IT-Infrastrukturen, um der bestehenden Problematik des unstrukturierten Managements von IT-Services entgegenzuwirken. Daraus entwickelte sich eine lose Sammlung von Vorgehensweisen zur Planung, Erstellung und Verwaltung von IT-Services, die sich in der Praxis bewährt hatten. In den 1990er Jahren erhielt dieser Fundus den Namen IT Infrastructure Library (ITIL). ITIL kann als eine Art Nachschlagewerk für das Management von IT Prozessen angesehen werden. Die aktuelle Version von ITIL liegt momentan in einer überarbeiteten Auflage (v3 – 2011 Edition) vor.

ITIL bietet einen systematischen Ansatz zur Steuerung der IT-Leistungserbringung mit dem Ziel, die Qualität von IT-Services zu verbessern. Es ist ein Leitfaden zum Definieren, Optimieren und Sichern von IT-Geschäftsprozessen und liefert eine detaillierte Beschreibung der wichtigsten Prozesse innerhalb einer IT-Organisation. Es ist eine umfassende, öffentlich zugängliche und zugleich nicht-proprietäre Verfahrensbibliothek, die zudem in der Praxis sehr weit verbreitet ist. ITIL beschreibt einzelne Module und die darin zu realisierenden Geschäftsprozesse. Diese Module sind jedoch nicht zwangsläufig als eigenständige Organisationseinheiten abzubilden.

ITIL stellt zudem einheitliche Definitionen für das IT-Servicemanagement bereit. Damit löst es die Problematik unterschiedlicher Vokabulare in verschiedenen IT-Organisationen auf und unterstützt die Umsetzung der im vorherigen Abschnitt angesprochenen vier Merkmale des IT-Servicemanagements, Marktorientierung, Serviceorientierung, Lebenszyklusorientierung und Prozessorientierung. Durch die Zusammenstellung von Erfahrungen aus der Praxis

5.3 · Management des Anwendungs-Lebenszyklus

Service Strategy	Service Design	Service Transition	Service Operations
– Service Strategy – Financial Management – Service Portfolio Management – Demand Management	– Service Catalogue Management – Service Level Management – Availability Management – Capacity Management – Information Security Management – IT Service Continuity Management – Supplier Management	– Transition Planning und Support – Change Management – Service Asset and Configuration Management – Release and Deployment Management – Service Testing & Validation – Knowledge Management	– Event Management – Incident Management – Request Fulfillment – Problem Management – Access Management

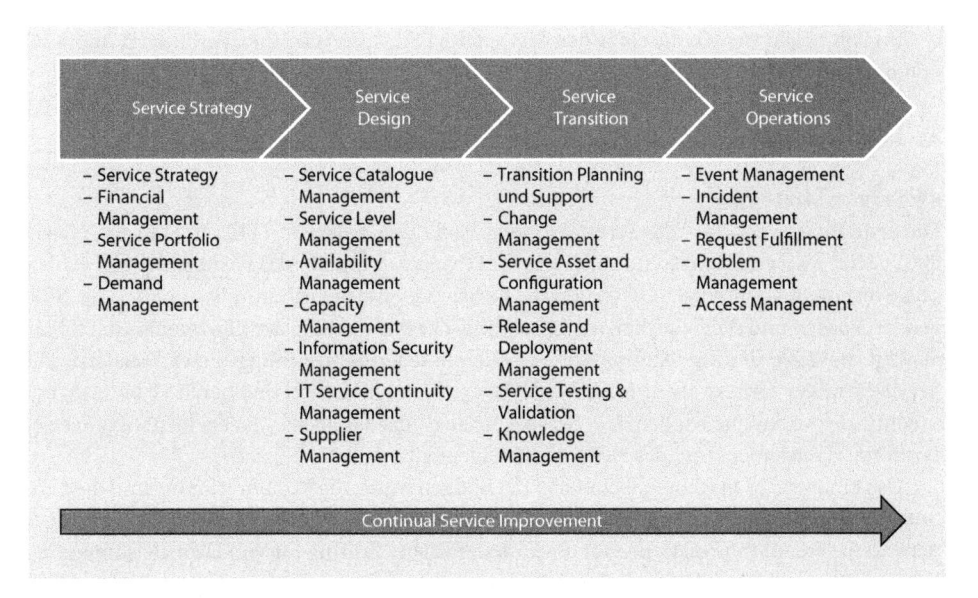

Continual Service Improvement

Abb. 5.30 ITIL-Prozesse im Überblick. (Eigene Darstellung)

in Form von Good Practices trägt ITIL zu einer Standardisierung der Planung, Einführung und zum Erhalt von IT-Infrastrukturen bei. Für jede Phase des Lebenszyklus der IT-Services wurde eine eigene Publikation herausgegeben, insgesamt besteht es aus fünf Teilpublikationen (Abb. 5.30). Zudem gibt es die Möglichkeit, die Umsetzung von ITIL zertifizieren zu lassen. Die ITIL-Zertifizierung wird von der APM Group durchgeführt (APMG-UK 2011). Neben der ITIL-eigenen Zertifizierung ermöglicht die Einführung der ITIL-Konzepte eine vereinfachte Zertifizierung nach ISO/IEC 20000 – einem internationalen Standard für das IT-Servicemanagement (ISO/IEC 2005). Somit kann eine IT-Organisation seine Prozessqualität auf dem Niveau einer international anerkannten Norm bestätigen und ausweisen. Marrone und Kolbe (2011) konnten nachweisen, dass die Prozessqualität in einer IT-Organisation mit steigendem Einsatz von ITIL-Prozessen erhöht wird.

Die Umsetzung von ITIL bietet einige Vorteile und Potenziale. Durch die Verwendung einer gemeinsamen Terminologie kann eine Verbesserung der Verständigung zwischen IT-Abteilungen sowohl unternehmensintern als auch unternehmensübergreifend erreicht werden. Zudem gibt ITIL Hinweise darauf, was gemacht werden sollte, stellt aber frei, wie es umgesetzt werden soll, was gewisse Freiheitsgrade in der Umsetzung ermöglicht. Eine konsequente Umsetzung von ITIL ermöglicht nicht nur eine Qualitätsoptimierung der erbrachten IT-Services, sondern macht diese auch messbar und bewertbar, was sich in höherer Kundenzufriedenheit durch eine Steuerung der Erwartungshaltung auswirken kann. Mittels durchgängiger Arbeitsabläufe und konsistenter Kommunikationswege kann zudem eine Reduzierung der langfristigen Kosten von Dienstleistungen erreicht werden.

Demgegenüber stehen einige Nachteile. ITIL ist keine umfassende Standardisierung, sondern nur ein Good-Practice-Ansatz. Es liefert zudem keine Beschreibung, wie etwas getan werden muss. Dies führt neben einigen Vorteilen auch dazu, dass Know-how selbst anzueignen ist, was wiederum zeitaufwendig und teuer ist. Da ITIL zudem den Anspruch hat, in möglichst allen Organisationen anwendbar zu sein, liefert es nur ungenaue Beschreibungen und damit viel Spielraum für mehrdeutige Lösungsansätze und Fehlinterpretationen.

Im Folgenden werden die einzelnen Phasen des ITIL-Lifecycles im Überblick (◘ Abb. 5.30) erläutert.

- **Der ITIL-Lifecycle**

■■ **Service Strategy**

Die erste Phase von ITIL, die Service Strategy, stellt den Kern von ITIL dar (Iqbal u. Nieves 2007). Hier wird eine umfassende Strategie für IT-Services und für das ITSM entwickelt (Office of Government Commerce (OGC) 2007). Die Service Strategy ist Grundlage für die nachfolgenden Phasen und stellt eine langfristige strategische Ausrichtung der IT-Organisation sicher. Sie legt die Ziele und die Anwendung der Richtlinien zur Erreichung dieser Ziele fest. Die Service Strategy umfasst vier Prozesse, welche die IT-Organisation und deren IT bestmöglich miteinander verknüpfen sollen: Die Service Strategy, das Financial Management, das Service Portfolio Management und das Demand Management.

Das Financial Management beinhaltet die Budgetierung, die Kostenrechnung und die Leistungsverrechnung (Office of Government Commerce (OGC) 2007). Darüber hinaus stellt es dem Management Informationen für die kosteneffiziente Erbringung von Dienstleistungen bereit. Das Demand Management beinhaltet hingegen die Planung des Umgangs mit zukünftigen Lieferanten. Lieferanten sind beispielsweise Hardware- oder Softwarehersteller. Das Demand Management umfasst zudem Vorhersagen bzgl. des zukünftigen Bedarfs der Kunden an IT-Services, da dies wiederum Einfluss auf den Umgang mit Lieferanten hat. Methoden auf strategischer Ebene sind beispielsweise Analysen von Business-Aktivitätsmustern und Anwenderprofilen, um zukünftige Entwicklungen abschätzen zu können. Auf taktischer Ebene kann eine differenzierte Leistungsverrechnung eingesetzt werden, um die Nutzung von IT-Services zu Zeiten mit einer geringeren Auslastung zu fördern (Office of Government Commerce (OGC) 2007).

Der Kern der ersten Phase ist der Prozess der Service Strategy. Dieser beinhaltet die Generierung einer IT-Service-Strategie (Iqbal u. Nieves 2007). Es beginnt mit einer Analyse des Umfelds sowie einer Definition des Markts, aus der unterschiedliche Geschäftsfälle entwickelt werden. Diese Geschäftsfälle werden anhand der bestehenden Visionen und Ziele der IT-Organisation priorisiert und darauf aufbauend wird eine Auswahl getroffen. Hieraus leiten sich veränderte oder neue Visionen und Ziele der Organisation für die Zukunft ab. Basierend auf den ausgewählten Geschäftsfällen werden im nächsten Schritt Angebote entwickelt. Die abgeleiteten Angebote fließen in eine Marktteilnehmerstrategie, die festlegt, wie mit potenziellen Marktteilnehmern umgegangen werden soll, und danach in eine Marketinginstrumentenstrategie, welche die zukünftigen Marketinginstrumente festlegt.

Das Service Portfolio Management verwaltet schließlich IT-Services über ihren kompletten Lebenszyklus (Office of Government Commerce (OGC) 2007). Neben der Zukunftsplanung erfolgt eine Bewertung der derzeitigen IT-Services auf Relevanz. Somit können unnötige IT-Services aus dem Portfolio entfernt werden. Das Service-Portfolio besteht aus drei Komponenten: IT-Services, die in der Planung sind; Services, die aussortiert und derzeit nicht verwendet werden, und Services, die gerade im Betrieb sind.

■■ **Service Design**

Diese Phase umfasst das Design von IT-Services (Lloyd u. Rudd 2007). Darunter versteht ITIL eine Aktivität oder einen Prozess, worin Anforderungen identifiziert und dann Lösungen entwickelt werden (Office of Government Commerce (OGC) 2007). Im Service Design können sowohl bestehende IT-Services verändert bzw. modifiziert sowie neue IT-Services entwickelt und definiert werden. In dieser Phase werden die strategischen Ziele der Service Strategy in konkrete Service-Portfolios und Service-Assets umgesetzt. Das Service Design liefert außerdem Richtlinien für die Entwicklung von Services und Servicemodellen, für Servicemanagementprozesse sowie für Sourcing-Modelle, also Modelle für das Outsourcing oder Insourcing von IT-Services. Hierfür legt es sogenannte Service Principles fest, die Vorgaben für die Entwicklung liefern.

Das Service Catalogue Management erläutert die Erstellung eines IT-Servicekatalogs mit allen in Betrieb befindlichen IT-Services. Der Service Catalogue stellt einen Teil des Service-Portfolios dar. Er ist eine Datenbank oder ein strukturiertes Dokument mit Informationen über alle aktiven und zur Verfügung stehenden IT-Services. Der Service Catalogue ist der einzige Teil des Service-Portfolios, der an Kunden ausgehändigt wird, und dient zur Unterstützung des Vertriebs. Der Katalog beinhaltet Informationen über Leistungen, Preise, Kontaktstellen, Auftrags- und Anfrage-Prozesse (Office of Government Commerce (OGC) 2007). Das Service Catalogue Management hat eine Schnittstelle zum Service Portfolio Management, damit dieses erfährt, welche Dienstleistungen gerade in Betrieb sind.

Das Service Level Management beschäftigt sich mit den unterschiedlichen Qualitätsstufen von IT-Services, sogenannten Service Level Agreements (SLAs). Es ist für das Verhandeln und die Einhaltung von Service Level Agreements verantwortlich und darüber hinaus für das Monitoring und die Berichterstattung in Bezug auf Service-Levels sowie für die regelmäßige Durchführung von Kunden-Reviews verantwortlich (Office of Government Commerce (OGC) 2007). Das Service Level Management sichert die Auslieferung eines vertraglich abgesprochenen Grades an Qualität eines IT-Services und stellt sicher, dass vertraglich abgestimmte Vereinbarungen nach Möglichkeit nicht verletzt werden. Dabei werden verschiedene Stufen für IT-Services festgelegt, die jeweils unterschiedliche Maßnahmen erfordern. Beispielsweise sollten qualitativ hochwertigere IT-Services derselben Kategorie unterschiedlich fakturiert werden. Das Service Level Management verhandelt die IT-Services mit potenziellen Kunden. Diese werden vertraglich dokumentiert und können im Nachhinein als rechtliche Referenz herangezogen werden, etwa um zu belegen, dass vertragliche Vereinbarungen der IT-Organisation eingehalten oder nicht eingehalten wurden.

Das Availability Management ist verantwortlich für die Definition, Analyse, Planung, Messung und Verbesserung sämtlicher Faktoren in Bezug auf die Verfügbarkeit von IT-Services. Es stellt sicher, dass die gesamte IT-Infrastruktur sowie sämtliche Prozesse, Hilfsmittel, Rollen usw. im Sinne der vereinbarten Service-Level-Ziele entsprechend verfügbar sind (Office of Government Commerce (OGC) 2007). Zudem wird die Verfügbarkeit der Service-Levels für alle ausgelieferten IT-Services anhand der vertraglich ausgehandelten Vereinbarungen garantiert.

Das Capacity Management erweitert den Prozess des Availability Managements und stellt sicher, dass die Kapazität des IT-Services und der IT-Infrastruktur ausreicht, um die festgelegten Ziele und Levels zu erreichen. Es arbeitet dabei mit dem Demand Management zusammen, um zu garantieren, dass die richtige Menge einer Ressource zum richtigen Zeitpunkt vorhanden ist. Es stellt sicher, dass die vereinbarten Service-Level-Ziele wirtschaftlich und zeitnah erreicht werden können. Im Capacity Management werden alle für die Erbringung der IT-Services erforderlichen Ressourcen und Pläne für kurz-, mittel- und langfristige Business-Anforderungen berücksichtigt (Office of Government Commerce (OGC) 2007). Es stellt außerdem sicher, dass bei der Umsetzung der IT-Services ein Minimum an Rechnerressourcen verwendet wird.

Das Information Security Management strebt eine möglichst hohe Sicherheit bei der Verarbeitung und beim Ablegen der von IT-Services verwendeten Informationen an. Es stellt damit die Vertraulichkeit, Integrität und Verfügbarkeit der Assets, Informationen, Daten und

IT-Services eines Betriebs sicher. Das Information Security Management ist meist ein Teil eines organisatorischen Ansatzes für das Security Management, der über den Aufgabenbereich des IT-Serviceanbieters hinausgeht, und berücksichtigt die Verwaltung papierbasierter Dokumente, Zutrittsrechte, Telefonanrufe etc. für die gesamte Organisation (Office of Government Commerce (OGC) 2007). Das Information Security Management ist die zentrale Anlaufstelle für alle IT-Sicherheitsfragen in der IT-Organisation und garantiert die Durchsetzung einer festgelegten Sicherheitspolitik.

Zu diesem Prozessschritt gehört auch das IT Service Continuity Management, welches die Risiken neuer IT-Services durch unvorhersehbare Katastrophenfälle untersucht und die Einhaltung festgelegter Mindestanforderungen in Bezug auf die Ausfallsicherheit auf verschiedenen IT-Service-Qualitätsstufen garantiert. Zu den Katastrophenfällen gehören z. B. Hackerangriffe, Feuer, Stromausfälle und Naturkatastrophen.

Das Supplier Management gewährleistet, dass die zukünftigen Verträge mit Lieferanten eingehalten werden. Dies betrifft die Verpflichtungen gegenüber dem Lieferanten und auch Verpflichtungen der Lieferanten gegenüber der IT-Organisation. Diese Verpflichtungen garantieren, dass IT-Services in der festgelegten Qualität geliefert werden. Im Unterschied zum Demand Management der Service-Strategy-Phase ist dieser Prozess nicht auf die strategische Planung in Bezug auf das Lieferantenmanagement ausgelegt. Das Supplier Management ist verantwortlich für die Sicherstellung der vertraglichen Pflichterfüllung der Lieferanten und der Gewährleistung, dass alle Verträge mit Lieferanten die Anforderungen des Business unterstützen.

▪▪ Service Transition
Service Transition befasst sich mit der Transition von IT-Services, d. h. der Umsetzung der definierten Leistungen (Lacy u. Macfarlane 2007). Es zielt darauf ab, das IT Service Design möglichst praxistauglich in das tägliche Geschäft zu überführen. Dabei liefert die Service Transition Richtlinien, um neue oder veränderte IT-Services der Designphase in den Betrieb zu übernehmen. Die Verwendung entsprechender Ressourcen muss geplant und garantiert werden, damit es beim Übergang zu möglichst geringen Einflüssen auf den bestehenden Betrieb kommt. Darüber hinaus unterstützt die Service Transition bei der Aufstellung von Plänen, um Kunden und IT-Organisation auf kommende Veränderungen vorzubereiten. Die zugehörigen Prozesse sind Transition Planning and Support, Change Management, Service Asset and Configuration Management, Release and Deploy Management, Service Validation and Testing, Evaluation und Knowledgemanagement.

Transition Planning and Support ist für die Planung aller IT-Service-Transition-Prozesse und die Koordinierung der hierfür benötigten Ressourcen zuständig (Office of Government Commerce (OGC) 2007). Es legt dar, wie die Überführung von IT-Services in den Betrieb durchgeführt und vorbereitet werden kann und wie eine solche Planung aufgestellt, umgesetzt, gemessen und ausgewertet werden kann. Das Change Management beschreibt den Prozess der Verwaltung sämtlicher Veränderungen von IT-Services. Es ist verantwortlich für die Steuerung des Lebenszyklus aller Veränderungen. Wichtigstes Ziel ist die Durchführung von profitablen Veränderungen bei minimalen Unterbrechungen des laufenden Betriebs (Office of Government Commerce (OGC) 2007). Zudem beinhaltet das Change Management die Dokumentation der durchgeführten Änderungen. Für die Verwaltung der Konfigurationselemente der IT-Services und ihrer gegenseitigen Abhängigkeiten dient das Service Asset and Configuration Management. Configuration Management stellt die Pflege aller Komponenten, die verwaltet werden müssen, sicher. Asset Management ist hingegen für die finanziellen Wertanlagen von IT-Services über den Lebenszyklus verantwortlich. Es nutzt das Configuration Management

System (CMS) mit welchem die IT-Komponenten zentral administriert werden können. Im Release and Deployment Management erfolgt die Koordination der Umsetzung neuer IT-Services. Das Release-Management ist für die Planung, den zeitlichen Ablauf und die Steuerung des Übergangs von Releases in Test- und Live-Umgebungen zuständig. Hauptziel des Release-Managements ist es, die Integrität der Live-Umgebung aufrechtzuerhalten und sicherzustellen, dass das Release die richtigen Komponenten enthält (Office of Government Commerce (OGC) 2007). Eine Live-Umgebung stellt die technische IT-Infrastruktur dar, in welcher ein IT-Service betrieben wird. Unter Deployment versteht man gemäß ITIL eine Aktivität, die für den Übergang neuer oder geänderter Hardware, Software, Dokumentation, Prozesse usw. in die Live-Umgebung verantwortlich ist (Office of Government Commerce (OGC) 2007). Das Release and Deployment Management plant im Release Management die technische Umstellung von alten IT-Services. Hier werden Veränderungen festgelegt und es wird geprüft, wie diese getestet werden können.

Service Validation and Testing beinhaltet die Prüfung der Qualität neuer Releases von IT-Services. Es ist für die Validierung und das Testen eines neuen oder geänderten IT-Service zuständig und gewährleistet, dass die IT-Services den jeweiligen Designspezifikationen entsprechen und den Bedürfnissen des Business gerecht werden (Office of Government Commerce (OGC) 2007). Dabei wird untersucht, ob die entwickelten Releases im realen Betrieb einsetzbar sind. Um zu prüfen, ob ein IT-Service akzeptiert wird oder nicht, kommt es im letzten Schritt vor der Abnahme für den laufenden Betrieb zur Evaluation. Zweck der Evaluation ist die Messung der Leistung einer IT-Service-Veränderung mittels eines Soll-Ist-Abgleichs. Damit kann überprüft werden, ob die Erwartungen der Kunden erfüllt werden können. Die Ergebnisse werden im Prozess des Change Managements miteinbezogen. Das Knowledge Management ist abschließend für die Sammlung, die Analyse, das Speichern und die gemeinsame Nutzung von Wissen und Informationen innerhalb einer IT-Organisation verantwortlich.

▪ ▪ Service Operations

Service Operations beschäftigt sich mit dem laufenden Betrieb von IT-Services (Cannon u. Wheeldon 2007). Der Betrieb stellt die tägliche Verwaltung eines IT-Services oder eines Systems dar, zum Beispiel das Einlegen eines Magnetbands, die Annahme von Geld bei der Bezahlung oder das Lesen von Daten von einem Plattenlaufwerk (Office of Government Commerce (OGC) 2007). Dazu müssen alle Aktivitäten und Prozesse koordiniert und ausgeführt werden, welche die Auslieferung aller im Betrieb befindlichen IT-Services zu festgelegten Service-Levels garantieren. Außerdem wird hier das Management sämtlicher im Betrieb befindlichen IT-Services durchgeführt und es wird dafür gesorgt, dass ein störungsfreier Support besteht. Weiterhin gehört die Speicherung und Überwachung der Leistungen der IT-Organisation und ihrer Daten in den Verantwortungsbereich dieser Phase. Service Operations beinhaltet die Prozesse Event-Management, Incident Management, Request Fulfillment und Access Management. Der Servicedesk hat in dieser Phase eine zentrale Funktion, da er Single-Point-of-Contact für die Kommunikation zwischen Dienstleistungsanbietern und -empfängern ist (Office of Government Commerce (OGC) 2007) und als zentrale Anlaufstelle für alle operationellen Anfragen an die IT-Organisation dient, beispielsweise Support- oder Installationsanfragen.

Das Event-Management ist für die Verwaltung von Events zuständig (Office of Government Commerce (OGC) 2007). Hier werden die Ereignisse, die im Laufe des Lebenszyklus von IT-Services auftreten, festgehalten und gegebenenfalls Maßnahmen getroffen. Unter Events versteht man Benachrichtigungen, die durch IT-Services, Konfigurationen oder Monitoring-Tools erzeugt wurden. Um eine effektive Durchführung von IT-Service-Operationen zu gewährleisten, muss die IT-Organisation über den Status der Infrastruktur informiert sein und

Abweichung vom normalen Verhalten erkennen. Das Event-Management bietet einen Mechanismus, um Störfälle frühzeitig zu erkennen. Im Incident Management wird das Verhalten der IT-Organisation im Falle eines unvorhergesehenen Ausfalls oder Problems von IT-Services koordiniert. Als Incident wird eine nicht geplante Unterbrechung eines IT-Services oder eine Qualitätsminderung eines IT-Services bezeichnet, zum Beispiel der Ausfall einer oder mehrerer Festplatten in einer gespiegelten Partition. Es zielt insbesondere auf eine schnellstmögliche Wiederherstellung des IT-Services für die Anwender ab (Office of Government Commerce (OGC) 2007).

Das Request Fulfillment koordiniert die Anfragen an die IT-Services. Es ist für das Management des Lebenszyklus aller Service Requests verantwortlich (Office of Government Commerce (OGC) 2007). Ein Service Request bezeichnet eine Anfrage eines Anwenders nach Informationen, Beratung, einer Veränderung oder nach Zugriff auf einen IT-Service, beispielsweise das Zurücksetzen eines Passworts oder die Bereitstellung standardmäßiger IT-Services für einen neuen Anwender.

Die Verwaltung des Lebenszyklus aller Probleme liegt in der Verantwortung des Problem-Managements. Wichtigstes Ziel ist die Verhinderung von Incidents bzw., die Auswirkungen der nicht verhinderbaren Incidents zu minimieren (Office of Government Commerce (OGC) 2007). Ein Problem stellt nach ITIL in diesem Zusammenhang eine Ursache für einen oder mehrere Incidents dar. Im Zuge einer engen Verzahnung mit dem Knowledge Management werden hier auch Informationen über aufgetretene Probleme dokumentiert. Darüber hinaus arbeitet das Problem-Management mit dem Incident und Change Management zusammen, um eine möglichst hohe IT-Service-Verfügbarkeit und Qualität zu gewährleisten. Das Access Management ist für die Zugangsrechte von IT-Services, Daten und anderer Assets durch Dienstleistungsempfänger zuständig. Es unterstützt den Schutz der Vertraulichkeit, Integrität und Verfügbarkeit von Assets, indem es sicherstellt, dass nur berechtigte Anwender auf die jeweiligen Assets zugreifen oder Änderungen vornehmen können. Das Access Management kann daher auch als Berechtigungs-Management oder Identitäts-Management bezeichnet werden (Office of Government Commerce (OGC) 2007).

▪▪ Continual Service Improvement

Das Continual Service Improvement (CSI) ummantelt die drei Phasen Service Design, Transitions und Operations. Hauptziel ist eine kontinuierliche Verbesserung der Prozesseffektivität und -effizienz im gesamten Lifecycle (Spalding u. Case 2007). CSI ist für die Verwaltung von Verbesserungen in IT-Servicemanagementprozessen und IT-Services zuständig. Um dies zu erreichen, wird die Performance der IT-Organisation kontinuierlich gemessen und es werden Verbesserungen an Prozessen, IT-Services und der IT-Infrastruktur vorgenommen, um die Effizienz, Effektivität und Wirtschaftlichkeit zu steigern (Office of Government Commerce (OGC) 2007).

ITIL liefert hier Ansätze zur systematischen Messung und Verbesserung von IT-gestützten Dienstleistungen und Prozessen. Hierbei ist es essenziell, dass ITIL sich auf das IT Service Management fokussiert, welches die Performance von IT-Dienstleistungen betrachtet und verbessert. Der umfangreiche CSI-Ansatz lässt es zu, ein breiteres Augenmerk auch auf elektronische Dienstleistungen zu legen. Der Einsatz von IT führt häufig zu einer Verbesserung der Produktivität, Einsparung von Kosten und Verbesserung von Geschäftsprozessen (Luftman u. Ben-Zvi 2010). Durch Einsatz eines Qualitätsmanagements kann eine kontinuierliche Qualitätssteigerung der IT-Services erzielt werden. Dazu wird ein iterativer Prozess definiert, welcher die Phasen Plan, Do, Check und Act durchläuft. Ein IT-Service ist folglich in jeder Schleife zu planen, durchzuführen und zu überprüfen, um auf Basis der erzielten Ergebnisse neue Anforderungen zu generieren (Deming 1986). Dieser Prozess entspricht dem Vorgehen des internationalen Standards ISO/IEC 20000, was dazu führt, dass bei Anwendung des Continual Service Improvements auch gleichzeitig dieser Standard zertifiziert werden kann (ISO/IEC 2005). Diese Vorgehensweise stellt die kontinuierliche Verbesserung der Qualität der IT-Organisation sicher und kann der Organisation somit im Zuge des Qualitätsmanagements als repräsentatives Gütekriterium dienen, indem die Zertifikate öffentlich gemacht werden.

Der Prozess des Continual Service Improvements beginnt mit der Identifizierung von Verbesserungsbedarfen (ITIL 2008). Hier werden aussagekräftige Messgrößen festgelegt, die eine realitätsgetreue Abbildung der Performance der IT-Organisation ermöglichen. Wichtig ist hier, dass die Unternehmensvision, die Strategie, die taktischen und die operativen Ziele im Vorfeld identifiziert und benannt worden sind. Eine Weiterentwicklung und Zielerreichung ist lediglich durch die Erfassung bestimmter Maßgrößen möglich. Soll beispielsweise eine höhere Wiederbuchungsrate von Flügen durch ein besonders nützliches und beliebtes Internetportal erhöht werden, so sollten Maßgrößen identifiziert werden, welche die zufriedenheitsrelevanten Determinanten abbilden, z. B. Usability. Die Erfassung der Daten erfolgt auf der Grundlage der vorab definierten Vorgaben und Ziele. Die erfassten Daten sind zu Beginn noch Rohdaten, aus denen keine Implikationen gezogen werden können. Um die Frage zu beantworten, ob die Ziele erreicht wurden, müssen die Daten weiter verarbeitet werden. Hierbei besteht die Herausforderung in der Homogenisierung der Daten. Daten aus unterschiedlichen Quellen müssen angepasst werden, damit sie miteinander verglichen werden können. Bei zeitlich versetzten Mitarbeiterbefragungen muss zum Beispiel sichergestellt werden, dass Mitarbeiter mit denselben Qualifikationen und Eindrücken verglichen werden. Auf den Plausibilitätscheck folgt die Analyse der Daten, um für das Unternehmen nutzbare Informationen zu erhalten. Hier werden Maßnahmen vollzogen, die dazu dienen, aus dem Datensatz strukturierte und von den Stakeholdern erfassbare Informationen abzuleiten. Dazu gehört auch eine verständliche und bedarfsgerechte Präsentation. Die Ergebnisse der Analyse dienen der Optimierung und Korrektur der IT-Services. Anschließend identifizieren Verantwortliche neue Ausgangspunkte und der Prozess beginnt erneut. Die Durchführung stellt keinen einmalig stattfindenden Vorgang dar. Es werden beliebig viele Wiederholungen der einzelnen Schritte vorgenommen, um eine stetige Überwachung, Optimierung und Korrektur der Prozesse zu gewährleisten. Man spricht in diesem Zusammenhang auch von einer Wissensspirale, d. h. dass die Schritte auf den unterschiedlichen Ebenen einer IT-Organisation, also der operativen, der taktischen und der strategischen Ebene, durchgeführt werden. Somit sollen die auf einer unteren Ebene entwickelten Ergebnisse als Daten-Input auf der nächsten Ebene verwendet werden.

Weiterführende Literatur

Beims, M. (2009). IT Service Management in der Praxis mit ITIL (R) 3. Zielfindung, Methoden, Realisierung. Hanser, München 2009.
Heinrich, L. J. und Burgholzer, P. (2002). Informationsmanagement: Planung, Überwachung und Steuerung der Informationsinfrastruktur, 7. Aufl. München: Oldenbourg.
OGC (2007). The Official Introduction to the ITIL 3 Service Lifecycle: The Stationery Office Ltd.
Reiß, M., Rosenstiel, L. v. und Lanz, A. (1997). Change Management: Programme. Projekte und Prozesse. Stuttgart: Schäffer-Poeschel.
Winter, R., Townson, S., Uhl, A., Labusch N. und Noack, J. (2012). Enterprise Architecture and Transformation: The Differences and the Synergy Potential of Enterprise Architecture and Business Transformation Management. In: 360° – The Business Transformation Journal, Nr. 5, S. 22–31.

Digitale Güter und Dienstleistungen als Leistungsergebnisse

Zusammenfassung

In diesem Kapitel werden die Internetökonomie (▶ Abschn. 6.1) und Dienstleistungen (▶ Abschn. 6.2) als wichtige Eckpfeiler der modernen Wirtschaftsinformatik eingeführt. Die Vernetzung und Digitalisierung mit dem Kunden im Mittelpunkt ändern dabei grundlegende Spielregeln. Alte Geschäftsmodelle, wie sie heute noch in vielen Bereichen zu finden sind, können mittlerweile längst überholt sein, während neue und hochprofitable Geschäftsmodelle entstehen. Als treibende Kraft dieser Entwicklung ist vor allem die IT zu sehen. Neue digitale Güter entstehen, die neue Mehrwerte für Kunden, Organisationen und die Gesellschaft schaffen. Auf Basis dieser Technologien und somit der entstandenen Möglichkeiten – aber auch neuer Trends wie z. B. veränderte Kundennachfrage oder Marktentwicklungen – können innovative und zukunftsweisende Leistungen bereitgestellt werden, die zunehmend zu massiven Veränderungen in der Dienstleistungsgesellschaft führen. Zentral in diesem Zusammenhang ist zudem, dass der ausschließliche Verkauf von Produkten immer schwieriger wird. Dies führt dazu, dass IT-ermöglichte Dienstleistungen an Bedeutung gewinnen und neue Geschäftsmodelle in Form von neuen Angeboten auf Basis von Produkt- und Dienstleistungsbündeln entstehen, die zunehmend auf die individuellen und problemorientierten Bedürfnisse des Kunden – im Sinne des Grundgedankens »Nutzer-, Nutzungs- und Nutzenorientierung« (▶ Abschn. 1.3) zugeschnitten werden.

In diesem Kapitel werden daher zunächst die Grundlagen der Internetökonomie vorgestellt, welche Rolle dabei digitale Güter und Netzwerkgüter spielen und wie elektronische Märkte ausgestaltet sind. Der Dienstleistungsbegriff und die Rolle der Informationstechnologie im Zusammenhang mit der Bereitstellung von IT-Dienstleistungen werden diskutiert. Außerdem wird dargelegt, welche neuen Bereitstellungskonzepte durch IT ermöglicht werden und wie sich Unternehmen vor diesem Hintergrund auf dem Markt neu positionieren können.

6.1 Internetökonomie und digitale Güter – 327

6.1.1 Grundlagen – 327
6.1.2 Digitale Güter – 332
6.1.3 Netzwerkgüter – 341
6.1.4 Elektronische Märkte – 348

6.2 Dienstleistungen – 355

6.2.1 Grundlagen von Dienstleistungen – 355
6.2.2 Entwicklung des Dienstleistungssektors – 359
6.2.3 Service-Dominant Logic – 361
6.2.4 Wandel durch Dienstleistungen – »Everything as a Service« als Leistungsergebnis des Digital Business – 363
6.2.5 Modellierung von Dienstleistungen – 372

Weiterführende Literatur – 375

Lernziele des Kapitels
1. Sie können die Treiber und Konzepte der Internetökonomie darstellen und anhand von Praxisbeispielen analysieren.
2. Sie können die traditionelle Wertschöpfungskette vom digitalen Wertschöpfungsnetzwerk abgrenzen und anhand von selbst gewählten Fallbeispielen skizzieren.
3. Sie können die begrifflichen und theoretischen Grundlagen von digitalen Gütern erläutern.
4. Sie können die Strategien zur Preisgestaltung digitaler Güter benennen und von der Preisgestaltung physischer Produkte abgrenzen.
5. Sie können die Formen und Prozesse der Standardisierung bei Netzwerkgütern unterscheiden und darlegen, welche Rolle Netzwerkeffekte und Netzwerkmärkte spielen.
6. Sie können die Struktur und Merkmale elektronischer Märkte veranschaulichen und analysieren, sowie anhand verschiedener Kriterien beurteilen.
7. Sie können die Grundlagen der Effizienz von elektronischen Märkten darlegen und auf Fallbeispiele transferieren.
8. Sie können den Begriff der Dienstleistung definieren, den Wandel des Dienstleistungssektors erläutern und verschiedene Dienstleistungsarten typologisieren.
9. Sie können die zunehmende Bedeutung von Dienstleistungen vor dem Hintergrund der Service-Dominant Logic skizzieren.
10. Sie können das Phänomen »Servitization« und die Prinzipien der Servitization erläutern sowie die Rolle des Kunden im Kontext der Servitization beschreiben.
11. Sie können die mit der Servitization verbundenen betriebswirtschaftlichen Herausforderungen für Unternehmen verschiedener Bereiche verdeutlichen.
12. Sie können die Entwicklung des Konzeptes Product-Service-Systems (PSS) und PSS als Sonderfall der Servitization beschreiben, die Vorteile aus Kunden- und Unternehmenssicht erläutern und die unterschiedlichen Typen von PSS darstellen.
13. Sie können das Konzept des Service-Blueprints erläutern und dies anhand eines Beispiels wiedergeben.

6.1 Internetökonomie und digitale Güter

Im Folgenden werden die Internetökonomie und digitale Güter als essenzielle Bestandteile des Leistungsergebnisses dargestellt. Hierzu werden zuerst grundlegende Charakteristika der Internetökonomie aufgezeigt (▶ Abschn. 6.1.1) und digitale Güter (▶ Abschn. 6.1.2) eingeführt. Daraufhin wird die Netzwerkökonomie mit ihren Netzwerkgütern betrachtet (▶ Abschn. 6.1.3), abschließend werden für die Internetökonomie elektronische Märkte (▶ Abschn. 6.1.4) dargestellt.

6.1.1 Grundlagen

Das Internet hat die ökonomischen Regeln in vielen Märkten von Grund auf verändert und damit sowohl Chancen als auch Risiken geschaffen. Dies heißt zum einen, dass das Internet ein immer noch dynamischer Wachstumsmarkt ist, der einen Nährboden für innovative Geschäftsmodelle darstellt. Zum anderen hat aber die sogenannte Dotcom-Blase gezeigt, dass viele Unternehmensgründungen sich trotz der neuen ökonomischen Regeln des Internets als substanzlos erwiesen haben (Walther u. Hartmann 2009). Gleichzeitig haben Unternehmen wie Amazon und Google jedoch bewiesen, dass internetzentrierte Unternehmen sehr erfolgreich sein können. Daher bleibt die Einsicht, dass ein nachhaltiges Geschäftsmodell von fundierten ökonomischen Kenntnissen profitieren kann, weshalb im Folgenden die Grundlagen der Internetökonomie behandelt werden.

Wie bereits angedeutet, hat die Internetökonomie einen bleibenden wirtschaftlichen Einfluss in der heutigen Zeit hinterlassen. Trotz dieses Einflusses hat sich in der Literatur noch kein eindeutiges Begriffsverständnis durchgesetzt, weshalb dieses im Fall der Internetökonomie zum Teil stark differiert und nach Skiera et al. (2006) auf zwei Arten interpretiert werden kann:
1. Betriebs- und volkswirtschaftliche Implikationen des Internets und assoziierter Technologien.
2. Die ökonomische Analyse von internetbasierten Informationstechnologien.

Grundsätzlich ist der Begriff »Internet« in der Internetökonomie aber nur metaphorisch zu interpretieren und dient als Platzhalter für ein breites Spektrum an Informationstechnologien (Skiera, Soukhoroukova et al. 2006). Diese Technologien helfen dabei, bestimmte Prozesse abzuwickeln. Diese betreffen zum Beispiel den Informationsaustausch und damit einhergehende Kommunikationsprozesse, die notwendig sind, um Transaktionen online abzuschließen. Der Transaktionsabschluss findet in der Internetökonomie dabei über elektronische Märkte statt, beispielsweise eBay, und weitere Plattformen und Netzwerke. Zentrales Ziel ist die Leistungserstellung und damit Generierung von ökonomischer Wertschöpfung. Im Folgenden wird die Internetökonomie zusammenfassend definiert:

Internetökonomie

Die Internetökonomie umfasst die ökonomische Nutzung des Internets, insbesondere von Informations-, Kommunikations- und Transaktionsprozessen über elektronische Märkte, Plattformen und Netzwerke, um dadurch Wertschöpfung zu generieren. (Aufbauend auf Clement u. Schreiber 2013)

- **Modell der Internetökonomie**

Präzisieren lässt sich der Begriff, indem die maßgeblichen Treiber und Charakteristika der Internetökonomie als Grundlage genutzt werden. Diese stellen den Ausgangspunkt für die resultierenden Konzepte der Internetökonomie dar und erklären somit das Entstehen neuer Wirkungszusammenhänge. Fundamentale Treiber dafür sind der Wandel der Technik und damit verbundene Technologien (Clement u. Schreiber 2013, Wirtz 2013). Dies lässt sich anhand des in ◘ Abb. 6.1 dargestellten Schalenmodells verdeutlichen.

Ausgangspunkt für die Internetökonomie ist die stetige Entwicklung der Informations- und Kommunikationstechnik, beispielsweise bezogen auf Rechnerleistung, die Digitalisierung, die zunehmende globale Vernetzung durch das Internet und die einfachen Möglichkeiten des Datentransfers bedingt durch die zunehmende Verfügbarkeit von Breitbandanschlüssen (Kollmann 2011). Genutzt wird dieser Technikwandel von innovativen Technologien, welche sich im Internet widerspiegeln, aber auch vermehrt in mobilen Technologien.

Durch diesen Wandel lebt man heute in einer Informations- und Wissensgesellschaft, die durch den intensiven Umgang mit Informations- und Kommunikationstechnologien geprägt ist (Kollmann 2011). Zentrales Merkmal dieser Gesellschaft ist das informationsbasierte Wissen als eigenständiger Produktionsfaktor, welches digital vorliegt und somit über Netzwerke in einer globalisierten Welt ausgetauscht werden kann (Clement u. Schreiber 2013). Dies wird als

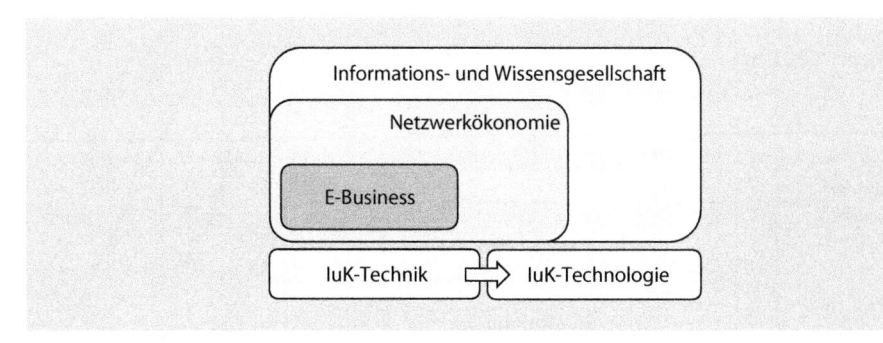

Abb. 6.1 Schalenmodell der Internetökonomie. (Aufbauend auf Kollmann 2011)

Informations- und Wissensökonomie beschrieben und ist als Außenschale der Internetökonomie anzusehen.

Im Zentrum der Informationsökonomie steht die Netzwerkökonomie, welche die Nutzung von digitalen Netzwerken bei verschiedenen Anwendungs- und Nutzungsformen betont. Sie befasst sich zum einen mit transaktionsunabhängigen und zum anderen mit transaktionsabhängigen Anwendungsformen, welche unter dem Begriff des E-Business zusammengefasst werden (Clement u. Schreiber 2013). Zusammenfassend lässt sich die Netzwerkökonomie wie folgt definieren:

Netzwerkökonomie

Die Netzwerkökonomie umfasst den wirtschaftlich genutzten Bereich von Datennetzen, unter Bezugnahme verschiedener Anwendungsformen, welcher zum Ziel hat, Informations- und Kommunikationsprozesse zu beeinflussen und im Rahmen des E-Business auch Transaktionen online abzuwickeln. (Kollmann 2011)

- **Wertschöpfungsnetzwerke**

Die Veränderungen durch die zunehmende Wichtigkeit der Internetökonomie betreffen nicht nur die ökonomischen Gesetzmäßigkeiten oder das Aufkommen neuer Märkte, sondern auch die zugrundeliegenden Wertschöpfungsstrukturen (Zerdick, Picot et al. 2001). Klassicherweise werden diese Strukturen in einer Wertschöpfungskette abgebildet, welche in **Abb. 6.2** nach Porter illustriert ist (Porter 2010).

Definiert ist die dargestellte Wertschöpfungskette wie folgt:

Wertschöpfungskette

Jedes Unternehmen ist eine Ansammlung von Tätigkeiten, durch die sein Produkt entworfen, hergestellt, vertrieben, ausgeliefert und unterstützt wird. Alle diese Tätigkeiten lassen sich in einer Wertkette darstellen. (Porter 2010)

Kennzeichnend für die klassische Wertschöpfungskette ist der sequenzielle Ablauf von Aktivitäten eines Unternehmens. Verschiedene Prozesse in der Internetökonomie haben zu einer Medienkonvergenz geführt. Dabei prägen die TIME-Sektoren (Telekommunikation, Informationstechnik, Medien, Elektronik) die ökonomischen Strukturen heutiger moderner Volks-

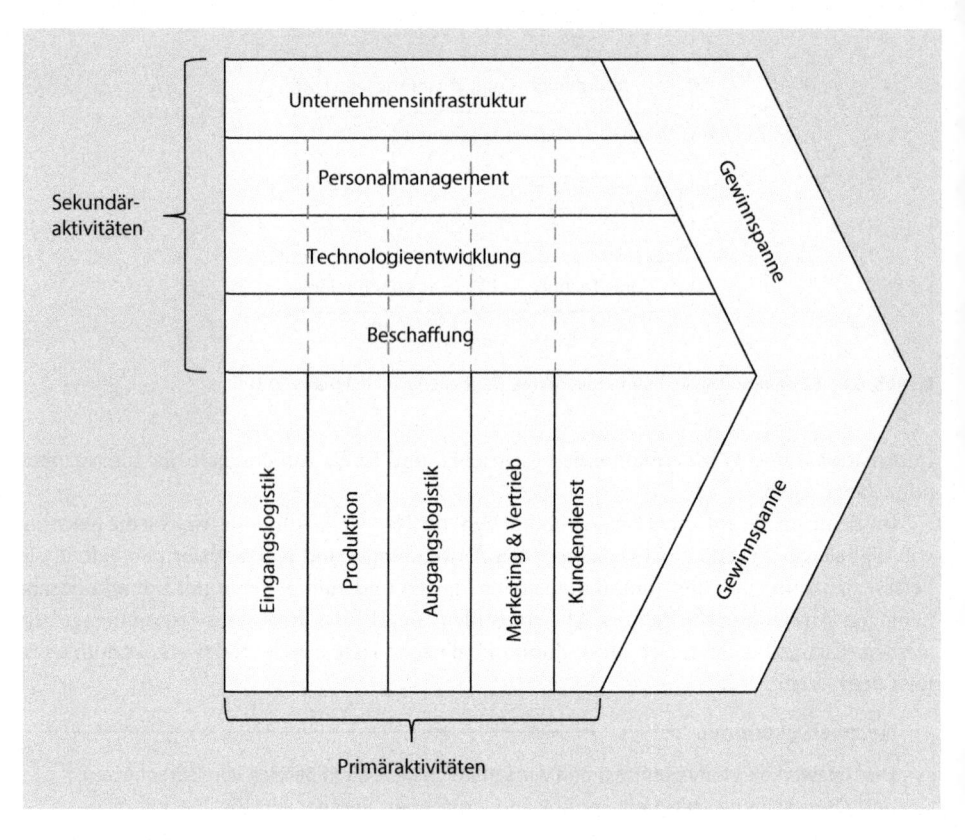

Abb. 6.2 Wertkette nach Porter. (2010)

wirtschaften (Clement u. Schreiber 2013). Verantwortlich hierfür sind Aufbauend auf die grundlegenden Konzepte der Internetökonomie die technischen und technologischen Treiber, welche neue damit verbundene Leistungsformen wie mobile Applikationen auf Smartphones begründen. Die Medienkonvergenz bedeutet, dass die technischen Komponenten bei Kommunikationsvorgängen austauschbar werden.

Beispiel: Medienkonvergenz bei Amazon
Sehr anschaulich lässt sich die Medienkonvergenz am E-Commerce-Unternehmen Amazon illustrieren. Amazon treibt die Konvergenz verschiedener Medien voran, indem es den gleichen Inhalt als Buch, E-Book oder auch als Hörbuch anbietet. Damit werden die technologischen Komponenten der Infrastruktur, wie klassisches Buch oder E-Book, völlig austauschbar. Inhalte können beispielsweise klassisch, ohne den Einsatz von elektronischen Hilfsmitteln, konsumiert werden oder auf dem PC, dem Tablet oder dem Smartphone. Unter der Marke Amazon Kindle wird beispielsweise ein System angeboten, welches plattformübergreifend verschiedene Dienste auf dem PC, Tablet, Smartphone und E-Book-Reader verknüpft.

Damit verschwinden zuvor getrennte Wertschöpfungsketten, denn diese verschmelzen und ermöglichen neue Informations-, Unterhaltungs- und Kommunikationsleistungen (siehe im Folgenden Zerdick, Picot et al. 2001). Die separat erbrachten Leistungen auf verschiedenen Sektoren werden unter Zuhilfenahme neuer Technologien ständig weiterentwickelt. Durch

6.1 · Internetökonomie und digitale Güter

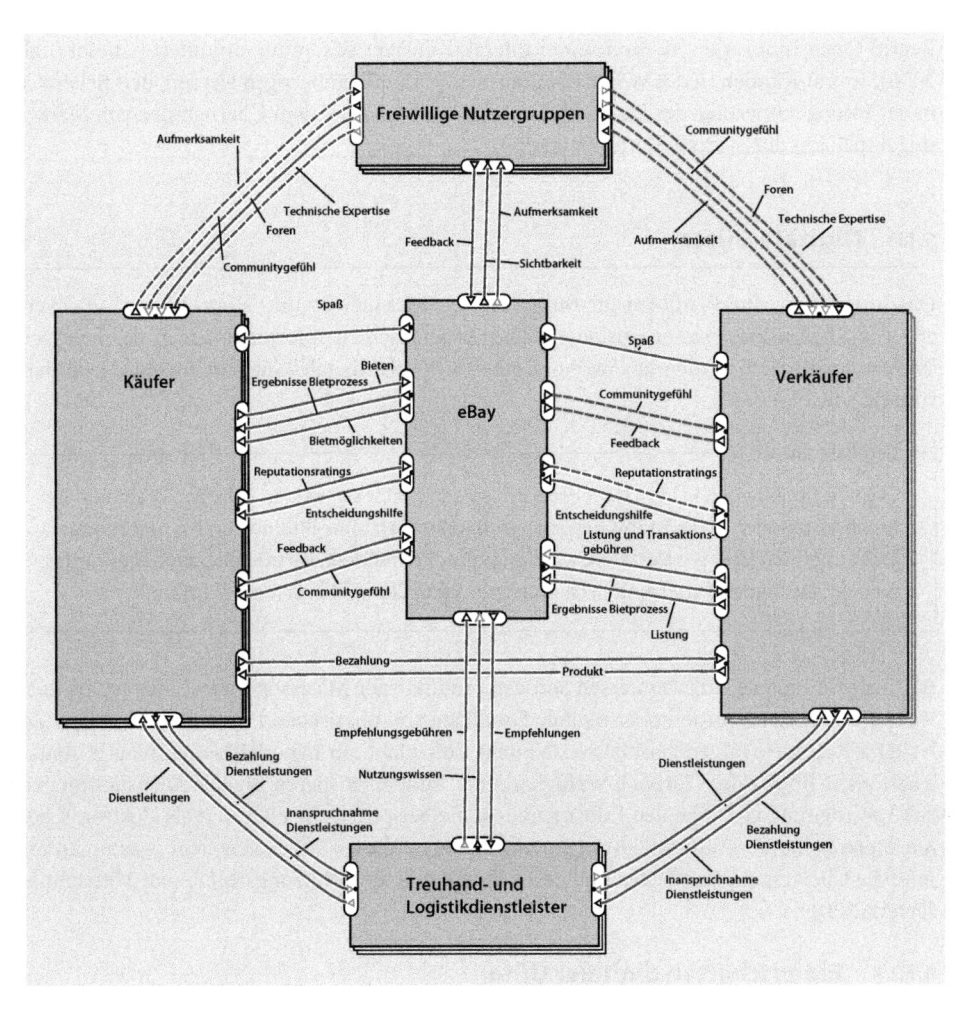

Abb. 6.3 Wertschöpfungsnetzwerk von eBay. (Aufbauend auf Allee 2009)

die Verbindung verschiedener Infrastrukturen wird eine plattformübergreifende Integration ermöglicht. Es werden darüber hinaus neue Dienste geschaffen, die über die reine Integration hinausgehen.

Diese neuen Strukturen einer vernetzten Welt und einer zunehmenden Medienkonvergenz lassen sich als Wertschöpfungsnetzwerk (s. ▶ Abschn. 6.2.1) darstellen (Peppard u. Rylander 2006). Dies folgt einer nicht-linearen Anordnung der wertschöpfenden Aktivitäten und ermöglicht flexible Verknüpfungen zwischen allen Teilnehmern des Netzwerks (Zerdick, Picot et al. 2001). Ein solches Wertschöpfungsnetzwerk ist am Beispiel von eBay anhand eines e3value Modells in ◘ Abb. 6.3 dargestellt.

Solch ein Wertschöpfungsnetzwerk zeichnet sich zudem dadurch aus, dass Beschränkungen klassischer Wertschöpfungsketten wegfallen und damit eine größere Leistungsvielfalt und Flexibilität bei der Leistungserstellung ermöglicht wird. Hierzu gehört nicht nur die angedeutete Konvergenz verschiedener Sektoren, sondern auch die bereits erwähnte Einbeziehung des Kunden in das Netzwerk. Das Phänomen der Einbeziehung des Kunden wird auch unter dem

Begriff Open Innovation im Sinne einer interaktiven Wertschöpfung diskutiert (Chesbrough 2006), womit Kunden in das Wertschöpfungsnetzwerk mit einbezogen werden, beispielsweise in der Ideengenerierung, der Entwicklung von Produkten oder dem Übernehmen von Marketingaktivitäten durch virale Kommunikation.

6.1.2 Digitale Güter

Das Internet ist eine Plattform für Millionen von Menschen zum nahezu kosten- und verzögerungsfreien Informationsaustausch. Die ausgetauschten Informationen in der heutigen Wissensgesellschaft werden aus ökonomischer Sicht als digitale Güter bezeichnet. Definiert sind sie wie folgt:

Digitale Güter

Digitale Güter liegen in immaterieller Form vor, das heißt sie werden vollständig als digitale Repräsentationen in Binärform gespeichert und können ohne Bindung an ein bestimmtes Trägermedium über ein Netzwerk wie das Internet entwickelt, vertrieben oder angewendet werden. (Aufbauend auf Laudon, Laudon et al. 2010, Clement u. Schreiber 2013)

Beispiele für digitale Güter umfassen Softwareprodukte wie Microsoft Office, aber auch Güter, welche digitalisiert wurden oder digitale Duplikate von physischen Produkten darstellen. Zu letzterer Kategorie zählen beispielsweise Bücher, die nicht nur materiell, sondern auch digitalisiert als E-Book oder Hörbuch verfügbar sind. Zudem existieren digitale Dienstleistungen zur Verarbeitung von digitalen Informationen wie beispielsweise eBay, das als elektronischer Marktplatz eine Vermittlungsleistung anbietet. Bei all diesen Beispielen steht zusammenfassend die Übertragung von Daten und deren Eigentums- und Nutzungsrechten im Mittelpunkt (Peters 2010).

6.1.2.1 Eigenschaften digitaler Güter

Grundlegend ist, dass digitale Güter keinen physischen Anteil haben und damit vollständig über digitale Netzwerke distribuiert werden können (Schmidt 2007). Beispielsweise verbreitet Amazon viele Softwareprodukte oder Musikstücke auch online und nicht nur auf Datenträgern wie CD oder DVD. Je nach Grad der Digitalisierung werden digitale, semi-digitale, semi-physische und physische Güter unterschieden, wobei letztere drei Klassen als non-digitale Güter gesehen werden (Illik 1999). Diese Güterklassifizierung ist in ◘ Abb. 6.4 dargestellt.

Physische Güter enthalten keinerlei digitale Bestandteile. Anders sieht es bei semi-physischen Produkten aus, bei welchen der physische Anteil zwar überwiegt, aber bereits digitale Komponenten enthalten sind. Daher kann eine Bestellung eines physischen Produkts im E-Commerce als semi-physisches Produkt gesehen werden, da das Produkt zwar als solches nicht digital ist, dafür aber die zugehörige Informationsübertragung, z. B. die Datenübertragung im Bestellprozess. Der Hauptteil semi-digitaler Güter besteht hingegen aus digitalen Komponenten. Diese Produktkategorie enthält zusätzliche Leistungen, beispielsweise Schulungen zu einer Software, welche physisch abgewickelt werden (Schmidt 2007).

Im Kern werden im Folgenden aber digitale Gütern als Reinform behandelt. Diese haben verschiedene, nachfolgend aufgelistete, konstitutive Eigenschaften und begründen im Rahmen der Internetökonomie bestimmte Potenziale, welche notwendig sind, um Wertschöpfungsstrukturen zu ändern und neue, innovative Geschäftsmodelle zu ermöglichen.

6.1 · Internetökonomie und digitale Güter

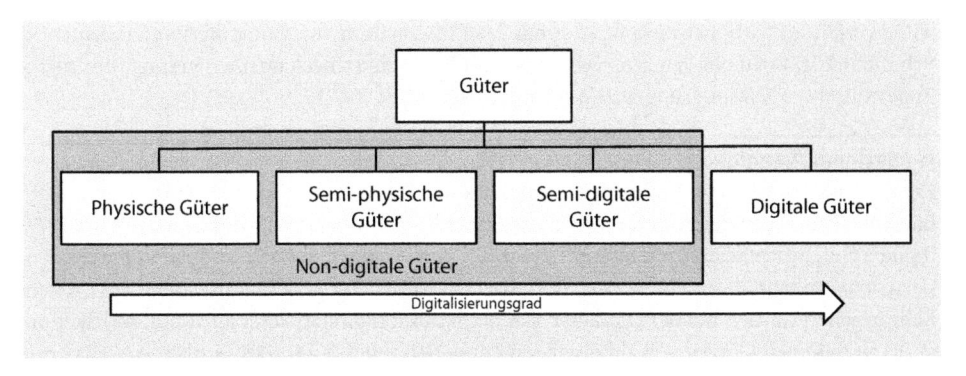

Abb. 6.4 Digitalisierungsgrad von Gütern. (Aufbauend auf Illik 1999)

- **Wahrnehmungsunterschiede**

Digitale Güter werden anders wahrgenommen als materielle Güter. Bei letzteren können alle fünf Sinne für die Wahrnehmung und Bewertung genutzt werden, wohingegen üblicherweise digitale Güter nur durch zwei Sinne, Sehen und Hören, wahrgenommen und bewertet werden können (Clement u. Schreiber 2013). Diese Eigenschaften führen dazu, dass digitale Güter als eine Art Vertrauensgüter verstanden werden müssen, welche auch nach dem Kauf nicht sicher beurteilt werden können (Varian 1998). Zusätzlich zu den sonstigen unvollkommenen Informationen, wie beispielsweise Preis und Qualität eines Guts, führt die fehlende physische Wahrnehmbarkeit zu einer erschwerten Vergleichbarkeit von Gütern, zum Entstehen von Marktunsicherheiten und zu erhöhten Informationskosten (Schmidt 2007).

- **Kopierbarkeit**

Eine wichtige Eigenschaft digitaler Güter besteht darin, dass diese sich einfach und vor allem ohne Qualitätseinbußen kopieren lassen, was wiederum mit niedrigen Kosten einhergeht (Buxmann, Diefenbach et al. 2011). Problematisch ist dies für die Produzenten von digitalen Gütern, da der Aufwand des Kopierens und Vertreibens sehr gering und gleichzeitig die Unterbindung der unbefugten Weitergabe äußerst schwierig ist (Clement u. Schreiber 2013). Zwar gibt es Schutzmechanismen für digitale Güter (Hess u. Ünlü 2004), allerdings fehlen diese in der Praxis oftmals, weshalb auch von öffentlichen Gütern gesprochen wird (Schmidt 2007).

- **Veränderbarkeit**

Digitale Güter lassen sich leichter verändern, wodurch auf einfachem Wege mehrere und gegebenenfalls auch personalisierte Varianten eines digitalen Guts angeboten werden können (Clement u. Schreiber 2013). Damit verknüpft sind sogenannte Verbundeffekte, welche die Kostenreduktion bei gleichzeitiger Produktion mehrerer Produkte beschreiben und damit das Anbieten verschiedener Produktvarianten fördern (Skiera, Spann et al. 2005). Diese als Versioning bezeichnete Strategie lässt sich anhand verschiedener Kriterien vornehmen, beispielsweise anhand der gebotenen Funktionalität (Shapiro u. Varian 1999). Durch die Veränderbarkeit lassen sich somit kundenindividuelle Produkte herstellen, ohne dass der bei physischen Produkten betriebene Aufwand notwendig ist. Mit dieser Veränderbarkeit geht aber nicht nur die Anpassung eines digitalen Guts an Kundenbedürfnisse einher, sondern es besteht auch die Gefahr, dass digitale Güter im Reproduktionsprozess verfälscht werden – sei es unbeabsichtigt bei der Entwicklung eines digitalen Guts oder durch Dritte, indem das »öffentliche« Gut böswillig verfälscht wird, beispielsweise durch das Einschleusen von Computerviren (Clement u. Schreiber 2013). Analog zur Kopierbarkeit sind hier Schutzmechanismen gefragt, um solche ungewünschten Veränderungen zu verhindern (Schmidt 2007).

- **Systemabhängigkeit**

Eine besonders wichtige Eigenschaft innerhalb der Internetökonomie stellen die Systemabhängigkeit und der damit verbundene Systemwettbewerb bezüglich digitaler Güter dar. Da digitale Güter grundsätzlich in komplexe Bündel von komplementären und damit untereinander kompatiblen Gütern eingebettet sind, welche bei der Verwendung in einem Zusammenhang gesehen werden müssen, entfaltet sich der Nutzen digitaler Güter auch nur im Paket mit anderen digitalen Gütern vollständig (Clement u. Schreiber 2013). Der Nutzen von eBay und PayPal hängt beispielsweise stark voneinander ab, da die breite Nutzerplattform von eBay und die Einbettung eines elektronischen Bezahldienstes wie PayPal den Nutzen beider Dienste erhöht. Dies wird im weiteren Verlauf des Kapitels noch intensiver dargestellt und ist stark mit dem Begriff des Netzwerkguts und dessen Netzwerkeffekten auf Netzwerkmärkten verknüpft (Buxmann, Diefenbach et al. 2011).

- **Kosten- und Preisstruktur**

Eingangs wurde beschrieben, dass die Internetökonomie klassische ökonomische Annahmen umgestaltet. Dieser Punkt ist im Besonderen durch die Kostenstruktur von digitalen Gütern und die damit verbundenen Skaleneffekte bedingt. Die Kostenstruktur digitaler Güter ist durch einen sehr hohen Anteil fixer Kosten für die Entwicklung und Erstproduktion, den sogenannten First Copy Costs, gekennzeichnet und besteht nur aus einem sehr geringen, gegen null tendierenden Anteil variabler Kosten für die Reproduktion und den Vertrieb (Bakos u. Brynjolfsson 2000). Die Kostenfunktionen für physische und digitale Güter sind in ◘ Abb. 6.5 dargestellt.

Ein klassisches Beispiel ist die Entwicklung einer Software, welche eine hohe Summe an Forschungs- und Entwicklungsaufwendungen mit sich bringt. Die Vervielfältigung und der Vertrieb des fertigen, digitalen Guts als Datenträger oder Download führen im Ergebnis zu keinen oder nur sehr geringen Kosten. Ergebnis dieser Fixkostendegression pro erzeugter Einheit eines digitalen Guts sind Skaleneffekte (Stelzer 2000).

Trotzdem gelten diese Regeln nicht für alle digitalen Güter. Ausnahmen stellen digitale Güter dar, wenn sie in Bezug auf die Entwicklung, Produktion oder den Absatz besonders hohe Anteile von personenbezogenen Dienstleistungen umfassen und/oder nicht in hoher Stückzahl produziert werden, wie beispielsweise Individualsoftware (Clement u. Schreiber 2013). Dies alles hat aber auch Effekte auf die Preisgestaltung von digitalen Gütern (Skiera, Spann et al. 2005). Eine kostenbasierte Preissetzung auf Basis der vorhergehend beschriebenen Kostenstruktur würde zu weitestgehend kostenlosen Angeboten führen, wohingegen eine am Wettbewerb orientierte Festlegung des Preises einen ruinösen Preiskampf mit sich ziehen könnte (Clement u. Schreiber 2013). Umgekehrt ermöglichen die bisher dargelegten besonderen Eigenschaften von digitalen Gütern aber auch neue Formen von Preismechanismen. Diese Optionen der Preisgestaltung werden im nachfolgenden Abschnitt gesondert behandelt.

- **Positive externe Effekte**

Folge der beschriebenen ökonomischen Eigenschaften von digitalen Gütern sind positive Externalitäten beziehungsweise Effekte, welche im Fall von digitalen Gütern einem Kreislauf folgen. Externe Effekte sind im Allgemeinen wie folgt definiert:

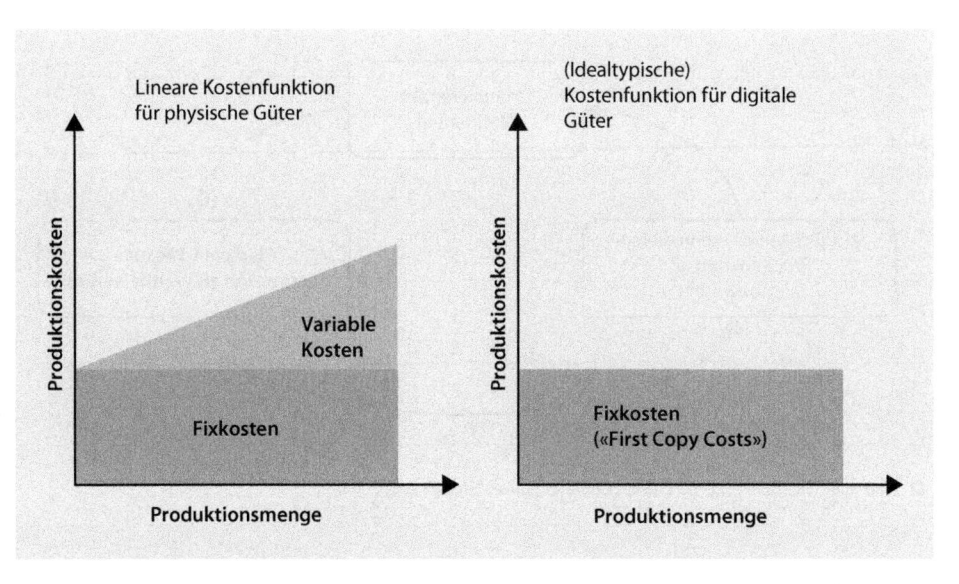

Abb. 6.5 Kostenfunktionen von physischen und digitalen Gütern. (Eigene Darstellung)

Externe Effekte

Externe Effekte äußern sich bei »unbeteiligten« Wirtschaftssubjekten durch Kosten als negative externe Effekte oder durch einen Nutzen als positive externe Effekte, die durch die Produktion oder durch den Konsum von Gütern verursacht werden. (Aufbauend auf Piekenbrock und Hennig 2013)

Externe Effekte werden zudem als Netzwerkeffekte bezeichnet. Der Kreislaufprozess von positiven externen Effekten bezogen auf digitale Güter ist in ◘ Abb. 6.6 dargestellt.

Wenn ein Anbieter erst einmal einen dominierenden Marktanteil erreicht hat, sinken dessen Stückkosten bei steigendem Absatz schneller als die Stückkosten der Wettbewerber (Stelzer 2000). Als Konsequenz dieser Fixkostendegression hat der dominierende Marktteilnehmer die Möglichkeit, entweder bei gleichbleibendem Preis seine Gewinne zu erhöhen oder die Preise zu senken. Bei letzterer Option wird sich dabei der Kreislauf schließen und der schon dominierende Marktteilnehmer wird seinen Marktanteil weiter ausbauen, was wiederum zu sinkenden Stückkosten führt (Shapiro u. Varian 1999). Dieser Kreislauf positiver Feedback-Effekte führt dazu, dass dominierende Marktteilnehmer immer weiter in ihrer Marktstellung gestärkt werden, wohingegen unterlegene Marktteilnehmer immer weiter Anteile am Markt verlieren.

6.1.2.2 Preisgestaltung von digitalen Gütern

Der Preisgestaltung digitaler Güter kommt eine besondere Rolle zu. Einerseits verhindern ihre ökonomischen Eigenschaften, dass klassische Preismechanismen greifen. Anderseits sind gerade diese Eigenschaften mitverantwortlich für innovative Preisgestaltungsmodelle und damit auch Grundlage für neue Formen von Geschäftsmodellen. Zentral ist die Fixkostendominanz bei digitalen Gütern. Diese vor der ersten Kopie anfallenden Investitionskosten bedingen im Vergleich zu traditionellen Gütern eine längere Zeit bis zum Erreichen der Gewinnzone.

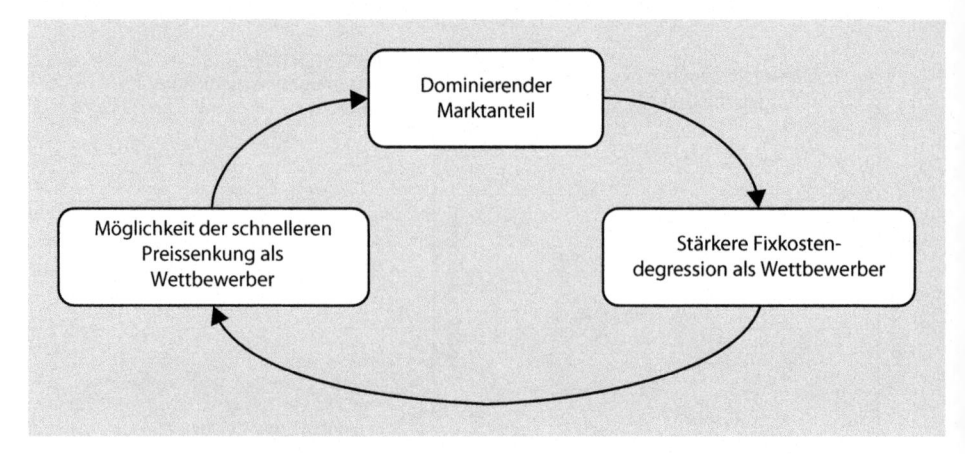

Abb. 6.6 Positive externe Effekte digitaler Güter. (Stelzer 2000)

Der Ertrag nach Erreichen der Gewinnzone steigt allerdings durch die bereits beschriebenen Skalen- und Feedback-Effekte überproportional an. Daher ist eine schnelle Verbreitung von digitalen Gütern notwendig, um eine hohe Marktpenetration zu erzielen und folglich schnell die Gewinnzone beziehungsweise sogar die Marktführerschaft zu erreichen. Grundsätzlich lassen sich die in ◘ Abb. 6.7 dargestellten Parameter von Preismodellen für digitale Güter beeinflussen.

- **Preisbildung**

Die Preisbildung für digitale Güter im Gegensatz zu physischen Produkten ist relativ schwierig, da eine kostenbasierte Preissetzung aufgrund gegen Null tendierender Grenzkosten keinen Sinn ergeben würde. Aus diesem Grund ist der nachfrage- und wettbewerbsorientierten Preissetzung eine wichtige Rolle beizumessen (Lehmann u. Buxmann 2009). Letztere Möglichkeit der Preissetzung ist besonders wichtig im Kontext der positiven Externalitäten, da es durch einen geringeren Preis auf Märkten mit relativ homogenen digitalen Gütern möglich wird, Marktanteile auszubauen. Zudem lassen sich in der Internetökonomie nicht-interaktive und interaktive Preisbildungsverfahren unterscheiden. Üblich sind einseitige Preisbildungsverfahren, da beispielsweise Auktionen für digitale Güter mit Grenzkosten, die gegen null tendieren, ökonomisch wenig sinnvoll sind (Shapiro u. Varian 1999).

- **Zahlungsstrom**

Die Zahlungsströme, die durch den Verkauf eines digitalen Guts ausgelöst werden, können einmalig, wiederkehrend oder eine Kombination aus beidem sein (Kittlaus u. Clough 2009). Die klassische Einmalzahlung lässt sich z. B. beim Erwerb von Softwarelizenzen oder digitalisierten Musikstücken wiederfinden. Wiederkehrende Zahlungen hingegen lassen sich anhand der Frequenz und Dauer der Zahlungen ausgestalten (Lehmann u. Buxmann 2009), wie z. B. eine monatliche Zahlung für einen Zeitraum von zwei Jahren. Solche Preismodelle finden häufig Anwendung bei Software-as-a-Service-Lösungen, welche als eine Art Abonnementmodell durch die jeweiligen Anbieter vertrieben werden (Cusumano 2007). Hybride Modelle bieten sich beispielsweise an, wenn ein digitales Gut per Einmalzahlung angeboten wird und nebenher noch zusätzliche Dienstleistungen als Abonnement angeboten werden und somit wiederkehrende Erlöse generiert werden.

6.1 · Internetökonomie und digitale Güter

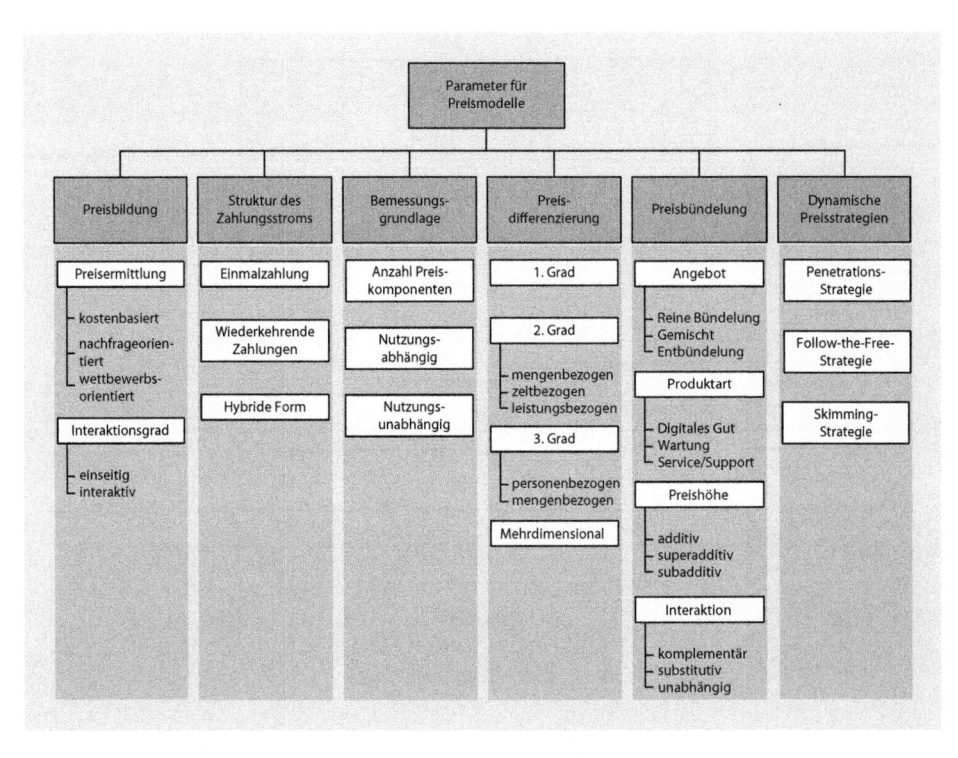

Abb. 6.7 Parameter für Preismodelle digitaler Güter. (Lehmann u. Buxmann 2009)

- **Bemessungsgrundlage**

Die Bemessungsgrundlage zur Preisbestimmung digitaler Güter kann sich danach richten, ob nutzungsabhängige oder nutzungsunabhängige Größen als Basis für die Preisbemessung genutzt werden. Zu nutzungsabhängigen Größen zählt beispielsweise die in Anspruch genommene Zeit eines digitalen Guts, z. B. bei einer Softwarelösung. Ein klassisches Beispiel für die Preisbemessung anhand einer nutzungsunabhängigen Größe ist die Kopplung einer Softwarelösung an eine bestimmte Anzahl von Nutzern, beispielsweise der Preis für eine Softwarelizenz für 200 Nutzer in einem Unternehmen. Für letztere Bemessungsgrundlage spricht zudem, dass Nutzer oftmals bereit sind, mehr für eine unbegrenzte Nutzung zu zahlen (Sundararajan 2004), wobei sich viele Nutzer in ihrem Nutzungsverhalten verschätzen. Dieser Effekt wird als Flatrate-Bias bezeichnet (Lambrecht u. Skiera 2006). Neben der klassischen Überschätzung des tatsächlichen Nutzungsverhaltens spricht aus Konsumentensicht für einen nutzungsunabhängigen Preis der Sicherheitseffekt, welcher für den Konsumenten die Sicherheit bietet, dass eine Rechnung nicht unvorhergesehen ausfällt. Schließlich verhindern nutzungsunabhängige Bemessungsgrößen noch das Auftreten des sogenannten Taxi-Effekts. Dieser Effekt ist analog zu einer Fahrt in einem Taxi bezeichnet und beschreibt den negativen Zustand eines Konsumenten, wenn die Uhr des Taxameters bei jedem gefahren Kilometer ständig steigt. Dieser Effekt kann analog auf digitale Güter übertragen werden. In Konsequenz kann dieser Effekt durch eine nutzungsunabhängige Preisbemessungsgrundlage verhindert werden und die Nutzung von digitalen Gütern bereitet mehr Freude (Lambrecht u. Skiera 2006).

```
                    ┌─────────────────────┐
                    │   Nachfrageseitige  │
                    │    Selbstselektion  │
                    └─────────────────────┘
```

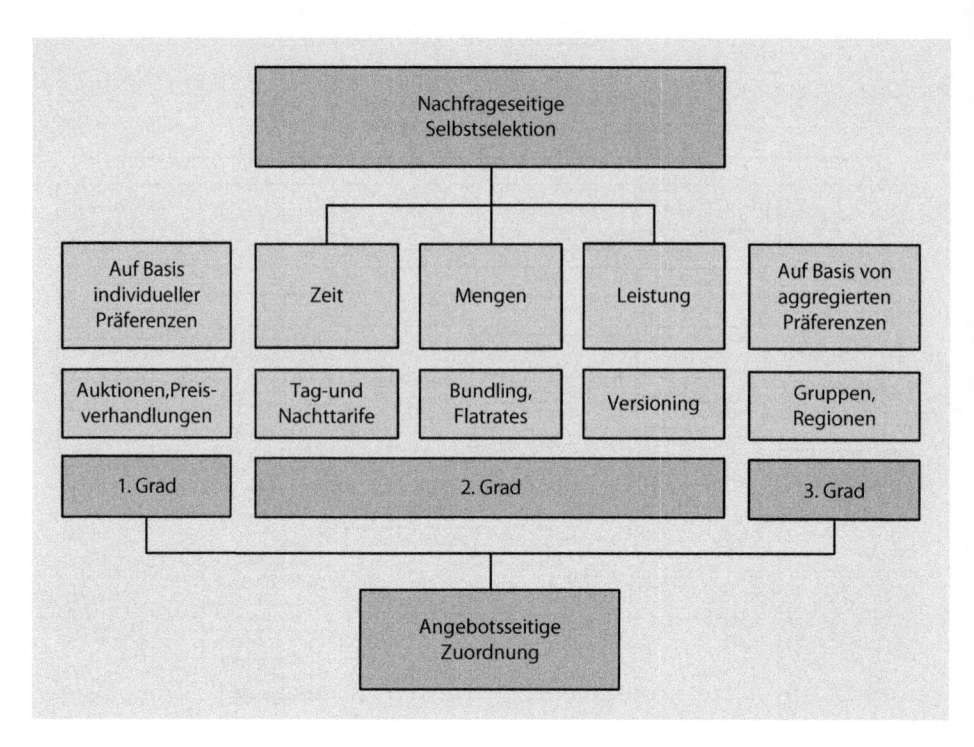

Abb. 6.8 Formen der Preisdifferenzierung. (Clement u. Schreiber 2013)

- **Preisdifferenzierung**

Ein wichtiges Instrument für die Preisbildung von digitalen Gütern ist die Preisdifferenzierung zur optimalen Abschöpfung der Konsumentenrente und zur Erzielung höherer Umsätze (Buxmann, Diefenbach et al. 2011). Gegenüber einem Preismodell mit Einheitspreis wird mit der Strategie der Preisdifferenzierung versucht, Teilmärkte mit einem unterschiedlichen Nachfrageverhalten zu bilden, um auf die segmentspezifischen Preisvorstellungen einzugehen, welche in der Praxis aus dem individuellen Nutzen eines Guts abgeleitet werden. Für digitale Güter ist diese Strategie besonders relevant, da die gegen Null tendierenden Grenzkosten eines digitalen Guts den Verkauf an Kundensegmente mit geringerer Zahlungsbereitschaft ermöglichen und die einfache Veränderbarkeit das Anbieten verschiedenster Varianten eines Produkts begünstigt (Lehmann u. Buxmann 2009). Nach Pigou (1920) werden drei Formen der Preisdifferenzierung unterschieden, welche in ◘ Abb. 6.8 dargestellt sind.

Die Preisdifferenzierung ersten Grades als »perfekte« Variante der Preisdifferenzierung beruht auf der Grundannahme, dass jeder Kunde auf Basis seiner individuellen Präferenzen von einem Anbieter ein Preisangebot erhält, welches der maximalen Preisbereitschaft entspricht, dem Reservationspreis (Clement u. Schreiber 2013). Dieses Prinzip findet sich z. B. im Bereich von Auktionen wieder.

Besondere Relevanz für digitale Güter hat die Preisdifferenzierung zweiten Grades (Linde 2008), welche durch eine Selbstselektion des Nachfragers zeit-, mengen- oder leistungsbezogen ausfallen kann (Clement u. Schreiber 2013).

Bei zeitbezogenen Aspekten spielt es beispielsweise eine Rolle, zu welchem Zeitpunkt jemandem ein digitales Gut zur Verfügung gestellt wird. Abseits des klassischen Beispiels von

Tages- und Nachttarifen ist bei digitalen Gütern die zeitliche Verzögerung ein oft genutzter Aspekt. So kann beispielsweise Premiumkunden ein digitales Gut wie ein Musikstück schon vor der offiziellen Veröffentlichung gegen ein zusätzliches Entgelt zur Verfügung gestellt werden, wobei alle anderen Kunden mit einer niedrigeren Zahlungsbereitschaft dieses Musikstück erst ab dem offiziellen Verkaufszeitpunkt abrufen können. Dieses Verfahren wird als Windowing bezeichnet, welches sich unter anderem in der Filmindustrie wiederfindet, wenn ein Film innerhalb verschiedener Erlösfenster vermarktet wird (Clement u. Schreiber 2013). Bei diesen Erlösfenstern kann es sich z. B. um das Kino, digitale Trägermedien und anschließend die Vermarktung im TV handeln.

Mengenbezogene Aspekte spielen eine Rolle, wenn große Mengen eines Guts abgenommen werden und somit von Großabnehmern andere Preise verlangt werden. Zusätzlich bietet sich aber auch die Flatrate als Option der mengenbezogenen Preisdifferenzierung an. Dieses System lässt sich z. B. bei Musik-Streaming-Diensten wie Spotify entdecken, welche gegen ein monatliches Entgelt eine Flatrate zum Abrufen von digitalen Musikstücken anbieten (Dörr, Wagner et al. 2013).

Leistungsbezogene Aspekte der Preisdifferenzierung lassen sich bei digitalen Gütern unter dem Begriff Versioning finden (Viswanathan u. Anandalingam 2005). Bedingt durch die leichte Veränderbarkeit von digitalen Gütern ist die Differenzierung verschiedener Leistungspakete sehr einfach möglich. Ein Beispiel für die leistungsbezogene Differenzierung eines digitalen Guts ist das Officepaket von Microsoft, welches in zahlreichen Versionen existiert, die sich an verschiedene Anwendergruppen mit unterschiedlichen Zahlungsbereitschaften richten.

Mit dem im vorherigen Abschnitt dargestellten leistungsbezogenen Aspekt ist die Preisdifferenzierung dritten Grades verbunden. Hier spielen such- und wechselkostenbezogene Aspekte, beispielsweise Bequemlichkeits- und Vertrauensaspekte der Preisdifferenzierung eine Rolle (Clement u. Schreiber 2013), welche außerhalb der direkten Einflussnahme durch den Anbieter eines digitalen Guts stehen und daher nicht weiter als Maßnahmen einer Preisdifferenzierung zweiten Grades berücksichtigt werden. Eng verbunden mit der leistungsbezogenen Preisdifferenzierung zweiten Grades ist die Preisdifferenzierung dritten Grades, welche aber nicht durch Selbstselektion erfolgt, sondern vom Anbieter vorgenommen wird. Diese kann sowohl personenabhängig, beispielsweise in Form von Angeboten für Studenten, als auch abhängig von der Region, z. B. durch günstigere Angebote für Entwicklungsländer, erfolgen.

- **Preisbündelung**

Eine Sonderform der Preisdifferenzierung ist die Preisbündelung, die eine Kombination von Teilleistungen zu einem gemeinsamen Angebot darstellt, das zu einem Gesamtpreis angeboten wird (Diller 2008). Ziel der Preisbündelung ist in erster Linie eine vereinfachte Preisdifferenzierung (Viswanathan u. Anandalingam 2005), da die Ermittlung der Zahlungsbereitschaft für ein Bündel-Produkte einfacher ist als die Ermittlung der Zahlungsbereitschaft für viele Einzelprodukte (Lehmann u. Buxmann 2009). Vorteile der Bündelung von Produkten ergeben sich durch die Prinzipien der Internetökonomie, da eine Bündelung den jeweilgen Marktanteil der beteiligten Produkte unweigerlich steigert und somit den Kreislauf positiver Externalitäten in Gang bringt. Die Angebote unterscheiden sich danach, ob die Produkte nur im Bündel, sowohl einzeln als auch im Bündel oder nur einzeln angeboten werden. Diese drei Formen werden als reine Bündelung, gemischte Bündelung und Entbündelung bezeichnet und haben direkte Effekte auf die Preisbildung. Produktbündel können aus den digitalen

Gütern und zusätzlichen Services bestehen, wie z. B. Wartungsverträgen. Zu beachten ist allerdings, dass in solchen Fällen bestimmte Merkmale von digitalen Gütern nicht mehr gelten, da personenbezogene Dienstleistungen andere Kostenstrukturen aufweisen, was wiederum preislich berücksichtigt werden muss. Der Konsument erwartet üblicherweise, dass die Preishöhe eines Produktbündels subadditiv ist, also geringer als die Summe der Einzelpreise der in einem Bündel enthaltenen Produkte (Günther, Tamm et al. 2007). Andere Formen der Erwartungshaltung sind zudem, dass die Preishöhe eines Bündels der Preishöhe der Einzelgüter entspricht oder dass das Bündel teurer ist als die Summe der Einzelgüter (superadditiv). Zuletzt lassen sich die am Bündel beteiligten Güter hinsichtlich ihrer Interaktion untereinander unterscheiden, welche komplementär, substitutiv oder auch unabhängig voneinander sein können.

- **Dynamische Preisstrategien**

Die dynamischen Strategien der Preissetzung zielen darauf ab, über einen gewissen Zeitraum hinweg einen Effekt zu erzielen, und sind somit langfristig ausgerichtet und nicht auf kurzfristige Gewinn- und Umsatzmaximierung. Zu diesen Strategien zählen die Penetrationsstrategie, die Follow-the-Free-Strategie und die Skimming-Strategie (Buxmann, Diefenbach et al. 2011).

Die Penetrationsstrategie sieht vor, ein digitales Gut zur Einführung zu einem besonders niedrigen Preis anzubieten. Hintergrund sind die Merkmale digitaler Güter und die damit induzierte Wirkung von positiven Externalitäten in Form von Erhöhung des Marktanteils, Skalen- und Lock-in-Effekten. Letzteres wird als der Effekt der Konsumentenbindung an einen bestimmten Anbieter bezeichnet. Dies alles kann Einsteigern auf einem Markt helfen, eine kritische Größe und ein hohes Maß an Marktdurchdringung zu erreichen, auch wenn die Preise unter den Grenzkosten liegen (Clements 2004). In den Folgeperioden sollten aber bedingt durch die Fixkostendegression die Kosten sinken. Zusätzlich ist es natürlich auch möglich, die Preise zu erhöhen, wenn eine gewisse Marktmacht erreicht ist.

Ein für die Internetökonomie typischer Weg ist das sogenannte »Verschenken« als dynamische Preisstrategie, was eine schnelle Verbreitung sicherstellt. Dies wird unter anderem unter dem Begriff Follow-the-Free und Freeconomics diskutiert (Anderson 2009). In diesem Fall subventionieren wenige zahlende Kunden eine große Anzahl von Gratisnutzern. Ein Beispiel ist der Amazon Cloud Player, welcher die Synchronisation von 250 importierten Musikstücken über mehre Endgeräte kostenlos erlaubt. Wenn ein Nutzer mehr als diese 250 Musikstücke synchronisieren möchte, ist dies mit einem monatlichen Abonnement verbunden. Abseits dieses plakativen Verschenkens von digitalen Gütern hat sich aber eine Vielzahl von Geschäftsmodellen zur Erlösgenerierung etabliert, welche hybride Ansätze nutzen. Zu diesen gehören beispielsweise klassische Werbemodelle, aber auch sogenannte Freemium-Modelle (Clement u. Schreiber 2013). Letztere zeichnen sich dadurch aus, dass ein Basisangebot kostenlos angeboten wird und Zusatzangebote jeder Art zusätzlich bezahlt werden müssen (Lyons, Messinger et al. 2012). Dieses Prinzip findet sich beispielsweise bei mobilen Applikationen wieder, welche zwar grundsätzlich kostenlos angeboten werden, aber durch In-App-Käufe weitere Angebote kostenpflichtig bereitstellen.

Die Skimmingstrategie setzt anders als die Penetrationsstrategie bei hohen Preisen zur Markteinführung an, um die Heterogenität der Reservationspreise einzelner Konsumentensegmente auszunutzen (Buxmann, Diefenbach et al. 2011). Dieses Prinzip findet sich beispielsweise in der Computerspieleindustrie mit heterogenen Kundensegmenten. Anfangs werden Computerspiele zu einem hohen Einführungspreis für die Kundengruppe angeboten und im Zeitablauf stark reduziert. Schließlich wird der Punkt erreicht, wo diese Computerspiele z. B. in Zeitschriften kostenlos beigelegt werden.

6.1.3 Netzwerkgüter

Kennzeichnend für die Internetökonomie ist, dass nicht die Betrachtung einzelner Güter im Fokus steht, sondern die Betrachtung eines ganzen Systems von Gütern. Die gegenwärtige und künftige Verbreitung dieser Systeme hat einen großen Anteil an dem vom Konsumenten empfundenen Nutzen eines Guts. Dieses System zur Nutzenerzeugung wird als eine Art Netzwerk beschrieben. Im Folgenden werden die Besonderheiten von Netzwerkeffekten und Netzwerkgütern erläutert. Darauf aufbauend wird auf die Rolle der Standardisierung von digitalen Gütern eingegangen und wie dies Wechselkosten und Lock-in-Effekte induziert.

6.1.3.1 Netzwerkeffekte

Grundlage für viele Aktivitäten in der Internetökonomie ist das Vorliegen von Netzwerkeffekten. Diese werden im Folgenden definiert als ein Nutzen, welcher von der Anzahl der Nutzer in einem Netzwerk abhängt (Katz u. Shapiro 1985). Wenn man diese Netzwerke und deren Effekte analysiert, können direkte und indirekte Netzwerkeffekte sowie Netzwerkexternalitäten unterschieden werden.

- **Direkte Netzwerkeffekte**

Direkte Netzwerkeffekte sind grundlegend auf Mitläufereffekte zurückzuführen und basieren auf technologischen Grundlagen im Netzwerk. Diese stellen sicher, dass eine Vergrößerung des Netzwerks durch einen neuen Nutzer für alle anderen Nutzer des Netzwerks einen gewissen Nutzen stiftet. Dies ist beispielsweise der Fall, wenn der Wert eines Telefons als Netzwerkgut für einen Nutzer höher wird, da sich die gesamte Anzahl der angeschlossenen Telefone im Netzwerk erhöht hat. Mit diesem Effekt hängt auch eine Standardisierung zusammen, auf welche nachfolgend eingegangen wird. Wenn diese Nutzenzuwächse nicht oder nur teilweise durch eine ökonomische Gegenleistung abgegolten werden, spricht man von positiven Netzwerkexternalitäten. Hier ist es auch möglich, dass durch die Vergrößerung eines Netzwerks negative Externalitäten entstehen können, beispielsweise wenn ein Netzwerk wie das Internet durch eine zu hohe Anzahl von Nutzern überlastet ist (Linde u. Stock 2011).

- **Indirekte Netzwerkeffekte**

Die indirekten Netzwerkeffekte entstehen hingegen nicht durch das Produkt als solches, sondern durch die darauf basierenden Anwendungen bzw. komplementären Güter und Dienstleistungen. Das heißt, die Verbreitung eines Betriebssystems führt zu einer höheren Anzahl an kompatiblen Anwendungssystemen. Letzteres Angebot erhöht auf indirektem Wege wiederum den Wert des Betriebssystems (Buxmann, Diefenbach et al. 2011). Diese indirekten Netzwerkeffekte lassen sich überall in der Internetökonomie finden. Bezogen auf ein Unternehmen wie Amazon gehen die Effekte von der Entscheidung verschiedener Kunden des gleichen Anbieters aus. Diese Netzwerkeffekte lassen sich beispielsweise durch die Konsumenteninteraktion bei der Erstellung von Produktrezensionen oder durch Auswertung des Kaufverhaltens beobachten (Hasfeld 2005). Beide Aktivitäten erhöhen den Nutzen für Kunden von Amazon, da der Wert des Angebots durch viele positive Produktrezensionen oder passende Kaufempfehlungen wächst.

Beiden Effektformen liegt aber ein für die Internetökonomie üblicher Kreislauf positiver Feedbackeffekte zugrunde. Diese sind in ◘ Abb. 6.9 zusammenfassend dargestellt.

Beschreiben lassen sich die Netzwerkeffekte in einem einfachen Modell. Hierbei wird zusätzlich noch differenziert, ob ein Basisnutzen oder ein Netzwerkeffektnutzen vorliegt (Buxmann, Diefenbach et al. 2011). Der Basisnutzen wird unabhängig von anderen Nutzern in einem Netzwerk erreicht und resultiert aus den angebotenen Funktionalitäten oder dem Angebot.

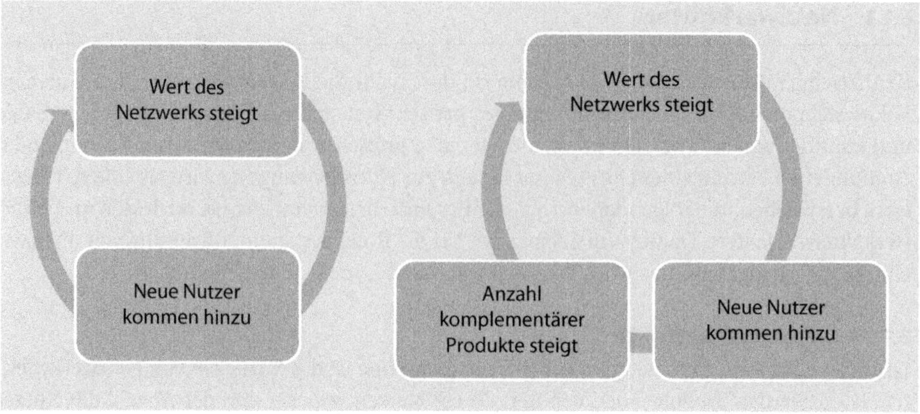

Abb. 6.9 Kreislauf positiver Feedbackeffekte. (Bansler u. Havn 2004)

Dies lässt sich anhand der E-Commerce-Plattform Amazon illustrieren. Auch wenn keine anderen Nutzer Amazon nutzen würden, würde durch das Angebot von Amazon ein Basisnutzen vorhanden sein. Durch die Aktivitäten anderer Nutzer wird zusätzlich ein Netzwerkeffektnutzen gestiftet, womit anderen Nutzern beispielsweise die Entscheidung für bestimmte Produkte abgenommen wird und somit der Gesamtnutzen der Plattform Amazon für die Nutzer steigt. Allerdings sind auch Angebote denkbar, welche keinen Basisnutzen stiften und damit ohne einen Netzwerknutzen quasi nutzlos sind. Eine Auktionsplattform wie eBay wäre damit quasi ohne Nutzen, wenn keine Kunden Angebote anbieten würden und keine Kunden auf Angebote bieten. Um den Netzwerkeffekt zu berechnen, wird der Faktor Q eingeführt, welcher durch c als Netzwerkeffektnutzen und b als Basisnutzen in nachfolgender Formel beschrieben wird:

$$Q = \frac{c}{c+b}$$

Q kann Werte zwischen Null und Eins annehmen und sagt aus, welche Rolle Netzwerkeffekte in Relation zum Basisnutzen eines Netzwerkguts spielen (Abb. 6.10). Bei Netzwerkgütern mit einem gewissen Basisnutzen liegt dieser Wert zwischen Null und Eins, wohingegen der Wert bei Netzwerkgütern ohne einen Basisnutzen bei genau Eins liegt, denn der Netzwerkeffekt wird in diesem Fall nur vom Netzwerkeffektnutzen bestimmt. Als Messgrößen für Netzwerkeffektnutzen und Basisnutzen können sich beispielsweise Marktpreise eignen.

Zu beachten ist, dass bei Gütern, die ihren Nutzen vorwiegend aus dem Netzwerkeffektnutzen ziehen, eine gewisse Nutzerbasis vorhanden sein muss, um diese Netzwerkeffekte auch praktisch zu generieren (Buxmann, Diefenbach et al. 2011). Wie dieser Wert sich durch das Hinzukommen von neuen Nutzern berechnen lässt, wird durch die Form der zu analysierenden Netzwerke und der entsprechenden Gesetzmäßigkeiten beschrieben. Unterschieden werden die in Abb. 6.11 dargestellten Formen von Netzwerken, wobei N als die Anzahl der Nutzer im Netzwerk definiert ist.

- **One-to-many-Netzwerke**

Gemäß dem Gesetz von Sarnoff wird in einem One-to-many-Netzwerk eine Beziehung 1:N beschrieben. Klassischerweise lässt sich diese Art der Beziehung in Massenmedien wie dem Fernsehen wiederfinden. Der Wert eines solchen Netzwerks steigt proportional zur Nutzeranzahl.

6.1 · Internetökonomie und digitale Güter

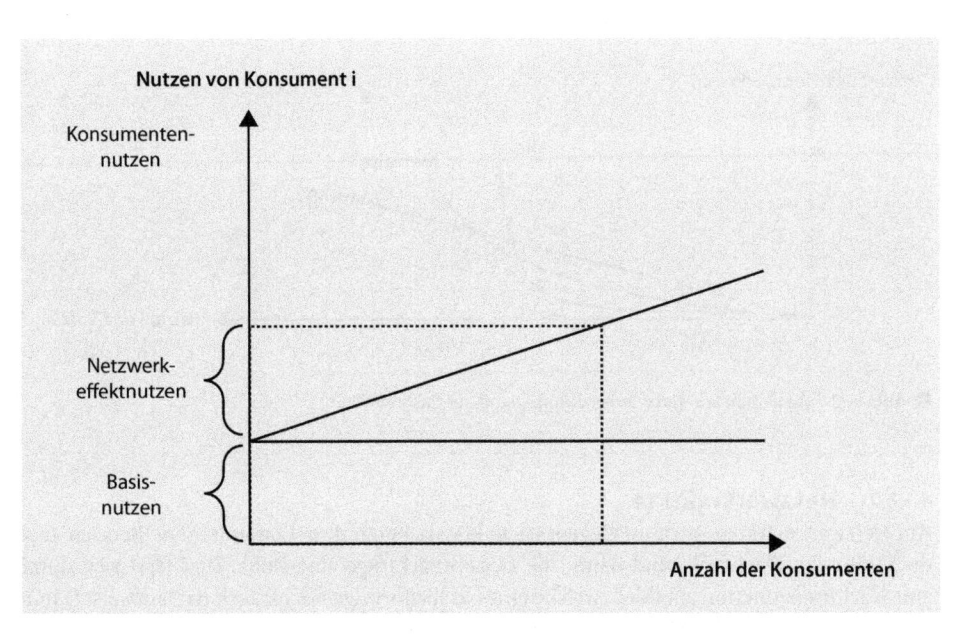

Abb. 6.10 Der Zusammenhang von Netzwerkeffektnutzen und Basisnutzen. (Buxmann, Diefenbach et al. 2011)

One-to-many-Netzwerk (Gesetz von Sarnoff) Wert = N

Many-to-many-Netzwerk (Gesetz von Metcalfe) Wert = N * (N - 1)

Many-to-many-Netzwerk (Gesetz von Reed) Wert = $2^N - N - 1$

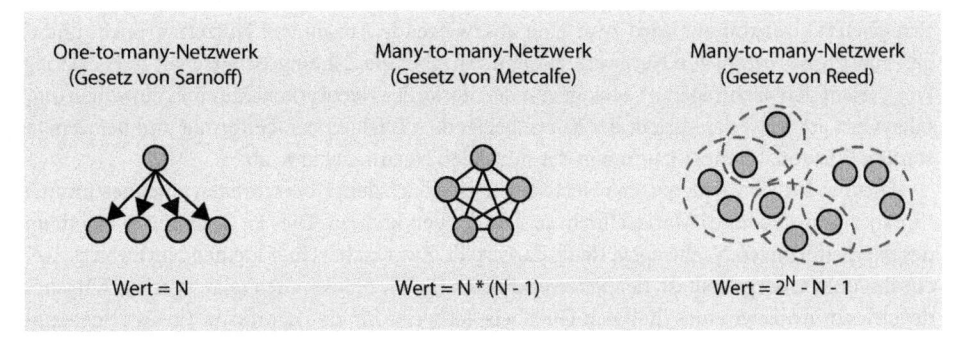

Abb. 6.11 Netzwerkformen. (Clement u. Schreiber 2013)

- **Many-to-many-Netzwerke**

Beim zweiten Typ von Netzwerken wird wiederum zwischen Kommunikations- und Gruppennetzwerken unterschieden. Gemäß dem Gesetz von Metcalfe gilt, dass in einem Kommunikationsnetzwerk jeder Teilnehmer mit jedem anderen kommunizieren kann und somit der Durchschnittsnutzen bei gleichzeitiger Zunahme der Teilnehmer wächst (Metcalfe 1995). Bei Gruppennetzwerken wird hingegen unterstellt, dass jeder Teilnehmer eines Netzwerks mit einem anderen Nutzern beziehungsweise einer Gruppe von Nutzern eine gemeinsame Gruppe bilden kann. Dies lässt sich durch das Gesetz von Reed beschreiben (Reed 1999), welches unter anderem in sozialen Netzwerken eine Rolle spielt.

Zusammengefasst sind die Wertverläufe von Netzwerken in Abhängigkeit von der Anzahl der Nutzer eines Netzwerks in ◘ Abb. 6.12.

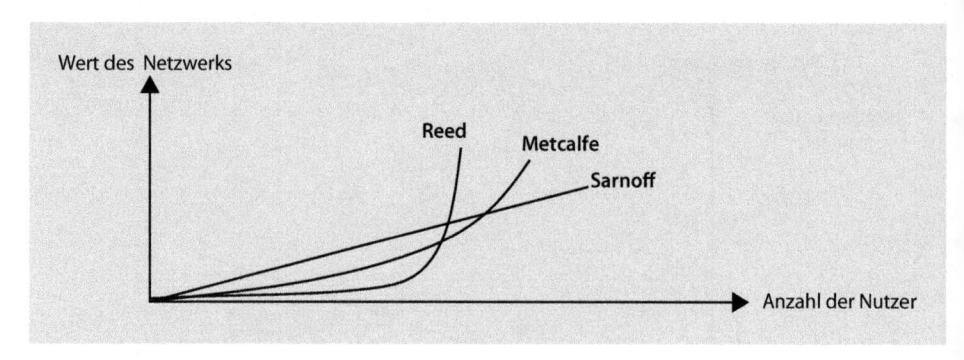

Abb. 6.12 Wachstum von Netzwerken. (Aufbauend auf Cushman 2010)

6.1.3.2 Netzwerkmärkte

Auf Netzwerkmärkten spielt im Gegensatz zu klassischen mikroökonomischen Theorien auch die Größe des Netzwerks und damit die Gesamtnachfrage eine Rolle. Dies lässt sich durch eine Nachfragefunktion abbilden, welche eine parabelförmige Nachfragekurve aufweist (Linde 2005). Dies ist in der nachfolgenden Abbildung dargestellt.

Wie aus **Abb. 6.13** zu entnehmen ist, bleibt die Zahlungsbereitschaft sehr gering, wenn nur ein kleiner Anteil von Nutzern erreicht werden kann, da dementsprechend auch die Netzwerkeffekte und der daraus entstehende Nutzen gering sind. Wenn nun die Nutzerzahl steigt, wird auch gleichzeitig die Zahlungsbereitschaft bis zu einem gewissen Maximum steigen. Nach Erreichen des Maximums wird zwar eine überwiegende Anzahl von Nutzern erreicht und es gibt eine große Anzahl von Netzwerkteilnehmern, aber die Zahlungsbereitschaft ist rückläufig. Der Verlauf der Nachfragekurve hängt von der Stärke der Netzwerkeffekte eines einzelnen digitalen Guts ab. So ist der Verlauf der Kurve bei starken Effekten parabelförmig und bei weniger starken Effekten weicht er kaum von der normalen Nachfragekurve ab.

Dies hat zur Konsequenz, dass Netzwerkmärkte nach dem Überschreiten eines bestimmten Punkts zugunsten eines Marktteilnehmers umkippen können. Dies ist in **Abb. 6.14** anhand des parabelförmigen Nachfrageverlaufs dargestellt. Zwar ist bei einer kleinen Nutzerbasis, welche in Punkt C dargestellt ist, der Netzwerknutzen für alle Nutzer noch relativ gering. Entscheidet sich ein Anbieter eines digitalen Guts beispielsweise für eine aggressive Preisstrategie und schafft, die kritische Masse von Nutzern zu erreichen, welche in Punkt A dargestellt ist, wird ein Umkippen des Markts hin zum Punkt B angestoßen. Dieser Punkt kann gleichzeitig als Gleichgewichtszustand beschrieben werden und hat zur Folge, dass ein Anbieter Marktführer ist und diese Position weiter behält.

Beispiel: Netzwerkmärkte eBay und Yahoo
Im Bereich der Online-Auktionsplattformen hat eBay seit Beginn einen sehr hohen Marktanteil, welcher von 80% in 1998 auf bis zu 99% in 2008 angestiegen ist (Haucap u. Heimeshoff 2013). Dies bekräftigt die Theorie, dass es auf Netzwerkmärkten oftmals nur einen Gewinner geben kann. Da passt es gleichermaßen, dass eBay sich beispielsweise 2002 aus dem japanischen Markt zurückzog und Yahoo das Feld der Auktionsplattform dort überließ, wohingegen Yahoo sich bereiterklärte, Auktionsportale in Europa, unter anderem auch in Deutschland, zu schließen (Haucap u. Heimeshoff 2013).

6.1 · Internetökonomie und digitale Güter

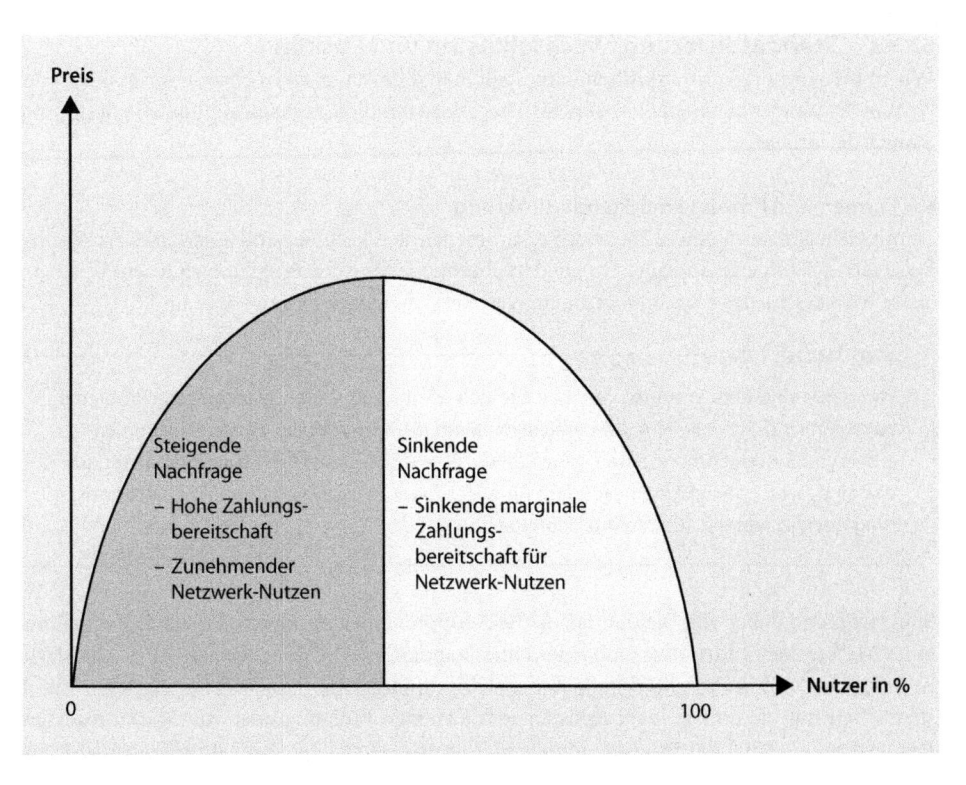

Abb. 6.13 Nachfragefunktion auf Netzwerkmärkten. (Eigene Darstellung)

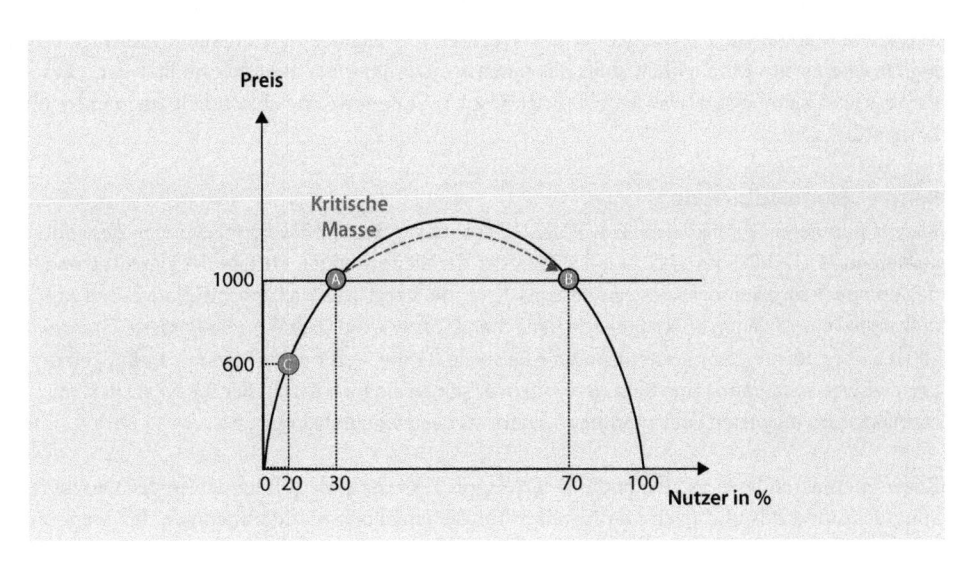

Abb. 6.14 Gleichgewicht auf Netzwerkmärkten. (Aufbauend auf Linde 2005)

6.1.3.3 Standardisierung, Wechselkosten und Lock-in

Wie in den vorherigen Abschnitten dargestellt, hängt der Wert eines Netzwerks stark von der Anzahl der Nutzer in einem Netzwerk ab. Diese wird deutlich davon beeinflusst, ob bestimmte Standards vorliegen.

- **Formen und Prozesse der Standardisierung**

Damit viele Nutzer in einem Netzwerk zusammenwirken können, sind Standardisierungsprozesse eine wichtige Grundlage, um wiederkehrende technische Probleme zu lösen, beispielsweise wie verschiedene Systeme in einem Netzwerk zueinander kompatibel sind.

> **Standardisierung**
>
> Standards sind Konventionen darüber, wie sich wiederholt stellende technische Probleme zu regeln sind. Sie sollen im IuK-Bereich vor allem die Kompatibilität in der Zusammenarbeit von Systemkomponenten sicherstellen. Eine Norm stellt einen speziellen Standard dar, an dessen Entwicklung besondere Anforderungen hinsichtlich Konsens und Autorisierung gestellt werden. (Clement u. Schreiber 2013)

Standards sind daher von Bedeutung, da die Adoption eines Standards durch alle Teilnehmer eines Markts dazu führt, dass Anhänger eines Standards als alleinige Sieger aus einem Markt hervorgehen und andere Marktteilnehmer völlig untergehen. Standardisierung kann durch staatliche Eingriffe erfolgen, auf Basis einer freiwilligen Einigung oder von Marktprozessen. Bezogen auf eine Standardisierung mittels Marktprozessen ist der sogenannte Standard-Krieg anzusprechen (siehe hierzu im Folgenden Stango 2004). Diese Standardisierungsprozesse verlaufen nicht kooperativ, sondern im Wettbewerb. Entstehen können solche Standard-Kriege, indem eine neue Technologie auf einen Markt kommt, welche völlig inkompatibel mit einer alten Technologie ist. Hierzu gehört der Wechsel von analogen zu digitalen Musiktechnologien. Die zweite Möglichkeit stellt das bewusste Design einer Inkompatibilität dar. Dieser Prozess lässt sich beispielsweise bei Spielekonsolen finden, welche absichtlich zueinander inkompatibel sind.

Beispiel: Standardisierung

Abseits populärer Technikbeispiele wie der Durchsetzung des Blu-Ray-Formats gegen das konkurrierende HD-DVD-Format (Toshiba 2008) oder dem langwierigen Prozess der Durchsetzung des Compact-Disc-Standard gegen ältere existierende Standards wie Langspielplatten und Audiokassetten und gegen aufkommende neue Standards wie die Digital-Audio-Cassette (Stango 2004) gibt es auch in der Internetökonomie Beispiele für die Setzung von Standards. eBay setzte beispielsweise Standards zum Bezahlen, indem es seinen eigenen Bezahldienst PayPal am Markt etablierte und mit vielen Erleichterungen einen Netzwerknutzen schaffte.

Zusammenfassen lassen sich Standardisierungsprozesse nach dem Interesse an der Durchsetzung des Standards und nach den Anreizen für die einzelnen Marktteilnehmer, den Standard auch wirklich durchzusetzen. ◘ Abb. 6.15 stellt dies dar.

- **Arten von Standards**

Standards zeichnen sich durch zwei Charakteristika aus (siehe im Folgenden Stango 2004): Es kann sich um einen von Herstellern unterstützten oder nicht unterstützten Standard sowie um einen offenen, de-facto-Standard oder einen vom Gesetzgeber vorgegebenen, de-jure-

		Anreize zur Standarddurchsetzung	
		Gering	Hoch
Interesse an der Standard-durchsetzung	Gering	(1) Öffentliches Gut: Durchsetzung der Standardisierung staatlich	(2) Reine Koordination: Kooperative Standardisierung
	Hoch	(3) Privates Gut: Standardisierung unwahrscheinlich	(4) Konflikt: Marktliche Standardisierung, ggf. Standard-Krieg

Abb. 6.15 Durchsetzung von Standards. (Aufbauend auf Besen u. Saloner 1989)

Standard handeln. Von Herstellern unterstützte Standards zeichnen sich dadurch aus, dass diese nur durch die Rechteinhaber des Standards und gegebenenfalls noch durch andere, lizenzierte Marktteilnehmer genutzt werden können. Nicht unterstützte Standards hingegen können von jedem genutzt werden. Bei ungeförderten Standards entscheidet die Marktseite über die Adoption eines Standards. Durch Unternehmen geförderte Standards hängen allerdings nicht nur von der Nachfragerseite ab, sondern auch von dem strategischen Verhalten der jeweiligen Firmen. Verschiedene Mechanismen können die Verbreitung von Netzwerkgütern wie einem Standard fördern, beispielsweise aggressive Preisstrategien. Die andere Differenzierung betrifft die De-facto- und De-jure-Standards. De-facto-Standards erlangen oftmals die Marktdurchdringung durch Marktprozesse und sind durch Unternehmen unterstützt. De-jure-Standards hingegen werden durch einen Konsens der Industrie und gegebenenfalls durch den Gesetzgeber erreicht. Dieser Konsens kann informell, durch einen Industriestandard oder durch eine Standardsetzungs-Organisation erlangt werden. De-jure-Standards sind quasi nie durch Unternehmen unterstützt, falls aber ein von Unternehmen unterstützter Standard de-jure ratifiziert werden soll, ist es meist die Bedingung, dass alle Rechte des Rechteinhabers abgetreten werden müssen. Dies heißt aber nicht, dass sich jeweils auch bessere Technologien und dementsprechende Standards durchsetzen. Dies wird als excess momentum bezeichnet (Stango 2004).

- **Konsequenzen von Standards**

Wenn sich Standards durchsetzen, sind die Nutzer eines Standards quasi »eingeschlossen«, was unter dem Begriff des Lock-in beschrieben wird. Dieser Effekt liegt aber nicht nur bei der Durchsetzung von Standards vor, sondern immer, wenn Nutzer in irgendeiner Art an ein digitales Gut gebunden sind; man spricht dabei von einer Art Systemintegration. Nutzer sind jedoch oftmals in der Lage, sich aus dieser Situation der Gebundenheit und des Lock-in zu lösen, indem sie beispielsweise von PCs mit Windows-Betriebssystem zu einem Apple mit Mac OS X wechseln. Gegen einen Wechsel sprechen aber Transaktionskosten, zu denen zum einen Kosten für die getätigten Investitionen in das alte Produkt gehören, die sogenannten versunkenen Kosten. Zum anderen kommen Kosten hinzu, welche erst bei einem Wechsel zu einem neuen Produkt anfallen, beispielsweise die Überwindung alter Gewohnheiten, Lernaufwand,

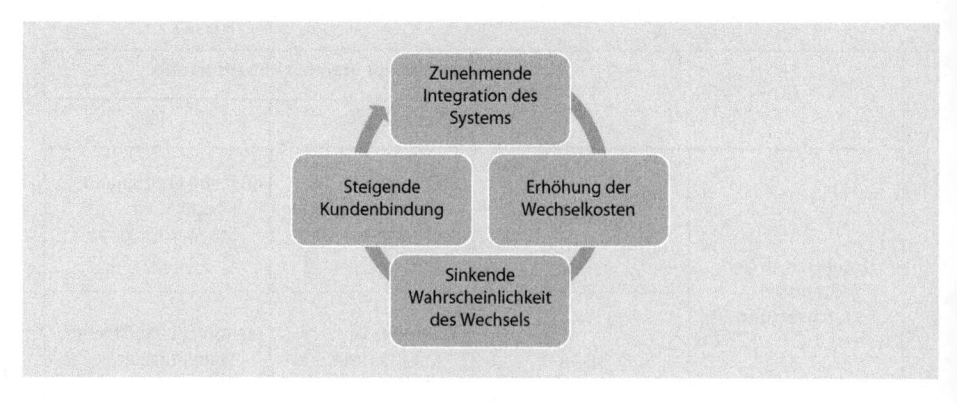

Abb. 6.16 Kreislauf von Lock-in Effekten. (Stelzer 2000)

Kompatibilitätsprobleme und die eigentlichen Kosten, die für einen Wechsel anfallen (Clement u. Schreiber 2013).

Konsequenz dieser Wechselkosten ist der bereits oben beschriebene Lock-in-Effekt. Dieser impliziert dementsprechend auch, dass Nutzer sich aufgrund hoher Wechselkosten unter Umständen nicht für ein überlegenes neues Produkt entscheiden, sondern sich weiterhin an »ihr« gewohntes System binden. Diese Entscheidung hängt dabei von der Höhe der Wechselkosten im Einzelfall ab. Das heißt, dass ein neues System auf der Nutzenseite die entstehenden Wechselkosten kompensieren muss. Dieser Kreislauf ist in **Abb. 6.16** zusammenfassend dargestellt.

6.1.4 Elektronische Märkte

Kennzeichnend für die Internetökonomie sind elektronische Märkte, welche einen vielfältigen Mehrwert aufweisen und die Wertschöpfungsprozesse stark beeinflussen. Einführend wird auf die elektronischen Märkte eingegangen und anschließend werden die Merkmale elektronischer Märkte vertieft und die Bewertungskriterien für elektronische Märkte dargestellt. Definiert sind elektronische Märkte wie folgt:

> **Elektronische Märkte**
>
> Elektronische Märkte sind Plattformen im Internet, auf denen elektronischer Handel zwischen verschiedenen Akteuren betrieben wird. Einen elektronischen Marktplatz kann man somit als Austauschplattform für Güter und Leistungen verstehen. (Polzin u. Lindemanne 1999)

Um elektronische Märkte zu verstehen, ist es notwendig, deren Strukturen zu kennen. Dabei wird die Struktur eines elektronischen Markts durch die dort bestehenden Interaktionsmuster, die jeweiligen Akteure und deren Aktivitäten sowie die zugehörigen Anwendungen beschrieben. Die einzelnen Ausprägungen der Struktur sind in **Abb. 6.17** illustriert.

Die verschiedenen Akteure bilden mittels ihrer Interaktionen auf elektronischen Märkten bestimmte Muster, welche ausgehend von den jeweiligen Akteuren neun verschiedene Ausprägungen annehmen können. Als Akteure werden Unternehmen, B: Business, Haushalte,

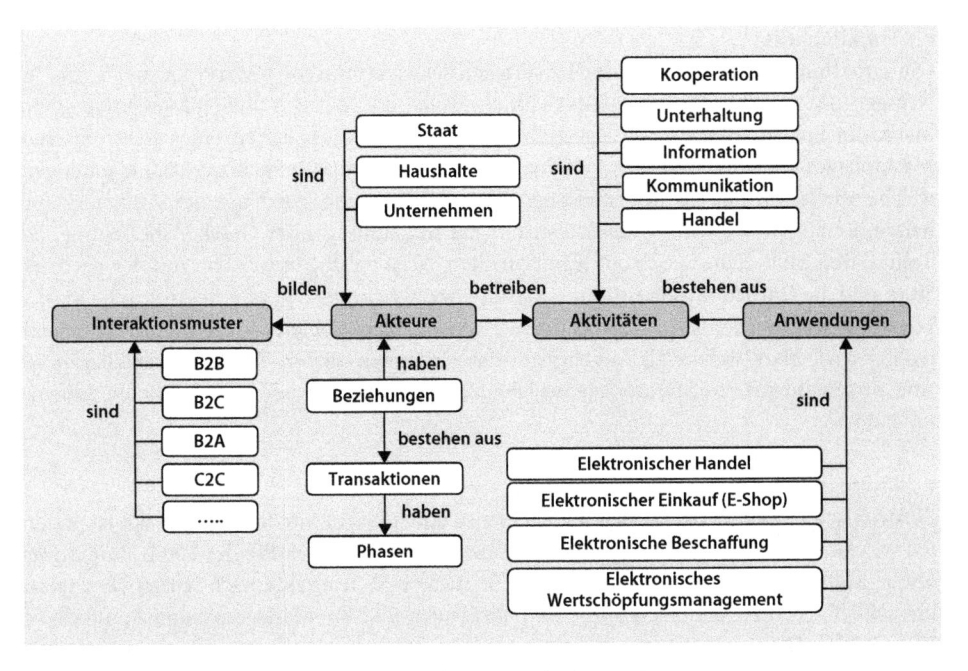

Abb. 6.17 Strukturen elektronischer Märkte. (Clement u. Schreiber 2013)

C: Consumer, oder staatliche Institutionen, A: Administration, betrachtet, welche alle untereinander interagieren können. Bei der Interaktion kann der Fokus auf Handel, Information, Kommunikation oder Kooperation im Rahmen des Wertschöpfungsprozesses liegen. Klassisches Beispiel ist Amazon als ein Businessakteur, welcher unter anderem Haushalten Produkte liefert und somit Handel in einer B2C-Beziehung betreibt.

6.1.4.1 Merkmale elektronischer Märkte

Da elektronische Märkte äußerst vielfältige Erscheinungsformen annehmen können und damit diverseste Ausrichtungen haben, ist es notwendig, diese anhand verschiedener Merkmale und deren Ausprägung zu beschreiben.

- **Marktteilnehmer**

Auf elektronischen Märkten können sich verschiedene Marktteilnehmer gegenüberstehen, üblicherweise beschrieben durch die bereits eingeführten Interaktionsmuster. Dabei können sich n Nachfrager und m Anbieter in einer n:m-Beziehung gegenüberstehen, wobei es auch möglich ist, dass sich nur ein Nachfrager sowie ein Anbieter in einer 1:1-Beziehung gegenüberstehen.

- **Güterabgrenzung**

Elektronische Märkte lassen sich anhand der gehandelten Güter in horizontale und vertikale Marktplätze unterscheiden (Otto, Witzig et al. 2000). Erste fokussieren bestimmte Kundensegmente und konzentrieren sich auf die Befriedigung der segmentspezifischen Bedürfnisse, welche ganzheitlich sind und damit die komplette Wertschöpfungskette der Nachfrager abdecken würden. Im Gegensatz dazu fokussieren sich horizontale Marktplätze nur auf eine spezielle Produktgruppe.

- **Funktionalität**

Die Funktionalität als Summe der Leistungen des elektronischen Marktplatzes für die jeweiligen Akteure differiert ebenfalls deutlich, wobei die Grenzen fließend verlaufen (siehe hierzu im Folgenden Otto, Witzig et al. 2000). Die Funktionalitäten eines elektronischen Marktplatzes reichen von reinen Informations- und Linksammlungen zu Produktkatalogen, welche wiederum nähere Informationen über das Leistungsspektrum des Anbieters enthalten. Beide Formen ermöglichen aber nur die Anbahnung einer Geschäftsbeziehung, die Transaktion muss daher noch auf traditionellem Wege vollzogen werden. Auf der nächsten Stufe sind die abwicklungsorientierten Marktplätze, welche als typische elektronische Marktplätze gesehen werden können, zu finden. Hierzu zählen Anbieter wie Amazon, aber auch Anbieter wie eBay, welche als Angebotsformat Auktionen nutzen. Am weitesten ausgeprägt sind prozessintegrierte Marktplätze, welche alle Geschäftsprozesse der beteiligten Akteure unterstützen.

- **Interessenorientierung**

Elektronische Marktplätze werden üblicherweise durch bestimmte Interessengruppen gestartet, welche den Fokus der Marktplätze bestimmen (Schwickert u. Pfeiffer 2004). Nachfrageseitige Marktplätze entstehen durch das Ziel, Such- und Transaktionskosten zu verringern, um schließlich Informationsasymmetrien abzubauen und die Markttransparenz zu fördern. Diese Marktplätze sind eher preisorientiert. In der Ausgestaltung kann dies ein preisvergleichender Marktplatz sein oder eine Bündelung der Nachfrage von verschiedenen Nachfragern, um einen geringeren Preis zu erzielen. Angebotsseitige Marktplätze hingegen haben das Ziel, ein Gegengewicht hierzu aufzubauen. Erreicht wird dieses Gegengewicht auf angebotsseitigen Marktplätzen durch informationsorientierte Marktplätze, welche die Produktdifferenzierung fördern. Zugleich können Anbieter auch den Mehrwert ihres Marktplatzes für sich abschöpfen. Damit verbunden sind auch neutrale Marktplätze wie eBay, welche als unabhängige Betreiber anderen Marktteilnehmern gegen eine gewisse Gebühr den Handel ermöglichen. Als Intermediäre haben diese eine Intermediationsfunktion, welche eine Kontakt-, Informations-, Beratungs-, Waren- und Mengenumgruppierungs-, Raum- und Zeitausgleichs- sowie Veredelungsfunktion erfüllen (Luxem 2000).

Beispiel: Amazons elektronischer Marktplatz

Amazon als elektronischer Marktplatz schöpft den eigenen Mehrwert ab, indem es allen Anbietern ermöglicht, auf ihrer eigenen Plattform Produkte anzubieten. Hierfür müssen die jeweiligen Anbieter eine Gebühr an Amazon entrichten, um von diesem Marktplatz zu profitieren. Amazon agiert dabei als angebotsseitiger elektronischer Markt. Durch die Plattform Amazon Marketplace ermöglicht Amazon ähnlich neutralen Marktplätzen das Angebot von vielen anderen Marktteilnehmern.

- **Zugangsbarrieren**

Es gibt offene und geschlossene elektronische Marktplätze. Offene elektronische Marktplätze sind allen Marktteilnehmern zugänglich. Geschlossene elektronische Marktplätze haben einen geschlossenen Nutzerkreis, beispielsweise Onlinekataloge, welche direkt an ein ERP-System einer bestimmten Organisation angeschlossen sind und somit nur den angeschlossenen Organisationen den Handel erlauben. Nicht zu verwechseln ist dies mit Zugangsbarrieren auf den elektronischen Märkten an sich, also beispielsweise die Etablierung eines Marktplatzes aufgrund technischer oder rechtlicher Restriktionen (Schwickert u. Pfeiffer 2004).

- **Preisbildung**

Ähnlich wie bei digitalen Gütern sind auch auf elektronischen Marktplätzen verschiedene Formen der Preisbildung möglich. Zum einen ist entscheidend, ob die Preisbildung statisch oder dynamisch ist, und zum anderen, durch wen diese beeinflusst wird. Beispielsweise ist auf einer Online-Auktionsplattform wie eBay die Preisbildung oftmals dynamisch. Dennoch finden sich hier auch Abweichungen oder Mischformen, da eBay es auch ermöglicht, Festpreisangebote oder Mindestpreisangebote mit Auktionen zu koppeln oder isoliert anzubieten.

- **Erlöse**

Die Generierung von Erlösen ist zentraler Bestandteil von Geschäftsmodellen auf elektronischen Märkten. Es kann unterschieden werden zwischen direkten und indirekten Erlösen (Zerdick, Picot et al. 2001). Direkte Erlöse umfassen die unmittelbaren Transaktionserlöse, beispielsweise aus dem Verkauf von Gütern. Indirekte Erlöse können zudem generiert werden, indem Nutzerdaten, die auf elektronischen Marktplätzen entstehen, analysiert und verkauft werden.

- **Leistungsangebot**

Auch wenn in der Definition elektronischer Märkte der Fokus auf den Handel zwischen verschiedenen Akteuren gelegt wurde, können die möglichen Leistungsangebote auf elektronischen Märkten abweichen. Hierzu gehören aufbauend auf die 4C-Business-Net-Typologie (Wirtz 2013) neben dem erwähnten Fokus auf dem Handel noch die Angebotsformen, welche sich auf Inhalte, die Klassifikation und Systematisierung von Inhalten sowie die Möglichkeit des Informationsaustausches beziehen. Diese Angebotsformen werden gemäß der Typologie als Commerce, Content, Context und Connection bezeichnet.

6.1.4.2 Beurteilung elektronischer Märkte

Informationsasymmetrien, Transaktionskosten und die Markttransparenz lassen sich als Kriterien heranziehen, um elektronische Märkte und deren Effizienz zu beurteilen.

- **Informationsasymmetrien**

> **Informationsasymmetrien**
>
> Informationsasymmetrien sind Situationen, in der die relative Verhandlungsstärke von zwei Parteien bei einer Transaktion dadurch bestimmt wird, dass eine Partei mehr für die Transaktion relevante Information besitzt als die andere Partei. (Laudon, Laudon et al. 2010)

Grundsätzlich ist es so, dass das Internet und damit elektronische Marktplätze das Aufkommen von Informationsasymmetrien verhindern, da es Nachfragern die Suche und das Vergleichen von Preisen erleichtert (Laudon, Laudon et al. 2010). Die Anbieter haben daher nicht mehr zwingend signifikant mehr transaktionsrelevante Informationen zur Verfügung. Dies führt zum einen dazu, dass die Verhandlungsmacht der Abnehmer steigt, zum anderen sind Marktabschottungen zwischen verschiedenen Händlern kaum noch möglich, da elektronische Marktplätze diese aufbrechen. Dennoch können auch auf elektronischen Märkten Informationsasymmetrien zwischen Anbietern und Nachfragern entstehen, indem beispielsweise durch Cookies Nachfrager von Anbietern nicht nachvollziehbar analysiert werden oder auch indem verschiedene elektronische Märkte etabliert werden, welche diese Informationsasymmetrien fördern. Letzteres kann sich durch die Aggregation verschiedener Angebote vollziehen, welche einem scheinbaren Preisvergleich unterliegen. Dieser Preisvergleich und der

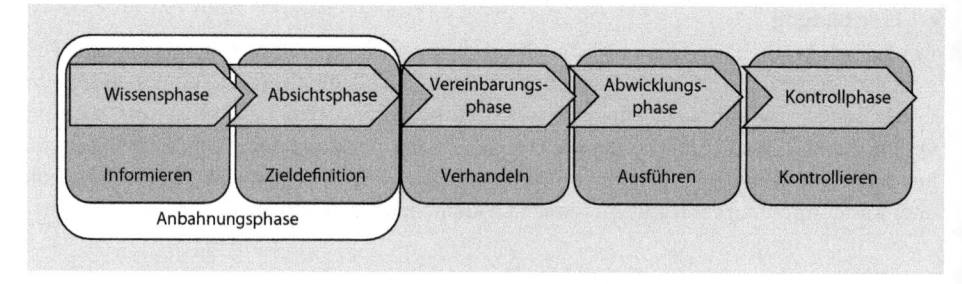

Abb. 6.18 Verschiedene Phasen einer Transaktion. (Zerdick, Picot et al. 2001)

Tab. 6.1 Arten von Transaktionskosten. (Aufbauend auf Laudon et al. 2010)

		Anbahnungsphase	Vereinbarungsphase	Abwicklungsphase	Kontrollphase
Transaktionskosten	Nachfragersicht	Geringere Suchkosten; keine Fahrtkosten	Einfacher Bestellvorgang; keine Fahrtkosten	Schnelle und günstige Kommunikation; teilweise elektronische Lieferung	Günstigere Reklamationen
	Anbietersicht	Geringere Akquisitions- und Kommunikationskosten	Nutzung gespeicherter Kundendaten	Automatisierung des Zahlungsverkehrs und damit kostengünstige Zahlungsabwicklung	Kundenkommunikation automatisierbar

Einbezug der enthaltenen Anbieter werden von Anbietern hingegen in einer Art und Weise gesteuert, die vom Kunden nicht nachvollziehbar ist. Es entstehen wiederum Informationsasymmetrien. Hierbei spielt auch das Vertrauen zwischen den Marktteilnehmern eine Rolle, welches im weiteren Verlauf noch näher dargestellt wird.

- **Transaktionskosten**

Besonders effizient sind elektronische Märkte, da sie die Transaktionskostenbilanz stark verändert haben. In Bezug auf Transaktionskosten müssen die verschiedenen Phasen der Transaktion unterschieden werden, welche in Abb. 6.18 dargestellt sind.

In der Wissensphase informiert sich der Konsument über bestimmte Eigenschaften, beispielsweise wenn sich ein Konsument bei Amazon über ein Produkt informiert und hierfür Kundenrezensionen durchliest. In der Absichtsphase werden die Transaktionsabsichten in Form von Verkaufsanbahnungen konkreter. Die ersten beiden Phasen werden im Folgenden als Anbahnungsphase zusammengefasst. Die Vereinbarungsphase befasst sich mit dem Verhandeln bei der Transaktion. In der letzten Phase findet die eigentliche Abwicklung der Transaktion mit dem Erfüllen des Leistungsversprechens statt. Die Unterkategorien der Transaktionskosten, die vor und nach der eigentlichen Transaktion anfallen können, sind vielfältig. Tab. 6.1 listet die anfallenden Transaktionskosten zu den jeweiligen Phasen auf.

Ob die Transaktionskosten für die an einer Transaktion Beteiligten tatsächlich sinken, hängt stark vom Einzelfall ab. So lassen sich nicht alle Transaktionen gleichermaßen durch elektronische Abwicklungsprozesse unterstützen. Daher ist die Transaktionskostenbilanz der Akteure zu berücksichtigen. Grundsätzlich lässt sich sagen, dass für informationsbasierte Güter sowie bei gut funktionierenden Suchdiensten die Transaktionskosten auf elektronischen Märkten reduziert werden können. Dies ist ebenfalls der Fall, wenn sich die Kosten vor der Transaktion kontrollieren lassen, wenn direkte Kontakte zwischen Käufern und Verkäufern entfallen können und keine Informationsasymmetrien bestehen. Die Transaktionskosten steigen bei fehlendem Vertrauen der Transaktionsteilnehmer und bei Unsicherheiten, beispielsweise hinsichtlich der unautorisierten Weitergabe und damit dem Missbrauch von Daten (Clement u. Schreiber 2013).

- **Markttransparenz**

Auf elektronischen Märkten wird unterstellt, dass die Markttransparenz gegenüber klassischen Märkten hoch ist und damit die Markteffizienz positiv beeinflusst wird.

> **Markttransparenz**
>
> Die Markttransparenz bezeichnet in der ökonomischen Theorie eine Situation, in der Angebot und Nachfrage durch die Marktteilnehmer überschaubar sind und in der sie über alle zur Transaktion notwendigen Informationen verfügen. (Clement u. Schreiber 2013)

Positiv beeinflusst wird die Markttransparenz auf elektronischen Märkten durch die Informationsgüte, Anonymität und Technologie. Letztere bezieht sich auf die Suchmaschinen, um Informationen auf elektronischen Märkten zu finden. Diese Informationen können beispielsweise dazu dienen, eine Transaktion anzubahnen, indem ein Kunde auf dem elektronischen Marktplatz eBay nach Informationen zu einem Artikel sucht. Nur wenn die Technologie eine hohe Qualität zum Finden von Informationen erlaubt und diese Informationen auch eine hohe Güte aufweisen, ist die Erzeugung von Markttransparenz möglich (Rese u. Gräfe 2002). Bezugnehmend auf eBay wäre dies beispielsweise die transparente Information über einen marktüblichen Preis.

Suchmaschinen als Technologie und erste maßgeblich bestimmende Dimension der Markttransparenz zum Finden von Informationen haben einen hohen Einfluss auf die Transparenz der elektronischen Märkte (Clement u. Schreiber 2013). Die Ergebnisse der Suchmaschinen wie von eBay entscheiden darüber, welche Produkte ein Kunde sieht, und beeinflussen damit maßgeblich die Entscheidung des Kunden. Dem Nutzer bleibt aber oftmals verborgen, wie diese Ergebnisse entstehen und welche Algorithmen, Intentionen oder gegebenenfalls auch Werbemaßnahmen dem zugrunde liegen.

Die Informationsgüte als zweite Dimension ist abhängig von der Verfügbarkeit, Richtigkeit, Relevanz und Glaubwürdigkeit der Informationen (Gräfe 2005). Auf elektronischen Märkten ist besonders die Glaubwürdigkeit wichtig, da vor dem Kauf die Eigenschaften eines Guts nicht abschließend geklärt werden können. Trotzdem neigen Anbieter dazu, falsche Informationen bereitzustellen, falls die Qualität ihrer Angebote nicht hinreichend ist.

Zudem spielt die Anonymität auf elektronischen Märkten als dritte Größe eine Rolle bei der Beurteilung der Markttransparenz (Clement u. Schreiber 2013). Auf traditionellen Märkten sind die Handelspartner nicht anonym. Auf elektronischen Märkten hingegen decken die Akteure ihre Anonymität oftmals erst am Ende einer Transaktion auf. Dieses Aufdecken der Anonymität ist damit ein essenzieller Punkt in der Transaktion. So wird zum einen die Transaktion ermöglicht, beispielsweise durch die Übermittlung von nicht-anonymen Kontodaten, zum anderen wird durch das Aufdecken der Anonymität auch Vertrauen geschaffen. Andererseits kann diese Anonymität aufgrund mangelnden Vertrauens zwischen den Akteuren eine Art Schutzfunktion auf elektronischen Märkten sein. Anonymität fördert aber nicht das Vertrauen und erhöht damit die Transaktionskosten der Marktteilnehmer, beispielsweise bezogen auf die Abwicklungsphase. Mangelndes Vertrauen und Anonymität spiegeln sich z. B. in der Praxis bei eBay wieder. Durch Treuhanddienste und Intermediäre wie PayPal wird versucht, das Risiko der Anonymität und mangelndes Vertrauen auszugleichen, um Transaktionen zu ermöglichen. Gleichzeitig schafft dieser Prozess durch die Miteinbeziehung weiterer Dienste ggf. zusätzliche Transaktionskosten.

- **Vertrauen**
Vertrauen ist eine besonders wichtige Größe auf elektronischen Märkten, denn die auf elektronischen Marktplätzen stattfindenden Transaktionen sind meist mit einem gewissen Risiko behaftet, beispielsweise dem Scheitern einer Transaktion (Gefen, Karahanna et al. 2003). Vertrauen kann dieses wahrgenommene Risiko reduzieren und somit ein Treiber für die Akzeptanz elektronischer Märkte sein.

> **Vertrauen**
>
> Vertrauen ist die Bereitschaft des Vertrauensgebers, sich verwundbar zu machen, indem er erwartet, dass ein Vertrauensnehmer bestimmte Handlungen durchführen wird, die für den Vertrauensgeber von Bedeutung sind, unabhängig davon, ob der Vertrauensnehmer überwacht oder kontrolliert werden kann. (Mayer, Davis et al. 1995)

Wie bereits angedeutet, ist Vertrauen ein Treiber, um die Komplexität zu reduzieren (Luhmann 1973). Dies hilft, Transaktionskosten zu reduzieren, indem beispielsweise Treuhanddienste überflüssig werden. Daher bedarf es abseits institutioneller Zwänge vertrauensfördernder Maßnahmen auf elektronischen Märkten, um initiales Vertrauen zu erzeugen. Hierzu können Feedbackmechanismen oder auch das Anbieten von Treuhanddiensten zur erstmaligen Anbahnung einer Transaktion helfen (Pavlou u. Gefen 2004). Zu den Feedbackmechanismen können z. B. Bewertungen von Marktteilnehmern gehören, welche in einer Art Reputationssystem Vertrauen und damit Glaubwürdigkeit aufbauen können.

Umfassend werden die Ergebnisse der Vertrauensforschung bezüglich elektronischer Märkte in einer Metaanalyse von Beldad et al. (2010) zusammengefasst. Diese unterscheiden zwischen kundenbezogenen Faktoren, websitebezogenen Faktoren und firmenbezogenen Vertrauensfaktoren (siehe zu den Ergebnissen im Folgenden Beldad, de Jong et al. 2010).

- - **Kundenbezogene Faktoren des Vertrauens**
Zu den Faktoren, die ein Betreiber eines elektronischen Markts kaum beeinflussen kann, zählen die kundenbezogenen Faktoren. Dies ist zum einen die Neigung, anderen zu vertrauen, die zwischen verschiedenen Individuen stark variieren kann. Wenn ein Individuum mehr geneigt ist, anderen zu vertrauen, ist es gleichzeitig wahrscheinlicher, dass dieses Individuum auf einem elektronischen Markt Vertrauen gegenüber anderen Marktteilnehmern zeigt. Zum anderen sind dies die Erfahrung und das Können bei der Internetnutzung. Je mehr Erfahrung ein Individuum mit dem Internet hat, desto eher wird es diesen Mechanismen und elektronischen Märkten vertrauen. Dieser Effekt nimmt aber dann ab, wenn die Erfahrung so hoch ist, dass ein Nutzer besonders gut Gefahren erkennen kann. Dann hat dies einen Effekt auf die Wahrnehmung von Risiken und Bedenken bezüglich der Privatsphäre.

- - **Websitebasierte Faktoren des Vertrauens**
Im Beeinflussungsfeld des Betreibers eines elektronischen Markts ist die Gestaltung der Plattform. Durch eine einfache Nutzung und ein gutes Layout wird sichergestellt, dass Nutzer

eine Website als vertrauenswürdig wahrnehmen. Schlecht zu nutzende Websites werden von Nutzern eher als Risiko wahrgenommen. Die Informationsqualität ist ein zweiter Vertrauensfaktor. Hierbei gilt derselbe Mechanismus, dass eine hohe Qualität Vertrauen fördert, ähnlich wie in einer realen Beziehung zwischen einem Verkäufer und einem Kunden. Hiermit sind Bezüge auf die Personen hinter einem Marktplatz verknüpft, beispielsweise durch den Hinweis auf eine Hotline. Dies fördert Vertrauen, da im Zweifelsfall ein persönlicher Kontakt möglich ist. Dieser persönliche Faktor wird durch Informationstechnologie zudem in Form von Personalisierungsoptionen ermöglicht, welche auch Vertrauen fördern. Besonders wichtig sind zudem – wie bereits erwähnt – Garantien von Dritten, beispielsweise dem TÜV, und Funktionen zur Wahrung der Privatsphäre und Sicherheit.

■■ **Firmenbezogene Faktoren des Vertrauens**

Das Unternehmen selbst trägt ebenfalls zum Vertrauen des Kunden bei. Besonders wichtig sind hierbei die Reputation, die wahrgenommene Größe eines Unternehmens, die physische Präsenz und die individuellen Erfahrungen mit dem Unternehmen. Hintergrund bei allen Faktoren ist, dass ein Unternehmen mit einer positiven Historie und einer starken Marke mehr Vertrauen genießt als ein neues Unternehmen. Bei positiven Erfahrungen mit Unternehmen, beispielsweise artikuliert durch Unternehmensbewertungen im Internet, sind Nutzer eher geneigt, mit diesen Geschäfte zu machen. Diese Erfahrungen, welche durch Nutzer öffentlich gemacht werden, sind dabei eher bei großen Unternehmen vorhanden, weshalb diesen auch eher vertraut wird.

6.2 Dienstleistungen

Im folgenden Kapitel werden Dienstleistungen als Leistungsergebnis diskutiert. Hierzu werden in einem ersten Schritt zunächst die Grundlagen von Dienstleistungen aufgezeigt (▶ Abschn. 6.2.1), sowie in einem weiteren Schritt die Entwicklung des Dienstleistungssektors diskutiert (▶ Abschn. 6.2.2). Dem folgend wird das Konzept der Service-Dominant Logic näher beleuchtet und dabei auf die zentrale Rolle des Kunden bei der Dienstleistungserstellung eingegangen (▶ Abschn. 6.2.3). In ▶ Abschn. 6.2.4 wird der Wandel des Dienstleistungssektors hin zu »Everything as a Service« dargestellt und anhand der Konzepte der Servitization und der Product-Service-Systems diskutiert. Das Kapitel endet mit der Darstellung des Blueprints als Form der Modellierung von Dienstleistungen (▶ Abschn. 6.2.5).

6.2.1 Grundlagen von Dienstleistungen

> **Dienstleistungen**
>
> Dienstleistungen sind Aktivitäten oder eine Folge von (modularen) Aktivitäten, in der Regel immaterieller Natur, die normalerweise in der Interaktion zwischen den beiden Komponenten eines Dienstleistungssystems stattfinden. Das Dienstleistungssystem besteht aus dem Dienstleistungsnehmer und dem Potenziale-bereitstellenden Dienstleistungsanbietersystem. Der Dienstleistungsnehmer fungiert als Koproduzent und das Ergebnis des Interaktionsprozesses generiert einen marktfähigen Nutzen. (Leimeister 2012)

- **IHIP-Eigenschaften von Dienstleistungen**

Gekennzeichnet werden Dienstleistungen insbesondere durch die IHIP-Eigenschaften: Immaterialität – »Intangibility«, Heterogenität – »Heterogeneity«, Gleichzeitigkeit von Produktion und Konsum der Dienstleistung (Uno-Actu-Prinzip) – »Inseparability of Production and Consumption« – und Nichtlagerfähigkeit – »Perishability« (Zeithaml, Parasuraman et al. 1985). Ergänzt werden diese vier Eigenschaften unter anderem durch den interaktiven Charakter von Dienstleistungen (Edvardsson, Gustafsson et al. 2005) und die Möglichkeit des Dienstleistungsnehmers zur Einflussnahme (Vargo u. Lusch 2004). Letzteres findet insbesondere im Rahmen der Service-Dominant Logic (SDL) Anwendung. Jedoch sind die hier aufgeführten IHIP-Eigenschaften zunehmender Kritik ausgesetzt (Leimeister 2012). So wird oftmals bemängelt, dass sie keine sinnvolle und bedeutungskräftige Aussage zu der Essenz einer Dienstleistung treffen (Edvardsson, Gustafsson et al. 2005), dass sie zu stark auf die Abgrenzung von materiellen Produkten und Dienstleistungen abzielen (Leimeister 2012), dass sie aus der Perspektive des Dienstleistungsanbieters formuliert sind und so der bedeutenden Rolle des Dienstleistungskonsumenten wenig bis keine Beachtung schenken (Vargo u. Lusch 2004). Dennoch wird den IHIP-Eigenschaften weiterhin die Fähigkeit zugesprochen, wichtige Erkenntnisse in Bezug auf Dienstleistungen zu erzeugen, auch wenn diese nicht generell auf Dienstleistungen angewandt werden können (Edvardsson, Gustafsson et al. 2005).

- **Typologisierung von Dienstleistungen**

Dienstleistungen lassen sich in Abhängigkeit vom Personen- und IT-Einsatz typologisieren (◘ Abb. 6.20). Dabei kann zwischen personenbasierten Dienstleistungen (Dienstleistungsempfänger ist direkt an der Erstellung der Dienstleistung beteiligt), mechanischen Dienstleistungen (Dienstleistungserbringung erfolgt anstatt mit menschlichem Einsatz lediglich durch eine Maschine), IT-Dienstleistungen (Dienstleistungsempfänger und -erbringer haben keinen direkten Kontakt mehr, da ein IT-System die Aufgabe des menschlichen Dienstleistungserbringers vollständig übernimmt) und IT-unterstützten Dienstleistungen (IT trägt zur Erstellung der Dienstleistung unterstützend bei) unterschieden werden. Die letzten beiden Formen werden zusammenfassend auch als elektronische Dienstleistungen bezeichnet (Leimeister 2012).

Innerhalb der IT-unterstützten Dienstleistungen können vier Unterkategorien ausgemacht werden. Diese gliedern sich in IT-assistierte Dienstleistungen, IT-vereinfachte Dienstleistungen, IT-vermittelte Dienstleistungen und Customer-Self-Services. IT-assistierte Dienstleistungen erfordern unter den IT-unterstützten Dienstleistungen das höchste Maß an Personeneinsatz und das geringste Maß an IT-Einsatz. Sie sind insbesondere dadurch gekennzeichnet, dass nur der Dienstleistungserbringer Zugang zu einer IT-unterstützenden Komponente hat (Fitzsimmons u. Fitzsimmons 2011, Leimeister 2012). Bei IT-vereinfachten Dienstleistungen hingegen ist der Dienstleistungsempfänger in die Interaktion mit IT eingebunden. Dienstleistungsempfänger und Dienstleistungserbringer befinden sich während der Leistungserbringung am gleichen Ort; die IT wird als unterstützendes Medium eingesetzt. Von IT-vermittelten Dienstleistungen spricht man, wenn sich Dienstleistungsempfänger und Dienstleistungserbringer nicht am gleichen Ort befinden, die Kommunikation also rein über IT erfolgt (Leimeister 2012). IT-basierte Customer-Self-Services sind diejenigen IT-unterstützten Dienstleistungen, die mit dem geringsten Personeneinsatz und mit dem höchsten IT-Einsatz erbracht werden. Der Kunde interagiert hier ausschließlich mit IT (Glushko 2009).

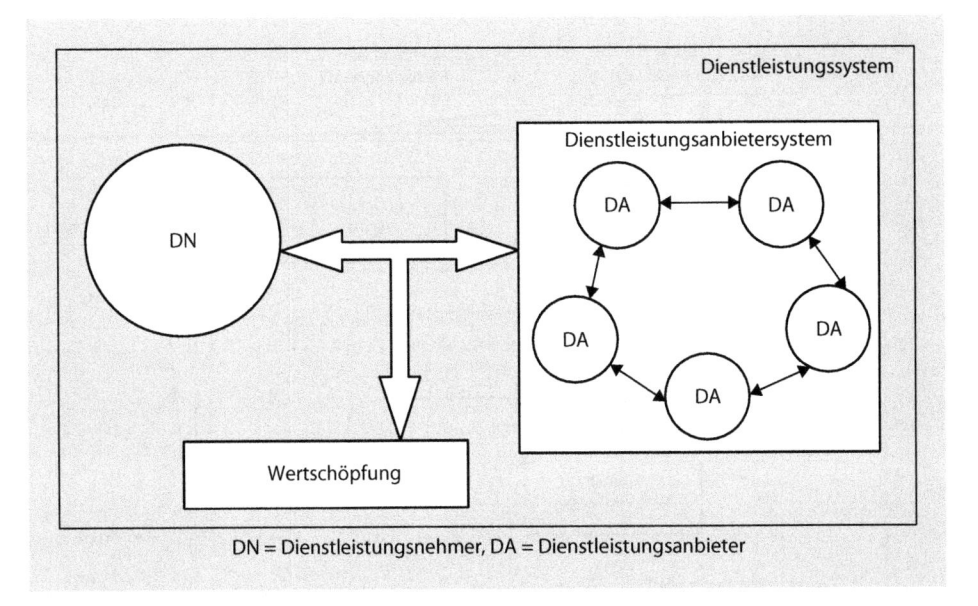

Abb. 6.19 Typologisierungsansatz von Dienstleistungen. (Leimeister 2012)

Bei der hier vorgestellten Einordnung von Dienstleistungen ist zu erwähnen, dass es sich bei den Kategorien um sehr wenig spezialisierte Kategorien handelt und diese darüber hinaus idealtypischen Charakter besitzen (Leimeister 2012). Neben diesen klar voneinander abgegrenzten Dienstleistungsformen sind auch Mischformen möglich.

- **Dienstleistungssysteme**

Die grundlegende Idee der Dienstleistungssysteme (siehe hierzu auch Wertschöpfungsnetzwerke; ▶ Abschn. 6.1.1) beruht auf der zunehmenden Vernetzung von Dienstleistungserbringern und Dienstleistungsnehmern (Leimeister 2012). Ein Dienstleistungssystem kann daher in Dienstleistungsnehmer- und Dienstleistungsanbietersystem aufgeteilt werden (◘ Abb. 6.19). Die systemische Betrachtung von Dienstleistungen soll dem Umstand Rechnung tragen, dass sich die klassische Wertschöpfungskette nach Porter (◘ Abb. 6.2) zunehmend in Richtung eines Wertschöpfungsnetzwerkes entwickelt, in dem Unternehmen den Kunden zusätzliche produktbegleitende Dienstleistungen anbieten (Reichwald u. Piller 2009). Solche Dienstleistungssysteme bestehen aus Menschen, Technologie und weiteren beteiligten – externen und internen – Dienstleistungssystemen. Diese tragen gemeinsam zur erzielten Wertschöpfung bei, die in den internen und externen Strukturen eines Dienstleistungssystems erbracht wird. Die meisten Dienstleistungssysteme beinhalten und nutzen interne und externe Strukturen. Einzelne Individuen interagieren als Dienstleistungssysteme allerdings nur mit externen Strukturen, während das Dienstleistungssystem der Weltwirtschaft nur mit internen Strukturen in Zusammenhang steht. Übergreifend betrachtet, können die Beteiligten eines Dienstleistungssystems als Anbieter und Kunden zusammengefasst werden, wobei die Rolle des Anbieters oder Kunden von verschiedenen Akteuren übernommen werden kann. Der Begriff des Dienstleistungssystems kann wie folgt definiert werden:

Kapitel 6 · Digitale Güter und Dienstleistungen als Leistungsergebnisse

Hoher Personeneinsatz — **Geringer/ Kein Personeneinsatz**

IT-unterstützte Dienstleistungen

- Customer-Self-Services
- IT-vermittelte Dienstleistungen
- IT-vereinfachte Dienstleistungen
- IT-assistierte Dienstleistungen

Hoher IT-Einsatz — **Geringer/ Kein IT-Einsatz**

Dienstleistungssystem
Dienstleistungen
Elektronische Dienstleistungen

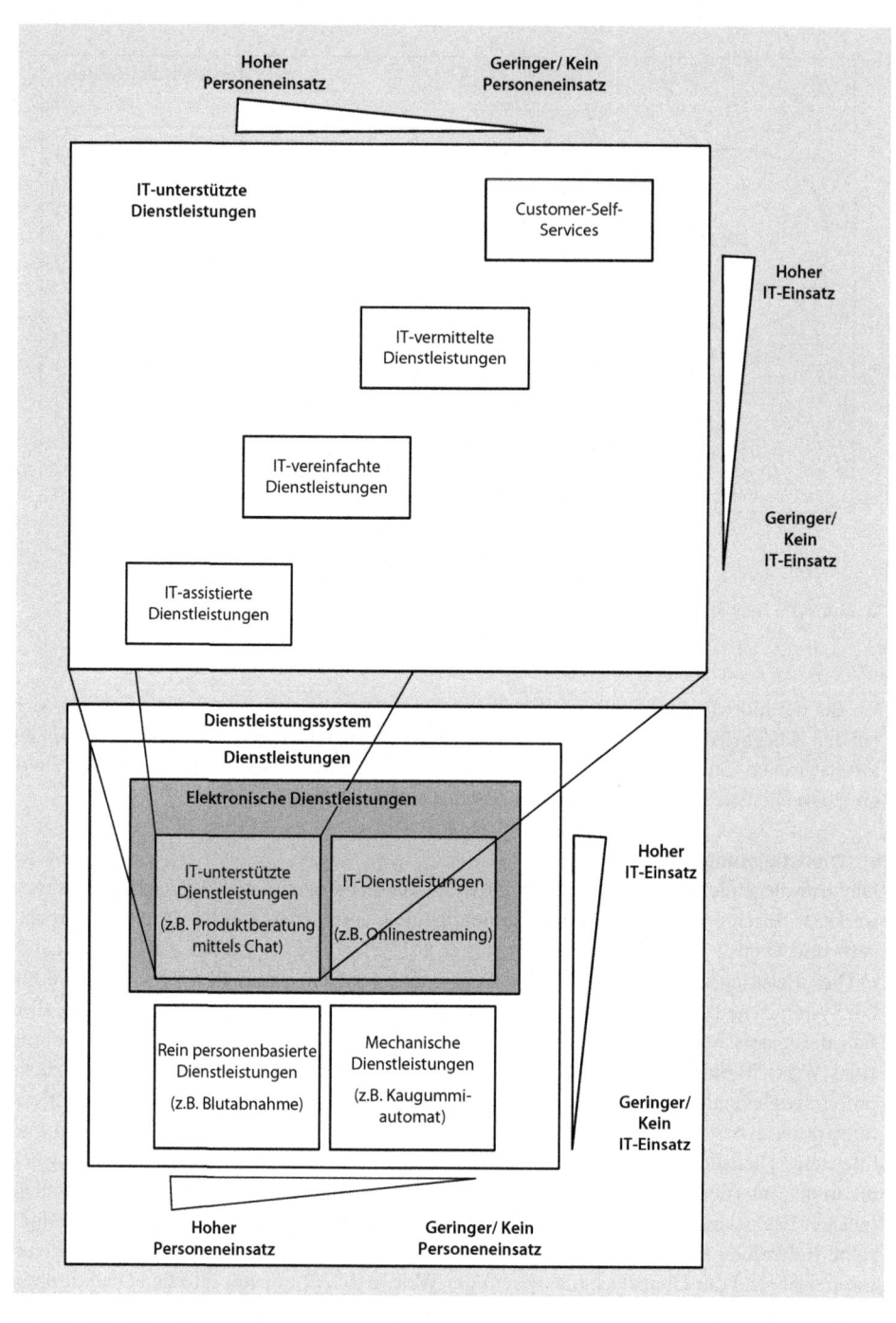

- IT-unterstützte Dienstleistungen (z.B. Produktberatung mittels Chat)
- IT-Dienstleistungen (z.B. Onlinestreaming)
- Rein personenbasierte Dienstleistungen (z.B. Blutabnahme)
- Mechanische Dienstleistungen (z.B. Kaugummiautomat)

Hoher IT-Einsatz — **Geringer/ Kein IT-Einsatz**

Hoher Personeneinsatz — **Geringer/ Kein Personeneinsatz**

◻ Abb. 6.20 Dienstleistungssysteme. (Leimeister 2012)

> **Dienstleistungssystem**
>
> Ein Netzwerk aus Menschen, Technologie und weiteren systeminternen und systemexternen Faktoren, das mittels gemeinsam benutzter Informationen/Informationsstrukturen (wie z. B. einer gemeinsamen Sprache, bindender Gesetze und Richtlinien oder aber Prozessen und Metriken) zur gemeinsamen Wertschöpfung beiträgt. (Spohrer, Maglio et al. 2007)

Beispiel: Dienstleistungssystem eBay
Mit einem Onlinebezahlsystem ermöglicht das eBay-Tochterunternehmen PayPal eine schnellere Zahlungsabwicklung bei Onlinekäufen. Über ein virtuelles Konto können Zahlungen an Dritte getätigt sowie Zahlungen von Dritten empfangen werden.
Die Zahlungsabwicklung über ein virtuelles Konto ist hier eine Folge von Aktivitäten – Erstellung und Instandhaltung des Bezahlsystems durch PayPal, Einrichtung eines Kontos durch den Nutzer, Einzahlung von Guthaben durch den Nutzer etc. Diese Aktivitäten sind immaterieller Natur. Dienstleistungsnehmer ist neben dem Käufer, der seinen Kauf über PayPal bezahlt, auch der Verkäufer, der sein Geld über PayPal erhält. Beide Dienstleistungsnehmer sind Koproduzenten, da sie – beispielsweise durch die Einrichtung ihres Kontos – zur Dienstleistungserbringung beitragen. Das Dienstleistungsanbietersystem – PayPal – stellt durch die Plattform zur Zahlungsabwicklung Potenziale bereit. Dienstleistungsnehmer und Dienstleistungsanbietersystem interagieren miteinander – z. B. Einrichtung des Kontos durch den Nutzer und Verifizierung des Nutzers durch PayPal. Durch die Interaktion wird ein marktfähiger Nutzen generiert. So können durch den Wegfall von Verzögerungen bei der Bezahlung – z. B. durch die übliche Banklaufzeit bei Überweisungen – Produkte unmittelbar nach der Bestellung versandt und so schneller zugestellt werden.

6.2.2 Entwicklung des Dienstleistungssektors

- **Entwicklungen des Dienstleistungsmarkts**

Aus traditioneller Sicht wurden Dienstleistungen in der Vergangenheit oftmals aus Marketinggründen als ein wichtiges »Add-on« zu bestehenden Produkten angesehen, bei denen die Wertschöpfung hauptsächlich noch auf den Produkten selbst basierte (Gebauer, Fleisch et al. 2005). Im Laufe der letzten zwei Jahrzehnte hat sich diese Denkweise zunehmend gewandelt, da Unternehmen den Wert angebotener Dienstleistungen, sowohl aus finanzieller als auch strategischer und marketingorientierter Sicht, erkannt haben. In der heutigen Zeit stellen Dienstleistungen einen wichtigen integralen Bestandteil des Angebotsumfangs von Unternehmen dar und öffnen ihnen somit neue Umsatzquellen (Dapp u. Heymann 2013, Niebel 2010). Eine weitere Veränderung hierbei basiert auf der zunehmend steigenden Nachfrage nach Dienstleistungen von Kunden aus dem primären und sekundären Sektor, die dazu führt, dass bestehende und angebotene Produkte um ein Dienstleistungsangebot ergänzt werden (Leimeister 2012). Dies bedeutet somit, dass das klassische Produktportfolio wertsteigernd um Dienstleistungen ergänzt wird. Solche Hersteller haben erkannt, dass nachhaltige, komparative Wettbewerbsvorteile in immer stärker globalisierten und gesättigten Märkten meist nur über »Value-added Services« – Mehrwertdienste – erlangt werden können (Meffert u. Bruhn 2009).

- **Demografie und Gesellschaft**

Demografische Entwicklungen spiegeln sich insbesondere in der erhöhten Lebenserwartung von Menschen wider. Sie führen dazu, dass Dienstleistungen zunehmend in neuen Bereichen, wie Wellness, Freizeit, Medizin und Pflege, nachgefragt werden (Leimeister 2012). Dadurch entstehen vermehrt neue und lukrative Märkte, in denen die Zahl der angebotenen Dienstleistungen kontinuierlich steigt. Gesellschaftliche Entwicklungen können u. a. in den gestiegenen Mobilitätsbedürfnissen der Gesellschaft und somit der zunehmenden Nachfrage nach Dienstleistungen aus dem Reise- und Transportsektor gesehen werden (Leimeister 2012). Neben direkten Angeboten aus diesen Bereichen entstehen jedoch auch neue Angebote, die durch Integratoren zu neuen Dienstleistungen aus verschiedenen Angeboten zusammengefasst und dem Kunden angeboten werden. Der Kernnutzen solcher Angebote ist die (individuelle) Bündelung unterschiedlicher Angebote je Kundenbedürfnis. So bieten unterschiedliche Internet-Reisebuchungsplattformen zusätzlich zur eigentlichen Kerndienstleistung, der Flugbuchung, viele komplementäre Dienstleistungen an, etwa eine Mietwagenreservierung, eine Hotelbuchung oder den Abschluss einer Reiseversicherung.

- **Entwicklungen des Nachfrageverhaltens**
Die Entwicklung des Nachfrageverhaltens kann insbesondere auf den technologischen Fortschritt zurückgeführt werden. So bieten das Internet und auch mobile Dienste heutigen Kunden eine Vielzahl von Möglichkeiten, sich über anstehende Einkäufe im Vorfeld zu informieren und eine Kaufentscheidung auf Basis dieser Informationen zu treffen (Leimeister 2012). Diese Verringerung der Informationsasymmetrie zwischen Anbieter und Kunde ist der Kern vieler neu angebotener Informationsdienstleistungen wie spezieller Produktbewertungs- bzw. Produkttestportale, aber auch Preissuchmaschinen.

- **Technologischer Fortschritt als Treiber in der Entwicklung des Dienstleistungssektors**
Die IT kann als Treiber für die Professionalisierung und die Industrialisierung des Dienstleistungssektors bezeichnet werden (Leimeister 2012). Die Entwicklung der IT spielt bei der Automatisierung von Transaktionsprozessen – Anbahnung, Vereinbarung, Durchführung, Kontrolle einer Dienstleistung – eine bedeutende Rolle. Dies wird besonders deutlich bei der Erbringung von IT-Dienstleistungen, bei denen Prozesse bei gegebener Standardisierbarkeit (teil-) automatisiert und orts- und zeitunabhängig bereitgestellt werden können. Zusätzlich zeigt sich aber auch, dass durch die zunehmend moderner werdende IT neue elektronische Dienstleistungsgeschäftsmodelle entstehen und bereits digitalisierte Geschäftsmodelle verdrängen. Solche neuen Geschäftsmodelle spiegeln sich insbesondere in den heutigen Streamingangeboten wider. Dabei wird deutlich, dass die zunehmende Technologisierung und der zunehmende Fortschritt der IT dazu beigetragen haben, dass sich traditionelle Geschäftsmodelle – Verkauf physischer Produkte wie Bücher oder Schallplatten – zu digitalen Geschäftsmodellen – Angebot digitaler Güter wie E-Books und MP3 – hin zu digitalen Dienstleistungsangeboten – Streaming von Inhalten – gewandelt haben. Somit beeinflusst die Entwicklung der IT die Erbringung von Dienstleistungen und fördert ihre Verbreitung (Leimeister 2012). IT ist bei heutigen Dienstleistungsangeboten kaum noch wegzudenken bzw. ermöglicht erst viele Dienstleistungsangebote und schafft wesentliche Vorteile sowohl für Anbieter als auch für Nachfrager solcher Lösungen (Baines u. Lightfoot 2013).

Zentral ist aber, dass mit der Verwendung von IT neue Formen der Kundenintegration realisiert werden können. Aufgrund der ständigen, ortsunabhängigen und umfassenden Verfügbarkeit von Informationen müssen Kunden und Dienstleistungsanbieter bei der Dienstleistungserbringung nicht mehr zur gleichen Zeit am gleichen Ort sein. Durch solche orts- und zeitunabhängigen Dienstleistungen kann die Reichweite des Dienstleistungsangebots ausgedehnt werden. Zunehmend können durch den Einsatz unterschiedlicher IT und deren sinnlogischen sowie teilweise auch semantischen Aufbau individuelle Kundenlösungen kostengünstig realisiert werden. Die Integration dieser Leistungen kann dabei direkt und unmittelbar in die Geschäftsprozesse der jeweiligen Kunden erfolgen und je nach Ausgestaltungsumfang der Leistungs- und Qualitätsstufen abgerechnet werden.

Der Kunde steht im Mittelpunkt der Wertschöpfungskette, wird in diese aktiv einbezogen und trägt somit als Koproduzent maßgeblich zur Leistungserstellung bei.

Beispiel: eBay-Kleinanzeigen
Die Plattform eBay-Kleinanzeigen bietet Nutzern unter anderem die Möglichkeit, kostenlos Anzeigen über den Verkauf von Produkten zu schalten. So kann Familie Schlöder aus Trier ihr zehn Jahre altes Sofa an den Studenten Tim verkaufen, der sich über das günstige Angebot zur Selbstabholung freut und das Sofa in seine neue Studentenwohnung in Trier stellt. Als Dienstleistung soll in diesem Fallbeispiel das Bereitstellen der Plattform durch eBay betrachtet werden. Das Dienstleistungsanbietersystem ist hier also der Plattformbetreiber (eBay) und der Dienstleistungsnehmer ist die Verkäuferin, Familie Schlöder. Ein ähnlicher Verkauf wäre zuvor über nicht IT-basierte Plattformen, wie einen Flohmarkt oder eine Zeitungsanzeige, möglich gewesen. In diesen Fällen soll die Bereitstellung einer Verkaufsplattform durch den Flohmarktbetreiber bzw. die Zeitung betrachtet werden. Im Vergleich zu den konventionellen Verkaufsplattformen bietet die IT-basierte Verkaufsplattform eBay-Kleinanzeigen einige Vorteile: Sie ist für den Verkäufer kostengünstiger, da wie hier im Beispiel der Verkauf über eBay-Kleinanzeigen kostenfrei ist, während für das Einstellen einer Zeitungsanzeige und für den Aufbau eines Flohmarktstandes meist eine Gebühr verlangt wird. Zudem verfügt die Verkaufsplattform potenziell über eine größere Reichweite. Im Vergleich zum Flohmarkt kann das Angebot orts- und zeitunabhängig abgerufen werden und im Vergleich zur Zeitungsanzeige kann eine deutlich detailliertere Darstellung des angebotenen Produkts vermittelt werden – Beschreibung mit bis zu 2.000 Zeichen und Upload von bis zu 12 Bildern. Darüber hinaus bietet eBay-Kleinanzeigen Zusatzfunktionen, die die Wahrscheinlichkeit erhöhen, für eingestellte Produkte Käufer zu finden, und die bei den konventionellen Plattformen nicht verfügbar sind: Eine Suchfunktion erleichtert das Auffinden von Produkten; für ausgewählte Suchkriterien kann eine E-Mail-Benachrichtigung aktiviert werden. Dieses Beispiel zeigt, wie die Anreicherung einer Dienstleistung um IT zu einer Kostensenkung und einer Verbesserung der Qualität der Dienstleistung beitragen kann.

6.2.3 Service-Dominant Logic

Wie bereits in den Ausführungen zuvor dargestellt, spielt der Kunde zunehmend eine wichtigere Rolle bei der Erstellung von Dienstleistungen. Dieser ist nicht mehr nur Konsument einer Dienstleistung, sondern darüber hinaus Koproduzent und somit aktiv am Erstellungsprozess beteiligt. Mit dem Einbezug des Kunden in den Erstellungsprozess können Unternehmen auf veränderte Rahmenbedingungen eingehen und sicherstellen, dass sie die Bedürfnisse der digitalen Nutzer kontinuierlich adäquat adressieren. Ein Konzept, dem diese Kundenintegration zu Grunde liegt und das Dienstleistungen als wichtigen Bestandteil des Leistungsangebotes hat, ist die Service-Dominant Logic (SDL). Hierbei steht nicht unbedingt ein Angebot an Bündeln von Produkten und Services im Vordergrund, sondern vielmehr der Kundenvorteil aus den Gesamtlösungen, die – soweit der Kunde es wünscht – auch lediglich über das physische Produkt erbracht werden können oder wobei die Dienstleistung nur eine »marginale« Rolle spielt. Güter und Dienstleistungen fungieren hierbei als Werkzeuge, um einen Nutzen für den Kunden zu generieren. Der Wert der insgesamt bereitgestellten Leistungen entsteht erst durch die Beteiligung des Kunden am Erstellungsprozess dieser. Diesem Ansatz steht das Konzept der Goods-Dominant Logic (GDL) entgegen, welches aus der güterzentrierten Sicht des Mar-

Tab. 6.2 Unterscheidungsmerkmale von Goods-Dominant Logic und Service-Dominant Logic. (Aufbauend auf Vargo und Lusch 2004)

Unterscheidungsmerkmale	GDL	SDL
Einheit des Austauschs	Güter	Service
Rolle von Gütern	Endprodukte	Transportmittel für Service
Rolle des Konsumenten	Abnehmer von Gütern	Koersteller von Wertschöpfung
Erstellung der Wertschöpfung	Durch Produktion von Gütern	Durch Koerstellung des Konsumenten
Beziehungsorientierung	Gering	Hoch
Quellen wirtschaftlichen Wachstums	Besitz und Nutzung von natürlichen Ressourcen	Anwendung von Wissen und Fähigkeiten

ketings abgeleitet wurde (Vargo u. Lusch 2004, Vargo, Lusch et al. 2006). Insgesamt beschreibt die SDL eine ökonomische Sichtweise, die Service als Grundlage für wirtschaftliche Austauschhandlungen ansieht (Vargo u. Lusch 2004, Vargo u. Lusch 2008).

- **Die Bedeutung der Begriffe »Service« zu »Services«**

Entscheidend für das Verständnis der Service-Dominant Logic (SDL) ist die Unterscheidung zwischen den Begriffen Service im Singular und Services im Plural (Lusch u. Vargo 2006). Service wird als die Anwendung von Kompetenzen – vor allem von Wissen und Fähigkeiten – durch Handlungen, Prozesse und Leistungen zum Nutzen einer anderen Einheit oder der Einheit selbst definiert. Service im Singular beschreibt einen Prozess, welcher der grundlegende Baustein der SDL ist. Die Pluralform Services stammt aus dem Kontext der Goods-Dominant Logic (GDL) und steht für eine bestimmte Form des Outputs, nämlich für ein immaterielles Gut. Zudem können unter Services Anwendungen zur Wertsteigerung von materiellen Gütern verstanden werden (Vargo u. Lusch 2008). Die SDL unterscheidet nicht zwischen immateriellem Service und materiellen Gütern.

- **Von der Goods-Dominant Logic zur Service-Dominant Logic**

Die GDL kann als konträre Sichtweise zu der SDL verstanden werden und bezieht sich aus traditioneller Sicht auf die wirtschaftliche Wertschöpfung aus Produktverkäufen, die bis in die 1980er Jahre dominierend waren (◘ Tab. 6.2) (Vargo u. Lusch 2004, Lusch, Vargo et al. 2008). Produkte, im Sinne der GDL, weisen einen integrierten Wert auf und werden über Preisbildung an Märkten gehandelt (Vargo u. Akaka 2009). Zentral für die GDL ist die Sichtweise, dass ein Gut die Basis wirtschaftlichen Austauschs darstellt (Vargo u. Lusch 2008). Ein »Gut« im Sinne der GDL umfasst sowohl materielle als auch immaterielle Einheiten. »Service« im Sinne der GDL bezeichnet sowohl immaterielle Güter als Spezialfälle von Produkten als auch wertsteigernde Anwendungen für materielle Güter (Lusch, Vargo et al. 2007). Die SDL sieht in »Service« hingegen ein unabhängiges Konzept, welches im Zuge des Paradigmenwechsels bedeutungsbezogen oberhalb von Produkten angesiedelt ist. Diese neue Betrachtungsweise spiegelt sich auch in der Bedeutung von Gütern wider: Die GDL fordert eine absatzfreundliche Gestaltung von Gütern, wodurch diese am Markt angeboten werden können und als Konsequenz das Unternehmensumfeld verlassen (Vargo u. Lusch 2004, Vargo u. Lusch 2008). In der SDL hingegen werden Güter nur als Transporteinheit für Service angesehen.

Die GDL sieht den Konsumenten als Abnehmer von Gütern an (Vargo u. Lusch 2004). Er ist der Adressat zahlreicher Marketingmaßnahmen, die den Absatz von Gütern gewährleisten sollen. Wertschöpfung entsteht aus der Sichtweise der GDL durch das Umwandeln von Ressourcen im Produktionsprozess in ein Gut (Lusch, Vargo et al. 2008). Während dieses Produktionsprozesses werden Werte in das spätere Gut integriert. Offensichtlich wird die Wertschöpfung in der GDL nach dem Prinzip des »Value-in-Exchange«, das heißt erst wenn der Austausch von Gut und entsprechender Gegenleistung – Bezahlung durch Konsumenten – vollzogen wird (Lusch u. Vargo 2006). In der GDL beschränken sich die Interaktionen auf den Eigentumswechsel von Produkten, von Anbietern zu Kunden. Im Kontext der SDL wird der Konsument selbst aktiv und produziert Ergebnisse, das heißt er betreibt Wertschöpfung (Vargo u. Lusch 2004). Diese Wertschöpfung erfolgt dabei gemäß dem Prinzip »Value-in-Use« (Lusch u. Vargo 2006). Der Konsument selbst trägt nach diesem Prinzip zur Wertschöpfung bei. Durch einen solchen Koerstellungsprozess kommt es daher zu einer erweiterten Beziehung zwischen Unternehmen und Kunden (Vargo u. Lusch 2004).

- **Operande Ressourcen vs. operante Ressourcen**

Im Zuge des Paradigmenwechsels von der GDL hin zur SDL verändert sich wie dargestellt der Fokus im Umgang mit Ressourcen. Dies bedeutet, dass der Fokus zunehmend auf operanten – intangiblen – Ressourcen liegt und nicht mehr operande – tangible – Ressourcen im Mittelpunkt der Bemühungen stehen. Operante Ressourcen haben vielfältige Erscheinungsformen. Sie können humaner (Wissen, Fähigkeiten), organisatorischer (Kontrollen, Routinen), informeller (Wissen über Konkurrenten oder Marktstrukturen) oder relationaler (Beziehungen eines Unternehmens zu seinen Stakeholdern) Natur sein (Day, Deighton et al. 2004). Sie geben demnach an, mit welchem Wissen und mit welchen Fähigkeiten Marktteilnehmer ihren Service erstellen (Vargo u. Lusch 2004). Operande Ressourcen sind inaktive Ressourcen, welche in eine nutzbare Form umgewandelt werden müssen und darum der Veränderung durch menschliche Einwirkung bedürfen (Constantin u. Lusch 1994). Veränderungen von operanden Ressourcen können nur durch den Einsatz operanter Ressourcen herbeigeführt werden (Vargo u. Lusch 2004). Typische Beispiele operander Ressourcen sind Rohmaterialien oder Maschinen (Day, Deighton et al. 2004).

- **Zehn grundlegende Prämissen der SDL**

Der Wandel der GDL zu SDL ist geprägt durch zehn grundlegende Prämissen. Diese stellen dar, welchen Charakteristika die SDL unterliegt (◘ Tab. 6.3) (Vargo u. Lusch 2008).

6.2.4 Wandel durch Dienstleistungen – »Everything as a Service« als Leistungsergebnis des Digital Business

Wie bereits an unterschiedlichen Stellen dieses Kapitels aufgezeigt und diskutiert, stellen Dienstleistungen einen zentralen Treiber in der Entwicklung markt- und kundenorientierter Leistungsangebote dar. In vielen Fällen sind Dienstleistungen bereits ein integraler Bestandteil solcher Angebote und mitunter für den Erfolg dieser verantwortlich. Im Kontext des Wandels von Dienstleistungen spielt insbesondere das Outsourcing (▶ Abschn. 4.1.1) eine bedeutende Rolle. Dabei hat sich das Outsourcing als bedeutendes Instrument etabliert, um flexibel auf gestiegene Anforderungen des Wettbewerbs, aber auch von Kunden eingehen zu können. Geprägt ist das Konzept des Outsourcings insbesondere durch den stetig fortschreitenden technologischen Wandel, welcher viele neue Möglichkeiten zum Aufbau und zur Bereitstel-

◘ Tab. 6.3 Die zehn Prämissen der Service-Dominant Logic. (Drengner et al. 2013, Jahn 2013)

Fundamentale Prämisse (FP)	Erklärung
FP1: Service ist die grundlegende Form des Austauschs.	Die Anwendung operanter Ressourcen (Wissen und Fähigkeiten) – definiert als Service – ist die Basis aller Austauschprozesse zwischen Marktpartnern. Zwischen den Marktpartnern wird stets Service gegen Service getauscht.
FP2: Indirekte Austauschformen überdecken die fundamentale Basis des Austauschs (Service).	Da Service durch eine Kombination von Gütern, Geld und Institutionen entsteht, ist der Service nicht immer als grundlegende Austauschform erkennbar.
FP3: Güter sind die Distributionsmechanismen zur Bereitstellung von Services.	Sowohl greifbare als auch nicht greifbare Güter verkörpern Wissen und Fähigkeiten und stellen daher Distributionsmechanismen für die Bereitstellung bzw. Erbringung von Services dar. Die übliche Zweiteilung in Sach- und Dienstleistungen ist damit hinfällig. Greifbare Güter gelten als Spezialfälle des Service, da sie materialisierte operante Ressourcen sind.
FP4: Operante Ressourcen sind die fundamentale Quelle von Wettbewerbsvorteilen.	Nicht die physischen – also operanden – Ressourcen, z. B. Rohstoffe, die Unternehmen mit dem Ziel einer bestimmten Wirkung bearbeiten, sind die Quelle von Wettbewerbsvorteilen, sondern die operanten Ressourcen. Unternehmen sind demnach dann besonders erfolgreich, wenn sie Wissen so schaffen und nutzen, dass sie dem Kunden Angebote machen können, die der Konkurrenz überlegen sind.
FP5: Alle Volkswirtschaften sind serviceorientierte Volkswirtschaften.	Das wirtschaftliche Handeln in Volkswirtschaften ist durch zunehmende Spezialisierung der Marktteilnehmer – basierend auf deren operanten Ressourcen – gekennzeichnet. Diese spezialisierten Einheiten tauschen den von ihnen erstellten Service.
FP6: Der Konsument ist immer an der Kreation des Wertes einer Leistung beteiligt (Co-Creator of Value).	Der Kunde ist immer – als Co-Creator of Value – am Wertschöpfungsprozess beteiligt, da er den Wert im Prozess des Gebrauchs entstehen lässt (Value-in-Context). Dies gilt nicht nur für Dienstleistungen, sondern auch für Sachgüter, indem er z. B. die Produkte nutzt, wartet oder an seine Nutzungssituation anpasst.
FP7: Das Unternehmen kann keine Werte liefern, sondern lediglich Wertangebote offerieren.	Angebote von Unternehmen haben keinen immanenten Wert. Dieser entsteht erst durch den Kunden, indem er diesen wahrnimmt und determiniert bzw. kreiert. Unternehmen können somit nur Wertangebote unterbreiten.
FP8: Eine service-zentrierte Perspektive ist von Natur aus kunden- und beziehungsorientiert.	Da Wert erst gemeinschaftlich – durch Interaktion mit dem Wertangebot – entsteht, ist die service-zentrierte Sichtweise der SDL automatisch kunden- und beziehungsorientiert. Dies gilt auch für diskrete Transaktionen, da der Kunde auch in diesem Fall mit dem Wertangebot als Co-Creator of Value interagiert.
FP9: Alle sozialen und wirtschaftlichen Akteure integrieren Ressourcen.	Unternehmen existieren, weil sie mikrospezialisierte Fähigkeiten und Kompetenzen, z. B. Wissen von Mitarbeitern, integrieren und zu komplexen Wertangeboten transformieren. Letztlich agieren jedoch alle Marktteilnehmer – also auch Individuen und Haushalte – als Ressourcenintegratoren.
FP10: Der Wert einer Leistung wird immer individuell und phänomenologisch durch den Nutznießer der Leistung determiniert.	Der Wert einer Leistung entsteht immer idiosynkratrisch durch Erfahrung und in Abhängigkeit vom Kontext. Es gibt somit keinen objektiven Wert einer Leistung.

lung von Dienstleistungen eröffnet (Stampfl 2011). Zu beobachten ist dabei, dass Outsourcing in Bereichen vorzufinden ist, die bislang nicht als Outsourcingbereich identifizierbar waren. Die Technologie des Cloud Computings (▸ Abschn. 2.1.4) leistet im Kontext der Erschließung neuer Outsourcingbereiche einen wesentlich Beitrag. Erst durch die Entstehung des Cloud Computings und somit dem vereinfachten Datenaustausch zwischen Kunde und Unternehmen sowie Kunden untereinander können neue, höchst flexible und bedarfsorientierte Dienstleistungen (auch Teildienstleistungen im Sinne der SOA, siehe ▸ Abschn. 5.3.4) entwickelt werden. Mit den gestiegenen Möglichkeiten und den sich daraus wandelnden Kundenanforderungen können neue Dienstleistungsangebote für Kunden geschaffen werden, wobei dem Leistungsumfang des Angebots kaum Grenzen gesetzt sind. In der heutigen Zeit spricht man daher auch von dem Konzept »Everything as a Service«, demnach der schier unendlichen Möglichkeiten des Dienstleistungsangebotes, unabhängig davon, was als Dienstleistung angeboten werden soll. Hierbei zunehmend diskutierte Konzepte sind die Servitization und die Product-Service-Systems. Den Kern dieser Konzepte stellt eine sinnlogische Kombination von Produkten und Dienstleistungen zu einer Komplettlösung gemäß dem jeweils betrachteten Kundenbedarf dar. Diese Konzepte sollen nun im Folgenden dargestellt werden.

6.2.4.1 Servitization

Beispiel: Servitization
Student Tim betreibt neben seinem Studium eine Onlineverkaufsplattform für gebrauchte Golfausrüstung. Da die Nutzerzahl der Seite nach wenigen Monaten in die Höhe geschnellt ist, entscheidet sich Tim, einen Büroraum zu mieten und einige Kommilitonen für die Instandhaltung der Internetseite, die Kundenbetreuung und die Verwaltung einzustellen. Für das neu gegründete Büro möchte Tim einen Fotokopierer anschaffen. Bei der Suche nach einem geeigneten Gerät stößt er auf ein interessantes Angebot: Die »Digital-Kopierer GmbH« bietet an, einen Fotokopierer gegen eine Bezahlung pro Ausdruck zur Verfügung zu stellen. Tim ist sofort interessiert und ruft bei der Digital-Kopierer GmbH an. Ein Vertriebsmitarbeiter erklärt ihm, dass der Kopierer im Eigentum der Digital-Kopierer GmbH verbleibe und diese sich auch um die Wartung und Reparatur des Kopierers kümmern werde. Der Kopierer übermittle mittels moderner IT automatisch Wartungs- und Betriebsinformationen an die Digital-Kopierer GmbH. Dabei werde auch die Anzahl der getätigten Kopien aufgezeichnet und am Ende eines jeden Monats in Rechnung gestellt. Die Digital-Kopierer GmbH verkaufe so nicht mehr – wie noch vor ein paar Jahren – ein Produkt, sondern vielmehr den Mehrwert, den dieses Produkt dem Kunden bringe.

- **Wandel von Produkt- zum Dienstleistungsangebot**

Viele Unternehmen aus unterschiedlichen Branchen sehen sich aufgrund fallender Preise, schwieriger Kundenakquise, neuer Trends und immer unrentabler werdender Produktverkäufe radikalen Veränderungen ausgesetzt. Das Angebot umsatzstarker Produkte wird zukünftig nicht mehr ausreichen, um Kundenbindung erzielen zu können (Wise u. Baumgartner 1999). Stattdessen werden Unternehmen zunehmend maßgeschneiderte, kostengünstige und qualitativ hochwertige Kundenlösungen anbieten müssen, um die Kundenbindung zu steigern, eine Abgrenzung zur Konkurrenz zu ermöglichen (Gebauer, Pütz et al. 2009), den Umsatz eigener Produkte und Services auszubauen (Cohen, Agrawal et al. 2006) und eine Konjunkturunabhängigkeit zu gewährleisten (Wise u. Baumgartner 1999). Solche Lösungen müssen letztlich so gestaltet werden, dass aus der Summe des Produkt-Service-Angebots ein größerer Wert für den Kunden entsteht als aus dem Angebot der Einzelteile für sich. Eine solche strategische Ausrichtung des Unternehmens folgt dem Ansatz der »Servitization«, die einen Prozess der Wertschaffung durch die Zugabe von Services zu Produkten darstellt (Vandermerwe u. Rada 1988).

- **Ursprünge und Definition des »Servitization«-Ansatzes**

Der Begriff der Servitization stellt an sich keinen neuen Aspekt dar. Im Jahr 1972 stellte Levitt (1972) fest, dass es an sich keine Dienstleistungsindustrie gibt, sondern vielmehr jedes Unternehmen in unterschiedlichem Umfang Dienstleistungen anbietet und somit als Dienstleistungsanbieter angesehen werden kann. Die eigentlichen Ursprünge des Servitization-Ansatzes liegen im Jahr 1988 und wurden durch Vandermerwe und Rada (1988) geprägt. Sie definieren Servitization als:

Servitization

Angebot umfangreicher Angebotspakete oder »Bündel«, bestehend aus einer kundenorientierten Kombination von Waren, Dienstleistungen, Support, Self-Services und Kenntnissen, mit dem Ziel, den Kernangeboten einen zusätzlichen Mehrwert hinzuzufügen. (Vandermerwe u. Rada 1988)

Vandermerwe und Rada (1988) stellen somit heraus, dass ein Angebot von Bündeln aus Produkten und Dienstleistungen eine Wertsteigerung der eigentlichen reinen Kernprodukte herbeiführt.

- **Die Rolle des Kunden im Kontext der Servitization**

Ein wichtiger Bestandteil des Servitization-Ansatzes ist der starke Kundenbezug. Während Kunden früher keinen Einfluss auf die Ausgestaltung von Leistungen eines Unternehmens hatten, so werden sie, ähnlich wie die SDL, unter dem Aspekt der Servitization generell stärker in den Prozess der Entwicklung von Lösungen einbezogen (Baines, Lightfoot et al. 2009). Der Kunde ist nicht mehr nur Empfänger anonymisierter Produkte, sondern erhält vielmehr Leistungen und Lösungen, die auf seine konkreten Problemstellungen und Bedürfnisse zugeschnitten sind, auch wenn vereinzelte Teilkomponenten der Gesamtlösung von weiteren, gegebenenfalls im Wettbewerb stehenden Unternehmen bezogen werden müssen (Davies 2004). Somit entwickelt sich der Fokus weg von einer auf Transaktionen basierenden Beziehung hin zu einer relationsbasierten und auf Dauer ausgerichteten Beziehung zu dem Kunden (Oliva u. Kallenberg 2003). Dabei können greifbare Produkte als Plattform für das Dienstleistungsangebot fungieren, indem der Anbieter weiterhin Eigentümer des Produkts bleibt und seine Einnahme über das Vermieten, im Sinne von »Pay-per-Use«, realisiert (Vargo u. Lusch 2004). Insgesamt müssen Unternehmen bei einem verstärkten Kundenfokus die Wertkette ihrer Kunden analysieren, wobei sie im Detail auf alle relevanten Aktivitäten eingehen, die über den gesamten Lebenszyklus eines Produkts während der Nutzung und Wartung für den Kunden auftreten (Wise u. Baumgartner 1999). Im Zentrum aller Überlegungen stehen daher die Bedürfnisse des Kunden, der als »Wertschöpfer« und »Koproduzent« angesehen wird und vom Anbieter selbst dabei unterstützt wird, seine Ziele und Bedürfnisse zu erlangen (Grönroos 2011). Insgesamt gilt: Je höher der Grad der Servitization ist, desto höher ist die Interaktion von Kunde und Anbieter (◘ Abb. 6.21).

- **Gründe und Vorteile der Servitization**

Die Literatur zeigt unterschiedliche Ansätze, warum Unternehmen zunehmend Dienstleistungen im Bündel mit Produkten oder auch Dienstleistungen, die Produkte vollständig ersetzt

6.2 · Dienstleistungen

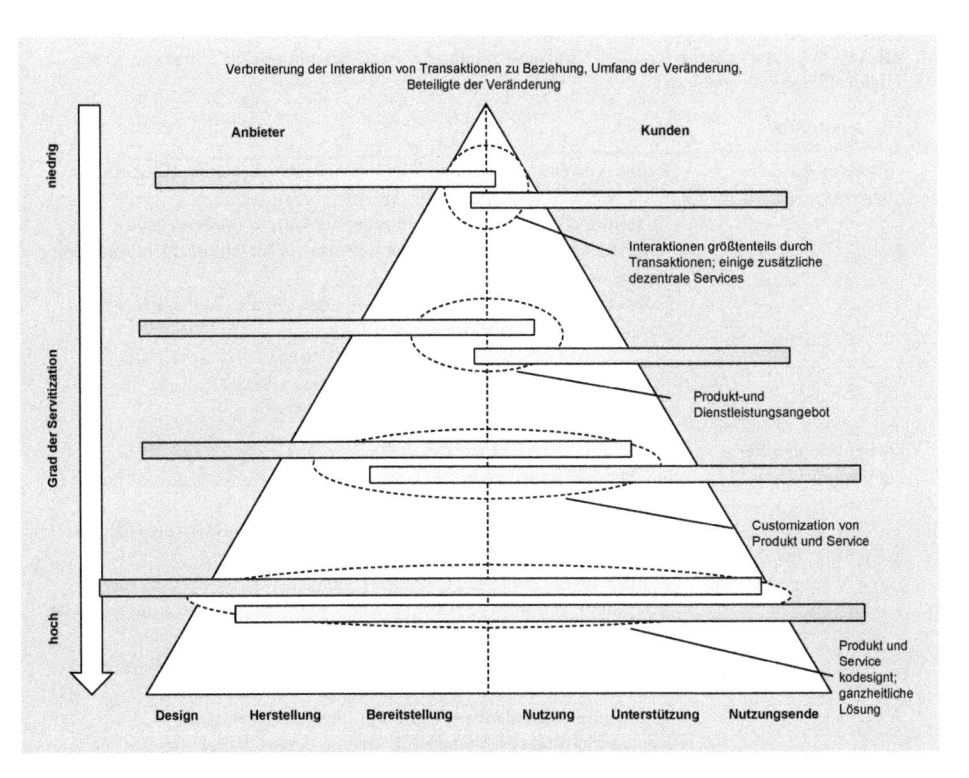

Abb. 6.21 Kunden-Lieferantenschnittstelle der Servitization. (Aufbauend auf Martinez, Bastl et al. 2010)

haben, anbieten. So zeigt sich grundsätzlich, dass der Schritt hin zu einem Dienstleistungsangebot ein weiterer konsequenter und natürlicher Schritt in der Entwicklung eines Unternehmens ist, insbesondere dann, wenn sich dieses Unternehmen über Jahre hinweg auf dem Markt etablieren konnte (Vandermerwe u. Rada 1988). Für diese Unternehmen stellt eine Dienstleistungsstrategie eine wichtige Einnahmequelle dar und hilft ihnen, sich gegenüber Konkurrenten auf dem Markt zu differenzieren sowie neue Wettbewerbsvorteile zu schaffen (Mathieu 2001). Aus strategischer Sicht schaffen Dienstleistungen für Unternehmen eine Art »Sicherheit« und ermöglichen ihnen, sich flexibler auf dem Markt bewegen zu können, z. B. dann, wenn eigene Produkte auf dem Markt weniger nachgefragt werden. Im Falle der sinkenden Produktnachfrage stellen wiederkehrende Dienstleistungen die alternative, aber lukrative Einnahmequelle dar. Ein weiterer Grund für das zunehmende Dienstleistungsangebot liegt bei den Kunden selbst, da diese ihren Fokus zunehmend auf Kernprozesse legen und somit irrelevante Prozesse auslagern (Gebauer, Paiola et al. 2010). Ein weiterer wichtiger Aspekt für Gründe und Vorteile der Servitization liegt in dem kontinuierlichen Einbezug des Kunden. So werden produktbezogene Dienstleistungen oft als ein wichtiger Feedback-Prozess in der Produktentwicklung und Produktverbesserung angesehen (Brax u. Jonsson 2009). Die Literatur gliedert die zuvor dargestellten Beweggründe von Unternehmen zur Servitization in drei zentrale Kategorien (Mathieu 2001, Oliva u. Kallenberg 2003, Gebauer u. Fleisch 2007). So wird zwischen strategischen, finanziellen und marketingorientierten Beweggründen unterschieden (Tab. 6.4).

Tab. 6.4 Strategische, finanzielle und marketingorientierte Beweggründe als Treiber der Servitization. (Eigene Darstellung)

Beweggründe	Beispiele
Strategische Beweggründe	– Aufbau von Eintrittsbarrieren für potenzielle Wettbewerber (Vandermerwe u. Rada 1988) – Abgrenzung des Leistungsumfangs zur Konkurrenz (Malleret 2006) – Mittel für Forschung und Entwicklung sowie für Marktuntersuchungen (Vandermerwe u. Rada 1988) – Einbezug von Wissen und Bedarf des Kunden (Wise u. Baumgartner 1999) – Innovationstreiber (Vandermerwe u. Rada 1988) – Steigerung des Vertrauens der Kunden (Gebauer, Friedli et al. 2006) – Schafft Wachstumspotenziale in reifen Märkten (Brax 2005) – Schwierig zu imitieren (Oliva u. Kallenberg 2003)
Marketingorientierte Beweggründe	– Abdeckung der Nachfrage durch Kunden (Brax 2005) – Qualitätssteigerung zwischen Kunde und Unternehmen (Gebauer, Friedli et al. 2006) – Aufbau von Abhängigkeiten des Kunden zum anbietenden Unternehmen (Gebauer, Friedli et al. 2006) – Aufbau von Kundenloyalität (Malleret 2006) – Steigerung der Fähigkeit zum Angebot maßgeschneiderter Lösungen (Martinez, Bastl et al. 2010) – Steigerung der Zahl der Erst- und Wiederholungsverkäufe (Mathieu 2001) – Aufrechterhaltung von Kundenbeziehungen (Mathieu 2001) – Verbesserung des Marktangebots (Penttinen u. Palmer 2007) – Fokus auf zentrale Probleme des Endverbrauchers (Vandermerwe u. Rada 1988)
Finanzielle Beweggründe	– Höhere Margen bei steigenden Umsätzen (Brax u. Jonsson 2009) – Umsatzsteigerung generell (Mathieu 2001) – Ausgleich von sinkenden Margen aus Produktverkäufen (Gebauer 2008) – Aufrechterhaltung einer stabileren Nachfrage (Wise u. Baumgartner 1999)

■ **Herausforderungen im Wandel zum Lösungsanbieter**

Unzureichend geplante und nicht auf den Kunden ausgerichtete Gesamtlösungen können zu einem »Komplettversagen« des Unternehmens führen (Neely 2008). Eine erfolgreiche Umsetzung einer solchen Strategie erfordert daher die entsprechende Messung der Anforderungen des Markts sowie die Ermittlung der Kompetenz des Unternehmens (Ahamed, Inohara et al. 2013). Zudem müssen Auswirkungen auf betriebliche Abläufe, das heißt auf das Geschäftsmodell, identifiziert werden (Macdonald 2009, Beuren, Gomes Ferreira et al. 2013). Eine weitere Herausforderung bildet die gezielte Ausgestaltung solcher Produkt-/Dienstleistungsbündel, da sich die Gestaltung von Produkten und Dienstleistungen wesentlich voneinander unterscheidet (Baines, Lightfoot et al. 2009). Die Gestaltung von Produkten erfolgt oftmals auf Basis von gegebenen Schritten und hat letztlich ein finales »Aussehen«, während die Art und die Detailtiefe der Ausgestaltung von Dienstleistungen nur sehr schwierig zu benennen ist. Eine weitere große Herausforderung stellt auch die Gewährleistung einer kontinuierlichen Nutzung des Dienstleistungsangebots dar. Ein wichtiger Aspekt hierbei ist, dass eine Wertschöpfung aus dem Dienstleistungsangebot nur dann erreicht werden kann, wenn die Dienstleistungen auch konsumiert werden (Vargo u. Lusch 2008). Unternehmen stehen hierbei vor der Herausforderung, den Wert des Leistungsbündels für den Kunden herauszustellen und zu kommunizieren.

Weiterhin ist die Identifikation und Messung des konkreten Nutzens solcher Leistungsangebote schwer (Wise u. Baumgartner 1999), da über die Profitabilität aus Produkten keine Rückschlüsse auf die Profitabilität einzelner Dienstleistungen gezogen und somit Produktmargen nicht mehr ausschließlich als Kennzahl betrachtet werden können.

6.2.4.2 Product-Service-Systems

Das Konzept Product-Service-System (PSS) stellt eine besondere Form der Servitization dar und ist stark durch die skandinavische Forschungsgruppe geprägt. Beide Ansätze – PSS und Servitization – lassen sich aber in Kombination zueinander betrachten, da nach dem Verständnis der Vertreter dieser Ansätze beide ähnliche Zusammenhänge aufweisen und zu einer ähnlichen Schlussfolgerung kommen (Baines, Lightfoot et al. 2009). Sie empfehlen, dass produzierende Unternehmen den Fokus auf den Verkauf von PSS setzen sollten (Tukker 2004, Neely 2007, Baines, Lightfoot et al. 2009). Darüber hinaus stellt das Konzept PSS einen Sonderfall der Servitization dar, bei dem der Wert von Produkten auf der Leistung oder Verwendung dieser und nicht auf ihren Eigenschaften beruht (Baines, Lightfoot et al. 2007). Wie bereits unter dem Themenschwerpunkt Servitization diskutiert, spielt die IT in der Realisierung von PSS eine wichtige Rolle und fungierte größtenteils als »Enabler« unterschiedlicher Angebote, die in neue und innovative Geschäftsmodelle münden. Dabei fördern neue IT-Entwicklungen die Praktikabilität und ökonomische Umsetzbarkeit von PSS-Leistungsangeboten (Hernández Pardo, Bhamra et al. 2012).

- **Definition von Product-Service-System und der Teilkomponenten**

PSS kann im Kerngedanken definiert werden als:

> **Product-Service-System**
>
> Hybride Produkte (PSS) sind zu kundenspezifischen Problemlösungen integrierte Leistungsbündel aus Sachgütern und Dienstleistungen, deren Wert für den Kunden durch die Integration den Wert der Teilleistungen übersteigt. (Leimeister u. Glauner 2008)

Herausgestellt werden kann demnach, dass ein PSS ein individualisiertes Angebot für komplexe Kundenprobleme ist, bei dem die Summe aus der Kombination von Produkten und Dienstleistungen einen höheren Wert schafft als die Einzelteile des Bündels an sich. PSS bestehen demnach aus physischen Gütern und Dienstleistungen, die aneinander gekoppelt sind und teilweise nicht mehr voneinander entkoppelt werden können (Maussang, Zwolinski et al. 2009). PSS wurden als Methode zur Entwicklung innovativer funktions-, verfügbarkeits- und ergebnisorientierter Geschäftsmodelle vorgeschlagen (Komoto u. Tomiyama 2009, Meier, Roy et al. 2010), die das Ziel verfolgen, sowohl bei bestehenden wie auch bei neuen Produkten Kundenbedürfnisse zu erfüllen und einen Kundenwert zu schaffen (Storbacka 2011).

- **Drei Arten von PSS**

In der Literatur werden drei grundsätzliche Arten von PSS unterschieden, die darüber hinaus in acht Archetypen untergliedert werden (◘ Abb. 6.22) (Tukker 2004). Diese Arten stellen verschiedene Typen von PSS-Angeboten dar, die nach ihrem Umfang am Produkt- und Dienstleistungsangebot festgesetzt werden. Je größer der Dienstleistungsanteil des Gesamtangebots, desto höher ist das Potenzial dieser Leistung gegenüber der reinen Produktnutzung.

	Reines Produkt	Product-Service-System			Reiner Service
		Produktumfang (materiell)		Dienstleistungsumfang (immateriell)	
		Produktorientiert	Nutzenorientiert	Ergebnisorientiert	
Produktions-verantwortung		Kunde	Kunde	Anbieter	
Bereitstellung von Betriebspersonal	Wert hauptsächlich im Produkt	Kunde	Kunde	Anbieter	Wert hauptsächlich in Dienstleistung
Eigentumsrecht		Kunde	Kunde/ Anbieter	Anbieter	
Einführung des Services		Kunde	Anbieter	Anbieter	
Bereitstellung des Servicepersonals		Kunde/ Anbieter	Anbieter	Anbieter	
Erlösmodell		Basierend auf Anfrage	Basierend auf Verfügbarkeit	Basierend auf Ergebnis	

Archetypen		
1. produktbezogene Dienstleistungen	3. Leasingangebot	6. Aktivitäts-management/ Outsourcing
2. Beratungs-dienstleistungen	4. Miet- und Sharingangebote	7. »Pay per service unit«
	5. Produktpooling	8. funktionale Ergebnisse

☐ **Abb. 6.22** Charakteristische Merkmale von Product-Service-Systems. (Aufbauend auf Tukker 2004, Meier u. Uhlmann 2012, Gierczak, Söllner et al. 2013)

- **PSS-Archetypen**

Bei produktorientierten PSS wird der Fokus auf den reinen Produktverkauf gesetzt und lediglich um vereinzelte Dienstleistungsangebote erweitert (Tukker 2004). Solche Dienstleistungen reichen vom Kundendienst über Gewährleistung der Funktionsfähigkeit bis hin zur Haltbarkeit des Produkts (Baines, Lightfoot et al. 2007). Dem unterstellt sind zwei Archetypen.
- Archetyp 1: Dieser beschreibt produktbezogene Dienstleistungen. Sie treten neben dem Verkauf von Produkten auf, um die Nutzung des Produkts zu gewährleisten. Darunter fallen unter anderem Wartungsverträge, Lieferung von Verbrauchsmaterialien sowie die Rücknahme von Produkten am Ende ihres Lebenszyklus.
- Archetyp 2: Stellt Beratungsdienstleistungen dar. Hierunter fallen Beratungstätigkeiten, die eine möglichst effiziente Nutzung des Produkts sicherstellen sollen. Darunter fallen unter anderem Beratungstätigkeiten hinsichtlich der Organisationsstruktur oder der Optimierung von logistischen Abläufen innerhalb des Unternehmens.

Bei nutzungsorientierten PSS spielt das Produkt weiterhin eine zentrale Rolle. Erlöse werden jedoch nicht mehr ausschließlich über das Produkt selbst, sondern zunehmend über ein Dienstleistungsangebot realisiert (Tukker 2004). Das Produkt wird hierbei über eine andere Angebotsform auf dem Markt offeriert und kann teilweise von mehreren Personen geteilt werden. Das nutzungsorientierte Angebot stellt explizit die Nutzenmaximierung des Produkts für den Kunden in den Vordergrund (Baines, Lightfoot et al. 2007). Diesem PSS werden insgesamt drei Archetypen untergliedert.

- Archetyp 3: Beschreibt das Leasingangebot. Hierbei bleibt das Produkt während der Nutzung weiterhin im Besitz des Anbieters. Dieser ist dann letztlich für die Instandhaltung, Wartung, Reparatur und Kontrolle zuständig. Der Nutzer zahlt eine Gebühr für die Nutzung des Produktes. In diesen Fällen besteht eine unlimitierte und individuelle Nutzungsmöglichkeit des Produktes.
- Archetyp 4: Stellt Miet- und Sharingangebote dar. Auch in diesem Fall liegen die Eigentumsverhältnisse und die daraus resultierenden Rechte und Pflichten beim Anbieter. Der Nutzer zahlt für die in Anspruch genommene Leistung. Der größte Unterschied zum Produktleasing liegt darin, dass die Nutzung limitiert und nicht auf ein Individuum beschränkt ist. Andere Nutzer können gleichermaßen dasselbe Produkt, jedoch zu unterschiedlichen Zeitpunkten nutzen.
- Archetyp 5: Bezieht sich auf das Produktpooling. Dieser Archetyp trägt identische Merkmale wie Archetyp 4, unterscheidet sich jedoch darin, dass das konsumierte Produkt auch gleichermaßen und zum selben Zeitpunkt durch unterschiedlich viele Nutzer genutzt werden kann.

Bei ergebnisorientierten PSS wird mit dem Kunden kein Produktverkauf mehr definiert, sondern nur noch eine Dienstleistung angeboten (Tukker 2004), bei der das Produkt als integraler Bestandteil weiterhin besteht. Hierbei sind Produkte und Dienstleistungen nur noch schwer voneinander zu trennen, da sie meistens stark ineinander verzahnt sind. Das Angebot dieser PSS umfasst grundsätzlich auf den Kunden zugeschnittene Lösungen, bestehend aus einem Mix von Produkten und Dienstleistungen. Dabei zahlt der Kunde lediglich für die Bereitstellung des vordefinierten Ergebnisses (Baines, Lightfoot et al. 2007). Dieses PSS lässt sich in drei Archetypen untergliedern.

- Archetyp 6: Bezeichnet das Aktivitätsmanagement bzw. Outsourcing. Bei diesem Archetyp können Teile von Aktivitäten an dritte Beteiligte ausgelagert werden. In vielen Fällen unterliegen diese gewissen Verträgen, welche Leistungsindikatoren zur Messung des Erfolges solcher ausgelagerten Leistungen beinhalten. Diese beinhalten unter anderem Leistungen im Zusammenhang mit Reinigung von Büroräumen.
- Archetyp 7: Bezieht sich auf das »Pay per service unit«: Der Kerngedanke dieses Archetyps liegt darin, Produkte weiterhin als Basis anzubieten, die jedoch nicht vom Kunden gekauft werden müssen. Der Kunde kauft hierbei lediglich den vordefinierten Leistungsumfang und bezahlt diesen nach Umfang der Inanspruchnahme der Leistung. Dabei übernimmt der Anbieter alle notwendigen Aktivitäten, die zur Leistungserbringung notwendig sind.
- Archetyp 8: Beschreibt funktionale Ergebnisse. Hierbei verpflichtet sich der Anbieter, dem Kunden ein vordefiniertes Ergebnis zu liefern. Die Ausgestaltung der Ergebniserfüllung obliegt vollständig dem Anbieter. Ziel ist die Erreichung des Ergebnisses durch den Anbieter.

Wie hier bereits teilweise ersichtlich wurde, steigen mit zunehmendem Serviceangebot auch die Verantwortlichkeiten, Rechte und Pflichten des Anbieters, während sie gleichzeitig beim Kunden reduziert werden.

- **Herausforderungen und Vorteile von PSS**

Die Bedeutung von PSS kann insbesondere auf die zwei wichtigsten Interessengruppen bezogen werden, den Kunden als Konsumenten und den Hersteller als Anbieter dieser PSS (Mont 2002). So liefert der PSS-Ansatz für Konsumenten einen Vorteil darin, dass über den Bezug von Services das Potenzial zur Reduktion von Umwelteinflüssen gemäß eigener Bedürfnisse und Wünsche wesentlich gesteigert werden kann. Für den Kunden bedeutet dies zudem, dass durch die gestiegene Anpassung an eigene Bedürfnisse eine höhere Qualität und Flexibilität erlangt werden kann. Letzteres wird insbesondere durch die Übertragung von administrativen sowie überwachenden Aufgaben realisiert. Aus Herstellersicht bedeutet ein PSS-Angebot eine stärkere Verantwortung für den gesamten Lebenszyklus der Produkte des Kunden, eine frühzeitige Einbindung des Kunden in den Designprozess von PSS sowie das Design geschlossener Materialkreisläufe (Mont 2002). Sowohl aus der Sicht der Kunden als auch der Anbieter bedeutet ein PSS-Angebot in vielen Fällen eine Veränderung der Eigentumsverhältnisse und der damit verbundenen veränderten Rechte und Pflichten.

Es gibt unterschiedliche Herausforderungen bei der Umsetzung von PSS (Mont 2002). Da dem Grundgedanken von PSS eine kontinuierliche Interaktion mit dem Kunden unterliegt, müssen bei der Entwicklung und Ausgestaltung von PSS gezielt Akteure ausgewählt werden, die entsprechende Fähigkeiten besitzen, um Konzepte und Lösungen entwickeln zu können. Eine weitere Herausforderung kann darin gesehen werden, dass Einnahmen aus PSS einer unterschiedlichen Logik folgen. Während die Erlöse aus Produkten gegebenenfalls planbar sind und für den weiteren Unternehmensverlauf einkalkuliert werden können, so sind die Einnahmen aus PSS, je nach Ausgestaltungsgrad, gegebenenfalls unsicher und haben eine reduzierte Planungssicherheit zur Folge. Abhängig vom Ausgestaltungsumfang des PSS stellt sich zudem die Frage nach den Eigentumsverhältnissen. Produkte, die auf Mietbasis als Service bezogen werden, gehören gegebenenfalls vollständig dem Anbieter. Eine freie Verwendung durch den Nutzer ist hierbei nicht mehr gewährleistet, was dazu führen kann, dass solche Lösungen gegebenenfalls nicht oder nur unzureichend nachgefragt werden. Eine weitere Herausforderung steht im Zusammenhang mit der Preisfestsetzung für PSS durch den Anbieter. Oftmals ist hierbei eine exakte Kalkulation dieser Preise nur schwer möglich.

6.2.5 Modellierung von Dienstleistungen

- **Grundlagen des Service-Blueprints**

Die Entwicklung und Ausgestaltung von Dienstleistungen, wie sie in den Kapiteln zuvor als PSS oder reine Dienstleistungen dargestellt wurden, stellt Unternehmen oftmals vor eine besondere Herausforderung (Leimeister u. Glauner 2008). Bei vielen Unternehmen ist die Dienstleistungsentwicklung in der Regel von intuitivem Vorgehen, schöpferischem Phantasieren und Visionieren geprägt und stellt zumeist einen kreativen Prozess dar (Bullinger u. Scheer 2006). Problematisch erscheint dabei die Abbildung und somit vereinfachte Darstellung von Dienstleistungen (Meis, Menschner et al. 2010), insbesondere vor dem Hintergrund, dass viele Probleme einer Dienstleistung, vor allem in Bezug auf Kostenstruktur und Akzeptanz, bereits in der Planung und Entwicklung der Dienstleistung entstehen und sich auf die Erbringung auswirken. Daraus begründet sich, dass Dienstleistungen zielgerichtet analysiert, geplant und realisiert und zunächst unter Verwendung geeigneter Werkzeuge und Methoden modelliert werden müssen. Als eine geeignete Methode kann dabei der Service-Blueprint Anwendung finden, da hiermit Zusammenhänge von Ressourcen und Aktivitäten dargestellt werden können und diese somit die Darstellung von Kundeninteraktionspunkten und von Aktivitäten vom Dienstleister zum Kunden abbilden kann (Shostack 1984). Weitere tiefergehende und detailliertere Methoden der Modellierung von Geschäftsprozessen sind die Ereignisgesteuerte Prozesskette (EPK) sowie die Business Process Model and Notation (BPMN). Beide Methoden wurden bereits in ▶ Abschn. 3.3 ausführlich vorgestellt.

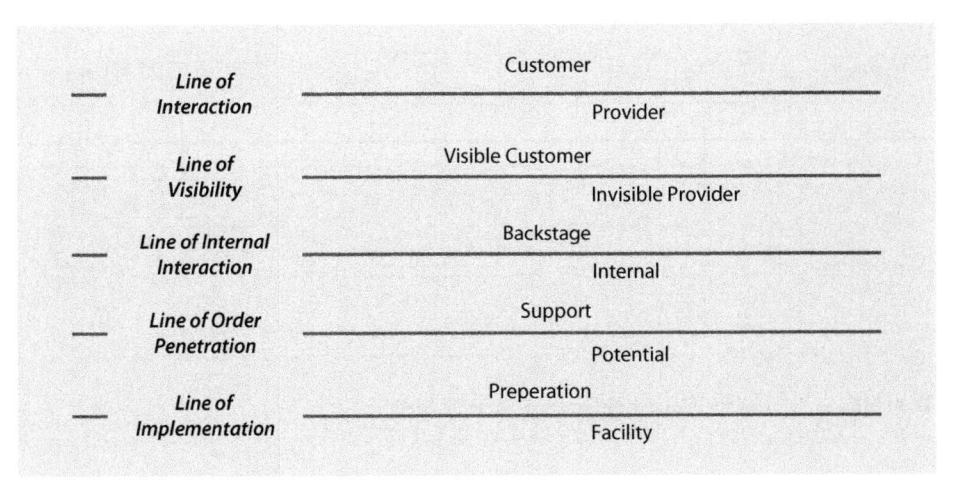

		Customer
—	Line of Interaction	
		Provider
		Visible Customer
—	Line of Visibility	
		Invisible Provider
		Backstage
—	Line of Internal Interaction	
		Internal
		Support
—	Line of Order Penetration	
		Potential
		Preperation
—	Line of Implementation	
		Facility

Abb. 6.23 Linien und Ebenen im Service Blueprint. (Leimeister 2012) Bildrechte bei Leimeister

Der Service-Blueprint stellt eine Methode zur Darstellung, Analyse und Gestaltung von Prozessen dar, die bei dem Kunden beginnen und enden und einen Mehrwert für den Kunden schaffen. Darüber hinaus wird der Service-Blueprint auch zum Testen der Qualität einer Dienstleistung eingesetzt. Mit der Anwendung des Service-Blueprint können Schwachstellen im Dienstleistungsprozess aufgezeigt werden. Über die einzelnen Aktivitäten, die zur Erbringung einer Dienstleistung durchgeführt werden, wird somit mittels Service-Blueprint ein gemeinsames Verständnis des Leistungsumfangs erreicht. Der Service-Blueprint unterstützt einen Dienstleistungsentwickler nicht nur bei der Identifizierung von Problemen bevor sie eintreten, sondern auch bei der Entwicklung von neuen Marktpotenzialen.

- **Aufbau des Service-Blueprints**

Der Aufbau des Service-Blueprints wird im Wesentlichen in fünf Ebenen unterschieden. Diese Ebenen geben an, inwieweit der Kunde in die betroffene Aktivität integriert ist (Leimeister 2012). Im Modell werden diese Ebenen durch Linien voneinander getrennt. Grundsätzlich können diese Linien in Line of Interaction, Line of Visibility, Line of Internal Interaction, Line of Order Penetration und Line of Implementation unterschieden werden (◘ Abb. 6.23). Hinzuzufügen ist zudem auch, dass seit der Einführung des Service Blueprint verschiedene Linien vorgeschlagen wurden, die weitere und neue Ebenen voneinander abgrenzen. Der Einsatz dieser Linien ist grundsätzlich abhängig vom Verwendungszweck der Modellierung (Leimeister 2012). Dies bedeutet, dass eine Modellierung nicht zwangsläufig aus allen vorgestellten Linien bestehen muss, sondern abzuwägen, welche Linien sinnvoll und somit optional eingebunden werden können.

Die Line of Interaction grenzt Kundenaktivitäten und Anbieteraktivitäten voneinander ab (Leimeister 2012). So verdeutlicht diese Trennung, dass im Rahmen der Dienstleistungserbringung der Kunde in den Prozess integriert ist. Die jeweils relevanten Aktivitäten werden den entsprechenden Ebenen so zugeordnet, dass Aktivitäten des Kunden und Aktivitäten des Anbieters optisch voneinander getrennt sind. Dadurch entsteht neben der Sicht des Anbieters auch die Sicht des Kunden auf den Prozess. Die Line of Visibility trennt die für den Kunden sichtbaren Anbieteraktivitäten von den unternehmensinternen unsichtbaren Aktivitäten im Hintergrund. Hier wird deutlich, dass nicht alle Aktivitäten vom Kunden wahrgenommen

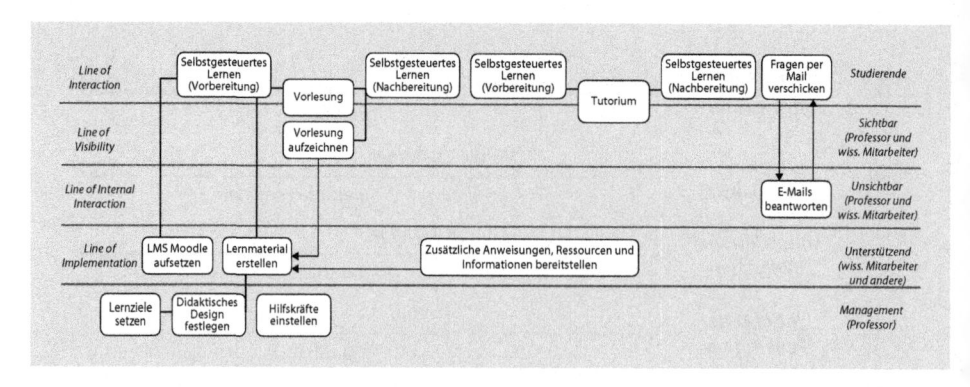

Abb. 6.24 Service-Blueprint-Beispielprozess. (Wegener 2014)

werden. Vom Kunden nicht sichtbare primäre Backstage-Aktivitäten können durch die Line of Internal Interaction von sekundären Supportaktivitäten abgegrenzt werden. Verglichen mit dem Kundenkontakt und den damit verbundenen primären Backstage-Aktivitäten werden die Supportaktivitäten von anderen Mitarbeitern ausgeführt. Durch die Line of Order Penetration werden kundenunabhängige von kundenabhängigen – demnach speziell für einen bestimmten Kunden – Aktivitäten getrennt (Fließ u. Kleinaltenkamp 2004, Leimeister 2012). Oberhalb dieser Linie stehen die unmittelbar kundeninduzierten Aktivitäten, während unterhalb die Potentialaktivitäten aufgeführt werden, die unabhängig von einem Kunden vordisponiert werden können. Die Line of Implementation trennt die vorbereitenden von den unterstützenden Aktivitäten (Kingsman-Brundage 1989). Die vorbereitenden Aktivitäten oberhalb der Line of Implementation dienen dazu, den konkreten Leistungserbringungsprozess vorzubereiten. Die unterstützenden Aktivitäten sind jenen vorgelagert. Hierbei geht es insbesondere um die Beschaffung von Potenzial- und Verbrauchsfaktoren.

- **Modellierung mit Hilfe des Service-Blueprints**

Anhand des Beispiels aus Abb. 6.24 soll der Prozess der Modellierung des Service-Blueprints exemplarisch vorgestellt werden. Zunächst ist es wichtig, zu Beginn zu definieren, welche Dienstleistung dargestellt werden soll (Leimeister 2012). Dabei spielt nicht nur der zu beschreibende Prozess eine wichtige Rolle, sondern auch die Frage nach den zu Beginn abzubildenden Aktivitäten. Um eine Dienstleistung modellieren zu können, muss zuvor der Detaillierungsgrad festgelegt sein. Zudem muss von Beginn an definiert sein, welche Dienstleistung von welcher Startaktivität bis zu welcher Endaktivität erfasst werden soll und wer die Zielgruppe darstellt. Ein weiterer wichtiger zu betrachtender Aspekt betrifft die Kundensicht und die daraus resultierenden zu modellierenden Aktivitäten. Diese Fokussierung hilft dabei, nur Aktivitäten des Anbieters abzubilden, die relevante Auswirkungen auf den Kunden haben.

Im vorliegenden Prozess soll eine Vorlesung, insbesondere der Prozess des selbstgesteuerten Lernens von der Zielgruppe der Studenten, abgebildet werden. So liegen oberhalb der Line of Interaction Tätigkeiten der Studierenden ohne eine Interaktion mit dem Lehrenden (Wegener 2014), im vorliegenden Fall das selbstgesteuerte Lernen mit den Vor- und Nachbearbeitungsphasen der Studierenden und die Fragemöglichkeit des Studierenden an den Lehrenden.

Nach der Abbildung der Kundenaktivitäten oberhalb der Line of Interaction müssen die Aktivitäten des Kontaktpersonals modelliert werden (Leimeister 2012). Dabei wird entschieden, ob es sich um für den Kunden sichtbare oder unsichtbare Aktivitäten handelt. Können

Teilprozesse nur besonders schwer automatisiert werden, aber tragen wesentlich zur Qualität der betrachteten Dienstleistung bei, so werden sie unmittelbar auf der Line of Visibility abgebildet (Wegener 2014). Im vorliegenden Beispiel können interaktive Aktivitäten wie die Vorlesung oder die Tutorien selbst nur schwer automatisiert werden.

Bei der Erbringung vieler Dienstleistungen sind Support-Aktivitäten notwendig (Leimeister 2012). Haben diese Aktivitäten Auswirkungen auf das Ergebnis der betrachteten Dienstleistung, sollten sie in den Service-Blueprint unterhalb der Line of Internal Interaction aufgenommen werden. In dem abgebildeten Fall stellt die Beantwortung von studentischen E-Mails eine solche unterstützende Aktivität dar. Sie steht dabei direkt mit dem Studierenden (Kunden) in Verbindung und kann auf seinen Lernerfolg einen Einfluss haben.

Im letzten Schritt werden die Potenzialaktivitäten der zwei untersten Ebenen hinzugefügt (Leimeister 2012). Diese Aktivitäten sind nicht auf eine Dienstleistung beschränkt, können aber dennoch wichtig für deren Umsetzung sein. Neben den vorbereitenden Aktivitäten (Abbildung unterhalb der Line of Implementation) werden in diesem Schritt auch die unterstützenden Aktivitäten (Abbildung oberhalb der Line of Implementation) hinzugefügt. Bezogen auf das Beispiel gehören zu diesen die Bereitstellung der Lernplattform und das Erstellen von Lernmaterialien, während zu den vorbereitenden Aktivitäten unter anderem das Festlegen des didaktischen Designs, das Einstellen von Hilfskräften sowie das Setzen von Lernzielen der Vorlesung gehören (Wegener 2014). An dieser Stelle sei auch darauf hingewiesen, dass in diesem Beispiel die Line of Order Penetration keine Anwendung gefunden hat, da eine Betrachtung dieser Linie im konkreten Fall nicht notwendig ist.

Wie dargestellt, eignet sich der Service-Blueprint zur Dokumentation, Analyse und Gestaltung von Dienstleistungsprozessen (Leimeister 2012). Das zentrale Element hierbei stellen die unterschiedlichen Linien dar, mit deren Hilfe Aussagen zur Kundenbeteiligung gemacht werden können. Die Ausgestaltung der Modellierung der Prozesse bleibt dabei dem Anwender selbst überlassen.

Weiterführende Literatur

Clement, R. und Schreiber, D. (2013). Internet-Ökonomie: Grundlagen und Fallbeispiele der vernetzten Wirtschaft (2. Aufl., Springer-Lehrbuch). Berlin: Springer Gabler.
Dapp, T. F. und Heymann, E. (2013). Dienstleistungen 2013 - Heterogener Sektor verzeichnet nur geringe Dynamik. In: Deutsche Bank Research. Abgerufen am 12.05.2015: ▶ http://www.dbresearch.de/PROD/DBR_INTERNET_DE-PROD/PROD0000000000304359.pdf
Leimeister, J. M. (2012). Dienstleistungsengineering und -management. Berlin, Heidelberg: Springer Gabler.
Niebel, T. (2010). Der Dienstleistungssektor in Deutschland – Abgrenzung und empirische Evidenz. In: Zentrum für Europäische Wirtschaftsforschung (ZEW), Dokumentation Nr. 10-01. Abgerufen am 12.05.2015: ▶ http://ftp.zew.de/pub/zew-docs/docus/dokumentation1001.pdf
Shapiro, C. und Varian, H. (1999). Information Rules: A Strategic Guide to the Network Economy: Harvard Business Press.
Vargo, S. L. und Lusch, R. F. (2004). Evolving to a New Dominant Logic for Marketing. Journal of Marketing.

Anwendungsbereiche des House of Digital Business

Zusammenfassung
Bereiche wie Medien, Handel, Bildung und Industrie sind nur einige Wirtschaftsbereiche, in denen die fortschreitende Digitalisierung die Art und Weise, wie Wertschöpfung betrieben wird, grundlegend verändert hat und weiter verändern wird. Einerseits stellt dies etablierte Unternehmen vor neue Herausforderungen, andererseits ergeben sich dadurch auch Chancen neue Geschäftsfelder zu erschließen. Andererseits erreichen kleinere Unternehmen durch die globale Vernetzung über das Internet einen wesentlich größeren Wirkungsbereich. Neue Potenziale entstehen für Unternehmen auch durch neue Entwicklungen wie das Crowdsourcing, indem Tätigkeiten und Aufgaben flexibel an externe Menschen ausgelagert werden können. Junge Unternehmen mit kreativen Geschäftsideen und wenig Eigenkapital erhalten über Crowdfunding die Möglichkeit, sich am Markt zu etablieren. Der Open-Innovation-Ansatz zeigt weiterhin, wie Kunden mit geringem Aufwand in die Leistungserstellung einbezogen und Produkte sowie Dienstleistungen stärker individualisiert werden können. Gleichzeitig führt die steigende Bedeutung von Social Media zu einer stärkeren Vernetzung der Menschen und der Unternehmen sowohl untereinander als auch miteinander. Insbesondere im Enterprise 2.0 wird deutlich, wie Social Media für unternehmensinterne Zwecke verwendet werden und das Wissensmanagement verändern können. Dies verändert das Kommunikationsverhalten ebenso wie auch das Kaufverhalten, was aus Unternehmensperspektive von besonderer Relevanz ist. Produkte werden nicht mehr ausschließlich im Fachgeschäft gekauft, in denen der Kunde eine persönliche Beratung erhält. Stattdessen werden die Preise der Produkte im Internet verglichen, Kundenrezensionen gelesen und bei Bedarf online gekauft. Ein weiterer Trend ist »mobile«, wodurch sich Unternehmen die Möglichkeit bietet, mobile und ubiquitäre IT-Dienste anzubieten, die dem Kunden unterwegs neue Nutzungserlebnisse eröffnen.

Diese Entwicklungen erfordern ein Umdenken und strategische Neuausrichtungen von Unternehmen, weil bestehende Geschäftsprozesse diesen Anforderungen nicht gerecht werden und etablierte Geschäftsmodelle wie zum Beispiel das Verlagswesen verdrängt werden. Vor diesem Hintergrund werden die Anwendungsbereiche Electronic Business (E-Business) (siehe ▶ Abschn. 7.1), Social Business (siehe ▶ Abschn. 7.2) sowie Mobile und Ubiquitous Business (siehe ▶ Abschn. 7.3) im Kontext des House of Digital Business diskutiert.

7.1	**Electronic Business im House of Digital Business – 379**	
7.1.1	Gestaltung von Geschäftsprozessen im Electronic Business – 381	
7.1.2	Strategische Ausrichtungen und Geschäftsmodelle im E-Business – 393	
7.1.3	E-Marketplace am Beispiel Amazon – 395	
7.2	**Social Business im House of Digital Business – 397**	
7.2.1	Technische Grundlagen für Social Business – 400	
7.2.2	Social-Software-Anwendungen in Unternehmen – 402	
7.2.3	Gesellschaftlicher Wandel durch Social Business – 407	
7.2.4	Gestaltung von Geschäftsprozessen im Social Business – 411	
7.2.5	Strategische Ausrichtung eines Social Business – 415	
7.3	**Mobile und Ubiquitous Business im House of Digital Business – 431**	
7.3.1	Technische Grundlagen für Mobile und Ubiquitous Business – 432	
7.3.2	Gesellschaftlicher Wandel durch Mobile undUbiquitous Business – 436	
7.3.3	Gestaltung von Geschäftsprozessen im Mobile und Ubiquitous Business – 439	
7.3.4	Strategische Neuausrichtung im mobilen Zeitalter – 442	
7.3.5	Mobile Services – 443	
	Weiterführende Literatur – 444	

Lernziele des Kapitels

1. Sie können auf Basis des House of Digital Business die Bedeutung von Electronic Business, Social Business sowie Mobile und Ubiquitous Business für Wirtschaft und Gesellschaft darstellen.
2. Sie können erklären, was »Nutzer-, Nutzungs- und Nutzenorientierung« im Electronic Business bedeutet und können die Auswirkungen auf elektronischen Marktplätzen beschreiben.
3. Sie können die gesellschaftlichen Veränderungen durch Electronic Business beschreiben.
4. Sie können Veränderungen in Geschäftsprozessen, Geschäftsstrategien und dem Leistungsergebnis durch Electronic Business bewerten.
5. Sie können ein House-of-Digital-Business-Konzept für die Anwendung von Electronic Business für ein Unternehmen entwerfen.
6. Sie können erklären, was »Nutzer-, Nutzungs- und Nutzenorientierung« im Social Business bedeutet und können die Auswirkungen von Social Software auf Unternehmen beschreiben.
7. Sie können wegweisende technische Grundlagen des Social Business beschreiben.
8. Sie können die gesellschaftlichen Veränderungen durch Social Business beschreiben.
9. Sie können Veränderungen in Geschäftsprozessen und Geschäftsstrategien durch Social Business charakterisieren.
10. Sie können ein House-of-Digital-Business-Konzept für die Anwendung von Social Business für ein Unternehmen entwerfen.
11. Sie können erklären, was »Nutzer-, Nutzungs- und Nutzenorientierung« durch Mobile Services bedeutet und können die Auswirkungen von Mobilen Services auf Unternehmen beschreiben.
12. Sie können wegweisende technische Grundlagen von Mobile und Ubiquitous Computing beschreiben.
13. Sie können die gesellschaftlichen Veränderungen durch Mobile und Ubiquitous Computing beschreiben.
14. Sie können Neuausrichtungen in Geschäftsprozessen, Geschäftsstrategien und dem Leistungsergebnis im mobilen Zeitalter charakterisieren.
15. Sie können ein House-of-Digital-Business-Konzept für die Anwendung von Mobile und Ubiquitous Computing für ein Unternehmen entwerfen.

7.1 Electronic Business im House of Digital Business

Als Unternehmen wie Amazon (1994), Google (1998) oder Facebook (2004) gegründet wurden, waren deren Entwicklung und die Auswirkungen, die ihre Geschäftstätigkeit auf die Gesellschaft und die Wirtschaft hatten, nicht abzusehen. So lag im Jahr 2012 der Gesamtumsatz des Onlinehandels in Deutschland bei ca. 27,5 Mrd. € (Lindner u. Knop 2013). Der Umsatz von Amazon lag dabei im Jahr 2012 ca. bei 8,7 Mrd. €. Dies entspricht knapp 32% am Gesamtumsatz. Zum Vergleich – Amazon hatte in der zweiten Woche seiner Gründung einen Umsatz von ca. 20.000 $ erzielt. Google generierte insbesondere durch seine Einnahmen im Bereich Onlinewerbung einen Umsatz von über 50 Mrd. € im Jahr 2012 (SPON 2013), während Facebook einen Umsatz von 5,1 Mrd. € verbuchte (Frankfurter Rundschau 2013).

Dieses Wachstum ging mit einer Verdrängung bestehender Geschäftsmodelle wie zum Beispiel dem klassischen Buchhandel einher und wurde von der technischen Entwicklung und vor allem der starken Vernetzung von IT-Systemen getragen. In den Anfangsjahren der genannten Beispiele nutzten Unternehmen proprietäre Systeme, um mit Unternehmenspartnern und

Kunden Daten auszutauschen. Dies ging mit hohen Kosten einher und es konnten zwischen den Unternehmen bzw. Kunden nur dann Daten ausgetauscht werden, wenn die Kommunikationspartner denselben Standard unterstützten. Der konsequente Ausbau des Internets versetzte Unternehmen in die Lage, sich mit anderen Firmen und Kunden kostengünstig zu vernetzen, weil das Internet eine einfache und robuste Vernetzung ermögliche. Durch die Verwendung von internationalen Standards und Protokollen wie beispielsweise dem ISO/OSI-Modell oder der TCP/IP-Protokollfamilie (▶ Kap. 2) reduzieren sich zudem die Komplexität und der Aufwand der Vernetzung wesentlich. Das Internet versetzt Unternehmen damit in die Lage, ohne den Umweg über Zwischenhändler direkt mit ihren Händlern zu kommunizieren und ihre Wertschöpfungsprozesse entsprechend zu optimieren. Das Auslassen von Zwischenhändlern reduziert die Transaktionskosten für die Unternehmen, die u. a. bei der Suche nach Kunden und Verkäufern entstehen, und erlaubt eine wesentlich engere Beziehung zwischen den Marktteilnehmern. Darüber hinaus besteht für Unternehmen die Möglichkeit, Zusatzdienste über das Internet anzubieten, angefangen von Software-Updates für gekaufte Softwareprodukte bis hin zu zusätzlichen Hintergrundinformationen zu Filmen auf Blu-ray-Discs (z. B. Regieanweisungen, Filmtrailer, Schauspieler).

Aus Kunden- bzw. Endkonsumentensicht führt die zunehmende Digitalisierung und Vernetzung sämtlicher Lebensbereiche zu einer Veränderung in der Art und Weise, wie Produkte und Dienstleistungen beschafft und konsumiert werden. Kunden können heutzutage jederzeit über ein internetfähiges Endgerät wie ein Smartphone oder Tablet die tagesaktuellen Preise von Produkten vergleichen, Produktrezensionen von anderen Kunden lesen oder Produkte online bestellen. Damit verfügen sie über eine wesentlich stärkere Verhandlungsposition gegenüber dem Verkäufer als früher. Gleichzeitig vernetzen sich die Kunden zum Beispiel durch Social Networks wie Facebook untereinander und nutzen dies beispielsweise um selbst Produkte zu verkaufen (z. B. ▶ www.kleiderkreisel.de) oder selbst Dienstleistungen anzubieten (z. B. ▶ www.mitfahrgelegenheit.de, ▶ www.blablacar.de, ▶ www.airbnb.de). Diese Entwicklungen verändern den Endkonsumentenbereich und das Business-to-Business (B2B)-Geschäft und werden unter dem Begriff »Electronic Business« (E-Business) zusammengefasst.

E-Business bezeichnet die Unterstützung von Geschäftsprozessen durch IT. Eine Teilmenge von E-Business ist Electronic Commerce (E-Commerce). E-Commerce fokussiert die transaktionsbezogene Seite der Wertschöpfungskette und bezeichnet die »elektronische Unterstützung insbesondere von (Handels-)Aktivitäten […], die in direktem Zusammenhang mit dem Kauf oder Verkauf von Produkten oder Dienstleistungen stehen« (Laudon, Laudon et al. 2010). Informationen können so reibungslos zwischen den verschiedenen Teilen des Unternehmens und zwischen dem Unternehmen und externen Parteien (Kunden, Lieferanten, Geschäftspartnern) ausgetauscht werden.

E-Business

E-Business bezeichnet »die Anwendung von Internet und digitalen Techniken zur Ausführung sämtlicher Geschäftsprozesse eines Unternehmens«. E-Business »umfasst sowohl E-Commerce als auch Prozesse zur internen Verwaltung des Unternehmens und zur Koordination mit Lieferanten und Geschäftspartnern«. (Laudon, Laudon et al. 2010)

Die Entwicklung von E-Business und E-Commerce verändert bestehende Marktstrukturen und Geschäftsabläufe tiefgreifend und beeinflusst auch das Verhalten der Endkonsumenten in Bezug auf die Art und Weise, wie sie konsumieren. Vor diesem Hintergrund wird der folgende Abschnitt zunächst die Veränderungen in den Geschäftsprozessen am Beispiel des Supply-

7.1.1 Gestaltung von Geschäftsprozessen im Electronic Business

An EDI (Electronic Data Interchange) (▶ Abschn. 3.3) sind sowohl Unternehmen derselben Branche als auch Unternehmen verschiedener Branchen interessiert und beteiligt. Häufig bilden die Beteiligten geschlossene Benutzergruppen. Als Partner für die digitale Vernetzung kommen in erster Linie Lieferanten (Bestellwesen), Kunden (Auftragsabwicklung), Speditionen (Versand), Banken (elektronischer Zahlungsverkehr) und Behörden (Meldungen) in Betracht. Für Unternehmen, welche die digitale Vernetzung gegenwärtig vollziehen, liegen die nachfolgenden Ziele zugrunde.

Die Ziele der digitalen Vernetzung sind u. a.

- die Vermeidung der wiederholten Erfassung bzw. Eingabe (und dadurch die Reduzierung von Erfassungsfehlern) und der mehrfachen Speicherung bzw. Ablage derselben Daten,
- die Beschleunigung der Kommunikation hinsichtlich Warenbeschaffung, Belieferung und Zahlungsverkehr zwischen Geschäftspartnern,
- Wettbewerbsvorteile durch schnellere Reaktionsmöglichkeiten auf Ereignisse sowohl im Betriebsablauf als auch auf dem Markt,
- die engere Einbeziehung von Lieferanten, insbesondere Zulieferern, in die betrieblichen Prozesse,
- der Abbau von Lagerbeständen durch kurzfristige Bestellungen,
- die Intensivierung der Kundenbetreuung und damit eine stärkere Bindung der Kunden an das Unternehmen und
- die Integration von Wertschöpfungspartnern.

- **Supply-Chain-Management (SCM)**

Angestrebt werden mit der digitalen Vernetzung nicht nur Zeit-, sondern auch Kosten- und Personaleinsparungen. Praktisch bedeutet die digitale Vernetzung die unternehmensübergreifende Ausweitung betrieblicher Geschäftsprozesse bzw. Arbeitsabläufe. Mit dem Supply-Chain-Management (SCM) existiert eine Möglichkeit, wie diese Ausweitung der Geschäftsprozesse in eine strategische Zusammenarbeit von Unternehmen überführt und ein Netzwerk zum Aufbau von unternehmensübergreifenden Geschäftsprozessen hergestellt werden kann. Innerhalb dieses Netzwerks werden die Materialbeschaffung, Rohmaterialverarbeitung, Fertigstellung und Verteilung der Endprodukte aufeinander abgestimmt.

Daraus resultieren ein hoher Koordinationsaufwand, eine hohe Komplexität der Lieferkette und viele gegenseitige Abhängigkeiten zwischen den Partnern. Ein hohes Maß an Zuverlässigkeit der Partner und der Lieferungen im Wertschöpfungsnetzwerk ist notwendig, um ein effizientes SCM-Netzwerk zu realisieren und zu einem strategischen Wettbewerbsfaktor zu entwickeln.

> **Supply-Chain-Management**
>
> Supply-Chain-Management ist die integrierte Planung, Simulation, Optimierung und Steuerung der Waren-, Informations- und Geldflüsse entlang der gesamten Wertschöpfungskette vom Kunden bis hin zu Rohstofflieferanten. (Nenninger u. Hillek 2000)

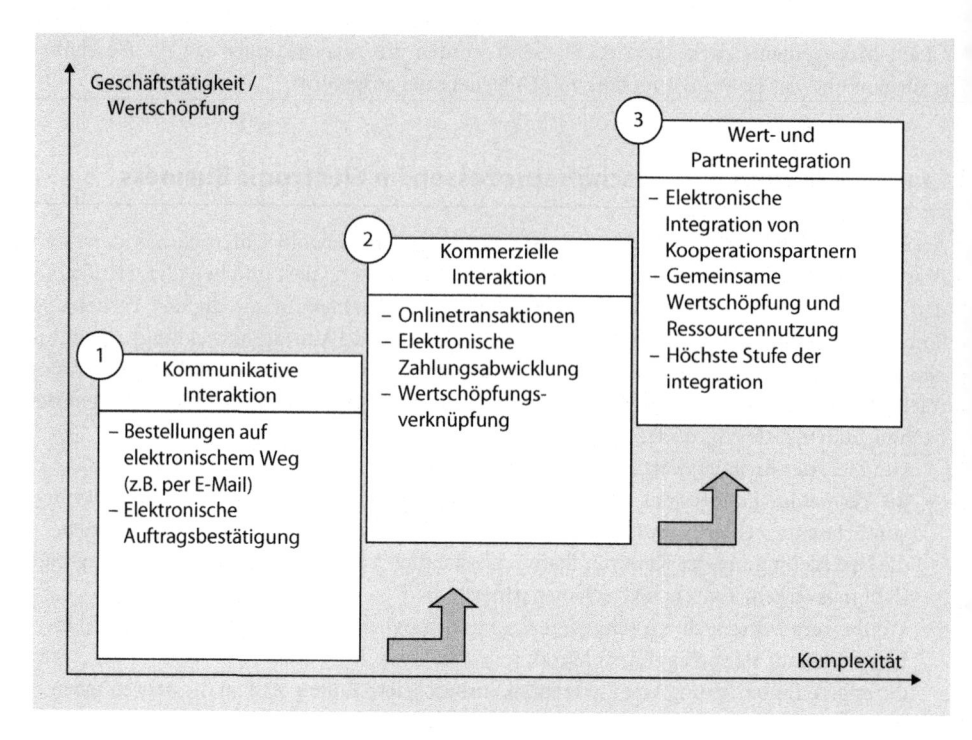

Abb. 7.1 Stufen der Zusammenarbeit im E-Business. (Kollmann 2013)

- **Weitere Formen zur Integration von Wertschöpfungspartnern**

Neben dem SCM existieren weitere Formen zur Integration von Wertschöpfungspartnern. Die einfachste Form ist die sogenannte kommunikative Interaktion (Kollmann 2013), die ausschließlich auf den Austausch von Informationen ausgerichtet ist (◘ Abb. 7.1). Ein Beispiel hierfür ist der Versand einer Bestellung per E-Mail an einen Lieferanten. Werden in einem Netzwerk kommerzielle Transaktionen (Kollmann 2013) vorgenommen, befindet sich das Netzwerk in der mittleren Reifestufe und die Komplexität der Wertschöpfung ist im Vergleich zur Stufe kommunikative Interaktion (Kollmann 2013) angestiegen. Neben dem Austausch von Informationen werden in dieser Stufe beispielsweise komplette Kaufverträge zwischen den Wertschöpfungspartnern abgewickelt. Mit SCM erreicht ein Wertschöpfungsnetzwerk die höchste Form der Integration von Wertschöpfungspartnern und Endkunden. Diese Phase zeichnet sich nicht nur durch eine elektronische Integration der Wertschöpfungspartner aus, sondern auch durch den Zugriff auf gemeinsame Ressourcen, wodurch Skaleneffekte erzielbar sind.

- **Fünf Bereiche des Supply-Chain-Management**

Nach Lawrenz et al. (2001) setzt sich das SCM aus den fünf Bereichen SCM-Strategie, Kennzahlensystem, Wertschöpfungsprozesse, Informationssysteme und Organisation zusammen. Jeder dieser Bereiche steht mit den anderen Bereichen in Verbindung. Die SCM-Strategie definiert, wie das SCM in einem Unternehmen gestaltet wird. Im SCM werden somit Vorgaben definiert, wie die anderen Bereiche ausgestaltet sein müssen. Dabei richtet sich die SCM-Strategie nach den Erfordernissen des Marktes. Der Bereich Wertschöpfungsprozesse beschreibt die Prozesse und das Management der Wertschöpfungskette. Der Bereich Organisation definiert den Aufbau der Organisation und legt die Verantwortlichkeiten fest. Die Informationssysteme über-

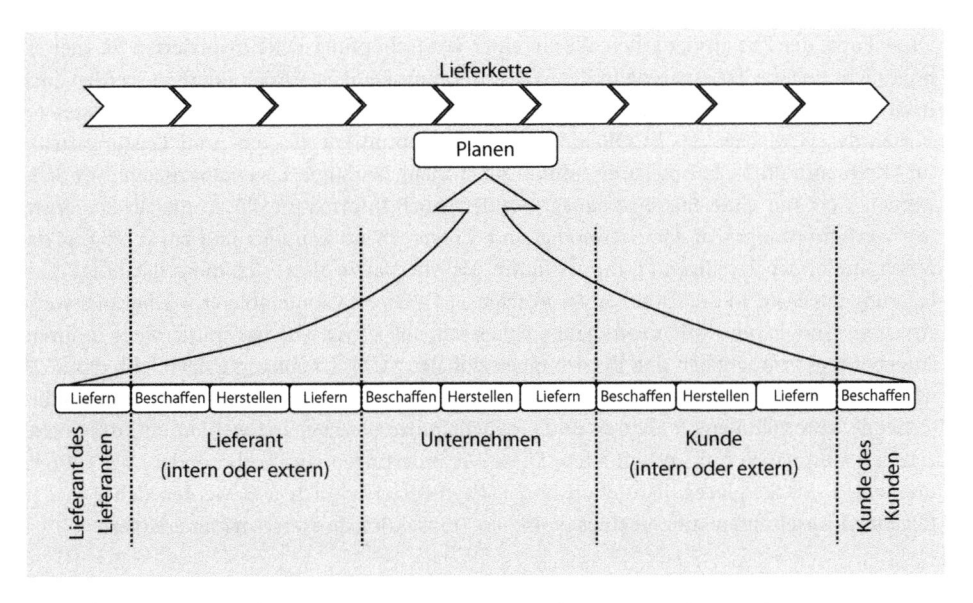

Abb. 7.2 SCOR – Supply Chain Operations Reference Model. (Aufbauend auf o.V. 2010)

nehmen eine unterstützende Funktion im SCM und dienen zur Planung und Steuerung der Supply-Chain-Prozesse. Das Kennzahlensystem misst die Leistung der Wertschöpfungskette und übernimmt die eigentliche Kontrollfunktion im SCM (Lawrenz, Hildebrand et al. 2001).

- **Grundprinzipien des Supply-Chain-Management**
Im SCM existieren mit dem Pull- und Push-Prinzip zwei Grundprinzipien, wie die Materialversorgung eines Unternehmens erfolgen kann. Beim Push-Prinzip werden die Verkaufszahlen und die Lagerbestände des Produzenten analysiert. Die so gewonnenen Daten dienen als Basis für die Planung der Produktion. Der Materialfluss wird folglich durch eine langfristige Nachfrageprognose ausgelöst und der Produzent ist gezwungen, seine Produkte dem Kunden zu verkaufen (Laudon, Laudon et al. 2010). Die Materialien werden durch die Produzenten in die Richtung des Marktes gedrückt. Das Pull-Prinzip besagt, dass der Nachschub an Materialien durch die Nachfrage, d. h. durch konkrete Verkaufszahlen, ausgelöst wird. Die Nachfrage bewegt sich in der Wertschöpfungskette somit rückwärts jeweils vom Kunden zum Lieferanten und »zieht« die Materialien in Richtung Markt. In der Praxis wird zumeist eine Kombination von beiden Prinzipien eingesetzt, um Ineffizienzen in der Wertschöpfungskette zu vermeiden.

- **Supply Chain Operations Reference Model**
Damit die Prinzipien des SCM firmen- und branchenübergreifend einheitlich angewendet werden, wurde das Referenzmodell SCOR (Supply Chain Operations Reference Model) entwickelt ◘ Abb. 7.2. Das SCOR-Modell ist ein idealtypisches Prozessmodell, mit dem Wertschöpfungsketten einheitlich beschrieben, bewertet und analysiert werden. Nach Klein und Krcmar (2001) verfolgt das SCOR-Modell drei Zielstellungen:
- Bewerten und Vergleichen der Leistung von Wertschöpfungsketten
- Gestalten und Optimieren von Wertschöpfungsketten über Organisationsgrenzen hinweg
- Identifizieren von Einsatzgebieten und notwendigen Funktionen von IT in den Wertschöpfungsketten

Diese Form der Zusammenarbeit aller in einer Wertschöpfungskette involvierten Partner erhöht nicht nur die Transparenz in der Wertschöpfungskette an sich, sondern es werden auch Informationsasymmetrien zwischen den Partnern abgebaut (Kollmann 2013). Ein weiterer Vorteil des SCM bzw. des SCOR-Modells ist eine optimierte Kosten- und Leistungsstruktur (Kollmann 2013), beispielsweise durch nicht mehr benötigte Lagerkapazitäten. Mit SCM werden nicht nur Güterflüsse gemanagt, sondern auch Informationsflüsse, die zur Steuerung der Wertschöpfungsprozesse notwendig sind. Entsprechend komplex und aufwendig ist das Management der jeweiligen IT-Infrastruktur. Als Alternative bietet sich die vollständige Auslagerung des SCM in die Cloud an (► Abschn. 2.1.4). Große Cloudanbieter wie beispielsweise Amazon, Google oder Microsoft, haben entsprechende Cloud-Dienste mittlerweile in ihrem Angebot und ermöglichen den Betrieb eines globalen SCM. Unabhängig davon, ob das SCM durch die lokale IT im Unternehmen oder einen Cloud-Dienst abgewickelt wird, müssen bestehende Unternehmensstrukturen und Geschäftsprozesse angepasst werden, um das Potenzial der Automatisierung zu entfalten. Diese Veränderungen sind insbesondere bei E-Procurement, E-Marketplaces, E-Auction und E-Payment ersichtlich und werden daher in den folgenden Abschnitten anhand eines typischen Transaktionsprozesses näher erläutert.

- **Transaktionsprozess**

Ein Transaktionsprozess besteht aus den Phasen Information, Vereinbarung, Abwicklung und After-Sales. Diese Phasen werden unabhängig davon durchlaufen, ob es zu einem Kauf im B2C- oder B2B-Kontext kommt. Die Informationsphase ist von der Suche nach Produkten/Dienstleistungen geprägt. Hier helfen dem Kaufinteressenten verschiedene E-Marketplace-Anbieter. Entschließt sich der Kaufinteressent, ein Produkt zu kaufen, muss ein Preis gefunden werden, mit dem sowohl Käufer als auch Verkäufer zufrieden sind. Bei einer erfolgreichen Verhandlung erfolgt der Vertragsschluss. Die Preisfindung kann im E-Business durch E-Auctions unterstützt werden. Anschließend bezahlt der Käufer den vereinbarten Preis. Hier können E-Payment-Lösungen unterstützen. Ist die Zahlung erfolgt, wird die Lieferung vollzogen. Mit dem Zeitpunkt der Lieferung beginnt die Phase After-Sales, innerhalb derer der Kunde bei Bedarf den Kundensupport in Anspruch nehmen kann. Sämtliche Phasen werden durch IT-Systeme unterstützt. Im B2B-Kontext kommen zumeist sogenannte E-Procurement-Systeme zum Einsatz und bilden damit ein Element des SCM. Die digitale Vernetzung zwischen den Unternehmen basiert hier auf den Technologien EDI und XML. Im B2C-Kontext wird der Transaktionsprozess meist ausschließlich über einen Webbrowser abgewickelt. Die Daten werden hierbei über das Internet und damit auf der Basis von TCP/IP übertragen.

7.1.1.1 E-Procurement

Unter E-Procurement-Systemen werden in der Regel Katalogsysteme verstanden, die in die ERP-Systeme (► Kap. 3) von Unternehmen integriert sind. Mit E-Procurement verfügen Unternehmen über eine Technologie, sämtliche Phasen des innerbetrieblichen Beschaffungsprozesses durch IT zu unterstützen und somit auch um einen Transaktionsprozess vollständig abzuwickeln. E-Procurement ist damit ein System, welches im Rahmen des SCM ausschließlich auf die Abwicklung des Beschaffungsprozesses fokussiert. Zu den wesentlichen Funktionen des E-Procurement zählen die Suche nach Lieferanten, Finanzierung, Bestellung, Rechnung und die Überprüfung von getätigten Einkäufen (Croom u. Brandon-Jones 2004).

> **E-Procurement**
>
> E-Procurement ist eine Technologie, die die betriebliche Beschaffung durch den Einsatz des Internets und durch IT unterstützt. Es durchdringt alle Stufen, die der Supply-Manager identifiziert hat, und verändert dadurch sämtliche Einkaufsprozesse. (Presutti 2003)

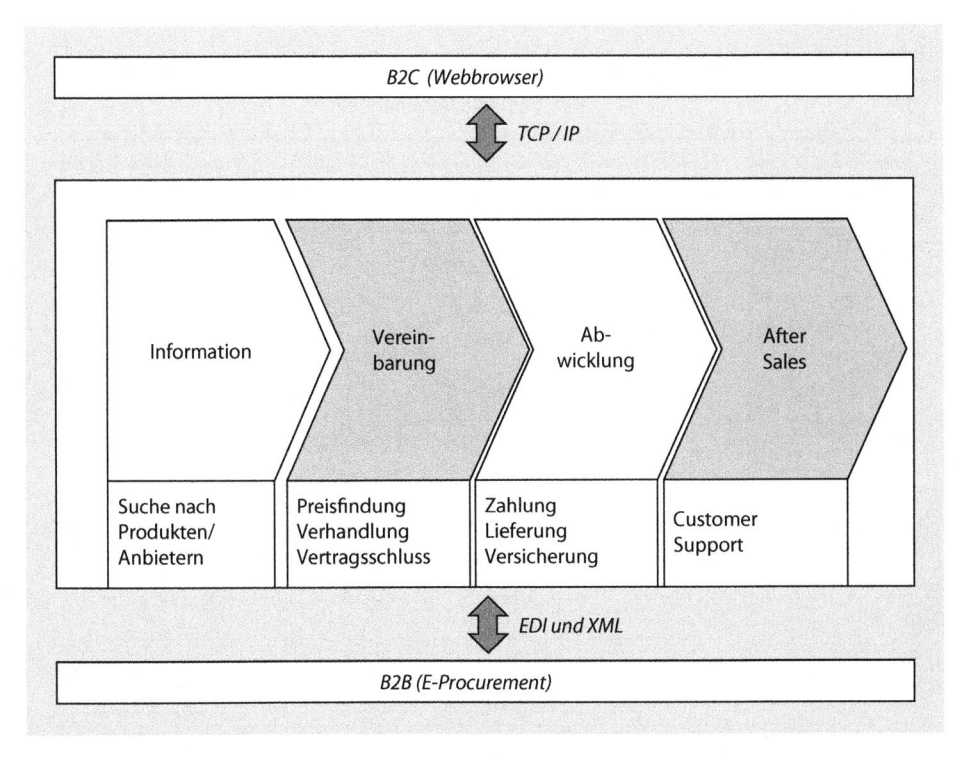

Abb. 7.3 Einordnung von E-Procurement, E-Marketplaces, E-Auction und E-Payment im E-Business. (Eigene Darstellung)

Von diesem Begriffsverständnis ausgehend, ist E-Procurement ein Synonym für B2B-E-Commerce, weil die gleichen Geschäftsprozesse einbezogen werden. Allerdings wird ein Unternehmen im Kontext von E-Procurement als die »beschaffende Organisation« (Schubert 2002) und im Kontext von B2B E-Commerce als die »verkaufende Organisation« betrachtet (◘ Abb. 7.4) (Schubert 2002). Dieser Zusammenhang wird insbesondere bei langen und komplexen Wertschöpfungsketten (z. B. in der Automobilindustrie) deutlich, in denen eine Vielzahl von Unternehmen beide Rollen gleichzeitig einnimmt.

Der Einsatz von E-Procurement bietet für Unternehmen operative und strategische Vorteile. Aus der operativen Perspektive heraus ergeben sich Vorteile durch die (Teil-) Automatisierung bestehender Beschaffungsprozesse, weil bestehende Ineffizienzen in den bisherigen manuellen Abläufen reduziert werden. Damit reduzieren sich wiederum die Durchlaufzeiten der bestellten und verarbeiteten Waren, was letztlich einen positiven Einfluss auf die Qualität des Kundenservices hat. Ein weiterer operativer Vorteil von E-Procurement ist die Transparenz des Beschaffungsprozesses, die sich durch die konsequente Verfügbarkeit von Informationen u. a. zu aktuellen und vergangenen betrieblichen Bestellvorgängen oder Lagerbeständen ergibt. Aus der strategischen Perspektive betrachtet, führt der Einsatz von E-Procurement zu einem stärker zentralisierten Beschaffungsprozess. Damit können Unternehmen nicht nur größere Margen an Produkten/Dienstleistungen bei den Lieferanten bestellen und von entsprechenden Preisnachlässen bei den Lieferanten profitieren. Die Unternehmen können darüber hinaus mit E-Procurement ihr Lieferantenmanagement vereinfachen und den für sie am besten geeigneten Lieferanten beauftragen.

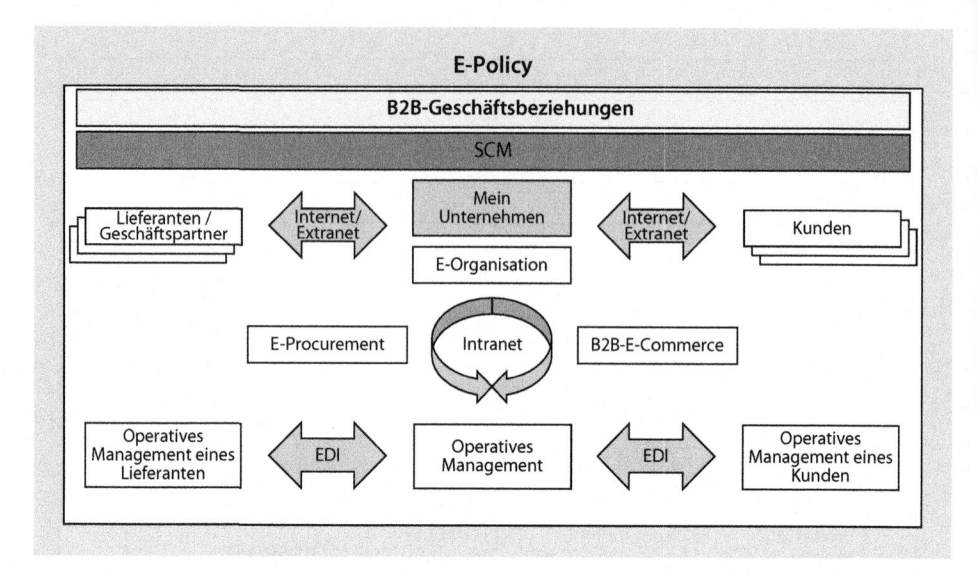

Abb. 7.4 Einordnung der Begriffe E-Procurement, E-Business, EDI und SCM. (Aufbauend auf Schubert 2002)

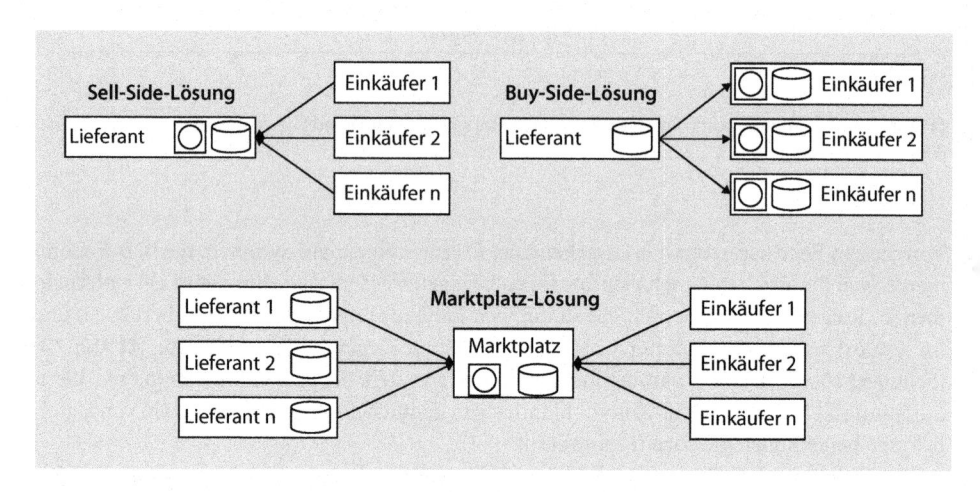

Abb. 7.5 Die drei Systemvarianten von E-Procurement nach Koorn. (Aufbauend auf Schubert 2002)

- **Systemvarianten von E-Procurement**

Das E-Procurement unterteilt sich in drei verschiedene Varianten (◘ Abb. 7.5) (Koorn, Smith et al. 2001):
- Buy-Side-Systeme (Käufer-E-Procurement-System)
- Sell-Side-Systeme (Verkäufer-E-Procurement-System)
- Marktplätze (Online-Intermediäre)

Die Bezeichnung dieser Systeme leitet sich daraus ab, welche Partei im Beschaffungsprozess die E-Procurement-Software im eigenen IT-System betreibt.

Wird die Einkaufssoftware vom beschaffenden Unternehmen (Käufer) betrieben, wird dies als Buy-Side-System bezeichnet. Der Vorteil für den Käufer liegt vor allem darin, dass er für seine Angestellten einen Multilieferantenkatalog selbst zusammenstellen kann. In diesem Katalog werden die Produkte und Dienstleistungen der Lieferanten zusammengefasst und die Mitarbeiter können aus diesem Katalog heraus die benötigten Anschaffungen in Auftrag geben (Schubert 2002). Die Buy-Side-Lösung kann abgesehen vom beschaffenden Unternehmen auch von einem Procurement-Service-Provider betrieben werden. Diese Variante wird dann als Hosted-Buy-Side bezeichnet (Schubert 2002).

In einem Sell-Side-System stellt der Verkäufer die Einkaufssoftware und den Einkaufskatalog seinen Kunden zur Verfügung. Viele Onlineshops (E-Shops) folgen diesem Prinzip. Bei Sell-Side-Systemen kann sich der Kunde zunächst beim Lieferanten registrieren und bei jedem Kauf neu einloggen (Schubert 2002). Da sämtliche transaktionsbezogenen Daten beim Lieferanten gespeichert werden, sind sie nicht direkt im System des Käufers verfügbar und müssen erst über Schnittstellen beim Lieferanten exportiert und zum Käufer übertragen werden (Schubert 2002). Ein Vorteil von Sell-Side-Systemen ist, dass der Lieferant sein Produktportfolio optimal seinen Kunden präsentieren und zusätzliche Funktionen (z. B. Kompatibilitätsprüfung) integrieren kann (Schubert 2002).

Bei einem elektronischen Marktplatz übernimmt der Provider desselbigen den Betrieb der Einkaufssoftware und die Zusammenstellung sowie Präsentation des Produktkatalogs (Schubert 2002).

7.1.1.2 E-Marketplace

Elektronische Marktplätze (engl. E-Marketplaces) übernehmen die Funktion von klassischen Märkten, d. h. sie bringen Angebot und Nachfrage nach Gütern und Dienstleistungen zusammen. Im Unterschied zu klassischen Marktplätzen wird dieses Zusammenbringen bei E-Marketplaces durch IT unterstützt. E-Marketplaces sind im B2C-Kontext bereits weit verbreitet (z. B. Amazon, Ebay, Otto, Tchibo). Sie werden aber auch im B2B-Kontext in vielen Branchen eingesetzt, weil sie eine höhere Effizienz als klassische Märkte bieten (Hansen u. Neumann 2009). Diese Effizienz wird durch Preistransparenz und standardisierte Produktspezifikationen begründet.

> **E-Marketplace**
>
> »Ein E-Marketplace ermöglicht den elektronischen Handel mit Produkten bzw. Dienstleistungen über digitale Netzwerke. Damit erfolgt eine Integration von innovativen Informations- und Kommunikationstechnologien zur Unterstützung bzw. Abwicklung einer Zusammenführung von Angebot und Nachfrage.« (Kollmann 2013)

- **Klassifikation von E-Marketplaces**

E-Marketplaces lassen sich zunächst nach dem Betreiber unterscheiden (◘ Abb. 7.6). Der Betreiber kann demnach ein unparteiischer Dritter sein, der weder die Interessen des Käufers noch des Verkäufers vertritt. Ein Beispiel hierfür ist Amazon Marketplace, auf dem Händler ihre Produkte verkaufen oder auf dem Kunden von Amazon ihre gebrauchten Produkte verkaufen. E-Marketplaces werden im B2B-Kontext oftmals für Beschaffungs- und Distributionszwecke verwendet. In diesem Fall wird der Marktplatz von einem Unternehmen, das als Käufer oder Verkäufer auftritt, oder von einer Gruppe von Unternehmen, einem sogenannten Konsortium, bereitgestellt. Konsortien betreiben gemeinschaftlich meist halböffentliche Marktplätze (Schubert 2002).

```
                    Klassifikation elektronischer
                        Marktsysteme nach
   ┌──────────────┬──────────────┬──────────────┬──────────────┬──────────────┐
   Betreiber des   Unterstützte   Branchen-      Markt-         Ertragsmodelle
   elektronischen  Markt-         orientierung   mechanismen    der Betreiber
   Marktes         transaktions-
                   phasen

   – Neutraler     – Informations- – Vertikaler   – Katalog-     – Mitglieds-
     Dritter         phase           Marktplatz     aggregation    beiträge
                                     (Branchen-
   – Ein           – Vereinbarungs-  bezogen)     – Schwarzes    – Transaktions-
     Unternehmen     phase                          Brett          gebühren

   – Konsortium    – Abwicklungs-  – Horizontaler – Einseitige   – Werbeerlöse
                     phase           Marktplatz     Auktion
                                     (Branchen-                 – Kostenpflichtige
                                     übergreifend) – Aus-         Zusatzdienste
                                                    schreibungen

                                                  – Börsen
```

◘ **Abb. 7.6** Klassifikation elektronischer Marktplätze. (Hansen u. Neumann 2009)

E-Marketplaces unterstützen prinzipiell verschiedene Phasen von Markttransaktionen. Die meisten Marktplätze fokussieren allerdings auf bestimmte Transaktionsphasen und zumeist auf die »Informationsphase« (Schubert 2002). Die restlichen Phasen »Vereinbarung« und »Abwicklung« werden von wenigen, komplexeren Marktplatzsystemen unterstützt (Hansen u. Neumann 2009).

Eine weitere Unterscheidung von E-Marketplaces ergibt sich durch die Branchenorientierung. E-Marketplaces werden entweder als vertikale oder als horizontale Marktplätze realisiert. Von einem vertikalen E-Marketplace kann gesprochen werden, wenn dieser sich nach den Bedürfnissen einer spezifischen Branche richtet. Bei einem horizontalen E-Marketplace werden die Bedürfnisse mehrerer Branchen berücksichtigt, d. h. es werden branchenübergreifende Produkte und Dienstleistungen angeboten. Ein Beispiel hierfür ist ein E-Marketplace für die Beschaffung von Büroartikeln (Hansen u. Neumann 2009).

E-Marketplaces haben verschiedene Arbeits- bzw. Funktionsweisen. Dazu gehören Katalogaggregatoren, Schwarze Bretter, einseitige Auktionen, Ausschreibungen und Börsen. Bei einem Katalogaggregator handelt es sich um einen E-Marketplace, der verschiedene Angebotslisten von Verkäufern zusammenfasst und interessierten Käufern bereitstellt (Hansen u. Neumann 2009). Schwarze Bretter greifen das Prinzip von Zeitungsannoncen auf und bieten die Möglichkeit, Nachfrage- und Verkaufswünsche zu veröffentlichen. Ein weiterer Marktmechanismus von E-Marketplaces sind einseitige Auktionen. Darunter sind Auktionen zu verstehen, bei denen Gebote entweder von Kaufinteressenten oder Verkaufsinteressenten abgegeben werden. Bei zweiseitigen Auktionen werden Gebote von Kauf- und Verkaufsinteressenten abgegeben. Ein Beispiel für zweiseitige Auktionen sind Börsen, die ebenfalls über E-Marketplaces realisiert werden. Zuletzt sei auf den Marktmechanismus verwiesen, der vor allem bei der Vergabe von öffentlichen Aufträgen zur Anwendung kommt.

Zur Generierung von Erlösen verfügen E-Marketplaces über verschiedene Ertragsmodelle (Hansen u. Neumann 2009). Einerseits können Erträge durch Mitgliedsbeiträge realisiert werden. Diese sind einfach zu berechnen und leicht abzurechnen. Für die Teilnehmer an solch einem E-Marketplace ist dieses Modell insoweit nachteilig, als dass ihnen Kosten bereits vor dem Kauf bzw. Verkauf entstehen. Andererseits kann der Betreiber eines E-Marketplace Transaktionsgebühren erheben (z. B. eBay). Darunter sind Gebühren zu verstehen, die bei Abschluss einer Transaktion anfallen und an den Betreiber abgeführt werden. Viele E-Marketplaces generieren einen Teil ihrer Erlöse zusätzlich über Werbeeinnahmen. Je mehr Mitglieder ein E-Marketplace hat, umso attraktiver wird er für Unternehmen, die für sich werben wollen. Darüber hinaus bieten E-Marketplaces oftmals zusätzliche Dienste an, beispielsweise durch Unterstützung von Käufern bei der Auswahl der für sie richtigen Produkte. Die Bonitätsprüfung von Kunden ist ein weiterer Zusatzdienst, über den Betreiber von E-Marketplaces Erlöse generieren.

7.1.1.3 E-Auction

Elektronische Auktionen (E-Auctions) sind IT-unterstützte Auktionen und ein zentrales Element im E-Business. Als E-Auction wird der elektronische Handel zwischen Käufer und Verkäufer auf einem E-Marketplace verstanden, der durch einen Auktionsmechanismus durchgeführt wird. Im Gegensatz zu EDI-Systemen und SCM-Systemen führen E-Auctions Angebot und Nachfrage dynamisch zusammen, was insbesondere bei dezentral organisierten Märkten von Vorteil ist (Hansen u. Neumann 2009).

> **E-Auction**
>
> »Eine Auktion (Synonym: Versteigerung; engl. auction) ist ein Verfahren für multilaterale Verhandlungen, bei dem die Preise und Konditionen für Produkte oder Dienstleistungen auf der Basis von Geboten der Auktionsteilnehmer zustande kommen. Eine multilaterale Verhandlung ist eine Verhandlung, an der mehr als zwei Parteien teilnehmen. Bei Fernauktionen (engl. remote auction) können sich Bieter online über die Angebote informieren und online ihre Gebote abgeben.« (Hansen u. Neumann 2009)

Die Durchführung von Auktionen ist auf E-Marketplaces die älteste Form der Preisfindung und dient im B2B-Geschäft als eine alternative Variante für Preisverhandlungen im Beschaffungsprozess von Unternehmen bzw. konkret in der Phase »Vereinbarung« eines Transaktionsprozesses (◘ Abb. 7.3). E-Auctions werden entweder durch den Käufer, den Verkäufer oder durch einen Intermediär initiiert und werden vor allem im B2B-, B2C- und C2C-Bereich angewandt (▶ Abschn. 7.1.2).

Die Vorteile von Auktionen sind die geringen Einstiegsbarrieren für die Teilnehmer einer Auktion und die hohe Reichweite an interessierten Käufern. Die hohe Reichweite an Käufern, die durch Auktionen erzielt werden, zeigt sich insbesondere am Beispiel von elektronischen Wertpapierbörsen wie zum Beispiel dem XETRA-System der Deutschen Börse (Hansen u. Neumann 2009). Dort werden die einzelnen Transaktionen automatisch abgewickelt, wodurch die Transaktionskosten im Vergleich zu anderen marktmäßigen Koordinationsmechanismen gering sind (Hansen u. Neumann 2009). Börsen werden auch als zweiseitige Auktionen bezeichnet und auf Märkten eingesetzt, bei denen viele Anbieter vielen Nachfragern gegenüberstehen.

> **Börse**
>
> »Eine Börse (engl. exchange) ist ein organisierter Markt für Wertpapiere, Devisen, bestimmte Produkte (beispielsweise Weizen, Diamanten, Edelmetalle), Dienstleistungen (beispielsweise Frachten, Versicherungen) und ihre Derivate. Makler (Kursmakler) stellen während der Handelszeiten Preise (Kurse) fest, die sich aus den bei ihnen vorliegenden Kauf- und Verkaufsaufträgen ergeben. Bei elektronischen Börsen wird die Maklerfunktion durch einen Auktionsmechanismus von einem Computerprogramm übernommen.« (Hansen u. Neumann 2009)

E-Auctions sind unterteilbar in Verkaufsauktionen (Forward Auctions) und Einkaufsauktionen (Reverse Auctions) (Glückstein 2011). Auktionen werden hauptsächlich zum Verkauf von Gütern durchgeführt, deren Preis im Vorfeld schwer feststellbar ist, und die zu einem möglichst hohen Preis verkauft werden sollen (Verkaufsauktion). Einkaufsauktionen sind vor allem im Beschaffungsbereich im B2B-Kontext anzutreffen. Dabei unterbieten sich die Verkäufer von Gütern und der Käufer entscheidet, welches Gebot er annimmt. Für Einkaufsauktionen eignen sich vor allem standardisierte Güter, weil die Verkäufer sich auf diese Weise nur über den Preis voneinander differenzieren und der Käufer die Angebote besser vergleichen kann. Beispielsweise werden auf eBay viele standardisierte Produkte angeboten, die sich über den jeweiligen Wert differenzieren und damit letztlich über den Preis, den die Kunden bereit sind zu bezahlen.

- **Drei Phasen einer Auktion**

In der Praxis wird eine Vielzahl von Auktionsmechanismen eingesetzt und miteinander kombiniert. Trotz dieser Variantenvielfalt beruhen nach Hansen und Neumann (2009) alle Auktionen auf der Englischen Auktion, der Vickrey- oder Zweitpreisauktion, der Holländischen Auktion oder der verdeckten Höchstpreisauktion. Jede dieser Auktionsformen durchläuft drei Phasen (Hansen u. Neumann 2009):

- Die Auktion wird durch einen Auktionator gestartet und ein Ausgangsgebot wird verkündet.
- Es werden durch die Bieter Gebote abgegeben.
- Die Auktion wird vom Auktionator beendet und er erteilt den Zuschlag an den Bieter mit dem besten Gebot.

- **Unterscheidungsmerkmale von Auktionen**

Auktionen und damit auch E-Auctions unterscheiden sich in ihrer Informationspolitik (offen/verdeckt) und der Art und Weise, wie die Preisbildung stattfindet (Hansen u. Neumann 2009). Bei einer offenen Auktion sind sämtliche Gebote der Bieter allen Bietern bekannt. Werden die Gebote verdeckt abgegeben, wird dies als eine verdeckte Auktion bezeichnet. Hinsichtlich der Preisbildung unterscheiden sich Auktionen in Höchstpreis- und Zweitpreisauktionen. Bei Höchstpreisauktionen zahlt der Bieter einen Betrag in der Höhe seines Gebots. Bei Zweitpreisauktionen bezahlt der Bieter lediglich in Höhe des zweithöchsten Gebots. Aus der Kombination dieser Unterscheidungsmerkmale lassen sich verschiedene Auktionsformen ableiten (Hansen u. Neumann 2009).

- ■ **Englische Auktion**

Eine englische Auktion ist demnach eine offene Höchstpreisauktion, die bei einem Mindestpreis startet. Der Bieter mit dem höchsten Gebot erhält den Zuschlag und bezahlt den Preis in Höhe seines Gebots. Da im Gegensatz zu klassischen Auktionen das physische Vorhandensein der Bieter entfällt, wird bei E-Auctions, z. B. bei eBay, eine zeitliche Beschränkung auferlegt, sodass eine E-Auction zu einem vorher bestimmten Zeitpunkt endet und damit der Preis dem bis dahin abgegebenen Höchstgebot entspricht.

- ■ **Holländische Auktion**

Bei einer holländischen Auktion handelt es sich um eine offene Auktion. Der Auktionator startet bei einem hohen ersten Gebot und reduziert kontinuierlich den Preis. Dies geschieht solange, bis der Preis für einen Bieter niedrig genug ist. Der Bieter, der zuerst mit dem gebotenen Preis übereinstimmt, erhält den Zuschlag und bezahlt den entsprechenden Preis. Je länger die Käufer mit einem Gebot warten, desto günstiger wird das Gut. Jedoch steigt damit auch gleichzeitig das Risiko, dass ein Konkurrent im Auktionsprozess zuerst einsteigt. Holländische

Auktionen sind sehr schnell und werden deswegen dann eingesetzt, wenn schnellverderbliche Waren (z. B. Blumen) versteigert werden sollen.

▪▪ Verdeckte Höchstpreisauktion

Bei einer verdeckten Höchstpreisauktion übermittelt jeder Bieter einen Preis, wobei die Preise verdeckt sind und die Bieter untereinander damit die Gebote nicht kennen. Die Auktion verläuft nicht sequenziell und es kann damit nur ein einziges finales Gebot abgegeben werden. Der Höchstbietende gewinnt die Auktion und zahlt auch genau diesen Preis. Damit wird der Effekt ausgelöst, dass Bieter die Zahlungsbereitschaft der anderen Bietenden versuchen einzuschätzen und diese marginal übertreffen wollen.

▪▪ Vickrey Auktion

Bei der Vickrey-Auktion handelt es sich hingegen um eine verdeckte Zweitpreisauktion. Derjenige Bieter, der den Zuschlag erhält, zahlt nur einen Preis in Höhe des zweithöchsten gebotenen Betrags. Damit wird im Gegensatz zu der verdeckten Höchstpreisauktion die reale Zahlungsbereitschaft offen gelegt und von den Bietenden die Strategie einer wahrheitsgemäßen Angabe verfolgt.

7.1.1.4 E-Payment

E-Payment bezeichnet Zahlungsvorgänge, die durch elektronische Prozesse unterstützt werden. Insbesondere in der Phase »Abwicklung« (◘ Abb. 7.3) finden E-Payment-Systeme Anwendung.

> **E-Payment**
>
> »E-Payments bezeichnen gemeinhin alle Zahlungssysteme, die im Internet zur Begleichung von elektronisch ausgelösten Transaktionen einsetzbar sind.« (Wannenwetsch u. Nicolai 2004)

Die obligatorische Rechnungsprüfung im Zahlungsprozess erfolgt, sofern beim betreffenden Unternehmen vorhanden, über eine E-Procurement-Lösung, die zumeist über ein ERP-System (▶ Abschn. 3.4.1) realisiert wird (Kollmann 2013). Im B2B-Bereich wird bei E-Payment zumeist das Gutschriftverfahren eingesetzt. Dabei wird keine Rechnungsstellung mehr vorgenommen. Stattdessen wird, sobald der Wareneingang im E-Procurement-System gebucht ist, dem Lieferanten signalisiert, dass ein Zahlungseingang auf seinem Konto in Kürze erfolgen wird (Kollmann 2013). Die Höhe der Zahlung richtet sich nach dem Preis, der im Katalogsystem hinterlegt ist. Gleichzeitig wird eine interne Rechnung erstellt, die von der Finanzabteilung freigegeben wird. Die Rechnung ist damit automatisch gebucht und beglichen. Eine Rechnungsprüfung entfällt seitens des Kunden. Treten Differenzen auf, werden diese zwischen Lieferant und Kunde im Nachgang geklärt (Kollmann 2013). Dieser Prozess ist frei von Medienbrüchen und es fallen keine Versandkosten an. Hierin liegen die Ursachen für die signifikanten Effizienzsteigerungen bei Zahlungsvorgängen, wenn sie über E-Payment abgewickelt werden (Wannenwetsch u. Nicolai 2004).

▪ Anforderungen an E-Payment

Der Bestellvorgang im E-Commerce ist erst mit der Onlinebezahlung abgeschlossen (Kollmann 2013). Für die Umsetzung einer E-Payment-Lösung in Onlineshops, respektive auf E-Marketplaces, müssen nach Kollmann (2013) bestimmte Anforderungen erfüllt werden:

- Sicherheit

- Bedienbarkeit/Benutzerfreundlichkeit
- Akzeptanz/Verbreitung
- Skalierbarkeit/Verfügbarkeit
- Wirtschaftliche Kosten

Diese Anforderungen sind nicht nur aus Kundensicht wichtig, sondern auch aus der Lieferantensicht, weil der Lieferant durch die Onlinebezahlungen seine Einnahmen generiert. Vor dem Hintergrund einer Vielzahl von Zahlungssystemen ist die Wahl des richtigen Systems von hoher Bedeutung, zudem das Zahlungssystem die vollständige Zahlungsabwicklung übernehmen muss (Kollmann 2013). Aufgrund dessen wird das Zahlungssystem zumeist durch Dritte abgewickelt, die sich hierauf spezialisiert haben (z. B. PayPal, Amazon Payments, Click u. Buy) (Heinemann 2014).

- **Funktionen von E-Payment Systemen**

Die Anbieter von Zahlungssystemen für E-Payment übernehmen verschiedene Funktionen (Kollmann 2013), angefangen von der eigentlichen Zahlungsabwicklung über eine Validierung der am Bezahlvorgang beteiligten Partner bis hin zu einem Scoring des Onlinekunden. Mit Hilfe des Scorings wird das Zahlungsverhalten des Online-Kunden analysiert und eine entsprechende Risikobewertung vorgenommen. Bei Bedarf übernehmen die Anbieter eine Bonitätsprüfung des Onlinekunden. Zusätzlich sind sie für das Forderungs- und Debitorenmanagement zuständig, d. h. sie kontrollieren, ob die Forderung des Verkäufers gegenüber dem Kunden durch den entsprechenden Zahlungseingang beglichen wurde (z. B. beim Bezahlen per Rechnung).

- **Kategorisierung von E-Payment Systemen**

Zahlungssysteme lassen sich nach Zeitpunkt und Höhe der Zahlung kategorisieren (Kollmann 2013). Entsprechend wird bei der Betrachtung des Zahlungszeitpunkts in Prepaid-, Pay-Now- und Pay-Later-Verfahren unterschieden.

Beim Prepaid-Verfahren wird im Vorfeld des Kaufs ein Guthaben z. B. auf eine Geldkarte oder ein Internetkonto aufgeladen. Zu den Pay-Now-Verfahren zählt u. a. das Bezahlen per Nachnahme oder die Lastschrift, weil das Konto im Moment der eigentlichen Bezahlung belastet wird. Unter einem Pay-Later-Verfahren wird das Bezahlen per Rechnung oder Kreditkarte gezählt, weil hier das Konto erst später (nach der Bezahlung) belastet wird. Zusätzlich zu den genannten Verfahren existieren noch Inkasso- und Billingverfahren (z. B. Click and Buy) sowie Mobile-Payment-Verfahren. Bei den Inkasso- und Billingverfahren werden, ähnlich wie bei einer Telefonrechnung, die im Internet angefallenen Rechnungsbeträge zu einem festen Termin oder bei Erreichen eines Mindestbetrags aufsummiert. Die Bezahlung wird dann zum Beispiel über die Kreditkarte abgewickelt. Beim Mobile-Payment-Verfahren werden die Buchungs- und Bezahlinformationen über das Mobiltelefon übertragen.

Bei der Unterscheidung von Zahlungssystemen hinsichtlich der Zahlungshöhe wird in Macro-, Micro- und Pica-Payment differenziert (Kollmann 2013). Macro-Payment bezeichnet Zahlungen mit einem höheren Betrag (5,00 € bis 500 €). Micro-Payments zeichnen sich durch einen niedrigen Zahlungsbetrag aus (10 Cent bis 5,00 €). Pica-Payments sind Zahlungen mit einem sehr geringen Betrag (0,1 Cent bis 10 Cent). Bei Macro-Payment kommen hohe Sicherheitsmechanismen zum Einsatz, um Missbrauch zu unterbinden. Bei Pica-Payments werden zumeist nur rudimentäre Schutzmechanismen eingesetzt (Kollmann 2013).

Realisiert werden die Zahlungssysteme u. a. durch bargeldähnliche, Smart-Card-basierte oder kreditkartenbasierte Systeme (Kollmann 2013). Bei bargeldähnlichen Systemen eröffnet der Kunde bei einer Emissionsbank ein Konto. Anschließend generiert er mithilfe einer Software digitale Münzen, die nicht reproduzierbar und anonym sind. Die Münzen werden mit einer digitalen Signatur versehen, damit diese den Kunden eindeutig zuordenbar sind. Der Gegenwert der Münzen (engl. coins) wird vom Konto des Kunden abgebucht und der Kunde kann damit beispielsweise in Onlineshops einkaufen. Zurzeit wird das bargeldähnliche Verfahren in vielen kostenlosen Spielen eingesetzt, um u. a. zusätzliche Funktionen im Spiel kaufen zu können.

Eine Smart Card beinhaltet einen Mikrocomputer und ist ein in sich geschlossenes System. Der Kunde kann auf die Smart Card Geld aufladen und damit Einkäufe im Internet tätigen. Um mit der Smart Card bezahlen zu können, muss der Kunde über ein entsprechendes Lesegerät verfügen, welches die auf dem Mikrocomputer gespeicherten Daten verarbeiten kann (Kollmann 2013).

Eines der Zahlungssysteme mit der weitesten Verbreitung im Internet ist das kreditkartenbasierte System, weil dieses System auch in der realen Welt stark vertreten ist (Kollmann 2013). Zur Übertragung der Kreditkartendaten zwischen Käufer und Lieferant wird das Verschlüsselungsprotokoll Secure Sockets Layer (SSL) eingesetzt, welches in jedem aktuellen Browser integriert ist.

Der Music Store von Apple iTunes setzt dieses Bezahlsystem ebenfalls ein. Abgewickelt wird der Zahlungsprozess über den Anbieter Click and Buy. Der Kunde hinterlegt bei Click and Buy seine Kreditkartendaten oder er erteilt dem Anbieter eine Einzugsermächtigung. Anschließend kann der Kunde in iTunes Musik, Videos oder Apps für das Smartphone oder Tablet kaufen. Nach erfolgtem Kauf erhält der Kunde von Click and Buy eine Rechnung und der Betrag wird anschließend vom Kreditkartenkonto bzw. vom angegebenen Bankkonto abgezogen.

Aus der Perspektive der Nutzerorientierung bietet E-Payment eine schnelle und zumeist unkomplizierte Möglichkeit der Bezahlung. Im Gegensatz zu klassischen Zahlungsvarianten, wie zum Beispiel Bezahlung per Nachnahme, fallen für den Kunden keine Gebühren an und das Geld muss nicht bar an den Lieferanten übergeben werden. Daraus ergibt sich für den Kunden ein weiterer Vorteil, weil das bestellte Produkt, sofern es sofort lieferbar ist, direkt nach dem Auslösen der Zahlung verschickt werden kann. Somit wird die Lieferzeit wesentlich verkürzt.

In Bezug auf die Nutzenperspektive von E-Payment ist vor allem die schnelle und standardisierte Zahlungsabwicklung zu nennen, ebenso wie die hohe Sicherheit. Diese ist u. a. durch Intermediäre wie PayPal begründet, die den eigentlichen Zahlungsprozess abwickeln. Damit ist gewährleistet, dass sowohl der Kunde als auch das Unternehmen durch den Intermediär verifizierte Geschäftspartner sind.

7.1.2 Strategische Ausrichtungen und Geschäftsmodelle im E-Business

In der Praxis des E-Business gehen verschiedene Akteure Beziehungen miteinander ein. Die Akteure werden mit B für Business, C für Consumer und A für Administration bezeichnet.

Eine Übersicht aller möglichen Kombinationen der Marktteilnehmer ist in ◘ Tab. 7.1 gegeben.

Beispiel für eine B2A E-Business-Anwendung in der Finanzverwaltung
Die DATEV in Nürnberg, das Rechenzentrum der Steuerberater, überträgt die von den Kanzleien elektronisch eingesandten Steuererklärungen der Mandanten per Datenaustausch an die Rechenzentren der Finanzverwaltung.

Tab. 7.1 Teilbereiche des E-Commerce. (Aufbauend auf Kuss u. Tomczak 2007)

		Nachfrager der Leistung		
		Consumer	Business	Administration
Anbieter der Leistung	Consumer	C2C (z. B. Internet-Kleinanzeigenmarkt)	C2B (z. B. Jobbörsen mit Anzeigen von Arbeitssuchenden)	C2A (z. B. Steuerabwicklung von Privatpersonen)
	Business	B2C (z. B. Verkauf von Krankenversicherungsschutz)	B2B (z. B. Beschaffung von Bürobedarf durch Unternehmen)	B2A (z. B. Steuerabwicklung von Unternehmen)
	Administration	A2C (z. B. Abwicklung von Unterstützungsleistungen)	A2B (z. B. Zustellung eines Steuerbescheids)	A2A (z. B. Transaktionen zwischen öffentlichen Institutionen)

Beispiel für eine A2C E-Business Anwendung in der Finanzverwaltung

Das bundeseinheitliche Steuersystem FISCUS (Föderales Integriertes Standardisiertes Computerunterstütztes Steuersystem)[1] harmonisiert die Entwicklungen der einzelnen Finanzbehörden. Das Teilsystem ELSTER (ELektronische STeuerERklärung) ermöglicht, dass jeder Steuerpflichtige seine Steuererklärung (Einkommen-, Umsatz-, Gewerbe-, Kapitalertragssteuern) und weitere Steuerdaten (Lohnsteuer- und Umsatzsteuervoranmeldungen, vermögenswirksame Leistungen, Bilanzen, GuV-Rechnung) elektronisch an das Finanzamt schickt. Im Gegenzug werden die Daten des Einkommensteuerbescheids an den Steuerpflichtigen zurückübermittelt, sodass er die Möglichkeit zur automatischen Prüfung des Steuerbescheids besitzt. Auch die Lohnsteuernachweise werden inzwischen nicht mehr in die Steuerkarte eingetragen bzw. aufgeklebt, sondern von den Arbeitgebern elektronisch an das Finanzamt gemeldet.

Neben der Unterstützung von Geschäftsprozessen durch IT und insbesondere das Internet werden im Internet Dienstleistungen, d. h. genauer E-Services, angeboten. Zumeist wird versucht, Dienstleistungen aus der Offlinewelt vollständig in das Internet zu übertragen. Das ist nicht bei jeder Dienstleistung möglich, weswegen dann Teile des Gesamtprozesses über das Internet abgewickelt werden. Damit ergibt sich eine Unterscheidung in die eigentliche Kernleistung einer Dienstleistung/eines Produktes und in eine leistungs- bzw. produktbegleitende Dienstleistung. Die begleitende Dienstleistung des Kernprodukts/der Kernleistung wird als Value-added Service bezeichnet (Held 2009). Ein bekanntes Beispiel für einen Value-added Service ist das Nike+ Konzept. Der Sportartikelhersteller Nike verkauft u. a. Laufschuhe der Reihe Nike+, in die ein Laufsensor unter der Einlegesohle des Schuhs angebracht werden kann. Dieser überträgt die aufgezeichneten Laufdaten über Funk an ein kompatibles Endgerät (z. B. iPhone). Anschließend können die Daten in das Onlineportal von Nike+ übertragen, ausgewertet und mit anderen Kunden von Nike+ verglichen werden. Das eigentliche Kernprodukt ist in diesem Fall der Laufschuh und der Value-added Service ist die Onlineplattform.

Natürlich werden nicht nur bestehende Produkte um zusätzliche internetbasierte Dienstleistungen wie im dargelegten Fall erweitert. Vielmehr entstehen in diesem Ökosystem auch vollständig neue Dienstleistungen, welche auf die Anforderungen des Internets explizit zugeschnitten sind. Solche Dienstleistungen sind sogenannte Pure Player (Held 2009).

---

1 Der Nachfolger von FISCUS heißt KONSENS. Dieses soll deutschlandweit einheitlich verwendet werden.

- **Vier Kerndienstleistungen und das 4C-Net-Modell**

Im B2C-Bereich des E-Business existieren nach Wirtz und Vogt (2001) vier Kerndienstleistungen, die das Leistungsergebnis im House of Digital Business repräsentieren. Dazu gehören E-Commerce, welches bereits in ▶ Abschn. 7.1 vorgestellt wurde, E-Communication, E-Education und E-Information/Entertainment. E-Communication beschreibt die Bereitstellung und Nutzung von IT-gestützten Kommunikationsplattformen (z. B. Skype). E-Education fokussiert auf Aus- und Weiterbildungsservices unterstützt durch IT (z. B. Moodle). E-Information/-Entertainment beschreibt die Bereitstellung von Inhalten durch elektronische Netze, die Bedürfnisse nach Information oder Unterhaltung befriedigen sollen (z. B. Twitter, YouTube).

Auf diesen vier Kerndienstleistungen basierend, entwickelten Wirtz und Vogt (2001) das 4C-Net-Modell. 4C steht für Content, Commerce, Context und Connection.

Das Geschäftsmodell Content findet u. a. bei Online-Nachrichtendiensten (z. B. BBC, The Huffington Post, Spiegel Online) oder Unterhaltungsportalen (z. B. YouTube, Instagram) Anwendung. Diese zeichnen sich durch die Bereitstellung von Informationen aus. Es werden verstärkt interaktive Elemente in Form von Social-Media-Funktionen eingesetzt, die dafür sorgen sollen, den Nutzer als Informationsproduzenten in den Leistungserstellungsprozess der Inhalte zu integrieren. Beim Anbieter YouTube übernimmt der Kunde sogar vollständig die Produktion des Contents und die Funktion des eigentlichen Anbieters beschränkt sich auf den Betrieb der technischen Plattform.

Das Geschäftsmodell Commerce beschreibt, wie Handel im Internet erfolgreich gestaltet wird und wie die Unternehmensstrategie angepasst werden muss (Wirtz u. Vogt 2001). Zahlreiche Handelsunternehmen hatten aber zunächst lange Zeit nicht verstanden, dass das Internet nicht nur ein weiterer Vertriebskanal ist, sondern sich mit dem Internet grundlegende Marktmechanismen verändern. Beispielsweise haben Versandhäuser wie Otto oder Quelle ihre E-Shops lediglich als eine elektronische Variante ihres papierbasierten Katalogs verstanden. Sie haben nur teilweise die langfristigen Auswirkungen auf ihr Geschäftsmodell gesehen, die sich durch die Veränderungen im Kaufverhalten ihrer Kunden und durch neue Anbieter ergeben haben. Der Bereich Commerce beschränkt sich aber nicht nur auf Handelsunternehmen. Vielmehr entstehen in diesem Bereich viele neue Dienstleistungen, wie zum Beispiel das Videoportal Netflix, bei dem Kunden Filme ausleihen und anschließend per Stream auf verschiedenen Endgeräten anschauen können.

Das Geschäftsmodell von Unternehmen wie beispielsweise Google lässt sich dem Modell Context zuordnen. Sie bieten vordergründig nicht ihre eigenen Inhalte an, sondern verweisen je nach Suchanfrage der Nutzer auf andere Anbieter. Durch die Aggregation der verfügbaren Informationen stellen sie Verbindungen zwischen Anbietern von Informationen und deren Nachfragern her (Held 2009).

Beim Geschäftsmodell Connection ermöglicht der erbrachte Dienst den Austausch von Informationen durch (soziale) Netzwerke. Hierzu zählen beispielsweise sämtliche Community-Angebote (z. B. Facebook, LinkedIn, Xing).

7.1.3 E-Marketplace am Beispiel Amazon

Aufbauend auf den zuvor dargestellten Inhalten wird im folgenden Abschnitt das Geschäftsmodell von Amazon als Betreiber eines E-Marketplace näher ausgeführt. Hierbei wird insbesondere auf die Beziehungen B2C eingegangen. Weiterhin wird die Nutzer-, Nutzungs- und Nutzenorientierung am Beispiel Amazon dargestellt.

- **Historische Entwicklung des E-Marketplace von Amazon**

Amazon wurde 1994 in Seattle gegründet. Die ursprüngliche Geschäftsidee war es, der erste Onlinebuchhändler der Welt zu sein. Dass die Wahl auf den Verkauf von Büchern fiel, lag daran, dass ein Buch ein unkompliziertes Produkt ist. Damit ist gemeint, dass es langlebig, relativ robust und gut beschreibbar ist. Die Logistik ist entsprechend unproblematisch. Amazon erweiterte anschließend kontinuierlich sein Produktangebot und bietet mittlerweile CDs, DVDs/Blu-rays, Elektronik, Möbel, Lebensmittel etc. an. Als Amazon seinen Onlineshop einführte, war es das erste Mal, dass die Kunden ihre Bestellung selbstständig in ein IT-System eingegeben haben und nicht der Händler, wie es bisher üblich war. Dadurch konnte die Zahlung vom Kunden direkt nach der Bestellung angestoßen werden, wodurch Amazon sofortige positive Cashflows generieren konnte. Durch die Erweiterung des Angebotsportfolios und damit verbunden der Vergrößerung seiner Zielgruppen konnte Amazon bei den Lieferanten zudem Skaleneffekte realisieren und die angebotenen Produkte zu tagesaktuellen Preisen verkaufen.

Ab 1999 begann Amazon seinen Marktplatz für Drittanbieter zu öffnen. Hierzu richtete Amazon einen separaten Bereich ein, der zShop genannt wurde. Im zShop konnten Drittanbieter ihre Waren verkaufen. Amazon übernahm lediglich den Betrieb des zShops. Letztlich kann der zShop als ein Testmarkt für Amazon verstanden werden, weil auf diesem Marktplatz bisher nicht angebotene Produkte verkauft wurden und Amazon anhand der Verkaufszahlen das Marktpotenzial dieser Produkte abschätzen konnte (RP-Online 2013). Heutzutage ist dieser Bereich vollständig in den eigenen E-Marketplace integriert. Die Händler, die über Amazons E-Marketplace ihre Produkte anbieten, führen für diese Dienste Gebühren an Amazon ab. Die Kernidee dieses Konzepts ähnelt einem Shopping-Center, das von Amazon betrieben wird (RP-Online 2013) und greift die Funktionsweise des beschriebenen Katalogaggregators auf (siehe ▶ Abschn. 7.1.1). Durch diese Strategie konnte Amazon seine Produktpalette bei gleichzeitig geringem Aufwand massiv ausweiten, was durch eine Niedrigpreis-Strategie flankiert wurde. Diese Strategie besagt, dass Händler, die auf Amazons E-Marketplace ihre Produkte anbieten, diese Produkte in keinem anderen Shop günstiger anbieten. Erst 2013 stellte Amazon diese Strategie aufgrund eines Gerichtsurteils ein.

Trotz dieser positiven Entwicklung stand Amazon vor knapp zehn Jahren kurz vor der Insolvenz, weil die Einkünfte konsequent nahezu vollständig investiert wurden (WiWo 2013). Deswegen erfolgte eine Änderung der Strategie, auch weil man die zunehmende Bedeutung von digitalen Inhalten (▶ Kap. 6) erkannte. Amazon begann sich nun zum Anbieter von digitalen Inhalten zu entwickeln. Heute kaufen 77 Prozent der Onlinekunden digitale Medien bei Amazon. Das sind mehr als doppelt so viele wie bei eBay. Die Integration eines Stores für Musik, analog zu Anbietern wie Apple mit iTunes, ist dabei nur ein Schritt gewesen. Die Entwicklung einer eigenen Tablet-Reihe, die knapp unter den Herstellungskosten verkauft werden, trägt zur Entwicklung hin zu einem Inhaltsanbieter wesentlich bei. Diese Tablets nutzen das Betriebssystem Android. Amazon passt diese Oberfläche an und entwickelt aus Android ein geschlossenes System, welches nur über den eigenen App-Store erweitert werden kann. Durch die Kombination von konkurrenzfähiger Hardware, die in den Tablets verbaut ist, und den günstigen Verkaufspreisen sind die Tablets und der App-Store erfolgreich. Der Nutzen für den Kunden zeigt sich darin, dass dieser technisch aktuelle Mobilgeräte zu günstigeren Preisen kaufen kann. Aus der Perspektive von Amazon nutzt ihnen diese Strategie, weil sie so ihren Anteil in einem sehr kompetitiven Markt schneller ausbauen können. Die Idee, Hardware zu subventionieren, ist aus dem Mobilfunkbereich bekannt. Dort werden Handys von den Netzbetreibern ebenfalls subventioniert. Allerdings binden sie ihre Kunden über Verträge, die eine Mindestlaufzeit haben. Bei Amazon ist das nicht der Fall. Hersteller wie Microsoft oder Sony verfolgen diesen Ansatz bei ihren Spielekonsolen X-Box und Playstation auch und generieren

Tab. 7.2 Nutzer-, Nutzungs-, und Nutzenorientierung im Electronic Business am Beispiel Amazon. (Eigene Darstellung)

House of Digital Business	Electronic Business am Beispiel Amazon
Nutzerorientierung	Fokus: Ansprache des Menschen – Bedürfnisorientiert für Nutzer (breite Palette an Produkten und Dienstleistungen) – Kundenindividuelle Auswahl an Produkten und Dienstleistungen – Personalisierte Kundenansprache
Nutzungsorientierung	Fokus: Verwendungsprozess – Sehr gute Gebrauchstauglichkeit (einfach strukturierte Webseite) – Unterstützung Verwendungs-/Kaufprozess
Nutzenorientierung	Fokus: Mehrwert für Stakeholder – Mehrere Stakeholder (Verkäufer und Käufer) – Nutzenversprechen für alle Stakeholder – Verkäufer: schneller Umsatz – Kunde: schnelle einfache Bezahlung, hohe Preistransparenz

den eigentlichen Erlös über die Inhalte, die zu den Spielekonsolen zusätzlich angeboten werden.

Zusammengefasst zeigt sich aus der Nutzerperspektive (User), dass Amazon seine IT-Systeme nutzt, um Kunden bei der Leistungserbringung aktiv einzubeziehen, zum Beispiel durch das selbständige Eingeben der benötigten Daten in das IT-System. Durch das große Angebot von Produkten zu wettbewerbsfähigen Preisen stellt Amazon zudem sicher, dass die Kunden bei Amazon nahezu immer die gewünschten Produkte bestellen können. Damit ergibt sich die konsequente Nutzung des IT-Systems (Use), welches dem Onlineshop zugrunde liegt.

- **Nutzer-, Nutzungs- und Nutzenorientierung am Beispiel Amazon**

Um eine Einordnung von Electronic Business am Beispiel Amazon im Kontext des House of Digital Business vorzunehmen, gibt ◘ Tab. 7.2 einen Überblick. Es wird Bezug zur Nutzer-, Nutzungs- sowie Nutzenorientierung genommen und deren Bedeutung aufgezeigt.

In Bezug auf die Einfachheit von Verkaufsprozessen haben Amazon und eBay Standards gesetzt. Auf Basis der Analyse von Datenspuren von Kunden werden Kaufvorschläge generiert, sodass damit eine hohe Nutzenorientierung von Kunden einhergeht. So hat Amazon beim Design seines E-Marketplace von Anfang an klare Nutzenversprechen für alle Stakeholder berücksichtigt.

7.2 Social Business im House of Digital Business

Im vorliegenden Kapitel wird Social Business im House of Digital Business betrachtet. Zunächst wird das im Buch zugrundeliegende Begriffsverständnis von Social Business hergeleitet sowie die im House of Digital Business zugrundeliegende Nutzer-, Nutzungs- und Nutzenorientierung betrachtet. Im Anschluss daran werden in ▶ Abschn. 7.2.1 technische Grundlagen skizziert, auf denen ein Social Business aufbaut. Anschließend werden verschiedene Social-Software-Anwendungen in ▶ Abschn. 7.2.2 vorgestellt. In ▶ Abschn. 7.2.3 wird der gesellschaftliche Wandel aus Perspektive von Unternehmen durch Social Business thematisiert sowie dessen Charakter als Kollaborationskonzept vorgestellt. Im darauf folgenden ▶ Abschn. 7.2.4 wird aufgezeigt, in welchen Bereichen ein Unternehmen Herausforderungen meistern muss und welche Veränderungen in den Geschäftsprozessen gestaltet werden sollten, um eine Transformation hin zu einem Social Business zu erzielen. Die strategische Ausrichtung in einem Social Business wird in ▶ Abschn. 7.2.5 aufgegriffen und am Beispiel Wissensmanagement sowie am Beispiel Open Innovation veranschaulicht.

Um ein Grundverständnis von Social Business zu schaffen, werden im aktuellen Abschnitt zunächst Vorgänger und Hintergründe von Social Business skizziert. Es werden Groupware sowie Social Software vorgestellt und die begrifflichen Grundlagen skizziert. Darauf aufbauend wird Bezug auf die im House of Digital Business zugrundeliegende Nutzer-, Nutzungs- und Nutzenorientierung genommen und dies im Kontext des Social Business erläutert.

- **Groupware**

Die kollaborative Zusammenarbeit von Menschen im beruflichen Kontext ist kein neues Phänomen der Gegenwart. Zur Bewältigung ihrer Arbeitsaufgaben kommunizieren, kooperieren und kollaborieren Menschen regelmäßig miteinander. Durch die rasanten Entwicklungen der IT in den vergangenen Jahrzenten sind neue Kommunikations- und Kollaborationskonzepte möglich geworden. Eine frühe Form IT-gestützter Zusammenarbeit bildet sogenannte Groupware.

> **Groupware**
>
> »Groupware is a generic term for specialized computer aids that are designed for the use of collaborative work groups.« (Johansen 1988)

Über computergestützte Systeme werden Gruppen technologisch in ihrer Arbeitsaufgabe unterstützt, sodass die Zusammenarbeit für einen definierten Personenkreis in einer verteilten Arbeitsumgebung sowohl synchron als auch asynchron erfolgen kann (Back, Gronau et al. 2012). Damit unterstützen Groupware-Lösungen die Kommunikation, Koordination sowie Kooperation von Menschen in Bezug auf die getätigte Informations- und Wissensarbeit (Back, Gronau et al. 2012). Solche Software unterstützt die Zusammenarbeit von mehreren Menschen und schafft ein Gewahrsein (Awareness) über die Tätigkeiten.

- **Social Software**

Eine Weiterentwicklung von computergestützter Gruppenarbeit und damit einhergehend auch die Öffnung für eine weitaus größere Zielgruppe wurde durch immer leistungsfähigere und nahezu flächendeckende Breitbandverbindungen des Internets angetrieben. Das Internet ist sowohl im Privaten als auch im Beruflichen stets verfügbar und wird zu einem stetigen Begleiter. Dies bildet die Grundlage, um die IT-gestützte kollaborative Zusammenarbeit noch flexibler in Bezug auf Ort, Zeit sowie technische Infrastruktur zu gestalten und in den virtuellen Raum zu tragen. Dies war die Grundlage für die Entwicklung sogenannter Social Software.

> **Social Software**
>
> »Unter dem Begriff Social Software werden (webbasierte) Systeme zusammengefasst, die vor allem durch ihre einfache Handhabung den Menschen und seine individuellen Eigenschaften als Nutzer der Software in den Vordergrund stellen, für soziale Interaktionen innerhalb (verteilter) Gruppen eingesetzt werden, die menschliche Kommunikation, Kooperation und Koordination unterstützen und somit gemeinsam den Aufbau und die Pflege sozialer Netzwerke sowie die Publikation, Verteilung und Verknüpfung von Informationen und kollektivem Wissen innerhalb dieser fördern.« (Leimeister 2014)

Bei Social Software werden somit Zusammenarbeitsmechanismen aufgegriffen und in Form von interaktiven Internetanwendungen wie Foren, Blogs, Communitys, Wikis, Social Networks (siehe ▶ Abschn. 7.2.2) im Internet bzw. dem Web 2.0 (siehe ▶ Abschn. 7.2.3) bereitgestellt (Back, Gronau et al. 2012). Diese im Web 2.0 bereitgestellte Social Software unterstützt in ihrer Basisfunktion die Nutzer bei generischen Aktivitäten der Informations- und Wissensarbeit. Im Wesentlichen werden vier zentrale Funktionen unterschieden, die den kollaborativen Austausch mit anderen Nutzern unterstützen:

- Informationsmanagement, gründet u. a. auf dem kollaborativen Engagement der Internetnutzer, welche Inhalte generieren, aufsuchen, bewerten und verwalten. Diese Inhalte werden als User-Generated-Content (UGC) bezeichnet (Ebersbach, Glaser et al. 2010). Die Internetnutzer arbeiten mit solchem UGC z. B. in Wikis oder Blogs (Zerfaß u. Möslein 2009).
- Kommunikationsunterstützung, bietet den Nutzern neue zusätzliche Kommunikationskanäle z. B. Weblogs (Zerfaß u. Möslein 2009).
- Erstellen und Erschaffen von nutzergenerierten Inhalten ermöglicht es Nutzern, aktiv Inhalte zu generieren und im virtuellen Raum interaktiv zu werden.
- Identitäts- und Netzwerkmanagement ermöglicht es Nutzern, z. B. Kontakte mit anderen in sozialen Netzwerken zu knüpfen und zu pflegen (Zerfaß u. Möslein 2009).

In der Unternehmenspraxis wird der Begriff Social Media zunehmend synonym mit Social Software verwendet. Jedoch umfasst dieser Web-Dienste im öffentlichen Web, Anwendungen zur externen Unternehmenskommunikation sowie Anwendungen für den organisationsinternen Gebrauch (Back, Gronau et al. 2012). Der Schwerpunkt von Social Media adressiert folglich vornehmlich auch die externe Unternehmenskommunikation. Im vorliegenden Abschnitt wird jedoch eine unternehmensinterne Perspektive betrachtet, sodass im weiteren Verlauf Social Software als Begriff verwendet wird.

Das Begriffsverständnis von Social Software wird in den nachfolgenden Abschnitten nochmals geschärft. Dazu werden einzelne Anwendungen von Social Software in ▶ Abschn. 7.2.2 ausführlich beschrieben. In ▶ Abschn. 7.2.3 werden darüber hinaus Prinzipien des Web 2.0 erklärt, auf denen Social Software basiert.

Social Business/Enterprise 2.0

Das Internet und insbesondere das Web 2.0 (siehe ▶ Abschn. 7.2.3) hat die Möglichkeiten kollaborativer Interaktion und Zusammenarbeit in zahlreichen Bereichen unserer Gesellschaft verändert.

Kommt Social Software in einem Unternehmen zum Einsatz, wird von Enterprise 2.0 bzw. Social Business gesprochen. Dabei handelt es sich um die organisationsinterne sowie organisationsübergreifende Nutzung von Social Software (Back, Gronau et al. 2012).

> **Enterprise 2.0**
>
> »Enterprise 2.0 is the use of emergent Social Software platforms within companies or between companies and their partners and customers.« (McAfee 2006)

Nachfolgend wird der Begriff des Social Business für die unternehmensinterne Verwendung von Social Software verwendet. Im engeren Sinne beschreibt Social Business den Einsatz eines oder mehrerer der folgenden Elemente in einer Organisation: Konsumentenbasierte Social Software und Netzwerke (z. B. Blogs, Twitter, Facebook, YouTube, Slide-Share); technologie-

Tab. 7.3 Nutzer-, Nutzungs- und Nutzenorientierung im Social Business. (Eigene Darstellung)

House of Digital Business	Social Business
Nutzerorientierung	Fokus: Ansprache des Menschen – Situationsabhängig angepasstes Leistungsbündel von Funktionalitäten, in dessen Fokus die Bedürfnisse des Nutzers stehen. (Beispiel: Doodle) – Nutzer als Prosument erhält Interaktionsmöglichkeiten (Partizipation und Zusammenarbeit) – Gehör verschaffen bei einer großen Masse
Nutzungsorientierung	Fokus: Verwendungsprozess – Usability von Web 2.0 (leichtgewichtige Anwendungen) – Orts-/zeitunabhängige Nutzung von Anwendungen und Inhalten – Flexibler Zugriff und flexible Vernetzung von Personen und Wissen verändert Arbeitsprozesse
Nutzenorientierung	Fokus: Mehrwert der Stakeholder – Selbstgesteuertes Interagieren der Nutzer erzeugt UGC und es erfolgt Vergrößerung der organisationalen Wissensbasis – Betreiber: Nutzer hinterlassen im digitalen Raum Spuren, sodass der Grundstein für Innovationen in Produkten und Dienstleitungen gelegt wird – Nutzer: Nutzer erhält z. B. auf ihn zugeschnittene Informationen

basierte, intern entwickelte soziale Netzwerke (z. B. Cisco Learning Network); Social Software speziell für Unternehmen; Daten aus Social Media (Kiron, Palmer et al. 2013). Das Begriffsverständnis von Social Business wird nochmals geschärft, indem die Prinzipien von Social Business in ▶ Abschn. 7.2.3 erklärt werden.

- **Nutzer-, Nutzungs- und Nutzenorientierung**

Um eine Einordnung von Social Business im Kontext des House of Digital Business vorzunehmen, gibt die ◻ Tab. 7.3 einen Überblick. Es wird Bezug zur Nutzerorientierung, Nutzungsorientierung sowie Nutzenorientierung genommen und deren Bedeutung im Social Business aufgezeigt.

7.2.1 Technische Grundlagen für Social Business

Um eine Transformation eines Unternehmens hin zu einem Social Business zu erzielen, ist ein grundsätzliches Verständnis der technischen Rahmenbedingungen erforderlich, auf denen Social Software aufbaut. Primär sind es Technologien, welche eine interaktive Beteiligung von Nutzern ermöglichen und die Leistungsfähigkeit von Internetanwendungen so verändern, dass sie Desktopanwendungen ähneln. Die wichtigsten Basistechnologien (Asynchronous Java Script und XML (Ajax), Really Simple Syndication (RSS) und Tagging) werden in diesem Abschnitt beschrieben.

7.2.1.1 Asynchronous Java Script und XML (Ajax)

»Asynchronous Java Script und XML«, bekannt unter der Kurzform »Ajax«, ist eine der bekanntesten und grundlegendsten Technologien im Bereich Social Software. Es handelt sich nicht um eine Programmiersprache, sondern um ein Bündel von Technologien. Kennzeichnendes Merkmal ist die Art der gemeinsamen Verwendung unterschiedlicher Internettechnologien.

Mit Hilfe von Ajax ist es z. B. nicht erforderlich, eine Internetseite neu zu laden. Es wird immer nur ein Teil der Seite neu geladen, sodass die Interaktion mit dem Server asynchron stattfindet (Alby 2008). Die Daten werden im Hintergrund geladen und der Datenaustausch zwischen Server und Browser ist auf das Notwendigste reduziert (Manouchehri Far 2010). Traditionell wurde bei jeder neuen Anfrage die komplette Webseite neu geladen, wohingegen der Nutzer auf Ajax basierenden Webseiten ständig auf der gleichen Seite bleibt. So wird innerhalb einer HTML-Seite eine HTTP-Anfrage durchgeführt. Ajax ermöglicht auf diese Weise die Gestaltung leistungsfähiger interaktiver Web-Anwendungen.

Folglich können Social-Software-Anwendungen in Bezug auf die Verarbeitung von Benutzereingaben so schnell reagieren wie Desktop-Anwendungen. Aus Perspektive der Bedienungsfreundlichkeit weisen diese Anwendungen ebenfalls starke Ähnlichkeit zu Desktop-Anwendungen auf.

7.2.1.2 Really Simple Syndication (RSS)

»Really Simple Syndication«, bekannt unter der Kurzform RSS, ist ein XML16-Format. Dieses ermöglicht es, allgemeine Inhalte einer Social-Software-Anwendung für andere Anwendungen verfügbar zu machen. Mittels sogenannter RSS-Feeds können Daten bzw. Inhalte von Webseiten abonniert werden, sodass der Benutzer über alle Neuigkeiten informiert wird, ohne die Webseite erneut aufsuchen zu müssen (Koch u. Richter 2009). Zum Lesen von RSS-Feeds dienen entweder ein gewöhnlicher Webbrowser oder spezielle Programme. Eine einfache Kopplung von Anwendungen wird möglich, indem die Informationen aus verschiedenen Anwendungen in beliebige Oberflächen integriert werden können. So ist bei Informationsabfragen ein Wandel von Push- zu Pull-Abfragen zu verzeichnen (Koch u. Richter 2009).

Das Format RSS wird seit dem Jahr 2000 kontinuierlich weiterentwickelt und besteht in verschiedenen Versionen mit unterschiedlichen Eigenschaften. Als Konkurrenz und mit dem Ziel der Ablöse von RSS wurde das Format ASF (Atom Syndication Format) entwickelt. ASF hat zum Ziel, alle RSS-Versionen in einem Format zusammenzutragen. Darüber hinaus bietet es gegenüber RSS eine klare Angabe von Inhaltstypen an. Dabei wird angegeben, in welchem Format die Inhalte des Feeds kodiert sind. Dies ermöglicht eine bessere maschinelle Verarbeitung und erleichtert kontextsensitive Anwendungen (Schütt 2013).

7.2.1.3 Tagging

Beim sog. »Tagging« haben die Nutzer die Möglichkeit, die generierten Inhalte der Social Software bzw. den UGC mit Schlagworten zu versehen. Ein Tag ist ein Schlagwort oder ein Begriff für ein zu beschreibendes Objekt. Dabei kann ein Objekt mit mehreren Tags durch verschiedene Nutzer versehen werden und es entsteht eine Sammlung von Tags, eine Folksonomy. Versehen mehrere Nutzer einen Webinhalt mit Tags, entsteht durch die gemeinschaftliche Verschlagwortung eine Folksonomy, bei der die Nutzer z. B. Fotos im Internet mit Tags versehen.

Visualisiert wird das gemeinschaftliche Ergebnis in Form einer Tag Cloud. Diese bildet eine gewichtete Ansicht von Tags ab. Populäre Tags werden dabei vergrößert abgebildet (Alby 2008). Ein weiteres Kennzeichen des Tagging ist die nicht hierarchische Ablage von Daten, wobei diese mit inhaltsspezifischen Schlagworten versehen werden (Alby 2008).

Die ▫ Abb. 7.7 zeigt ein Beispiel für eine Tag Cloud. Häufig verwendete Schlagworte werden größer und weniger häufig verwendete Schlagworte werden kleiner abgebildet. Auf diese Weise wird sofort erkennbar, welches die zentralen Inhalte sind.

Abb. 7.7 Tag Cloud. (Eigene Darstellung)

7.2.2 Social-Software-Anwendungen in Unternehmen

Im Folgenden werden populäre Social-Software-Anwendungen und deren Bedeutung im Kontext des Social Business beschrieben. Zunächst werden Blogs und Microblogs thematisiert. Daraufhin werden Wikis vorgestellt. Abschließend werden soziale Netzwerke und deren Merkmale adressiert. Es wird aufgezeigt, welche Möglichkeiten die einzelnen Social-Software-Anwendungen bieten und inwiefern dies für die Nutzung innerhalb eines Unternehmens von Relevanz ist.

7.2.2.1 Blogs und Microblog

- **Blog**

Der Begriff Blog ist die Kurzform von Weblog und setzt sich aus den Begriffen »web« sowie »logbook« (Protokoll oder Logbuch) zusammen. Die ersten Blogs in den späten 1990er Jahren gehen auf Dave Winer[2] und Jorn Barger[3] zurück. Dabei handelt es sich grundsätzlich um eine nach Erstellungsdatum sortierte Liste von Einträgen. Diese Einträge können aufgrund der multimedialen Fähigkeiten digitaler Medien Texte, Bilder, Videos, Audio usw. enthalten. Allerdings ist die textliche Form unterstützt mit Bildern die gängigste Art der Bloggens. Der neueste Eintrag steht in einem Blog typischerweise oben. Die Einträge werden nach Monaten und Jahren sortiert und bleiben als Archiv erhalten (Back, Gronau et al. 2012).

Wesentliche Merkmale von Blogs sind (Alby 2008, Kuhlmann u. Sauter 2008): Subjektivität, Aktualität und sequenzielle Struktur, asynchrone Kommunikation, Vernetzung.

---

2   *Dave Winer* startete im Jahr 1997 einen der ersten Blogs namens Scripting News.
3   *Jorn Bager* ist Herausgeber eines der ersten Blogs namens Robert Wisdom, das erstmalig mit dem Begriff Weblog bezeichnet wurde.

Merkmale von Blogs
- Subjektivität: Die subjektive Meinung des Bloggers sowie die subjektiven Kommentare von den Nutzern.
- Aktualität und sequenzielle Struktur: Ein Blog lebt von aktuellen Beiträgen, welche in chronologisch absteigender Form gelistet werden.
- Asynchrone Kommunikation: Der Meinungsaustausch erfolgt zeitversetzt, indem Nutzer über Kommentierungsfunktionen eine Möglichkeit zur Stellungnahme haben.
- Vernetzung: Mittels Tags kann in einem Blog auf andere Blogs oder Quellen verwiesen werden. Durch die Verwendung sog. Trackbacks, einem automatischen Benachrichtigungsdienst mit Verweisen zwischen Blogs, entsteht über die Zeit hinweg eine Blogsphäre.

Die technischen Voraussetzungen zum Schreiben eines Blogs sind relativ einfach. Der Blogger benötigt einen PC mit Internetzugang und einen Provider, über den er seinen Blog im Internet der Öffentlichkeit zugänglich machen kann. In diesem Zusammenhang muss eine Blog-Software installiert werden, damit die Einträge auf der Datenbank des Providers abgelegt werden können (Alby 2008).

Privatpersonen nutzen Blogs als Mitteilungsseiten für persönliche Erlebnisse, Meinungen oder Einschätzungen. Nutzer haben die Möglichkeit, über Kommentare zu interagieren und zu diskutieren. Aktive Blogger nehmen häufig eine Funktion als Meinungsführer in bestimmten Bereichen ein. Nutzer folgen Blogs, lesen sie regelmäßig und vertrauen auf die Meinung des Bloggers, wenn z. B. ein Blogger Bücher empfiehlt, von anderen abrät und über einen Blog gerne seine Meinung über neue Bücher mitteilt. Ein Leser seines Blogs überprüft entweder durch bereits gelesene Bücher oder durch Erwerb eines empfohlenen Buchs ob seine Meinung mit der des Bloggers übereinstimmt. Ist dies der Fall, beginnt er Vertrauen aufzubauen, lagert so bei weiteren positiven Bestätigungen seine eigene Recherche an den Blogger aus und kauft, was dieser empfiehlt (Schütt 2013).

Beispiel: Blogs im Unternehmen
Im Unternehmen sind für Mitarbeiter dagegen Hinweise und Tipps für die zu erledigende Arbeit vordergründig. Ein »persönlicher« Blog kann dennoch für Schlüsselpersonen wie Unternehmensführung, Entwicklungsleiter usw. angebracht sein. Der Vorteil eines Blogs ist die Tatsache, dass sich schnell und einfach aktuelle Inhalte mitteilen lassen und Nutzer automatisch mit den relevanten Informationen versorgt werden. Darüber hinaus sind auch Blogs von mehreren Kollegen, also einer Gruppe möglich. In einem solchen Fall können Blogs die Teamkommunikation unterstützen und verbessern. So kann z. B. ein Projektteam Termine veröffentlichen, Fortschritte dokumentieren, Protokolle von Meetings teilen und gleich direkt interagieren (Schütt 2013).

- **Microblog**

Eine Unterart eines Blogs ist der Microblog. Das Microblogging ist die Kleinstform des Bloggens. Der bekannteste Microblog ist Twitter. Die Beiträge werden wie bei einem Blog zeitlich absteigend als Liste angezeigt, allerdings sind sie beim Microblogging auf eine geringe Zeichenanzahl begrenzt. Nutzer können sich gegenseitig folgen und erhalten jeweils eine Benachrichtigung bei einem neuen »Tweet« (Kurznachricht) von einem Blogger, dem sie folgen. Die Nutzung gleicht der einer SMS und wird meist auf ca. 140 Zeichen beschränkt. Twitter ist der größte Anbieter auf diesem Gebiet. Insbesondere Nutzerbedürfnisse werden adressiert, indem z. B. Abläufe von live übertragenen Fernsehsendungen oder Sportübertragungen von Nutzern direkt mitgestaltet werden können. Die Sender können die Kommentare von Nutzern direkt einbringen und ein völlig neues Nutzungserlebnis gestalten.

Eine Zeit lang konnten wichtige Schlüsselwörter in Nachrichten mit sog. Hashtags versehen werden, um sie hervorzuheben und für Twitter durchsuchbar zu machen. Seit einiger Zeit unterstützt Twitter allerdings die Volltextsuche und daher sind Hashtags obsolet. Über die früheren Hashtags und jetzt die Volltextsuche lassen sich Nachrichtenströme zu bestimmten Suchbegriffen analysieren (Back, Gronau et al. 2012).

Beispiel: Microblogs im Unternehmen
Im Unternehmen wird Microblogging eingesetzt, um auf Neuigkeiten hinzuweisen. Microblogging kommt auch bei Problemfällen zum Einsatz, um Unterstützung einzufordern, ohne z. B. einen genauen Ansprechpartner zu kennen. Ebenfalls ist das Mitteilen eines vorübergehenden Aufenthalts populär. Diese Nachrichten erhalten dann automatisch alle Personen, die als Follower eingetragen sind. Auf diese Weise ist eine gesonderte Abstimmung mit vielen einzelnen Personen nicht mehr notwendig (Schütt 2013). Folglich eignet sich Mircoblogging im organisationalen Kontext besonders dort, wo eine Vernetzung von Informationen sowie Kommunikation im Arbeitskontext notwendig sind. Als größtes allgemeines Nutzenpotenzial gilt die hohe Geschwindigkeit der Informationsverbreitung, die durch die Vernetzung der Follower möglich wird. Anwendungsspezifische Nutzenpotenziale liegen z. B. in einer möglichen Verbesserung der Selbstorganisation, Zusammenarbeit, Reaktionsfähigkeit, Image- und Bekanntheitssteigerung oder Transparenz (Back, Gronau et al. 2012).

7.2.2.2 Wiki

Der Begriff Wiki ist abgeleitet von dem hawaiianischen Wort »wikiwiki« und bedeutet übersetzt »schnell« bzw. »sich beeilen« (Ebersbach, Glaser et al. 2007). Begründer des Wiki ist Ward Cunningham[4], der im Jahr 1995 mit der »WikiWikiWeb« die erste freie Wiki-Software entwickelt hat. Ein Wiki ist ein internetbasiertes Anwendungssystem, das zur kooperativen Arbeit an Texten genutzt wird. Das bekannteste Wiki ist die Online-Enzyklopädie Wikipedia. Wikis sind gewissermaßen Webseiten, die von mehreren Personen gleichberechtigt bearbeitet werden können.

Im Gegensatz zum Blog eignen sich Wikis eher für eine langfristige Wissensdokumentation. Die grundlegende Zielsetzung eines Wiki liegt in der Bereitstellung von Informationen durch eine Vielzahl von Nutzern zur Nutzbarmachung der kollektiven Intelligenz. Die Beiträge eines Wiki können direkt im Web-Browser editiert werden. Ein dynamischer Reviewprozess an dem geschriebenen Beitrag trägt zu einer hohen Qualität der Inhalte und Zustimmung von einer Vielzahl von Nutzern bei (Back, Gronau et al. 2012). Bei jeder Veränderung eines Eintrags werden die alten Versionen weiter gespeichert. Automatisch wird ein Protokoll über die vorgenommenen Änderungen generiert. Es ist daher jederzeit möglich, zu älteren Ständen zurückzukehren. Die Einträge eines Wiki lassen sich darüber hinaus untereinander verlinken (Back, Gronau et al. 2012). Technisch stellt ein Wiki eine Sammlung von Skripten auf einem Webserver dar (Ebersbach, Glaser et al. 2007) und ist vergleichbar mit einem offenen leichtgewichtigen Content-Management-System (Back, Gronau et al. 2012).

Merkmale eines Wiki
- Editing: Jeder Nutzer eines Wiki kann Beiträge verfassen und/oder editieren und verfügt somit über universelle Bearbeitungsmöglichkeiten.
- Links: Nutzer haben die Möglichkeit, bestehende Inhalte in Beiträgen über Links miteinander zu vernetzen und so auf einen anderen Beitrag zu verweisen.

---

4   *Ward Cunningham* ist ein Programmierer und gehört zu den Pionieren der Entwicklung neuer Methoden, wie z. B. der objektorientierten Programmierung oder Design Patterns.

- History: Der gesamte Bearbeitungsprozess inklusive sämtlicher Änderungen eines Inhaltes wird dokumentiert und gespeichert, sodass Nutzer auch ältere Versionen eines Beitrages wieder aufrufen können.
- Recent Changes: Diese Funktion zeigt dem Nutzer auf, welche Veränderungen in einem bestimmten Zeitraum vorgenommen worden sind.
- Search: Über eine Volltext- oder Titelsuche können Nutzer schnell Inhalte und Beiträge auffinden.

Wikis basieren auf dem Prinzip der Selbstorganisation. Dabei haben sich in der Vergangenheit unterschiedliche Nutzertypen herauskristallisiert, die anhand der Anzahl der Besuche sowie des Leseverhaltens eines Nutzers identifiziert werden können: Korrekturleser und Experten verleihen den Beiträgen inhaltliche Tiefe. Generalisten bringen weiteres Wissen aus anderen Beiträgen ein. Moderatoren agieren bei hitzigen Diskussionen zu einem Thema oder übernehmen eine verwaltende Funktion. Wichtig ist, dass die heterogenen Nutzergruppen über Selbstreflexion und die Fähigkeit, konstruktiv Kritik zu äußern, verfügen (Ebersbach u. Glaser 2005).

Beispiel: Wikis in Unternehmen
In Unternehmen kann ein Wiki für unterschiedliche Aktivitäten verwendet werden. Grundlegend kann ein Glossar für unternehmenstypische Abkürzungen und Fachbegriffe angelegt werden. Es kann ein Wiki für Handbücher geben, für Best Practices aus Projekten oder Beschreibungen von Aufgaben einer Abteilung. Durch den Einsatz mehrerer Wikis kann Übersichtlichkeit und Relevanz erhöht werden (Schütt 2013). Wikis sind typische Anwendungen für den Bereich Wissensmanagement und bieten Einsatzpotenziale bei der Kommunikation, Kollaboration und Koordination (Back, Gronau et al. 2012). Sie können die Projektkoordination unterstützen, aber auch die Nutzung als Lexikon, Fachinformationsmedium, Handbuch oder Lernplattform ist dabei von besonderer Bedeutung (Ebersbach u. Glaser 2005, Back, Gronau et al. 2012). Dabei verfügen Wikis über das Potenzial, Wissenssammlungen zu erstellen und zu halten.

7.2.2.3 Soziale Netzwerke und virtuelle Gemeinschaft

Eine virtuelle Gemeinschaft ist eine besondere Form von Gemeinschaft. Sie ist ein Zusammenschluss von Menschen mit einem Bedürfnis nach Information und Interaktion oder dem Bedürfnis, eine spezifische Rolle in einer Gemeinschaft auszufüllen. Grundlage und verbindendes Element ist eine gemeinsame Idee oder ein gemeinsames Ziel (hierunter fallen auch Aufgaben, Interessen oder Probleme), das auf Basis von impliziten oder expliziten Verhaltensregeln verfolgt wird. Die Interaktion wird durch ein technisches Subsystem vermittelt und unterstützt, das den Aufbau von Vertrauen und einem Gemeinschaftsgefühl auch ohne die unmittelbare physische Präsenz der Gemeinschaftsmitglieder ermöglicht. Zusammen mit dem technischen Subsystem, bestehend aus der Community-Plattform und der Infrastruktur des Internets, bilden virtuelle Gemeinschaften damit interdependente sozio-technische Systeme (Leimeister 2014). Unter technischen Aspekten handelt es sich um eine Zugriffsbeschränkung für die Nutzung digitaler Informationen, z. B. ein Nachrichtenforum (Schütt 2013).

Im Internet werden solche Orte sozialer Vernetzung auch als soziale Netzwerke bezeichnet. Diese sind i. d. R. offen, wobei der Nutzerkreis eingeschränkt werden kann. Eines der bekanntesten sozialen Netzwerke für private Kontakte ist Facebook und für berufliche Kontakte XING.

Solche virtuellen Plattformen ermöglichen es den Nutzern, Kontakte zu knüpfen, zu pflegen, zu organisieren und UGC in Form von Text, Bild und Video auszutauschen (Back, Gronau et al. 2012). Hinzu kommt, dass die Verbreitung von Smartphones inklusive mobilem Internet den Boom der sozialen Netzwerke noch weiter verstärkt und die soziale Interaktion im virtuellen Raum hinreichend unterstützt.

Für die Entwicklung bzw. die Funktionsweise der virtuellen sozialen Netzwerke sind zwei Ansätze von entscheidender Bedeutung (Ebersbach, Glaser et al. 2010): Das »kleine Welt Phänomen« sowie »weak ties and strong ties«.

»Kleine Welt Phänomen«
Im Jahr 1967 findet der amerikanische Psychologe Stanley Milgram in einem Experiment heraus, dass jeder Mensch mit jedem anderen Menschen über eine kurze Kette von durchschnittlich sechs Bekanntschaftsbeziehungen miteinander verbunden ist. Folglich kennt jeder jeden über sechs Ecken (Milgram 1967).

»Weak Ties« und »Strong Ties«
Die Qualität der Beziehungen richtet sich nach der Stärke der Bindung. Die »Strong Ties« sind häufig im engen privaten Kreis zu finden und sind durch ein enges Beziehungsgeflecht sowie eine beschränkte Anzahl von Kontakten gekennzeichnet (Ebersbach, Glaser et al. 2010). Hingegen handelt es sich bei den »Weak Ties« um lockere Zufallsbekanntschaften, die dazu beitragen, das persönliche Netzwerk zu vergrößern und das gesellschaftliche Universum in ein »Global Village« zu verwandeln (Ebersbach, Glaser et al. 2010). Zum Aufbau beruflicher Kontakte sind diese besonders wichtig.

In Anlehnung an Koch und Richter können sechs Funktionen im Rahmen einer Analyse offener und geschlossener sozialer Netzwerke abgeleitet werden (Richter u. Koch 2008): Identitätsmanagement, Expertensuche, Kontextawareness, Netzwerkawareness, Kontaktmanagement, Unterstützung eines gemeinsamen Austausches.

> **Funktionen sozialer Netzwerke**
> - Identitätsmanagement: Nutzer veröffentlichen in einem Profil bewusst ihre persönlichen Daten und machen diese einer breiten Community zugänglich. Die abgefragten Profildaten sowie Datentransparenz können sich je nach Plattform unterscheiden (Richter u. Koch 2008).
> - Expertensuche: Der Nutzer erhält Zugang zu implizitem Wissen. Das soziale Netzwerk kann nach verschiedenen Kriterien durchsucht werden oder der Nutzer folgt der Empfehlung interessanter Kontakte (Richter u. Koch 2008).
> - Kontextawareness: Dient dem Aufbau von Vertrauen zur Verfestigung menschlicher Beziehungen. Dies erfolgt durch das Aufzeigen gemeinsamer Bekannter, indem das persönliche Netzwerk mit seinen Knotenpunkten visualisiert wird (Richter u. Koch 2008).
> - Netzwerkawareness: Dem Nutzer werden aktuelle Informationen über andere Personen aus dem sozialen Netzwerk bereitstellt. Sie bringen ihn auf diese Weise auf den aktuellen Stand seiner Kontakte (Richter u. Koch 2008).
> - Kontaktmanagement: Dem Nutzer werden sämtliche Funktionen zur Kontaktpflege seines Netzwerkes bereitgestellt (Richter u. Koch 2008).
> - Unterstützung eines gemeinsamen Austausches: Dies wird dem Nutzer u. a. in Form von Foren zur Verfügung gestellt (Richter u. Koch 2008).

Beispiel: soziale Netzwerke im Unternehmen
Im Unternehmen können alle Mitarbeiter oder gewisse Gruppen von Mitarbeitern in einem sozialen Netzwerk aktiv sein. Sie bekommen dort bestimmte Anwendungen zur Verfügung gestellt. Diese Communitys können komplett geschlossen sein oder aber halboffen bis offen (Schütt 2013). Im Bereich Human Resources kommen soziale Netzwerke immer häufiger dahingehend zum Einsatz, dass Fachkräfte angeworben werden (Back, Gronau et al. 2012). Daneben ermöglichen interne soziale Netzwerke auch das Auffinden des richtigen Ansprechpartners.

Es wurden im vorliegenden Abschnitt ausgewählte Social-Software-Anwendungen vorgestellt und deren mögliche Einsatzpotenziale im organisationalen Kontext skizziert. In der Praxis zeichnet sich gegenwärtig das Bild ab, dass soziale Netzwerke am häufigsten von Unternehmen eingesetzt werden. Kollaborative Tools zur Dokumentenbearbeitung kommen direkt danach (Bughin, Chui et al. 2013).

7.2.3 Gesellschaftlicher Wandel durch Social Business

Im vorliegenden Abschnitt werden nun die Grundlagen des Social Business ausführlich aufgegriffen und erläutert. In Anlehnung daran wird der gesellschaftliche Wandel durch Social Business adressiert. Zunächst wird aufgezeigt, wie die Veränderung des Internets das Kollaborationsverhalten im virtuellen Raum beeinflusst und was dies im Kontext des House of Digital Business und damit einhergehend für ein Social Business bedeutet. Danach werden die Prinzipien von Social Software vorgestellt und daran der gesellschaftliche Wandel aus Perspektive eines Unternehmens erörtert. Nachfolgend wird fokussiert auf die Veränderungen und Konsequenzen durch Social Business für das Unternehmen eingegangen.

7.2.3.1 Prinzipien des Web 2.0
In den vergangenen Jahrzehnten hat sich infolge der fortschreitenden Entwicklungen im Bereich der Informations- und Kommunikationstechnologie ein massiver Wandel für Unternehmen vollzogen. Im Kontext des House of Digital Business mit Fokus u. a. auf die Nutzerorientierung hat sich insbesondere beim Wandel des Internets vom Web 1.0 zum Web 2.0 ein gesellschaftlicher Wandel ergeben, der sich im Social Business niederschlägt.

- **Web 1.0**
Die frühen Anfänge des Internets in den 1980er sind auf Tim Berners Lee[5] zurückzuführen und hatten die Schaffung eines offenen, standardisierten, erweiterbaren und kostenlosen Wissensnetzes zum Ziel. Die Intention bestand darin, Wissen zu schaffen, zu vernetzen und verfügbar zu machen (Lischka 2009). Die erste Form des Internets wird heute als Web 1.0 bezeichnet. Im Web 1.0 wurden Informationen von wenigen Autoren oder Autoritäten zur Verfügung gestellt. Die Internetnutzer hatten keinen bis wenig Einfluss auf die Inhalte und waren passive Teilnehmer. Sie konnten z. B. Beiträge lesen, Produkte erwerben oder Anwendungen nutzen und übernahmen damit die Rolle des Konsumenten von Inhalten aus dem Web 1.0.

- **Web 2.0**
Inzwischen hat sich das Web 1.0 zum Web 2.0 mit zahlreichen sozialen Anwendungen weiterentwickelt, die einen hohen Grad an Nutzer-, Nutzen- und Nutzungsorientierung durch zeit-

---

5 *Tim Berners-Lee* ist ein britischer Informatiker und Begründer des World Wide Web.

und ortsunabhängige Interaktionsmöglichkeiten bieten und auf deren Bedürfnisse eingehen. Im Vergleich zum Web 1.0 mit Nutzern als Konsumenten von Inhalten und als Online-Einkäufer können die Nutzer im Web 2.0 als Prosumenten nun aktiv interagieren, sich vernetzen, kollektives Wissen zusammentragen und teilen. Die Nutzer können selbst Beiträge verfassen, Produkte verkaufen oder Anwendungen gestalten und entwickeln.

Der Begriff des Web 2.0 umfasst verschiedene Prinzipien, Techniken, Standards, Programme sowie Social-Software-Anwendungen. Das Web 2.0 beschreibt im Wesentlichen zwei Aspekte: Einerseits technische Aspekte und Programmiermöglichkeiten, die über das Erstellen von statischen Webseiten hinausgehen, und andererseits vom Nutzer verwendbare Services, die eine aktive Beteiligung über das Lesen hinaus ermöglichen (Schütt 2013).

- **Prinzipien des Web 2.0**

Zurückzuführen auf den Grundsatzartikel von Tim O'Reilly und Dale Doughtery aus dem Jahr 2005 werden wesentliche Prinzipien des Web 2.0 deutlich (O'Reilly 2005, Back, Gronau et al. 2012):

- Nutzung der kollektiven Intelligenz – »Harnessing Collective Intelligence«: Viele Personen erzeugen mit ihrem Teilwissen ein Produkt, was in der Summe größer ist als das Wissen eines oder weniger Experten. Beispiel: Wikipedia – kollektives Wissen von Internetnutzern (O'Reilly 2005, Back, Gronau et al. 2012).
- Datengetriebene Anwendungen – »Data is the New Oil«: Daten sind Grundlage internetbasierter Geschäftsmodelle. Beispiel: Google-Dienste – Datenerfassung und Wiedergabe passender Werbung (O'Reilly 2005, Back, Gronau et al. 2012).
- Beliebige Kombinierbarkeit von Komponenten oder ganzen Anwendungen – »Innovation in Assembly«: Anwendungen sind nicht lokal installiert, sondern komplett im Web verfügbar und über offene Schnittstellen miteinander kombinierbar. Beispiel: OpenStreetMaps – beliebig mit Informationen erweiterbar und in eigene Webseiten integrierbar (O'Reilly 2005, Back, Gronau et al. 2012).
- Umfassende Anwenderfreundlichkeit und Einfachheit – »Rich User Experiences«: Anwendungen müssen einfach und verständlich gestaltet sowie interaktiv sein, um die Partizipation der Nutzer zu gewährleisten (O'Reilly 2005, Back, Gronau et al. 2012).
- Plattform- und Geräteunabhängigkeit – »Software above the Level of a Single Device / Pervasive Computing«: Über mehrere Geräte greifen Nutzer auf Anwendungen zu und erwarten Verfügbarkeit sowie angemessene Umsetzung auf allen Geräten. Beispiel: Verfügbarkeit der Anwendung auf Smartphones und Anpassung an den kleineren Bildschirm (O'Reilly 2005, Back, Gronau et al. 2012).
- Permanenter Beta-Status – »Perpetual Beta«: Anwendungen sind nie völlig fertig und werden bereits als Betaversionen veröffentlicht. Nutzer können Veränderungsvorschläge einbringen und die Anwendung kontinuierlich mit entwickeln (O'Reilly 2005, Back, Gronau et al. 2012).
- Nutzung des Long-Tail-Potentials – »Leveraging the Long Tail«: Verkaufsschwache Produkte, die in der Digital Economy dennoch im Sortiment verbleiben können. Daher sind sie trotz geringer Verkäufe umsatzrelevant (O'Reilly 2005, Back, Gronau et al. 2012).
- Leichtgewichtige Start-Up-Modelle und einfach skalierbares Wachstum – »Lightweight Models and Cost-Effective Scalability«: Web-Geschäftsideen können mit geringen Aufwänden (Kapital/Mitarbeiter) gestartet und mit dem Wachstum hochskaliert werden. Beispiel: Cloud-Dienste oder angemietete Server (O'Reilly 2005, Back, Gronau et al. 2012).

Die Prinzipien des Web 2.0 ermöglichen damit eine starke Nutzer-, Nutzungs- sowie Nutzenorientierung. Eine Integration dieser Prinzipien in Form von Social Software innerhalb eines

Unternehmens führt zu einer Transformation hin zu einem Social Business. Vor dem Hintergrund einer unternehmensinternen Verwendung von Social Software bedeutet dies, dass sich Arbeitsweisen im Umgang mit Informationen und insbesondere der Zusammenarbeit verändern. Mitarbeiter können flexibel zeit- und ortsunabhängig miteinander interagieren und gemeinsam an etwas arbeiten. Neben den veränderten Möglichkeiten der Zusammenarbeit verändern diese Prinzipien auch die Art und Weise, wie Informationen bereitgestellt und veröffentlicht werden. Folglich verändern sich Informationsprozesse im Social Business stark und erfordern zum Teil eine Anpassung organisationaler Abläufe und Strukturen.

7.2.3.2 Prinzipien von Social Business

Aufbauend auf den Prinzipien des Web 2.0 prägt McAfee mit der Verwendung von Social Software im Unternehmen den Begriff Enterprise 2.0 bzw. Social Business und definiert sechs Komponenten anhand des Akronyms SLATES (McAfee 2006). Vor dem Hintergrund einer unternehmensinternen Verwendung von Social Software für z. B. Wissensmanagement und der damit einhergehenden Transformation hin zu einem Social Business verdeutlicht SLATES, wie Social Software innerhalb eines Unternehmens eingesetzt werden kann und was dies auslöst.

SLATES (Search, Links, Authoring, Tags, Extensions, Signals)
- Search: Auf einer für Nutzer brauchbaren Plattform sind Suchmechanismen integriert, die das schnelle Suchen und Finden von Informationen ermöglichen. Trotz hilfreicher Intranetseiten und Navigationsunterstützung bevorzugen Nutzer oft eine Stichwortsuche (McAfee 2006).
- Links: Google hat die Qualität der Internetsuche revolutioniert, indem Informationen als Links zwischen Webseiten angezeigt werden. Links sind eine ausgezeichnete Orientierungshilfe, um zu wichtigen Informationen zu gelangen, und stellen eine Struktur in den Online-Inhalten bereit (McAfee 2006).
- Authoring: Internet-Blogs und Wikipedia haben gezeigt, dass viele Menschen ein Bedürfnis haben, etwas öffentlich zu verfassen. Es gibt viele Menschen, die einen Beitrag leisten können, wie etwas Wissen, Erkenntnisse, Erfahrungen, Kommentare, Fakten, Bearbeitungen, Links usw. Die Autorenschaft ist ein Weg, um solche Beteiligungen hervorzurufen. Wenn Autoren-Tools innerhalb eines Unternehmens bereitgestellt und genutzt werden, unterliegt das Intranet einem Wandel. Von einer Plattform, auf der einst wenige etwas einstellen durften, wird das Intranet zu einer Plattform, die ständig aktualisiert wird und die vernetzte Arbeit von vielen widerspiegelt. Die Autorenschaft von Gruppen kann zu konvergierenden und qualitativ hochwertigen Inhalten führen. Das bekannteste Beispiel ist Wikipedia (McAfee 2006).
- Tag: Verfügen Webseiten über große Mengen Inhalt, kann die Strukturierungs- und Kategorisierungsarbeit an die Nutzer ausgelagert werden, indem diese Tags für Webinhalte vergeben. Ein Tag ist ein Schlagwort für ein Objekt (siehe ▶ Abschn. 7.2.1). Der größte Vorteil gemeinschaftlicher Verschlagwortung in Form einer Folksonomy liegt darin, dass sie die von Menschen gewöhnlich genutzten Informationsstrukturen und Beziehungen reflektiert. Im Zusammenhang mit der Entstehung einer Folksonomy ermöglichen Tags das Aufstöbern von Plattformen, die von anderen Wissensarbeitern genutzt werden. Del.icio.us ist z. B. eine solche Anwendung, um Lesezeichen auf Webseiten zu setzen. Eine unternehmensinterne Nutzung kann also dazu führen, dass Muster und Prozesse der Wissensarbeit für alle transparenter werden (McAfee 2006).

> - Extensions: Algorithmen generieren automatisch Suchempfehlungen für z. B. weitere Käufe. Ein bekanntes Beispiel ist amazon.de (McAfee 2006).
> - Signals: Technologie, mit der Nutzer neue, für sie interessante Inhalte angezeigt bekommen, z. B. als E-Mail Benachrichtigung. Eine neuere Technologie sind RSS (Really Simple Syndication) (siehe ▶ Abschn. 7.2.1). Autoren wie Blogger nutzen RSS bei neuen Inhalten, um eine kurze Notiz zu senden. Mittels RSS werden Nutzer über neue Informationen auf Webseiten informiert. Damit werden die Nutzer aktiv eingebunden und sind verantwortlich für die entstehenden Inhalte (McAfee 2006). Im Rahmen von unternehmensinterner Kommunikation können Mitarbeiter somit gezielt informiert werden, indem sie sich die für sie relevanten Informationen abonnieren.

Wie schon bei den Prinzipien des Web 2.0 wird auch in Anlehnung an SLATES eine starke Nutzer-, Nutzen- und Nutzungsorientierung deutlich. Der Mitarbeiter als Prosument wird befähigt, aktiv Informations- und Wissensstrukturen aufzubauen. Weiterhin kann er selbstgesteuert agieren und gezielt auf die für ihn relevanten Strukturen zugreifen. Im Vergleich zu traditioneller Software zum Informationsabruf bzw. -austausch oder Wissensaufbau bzw. -transfer erhält der Mitarbeiter als Nutzer im Social Business deutlich mehr Rechte und Möglichkeiten, sich aktiv einzubringen.

7.2.3.3 Konsequenzen und Veränderungen für das Unternehmen

In den beiden vorangegangenen Abschnitten sind insbesondere Veränderungen deutlich geworden, die sich aufgrund der anwendungsbezogenen Prinzipien und Eigenschaften von Social Software erklären lassen. Prinzipien und Mechanismen ermöglichen eine viel stärkere Nutzen-, Nutzer- und Nutzungsorientierung. Angebote, die nutzerindividuell und motivationsfördernd klare Nutzerversprechen transportieren, können entwickelt werden.

Erfolgt eine Transformation eines Unternehmens hin zu einem Social Business, welches diese Mechanismen in tägliche Arbeitsroutinen der betroffenen Mitarbeiter integriert, werden Veränderungen innerhalb des Unternehmens angestoßen.

Im Bereich Informations- und Kommunikationstechnologie bildet die Tatsache, dass Grundinformationen heute allgemein zugreifbar geworden sind und somit kein Herrschaftswissen mehr existiert, den Kern der Veränderungen der vergangenen 20 Jahre. So bildeten z. B. in den frühen 1980er Jahren Hauspost und Telefon die vorherrschenden Datenkommunikationswege. Die schriftliche Kommunikation dauerte damals Stunden, wenn nicht sogar Tage (Schütt 2013).

Mit den rasanten technologischen Veränderungen der vergangenen Jahrzehnte wurden die Kommunikations- und Datenübermittlungsmöglichkeiten immer besser. Folglich veränderte sich auch die Art und Weise der Zusammenarbeit in Unternehmen und steht gegenwärtig »vor dem größten Umbruch seit der Erfindung des Computers« (Schütt 2013). Durch die enorme Vielfalt an Zugriffsmöglichkeiten auf Informationen sind Wissensträger heute jederzeit und überall deutlich besser erreichbar als noch vor wenigen Jahren. Eine kritische Prüfung bestehender Prozesse sowie die Berücksichtigung eventueller Wissensträger werden unabdingbar (Schütt 2013).

Daneben sind gegenwärtig Veränderungen in der Entstehung von Werten zu erkennen. Insbesondere werden neue Werte, z. B. Flexibilität hinsichtlich der Anpassung an neue Marktbedingungen oder das Ausprobieren neuer Geschäftsmodelle, hinzukommen. Für Unternehmen, die ihre Prozesse kontinuierlich überprüfen, hinterfragen und verbessern, entstehen neue

Wettbewerbsvorteile (Schütt 2013). Viele Unternehmen praktizieren noch heute zum Teil traditionelle Wege der Datenkommunikation. Social Software stellt im Vergleich dazu einen völlig neuen Ansatz dar, der zunächst von dem Unternehmen und den Mitarbeitern akzeptiert und gelebt werden muss.

Demgegenüber haben sich die Arbeitsweisen in den vergangenen Jahren jedoch nur wenig verändert. Mitarbeiter versuchen häufig, Probleme eigenständig zu lösen, und laufen dabei Gefahr, dass dies höchst zeitintensiv und das Ergebnis qualitativ schlecht ist. Folglich obliegt es dem Management der Zukunft, die Arbeits- und Kommunikationsprozesse so zu verändern, dass man sich in dem Unternehmen »die Bälle besser zuspielt« (Schütt 2013). Stark Top-down geprägte Ansätze in Unternehmen müssen sich infolge der Nutzung von Social Software verändern bzw. anpassen. Hierarchische Strukturen und Anweisungen stehen in einem Widerspruch zur Intention von Social Software. Voraussetzung für die Nutzung von Social Software in stark hierarchisch geprägten Unternehmen ist folglich auch eine Bereitschaft für Veränderungen und die damit verbundene Gestaltung eines organisationalen Wandels hin zu einem offenen, auf kollaborativem Austausch basierenden Unternehmen.

Damit bietet das Web 2.0 und insbesondere Social Software Unternehmen neue Möglichkeiten und Formen der Zusammenarbeit und bildet ein aktives Kollektiv- und Kollaborationskonzept (Back, Gronau et al. 2012). Je mehr Personen einen Dienst im öffentlichen Internet oder unternehmensinternen Intranet nutzen, desto höher werden Verbreitungsgrad und Qualität der Inhalte. Es gilt die kritische Masse zu mobilisieren und die kollektive Intelligenz der Internetnutzer auszuschöpfen. Im Vergleich zu traditionellen Formen der Koordination, Kooperation, Kommunikation und Kollaboration werden durch die technologischen Veränderungen des Web 2.0 und der Social Software völlig neue Formen der Zusammenarbeit möglich, welche Potenziale in diversen Bereichen, z. B. Kommunikationsunterstützung oder Wissensmanagement, bieten.

Die damit einhergehenden Veränderungen in Arbeitsprozessen der Betroffenen gilt es aktiv zu unterstützen und zu begleiten. Auf solchen Technologien basierende Social Software hat das Potenzial, dass sich z. B. das Intranet zu einer Online-Plattform mit einer ständig veränderten Struktur wandelt. Diese Anwendungen unterliegen aber Netzwerkeffekten, sodass die Qualität der Inhalte erst wächst, je mehr Personen sich beteiligen (McAfee 2006).

7.2.4 Gestaltung von Geschäftsprozessen im Social Business

Im Zuge der Transformation eines Unternehmens hin zu einem Social Business, d. h. der Verwendung von Social Software für unternehmensinterne Zwecke, wird ein Veränderungsprozess angestoßen. Voraussetzung ist, dass das Unternehmen diese sozialen Technologien verinnerlicht und im großen Stil nutzt (Bughin, Chui et al. 2013). Im Kontext des House of Digital Business gilt es, im Rahmen der Gestaltung von Geschäftsprozessen die Nutzer-, Nutzen- und Nutzungsorientierung zu adressieren. In einem Social Business, welches auf eine Verbesserung wissensintensiver Aktivitäten ausgerichtet ist, verändern sich Informations-, Kommunikations- und Kooperationsprozesse, was Veränderungen in bewährten Arbeitsprozessen zur Folge hat. Wie diese Veränderungen im Arbeitsprozess im Detail aussehen, ist abhängig von der jeweils angestrebten Nutzung von Social Software innerhalb des Unternehmens. Die genaue Ausgestaltung sich verändernder Geschäftsprozesse wird daher an dieser Stelle nicht berücksichtigt.

Von zentraler Bedeutung für eine solche Ausgestaltung ist jedoch ein Verständnis dafür, welche Herausforderungen überwunden werden müssen. Diese sind trotz spezifischer Einzelfalllösungen innerhalb eines Unternehmens stets ähnlich. Der Grund besteht darin, dass die Prinzipien von Social Software die gleichen sind und ein Umdenken des Unternehmens, d. h. ein Veränderungsprozess, gestaltet werden muss. Bei der Etablierung eines Social Business stößt das Unternehmen jedoch oft auf Herausforderungen. Eine mangelnde ganzheitliche Strategie, zu viele konfliktäre Prioritäten und das Fehlen eines klaren Wertversprechens wirken hemmend auf das Adoptionsverhalten sowohl bei dem Unternehmen selbst als auch bei den betroffenen Mitarbeitern, welche den neuen Denkansatz eines Social Business noch nicht verinnerlicht haben (Kiron, Palmer et al. 2013).

Traditionelle Gewohnheiten und Routinen in der Kommunikation, Kooperation und Kollaboration werden in einem Social Business aufgebrochen und verändert. Daraus wird deutlich, dass sich z. B. auch Arbeitsprozesse oder Entscheidungsprozesse verändern müssen. Eine Integration von Social Software in viele Funktionsbereiche (operative Aktivitäten, Strategie usw.) ist sicherzustellen. Es ist wichtig, Social Business so zu praktizieren, dass es zur täglichen Entscheidungsfindung beiträgt (Kiron, Palmer et al. 2013).

Ein wesentliches Problem besteht auch darin, dass viele Unternehmen Social Software lediglich als ein Tool betrachten, welches implementiert werden muss, und weniger als ein Treiber organisationaler Transformation. Folglich wird nicht erkannt, welche organisationalen Probleme gelöst werden können und müssen (Chui, Dewhurst et al. 2013).

Darüber hinaus sparen Unternehmen, welche die Transformation zu einem Social-Business erfolgreich vollzogen haben, niemals an der Qualität der Inhalte. Sie entwickeln und aktualisieren kontinuierlich Inhalte und fördern die Partizipation der Betroffenen (Kiron, Palmer et al. 2013). So sind eine partizipative Neugestaltung von Prozessen in einem Unternehmen und ein partizipatives Veränderungsmanagement notwendig, um die betroffenen Mitarbeiter an die neuen Kollaborationsmedien heranzuführen. Es ist wichtig, organisationalen Wandel behutsam zu gestalten und zugleich die Strategien zur Nutzung der Tools zu implementieren (Bughin, Chui et al. 2013). In der Praxis hat sich gezeigt: Je stärker Aktivitäten zum organisationalen Wandel angestrebt werden, desto höher sind die Erfolge, die mit den sozialen Tools erzielt werden können (Bughin, Chui et al. 2013).

Nachfolgend werden die Barrieren beim Wandel hin zu einem Social Business herausgegriffen und erläutert. Daran anknüpfend werden die Erfolgsfaktoren für die Transformation hin zu einem Social Business aufgezeigt.

7.2.4.1 Barrieren beim Wandel eines Unternehmens hin zu einem Social Business

Vor dem Hintergrund der Gestaltung eines Wandels hin zu einem Social Business erfolgt ein Veränderungsprozess. Dabei kommt es oft zu unterschiedlichen Barrieren in einzelnen Stufen. Die ◘ Abb. 7.8 zeigt den Transformationsprozess hin zu einem Social Business in drei Stufen. Ausgehend von einem Unternehmen, das erstmalig Social Software innerbetrieblich nutzt, bauen die drei Phasen aufeinander auf und verdeutlichen den Transformationsprozess hin zu einem Social Business.

Im Zuge der Transformation kommt es innerhalb des Unternehmens zu Widerständen. ◘ Abb. 7.8 zeigt analog zu den Stufen die am häufigsten auftretenden Barrieren.

- In Stufe 1 kommt es häufig zu einer Abwehrhaltung seitens des Unternehmens und der Mitarbeiter, da es an einer ganzheitlichen Strategie zur Nutzung von Social Software mangelt. Ein unklares Nutzenversprechen sowie fehlendes Verständnis seitens des Managements stellen ebenfalls Barrieren dieser Phase dar.
- In Stufe 2 entwickelt sich das Unternehmen langsam hin zu einem Social Business. Zu viele konfliktäre Prioritäten stellen die am häufigsten auftretende Barriere dar. Auch in

Gestaltung des Wandels hin zu einem Social Business

Top 3 Barrieren	Stufe 1: Früh	Stufe 2: Entwicklung	Stufe 3: Reife
	Fehlende ganzheitliche Strategie Kein klares Nutzenversprechen Fehlendes Verständnis des Managements	Zu viele konfliktäre Prioritäten Fehlende ganzheitliche Strategie Sicherheitsrisiken (z.B. Datenschutz)	Zu viele konfliktäre Prioritäten Sicherheitsrisiken (z.B. Datenschutz) Fehlende ganzheitliche Strategie

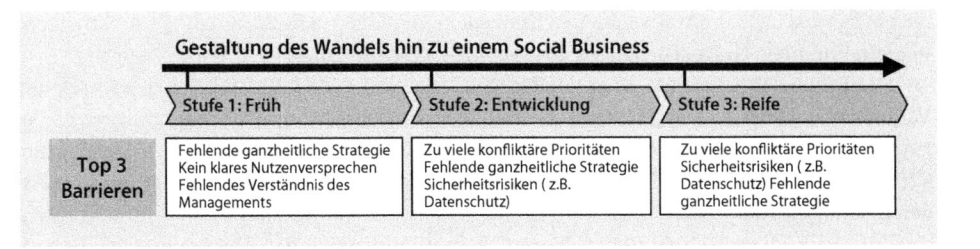

Abb. 7.8 Barrieren beim Wandel hin zu einem Social Business. (Aufbauend auf Kiron, Palmer et al. 2013)

dieser Stufe wirkt eine mangelnde ganzheitliche Strategie hemmend. Hinzu kommen Sicherheitsrisiken im Hinblick auf Datenschutz infolge der transparenten Aktivitäten.
- In Stufe 3, der Reifephase, stellen zu viele konfliktäre Prioritäten ebenfalls noch die Hauptbarriere dar, gefolgt von Sicherheitsrisiken und einer fehlenden ganzheitlichen Strategie.

7.2.4.2 Erfolgsfaktoren für ein Social Business

Um die von den Veränderungen durch Social Business betroffenen Geschäftsprozesse entsprechend zu gestalten, ist ein Verständnis der Erfolgsfaktoren für ein Social Business erforderlich. Unter Berücksichtigung der SLATES-Komponenten gilt es zunächst, zwei wesentliche Grundregeln zu beachten:
- Es ist sicherzustellen, dass das Angebot einfach nutzbar ist, sodass z. B. Autorenschaft oder Verlinkungen mit einem einfachen Web-Browser möglich und nicht etwa HTML-Kenntnisse erforderlich sind (McAfee 2006).
- Darüber hinaus dürfen keine vorgefassten Meinungen gefertigt werden, wie die Arbeit zu erfolgen hat oder wie der Output kategorisiert und strukturiert werden soll. Stattdessen ermöglichen es die Tools, dass Aspekte der Wissensarbeit sichtbar werden (McAfee 2006).

Die Transformation eines Unternehmens hin zu einem Social Business erfolgt also nicht automatisch und basiert auf Entscheidungen und Handlungen von Managern bzw. Führungskräften. Treiber dabei sind organisationale Rahmenbedingungen wie z. B. eine aufnahmebereite Kultur, eine gemeinsame Plattform zur Kollaboration der Beteiligten oder ein informelles Rollout, bei dem wenige Personen oder eine kleine Gruppe aktiv Inhalte in und mit den Social-Software-Anwendungen erstellen, um ein Social Business in der Praxis zur Nutzung zu tragen und in tägliche Arbeitsroutinen zu integrieren (McAfee 2006).

Nachfolgend werden beispielhaft die zentralen Erfolgsfaktoren der partizipativen Prozessgestaltung sowie Managementunterstützung herausgegriffen und erläutert. Es gilt also, solche Erfolgsfaktoren bei der Gestaltung der Geschäftsprozesse zu berücksichtigen.

- **Partizipative Prozessgestaltung**

Prozesse werden als Tätigkeiten mit wiederkehrendem Ablauf verstanden. Neben den Prozessen, die klassischerweise klare Verantwortungsstrukturen erfordern, existieren im Social Business zahlreiche Prozesse, die überdacht werden müssen (Kiron, Palmer et al. 2013). Aufbauend auf den Veränderungen durch Social Software passen Unternehmen ihre Strukturen an und nutzen vermehrt partizipative Ansätze, um ihren Mitarbeitern Einbringungsmöglichkeiten zu bieten. Es wird nach innovativen neuen Konzepten und Ideen gesucht, um die Produktivität zu steigern und neue Geschäftschancen zu erschließen (Schütt 2013).

Der Fokus dabei liegt auf einer flexibleren Gestaltung der Schnittstellen bei wechselnden Verantwortlichkeiten. Gegenwärtig entstehen z. B. oft erhebliche Zeitverzögerungen, da der zuständige Verantwortliche nicht greifbar oder gar mit der Problemlösung überfordert ist. Ein Verharren im Bereich der Zuständigkeiten hat daher häufig negativen Einfluss auf Prozessgeschwindigkeit und -qualität.

Zum Beispiel traf in den 1980er Jahren noch ausschließlich der Abteilungsleiter die Entscheidungen, in den 1990er Jahren wurden Mitarbeiter im Zuge des »Business Process Reengineering« sowie des »Empowerments« befähigt, selbst Entscheidungen zu treffen, sodass Prozessabläufe beschleunigt wurden (Schütt 2013). Gegenwärtig besteht die Herausforderung von Prozessverbesserung darin, Wissensträger zu identifizieren, dynamisch einzubinden und damit abgegrenzte Zuständigkeitsbereiche zu überwinden, also eine »Identifikation von Leuchttürmen im allgemeinen Nebel«, um diese Wissensträger zum Mitmachen zu bewegen sowie das Wissen Einzelner im Schwarm verfügbar zu machen (Schütt 2013).

Daraus resultieren für Unternehmen Fragen danach, wie Prozesse umgestaltet werden müssen, sodass sich exponiertes Wissen einzelner Fachexperten im Schwarm optimal entfalten kann und einbinden lässt. Weiterhin ist zu fragen, welche Social Software in Anbetracht der organisationalen Nutzungsszenarien geeignet ist und eingesetzt werden soll. Daneben sind Unternehmen auch mit der Frage konfrontiert, wie existierende Regeln und Regularien angepasst werden müssen, damit jeder sein Wissen ungeachtet von Hierarchie- und Machtstrukturen einbringen darf und kann (Schütt 2013). Folglich ist eine Verschiebung der Verantwortlichkeiten hin zu den Nutzern der Informationen im Social Business zu verzeichnen. Im Kontext des House of Digital Business wird an dieser Stelle eine Nutzerorientierung deutlich.

- **Managementunterstützung**

Damit es zu einer Unterstützung durch das Management kommt, ist in einem Social Business zu berücksichtigen, dass sich der Führungsstil für das Management ebenfalls verändert. Traditionell verschaffte eine Führungsposition einen gewissen Status und eine Autorität, verbunden mit einem Wissensvorsprung getreu dem Motto »Wissen ist Macht« (Schütt 2013).

In Social-Business-Unternehmen, die das Prinzip des »Mitmach-Web« verinnerlicht haben, tauschen Mitarbeiter ihr Wissen ohne die Zwischeninstanz des Managements aus. Als positiver Effekt ergibt sich eine Verschlankung der Geschäftsprozesse. Die Rolle der Führungskraft ändert sich hin zu der eines Coaches wie im Mannschaftssport (Schütt 2013).

Die soziale Kollaboration ist erfolgreich, wenn Führungskräfte erklären, warum etwas genutzt und praktiziert werden soll. Führungskräfte müssen richtig kollaborieren und sicherstellen, dass die Betroffenen die Bedeutung und die Notwendigkeit der Transparenz, geteilter Verantwortung und des Teilens eines Social Business generell verstehen (Kiron, Palmer et al. 2013).

Um auf Seiten der Betroffenen mögliche Widerstände, insbesondere das Verharrungsverhalten an bewährten Praktiken, aufzubrechen, können persönliche Face-to-Face-Besprechungen ein erster Schritt sein. Ein kollaboratives soziales Verhalten zu erzeugen, bedeutet auch, dieses selbst zu leben und zu nutzen (Kiron, Palmer et al. 2013). Wichtig ist, dass die Führungskräfte das Social Business antreiben und dafür Sorge tragen, dass die soziale Komponente anerkannt und gelebt wird.

Social Business ist als eine Philosophie und eine Lebensart zu verstehen (Kiron, Palmer et al. 2013). Daher ist es umso wichtiger, dass Führungskräfte eine konversationsgetriebene Kultur etablieren, u. a. indem sie selbst Social Software nutzen (Kiron, Palmer et al. 2013). Wenn keine offene Kultur vorherrscht, ist es Aufgabe der Führungskräfte, eine solche anzuregen (Kiron, Palmer et al. 2013).

Folglich sind bei der Veränderung der Geschäftsprozesse insbesondere Fragen zur Transparenz und zu Verantwortlichkeiten zu berücksichtigen.

7.2.5 Strategische Ausrichtung eines Social Business

Im vorangegangenen Abschnitt wurde die Veränderung in Geschäftsprozessen adressiert. Es ist deutlich geworden, dass bei der Transformation hin zu einem Social Business ein Veränderungsprozess gestaltet werden muss. Ebenfalls wurden Barrieren analog zu einzelnen Stufen eines Veränderungsprozesses aufgezeigt sowie allgemeine Erfolgsfaktoren bei der Gestaltung von Geschäfts- und Veränderungsprozessen beschrieben. Es stellt sich nun die Frage, wie eine Strategieformulierung in den einzelnen Stufen der Transformation hin zu einem Social Business ausgestaltet und welche Aktivitäten ergriffen werden sollten. Ebenso stellt sich für die strategische Ausrichtung eines Social Business die Frage, wo genau Einsatzpotenziale bestehen.

Im vorliegenden Abschnitt wird exemplarisch die strategische Ausrichtung von Social Business im organisationsinternen Bereich aufgezeigt. Dazu wird zunächst eine allgemeine Strategieformulierung skizziert. Nachfolgend werden mögliche Einsatzpotenziale in einem Social Business beschrieben. Schließlich wird die strategische Ausrichtung für Social Business am Beispiel Wissensmanagement thematisiert. Es wird u. a. verdeutlicht, welche Anknüpfungspunkte Social Software für Wissensmanagement bereithält.

7.2.5.1 Strategieformulierung beim Wandel hin zu einem Social Business

Bei der Transformation hin zu einem Social Business steht zu Beginn die Formulierung klarer Zielvorstellungen und Erwartungen, z. B. in den Bereichen Leitlinienformulierung oder Personalmanagement (Schütt 2013). Im Fokus sollte also eine umsichtige und umfassende Strategie zur Nutzung der Technologien stehen. Das Unternehmen sollte die Nutzung der Social Software planen sowie entscheiden, wie sie in wichtige kritische Arbeitsprozesse integriert werden und frühzeitig einen Wertbeitrag erzielen kann(Bughin, Chui et al. 2013). Es ist wichtig, die Technologien des Social Business und die damit verbundenen neuen Kollaborationskonzepte in das operative Tagesgeschäft zu integrieren. Daneben sollte das Social Business in viele Funktionsbereiche, z. B. die Strategieentwicklung, integriert werden (Kiron, Palmer et al. 2013).

Kiron et al. (2013) haben darüber hinaus weitere Aspekte bei der Transformation hin zu einem Social Business herausgearbeitet. In der Praxis hat es sich bewährt, bestimmte Mitarbeiter als sogenannte Key User herauszugreifen, welche die Intention des Social Business verbreiten und vorleben. Solche Key User sind unter Kollegen anerkannt, sodass sie eine Vorbildfunktion besitzen und Kollegen zur Nutzung motivieren können. Zudem wird diesen Key Usern eine zentrale Supportfunktion zuteil, sodass sie bei Fragen die erste Anlaufstelle für Kollegen sind. Außerdem zeigen die Key User den anderen Betroffenen Verbesserungspotenziale auf, die durch die Nutzung von Social Software erzielt werden können (Kiron, Palmer et al. 2013, Chui, Dewhurst et al. 2013, Schütt 2013).

Für die eingesetzten Social-Software-Anwendungen hat sich gezeigt, dass eine Vielseitigkeit von Anwendungen zur Verfügung stehen sollte, um die Nutzung anzuregen. Als ein besonders wichtiger Meilenstein hat sich die Managementunterstützung z. B. in Form einer Patenschaft für Social Business erwiesen (Kiron, Palmer et al. 2013).

Daneben ist zu beachten, dass durch die Nutzung der Tools ein Mehrwert erzielt werden kann, vorausgesetzt die Komplexität bleibt überschaubar. Daher sollten die sozialen Techno-

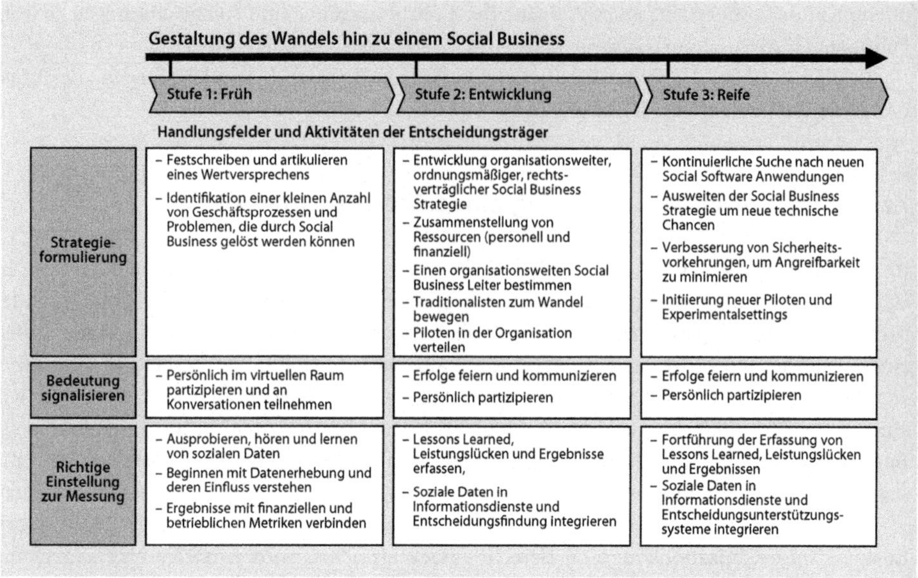

	Gestaltung des Wandels hin zu einem Social Business		
	Stufe 1: Früh	**Stufe 2: Entwicklung**	**Stufe 3: Reife**
	Handlungsfelder und Aktivitäten der Entscheidungsträger		
Strategie-formulierung	– Festschreiben und artikulieren eines Wertversprechens – Identifikation einer kleinen Anzahl von Geschäftsprozessen und Problemen, die durch Social Business gelöst werden können	– Entwicklung organisationsweiter, ordnungsmäßiger, rechts-verträglicher Social Business Strategie – Zusammenstellung von Ressourcen (personell und finanziell) – Einen organisationsweiten Social Business Leiter bestimmen – Traditionalisten zum Wandel bewegen – Piloten in der Organisation verteilen	– Kontinuierliche Suche nach neuen Social Software Anwendungen – Ausweiten der Social Business Strategie um neue technische Chancen – Verbesserung von Sicherheits-vorkehrungen, um Angreifbarkeit zu minimieren – Initiierung neuer Piloten und Experimentalsettings
Bedeutung signalisieren	– Persönlich im virtuellen Raum partizipieren und an Konversationen teilnehmen	– Erfolge feiern und kommunizieren – Persönlich partizipieren	– Erfolge feiern und kommunizieren – Persönlich partizipieren
Richtige Einstellung zur Messung	– Ausprobieren, hören und lernen von sozialen Daten – Beginnen mit Datenerhebung und deren Einfluss verstehen – Ergebnisse mit finanziellen und betrieblichen Metriken verbinden	– Lessons Learned, Leistungslücken und Ergebnisse erfassen, – Soziale Daten in Informationsdienste und Entscheidungsfindung integrieren	– Fortführung der Erfassung von Lessons Learned, Leistungslücken und Ergebnissen – Soziale Daten in Informationsdienste und Entscheidungsunterstützungs-systeme integrieren

Abb. 7.9 Strategieformulierung beim Wandel hin zu einem Social Business. (Aufbauend auf Kiron, Palmer et al. 2013)

logien zentral in dem Unternehmen bereitgestellt werden, um sie in tägliche Arbeitsroutinen integrieren zu können (Chui, Dewhurst et al. 2013).

Unternehmen sollten Ansätze etablieren, die das Testen und Erlernen der sozialen Technologien fördern. Es ist wichtig, eine Atmosphäre des Experimentierens herzustellen, denn dies fördert organisationales Lernen: »Think big, start small, show impact« – ein Prozess des Testens, Lernens und Wachsens (Chui, Dewhurst et al. 2013).

Vor dem Hintergrund der Gestaltung eines Wandels hin zu einem Social Business erfolgt ein Transformationsprozess. Wie schon bei den Barrieren in ◘ Abb. 7.8 gezeigt, können auch die Strategieformulierung und Aktivitäten der Entscheidungsträger in eine chronologische Abfolge eines Veränderungsprozesses gesetzt werden. Die ◘ Abb. 7.9 verdeutlicht, wie der Veränderungsprozess in den einzelnen Stufen beim Wandel hin zu einem Social Business gestaltet sein sollte und was dies für die Strategieformulierung und Aktivitäten der Entscheidungsträger bedeutet.

In der *Stufe 1* sollte die Strategieformulierung einerseits eine Dokumentation und Kommunikation eines klaren Wertversprechens sowie andererseits eine Auswahl von Geschäftsprozessen, welche sich durch den Einsatz von Social Software verändern, umfassen. Entscheidungsträger bzw. Führungskräfte sollten sich in der Anfangsphase aktiv an der Generierung von UGC im virtuellen Raum beteiligen. Als Indikator zur Erfolgsmessung in der Stufe 1 zählt das Lernen und Auswerten von ersten erhobenen sozialen Datenspuren sowie die Verbindung mit finanziellen Metriken.

In *Stufe 2* sollte die Strategieformulierung tiefer gehen, indem die Social-Business-Strategie unter rechtlichen, organisationalen und ordnungsmäßigen Aspekten präzisiert wird. Notwendige personelle Ressourcen sollten identifiziert und bereitgestellt werden, ebenso ein zentraler Social-Business-Ansprechpartner. Mitarbeiter, die an traditionellen Gewohnheiten festhalten, sollten in dieser Stufe adressiert und vom Social Business überzeugt werden. Erste Piloten gilt es in dieser Stufe freizuschalten. Seitens der Entscheidungsträger sollten neben der aktiven Partizipation erste Erfolge klar kommuniziert und zelebriert werden, um den Mitarbeitern deutliche Signale auszusenden. Um Erfolge zu identifizieren, sollten erste Lessons Learned erfasst werden. Ebenso gilt es, die sozial erfassten Daten zur Entscheidungsfindung heranzuziehen.

In *Stufe 3* sollte die Strategieformulierung die Suche nach weiteren passenden Social-Software-Anwendungen adressieren und weitere Sicherheitsvorkehrungen treffen. Darüber hinaus sollten weitere Experimentalsettings mit Piloten in das Unternehmen getragen werden. Die Aktivitäten seitens der Entscheidungsträger sind die gleichen wie in Stufe 2. Ähnlich verhält es sich bei der Identifikation von Erfolgen.

7.2.5.2 Einsatzpotenziale im Social Business

Eng verbunden mit der Strategieformulierung ist ein Verständnis über Einsatzpotenziale von Social Software. Unternehmen, welche die Transformation hin zu einem Social Business vollzogen haben und erfolgreich Social Software innerbetrieblich nutzen, sehen nicht mehr isoliert einzelne Anwendungen. Sie haben die Prinzipien und den neuen Denkansatz zur Kommunikation, Kooperation und Kollaboration mittels Social Software in ihre Koordination, Strategie und ihre operativen Aktivitäten z. B. der täglichen Entscheidungsfindung integriert (Kiron, Palmer et al. 2013). Eine verbesserte und schnellere Entscheidungsfindung wirkt folglich indirekt auf das Leistungsergebnis des Unternehmens. Diese Optimierung wird durch den Zugriff auf die im Social Business konsolidierten Daten sowie den UGC möglich.

Laut einer Befragung von 161 IT-Unternehmen aus dem Jahr 2013 setzen bereits 71% der befragten Unternehmen Social Software intern ein, sodass der Erfolg von Social Software im externen Einsatz nun auch in einen internen Erfolg umgewandelt werden soll (Arns 2013). Die am häufigsten zum internen Einsatz kommende Social-Software-Lösung sind Firmen-Wikis sowie das Intranet gefolgt von sozialen Netzwerken. Bei der Hälfte der befragten Unternehmen kommen firmeninterne Blogs zum Einsatz. Die Nutzung öffentlicher sozialer Netzwerke zur internen Kommunikation sollte jedoch grundsätzlich immer vor dem Hintergrund von Datenschutz und -sicherheit sowie rechtlicher Restriktionen kritisch geprüft werden (Arns 2013). Unternehmen sehen interne Einsatzpotenziale von Social Business u. a. für verbesserte Informationsflüsse, die Kommunikationsförderung unter Mitarbeitern, die Kommunikations- und Zusammenarbeitsverbesserung verteilter Standorte und die neue abteilungsübergreifende Zusammenarbeit (Arns 2013). Damit einhergehende Potenziale liegen im Verstehen von Marktveränderungen, der Schaffung von Transparenz in operativen Tätigkeiten oder in der Rekrutierung von Personal mit Blick auf die Identifikation interner Talente (Kiron, Palmer et al. 2013).

Im Bereich des Wissensmanagements wird das Leistungsergebnis eines Unternehmens dahingehend positiv beeinflusst, dass mittels der für die Mitarbeiter bereitgestellten Social Software inklusive der flexiblen Nutzungsberechtigungen Wissen dokumentiert und entwickelt werden kann. Dies trägt dazu bei, dass das Unternehmen die organisationale Wissensbasis expliziert, ausbaut und damit flexibler auf Marktveränderungen reagieren kann.

In diesem Zusammenhang können Open-Innovation-Ansätze genutzt werden, um Kunden in die Ideenentwicklung von Produkten einzubeziehen. Eine abteilungs- und standortübergreifende Zusammenarbeit mittels kollaborativer Social-Software Anwendungen verbessert das Leistungsergebnis. Mitarbeiter können flexibel an einer Aufgabe arbeiten. Insbesondere zeitintensive Abstimmungsaufwände können durch flexible Nutzungsszenarien minimiert werden. Open Innovation bereichert in dieser Hinsicht das eigene Wissensmanagement um Wissen über vielversprechende Produkt- und Serviceideen, das dem Unternehmen ansonsten verborgen bleibt. Hieraus können dem Unternehmen neue Marktanteile entstehen, deren Nutzung sich positiv auf das Leistungsergebnis auswirkt. Zudem können mit Hilfe des Open-Innovation-Ansatzes Produkt- und Servicekonzepte, welche innerhalb des Unternehmens entwickelt wurden, aber nicht in das eigene Portfolio passen, am Markt kommerzialisiert werden und dem Unternehmen neue Erlösquellen bescheren.

Weiterhin greifen insbesondere im Kontext operativer Tätigkeiten Ansätze des Crowdsourcing und Crowdfunding. So können kleinteilige Arbeitsaufgaben im Rahmen des Crowdsourcing an eine breite externe Masse gegen Bezahlung ausgelagert werden. Auf diese Weise können externe Experten für das Unternehmen tätig werden, ohne als Mitarbeiter direkt angestellt zu sein. Crowdsourcing ermöglicht es Unternehmen, Individuen (unternehmensinterne Mitarbeiter, aber auch externe Akteure) in unterschiedliche Leistungserstellungsprozesse zu integrieren. Der Vorteil, der für Unternehmen durch Crowdsourcing entsteht, ist die Möglichkeit, viele, zum Teil sehr spezialisierte, Arbeitskräfte flexibel, schnell und jederzeit in die Entwicklungsprozesse einzubinden. Nehmen wir zum Beispiel das Entwickeln und Testen von Softwareapplikationen: Anstatt die Entwicklung und das Testen einer Applikation nur von wenigen internen Mitarbeitern durchführen zu lassen, können Softwareunternehmen ihre Applikationen von vielen Crowdteilnehmern – die meist freiwillig und mit Freude am Testen mitwirken – entwickeln und anschließend testen lassen. Dadurch können sich Unternehmen auf ihre Kernkompetenzen konzentrieren. Einzelne Studien zeigen auch, dass Crowdsourcing Kostensenkungspotenziale haben kann – z. B. durch Ausnutzung von Lohnkostenunterschieden aufgrund der globalen Verteilung von Aufgaben oder durch Einbindung von niedriger qualifizierten Arbeitern, die entsprechend günstiger sind.

Wenn die Finanzierung höchst innovativer Produkte angestrebt wird, bietet Crowdfunding Finanzierungsmöglichkeiten durch die breite Masse. Die Kommunikationsmöglichkeiten und Informationsflüsse werden flexibler und schneller. Folglich können Mitarbeiter schneller reagieren und Vorgänge bearbeiten.

7.2.5.3 Beispiel: Wissensmanagement

Angesichts der Spezialisierung der Deutschen Wirtschaft auf hochwertige Güter und wissensintensive Dienstleistungen (Bundesministerium des Inneren 2011) wird Wissen zu einem der bedeutsamsten Wettbewerbsfaktoren von Unternehmen. Eine strategische Ausrichtung von Social Business fokussiert daher auch auf das Wissensmanagement. So bietet das Wissensmanagement an sich neue Möglichkeiten, das Wissen im Unternehmen verfügbar zu halten. Dabei adressiert das Wissensmanagement die Bewahrung, die Nutzung, die Verteilung bzw. den Transfer, die Entwicklung, den Erwerb und die Dokumentation von Wissen. So will Wissensmanagement die Prozesse gestalten und steuern, die in systematischer Weise die Wissensbasis einer Organisation verändern (Krcmar 2009). Doch zunächst ist es notwendig, den Begriff Wissen zu definieren:

> **Wissen**
>
> »Knowledge is a fluid mix of framed experience, values, contextual information, and expert insight that provides a framework for evaluating and incorporating new experiences and information. It originates and is applied in the mind of knowers. In organizations, it often becomes embedded not only in documents or repositories but also in organizational routines, processes, practices, and norms.« (Davenport u. Prusak 1998)

Wissen wird zu einer wertvollen Ressource, wenn Erfahrungen und Informationen miteinander vernetzt werden. Weiterhin ist es personen- und kontextabhängig und bezieht sich auf Erfahrungen, Überzeugungen und Werte. So ist Wissen weitaus mehr als nur eine Informationsressource. Dies wird aus der Theorie der Wissensentstehung deutlich, die zwischen taziten Wissen und expliziten Wissen unterscheidet (Krcmar 2009, Nonaka u. Takeuchi 1997).

	Tazites Wissen	zu	Explizites Wissen
Tazites Wissen	Sozialisation (Erlebtes Wissen)		Explikation (Konzeptuelles Wissen)
zu Explizites Wissen	Internalisierung (Operationales Wissen)		Kombination (Systematisches Wissen)

Abb. 7.10 Arten der Wissensumwandlung. (Aufbauend auf Krcmar 2009)

Das tazite Wissen ist personengebunden, kontextspezifisch und folglich schwer kommunizierbar und formalisierbar (Krcmar 2009). Es ist subjektiv, stellt Erfahrungswissen dar und ist häufig nur indirekt an den Handlungen erkennbar. Es umfasst somit das Know-how und die Fähigkeiten und Fertigkeiten von Mitarbeitern, die sich im praktischen Handeln herausgebildet haben (Nonaka u. Takeuchi 1997). Häufig wird tazites Wissen als selbstverständlich vorausgesetzt, da es nur implizit in den Handlungen erkennbar ist (Krcmar 2009).

Explizites Wissen dagegen ist kodifizierbar, kann gespeichert und verarbeitet werden. Dieses kann in formalisierter systematischer Sprache übertragen werden. Auf diese Weise kann explizites Wissen durch unterschiedliche Medien gespeichert, verarbeitet und übertragen werden (Krcmar 2009).

Jedes Unternehmen besitzt eine organisationale Wissensbasis, die auf individuellen und kollektiven Wissensbeständen basiert (Probst, Raub et al. 2006) und damit sowohl das tazite als auch das explizite Wissen umfasst. Die Zielsetzung des Wissensmanagements besteht darin, die organisationale Wissensbasis insgesamt zu erweitern. In diesem Zuge soll das tazite Wissen mit Hilfe geeigneter Methoden und Werkzeuge mobilisiert werden (Krcmar 2009).

Informationen und Wissen werden im Social Business in digitaler Form verteilt. Kommunikative sowie kollaborative Aspekte sind von besonderer Relevanz. Gelingt es, die Anwendungen des Social Business mit den Zielsetzungen herkömmlichen Wissensmanagements in Einklang zu bringen und eine aktive Nutzung sowie Generierung von UGC herbeizuführen, können Potenziale im organisationsinternen Wissensmanagement abgeschöpft werden. Wissensmanagement in einem Social Business ist dadurch gekennzeichnet, dass Nutzer frei und aktiv Inhalte generieren können. Die Nutzung wird durch neu strukturierte Informations- und Kommunikationsprozesse erheblich erleichtert, sodass ein Nutzen in Form einer wachsenden organisationalen Wissensbasis möglich wird.

7.2.5.3.1 Vier Arten der Wissensumwandlung

Im Wissensmanagement werden Sozialisation, Explikation, Internalisierung und Kombination als vier Arten der Wissensumwandlung voneinander unterschieden (Abb. 7.10). Das Ziel des Wissensmanagements besteht darin, das tazite Wissen zu mobilisieren und durch geeignete Methoden, Strukturen und Werkzeuge allen Mitarbeitern verfügbar zu machen (Krcmar 2009).

- **Sozialisation**

Bei der Sozialisation wird Wissen in Form gemeinsamer Erfahrungen und Beobachtungen der Handlungen anderer Menschen vermittelt (Krcmar 2009). Ein Beispiel ist die Beziehung zwischen einem Meister und seinem Lehrling, bei der der Lehrling den Meister zum Vorbild hat und von diesem lernt. Durch die geteilte Arbeitserfahrung können sich geteilte mentale Modelle sowie Fähigkeiten und Fertigkeiten entwickeln (Krcmar 2009). Diese Art des Wissenstransfers zwischen zwei Mitarbeitern erfolgt nicht formalisiert und häufig sogar unbewusst. Der Mensch ist in der Lage, ohne Sprache unmittelbar implizites Wissen von anderen Menschen zu erwerben (Nonaka u. Takeuchi 1997). Ansatzpunkt für eine IT-Unterstützung im Social Business ist die Unterstützung der Nutzer beim Finden des richtigen Ansprechpartners, der über das gesuchte Wissen bzw. die gesuchten Kompetenzen zur Problemlösung verfügt (Krcmar 2009).

Beispiel für »Sozialisation« im Social Business
Die unternehmensinterne Verwendung von Social Software kann mit dem Aufbau eines betriebsinternen sozialen Netzwerkes erfolgen. Die Mitarbeiter könnten andere Kollegen finden und über deren Kontakte auch Informationen zu neuen Kompetenzträgern aufbauen, die ihnen bei ihren Problemlösungsprozessen hilfreich sein können. Das Unternehmen würde transparenter werden und ein schnelles Finden des Ansprechpartners erleichtern. Sofern eine aktive Beteiligung der Mitarbeiter am sozialen Netzwerk vorliegt, würde stets eine hohe Aktualität gewährleistet sein und der herkömmliche Verwaltungsaufwand hinsichtlich Aktualisierungen wie dieser bei traditionellen Wissensmanagementwerkzeugen wie »Yellow Pages« der Fall ist, könnte deutlich gesenkt werden, da jeder Mitarbeiter seine persönlichen Aktualisierungen selbst vornimmt.

- **Explikation**

Bei der Explikation wird tazites Wissen in Form von Metaphern, Analogien, Konzepten, Modellen, Begriffen und Hypothesen in explizites Wissen überführt (Krcmar 2009). Die Diskrepanz zwischen diesen Bildern und sprachlichen Ausdrucksformen fördert die Interaktion und Reflexion unter den Beteiligten (Nonaka u. Takeuchi 1997). Das erfolgt, wenn Mitarbeiter ihre Erfahrungen zur Lösung eines Problems in einem Problemlösungsprozess abbilden und so für Kollegen zugänglich machen, z. B. in sog. »Lessons Learned«.

Beispiel für »Explikation« im Social Business
Als IT-Unterstützung eignen sich ebenfalls die Instrumente der Sozialisation. Zum einen muss bei dieser Art der Wissensumwandlung der richtige Ansprechpartner gefunden werden und zum anderen muss das umgewandelte explizite Wissen formalisiert werden. An dieser Stelle könnten Wikis zum Einsatz kommen. Diese verfügen über eine benutzerfreundliche Oberfläche und ein einheitliches Format zur Wissensdarstellung. Zudem werden alle Veränderungen an dem jeweiligen Inhalt dokumentiert und sind in der History einsehbar. Diese Nachvollziehbarkeit der Entstehung des Inhalts durch seine verschiedenen Autoren kann ebenfalls dazu beitragen, neue kompetente Kontakte zu finden.

- **Kombination**

Bei der Kombination wird vorhandenes Wissen miteinander verknüpft. Dieses Wissen ist in Wissenssammlungen verfügbar. Der Austausch und die Kombination von Wissen erfolgen häufig in Form von Dokumenten, Besprechungen, Computernetzwerken oder anderen Kommunikationsmitteln (Nonaka u. Takeuchi 1997). Im unternehmensinternen Kontext ist die Kombination dort zu finden, wo Konzepte und Strategien nach Arbeitsbereichen gegliedert werden (Nonaka u. Takeuchi 1997).

Beispiel für »Kombination« im Social Business
Als Social-Software-Anwendung ist auch hier ein Wiki denkbar. Es ist eine Wissenssammlung, in der das Wissen stets aktuell ist und verwaltet werden kann. Kombinationsmöglichkeiten von Wissen werden hier angemessen ermöglicht. Die Vergabe von Tags ermöglicht Verlinkungen, die zu neuen Erkenntnissen führen können. Außerdem kann zusätzlich eine Tag Cloud einen Überblick über das Themengebiet bieten.

- **Internalisierung**

Bei der Internalisierung erfolgt eine Umwandlung expliziten Wissens in tazites Wissen. Sobald das explizite Wissen von einem Individuum angewendet wird, eignet sich dieses neue Fähigkeiten und Fertigkeiten an und verinnerlicht das explizite Wissen (Krcmar 2009). Dieses Prinzip ist nahe verwandt mit dem »learning by doing«(Nonaka u. Takeuchi 1997). Werden die Erfahrungen aus der Sozialisation, Explikation und Kombination internalisiert, bilden sie wertvolles Wissenskapital. Dieser Prozess der Wissensumwandlung kann mit Hilfe von Dokumenten, Handbüchern oder bilateralen Settings gefördert werden (Nonaka u. Takeuchi 1997).

Beispiel für »Internalisierung« im Social Business
Im Zentrum stehen Lernprozesse, die mittels geeigneter IT unterstützt werden sollen. Denkbar sind virtuelle Lernumgebungen, in denen die Nutzer zum einen auf Wissen zurückgreifen können und zum anderen auch schnell die richtigen Ansprechpartner finden, die sie für ihre Lernprozesse benötigen. Außerdem sind Möglichkeiten des Meinungsaustausches denkbar, z. B. die Diskussion in einem Forum.

7.2.5.3.2 Traditionelles Wissensmanagement vs. Wiki-basiertes Wissensmanagement

Ausgehend von der Annahme, dass Social Software als Gestaltungselement der organisationalen Wissensbasis zum Einsatz kommt, ist es möglich, das Wissen zu mobilisieren und durch den Einsatz von Social Software explizit abzubilden. Am deutlichsten wird dies am Beispiel eines Wiki (siehe ▶ Abschn. 7.2.2): Dieses umfasst das Wissen von verschiedenen Nutzern und bildet in der Gesamtheit kollektives Wissen ab. Dadurch, dass die Beiträge jederzeit verändert werden können, müssen sich die Nutzer darauf einstellen und unterliegen somit fortwährenden Lernprozessen.

In ◘ Tab. 7.4 werden wesentliche Merkmale traditionellen Wissensmanagements aufgezeigt und dem Wissensmanagement unter Einsatz eines Wiki in einem Social-Business-Kontext gegenübergestellt.

7.2.5.4 Beispiel: Open Innovation

»Open Innovation« ist eine Methode, um Kunden und andere Stakeholder des Unternehmens in dessen Innovationsprozess zu integrieren (Reichwald u. Piller 2009). In diesem Sinne ergänzt Open Innovation das unternehmerische Wissensmanagement um externes Wissen über aktuelle und zukünftige Bedarfe und Lösungswünsche. Der Begriff geht auf Chesbrough (2006) zurück, welcher ihn wie folgt definiert:

Open Innovation

»Open Innovation ist die Nutzung von zweckmäßigen Wissenszu- und -abflüssen, um interne Innovationsprozesse zu beschleunigen, und die Erweiterung des Marktes, um Innovationen extern zu nutzen. Open Innovation ist ein Paradigma, welches unterstellt, dass Unternehmen externe Ideen ebenso wie interne Ideen nutzen können und sollten, da sie danach streben, ihre Technologien zu verbessern.« (Chesbrough 2006)

Tab. 7.4 Vergleich Wissensmanagement – Traditionell vs. Social Business. (Aufbauend auf Komus und Wauch 2008)

Traditionelles Wissensmanagement	Wissensmanagement im Social Business am Beispiel Wiki
Ein verantwortlicher Autor	Beiträge entstehen kollaborativ in offenen und dynamischen Redaktionsprozessen aller Nutzer
Veränderungen an Inhalten nur mit Änderungsauftrag	Änderungen und Aktualisierungen erfolgen durch Eigeninitiative der Nutzer
Vorgaben für die Dokumentation	Eigeninitiative und Interesse bestimmen Dokumentation in struktureller und visueller Hinsicht
Inhaltsverzeichnisse sind vorgegeben	Inhaltsverzeichnisse sind Resultat sozialer kollaborativer Interaktionsprozesse
Schlüsselbegriffe und Artikel werden zentral verlinkt	Schlüsselbegriffe und Verlinkungen entstehen dynamisch durch viele Nutzer (Social Tagging)
Formale Anforderungen und Kontrolle, da Fehler nicht erlaubt sind	Formale Freiheiten und Vertrauenskultur. Fehler sind erlaubt und werden von der Gruppe korrigiert
Eine verantwortliche Instanz »sammelt« Wissen	Benutzer stellen persönliches Wissen freiwillig zur Verfügung, sodass eine gemeinsame Wissensbasis entsteht
Wissensbewertung durch beauftragten Wissensmanager	Wissensbewertung und -korrektur durch individuelle Bewertungen der Gesamtheit der Nutzer
Professionelle Präsentation mit teurer Software	Präsentation in einfachen Webanwendungen wie dem Wiki

Beim Open-Innovation-Ansatz werden die Unternehmensgrenzen folglich durchlässig und der bisher geschlossene Innovationsprozess wird nach außen hin geöffnet. Dadurch können Unternehmen eigene sowie unternehmensfremde Ideen zur Marktreife weiterentwickeln sowie auch Innovationen außerhalb des eigenen Unternehmens z. B. durch strategische Allianzen kommerzialisieren. Dieser Vorgang wird in der Literatur auch als interaktive Wertschöpfung (Reichwald u. Piller 2009) bezeichnet. Die von Chesbrough angesprochenen »inflows« und »outflows« beziehen sich auf die drei Kernprozesse von Open Innovation: (1) »Outside-In-Prozess«, (2) »Inside-Out-Prozess« und (3) »Coupled-Prozess« (Gassmann u. Enkel 2006). Die ◘ Abb. 7.11 verdeutlicht den Zusammenhang.

- **Outside-In-Prozess**

Beim Outside-In-Prozess findet die Wissens-/Ideengenerierung außerhalb des Unternehmens statt, welche dann im Unternehmen zu einer marktfähigen Leistung weiterentwickelt wird. Ein bekanntes Beispiel für eine solche Outside-In-Innovation ist die Entwicklung in der Trendsportart Kitesurfing.

> **Outside-In-Prozesse**
>
> Der Outside-In-Prozess bezieht das bei Kunden, Lieferanten sowie in Universitäten vorhandene Wissen durch Kooperationen und Integration in die eigenen Innovationsprozesse ein oder transferiert bestehende Technologien aus anderen Unternehmen und Universitäten. (In Anlehnung an Faber 2008)

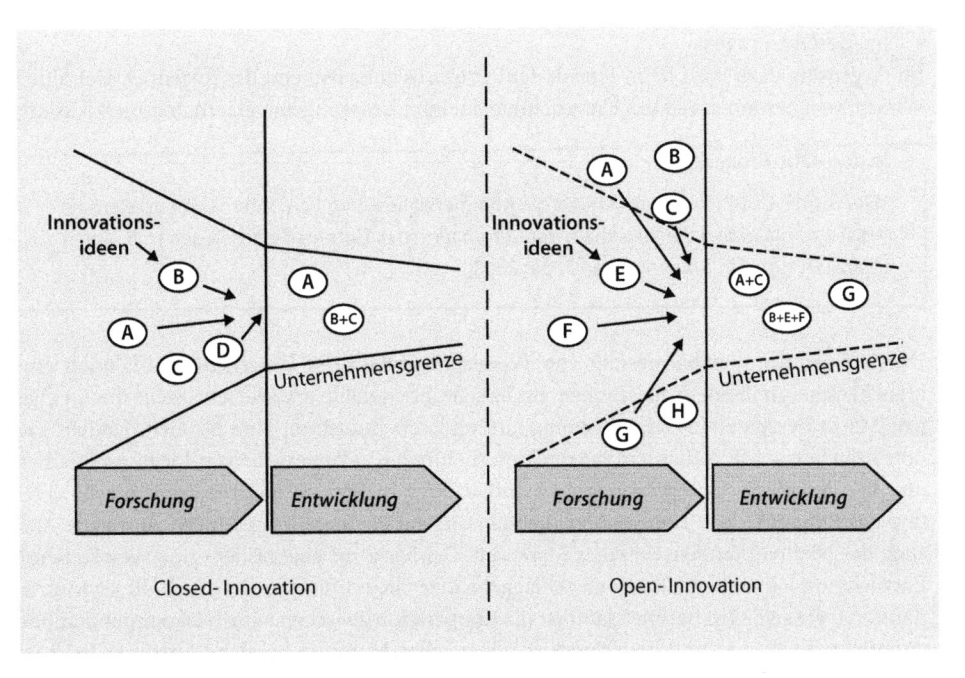

Abb. 7.11 Closed vs. Open Innovation. (Aufbauend auf Gassmann u. Enkel 2006)

Kitesurfing als Beispiel für Outside-In-Innovation

»Die ersten Drachen für das Kitesurfing wurden von enthusiastischen Anwendern entwickelt und gebaut, welche sowohl Kitesurfing-Techniken als auch Kitesurfing-Ausrüstung unabhängig voneinander erfanden. Etwa 2001 gelangte Saul Griffith, einem PhD Studenten am MIT mit langjährigem Interesse am Kitesurfing und an der Drachenentwicklung, zur Ansicht, dass Kitesurfing von einer Online-Community zur besseren Interaktion profitieren würde. Daher entwickelte er für die weltweite Community von Kiteerfindern eine Webseite (► www.zeroprestige.com). Griffith begann, Muster für Drachen, die er designt hatte, sowie hilfreiche Tipps und Werkzeuge für die Kitekonstruktion und -nutzung auf der Webseite zu posten. Andere wurden eingeladen, sich diese Informationen kostenlos herunterzuladen und, sofern gewünscht, selbst Beiträge abzuliefern. Bald begannen andere Erfinder, ihre eigenen Kite-Designs zu posten, Konstruktionshinweise für Neulinge zu verbessern und anspruchsvolle Designwerkzeuge wie zum Beispiel Aerodynamik-Modellierungssoftware und Rapid-Prototyping-Software zu posten.
[…]
Etwa um 1999 begannen die ersten kleineren Hersteller Kitesurfing-Ausrüstung kommerziell zu designen und zu verkaufen. Der Markt für Kitesurfing-Ausrüstung begann dann sehr schnell zu wachsen. 2001 wurden ca. 5.000 »Kite und Board« Sets weltweit verkauft. 2002 lag die Zahl bei etwa 30.000 und 2003 bei ca. 70.000. Der Umsatz der Basis »Kite und Board« Sets betrug 100 Mio. $, wobei ein Set 1.500 $ kostete. (Viele zusätzliche Drachen, die von Anwendern zu Hause entwickelt wurden, sind hier nicht mit einkalkuliert).« (Hippel 2005)

Wie an diesem Beispiel zu sehen ist, baut die Entwicklung im Kitesurfing maßgeblich auf den Ideen von Nutzern auf, weil diese die neuen Bedürfnisse schneller als die Hersteller erkannten.

- **Inside-Out-Prozess**
Im Gegensatz dazu wird beim »Inside-Out-Prozess« entsprechend der folgenden Definition, Wissen, welches innerhalb des Unternehmens seinen Ursprung hat, extern kommerzialisiert.

> **Inside-Out-Prozesse**
>
> »Der Inside-Out-Prozess unterstützt die Kommerzialisierung von unternehmensinternem Wissen auf Märkten, die außerhalb der Kernmärkte des Unternehmens liegen (z. B. durch Lizensierung).« (In Anlehnung an Faber 2008)

Durch diese Kommerzialisierung von Wissen außerhalb des Unternehmens können etwa branchenübergreifende Innovationen zusätzliche Erlösquelle erschließen, wenn die im eigenen Markt bereits etablierte Technologie in anderen Industrien eine Neuheit darstellt und dort lizenziert wird. Außerdem nutzen Unternehmen die Weitergabe von Ideen nach außen, um ihre Fixkosten von Forschung und Entwicklung in Innovationsprozessen zu reduzieren und das Floprisiko von Innovationen gemeinsam mit Kooperationspartnern zu tragen. Aber auch das Nichtvorhandensein einer Marke im Zielmarkt für eine bisher erfolgversprechende Entwicklung kann ebenfalls ein ausschlaggebender Grund für den Gebrauch dieser Innovationsstrategie sein. Ein Beispiel dafür ist die Kooperation zwischen dem Telekommunikationsunternehmen Ascom und dem Sportartikelhersteller Mammut bei der Kommerzialisierung des leichtesten und modernsten Lawinensuchgerätes. Dieses Produkt der Firma Ascom nutzt die Marke und die Absatzkanäle der Mammut Sports Group AG, um das Produkt erfolgreich im Sportmarkt zu platzieren (Gassmann u. Enkel 2006).

- **Coupled-Prozess**
Die dritte Möglichkeit einer interaktiven Wertschöpfung ist der »Coupled-Prozess«.

> **Coupled-Prozess**
>
> »Der Coupled-Prozess verknüpft die Inside-Out sowie die Outside In-Strategien und versucht, durch die gemeinsame Entwicklung und anschließende Kommerzialisierung in Netzwerken einen gemeinsamen Kooperationserfolg zu generieren.« (In Anlehnung an Faber 2008)

Diese Strategie verknüpft also Outside-In und Inside-Out. Beispiele hierfür sind strategische Allianzen oder Innovationsnetzwerke. Die hier aktiven Unternehmen gehen von der Annahme aus, dass die richtige Balance von »Geben und Nehmen« der Kern einer erfolgreichen Zusammenarbeit ist. Zum Beispiel konnte Airbus entscheidende Wettbewerbsvorteile bei der Entwicklung des A380 erlangen, indem es die Entwicklungszeit durch eine effiziente Einbindung unterschiedlichster Kooperationspartner drastisch senken konnte (Gassmann u. Enkel 2006). Durch die frühzeitige Integration anderer Unternehmen in den Entwicklungsprozess konnte deren Wissen genutzt werden, um kostengünstige und gleichzeitig innovative Teilsysteme zu entwickeln. Die gemeinsam entwickelten Ideen konnten dann wieder an die Partnerunternehmen gegeben werden, um dort produziert zu werden.

Basierend auf den illustrierten Spielarten grenzt sich Open Innovation auch gleichzeitig zum betrieblichen Vorschlagswesen ab, da bei diesem Verbesserungsvorschläge von Mitarbeitern eingereicht werden, die durch die so realisierten Einsparungen eine anteilige Prämie erhalten. Während es beim betrieblichen Vorschlagswesen somit vornehmlich um die inkrementelle

Verbesserung bestehender Strukturen und Prozesse geht, werden mittels Open Innovation einerseits durch den Outside-In-Prozess externes Ideenpotenzial zur Entwicklung neuer Produkte und Dienstleistungen genutzt, andererseits ermöglicht Open Innovation mittels Inside-Out-Prozessen zum Beispiel die Bearbeitung von neuen Märkten.

7.2.5.5 Beispiel: Crowdsourcing

Die voranschreitende Digitalisierung hat auch (oder insbesondere) weitreichende Implikationen für Unternehmen und die Art, wie diese ihre Leistungserstellungsprozesse koordinieren und erbringen, insbesondere im Bereich wissensintensiver Arbeit. Die immer noch zunehmende Vernetzung ermöglicht hierbei, Arbeit nach anderen Arbeitsorganisationsprinzipien orts- und zeitunabhängig zu verteilen. Das Internet bietet Unternehmen heutzutage die Möglichkeit, Aufgaben weltweit zu verteilen und somit auf ein großes Reservoir von Arbeitskräften schnell und gezielt zurückzugreifen. Diese Art der Aufgabenabwicklung bzw. -organisation wird »Crowdsourcing« genannt. Crowdsourcing ist eine neue Form der Auslagerung von Aufgaben bzw. genauer gesagt von Wertschöpfungsaktivitäten (Blohm, Leimeister et al. 2014). Es bezeichnet die Auslagerung von bestimmten Aufgaben durch ein Unternehmen oder im Allgemeinen durch eine Institution an eine undefinierte Masse von Menschen mittels eines offenen Aufrufs. Der Begriff stellt eine Wortneuschöpfung aus den Wörtern »Crowd« und »Outsourcing« dar und geht auf Jeff Howe zurück (Howe 2006). Während unter dem Begriff Outsourcing eine Auslagerung einer definierten Aufgabe an ein Drittunternehmen oder eine bestimmte Institution verstanden wird, adressiert die Auslagerung im Falle des Crowdsourcings eben die »Crowd«, also eine undefinierte Masse an Menschen. Die Masse übernimmt hierbei kollektiv Aufgaben, die typischerweise von den Mitarbeitern innerhalb eines Unternehmens vollzogen werden.

- **Rollen im Crowdsourcing**

In einem Crowdsourcing-Modell gibt es derweil immer die Rolle eines Auftraggebers (Unternehmen, die Crowdsourcing praktizieren; Crowdsourcer genannt) sowie die Rolle der undefinierten Auftragnehmer (Mitglieder einer Crowd, die auch als Crowdsourcees (bzw. auch Crowdworker) bezeichnet werden können). Die Durchführung von Crowdsourcing-Initiativen erfolgt hingegen über eine Crowdsourcing-IT-Plattform, die intern vom Crowdsourcer aufgesetzt werden kann oder von einem sogenannten Crowdsourcing-Intermediär bereitgestellt wird (Leimeister u. Zogaj 2013).

7.2.5.5.1 Arbeitsformen im Crowdsourcing

Beim Crowdsourcing wird zwischen zwei unterschiedlichen Arbeitsformen unterschieden: wettbewerbsbasierte (tounament-based) versus zusammenarbeitsbasierte (collaboration-based) Crowdsourcing-Verfahren (siehe ◘ Abb. 7.12).

- **Wettbewerbsbasierte Crowdsourcing-Verfahren (tounament-based)**

Im ersteren Fall stehen die Crowdsourcees entweder in einem zeitlichen (der Crowdsourcee, der die Aufgabe als Erster erfolgreich erfüllt, wird entlohnt) oder ergebnisorientierten (nur der oder die Crowdsourcee/s mit der besten Lösung wird/werden entlohnt) Wettbewerb zueinander. In diesem Kontext arbeiten die Crowdsourcees unabhängig voneinander und generieren entsprechend Lösungen individuell.

- **Zusammenarbeitsbasierte (collaboration-based) Crowdsourcing-Verfahren**

Beim zusammenarbeitsbasierten Ansatz erarbeiten hingegen mehrere Crowdsourcees gemeinsam eine Lösung zu einer bestimmten Aufgabe. Hierbei reicht ein Crowdsourcee einen Beitrag

```
                    ┌─────────────────────────┐
                    │ Arbeitsformen im        │
                    │ Crowdsourcing           │
                    └─────────────────────────┘
```

Wettbewerbsbasierter Ansatz
- Wettbewerbsprinzip
- Crowdsourcees arbeiten unabhängig voneinander

Zusammenarbeitsbasierter Ansatz
- Crowdsourcees arbeiten zusammen
- Crowdsourcees reichen eine gemeinsame Lösung ein
- Beispiele: Dell Idea Storm, SAPiens

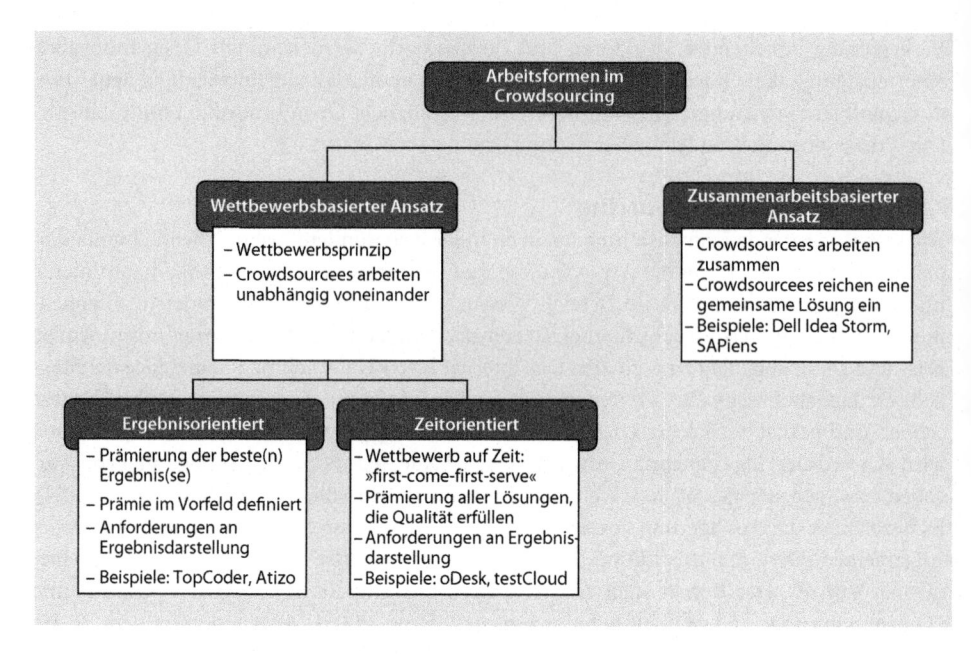

Ergebnisorientiert
- Prämierung der beste(n) Ergebnis(se)
- Prämie im Vorfeld definiert
- Anforderungen an Ergebnisdarstellung
- Beispiele: TopCoder, Atizo

Zeitorientiert
- Wettbewerb auf Zeit: »first-come-first-serve«
- Prämierung aller Lösungen, die Qualität erfüllen
- Anforderungen an Ergebnisdarstellung
- Beispiele: oDesk, testCloud

Abb. 7.12 Arbeitsformen im Crowdsourcing. (Leimeister u. Zogaj 2013)

ein und andere Crowdsourcees, die mitwirken wollen, haben auf der Plattform die Möglichkeit, den eingereichten Beitrag zu verändern und auch zu erweitern (Afuah u. Tucci 2012).

Zur Nutzung des Crowdsourcings kommen im Allgemeinen sogenannte Social-Software--Anwendungen zum Einsatz. Crowdsourcing versucht u. a. das Prinzip der »Weisheit der Massen« (Wisdom of Crowds) und die daraus resultierenden Vorteile zu nutzen. Hinter diesem Prinzip verbirgt sich der Gedanke, dass eine Gruppe von Menschen unter bestimmten Umständen bessere Ergebnisse erzielen kann als einzelne Individuen (Leimeister 2010). Als Erfolgsdeterminanten für den Einsatz der Weisheit der Massen definiert Surowiecki (2004) unterschiedliche Faktoren wie die Meinungsvielfalt, Unabhängigkeit und Dezentralität innerhalb einer Gruppe bzw. in einer Crowd. Demnach kommen die besten kollektiven Entscheidungen nicht durch Konsens und Kompromisse zustande, sondern durch die in der Vielfalt der Sichtweisen auf die jeweilige Fragestellung im Wettbewerb voneinander unabhängigen Auffassungen, d. h. damit durch die Nutzung der kollektiven Intelligenz (Surowiecki 2004). Dieser Mechanismus wird insbesondere beim wettbewerbsbasierten Crowdsourcing (z. B. Ideenwettbewerbe, Programmierwettbewerbe) genutzt und lässt sich z. B. beim Publikumsjoker bei der Fernsehsendung »Wer wird Millionär« regelmäßig beobachten, bei der in 91% der Fälle das Publikum die richtige Antwort durch Abstimmung erzielt, oder die Lokalisierung eines vermissten U-Boots durch die Errechnung des Mittelwertes aus Schätzung von Wissenschaftlern verschiedener Fachrichtungen.

7.2.5.5.2 Ausprägungen des Crowdsourcing
Crowdsourcing ist in der Praxis in unterschiedlichen Ausprägungsformen vorzufinden. Basierend auf den aggregierten Erkenntnissen aus unterschiedlichen Publikationen (Rouse 2010, Unterberg 2010) können die Formen grob in drei Kategorien – Crowdvoting, Crowdcreation, Crowdfunding – eingeteilt werden:

7.2 · Social Business im House of Digital Business

- **Crowdvoting**

Beim Crowdvoting wird die Crowd zu Bewertungen, Abstimmungen, Meinungen oder Empfehlungen aufgerufen. Der Auswahl- und Entscheidungsprozess wird dementsprechend an die Crowd ausgelagert. Unterschiedliche Studien zeigen, dass dieses Verfahren besonders effektiv ist, wenn große Datenmengen sortiert (beispielsweise nach Relevanz) werden sollen (Alonso, Rose et al. 2008, Le, Edmonds et al. 2010). Im Rahmen von Crowdvoting werden den Crowdsourcees zumeist online-basierte Funktionen bereitgestellt, anhand derer der Bewertungs- bzw. Abstimmungsprozess durchgeführt werden kann. Hierbei kann es sich um unterschiedliche Bewertungsmechanismen handeln – wie beispielsweise eine fünfstufige Skala oder eine binäre Skala (Daumen hoch/Daumen runter)(Riedl, Blohm et al. 2010). Des Weiteren können neben den Skalen auch zusätzlich Kommentarfunktionen – wie aus unterschiedlichen Online Communities bekannt – implementiert werden, mit deren Hilfe die Crowdsourcees ihre Meinungen zu einem bestimmten Sachverhalt oder Produkt abgeben können. Als prominentes Praxisbeispiel für das Crowdvoting ist Amazon zu nennen. So ruft Amazon in seinem Internetshop seine Kunden dazu auf, angebotene Bücher oder andere Produkte mittels eines sogenannten Five-Star-Ratings zu bewerten. Die so gewonnenen Bewertungsergebnisse nutzt z. B. Amazon, um Kaufempfehlungen für diese Produkte aussprechen zu können. Auch die Betreiber des App-Stores von Apple bedienen sich dieser Methode, ebenso wie zahllose Bewertungsportale, die das Crowdvoting im Kern ihres eigenen Geschäftsmodells haben (z. B. epinions, idealo).

- **Crowdcreation**

Im Rahmen der Crowdcreation wird die Crowd dazu aufgerufen, »produktiv« zu werden, beispielsweise durch das Generieren von Ideen, das Entwickeln von Designs, das Anfertigen von Konzepten usw. (Unterberg 2010). Wikipedia stellt das populärste Beispiel für die Crowdcreation dar. So wird die Crowd aktiv, indem sie Beiträge verfasst oder auch Beiträge anderer verbessert oder ergänzt (Howe 2006). Und auch der sogenannte »Leserreporter«, also Zeitungs- oder Zeitschriftenleser, die von Printmedien aufgerufen werden, selbst gemachte Bilder oder sogar Texte zur Veröffentlichung anzubieten, zählt zu den »Crowdcreators« (Eagle 2009, Domingo, Quant et al. 2008). Auch Internetplattformen wie Youtube oder Flickr werden als Beispiele für die Crowdcreation genannt, da die Inhalte solcher Plattformen, beispielsweise in Form von kurzen Videomitschnitten oder Fotos, Beiträge der Crowd darstellen. Diese Internetplattformen können sogar als Extrembeispiele für das Crowdcreation angesehen werden, da die Inhalte der Crowd das Geschäftsmodell dieser Plattformanbieter begründen (Walter u. Back 2010). Die von der Crowd im Rahmen der Crowdcreation generierten Beiträge können im Allgemeinen als sogenannter User Generated Content klassifiziert werden, da sie die drei wichtigsten Definitionsmerkmale von User Generated Content erfüllen: So stellen sie erstens publizierte Inhalte, zweitens kreative Eigenleistungen der Kunden sowie drittens Kreationen außerhalb von professionellen Routinen dar. Crowdcreation spielt jedoch insbesondere für Unternehmen eine sehr wichtige Rolle. So nutzen Unternehmen Crowdcreation, um Kunden in ihre Innovationsaktivitäten einzubeziehen, was dem Open-Innovation-Verständnis von Reichwald und Piller (Reichwald u. Piller 2009) entspricht.

- **Crowdfunding**

Beim sogenannten Crowdfunding wird die Crowd unmittelbar zur Finanzierung herangezogen (Unterberg 2010). So soll ein Finanzierungsziel durch eine Vielzahl von meist kleineren Einzelbeträgen erreicht werden. Die Crowdsourcees stellen hierbei (zumeist) Geld einem bestimmten Projekt zur Verfügung und ermöglichen dadurch dessen Umsetzung. Das Crowdfunding unterscheidet sich von Crowdvoting und Crowdcreation dahingehend, dass Crowdsourcees

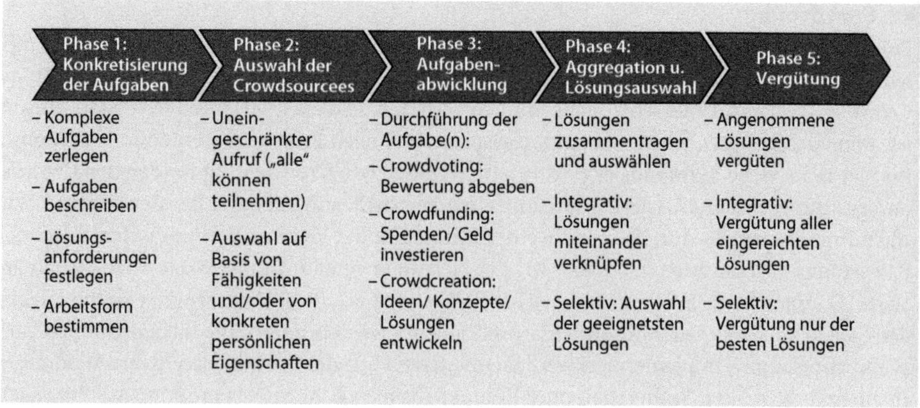

Phase 1: Konkretisierung der Aufgaben	Phase 2: Auswahl der Crowdsourcees	Phase 3: Aufgabenabwicklung	Phase 4: Aggregation u. Lösungsauswahl	Phase 5: Vergütung
– Komplexe Aufgaben zerlegen – Aufgaben beschreiben – Lösungsanforderungen festlegen – Arbeitsform bestimmen	– Uneingeschränkter Aufruf („alle" können teilnehmen) – Auswahl auf Basis von Fähigkeiten und/oder von konkreten persönlichen Eigenschaften	– Durchführung der Aufgabe(n): – Crowdvoting: Bewertung abgeben – Crowdfunding: Spenden/ Geld investieren – Crowdcreation: Ideen/ Konzepte/ Lösungen entwickeln	– Lösungen zusammentragen und auswählen – Integrativ: Lösungen miteinander verknüpfen – Selektiv: Auswahl der geeignetsten Lösungen	– Angenommene Lösungen vergüten – Integrativ: Vergütung aller eingereichten Lösungen – Selektiv: Vergütung nur der besten Lösungen

Abb. 7.13 Phasen und Aktivitäten im Crowdsourcing-Prozess. (Leimeister u. Zogaj 2013)

nicht eine Arbeitsleistung (Bewerten, Idee entwickeln), sondern eine monetäre Leistung erbringen. Entsprechend soll diese besondere Art von Crowdsourcing genauer erörtert werden. Dieses erfolgt nach dem folgenden Abschnitt im »Beispiel: Crowdfunding«.

7.2.5.5.3 Der Crowdsourcing-Prozess

Eine zentrale Herausforderung im Rahmen von Crowdsourcing ist es, den Crowdsourcing-Prozess mit allen dazugehörigen Aktivitäten zu planen, zu implementieren, zu steuern und zu kontrollieren. Hierzu ist es dementsprechend auch notwendig, alle – mit den einzelnen Phasen verbundenen – Aktivitäten bzw. Handlungsoptionen genau zu erörtern. Der Crowdsourcing-Prozess kann idealtypisch in fünf Phasen unterteilt werden (siehe ◘ Abb. 7.13): In der ersten Phase erfolgt im Wesentlichen die Zerlegung der Arbeitspakte in Teilaufgaben sowie die Bestimmung der Lösungs- bzw. Aufgabenanforderungen. Hierbei gilt es, die Aufgaben möglichst genau zu definieren, damit die Crowdsourcees in der Lage sind, die Aufgaben zu erledigen. Anschließend wird in der zweiten Phase bestimmt, welche Crowdsourcees (alle oder nur eine Teilmenge der Crowd) dann im dritten Schritt die jeweiligen Aufgaben bewältigen sollen. In der vierten Phase werden die eingereichten Lösungen bzw. Beiträge (zu einer Gesamtlösung) bewertet und zusammengetragen, sodass darauf basierend schließlich in der fünften Phase die Vergütung der Crowdworker erfolgen kann.

Anzumerken ist in diesem Zusammenhang, dass insbesondere der ersten Phase des Crowdsourcing-Prozesses eine besondere Bedeutung zukommt, da Crowdsourcer hierbei mehrere Aspekte zu beachten haben: Crowdsourcing betreibende Unternehmen stehen zunächst vor der Herausforderung zu entscheiden, welche internen Leistungserstellungsaktivitäten an die Crowd ausgelagert werden (können). Die Literatur und Praxis verdeutlichen, dass nahezu jede Wertschöpfungsaktivität bzw. -aufgabe, die digital übertragbar ist, von der Crowd durchgeführt werdenkann. Dazu muss diese nur konkretisiert, detailliert beschrieben und in kleine (Arbeits-) Einheiten zerlegt werden. Ähnlich den Prinzipien des Taylorismus können so komplexe Arbeitsvorgänge durch Zerlegung und Standardisierung effektiver bearbeitet werden. Das für die Durchführung der Teilaufgaben benötigte Know-how ist entsprechend gering, sodass dadurch viele, auch nicht für eine bestimmte (größere) Aufgabe hochqualifizierte Individuen an der Aufgabenbearbeitung mitwirken können. Die Arbeit bzw. die Aufgabenerfüllung wird dann von den Crowdsourcees erbracht und die einzelnen Arbeitsergebnisse werden anschließend zu einer größeren Gesamtleistung wieder zusammengesetzt. Bei der Durchführung ist auf technologischer Ebene jedoch auf die Auswahl geeigneter Werkzeuge und Technologien ebenso zu achten, wie auf die Kompatibilität mit bestehenden Instrumenten und Technologien im Unternehmen. Besonderes Augenmerk ist auf die Gewährleistung von Datenschutz und Datensicherheit zu legen.

Crowdsourcing ermöglicht als neue Form der Wertschöpfung beeindruckende Ergebnisse. Sie reichen von sehr schnellen Leistungen (z. B. das Übersetzen eines komplexen Texts in wenigen Stunden), bisher nie gekannten Leistungen (z. B. die Kartografie von Planeten, die Entwicklung von Software und Systemen oder die Schaffung von Wissensbasen wie Wikipedia) bis hin zu Lösungen für gesellschaftlich relevante Fragestellungen (z. B. die Crowdsourcing Aktivitäten im Bereich der Organisation und Finanzierung sozialer Projekte) (Doan, Ramakrishnan et al. 2011, Bernstein, Klein et al. 2012). Mit Crowdsourcing ist ein innovatives Modell zur Organisation von Leistungserstellungsprozessen entstanden. Es ist davon auszugehen, dass immer mehr Unternehmen das Konzept heranziehen werden, um auf ein großes Reservoir von Arbeitskräften schnell und gezielt zugreifen zu können. Eine steigende Anwendung von Crowdsourcing impliziert nicht nur vereinzelte, kurzfristige Änderungen einzelner Unternehmen oder einzelner Crowds – vielmehr kann aus der Durchdringung dieses innovativen Konzeptes mittel- bis langfristig ein Wandel von Organisations- und Arbeitsstrukturen resultieren.

7.2.5.6 Beispiel: Crowdfunding

Crowdfunding (dt. »Schwarmfinanzierung«) hat sich in den letzten Jahren als ein neues Instrument zur Finanzierung von unterschiedlichen Projekten, aber auch von Startups, New Ventures oder aber einzelnen Projekten etabliert. Es stellt zunehmend eine Alternative zu bestehenden Finanzierungsmöglichkeiten dar (Belleflamme, Lambert et al. 2013). Beim Crowdfunding trägt »eine mehr oder weniger große Menge von Privatpersonen (»Crowd«) mit eigenen kleinen bis großen Geldbeträgen zu einem mitunter beachtlichen Gesamtfinanzierungsvolumen bei« (Hemer, Schneider et al. 2011). Die Crowdsourcees stellen hierbei (zumeist) Geld einem bestimmten Projekt zur Verfügung und ermöglichen dadurch dessen Umsetzung. Bei den Geldbeträgen handelt es sich größtenteils um kleine Summen.

Beispiel: Wikimedia
Ein prominentes Beispiel für das Crowdfunding stellt Wikimedia dar. Wikimedia ist ein Förderverein, der sich der finanziellen Förderung von freiem Wissen verschrieben hat. Das wichtigste Projekt von Wikimedia ist die finanzielle Unterstützung der Online-Enzyklopädie Wikipedia. So tritt Wikimedia als Crowdsourcer bzw. Crowdfunder auf, indem die Verantwortlichen des Vereins öffentliche Aufrufe auf den Internetseiten von Wikipedia publizieren, in denen sie die Nutzer von Wikipedia um Spenden zur Finanzierung der Online-Enzyklopädie bitten.

Beispiel: SellaBand
Ein anderes Beispiel für das Crowdfunding ist die Internetplattform »SellaBand« (Van Wingerden u. Ryan 2011). Auf dieser Plattform werden bislang unbekannte Musikgruppen promotet. Besucher der Plattform können bei Gefallen einzelne Bands durch Geldbeträge finanzieren. Kommt durch dieses Crowdfunding genügend Geld für eine bestimmte Band zusammen, wird von diesem Geld eine Platte produziert.

Das grundsätzliche Prinzip hinter Crowdfunding ist dabei keinesfalls neu. Der Sockel der Freiheitsstatue in New York wurde bereits 1885 von der Crowd finanziert, indem Joseph Pulitzer als Herausgeber der New Yorker Zeitung »Brooklyn Sunday Press« einen Spendenaufruf in der Zeitung veröffentlichte und als Gegenleistung anbot, die Geldgeber namentlich abzudrucken.

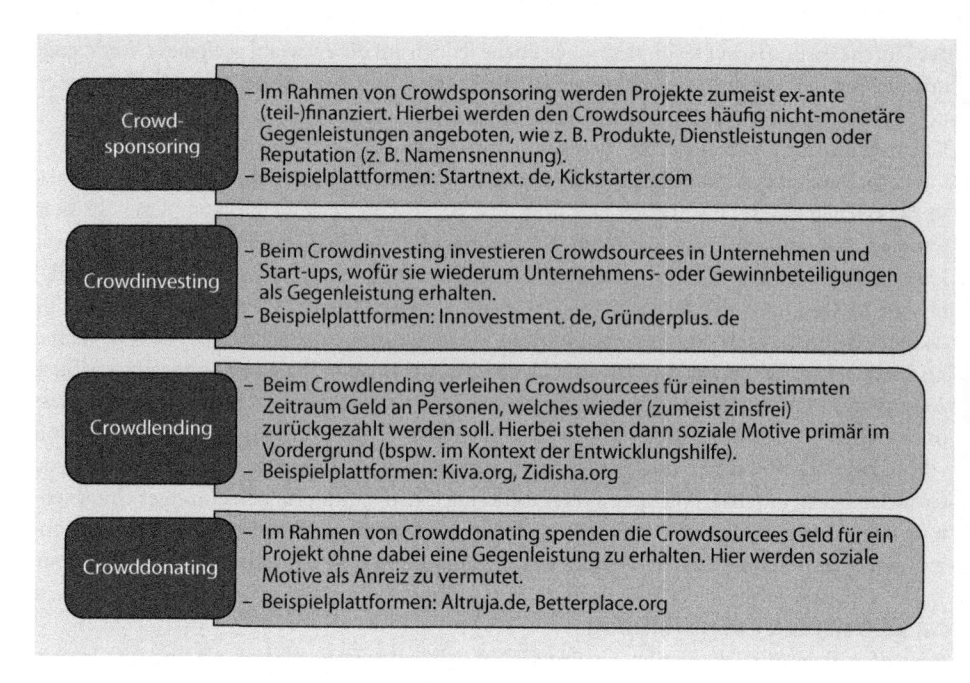

Crowdsponsoring	– Im Rahmen von Crowdsponsoring werden Projekte zumeist ex-ante (teil-)finanziert. Hierbei werden den Crowdsourcees häufig nicht-monetäre Gegenleistungen angeboten, wie z. B. Produkte, Dienstleistungen oder Reputation (z. B. Namensnennung). – Beispielplattformen: Startnext. de, Kickstarter.com
Crowdinvesting	– Beim Crowdinvesting investieren Crowdsourcees in Unternehmen und Start-ups, wofür sie wiederum Unternehmens- oder Gewinnbeteiligungen als Gegenleistung erhalten. – Beispielplattformen: Innovestment. de, Gründerplus. de
Crowdlending	– Beim Crowdlending verleihen Crowdsourcees für einen bestimmten Zeitraum Geld an Personen, welches wieder (zumeist zinsfrei) zurückgezahlt werden soll. Hierbei stehen dann soziale Motive primär im Vordergrund (bspw. im Kontext der Entwicklungshilfe). – Beispielplattformen: Kiva.org, Zidisha.org
Crowddonating	– Im Rahmen von Crowddonating spenden die Crowdsourcees Geld für ein Projekt ohne dabei eine Gegenleistung zu erhalten. Hier werden soziale Motive als Anreiz zu vermuten. – Beispielplattformen: Altruja.de, Betterplace.org

Abb. 7.14 Arten von Crowdfunding. (Leimeister u. Zogaj 2013)

Auf diese Weise gaben 120.000 Menschen insgesamt 102.000 US Dollar (Harris 1986). Das gleiche Prinzip wendete US-Präsident Barack Obama an, um aus der Crowd Hilfe für die Finanzierung seines Wahlkampfs 2008 zu erhalten – mit beachtlichem Erfolg, es wurde fast eine dreiviertel Milliarde US Dollar eingesammelt (Kappel 2009).

Weltweit wurden im Jahr 2011 rund 1,47 Milliarden US Dollar und im Jahr 2012 schätzungsweise etwa 2,8 Milliarden US Dollar über Crowdfunding-Plattformen investiert (Report 2012). Mitte 2012 gab es weltweit etwa 452 Crowdfunding-Plattformen, in den Jahren 2013/14 dürfte die Zahl nach neuesten Schätzungen bei über 530 liegen. Zu den bedeutendsten Crowdfunding-Plattformen gehören Kickstarter.com – mit 87.549 initiierten Projekten und einem Gesamtvolumen von 495 Millionen US Dollar seit der Gründung im Jahr 2008 – sowie Kiva.org – mit einer Crowd von knapp 900 Tausend Mitgliedern und einem Gesamtvolumen von 406 Millionen US Dollar seit der Gründung im Jahr 2005. Insbesondere in den letzten drei Jahren konnte ein Marktwachstum von mehr als 63% beobachtet werden.

- **Arten von Crowdfunding**

Wie das Funding der Crowd erfolgt und welcher Zweck damit befolgt wird, kann unterschiedlich ausgestaltet sein. In der Praxis wird im Wesentlichen zwischen vier Arten von Crowdfunding-Initiativen unterschieden: Crowdsponsoring, Crowdinvesting, Crowdlending und Crowddonating (Abb. 7.14). Die Unterscheidung erfolgt in einigen Arbeiten anhand des zugrunde liegenden Finanzierungsmodells oder der Zielgruppe, die gefördert wird (Crowdsourcer). Hinsichtlich des Finanzierungsmodells können Crowdfunding-Projekte dahingehend unterschieden werden, ob bei diesen die von der Crowd eingereichten Beiträge nur bei Projekterfolg einbehalten werden oder ob die Crowdsourcer die eingereichten Beiträge auch bei einem nicht erfolgreichen Projekt einbehalten. Bei den Crowdsourcern kann es sich um Unternehmen (insbesondere Start-Ups) oder gemeinnützige Gemeinschaften handeln, die Gelder für soziale Zwecke sammeln; es werden aber auch von Privatpersonen initiierte Projekte finanziert.

7.3 Mobile und Ubiquitous Business im House of Digital Business

Schon in den 90er Jahren wurde prognostiziert, dass Computer und ihre Funktionalitäten in der Zukunft allgegenwärtig, also ubiquitär sein werden (Weiser 1991). Diese Prognose folgt einer Entwicklung, an deren Anfang die Mainframe-Nutzung mit einem Großrechner und vielen Anwendern stand. Über die PC-Ära mit einem Rechner pro Anwender führt die Entwicklung bis hin zur Ubiquitous-Computing-Ära, in der Computer allgegenwärtig und viele Computer pro Anwender vorhanden sind. Diese dritte Ära der Computernutzung wird auch als »beyond desktop computing« bezeichnet (Haake, Schwabe et al. 2004). Der Begriff Ubiquitous Computing wurde von Marc Weiser geprägt (Bell u. Dourish 2007). Ubiquitäre Systeme beschrieb er als: »The most profound technologies are those that disappear. They weave themselves into the fabric of everyday life until they are indistinguishable from it« (Weiser 1991). Nach dieser Beschreibung verflechten sich ubiquitäre Systeme soweit mit dem täglichen Leben, dass beides nicht mehr voneinander unterschieden werden kann (Weiser 1991). Das führt dazu, dass Anwender die Technologie oftmals als solche nicht mehr wahrnehmen (Demers 1994). Somit bezeichnet das Ubiquitous Computing »die Allgegenwärtigkeit von – in der Regel sehr kleinen – Sensoren, Prozessoren und Aktuatoren, die miteinander kommunizieren und Aktionen auslösen und steuern. Alltagsgegenstände bekommen so die zusätzliche Eigenschaft, sich entsprechend wahrgenommener Umgebungsvariablen zu ‚verhalten'« (Bizer, Spiekermann et al. 2006). Aufgrund der Allgegenwärtigkeit von Computern hat diese Ära weitreichende Auswirkungen auf die zwischenmenschlichen Interaktionen und betriebliche Leistungserstellung.

Ubiquitous Computing zielt darauf ab, die Computernutzung durch die allgegenwärtige Bereitstellung von Rechnern in der physischen Umgebung zu verbessern (siehe ▶ Abschn. 1.3.2 Nutzungsorientierung). Computer ziehen nicht mehr wie bis dato die Aufmerksamkeit auf sich, sondern verschwinden weitestgehend aus dem Sichtfeld der Anwender, sodass diese kaum noch mehr wahrgenommen werden. Ein verwandter Begriff zu Ubiquitous Computing ist der Terminus Pervasive Computing, der von IBM geprägt wurde. Pervasive Computing beschreibt die alles durchdringende Verarbeitung von Informationen durch neue Technologien/Techniken (Ark u. Selker 1999). IBM spricht von »Convenient access, through a new class of appliances, to relevant information with the ability to easily take action on it when and where you need it« (Hansmann, Merk et al. 2001), wobei der Fokus auf betriebswirtschaftlichen Anwendungsszenarien liegt. Ein weiterer häufig verwendeter Begriff ist Ambient Computing. Dieser wurde von der Europäischen Union geprägt und zielt ebenfalls auf die Durchdringung der Welt mit Computern und der Ausstattung alltäglicher Gegenstände mit Intelligenz sowie der Vernetzung aller Dinge ab.

In der Literatur ist keine einheitliche Definition der Begriffe Ubiquitous Computing, Pervasive Computing und Ambient Computing vorherrschend. Für die Belange dieses Kapitels betrachten wir Ambient und Pervasive Computing als Facetten des Ubiquitous Computing. Für das Verständnis des Ubiquitous Computing ist grundlegend, welche Rolle die Technik für den Menschen einnimmt: »The place of technology in our lives (…) what matters is not the technology itself but its relationship to us«(Weiser 1991). Ubiquitous Computing stellt dem Nutzer bei Bedarf in Abhängigkeit von seiner Situation angepasste Dienste zur Verfügung, wobei dieser zum Teil implizit mit in der Umwelt integrierten IT-Artefakten interagiert (Hoffmann, Söllner et al. 2011). Die zentrale Bedeutung von Informationen an sich tritt in den Vordergrund, während die Rolle der Informationstechnik für den Menschen in den Hintergrund rückt. Anstatt dass Anwender in eine eigene Computerwelt gezwungen werden, sollen sich vielmehr die Computer in die reale Welt der Nutzer einfügen. Somit kann der Mensch sich voll und ganz auf die Bewältigung seiner Aufgaben und seines Lebens konzentrieren (siehe ▶ Abschn. 1.3.1 Nutzerorientierung).

Der Erfolg von Ubiquitous Computing hängt von diversen Faktoren ab, die als Führungsaufgaben anzusehen sind. Dies sind die Einbettung von Ubiquitous Computing in die Unternehmensstrategie, der Einführungsprozess von Ubiquitous-Computing-Systemen, die Auswirkung der Reorganisation bestehender Geschäftsprozesse durch Ubiquitous Computing und darauf aufbauend neue Entscheidungssituationen, zum Beispiel hinsichtlich des Outsourcing von Leistungsbündeln. Darüber hinaus ist das Mitarbeitermanagement auf möglicherweise veränderte Anforderungen an die Mitarbeiter hin anzupassen und das Controlling der Investitionen in Informationstechnologie besonders auf den durch Ubiquitous Computing erzielbaren Mehrwert hin auszurichten. Hierzu sind z. B. die Effizienzsteigerungen mittels geeigneter Kriterien zu ermitteln und zu bewerten.

Im weiteren Verlauf des Abschnitts werden in ▶ Abschn. 7.3.1 die technischen Grundlagen skizziert, die eine Entwicklung zum Mobile und Ubiquitous Business ermöglicht haben. In ▶ Abschn. 7.3.2 wird der gesellschaftliche Wandel in Unternehmen und der privaten Nutzung von IT durch mobile und ubiquitäre Technologien thematisiert. ▶ Abschn. 7.3.3 zeigt, wie Geschäftsprozesse und Anwendungssysteme im Mobile und Ubiquitous Business gestaltet werden können und welche Grenzen, Risiken und Besonderheiten dabei zu beachten sind. Die dafür notwendigen strategischen Neuausrichtungen betrachtet ▶ Abschn. 7.3.4, bevor ▶ Abschn. 7.3.5 auf mobile Services (mobile Applikationen, Apps) eingeht, die im Mobile und Ubiquitous Business im Mittelpunkt der mobilen Leistungserbringung stehen.

7.3.1 Technische Grundlagen für Mobile und Ubiquitous Business

Die Entwicklung hin zum Ubiquitous Computing wird nachhaltig durch folgende Technik-/Technologietrends ermöglicht (Fleisch 2001):

- Steigende Rechenleistung: Das Moore'sche Gesetz besagt, dass sich die Leistung von Mikroprozessoren alle achtzehn Monate verdoppelt. Somit werden immer leistungsfähigere Smart Devices möglich.
- Miniaturisierung: Rechner werden immer kleiner und leistungsfähiger. Zudem können sie in Massen produziert werden, wodurch deren Stückkosten sinken.
- Stärkere Vernetzung und Kommunikation: Die Bandbreiten existierender Netzwerke werden immer besser genutzt und stark ausgebaut, wodurch die Kosten pro übertragenem Datenpaket gegen Null gehen. Das führt dazu, dass immer mehr Anwendungen mit hohem Datentransfer und generell mehr vernetzte Systeme möglich und diese ökonomisch umsetzbar sind.

Mobile Computing wird als eine Vorstufe oder bereits als Teil des Ubiquitous Computing gesehen, da Benutzer mobile Endgeräte ubiquitär nutzen und nicht unbedingt als Computer wahrnehmen. Sie werden ermöglicht durch die erhöhte Rechenleistung, Miniaturisierung und starke Vernetzung. Die Allgegenwart dabei bedeutet, dass die Mobilität der Nutzer, der Hardware und der Software unterstützt werden soll. Das heißt, sowohl die Nutzer, die Endgeräte als auch die Daten und sogar die Software im Ubiquitous Computing sind ortsunabhängig verfügbar. Dieser Umstand wird auch Anytime-Anyplace-Computing genannt.

7.3.1.1 Hardware

Die vorherrschenden Technologietrends haben zu Hardware geführt, die heutzutage die Grundlage des Mobile und Ubiquitous Computing darstellt. Dabei wurden viele Entwicklungen zügig überholt und verschwanden wieder vom Markt. Aus den Handhelds der 1990er Jahre (auch Organizer oder Persönliche Digitale Assistenten, PDA), die als mobile Kleinstcomputer mit berührungssensitiven Bildschirmen die Möglichkeit haben, über eine Infrarot-, Funk- oder Kabelverbindung Daten mit anderen Computern auszutauschen, sind mittlerweile Smartphones entstanden. Smartphones vereinen die Funktionen von Mobiltelefonen und PDAs. Zusätzlich haben diese häufig Funktionen zum Abspielen digitaler Medien sowie Funktionen von Digitalkameras und GPS-Navigationsgeräten. Durch die Anzahl und Kombinationsmöglichkeiten der verschiedenen verbauten Sensoren lassen sich eine Menge zusätzlicher Funktionen bereitstellen. Neben Mikrofon und Touchscreen ermöglichen gängige Smartphones eine Interaktion mittels folgender Sensoren:

- Bildsensor (Kamera)
- GPS-Empfänger
- Beschleunigungssensor
- Bewegungssensor
- Annäherungssensor
- Lichtsensor (Umgebungslicht)
- Magnetometer (Kompass)
- Gyroskop (Kreiselinstrument, Lageerkennung)

Durch die Miniaturisierung der einzelnen Komponenten können diese in einem tragbaren Gerät, dem Smartphone, untergebracht werden. Das ermöglicht eine völlig neue Technologienutzung.

In Leistungsumfang und Bedienung ähnlich zu Smartphones, jedoch als tragbare flache Computer konzipiert, sind Tablet-Computer. Darunter versteht man PCs in kleinerer Baugröße als Notebooks, die wie Handhelds vorwiegend über einen berührungsempfindlichen Bildschirm bedient werden.

Der Anspruch des Ubiquitous Computing besteht darin, möglichst viele Gegenstände der Welt und des Alltags durch Informationstechnik anzureichern und so miteinander zu vernetzen (Mattern 2004). Mit diesen intelligenten Alltagsgegenständen sollen neue Dienstleistungen angeboten und verkauft werden. Die Möglichkeit, Computer zunehmend in intelligente Alltagsgegenstände zu integrieren, ist das Ergebnis von immer neuen technischen Entwicklungen. Diese Entwicklungen haben zur Folge, dass die Leistung von eingebetteten Prozessoren gesteigert, die Bandbreite drahtloser Übertragungstechniken erhöht und die Genauigkeit von nutzbaren Sensoren verbessert werden. Computer entwickeln sich so von Universalmaschinen hin zu Spezialmaschinen. Für diese Entwicklung entstehen Computer mitsamt Peripherie für eine bestimmte Aufgabe, z. B. in Form von hybriden Objekten oder intelligenten Geräten (Norman 1999). Intelligente Geräte, auch Information Appliances genannt, dienen primär der Verarbeitung von Kommunikation und Informationen, beispielsweise bei Smartphones. Im Gegensatz zu hybriden Objekten, wie ein »intelligenter« Kühlschrank, haben intelligente Geräte keinen rein physischen Nutzen. Mit der Anzahl hybrider Objekte und intelligenter Geräte steigt ebenso die Anzahl der Computer pro Anwender. Intelligente Geräte und hybride Dinge zeichnen sich dadurch aus, dass sie ihre Umgebung/ihren Kontext aufnehmen können und oftmals Bestandteil von Systemen sind, die verteilte Informationsverarbeitung umsetzen. Diese Eigenschaften werden durch Sensoren ermöglicht, die Anwendungsszenarien wie z. B.

die geografische Lokalisierung von Objekten beim GPS oder die Identifikation von Objekten mittels RFID erlauben.

Die Sensoren und Rechenleistungen können Anwendungssysteme dazu nutzen, sich selbstständig zur Laufzeit an sich verändernde Umgebungen und Situationen anzupassen. Dies ist insbesondere dann angebracht, wenn sich Menschen und Informationstechnologie in einem hoch dynamischen und mobilen Kontext bewegen. Die Komplexität von Anwendungen in diesen Anwendungsfeldern ist meist höher als in statischen Umgebungen. Selbst-adaptive Anwendungssysteme versuchen, diese Komplexität zu verringern, indem sie Kontextänderungen erkennen und, ohne dass der Benutzer eingreift, die richtigen Informationen und Konfigurationen für die jeweilige Situation bereitstellen. Damit die Selbst-Adaption ohne jegliche Benutzerinteraktion zur Laufzeit durchgeführt werden kann, sind drei Schritte notwendig (Evers, Hoffmann et al. 2011):

- Kontextänderungen überwachen: Eine adaptive Anwendung muss die dynamische Umgebung überwachen und gegebenenfalls auf Benutzereingaben reagieren können. Externe (Hardware-) Sensoren stellen hauptsächlich die Umgebungsinformationen bereit. Die Daten müssen schließlich durch die Anwendung verarbeitet und analysiert werden. Die hierdurch gewonnenen Informationen werden üblicherweise als Kontext oder Kontextinformationen bezeichnet.
- Konsequenzen entscheiden: Um ein angestrebtes Ziel im aktuellen Kontext zu erreichen, muss die Anwendung bestimmen, welche Aktion als nächstes ausgeführt werden muss (auch wenn eventuell keine Änderung der Anwendung nötig ist). Dieser Entscheidungsprozess basiert entweder auf vorher festgelegten Regeln, allgemeinen Zielvorgaben oder normierten Nutzenfunktionen (Kephart u. Das 2007).
- Adaption umsetzen: Sobald das Anwendungssystem feststellt, dass eine Veränderung notwendig ist, muss eine passende Aktion ausgeführt werden. Diese variiert von einfachen Anpassungen bestimmter Parameter bis hin zur vollständigen Re-Konfiguration der Software-Architektur.

Darüber hinaus können Situationen auftreten, die bei der Analyse und Entwicklung eines Anwendungssystems (siehe ▶ Abschn. 5.1) nicht vorgesehen werden konnten. Auf derartige Situationen kann eine adaptive Anwendung angemessen reagieren, indem verfügbare Dienste eingebunden oder Datenformate transformiert werden. Insbesondere bei der Nutzung von mobilen Applikationen ist eine Kontinuität der Funktionalität auch bei sich stetig änderndem Kontext wünschenswert.

7.3.1.2 Infrastruktur
Zentral für die Realisierung von Mobile- und Ubiquitous-Computing-Szenarien ist eine Infrastruktur, deren Architektur eine angemessene Verarbeitung der anfallenden Rechnerlasten ermöglicht, die anfallenden Datenmengen effizient speichert und wiederfindet (siehe ▶ Abschn. 2.1) und die ein Vernetzen vieler Objekte miteinander ermöglicht. So haben vor allem leistungsstarke Funknetzwerke zum flächendeckenden Erfolg von Mobile und Ubiquitous Computing beigetragen. Dabei gibt es Funknetze für den unmittelbaren Umkreis, lokale Funknetze und Weitverkehrsfunknetze.

7.3.1.2.1 Kurzstrecken-Funktechnik
Ein wichtiger Bestandteil des Ubiquitous Computing ist das Assoziieren von Objekten der realen Welt mit einer virtuellen Repräsentation. Dafür muss sich das reale Objekt automatisch identifizieren lassen. Bei *RFID* befinden sich die Daten, die einem Objekt zugeordnet werden,

auf einem elektronischen Datenspeicher. RFID wird als Oberbegriff für eine technische Infrastruktur verwendet, die folgende Elemente umfasst:
- den Transponder, auch RFID-Etikett, Chip, Tag, Label oder Funketikett genannt,
- die Sende-Empfangs-Einheit, Reader genannt,
- die Integration mit Servern, Diensten und sonstigen Systemen durch entsprechende Middleware.

Die Daten werden auf einem Transponder gespeichert und per Radiowellen verfügbar gemacht. Bei niedrigen Frequenzen geschieht dies induktiv über ein Nahfeld, bei höheren über ein elektromagnetisches Fernfeld. Die Entfernung, über die ein RFID-Transponder ausgelesen werden kann, schwankt abhängig von der Ausführung (passiv/semi-passiv/aktiv), Frequenzband, Sendestärke und Umwelteinflüssen zwischen wenigen Zentimetern und mehr als einem Kilometer. RFID-Systeme sind des Weiteren relativ stabil gegen äußere Einflüsse wie Verschmutzung und Erschütterung.

Sehr nah an der RFID-Technik ist der internationale Übertragungsstandard NFC (Near Field Communication). NFC ist eine hoch frequentierte drahtlose Kommunikationstechnologie mit kurzer Reichweite, die Datenaustausch zwischen Geräten, die wenige Zentimeter entfernt sind, erlaubt. Es ist eine einfache Erweiterung der ISO/IEC 14443 Transponderkarte (wie eine kontaktlose Karte, RFID etc.), die eine Smart Card und den Reader in ein und demselben Gerät kombiniert. NFC zielt hauptsächlich auf die Nutzung von mobilen Telefonen ab.

Bluetooth ist ein Kommunikationsstandard, der spontane Kommunikationsverbindungen zwischen verschiedenen Geräten ermöglicht, ohne dass sich diese vorher »kannten« (ad-hoc Netzwerk). Es ist ein Funksystem, das zur Übertragung von Sprache und Daten geeignet ist und als Ersatz von Kabel und Infrarot konzipiert wurde. Bluetooth bietet Datenraten von 57 kbit/s bis 721 kbit/s und hat eine Reichweite von 10 m (bei 1 mW) oder 100 m (bei 100 mW). Bluetooth nutzt das lizenzfreie 2,4 GHz ISM-Band und das »frequency hopping spread spectrum« (FHSS), um gegenseitige Beeinträchtigungen zu vermeiden.

7.3.1.2.2 Lokale Funknetze

Während die drahtlose Verbindung einzelner Geräte (z. B. über die sogenannte Bluetooth-Schnittstelle) schon seit den 1990er Jahren genutzt wird, haben sich in den 2000er Jahren unter der Bezeichnung WLAN (Wireless LAN) drahtlose Netze durchgesetzt, die als vollwertiger Ersatz für das traditionelle LAN angesehen werden können. Eine Vereinheitlichung von drahtlosen LANs und MANs erfolgt vor allem durch die Teile b (Datenrate 11 MBit/s) und g (Datenrate 54 MBit/s) des Standards IEEE 802.11. Neben der Verwendung der drahtlosen Technik für Intranets geschlossener Organisationen werden auch öffentliche Zugänge, sogenannte Hotspots, eingerichtet.

7.3.1.2.3 Weitverkehrsfunknetze

Zwischen stationären Teilnehmern können terrestrische Funkverbindungen als Richtfunkverbindungen (mit hoher Abhörsicherheit) eingerichtet werden. Sie haben jedoch eine begrenzte Reichweite. Sollen mobile Teilnehmer erreicht werden, werden »zellulare« Funknetze (Zellularsysteme) benutzt. Die zu versorgende Fläche wird in Zellen aufgeteilt, die jeweils mit einer Basisstation ausgestattet sind. Deutschland ist je nach Netz in 3.000 bis 6.000 Zellen eingeteilt, wobei jede Zelle über eine Basisstation an eine Festverbindung angeschlossen ist. Die Funkverbindung des Teilnehmers (zum Senden und Empfangen) besteht lediglich bis zur nächstgelegenen Basisstation, von dort erfolgt dann die Übertragung in der Regel über ein Festnetz.

In Deutschland gibt es gegenwärtig vier digitale Mobilfunknetze, die auf verschiedenen technischen Standards beruhen.

Als Standard für digitale Funknetze haben die beteiligten europäischen Nationen 1987 die Vereinbarung »Global System for Mobile Communication« getroffen. Die Netze, die diesen Standard benutzen, werden nach der früheren CEPT-Arbeitsgruppe GSM (Group Speciale Mobile), die die Vereinbarung ausgearbeitet hat, als GSM-Netze bezeichnet. Ferner gibt es den ETSI-Standard DCS 1800 (Digital Cellular System), der durch eine andere Übertragungstechnik höhere Teilnehmerdichten ermöglicht. Die D-Netze verwenden vorwiegend GSM, die E-Netze vorwiegend DCS 1800. Die Einführung der nächsten Generation von Mobilfunkgeräten auf der Basis von UMTS (Universal Mobile Telecommunications System) ist wegen technischer Probleme mehrfach verschoben worden, erfolgte jedoch 2004. Seit 2010 ist LTE (Long Term Evolution) in Deutschland verfügbar.

Bei Einsatz des Mobilfunks für die Datenkommunikation können mit den Mobilfunkstandards und Datenübertragungsverfahren folgende Übertragungsraten erreicht werden:

- 14,4 kBit/s mit dem Mobilfunkstandard GSM,
- 43,2 kBit/s bei Kanalbündelung mit HSCSD (High-Speed Circuit-Switched Data),
- 53,6 kBit/s mit der auf GSM und dem Internet Protocol (siehe ▶ Abschn. 2.4.4) aufbauenden Technik GPRS (General Packet Radio Service),
- 220 kBit/s mit der GSM um ein zusätzliches Modulationsverfahren erweiternden Technik EDGE (Enhanced Data Rates for GSM Evolution),
- bis zu 2 MBit/s mit dem Mobilfunkstandard UMTS,
- bis zu 42 MBit/s mit dem UMTS-Datenübertragungsverfahren HSDPA (High Speed Downlink Packet Access),
- bis zu 300 MBit/s mit dem Mobilfunkstandard LTE.

7.3.2 Gesellschaftlicher Wandel durch Mobile und Ubiquitous Business

Die meisten Ansätze des Ubiquitous Computing integrieren gezeigte Entwicklungsrichtungen bzw. Forderungen an die zukünftige Entwicklung von Informationstechnologie. Diese Veränderungen im Bereich der Informationstechnologie haben zu einem Wandel in Unternehmen und in der privaten Nutzung von Anwendungssystemen geführt, die auch ein Umdenken in der Wirtschaftsinformatik fordert (siehe ▶ Abschn. 1.2).

7.3.2.1 Wandel in Unternehmen

Mobile und ubiquitäre Technologien haben die Funktionsweise von Unternehmen verändert. So erlaubt es RFID, beim Umgang mit realen Objekten jedes Objekt zu identifizieren und dadurch einem Eigentümer oder einem Datensatz zuzuordnen. Für Produkte und Dienstleistungen ergeben sich so zahlreiche neue Möglichkeiten.

Die Datenübertragung mittels Mobilfunk lässt sich beispielsweise von Außendienstmitarbeitern nutzen, die mit Hilfe eines Mobilfunkgeräts oder eines entsprechend ausgerüsteten Notebooks in die Lage versetzt werden, unterwegs Daten sowohl zu senden als auch von einer zentralen Stelle oder aus dem Internet abzurufen.

- **Mobile und Ubiquitous Business im Transportwesen**

Das Transportwesen ist ein Hauptanwender des elektronischen Datenaustauschs. Beteiligt sind Versender, Spediteure, Transportunternehmen und Empfänger. Der elektronische Datenaustausch erfolgt transportbegleitend vom Versandauftrag bis zur Frachtabrechnung. Die Satellitenkommunikation und der Mobilfunk sind integrale Bestandteile des elektronischen Datenaustauschs im Transportwesen, z. B. zur Verbindung von Fahrzeugen mit der Zentrale und für internationale Transporte. Mit Hilfe der RFID-Technik übermitteln Transponder gespeicherte Informationen per Funk an entsprechende Leseeinheiten. Die Transponder werden bereits im Herstellungsprozess an den Objekten bzw. deren Verpackungen angebracht. Durch das berührungslose Lesen kann das manuelle Scannen der Waren entfallen. Transponder ersetzen einerseits den aufgedruckten EAN-Code und ermöglichen andererseits zusätzliche Funktionen. Sie können beispielsweise das Herstell- oder Verfallsdatum, den Temperaturverlauf, den Hersteller oder bei mehrteiligen Artikeln die Zusammengehörigkeit der Teile angeben. Ein weiteres Anwendungsszenario der RFID-Technik ist der Supermarkt der Zukunft, in dem alle Objekte des Einkaufswagens ohne auszuladen automatisch erfasst, abgerechnet und bezahlt werden können. Viele Unternehmen sehen durch RFID Potenziale zur Kostensenkung und Prozessoptimierung. Andere Unternehmen versprechen sich eine wesentliche Qualitätssteigerung durch zusätzliche Informationen, die mit dem RFID-Transponder mitgegeben werden können. In der Pharmaindustrie erhofft man sich auch eine Erhöhung der Fälschungssicherheit der Waren. Als strategische Investition ist RFID ein entscheidender Treiber für die Vision des »Realtime Enterprise", in der Echtzeit-Informationen ein schnelleres Agieren und Reagieren und somit Wettbewerbsvorteile ermöglichen.

- **Mobile und Ubiquitous Business im Gesundheitswesen**

Im Gesundheitswesen bieten mobile Anwendungssysteme viele unterschiedliche Einsatzmöglichkeiten (Leimeister, Krcmar et al. 2005). Durch mobile und ubiquitäre Systeme können Informationslücken geschlossen werden, wodurch man die Versorgungsqualität verbessern und die Kosten senken kann. In Kombination mit Identifikationssystemen können mobile IT-Systeme (Smartphones) mit kabelloser Datennetzanbindung zur Vermeidung von Fehlern im Patientenversorgungsprozess eingesetzt werden. Als Beispiele für Einsatzmöglichkeiten sind hier das Barcodearmband oder der unter die Hautoberfläche implantierte RFID-Chip zur sicheren Patientenerkennung zu nennen. Ein Anwendungsszenario bezüglich des ersten Beispiels könnte wie folgt aussehen: Das Smartphone ermöglicht dem Arzt am Krankenbett den Patienten durch das Scannen des Barcodearmbands sicher im System zu identifizieren. Darüber hinaus kann der Arzt auf die Patientendaten in den Informationssystemen des Gesundheitsdienstleisters zugreifen, Entscheidungen mit klinischen Richtlinien abgleichen und dokumentieren, sowie Leistungen anfordern. In analoger Weise können Laborproben und Blutkonserven sicher etikettiert und mit mobilen Geräten am Ort der Verarbeitung bzw. Verwendung dem richtigen Patienten zugeordnet werden, um die Verwechslungen und deren oft fatale Folgen praktisch vollkommen zu eliminieren.

Mobile IT-Systeme ermöglichen zudem den Zugriff auf das Wissen eines Experten unabhängig von dessen aktuellem Aufenthaltsort, was eine verbesserte Nutzung der knappen und teuren Ressource »Experte« nach sich zieht. Erfahrene Experten aus allen Bereichen der Gesundheitsversorgung können so ortsunabhängig spezifische Leistungen erbringen. Die Verbindung von Satellitentechnologie und Positionierungssystemen ermöglicht die ortsunabhängige Erbringung telemedizinischer Dienstleistungen. Somit ist das routinemäßige Monitoring von Risikopatienten oder Älteren bis hin zur Ortung und Notfallversorgung mit mobilen IT-Systemen möglich. Empfänger oder Nutzer solcher Dienste sind mobile Patienten, die ihrem gewohnten Alltag nachgehen, Menschen auf Reisen oder Menschen, die von einem Ort zu einem anderen ziehen. Die einsetzbaren Technologien und Dienste sind vielfältig und umfassen praktisch alle verfügbaren Netzwerktechnologien in Verbindung mit Geräten des Mobile

Computing. Welche Technologie zur Anwendung kommt, hängt dabei von den Anforderungen des jeweiligen Einsatzes ab. Eine für die Benutzer einfach zu bedienende und sichere Bedienungsoberfläche zu entwickeln, ist in diesem Zusammenhang eine große Herausforderung (vgl. Prinz, Menschner et al. 2012, Prinz, Menschner et al. 2013).

Patienten zeichnen sich in zahlreichen Behandlungs- und Nachsorgeprozessen durch ein hohes Maß an Mobilität aus, während die Grenzen eines Krankenhauses oftmals überschritten werden. Durch mobile und vernetzte Informationssysteme für Patienten könnte die mangelhafte Informationslogistik im Gesundheitswesen z. B. zwischen Krankenhaus, Nachsorge und Patient verbessert werden. Dem Patienten wird beispielsweise mit entsprechender Anwendungssoftware und Telekommunikationsanbindung an Datennetze der Versorgungseinrichtungen die Möglichkeit zu einem einfachen, effektiven und effizienten Selbstmanagement des eigenen Gesundheitsstatus geboten. Dadurch ist es dem Patient möglich, ein elektronisches Patiententagebuch zu führen, physiologische Parameter wie beispielsweise Puls, Blutdruck, Blutzucker zu erfassen und die Daten regelmäßig oder ereignisgesteuert an die betreuende medizinische Einrichtung zu übertragen. Mobile Informationssysteme erlauben Patienten somit mehr Bewegungsfreiheit und ein selbständiges Leben bis ins hohe Alter. Gleichzeitig wird das Gesundheitswesen durch die Verringerung der Dauer stationärer Aufenthalte sowie der Zahl von Besuchen in den Ambulanzen der Krankenhäuser entlastet. Ebenso findet eine Entlastung der Leistungserbringer statt, indem eine kollaborative und medienbruchfreie Einbeziehung der Patienten in den Behandlungs- und Nachsorgeprozess erfolgt. Der Patient wird zu einem aktiven Teilnehmer am Informationskreislauf und gewinnt an Eigenverantwortung.

7.3.2.2 Wandel privater Nutzung von IT

Personal Information Management Systems (PIMS) stellen Funktionen wie Notizbuch-, Termin-oder Kalenderverwaltung zur Verfügung, die beispielsweise Anschriften, Telefonnummern und beliebige Verzeichnisse, die Wiedervorlage von Schriftstücken sowie persönliche Notizen verwalten und die Terminplanung für Besprechungen, Dienstreisen usw. unterstützen. Erweiterte Verwendungsmöglichkeiten bietet der Einsatz von PIMS für das Mobile Computing auf Notebooks oder Smartphones, in zunehmendem Maße unter gleichzeitiger Nutzung des Mobilfunks. Komfortable PIMS sind als Groupware-Produkte realisiert, sodass von mehreren (vernetzten) Arbeitsplätzen auf dieselben Informationen, z. B. Termine, zugegriffen werden kann.

Durch die Nutzung von Smartphones hat sich das Verhalten von Kunden am Point of Sale (POS) geändert. Der Kunde kann mit dem Smartphone den Barcode eines Produktes einscannen und so im Internet Bewertungen abfragen, Preise vergleichen, Alternativprodukte suchen und sogar das Produkt, eventuell zu einem besseren Preis, online kaufen. Durch die Technologie kann der Kunde somit eine fundierte Kaufentscheidung treffen, ohne von der Beratung im Verkaufsraum abhängig zu sein. Das Informationsmonopol wird so aufgebrochen.

7.3.2.3 Ubiquitäre Datensammlung

Wie die Datensammlung im Bereich der Logistik durch mobile und ubiquitäre Technologien erfolgen kann, wurde bereits gezeigt. Die gleichen Mechanismen funktionieren jedoch auch zur Datensammlung bei Personen. Durch die permanente Nutzung mobiler Informationstechnik wie Smartphones oder vernetzter Alltagsgegenstände können Aktivitäten der Benutzer digital verfolgt und ausgewertet werden. So protokollieren aktuelle Smartphones ihre Standortdaten und somit (meistens) die Aufenthaltsorte der Benutzer (Wirtgen 2011). Die mit ubiquitärer Sensorik und mobilen Endgeräten gesammelten Daten ermöglichen, durch Verknüpfung Datensätze zu schaffen, die Bewegungen und Handlungen einer Person nachvollziehbar machen können. Mit mehreren Quellen, wie zum Beispiel Kundenkarten mit persönlicher Identifikationsfunktion, in Kleidung oder elektronischen Tickets eingearbeitete RFID-Chips, GPS-Ortungsdaten des Smartphones oder genutzte oder in der Nähe befindliche GSM-Zellen oder WLAN-Netze kann ermittelt werden, an welchem Ort sich eine Person aufhielt, welche Telefongespräche sie führte und welche Waren sie kaufte. Mit einer solch umfangreichen Datenerhebung und den damit möglichen Überwachungsfunktionen von Personen werden Szenarien assoziiert, die dem totalitären Staat unter der Führung des Diktators Big Brother im Roman 1984 von George Orwell gleichen. Unternehmen und Behörden haben durch die Datensammlung die Möglichkeit, die Privatsphäre von Personen massiv zu beeinträchtigen. Dies hat zu einem Konflikt zwischen Datenschützern, die in Bezug auf die Grundrechte jegliche unzweckmäßige Aufbewahrung von personenbezogenen Daten verhindern wollen, und Unternehmen geführt, die mittels der Daten die Kunden verstehen und letztendlich maßgeschneiderte Dienstleistungen und Angebote unterbreiten wollen, um ihre Einnahmen zu verbessern.

7.3.3 Gestaltung von Geschäftsprozessen im Mobile und Ubiquitous Business

Viele der Einsatzgebiete des Electronic Business hängen unmittelbar mit dem Handel im engeren Sinne zusammen, weshalb hierfür auch die Bezeichnung Electronic Commerce verwendet wird (siehe ▶ Abschn. 7.1). Sofern mindestens ein Geschäftspartner über eine drahtlose Verbindung (Mobilfunk einschließlich UMTS oder Wireless LAN) mit einem mobilen Endgerät angebunden ist, spricht man von Mobile Commerce oder kurz M-Commerce.

Unternehmen sind jedoch auch gefordert, sich mit der Vision des Ubiquitous Computing auseinanderzusetzen, da die wachsende Komplexität und die zunehmende Wettbewerbsintensität auf allen Märkten neue Produkte und Dienstleistungen fordern (siehe ▶ Abschn. 6.1). Hierbei sind sowohl neue, durch neue Techniken erst ermöglichte Dienste und Leistungen vorstellbar, als auch Effizienz- und Effektivitätsvorteile bei der Produktion und Bereitstellung bereits bekannter Produkte und Dienstleitungen.

7.3.3.1 Geschäftsprozesse zur Leistungserstellung

Anwendungssysteme dienen der Unterstützung bestehender oder der Schaffung neuer Geschäftsprozesse (siehe ▶ Abschn. 3.2). Existierende Prozesse sollten in einer Istanalyse auf Unterstützungsmöglichkeiten durch Anwendungssysteme hin überprüft werden (siehe ▶ Abschn. 3.3). Das können sowohl Prozesse in und zwischen Unternehmen, als auch Prozesse zwischen einem Unternehmen und seinen Kunden sein. Hierbei bietet Ubiquitous Computing folgende Möglichkeiten, die Geschäftsprozesse nachhaltig verändern können: So sollen ubiquitäre Anwendungssysteme den Benutzern eine stärkere Konzentration auf ihre Aufgabe ermöglichen, da die Interaktion mit dem Anwendungssystem nicht mehr offensichtlich und damit bemerkbar für die Benutzer abläuft, sondern intuitiv im Hintergrund stattfindet. Somit steht die Benutzerschnittstelle nicht mehr zwischen dem Benutzer und seiner Aufgabe, sodass dieser sich vollständig auf die Aufgabe konzentrieren kann. Er kann so Abläufe und Prozesse auf seine eigenen Bedürfnisse hin anpassen und somit Effektivitäts- und Effizienzvorteile erzielen (Weiser u. Brown 1996).

Ubiquitous Computing kann die Informationslogistik verbessern (Fleisch 2001). Die automatisierte Dateneingabe oder Datensammlung intelligenter Dinge und Smart Devices erzielt zudem eine Reduktion der Medienbrüche, was eine Integration von Prozessen in und zwischen Unternehmen verbessern kann. Eine spezielle Form der manuellen Direkteingabe ist die mobi-

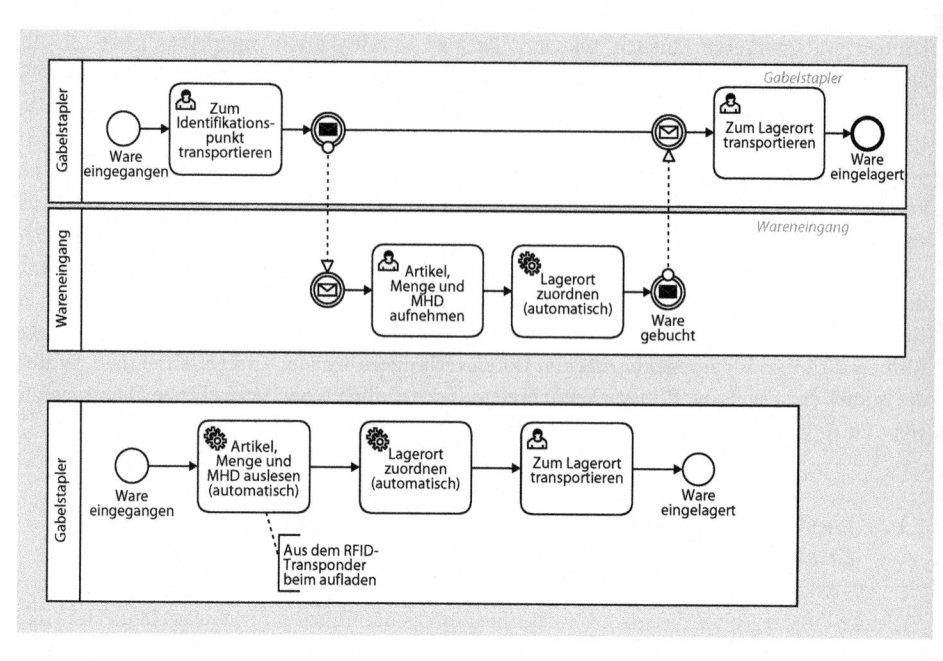

Abb. 7.15 Veränderung von Geschäftsprozessen durch Ubiquitous Computing. (Eigene Darstellung)

le Datenerfassung. Die Daten werden über eine Tastatur oder einen integrierten Scanner in ein tragbares Erfassungsgerät eingegeben und entweder dort zwischengespeichert und später über eine Netzverbindung oder sofort drahtlos über eine Funk-oder eine Infrarotverbindung in den Computer eingegeben. So lassen sich Objekte einzeln identifizieren und lokalisieren, was insbesondere in Logistik- und Produktionsprozessen zu erhöhter Transparenz und Steuerbarkeit führen kann. Die Informationswirtschaft muss hierbei im Rahmen einer Informationsbedarfsanalyse feststellen, welche Informationen für die betriebliche Aufgabenerfüllung notwendig und wünschenswert sind und wie die Technologien des Ubiquitous Computing dazu beitragen können. Funkübertragungen können sowohl über eine innerbetriebliche Funkverbindung als auch über standortübergreifende Mobil- bzw. Datenfunknetze (siehe ▶ Abschn. 7.3.1) realisiert werden. Beispiele für Einsatzmöglichkeiten der mobilen Datenerfassung sind Inventuren, Bestellannahmen durch Verkaufsfahrer, Auslieferungen durch Paketdienste, Lageraufzeichnungen durch Gabelstaplerfahrer und technische Überwachungen. Als Geräte für die mobile Datenerfassung kommen neben Spezialgeräten auch Notebooks oder Smartphones in Betracht. Analog zur Integration von Geschäftsprozessen durch die Entwicklung und Einführung von ERP-Systemen ist durch eine Erhöhung der Integrationstiefe durch Ubiquitous Computing Business Process Redesign notwendig (Leimeister u. Krcmar 2002).

■ Abb. 7.15 zeigt einen herkömmlichen (oben) und einen veränderten Geschäftsprozess in der Logistik durch den Einsatz von RFID-Transpondern (unten), die bereits beim Hersteller an die Waren angebracht werden. Dabei entfällt das manuelle Aufnehmen der Ware im Umschlagslager, da die Informationen einfach automatisch ausgelesen und verarbeitet werden können. Die Einlagerung kann so in einem Arbeitsschritt geschehen.

7.3.3.2 Grenzen der Leistungserbringung

Durch Ubiquitous-Computing-Technologien können Daten in einer Art und Qualität erhoben werden, wie sie bisher nicht zur Verfügung standen. Dies führt zu Problemen bei der sinnvollen formalen Strukturierung der Daten und der Synchronisierung unterschiedlicher Datenbestände aus verschiedenen Datenquellen. Zudem stellt sich die Frage nach der richtigen Verteilung und Verarbeitung von Daten. So haben neue Ubiquitous-Computing-Szenarien (z. B. mit Smart Devices) zwar theoretisch das Potenzial, Datensammlung und Datenverarbeitung am Ort der Datenentstehung bzw. der Entscheidung umzusetzen und damit komplexe Problemstellungen effizient zu lösen, jedoch haben sich noch keine standardisierten Lösungen etabliert. Hier gibt es noch Entscheidungsspielraum beim Speichern und Aufrufen von Daten. Zusätzlich sind die Fragen des Austauschs der Informationen zwischen Objekten sowie zwischen Objekten und Menschen zu lösen. Hier gilt es, die Anforderungen der Benutzer und die technischen Möglichkeiten und Kosten gegeneinander abzuwägen (Leimeister u. Krcmar 2002).

Mobile Netzwerke als Grundlage ubiquitärer Leistungserbringung sind noch immer langsamer als kabelgebundene Lösungen. Zudem ist die Abdeckung mit WLAN, LTE oder UMTS nur in kommerziell erschlossenen Regionen vorhanden. Wetter, Gelände, Tunnel und die Entfernung beeinflussen dabei die vorhandene Bandbreite. Mobile Geräte sind weiterhin auf eine Stromversorgung angewiesen, die Akkus nur temporär aufrechterhalten können. Hier sind die Möglichkeiten durch die kompakte Bauweise der Smartphones begrenzt. Diese kompakte Bauweise von Smartphones fordert zudem neue Arten der Bedienung. Dabei können mobile Geräte durch ihre selbstverständliche Nutzung in allen Situationen von einer anderen (wichtigen) Aufgabe ablenken (vgl. Hoffmann, Söllner et al. 2011). So kommt es zum Beispiel auf Grund der Nutzung mobiler Geräte zu einer erhöhten Anzahl von Verkehrsunfällen. Auch andere gesundheitliche Risiken durch die Strahlung werden teilweise hervorgebracht.

7.3.3.3 Risiken und Gefahren

Bei Anwendungssystemen, die mit mobilen Endgeräten arbeiten, bestehen gewisse Risiken und Gefahren. Diese Risiken sind bei der Gestaltung der Geschäftsprozesse und passenden Anwendungssysteme zu berücksichtigen. So kann ein mobiles Gerät einfacher verloren gehen und Ziel eines Diebstahls sein. Das kann den Verlust von Datenträgern und den Verlust der Vertraulichkeit von Daten bedeuten. Somit sind die Daten unter Umständen für andere zugänglich. Zusätzlich kann das Endgerät unter Umständen durch den Dritten dafür genutzt werden, auf das Firmennetzwerk via VPN zuzugreifen oder Malware zu verbreiten.

Die Gefahren werden dadurch verstärkt, dass Mitarbeiter ihre eigenen mobilen Geräte mit in die Unternehmen bringen und für Unternehmensaufgaben nutzen (Consumerization, vgl. Weiß u. Leimeister 2012). Somit sollte vor der Entscheidung, Mobile Computing einzusetzen, eine Risikoanalyse durchgeführt werden, die Daten, Nutzungsarten und Gefahren genau analysiert. Für die mobilen Geräte müssen die gleichen Standards gelten wie bei interner Nutzung. Die Benutzer sollten im richtigen Umgang geschult werden. Eine Möglichkeit, die Sicherheit zu erhöhen, ist es, sämtliches Equipment durch das Unternehmen bereitzustellen, die mobilen Anwendungssysteme bei den Update-Routinen mit zu berücksichtigen und auch einen Support für die mobilen Geräte anzubieten. Daten von den mobilen Geräten sollten zudem, wie auch von anderen Anwendungssystemen, regelmäßig gesichert werden (siehe ▶ Abschn. 4.2).

7.3.3.4 Besonderheiten der Anwendungsentwicklung

Ubiquitäre Anwendungssysteme können in Maschine-Maschine- oder in Mensch-Maschine-Form vorliegen. Ein Beispiel für ein ubiquitäres Maschine-Maschine-System stellt eine vollautomatisierte Fertigungshalle dar, in der mehrere Roboter selbständig und ohne die Anwesenheit eines Benutzers, der das Verhalten steuert, arbeiten. Die Herausforderung bei der Entwicklung von ubiquitären Systemen, die direkt von Menschen genutzt werden, besteht in der Erschaffung einer Beziehung zwischen Mensch und ubiquitärem Anwendungssystem. Die Verschmelzung der ubiquitären Systeme mit der Umgebung der Benutzer kann durch viele kleine und verteilte IT-Artefakte (Sensoren, Aktuatoren, etc.) erreicht werden. Je nach Situation sollen diese durch ihr Zusammenspiel den Benutzer bei Bedarf angepasste Dienste zur Verfügung stellen. Die Interaktion des Benutzers mit den IT-Artefakten findet dabei zum Teil implizit statt (Hoffmann, Söllner et al. 2011). Diese ubiquitären Systeme müssen in einer Form gestaltet werden, dass sie für die menschlichen Benutzer vertrauenswürdig erscheinen und somit von ihnen akzeptiert werden (Söllner, Hoffmann et al. 2012). Nur so steht die Erledigung der realweltlichen Aufgaben bei den Benutzern im Vordergrund.

IT-Unterstützung im Alltagsleben ohne die Fokussierung auf einen Computer bringt bei der Entwicklung neue Freiheitsgerade mit sich, die durch immer neue Entwicklungen im Hardwarebereich auch realisierbar werden. Erfolgreiche ubiquitäre Anwendungssysteme müssen neben den technischen Anforderungen auch die Bedürfnisse der Benutzer erfüllen (Baier, Spiekermann et al. 2006). So sollten auch die Systeme des Ubiquitous Computing dafür ausgelegt sein, diese Anforderungen zu erfüllen und den Benutzern eine bestmögliche Unterstützung innerhalb des Funktionsumfangs zu bieten. Daher ist es unerlässlich, potenzielle Benutzer in die Entwicklung zu integrieren. Viele Ansätze der Produktentwicklung stellen deshalb den Benutzer in den Mittelpunkt der Anforderungserhebung (User-Centered Design, vgl. Norman 1999) oder erklären ihn zum Designer (Vallance, Kiani et al. 2001). So werden die Benutzer aktiv in die Entwicklung mit eingebunden (Hoffmann, Leimeister et al. 2007, Hoffmann, Hoffmann et al. 2010). Die fehlende Vorstellungskraft der Benutzer, verbunden mit der Neuartigkeit ubiquitärer Technologien und deren Möglichkeiten, schränken jedoch den Einbezug potenzieller Benutzer während der Anforderungserhebung ein. Ein Problem im Zusammenhang mit Ubiquitous Computing ist gerade die Neuartigkeit der Anwendungssysteme. Der breiten Öffentlichkeit sind der Begriff und das dahinterliegende Paradigma kaum bekannt. Werden Benutzer an der Entwicklung und der Anforderungserhebung beteiligt, stehen sie vor der Herausforderung, gleichzeitig die Möglichkeiten ubiquitärer Technologie zu begreifen, ihre Regeln zu verstehen und innerhalb dieser Möglichkeiten Anforderungen für ein neues Anwendungssystem zu definieren. Potenzielle Benutzer können diese Aufgabe leisten, solange sie mit der Art der Systeme vertraut sind und sich die Interaktion vorstellen können. Dies sollte jedoch während der Entwicklung sichergestellt werden (Hoffmann, Hoffmann et al. 2010).

7.3.4 Strategische Neuausrichtung im mobilen Zeitalter

Bei der Identifikation wichtiger mobiler und ubiquitärer Technologien sollten besonders solche ausgewählt werden, welche die Koordinationskosten im betrieblichen Leistungserstellungsprozess reduzieren können. Wie bereits gezeigt, liegen hier Potenziale in der Logistik, sei es während der Produktion, innerhalb des Unternehmens oder entlang der Lieferkette. Weitere Möglichkeiten liegen durch die weit verbreiteten mobilen Endgeräte in der Dienstleistungserbringung, sodass Endkunden einzeln oder als Masse an jedem Ort zu jeder Zeit einbezogen oder unterstützt werden können (Leimeister u. Krcmar 2002). Die berücksichtigte Technologie hat sehr unterschiedliche Nutzungsverfügbarkeit. Dabei müssen Unternehmen besonders diejenigen mobilen und ubiquitären Technologien identifizieren, die eine hohe Nutzungsverfügbarkeit haben und durch einen nachhaltigen Mehrwert auch ökonomisch sinnvoll sind. Im Blick auf die angesprochene Akzeptanz könnte der Bereich des Business-to-Business-Commerce von hoher Relevanz sein, da hier die Akzeptanz neuer Anwendungssysteme wesentlich einfacher zu erreichen ist als im Konsumentenbereich (Leimeister u. Krcmar 2002). Jedoch setzen sich diese Technologien durch die zahlreichen Vorteile auch mehr und mehr im Endanwenderbereich durch.

Im Hinblick auf die Leistungserbringung für Endkunden müssen Unternehmen die veränderten Nutzungsgewohnheiten berücksichtigen. Durch die steigende Nutzung mobiler Verbreitungskanäle für Informations- und Unterhaltungsangebote geht die Nutzung traditioneller Medien, wie das Fernsehen, Zeitschriften oder auch der Zugriff auf traditionelle, nicht mobile Internetangebote, zurück. Durch beschränkte Bandbreiten und Bildschirmflächen sind dabei zum Beispiel klassische Werbeformen mit in die Seite eingebundenen Anzeigen begrenzt. Somit müssen Unternehmen ihre Geschäfts- und Erlösmodelle auf diese neue Herausforderung abstimmen.

In der Leistungserbringung für Endkunden ist unter dem Begriff Mobile First ein Trend entstanden, der sich vor allem auf die Entwicklung von Webangeboten bezieht. Dabei soll in der Entwicklung berücksichtigt werden, dass die kleineren Displays von Smartphones und Tablet-Computern weniger Platz zur Verfügung stellen und daher die Elemente auf einer Website, die dort Platz finden sollen, sorgfältig ausgewählt werden müssen. Statt standardmäßig mit großen Modulen zu arbeiten und diese für kleine Bildschirme zu deaktivieren, beginnt der Mobile-first-Ansatz bei Elementen, die für mobile Endgeräte geeignet sind. Diese werden anschließend um weitere Elemente für große Bildschirme erweitert (z. B. hochauflösende Bilder). Ein solches Vorgehen wirkt sich positiv auf die Performance der Website aus. Unabhängig von der Tatsache, dass bei der Entwicklung von Websites der Inhalt des Angebotes das bestimmende Element der Gestaltung sein sollte, macht dieser Trend deutlich, dass das Mobile Computing mittlerweile so weit verbreitet ist, dass es in der Entwicklung neuer Angebote häufig an erster Stelle steht. So sollten strategische Entscheidungen den genauen Zweck der Leistungserstellung berücksichtigen und demnach entscheiden, inwieweit mobile und ubiquitäre Technologien sinnvoll eingesetzt werden können.

7.3.5 Mobile Services

Als eines der wichtigsten Mittel zur mobilen Leistungserbringung haben sich mobile Anwendungssysteme (Applikationen, kurz: (Mobile) Apps) aufgeschwungen, die auf Smartphones und Tablet-Computern Funktionen anbieten. Dabei hat sich der Trend in der Entwicklung neuer Anwendungssysteme wieder einmal umgedreht. Waren vorher integrierte Anwendungssysteme angestrebt, die sämtliche benötigten Funktionalitäten für komplexe Geschäftsprozesse oder ganze Unternehmen unterstützen (siehe ▶ Abschn. 3.2), liegt bei einer App der Fokus auf spezifischen Aufgaben. Die Zusammenarbeit mit anderen Apps wird dabei über standardisierte Datenaustauschformate und die Datenhaltung mittels internetbasierter Speicherlösungen (oft mit dem Modewort »Cloud« bezeichnet, vgl. Leimeister, Böhm et al. 2010, Böhm, Leimeister et al. 2011) erreicht. Bei der Entwicklung sind die unterschiedlichen Betriebssysteme zu beachten, die auf mobilen Endgeräten zum Einsatz kommen. Android, Apple iOS, Symbian, Windows Phone und viele weitere sind untereinander nicht kompatibel, so das native Apps für jedes gewünschte Betriebssystem separat entwickelt werden müssen. Eine empfohlene Alternative sind mobile Webseiten, die auf allen Smartphones und Tablet-Computern mit einem mobilen Browser dargestellt werden können.

Der Vorteil nativer Apps gegenüber mobilen Webseiten ist, dass sie auf das komplette Spektrum der im mobilen Endgerät verbauten Sensoren (siehe ▶ Abschn. 7.3.1) zurückgreifen können, ohne einen Browser dazwischen zu berücksichtigen. Somit lassen sich viele Kontextinformationen wie Bewegungen, Helligkeit, Position, akustische Signale und die Bilder der Kamera nutzen, um damit eine Steuerung, ohne traditionelle Nutzereingaben, oder Funktionalitäten der App anzubieten.

Für weitere Funktionalität können die Sensordaten mehrerer Benutzer einer Applikation zentral ausgewertet werden, um Informationen für alle Benutzer zur Verfügung zu stellen. So lassen sich zum Beispiel aus den Bewegungsdaten (mehrerer) mobiler Endgeräte Verkehrsstaus erkennen und so Verkehrsinformationen und angepasste Routenplanungen anbieten. Somit sind die Benutzer Teil der Dienstleistungserbringung der Unternehmen (Leimeister u. Zogaj 2013).

Weiterführende Literatur

Back, A., N. Gronau, et al., Eds. (2012). Web 2.0 und Social Media in der Unternehmenspraxis: Grundlagen, Anwendungen und Methoden mit zahlreichen Fallstudien. München, Oldenbourg Wissenschaftsverlag GmbH.

Begole, B. (2011). Ubiquitous Computing for Business: Find New Markets, Create Better Businesses and Reach Customers around the World 24-7-365. Pearson Education 2011.

Chaffey, D. (2007). E-Business and E-Commerce Management: Strategy, Implementation and Practice. Financial Times Prentice Hall 2007.

Eberspächer, J. und S. Holtel, Eds. (2010). Enterprise 2.0 – Unternehmen zwischen Hierarchie und Selbstorganisation. Heidelberg, Dodrecht, London, New York, Springer.

Head, M., Li, E. Y. (2009). Mobile and Ubiquitous Commerce: Advanced E-Business Methods. Information Science Reference 2009.

Lamersdorf, W., Tschammer, V., Amarger, S., Processing, I. F. f. I. (2004): Building the E-Service Society: E-Commerce, E-Business, and E-Government. Springer 2004.

McAfee, A. (2009). Enterprise 2.0. Boston, Harvard Business Press.

Meier, A., Gosselin, E., Stormer, H. (2009).Ebusiness & Ecommerce: Managing the Digital Value Chain. Springer 2009.

Meier, A., Stormer, H. (2012). Ebusiness & Ecommerce. Springer Berlin Heidelberg 2012.

Mznlnx (2009). Exam Prep for E-Business and E-Commerce Management by Chaffey, 3rd Ed. Cram101 Incorporated 2009.

Schütt, P., Ed. (2013). Der Weg zum Social Business: Mit Social Media Methoden erfolgreicher werden. Berlin Heidelberg, Springer Gabler.

Stucky, W., Schiefer, G. (2005). Perspektiven Des Mobile Business: Wissenschaft Und Praxis Im Dialog. Deutscher Universitätsverlag 2005.

Serviceteil

Literatur – 446

Stichwortverzeichnis – 461

Literatur

Aamodt, A. und M. Nyg (1995). »Different roles and mutual dependencies of data, information, and knowledge — an AI perspective on their integration.« Data Knowl. Eng. 16(3): 191–222.

Achtenhagen, L., L. Melin und L. Naldi (2013). »Dynamics of business models – Strategizing, critical capabilities and activities for sustained value creation.« Long Range Planning 46(6): 427–442.

Afuah, A. und C. L. Tucci (2012). »Crowdsourcing as a solution to distant search« The Academy of Management review 37(3): 355–375.

Ahamed, Z., T. Inohara und A. Kamoshida (2013). »The servitization of manufacturing: An empirical case study of IBM Corporation.« International Journal of Business Administration 4(3): 18–26.

Ajzen, I. (1985). From intentions to actions: A theory of planned behavior. Action control: From cognition to behavior. J. Kuhl und J. Beckman. Heidelberg, Springer Verlag: 11–39.

Albers, M. (1996). Zur Neukonzeption des grundrechtlichen »Datenschutzes«. Herausforderungen an das Recht der Informationsgesellschaft. A. Kugelmann, D. Haratsch und U. Repkewitz. Stuttgart 130ff.

Alby, T. (2008). Web 2.0: Konzepte, Anwendungen, Technologien. München, Carl Hanser Verlag.

Allee, V. (2009). The Future of Knowledge. Burlington, Taylor & Francis.

Alonso, O., D. E. Rose und B. Stewart (2008). »Crowdsourcing for relevance evaluation.« ACM SIGIR Forum 42(2): 9–15.

Amit, R. und C. Zott (2001). »Value creation in E-business.« Strategic Management Journal 22(6–7): 493–520.

Anderson, C. (2009). Free: The future of a radical price. New York, Hyperion.

APMG-UK. (2011). »APMG-International.« Retrieved 15.03.2011, from ▶ http://www.apmg-international.com/apmg-uk/apmg-uk_home.asp.

Ark, W. S. und T. Selker (1999). »A look at human interaction with pervasive computers.« IBM Systems Journal 38(4): 504–508.

Arns, T. (2013). »Einsatz und Potenziale von Social Business für ITK-Unternehmen.« Retrieved 20.11.2013, from ▶ http://www.bitkom.org/files/documents/Studie_SocialBusiness_Potenziale.pdf.

Back, A., N. Gronau und K. Tochtermann, Eds. (2012). Web 2.0 und Social Media in der Unternehmenspraxis: Grundlagen, Anwendungen und Methoden mit zahlreichen Fallstudien. München, Oldenbourg Wissenschaftsverlag GmbH.

Backus, J. W., R. J. Beeber, S. Best, R. Goldberg, L. M. Haibt, H. L. Herrick, R. A. Nelson, D. Sayre, P. B. Sheridan, H. Stern, I. Ziller, R. A. Hughes und R. Nutt (1957). The FORTRAN automatic coding system. 5th Western Joint Computer Conference (WJCC). Los Angeles, Californien, USA, Association for Computing Machinery (ACM): 188–198.

Baier, G., S. Spiekermann und M. Rothensee (2006). Die Akzeptanz zukünftiger Ubiquitous Computing Anwendungen. Mensch & Computer 2006: Mensch und Computer im Strukturwandel, Gelsenkirchen, Deutschland, Oldenbourg Verlag.

Baines, T. S. und H. Lightfoot (2013). Made to serve: How manufacturers can compete through servitization and product service systems. Hoboken, Wiley.

Baines, T. S., H. W. Lightfoot, O. Benedettini und J. M. Kay (2009). »The servitization of manufacturing: A review of literature and reflection on future challenges.« Journal of Manufacturing Technology Management 20(5): 547–567.

Baines, T. S., H. W. Lightfoot, S. Evans, A. Neely, R. Greenough, J. Peppard, R. Roy, E. Shehab, A. Braganza, A. Tiwari, J. R. Alcock, J. P. Angus, M. Bastl, A. Cousens, P. Irving, M. Johnson, J. Kingston, H. Lockett, V. Martinez, P. Michele, D. Tranfield, I. M. Walton und H. Wilson (2007). »State-of-the-art in product-service systems.« Proceedings of the Institution of Mechanical Engineers, Part B: Journal of Engineering Manufacture 221(10): 1543–1552.

Bakos, Y. und E. Brynjolfsson (2000). »Bundling and competition on the Internet.« Marketing Science 19(1): 63–82.

Bansler, J. P. und E. Havn (2004). »Exploring the role of network effects in IT implementation: The case of knowledge repositories.« Information Technology & People 17(3): 268–285.

Bashiri, I., C. Engels und M. Heinzelmann (2010). Strategic Alignment: Zur Ausrichtung von Business, IT und Business Intelligence. Berlin, Heidelberg, Springer Verlag.

Bauer, F. L. (1972). »Software Engineering.« Information processing systems-Open Systems Interconnection (71).

Beck, K. (2000). Extreme Programming: Die revolutionäre Methode für Softwareentwicklung in kleinen Teams. München, Addison-Wesley

Becker, J., P. Delfmann und R. Knackstedt (2007). Adaptive reference modeling: Integrating configurative and generic adaptation techniques for information models. Reference Modeling. J. Becker und P. Delfmann. Heidelberg, Physica-Verlag 27–58.

Becker, J. und R. Schütte (2004). Handelsinformationssysteme. Frankfurt am Main, Moderne Industrie.

Becker, J.-M., A. Rai, C. M. Ringle und F. Völckner (2013). »Discovering unobserved heterogeniety in structural equation models to avert validity threats.« MIS Quarterly 37(3): 665–694.

Beimborn, D., J. Franke, P. Gomber, H. Wagner und T. Weitzel (2006). »Die Bedeutung des Alignments von IT und Fachressourcen in Finanzprozessen: Eine empirische Untersuchung.« WIRTSCHAFTSINFORMATIK 48(5): 331–339.

Beldad, A., M. de Jong und M. Steehouder (2010). »How shall I trust the faceless and the intangible? A literature review on the antecedents of online trust.« Computers in Human Behavior 26(5): 857–869.

Bell, G. und P. Dourish (2007). »Yesterday's tomorrows: notes on ubiquitous computing's dominant vision.« Personal and Ubiquitous Computing 11(2): 133–143.

Belleflamme, P., T. Lambert und A. Schwienbacher (2013). »Crowdfunding: Tapping the Right Crowd.« Journal of Business Venturing.

Bernstein, A., M. Klein und T. Malone (2012). »Programming the Global Brain.« Communications of the ACM 55(5): 41–43.

Besen, S. M. und G. Saloner (1989). The Economics of Telecommunications Standards. Changing the Rules: Technological Change, International Competition, and Regulation in Communications. R. W. Crandall und K. Flamm. Washington, Brookings Institution Press: 177–220.

Beuren, F. H., M. G. Gomes Ferreira und P. A. Cauchick Miguel (2013). »Product-service systems: a literature review on integrated products and services.« Journal of Cleaner Production 47(0): 222–231.

Biethahn, J., H. Mucksch und W. Ruf (2007). Ganzheitliches Informationsmanagement: Entwicklungsmanagement / mit einem Fallbeispiel von Matthias Almstedt, Oldenbourg.

Bizer, J., S. Spiekermann und O. Günther (2006). TAUCIS – Technikfolgenabschätzung: Ubiquitäres Computing und Informationelle Selbstbestimmung, Studie im Auftrag des Bundesministeriums für Bildung und Forschung.

Blankenhorn, H. und J. Thamm (2008). »Business-IT-Alignment-Aufbau und Operationalisierung der IT-Strategie.« Information Management & Consulting 23(1): 9–16.

Blohm, I., J. M. Leimeister und H. Krcmar (2013). Crowdsourcing: How to Benefit from (Too) Many Great Ideas. MIS Quarterly Executive 12/2013; 12(4): 199–211.

Blohm, I., J. M. Leimeister und S. Zogaj (2014). Crowdsourcing und Crowd Work – ein Zukunftsmodell der IT-gestützten Arbeitsorganisation? Wirtschaftsinformatik in Wissenschaft und Praxis. W. Brenner und T. Hess. Berlin Heidelberg, Springer: 51–64.

Boehm, B. und V. R. Basili (2001). »Software defect reduction top 10 list.« Computer 34(1): 135–137.

Böhm, M., S. Leimeister, C. Riedl und H. Krcmar (2011). Cloud computing – Outsourcing 2.0 or a new business model for IT provisioning? Application Management. F. Keuper, C. Oecking und A. Degenhardt. Wiesbaden, Gabler Verlag: 31–56.

Booch, G. (2007). Object-oriented analysis and design with application. Upper Saddle River, Addison-Wesley.

Brax, S. (2005). »A manufacturer becoming service provider – challenges and a paradox.« Managing Service Quality 15(2): 142–155.

Brax, S. und K. Jonsson (2009). »Developing integrated solution offerings for remote diagnostics: A comparative case study of two manufacturers.« International Journal of Operations & Production Management 29(5): 539–560.

Briggs, R. O. (2006). »On theory-driven design and deployment of collaboration systems.« International Journal of Human-Computer Studies 64(7): 573–582.

Brinkkemper, S. (1996). »Method engineering: engineering of information systems development methods and tools.« Information and Software Technology 38(4): 275–280.

Brocke, J. V. und H. L. Grob (2003). Referenzmodellierung: Gestaltung und Verteilung von Konstruktionsprozessen, Logos-Verlag.

Brynjolfsson, E. und L. Hitt (1996). »Paradox lost? Firm-level evidence on the returns to information systems spending.« Management Science 42(4): 541–558.

Brynjolfsson, E. und L. M. Hitt (2000). »Beyond computation: Information technology, organizational transformation and business performance.« Journal of Economic Perspectives 14(4): 23–48.

BSI – Bundesamt für Sicherheit in der Informationstechnik. (2013). » IT-Grundschutz.« 2013, from ▶ https://www.bsi.bund.de/DE/Themen/IT-Grundschutz/itgrundschutz_node.html.

Buchta, D., M. Eul und H. Schulte-Croonenberg (2009). Strategisches IT-Management: Wert steigern, Leistung steuern, Kosten senken. Berlin, Heidelberg, Springer Verlag.

Bughin, J., M. Chui und L. Pollak (2013). Organizing for change through social technologies. McKinsey Global Survey results, McKinsey & Company.

Bullinger, H. J. und A. W. Scheer (2006). Service Engineering — Entwicklung und Gestaltung innovativer Dienstleistungen. Service Engineering. H. J. Bullinger, A. W. Scheer und K. Schneider. Berlin Heidelberg, Springer.

Bundesministerium_des_Inneren (2011). Demografiebericht. Bericht der Bundesregierung zur demografischen Lage und künftigen Entwicklung des Landes. Berlin, Bundesministerium des Inneren.

Buxmann, P., H. Diefenbach und T. Hess (2011). Die Softwareindustrie: Ökonomische Prinzipien, Strategien, Perspektiven. Berlin, Springer Verlag.

Cannon, D. und D. Wheeldon (2007). Service operation (ITIL v3). Norwich, The Stationery Office Ltd.

Chan, Y. und B. Reich (2007). »State of the art IT alignment, what have we learned?« Journal of Information Technology 22: 297–315.

Chatterjee, S. (2013). »Simple rules for designing business models.« California Management Review 55(2): 97–124.

Chen, P. P.-S. (1976). »The entity-relationship model – toward a unified view of data.« ACM Transactions on Database Systems (TODS) 1(1): 9–36.

Chesbrough, H. (2006). Open business models: How to thrive in the new innovation landscape. Bosten, Harvard Business Press.

Chesbrough, H. (2007). »Business model innovation: it's not just about technology anymore.« Strategy & Leadership 35(6): 12–17.

Chesbrough, H. und J. Spohrer (2006). »A research manifesto for services science.« Communications of the ACM 49(7): 35–40.

Chui, M., M. Dewhurst und L. Pollak (2013). »Building the social enterprise.« McKinsey Quarterly November 2013(4).

Clement, R. und D. Schreiber (2013). Internet-Ökonomie: Grundlagen und Fallbeispiele der vernetzten Wirtschaft. Berlin, Springer Gabler Verlag.

Clements, M. T. (2004). »Direct and indirect network effects: are they equivalent?« International Journal of Industrial Organization 22(5): 633–645.

Coad, P. und E. Yourdon (1991). Object-oriented design. Upper Saddle River, Yourdon Press.

Codd, E. F. (1970). »A relational model of data for large shared data banks.« Communications of the ACM 13(6): 377–387.

Codd, E. F. (1982). »Relational database: A practical foundation for productivity.« Communications of the ACM 25(2): 109–117.

Cohen, M. A., N. Agrawal und V. Agrawal (2006). »Winning in the aftermarket.« Harvard Business Review 84(5): 129–138.

Compeau, D. R., C. A. Higgins und S. Huff (1999). »Social cognitive theory and individual reactions to computing technology: A longitudinal study.« MIS Quarterly 23(2): 145–158.

Constantin, J. A. und R. F. Lusch (1994). Understanding resource management: How to deploy your people, products, and processes for maximum productivity. Oxford, Planning Forum.

Corsten, H. (2000). Produktionswirtschaft. München, Wien, Oldenbourg Wissenschaftsverlag.

Corsten, H. und R. Gössinger (2007). Dienstleistungsmanagement. München, Wien, Oldenbourg Wissenschaftsverlag.

Craig, D., K. Kanakamedala und R. Tinaikar. (2007). »The next frontier in IT strategy: A McKinsey Survey.« ▶ http://www.mckin-sey.com/clientservice/bto/pointofview/pdf/MoIT11Survey_F.pdf.

Craig, D. und R. Tinaikar (2006). »Divide and conquer: Rethinking IT strategy.« McKinsey on IT Nr.9: 4–13.

Croom, S. und A. Brandon-Jones (2004). »Key issues in e-Procurement implementation and operation in the public sector.« Journal of Public Procurement 5(3): 367–387.

Cushman, D. (2010). Reed's Law and How Multiple Identities Make the Long Tail Just That Little Bit Longer. Recent Trends and Developments in Social Software. J. G. Breslin, T. N. Burg, H. G. Kim, T. Raftery und J. H. Schmidt. Berlin Heidelberg, Springer.

Cusumano, M. A. (2007). »The changing labyrinth of software pricing.« Communications of the ACM 50(7): 19–22.

Dapp, T. F. und Heymann, E. (2013). Dienstleistungen 2013 - Heterogener Sektor verzeichnet nur geringe Dynamik. In: Deutsche Bank Research. Abgerufen am 12.05.2015: ▶ http://www.dbresearch.de/PROD/DBR_INTERNET_DE-PROD/PROD0000000000304359.pdf

Dahl, O.-J. und K. Nygaard (1966). »SIMULA: an ALGOL-based simulation language.« Communications of the ACM 9(9): 671–678.

Davenport, T. H. und L. Prusak (1998). Working knowledge: How organizations manage what they know, Harvard Business Press.

Davies, A. (2004). »Moving base into high-value integrated solutions: A value stream approach.« Industrial and Corporate Change 13(5): 727–756.

Davis, F. D. (1989). »Perceived usefulness, perceived ease of use, and user acceptance of information technology.« MIS Quarterly 13(3): 319–340.

Davis, F. D., R. P. Bagozzi und P. R. Warshaw (1989). »User acceptance of computer technology: A comparison of two theoretical models.« Management Science 35(8): 982–1003.

Davis, F. D., R. P. Bagozzi und P. R. Warshaw (1992). »Extrinsic and intrinsic motivation to use computers in the workplace.« Journal of Applied Social Psychology 22(14): 1111–1132.

Dawson, R. (2013). »Newspaper extinction timeline: Key factors.« Retrieved 18.11.2013, from ▶ http://www.futureexploration.net/Newspaper_Extinction_Timeline.pdf.

Day, G. S., J. Deighton, D. Narayandas, E. Gummesson, S. D. Hunt, C. K. Prahalad, R. T. Rust und S. M. Shugan (2004). »Invited commentaries on »Evolving to a New Dominant Logic for Marketing«.« Journal of Marketing 68(1): 18–27.

DeLone, W. H. und E. R. McLean (1992). »Information systems success: The quest for the dependent variable.« Information Systems Research 3(1): 60–95.

Literatur

DeLone, W. H. und E. R. McLean (2003). »The DeLone and McLean model of information systems success: A ten-year update.« Journal of Management Information Systems 19(4): 9–30.

DeMarco, T. (1979). Structured analysis and system specification. Classics in software engineering E. Yourdon. Upper Saddle River, Yourdon Press: 409–424

Demers, A. J. (1994). Research issues in ubiquitous computing. 13th Annual Association for Computing Machinery (ACM) Symposium on Principles of Distributed Computing Los Angeles, Kalifornien, USA.

Deming, W. E. (1986). Out of the crisis: Quality, productivity and competitive position. Cambridge, Cambridge University Press.

Diller, H. (2008). Preispolitik. Stuttgart, W. Kohlhammer.

Dimoka, A. (2010). »What does the brain tell us about trust and distrust? Evidence from a functional neuroimaging study.« MIS Quarterly 34(2): 373–A377.

Dippold, R., A. Meier, W. Schnider und K. Schwinn (2005). Unternehmensweites Datenmanagement. Braunschweig, Wiesbaden, Vieweg Verlag.

Doan, A., R. Ramakrishnan und A. Y. Halevy (2011). »Crowdsourcing Systems on the World-Wide Web.« Communication of the ACM 54: 86–96.

Doerfel, S., A. Hotho, A. Aydemir-Kartal, A. Roßnagel und G. Stumme (2013). Informationelle Selbstbestimmung im Web 2.0: Chancen und Risiken sozialer Verschlagwortungssysteme. Berlin Heidelberg.

Domingo, D., T. Quant, A. Heinonen, S. Paulussen, J. Singer und M. Vujnovic (2008). »Participatory Journalism Practices in the Media and Beyond.« Journalism Practice(2): 326–342.

Dörr, J., T. Wagner, A. Benlian und T. Hess (2013). »Music as a service als Alternative für Musikpiraten?« WIRTSCHAFTSINFORMATIK 55(6): 377–393.

Drengner, J., S. Jahn und H. Gaus (2013). »Der Beitrag der Service-Dominant Logic zur Weiterentwicklung der Markenführung.« Die Betriebswirtschaft (DBW) 73(2): 143–160.

Eagle, N. (2009). txteagle: Mobile Crowdsourcing. Proceedings of the HCII 2009.

Ebersbach, A. und M. Glaser (2005). »Wiki.« Informatik-Spektrum 28(2): 131–135.

Ebersbach, A., M. Glaser und R. Heigl (2010). Social Web. Stuttgart, UTB.

Ebersbach, A., M. Glaser, R. Heigl und A. Warta (2007). Wiki: Kooperation im Web. Berlin Heidelberg, Springer-Verlag.

Eckert, C. (2007). IT-Sicherheit: Konzepte – Verfahren – Protokolle. München, Wien, Oldenbourg.

Edvardsson, B., A. Gustafsson und I. Roos (2005). »Service portraits in service research: A critical review.« International Journal of Service Industry Management 16(1): 107–121.

Evers, C., A. Hoffmann, D. Saur, K. Geihs und J. M. Leimeister (2011). »Ableitung von Anforderungen zum Adaptionsverhalten in ubiquitären adaptiven Anwendungen.« Electronic Communications of the EASST 37: 1–12.

Faber, M. (2008). Open Innovation: Ansätze, Strategien und Geschäftsmodelle. Wiesbaden, Gabler Verlag.

Farrell, D. (2003). »The real new economy.« Harvard Business Review 81(10): 105–112.

Farrell, J. und G. Saloner (1987). Competition, compatibility and standards: The economics of horses, penguins and lemmings. Product standardization and competitive strategy. L. H. Gabel. Amsterdam, North Holland: 1–21.

Ferstl, O. K. und E. J. Sinz (1990). »Objektmodellierung betrieblicher Informationssysteme im Semantischen Objektmodell (SOM).« WIRTSCHAFTSINFORMATIK 32(6): 566–581.

Fettke, P. (2013). Architektur integrierter Informationssysteme Enzyklopädie der Wirtschaftsinformatik – Online-Lexikon. K. B. Kurbel, J.; Gronau, N.; Sinz, E. & Suhl, L. München, Oldenbourg.

Fettke, P. und J. v. Brocke (2013). Referenzmodell. Enzyklopädie der Wirtschaftsinformatik – Online-Lexikon. K. B. Kurbel, J.; Gronau, N.; Sinz, E. & Suhl, L. München, Oldenbourg.

Fiedeler, U., T. Fleischer und M. Decker (2004). »Roadmapping als eine Erweiterung des »Methoden-Werkzeugkastens« der Technikfolgenabschätzung?« Technikfolgenabschätzung – Theorie und Praxis 13(2): 65–70.

Fielt, E. (2011). Business Service Management – Understanding business models Acknowledgment. Smart Service CRC. Eveleigh, NSW.

Fishbein, M. und I. Ajzen (1975). Belief, attitude, intention and behaviour: An introduction to theory and research. Reading, Addison-Wesley.

Fitzsimmons, J. A. und M. J. Fitzsimmons (2011). Service management: Operations, strategy, information technology. New York, McGraw-Hill.

Fleisch, E. (2001). Betriebswirtschaftliche Perspektiven des Ubiquitous Computing. Information age economy. H. Buhl, A. Huther und B. Reitwiesner. Heidelberg, Physica-Verlag 177–191.

Fließ, S. und M. Kleinaltenkamp (2004). »Blueprinting the service company. Managing service process efficiently.« Journal of Business Research 57(4):392–404.

Frankfurter-Rundschau. (2013). »Trotz Gewinnverlust – Facebook steigert den Umsatz.« Retrieved 04.11.2013, from ▶ http://www.fr-online.de/wirtschaft/trotz-gewinnverlust-facebook-steigert-den-umsatz,1472780,21601486.html.

Fritscher, B. und Y. Pigneur (2010). »Supporting Business Model Modelling: A Compromise between Creativity and Constraints.« Lecture Notes in Computer Science 5963: 28–43.

Gabler Wirtschaftslexikon. (2013). »Prozess.« Retrieved 23.11.2013, from ▶ http://wirtschaftslexikon.gabler.de/Archiv/12416/prozess-v12.html.

Gadatsch, A. und E. Mayer (2010). Masterkurs IT-Controlling: Grundlagen und Praxis für IT-Controller und CIOs. Wiesbaden, Vieweg und Teubner Verlag.

Gassmann, O. und E. Enkel (2006). »Open Innovation: Externe Hebeleffekte in der Innovation erzielen.« Zeitschrift Führung Organisation 3(3): 132–138.

Gauck, J. (2013). »Rede des Bundespräsidenten beim Festakt zum Tag der Deutschen Einheit am 03.Oktober 2013.« Retrieved 29.10.2013, from ▶ http://www.bundespraesident.de/SharedDocs/Reden/DE/Joachim-Gauck/Reden/2013/10/131003-Tag-deutsche-Einheit.html.

Gebauer, H. (2008). »Identifying service strategies in product manufacturing companies by exploring environment–strategy configurations.« Industrial Marketing Management 37(3): 278–291.

Gebauer, H. und E. Fleisch (2007). »An investigation of the relationship between behavioral processes, motivation, investments in the service business and service revenue.« Industrial Marketing Management 36(3): 337–348.

Gebauer, H., E. Fleisch und T. Friedli (2005). »Overcoming the service paradox in manufacturing companies.« European Management Journal 23(1): 14–26.

Gebauer, H., T. Friedli und E. Fleisch (2006). »Success factors for achieving high service revenues in manufacturing companies.« Benchmarking: An International Journal 13(3): 374–386.

Gebauer, H., M. Paiola und B. Edvardsson (2010). »Service business development in small and medium capital goods manufacturing companies.« Managing Service Quality 20(2): 123–139.

Gebauer, H., F. Pütz, T. Fischer und E. Fleisch (2009). »Service orientation of organizational structures.« Journal of Relationship Marketing 8(2): 103–126.

Gefen, D., E. Karahanna und D. W. Straub (2003). »Trust and TAM in online shopping: An integrated model.« MIS Quarterly 27(1): 51–90.

Gesellschaft für Informatik (2006). Was ist Informatik? Unser Positionspapier. ▶ http://www.gi.de/fileadmin/redaktion/Download/was-ist-informatik-lang.pdf.

Gierczak, M., M. Söllner und J. M. Leimeister (2013). Exploring business models for IT-enabled product-service-systems. DIBME 2013 Pre-ECIS Workshop on the Digitization in Business Models and Entrepreneurship, Utrecht, Niederlande.

Giesen, E., S. J. Berman, R. Bell und A. Blitz (2007). »Three ways to successfully innovate your business model.« Strategy & Leadership 35(6): 27–33.

Glückstein, T. (2011). Wirtschaftsrechtliche Erscheinungsformen von E-Procurement: die Nutzungs- und Marktverhältnisse elektronischer b2b-Handelsplattformen. München, Herbert Utz Verlag.

Glushko, R. J. (2009). Seven contexts for service system design. Handbook of service science. P. P. Maglio, C. A. Kieliszewsk und J. Spohrer. New York, Springer Verlag.

Goldberg, A. und A. Kay (1976). Smalltalk-72: Instruction manual. Palo Alto, Xerox Corporation.

Goldberg, A. und D. Robson (1983). Smalltalk-80: The language and its implementation. Boston, Addison-Wesley

Google. (2014). »Google to Acquire Nest.« Retrieved 26.02.2014, from ▶ https://investor.google.com/releases/2014/0113.html.

Gottschalk, F., W. P. van der Aalst und M. H. Jansen-Vullers (2007). Configurable process models - a foundational approach. Reference modeling. J. Becker und P. Delfmann. Heidelberg, Physica-Verlag 59–77.

Gräfe, G. (2005). Informationsqualität bei Transaktionen im Internet: eine informationsökonomische Analyse der Bereitstellung und Verwendung von Informationen im Internet. Wiesbaden, Deutscher Universitätsverlag.

Grimm, R. (2010). Der operative IT-Strategie-Ansatz. Berlin-Heidelberg, Springer.

Grönroos, C. (2011). »A service perspective on business relationships: The value creation, interaction and marketing interface.« Industrial Marketing Management 40(2): 240–247.

Günther, O., G. Tamm und F. Leymann (2007). »Pricing web services.« International Journal of Business Process Integration and Management 2(2): 132–140.

Gutenberg, E. (1979). Grundlagen der Betriebswirtschaftslehre: Die Produktion. Berlin, Springer.

Gutzwiller, T. (1994). Das CC RIM-Referenzmodell für den Entwurf von betrieblichen, transaktionsorientierten Informationssystemen. Heidelberg, Physica.

Haake, J. M., G. Schwabe und M. Wessner (2004). CSCL-Kompendium: Lehr- und Handbuch zum computerunterstützten kooperativen Lernen. München, Oldenbourg Verlag.

Häckelmann, H., H. J. Petzold und S. Strahringer (2000). Kommunikationssysteme: Technik und Anwendungen. Berlin, Heidelberg, Springer Verlag.

Hamel, G. (2000). Leading the revolution. Boston, Harvard Business School Press.

Hansen, H. R. und G. Neumann (2009). Wirtschaftsinformatik 1. Grundlagen und Anwendungen. Stuttgart, Lucius & Lucius.

Hansmann, H. und S. Neumann (2012). Prozessorientierte Einführung von ERP-Systemen. Prozessmanagement. J. Becker, M. Kugeler und M. Rosemann. Berlin Heidelberg, Springer: 329–366.

Hansmann, U., L. Merk, M. S. Nicklous und T. Stober (2001). Pervasive computing handbook. New York, Springer.

Harris, J. (1986). A Statue for America: The First 100 Years of the Statue of Liberty New York, Four Winds Press.

Hasfeld, P. (2005). Netzwerkeffekte im Electronic Commerce, Universität Mannheim.

Haucap, J. und U. Heimeshoff (2013). Google, Facebook, Amazon, eBay is the internet driving competition or market monopolization? DICE discussion paper 83. Düsseldorf, Heinrich-Heine-Universität Düsseldorf.

Heinemann, G. (2014). Der neue Online-Handel – Geschäftsmodell und Kanalexzellenz im E-Commerce. Wiesbaden, Springer Gabler Verlag.

Heinrich, L. J. (2002). Informationsmanagement: Planung, Überwachung und Steuerung der Informationsinfrastruktur. München, Wien, Oldenbourg Verlag.

Held, G. (2009). Online-Shopping – Einflussfaktoren auf Auswahl- und Nutzungsentscheidungen von Electronic-Commerce-Anwendungen im Dienstleistungsbereich. PhD Dissertation, Universität Rostock.

Hemer, J., U. Schneider, F. Dornbusch und S. Frey (2011). Crowdfunding und andere Formen informeller Mikrofinanzierung in der Projekt- und Innovationsfinanzierung. Stuttgart.

Henderson, J. C. und N. Venkatraman (1993). »Strategic alignment: Leveraging information technology for transforming organizations.« IBM Systems Journal 38(1): 472–484.

Hernández Pardo, R. J., T. Bhamra und R. Bhamra (2012). »Sustainable product service systems in Small and Medium Enterprises (SMEs): Opportunities in the leather manufacturing industry.« Sustainability 4(2): 175–192.

Hess, T. und V. Ünlü (2004). »Systeme für das Management digitaler Rechte.« WIRTSCHAFTSINFORMATIK 46(4): 273–280.

Hevner, A. R. (2007). »A three cycle view of design science research.« Scandinavian Journal of Information Systems 19(2): 87–92.

Hippel, E. (2005). Democratizing innovation. Cambridge, MA, MIT Press.

Hitt, L. M. und E. Brynjolfsson (1996). »Productivity, business profitability, and consumer surplus: Three different measures of information technology value.« MIS Quarterly 20(2): 121–142.

Hofer, C. W. und D. Schendel (1978). Strategy formulation: Analytical concepts. St. Paul, West Publishing.

Hoffmann, A., H. Hoffmann und J. M. Leimeister (2010). »Nutzerintegration in die Anforderungserhebung für Ubiquitous Computing Systeme.« Electronic Communications of the EASST 27: 1–9.

Hoffmann, A., M. Söllner, A. Fehr, H. Hoffmann und J. M. Leimeister (2011). Towards an approach for developing socio-technical ubiquitous computing applications. Sozio-technisches Systemdesign im Zeitalter des Ubiquitous Computing (SUBICO 2011), Berlin, Deutschland.

Hoffmann, H., J. Leimeister und H. Krcmar (2007). A framework for developing personalizeable mobile services in automobiles. 15th European Conference on Information Systems (ECIS), St. Gallen, Schweiz.

Hofmann, J. und W. Schmidt (2007). Masterkurs IT-Management. Werner Schmidt: 11–89.

Hofstede, G. (1980). Cultural consequences: International differences in work-related values. Beverly Hills, SAGE Publications.

Holtschke, B., H. Heier und T. Hummel (2009). Quo vadis CIO? Berlin, Heidelberg, Springer Verlag.

Hornung, H. (2004). Zwei runde Geburtstage: Das Recht auf informationelle Selbstbestimmung, MMR.

Howe, J. (2006). »The rise of crowdsourcing.« Wired Magazine 14(6): 1–4.

Hull, E., K. Jackson und J. Dick (2004). Requirements Engineering. London, Springer Verlag.

ibi research. (2013). »Digitalisierung der Gesellschaft.« Retrieved 04.11.2013, from ▶ http://www.ibi.de/files/Studie_Digitalisierung-der-Gesellschaft.pdf.

Iivari, J. und N. Iivari (2011). »Varieties of User-Centeredness: An Analysis of Four Systems Development Methods.« Information Systems Journal 2(2): 125–153.

Illik, J. A. (1999). Electronic commerce: Grundlagen und Technik für die Erschließung elektronischer Märkte. München, Wien, Oldenbourg Verlag.

Im, K. und H. Cho (2013). »A systematic approach for developing a new business model using morphological analysis and integrated fuzzy approach.« Expert Systems with Applications 40(11): 4463–4477.

International Organization of Standardization (ISO) (1994). Information technology – Open Systems Interconnection – Basic Reference Model: The Basic Model. Genf, Schweiz.

Iqbal, M. und M. Nieves (2007). Service Strategy (ITIL v3), TSO.

ISO/IEC (1993). ISO/IEC 2382-1:1993. Information technology – Vocabulary – Part 1: Fundamental terms.

ISO/IEC (2005). ISO/IEC 20000. ISO/IEC.

ITIL (2008). Continual Service Improvement. London, TSO.

Jacobson, I. (1992). Object-oriented software engineering. New York, ACM.

Jahn, S. (2013). Konsumentenwert. Wiesbaden, Springer Gabler Verlag.

Johansen, R. (1988). Groupware: Computer support for business teams. New York, Free Press.

Johnson, M. W. (2010). Seizing the white space: Business model innovation for growth and renewal Boston, Harvard Business Press.

Jokisch, M. (2010). Das Technologieakzeptanzmodell. »Das ist gar kein Modell!« Unterschiedliche Modelle und Modellierungen in Betriebswirtschaftslehre und Ingenieurwissenschaften. G. Bandow und H. H. Holzmüller. Wiesbaden, Gabler Verlag: 233–254.

Jotzo, F. (2013). Der Schutz personenbezogener Daten in der Cloud. Baden-Baden, Nomos Verlag.

Kaplan, R. und D. Norton (1992). »The balanced scorecard: Measures that drive performance.« Harvard Business Review 70(1): 71–79.

Kaplan, R. S. und D. P. Norton (2004). Strategy maps: Converting intangible assets into tangible outcomes. Boston, Harvard Business Press.

Kappel, T. (2009). »Ex Ante Crowdfunding und the Recording Industry: A Model for the U.S.« Loyola of Los Angeles Entertainment Law Review 29(3): 375–385.

Katz, M. L. und C. Shapiro (1985). »Network externalities, competition, and compatibility.« The American Economic Review 75(3): 424–440.

Kauffels, F.-J. (2008). Lokale Netze. Heidelberg, mitp.

Keller, W. und M. Masak (2008). »Was jeder CIO über IT-Alignment wissen sollte.« Information Management & Consulting(1): 29–33.

Kephart, J. O. und R. Das (2007). »Achieving self-management via utility functions.« IEEE Internet Computing 11(1): 40–48.

Kingsman-Brundage, J. (1989). »The ABCs of service system blue printing. Designing a WinningService Strategy.« American Marketing Association: 30–33.

Kiron, D., D. Palmer, A. N. Philips und R. Berkman (2013). Social business: Shifting out of first gear. Research Report, MIT Sloan Management Review.

Kittlaus, H.-B. und P. N. Clough (2009). Software product management and pricing: Key success factors for software organizations. Berlin, Heidelberg, Springer Verlag.

Klein, A. und H. Krcmar (2001). E-Learning und Collaborative Commerce – Was sie von der CSCW-Forschung lernen können. Information Age Economy: 5. Internationale Tagung Wirtschaftsinformatik (WI). H. U. Buhl, A. Huther und B. Reitwiesner. Augsburg, Deutschland: 309–321.

Klein, A. und J. Poppelbuss (2008). »Business-IT-Alignment beherrschen.« Information Management & Consulting 23(1): 22–28.

Koch, M. und A. Richter (2009). Enterprise 2.0: Planung, Einführung und erfolgreicher Einsatz von Social Software in Unternehmen. München, Oldenbourg Verlag

Kollmann, T. (2011). E-Business: Grundlagen elektronischer Geschäftsprozesse in der Net Economy. Wiesbaden, Gabler Verlag.

Kollmann, T. (2011). E-Entrepreneurship: Grundlagen der Unternehmensgründung in der Net Economy. Wiesbaden, Gabler Verlag.

Kollmann, T. (2013). E-Business – Grundlagen elektronischer Geschäftsprozesse in der Net Economy. Wiesbaden, Springer Gabler Verlag.

Komoto, H. und T. Tomiyama (2009). »Design of competitive maintenance service for durable and capital goods using life cycle simulation.« International Journal of Automation Technology 3(1): 63–70.

Komus, A. und F. Wauch (2008). Wikimanagement: Was Unternehmen von Social Software und Web 2.0 lernen können. München, Oldenbourg Wissenschaftsverlag.

Koorn, R., D. Smith und C. Mueller (2001). »e-Procurement and Online Marketplaces.« Compact 1(1).

Kotonya, G. und I. Sommerville (1998). Requirements engineering: Processes und techniques. Chichester, Wiley.

KPMG. (2013). »Digitalisierung und Vernetzung verschärfen Wettbewerb.« Retrieved 29.10.2013, from ▶ http://www.kpmg.com/DE/de/Bibliothek/presse/Seiten/survival-of-the-smartest-pm.aspx.

Krallmann, H., M. Schönherr und M. Trier, Eds. (2007). Systemanalyse im Unternehmen: Prozessorientierte Methoden der Wirtschaftsinformatik. München, Wien, Oldenbourg Verlag.

Krämer, S. (2007). Total cost of ownership: Konzept, Anwendung und Bedeutung im Beschaffungsmanagement deutscher Industrieunternehmen. Saarbrücken, VDM Verlag Dr. Müller.

Krcmar, H. (2009). Informationsmanagement. Berlin, Springer.

Krcmar, H., S. Friesike, M. Bohm und T. Schildhauer (2012). Innovation, society and business: Internet-based business models and their implications. HIIG Discussion Paper Series. Discussion Paper 2012–07.

Kuhlmann, A. M. und W. Sauter (2008). Innovative Lernsysteme: Kompetenzentwicklung mit Blended Learning und Social Software. Berlin, Heidelberg, Springer-Verlag.

Kurbel, K. E. (2013). Enterprise resource planning and supply chain management. Functions, business processes and software for manufacturing companies. Berlin, Heidelberg, Springer-Verlag.

Kuss, A. und T. Tomczak (2007). Käuferverhalten: eine marketingorientierte Einführung. Stuttgart, Lucius & Lucius.

Küveler, G. und D. Schwoch (2007). Interne Darstellung von Informationen. Informatik für Ingenieure und Naturwissenschaftler 2. Wiesbaden, Vieweg: 2–33.

Lacy, S. und I. Macfarlane (2007). Service Transition (ITIL v3). Norwich, The Stationery Office Ltd.

Lambrecht, A. und B. Skiera (2006). »Paying too much and being happy about it: Existence, causes, and consequences of tariff-choice biases.« Journal of Marketing Research 43(2): 212–223.

Lankhorst, M. (2013). Enterprise architecture at work: Modelling, communication and analysis. Berlin, Heidelberg, Springer-Verlag.

Lapointe, L. und S. Rivard (2005). »A multiple model of resistance to information technology implementation.« MIS Quarterly 29(3): 461–491.

Laudon, K. C., J. P. Laudon und D. Schoder (2010). Wirtschaftsinformatik – Eine Einführung. München, Pearson Studium.

Lawrenz, O., K. Hildebrand und M. Nenninger (2001). Supply Chain Management. Konzepte, Erfahrungsberichte und Strategien auf dem Weg zu digitalen Wertschöpfungsnetzwerken (XBusiness Computing). Braunschweig/Wiesbaden, Vieweg Verlag.

Le, J., A. Edmonds, V. Hester und L. Biewald (2010). Ensuring Quality in Crowdsourced Search Relevance Evaluation: The Effects of Training Questions Distribution. Proceedings of the SIGIR 2010. Workshop on Crowdsourcing for Search Evaluation (CSE 2010).

Lee, J. H., D. I. Shin, Y. S. Hong und Y. S. Kim (2011). Business model design methodology for innovative product-service systems: A strategic und structured approach. Proceedings of the 2011 Annual SRII Global Conference, San Jose, Kalifornien, USA.

Leem, C. S., N. J. Jeon, J. H. Choi und H. G. Shin (2005). A business model (BM) development methodology in ubiquitous computing environments. Computational Science and Its Applications – ICCSA 2005. O. Gervasi, M. L. Gavrilova, V. Kumar et al. Berlin, Heidelberg, Springer-Verlag: 86–95.

Lehmann, S. und P. Buxmann (2009). »Preisstrategien von Softwareanbietern.« WIRTSCHAFTSINFORMATIK 51(6): 519–529.

Lehner, J. M. (2001). Projekte und ihr Lebenszyklus in verschiedenen Kontexten. Praxisorientiertes Projektmanagement. J. M. Lehner. Wiesbaden, Gabler Verlag: 1–16.

Lehner, J. M. (2001). Strategie-Projekte und Implementierungstaktiken. Praxisorientiertes Projektmanagement. J. M. Lehner. Wiesbaden, Gabler Verlag: 173–183.

Leidner, D. E. und T. Kayworth (2006). »Review: A review of culture in information systems research: Toward a theory of information technology culture conflict.« MIS Quarterly 30(2): 357–399.

Leimeister, J. M. (2010). »Collective Intelligence.« Business & Information Systems Engineering 4(2): 245–248.

Leimeister, J. M. (2012). Dienstleistungsengineering und -management. Berlin, Heidelberg, Springer-Verlag.

Leimeister, J. M. (2014). Collaboration Engineering: IT-gestützte Zusammenarbeitsprozesse systematisch entwickeln und durchführen. Berlin Heidelberg, Springer

Leimeister, J. M. und C. Glauner (2008). »Hybride Produkte – Einordnung und Herausforderungen für die Wirtschaftsinformatik.« WIRTSCHAFTSINFORMATIK 50(3): 248–251.

Leimeister, J. M., M. Huber, U. Bretschneider und H. Krcmar (2009). »Leveraging Crowdsourcing: Activation-Supporting components for IT-based ideas competition.« Journal of Management Information Systems (JMIS) 26(1): 197–224.

Leimeister, J. M. und H. Krcmar (2002). »Ubiquitous Computing.« WISU – Das Wirtschaftsstudium 31(10): 1284–1294.

Leimeister, J. M. und H. Krcmar (2006). »Community-Engineering – Systematischer Aufbau und Betrieb virtueller Communitys im Gesundheitswesen.« WIRTSCHAFTSINFORMATIK 48(6): 418–429.

Leimeister, J. M., H. Krcmar, A. Horsch und K. Kuhn (2005). »Mobile IT-Systeme im Gesundheitswesen, mobile Systeme für Patienten.« HMD – Praxis der Wirtschaftsinformatik 41(244): 74–85.

Leimeister, J. M., R. Winter, W. Brenner und R. Jung (2014). »Research Program »Digital Business & Transformation IWI-HSG«.« Working Paper Series of University of St. Gallen's Institute of Information Management. Available at SSRN: ▶ http://ssrn.com/abstract=2501345.

Leimeister, J. M. und S. Zogaj (2013). »Neue Arbeitsorganisation durch Crowdsourcing. Eine Literaturstudie.« Hans-Böckler-Stiftung Arbeitspapier 287.

Leimeister, S., M. Böhm, C. Riedl und H. Krcmar (2010). The business perspective of cloud computing: Actors, roles and value networks. 18th European Conference on Information Systems (ECIS), Pretoria, Südafrika.

Leonard-Barton, D. A. (1988). »Implementation Characteristics of Organizational Innovations: Limits and Opportunities for Management Strategies.« Communication Research 15(5): 603–631.

Lepak, D. P., K. G. Smith und M. S. Taylor (2007). »Value creation and value capture: A multilevel perspective.« Academy of Management Review 32(1): 180–194.

Levitt, T. (1972). »Production-line approach to service.« Harvard Business Review 50(5): 41–52.

Linde, F. (2005). Ökonomie der Information. Göttingen, Universitätsverlag Göttingen.

Linde, F. (2008). »Pricing-Strategien bei Informationsgütern.« Das Wirtschaftsstudium WISU 2: 208–214.

Linde, F. und W. G. Stock (2011). Informationsmarkt: Informationen im I-Commerce anbieten und nachfragen. München, Oldenbourg Verlag.

Lindner, R. und C. Knop. (2013). »Amazon lüftet deutsches Umsatzgeheimnis.« Retrieved 04.11.2013, from ▶ http://www.faz.net/aktuell/wirtschaft/netzwirtschaft/online-handel-amazon-lueftet-deutsches-umsatzgeheimnis-12052201.html.

Lischka, K. (2009). »Wie Tim Berners-Lee das Web erfand.« Retrieved 06.11.2013, from ▶ http://www.spiegel.de/netzwelt/web/it-legenden-wie-tim-berners-lee-das-web-erfand-a-610257.html.

Lloyd, V. und C. Rudd (2007). Service design (ITIL v3). London, The Stationery Office Ltd.

Luftman, J. (2003). »Assessing IT/ business alignment.« Information Systems Management 20(4): 9–15.

Luftman, J. und T. Ben-Zvi (2010). »Key issues for IT executives 2010: Judicious IT investments continue post-recession.« MIS Quarterly Executive 9(4): 263–273.

Luhmann, N. (1973). Vertrauen: Ein Mechanismus der Reduktion sozialer Komplexität. Stuttgart, Ferdinand Enke Verlag.

Lusch, R. F. und S. L. Vargo (2006). »Service-dominant logic: Reactions, reflections and refinements.« Marketing Theory 6(3): 281–288.

Lusch, R. F., S. L. Vargo und M. O'Brien (2007). »Competing through service: Insights from service-dominant logic.« Journal of Retailing 83(1): 5–18.

Lusch, R. F., S. L. Vargo und G. Wessels (2008). »Toward a conceptual foundation for service science: Contributions from service-dominant logic.« IBM Systems Journal 47(1): 5–14.

Lusti, M. (2003). Dateien und Datenbanken: Eine anwendungsorientierte Einführung. Berlin, Heidelberg, Springer-Verlag.

Luxem, R. (2000). Digital Commerce: Electronic Commerce mit digitalen Produkten. Lohmar, Köln, JOSEF EUL VERLAG.

Lyons, K., P. R. Messinger, R. H. Niu und E. Stroulia (2012). »A tale of two pricing systems for services.« Information Systems and e-Business Management 10(1): 19–42.

Macdonald, E. K., M. V. und H. Wilson (2009). Towards the assessment of the Value-In-Use of Product-Service Systems: A review. Performance Management Association (PMA) Conference, University of Otago, Neuseeland.

Magretta, J. (2002). »Why business models matter.« Harvard Business Review 80(5): 86–92.

Malik, F. (2000). Führen, Leisten, Leben: Wirksames Management für eine neue Zeit. Stuttgart, München, Deutsche Verlangsanstalt.

Malleret, V. (2006). »Value creation through service offers.« European Management Journal 24(1): 106–116.

Manouchehri Far, S. (2010). Social Software in Unternehmen: Nutzenpotentiale und Adoption in der innerbetrieblichen Zusammenarbeit. Lohmar, Köln, JOSEF EUL VERLAG.

Marrone, M. und L. M. Kolbe (2011). »Einfluss von IT-Service-Management-Frameworks auf die IT-Organisation.« WIRTSCHAFTSINFORMATIK 53(1): 5–19.

Martin, J. (1989). Information Engineering. Englewood Cliffs, Prentice Hall.

Martinez, V., M. Bastl, J. Kingston und S. Evans (2010). »Challenges in transforming manufacturing organisations into product-service providers.« Journal of Manufacturing Technology Management 21(4): 449–469.

Masak, D. (2006). IT-Alignment: IT-Architektur und Organisation. Berlin, Heidelberg, Springer-Verlag.

Materna, W. (2008). »Die IT ist das Business.« Information Management & Consulting 23(1): 6–8.

Mathieu, V. (2001). »Product services: From a service supporting the product to a service supporting the client.« Journal of Business & Industrial Marketing 16(1): 39–61.

Mattern, F. (2004). »Ubiquitous Computing: Schlaue Alltagsgegenstände – Die Vision von der Informatisierung des Alltags.« Bulletin SEV/VSE(19): 9–13.

Mattern, F. und C. Flörkemeier (2010). »Vom Internet der Computer zum Internet der Dinge.« Informatik-Spektrum 33(2): 107–121.

Maussang, N., P. Zwolinski und D. Brissaud (2009). »Product-service system design methodology: From the PSS architecture design to the products specifications.« Journal of Engineering Design 20(4): 349–366.

Mayer, R. C., J. H. Davis und F. D. Schoorman (1995). »An integrative model of organizational trust.« The Academy of Management Review 20(3): 709–734.

McAfee, A. (2006). »Enterprise 2.0: The dawn of emergent collaboration.« MIT Sloan Management Review 47(3): 21–28.

McKeen, J. D. und A. Smith (2003). Making IT happen – Critical issues in IT management. West Sussex, Wiley.

Meffert, H. und M. Bruhn (2009). Dienstleistungsmarketing: Grundlagen – Konzepte – Methoden. Wiesbaden, Gabler Verlag.

Meier, H., R. Roy und G. Seliger (2010). »Industrial Product-Service Systems - IPS².« CIRP Annals – Manufacturing Technology 59(2): 607–627.

Meier, H. und E. Uhlmann (2012). Hybride Leistungsbündel – Ein neues Produktverständnis. Integrierte Industrielle Sach- und Dienstleistungen – Vermarktung, Entwicklung und Erbringung hybrider Leistungsbündel. H. Meier und E. Uhlmann. Berlin, Heidelberg, Springer-Verlag: 1–21.

Meis, J., P. Menschner und J. M. Leimeister (2010). Modellierung von Dienstleistungen mittels Business Service Blueprinting Modeling. Dienstleistungsmodellierung 2010. O. Thomas und M. Nüttgens. Berlin Heidelberg, Physica-Verlag: 39–64.

Mertens, P. (2013). »Wirtschaftsinformatik.« Enzyklopädie der Wirtschaftsinformatik Retrieved 22.11.2013, from ► http://www.enzyklopaedie-der-wirtschaftsinformatik.de/wi-enzyklopaedie/lexikon/uebergreifendes/Kerndisziplinen/Wirtschaftsinformatik.

Metcalfe, B. (1995). »Metcalfe's law: A network becomes more valuable as it reaches more users.« InfoWorld 17(40): 53–54.

Milgram, S. (1967). »The small-world problem.« Psychology Today 1(1): 61–67.

Mizik, N. und R. Jacobson (2003). »Trading off between value creation and value appropriation: The financial implications of shifts in strategic emphasis.« Journal of Marketing 67(1): 63–76.

Mont, O. K. (2002). »Clarifying the concept of product–service system.« Journal of Cleaner Production 10(3): 237–245.

Moser, C. (2012). User Experience Design: Mit erlebniszentrierter Softwareentwicklung zu Produkten, die begeistern, Springer Berlin Heidelberg.

Müller, C. und U. Bretschneider (2014). Geschäftsmodellinnovation in der Medienbranche: Auswirkungen des Internets auf die Geschäftsmodelle etablierter Tageszeitungen. Multikonferenz Wirtschaftsinformatik (MKWI), Paderborn, Deutschland.

Nassi, I. und B. Shneiderman (1973). »Flowchart techniques for structured programming.« ACM SIGPLAN Notices 8(8): 12–26.

Neely, A. (2007). The Servitization of manufacturing: An analysis of global trends. 14th European Operations Management Association (EurOMA) Conference Ankara, Türkei.

Neely, A. (2008). »Exploring the financial consequences of the servitization of manufacturing.« Operations Management Research 1(2): 103–118.

Nenninger, M. und T. Hillek (2000). eSupply Chain Management. Supply Chain Management. O. Lawrenz, K. Hildebrand und M. Nenninger. Wiesbaden, Vieweg+Teubner Verlag: 1–14.

Nesse, P. J., S. Svaet, X. Su, D. Strasunskas und A. Gaivoronski (2012). Telecom industry in the cloud value chain: Methods for assessing business opportunities. 10th International Conference on Advances in Mobile Computing & Multimedia (MoMM2012), Bali, Indonesien.

Niebel, T. (2010). Der Dienstleistungssektor in Deutschland – Abgrenzung und empirische Evidenz. In: Zentrum für Europäische Wirtschaftsforschung (ZEW), Dokumentation Nr. 10-01. Abgerufen am 12.05.2015: ► http://ftp.zew.de/pub/zew-docs/docus/dokumentation1001.pdf

Nonaka, I. und H. Takeuchi (1997). Die Organisation des Wissens: Wie japanische Unternehmen eine brachliegende Ressource nutzbar machen. Frankfurt am Main, Campus Verlag.

Norman, D. A. (1999). The design of everyday things. London, MIT Press.

Norman, D. A. (1999). The invisible computer: Why good products can fail, the personal computer is so complex and information appliances are the solution. Cambridge, London, MIT Press.

o.V. (2010). »Supply Chain Operations Reference (SCOR®) model. Overview – Version 10.0 « Retrieved 10.01. 2015, 2015, from ► https://supply-chain.org/f/SCOR-Overview-Web.pdf

O'Reilly, T. (2005). »What is web 2.0: Design patterns and business models for the next generation of software.« 30.09.2005. Retrieved 06.11.2013, from ► http://oreilly.com/web2/archive/what-is-web-20.html.

Office of Government Commerce (OGC) (2007). The Official Introduction to the ITIL 3 Service Lifecycle. London, The Stationery Office (TSO).

Oliva, R. und R. Kallenberg (2003). »Managing the transition from products to services.« International Journal of Service Industry Management 14(2): 160–172.

Österle, H. (2007). Business Engineering – Geschäftsmodelle transformieren. Architekturen und Prozesse. P. Loos und H. Krcmar. Berlin, Heidelberg, Springer-Verlag: 71–84.

Österle, H. (2010). »Business Engineering HSG.« Retrieved 19.11.2013, from ► http://www.iwi.unisg.ch/index.php?eID=tx_nawsecuredl&u=0&file=fileadmin/projects/iwi-web/downloads/Forschungsprogramm_BE_HSG.pdf&t=1385046681&hash=f1f2d6cdaaff599ee54509d4eeee020900a66a32.

Österle, H. (2013). »Business Engineering.« Enzyklopädie der Wirtschaftsinformatik Retrieved 20.11.2013, from ► http://www.enzyklopaedie-der-wirtschaftsinformatik.de/wi-enzyklopaedie/lexikon/daten-wissen/Informationsmanagement/Business-Engineering/.

Österle, H., J. Becker, U. Frank, T. Hess, D. Karagiannis, H. Krcmar, P. Loos, P. Mertens, A. Oberweis und E. J. Sinz (2010). Memorandum zur gestaltungsorientierten Wirtschaftsinformatik. Gestaltungsorientierte Wirtschaftsinformatik: Ein Plädoyer für Rigor und Relevanz. H. Österle, R. Winter und W. Brenner. St. Gallen, infowerk: 1–6.

Österle, H. und D. Blessing (2005). »Ansätze des Business Engineering.« HMD – Praxis der Wirtschaftsinformatik 42(241): 7–17.

Österle, H. und R. Winter (2003). Business Engineering. Business Engineering – Auf dem Weg zum Unternehmen des Informationszeitalters. H. Österle und R. Winter. Berlin, Springer-Verlag: 3–20.

Osterwalder, A. (2004). The business model ontology: A proposition in a design science approach. PhD, Universite de Lausanne.

Osterwalder, A. (2012). »Achieve product-market fit with our brand-new value proposition canvas.« Retrieved 25.11. 2013, 2013, from ▶ http://businessmodelalchemist.com/blog/2012/08/achieve-product-market-fit-with-our-brand-new-value-proposition-designer.html.

Osterwalder, A. und Y. Pigneur (2010). Business model generation: A handbook for visionaries, game changers, and challengers. Hoboken, New Jersey, Wiley

Osterwalder, A. und Y. Pigneur (2011). Business Model Generation: Ein Handbuch für Visionäre, Spielveränderer und Herausforderer. Frankfurt am Main, Campus Verlag.

Osterwalder, A., Y. Pigneur und C. L. Tucci (2005). »Clarifying business models: Origins, present, and future of the concept.« Communications of the Association for Information Systems 16(1): 1–25.

Otto, B., S. Witzig, T. Fleckstein und S. Pitsch (2000). Marktstudie Elektronische Marktplätze. Stuttgart, Fraunhofer-IRB-Verlag.

Palo, T. und J. Tähtinen (2013). »Networked business model development for emerging technology-based services.« Industrial Marketing Management 42(5): 773–782.

Pavlou, P. A. und D. Gefen (2004). »Building effective online marketplaces with institution-based trust.« Information Systems Research 15(1): 37–59.

Penttinen, E. und J. Palmer (2007). »Improving firm positioning through enhanced offerings and buyer-seller relationships.« Industrial Marketing Management 36(5): 552–564.

Peppard, J. und A. Rylander (2006). »From Value Chain to Value Network: Insights for Mobile Operators.« European Management Journal 24(2/3): 128–141.

Pernul, G. und R. Unland (2003). Datenbanken im Unternehmen: Analyse, Modellbildung und Einsatz. München, Wien, Oldenbourg Verlag.

Peters, R. (2010). Internet-Ökonomie. Berlin, Heidelberg, Springer-Verlag.

Piekenbrock, D. und A. Hennig (2013). Einführung in die Volkswirtschaftslehre und Mikroökonomie. Berlin, Heidelberg, Springer-Verlag

Pigou, A. C. (1920). The economics of welfare. London, Macmillan & Co.

Piller, F. T. (2006). Mass Customization – Ein Wettbewerbstategisches Konzept im Informationszeitalter. Wiesbaden, Deutscher Universitäts-Verlag.

Podlech, A. (1982). Individualdatenschutz – Systemdatenschutz. Beiträge zum Sozialrecht. K. Brückner und G. Dalichau. Percha: 451–462.

Polzin, D. W. und M. A. Lindemanne (1999). »Evolution elektronischer Märkte in Güterverkehr und Logistik.« WIRTSCHAFTSINFORMATIK 41(6): 526–537.

Porter, M. E. (2010). Wettbewerbsvorteile: Spitzenleistungen erreichen und behaupten. Frankfurt am Main, Campus Verlag.

Postel, J. und J. Reynolds. (1988). »A Standard for the Transmission of IP Datagrams over IEEE 802 Networks, RFC-1042.« Retrieved 18.11.2013, from ▶ http://xml2rfc.tools.ietf.org/rfc/rfc1042.txt.

Presutti, W. D. (2003). »Supply management and e-procurement: Creating value added in the supply chain.« Industrial Marketing Management 32(3): 219–226.

Prinz, A., P. Menschner und J. M. Leimeister (2012). NFC-based electronic data capture systems – The case of a quality life questionnaire. 20th European Conference on Information Systems (ECIS), Barcelona, Spanien.

Prinz, A., P. Menschner, A. Maier, T. Holm, T. Meyer und J. M. Leimeister (2013). »Corrigendum to »Electronic data capture in healthcare - NFC as easy way for self-reported health status information« [Health Policy Technol. 1 (2012) 137–144].« Health Policy and Technology 2(4): 242–242.

Probst, G., S. Raub und K. Romhardt (2006). Wissen managen: Wie Unternehmen ihre wertvollste Ressource optimal nutzen Wiesbaden, Betriebswirtschaftlicher Verlag Dr. Th. Gabler

Redman, B., B. Kirwin und T. Berg (1998). TCO: A critical tool for managing IT. Gartner Group. Stamford.

Reed, D. P. (1999). »That sneaky exponential: Beyond Metcalfe's law to the power of community building.« Context magazine 2(1).

Rehäuser, J. und H. Krcmar (1996). Wissensmanagement im Unternehmen. Wissensmanagement. G. Schreyögg und P. Conrad. Berlin, Walter de Gruyter: 1–40.

Reichwald, R. und F. Piller (2009). Interaktive Wertschöpfung – Open Innovation, Individualisierung und neue Formen der Arbeitsteilung. Wiesbaden, Gabler GWV Fachverlage GmbH.

Report, C. I. (2012). Market Trends, Composition and Crowdfunding Platforms.

Rese, M. und U. Bretschneider (2004). Der Einsatz von Open Source-Software im Supply Chain Management. 6. Paderborner Frühjahrstagung, Paderborn, Deutschland, ALBHNI-Verlagsschriftenreihe; Band 12.

Rese, M. und G. Gräfe (2002). »Erhöhte Markttransparenz durch das Internet? – Eine informationsökonomische Analyse des Anbieterverhaltens bei der Bereitstellung von Informationen.« Die Unternehmung 56(5): 333–354.

Richter, A. und M. Koch (2008). Funktionen von Social-Networking-Diensten. Multikonferenz Wirt-

Literatur

schaftsinformatik (MKWI), München, Deutschland.
Richter, G., O. Lehmeyer und S. Schott (2008). »IT-Business-Alignment erfolgreich umsetzen.« IM – Fachzeitschrift für Information Management & Consulting 23(1): 17–21.
Riedl, C., I. Blohm, J. M. Leimeister und H. Krcmar (2010). Rating Scales for Collective Intelligence in Innovation Communities: Why Quick and Easy Decision Making Does Not Get it Right. Thirty First International Conference on Information Systems., St. Louis.
Rieke, T. und C. Seel (2007). Supporting enterprise systems introduction by controlling-enabled configurative reference modeling. Reference Modeling. J. Becker und P. Delfmann. Heidelberg, Physica-Verlag 79–102.
Ritchie, D. M. (1993). »The development of the C language.« ACM SIGPLAN Notices 28(3): 201–208.
Rogers, E. M. (1995). Diffusion of innovations. New York, The Free Press.
Rouse, A. C. (2010). A Preliminary Taxonomy of Crowdsourcing. Australasian Conferences on Information Systems (ACIS). Brisbane, Australia.
RP-Online. (2013). »Amazon hat sein Geschäftsmodell geschützt.« Retrieved 22.11.2013, 2013, from ► http://www.rp-online.de/wirtschaft/unternehmen/amazon-hat-sein-geschaeftsmodell-geschuetzt-aid-1.3639035
Rumbaugh, J., M. Blaha, W. Premerlani, F. Eddy und W. Lorensen (1991). Object-oriented modeling and design. Upper Saddle River, Prentice-Hall.
Rumbaugh, J., I. Jacobson und G. Booch (1999). The unified modeling language reference manual. Reading, Addison-Wesley.
Sackmann, S. (2008). IT-Sicherheit. Enzyklopädie der Wirtschaftsinformatik. K. Kurbel, J. Becker, N. Gronau, E. Sinz und L. Suhl, Oldenbourg.
SAP.info. (2013). »Industrie 4.0 wird Megatrend.« Retrieved 10. Januar 2014, from ► http://de.sap.info/industrie-4-0-wird-megatrend.
Schallmo, D. (2013). Geschäftsmodell-Innovation: Grundlagen, bestehende Ansätze, methodisches Vorgehen und B2B-Geschäftsmodelle. Wiesbaden, Springer Fachmedien Wiesbaden.
Scheer, A. W. (1997). Wirtschaftsinformatik: Referenzmodelle für industrielle Geschäftsprozesse. Berlin, Springer Berlin Heidelberg.
Schewe, G. (1998). Strategie und Struktur: Eine Re-Analyse empirischer Befunde und Nicht-Befunde. Tübingen, Mohr Siebeck.
Schmidt, S. (2007). Das Online-Erfolgsmodell digitaler Produkte. Wiesbaden, Deutscher Universitäts-Verlag.
Schubert, P. (2002). E-Procurement: Elektronische Unterstützung der Beschaffungsprozesse in Unternehmen. Procurement im E-Business: Einkaufs- und Verkaufsprozesse elektronisch optimieren. P. Schubert, R. Wölfle und W. Dettling. München, Wien, Hanser Verlag: 1–28.
Schumm, A. (1996). Wirtschaftlichkeitsanalysen von PC-Infrastrukturen als Aufgabe des IS-Controlling. Frankfurt/M. et al., Peter Lang Verlag.
Schütt, P. (2013). Der Weg zum Social Business: Mit Social Media Methoden erfolgreicher werden. Berlin, Heidelberg, Springer Gabler.
Schütte, R. (1998). Grundsätze ordnungsmäßiger Referenzmodellierung: Konstruktion konfigurations- und anpassungsorientierter Modelle. Wiesbaden, Gabler.
Schwaber, K. und M. Beedle (2002). Agile software development with scrum. Upper Saddle River, Prentice Hall.
Schwickert, A. C. und E. Pfeiffer (2004). Elektronische Marktplätze: Formen, Beteiligte, Zutrittsbarrieren. Gießen, Universitätsbibliothek.
Senko, M. E., E. B. Altman, M. M. Astrahan und P. L. Fehder (1973). »Data structures and accessing in data-base systems: III data representations and the data independent accessing model.« IBM Systems Journal 12(1): 64–93.
Shah, R. und P. T. Ward (2007). »Defining and developing measures of lean production.« Journal of operations management 25(4): 785–905.
Shapiro, C. und H. Varian (1999). Information rules: A strategic guide to the network economy. Boston, Harvard Business Press.
Shlaer, S. und S. J. Mellor (1992). Object lifecycles: Modeling the world in states. Upper Saddle River, Yourdon Press.
Shostack, G. L. (1984). »Designing services that deliver.« Harvard Business Review 62(1): 133–139.
Simitis, S. (2011). Bundesdatenschutzgesetz. Baden-Baden, Nomos Verlag.
Skiera, B., A. Soukhoroukova, O. Günther und C. Weinhardt (2006). »Internetökonomie.« WIRTSCHAFTSINFORMATIK 48(1): 1–2.
Skiera, B., M. Spann und U. Walz (2005). »Erlösquellen und Preismodelle für den Business-to-Consumer-Bereich im Internet.« WIRTSCHAFTSINFORMATIK 47(4): 285–293.
Slywotzky, A. J. und R. Wise (2002). »The growth crisis and how to escape it.« Havard Business Review 80(7): 72–83.
Smith, H. A., J. D. McKeen und S. Singh (2007). »Developing information technology strategy for business value.« Journal of Information Technology Management 18(1): 49–58.
Smits, M. T., K. G. van der Poel und P. Ribbers (2003). Information strategy: Assessment of information strategies in insurance companies. Strategic information management: Challenges and strategies in managing information systems. R. D.

Galliers und D. E. Leidner. Oxford, Butterworth-Heinemann: 64–88.

Söllner, M., A. Hoffmann, H. Hoffmann und J. M. Leimeister (2012). »Vertrauensunterstützung für sozio-technische ubiquitäre Systeme.« Zeitschrift für Betriebswirtschaft 82(4 Supplement): 109–140.

Spann, M. (2010). »Synergien zwischen gestaltungsorientierter und verhaltensorientierter Wirtschaftsinformatik.« Schmalenbachs Zeitschrift für betriebswirtschaftliche Forschung (zfbf) 62(6): 677–679.

Spohrer, J., P. P. Maglio, J. Bailey und D. Gruhl (2007). »Steps toward a science of service systems.« Computer 40(1): 71–77.

SPON. (2013). »Deutliches Umsatzplus: Google knackt 50-Milliarden-Marke.« Retrieved 04.11., 2013, from ▶ http://www.spiegel.de/wirtschaft/unternehmen/google-legt-im-vierten-quartal-dank-werbeeinnahmen-deutlich-zu-a-879119.html.

Stachowiak, H. (1973). Allgemeine Modelltheorie. Wien, Springer-Verlag.

Stampfl, N. S. (2011). Die Zukunft der Dienstleistungsökonomie: Momentaufnahme und Perspektiven. Berlin Heidelberg, Springer.

Stango, V. (2004). »The economics of standards wars.« Review of Network Economics 3(1): 1–19.

Statista. (2013). »Wirtschaft-Megatrends: Welche generellen Megatrends sind für Ihr Unternehmen wichtig oder sehr wichtig?« Retrieved 29.10.2013, from ▶ http://de.statista.com/statistik/daten/studie/7088/umfrage/fuer-unternehmen-wichtige-megatrends/.

Stelzer, D. (2000). »Digitale Güter und ihre Bedeutung in der Internet-Ökonomie.« WISU – Das Wirtschaftsstudium 29(6): 835–842.

Stolterman, E. und A. Croon Fors (2004). Information technology and the good life. Information systems research: Relevant theory and informed practice. B. Kaplan, D. P. Truex, D. Wastell, A. T. Wood-Harper und J. I. DeGross, Springer US: 687–692.

Storbacka, K. (2011). »A solution business model: Capabilities and management practices for integrated solutions.« Industrial Marketing Management 40(5): 699–711.

Straub, D. (2012). »Does MIS have native theories?« MIS Quarterly 36(2): III–XII.

Sundararajan, A. (2004). »Nonlinear pricing of information goods.« Management Science 50(12): 1660–1673.

Supply-Chain Council Inc. (2011). »Supply Chain Operations Reference Model (SCOR) Version 10.0.« Retrieved 12. August 2011, from ▶ http://www.supply-chain.org.

Surowiecki, J. (2004). The wisdom of crowds: Why the many are smarter than the few and how collective wisdom shapes business, economies, societies, and nations. New York, Random House.

Sutherland, J. und K. Schwaber (2011). The scrum guide. The definitive guide to scrum: The rules of the game.

Syring, A. (1993). Management innovativer Informationssysteme: Portfolio-Methodik zur Bewältigung der Komplexität des Übergangs. Göttingen, Vandenhoeck & Ruprecht.

Tallon, P. P. (2007). »A process-oriented perspective on the alignment of information technology and business strategy.« Journal of Management Information Systems 24(3): 227–268.

Tanenbaum, A. S. und D. J. Wetherall (2011). Computer networks. Upper Saddle River, Prentice-Hall.

Taylor, S. und P. A. Todd (1995). »Assessing IT usage: The role of prior experience.« MIS Quarterly 19(4): 561–570.

Teece, D. J. (2010). »Business models, business strategy and innovation.« Long Range Planning 43(2–3): 172–194.

Thomas, O. (2007). Version management for reference models: Design and implementation. Reference Modeling. J. Becker und P. Delfmann. Heidelberg, Physica-Verlag 1–26.

Thompson, R. L., C. A. Higgins und J. M. Howell (1991). »Personal computing: Towards a conceptual model of utilization.« MIS Quarterly 15(1): 125–143.

Tischendorf, R. und T. Habschied (2002). »Am Anfang war … der Geschäftsprozess oder die Strategie?« Information Management & Consulting 17(10): 55–59.

Toshiba. (2008, 19.02.2008). »Toshiba announces discontinuation of HD DVD businesses.« Retrieved 05.11.2013, from ▶ http://www.toshiba.co.jp/about/press/2008_02/pr1903.htm.

Trute, H. H. (2003). Verfassungsrechtliche Grundlagen. Handbuch Datenschutzrecht. A. Roßnagel. München 156–187.

Tukker, A. (2004). »Eight types of product–service system: Eight ways to sustainability? Experiences from SusProNet.« Business Strategy und the Environment 13(4): 246–260.

Unterberg, U. (2010). Crowdsourcing. Social Media Handbuch: Theorien, Methoden, Modelle. D. Michelis und T. Schildhauer. Baden-Baden: 121–135.

Vallance, R., S. Kiani und S. Nayfeh (2001). Open design of manufactoring equipment. 1st International Conference on Agile and Reconfigurable Manufacturing (CIRP), Ann Arbor, Michigan, USA.

van Bon, J., A. de Jong, A. Kolthof, M. Pieper, E. Rozemeijer, R. Tjassing, A. van der Veen und T. Verheijen (2007). IT service management: An introduction. Zaltbommel, Van Haren Publishing.

Van Wingerden, R. und J. Ryan (2011). »Fighting for Funds: An exploratory study into the field of Crowdfunding.«

Vandermerwe, S. und J. Rada (1988). »Servitization of business: Adding value by adding services.« European Management Journal 6(4): 314–324.

Vargo, S. L. (2008). »Customer Integration and Value Creation.« Journal of Service Research 11(2): 211–215.

Vargo, S. L. und M. A. Akaka (2009). »Service-dominant logic as a foundation for service science: Clarifications.« Service Science 1(1): 32–41.

Vargo, S. L. und R. F. Lusch (2004). »Evolving to a new dominant logic for marketing.« Journal of Marketing 68(1): 1–17.

Vargo, S. L. und R. F. Lusch (2008). »From goods to service(s): Divergences and convergences of logics.« Industrial Marketing Management 37(3): 254–259.

Vargo, S. L. und R. F. Lusch (2008). »Service-dominant logic: Continuing the evolution.« Journal of the Academy of Marketing Science 36(1): 1–10.

Vargo, S. L., R. F. Lusch und F. W. Morgan (2006). Historical perspectives on service-dominant logic. The service-dominant logic of marketing: Dialog, debate and directions. R. F. Lusch und S. L. Vargo. Armonk, M.E. Sharpe: 29–42.

Varian, H. (1998). Markets for information goods. Bank of Japan Conference, Tokyo, Japan.

Venkatesh, V. und H. Bala (2008). »Technology Acceptance Model 3 and a Research Agenda on Interventions.« Decision Sciences 39(2): 273–315.

Venkatesh, V., M. G. Morris, G. B. Davis und F. D. Davis (2003). »User acceptance of information technology: Toward a unified view.« MIS Quarterly 27(3): 425–478.

Venohr, B. und K. E. Meyer (2007). The German miracle keeps running: How germany's hidden champions stay ahead in the global economy, Working Papers of the Institute of Management Berlin at the Berlin School of Economics (FHW Berlin).

Vieweg, I., C. Werner, K.-P. Wagner, T. Hüttl und D. Backin (2012). IT-Architektur. Einführung Wirtschaftsinformatik. I. Vieweg und C. Werner. Wiesbaden, Gabler Verlag: 51–80.

Viswanathan, S. und G. Anandalingam (2005). »Pricing strategies for information goods.« Sadhana 30(2–3): 257–274.

Vodanovic, S., D. Sundaram und M. Myers (2010). »Digital natives and ubiquitous information systems.« Information Systems Research 21(4): 711–723.

Voloudakis, J. (2005). »Hitting a moving target: IT strategy in a real-time world.« EDUCAUSE Review 40(2): 44–55.

Walter, T. P. und A. Back (2010). Crowdsourcing as a Business Model: An Exploration of Emergent Textbooks Harnessing the Wisdom of Crowds. BLED 2010 Proceedings.

Walther, D. und W.-D. Hartmann (2009). Green Business – das Milliardengeschäft: nach den Dotcoms kommen jetzt die Dot-greens. Wiesbaden, Gabler Verlag.

Wannenwetsch, H. H. und S. Nicolai (2004). ePayments – Zahlungsverkehr entlang der eSupply Chain. E-Supply-Chain-Management: Grundlagen – Strategien – Praxisanwendungen. H. H. Wannenwetsch und S. Nicolai. Wiesbaden, Gabler Verlag: 228–247.

Wegener, R. (2014). Der Didaktische Service Blueprint: Eine Methode für Analyse und Design teilnehmerstarker Lerndienstleistungen. Kassel, Kassel University Press.

Weill, P. und M. Broadbent (1998). Leveraging the new infrastructure: How market leaders capitalize on information technology. Boston, Harvard Business Review Press.

Weill, P. und S. Woerner (2013). »The future of the CIO in a digital economy.« MIS Quarterly Executive 12(2): 65–75.

Weill, P. und S. Woerner (2013). Managing total digitization: The next frontier. Research Briefing. Cambridge, MIT CISR.

Weiser, M. (1991). »The computer for the 21st century.« Scientific American 265(3): 94–104.

Weiser, M. und J. Brown (1996). »Designing calm technology.« PowerGrid Journal 1(1): 75–85.

Weiß, F. und J. M. Leimeister (2012). »Consumerization: IT-Innovationen aus dem Konsumentenumfeld als Herausforderung für die Unternehmens-IT.« WIRTSCHAFTSINFORMATIK 54(6): 351–354.

Wigand, R., A. Picot und R. Reichwald (1998). Information, organization and management: Expanding markets and corporate boundaries. Chichester, John Wiley & Sons.

Wilhelm, D. B. (2011). Nutzerakzeptanz von webbasierten Anwendungen: Modell zur Akzeptanzmessung und Identifikation von Verbesserungspotenzialen. Wiesbaden, Springer Gabler.

Winter, R. (2008). Business Engineering – Betriebswirtschaftliche Konstruktionslehre und ihre Anwendung in der Informationslogistik. Integrierte Informationslogistik. B. Dinter und R. Winter. Berlin, Heidelberg, Springer-Verlag: 17–37.

Wirfs-Brock, R., B. Wilkerson und L. Wiener (1990). Designing object-oriented software. Upper Saddle River, Prentice Hall.

Wirtgen, J. (2011). »Wirbel um Bewegungsprofile im iPhone und iPad.« c't – Magazin für Computertechnik 28(11): 18–21.

Wirth, N. (1971). »The programming language pascal.« Acta informatica 1(1): 35–63.

Wirtz, B. W. (2013). Electronic business. Wiesbaden, Springer Gabler.

Wirtz, B. W. und P. Vogt (2001). »Kundenbeziehungsmanagement im Electronic Business.« Jahrbuch der Absatz- und Verbrauchsforschung 47(2): 116–135.

Wise, R. und P. Baumgartner (1999). »Go downstream: The new profit imperative in manufacturing.« Harvard Business Review 77(5): 133–141.

WiWo. (2013). »Neue Kindle Modelle – Amazons Spiel mit dem Feuer.« Retrieved 22.11. 2013, 2013, from ► http://www.wiwo.de/technologie/digitale-welt/neue-kindle-modelle-amazons-spiel-mit-dem-feuer/7105958.html.

WKWI (1994). »Profil der Wirtschaftsinformatik: Ausführungen der Wissenschaftlichen Kommission der Wirtschaftsinformatik.« WIRTSCHAFTSINFORMATIK 36(1): 80–81.

WKWI und GI FB WI (2011). Profil der Wirtschaftsinformatik. Enzyklopädie der Wirtschaftsinformatik – Online-Lexikon. K. Kurbel, J. Becker, N. Gronau, E. Sinz und L. Suhl.

Yourdon, E. und L. L. Constantine (1979). Structured design: Fundamentals of a discipline of computer program and systems design. Upper Saddle River, Prentice Hall.

Zarnekow, R., A. Hochstein und W. Brenner (2005). Serviceorientiertes IT-Management – ITIL Best Practices und Fallstudien. Berlin, Springer-Verlag.

Zeithaml, V. A., A. Parasuraman und L. Berry (1985). »Problems and strategies in services marketing.« Journal of Marketing 49(Spring): 33–46.

Zerdick, A., A. Picot, K. Schrape, A. Artopé, K. Goldhammer, D. K. Heger, U. T. Lange, E. Vierkant, E. López-Escobar und R. Silverstone (2001). Die Internet-Ökonomie: Strategien für die digitale Wirtschaft. Berlin, Springer-Verlag.

Zerfaß, A. und K. M. Möslein (2009). Kommunikation als Erfolgsfaktor im Innovationsmanagenent: Strategien im Zeitalter der Open Innovation. Wiesbaden, Gabler Verlag.

Stichwortverzeichnis

4C-Net-Modell 395

A

Agile Methode 270
Ajax 400
Amazon 395, 396, 427
Ambient Computing 431
Änderungsdaten 143
Anwendungssystem 27, 136, 139, 143–145, 158, 163, 170, 172, 301, 307, 308
Arbeitsspeicher 42, 44, 45, 64, 65, 93
ARIS 115, 120
Artefakt 130
Assembler 294, 296, 298
Asynchronous Java Script und XML 400
Aufgabenträgerprinzip 27
Auktion 388, 390
Auktionsformen 390
Ausschreibung 248
Auswahlprozess 247

B

Backloop 123
Basisnutzen 341
Beschreibungssprache 298
Bestandsdaten 143
Betriebssystem 67–69, 72, 73, 75
Bewegungsdaten 143
Beziehung 84
Blog 399, 402, 409
Blueprint 355
Börse 389
Bottom-up 289
Bottom-up-Vorgehensweise 281, 282
BPMN 128
Bürosystem 163
Business Alignment 196, 206
Business Engineering 12–14, 20
Business Model Canvas 181, 198, 199, 202, 205
Business Process Management 115
Business Process Model and Notation 115, 127
Business-to-Business 380
Buskonzept 45, 46, 64
Bussystem 100
Buy-Side-System 386, 387

C

Capability Maturity Model 256
Captcha 20
Central Processing Unit 40
Chief Digitization Officer 5
Chief Information Officer 5
CIM 147
Client 109
Client-Server-Modell 107, 109, 110, 292
Cloud 54, 106
Cloud Computing 4, 14, 52, 53, 365
Commerce 395
Community 399
Compiler 294, 298
Computer Integrated Manufacturing 147
Computer Supported Cooperative Work 165
Connection 395
Content 395
Context 395
Continual-Service-Improvement 322
Coupled-Prozess 424
CPU 40, 69
CRM-System 176
Crowd 427, 428
Crowdcreation 426, 427
Crowddonating 430
Crowdfunder 429
Crowdfunding 377, 418, 426, 427, 429, 430
Crowdinvesting 430
Crowdlending 430
Crowdsourcee 4, 425, 428
Crowdsourcer 4, 425, 429
Crowdsourcing 4, 418, 425, 426, 428, 429
Crowdsourcing-Prozess 428
Crowdsponsoring 430
Crowdvoting 426, 427
Crowdworker 4, 425
CSCW 165, 166
Customer-Relationship-Management 172
Customizing 240

D

Dateiorganisation 76
Daten 24
Datenausgabe 62, 63
Datenbankmanagement 91
Datenbankmanagementsystem 47, 78, 86–88
Datenbankmodell 78, 89
Datendefinitionssprache 88, 91
Dateneingabe 55–58, 60–62
Datenintegrität 87
Datenmanipulationssprache 88
Datenmodell 78, 294
Datenmodellierung 78
Datenorganisation 75, 77
Datenpersistenz 87
Datensatz 91
Datenschutz 23, 87, 110, 154, 182–185, 187
Datensicherheit 51, 87, 88, 93, 185, 190, 208, 212
Datensicht 115
Datenspeicher
– magnetischer 49
– optischer 49, 51
Datenübernahme 304
Datenunabhängigkeit 86
Datenverschlüsselung 210, 212, 215
Debitor 140
Decision Support System 160
Dezimalsystem 41
Dienstleistung
– telemedizinische 437
Dienstleistungsanbieter 356, 360, 366
Dienstleistungsanbietersystem 355, 357, 359, 361
Dienstleistungsempfänger 356
Dienstleistungserbringer 357
Dienstleistungsgeschäftsmodell 360
Dienstleistungsnehmer 355, 359, 361
Dienstleistungsnehmersystem 357
Dienstleistungssektor 327, 355, 359
Dienstleistungssystem 355, 359
Differenzierungsstrategie 206
Digital Immigrant 16
Digital Native 16
Digitalisierung 2, 325, 328, 332
DIN EN ISO 9241-10 255
DIN ISO/IEC 12119 255
DNS 105
Dokumentation 303
Dokumentenmanagementsystem 167
Domain Name System 105
Domäne 89
DSS 160
Dualsystem 41
Dualzahl 42

E

EAN-Code 437
E-Auction 384, 389, 390
E-Business 378, 380, 384, 386, 393, 395
E-Commerce 380, 394
E-Communication 395
EDI 137, 170
EDI-Techniken 175
E-Education 395
eEPK 125
Effekt
- externer 334
E-Information 395
Eingabe-/Ausgabesystem 65, 66
Einkaufsauktion 390
Einnahmequelle 20, 367
Einnahmequellen 201
Electronic Business 380, 397, 439
Electronic Commerce 380
Electronic Data Interchange 137, 170
Electronic Procurement 172
E-Marketplace 384, 387–389, 396, 397
Endereignis 124
Englische Auktion 390
Enterprise 2.0 377, 399, 409
Enterprise-Architecture-Management 234
Enterprise-Resource-Planning-System 172
Entitätstyp 79, 84
Entity-Relationship-Modell 80, 286
E-Payment 384, 391, 393
EPK 120
E-Procurement 384, 386, 391
ER-Diagramm 81, 82, 282
Ereignis 120
Ereignisgesteuerte Prozesskette 115, 120, 278
Erforderlichkeit 182, 186
ER-Modell 274, 289
ERP-System 109, 172, 176
Erweiterungsspeicher 48
ESS 160
Executive Support System 160
Expertensuche 406
Explikation 419–421
eXtensible Markup Language 104, 172

F

Fat Client 60, 107
FISCUS 394
Flashspeicher 43, 48, 52
Föderales Integriertes Standardisiertes Computerunterstütztes Steuersystem 394
Folksonomy 401, 409
Foren 399
Forschung
- gestaltungsorientierte 11
- verhaltensorientierte 10
Fremdschlüssel 83, 84, 86, 89
Führungsaufgabe 23
Führungsinformationssystem 159, 160
Functional Integration 195
Funknetz 434
Funktion 122
Funktionssicht 115

G

GDL 361
Gebrauchstauglichkeit 17
Gemeinschaft
- virtuelle 405
Gerät
- intelligentes 433
Gesamtlösung 361, 366, 368
Geschäftsarchitektur 236
Geschäftsmodell 4, 22, 179, 181, 193, 196, 197, 199–203, 206, 325, 327, 328, 332, 335, 340, 351, 360, 368, 369, 377, 379, 393, 395
Geschäftsprozess 22, 114, 115, 120, 127, 136, 172, 411, 413, 414, 439–441
- Modellierung 116
Geschäftsstrategie 22
Goods-Dominant Logic 361, 362
Großrechner 37, 38, 64, 66, 68, 70, 73, 109
Groupware 398
Gruppenarbeit
- computergestützte 165
Güter
- digitale 332–335, 337, 338, 340, 341, 351

H

Halbleiterspeicher 47, 48, 52
Handels-H 150
Hexadezimalsystem 41
Höchstpreisauktion
- verdeckte 390
Holländische Auktion 390
House of Digital Business 20, 31
HTTP 103, 104
Hypertext Transfer Protocol 103

I

Identitätsmanagement 399, 406
ILM 55
Implementation Roadmap 242
Individualsoftware 137
Informatik 29
Information 24
Information Lifecycle Management 54
Informationelle Selbstbestimmung 182, 183, 185–187
Informations- und Kommunikationssystem 23
Informationsasymmetrie 350, 351, 353, 360
Informationslogistik 26
Informationsmanagement 399
Informationssystem 9, 133
Informationstechnik 29
Informationstechnologie
- strategische 205
In-Memory-Datenbank 93
Inside-Out-Prozess 422, 424
Integrierte Informationssysteme
- Architektur 115
Intermediär 389
Internalisierung 419, 421
Internetökonomie 325, 327–329, 332, 334, 336, 339, 341, 346, 348
Interpreter 294, 298
Investitionsrechnung 244
ISO/OSI 102
ISO/OSI-Modell 100, 380
ISO/OSI-Referenzmodell 101
Isolation 7
ISO-Referenzmodell 101
IS-Success-Modell 252
Istanalyse 271, 273, 274
Istzustand 272
IT 23
IT Infrastructure Library 316
IT-Akzeptanz 209, 219, 224, 226, 228
IT-Alignment 181, 191, 193, 194, 196, 197
IT-Controlling 23, 181, 209, 216, 218
ITIL 301, 317, 318, 321, 322
ITIL-Lifecycle 318
IT-Kostenabgleich 218
IT-Kostenüberwachung 216
IT-Management 190, 191, 193, 197, 313
- operatives 179, 208
- strategisches 181, 198
IT-Nutzenabgleich 218
IT-Nutzenüberwachung 216, 217
IT-Organisation 318, 320, 322
IT-Outsourcing 53, 189, 190
IT-Planung 209, 219, 224
IT-Servicemanagement 301, 313, 317
IT-Services 313–315, 318, 319, 321–323
IT-Sicherheit 22, 23, 110, 209, 210, 212, 277
ITSM 314, 315
IT-Strategie 179, 188, 189, 192, 194, 195, 208
IT-Strategieformulierung 191

Stichwortverzeichnis

K

Kanäle 201
Kante 120
Kardinalität 79, 82, 83
Katalogaggregator 388
Key User 415
Klassendiagramm 278, 290
Know-how 419
Kollektive Intelligenz 17
Kombination 419–421
Kommunikationsunterstützung 399
Komplettlösung 365
Konferenzsystem 166
Konnektor 122
Konsument 408
Kontextawareness 406
Kontextinformation 444
Konvergenz 6
Koordination 6
Koproduzent 355, 359, 361, 366
Kosten-/Nutzenanalyse 264
Kosten-/Nutzenvergleich 245
Kostenführerstrategie 207
Kostenstruktur 199, 201, 314, 334, 340, 372
Kreditinstitut 155
Kreditor 140
Kundenbeziehung 201, 368
Kundenlösung 360, 365
Kundensegment 200, 205, 338, 340, 349

L

Lastenheft 275
Lebenszyklus 301
Leistungsangebot 351, 361, 363, 369
Leistungserbringung 443
Leistungserstellungsprozess 442
Leistungssicht 115
- Produkte und Dienstleistungen 23
Lock-in 340, 341, 346, 347
Long Term Evolution 436
Lösung 360, 365, 368
Lösungsanbieter 368
LTE 436, 441

M

Macro-Payment 392
Management Support System 160
Managementinformationssystem 136, 159, 160
Managementunterstützungssystem 160

Markt
- elektronischer 325, 327, 328, 348, 350, 352, 353
Marktplatz
- elektronischer 388
Markttransparenz 350, 351, 353
Maschine-Maschine-System 441
Maschinensprache 294, 295
Massenspeicher 47, 48
M-Commerce 439
Megatrend 2
Mehrwertdienst 359
Mensch-Maschine-System 441
Method Engineering 13
Microblog 402, 403
Micro-Payment 392
MIS 136, 159
Mitmach-Web 414
Mitwirkung 187
Mobile Business 378, 432, 436, 437, 439
Mobile Commerce 439
Mobile Computing 434, 438, 441, 443
Mobile Services 432, 443
Mobile-first-Ansatz 443
Mobilfunk 436
Mobilfunknetz 436
Modell 118
Modellierung 355, 372, 374
Modularisierung 310
MSS 160
MUS 160

N

Near Field Communication 435
Netzwerk 417
- soziales 405, 406, 417
Netzwerkawareness 406
Netzwerkeffekt 327, 334, 335, 341, 342, 344
Netzwerkeffektnutzen 341, 342
Netzwerkgüter 325, 327, 341, 347
Netzwerkmanagement 399
Netzwerkmarkt 327, 334, 344
Netzwerkökonomie 329
Netzwerktopologie 98
NFC 435
Norm 27
Normalform 85
Normalisierung 84
Nutzenorientierung 18, 20, 22, 395, 397, 400
Nutzer 397
- digitaler 15, 16, 20
Nutzerbedürfnisse 15
Nutzerorientierung 15, 22, 395, 397, 400, 414

Nutzung 397
Nutzungsorientierung 17, 18, 22, 395, 397, 400

O

Objekt 291
Objektorientierung 260, 281, 287, 288, 294, 297
OOP 292
Open Innovation 17, 398, 417, 421, 424
Open-Innovation-Ansatz 377
Operatives System 138, 139, 142, 147
Operator 122
Organisationssicht 115
Orientierung 287
Outside-In 424
Outside-In-Prozess 422
Outsourcing 363, 371, 425

P

Pay-Later-Verfahren 392
Pay-Now-Verfahren 392
Perpetual Beta 408
Personal Information Management System 438
Pervasive Computing 431
Pflichtenheft 275
Pica-Payment 392
PIMS 438
Planungssystem 158
Plattenspeicher 50, 51
Plattform 137
Point of Sale 438
POS 438
Preisdifferenzierung 338
Preisstrategie 344, 347
Prepaidverfahren 392
Primärschlüssel 84, 85, 89, 91, 92
Problemlösung 369
Product-Service-System 327, 355, 365, 369
Produktivitätsparadoxon 18
Profilbildung 181
Programmierparadigma 260
Programmiersprache 294–297
Projektmanagement 262, 264
Prosument 408
Prototyping 269
Prozess 114
Prozessmodellierung 115
Prozessor 39, 40, 43–45, 64–66, 69, 70
Prozessorientierung 114, 117
Prozesssicht 115
PSS 327, 369–371

Pull-Prinzip 383
Push-Prinzip 383

Q

Qualität 252, 256
Qualitätskriterium 252, 254, 256
Querschnittssystem 136, 163

R

Radiowellen 435
Rational Unified Process 268
Really Simple Syndication 400, 401, 410
Rechnerarchitektur 39
Rechnernetz 94, 95, 98
Referenzmodell 133, 150, 316
Relation 84, 85, 89, 91, 92
RFID 434, 436, 437, 440
RFID-System 57
Roadmapping 220
RSS 400, 401, 410
RSS-Feeds 401
RUP 268

S

SAM 194
SAP 241
Schlüsselaktivitäten 201
Schlüsselpartnerschaften 201
Schlüsselressourcen 201
Schutzmechanismen 210, 211, 333
Schutzpflichten 186
Schwarzes Brett 388
SCM 175, 381, 382, 384
SCOR 135, 383
SCOR-Modell 383
SDL 356, 361, 363, 364, 366
Sell-Side-System 386, 387
Semantik 295
Server 109
Service-Blueprint 327, 372–374
Service-Design 318
Service-Dominant Logic 17, 327, 355, 356, 361, 362, 364
Service-Level-Agreement 319
Service-Operation 321
Service-Strategy 318
Service-Transition 320
Servitization 327, 355, 365, 366, 368, 369
Skriptsprache 297
SLA 319
SLATES 409, 410, 413
Smartphone 441, 443

Social Business 378, 398–400, 407, 409–417, 419
Social Media 399
Social Network 399
Social Software 398, 399, 401, 402, 408, 410, 412, 414, 415, 417, 420, 421, 426
Software 417
Software-Architektur 434
Software-as-a-Service-Lösung 336
Softwareentwicklung 283
Softwareentwicklungsprozess 310
Softwareentwicklungswerkzeug 264
Softwarelösung 337
Softwaresanierung 309
Softwarewartung 301, 308
Sollkonzept 271, 273–275
Sollzustand 143
Sozialisation 419–421
Speicherlösung 443
Spracherkennung 61
SQL 91, 92
Stammdaten 143
Standard 27
Standardisierung 327, 341, 346
Standardsoftware 67, 137, 238
Startereignis 124
Stellenwertsystem 41, 42
Strategic Alignment Model 194
Strategic Fit 195
Strategie 54, 192, 193, 196, 204, 206, 207, 228, 234, 256, 260, 318, 327, 333, 338, 340, 368, 382, 415, 416
Strategieformulierung 191
Strukturdiagramm 288
Strukturierte Analyse 282
Strukturierter Entwurf 283
Supply Chain Operations Reference Model 135, 383
Supply-Chain-Management 172, 175, 381, 382
Syntax 295
System
– mittleres 38, 66, 68, 70
– ubiquitäres 442
Systemadministration 308
Systembetrieb 307
Systemeinführung 302, 304, 305, 307
Systementwicklung 260, 261, 264, 267, 270, 286–288, 299
Systementwicklungsprozess 263
Systementwurf 265, 280, 281, 284, 287, 288

T

Tablet 443
Tag 409

Tag Cloud 401
Tagging 400, 401
TCP/IP 102, 103
TCP/IP-Protokollfamilie 380
Technologie
– mobile 436
– ubiquitäre 436, 443
Technologiearchitektur 237
Technology Acceptance Model 10, 224
Thin Client 60, 107
Top-down 289
Top-down-Vorgehensweise 281, 282
Transaktionskosten 347, 350–352, 354
Transaktionsprozess 384
Transformation 13, 412, 415, 417
Transmission Control Protocol/Internet Protocol 102
Transparenz 131, 185–187, 190, 236, 237, 305, 384, 385
Transponder 435
Typologisierung 356

U

Ubiquitous Business 378, 436, 437, 439
Ubiquitous Computing 431–434, 439, 440, 442
UbiquitousBusiness 432
UGC 417
UMTS 436, 439, 441
Unified Theory of Acceptance and Use of Technology 225
Uniform Resource Locator 105
Universal Mobile Telecommunications System 436
Unternehmensarchitektur 235
URL 105
Usability 17
Use-Case 292
Use-Case-Diagramm 278, 292
User Experience 17
UTAUT 226

V

Value Proposition Canvas 205
Value-added Service 394
Veränderungsprozess 416
Verbindungselement 130
Vererbung 289
Verhaltensdiagramm 288
Verkaufsauktion 390
Vernetzung
– digitale 381
Vickreyauktion 390
V-Modell 268

Vorgehensmodell 261, 264, 266, 267, 270, 287
Vorratsdatenspeicherung 182
VPN 441

W

Wasserfallmodell 266, 267
WBS 169
Web 1.0 407
Web 2.0 399, 407–410
Web-Browser 413
Weblog 402
Weitverkehrsfunknetz 435
Wertangebot 197, 200, 201, 203, 205
Wertschöpfungskette 327, 329, 330, 349, 361
Wertschöpfungsnetzwerk 327, 329, 331, 357
Wiederverwendbarkeit 310
Wiederverwendung 310
Wiki 399, 402, 404, 421
Wikimedia 429
Wikipedia 409
Wireless LAN 435
Wirtschaftlichkeit 246
Wirtschaftlichkeitsanalyse 243, 245
Wirtschaftsinformatik 9, 15, 20
Wissen 25, 418, 420
Wissensbasiertes System 169
Wissensmanagement 377, 398, 415, 417–419, 421
Wissenstransfer 420
Wissensumwandlung 419, 421
WLAN 435, 439, 441
Workflowmanagementsystem 166

X

XML 104, 172, 298

Y

Y-CIM-Modell 148

Z

Zeichen 24
Zentralprozessor 40
Zertifizierung 258, 259
Zugangsbarriere 350
Zweitpreisauktion 390
Zyklenmodell 267

Printed by Printforce, the Netherlands